中国社会科学年鉴

中国经济学年鉴 2013

CHINESE ECONOMICS YEARBOOK

中国社会科学院经济学部 编

中国社会科学出版社

图书在版编目（CIP）数据

中国经济学年鉴．2013／中国社会科学院经济学部编．—北京：中国社会科学出版社，2015.5
ISBN 978－7－5161－6058－9

Ⅰ．①中… Ⅱ．①中… Ⅲ．①经济学—中国—2013—年鉴
Ⅳ．①F12－54

中国版本图书馆 CIP 数据核字(2015)第 092121 号

出 版 人　赵剑英
责任编辑　姜阿平　金　泓
责任校对　林福国
责任印制　张雪娇

出　　版　中国社会科学出版社
社　　址　北京鼓楼西大街甲 158 号
邮　　编　100720
网　　址　http://www.csspw.cn
发 行 部　010－84083685
门 市 部　010－84029450
经　　销　新华书店及其他书店

印刷装订　三河市东方印刷有限公司
版　　次　2015 年 5 月第 1 版
印　　次　2015 年 5 月第 1 次印刷

开　　本　787×1092　1/16
印　　张　45.125
插　　页　18
字　　数　1209 千字
定　　价　208.00 元

凡购买中国社会科学出版社图书，如有质量问题请与本社联系调换
电话：010－84083683

2012 年 1 月 6—7 日，中国社会科学院主办，中国社会科学院人口与劳动经济研究所承办“新时期中国收入分配”研讨会

2012 年 2 月 16—18 日，中国社会科学院经济学部、中国社会科学院科研局共同主办，中国社会科学院农村发展研究所承办“中国社会科学院经济学部 2012 年经济形势座谈会——2011 年回顾与 2012 年展望”

2012 年 3 月 26—27 日，中国社会科学院等单位主办，中国社会科学院人口与劳动经济研究所、西安市人力资源和社会保障局承办“中欧经济调整中的就业、减贫、迁移和社会融入研讨会”

2012 年 4 月 18 日，中国社会科学院农村发展研究所、国家统计局农村社会经济调查司和社会科学文献出版社共同举办“2012 年《农村绿皮书》发布会暨中国农村经济形势分析与预测研讨会”

2012 年 6 月 27—28 日，中国社会科学院主办
“中国社科论坛（经济学 2012）：第十届城市竞争力国际论坛”

2012 年 7 月 15 日，中国社会科学院金融研究所《金融评论》主办
“金融危机与货币政策”学术研讨会

2012 年 8 月 14 日，中国社会科学院城市发展与环境研究所、社会科学文献出版社主办
“2012 中国城市发展报告发布会暨城市绿色发展高层论坛”

2012 年 8 月 18 日，中国社会科学院数量经济与技术经济研究所、美国全球安全研究所共同举办
“2012 能源安全与低碳经济国际论坛”

2012 年 8 月 22 日，中国社会科学院金融研究所主办“中国社会科学院金融研究所十年庆”

2012 年 8 月 30 日，中山大学岭南学院主办“中山大学第三届全国金融学博士生论坛”

2012 年 9 月 8 日，中国社会科学院调查与数据信息中心、中国社会科学院金融研究所主办
“中国国家资产负债表分析”研讨会

2012 年 9 月 14—15 日，中国社会科学院经济学部主办、中国社会科学院城市发展与
环境研究所承办“中国经济论坛 2012——城市转型与绿色发展”

2012 年 9 月 24—25 日，上海市社会科学院、香港浸会大学当代中国研究所及香港中印富强基金联合主办“第二届中印合作高峰学术论坛——城市转型与发展：上海、孟买、香港的比较”

2012 年 11 月 10 日，中国社会科学院亚太与全球战略研究院、广东省社会科学研究机构战略联盟、南方日报社主办“全球格局变化中的海洋战略”研讨会

2012 年 11 月 23 日，中国社会科学院经济学部主办，中国社会科学院数量经济与技术经济研究所、北京信息科技大学承办“欧元区危机及其对中国经济的影响国际研讨会”

2012 年 12 月 7 日，北京大学经济学院主办“《清实录经济史资料》出版学术研讨会”

2012 年 12 月 29 日，中国社会科学院财经战略研究院主办
“财经战略年会 2012——‘十八大’后的中国：深化改革　创新发展”研讨会

2012 年，南开大学商学院、南开大学中国公司治理研究院主办
“中国公司治理指数发布与研讨会”

编 委 会

编 辑 部

前　言

《中国经济学年鉴》由中国社会科学院经济学部组织编写，中国社会科学院经济学部主任李扬担任主编。其主要宗旨是面向全国，反映国内经济学在上一年度中的主要学术动态和研究进展。《中国经济学年鉴》是一部兼具资料性和研究性的大型学术年刊，在编选上突出学术性、前沿性、权威性和代表性。自2008年创刊以来，《中国经济学年鉴》已经出版了五卷，2013年的这一卷是第六卷。

《中国经济学年鉴（2013）》的基本栏目与前几卷相同，共有九个栏目："重要文献""专题述评""学科综述""论文荟萃""专著选介""研究课题""研究生教育""学界动态"和"机构介绍"。

——"重要文献"栏目收录了2012年里对我国经济具有重大影响的政治性文献。

——"专题述评"栏目主要就国内有关机构对中国宏观经济走势的预测结果作了客观的比较和评价。希望这种评价能有助于推动国内宏观经济走势预测分析的水平和准确性。

——"学科综述"栏目介绍了国内经济学和管理学中部分领域的研究动态。这一卷共介绍了9个学科。即：宏观经济学、企业改革理论、城市土地经济学、房地产经济学、税收学、金融市场学、合作经济学、渔业经济学、人力资源开发与管理。

——"论文荟萃"栏目介绍2012年国内主要学术专业刊物上公开发表的优秀经济学和管理学论文的基本观点，共计92篇。

——"著作选介"栏目介绍了2012年国内出版的108部经济学和管理学方面的专著。

——"研究课题"栏目集中汇集了2012年度国家社科基金项目、国家自然科学基金项目和中国社会科学院经济学部院重点课题立项的情况。

——"研究生教育"栏目提供了2012年度全国研究生培养单位经济学科和管理学科的研究生招生人数和毕业人数，以及2012年经济学、管理学"全国优秀博士学位论文"名单及论文中文摘要。

——"学界动态"栏目包括若干子栏目。即学术会议综述、国内主要经济学奖项的获奖情况、著名中国经济学家介绍、中国社会科学院经济学部工作总结等。其中，"学术会议综述"栏目的稿件主要来自于国内各个受邀学术机构、大学的供稿及选自《经济研究》《经济学动态》《中国工业经济》《财贸经济》《中国社会科学报》等报刊刊登的会议综述中的部分。国内主要经济学奖项的获奖情况主要选自国内有关网页。本卷的著名经济学家栏目介绍了著名经济学家王传纶的学术生平和主要贡献。另外，还介绍了2012年度诺贝尔经济学奖两位获奖者的学术贡献和生平简况。

——"机构介绍"栏目介绍我国主要经济学和管理学研究、教学机构。本卷介绍了中国社会科学院经济学部、国务院发展研究中心、中华人民共和国国家发展和改革委员会宏观经济研究院、北京大学国家发展研究院等四家研究机构。

《中国经济学年鉴（2013）》的编撰过程得到了国内经济学界同仁和有关机构的大力支持，我们在这里向本卷所引用的各类文献的作者、资料的提供者、学界同仁、有关协助单位和部门的负责人表示诚挚的谢意。中国社会科学院经济学部所属各研究所（院）的科研处，以及各个受邀协作的大学和地方社科院的联络人，担负了繁重和高级属性的组织协调工作。没有他们的辛勤劳动，本卷年鉴的组稿和编撰不可能完成。在此，我们特对下列单位表示由衷的感谢：

北京大学经济学院，中国人民大学经济学院，南开大学经济学院，南开大学商学院，南京大学经济学院，厦门大学管理学院，厦门大学经济学院，中山大学岭南学院，中央财经大学商学院，上海市社会科学院，四川省社会科学院，广东省社会科学院，湖南省社会科学院，江苏省社会科学院，中国社会科学院所属经济研究所，工业经济研究所，农村发展研究所，金融研究所，财政与贸易研究所，数量经济与技术经济研究所，人口与劳动经济研究所，城市发展与环境研究所，中国社会科学院研究生院，《中国社会科学》杂志社，中国社会科学出版社，社会科学文献出版社，经济管理出版社。

2012 年是中国经济面临新形势的一年，也是中国经济形势备受国际关注的一年。在这一年里，中国经济学界和管理学界取得了丰硕的成果，我们力图在本卷年鉴中全面、完整地反映 2012 年度里我国经济学界和管理学界的研究全貌和最新进展，但由于我们的力量有限，而组织工作量大面广，虽竭尽全力，仍无法臻于完美，遗漏和讹误在所难免。《中国经济学年鉴》是全国学界同仁的共同平台，它的发展和完善离不开全国学界的持续支持。我们欢迎学界同仁和各界读者对本卷年鉴的各个方面提出批评和建议，以利我们把以后的编撰工作做得更好。

目　　录

第一篇　重要文献

第二篇　专题述评

第三篇　学科综述

第四篇　论文荟萃

第五篇　著作选介

第六篇　研究课题

第七篇　研究生教育

第八篇　学界动态

第九篇 机构介绍

第一篇

重要文献

坚定不移沿着中国特色社会主义道路前进
为全面建成小康社会而奋斗

——在中国共产党第十八次全国代表大会上的报告
（2012年11月8日）

胡锦涛

同志们：

现在，我代表第十七届中央委员会向大会作报告。

中国共产党第十八次全国代表大会，是在我国进入全面建成小康社会决定性阶段召开的一次十分重要的大会。大会的主题是：高举中国特色社会主义伟大旗帜，以邓小平理论、“三个代表”重要思想、科学发展观为指导，解放思想，改革开放，凝聚力量，攻坚克难，坚定不移沿着中国特色社会主义道路前进，为全面建成小康社会而奋斗。

此时此刻，我们有一个共同的感觉：经过九十多年艰苦奋斗，我们党团结带领全国各族人民，把贫穷落后的旧中国变成日益走向繁荣富强的新中国，中华民族伟大复兴展现出光明前景。我们对党和人民创造的历史伟业倍加自豪，对党和人民确立的理想信念倍加坚定，对党肩负的历史责任倍加清醒。

当前，世情、国情、党情继续发生深刻变化，我们面临的发展机遇和风险挑战前所未有。全党一定要牢记人民信任和重托，更加奋发有为、兢兢业业地工作，继续推动科学发展、促进社会和谐，继续改善人民生活、增进人民福祉，完成时代赋予的光荣而艰巨的任务。

一　过去五年的工作和十年的基本总结

十七大以来的五年，是我们在中国特色社会主义道路上奋勇前进的五年，是我们经受住各种困难和风险考验、夺取全面建设小康社会新胜利的五年。

十七大对推进改革开放和社会主义现代化建设、实现全面建设小康社会宏伟目标作出全面部署。为贯彻十七大精神，中央先后召开七次全会，分别就深化行政管理体制改革、推进农村改革发展、加强和改进新形势下党的建设、制定“十二五”规划、推进文化改革发展等关系全局的重大问题作出决定和部署。五年来，我们胜利完成“十一五”规划，顺利实施“十二五”规划，各方面工作都取得新的重大成就。

经济平稳较快发展。综合国力大幅提升，二〇一一年国内生产总值达到四十七点三万亿元。财政收入大幅增加。农业综合生产能力提高，粮食连年增产。产业结构调整取得新进展，基础设施全面加强。城镇化水平明显提高，城乡区域发展协调性增强。创新型国家建设成效显著，载人航天、探月工程、载人深潜、超级计算机、高速铁路等实现重大突破。生态文明建设扎实展开，资源节约和环境保护全面推进。

改革开放取得重大进展。农村综合改革、集体林权制度改革、国有企业改革不断深化，非公有制经济健康发展。现代市场体系和宏观调控体系不断健全，财税、金融、价格、科技、教育、社会保障、医药卫生、事业单位等改革稳步推进。开放型经济达到新水平，进出口总额跃居世界第二位。

人民生活水平显著提高。改善民生力度不断加大，城乡就业持续扩大，居民收入较快增长，家庭财产稳定增加，衣食住行用条件明显改善，城乡最低生活保障标准和农村扶贫标准大幅提升，企业退休人员基本养老金持续提高。

民主法制建设迈出新步伐。政治体制改革继续推进。实行城乡按相同人口比例选举人大代表。基层民主不断发展。中国特色社会主义法律体系形成，社会主义法治国家建设成绩显著。爱国统一战线巩固壮大。行政体制改革深化，司法体制和工作机制改革取得新进展。

文化建设迈上新台阶。社会主义核心价值体系建设深入开展，文化体制改革全面推进，公共文化服务体系建设取得重大进展，文化产业快速发展，文化创作生产更加繁荣，人民精神文化生活更加丰富多彩。全民健身和竞技体育取得新成绩。

社会建设取得新进步。基本公共服务水平和均等化程度明显提高。教育事业迅速发展，城乡免费义务教育全面实现。社会保障体系建设成效显著，城乡基本养老保险制度全面建立，新型社会救助体系基本形成。全民医保基本实现，城乡基本医疗卫生制度初步建立。保障性住房建设加快推进。加强和创新社会管理，社会保持和谐稳定。

国防和军队建设开创新局面。中国特色军事变革取得重大成就，军队革命化现代化正规化建设协调推进、全面加强，军事斗争准备不断深化，履行新世纪新阶段历史使命能力显著增强，出色完成一系列急难险重任务。

港澳台工作进一步加强。香港、澳门保持繁荣稳定，同内地交流合作提高到新水平。推动两岸关系实现重大转折，实现两岸全面直接双向“三通”，签署实施两岸经济合作框架协议，形成两岸全方位交往格局，开创两岸关系和平发展新局面。

外交工作取得新成就。坚定维护国家利益和我国公民、法人在海外合法权益，加强同世界各国交流合作，推动全球治理机制变革，积极促进世界和平与发展，在国际事务中的代表性和话语权进一步增强，为改革发展争取了有利国际环境。

党的建设全面加强。党的执政能力建设和先进性建设继续推进，思想理论建设成效明显，学习实践科学发展观活动取得重要成果，党的建设改革创新迈出重要步伐。党内民主进一步扩大。干部队伍建设取得重要进展，人才工作开创新局面。创先争优活动和学习型党组织建设深入进行，基层党组织不断加强。党风廉政建设和反腐败斗争取得新成效。

同时，必须清醒看到，我们工作中还存在许多不足，前进道路上还有不少困难和问题。主要是：发展中不平衡、不协调、不可持续问题依然突出，科技创新能力不强，产业结构不合理，农业基础依然薄弱，资源环境约束加剧，制约科学发展的体制机制障碍较多，深化改革开放和转变经济发展方式任务艰巨；城乡区域发展差距和居民收入分配差距依然较大；社会矛盾明显增多，教育、就业、社会保障、医疗、住房、生态环境、食品药品安全、安全生产、社会治安、执法司法等关系群众切身利益的问题较多，部分群众生活比较困难；一些领域存在道德失范、诚信缺失现象；一些干部领导科学发展能力不强，一些基层党组织软弱涣散，少数党员干部理想信念动摇、宗旨意识淡薄，形式主义、官僚主义问题突出，奢侈浪费现象严重；一些领域消极腐败现象易发多发，反腐败斗争形势依然严峻。对这些困难和问题，我们必须高度重视，进一步认真加以解决。

过去五年的工作，是十六大以来全面建设小康社会十年实践的重要组成部分。

这十年，我们紧紧抓住和用好我国发展的重要战略机遇期，战胜一系列重大挑战，奋力把中国特色社会主义推进到新的发展阶段。进入新世纪新阶段，国际局势风云变幻，综合国力竞争空前激烈，我们深化改革开放，加快发展步伐，以加入世界贸易组织为契机，变压力为动力，化挑战为机遇，坚定不移推进全面建设小康社会进程。前进过程中，我们战胜突如其来的非典疫情，认真总结我国发展实践，准确把握我国发展的阶段性特征，及时提出和全面贯彻科学发展观等重大战略思想，开拓了经济社会发展的广阔空间。二〇〇八年以后，国际金融危机使我国发展遭遇严重困难，我们科学判断、果断决策，采取一系列重大举措，在全球率先实现经济企稳回升，积累了有效应对外部经济风险冲击、保持经济平稳较快发展的重要经验。我们成功举办北京奥运会、残奥会和上海世博会，夺取抗击汶川特大地震等严重自然灾害和灾后恢复重建重大胜利，妥善处置一系列重大突发事件。在十分复杂的国内外形势下，党和人民经受住严峻考验，巩固和发展了改革开放和社会主义现代化建设大局，提高了我国国际地位，彰显了中国特色社会主义的巨大优越性和强大生命力，增强了中国人民和中华民族的自豪感和凝聚力。

十年来，我们取得一系列新的历史性成就，为全面建成小康社会打下了坚实基础。我国经济总量从世界第六位跃升到第二位，社会生产力、经济实力、科技实力迈上一个大台阶，人民生活水平、居民收入水平、社会保障水平迈上一个大台阶，综合国力、国际竞争力、国际影响力迈上一个大台阶，国家面貌发生新的历史性变化。人们公认，这是我国经济持续发展、民主不断健全、文化日益繁荣、社会保持稳定的时期，是着力保障和改善民生、人民得到实惠更多的时期。我们能取得这样的历史性成就，靠的是党的基本理论、基本路线、基本纲领、基本经验的正确指引，靠的是新中国成立以来特别是改革开放以来奠定的深厚基础，靠的是全党全国各族人民的团结奋斗。

在这里，我代表中共中央，向全国各族人民，向各民主党派、各人民团体和各界爱国人士，向香港特别行政区同胞、澳门特别行政区同胞和台湾同胞以及广大侨胞，向一切关心和支持中国现代化建设的各国朋友，表示衷心的感谢！

总结十年奋斗历程，最重要的就是我们坚持以马克思列宁主义、毛泽东思想、邓小平理论、“三个代表”重要思想为指导，勇于推进实践基础上的理论创新，围绕坚持和发展中国特色社会主义提出一系列紧密相连、相互贯通的新思想、新观点、新论断，形成和贯彻了科学发展观。科学发展观是马克思主义同当代中国实际和时代特征相结合的产物，是马克思主义关于发展的世界观和方法论的集中体现，对新形势下实现什么样的发展、怎样发展等重大问题作出了新的科学回答，把我们对中国特色社会主义规律的认识提高到新的水平，开辟了当代中国马克思主义发展新境界。科学发展观是中国特色社会主义理论体系最新成果，是中国共产党集体智慧的结晶，是指导党和国家全部工作的强大思想武器。科学发展观同马克思列宁主义、毛泽东思想、邓小平理论、“三个代表”重要思想一道，是党必须长期坚持的指导思想。

面向未来，深入贯彻落实科学发展观，对坚持和发展中国特色社会主义具有重大现实意义和深远历史意义，必须把科学发展观贯彻到我国现代化建设全过程、体现到党的建设各方面。全党必须更加自觉地把推动经济社会发展作为深入贯彻落实科学发展观的第一要义，牢牢扭住经济建设这个中心，坚持聚精会神搞建设、一心一意谋发展，着力把握发展规律、创新发展理念、破解发展难题，深入实施科教兴国战略、人才强国战略、可持续发展战略，加快形成符合科学发展要求的发展方式和体制机制，不断解放和发展社会生产力，不断实现科学发展、和谐发展、和平发展，为坚持和发展中国特色社会主义打下牢固基础。必须更加自觉地把以人为本作为深入贯彻落实科学发展观的核心立场，始终把实现好、维护好、发展好最广大人民根本利益作为党和国家一切工作的出发点和落脚点，尊重人民首创精神，保障人民各项权益，不断在实现发展成果由人民共享、促进人的全面发展上取得新成效。必须更加自觉地把全面协调可持续作为深入贯彻落实科学发展观的基本要求，全面落实经济建设、政治建设、文化建设、社会建设、生态文明建设五位一体总体布局，促进现代化建设各方面相协调，促进生产关系与生产力、上层建筑与经济基础相协调，不断开拓生产发展、生活富裕、生态良好的文明发展道路。必须更加自觉地把统筹兼顾作为深入贯彻落实科学发展观的根本方法，坚持一切从实际出发，正确认识和妥善处理中国特色社会主义事业中的重大关系，统筹改革发展稳定、内政外交国防、治党治国治军各方面工作，统筹城乡发展、区域发展、经济社会发展、人与自然和谐发展、国内发展和对外开放，统筹各方面利益关系，充分调动各方面积极性，努力形成全体人民各尽其能、各得其所而又和谐相处的局面。

解放思想、实事求是、与时俱进、求真务实，是科学发展观最鲜明的精神实质。实践发展永无止境，认识真理永无止境，理论创新永无止境。全党一定要勇于实践、勇于变革、勇于创新，把握时代发展要求，顺应人民共同愿望，不懈探索和把握中国特色社会主义规律，永葆党的生机活力，永葆国家发展动力，在党和人民创造性实践中奋力开拓中国特色社会主义更为广阔的发展前景。

二　夺取中国特色社会主义新胜利

回首近代以来中国波澜壮阔的历史，展望中华民族充满希望的未来，我们得出一个坚定的结论：全面建成小康社会，加快推进社会主义现代化，实现中华民族伟大复兴，必须坚定不移走中国特色社会主义道路。

道路关乎党的命脉，关乎国家前途、民族命运、人民幸福。在中国这样一个经济文化十分落后的国家探索民族复兴道路，是极为艰巨的任务。九十多年来，我们党紧紧依靠人民，把马克思主义基本原理同中国实际和时代特征结合起来，独立自主走自己的路，历经千辛万苦，付出各种代价，取得革命建设改革伟大胜利，开创和发展了中国特色社会主义，从根本上改变了中国人民和中华民族的前途命运。

以毛泽东同志为核心的党的第一代中央领导集体带领全党全国各族人民完成了新民主主义革命，进行了社会主义改造，确立了社会主义基本制度，成功实现了中国历史上最深刻最伟大的社会变革，为当代中国一切发展进步奠定了根本政治前提和制度基础。在探索过程中，虽然经历了严重曲折，但党在社会主义建设中取得的独创性理论成果和巨大成就，为新的历史时期开创中国特色社会主义提供了宝贵经验、理论准备、物质基础。

以邓小平同志为核心的党的第二代中央领导集体带领全党全国各族人民深刻总结我国社会主义建设正反两方面经验，借鉴世界社会主义历史经验，作出把党和国家工作中心转移到经济建设上来、实行改革开放的历史性决策，深刻揭示社会主义本质，确立社会主义初级阶段基本路线，明确提出走自己的路、建设中国特色社会主义，科学回答了建设中国特色社会主义的一系列基本问题，成功开创了中国特色社会主义。

以江泽民同志为核心的党的第三代中央领导集体带领全党全国各族人民坚持党的基本理论、基本路线，在国内外形势十分复杂、世界社会主义出现严重曲折的严峻考验面前捍卫了中国特色社会主义，依据新的实践确立了党的基本纲领、基本经验，确立了社会主义市场经济体制的改革目标和基本框架，确立了社会主义初级阶段的基本经济制度和分配制度，开创全面改革开放新局面，推进党的建设新的伟大工程，成功把中国特色社会主义推向二十一世纪。

新世纪新阶段，党中央抓住重要战略机遇期，在全面建设小康社会进程中推进实践创新、理论创新、制度创新，强调坚持以人为本、全面协调可持续发展，提出构建社会主义和谐社会、加快生态文明建设，形成中国特色社会主义事业总体布局，着力保障和改善民生，促进社会公平正义，推动建设和谐世界，推进党的执政能力建设和先进性建设，成功在新的历史起点上坚持和发展了中国特色社会主义。

在改革开放三十多年一以贯之的接力探索中，我们坚定不移高举中国特色社会主义伟大旗帜，既不走封闭僵化的老路、也不走改旗易帜的邪路。中国特色社会主义道路，中国特色社会主义理论体系，中国特色社会主义制度，是党和人民九十多年奋斗、创造、积累的根本成就，必须倍加珍惜、始终坚持、不断发展。

中国特色社会主义道路，就是在中国共产党领导下，立足基本国情，以经济建设为中心，坚持四项基本原则，坚持改革开放，解放和发展社会生产力，建设社会主义市场经济、社会主义民主政治、社会主义先进文化、社会主义和谐社会、社会主义生态文明，促进人的全面发展，逐步实现全体人民共同富裕，建设富强民主文明和谐的社会主义现代化国家。中国特色社会主义理论体系，就是包括邓小平理论、“三个代表”重要思想、科学发展观在内的科学理论体系，是对马克思列宁主义、毛泽东思想的坚持和发展。中国特色社会主义制度，就是人民代表大会制度的根本政治制度，中国共产党领导的多党合作和政治协商制度、民族区域自治制度以及基层群众自治制度等基本政治制度，中国特色社会主义法律体系，公有制为主体、多种所有制经济共同发展的基本经济制度，以及建立在这些制度基础上的经济体制、政治体制、文化体制、社会体制等各项具体制度。中国特色社会主义道路是实现途径，中国特色社会主义理论体系是行动指南，中国特色社会主义制度是根本保障，三者统一于中国特色社会主义伟大实践，这是党领导人民在建设社会主义长期实践中形成的最鲜明特色。

建设中国特色社会主义，总依据是社会主义初级阶段，总布局是五位一体，总任务是实现社会主义现代化和中华民族伟大复兴。中国特色社会主义，既坚持了科学社会主义基本原则，又根据时代条件赋予其鲜明的中国特色，以全新的视野深化了对共产党执政规律、社会主义建设规律、人类社会发展规律的认识，从理论和实践结合上系统回答了在中国这样人口多底子薄的东方大国建设什么样的社会主义、怎样建设社会主义这个根本问题，使我们国家快速发展起来，使我国人民生活水平快速提高起来。实践充分证明，中国特色社会主义是当代中国发展进步的根本方向，只有中国特色社会主义才能发展中国。

发展中国特色社会主义是一项长期的艰巨的历史任务，必须准备进行具有许多新的历史特点的伟大斗争。我们一定要毫不动摇坚持、与时俱进发展中国特色社会主义，不断丰富中国特色社会主义的实践特色、理论特色、民族特色、时代特色。

在新的历史条件下夺取中国特色社会主义新胜利，必须牢牢把握以下基本要求，并使之成为全党全国各族人民的共同信念。

——必须坚持人民主体地位。中国特色社会主义是亿万人民自己的事业。要发挥人民主人翁精神，坚持依法治国这个党领导人民治理国家的基本方略，最广泛地动员和组织人民依法管理国家事务和社会事务、管理经济和文化事业、积极投身社会主义现代化建设，更好保障人民权益，更好保证人民当家作主。

——必须坚持解放和发展社会生产力。解放和发展社会生产力是中国特色社会主义的根本任务。要坚持以经济建设为中心，以科学发展为主题，全面推进经济建设、政治建设、文化建设、社会建设、生态文明建设，实现以人为本、全面协调可持续的科学发展。

——必须坚持推进改革开放。改革开放是坚持和发展中国特色社会主义的必由之路。要始终把改革创新精神贯彻到治国理政各个环节，坚持社会主义市场经济的改革方向，坚持对外开放的基本国策，不断推进理论创新、制度创新、科技创新、文化创新以及其他各方面创新，不断推进我国社会主义制度自我完善和发展。

——必须坚持维护社会公平正义。公平正义是中国特色社会主义的内在要求。要在全体人民共同奋斗、经济社会发展的基础上，加紧建设对保障社会公平正义具有重大作用的制度，逐步建立以权利公平、机会公平、规则公平为主要内容的社会公平保障体系，努力营造公平的社会环境，保证人民平等参与、平等发展权利。

——必须坚持走共同富裕道路。共同富裕是中国特色社会主义的根本原则。要坚持社会主义基本经济制度和分配制度，调整国民收入分配格局，加大再分配调节力度，着力解决收入分配差距较大问题，使发展成果更多更公平惠及全体人民，朝着共同富裕方向稳步前进。

——必须坚持促进社会和谐。社会和谐是中国特色社会主义的本质属性。要把保障和改善民生放在更加突出的位置，加强和创新社会管理，正确处理改革发展稳定关系，团结一切可以团结的力量，最大限度增加和谐因素，增强社会创造活力，确保人民安居乐业、社会安定有序、国家长治久安。

——必须坚持和平发展。和平发展是中国特色社会主义的必然选择。要坚持开放的发展、合作的发展、共赢的发展，通过争取和平国际环境发展自己，又以自身发展维护和促进世界和平，扩大同各方利益汇合点，推动建设持久和平、共同繁荣的和谐世界。

——必须坚持党的领导。中国共产党是中国特色社会主义事业的领导核心。要坚持立党为公、执政为民，加强和改善党的领导，坚持党总揽全局、协调各方的领导核心作用，保持党的先进性和纯洁性，增强党的创造力、凝聚力、战斗力，提高党科学执政、民主执政、依法执政水平。

我们必须清醒认识到，我国仍处于并将长期处于社会主义初级阶段的基本国情没有变，人民日益增长的物质文化需要同落后的社会生产之间的矛盾这一社会主要矛盾没有变，我国是世界最大发展中国家的国际地位没有变。在任何情况下都要牢牢把握社会主义初级阶段这个最大国情，推进任何方面的改革发展都要牢牢立足社会主义初级阶段这个最大实际。党的基本路线是党和国家的生命线，必须坚持把以经济建设为中心同四项基本原则、改革开放这两个基本点统一于中国特色社会主义伟大实践，既不妄自菲薄，也不妄自尊大，扎扎实实夺取中国特色社会主义新胜利。

只要我们胸怀理想、坚定信念，不动摇、不懈怠、不折腾，顽强奋斗、艰苦奋斗、不懈奋斗，就一定能在中国共产党成立一百年时全面建成小康社会，就一定能在新中国成立一百年时建成富强民主文明和谐的社会主义现代化国家。全党要坚定这样的道路自信、理论自信、制度自信！

三　全面建成小康社会和全面深化改革开放的目标

综观国际国内大势，我国发展仍处于可以大有作为的重要战略机遇期。我们要准确判断重要战略机遇期内涵和条件的变化，全面把握机遇，沉着应对挑战，赢得主动，赢得优势，赢得未来，确保到二〇二〇年实现全面建成小康社会宏伟目标。

根据我国经济社会发展实际，要在十六大、十七大确立的全面建设小康社会目标的基础上努力实现新的要求。

——经济持续健康发展。转变经济发展方式取得重大进展，在发展平衡性、协调性、可持续性明显增强的基础上，实现国内生产总值和城乡居民人均收入比二〇一〇年翻一番。科技进步对经济增长的贡献率大幅上升，进入创新型国家行列。工业化基本实现，信息化水平大幅提升，城镇化质量明显提高，农业现代化和社会主义新农村建设成效显著，区域协调发展机制基本形成。对外开放水平进一步提高，国际竞争力明显增强。

——人民民主不断扩大。民主制度更加完善，民主形式更加丰富，人民积极性、主动性、创造性进一步发挥。依法治国基本方略全面落实，法治政府基本建成，司法公信力不断提高，人权得到切实尊重和保障。

——文化软实力显著增强。社会主义核心价值体系深入人心，公民文明素质和社会文明程度明显提高。文化产品更加丰富，公共文化服务体系基本建成，文化产业成为国民经济支柱性产业，中华文化走出去迈出更大步伐，社会主义文化强国建设基础更加坚实。

——人民生活水平全面提高。基本公共服务均等化总体实现。全民受教育程度和创新人才培养水平明显提高，进入人才强国和人力资源强国行列，教育现代化基本实现。就业更加充分。收入分配差距缩小，中等收入群体持续扩大，扶贫对象大幅减少。社会保障全民覆盖，人人享有基本医疗卫生服务，住房保障体系基本形成，社会和谐稳定。

——资源节约型、环境友好型社会建设取得重大进展。主体功能区布局基本形成，资源循环利用体系初步建立。单位国内生产总值能源消耗和二氧化碳排放大幅下降，主要污染物排放总量显著减少。森林覆盖率提高，生态系统稳定性增强，人居环境明显改善。

全面建成小康社会，必须以更大的政治勇气和智慧，不失时机深化重要领域改革，坚决破除一切妨碍科学发展的思想观念和体制机制弊端，构建系统完备、科学规范、运行有效的制度体系，使各方面制度更加成熟更加定型。要加快完善社会主义市场经济体制，完善公有制为主体、多种所有制经济共同发展的基本经济制度，完善按劳分配为主体、多种分配方式并存的分配制度，更大程度更广范围发挥市场在资源配置中的基础性作用，完善宏观调控体系，完善开放型经济体系，推动经济更有效率、更加公平、更可持续发展。加快推进社会主义民主政治制度化、规范化、程序化，从各层次各领域扩大公民有序政治参与，实现国家各项工作法治化。加快完善文化管理体制和文化生产经营机制，基本建立现代文化市场体系，健全国有文化资产管理体制，形成有利于创新创造的文化发展环境。加快形成科学有效的社会管理体制，完善社会保障体系，健全基层公共服务和社会管理网络，建立确保社会既充满活力又和谐有序的体制机制。加快建立生态文明制度，健全国土空间开发、资源节约、生态环境保护的体制机制，推动形成人与自然和谐发展现代化建设新格局。

如期全面建成小康社会任务十分艰巨，全党同志一定要埋头苦干、顽强拼搏。国家要加大对农村和中西部地区扶持力度，支持这些地区加快改革开放、增强发展能力、改善人民生活。鼓励有条件的地方在现代化建设中继续走在前列，为全国改革发展作出更大贡献。

四　加快完善社会主义市场经济体制和加快转变经济发展方式

以经济建设为中心是兴国之要，发展仍是解决我国所有问题的关键。只有推动经济持续健康发展，才能筑牢国家繁荣富强、人民幸福安康、社会和谐稳定的物质基础。必须坚持发展是硬道理的战略思想，决不能有丝毫动摇。

在当代中国，坚持发展是硬道理的本质要求就是坚持科学发展。以科学发展为主题，以加快转变经济发展方式为主线，是关系我国发展全局的战略抉择。要适应国内外经济形势新变化，加快形成新的经济发展方式，把推动发展的立足点转到提高质量和效益上来，着力激发各类市场主体发展新活力，着力增强创新驱动发展新动力，着力构建现代产业发展新体系，着力培育开放型经济发展新优势，使经济发展更多依靠内需特别是消费需求拉动，更多依靠现代服务业和战略性新兴产业带动，更多依靠科技进步、劳动者素质提高、管理创新驱动，更多依靠节约资源和循环经济推动，更多依靠城乡区域发展协调互动，不断增强长期发展后劲。

坚持走中国特色新型工业化、信息化、城镇化、农业现代化道路，推动信息化和工业化深度融合、工业化和城镇化良性互动、城镇化和农业现代化相互协调，促进工业化、信息化、城镇化、农业现代化同步发展。

（一）全面深化经济体制改革。深化改革是加快转变经济发展方式的关键。经济体制改革的核心问题是处理好政府和市场的关系，必须更加尊重市场规律，更好发挥政府作用。要毫不动摇巩固和发展公有制经济，推行公有制多种实现形式，深化国有企业改革，完善各类国有资产管理体制，推动国有资本更多投向关系国家安全和国民经济命脉的重要行业和关键领域，不断增强国有经济活力、控制力、影响力。毫不动摇鼓励、支持、引导非公有制经济发展，保证各种所有制经济依法平等使用生产要素、公平参与市场竞争、同等受到法律保护。健全现代市场体系，加强宏观调控目标和政策手段机制化建设。加快改革财税体制，健全中央和地方财力与事权相匹配的体制，完善促进基本公共服务均等化和主体功能区建设的公共财政体系，构建地方税体系，形成有利于结构优化、社会公平的税收制度。建立公共资源出让收益合理共享机制。

深化金融体制改革，健全促进宏观经济稳定、支持实体经济发展的现代金融体系，加快发展多层次资本市场，稳步推进利率和汇率市场化改革，逐步实现人民币资本项目可兑换。加快发展民营金融机构。完善金融监管，推进金融创新，提高银行、证券、保险等行业竞争力，维护金融稳定。

（二）实施创新驱动发展战略。科技创新是提高社会生产力和综合国力的战略支撑，必须摆在国家发展全局的核心位置。要坚持走中国特色自主创新道路，以全球视野谋划和推动创新，提高原始创新、集成创新和引进消化吸收再创新能力，更加注重协同创新。深化科技体制改革，推动科技和经济紧密结合，加快建设国家创新体系，着力构建以企业为主体、市场为导向、产学研相结合的技术创新体系。完善知识创新体系，强化基础研究、前沿技术研究、社会公益技术研究，提高科学研究水平和成果转化能力，抢占科技发展战略制高点。实施国家科技重大专项，突破重大技术瓶颈。加快新技术新产品新工艺研发应用，加强技术集成和商业模式创新。完善科技创新评价标准、激励机制、转化机制。实施知识产权战略，加强知识产权保护。促进创新资源高效配置和综合集成，把全社会智慧和力量凝聚到创新发展上来。

（三）推进经济结构战略性调整。这是加快转变经济发展方式的主攻方向。必须以改善需求结构、优化产业结构、促进区域协调发展、推进城镇化为重点，着力解决制约经济持续健康发展的重大结构性问题。要牢牢把握扩大内需这一战略基点，加快建立扩大消费需求长效机制，释放居民消费潜力，保持投资合理增长，扩大国内市场规模。牢牢把握发展实体经济这一坚实基础，实行更加有利于实体经济发展的政策措施，强化需求导向，推动战略性新兴产业、先进制造业健康发展，加快传统产业转型升级，推动服务业特别是现代服务业发展壮大，合理布局建设基础设施和基础产业。建设下一代信息基础设施，发展现代信息技术产业体系，健全信息安全保障体系，推进信息网络技术广泛运用。提高大中型企业核心竞争力，支持小微企业特别是科技型小微企业发展。继续实施区域发展总体战略，充分发挥各地区比较优势，优先推进西部大开发，全面振兴东北地区等老工业基地，大力促进中部地区崛起，积极支持东部地区率先发展。采取对口支援等多种形式，加大对革命老区、民族地区、边疆地区、贫困地区扶持力度。科学规划城市群规模和布局，增强中小城市和小城镇产业发展、公共服务、吸纳就业、人口集聚功能。加快改革户籍制度，有序推进农业转移人口市民化，努力实现城镇基本公共服务常住人口全覆盖。

（四）推动城乡发展一体化。解决好农业农村农民问题是全党工作重中之重，城乡发展一体化是解决“三农”问题的根本途径。要加大统筹城乡发展力度，增强农村发展活力，逐步缩小城乡差距，促进城乡共同繁荣。坚持工业反哺农业、城市支持农村和多予少取放活方针，加大强农惠农富农政策力度，让广大农民平等参与现代化进程、共同分享现代化成果。加快发展现代农业，增强农业综合生产能力，确保国家粮食安全和重要农产品有效供给。坚持把国家基础设施建设和社会事业发展重点放在农村，深入推进新农村建设和扶贫开发，全面改善农村生产生活条件。着力促进农民增收，保持农民收入持续较快增长。坚持和完善农村基本经营制度，依法维护农民土地承包经营权、宅基地使用权、集体收益分配权，壮大集体经济实力，发展农民专业合作和股份合作，培育新型经营主体，发展多种形式规模经营，构建集约化、专业化、组织化、社会化相结合的新型农业经营体系。改革征地制度，提高农民在土地增值收益中的分配比例。加快完善城乡发展一体化体制机制，着力在城乡规划、基础设施、公共服务等方面推进一体化，促进城乡要素平等交换和公共资源均衡配置，形成以工促农、以城带乡、工农互惠、城乡一体的新型工农、城乡关系。

（五）全面提高开放型经济水平。适应经济全球化新形势，必须实行更加积极主动的开放战略，完善互利共赢、多元平衡、安全高效的开放型经济体系。要加快转变对外经济发展方式，推动开放朝着优化结构、拓展深度、提高效益方向转变。创新开放模式，促进沿海内陆沿边开放优势互补，形成引领国际经济合作和竞争的开放区域，培育带动区域发展的开放高地。坚持出口和进口并重，强化贸易政策和产业政策协调，形成以技术、品牌、质量、服务为核心的出口竞争新优势，促进加工贸易转型升级，发展服务贸易，推动对外贸易平衡发展。提高利用外资综合优势和总体效益，推动引资、引技、引智有机结合。加快走出去步伐，增强企业国际化经营能力，培育一批世界水平的跨国公司。统筹双边、多边、区域次区域开放合作，加快实施自由贸易区战略，推动同周边国家互联互通。提高抵御国际经济风险能力。

我们一定要坚定信心，打胜全面深化经济体制改革和加快转变经济发展方式这场硬仗，把我国经济发展活力和竞争力提高到新的水平。

五　坚持走中国特色社会主义政治发展道路和推进政治体制改革

人民民主是我们党始终高扬的光辉旗帜。改革开放以来，我们总结发展社会主义民主正反两方面经验，强调人民民主是社会主义的生命，坚持国家一切权力属于人民，不断推进政治体制改革，社会主义民主政治建设取得重大进展，成功开辟和坚持了中国特色社会主义政治发展道路，为实现最广泛的人民民主确立了正确方向。

政治体制改革是我国全面改革的重要组成部分。必须继续积极稳妥推进政治体制改革，发展更加广泛、更加充分、更加健全的人民民主。必须坚持党的领导、人民当家作主、依法治国有机统一，以保证人民当家作主为根本，以增强党和国家活力、调动人民积极性为目标，扩大社会主义民主，加快建设社会主义法治国家，发展社会主义政治文明。要更加注重改进党的领导方式和执政方式，保证党领导人民有效治理国家；更加注重健全民主制度、丰富民主形式，保证人民依法实行民主选举、民主决策、民主管理、民主监督；更加注重发挥法治在国家治理和社会管理中的重要作用，维护国家法制统一、尊严、权威，保证人民依法享有广泛权利和自由。要把制度建设摆在突出位置，充分发挥我国社会主义政治制度优越性，积极借鉴人类政治文明有益成果，绝不照搬西方政治制度模式。

（一）支持和保证人民通过人民代表大会行使国家权力。人民代表大会制度是保证人民当家作主的根本政治制度。要善于使党的主张通过法定程序成为国家意志，支持人大及其常委会充分发挥国家权力机关作用，依法行使立法、监督、决定、任免等职权，加强立法工作组织协调，加强对“一府两院”的监督，加强对政府全口径预算决算的审查和监督。提高基层人大代表特别是一线工人、农民、知识分子代表比例，降低党政领导干部代表比例。在人大设立代表联络机构，完善代表联系群众制度。健全国家权力机关组织制度，优化常委会、专委会组成人员知识和年龄结构，提高专职委员比例，增强依法履职能力。

（二）健全社会主义协商民主制度。社会主义协商民主是我国人民民主的重要形式。要完善协商民主制度和工作机制，推进协商民主广泛、多层、制度化发展。通过国家政权机关、政协组织、党派团体等渠道，就经济社会发展重大问题和涉及群众切身利益的实际问题广泛协商，广纳群言、广集民智，增进共识、增强合力。坚持和完善中国共产党领导的多党合作和政治协商制度，充分发挥人民政协作为协商民主重要渠道作用，围绕团结和民主两大主题，推进政治协商、民主监督、参政议政制度建设，更好协调关系、汇聚力量、建言献策、服务大局。加强同民主党派的政治协商。把政治协商纳入决策程序，坚持协商于决策之前和决策之中，增强民主协商实效性。深入进行专题协商、对口协商、界别协商、提案办理协商。积极开展基层民主协商。

（三）完善基层民主制度。在城乡社区治理、基层公共事务和公益事业中实行群众自我管理、自我服务、自我教育、自我监督，是人民依法直接行使民主权利的重要方式。要健全基层党组织领导的充满活力的基层群众自治机制，以扩大有序参与、推进信息公开、加强议事协商、强化权力监督为重点，拓宽范围和途径，丰富内容和形式，保障人民享有更多更切实的民主权利。全心全意依靠工人阶级，健全以职工代表大会为基本形式的企事业单位民主管理制度，保障职工参与管理和监督的民主权利。发挥基层各类组织协同作用，实现政府管理和基层民主有机结合。

（四）全面推进依法治国。法治是治国理政的基本方式。要推进科学立法、严格执法、公正司法、全民守法，坚持法律面前人人平等，保证有法必依、执法必严、违法必究。完善中国特色社会主义法律体系，加强重点领域立法，拓展人民有序参与立法途径。推进依法行政，切实做到严格规范公正文明执法。进一步深化司法体制改革，坚持和完善中国特色社会主义司法制度，确保审判机关、检察机关依法独立公正行使审判权、检察权。深入开展法制宣传教育，弘扬社会主义法治精神，树立社会主义法治理念，增强全社会学法尊法守法用法意识。提高领导干部运用法治思维和法治方式深化改革、推动发展、化解矛盾、维护稳定能力。党领导人民制定宪法和法律，党必须在宪法和法律范围内活动。任何组织或者个人都不得有超越宪法和法律的特权，绝不允许以言代法、以权压法、徇私枉法。

（五）深化行政体制改革。行政体制改革是推动上层建筑适应经济基础的必然要求。要按照建立中国特色社会主义行政体制目标，深入推进政企分开、政资分开、政事分开、政社分开，建设职能科学、结构优化、廉洁高效、人民满意的服务型政府。深化行政审批制度改革，继续简政放权，推动政府职能向创造良好发展环境、提供优质公共服务、维护社会公平正义转变。稳步推进大部门制改革，健全部门职责体系。优化行政层级和行政区划设置，有条件的地方可探索省直接管理县（市）改革，深化乡镇行政体制改革。创新行政管理方式，提高政府公信力和执行力，推进政府绩效管理。严格控制机构编制，减少领导职数，降低行政成本。推进事业单位分类改革。完善体制改革协调机制，统筹规划和协调重大改革。

（六）健全权力运行制约和监督体系。坚持用制度管权管事管人，保障人民知情权、参与权、表达权、监督权，是权力正确运行的重要保证。要确保决策权、执行权、监督权既相互制约又相互协调，确保国家机关按照法定权限和程序行使权力。坚持科学决策、民主决策、依法决策，健全决策机制和程序，发挥思想库作用，建立健全决策问责和纠错制度。凡是涉及群众切身利益的决策都要充分听取群众意见，凡是损害群众利益的做法都要坚决防止和纠正。推进权力运行公开化、规范化，完善党务公开、政务公开、司法公开和各领域办事公开制度，健全质询、问责、经济责任审计、引咎辞职、罢免等制度，加强党内监督、民主监督、法律监督、舆论监督，让人民监督权力，让权力在阳光下运行。

（七）巩固和发展最广泛的爱国统一战线。统一战线是凝聚各方面力量，促进政党关系、民族关系、宗教关系、阶层关系、海内外同胞关系的和谐，夺取中国特色社会主义新胜利的重要法宝。要高举爱国主义、社会主义旗帜，巩固统一战线的思想政治基础，正确处理一致性和多样性的关系。坚持长期共存、互相监督、肝胆相照、荣辱与共的方针，加强同民主党派和无党派人士团结合作，促进思想上同心同德、目标上同心同向、行动上同心同行，加强党外代表人士队伍建设，选拔和推荐更多优秀党外人士担任各级国家机关领导职务。全面正确贯彻落实党的民族政策，坚持和完善民族区域自治制度，牢牢把握各民族共同团结奋斗、共同繁荣发展的主题，深入开展民族团结进步教育，加快民族地区发展，保障少数民族合法权益，巩固和发展平等团结互助和谐的社会主义民族关系，促进各民族和睦相处、和衷共济、和谐发展。全面贯彻党的宗教工作基本方针，发挥宗教界人士和信教群众在促进经济社会发展中的积极作用。鼓励和引导新的社会阶层人士为中国特色社会主义事业作出更大贡献。落实党的侨务政策，支持海外侨胞、归侨侨眷关心和参与祖国现代化建设与和平统一大业。

中国特色社会主义政治发展道路是团结亿万人民共同奋斗的正确道路。我们一定要坚定不移沿着这条道路前进，使我国社会主义民主政治展现出更加旺盛的生命力。

六　扎实推进社会主义文化强国建设

文化是民族的血脉，是人民的精神家园。全面建成小康社会，实现中华民族伟大复兴，必须推动社会主义文化大发展大繁荣，兴起社会主义文化建设新高潮，提高国家文化软实力，发挥文化引领风尚、教育人民、服务社会、推动发展的作用。

建设社会主义文化强国，必须走中国特色社会主义文化发展道路，坚持为人民服务、为社会主义服务的方向，坚持百花齐放、百家争鸣的方针，坚持贴近实际、贴近生活、贴近群众的原则，推动社会主义精神文明和物质文明全面发展，建设面向现代化、面向世界、面向未来的，民族的科学的大众的社会主义文化。

建设社会主义文化强国，关键是增强全民族文化创造活力。要深化文化体制改革，解放和发展文化生产力，发扬学术民主、艺术民主，为人民提供广阔文化舞台，让一切文化创造源泉充分涌流，开创全民族文化创造活力持续迸发、社会文化生活更加丰富多彩、人民基本文化权益得到更好保障、人民思想道德素质和科学文化素质全面提高、中华文化国际影响力不断增强的新局面。

（一）加强社会主义核心价值体系建设。社会主义核心价值体系是兴国之魂，决定着中国特色社会主义发展方向。要深入开展社会主义核心价值体系学习教育，用社会主义核心价值体系引领社会思潮、凝聚社会共识。推进马克思主义中国化时代化大众化，坚持不懈用中国特色社会主义理论体系武装全党、教育人民，深入实施马克思主义理论研究和建设工程，建设哲学社会科学创新体系，推动中国特色社会主义理论体系进教材进课堂进头脑。广泛开展理想信念教育，把广大人民团结凝聚在中国特色社会主义伟大旗帜之下。大力弘扬民族精神和时代精神，深入开展爱国主义、集体主义、社会主义教育，丰富人民精神世界，增强人民精神力量。倡导富强、民主、文明、和谐，倡导自由、平等、公正、法治，倡导爱国、敬业、诚信、友善，积极培育和践行社会主义核心价值观。牢牢掌握意识形态工作领导权和主导权，坚持正确导向，提高引导能力，壮大主流思想舆论。

（二）全面提高公民道德素质。这是社会主义道德建设的基本任务。要坚持依法治国和以德治国相结合，加强社会公德、职业道德、家庭美德、个人品德教育，弘扬中华传统美德，弘扬时代新风。推进公民道德建设工程，弘扬真善美、贬斥假恶丑，引导人们自觉履行法定义务、社会责任、家庭责任，营造劳动光荣、创造伟大的社会氛围，培育知荣辱、讲正气、作奉献、促和谐的良好风尚。深入开展道德领域突出问题专项教育和治理，加强政务诚信、商务诚信、社会诚信和司法公信建设。加强和改进思想政治工作，注重人文关怀和心理疏导，培育自尊自信、理性平和、积极向上的社会心态。深化群众性精神文明创建活动，广泛开展志愿服务，推动学雷锋活动、学习宣传道德模范常态化。

（三）丰富人民精神文化生活。让人民享有健康丰富的精神文化生活，是全面建成小康社会的重要内容。要坚持以人民为中心的创作导向，提高文化产品质量，为人民提供更好更多精神食粮。坚持面向基层、服务群众，加快推进重点文化惠民工程，加大对农村和欠发达地区文化建设的帮扶力度，继续推动公共文化服务设施向社会免费开放。建设优秀传统文化传承体系，弘扬中华优秀传统文化。推广和规范使用国家通用语言文字。繁荣发展少数民族文化事业。开展群众性文化活动，引导群众在文化建设中自我表现、自我教育、自我服务。开展全民阅读活动。加强和改进网络内容建设，唱响网上主旋律。加强网络社会管理，推进网络依法规范有序运行。开展“扫黄打非”，抵制低俗现象。普及科学知识，弘扬科学精神，提高全民科学素养。广泛开展全民健身运动，促进群众体育和竞技体育全面发展。

（四）增强文化整体实力和竞争力。文化实力和竞争力是国家富强、民族振兴的重要标志。要坚持把社会效益放在首位、社会效益和经济效益相统一，推动文化事业全面繁荣、文化产业快速发展。发展哲学社会科学、新闻出版、广播影视、文学艺术事业。加强重大公共文化工程和文化项目建设，完善公共文化服务体系，提高服务效能。促进文化和科技融合，发展新型文化业态，提高文化产业规模化、集约化、专业化水平。构建和发展现代传播体系，提高传播能力。增强国有公益性文化单位活力，完善经营性文化单位法人治理结构，繁荣文化市场。扩大文化领域对外开放，积极吸收借鉴国外优秀文化成果。营造有利于高素质文化人才大量涌现、健康成长的良好环境，造就一批名家大师和民族文化代表人物，表彰有杰出贡献的文化工作者。

我们一定要坚持社会主义先进文化前进方向，树立高度的文化自觉和文化自信，向着建设社会主义文化强国宏伟目标阔步前进。

七　在改善民生和创新管理中加强社会建设

加强社会建设，是社会和谐稳定的重要保证。必须从维护最广大人民根本利益的高度，加快健全基本公共服务体系，加强和创新社会管理，推动社会主义和谐社会建设。

加强社会建设，必须以保障和改善民生为重点。提高人民物质文化生活水平，是改革开放和社会主义现代化建设的根本目的。要多谋民生之利，多解民生之忧，解决好人民最关心最直接最现实的利益问题，在学有所教、劳有所得、病有所医、老有所养、住有所居上持续取得新进展，努力让人民过上更好生活。

加强社会建设，必须加快推进社会体制改革。要围绕构建中国特色社会主义社会管理体系，加快形成党委领导、政府负责、社会协同、公众参与、法治保障的社会管理体制，加快形成政府主导、覆盖城乡、可持续的基本公共服务体系，加快形成政社分开、权责明确、依法自治的现代社会组织体制，加快形成源头治理、动态管理、应急处置相结合的社会管理机制。

（一）努力办好人民满意的教育。教育是民族振兴和社会进步的基石。要坚持教育优先发展，全面贯彻党的教育方针，坚持教育为社会主义现代化建设服务、为人民服务，把立德树人作为教育的根本任务，培养德智体美全面发展的社会主义建设者和接班人。全面实施素质教育，深化教育领域综合改革，着力提高教育质量，培养学生社会责任感、创新精神、实践能力。办好学前教育，均衡发展九年义务教育，基本普及高中阶段教育，加快发展现代职业教育，推动高等教育内涵式发展，积极发展继续教育，完善终身教育体系，建设学习型社会。大力促进教育公平，合理配置教育资源，重点向农村、边远、贫困、民族地区倾斜，支持特殊教育，提高家庭经济困难学生资助水平，积极推动农民工子女平等接受教育，让每个孩子都能成为有用之才。鼓励引导社会力量兴办教育。加强教师队伍建设，提高师德水平和业务能力，增强教师教书育人的荣誉感和责任感。

（二）推动实现更高质量的就业。就业是民生之本。要贯彻劳动者自主就业、市场调节就业、政府促进就业和鼓励创业的方针，实施就业优先战略和更加积极的就业政策。引导劳动者转变就业观念，鼓励多渠道多形式就业，促进创业带动就业，做好以高校毕业生为重点的青年就业工作和农村转移劳动力、城镇困难人员、退役军人就业工作。加强职业技能培训，提升劳动者就业创业能力，增强就业稳定性。健全人力资源市场，完善就业服务体系，增强失业保险对促进就业的作用。健全劳动标准体系和劳动关系协调机制，加强劳动保障监察和争议调解仲裁，构建和谐劳动关系。

（三）千方百计增加居民收入。实现发展成果由人民共享，必须深化收入分配制度改革，努力实现居民收入增长和经济发展同步、劳动报酬增长和劳动生产率提高同步，提高居民收入在国民收入分配中的比重，提高劳动报酬在初次分配中的比重。初次分配和再分配都要兼顾效率和公平，再分配更加注重公平。完善劳动、资本、技术、管理等要素按贡献参与分配的初次分配机制，加快健全以税收、社会保障、转移支付为主要手段的再分配调节机制。深化企业和机关事业单位工资制度改革，推行企业工资集体协商制度，保护劳动所得。多渠道增加居民财产性收入。规范收入分配秩序，保护合法收入，增加低收入者收入，调节过高收入，取缔非法收入。

（四）统筹推进城乡社会保障体系建设。社会保障是保障人民生活、调节社会分配的一项基本制度。要坚持全覆盖、保基本、多层次、可持续方针，以增强公平性、适应流动性、保证可持续性为重点，全面建成覆盖城乡居民的社会保障体系。改革和完善企业和机关事业单位社会保险制度，整合城乡居民基本养老保险和基本医疗保险制度，逐步做实养老保险个人账户，实现基础养老金全国统筹，建立兼顾各类人员的社会保障待遇确定机制和正常调整机制。扩大社会保障基金筹资渠道，建立社会保险基金投资运营制度，确保基金安全和保值增值。完善社会救助体系，健全社会福利制度，支持发展慈善事业，做好优抚安置工作。建立市场配置和政府保障相结合的住房制度，加强保障性住房建设和管理，满足困难家庭基本需求。坚持男女平等基本国策，保障妇女儿童合法权益。积极应对人口老龄化，大力发展老龄服务事业和产业。健全残疾人社会保障和服务体系，切实保障残疾人权益。健全社会保障经办管理体制，建立更加便民快捷的服务体系。

（五）提高人民健康水平。健康是促进人的全面发展的必然要求。要坚持为人民健康服务的方向，坚持预防为主、以农村为重点、中西医并重，按照保基本、强基层、建机制要求，重点推进医疗保障、医疗服务、公共卫生、药品供应、监管体制综合改革，完善国民健康政策，为群众提供安全有效方便价廉的公共卫生和基本医疗服务。健全全民医保体系，建立重特大疾病保障和救助机制，完善突发公共卫生事件应急和重大疾病防控机制。巩固基本药物制度。健全农村三级医疗卫生服务网络和城市社区卫生服务体系，深化公立医院改革，鼓励社会办医。扶持中医药和民族医药事业发展。提高医疗卫生队伍服务能力，加强医德医风建设。改革和完善食品药品安全监管体制机制。开展爱国卫生运动，促进人民身心健康。坚持计划生育的基本国策，提高出生人口素质，逐步完善政策，促进人口长期均衡发展。

（六）加强和创新社会管理。提高社会管理科学化水平，必须加强社会管理法律、体制机制、能力、人才队伍和信息化建设。改进政府提供公共服务方式，加强基层社会管理和服务体系建设，增强城乡社区服务功能，强化企事业单位、人民团体在社会管理和服务中的职责，引导社会组织健康有序发展，充分发挥群众参与社会管理的基础作用。完善和创新流动人口和特殊人群管理服务。正确处理人民内部矛盾，建立健全党和政府主导的维护群众权益机制，完善信访制度，完善人民调解、行政调解、司法调解联动的工作体系，畅通和规范群众诉求表达、利益协调、权益保障渠道。建立健全重大决策社会稳定风险评估机制。强化公共安全体系和企业安全生产基础建设，遏制重特大安全事故。加强和改进党对政法工作的领导，加强政法队伍建设，切实肩负起中国特色社会主义事业建设者、捍卫者的职责使命。

深化平安建设，完善立体化社会治安防控体系，强化司法基本保障，依法防范和惩治违法犯罪活动，保障人民生命财产安全。完善国家安全战略和工作机制，高度警惕和坚决防范敌对势力的分裂、渗透、颠覆活动，确保国家安全。

全党全国人民行动起来，就一定能开创社会和谐人人有责、和谐社会人人共享的生动局面。

八　大力推进生态文明建设

建设生态文明，是关系人民福祉、关乎民族未来的长远大计。面对资源约束趋紧、环境污染严重、生态系统退化的严峻形势，必须树立尊重自然、顺应自然、保护自然的生态文明理念，把生态文明建设放在突出地位，融入经济建设、政治建设、文化建设、社会建设各方面和全过程，努力建设美丽中国，实现中华民族永续发展。

坚持节约资源和保护环境的基本国策，坚持节约优先、保护优先、自然恢复为主的方针，着力推进绿色发展、循环发展、低碳发展，形成节约资源和保护环境的空间格局、产业结构、生产方式、生活方式，从源头上扭转生态环境恶化趋势，为人民创造良好生产生活环境，为全球生态安全作出贡献。

（一）优化国土空间开发格局。国土是生态文明建设的空间载体，必须珍惜每一寸国土。要按照人口资源环境相均衡、经济社会生态效益相统一的原则，控制开发强度，调整空间结构，促进生产空间集约高效、生活空间宜居适度、生态空间山清水秀，给自然留下更多修复空间，给农业留下更多良田，给子孙后代留下天蓝、地绿、水净的美好家园。加快实施主体功能区战略，推动各地区严格按照主体功能定位发展，构建科学合理的城市化格局、农业发展格局、生态安全格局。提高海洋资源开发能力，发展海洋经济，保护海洋生态环境，坚决维护国家海洋权益，建设海洋强国。

（二）全面促进资源节约。节约资源是保护生态环境的根本之策。要节约集约利用资源，推动资源利用方式根本转变，加强全过程节约管理，大幅降低能源、水、土地消耗强度，提高利用效率和效益。推动能源生产和消费革命，控制能源消费总量，加强节能降耗，支持节能低碳产业和新能源、可再生能源发展，确保国家能源安全。加强水源地保护和用水总量管理，推进水循环利用，建设节水型社会。严守耕地保护红线，严格土地用途管制。加强矿产资源勘查、保护、合理开发。发展循环经济，促进生产、流通、消费过程的减量化、再利用、资源化。

（三）加大自然生态系统和环境保护力度。良好生态环境是人和社会持续发展的根本基础。要实施重大生态修复工程，增强生态产品生产能力，推进荒漠化、石漠化、水土流失综合治理，扩大森林、湖泊、湿地面积，保护生物多样性。加快水利建设，增强城乡防洪抗旱排涝能力。加强防灾减灾体系建设，提高气象、地质、地震灾害防御能力。坚持预防为主、综合治理，以解决损害群众健康突出环境问题为重点，强化水、大气、土壤等污染防治。坚持共同但有区别的责任原则、公平原则、各自能力原则，同国际社会一道积极应对全球气候变化。

（四）加强生态文明制度建设。保护生态环境必须依靠制度。要把资源消耗、环境损害、生态效益纳入经济社会发展评价体系，建立体现生态文明要求的目标体系、考核办法、奖惩机制。建立国土空间开发保护制度，完善最严格的耕地保护制度、水资源管理制度、环境保护制度。深化资源性产品价格和税费改革，建立反映市场供求和资源稀缺程度、体现生态价值和代际补偿的资源有偿使用制度和生态补偿制度。积极开展节能量、碳排放权、排污权、水权交易试点。加强环境监管，健全生态环境保护责任追究制度和环境损害赔偿制度。加强生态文明宣传教育，增强全民节约意识、环保意识、生态意识，形成合理消费的社会风尚，营造爱护生态环境的良好风气。

我们一定要更加自觉地珍爱自然，更加积极地保护生态，努力走向社会主义生态文明新时代。

九　加快推进国防和军队现代化

建设与我国国际地位相称、与国家安全和发展利益相适应的巩固国防和强大军队，是我国现代化建设的战略任务。我国面临的生存安全问题和发展安全问题、传统安全威胁和非传统安全威胁相互交织，要求国防和军队现代化建设有一个大的发展。必须坚持以国家核心安全需求为导向，统筹经济建设和国防建设，按照国防和军队现代化建设“三步走”战略构想，加紧完成机械化和信息化建设双重历史任务，力争到二〇二〇年基本实现机械化，信息化建设取得重大进展。

国防和军队现代化建设，必须以毛泽东军事思想、邓小平新时期军队建设思想、江泽民国防和军队建设思想、党关于新形势下国防和军队建设思想为指导。要适应国家发展战略和安全战略新要求，着眼全面履行新世纪新阶段军队历史使命，贯彻新时期积极防御军事战略方针，与时俱进加强军事战略指导，高度关注海洋、太空、网络空间安全，积极运筹和平时期军事力量运用，不断拓展和深化军事斗争准备，提高以打赢信息化条件下局部战争能力为核心的完成多样化军事任务能力。

坚持以推动国防和军队建设科学发展为主题，以加快转变战斗力生成模式为主线，全面加强军队革命化现代化正规化建设。毫不动摇坚持党对军队的绝对领导，坚持不懈用中国特色社会主义理论体系武装全军，持续培育当代革命军人核心价值观，大力发展先进军事文化，永葆人民军队性质、本色、作风。坚定不移把信息化作为军队现代化建设发展方向，推动信息化建设加速发展。加强高新技术武器装备建设，加快全面建设现代后勤，培养大批高素质新型军事人才，深入开展信息化条件下军事训练，增强基于信息系统的体系作战能力。加大依法治军、从严治军力度，推动正规化建设向更高水平发展。

紧跟世界新军事革命加速发展的潮流，积极稳妥进行国防和军队改革，推动中国特色军事变革深入发展。坚持以创新发展军事理论为先导，着力提高国防科技工业自主创新能力，深入推进军队组织形态现代化，构建中国特色现代军事力量体系。

坚持走中国特色军民融合式发展路子，坚持富国和强军相统一，加强军民融合式发展战略规划、体制机制建设、法规建设。加快建设现代化武装警察力量。增强全民国防观念，提高国防动员和后备力量建设质量。巩固和发展军政军民团结。

中国奉行防御性的国防政策，加强国防建设的目的是维护国家主权、安全、领土完整，保障国家和平发展。中国军队始终是维护世界和平的坚定力量，将一如既往同各国加强军事合作、增进军事互信，参与地区和国际安全事务，在国际政治和安全领域发挥积极作用。

十　丰富“一国两制”实践和推进祖国统一

香港、澳门回归以来，走上了同祖国内地优势互补、共同发展的宽广道路，“一国两制”实践取得举世公认的成功。中央政府对香港、澳门实行的各项方针政策，根本宗旨是维护国家主权、安全、发展利益，保持香港、澳门长期繁荣稳定。全面准确贯彻“一国两制”、“港人治港”、“澳人治澳”、高度自治的方针，必须把坚持一国原则和尊重两制差异、维护中央权力和保障特别行政区高度自治权、发挥祖国内地坚强后盾作用和提高港澳自身竞争力有机结合起来，任何时候都不能偏废。

中央政府将严格依照基本法办事，完善与基本法实施相关的制度和机制，坚定支持特别行政区行政长官和政府依法施政，带领香港、澳门各界人士集中精力发展经济、切实有效改善民生、循序渐进推进民主、包容共济促进和谐，深化内地与香港、澳门经贸关系，推进各领域交流合作，促进香港同胞、澳门同胞在爱国爱港、爱国爱澳旗帜下的大团结，防范和遏制外部势力干预港澳事务。

我们坚信，香港同胞、澳门同胞不仅有智慧、有能力、有办法把特别行政区管理好、建设好，也一定能在国家事务中发挥积极作用，同全国各族人民一道共享做中国人的尊严和荣耀。

解决台湾问题、实现祖国完全统一，是不可阻挡的历史进程。和平统一最符合包括台湾同胞在内的中华民族的根本利益。实现和平统一首先要确保两岸关系和平发展。必须坚持“和平统一、一国两制”方针，坚持发展两岸关系、推进祖国和平统一进程的八项主张，全面贯彻两岸关系和平发展重要思想，巩固和深化两岸关系和平发展的政治、经济、文化、社会基础，为和平统一创造更充分的条件。

我们要始终坚持一个中国原则。大陆和台湾虽然尚未统一，但两岸同属一个中国的事实从未改变，国家领土和主权从未分割、也不容分割。两岸双方应恪守反对“台独”、坚持“九二共识”的共同立场，增进维护一个中国框架的共同认知，在此基础上求同存异。

对台湾任何政党，只要不主张“台独”、认同一个中国，我们都愿意同他们交往、对话、合作。

我们要持续推进两岸交流合作。深化经济合作，厚植共同利益。扩大文化交流，增强民族认同。密切人民往来，融洽同胞感情。促进平等协商，加强制度建设。希望双方共同努力，探讨国家尚未统一特殊情况下的两岸政治关系，作出合情合理安排；商谈建立两岸军事安全互信机制，稳定台海局势；协商达成两岸和平协议，开创两岸关系和平发展新前景。

我们要努力促进两岸同胞团结奋斗。两岸同胞同属中华民族，是血脉相连的命运共同体，理应相互关爱信赖，共同推进两岸关系，共同享有发展成果。凡是有利于增进两岸同胞共同福祉的事情，我们都会尽最大努力做好。我们要切实保护台湾同胞权益，团结台湾同胞维护好、建设好中华民族共同家园。

我们坚决反对“台独”分裂图谋。中国人民绝不允许任何人任何势力以任何方式把台湾从祖国分割出去。“台独”分裂行径损害两岸同胞共同利益，必然走向彻底失败。

全体中华儿女携手努力，就一定能在同心实现中华民族伟大复兴进程中完成祖国统一大业。

十一　继续促进人类和平与发展的崇高事业

当今世界正在发生深刻复杂变化，和平与发展仍然是时代主题。世界多极化、经济全球化深入发展，文化多样化、社会信息化持续推进，科技革命孕育新突破，全球合作向多层次全方位拓展，新兴市场国家和发展中国家整体实力增强，国际力量对比朝着有利于维护世界和平方向发展，保持国际形势总体稳定具备更多有利条件。

同时，世界仍然很不安宁。国际金融危机影响深远，世界经济增长不稳定不确定因素增多，全球发展不平衡加剧，霸权主义、强权政治和新干涉主义有所上升，局部动荡频繁发生，粮食安全、能源资源安全、网络安全等全球性问题更加突出。

人类只有一个地球，各国共处一个世界。历史昭示我们，弱肉强食不是人类共存之道，穷兵黩武无法带来美好世界。要和平不要战争，要发展不要贫穷，要合作不要对抗，推动建设持久和平、共同繁荣的和谐世界，是各国人民共同愿望。

我们主张，在国际关系中弘扬平等互信、包容互鉴、合作共赢的精神，共同维护国际公平正义。平等互信，就是要遵循联合国宪章宗旨和原则，坚持国家不分大小、强弱、贫富一律平等，推动国际关系民主化，尊重主权，共享安全，维护世界和平稳定。包容互鉴，就是要尊重世界文明多样性、发展道路多样化，尊重和维护各国人民自主选择社会制度和发展道路的权利，相互借鉴，取长补短，推动人类文明进步。合作共赢，就是要倡导人类命运共同体意识，在追求本国利益时兼顾他国合理关切，在谋求本国发展中促进各国共同发展，建立更加平等均衡的新型全球发展伙伴关系，同舟共济，权责共担，增进人类共同利益。

中国将继续高举和平、发展、合作、共赢的旗帜，坚定不移致力于维护世界和平、促进共同发展。

中国将始终不渝走和平发展道路，坚定奉行独立自主的和平外交政策。我们坚决维护国家主权、安全、发展利益，决不会屈服于任何外来压力。我们根据事情本身的是非曲直决定自己的立场和政策，秉持公道，伸张正义。中国主张和平解决国际争端和热点问题，反对动辄诉诸武力或以武力相威胁，反对颠覆别国合法政权，反对一切形式的恐怖主义。中国反对各种形式的霸权主义和强权政治，不干涉别国内政，永远不称霸，永远不搞扩张。中国将坚持把中国人民利益同各国人民共同利益结合起来，以更加积极的姿态参与国际事务，发挥负责任大国作用，共同应对全球性挑战。

中国将始终不渝奉行互利共赢的开放战略，通过深化合作促进世界经济强劲、可持续、平衡增长。中国致力于缩小南北差距，支持发展中国家增强自主发展能力。中国将加强同主要经济体宏观经济政策协调，通过协商妥善解决经贸摩擦。中国坚持权利和义务相平衡，积极参与全球经济治理，推动贸易和投资自由化便利化，反对各种形式的保护主义。

中国坚持在和平共处五项原则基础上全面发展同各国的友好合作。我们将改善和发展同发达国家关系，拓宽合作领域，妥善处理分歧，推动建立长期稳定健康发展的新型大国关系。我们将坚持与邻为善、以邻为伴，巩固睦邻友好，深化互利合作，努力使自身发展更好惠及周边国家。我们将加强同广大发展中国家的团结合作，共同维护发展中国家正当权益，支持扩大发展中国家在国际事务中的代表性和发言权，永远做发展中国家的可靠朋友和真诚伙伴。我们将积极参与多边事务，支持联合国、二十国集团、上海合作组织、金砖国家等发挥积极作用，推动国际秩序和国际体系朝着公正合理的方向发展。我们将扎实推进公共外交和人文交流，维护我国海外合法权益。我们将开展同各国政党和政治组织的友好往来，加强人大、政协、地方、民间团体的对外交流，夯实国家关系发展社会基础。

中国人民热爱和平、渴望发展，愿同各国人民一道为人类和平与发展的崇高事业而不懈努力。

十二　全面提高党的建设科学化水平

我们党担负着团结带领人民全面建成小康社会、推进社会主义现代化、实现中华民族伟大复兴的重任。党坚强有力，党同人民保持血肉联系，国家就繁荣稳定，人民就幸福安康。形势的发展、事业的开拓、人民的期待，都要求我们以改革创新精神全面推进党的建设新的伟大工程，全面提高党的建设科学化水平。

全党必须牢记，只有植根人民、造福人民，党才能始终立于不败之地；只有居安思危、勇于进取，党才能始终走在时代前列。新形势下，党面临的执政考验、改革开放考验、市场经济考验、外部环境考验是长期的、复杂的、严峻的，精神懈怠危险、能力不足危险、脱离群众危险、消极腐败危险更加尖锐地摆在全党面前。不断提高党的领导水平和执政水平、提高拒腐防变和抵御风险能力，是党巩固执政地位、实现执政使命必须解决好的重大课题。全党要增强紧迫感和责任感，牢牢把握加强党的执政能力建设、先进性和纯洁性建设这条主线，坚持解放思想、改革创新，坚持党要管党、从严治党，全面加强党的思想建设、组织建设、作风建设、反腐倡廉建设、制度建设，增强自我净化、自我完善、自我革新、自我提高能力，建设学习型、服务型、创新型的马克思主义执政党，确保党始终成为中国特色社会主义事业的坚强领导核心。

（一）坚定理想信念，坚守共产党人精神追求。对马克思主义的信仰，对社会主义和共产主义的信念，是共产党人的政治灵魂，是共产党人经受住任何考验的精神支柱。要抓好思想理论建设这个根本，学习马克思列宁主义、毛泽东思想、中国特色社会主义理论体系，深入学习实践科学发展观，推进学习型党组织创建，教育引导党员、干部矢志不渝为中国特色社会主义共同理想而奋斗。抓好党性教育这个核心，学习党的历史，深刻认识党的两个历史问题决议总结的经验教训，弘扬党的优良传统和作风，教育引导党员、干部牢固树立正确的世界观、权力观、事业观，坚定政治立场，明辨大是大非。抓好道德建设这个基础，教育引导党员、干部模范践行社会主义荣辱观，讲党性、重品行、作表率，做社会主义道德的示范者、诚信风尚的引领者、公平正义的维护者，以实际行动彰显共产党人的人格力量。

（二）坚持以人为本、执政为民，始终保持党同人民群众的血肉联系。为人民服务是党的根本宗旨，以人为本、执政为民是检验党一切执政活动的最高标准。任何时候都要把人民利益放在第一位，始终与人民心连心、同呼吸、共命运，始终依靠人民推动历史前进。围绕保持党的先进性和纯洁性，在全党深入开展以为民务实清廉为主要内容的党的群众路线教育实践活动，着力解决人民群众反映强烈的突出问题，提高做好新形势下群众工作的能力。完善党员干部直接联系群众制度。坚持问政于民、问需于民、问计于民，从人民伟大实践中汲取智慧和力量。坚持实干富民、实干兴邦，敢于开拓，勇于担当，多干让人民满意的好事实事。坚持艰苦奋斗、勤俭节约，下决心改进文风会风，着力整治庸懒散奢等不良风气，坚决克服形式主义、官僚主义，以优良党风凝聚党心民心、带动政风民风。支持工会、共青团、妇联等人民团体充分发挥桥梁纽带作用，更好反映群众呼声，维护群众合法权益。

（三）积极发展党内民主，增强党的创造活力。党内民主是党的生命。要坚持民主集中制，健全党内民主制度体系，以党内民主带动人民民主。保障党员主体地位，健全党员民主权利保障制度，开展批评和自我批评，营造党内民主平等的同志关系、民主讨论的政治氛围、民主监督的制度环境，落实党员知情权、参与权、选举权、监督权。完善党的代表大会制度，提高工人、农民代表比例，落实和完善党的代表大会代表任期制，试行乡镇党代会年会制，深化县（市、区）党代会常任制试点，实行党代会代表提案制。完善党内选举制度，规范差额提名、差额选举，形成充分体现选举人意志的程序和环境。强化全委会决策和监督作用，完善常委会议事规则和决策程序，完善地方党委讨论决定重大问题和任用重要干部票决制。扩大党内基层民主，完善党员定期评议基层党组织领导班子等制度，推行党员旁听基层党委会议、党代会代表列席同级党委有关会议等做法，增强党内生活原则性和透明度。

（四）深化干部人事制度改革，建设高素质执政骨干队伍。坚持和发展中国特色社会主义，关键在于建设一支政治坚定、能力过硬、作风优良、奋发有为的执政骨干队伍。要坚持党管干部原则，坚持五湖四海、任人唯贤，坚持德才兼备、以德为先，坚持注重实绩、群众公认，深化干部人事制度改革，使各方面优秀干部充分涌现、各尽其能、才尽其用。全面准确贯彻民主、公开、竞争、择优方针，扩大干部工作民主，提高民主质量，完善竞争性选拔干部方式，提高选人用人公信度，不让老实人吃亏，不让投机钻营者得利。完善干部考核评价机制，促进领导干部树立正确政绩观。健全干部管理体制，从严管理监督干部，加强党政正职、关键岗位干部培养选拔，完善公务员制度。优化领导班子配备和干部队伍结构，注重从基层一线培养选拔干部，拓宽社会优秀人才进入党政干部队伍渠道。推进国有企业和事业单位人事制度改革。加强和改进干部教育培训，提高干部素质和能力。加大培养选拔优秀年轻干部力度，重视培养选拔女干部和少数民族干部，鼓励年轻干部到基层和艰苦地区锻炼成长。全面做好离退休干部工作。

（五）坚持党管人才原则，把各方面优秀人才集聚到党和国家事业中来。广开进贤之路，广纳天下英才，是保证党和人民事业发展的根本之举。要尊重劳动、尊重知识、尊重人才、尊重创造，加快确立人才优先发展战略布局，造就规模宏大、素质优良的人才队伍，推动我国由人才大国迈向人才强国。统筹推进各类人才队伍建设，实施重大人才工程，加大创新创业人才培养支持力度，重视实用人才培养，引导人才向科研生产一线流动。充分开发利用国内国际人才资源，积极引进和用好海外人才。加快人才发展体制机制改革和政策创新，建立国家荣誉制度，形成激发人才创造活力、具有国际竞争力的人才制度优势，开创人人皆可成才、人人尽展其才的生动局面。

（六）创新基层党建工作，夯实党执政的组织基础。党的基层组织是团结带领群众贯彻党的理论和路线方针政策、落实党的任务的战斗堡垒。要落实党建工作责任制，强化农村、城市社区党组织建设，加大非公有制经济组织、社会组织党建工作力度，全面推进各领域基层党建工作，扩大党组织和党的工作覆盖面，充分发挥推动发展、服务群众、凝聚人心、促进和谐的作用，以党的基层组织建设带动其他各类基层组织建设。健全党的基层组织体系，加强基层党组织带头人队伍建设，加强城乡基层党建资源整合，建立稳定的经费保障制度。以服务群众、做群众工作为主要任务，加强基层服务型党组织建设。以增强党性、提高素质为重点，加强和改进党员队伍教育管理，健全党员立足岗位创先争优长效机制，推动广大党员发挥先锋模范作用。严格党内组织生活，健全党员党性定期分析、民主评议等制度。改进对流动党员的教育、管理、服务。提高发展党员质量，重视从青年工人、农民、知识分子中发展党员。健全党员能进能出机制，优化党员队伍结构。

（七）坚定不移反对腐败，永葆共产党人清正廉洁的政治本色。反对腐败、建设廉洁政治，是党一贯坚持的鲜明政治立场，是人民关注的重大政治问题。这个问题解决不好，就会对党造成致命伤害，甚至亡党亡国。反腐倡廉必须常抓不懈，拒腐防变必须警钟长鸣。要坚持中国特色反腐倡廉道路，坚持标本兼治、综合治理、惩防并举、注重预防方针，全面推进惩治和预防腐败体系建设，做到干部清正、政府清廉、政治清明。加强反腐倡廉教育和廉政文化建设。各级领导干部特别是高级干部必须自觉遵守廉政准则，严格执行领导干部重大事项报告制度，既严于律己，又加强对亲属和身边工作人员的教育和约束，决不允许搞特权。严格规范权力行使，加强对领导干部特别是主要领导干部行使权力的监督。深化重点领域和关键环节改革，健全反腐败法律制度，防控廉政风险，防止利益冲突，更加科学有效地防治腐败。加强反腐败国际合作。严格执行党风廉政建设责任制。健全纪检监察体制，完善派驻机构统一管理，更好发挥巡视制度监督作用。始终保持惩治腐败高压态势，坚决查处大案要案，着力解决发生在群众身边的腐败问题。不管涉及什么人，不论权力大小、职位高低，只要触犯党纪国法，都要严惩不贷。

（八）严明党的纪律，自觉维护党的集中统一。党的集中统一是党的力量所在，是实现经济社会发展、民族团结进步、国家长治久安的根本保证。党面临的形势越复杂，肩负的任务越艰巨，就越要加强党的纪律建设，越要维护党的集中统一。

各级党组织和广大党员、干部特别是主要领导干部一定要自觉遵守党章，自觉按照党的组织原则和党内政治生活准则办事，任何人都不能凌驾于组织之上。要坚决维护中央权威，在思想上政治上行动上同党中央保持高度一致，坚决贯彻党的理论和路线方针政策，保证中央政令畅通，决不允许“上有政策、下有对策”，决不允许有令不行、有禁不止。加强监督检查，严肃党的纪律特别是政治纪律，对违反纪律的行为必须认真处理，切实做到纪律面前人人平等、遵守纪律没有特权、执行纪律没有例外，形成全党上下步调一致、奋发进取的强大力量。

同志们！在中国特色社会主义道路上实现中华民族伟大复兴，寄托着无数仁人志士、革命先烈的理想和夙愿。在长期艰苦卓绝的奋斗中，我们党紧紧依靠人民，付出了最大牺牲，书写了感天动地的壮丽史诗，不可逆转地结束了近代以后中国内忧外患、积贫积弱的悲惨命运，不可逆转地开启了中华民族不断发展壮大、走向伟大复兴的历史进军，使具有五千多年文明历史的中华民族以崭新的姿态屹立于世界民族之林。在新的征程上，我们的责任更大、担子更重，必须以更加坚定的信念、更加顽强的努力，继续实现推进现代化建设、完成祖国统一、维护世界和平与促进共同发展这三大历史任务。

面对人民的信任和重托，面对新的历史条件和考验，全党必须增强忧患意识，谦虚谨慎，戒骄戒躁，始终保持清醒头脑；必须增强创新意识，坚持真理，修正错误，始终保持奋发有为的精神状态；必须增强宗旨意识，相信群众，依靠群众，始终把人民放在心中最高位置；必须增强使命意识，求真务实，艰苦奋斗，始终保持共产党人的政治本色。

中国特色社会主义事业是面向未来的事业，需要一代又一代有志青年接续奋斗。全党都要关注青年、关心青年、关爱青年，倾听青年心声，鼓励青年成长，支持青年创业。广大青年要积极响应党的号召，树立正确的世界观、人生观、价值观，永远热爱我们伟大的祖国，永远热爱我们伟大的人民，永远热爱我们伟大的中华民族，在投身中国特色社会主义伟大事业中，让青春焕发出绚丽的光彩。

中国特色社会主义事业需要全体中华儿女万众一心、团结奋斗。团结就是大局，团结就是力量。全党同志要用坚强的党性保证团结，用共同的事业促进团结，自觉维护全党的团结统一，巩固全国各族人民大团结，加强海内外中华儿女大团结，促进中国人民同世界各国人民大团结。

让我们高举中国特色社会主义伟大旗帜，更加紧密地团结在党中央周围，为全面建成小康社会而奋斗，不断夺取中国特色社会主义新胜利，共同创造中国人民和中华民族更加幸福美好的未来！

（来源：光明网—《光明日报》）

政府工作报告

——2012 年 3 月 5 日在第十一届全国人民代表大会第五次会议上

温家宝

各位代表：

现在，我代表国务院，向大会报告政府工作，请各位代表审议，并请全国政协委员提出意见。

一　2011 年工作回顾

过去的一年，面对复杂多变的国际政治经济环境和艰巨繁重的国内改革发展任务，全国各族人民在中国共产党领导下，同心同德，团结奋进，改革开放和社会主义现代化建设取得新的重大成就。国内生产总值 47.2 万亿元，比上年增长 9.2%；公共财政收入 10.37 万亿元，增长 24.8%；粮食产量 57121 万吨，再创历史新高；城镇新增就业 1221 万人，城镇居民人均可支配收入和农村居民人均纯收入实际增长 8.4% 和 11.4%。我们巩固和扩大了应对国际金融危机冲击成果，实现了“十二五”时期良好开局。

一年来，我们主要做了以下工作：

（一）加强和改善宏观调控，遏制物价过快上涨，实现经济平稳较快发展。我们实施积极的财政政策和稳健的货币政策，坚持正确处理保持经济平稳较快发展、调整经济结构和管理通胀预期的关系，更加注重把握好政策实施的重点、力度和节奏，努力做到调控审慎灵活、适时适度，不断提高政策的针对性、灵活性和前瞻性。在全球通胀预期不断增强，国际市场大宗商品价格高位波动，国内要素成本明显上升，部分农产品供给偏紧的严峻形势下，我们把稳定物价总水平作为宏观调控的首要任务，坚持综合施策，合理运用货币政策工具，调节货币信贷增速，大力发展生产，保障供给，搞活流通，加强监管，居民消费价格指数、工业生产者出厂价格指数涨幅从 8 月份起逐月回落，扭转了一度过快上涨势头。下半年，世界经济不稳定性不确定性上升，国内经济运行出现一些新情况新问题，我们一方面坚持宏观调控的基本取向不变，保持宏观经济政策基本稳定，继续控制通货膨胀；一方面适时适度预调微调，加强信贷政策与产业政策的协调配合，加大结构性减税力度，重点支持实体经济特别是小型微型企业，重点支持民生工程特别是保障性安居工程，重点保证国家重大在建、续建项目的资金需要，有针对性地解决经济运行中的突出矛盾。我们坚定不移地加强房地产市场调控，确保调控政策落到实处、见到实效。投机、投资性需求得到明显抑制，多数城市房价环比下降，调控效果正在显现。我们高度重视防范和化解财政金融领域的潜在风险隐患，及时对地方政府性债务进行全面审计，摸清了多年形成的地方政府性债务的总规模、形成原因、偿还时限和区域分布。这些债务在经济社会发展中发挥了积极作用，形成了大量优质资产；也存在一些风险隐患，特别是部分偿债能力较弱地区存在局部性风险。我们认真开展债务清理整顿和规范工作，严格控制增量，积极稳妥解决债务偿还和在建项目后续融资问题。目前，我国政府性债务水平是可控的、安全的。总的看，我国国民经济继续朝着宏观调控预期方向发展，抗风险能力不断增强，呈现增长较快、价格趋稳、效益较好、民生改善的良好态势。

（二）加快转变经济发展方式，提高发展的协调性和产业的竞争力。我们坚持有扶有控，促进结构调整和优化升级，增强发展后劲。

巩固和加强农业基础。全面落实强农惠农富农政策，加大农业生产补贴力度，稳步提高粮食最低收购价，加强以农田水利为重点的农业农村基础设施建设，开展农村土地整治，加强农业科技服务和抗灾减灾，中央财政“三农”支出超过1万亿元，比上年增加1839亿元。农业全面丰收，粮食总产量实现了历史罕见的“八连增”，连续5年超万亿斤，标志着我国粮食综合生产能力稳定跃上新台阶。继续推进农村危房改造，解决了6398万农村人口的饮水安全和60万无电地区人口的用电问题，农村生产生活条件进一步改善。

加快产业结构优化升级。大力培育战略性新兴产业，新能源、新材料、生物医药、高端装备制造、新能源汽车快速发展，三网融合、云计算、物联网试点示范工作步伐加快。企业兼并重组取得新进展。支持重点产业振兴和技术改造，中央预算投资安排150亿元，支持4000多个项目，带动总投资3000亿元。加快发展信息咨询、电子商务等现代服务业，新兴服务领域不断拓宽。交通运输产业快速发展，经济社会发展的基础进一步夯实。

推进节能减排和生态环境保护。发布实施“十二五”节能减排综合性工作方案、控制温室气体排放工作方案和加强环境保护重点工作的意见。清洁能源发电装机达到2.9亿千瓦，比上年增加3356万千瓦。加强重点节能环保工程建设，新增城镇污水日处理能力1100万吨，5000多万千瓦新增燃煤发电机组全部安装脱硫设施。加大对高耗能、高排放和产能过剩行业的调控力度，淘汰落后的水泥产能1.5亿吨、炼铁产能3122万吨、焦炭产能1925万吨。实施天然林保护二期工程并提高补助标准，实行草原生态保护奖补政策，开展湖泊生态环境保护试点。植树造林9200多万亩。

促进区域经济协调发展。深入实施区域发展总体战略和全国主体功能区规划。出台实施促进西藏、新疆等地区跨越式发展的一系列优惠政策。制定实施新10年农村扶贫开发纲要和兴边富民行动规划。区域发展协调性进一步增强，中西部和东北地区主要经济指标增速高于全国平均水平，东部地区产业转型升级步伐加快。城镇化率超过50%，这是中国社会结构的一个历史性变化。胜利完成四川汶川特大地震灾后恢复重建任务，积极推进青海玉树、甘肃舟曲、云南盈江抗灾救灾和恢复重建工作。

（三）大力发展社会事业，促进经济社会协调发展。各级政府加大对科技、教育、文化、卫生、体育事业的投入，全国财政支出2.82万亿元。

持续提升科技创新能力。加强基础研究和前沿技术研究。实施国家科技重大专项，突破一些关键核心技术，填补了多项重大产品和装备的空白。天宫一号目标飞行器与神舟八号飞船先后成功发射并顺利交会对接，成为我国载人航天发展史上新的里程碑。

扎实推进教育公平。深入贯彻落实教育改革和发展规划纲要。经过25年坚持不懈的努力，全面实现九年制义务教育。免除 3000 多万名农村寄宿制学生住宿费，其中 1228 万名中西部家庭经济困难学生享受生活补助。建立起完整的家庭经济困难学生资助体系。初步解决农民工随迁子女在城市接受义务教育的问题。推动实施"学前教育三年行动计划"，提高幼儿入园率。大力发展职业教育。加强中小学教师培训工作，扩大中小学教师职称制度改革试点，提高中小学教师队伍整体素质。首届免费师范生全部到中小学任教，90% 以上在中西部。

大力加强文化建设。中央财政加大对文化惠民工程的支持，各地对公益性文化事业投入显著增加。扩大公共文化设施免费开放范围，服务面逐步拓展。文化体制改革继续推进，文化产业快速发展。文物保护、非物质文化遗产保护和传承取得重要进展。大力加强群众体育设施建设，全民健身活动蓬勃开展，体育事业取得新成绩。

积极稳妥推进医药卫生事业改革发展。基本医疗保险覆盖范围继续扩大，13 亿城乡居民参保，全民医保体系初步形成。政策范围内住院费用报销比例提高，重大疾病医疗保障病种范围进一步扩大。各级财政对城镇居民医保和新农合的补助标准由每人每年 120 元提高到 200 元。国家基本药物制度在政府办基层医疗卫生机构实现全覆盖，基本药物安全性提高、价格下降。公立医院改革试点有序进行。基层医疗卫生服务体系基本建成。基本公共卫生服务均等化取得新进展。

（四）切实保障和改善民生，解决关系群众切身利益的问题。我们坚持民生优先，努力使发展成果惠及全体人民，促进社会公平正义。

实施更加积极的就业政策。多渠道开发就业岗位，全力推动以创业带动就业，加强职业技能培训和公共就业服务体系建设。加大财政、税收、金融等方面支持力度，着力促进高校毕业生、农民工等重点人群就业。高校毕业生初次就业率 77.8%，同比提高 1.2 个百分点。农民工总量 2.53 亿人，比上年增长 4.4%，其中，外出农民工 1.59 亿人，增长 3.4%。

积极调整收入分配关系。着力提高低收入群众收入。农村居民人均纯收入实际增速为 1985 年以来最高，连续两年快于城镇居民；各地普遍较大幅度调高最低工资标准；连续第 7 年提高企业退休人员基本养老金，全年人均增加 1680 元，5700 多万人受益；进一步提高城乡低保补助水平以及部分优抚对象抚恤和生活补助标准，对全国城乡低保对象、农村五保供养对象等 8600 多万名困难群众发放一次性生活补贴；建立社会救助和保障标准与物价上涨挂钩的联动机制。扩大中等收入者所占比重。个人所得税起征点从 2000 元提高到 3500 元。降低 900 多万个体工商户税负。中央决定将农民人均纯收入 2300 元（2010 年不变价）作为新的国家扶贫标准，比 2009 年提高 92%，把更多农村低收入人口纳入扶贫范围，这是社会的巨大进步。

加强社会保障体系建设。社会保障覆盖范围继续扩大，全国参加城镇基本养老保险、失业保险、工伤保险和生育保险人数大幅增加。2147 个县（市、区）实施城镇居民社会养老保险试点，1334 万人参保，641 万人领取养老金。2343 个县（市、区）开展新型农村社会养老保险试点，3.58 亿人参保，9880 万人领取养老金，覆盖面扩大到 60% 以上。解决了 500 多万名集体企业退休人员养老保障的历史遗留问题。将 312 万名企业"老工伤"人员和工亡职工供养亲属纳入工伤保险统筹管理。养老保险跨地区转移接续工作有序推进。社会保障体系不断健全，向制度全覆盖迈出重大步伐，这是推进基本公共服务均等化取得的重要成就。

大力推进保障性安居工程建设。出台关于保障性安居工程建设和管理的指导意见，完善财政投入、土地供应、信贷支持、税费减免等政策，着力提高规划建设和工程质量水平，制定保障性住房分配、管理、退出等制度和办法。中央财政安排资金1713亿元，是2010年的2.2倍，全年城镇保障性住房基本建成432万套，新开工建设1043万套。

努力维护社会公共安全。加强安全生产监管，做好重特大安全事故的处置、调查、问责工作。完善食品安全监管体制机制，集中打击、整治非法添加和违法生产加工行为。坚持以人为本、服务为先，加强和创新社会管理，着力排查化解各类社会矛盾，依法打击违法犯罪活动，保持社会和谐稳定。

（五）深入推进改革开放，为经济社会发展注入新的活力和动力。我们按照“十二五”规划提出的改革任务，加大攻坚力度，推动重点领域和关键环节的改革。

完善公共财政体系特别是预算管理制度，把预算外资金全部纳入预算管理，扩大国有资本经营预算实施范围，深化部门预算改革，推进政府预算、决算公开，98个中央部门和北京、上海、广东、陕西等省市公开“三公经费”。在全国范围实施原油、天然气资源税从价计征改革，出台营业税改征增值税试点方案。把跨境贸易人民币结算范围扩大到全国，启动境外直接投资人民币结算试点，开展外商直接投资人民币结算业务。深化集体林权制度改革，启动国有林场改革试点，依法开展草原承包经营登记。推进水利建设管理体制改革，创新水资源管理体制。深化国有企业改革。启动实施电网主辅分离改革重组以及上网电价和非居民用电价格调整方案。基本完成乡镇机构改革。事业单位分类改革有序开展。

我们坚持出口和进口并重，利用外资和对外投资并举，全面提升开放型经济水平。积极推进市场多元化战略，努力优化贸易结构。全年货物进出口总额3.64万亿美元，增长22.5%，其中，出口增长20.3%，进口增长24.9%，贸易顺差进一步下降。实际使用外商直接投资1160亿美元，服务业和中西部地区比重提高。企业“走出去”步伐加快，非金融类对外直接投资601亿美元。积极参与国际和区域经济合作，多边双边经贸关系继续深化。

我们在民主法制建设、国防和军队建设、港澳台工作和外交工作等方面，都取得了卓有成效的进展。

过去一年的成绩来之不易，显示了中国特色社会主义的优越性和生命力，增强了中华民族的自豪感和凝聚力。这是以胡锦涛同志为总书记的党中央科学决策、正确领导的结果，是全党全军全国各族人民齐心协力、顽强拼搏的结果。我代表国务院，向全国各族人民，向各民主党派、各人民团体和各界人士，表示诚挚的感谢！向香港特别行政区同胞、澳门特别行政区同胞、台湾同胞和海外侨胞，表示诚挚的感谢！向关心和支持中国现代化建设的各国政府、国际组织和各国朋友，表示诚挚的感谢！

我们也清醒地看到，我国经济社会发展仍然面临不少困难和挑战。从国际看，世界经济复苏进程艰难曲折，国际金融危机还在发展，一些国家主权债务危机短期内难以缓解。主要发达经济体失业率居高难下，增长动力不足，新兴经济体面临通货膨胀和经济增速回落的双重压力。主要货币汇率剧烈波动，大宗商品价格大幅震荡。国际贸易投资保护主义强化。从国内看，解决体制性结构性矛盾，缓解发展不平衡、不协调、不可持续的问题更为迫切、难度更大，经济运行中又出现不少新情况新问题。主要是：经济增长存在下行压力，物价水平仍处高位，房地产市场调控处于关键阶段，农业稳定发展、农民持续增收难度加大，就业总量压力与结构性矛盾并存，一些企业特别是小型微型企业经营困难增多，部分行业产能过剩凸显，能源消费总量增长过快。一些长期矛盾与短期问题相互交织，结构性因素和周期性因素相互作用，国内问题和国际问题相互关联，宏观调控面临更加复杂的局面。政府工作仍存在一些缺点和不足，节能减排、物价调控目标没有完成；征地拆迁、安全生产、食品药品安全、收入分配等方面问题还很突出，群众反映强烈；政府管理和服务水平有待提高，廉政建设亟需加强。

我们一定要以对国家和人民高度负责的精神，采取更加有力的措施，切实解决存在的问题，努力把各项工作做得更好，决不辜负人民的重托。

二　2012 年工作总体部署

今年是“十二五”时期承前启后的重要一年，也是本届政府任期的最后一年。我们要恪尽职守、锐意进取、攻坚克难，决不懈怠，交出一份人民满意的答卷。

我国发展仍处于重要战略机遇期，在较长时期内继续保持经济平稳较快发展具备不少有利条件。工业化、城镇化和农业现代化快速推进，消费结构和产业结构升级蕴藏着巨大的需求潜力；经过 30 多年改革开放，我国发展建立了良好的物质基础和体制条件，宏观调控经验不断丰富，企业竞争力和抗风险能力明显提高；东部地区创新发展能力增强，中西部地区和东北等老工业基地发展潜力不断释放；经济发展的传统优势依然存在，劳动力资源丰富、素质提高；财政收支状况良好，金融体系运行稳健，社会资金比较充裕。世界经济政治格局正在发生深刻变化，和平、发展、合作仍然是时代潮流，总体上有利于我国和平发展。我们要坚定信心，善于运用有利条件和积极因素，继续抓住和用好重要战略机遇期，推动经济平稳较快发展，不断增强我国的综合国力和国际影响力。

我们要高举中国特色社会主义伟大旗帜，以邓小平理论和“三个代表”重要思想为指导，深入贯彻落实科学发展观，坚持稳中求进，加强和改善宏观调控，继续处理好保持经济平稳较快发展、调整经济结构和管理通胀预期的关系，加快推进经济发展方式转变和经济结构调整，着力扩大国内需求特别是消费需求，着力加强自主创新和节能减排，着力深化改革开放，着力保障和改善民生，全面推进社会主义经济建设、政治建设、文化建设、社会建设以及生态文明建设，努力实现经济平稳较快发展和物价总水平基本稳定，保持社会和谐稳定，以经济社会发展的优异成绩迎接党的十八大胜利召开。

今年经济社会发展的主要预期目标是：国内生产总值增长 7.5%；城镇新增就业 900 万人以上，城镇登记失业率控制在 4.6% 以内；居民消费价格涨幅控制在 4% 左右；进出口总额增长 10% 左右，国际收支状况继续改善。同时，要在产业结构调整、自主创新、节能减排等方面取得新进展，城乡居民收入实际增长和经济增长保持同步。这里要着重说明，国内生产总值增长目标略微调低，主要是要与“十二五”规划目标逐步衔接，引导各方面把工作着力点放到加快转变经济发展方式、切实提高经济发展质量和效益上来，以利于实现更长时期、更高水平、更好质量发展。提出居民消费价格涨幅控制在 4% 左右，综合考虑了输入性通胀因素、要素成本上升影响以及居民承受能力，也为价格改革预留一定空间。

综合考虑各方面情况，要继续实施积极的财政政策和稳健的货币政策，根据形势变化适时适度预调微调，进一步提高政策的针对性、灵活性和前瞻性。

继续实施积极的财政政策。保持适度的财政赤字和国债规模。今年拟安排财政赤字8000亿元，赤字率下降到1.5%左右，其中中央财政赤字5500亿元，代发地方债2500亿元。优化财政支出结构、突出重点，更加注重向民生领域倾斜，加大对教育、文化、医疗卫生、就业、社会保障、保障性安居工程等方面的投入。更加注重加强薄弱环节，加大对“三农”、欠发达地区、科技创新和节能环保、水利、地质找矿等的支持。更加注重勤俭节约，严格控制“三公经费”，大力精简会议和文件，深化公务用车制度改革，进一步降低行政成本。继续控制楼堂馆所建设规模和标准，压缩大型运动会场馆建设投入。全面加强对重点领域、重点部门和重点资金的审计。实施结构性减税。认真落实和完善支持小型微型企业和个体工商户发展的各项税收优惠政策，开展营业税改征增值税试点。继续对行政事业性收费和政府性基金进行清理、整合和规范。加强地方政府性债务管理和风险防范。按照分类管理、区别对待、逐步化解的原则，继续妥善处理存量债务。进一步清理规范地方政府融资平台公司。坚决禁止各级政府以各种形式违规担保、承诺。同时，把短期应对措施和长期制度建设结合起来，严格控制地方政府新增债务，将地方政府债务收支分类纳入预算管理。

继续实施稳健的货币政策。按照总量适度、审慎灵活的要求，兼顾促进经济平稳较快发展、保持物价稳定和防范金融风险。综合运用各种货币政策工具，调节好货币信贷供求，保持社会融资规模合理增长。广义货币预期增长14%。优化信贷结构，支持国家重点在建、续建项目和保障性安居工程建设，加强对符合产业政策、有市场需求的企业特别是小型微型企业的信贷支持，切实降低实体经济融资成本。继续严格控制对高耗能、高污染和产能过剩行业的贷款。完善人民币汇率形成机制，增强人民币汇率双向浮动弹性，保持人民币汇率在合理均衡水平上的基本稳定。大力发展外汇市场，丰富外汇产品，为市场主体提供更多的汇率避险工具，管好用好外汇储备。建立健全系统性金融风险防范和监管协调机制，增强抵御风险能力。加强跨境资本流动监控。规范各类借贷行为，引导民间融资健康发展。

全面做好今年的工作，必须坚持突出主题、贯穿主线、统筹兼顾、协调推进，把稳增长、控物价、调结构、惠民生、抓改革、促和谐更好地结合起来。稳增长，就是要坚持扩大内需、稳定外需，大力发展实体经济，努力克服国内外各种不稳定不确定因素的影响，及时解决苗头性、倾向性问题，保持经济平稳运行。控物价，就是要继续采取综合措施，保持物价总水平基本稳定，防止价格走势反弹。调结构，就是要有扶有控，提高经济增长质量和效益，增强发展的协调性和可持续性。惠民生，就是要坚持把保障改善民生作为工作的根本出发点和落脚点，把促进社会公平正义放在更加突出的位置，切实办成一些让人民群众得实惠的好事实事。抓改革，就是要以更大的决心和气力推进改革开放，着力解决影响经济社会长期健康发展的体制性、结构性矛盾，在一些重点领域和关键环节取得新突破。以开放促改革、促发展、促创新。促和谐，就是要正确处理改革、发展、稳定三者关系，积极有效化解各种矛盾和风险隐患，防止局部性问题演变成全局性问题，促进社会和谐稳定。

三　2012 年主要任务

（一）促进经济平稳较快发展

扩大内需特别是消费需求是我国经济长期平稳较快发展的根本立足点，是今年工作的重点。

着力扩大消费需求。加快构建扩大消费的长效机制。大力调整收入分配格局，增加中低收入者收入，提高居民消费能力。完善鼓励居民消费政策。大力发展社会化养老、家政、物业、医疗保健等服务业。鼓励文化、旅游、健身等消费，落实好带薪休假制度。积极发展网络购物等新型消费业态。支持引导环保建材、节水洁具、节能汽车等绿色消费。扩大消费信贷。加强城乡流通体系和道路、停车场等基础设施建设。加强产品质量安全监管。改善消费环境，维护消费者合法权益。

不断优化投资结构。保持投资稳定增长，促进投资和消费良性互动。认真落实《国务院关于鼓励和引导民间投资健康发展的若干意见》，出台具有可操作性的实施细则。加强政府投资对结构调整的引领作用，优先保证重点在建、续建项目，有序推进国家重大项目开工建设。把好土地、信贷、节能、环保、安全、质量等准入和审核关，加强对重大项目特别是政府和国有投资项目的监管、督查，提高投资质量和效益。

（二）保持物价总水平基本稳定

这是关系群众利益和经济社会发展全局的重点工作。要在有效实施宏观经济政策、管好货币信贷总量、促进社会总供求基本平衡的基础上，搞好价格调控，防止物价反弹。

增加生产、保障供给。继续把抑制食品价格过快上涨作为稳定物价的重点。落实好“米袋子”省长负责制和“菜篮子”市长负责制，保障主要农产品供给。大中城市要有合理的菜地保有量，稳定和提高本地应季蔬菜自给水平，同周边地区和优势产区协作建设“菜篮子”产品基地。加强重要商品产运销衔接，完善政府储备和商业储备体系，做好主要农产品收储和投放，增强市场调控能力。

搞活流通、降低成本。严格执行蔬菜等鲜活农产品运输绿色通道政策。认真落实对农产品批发市场、集贸市场、社区平价菜店等的扶持政策，鼓励城市连锁超市、高校、大型企业、社区与农产品流通企业、专业合作社、种养大户对接，减少流通环节，增加零售网点，充分发挥流通主渠道作用。深化流通体制改革。扩大物流企业营业税差额纳税试点范围，完善大宗商品仓储设施用地税收政策。调整完善部分农产品批发、零售增值税政策，推动流通标准化、信息化建设。要多管齐下，切实把流通效率提上去、中间成本降下来，真正让生产者和消费者都得到好处。

加强监管、规范秩序。重点加强对食品、药品价格和医疗、通信、教育等服务收费的监督检查，坚决治理交通运输领域乱收费乱罚款，纠正大型零售商业企业违规收费行为，严厉查处发布虚假信息、囤积居奇、操纵价格、恶意炒作等违法行为。把握好舆论导向，正确引导社会预期。

（三）促进农业稳定发展和农民持续增收

在工业化和城镇化发展进程中，要更加重视农业现代化。必须坚持把解决好“三农”

问题作为各项工作的重中之重，进一步加大强农惠农富农政策力度，巩固和发展农业农村好形势。

稳定发展农业生产，多渠道增加农民收入。继续开展粮食稳定增产行动，稳定粮食种植面积，着力提高单产。引导农民调整结构，扩大紧缺、优质农产品生产，支持蔬菜、肉蛋奶、水产品等生产。农业补贴要继续增加总量，提高标准，扩大范围，完善机制，新增补贴重点向种养大户、农民专业合作社及各种生产服务组织倾斜。继续提高粮食最低收购价，今年小麦、稻谷最低收购价平均每50公斤分别提高7.4元和16元。健全主产区利益补偿机制，增加粮油、生猪等重要农产品生产大县奖励补助资金。实施新10年农村扶贫开发纲要，按照新的国家扶贫标准，全面做好扶贫开发工作，加大集中连片特殊困难地区扶贫开发力度，让扶贫对象更多地分享改革发展成果。

加快农业科技进步。农业的根本出路在科技。要大力推动农业科技创新，加大对良种繁育、疫病防控、农产品质量安全等关键技术研发和应用的支持力度。加快推进基层农技推广服务体系改革和建设，健全乡镇或区域性农业公共服务机构。完善农业技术补贴制度，促进先进适用农业技术到田到户。建好现代农业示范区，推进高产创建和标准化创建。加快农业机械化步伐。

加强农业农村基础设施建设。今年中央财政用于“三农”的投入拟安排12287亿元，比上年增加1868亿元。要搞好灌区配套改造和小型农田水利建设，大力发展节水农业，加大土地开发整理复垦力度，大规模建设旱涝保收高标准基本农田。加快中小河流治理、小型水库除险加固和山洪地质灾害综合防治。加强农村水电路气以及文化体育等基础设施建设，推进农村环境治理，加快农村危房改造，继续改善农村生产生活条件。

深化农村改革。坚持农村基本经营制度不动摇。要认真搞好土地确权登记颁证。土地承包经营权、宅基地使用权、集体收益分配权是法律赋予农民的财产权利，任何人都不能侵犯。加强土地承包经营权流转管理和服务，发展适度规模经营。严格保护耕地。制定出台农村集体土地征收补偿条例。扶持发展农民专业合作社、产业化龙头企业，开展多种形式的农业社会化服务，发展农业保险，提高农业产业化、组织化程度。深化农村综合改革。推进国有农场、林场体制改革，继续深化集体林权制度改革。

（四）加快转变经济发展方式

解决发展不平衡、不协调、不可持续的问题，关键在于加快转变经济发展方式，推进经济结构战略性调整，这既是一个长期过程，也是当前最紧迫的任务。

促进产业结构优化升级。推动战略性新兴产业健康发展。建立促进新能源利用的机制，加强统筹规划、项目配套、政策引导，扩大国内需求，防止太阳能、风电设备制造能力的盲目扩张。发展新一代信息技术，加强网络基础设施建设，推动三网融合取得实质性进展。大力发展高端装备制造、节能环保、生物医药、新能源汽车、新材料等产业。扩大技改专项资金规模，促进传统产业改造升级。以汽车、钢铁、造船、水泥等行业为重点，控制增量，优化存量，推动企业兼并重组，提高产业集中度和规模效益。落实并完善促进小型微型企业发展的政策，进一步减轻企业负担，激发科技型小型微型企业发展活力。实施有利于服务业发展的财税、金融政策，支持社会资本进入服务业，促进服务业发展提速、比重提高、水平提升。

推进节能减排和生态环境保护。节能减排的关键是节约能源，提高能效，减少污染。

要抓紧制定出台合理控制能源消费总量工作方案，加快理顺能源价格体系。综合运用经济、法律和必要的行政手段，突出抓好工业、交通、建筑、公共机构、居民生活等重点领域和千家重点耗能企业节能减排，进一步淘汰落后产能。加强用能管理，发展智能电网和分布式能源，实施节能发电调度、合同能源管理、政府节能采购等行之有效的管理方式。优化能源结构，推动传统能源清洁高效利用，安全高效发展核电，积极发展水电，加快页岩气勘查、开发攻关，提高新能源和可再生能源比重。加强能源通道建设。深入贯彻节约资源和保护环境基本国策。开展节能认证和能效标识监督检查，鼓励节能、节水、节地、节材和资源综合利用，大力发展循环经济。加强环境保护，着力解决重金属、饮用水源、大气、土壤、海洋污染等关系民生的突出环境问题。努力减少农业面源污染。严格监管危险化学品。今年在京津冀、长三角、珠三角等重点区域以及直辖市和省会城市开展细颗粒物（PM2.5）等项目监测，2015 年覆盖所有地级以上城市。推进生态建设，建立健全生态补偿机制，促进生态保护和修复，巩固天然林保护、退耕还林还草、退牧还草成果，加强草原生态建设，大力开展植树造林，推进荒漠化、石漠化、坡耕地治理，严格保护江河源、湿地、湖泊等重要生态功能区。加强适应气候变化特别是应对极端气候事件能力建设，提高防灾减灾能力。坚持共同但有区别的责任原则和公平原则，建设性推动应对气候变化国际谈判进程。我们要用行动昭告世界，中国绝不靠牺牲生态环境和人民健康来换取经济增长，我们一定能走出一条生产发展、生活富裕、生态良好的文明发展道路。

促进区域经济协调发展。实施区域发展总体战略和主体功能区规划，充分发挥各地特色和优势，进一步提高区域发展的协调性和基本公共服务均等化水平。认真落实西部大开发新 10 年的政策措施，加大实施中部地区崛起战略的力度，加快推进东北地区等老工业基地振兴，积极支持东部地区转型发展、在更高层次上参与国际竞争与合作。要加大对革命老区、民族地区、边疆地区和贫困地区的扶持力度。更好地发挥经济特区、上海浦东新区、天津滨海新区在改革开放中先行先试的重要作用。制定和实施海洋发展战略，促进海洋经济发展。加强和完善跨区域合作机制，消除市场壁垒，促进要素流动，引导产业有序转移，推动区域经济良性互动、协调发展。

积极稳妥推进城镇化。要遵循城市发展规律，从各地实际出发，促进大中小城市和小城镇协调发展。根据资源环境和人口承载能力，优化全国生产力布局，形成合理的城镇体系和与国土规模、资源分布、发展潜力相适应的人口布局。各类城市都要夯实经济基础，创造就业机会，完善基础设施，改善人居环境，加强管理服务，提升城镇化质量和水平。更加注重把在城镇稳定就业和居住的农民工有序转变为城镇居民；放宽中小城市落户条件，合理引导人口流向，让更多农村富余劳动力就近转移就业。加强对农民工的人文关怀和服务，着力解决农民工在就业服务、社会保障、子女入园上学、住房租购等方面的实际问题，逐步将城镇基本公共服务覆盖到农民工。关爱留守儿童、留守妇女和留守老人。让农民无论进城还是留乡，都能安居乐业、幸福生活。

（五）深入实施科教兴国战略和人才强国战略

大力发展科技、教育事业，培养高素质的人才队伍，是国家强盛、民族复兴的必由之路。

坚持优先发展教育。中央财政已按全国财政性教育经费支出占国内生产总值的 4% 编制预算，地方财政要相应安排，确保实现这一目标。教育经费要突出保障重点，加强薄弱环节，提高使用效益。深入推进教育体制改革，加强教师队伍建设，大力实施素质教育，逐步解决考试招生、教育教学等方面的突出问题。推进学校民主管理，逐步形成制度。促进义务教育均衡发展，资源配置要向中西部、农村、边远、民族地区和城市薄弱学校倾斜。继续花大气力推动解决择校、入园等人民群众关心的热点难点问题。农村中小学布局要因地制宜，处理好提高教育质量和方便孩子们就近上学的关系。办好农村寄宿学校，实施好农村义务教育学生营养改善计划。加强校车和校园安全管理，确保孩子们的人身安全。加强学前教育、继续教育和特殊教育，建设现代职业教育体系。办好民族教育。高等教育要与经济社会发展和国家战略需要紧密结合，提高教育质量和创新能力。完善国家助学制度，逐步将中等职业教育免学费政策覆盖到所有农村学生，扩大普通高中家庭经济困难学生资助范围。大力发展民办教育，鼓励和引导社会资本进入各级各类教育领域。教育寄托着人民的希望，关系国家的未来，我们一定要把这项事业办得更好！

大力推进科技创新。加强国家创新体系建设。深化科技体制改革，推动企业成为技术创新主体，促进科技与经济紧密结合。支持企业加强研发中心建设，承担国家和地区重大科技项目。引导科研机构、高等院校的科研力量为企业技术创新服务，更好地实现产学研有机结合，提高科技成果转化和产业化水平。推动基础研究和前沿技术研究，提高原始创新能力。完善科技评价和奖励制度。倡导学术诚信，鼓励独立思考，保障学术自由，弘扬科学精神。坚定不移地实施国家知识产权战略。

全面加强人才工作。深化人才体制改革，大力培养造就高水平创新创业人才、青年人才和急需紧缺人才，引进高层次人才。完善人才培养、任用、评价、激励机制。努力营造人才辈出、人尽其才、才尽其用的良好社会环境。

（六）切实保障和改善民生

实现好、维护好、发展好最广大人民的根本利益是以人为本理念的具体体现。要把保障和改善民生作为政府工作的重要任务。

千方百计扩大就业。就业是关系国家发展和人民福祉的大事。今年就业压力仍然很大，各级政府务必坚持就业优先战略，继续实施更加积极的就业政策。重点扶持就业容量大的服务业、创新型科技企业和小型微型企业，创造更多就业岗位。鼓励以创业带动就业。抓好高校毕业生、农民工和城镇就业困难人员就业，加强退役军人技能培训与就业安置工作。鼓励高校毕业生投身农村、基层、中西部地区建设。加强职业培训和公共就业服务工作。加快建立健全统一规范灵活的人力资源市场。积极构建和谐劳动关系，加强对劳务派遣的规范管理，开展劳动关系争议排查，加强劳动监察和调解仲裁，维护劳动者合法权益。

加快完善社会保障体系。今年年底前实现新型农村社会养老保险和城镇居民社会养老保险制度全覆盖。扩大各项社会保险覆盖面。增加企业退休人员基本养老金。加强城乡低保和社会救助工作，加快发展社会福利事业和慈善事业。加强各项社会保障制度衔接。多渠道增加社会保障基金，加强社会保险基金、社会保障基金投资监管，实现保值增值。加强社保服务能力建设，有条件的地方可对各类社保经办机构进行整合归并，有些服务可委托银行、商业保险机构代办。加快全国统一的社会保障卡发放。

大力推进医药卫生事业改革发展。加快健全全民医保体系，巩固扩大基本医保覆盖面，提高基本医疗保障水平和管理服务水平。城镇居民医保和新农合补助标准提高到每人每年 240 元。全面推开尿毒症等 8 类大病保障，将肺癌等 12 类大病纳入保障和救助试点范围。巩固完善基本药物制度，加强基层医疗卫生服务体系建设。推进公立医院改革，实行医药分开、管办分开，破除以药补医机制。鼓励引导社会资本办医，加快形成对外开放的多元办医格局。充分调动医务工作者积极性，建立和谐的医患关系。加强公共卫生服务，预防控制严重威胁群众健康的重大传染病、慢性病、职业病。加强药品安全工作。扶持和促进中医药和民族医药事业发展。

全面做好人口和计划生育工作。继续稳定低生育水平，综合治理出生人口性别比偏高问题，提高出生人口质量。加快实现计划生育优质服务全覆盖，将免费孕前优生健康检查试点范围扩大到60%的县（市、区）。提高农村部分计划生育家庭奖励扶助、特殊扶助标准。加强流动人口计划生育服务管理。做好妇女儿童工作，扩大农村妇女宫颈癌、乳腺癌免费检查覆盖面，提高妇女儿童发展和权益保障水平。进一步完善残疾人社会保障体系和服务体系。积极发展老龄事业，加快建设社会养老服务体系，努力让城乡老年人都老有所养，幸福安度晚年。

继续搞好房地产市场调控和保障性安居工程建设。严格执行并逐步完善抑制投机、投资性需求的政策措施，进一步巩固调控成果，促进房价合理回归。继续推进保障性安居工程建设，在确保质量的前提下，基本建成500 万套，新开工 700 万套以上。抓紧完善保障性住房建设、分配、管理、退出等制度。采取有效措施，增加普通商品住房供给。加快建设城镇住房信息系统，改革房地产税收制度，促进房地产市场长期平稳健康发展。

加强和创新社会管理。加强社会矛盾化解、社会管理创新、公正廉洁执法。强化政府社会管理和公共服务职能。提高城乡基层群众性自治组织的自治能力。发挥社会组织在社会管理中的积极作用。积极稳妥推进户籍管理制度改革，推动实行居住证制度，为流动人口提供更好服务。以信息共享、互联互通为重点，加快建设国家电子政务网。大力推进政务诚信、商务诚信、社会诚信建设，构建覆盖全社会的征信系统。加强和改进互联网管理，营造健康的网络环境。健全重大决策社会稳定风险评估机制和突发事件应急管理机制。实施安全发展战略，加强安全生产监管，防止重特大事故发生。深入开展打击侵犯知识产权和制售假冒伪劣商品行动。增强食品安全监管能力，提高食品安全水平。加强和改进信访工作，健全群众利益诉求表达机制。加强法律服务和法律援助。严密防范和依法打击违法犯罪活动，保障人民群众生命财产安全。

（七）促进文化大发展大繁荣

文化是人类的精神家园，优秀文化传承是一个民族生生不息的血脉。要提供优质丰富的文化产品，不断满足人民群众的精神文化需求。深入推进社会主义核心价值体系建设。加强社会公德、职业道德、家庭美德和个人品德教育，做好青少年思想道德教育工作，努力形成知荣辱、讲正气、守诚信、作奉献、促和谐的良好风尚。大力发展公益性文化事业。以农村和中西部地区为重点，加强基层文化设施建设。推动哲学社会科学繁荣发展，积极发展新闻出版、广播影视、文学艺术和档案事业。加强文化遗产保护，繁荣发展少数民族文化事业。深化文化体制改革，继续推动经营性文化单位转企改制。提高文化产业规模化、集约化、专业化水平，推动文化产业成为国民经济支柱性产业。深入开展对外人文交流，促进中外文化相互借鉴。广泛开展全民健身活动，增强人民体质，促进体育事业和体育产业协调发展。中华文化具有强大的向心力和震撼力，当代中华儿女一定要肩负起弘扬中华文化的历史重任。

（八）深入推进重点领域改革

改革开放是决定中国前途命运的正确抉择。必须按照科学发展观要求，尊重群众首创精神，大胆探索，以更大决心和勇气继续全面推进经济体制、政治体制等各项改革，破解发展难题。当前和今后一段时期，改革的重点领域和关键环节是：进一步转变政府职能，完善宏观调控体系，理顺政府与市场的关系，更好地发挥市场配置资源的基础性作用；推进财税体制改革，理顺中央与地方及地方各级政府间财政分配关系，更好地调动中央和地方两个积极性；深化土地、户籍、公共服务改革，理顺城市与农村的关系，推动工业化、城镇化和农业现代化协调发展；推进社会事业、收入分配等改革，理顺经济与社会发展的关系，有效保障社会公平正义；推进依法行政和社会管理创新，理顺政府与公民和社会组织的关系，建设服务、责任、法治、廉洁政府。今年改革的重点任务是：

深化财税金融体制改革。完善分税制，健全转移支付制度，提高一般性转移支付规模和比例。完善县级基本财力保障机制。稳步推进地方财政预算、决算公开。深化国库集中收付、政府采购及国债管理制度改革。健全消费税制度。全面深化资源税改革，扩大从价计征范围。深入推进国有控股大型金融机构改革，规范发展小型金融机构，健全服务小型微型企业和“三农”的体制机制。推动实施银行业新监管标准。推进建立存款保险制度。深化政策性金融机构改革。健全完善新股发行制度和退市制度，强化投资者回报和权益保护。积极发展债券市场。推进保险业改革发展。深化利率市场化改革。稳步推进人民币资本项目可兑换，扩大人民币在跨境贸易和投资中的使用。

推动多种所有制经济共同发展。毫不动摇地巩固和发展公有制经济，毫不动摇地鼓励、支持、引导非公有制经济发展。深入推进国有经济战略性调整，完善国有资本有进有退、合理流动机制。研究推进铁路、电力等行业改革。完善和落实促进非公有制经济发展的各项政策措施，打破垄断，放宽准入，鼓励民间资本进入铁路、市政、金融、能源、电信、教育、医疗等领域，营造各类所有制经济公平竞争、共同发展的环境。

深化价格改革。稳妥推进电价改革，实施居民阶梯电价改革方案，完善水电、核电及可再生能源定价机制。逐步理顺煤电价格关系。完善成品油价格改革，推进天然气价格改革。实行最严格的水资源管理制度，合理制定和调整各地水资源费征收标准，推进农业水价综合改革。开展碳排放和排污权交易试点。

深化收入分配制度改革。抓紧制定收入分配体制改革总体方案。努力提高居民收入在国民收入分配中的比重，提高劳动报酬在初次分配中的比重。完善工资制度，建立工资正常增长机制，稳步提高最低工资标准。创造条件增加居民财产性收入。建立公共资源出让收益的全民共享机制。加大对高收入者的税收调节力度，严格规范国有企业、金融机构高管人员薪酬管理，扩大中等收入者比重，提高低收入者的收入，促进机会公平。规范收入分配秩序，有效保护合法收入，坚决取缔非法收入，尽快扭转收入差距扩大的趋势。

积极稳妥推进事业单位分类改革。科学划分事业单位类别，分类指导、分业推进、分级组织、分步实施，深化事业单位管理体制和人事、收入分配、社会保障制度改革。

加快推进政府改革。扩大社会主义民主，依法实行民主选举、民主决策、民主管理、民主监督，保障人民的知情权、参与权、表达权和监督权。全面贯彻依法治国基本方略，尊重和维护宪法和法律的权威，严格依法行政，坚决纠正有法不依、执法不严、违法不究、粗暴执法、渎职失职和执法腐败等行为。加强廉政建设，深入开展反腐败斗争，扎实推进惩治和预防腐败体系建设的各项长期性、基础性工作，着力解决人民群众反映强烈的突出问题。严格依法设定、实施、清理、规范行政审批事项。严禁领导干部插手政府采购、工程招标、土地矿业权拍卖等经济活动。严格执行领导干部廉洁从政各项规定。加强行政监督、民主监督、舆论监督。坚决查处各类违纪违法案件，严厉惩治腐败分子。

（九）努力提高对外开放的质量和水平

我国对外开放已进入新的阶段，进出口贸易、双向投资的地位和作用发生了深刻变化。必须适应新的形势，创新对外经济工作思路，转变对外经济发展方式，提升开放型经济水平，形成开放型经济新格局。

保持对外贸易稳定发展。我们强调扩大内需，但决不能忽视外需对我国经济发展的重要作用。要保持外贸政策基本稳定。稳定出口退税政策，扩大贸易融资和信用保险，改进海关、质检、外汇等方面的监管和服务，帮助企业克服订单不足、成本升高、摩擦增多等多重困难和压力。要加快转变外贸发展方式。深入实施科技兴贸、以质取胜和市场多元化战略，支持企业培育自主品牌、营销网络和研发中心，引导加工贸易向产业链高端延伸、向中西部转移。巩固美日欧传统市场，开拓新兴市场。稳定劳动密集型产品出口，扩大高技术、高附加值产品出口，控制高耗能、高污染产品出口。大力发展服务贸易，承接服务外包。制定加强进口、促进贸易平衡的指导意见，完善进口政策，搭建更多的进口促进平台，推动进出口平衡发展。

提高利用外资质量。坚持积极有效利用外资的方针，更加注重优化结构和提高质量。实施新修订的外商投资产业指导目录，引导外资更多投向先进制造业、高新技术产业、节能环保产业、现代服务业和中西部地区。

实施“走出去”战略。我国正处于对外投资加快发展的重要阶段，要加强宏观指导，强化政策支持，简化审批手续，健全服务保障。引导各类所有制企业有序开展境外能源、原材料、农业、制造业、服务业、基础设施等领域投资合作和跨国并购。创新境外经贸合作区发展模式，支持“走出去”的企业相互协同、集群发展。规范发展对外劳务合作。放宽居民境外投资限制。加强对外投资风险管理，维护我境外企业人员和资产安全。

参与全球经济治理和区域合作。努力保持与发达国家经贸关系稳定发展，全面深化与发展中国家的互利合作。继续推进自贸区建设和区域经济一体化进程。积极参与二十国集团等全球经济治理机制建设，加强与主要经济体宏观经济政策协调，反对各种形式的保护主义，继续在多哈回合谈判、国际金融体系改革中发挥建设性作用。

各位代表！

我国是统一的多民族国家，各民族共同团结奋斗、共同繁荣发展，国家才能兴旺发达。要坚持和完善民族区域自治制度，认真贯彻落实中央支持少数民族和民族地区发展的政策措施，大力实施扶持人口较少民族发展、推进兴边富民行动和发展少数民族事业规划。坚定不移地巩固和发展平等团结互助和谐的社会主义民族关系。

认真贯彻党的宗教工作基本方针。维护宗教团体、宗教界人士和信教群众的合法权益，充分发挥他们在促进经济发展、文化繁荣、社会和谐中的积极作用。

全面贯彻党的侨务政策。维护海外侨胞和归侨侨眷合法权益，支持他们积极参与祖国现代化建设与和平统一大业。

各位代表！

巩固的国防和强大的军队，是维护国家主权、安全和发展利益的坚强后盾。要着眼全面履行新世纪新阶段军队历史使命，全面加强军队革命化现代化正规化建设，不断提高以打赢信息化条件下局部战争能力为核心的完成多样化军事任务的能力。加强思想政治建设，坚持党对军队绝对领导的根本原则和人民军队的根本宗旨。积极开展信息化条件下军事训练。加快全面建设现代后勤步伐。大力提高国防科技和武器装备自主创新能力。着力培养高素质新型军事人才。积极稳妥地实施国防和军队改革。坚持依法治军、从严治军。全面建设现代化武装警察力量。加强国防动员和后备力量建设。坚决完成反恐维稳、处置突发事件、抢险救灾等任务。坚持军民结合、寓军于民，走中国特色军民融合式发展路子。巩固发展军政军民团结。

各位代表！

香港、澳门与祖国休戚相关、荣辱与共。我们将坚定不移地贯彻“一国两制”、“港人治港”、“澳人治澳”、高度自治的方针，全力支持香港、澳门发展经济，改善民生，推进民主。支持特区政府积极应对国际经济风险挑战，维护经济金融稳定和长期繁荣发展。衔接和落实好支持港澳经济社会发展的系列政策措施，大幅提升内地对港澳服务贸易开放水平，加快推进港珠澳大桥等基础设施建设和对接，深化合作，支持港澳参与国际和区域经济合作。支持香港巩固和提升国际金融、贸易、航运中心地位，建设离岸人民币业务中心。支持澳门建设世界旅游休闲中心，推进横琴新区建设，促进经济适度多元发展。我们相信，有伟大祖国作为坚强后盾，香港、澳门同胞一定能够把自己的家园建设得更加美好！

过去的一年，两岸关系经受了严峻考验，取得了积极进展。反对“台独”、认同“九二共识”，巩固交流合作成果，促进两岸关系和平发展，日益成为两岸同胞的共同意愿。新的一年，我们要继续坚持中央对台工作的大政方针，增强两岸关系发展的政治、经济、文化和民意基础，拓展两岸关系和平发展新局面。要全面深化经济金融合作，推动两岸经济合作框架协议后续商谈取得新进展。加快海峡西岸经济区建设。积极扩大各界往来，开展文化、教育等交流，使两岸同胞联系更紧密，感情更贴近，利益更融合。全体中华儿女要更加紧密地团结起来，为完成祖国统一大业、实现中华民族伟大复兴而努力奋斗！

各位代表！

新的一年，外交工作要更好地服务于改革开放和社会主义现代化建设大局，为促进世界经济增长、维护和平稳定作出更大贡献。我们将继续深化同周边国家的睦邻友好关系，积极参与周边各种合作机制，推动区域合作深入发展，共同营造和平稳定、平等互信、合作共赢的地区环境。我们将与广大发展中国家加强团结合作，深化传统友谊，扩大互利合作，推动实现联合国千年发展目标，维护发展中国家的正当权益和共同利益。我们将加强与各大国的战略对话，增进战略互信，拓展合作领域，推进相互关系长期稳定健康发展。我们将积极参与多边事务和全球治理，推动国际秩序朝着更加公正合理的方向发展。我们将坚定不移地走和平发展道路，坚持独立自主的和平外交政策，奉行互利共赢的开放战略，同世界各国一道，为促进人类文明进步，增进各国人民的福祉和建设一个持久和平、共同繁荣的和谐世界而不懈努力！

各位代表！

回顾过去，我们拼搏奋进，取得显著成就；展望未来，我们任重道远，仍须不懈努力。让我们紧密团结在以胡锦涛同志为总书记的党中央周围，解放思想，开拓创新，扎实工作，奋力开创社会主义现代化建设新局面！

（来源：人民网—《人民日报》）

第二篇

专题述评

中国国家资产负债表的编制与分析

一　研究背景

历史上，全球经济危机多有国际债务危机相伴。随着经济全球化逐步深入，且经济活动日渐金融化，债务危机更构成经济危机的基本要素。因此，追索危机产生的根源，分析危机蔓延的进程，研讨解救危机的措施，我们必须撩开层层面纱，追溯到危机国家之资产、负债状况及其动态平衡关系上。这是因为，在如今的情势下，一国经济健康状况的好坏，集中反映在该国的资产负债表中。认识及此，越来越多的研究者倾向于用资产负债表的分析框架来从事宏观经济，特别是经济周期的研究，因此，他们也倾向于将 20 世纪 80 年代以来的各次经济危机刻画为"资产负债表冲击"。

在上述实践和理论背景下，当中国地方融资平台债务问题浮出水面之时，人们开始担心起中国的主权债务风险来，更有人据以唱衰中国。面对这种挑战，编制中国的国家资产负债表（特别是政府资产负债表），深入剖析中国债务的源流、现状及发展前景，便成当务之急。

国家资产负债表的主要功能，是用精心设计的理论框架和一系列处理数据的方法，表列整个国家的"家底"，并揭示主要经济活动之间的对应关系。这套框架不仅有助于我们准确把握国家经济的健康状况，了解可能产生冲击的来源及强度，而且，在危机期间，它可为政府探讨对策空间提供基本依据。进一步，作为存量指标（有别于作为流量指标的 GDP），分析比较其年度间变化，它还有透视一国多年经济增长"累积效应"的功能。如果更深入地分部门考察资产负债结构、变动趋势及其同其他部门的关联，我们还可从存量视角对各国经济的结构特点与体制特征进行解构，从而揭示发展方式转型面临的问题，启示未来经济发展的方向。

尽管在很大程度上，人们对资产负债表等存量分析关注较少，但在学术文献中，编制、研究国家资产负债表已经有较长历史。早在 1936 年，就有美国学者提出把企业资产负债表技术应用于国民经济的构想（Dickingson and Eakin，1936）。资产负债核算作为一种成熟的宏观经济核算方法，形成于 20 世纪 60 年代。作为此领域的开创性工作，Goldsmith 等人曾编制了美国自 20 世纪初至 1980 年若干年份的综合与分部门的资产负债表（见 Goldsmith and Lipsey，1963 和 Goldsmith，1982）。Revell（1966）试编了 1957—1961 年英国的国家资产负债表。自 1975 年始，该表正式由官方发布（见 Holder，1998）。在加拿大，以账面和市场价值计算的国家资产负债表，从 1990 年开始编制。至今，大部分 OECD 成员国家都至少公布了不含有实物资产的金融资产负债表。中国国家资产负债表的研究与编制工作起步较晚。虽然国家统计局曾于 1997 年和 2007 年先后两次出版《中国资产负债表编制方法》，但迄今为止，中国官方资产负债表仍处于试编阶段，至今尚未对外公布正式数据。而且，该表可能只是国民经济核算的一个中间参考指标或中间产品。这种几近空白的状况，使得编制中国国家资产负债表特别是主权资产负债表具有了更大的紧迫性和挑战性。

需要指出的是，在相当长的时期中，资产负债表一直在国民经济核算的大框架下，仅仅作为一种统计方法进入人们的视野。而自 20 世纪 90 年代拉美（如墨西哥、巴西等国）和亚洲地区相继爆发大规模金融危机以来，关于国家资产负债表编制和研究方法的讨论延伸日趋活跃，其功能也超越单纯的统计核算，而逐渐显示出成为宏观经济分析基本方法之一的强劲势头。“资产负债表方法（Balance Sheet Approach）”“资产负债表衰退（Balance Sheet Recession）”等理论与政策研讨蔚然成风。其中颇引人注目的是，仅在 2003—2005 年间，国际货币基金组织便发表了十余篇国别资产负债表分析，极大地推动了相关研究的发展（见 Mathisen & Pellechio，2006）。2007 年金融海啸席卷全球，资产负债表分析方法进一步得到了学界、政府以及国际机构的广泛重视与认可，国内也有学者敏锐地跟上潮流并用之对中国经济问题展开了初步分析（易纲，2008；李扬，2009）。

总体上说，近年来在讨论金融危机的学术创新浪潮中，应用国家与部门资产负债表展开的研究已取得了重要进展。如 Allen 等人（2002）指出的，资产负债表方法（BSA）的特点与优势在于，通过这一方法可以清晰地界定出四类主要的金融风险，即期限错配、货币错配、资本结构错配以及清偿力缺失①，而分析考察这四类问题，则是揭示危机的根源，认识危机的传导机制，理解微观经济主体应对危机的行为方式，以及研判应对政策的关键所在。此外，除了用于对危机展开宏观层面的分析之外，目前的资产负债表研究正进一步向如下三个领域展开：第一，研究部门（国家）资本结构与金融稳定及货币危机之间关系，如 Allen et al. （2002）、侯杰（2006）；第二，考察部门间金融风险的分担与转移，如 Gray et al. （2007）、侯杰（2006）；第三，分析一国或地区的债务、资本结构与金融稳定性关系，如 Haim & Levy（2007，以色列）、Mathisen & Pellechio（2006，南非）、Lima et al. （2006，哥伦比亚），以及 Rosenberg et al.（2005，新兴市场）。

在上述研究背景下，我们立足于完善国家治理体系、提高国家治理能力的高度，旨在通过编制、研究国家整体与居民、非金融企业、金融机构及中央银行、中央政府、地方政府、对外部门等资产负债表，并结合市场化改革进程中经济发展的阶段性、体制性、结构性特征，系统分析中国经济规模扩张与结构调整的特点与轨迹，客观评估各种短期与中长期经济运行和债务、金融风险。应当指出的是，鉴于数据的可获得性及估算方法可能存在的争议，我们不敢高估本文提供的数据质量和体系的完整性，而是力求提出可扩展、可修正、可延伸的中国资产负债表估算方法与分析框架，并在谨慎搜集、科学估算各类数据的基础上，初步对中国国家及部门资产负债表进行剖析，并尝试运用这一分析框架，从一个新的角度审视当前中国所面临的发展可持续性、政府转型、地方债务、福利改革、金融系统开放与稳定性等一系列重大问题，探讨相应的政策措施、制度安排。

十八届三中全会中专门提到了要编制全国和地方资产负债表，这凸显出国家资产负债表研究的重要性。中国国家资产负债表研究课题组筹建于 2011 年，负责人李扬，由张晓晶协助开展研究，初步成果形成于 2012 年。当时已经编制完成中国国家主权资产负债表

① 其中，前三项错配，即期限错配、货币错配和资本结构错配，又可统称为资产负债表错配。

(2000—2010)，主要成果发表于《经济研究》①。同年9月份，召开了“中国国家资产负债表分析国际研讨会”，来自中国人民银行、国家统计局、世界银行、国际货币基金组织的专家及相关领域的知名学者对该成果给予高度评价。国际货币基金组织研究报告(IMF，2013)、人民银行研究局、国内外一些知名投行多次引用课题组的研究成果。此外，关于中国主权资产负债表研究的英文论文还收入国际货币组织出版的专著中②。本文在2012年研究成果的基础上，全面更新了数据，特别是增加了中国国家资产负债表的编制与分析。

二　基本框架

国家资产负债表是以一国总体经济存量为考察对象。按照联合国、国际货币基金组织、OECD以及欧共体委员会共同制定的国民账户体系（SNA2008），一国的资产负债表又可划分为非金融企业、金融部门（包括中央银行）③、政府（包括各级政府、社保基金以及政府控制的非营利机构）、居民（也称住户）、面向居民的非营利单位④以及非住户部门（即国外部门）。

参照相关国际标准以及国家统计局（2007）的相关描述，我们编制出适合中国国情的国家资产负债表简单框架（见表1）。其中，主栏为资产与负债项目及其差额，宾栏是国民经济各部门及合计加总。

表1　国家资产负债表框架

	非金融企业	金融机构	政府	住户	国内部门合计	国外部门	总计
非金融资产							
固定资产							
存货							
其他非金融资产（土地、无形资产、递延资产及其他资产）							
金融资产/负债							

① 李扬、张晓晶、常欣、汤铎铎、李成：《中国主权资产负债表及其风险评估》（上、下），《经济研究》2012年第6、7期。

② Li Yang, Zhang Xiaojing, “China’s sovereign balance sheet and implications for financial stability”, in *China’s Road to Greater Financial Stability: Some Policy Perspectives*, edited by Udaibir S. Das, Jonathan Fiechter, and Tao Sun, The IMF Press, 2013.

③ 也有将中央银行归入政府部门的，如Allen等（2002）。

④ 是指不受政府控制并向居民提供免费或象征性收费服务的机构，包括专业协会、宗教组织、慈善机构以及研究单位等。

续表

	非金融企业	金融机构	政府	住户	国内部门合计	国外部门	总计
（一）国内金融资产/负债							
通货与存款							
贷款							
股票及其他股权							
债务证券							
保险准备金							
其他应收/应付款项							
（二）国外金融资产/负债							
直接投资							
证券投资							
其他投资							
（三）储备资产							
黄金储备与特别提款权							
外汇储备							
资产负债差额（资产净值）							

资产负债表的基本逻辑关系可以大致归纳为：

（1）总资产＝负债＋资产净值；

（2）总资产＝非金融资产＋金融资产；

考虑到负债即金融负债①，同时，由于国家资产负债表中的（一国）金融债权和（另一国）金融债务互为镜像，它们同时发生，规模相等，方向相反，即在全球（或所有经济体）范围内，金融资产＝金融负债，我们可以将（1）（2）合并，得到：

（3）资产净值＝非金融资产；

（3）式成立的前提是纳入了国外部门。加入国外部门，一方面是出于会计平衡的需要，另一方面，也只有像联合国或IMF这样将全球所有经济体视为一个整体的国际机构，考察国外部门才有意义（表1即是以全球为考察对象）。就单个经济体而言，有实际意义的是国内部门合计，因此可以忽略国外部门与总计这两栏。

进一步看，金融资产/负债包含三项，项目（一）是国内金融资产/负债，项目（二）（三）其实就是我们通常所说的国际投资头寸表。由于国内金融资产＝国内金融负债，即

① 由于非金融资产不存在相互借贷和债权债务关系，因此，它只反映在持有者的资产方即使用方，而不反映在负债方即来源方。这样，资产负债表中的负债方只含有金融类负债。

项目（一）中的资产负债完全抵销，那么国内部门合计的净金融资产就等于（二）、（三）项的加总，也就等于净国际投资头寸，于是有：

（4）国内部门的资产净值 = 非金融资产 + 国内部门净金融资产

= 非金融资产 + 净国际投资头寸

比较（3）和（4）不难发现，当具体考察一个经济体时，合并资产负债表往往会丢掉很多有用的信息。因此，SNA2008 对于资产负债表的合并加总持保留态度。

以上给出了国家资产负债表的部门划分、科目类别以及加总办法和一些会计恒等式，这些构成了编制资产负债表的理论基础。

三　国家资产负债表的编制

按照上文介绍的分析框架，本章利用现有公开数据，并借助相关理论假设和估算方法，试编了 2007—2011 年中国国家资产负债表。

在国家资产负债表的资产方，包括非金融资产和金融资产两大项目。非金融资产包括居民房地产、居民汽车、农村生产性固定资产、企业固定资产、存货、企业无形资产和商誉、行政事业单位固定资产、事业单位无形资产、政府所拥有的资源性资产（土地）；金融资产包括通货、存款、贷款、债券、股票、证券投资基金份额、证券公司客户保证金、保险准备金、结算资金、金融机构往来、准备金、库存现金、中央银行贷款、其他（净）、外商直接投资、其他对外债权债务、国际储备资产。

在负债方，包括通货、存款、贷款、债券、股票、证券投资基金份额、证券公司客户保证金、保险准备金、结算资金、金融机构往来、准备金、库存现金、中央银行贷款、其他（净）、外商直接投资、其他对外债权债务、国际收支错误与遗漏等项目。根据定义，负债仅指金融负债，无实物对应项。资产与负债的差额为净资产，对应于企业报表中的所有者权益或资本金科目。

关于估算有几点需要说明：（1）非金融资产主要是对居民部门、非金融企业部门、政府部门等分部门的相关资产进行了汇总。（2）金融资产和金融负债的估算，基本方法是在某个基年的资金存量表基础上，与其后年份的流量数据进行加总。依循这一思路，本研究是在国家统计局关于 1998 年中国国家金融资产、负债研究（国家统计局国民经济核算司，2003）① 的基础上，再运用国家统计局发布的其后各年资金流量表（金融交易）国内部门合计数据累加而成。之所以没有采用分部门汇总的方法，主要是考虑到各部门的估算方法和数据来源可能存有差异，直接汇总将很难保证资产与负债的完全对应和匹配。（3）由于在 1998 年的资金存量表中，并没有证券投资基金份额、证券公司客户保证金、结算资金、金融机构往来、准备金、库存现金、中央银行贷款、国际收支错误与遗漏等细分项，因此这里暂且用历年流量数据进行加总（国家统计局发布的资金流量表数据，起始年份为 1992 年）。（4）考虑到 1998 年资金存量表和历年资金流量表在分项上并不完全一致，在确定基年数据时对“其他（净）”以及“其他对外债权债务”两项也做了必要的处理。

---

① 事实上，中国人民银行调查统计司已经完成了 2004 年和 2005 年金融资金存量表的编制工作。如果能够获得该数据，估算结果可能会更佳。

根据上述估算方法，表2列示了2007—2011年的中国国家资产负债表。

表2 **中国国家资产负债表**（2007—2011年） 单位：10亿元

项目 \ 年份	2007	2008	2009	2010	2011
非金融资产	158311.0	185944.5	213630.2	244233.6	288550.7
居民房地产	56700.3	57816.8	73911.3	80902.3	96287.5
居民汽车	2357.6	2811.8	3512.3	4463.7	5445.8
农村生产性固定资产	1488.4	1589.7	1727	1819.1	2708.3
企业固定资产	39852.0	50929.3	55091.7	61461.5	68962.5
存货	13878.4	17844.8	21131.9	28699.8	36697.1
企业其他非金融资产	8438.2	13070.6	14324.6	16636.9	19871.4
行政事业单位固定资产	4304	4759	5293	5868.2	6528
事业单位无形资产	20	24.2	31.2	44.9	48
政府所拥有的资源性资产（土地）	31272.1	37098.4	38607.1	44337.1	52002.2
金融资产	126386.6	150754.3	187107.8	224414.2	257961.3
通货	2924.426	3310.926	3691.226	4302.926	4882.126
存款	39226.35	47387.05	61327.05	74705.05	86127.05
贷款	30036.24	36107.74	48219.74	57942.44	67518.84
债券	13007.52	15686.22	18144.82	20966.52	22586.02
股票	8476.147	8763.147	9498.447	10442.547	10942.747
证券投资基金份额	810.7	1142.7	1023.8	993.4	1219.2
证券公司客户保证金	1267.2	733.2	1352.1	1116.7	470.1
保险准备金	2971.87	3829.57	4708.67	5339.16	6073.96
结算资金	-213.162	-213.162	-213.162	-213.162	-213.162
金融机构往来	3049.717	2630.017	2765.417	2997.317	3228.117
准备金	5672.43	7782.43	8933.13	12259.23	15874.63
库存现金	235.953	240.953	280.953	356.053	463.253
中央银行贷款	-808.923	-857.423	-1016.32	-969.417	-1042.12
其他（净）	3098.759	4055.959	5455.059	7394.559	10069.86
外商直接投资	717.878	1089.478	1389.378	1796.568	2117.668

续表

项目＼年份	2007	2008	2009	2010	2011
其他对外债权债务	3865.634	4105.734	3866.134	4109.534	4262.534
国际储备资产	12047.903	14959.803	17681.403	20874.803	23380.503
总资产	284697.6	336698.8	400738	468647.8	546512
金融负债	118945.77	140234.37	174534.98	209742.8	241967.2
通货	3037.58	3448.78	3853.38	4504.12	5120.32
存款	39599.05	47788.15	61734.15	74800.15	86142.15
贷款	30090.44	35878.94	47687.94	57292.44	66851.64
债券	13168.07	15846.77	18305.37	21127.07	22746.57
股票	9315.481	9654.681	10351.281	11450.581	11992.181
证券投资基金份额	810.7	1144.3	1023.7	992.9	1221.1
证券公司客户保证金	1267.2	733.2	1360.4	1123.1	472
保险准备金	2971.969	3829.669	4708.769	5339.259	6074.059
结算资金	-223.405	-223.405	-223.405	-223.405	-223.405
金融机构往来	3280.677	2760.077	3292.877	4299.377	4718.177
准备金	5423.763	7533.763	8684.463	12010.56	15625.96
库存现金	713.392	718.392	759.992	831.391	935.591
中央银行贷款	-1273.86	-1322.36	-1481.26	-1434.36	-1507.06
其他（净）	2578.101	3535.301	4934.401	6873.901	9549.201
外商直接投资	6454.98	7482.08	8016.18	9269.08	10691.48
其他对外债权债务	2478.447	2354.247	2752.447	3116.347	3412.847
国际收支错误与遗漏	-746.812	-928.212	-1225.71	-1629.71	-1855.61
净金融资产	7440.83	10519.93	12572.82	14671.4	15994.1
净资产	165751.83	196464.43	226203.02	258905	304544.8

资料来源：课题组估算。

四　国家资产负债表分析

总量分析

（1）国家资产负债表扩张明显，净资产超过300万亿元。由表2可见，在2007—2011年间，中国国家资产负债表扩张明显：国家总资产从284.7万亿元增加到546.5万亿元（见图1）；总负债从118.9万亿元增加到242万亿元（见图2）；而净资产则从

165.8 万亿元增加到 304.5 万亿元（见图 3），均快于同期名义 GDP 的增幅。

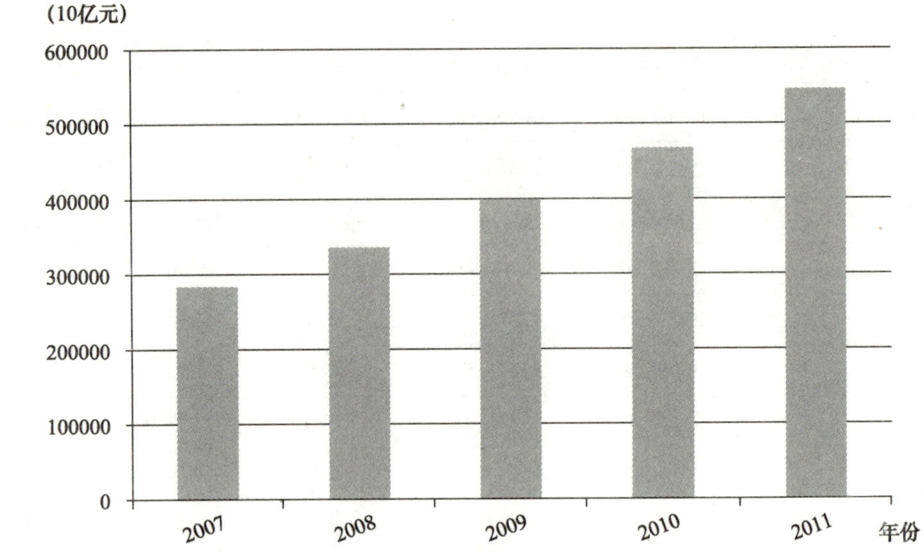

图 1 国家总资产规模（2007—2011 年）

资料来源：课题组估算。

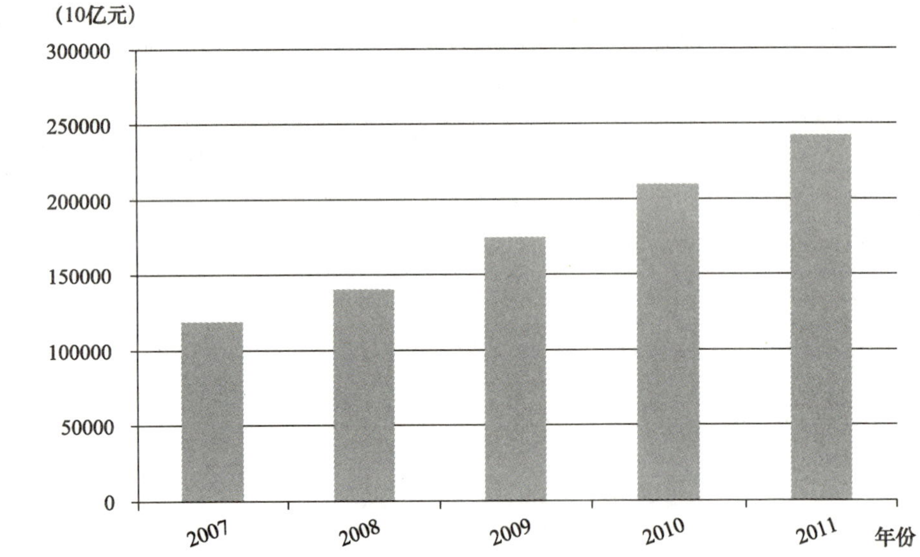

图 2 国家总负债规模（2007—2011 年）

资料来源：课题组估算。

（2）净资产增加额持续低于 GDP，表明并非全部的 GDP 都会形成真正的财富积累。简单地说，GDP 与国家净资产是流量与存量的关系。在一个较为宽松的假定条件下，国家的财富存量（即净资产）是由各年的 GDP 流量累加而成。当然，由于二者在统计指标涵盖范围上的不同，一般也会出现 GDP 流量加总难以和财富存量完全相等的情况。

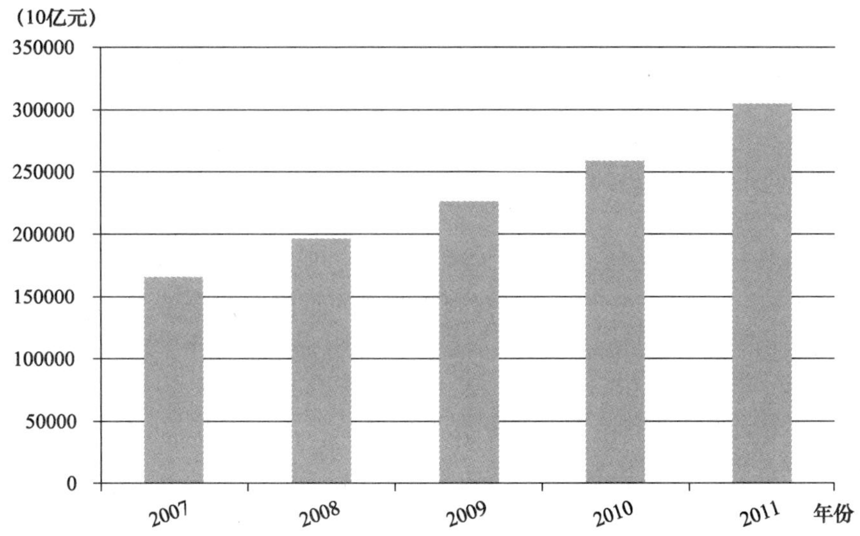

图 3　国家净资产规模（2007—2011 年）

资料来源：课题组估算。

鉴于 GDP 流量加总需要有基年财富存量的数据，为了避免这一难题，我们选择将净资产增量与 GDP 进行对比。从图 4 可以看出，由国家资产负债表所计算出的 2008—2011 年各年净资产增加额与当年的 GDP 比较接近。但更进一步考察会发现，净资产增加额持续小于当年 GDP。这除了可能存在前述统计方面的原因之外，还揭示出更重要的信息：尽管每年 GDP 增长率很高，但并不是全部的 GDP 都会形成真正的财富积累。这是因为 GDP 指标存在缺陷，一些无效投资（形成产能过剩）甚至破坏资源环境的活动都被计入

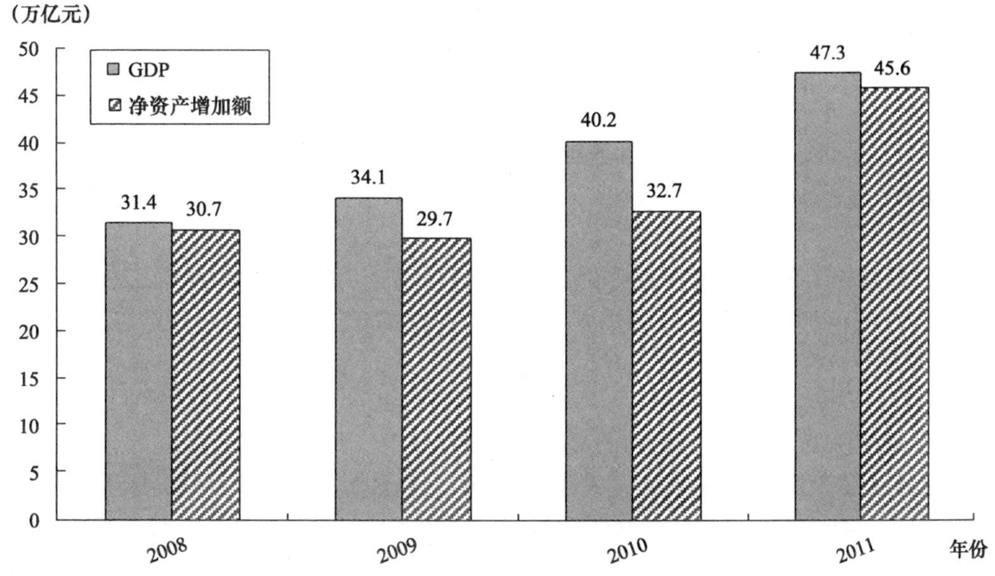

图 4　GDP 与净资产增加额的变动

资料来源：课题组估算。

GDP 了，从而在财富形成中须将这些部分扣除。以 2010 年为例，净资产增加额与 GDP 的差距高达 7.5 万亿元，占到当年 GDP 的 18.7%。虽然并不是说 7.5 万亿元都浪费了或损失了，但至少表明这一年 GDP 的质量是大有问题的。

以上分析充分揭示出资产负债表分析的重要意义，即可以通过存量财富这一指标，衡量 GDP 增长的质量，以及发展方式是否存在问题。

结构分析

（1）国家整体资产负债率总体上呈上升趋势。见图 5，国家整体的资产负债率，即总负债与总资产之比，总体呈上升趋势，特别是在受到金融危机影响较大的 2009—2010 年两年间上升幅度较大，此后在 2011 年有轻微回落，但仍旧远高于 2007 年的水平。这一结构变化表明在国家资产形成中，对债务融资的依赖有所上升，债务风险相应提高，而本轮危机更使这一问题凸显。同时，净资产扩张相对较慢，在一定程度上显示出经济增长的财富积累效应偏弱，质量、效益偏低。

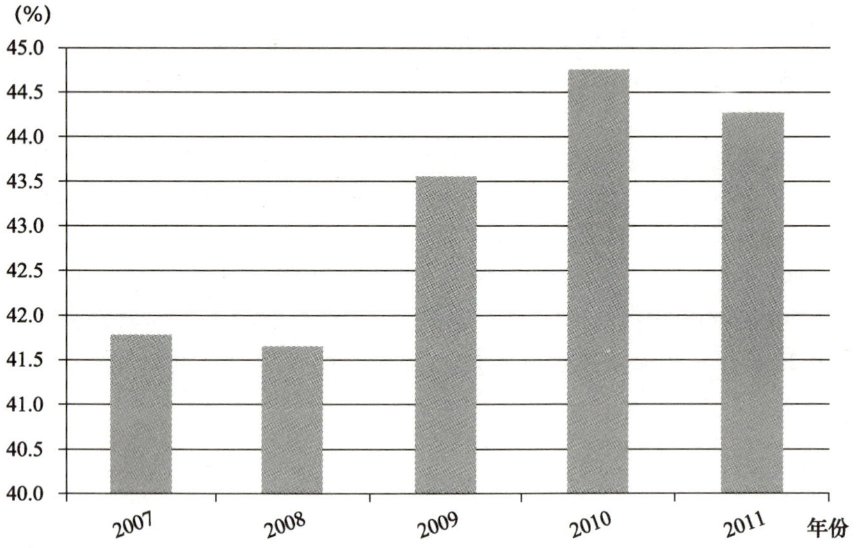

图 5 国家资产负债率的变动（2007—2011 年）

资料来源：课题组估算。

（2）“金融相关比”较低体现中国金融深化程度仍不够。在考察期内，金融资产规模与非金融资产规模都迅速上升（见图 6 与图 7）。但金融资产规模以相对更快的速度上升，这里可以借鉴美国经济学家戈德史密斯（Goldsmith and Lipsey，1963）的金融相关比指标来考察。

所谓金融相关比（Financial Interrelation Ratio，FIR）是指一国金融资产与实际资产的比率[①]。戈德史密斯的第一次研究完成于 1969 年，考察了 35 个国家 100 年（1860—1963

① 在这里，戈德史密斯的概念并不十分严密。比如，金融资产包括金融资产和国外资产，其中金融资产还包括金融部门的金融资产。结果，在其选择的变量中，银行资产与银行负债就都包括进去了。并且，很多情况下，银行间的业务也没有相互抵消。

年）的金融发展（Goldsmith，1969）；第二次研究完成于 1985 年（Goldsmith，1985），考察了 20 个国家 1688—1978 年近 200 年的金融发展史。

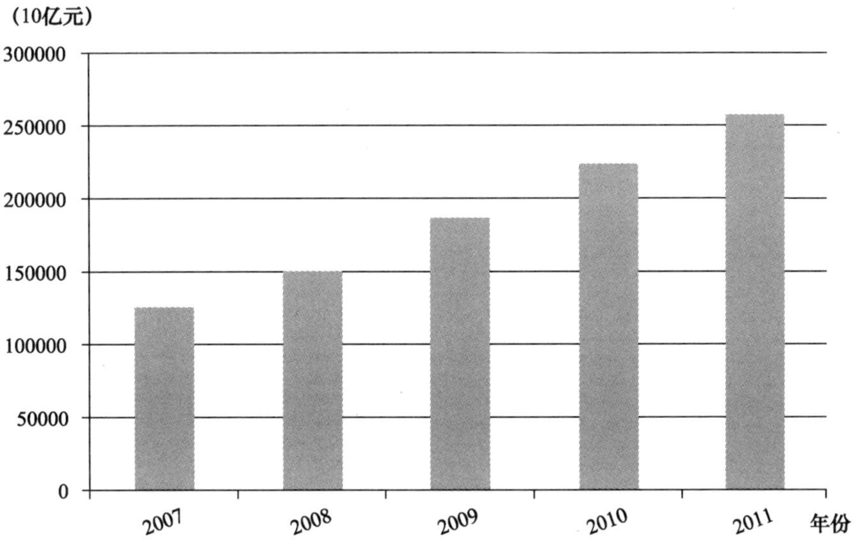

图 6　国家金融资产规模（2007—2011 年）

资料来源：课题组估算。

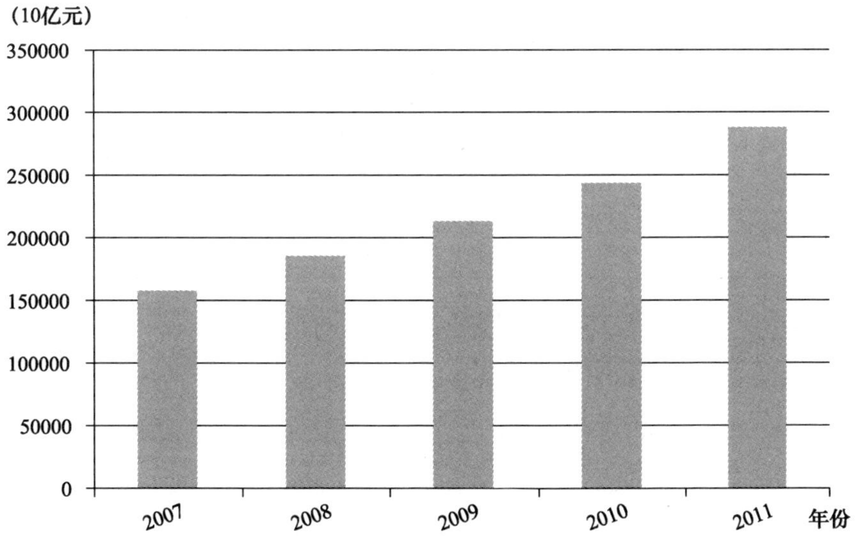

图 7　国家非金融资产规模（2007—2011 年）

资料来源：课题组估算。

图 8 显示，金融相关比在这些考察的工业化国家中，基本由 1850 年的 0.4 左右，上升到 19 世纪末的 0.8 左右，又在大萧条之前的 20 世纪 20 年代达到甚至超过 1。此后有所上升，但在二战期间跌入低谷，然后再上升。结合表 3 可以看到，发达经济体的金融相关比进一步攀升，英国 2011 年的金融相关比甚至达到 4 以上，显示其经济金融化程度之高。

中国的金融相关比在考察期内由0.80上升为0.92（后略有下降）①，这仅相当于美国在大萧条之前的水平，而低于其在二战后的一般水平（见 Goldsmith and Lipsey，1963 和 Carlson，1991）。这在一定程度上表明中国金融深化程度尚处于较低水平，金融发展的潜力仍然巨大。同时还须指出，金融相关比也为刻画一国的经济结构特点提供了独特视角。如表3所示，德国和日本等实体经济（特别是制造业）部门比较发达的国家，金融相关比较低，而英国等以金融业为支柱产业的国家相应指标则较高。这可以解释为前者往往积累较多的非金融资产——如厂房、设备、无形资产等，而后者则拥有较多的金融资产。此外，金融相关比指标还为理解广义货币（M2）与GDP之比提供了新思路。一方面，中国较低的金融相关比所反映出的金融体系不成熟——特别是直接融资发展滞后——造成了大量由银行系统实现的信用创造。另一方面，金融相关比较低，也反映了固定资本形成比重较大，从而导致货币周转速度下降，需要大量货币发行加以弥补。

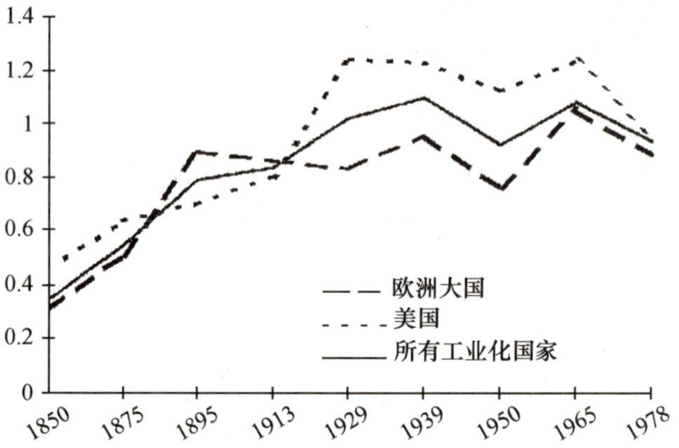

图8 工业化国家金融相关比的变动（1850—1978年）

资料来源：Goldsmith（1985），表4到表6。

表3 **金融相关比国际比较**（2007—2011年）

年份 国别	2007	2008	2009	2010	2011
中国	0.80	0.81	0.88	0.92	0.89
日本	2.07	1.92	2.01	2.05	—
德国	1.75	1.68	1.69	1.71	1.65
英国	3.14	4.56	3.91	3.90	4.12
加拿大	2.19	2.07	2.18	2.23	2.18

资料来源：课题组估算。

① 需要指出的是，由于我们在金融资产负债估算的时候，并没有加上影子银行部分（限于数据的可获得性），可能会造成金融资产及金融负债的低估，从而也导致金融相关比的低估。但这并不影响总体判断。

（3）总资产中存货激增可能与产能过剩有关。在总资产中，主要反映实体经济财富积累的非金融资产从158.3万亿元提高到288.6万亿元（见图7），其中尤以“存货”“企业其他非金融资产”“居民汽车”等科目扩张最为显著。其中，“存货”激增的现象比较复杂：这既可能反映了企业对经济复苏的预期（更多表现为主动加补库存，可理解为一种积极型存货增加），也可能同中国当下普遍存在的严重产能过剩有关（更多表现为被动累积库存，可理解为一种消极型存货增加）。“企业其他非金融资产”比重上升则在很大程度上体现了知识产权等无形资产重要性的提高，反映了中国企业价值层级的提升。“居民汽车”比重上升则表明了居民财富的快速积累。

（4）净金融资产的变动与净国际投资头寸的变动大体一致。表2显示，中国国家净金融资产从2007年的7.4万亿元，上升到2011年的接近16万亿元。同期，中国净国际投资头寸由1.2万亿美元上升到1.7万亿美元。通过汇率换算，二者规模的差异不算特别大，且变动趋势基本一致。另据前文提到的恒等式：

国内部门的资产净值 = 非金融资产 + 国内部门净金融资产

= 非金融资产 + 净国际投资头寸

可以得出：国内部门净金融资产等于净国际投资头寸。也就是说，如果国家资产负债表的编制（特别是金融资产和金融负债部分）是合理的，数据是可靠的，那么理论上，净金融资产就和净国际投资头寸相等。而实际上，由于现有统计数据体系不完善，数据质量不够高，再加上数据可获得性问题，使得估算结果不太精确，从而出现净金融资产与净国际投资头寸不完全一致的情况。通过前面数据的对比，二者数量级是一致的，总体变动趋势上也基本一致。这印证了国家资产负债表的编制是总体可靠的。

五　其他重要的研究发现

作为广义的国家资产负债表分析的一部分，以下关于主权资产负债表以及全社会杠杆率等的研究发现也非常重要。

（1）主权部门（或广义政府部门）的资产大于负债，净资产额为正，表明在相当长时期内，中国发生主权债务危机的可能性较低。主权部门又可称为“广义政府”，包括中央政府、地方政府、国有非金融企业、行政事业单位、中央银行，以及国有金融企业。这些可以看作是国家资产负债表的一个“组成部分”。2000—2011年，主权资产的增幅要高于主权负债。相应地，我国政府净值的规模一直处于不断增长之中。从2011年的情况看，按宽口径匡算，中国主权资产净值为87万亿元。但考虑到行政事业单位国有资产变现能力很差（因为要履行政府职能），以及国土资源性资产的使用权也不可能一次性全部转让（事实上最近每年的土地出让金只有两三万亿元），因此，窄口径的主权资产净值为21.6万亿元。无论采用宽口径还是窄口径，中国的主权资产净额为正，表明在相当长时期内，中国发生主权债务危机的可能性较低；但是，包括养老金缺口在内的或有负债风险值得关注。

（2）分结构看，中国政府债务与企业债务值得警惕，特别是企业债务。2012年中央政府与地方政府加总的债务接近28万亿元，占当年GDP的53%。其中地方政府债务19.94万亿元，须引起高度关注。另外，企业部门杠杆率（企业债务占GDP比重）已达113%，超过OECD国家90%的阈值，在所有统计国家中高居榜首，值得警惕。如果将非金融企业、居民部门、金融部门以及政府部门的债务加总，那么全社会的债务规模达到111.6万亿元，占当年GDP的215%。这意味着全社会的杠杆率已经很高，去杠杆在所难免。

截至2012年末，住户部门未偿贷款余额16.1万亿元，占GDP的比重为31%。2012年末非金融企业部门债务余额72.12万亿元，占GDP的比重为139%。考虑到非金融企业部门债务在相当程度上包括了地方政府融资平台这一有政府背景的实体债务，为防止交叉重复，需要扣除地方政府融资平台债务规模，由此得到的非金融企业部门债务余额58.67万亿元，占GDP的比重为113%。将中央政府债务和地方政府债务加总，得到2012年末政府债务总额27.7万亿元，占GDP的比重为53%。仅以金融部门发行的债券余额作为其债务，2012年末金融机构债券余额合计9.13万亿元，占GDP的比重为18%。

将上述四个部门加总，得到中国经济整体的债务规模为111.6万亿元，全社会杠杆率为215%。

从总量看，中国的总债务水平低于大多数发达经济体，但比其他金砖国家（不包括南非）都要高，属比较适中的水平，尚处于温和、可控的阶段。不过，鉴于中国的债务水平近年来上升较快，我们应当对此保持警惕；如果将地方债务或者更宽口径的主权债务考虑在内，中国的政府（主权）债务将有较大增长并带动总债务水平有较大幅度提高。对此，我们绝不可坐视不管。

从结构看，中国非金融企业债务占比极高，在所有统计国家中高居榜首。这构成了中国债务结构的突出特点。这种状况，与中国的经济发展方式和金融体系的特点密切相关。2012年，企业部门杠杆率（企业债务占GDP比重）已达113%，超过OECD国家90%的阈值，值得高度警惕。

（3）进入21世纪以来，中国国家和主权部门资产负债表均呈现出快速扩张之势。其中，在资产方，对外资产、基础设施，以及居民房地产资产迅速积累，构成资产扩张的主导因素。这记载了出口导向发展战略之下中国工业化与城镇化加速发展的历史进程。在负债方，各级政府以及国有企业等主权部门的负债规模以高于私人部门的速度扩张。这凸显了政府主导经济活动的体制特征。

（4）国家资产负债表近期的风险点主要体现在房地产信贷、地方债务，以及银行不良贷款等项目，而中长期风险则更多集中在对外资产、企业债务，以及社保欠账等项目。无论哪一类风险，都与当前的发展方式与经济结构密切相关。因此，应对或化解风险的最佳办法，还是转变发展方式，调整经济结构，实现健康、可持续的经济增长。

（5）如果继续执行现行养老保险体系，到2023年，全国范围内职工养老保险即出现资金缺口，到2029年，累积结余将消耗殆尽，到2050年职工养老金累计缺口占当年GDP的比例达到91%。另外，到2050年，中国全社会总养老金支出（包括职工和居民养老保险）占GDP的比例将达到11.85%，这一水平与当前欧洲一些高福利国家的水平大致相当。

我们估算和预测了2010—2050年历年的养老保险收支情况。结果显示，如果继续执行现行养老保险体系，不对如退休年龄等进行调整改革，那么，到2023年，全国范围内职工养老保险即将收不抵支，出现资金缺口，需要动用养老保险累积结余。到2029年，累积结余将消耗殆尽，到2050年职工养老金累计缺口将达到802万亿元，占2050年当年GDP的比例达到91%。如果再加上居民养老保险体系的支出，养老保险偿付压力将更大。

若我们假定，每当结余耗尽，资金出现缺口，政府就动用财政补贴来熨平缺口，2010—2050 年所有的财政补贴形成的隐性债务折现到 2011 年，总额将达 62.5 万亿元，占 2011 年 GDP 的比例达到 132%。其中，城镇职工养老保险隐性债务规模 46.5 万亿元，占 GDP 比例达到 98%，再加上原本就有的各级政府财政补贴，隐性债务规模则达到 56.4 万亿元，占 GDP 比例为 119%；城乡居民养老保险隐性债务规模 6.08 万亿元，占 GDP 比例为 13%。

我们还在多种情境下分析了某些政策措施和养老金制度设计对养老保险财务的可持续的影响，发现提高退休年龄和领取居民基础养老金年龄可以起到很强的作用，能够大幅降低养老金缺口程度。同时，提高养老保险的投资收益率也起到一定帮助，但作用相对较小。而维持高的养老保险替代率将明显提高养老保险潜在债务水平。我们更偏向提高退休年龄和领取居民基础养老金年龄，提高投资收益率，同时保持高的养老保险替代率的综合改革方案。

当然，通过国有资产的股息或者出售国有资产的方式，以及通过提高税收、发行债券，并对养老保险进行财政补贴来为养老保险融资，也是解决或缓解养老保险的融资缺口问题的可行选择。

参考文献

1. 国家统计局：《中国资产负债表编制方法》，中国统计出版社 1997 年版、2007 年版。

2. 侯杰：《国家资本结构与新兴市场国家金融危机》，博士学位论文，中国人民大学，2006 年。

3. 李扬：《要从资产负债表来控制资产泡沫》，2009 年夏季达沃斯论坛发言（http：//money.163.com/09/0910/15/5IS2VHQJ00253NDC.html）。

4. 易纲：《中国能够经受住金融危机的考验》，《求是》2008 年第 22 期。

5. Allen, Mark, Rosenberg, Christoph, Keller, Christian, Setser, Brad, and Roubini, Nouriel (2002), A balance sheet approach to financial crisis, *IMF Working Paper*, WP/02/210.

6. Carlson, Keith M. (1991), The U. S. balance sheet: What is it and what does it tell us? *Federal Reserve Bank of St. Louis Review*, September/October, pp. 3 – 18.

7. Dickinson, Frank, and Eakin, Franzy (1936), A balance sheet of the nation's economy. University of Illinois.

8. Goldsmith, R., W. (1966), The uses of national balance sheet, *Review of Income and Wealth*, Vol. 12 (2), pp. 95 – 133.

9. Goldsmith, Raymond W. (1982), *The National Balance Sheet of the United States, 1953 – 1980*, The University of Chicago Press.

10. Goldsmith, R. W. (1985), *Comparative National Balance Sheets, A Study of Twenty Countries, 1688 – 1978*, Chicago, London: University of Chicago University Press.

11. Goldsmith, R., W., and Lipsey, R. E. (1963), *Studies in the National Balance Sheet of the United States*, Princeton University Press.

12. Haim, Yair, and Levy, Roee (2007), Using the balance sheet approach in financial stability surveillance: Analyzing the Israeli economy's resilience to exchange rate risk, No. 1/07, Bank of Israel.

13. Holder, Andrew (1998), Developing the public-sector balance sheet, *Economic Trends*, No. 540, pp. 31 – 40.

14. IMF (2013), *China's Road to Greater Financial Stability: Some Policy Perspectives*, edited by Udaibir S. Das, Jonathan Fiechter, and Tao Sun. The IMF Press.

15. Inman, Robert P. (1988), Federal assistance and local services in the United States: The evolution of a new federalist fiscal order, in Harvey S. Rosen (ed.), *Fiscal Federalism: Quantitative Studies*, Chicago: University of Chicago Press, 33 – 74.

16. Lima, Juan Manuel, Montes, Enrique, Varela, Carlos, and Wiegand, Johannes (2006), Sectoral balance sheet mismatches and macroeconomic vulnerabilities in Colombia, 1996 – 2003, *IMF Working Paper*, WP/06/5.

17. Mathisen, Johan, and Pellechio, Anthony (2006), Using the balance sheet approach in surveillance: Framework, data sources, and data availability, *IMF Working Paper*, WP/06/100.

18. Revell, Jack (1966), The national balance sheet of the United Kingdom, *Review of Income and Wealth*, Vol. 12 (4), pp. 281 – 310.

19. Rosenberg, Christoph, Halikias, Ioannis, House, Brett, Keller, Christian, Nystedt, Jens, Pitt, Alexander, and Setser, Brad (2005), Debt-related vulnerabilities and financial crises: An application of the balance sheet approach to emerging market countries, IMF, *Occasional Paper*, No. 240.

（李　扬　张晓晶等）

新一轮对外开放与中国(上海)自由贸易试验区建设

中国（上海）自由贸易试验区的设立，揭开了我国新一轮对外开放的序幕，是党的十八大提出的“必须实行更加积极主动的开放战略”的标志性事件。新一轮对外开放究竟“新”在哪里，中国（上海）自由贸易试验区又如何体现这个“新”的内涵，本研究在对此进行分析的基础上提出推进中国（上海）自由贸易试验区建设的构想。

一　中国的对外开放还有潜力吗?

1995 年世界贸易组织成立，结束了关税贸易总协定的乌拉圭回合谈判，各国在关税减让和撤除非关税壁垒问题上达成了一致的意见，在此以后的十几年间，开放边境让商品和生产要素自由流动，成为制定国际规则的主要目标，因此，边境开放和让渡关税主权成为 20 世纪 90 年代和 21 世纪第一个十年中经济全球化的大潮流。继世界贸易组织成立后举行的多哈回合谈判，由于美国、欧盟等发达成员对农业补贴、对不发达国家援助等议题不感兴趣，而它们感兴趣的关于深化服务贸易开放的议题，又由于成员众多，难以在短时间内达成一致意见，因此多哈回合谈判一直陷于僵局。

中国于 2001 年 12 月加入世界贸易组织，在加入世界贸易组织的过程中，中国积极参与了经济全球化，实行了边境开放和大幅度削减关税以及撤除非关税措施。此后，中国的关税总水平又由 2001 年的 15.3% 降至 2010 年的 9.6%，农产品平均税率由 18.8% 调整至 15.6%，工业品平均税率由 14.7% 调整至 8.7%。2010 年降低鲜草莓等 6 个税目商品进口关税后，我国加入世界贸易组织承诺的关税减让义务全部履行完毕。此外，中国还不断削减非关税措施，取消了 424 个税号产品的进口配额、进口许可证和特定招标，分批取消了 800 多个税务商品的管理。

表 1　　　　**中国与其他经济体的平均关税水平**（2011 年）

序号	国家	平均关税（%）
1	印度	48.5
2	巴西	31.4
3	南非	19.0
4	印度尼西亚	37.1
5	墨西哥	36.1

续表

序号	国家	平均关税（%）
6	阿根廷	31.9
7	美国	3.50
8	欧盟	5.30
9	中国	9.10

资料来源：WTO 网站　International Trade Statistics Database，2011。

表 2　　“金砖四国”关税税率（2011 年）　　单位：%

国别		平均税率	农产品	非农产品
中国	最惠国税率	9.6	15.6	8.7
	加权税率	4.6	11.7	4.2
印度	最惠国税率	9.4	14.3	8.7
	加权税率	9.5	17.5	8.1
俄罗斯	最惠国税率	13.7	10.3	14.2
	加权税率	10.2	11.4	10.1
巴西	最惠国税率	12.6	31.4	9.8
	加权税率	7.2	44.7	5.8

资料来源：WTO 网站　International Trade Statistics Database，2011。

表 3　　“金砖四国”及部分 OECD 国家进口税收收入占 GDP 比重　　单位：%

国别＼年份	2012	2011	2010
巴西		0.64	0.56
中国（不含进口增值税、消费税）	0.54	0.54	0.51
中国（包含进口增值税、消费税）	3.38	3.41	3.12
印度		1.69	1.69
俄罗斯		1.45	1.24
美国		0.21	0.20
日本		0.19	0.16
OECD 国家平均水平		0.2	0.2

资料来源：WTO 网站　International Trade Statistics Database，2011。

按照世界贸易组织达成的《服务贸易总协定》，中国也积极履行了服务贸易部门开放的承诺。中国服务贸易部门的开放也很广泛，截至 2012 年，在按 WTO 规则分类的 160 多个服务贸易部门中，中国已经开放了110个，新开放的分部门，涉及银行、保险、电信、分销、会计、教育等重要服务部门，远高于发展中国家平均水平，为外国服务提供者提供了广阔的市场准入机会。但是，相对于货物贸易，服务贸易部门开放的深度和广度仍然很不够。由于现代服务业尤其是金融业、信息服务业、社会服务业及各类知识密集型的服务业对国民经济有更为重大的影响，而上述产业中国与国际水平差距较大，造成外资垄断的可能性也更大，因此在21世纪的初期，我国采取的开放步骤是谨慎的。在世界贸易组织对服务贸易的四种分类模式中，即跨境交付、境外消费、商业存在、自然人流动这四种模式中，我国在商业存在与自然人流动两个领域的开放尤其显得不足。

根据加入世界贸易组织达成的《服务贸易总协定》，中国服务贸易的开放承诺所达到的开放水平如表4所示。

表4　　中国在不同模式下服务贸易总体承诺

贸易模式		模式1 跨境交付			模式2 境外消费			模式3 商业存在			模式4 自然人流动		
承诺范围		无限制	有限制	未承诺	无限制	有限制	未承诺	无限制	有限制	未承诺	无限制	有限制	未承诺
市场准入	部门（%）	21	21	57	52	3	45	1	52	46	0	55	45
	部门（个）	33	33	88	81	5	70	2	81	71	0	85	70
国民待遇	部门（%）	44	1	54	55	0	45	30	20	50	0	55	45
	部门（个）	68	2	84	85	0	70	47	31	78	0	85	70

注：作者根据我国2001年入世的承诺，按照Hoekman（1995）index频度法计算。

与世界贸易组织部分成员，特别是发达成员相比，中国服务贸易开放的深度和水平还有较大差距，甚至在某些方面，开放水平低于较晚加入世界贸易组织的俄罗斯。

表5　　WTO成员服务贸易开放承诺的比较　　单位:%

贸易模式		模式1 跨境交付			模式2 境外消费			模式3 商业存在			模式4 自然人流动		
承诺范围		无限制	有限制	未承诺	无限制	有限制	未承诺	无限制	有限制	未承诺	无限制	有限制	未承诺
市场准入	俄罗斯	64	30	6	75	19	6	25	71	4	2	93	5
	中国	22	21	57	52	3	45	2	52	46	0	55	45
	发达	64	11	25	86	12	2	39	60	1	0	100	0
	发展	44	10	46	70	2	28	20	75	5	5	81	14
	转型	52	11	37	79	11	10	27	61	12	0	99	1

续表

贸易模式		模式1 跨境交付			模式2 境外消费			模式3 商业存在			模式4 自然人流动		
承诺范围		无限制	有限制	未承诺	无限制	有限制	未承诺	无限制	有限制	未承诺	无限制	有限制	未承诺
国民待遇	俄罗斯	63	33	4	69	26	5	17	81	2	2	96	2
	中国	45	1	54	55	0	45	30	20	50	0	55	45
	发达	70	5	25	95	3	2	0	97	3	17	82	1
	发展	52	3	45	66	1	33	28	63	9	45	34	21
	转型	70	3	27	93	3	4	0	88	12	51	48	1

资料来源：WTO 网站，根据世界贸易组织秘书处整理，2011 年。

与开放程度较高的美国相比，中国服务贸易开放的承诺水平显得较低。

表 6　　服务业开放度中美比较　　单位:%

贸易模式		模式1 跨境交付			模式2 境外消费			模式3 商业存在			模式4 自然人流动		
承诺范围		无限制	有限制	未承诺	无限制	有限制	未承诺	无限制	有限制	未承诺	无限制	有限制	未承诺
市场准入	中国	21	21	57	52	3	45	1	52	46	0	55	45
	美国	67	12	21	84	11	5	56	43	1	0	99	1
国民待遇	中国	44	1	54	55	0	45	30	20	50	0	55	45
	美国	70	10	20	90	8	2	87	13	0	67	33	0

资料来源：WTO 网站，根据世界贸易组织秘书处整理，2011 年。

中国加入世界贸易组织以后，与一些经济体开展了区域合作的谈判，这些区域合作也涉及服务贸易开放的内容，因此，中国服务贸易的开放程度事实上比加入世界贸易组织所承诺的水平要高。根据目前中国签署的 10 个 FTA 协议中的区域服务贸易开放承诺，中国服务业开放度由高到低排列依次为：环境服务、视听服务、计算机服务、专业服务、旅游服务、保险服务、建筑服务、分销服务、空运服务、银行服务、海运服务、电信服务、娱乐服务、教育服务、邮政服务、健康和社会服务。

表 7　　中国服务业各部门开放比例　　单位:%

	承诺开放比例	完全开放比例	部分开放比例	不开放比例
商用	60.9	22.8	38.1	39.1
通信	62.5	19.8	42.7	37.5

续表

	承诺开放比例	完全开放比例	部分开放比例	不开放比例
建筑	100	25	75	0
分销	100	35	65	0
教育	100	25	75	0
环境	100	25	75	0
金融	76.5	16.2	60.3	23.5
旅游	50	25	25	50
运输	20	11.3	8.7	80
娱乐	0	0	0	100
健康	0	0	0	100
其他	0	0	0	100
总体平均	67	21	46	33

注：计算方法是根据多边或区域承诺开放的部门比例（开放分部门占该项大部门比例）和开放程度（没有股权限制、部分限制、完全限制）综合计算。例如，GATS 项下中国对健康服务没有做任何开放承诺，开放度就为 0，保险服务的开放程度是 50，是因为做了部分开放承诺，有股权比例限制。区域开放度是选择了承诺水平最高的标准计算，目前 CEPA 水平最高，所以选的是 CEPA。

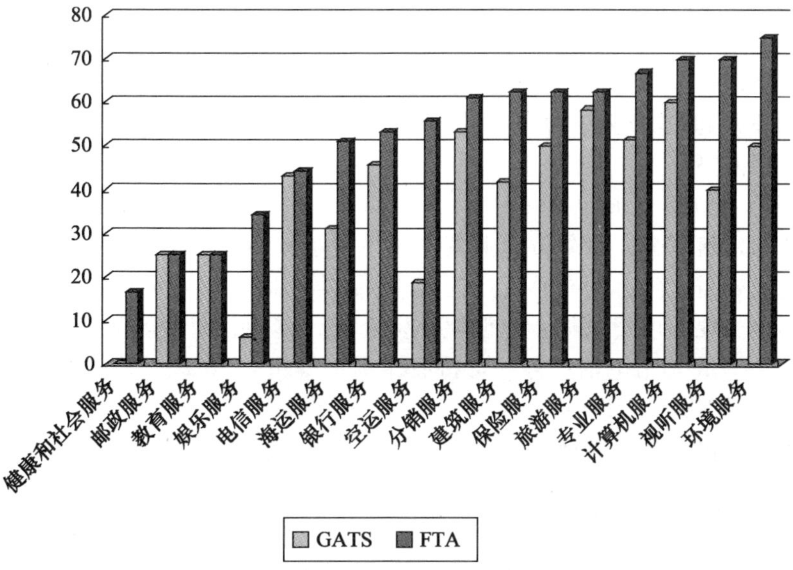

图 1 中国多边及区域服务贸易开放度

注：GATS 即根据《服务贸易总协定》，FTA 即根据“自由贸易区”的协定。

图 2 是一位美国教授根据文献资料做的各国在外国直接投资准入方面开放度的国际比较，图中显示，中国的开放度不仅大大低于世界平均水平，而且低于新近加入世界贸易组织的俄罗斯，特别是在服务贸易领域，对外商投资的市场准入，限制仍然不少。

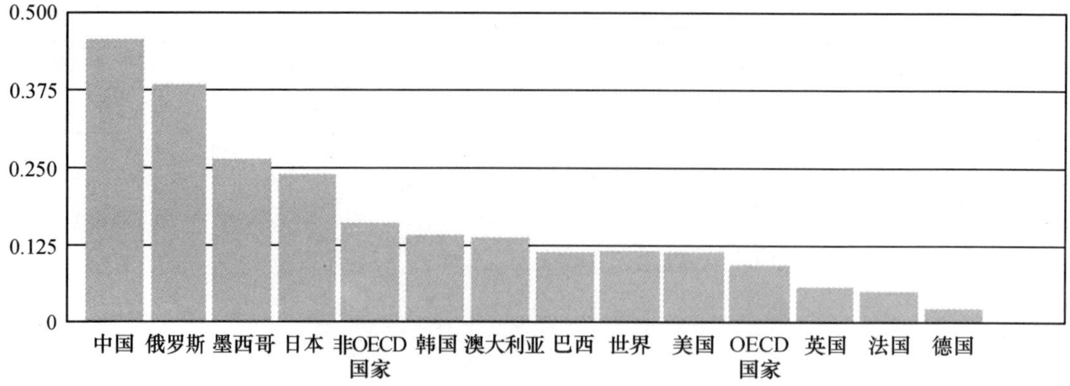

图 2 各国在外国直接投资准入中开放度的比较

资料来源：Organization for Economic Co-operation and Development；for Methodology and Details，see Kalinova，Palerm，and Thomsen（2010）。

根据我国目前对外商投资的管理规定，现行对服务业开放的限制主要有：

1. 不发放新的许可或者发放许可的程序烦琐

外资保险公司获得保监会（CIRC）设立省市分支保险公司的申请批复非常缓慢。近五年里中国未发放过新的企业年金服务许可。如果申请，也需要通过人力资源和社会保障部、银监会、证监会、保监会等部委的审批，过程非常复杂。

2. 外资股权比例限制

对外资进入中国服务业，有一定的股权比例限制。寿险比例不得超过 50% 的持股比例。现行法律规定，单一银行的外资持股占比不得超过 25%，单个外资投资者持有国内银行股权比例不得超过 20%。2012 年中国将外资券商的股权比例从 33% 提高到了 49%，但是仍存在比例限制。

3. 过度的资本规模要求

电信服务和建筑服务，对外资企业资本规模要求较高，加重了外资企业负担。外资银行在中国设代表处需 2 年，拥有总资产约为 10 亿美元以上，才可以申请在中国设立。外资电信企业必须与现有内资电信企业设立合资企业，移动、固话等基础电信业务外资持股比例不得超过 49%，增值电信业务外资持股比例不得超过 50%。

4. 业务范围限制

邮政快递业：仅开放包裹递送业务，维持信件的邮政专营权，并限制外资企业的网点设立数量及经营地域范围；建筑业：外国建筑公司仅可承担外方出资或是中方因技术原因无法承担的项目；法律服务：外国律师事务所可设立代表处，但不得雇佣中国注册律师。保险服务中，不允许外资企业提供政治险（political risk insurance）；外资保险公司不得经营法定财产险业务。证券公司不得从事 A 股交易（目前已有试点有条件放开）。

以保险服务为例，要求投资者总资产达到 50 亿美元或以上，而香港保险公司多为中小型企业，因此难以进入大陆市场，而且核心业务也未开放。如资产管理这种在香港已经非常成熟的业务目前还没有开放。已经开放的行业往往审批手续繁复，有的审批要花一两年时间，有的申请在某个城市被批准，到另一城市又要重新申请。以香港的怡和公司曾申请在大陆设立一个 4S 店为例，根据“外资零售企业申请经营程序”，每一次开设分店的审批必须分别通过分店所在地区外经贸局、经贸局、工商局等 7 个审批部门，9 道程序，每道程序大约需要 10—15 个工作日，合计约 4—6 个月。该公司曾经开过一个店，店铺租下来每月租金 30 万元，等所有环节走完，可以开门营业时，租金已经缴了 700 万元。外商投资企业强烈期待“一章通”。

在金融领域，除了利率和汇率的市场化有待改革之外，人民币资本项目的开放也显得滞后。资本账户开放有法定层面的开放，有事实层面的开放。法定层面的开放程度一般是以 IMF 的汇兑限制与汇兑安排的年报中披露的信息进行计算；事实层面的开放一般是以对外投资在一国持有的所有资产中的比例等相关指标来测量，数据也来自 IMF 的统计。

表 8　　资本账户控制（√）

项目＼国别	中国	日本	韩国	巴西
资本市场交易				
资本市场证券控制	√	√	√	√
货币市场工具	√	√	无	√
集体投资证券	√	√	无	√
衍生和其他工具	√	√	无	√
商业信贷	√	√	无	无
金融信贷	√	√	无	√
担保抵押	√	无	无	无
直接投资	√	√	√	√
直接投资结算	√	无	无	无
房地产交易	√	√	无	√
个人资本交易	√	无	无	无
对商业银行和其他信贷机构的规定	√	无	√	√
机构投资者	√	√	√	√

资料来源：根据 IMF 网站，2011 年数据整理。

以上充分说明，我国在服务业领域的开放不仅还有很大的空间和潜力，而且相对于经济全球化的深入发展，已经明显滞后了。服务业开放的滞后，有两方面原因，一方面，在许多现代服务业领域，我国的竞争力不强，属于弱势行业，从国家经济安全因素考虑，采取了实施保护与有限开放的策略；另一方面，许多服务行业部门的开放，涉及国内的法律、法规以及相关政策与国际规则（包括新规则）的接轨，即管辖国内经济活动的治理权的让渡，这与边境开放和让渡关税主权不同，是我国在加入世界贸易组织过程中以及加入后的一段时期内未曾遇到的新问题和新实践。

二 美国全球经济治理战略意图的挑战

1995年世界贸易组织的成立，标志着制约美欧主导的贸易投资自由化的边境障碍问题已经有了全球规则和治理平台，特别是中国的加入，宣告了解决要素流动的边境障碍问题已经基本结束。对WTO成立后的多哈回合谈判所涉及的发展议题，美国没有兴趣。随后爆发了国际金融危机，美国智库和当权派认为，全球经济治理的焦点已经从当初的贸易投资自由化转向世界经济再平衡。甚至一些美国媒体还提出，自由贸易的口号不符合美国利益，美国需要的是“公平贸易”。

随着美国全球经济治理核心议题的转变，全球经济治理的主要舞台也从WTO转移到G20协调机制。从适应世界经济再平衡的全球治理战略和讨论议题来看，WTO成为美国战略利用工具的价值显然没有预期的那么大，为此美国选择了G20。一方面可以绕开多哈回合谈判，重新开设美国感兴趣的议题，另一方面可以回避由157个成员组成的难以掌控的WTO格局，在较小的治理平台中发挥美国的掌控力。美国设置的世界经济再平衡的议题，回避了美国金融寡头在酝酿和发酵国际金融危机中的责任，而是把它与中国人民币汇率、贸易顺差等问题密切联系，企图通过打压中国的国际市场空间来为美国重新塑造国际分工体系扫清道路。萨默斯说，美国应成为唯一的出口导向型国家，中国应以内需为主。而美国则提出了“再工业化”和“出口倍增”的计划，可见，美国的世界经济再平衡的全球经济治理思路，实际上只是中美两国贸易平衡状态的改变。但是，事与愿违，美国的目的没有实现。没有实现的目标首先是来自美国的出口贸易并非如想象得那样。

表9　　2007—2012年美国制成品出口情况（百万美元）

年份	出口额	增长率（%）
2007	868298	
2008	912383	5.1
2009	743322	-18.5
2010	873243	17.5
2011	971670	11.3
2012年前10个月	851662	5.4
2012年预计	1021662	5.1

资料来源：美国统计局外贸处Foreign Trade Division，Census Bureau，2013年3月。

高盛首席经济学家简·哈祖斯说，“到目前为止，制造业出现结构性复苏的证据还不足。生产力增长较为强劲，但是美国出口表现依然不算是太乐观，这才是衡量竞争力更可靠的一个指标。从出口数据来讲，美国出口商仅仅在美元大幅下跌的时候才能实现增长。

最近几年内，这一情况都没有得到明显的转变。”

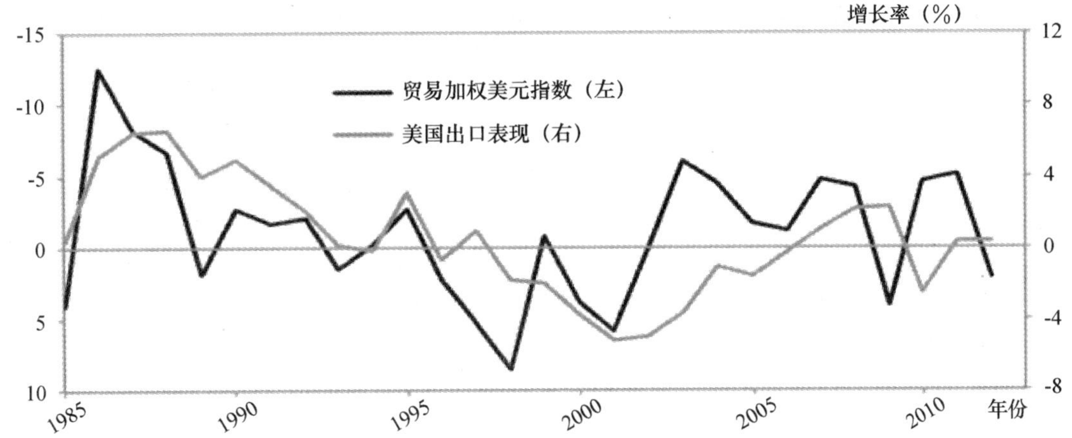

图 5　美国出口的表现

资料来源：Federal Reserve Board OECD。

上述图表说明，即便在中国人民币汇率自 2005 年以来不断升值达到 30% 以上的水平，而且经常项目顺差占 GDP 比重不断下降的情况下，也并没有使美国期待的“重振制造业”和“出口倍增”奇迹出现。这表明，美国的世界经济再平衡的口号，从理论到实践都已经破产。这个事实，引起了美国的反思。美国朝野反思后，终于找到一个解释，这就是他们认为的来自所谓中国的“国家资本主义”的挑战。2012 年 5 月 3 日，美国副国务卿（分管经济、能源和农业事务）罗伯特·霍马茨（Robert D. Hormats）在华盛顿发表了“中国模式的挑战”的演讲：“然而，我们发现 20 世纪 90 年代以来全球经济迅猛增长的助推器——市场开放和市场竞争，正在面临新的挑战。在全球金融危机的浪潮中，政府在各国经济增长中可能会扮演更加重要的角色。全新的“国家资本主义”模式正在显现，它不同于自由开放和自我发展的西方模式，而中国的经济政策就是这一新模式的鲜明例子。”① 2012 年 12 月美国贸易代表处向国会所做的关于中国履行 WTO 承诺的报告中再次提到中国的“国家资本主义”：“当中国在 2006 年开始执行其 WTO 关键承诺的最后一部分时，政策变化越加明显。USTR 注意到中国更多地依靠国家资本主义，一些政府政策和措施让大家担心中国并没有完全履行 WTO 原则所提出的市场准入、非歧视和透明度的要求。”②

这表明，美国智库和当权派的全球经济治理的战略思想开始发生变化。所谓中国的“国家资本主义”问题，即认为中国实行的“国家资本主义”，支持了国有企业，妨碍了公平竞争，阻碍了美国商品和服务进入中国市场。所谓“竞争性中立”“反竞争扭曲”一时成为经济治理的主题词。其战略思想是在解决要素流动的边境障碍后，深入解决经济体内部的市场障碍问题。

---

① 中国美国商会官方网站 http：//www. amchamchina. org/。

② 美国贸易代表处官方网站 http：//www. ustr. gov/。

1. TPP区域合作的出笼

鼓吹新世纪、新议题和新纪律成为美国朝野转换全球经济治理议题的新口号。为了回应美国商会提出亚太地区是经济利益焦点的呼吁，2012年奥巴马政府高调提出重返亚太地区，并设计和筹划了“跨太平洋战略经济伙伴关系”（TPP）的所谓高水平区域合作，把产业政策、劳工政策和知识产权等边境内市场问题均纳入协议范围，使其新战略有了实行的范本。TPP谈判采取闭门磋商的方式进行，在谈判结束之前，不对外公布TPP具体技术文本。谈判共涉及以下议题：农业、劳工、环境、政府采购、投资、知识产权保护、服务贸易、原产地标准、透明度等。TPP另立国际贸易新规则对中国的挑战是，它所确立的涵盖服务贸易、投资、环境保护、劳工、知识产权等内容的高标准条款，中国在中短期内无法满足条件，因此难以面对美国、加拿大等发达国家的直接竞争。它涵盖的知识产权保护、劳工和环境保护等议题都是与人力资本、技术创新密切相关，高门槛的新规则将不利于我国战略性新兴产业的发展，并对我国产业转型升级和参与国际竞争形成很大挑战。在美国贸易代表办公室贸易政策委员会举行的TPP谈判征求意见会议上，美国服务业联合会提出服务业应该是TPP谈判重点，要求将服务贸易开放作为重要的谈判内容。由于美国服务业占据GDP的80%，吸纳了80%的就业人口。在TPP谈判中美国特别关注服务业中的快递服务、金融服务、电子支付、电子商务、电讯服务、视听服务、知识产权和能源服务等服务部门的市场准入、透明度和投资者保护问题。

2. 美欧自由贸易区谈判

2013年奥巴马连任以后，美国一方面极力推动TPP的发展，另一方面又和欧盟积极筹划TTIP（跨大西洋贸易与投资伙伴关系），与欧盟进行自由贸易区谈判。美欧自贸区谈判是美国“出口倍增计划”的组成部分，也是美国加快经济复苏、获取地缘政治红利的重要措施，但核心意图在于重塑国际贸易新标准。首先，TTIP谈判有助于提振大西洋两岸分享贸易投资扩大利益。其次，TTIP谈判是美欧欲在WTO框架外寻求制定贸易规则的平台，更积极地利用自贸协定推进其贸易议程，以保持在全球贸易谈判中的领航地位；再次，TTIP谈判有利于美欧先发制人，率先主导制定“下一代贸易政策”，并推动其成为全球贸易的新标准和范本；最后，TTIP谈判有助于进一步深化美欧战略伙伴关系，增强与新兴经济体抗衡的力量，拓展在全球贸易治理中的视野和作用。

3. 服务贸易协定（TISA）谈判

在启动太平洋和大西洋两翼谈判战略的同时，美国在日内瓦还导演了旨在深化服务贸易开放的多边贸易体制谈判，并企图由美欧主导这个服务贸易协定谈判（TISA）。进入21世纪后，全球服务贸易不断发展，《服务贸易总协定》（GATS）作为基础性协议规则在促进市场开放、推动贸易发展方面功不可没。但是，随着国际形势的变化，特别是金融危机爆发以后，各成员在（WTO）平台上推动服务贸易继续开放的难度不断加大。为了促进服务业市场的进一步开放，美欧等主要成员开始推动出台新的国际服务贸易协定。2013年3月由23个成员启动了首轮“服务贸易协定谈判”，到6月底，TISA拥有48个成员国，既有美国、日本、欧盟成员国等发达国家，也有智利、巴基斯坦等发展中国家。该协定覆盖了全球70%的服务贸易，年贸易规模可达4万亿美元。但包括中国在内的金砖国家等其他WTO成员方未被邀请参加。

TISA谈判涉及的主要领域包括：（1）模式四下的自然人流动，尤其增加商务访客、专家和技术人员准入的便利性，包括对公司市场开拓意义重大的内部人员调动（ICT）。（2）实现数据跨境自由流动，取消数据必须预先存储于使用国境内服务器的要求。（3）对其他国家的服务供应商提供承诺的国民待遇，采取有限限制（即反向清单）。（4）约束提供跨境服务的限制，包括许可、居住要求等，约束对通过投资提供服务的机构设立、参与合资企业或经济需求测试等的要求等。（5）国有企业和政府采购领域。

上述已经清晰地看出美国全球经济治理的基本方案，其理论依据是反“国家资本主义”的“竞争扭曲”，实践版本是这两个所谓高水平的区域合作计划，以及在WTO基础上另搞一个缩小版的服务贸易协定谈判，这个议题和三个谈判构成了奥巴马第二任期全球经济治理的基本方案和路线图。对于另立国际贸易新规则的意图，美国对中国存有戒心，奥巴马在竞选辩论中说，“我们没有将中国包含在内，建立起与其他国家的贸易关系，这样可以让中国开始感受到遵循基本国际标准的压力。”美国的想法是让中国被动接受美国的标准和规则。

三　中国：锐意改革应对挑战赢得机遇

新一轮对外开放的实质是：从边境开放向境内体制性开放过渡，即如何使国内体制、经济与社会、环境保护政策与国际规则接轨。这是当前我国参与全球经济治理面临的新挑战，也是十八大以后我国如何扩大开放需要解决的新课题。境内开放的含义是，当其他经济体的商品和服务通过边境开放比较便利地进入东道国后，遇到的体制和政策障碍，这些障碍有的在世界贸易组织的国民待遇原则条款中可以得到解决，有的并没有纳入世界贸易组织的协议条款，因此仍然存在。例如，一些经济体对国有企业的支持和补贴、劳工和环保政策以及不少原本只管辖本国经济活动的政策和只对本国经济运行发生影响的体制和制度，在开放深入后都会成为提出公平竞争要求的改革对象。货物贸易会涉及这些问题，但服务贸易的问题更突出，因此，新一轮对外开放的特点是：服务贸易部门扩大开放、服务贸易领域外资的市场准入、管辖境内经济活动的治理规则的改革。

服务贸易四种模式中的“商业存在”，是服务业开放问题上最突出的领域，也是服务贸易市场扩大最关键的领域，它关系到全球投资者在多大程度上能够进入其他经济体的市场，并能在多大程度上在该市场进行公平竞争。在国际金融危机发生以前，美国曾就此问题与中国举行过试探性的接触。就双边投资规则而言，全球已经产生过3000多个双边投资协定，中国也已经与世界上50多个国家签订了双边投资协定，但都没有以准入前国民待遇和负面清单管理作为谈判前提。国际金融危机发生后举行的中美经济战略对话，提供了双方就此问题进行谈判的契机。2009年第四次中美经济战略对话启动了中美投资协定谈判，前后进行了九轮，由于涉及准入前国民待遇和负面清单问题，始终没有进展。2012年4月美国在重新审议并修订自己的双边投资协定文本后，公布了新范本。

美国关于双边投资协定的新范本，在市场开放准入、开放领域、负面清单、开放的管制手段等方面都比原来的标准更高，结构更严密。美国负面清单的内容包括：国民待遇、最惠国待遇、高管要求、业绩要求四方面。负面清单不能回退；但未来新产业可以例外；此外，金融行业例外，按照审慎原则考虑市场准入。

面对新一轮对外开放的挑战，中国政府以改革的姿态积极应对，果断采取了两个重大步骤，为中国的新一轮开放赢得了机遇。第一个重大步骤是，积极回应中美双边投资协定谈判。2013 年 7 月中国中央政府批准了商务部提出的启动中美投资实质性谈判的建议。所谓启动实质性谈判，其内涵是：结束模式谈判，即以准入前国民待遇和负面清单作为进入文本谈判的前提。同时，过去有关外商投资的三个法律也将依据谈判协定的要求而进行修订，这意味着国内法将服从国际新规则。准入前国民待遇将覆盖投资项目和投资者，覆盖投资准入前后所有环节；负面清单管理意味着管理模式将从重事前审批转向重事中、事后的监管。

第二个重大步骤是，设立中国（上海）自由贸易试验区。2013 年 8 月国务院批准设立中国（上海）自由贸易试验区，8 月 30 日全国人大授权国务院在试验区内调整外商投资政策。试验区的特点是：（1）为扩大开放探路，以开放促发展、促改革、促创新，成为可复制、可推广的经验；（2）不是用优惠政策来推动，也不是以基建投资炒热土地的老办法来吸引地产投资；而是注重体制、机制改革创新；（3）不仅涉及货物贸易，而且针对服务贸易开放，不仅涉及边境开放，而且涉及境内开放。

中国政府已经做好继续中美双边投资协定谈判的各项准备，并于 2013 年 10 月下旬在华盛顿举行第十轮谈判。中美投资协定谈判达成的重要意义是：将取得国际投资谈判的重大话语权，成为重要国际规则的制定者，为我国参与全球经济治理提供重要的空间和机遇；将更有利于保护我国在海外的投资。我国海外直接投资存量已经达到 5000 多亿美元（美国传统基金会统计 2012 年我对美国直接投资达到 140 亿美元），并持有 2.645 万亿美元的美国国债，谈判达成，不仅我对外投资可以要求美国国内法的保护，还可以获得国际规则的保护。

中美双边投资谈判的连带积极效应是刺激了欧盟，中欧投资协定谈判也将举行。2013 年 10 月欧盟理事会对是否授权欧洲委员会与中国开展双边投资协定谈判进行讨论和决定，并有望于 2013 年 11 月宣布举行中欧双边投资协定谈判。在积极接触和进取姿态的势头中，中国政府于 2013 年 9 月 30 日宣布参加服务贸易协定谈判（TISA）。该谈判已经举行了 4 轮。曾在 2013 年 7 月中止，下一轮谈判将在 2013 年 10 月下旬举行，中方将派团参加。

四　中国（上海）自由贸易试验区建设的主要任务与构想

中国政府已经正式公布了该试验区的总体方案，归纳起来有五项任务，涉及 90 多个政策问题。

第一个任务是加快转变政府职能。主动改革，重在制度创新，不搞政策洼地。推行政府管理由注重事先审批转为注重事中、事后监管，建立一口受理、综合审批和高效运作的服务模式。加强对试验区内企业在区外经营活动全过程跟踪、管理和监督。

第二个任务是扩大投资领域开放。服务业选择金融服务、航运服务、商贸服务、专业服务、文化服务以及社会服务领域扩大开放，暂停或取消投资者资质要求、股比限制、经营范围限制等准入限制措施（银行业机构、信息通信服务除外），营造有利于各类投资者平等准入的市场环境。

实行负面清单管理。对负面清单之外的领域，按照内外资一致的原则，将外商投资项目由核准制改为备案制（国务院规定对国内投资项目保留核准的除外）。将外商投资企业合同章程审批改为上海市备案管理，工商登记和商事登记制度改革相衔接，并在试验区内试点开展涉及外资的国家安全审查，完善国家安全审查制度。

第三个任务是推进贸易发展方式转变。鼓励跨国公司设立亚太地区总部，建立整合贸易、物流、结算等功能的营运中心，深化国际贸易结算中心试点，拓展专用账户的服务贸易跨境收付和融资功能，发展离岸业务，统筹开展国际国内贸易；探索在试验区设立国际大宗商品交易和资源配置平台，开展能源产品、基本工业原料和大宗农产品的国际贸易。试点建立相适应的海关监管、检验检疫、退税、跨境支付、物流等支撑系统。

第四个任务是深化金融领域的开放创新。在试验区内对人民币资本项目可兑换、金融市场利率市场化、人民币跨境使用等方面先行先试；探索面向国际的外汇管理改革试点；促进跨国公司设立区域性或全球性资金管理中心。金融服务业对外资和民资开放，允许金融机构设立面向国际的交易平台；鼓励金融市场产品创新，支持股权托管交易机构在试验区内建立综合金融服务平台。

第五个任务是营造相应的监管和税收制度环境。采取“一线放开”：探索建立相对独立的以贸易便利化为主的货物贸易区域和以扩大服务领域开放为主的服务贸易区域。“二线安全高效管住”：加强电子账册管理，推动试验区内货物在各海关特殊监管区之间和跨关区便捷流转。试验区内企业不受地域限制，可到区外再投资或开展业务，推进企业运营信息与监管系统对接。在税收政策方面，在维护现行税制公平、统一、规范的前提下，以培育功能为导向，完善相关政策：实施促进投资的税收政策；实施促进贸易的税收政策；在符合税制改革方向和国际惯例，以及不导致利润转移和税基侵蚀的前提下，积极研究完善适应境外股权投资和离岸业务发展的税收政策。

根据中国（上海）自由贸易试验区的主要任务，本研究继续探讨相应的思路和需要实施和配套完善的主要措施。

（一）货物贸易转型战略思路与措施

拓展贸易类型

大力发展过境贸易（离岸贸易）和转口贸易，推动商品进口—分拨—配送—展销零售的全流程便利化，打造高档消费品、大宗商品、专用机械设备、精密仪器等进入国内市场的渠道，发展国内市场流通链条，扩大内辐射效应。创新贸易业态。引进零售业态，建设高端消费品商品市场，允许国内产品、已付关税产品或免关税产品在区内零售。发挥开放口岸和港口的“进、出、转”优势，全力打造专业化、国际化的大宗商品交易平台。升级贸易功能。发展保税仓储、国际物流、商品展示、国际中转、国际采购、贸易结算、国际维修、金融保险、信息咨询等贸易配套功能，形成储、供、运、销产业发展链，为贸易的发展提供低成本、高效益的服务。

构建与国际接轨的管理体制

(1) 创建双层管理体制。借鉴美国对外贸易区实行政府管理和市场管理相结合的双层管理体制。在政府管理上，要设立独立的管理机构，隶属于政府，是全国唯一依法直接管理自由贸易试验区的行政管理机构，将分散于多个职能部门的权利整合起来。在市场管理上，充分引入市场机制，由一个政府或政府控股的机构、企业对园区的发展进行统一规划、土地开发、基础设施开发、招商引资、物业管理、项目管理、咨询服务、投诉受理等，并且尽可能地为园区企业提供服务。

（2）建立自由贸易试验区综合信息服务中心。成立综合信息服务中心，借助电子信息联网手段，实现自由贸易试验区内海关、质检、商务、税务、工商等行政监管部门信息共享、跨界互联互通经营者只需提交一次信息，在此基础上，海关当局和其他部门可同时处理该信息，为经营者提供极大便利。信息共享、多部门协作，提高监管效率与监管能力。

探索灵活便利的监管模式

（1）探索“两步申报”通关方式。不断优化通关流程，对进出口货物实施“两步申报”（two steps）的通关方式开展积极探索，采取“简单申报+详细申报”的模式，将审核征税等占用较多通关时间的环节移至货物放行之后，实现货物查验放行和审核征税相分离，大幅缩短货物通关时间。试行直接通关程序。试验区使用者可在货物抵达前向当地海关提出申请，当进口货物抵达时，可直接运往园区而免除向海关申报，有效提高企业对物流的支配和调度能力。试行周报关制度。借鉴美国经验，允许企业对进出口货物实行一周集中申报一次，为企业节约报关费用。

（2）便利转关。试验区应增加与国内其他保税区海关的联系，争取建立统一的电子化平台，便于诚信企业在全国范围内进行货物转移，提高企业整体经营效率和竞争力。

（3）引入国际商事仲裁制度。引入国际商事仲裁的先进制度，为自由贸易试验区的企业提供商事仲裁服务，审理有关商事纠纷案件。加强非市场规则体系建设比照国际标准，加强自由贸易试验区在知识产权、劳工标准和环境保护等领域的标准要求和执法力度，为我国今后参与国际规则制定、打造国际竞争新优势进行先行先试，将试验区打造成为全面国际化的一流自由贸易区。

（4）赋予企业国内贸易经营主体资格。对于试验区达到一般纳税人标准的企业应该给予一般纳税人资格，并按照现有的增值税抵扣规定，对于其从国内采购的设备、原材料等不按照出口办理，而是列入进项税额。海关对试验区企业销售到国内的货物应缴纳的进口环节增值税进行汇算清缴，抵扣企业产生的进项税额后，将差额缴纳入库。

提升现代运输服务

依托天然深水港口和国际航运线交点的优势，实施自由化的航运制度，全面提升口岸与港口的国际化水平，推动上海转口贸易蓬勃发展，形成与上海国际航运中心的联动机制。制定一套符合国际规范的船运业管理程序和规定，如船舶登记、船级检验等，探索形成具有国际竞争力的航运发展制度和运作模式。简化国际船舶运输经营许可流程，形成高效率的船籍登记制度。港口实施自由进出管理，船舶入港免办海关手续，非强制引航，船员可自由登岸，边防海关人员不上船检查，出入境、卫生检疫手续从简等。推动中转集拼业务发展，允许在试验区设立中方控股的中外合资船务公司，经营上海港口与国际港口之间的船舶运输业务，并为船舶运输提供揽货、签发提单、结算运费、签订合同等日常服务。允许在试验区内注册的外资国际船舶运输企业的中国籍船舶在国内沿海港口和上海港区之间从事沿海捎带业务。支持浦东机场增加国际中转货运航班。制定航运税费优惠政策，对注册船采取低税率、降低注册费、简化注册手续，允许船商低工资自由雇佣外籍和本国船员。

推动区内区外联动发展

试验区与其他海关特殊监管区功能互认。推进试验区与其他海关特殊监管区在海关、检验检疫、口岸监管等方面的有效配合，实行资质互认，共同提高贸易服务水平，有效降低物流成本及消耗时间，实现区内外的合作共赢。建立电子信息平台，并与其他海关特殊监管区实现对接和信息共享。

（二）服务业扩大开放的思路与措施

制定“负面清单”遵循的主要原则是：第一，安全原则。禁止投资涉及国防安全的行业是各国制定负面清单时的普遍惯例，美国2012年BIT范本中涉及国家安全的第十八条有一个“自裁定”条款：缔约方有权采取其认为必要的措施来维护和平和安全利益，什么样的措施是必要的则由采取措施一方自己决定。涉及我国国防安全的服务行业包括航空运输、部分信息技术服务、部分专业测绘服务等，这些行业的保护可以采取直接禁止开放的方式。第二，与监管同步原则。目前我国各级政府监管和调控能力都有待提高，变审批制为备案制对上海自贸区的监管水平提出了新要求，备案管理是按照深化行政管理体制改革要求，简化备案程序，做到统一受理，分工协作，并联备案；对事中、事后监管也还处于学习阶段。因此，在试验初期，负面清单可以长一些，随着监管能力和水平的提高，对“负面清单”逐步实施“减法”。例如，在美国—新加坡FTA协定中，虽然美国提出了较短的负面清单，新加坡在协议框架内制定的负面清单依然较长，所保护的行业范围也大于美国，这种逐步开放的负面清单制定方式是我国未来可以借鉴的。

关于运输服务业开放

上海国际航运业，虽然货物吞吐量较高，集装箱吞吐量2012年达到3252.9万TEU，但与世界著名的国际航运中心相比仍有不小差距。尤其是在航运服务领域，如船务经纪、船舶分级与登记、船舶融资和租赁、海上保险、船舶交易、海事仲裁等方面。上海要形成国际航运中心核心功能，实现航运要素和资源集聚，保持港口、机场吞吐量继续位居世界前列，物流业面临挑战。这可以通过长江经济区的支持将挑战转化为机遇。长江是全球最大的内河水运通道，“长三角”是中国最具有竞争力的经济区。上海港的航运中心地位要靠长江经济带支撑。上海自贸区应成为中国最大的物流特区。如果将上海港的区位、人才和资金优势与长江经济带的内陆运输网络相结合，则可以助推我国物流业快速发展。

关于电信业开放

在保障网络信息安全的前提下，允许外资企业经营特定形式的部分增值电信业务。在增值电信业务方面，我国自加入WTO以来，在开放电信业务方面始终保持谨慎态度，比如外国企业只能以设置合资公司的方式进入增值电信业务，且持股比例不能超过49%。自贸区改革可以扩大外国企业在增值电信企业的开放程度，这对于我国企业会带来竞争。而在互联网信息服务、数据处理和存储服务和呼叫中心业务几个领域，竞争已经饱和，市场开放对国内增值电信企业影响并不大。需要特别指出的是，增值电信业务有部分领域涉及国家和公众信息安全，如何合理使用方案中规定的“如涉及突破行政法规，须国务院批准同意”条款对该行业采取必要的保护是值得自贸区行政管理机关进一步研究的问题。

关于教育服务开放

在中外合作模式之外探索直接办分校模式，将是对教育改革的重大突破，在农、林、矿、理工科等教育领域应大胆开放，引进境外办学资源，加快我国高等教育融入世界高等教育竞争的程度，推动我国教育的市场竞争机制建设。

关于医疗服务开放

在社会服务领域，医疗服务开放的需求更迫切，应置于优先地位。应大胆引进境外医疗投资和医疗资源，对外资医疗服务机构放开医疗服务价格，资质好的医疗机构应给予医保覆盖的待遇，同时，对于这些医疗机构的药品、医疗器械的进口，以及医疗人才的引进使用，都可以采取试验区内的特殊政策。为此，自贸区试点还可设立外资专业健康医疗保险机构，这对外资医疗机构倚重商业保险的盈利模式构成支撑。通过外资医疗机构的竞争，促进国内医药卫生体制的进一步改革。

（三）金融开放的措施建议

为避免区内外利率差异导致套利，应允许区内银行的存贷款利率在央行基准利率上下自由浮动，逐渐过渡到利率市场化。可先针对现在可兑换比较低的项目。比如贷款，在自贸区内允许人民币双向贷款，即允许自贸区内中资金融机构对外进行人民币贷款，境外的金融机构也可以给上海自贸区内的企业提供人民币贷款。对不同的行业，上海自贸区也可实行区别对待。还可以考虑对不同的资本账户科目实行区别对待，比如，可考虑在自贸区内设立股权投资母基金等。上海自贸区也可对不同币种进行区别对待，比如，先与东盟国家的货币开始自由兑换，加强东盟经贸合作。最后，自贸区还可以对不同类别的资本的进与出进行区别对待，比如，对美元实行宽进严出，对人民币实行宽出严进。

建议以构建自贸区离岸人民币中心为突破口实行资本账户放开。

自贸区在创办离岸金融市场初期应采用分离型离岸金融市场模式，离岸账户和在岸账户之间的资金流动受到较严格的限制。从股市影响方面来分析，自贸区离岸金融市场的创办，短期内不会因为国际资本的大量频繁进出直接对 A 股股市造成太大影响。但是建立离岸金融市场所产生的影响范围广泛，无疑会从多方面或直接或间接影响我国股市。发展离岸金融市场有利于促进金融体制改革，缩小国内金融市场与国际成熟金融市场之间的差距，因此也有望促进内地股市在市场监管、制度建设等方面改革不断深化。通过离岸人民币金融中心建设推动跨境人民币结算业务发展，扩大人民币在贸易、投资、保险等领域的使用，进而可以深入研究开展个人境外直接投资试点。离岸市场上离岸人民币与越来越多的币种实现实时报价以及自由兑换后，将进一步优化境内人民币汇率形成机制。而资本在跨境的不断流动也自然地为资本在境内与境外市场最终自由流动铺平道路。此外只有在自由贸易区内率先实现资本项目下开放后，并逐步实现人民币可自由兑换，人民币国际化才能真正起航，彻底摆脱目前人民币国际化以来采取的“跨境贸易 + 离岸金融”的模式。国内学者普遍认为日元国际化不成功的主要原因是日元采取“跨境贸易 + 离岸金融”模式，而这样的模式的害处是容易导致投机者利用在岸离岸价差进行套利，虚高跨境贸易额度，增加了境内央行货币政策调控的难度，催生境内资产价格泡沫。在离岸业务发展过程中逐步形成反映市场供求的均衡汇率水平。在此基础上改革外汇管理。

建议加强金融基础建设为资本账户放开打基础。

应该积极探索和推动全球人民币清算系统建设。只有中国人自己建立自己的清结算系统，才能保证自己金融系统的金融数据安全。也只有掌握了一手金融交易信息才能使动态金融监管得以实现。

要建立起上海自贸区金融改革创新与上海国际金融建设的联动机制。

第一，允许部分中资银行从事离岸业务。离岸金融业务是自由贸易区的重要组成部分，上海建立自由贸易区的同时也需构建离岸金融市场。试验区对国内商业银行离岸业务探索风险管理和制度完善也进行尝试，建议允许区内符合条件的中资银行从事离岸业务。前期的工作重点可以是，研究中资银行试点离岸金融业务的操作规范。比如，银行如何建立一套离岸金融业务合规操作准则，打击避免国际市场洗黑钱以及恐怖金融等，以及国与国之间双重税收宽免协议、与银行客户税务信息交换等相关规定等。

第二，鼓励国内企业走出去开展国际投资融资理财，上海自贸区应尽快开始研究如何从制度上为这些国有企业提供便利。

第三，加强与国际区域的金融合作。上海自贸区在区域金融合作中也应该担当一定角色，发展沪港金融互补、互助、互动关系，比如可以考虑与香港联手积极探索亚洲美元市场建设，或成立风险平稳基金以应对潜在金融危机的发生。还应加强与全球主要国际金融中心交流合作，探索互利共赢的合作机制。比如，加强与东南亚地区金融交流合作。上海自贸区管委会或上海市政府可发起设立支持东南亚当地基础建设的开发银行或成立类似中投公司这样性质的公司但以人民币为主的主权投资基金，为当地基础设施建设提供资金。在符合国家利益的前提下，在有关部门的支持下，适当降低准入门槛，允许吸引国际多边金融机构以及其分支机构入驻自贸区．以提升上海的国际金融地位，并使得上海在这些国际组织中发挥更大的作用和拥有更大的话语权。

参考文献

1. 陈丽芬：《中国（上海）自由贸易试验区货物贸易转型升级战略研究》，《经济学动态》2013 年第 11 期。

2. 杨志远：《中国（上海）自由贸易试验区服务业开放研究》，《经济学动态》2013 年第 11 期。

3. 余颖丰：《中国（上海）自由贸易试验区金融改革的分析和建议》，《经济学动态》2013 年第 11 期。

4. 武剑：《做好上海自贸区金融改革的先行先试》，《金融时报》2013 年 10 月 21 日第 9 版。

5. 包海兵、匡玲丽：《海关特殊监管区域向自由贸易园区转型的几点思考》，《航运经济与管理》2012 年第 10 期。

6. 王桂英：《洋山保税港区转型为自由港关键问题研究》，硕士学位论文，上海交通大学，2012 年。

7. 刘玉江：《舟山群岛新区创建自由贸易区的战略研究》，硕士学位论文，浙江大学，2013 年。

（裴长洪）

中国经济转型的结构性特征、风险与效率提升路径*

一 导言

中国已完成了从低收入国家向中等收入国家的转变，工业化和城市化正在推进，但向高收入国家演进之路不会平坦。对中国经济增长前景有诸多看法，本文将从拓展的增长核算框架入手探讨该问题。我们认为结构变革推动了中国工业化时期的高增长，同时也构筑了城市化时期增长减速的通道，人口结构转型、增长方程要素弹性参数逆转、投资增长率从高速向中低速转变等因素可能是增长减速的主因，如何实现增长方式由资本驱动向效率驱动的转型，是值得深究的问题。

沿着上述认识逻辑，我们对标准增长核算方程进行了拓展，并特别标示出可直接索引的34项经济指标。这34项经济指标可以归拢到标准增长核算方程的资本、劳动、技术进步、要素弹性四个变量中。首先，我们对中国经济转型的六个结构性特征进行了观察，即人口结构转型、生产率的产业再分布、收入分配调整、城市化率提高、资本效率递减、全要素生产率改进空间狭窄。基于上述六个结构性特征及中国向发达经济阶段演进的假设，我们对“结构收敛一致性”问题进行了探讨，包括四个层面：产出的资本弹性和劳动弹性向经济发达阶段收敛；投资率向经济发达阶段收敛；产业结构向经济发达阶段收敛；经济增长的政府干预向市场主导转变。“结构收敛一致性”蕴含了经济过快减速的宏观风险：收入格局再调整导致的过快减速风险；过度无效投资导致的过快减速风险；经济杠杆率持续拉升导致的过快减速风险；产业结构服务化导致的过快减速风险。我们认为，资本效率提高是政策着力点。

本文安排如下：第二部分是拓展的增长核算分解与中国经济结构性特征分析；第三部分是结构收敛一致性机制、不确定性与风险讨论；第四部分是本文结论。

二 增长核算分解与中国经济潜在增长前景

分析经济的结构性特征有多种方法，我们遵从经济增长理论研究传统，从生产函数

---

* 中国经济增长前沿课题组，负责人为中国社会科学院经济研究所张平、刘霞辉、袁富华。本研究受国家社会科学基金重大招标课题“加快经济结构调整与促进经济自主协调发展研究”（批准文号12&ZD084）和国家社会科学基金重点课题“中国城市化模式、演进机制和可持续发展研究”（批准文号12AJL009）资助。本文执笔人袁富华、张平、刘霞辉。参加讨论的人员有裴长洪、张连城、陈昌兵、张自然、郭路、黄志刚、吴延兵、赵志君、仲继垠、张磊、张晓晶、常欣、田新民、汪红驹、汤铎铎、李成、王佳、张鹏、张小溪。

入手。

（一）理论与方法

1. 基准方法

为突出结构分析特征，我们把增长因素归纳为两个层面：第一个层面是基于统计年鉴数据的实际 GDP 变化的结构性影响因素，核心是人口结构转型和产业结构转型对长期增长带来的冲击效应；第二个层面是立足于标准生产函数核算框架的三因素分析，针对 K、L 及技术进步因素之于潜在增长的影响。就未来增长潜力的评估而言，这两个层面又通过人口转型、产业结构变化以及城市化这样的阶段性因素联系起来。

全社会 GDP 增长率的分解，记：劳动力供给 L，劳动年龄人口 POP_L，劳动参与率 Θ_L，总人口 POP；则：

$$GDP \equiv Y = \frac{Y}{L} \cdot \frac{L}{POP_L} \cdot \frac{POP_L}{POP} \cdot POP$$

上式意味着：GDP 增长率 = 劳动生产率增长率 + 劳动参与率增长率 + 劳动年龄人口占总人口比例增长率 + 总人口增长率

2. 全社会劳动生产率增长率的产业加权合成方法

我们更新袁富华（2012）的计算方法，在产业增加值份额和产业就业份额都可变的情境下，考察如何由三次产业劳动生产率增长变化加权合成全社会劳动生产率增长率。目的旨在说明经济结构朝服务业演进过程中，全社会劳动生产率增长的产业结构变化影响。令：从 t 到 $t+1$ 期全社会劳动生产率增长率为 η_{t+1}，各次产业劳动生产率增长率为 $\eta_{i(t+1)}$，各次产业就业占全社会就业份额增长率为 $\zeta_{i(t+1)}$；t 期各次产业增加值占 GDP 份额为 γ_{it}；则容易推导，从 t 到 $t+1$ 期全社会劳动生产率增长率与各次产业劳动生产率增长率的关系为：

$$\begin{aligned}\eta_{t+1} = {} & \gamma_{1t}(\eta_{1(t+1)} + \zeta_{1(t+1)} + \eta_{1(t+1)} \cdot \zeta_{1(t+1)}) + \gamma_{2t}(\eta_{2(t+1)} + \zeta_{2(t+1)} \\ & + \eta_{2(t+1)} \cdot \zeta_{2(t+1)}) + \gamma_{3t}(\eta_{3(t+1)} + \zeta_{3(t+1)} + \eta_{3(t+1)} \cdot \zeta_{3(t+1)})\end{aligned}$$

当交叉项较小时，有：

$$\eta_{t+1} = \gamma_{1t}(\eta_{1(t+1)} + \zeta_{1(t+1)}) + \gamma_{2t}(\eta_{2(t+1)} + \zeta_{2(t+1)}) + \gamma_{3t}(\eta_{3(t+1)} + \zeta_{3(t+1)})$$

为明晰起见，把（$\eta_{i(t+1)} + \zeta_{i(t+1)}$）暂时命名为“第 i 产业就业份额加权的劳动生产率增长率”，以区别于根据统计年鉴数据直接计算的各次产业劳动生产率增长率为 $\eta_{i(t+1)}$；显然，（$\eta_{i(t+1)} + \zeta_{i(t+1)}$）比 $\eta_{i(t+1)}$ 多出一个就业份额增长率项 $\zeta_{i(t+1)}$。这种区分纯粹是为了表述的方便。

把统计年鉴数据应用于上述公式存在的一个困难是，如何让三次产业增加值折实数据加总之和正好等于全社会 GDP。可行的方法是运用 2008—2012 年《中国统计年鉴》提供的“不变价国内生产总值”统计表，该表提供了按 1970 年、1980 年、1990 年、2000 年和 2005 年不变价核算的全社会 GDP 及三次产业实际增加值序列。如果希望延长这个表格所提供的全社会 GDP 数据序列，我们给出的一个简便方法是：用上一年各次产业增加值占 GDP 份额乘以当年各次产业增加值增长率，得到当年全社会 GDP 增长率，以此估算相应不变价 GDP。

3. 时间期限

对于生产函数三因素分解中使用到的资本投入，我们更新了本课题组前期研究的资本存量序列，基期设定为 1978 年。分析上，我们集中于三个时期：1985—2007 年，这个历史时期见证了中国经济的持续快速增长，以及产业结构的迅速变化；2008—2012 年，这个历史时期里中国经历了增长的减速；2013—2018 年，我们将对中国未来增长机制给出系统解释。

（二）劳动力供给倒 U 形曲线

本部分基于历年《中国统计年鉴》《中国人口和就业统计年鉴》数据，考察人口结构转型有关变量的长期趋势，主要是未来 10—20 年劳动力供给状况的说明。劳动力供给变化在长期中与劳动年龄人口和劳动参与率二者的变化直接相关。定义：

i. 劳动力供给（或劳动投入 L）＝年鉴中全社会年末从业人员数量；

ii. 劳动年龄人口 POP_L = 年鉴中 15—64 岁年龄段的人口；

iii. 劳动参与率 Θ_L = 劳动力供给与劳动年龄人口的比率；

用小写字母表示变量增长率，则：

ⅳ. 劳动力供给增长率 l = 劳动年龄人口增长率 pop_L + 劳动参与率变化率 θ_L。

《中国统计年鉴》《中国人口和就业统计年鉴》提供了 2012 年以前全社会年末从业人员、劳动年龄人口数据序列，其中，1990 年以前的从业人员数据根据王小鲁、樊纲（2000）的估算进行调整；2012 年之后全社会劳动力供给趋势，通常用年龄移算法进行估计。所谓劳动力人口年龄移算，是指按照年龄分组的人口，随着时间的推移和人口的年龄转组，将引起劳动力人口数的变动，据此可以推测未来劳动力人口变化。《中国人口和就业统计年鉴》的人口统计按照 4 岁年龄组距，将人口分为“0—4 岁”……“65 岁以上”等 14 组。本文采取滞后 15 年的年龄移算方法，劳动年龄人口估算遵从通常的“15—19 岁”……“60—64 岁”分组方法：即分别以 1998—2011 年的年龄分组人口推算 2013—2026 年劳动年龄人口；劳动力供给数量为劳动年龄人口乘以劳动参与率。

估算未来 15 年劳动年龄人口的具体步骤是：第一步，运用人口变化抽样调查中所提供的 4 岁年龄组距人口占抽样人口比例，与当年全国总人口相乘，得到各组人口毛估计数；第二步，运用各组人口毛估计数和各年龄组人口死亡率，得到各年龄组人口净估计数；第三步，进行各年龄组人口净估计数移算，得到未来各年 15—64 岁劳动年龄人口的估计数及其增长率。

估算未来 15 年劳动参与率的具体步骤是：第一步，劳动参与率的下限估计。基于上述劳动参与率的定义，我国 1993—2012 年间的劳动参与率，呈现明显的线性下降趋势，因此，我们运用这 20 年的劳动参与率的时间回归趋势，线性外推未来年份的劳动参与率：

$$\hat{\Theta}_L = \underset{(322.47)}{86.02} - \underset{(-22.38)}{0.50} \cdot t_{1993-2012}, \quad adjR^2 = 0.96, \quad D.W. = 1.70$$

1993 年劳动参与率为 84.8%，2012 年为 76.4%。线性外推 2020 年为 72%，2026 年为 69%。

第二步，设置劳动参与率的上限。以 2011 年劳动参与率（约等于 2010—2012 年平均数）76.2% 作为未来各年劳动参与率的上限；第三步，由劳动参与率下限和上限的平均值，结合估算的未来 15 年劳动年龄人口，给出劳动力供给数量的估算。

图 1 和图 2 是 1993—2026 年中国劳动年龄人口、劳动力供给及劳动参与率趋势的直观显示。其中，1993—2012 年数据直接取自《中国统计年鉴》和《中国人口和就业统计年鉴》，2013 年之后的数据序列为估计值。图中趋势显示，改革开放以来，中国由劳动力供给增长所带来的人口红利正在消失。目前，中国劳动力供给已经进入绝对减少的“拐点”区域，2015 年之后，劳动年龄人口持续下降及相应劳动供给持续减少将成为常态。

其间，尽管统计数据调整（如最近一次人口普查对数据的矫正）有可能带来劳动年龄人口短暂上升，但在中国人口转型系统性因素的作用下，劳动供给持续减少是未来相当长时期的主导性规律。劳动参与率的持续下降是另一个重要影响因素，连同劳动年龄人口持续下降共同导致了长期劳动力供给的减少。

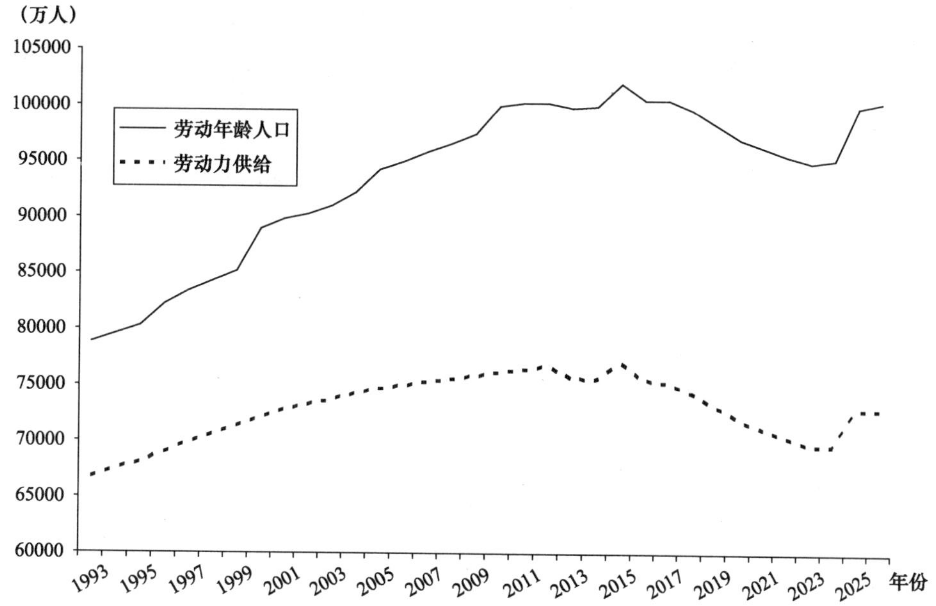

图1　中国劳动年龄人口和劳动力供给趋势

资料来源：中国经济增长前沿课题组计算。

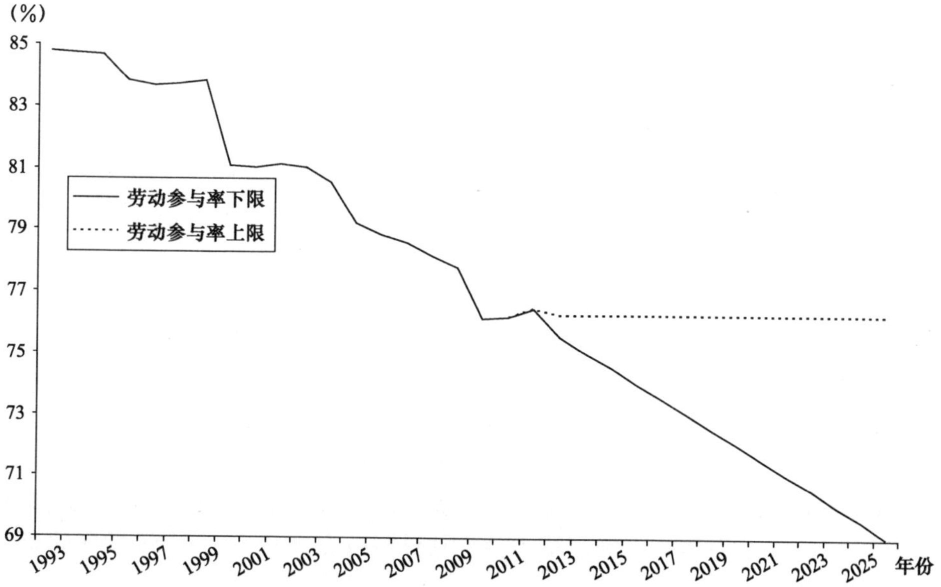

图2　劳动参与率变化趋势

资料来源：历年《中国统计年鉴》《中国人口和就业统计年鉴》。

（三）产出的要素弹性参数逆转

就长期而言，产出的要素弹性对于增长曲线未来走势，往往起着决定性的影响。我们的前期研究曾提及发达国家生产函数要素弹性参数逆转的统计事实（本课题组，2012），把长期增长函数的要素弹性参数逆转规律描述为：资本弹性（α）和劳动弹性（$1-\alpha$）在不同的经济发展阶段数值有异，发达国家和发展中国家的经验对比表明，随着经济向更高阶段演进，产出的资本弹性逐渐走低，相应劳动弹性逐渐提高。这里，我们征引本课题组的前期数据分析及史俊男（2013）的有关研究，以丰富有关要素弹性参数逆转趋势的认识。

世界银行数据库提供了产出要素弹性参数逆转检验所需的基本数据。通过对国别、指标、年份等数据内容进行筛选，确定数据最为完善的82个国家作为研究对象。所选择的82个国家涵盖六大洲、五个收入组别，代表性较强。

1. 国家分组

为了对不同发展阶段上要素弹性参数变化状况进行比较，我们遵循世界银行的分类方法，将计算涉及的82个国家分为四组：高收入国家组；中上收入国家组；中下收入国家组；低收入国家组。试算显示，高收入国家组、中上收入国家组、中下收入国家组的资本弹性变化基本符合逆转规律；但是低收入国家资本弹性有高有低，可能是因为较低发展阶段经济的资本动员能力较弱，相应地，资本对增长的贡献较小。基于这种问题，我们主要考察位于高收入组、中上收入组、中下收入组65个国家的资本弹性。最终归纳为两类，即25个高收入国家和40个中等收入国家（中上、中下收入国家）。

2. 估算方法及数据说明

（1）各国资本存量序列：Nehru and Dhareshwar（1993）运用永续盘存法详细估算了92个国家1960—1990年的资本存量，沿用他们的做法，我们构造了1960—2010年82个国家的资本存量数据，基期为2000年；（2）各国GDP序列：来源于世界银行数据库的GDP（2000年美元不变价）；（3）各国劳动投入序列：由于劳动力或者就业数据的完整性比较差，尤其是发展中国家20世纪90年代之前的数据比较缺乏，因此我们使用15—64周岁的劳动年龄人口数代替就业人数，从而有效提高数据的完整性。基于世界银行数据库，通过计算总人口数与15—64周岁人口比重的乘积得到劳动年龄人口数。（4）为了估算产出的资本弹性，通过试算，我们选择带有时期固定效应的面板模型。

3. 估算结果

图3和图4显示了1960—1990年和1990—2010年两个历史时期，65个样本国家的资本弹性估算结果及对比。具体说明如下：（1）1960—1990年，25个高收入国家资本弹性估计值分布在0.37—0.45的区间里，均值为0.42；40个中等收入国家资本弹性估计值分布在0.63—0.76的区间里，均值为0.72（40个中等收入国家样本期为1970—1990）；（2）1990—2010年，25个高收入国家资本弹性估计值分布在0.46—0.50的区间里，均值为0.47；40个中等收入国家资本弹性估计值分布在0.52—0.68的区间里，均值为0.62。

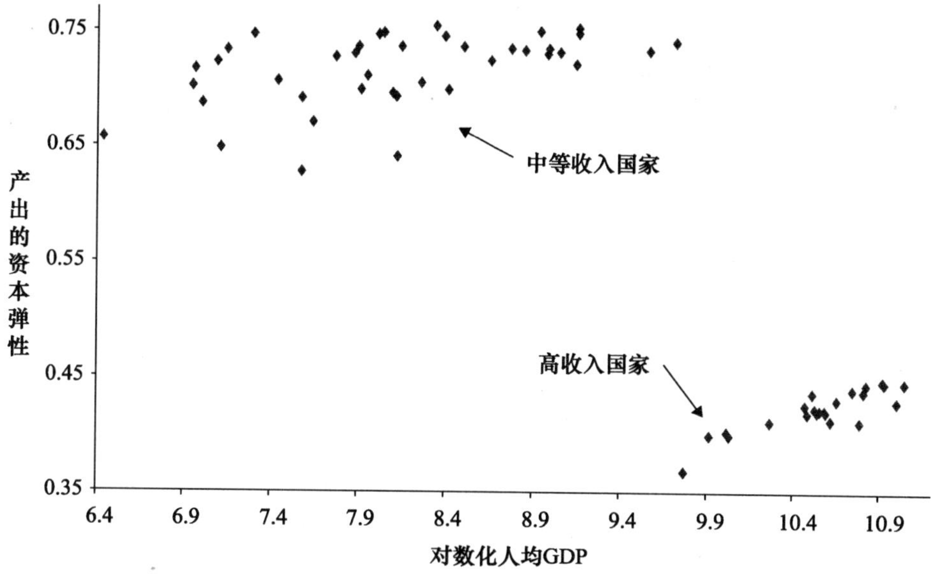

图 3　1960—1990 年 40 个中等收入国家和 25 个高收入国家资本弹性对比

资料来源：中国经济增长前沿课题组计算。

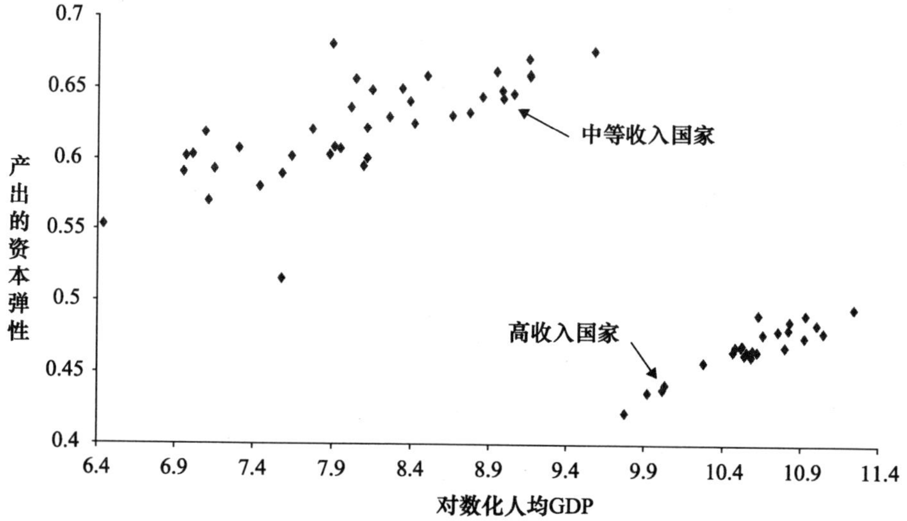

图 4　1990—2010 年 40 个中等收入国家和 25 个高收入国家资本弹性对比

资料来源：中国经济增长前沿课题组计算。

（四）城市化与投资率的倒 U 形关系

1. 中国城市化率的长期趋势估计

1975—2011 年中国城市化率呈现出典型的 S 形增长，以 1975 年作为起始年份，城市化率的逻辑增长曲线在两个时间区间进行估计，预测趋势直观显示如图 5 所示：

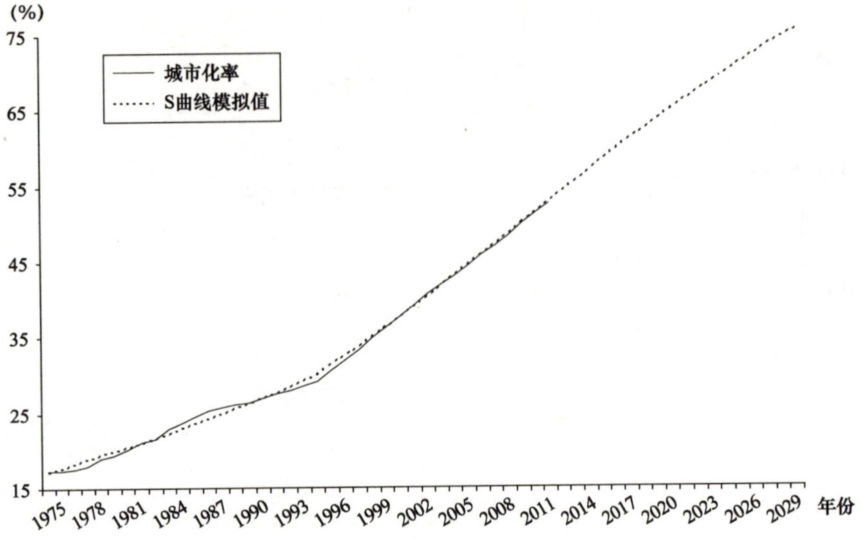

图 5 中国城市化率趋势（1975—2029 年）

资料来源：中国经济增长前沿课题组计算。

1975—2011 年：$y_{t;1975-1995} = 1/\ (1 + 5.0057e^{-0.0359 \cdot t_{1975-1995}})$

1996—2011 年：$y_{t;1996-2011} = 1/\ (1 + 5.1888e^{-0.0563 \cdot t_{1996-2011}})$

2. 城市化率与资本投入增长率的倒 U 形关系

根据陈昌兵（2010）关于城市化率与投资率倒 U 形关系的探讨，我们的前期研究对未来中国投资变动的下降趋势进行了分析（课题组，2012）。沿用已有的回归框架和更新数据，本文关于城市化率与资本投入增长率的关系如图 6 所示，亦即，未来 20 年里，中国城市化率的持续提高将导致资本存量增长速度由现阶段的高于 10% 降低到 8% 左右。

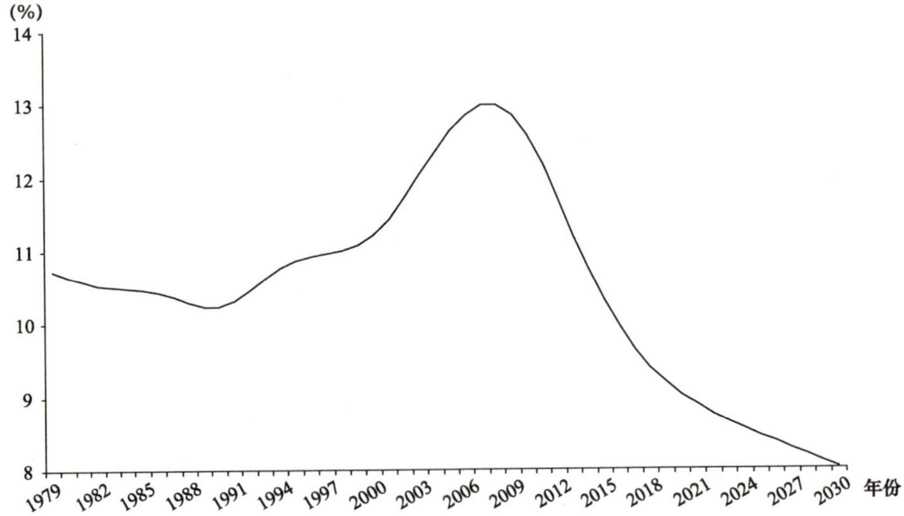

图 6 中国资本投入增长率趋势

资料来源：中国经济增长前沿课题组计算。

（五）中国 1985—2012 年生产函数分解及 2013—2018 年的趋势预测

根据上述主要经济变量的长期动态，表 1 对 2013—2018 年中国经济潜在增长率的估计值为 6.5%，这个数值是对我们前期研究数值模拟的修订（课题组，2012）。基于十八大后国家收入分配政策的调整及居民人均收入翻番战略的部署，我们对 2013—2018 年中国增长核算方程的资本弹性、劳动弹性参数设置为 0.5 ∶ 0.5；基于中国城市化进程及城市化率与投资增长的倒 U 形关系，我们对资本存量增长速度的估计值为 9.5%；基于人口转型趋势的劳动投入增长速度约为 -0.5%；基于中国 *TFP* 趋势，我们把未来 5 年全要素生产率对 GDP 增长的贡献份额设定为 30%①。表 1 中的潜在经济增长前景分析，或许还有一些可能的增长因素未考虑到或估计不充分——如技术进步、改革效应、人力资本水平提高等。如果考虑到人力资本水平提高、技术进步和改革深化的增长潜力挖掘，则潜在增长率提高 0.5%—1% 是完全可能的。

表 1　　中国 1985—2012 年生产函数分解及 2013—2018 年的趋势预测

	历史（峰—峰：1985—2007）	现状（2008—2012）	预测（2013—2018）
一　全社会实际产出增长四因素分解			
（1）实际增长（年鉴数据）=（2）+（3）+（4）+（5）	10.10%	9.3%	7.86%[注1]
（2）劳动生产率（$y = Y/L$）增长率	8.54%	8.86%	8.55%
（3）劳动参与率变化率（θ_L）	-0.07%	-0.55%	-0.55%
（4）劳动年龄人口占总人口比例增长率	0.54%	0.43%	-0.40%
（5）总人口增长率	1.03%	0.49%	0.26%
（6）劳动生产率变动的结构因素			
（7）劳动生产率（$y = Y/L$）增长率 =（8）×（9）+（10）×（11）+（12）×（13）	8.54%	8.86%	8.55%
（8）就业份额加权的第一产业劳动生产率增长率[注2]	2.50%	4.49%	3.12%
（9）增加值份额	0.18	0.09	0.07
（10）就业份额加权的第二产业劳动生产率增长率	10.56%	9.52%	8.60%
（11）增加值份额	0.49	0.49	0.45
（12）就业份额加权的第三产业劳动生产率增长率	9.10%	8.91%	9.29%
（13）增加值份额	0.33	0.42	0.48

① 如果考虑到节能减排的冲击效应，根据我们的估计方法推算，2014—2018 年中国潜在增长率大致在 5%—6% 的水平。

续表

	历史（峰—峰：1985—2007）	现状（2008—2012）	预测（2013—2018）
参考指标：（14）第一产业劳动生产率增长率（年鉴数据）	4.42%	8.30%	8.30%
参考指标：（15）第二产业劳动生产率增长率（年鉴数据）	9.21%	7.03%	7.03%
参考指标：（16）第二产业劳动生产率增长率（年鉴数据）	5.99%	6.72%	6.72%
二　全社会潜在产出增长三因素分解			
（17）［潜在增长（生产函数拟合）三因素］	9.7%	10.9%	6.4%
（18）资本投入（K）：弹性	0.60	0.60	0.50
（19）贡献份额 =［（18）×（24）］/（17）	68.72%	74.53%	74.4%
（20）劳动投入（L）：弹性	0.40	0.40	0.50
（21）贡献份额 =［（20）×（28）］/（17）	6.17%	1.36%	-4.4%
（22）tfp：增长率	2.44%	2.62%	1.96%
（23）贡献份额 = 100 -（19）-（21）	25.11%	24.11%	30%
［因素细分］			
（24）资本投入增长率（$k = dK/K$）=（25）×（26）	11.13%	13.50%	9.5%【注3】
（25）（净）投资率（I/Y）	21.32%	35.55%	
（26）资本效率（Y/K）	0.52	0.38	
参考指标：投资效率（$ICOR$，或者 $I/\Delta GDP$）：根据实际值估算	4	6.2	
（27）劳动投入增长率（$l = dL/L$）=（28）+（29）	1.50%	0.37%	-0.56%
（28）劳动年龄人口增长率（pop_l）	1.58%	0.93%	-0.01
（29）劳动参与率变化率（θ_L）	-0.07%	-0.55%	-0.55%
参考指标：劳动要素报酬比例（劳动报酬/GDP）	46.97%	48.26%	
（30）劳动生产率增长率			
（31）劳动生产率（$y = Y/L$）增长率 =（32）+（33）	8.54%	8.86%	
（32）资本效率（Y/K）增长率	-0.89%	-4.81%	

续表

	历史（峰—峰：1985—2007）	现状（2008—2012）	预测（2013—2018）
（33）人均资本（*K/L*）增长率	9.43%	13.67%	
参考指标：全社会全员劳动生产率名义值（元/人）	11419	53778	
全社会全员劳动生产率实际值（1978 年为基期，元/人）	3284	9862	
三　人口与城市化			
［全国人口］			
人口（绝对数，万人）	121136.3	134096.4	
年末从业人员（绝对数，万人）	68014.3	76124.2	
劳动参与率（水平值）	0.82	0.77	
［城市化］			
（34）城市化率	33%	50%	0.58
非农部门就业占全社会就业的比率	47.03%	63.43%	
城市人口对非农就业的支撑率（即非农就业与城市人口之比）	82.10%	72.30%	

注（1）7.86%的估计值系按照 2008—2012 年（14）（15）（16）项劳动生产率增长率计算，从未来增长趋势看，这个数值可能是潜在增长的高限，可以生产函数法的潜在增长估计值 6.4%进行对比。（2）就业份额加权的产业劳动生产率的解释，请参见本文第二部分。（3）资本投入增长率的估计，系索引（34）城市化率及前文城市化率与投资增长率的倒 U 形关系计算。

三　中国经济转型的结构性特征

我们把表 1 直接进入生产函数分解的因素归纳为 34 项（表中标号“（1）实际增长，（2）劳动生产率增长率……（34）城市化率”），试图理清中国城市化阶段结构性特征。

（一）人口结构转型

我们首先看一下人口结构转型在长期增长过程的作用，索引表 1 中 34 项分解因素的（1）—（5）项，这五项对应着前文所述实际 GDP 增长率分解算式：

GDP 增长率 = 劳动生产率增长率 + 劳动参与率增长率 + 劳动年龄人口占总人口比例增长率 + 总人口增长率。

依据《中国统计年鉴》数据，1985—2007 年和 2008—2012 年两个时间期间里，中国实际 GDP 年均增长速度分别为 10.1%和 9.3%。在 GDP 增长率的四个分解因素中，劳动生产率增长率分别为 8.54%和 8.86%，略有上升但上升幅度很小。两个时间期间 GDP 增长率的下降，因此归因于与人口结构转型相关联的三个因素——劳动参与率、劳动年龄人口比例和总人口的变动。从数据实际表现看，1985—2007 年和 2008—2012 年两个时间期间里，劳动参与率增长率由 -0.07% 进一步下降为 -0.55%，劳动年龄人口占总人口比例增长率由 0.54% 下降为 0.43%，总人口增长率由 1.03% 下降为 0.49%。

人口结构转型正在受到越来越多的关注。根据蔡昉（2013）的研究，中国持续 30 年的劳动生产率的快速提高，实际上得益于人口红利，如果人口结构变化，人口红利消失，不仅是劳动力供给受到影响，所有的经济增长源泉都将受到影响，人口红利消失导致潜在增长速度的下降。

（二）生产率的产业再分布

索引表 1 中 34 项分解因素的（6）—（16）项，这十一项对应着前文所述全社会劳动生产率增长率分解算式（如果交互项较小且予以忽略）：

$$\eta_{t+1}=\gamma_{1t}\ (\eta_{1(t+1)}+\zeta_{1(t+1)})\ +\gamma_{2t}\ (\eta_{2(t+1)}+\zeta_{2(t+1)})\ +\gamma_{3t}\ (\eta_{3(t+1)}+\zeta_{3(t+1)})$$

1985—2007 与 2008—2012 年两个时间期间，全社会劳动生产率增长速度基本维持不变的原因是：第一产业和第三产业劳动生产率的增长，被第一产业就业、增加值份额的减少以及第二产业劳动生产率增长速度的下降抵消掉了。由于第一产业就业份额和增加值份额相对较小，我们把全社会劳动生产率增长的未来趋势分析集中于第二产业和第三产业上。

Alexander（2002）认为，即使像日本这样发展成功的富国俱乐部新进，与老牌发达国家——如美国的发展模式比较起来仍有不尽如人意之处：（1）美国增长模式的典型特征是效率驱动，投资对于增长的促进比较温和；日本二战后至 20 世纪 70 年代，重化工业主导的增长模式将资本存量/GDP 比率一路拉升，由 1.5 拉升到 2.0（美国经济增长中长期维持的比例）。其后，这个比例更是一路上升，致使投资边际回报显著递减。更多的工业资本被迫流向发展中国家寻找机会，最终导致国内工业部门投资锐减。（2）基于投资的“干中学”效应，使得高速增长时期劳动生产率增速较快，但是，随着经济发展水平向发达国家靠近，依赖国外技术设备投资获得的劳动生产率改进空间缩小，投资减速时劳动生产率增长速度也相应放缓。（3）再者，资本驱动模式下投资的高增长，很大程度上来自于国内金融部门的扭曲，一旦金融市场自由化进程加快，企业成本将显著增加，一大批低效率工业企业随之产生，进而抑制投资增长和生产率提高。中国现阶段资本驱动的模式类似于日本高增长时期的情景，但是，资本报酬递减比日本 20 世纪 50—70 年代来得要早，因此很难设想第二产业继续维持投资高增长的合理理由，“干中学”模式下第二产业劳动生产率的持续高增长也没有了依据。算表中 2008—2012 年中国第二产业劳动生产率增长较之于 1985—2007 年的下降，是资本驱动增长情景的式微使然。

随着城市化推进和经济结构服务化发展阶段的到来，没有理由认为服务业主导的全社会劳动生产率增长率会超过过去 30 年工业化主导时期，关于这一点，我们的前期研究（本课题组，2012）已有过比较详细的阐述。因此，若城市化过程中服务业的劳动生产率不能快速提升，会压制未来增长。

（三）收入分配调整

索引表 1 中 34 项分解因素的（17）（18）（20）（22）（24）（27）这六项，我们可以得到要素弹性逆转对未来增长的影响，它们对应标准增长核算方程：

$$\dot{Y}/Y=\dot{A}/A+\alpha\cdot(\dot{K}/K)+(1-\alpha)\cdot(\dot{L}/L)$$

所谓要素弹性参数逆转，是指随着经济朝高级阶段演进，产出的资本弹性逐步减小，产出的劳动弹性相应提升。基于新古典生产函数的假设，要素弹性参数逆转，与经济增长不同阶段的资本、劳动分配份额的变化有内在联系。图 3 和图 4 中 65 个国家的面板数据分析，给出了不同经济发展阶段上资本弹性的表现，总体看来，发达国家资本弹性相对较低。就中国增长而言，工业化阶段较高的资本弹性与较高的投资回报率相关，当资本回报出现下降时，较低的资本边际回报对应了较低的资本弹性，从而引致要素弹性参数逆转。

像中国这样依赖资本驱动的发展中国家，增长转型（工业化阶段向城市化阶段）过程中资本弹性的下降，对于潜在增长下行的冲击可以想见。虽然如此，随着经济增长向城市化阶段的演进，以国民福利增进这个最终目标为根本的城市化，将逐渐成为资本弹性向下逆转的内在逻辑。原因是，相对于赶超工业化阶段，增长质量要求相对更高的城市化阶段，需要在人力资本（健康、知识技能等）上加大投资力度。由之，分配政策向劳动力倾斜，以矫正工业化阶段资本所得份额过高的趋势也将系统性发生。

（四）城市化率提高

继续索引（17）（18）并（24）（25）（26）（34）项，并回顾生产率产业再分布中的有关阐述。前期研究中，我们把中国经济增长划分为两个阶段：投资驱动的高速增长阶段 I 和城市化时期稳速增长阶段 II。仔细分析起来，经济转型期间资本驱动模式不可持续的原因有两个：一是当经济进入城市化阶段后，制造业部门因面临了较之于高速增长阶段 I 更高的成本而被迫缩小，制造业放弃的经济空间被逐渐发展起来的服务业取代（当然这里也不否认需求因素诱致的服务业规模的扩大），这是第二产业部门投资增长速度走低的动因。二是，尽管服务业规模扩大了，但是该产业对投资增长的拉动能力，无法与工业化时代标准化、大规模设厂的蓬勃景象相比拟；即使一些行业——如房地产业，其红火势头也具有拉动投资高涨的效应，但从长期增长角度看，这种红火不过是一种短期现象。纵观发达国家的工业化城市化历史，这种由服务业发展带来的高增长冲击尽如昙花，从工业化过渡到城市化成熟期的路径上，全社会投资增长率逐渐趋于下降并维持在某种水平上是常见现象。

（五）资本效率递减

索引表 1 中 34 项分解因素的（30）—（33）项，对应方程 $Y/L=(K/L)(Y/K)$，说的是全社会劳动生产率的增长速度将因为资本深化速度降低和资本回报率趋于减少而下降。关于 1985—2007 年和 2008—2012 年 Y/K 的下降问题，本课题前期研究已经有过比较详细的数据分析，国内外相关研究也较多，这里不多赘述。需要补充的一点是，为了防止劳动生产率的过快下降，进行有质量的生产性投资（无论是第二产业还是第三产业）进而抑制 Y/K 过快下降或者促使其上升，是城市化阶段经济政策的着力点，我们在下文还将重点论及这点。

（六）全要素生产率改进空间狭窄

继续索引表 1 中 34 项分解因素的（17）—（23）项，我们可以对中国经济增长中技术进步的贡献进行观察。图 7 提供了 1978—2012 年中国增长方程参数（α）及技术进步速度（*tfp*）的卡尔曼滤波估计值①。可以看出，产出的资本弹性（α）基本维持在0.6的水平，比较稳定。技术进步速度的数值也比较稳定，大约为2.5%。总体来看，技术进步占GDP增长率的份额大约维持在1/4的水平，类似于国内大多数文献的估算结果。这种情况反映了资本驱动增长模式下，投资增长对全要素生产率改进空间的挤压。相应推断是，如果维持现有增长方式，投资减速只会带来经济增长速度的持续降低，因为全要素生产率的改进空间过于狭窄（相对于发达国家*tfp*贡献份额60%以上的情况而言）。

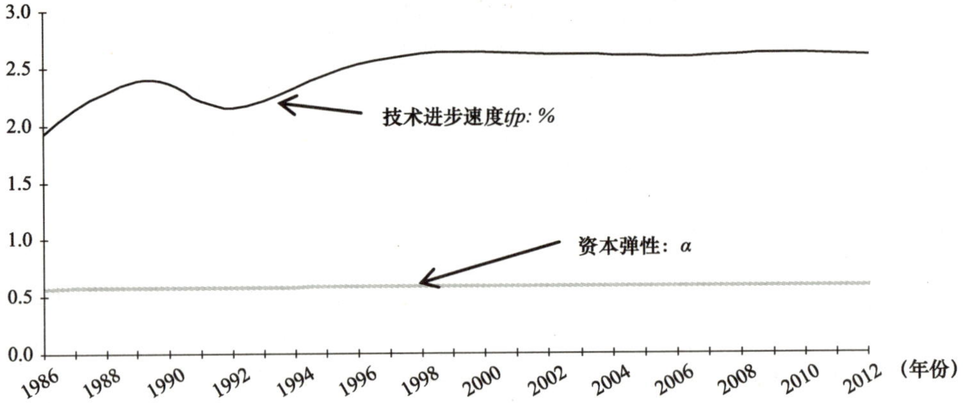

图7　1986—2012年中国增长曲线的资本弹性（α）和技术进步速度（*tfp*）

资料来源：中国经济增长前沿课题组计算。

四　结构收敛一致性机制、不确定性与风险

（一）结构收敛的一致性趋势

结构收敛的一致性趋势是经济增长理论中俱乐部趋同效应的具体体现。我们的表达是：（1）国内人口转型、城市化、收入分配政策调整迫使中国经济向发达经济阶段的趋势特征收敛；（2）开放条件下要素流动的价格均等化机制迫使中国经济向发达经济阶段的趋势特征收敛。

1. 产出的资本弹性和劳动弹性向经济发达阶段收敛

这种情景意味着，中国增长方程的劳动弹性向较高的值域收敛（如由现阶段的约0.4逆转为约0.6的水平）。基于前文分析，把劳动弹性与分配结构联系起来，我们可以给这种收敛提供趋势性描述。20世纪70年代发达国家城市化步入成熟时期后，分配结构收敛一致性在各国表现得较为显著，见图8。该图分为两个部分：一是位于右上方1990—2010年主要发达国家收入占GDP的份额（这里是纯工资收入/GDP。若考虑非工资收入，这个份额要更高，大概在0.6—0.7），大致分布在0.5—0.6的区域里，比较稳定，体现了收入分配的一致性收敛趋势；二是我们提供了法国1950—2010年和韩国1975—2010年长时

① 为了把中国*GDP*、资本（*K*）、劳动（*L*）数据应用于标准增长核算方程（即要求资本、劳动弹性之和为1），我们需要引入这里称之为“影子弹性”的概念。含义是，运用方程：$\log(GDP/L)=C+\alpha\cdot\log(K/L)+\varepsilon_i$ 估计资本弹性α，然后间接计算劳动弹性$1-\alpha$。

间序列的演进对比。这两个长时间序列，在一定程度上显示了发达国家和后发工业化国家收入分配份额向均衡路径的演进趋势。

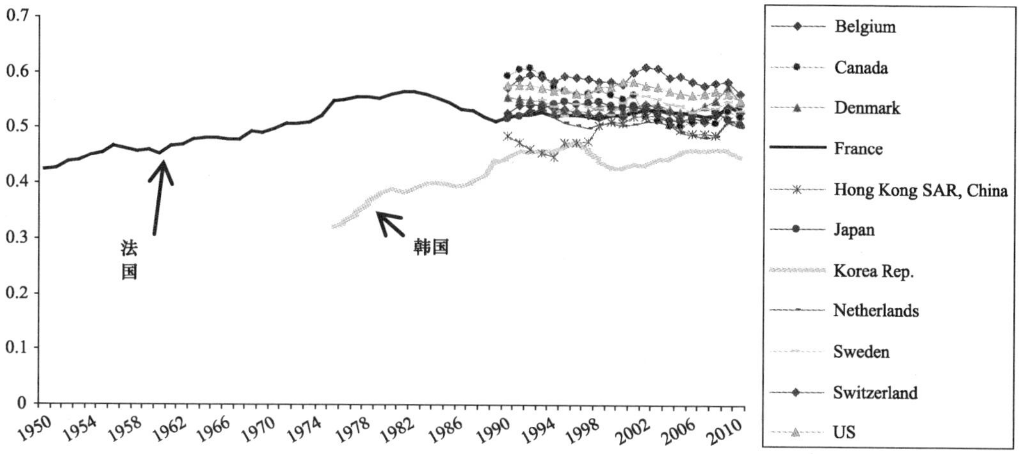

图 8　发达国家和后发工业化国家收入份额（工资/GDP）

资料来源：UNdata。

2. 投资率向经济发达阶段收敛

这种情景意味着，随着城市化向成熟阶段演进，随着服务业比重份额的扩大，投资已经不可能充当经济的主导性驱动力量。此时，要么经济实现朝效率驱动增长方式的嬗变，就像发达国家表现的那样；要么经济进入不可预测的震荡轨迹中，就像拉美国家表现的那样。投资率增长趋于收敛及有关问题见图 9。该图中，我们以国民储蓄率（s）作为投资率

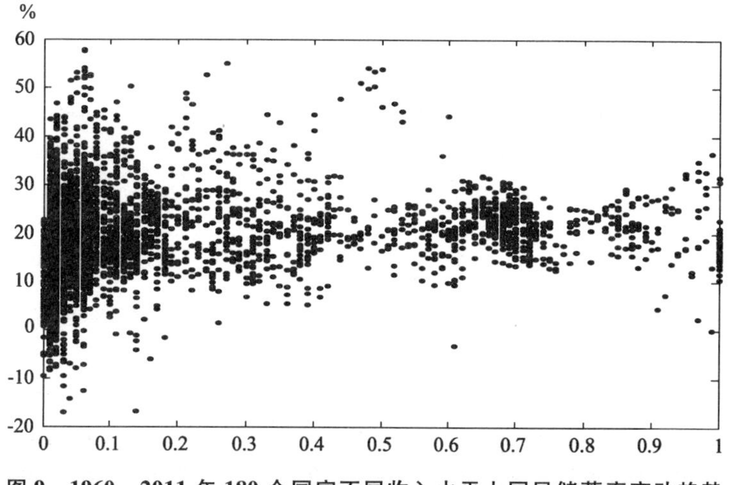

图 9　1960—2011 年 180 个国家不同收入水平上国民储蓄率变动趋势（横轴为人均 GDP，以美国人均 GDP 为 1 对各国人均 GDP 标准化，高于 1 的一些欧洲国家没有给出统计；纵轴为国民储蓄率）

资料来源：世界银行数据库。

(i) 的代理变量，从1960—2011年180个国家储蓄率的动态演进中观测收敛趋势。随着人均GDP向高水平递进，投资率或储蓄率进入一个相对稳定的区间（人均GDP相当于美国的0.5倍之后）。无论是分配的收敛一致性，还是投资的收敛一致性，最终都是在城市化成熟阶段发生的事情，发达国家的增长历史及现状，都告诉我们这种收敛一致性是在经济低速增长阶段上发生的（低速，是相对于发达国家二战后至20世纪60年代的增长速度，以及后发工业化国家曾经历过或正在经历的高速度）。

3. 产业结构向经济发达阶段收敛

从GDP构成看，2012年中国第二产业和第三产业比重分别为45.3%和44.6%，这是改革开放30多年来经济结构持续快速演进的结果。2012年中国第二产业和第三产业就业比重分别30.3%和36.1%，不仅慢于GDP结构的演化，而且与发达国家就业结构演变模式不一样。发达国家20世纪70年代普遍步入城市化成熟时期后，第三产业就业占比由50%左右水平向60%—70%水平持续演进是基本规律。但是，或许正是就业结构的缓慢演变，使得本来低下的中国服务业劳动生产率有持续提高的余地，不然，中国二三产业劳动生产率失衡的局面将持续加剧。从纯粹经济逻辑看，长期经济增长遵从以下路径：(1)现代生产方式推动了产业结构的调整，从低效率的农业转向高效率的工业，从高效率的工业转向更高效的服务业，在此过程中也推动了农业和工业发展，直到产业间效率均衡，结构稳定。(2)生活方式的演进则体现在“广义恩格尔定律”上，即从食品占消费支出比重的下降拓展到物质消费占消费支出比重的下降。因此人类需求结构会牵引着产业不断变化，服务业比重会越来越高。如果服务业的比重持续提高，制造业比重持续下降，但服务业效率改进又慢于制造业效率变动速度，则整个经济增长速度将下降，欧美国家进入高收入水平后经济增长减速就是受到了上述规律的影响。中国就业结构的演进模式，类似拉美国家的轨迹，即产业结构（无论是增加值结构还是就业结构）向发达经济阶段收敛，但服务业生产率长期低下及二、三产业效率的全面失衡。

4. 政府干预向市场主导转变

20世纪80年代以来“强大美国”的再造历程，无疑是经济历史上最震撼人心的事件之一。开启这页辉煌历史的钥匙，是里根经济学的“缓和限制、重视市场和民营化”的制度变革，从而使美国“彻底告别了维持50年的中央集权的新政制度……可是，日本经济走到死胡同的今天，想从平成萧条找到出路，供给经济学倒是可以作为日本再生的处方加以应用或借鉴的（水野隆德，2000）。”作为处于结构调整关键时期的中国，政府干预向市场主导转变以激发经济持续强劲的活力，同样是无法回避的经济趋势。

（二）结构收敛过程中蕴含的不确定性：中国资本驱动模式下福利与效率悖论

悖论：在结构性减速主导因素作用下，要维持较高的增长速度——要么要素弹性参数逆转不发生（维持现有分配政策）；要么维持现有资本驱动的增长方式。前一种模式违背了经济发展的福利增进原则，后一种模式违背了经济发展的效率改进原则。

鉴于中国经济增长中资本驱动的事实，对于标准增长核算框架的解释，我们希望增加一些有关资本深化作用的强调。基于表1，沿用前文符号，标准增长核算方程的一个恒等变化形式为：

$$\frac{\dot{y}}{y}=\frac{\dot{k}}{k}+\left[\frac{\dot{A}}{A}+(\alpha-1)\cdot\frac{\dot{k}}{k}\right] \tag{1}$$

这个核算方程意味着，在劳动生产率提高的过程中，资本深化起着正反两方面的作用：在资本驱动的增长中，一方面，资本深化速度 $\dot{k}/k$ 提高了劳动生产率，另一方面过快的资本深化也有可能抑制生产效率（如果 $0<\alpha<1$ 成立的话）。

式（1）实际上等同于劳动生产率的另一种简单分解，依然沿用前文记号：劳动生产率 $Y/L\equiv y$，资本深化 $K/L\equiv k$ 且记资本报酬为 $Y/K=\chi$，定义劳动生产率恒等式：

$$\frac{Y}{L}=\frac{K}{L}\times\frac{Y}{K}，即\ y=k\chi \tag{2}$$

则上式的变化率形式为：

$$\frac{\dot{y}}{y}=\frac{\dot{k}}{k}+\frac{\dot{\chi}}{\chi} \tag{3}$$

这个等式的含义是，劳动生产率的变化率由资本深化和资本报酬的增长共同决定。

综合（1）和（3）的结果，有：

$$\frac{\dot{\chi}}{\chi}=\frac{\dot{A}}{A}+(\alpha-1)\cdot\frac{\dot{k}}{k}，或者\frac{\dot{\chi}}{\chi}=\frac{\dot{A}}{A}-(1-\alpha)\cdot\frac{\dot{k}}{k}或者\frac{\dot{\chi}}{\chi}=\frac{\dot{A}}{A}-\beta\cdot\frac{\dot{k}}{k} \tag{4}$$

其中，$0<\alpha<1$、$0<\beta<1$ 分别为资本产出弹性（资本收入份额）、劳动产出弹性（劳动收入份额）。于是我们有如下命题：

命题1：资本报酬增长率取决于技术进步率 $\dot{A}/A$、劳动产出弹性 β，以及资本深化速度 $\dot{k}/k$。资本驱动增长模式（因而 $\dot{A}/A$ 较小状况）下，保持较高资本报酬增长率（$\dot{\chi}/\chi$）的必要条件是：用较小的劳动收入份额（β）抵消较快的资本深化（$\dot{k}/k$）所带来的负作用。

把式（4）代入式（3），得：

$$\frac{\dot{y}}{y}=\frac{1}{\beta}\cdot\frac{\dot{A}}{A}-\left(\frac{1-\beta}{\beta}\right)\cdot\frac{\dot{\chi}}{\chi}，或者\frac{\dot{y}}{y}=\frac{1}{\beta}\cdot\frac{\dot{A}}{A}-\frac{\alpha}{\beta}\cdot\frac{\dot{\chi}}{\chi} \tag{5}$$

上式的含义是：劳动生产率取决于技术进步速度 $\dot{A}/A$、资本份额与劳动份额比例 α/β，以及资本报酬增长率 $\dot{\chi}/\chi$。于是我们有命题2。

命题2：资本驱动增长模式（因而 $\dot{A}/A$ 较小状况）下，保持较高劳动生产率增长率（$\dot{y}/y$）的必要条件是：用较低的资本报酬增长率（$\dot{\chi}/\chi$）抵消较大的资本份额与劳动份额比例 α/β 所带来的负效应（因为中国的资本弹性 α 显著高于劳动弹性 β）。

命题2的现实意义是，就现阶段中国经济情况来说，由于资本份额与劳动份额比例 α/β 较大，较高劳动生产率增长速度下，资本报酬增长率（$\dot{\chi}/\chi$）持续递减是内在经济逻辑的要求，原因是：根据我们的生产函数分解框架，中国现有增长模式所达成的劳动生产率持续高增长，来源于资本驱动而非技术进步（因此随着资本的不断累积，资本报酬出现递减）。索引表1中34项分解因素的（17）—（23）项生产函数未来预测趋势，可以看出，如果继续维持现有资本驱动模式，即使把GDP增长率的技术贡献份额提高到30%，资本投入份额仍然高达70%以上。这种状况需要通过效率改进加以扭转。

（三）中国结构转型过程中蕴含的风险：经济过快减速的隐忧

然而，中国经济由工业化阶段的资本驱动增长方式，朝城市化阶段效率驱动增长方式的转变，蕴含了较大的经济过快减速风险。

风险 1：收入格局再调整导致的过快减速风险。

中国长期增长曲线弹性参数逆转及向发达经济增长阶段的收敛，是一种渐进趋势。作为抑制经济增长速度的关键因素之一，其中蕴含的过快减速值得重视。刘树成（2013）已经注意到这个问题，作为国民收入分配格局中此消彼长的关联因素，国民收入向居民的倾斜，意味着企业利润空间的压缩及相应再投资能力的弱化，因此进一步迫使投资向经济发达阶段的低速度过快收敛。这又反过来持续压低总体经济增长速度。

风险 2：过度无效投资导致的过快减速风险。

即使居民收入的提高可以通过储蓄信贷转换途径，抵消企业利润空间缩小所导致的再投资能力弱化，但是，长期困扰中国经济的无效投资问题，也不可能让中国投资的高增长速度维持下去。典型如愈演愈烈的非生产性投资膨胀及对实体经济更新能力的严重挤压。不论出于什么样的理由，短期的过度无效投资，都是对未来可持续增长能力的严重透支和浪费，其蕴含的减速风险不言而喻。

风险 3：杠杆率持续拉升导致的过快减速风险。

过度无效投资所造成的高增长“繁荣”表象中，另一种经济风险也在孕育。即 Caballero etal.（2008）所定义的“僵尸企业（Zombie firm）”的累积风险。生产效率低下、赚钱能力低下的僵尸企业，在银行或政府帮助下继续留在市场中的问题，就是挤占生产资源进而延迟经济整体效率提升和生产更新节奏。20 世纪 90 年代早期日本资产泡沫之后浮出水面的这些企业，让其后的经济发展吃尽苦头。低效率企业的大量累积，在高速增长时期的作用，是持续拉高杠杆率（我们可以用经济增长速度与资本效率增长速度之差，直观衡量杠杆率），一旦减速，低效率企业借贷途径受阻，其对经济持续减速的巨大冲击也不言而喻。

风险 4：产业结构服务化导致的过快减速风险。

本来弱质的中国服务业，在接管工业就业吸收主导地位的未来趋势中，其生产效率的提升空间将变得越来越小。中国经济服务化趋势下面临的两难选择是：如果实现工业劳动生产率与服务业劳动生产率的均衡发展，而不是让持续几十年的部门生产率失衡态势持续扩大，那么，在服务业中保持生产性服务业的（增加值和劳动力）高份额是一个好的选择，问题是，在中国生产性服务业部门充满垄断的情况下，这种希求能实现吗？要么就是复制发达国家服务业结构模式，这将导致非生产性的社会公共部门份额过大，结果是服务业部门效率提高速度过低，经济整体过快减速。

五　结论

毋庸讳言，由工业化阶段高增长向城市化阶段的过渡，将是一段充满风险的增长历程。这个过程中，经济增长供给面因素的变化，如人口转型、服务经济发展、城市化等导致的投资增速下降，以及收入分配结构变化诱致的要素弹性变化等，都会使增长速度下移。因此，中国经济结构和增长路径在向发达经济阶段的收敛期间，结构性减速无法避免。为了缓解经济增长速度下降所导致的宏观风险，我们需要在制度、政策上做好准备，借助人力资本水平提高、技术进步和改革，改善供给效率，提高潜在增长率。

一是深化改革。包括：（1）动员型经济的转型，也就是重新定位政府的行为。在动员型模式下，政府运用行政力量，动员了大量资本、土地、矿产、劳动力等资源，先是通过“低价工业化”走出了一条特殊的高增长路径，继而又通过高价城市化，扩张城市建设，推动了我国城市化大发展，但也积累了诸多严重问题。跳出政府主导型增长模式，已势在必行。

（2）竞争性市场的完善。经过几十年的培育和发展，我国的市场经济体系已初步成型，特别是商品市场得到了较大发展。但是，市场准入未完全放开，投资主体未多元化。应在深化国有企业改革的基础上，给所有经济主体以平等的市场待遇，从而形成规范的竞争性市场环境，提高投入要素的产出效率。

二是提高资本效率。中国经济增长中重复建设和低效率问题的核心是政府主导的低价工业化模式（张平、刘霞辉，2007，p. 46）所诱致的低效率企业风险累积。在有利的开放环境下，累积风险往往为高增长吸收，但是，以廉价劳动力和资本自然资源价格扭曲为支撑的高投资不可能持续太久。中国经济要完成由高速增长向高效增长的过度，建立低效率企业市场出清机制是必由之路。低效率企业市场出清机制的重要环节之一，是产业组织结构的深度调整。意味着异质性较强的生产性服务业部门打破行政分割和行政垄断，以中小企业的活力支撑起生产性服务业的强劲发展、缩小工业与服务业效率失衡的缺口。产业组织结构的深度调整，同时意味着制造业部门摆脱高投资驱动、低成本国际竞争的模式，让制造业增长方式逐步转型到高效率竞争路径上，获得经济持续增长的根基。

三是建立适合我国国情的社会保障体系。我国社会保障网络建设要注意的核心问题是标准过高，相互攀比。这种状况的延续，不仅破坏了社会保障覆盖面的空间拓展（因为缺钱），而且加大各级政府的财政风险，扭曲政府行为，阻碍经济增长和社会进步。所以，我国社会保障网络统一标准，量力而行势在必行。社会保障支出是政府需要花大钱的社会事务，一些发达国家社会福利的建设，是在经济发展达到很高水平以后才敢做的事情。有些福利国家因为大量资源用于社会保障支出，导致用于经济增长的积累不够，而使经济长期陷入低水平的增长状态；有些政府因为要维持高水平的社会保障而负债过度，国家风险加剧；部分拉美国家追求社会保障的赶超，许诺过高，不仅损害经济增长，还掉入中等收入陷阱，导致社会不稳。

目前，我国已进入中等发达国家行列，人们对国家提供基本的社会保障，以及不断提高福利水平有越来越强的要求，特别是老龄化冲击日益临近，以上愿望越来越迫切。我国现在的社会保障网络，还适应不了社会的要求，主要问题表现在：一是社会保障的覆盖面不够宽，而且保障制度不统一，城乡分割、地区分割。二是社会保障支出增长过快，保障标准相互攀比，给地方财政造成困难，负债增长快。从长期看，社会福利具有很大刚性，人们的要求并没有上限。社会福利如果转向税收融资，必然会带来财政收入在国民经济比重的更快上涨，损害经济增长。适合我国国情的社会保障网络应该是覆盖面广而享受标准不能过高，这也是东亚经济体的共性。

参考文献

1. 蔡昉：《从人口学视角论中国经济减速问题》，《中国市场》2013 年第 7 期。
2. 陈昌兵：《城市化与投资率和消费率间的关系研究》，《经济学动态》2010 年第 9 期。
3. 刘树成：《国民收入翻番难点透视》，《人民论坛》2013 年第 4 期。
4. ［日］水野隆德：《美国经济为什么持续强劲》，杨廷梓译，华夏出版社 2000 年版。

5. 王小鲁、樊纲：《中国经济增长的可持续性》，经济科学出版社 2000 年版。

6. 袁富华：《长期增长过程的结构性减速与结构性减速：一种解释》，《经济研究》2012 年第 3 期。

7. 张平、刘霞辉：《中国经济增长前沿》，社会科学文献出版社 2007 年版。

8. 中国经济增长前沿课题组：《中国经济长期增长路径、效率与潜在增长水平》，《经济研究》2012 年第 11 期。

9. Alexander, A. J., 2002: *In the Shadow of the Miracle: The Japanese Economy Since the End of High-Speed Growth*, Lanham, Md.: Lexington Books.

10. Caballero, R., Hoshi, T. and A. Kashyap, 2008: "Zombie Lending and Depressed Restructuring in Japan," *American Economic Review*, Vol. 98 (5), pp. 1943 – 1977.

11. Mitchell, B. R., 1998: *International Historical Statistics (4th ed): 1750 – 1993*. New York: Stockton Press.

12. Nehru, V. and A. Dhareshwar, 1993, "A New Database on Physical Capital Stock: Sources, Methodology and Results," *Revista De Anausis Economico*, Vol. 8, No. 1, pp. 37 – 59.

13. United Nations, 2011: *World Population Prospects: The 2010 Revision*, New York.

（中国经济增长前沿课题组）

金融生态评估与地方政府债务治理

一　金融生态研究的历史源起和演进

2004年中国人民银行行长周小川提出“金融生态”概念，尝试用此概念解释地方信用水平的显著差异。因信用等级不同而出现的微观经济主体间的个体风险差异是存在的，因经济周期影响和经济结构变动而造成的产业之间的风险差异也是存在的，但在统一经济体内部的各个地区之间，不应当存在比较明显的风险差异。

为了回答这个问题，周小川行长将这一颇为前沿的金融问题的研究任务交给了中国社会科学院金融研究所。时任金融研究所所长的李扬教授组织研究力量在中国人民银行相关司局的协助下开展地区金融生态环境评估的研究。这是金融宏观监管部门和国家级专业科研机构一次卓有成效的合作。

这次合作在周小川行长近年来的讲话中被时常提及。“人民银行代表金融界和金融所进行了一项非常有效的合作，就是对中国金融地区金融生态研究进行的深入调查和系统研究，正式列了这么一个课题。中国社会科学院列举的金融生态和评估体系，对全国110个城市进行生态环境评估，并对外公开发表。这项开创性的工作也受到社会各界的高度重视，有力推动我国金融生态的改善和金融业的改革发展”。

我们为此创建了金融生态的完整学科体系。李扬教授等为金融生态的概念进行了系统性的界说，为解释地区金融生态的差异搭建了一个制度经济学的分析框架，最后形成了一套评估地区金融生态的指标体系和评价模型。

从理论上来说，金融体系绝非独立地创造金融产品和金融服务的系统，它的运行更广泛地涉及其赖以活动之区域的政治、经济、文化、法治等基本环境要素，涉及这种环境的构成及其变化，以及它们导致的主体行为异化对整个金融体系造成的影响。从这个意义上讲，中国金融风险的来源之一，是体制和机制层面的系统性风险，是中国政治、经济和发展模式转型过程中的诸多矛盾的集中体现。换言之，中国的金融风险不仅源于金融业自身，而且更广泛地源于金融业赖以生存与发展的外部环境（李扬等，2005）。

许多因素都可能对地区金融生态环境造成影响。在2005年首次发布的中国城市/地区金融生态评价报告当中，我们根据广泛的实地调研、数据分析以及课题论证，提出了评价城市/地区金融生态环境的九项因素，分别是：经济基础、企业诚信、金融发展、法治环境、社会诚信文化、社会中介发展、社会保障程度、政府公共服务和金融部门独立性。2007年发布的地区金融生态评价报告在前期研究基础上又根据这九项因素之间的内在联系进行了进一步整合，围绕转轨经济中政府主导资源配置的典型特征提出了评价地区金融生态环境的四个方面指标，分别是：地方政府治理、地区经济基础、地区金融发展和金融信用的制度基础及其基础设施（包括法治环境、诚信文化和中介组织的发展状况等）。鉴于当前国民经济运行具有很强的政府主导色彩，在所有这些可能对地区金融生态环境产生影响的不同方面因素中，地方政府的行为无疑是最为关键的，同时又是最具有不确定性的一项因素。比方说，地方政府债务高企，意味着地方政府融资量大，对经济干预较多，并由此造成对私人经济部门较严重的挤压。在某种意义上讲，地方政府的行为对于构建良好的地区金融生态环境、对于防范和化解地区金融风险，具有决定性的影响。因此，探讨和分析地方政府行为的内在机理始终是评价地区金融生态环境状况的一个关键环节。

从现实看，城镇化是中国经济社会中长期发展战略的重要方面，正如李克强总理所说，“城镇化是我们未来最大的内需所在”。中国许多地方都面临城镇化所要求的公共基础设施建设资金短缺的压力。根据国家开发银行 2013 年的预测，未来 3 年我国城镇化投融资资金需求量将达 25 万亿元。从公共财政角度看，由于公共基础设施建设项目资金的期限结构特征以及成本收益的代际分布原因，公共基础设施建设投资有必要寻求外部融资支持。地方政府举债具有经济学意义的合理性。但在现有的公共投融资体制下，地方政府对公共基础设施建设的融资需求在现行体制下难以得到合理满足。正是由于这种矛盾，地方政府融资平台和影子银行等融资方式开始繁荣，并导致地方债务的激增和失控的风险。

由于 GDP 政绩考核的导向、缺乏审慎的公共投资计划和严格的预算约束，地方政府总是试图随时把握机会利用所有可能的举债资源，开启尽可能多的投资项目。而通过地方融资平台举债导致的地方政府债务隐形化的趋势，使得监管当局对于地方政府债务风险的监控变得更为困难。如果缺乏有效的债务治理机制，地方政府债务急剧膨胀有可能引发严重的财政风险和金融风险。

解决问题的根本出路在于，促进地方政府职能的根本性转变（地方事权的界定），进行债务约束的预算改革。

十八届三中全会通过的《中共中央关于全面深化改革若干重大问题的决定》（以下简称《决定》）提出，要“建立事权和支出责任相适应的制度”，并明确“区域性公共服务作为地方事权”。《决定》提出要“建立透明规范的城市建设投融资机制，允许地方政府通过发债等多种方式拓宽城市建设融资渠道”，这为建立权责明晰、多元化的城市建设投融资体制指明了方向。

央行行长周小川近几年来在多个场合都提及了开启市政债试点的重要性。所谓市政债，一般是以政府税收等一般财政收入或项目收益为偿债来源，主要用于城市基础设施建设的债券，发行主体是地方政府或者授权机构。

通过发行市政债融资，一方面可以运作周期较长的项目，在较大程度上帮助地方政府筹集资金、缓解城镇化建设过程中的资金困难。另一方面，此举以地方政府或者授权机构为发行主体，以政府税收等一般财政收入或项目收益为偿债来源，可促使地方政府以往隐性的、不规范的债务转变成显性的、规范的债务，避免盲目“上马”项目导致的风险。

市政债的突破，将从三个方面强化市场对于化解地方政府债务风险的信心：一是体现本届政府对于化解地方政府债务风险的重视；二是通过更加透明的方式赋予政府有约束的持续融资渠道，有助于解决地方政府债务的“期限错配”，缓解地方政府的短期周转压力，并在很大程度上减轻外界对于中国地方政府负债率过高的担忧；三是理顺地方政府的法定负债主体和偿债主体的地位，有利于投资者对债权的追偿和对实际偿债风险的判断。

市政债要想以高评级、低风险的身份获得较低利率发行，并且真正起到化解地方政府债务风险的作用，至少必须以完成以下两个任务为前提：一是修改预算法，明确地方政府发债的合法地位和偿付义务；二是发债时要披露地方政府真实的资产负债表和财政收支表，在地方政府财力可以负担的范围内合理确定融资规模，并由市场进行合理定价。

2013 年的中央经济工作会议将着力防控债务风险单独列段，作为 2014 年经济工作六项主要任务之一；中央组织部发布通知，要求加强对政府债务状况的考核，强化任期内举债情况的考核、审计和责任追究；央行和财政部等部委已经启动市政债的研究工作；特别是人大审议的预算法修正案草案三审稿拟适度放开地方政府举债的权限，同时设立多道“防火墙”规范政府举债行为。种种迹象显示，中央决策层已将控制和化解地方债风险列入了议事日程，市政债发行的两个基础前提有望获得推动而加快解决。

构建有效的、健全的技术基础（地方政府信用评级制度）已经是我们迫切需要做在前面的工作。一个可靠和透明的信用评级系统，并逐步由此形成能支撑市政债务定价的利率的期限结构和信用结构，有助于最终形成对微观主体约束的市场机制。

正是基于这样一种想法，在周小川行长的倡议下，金融生态的评价工作正在开始向其未来的应用方向——地方政府债信风险的评级转化。为此，我们在 2013 年和中债资信评级公司（中国人民银行主管）合作，试图将金融生态的评估和地方政府信用评级嫁接起来。该项研究的第一阶段的成果在 2013 年 9 月已经出来，我们构建了中国地方政府信用评级的两类评级模型，目前已经进入了模型稳健性调试阶段。这也是周小川行长当初设立“金融生态”这一研究命题的核心目的之一。

二　开展金融生态研究以来的良性效果

1. 有力地配合了中国人民银行工作，推动了地区金融生态环境体制机制建设

该项研究成果获得了很大的社会反响。从社会反映来看，一些金融生态当初不太好的地区（如辽宁、吉林、河南等地）都认为我们这一套分析方法是比较客观的，评价结果基本上是令人信服的。不少地方的政府开始把改善地区金融生态放到与改善地区投资环境同等重要的位置，纷纷提出了改善地区金融生态和优化金融资源配置的举措。2006 年时任辽宁省委书记的李克强同志，专门邀请李扬教授给全省领导干部做过一次系统性的如何改善地区金融生态的报告。

在这样一些正向激励下，地区金融生态环境体制机制建设取得了积极进展，社会信用体系开始加快构建。江苏、河北、河南、湖北、四川 5 省金融生态创建列入政府工作内容，纳入目标考核，对评估突出的县市安排专项资金奖励。湖南首次发布全省县域金融生态评估报告，推动金融生态建设激励机制发展。甘肃、江西、湖南出台《社会信用体系建设“十二五”规划》，对未来五年社会信用体系建设进行全面部署。新疆制定下发《关于加快推进自治区社会信用体系建设的实施意见》，健全联动机制，全面推进“诚信新疆”建设。广西将社会信用体系建设列为全区经济工作的重要内容，企业信用评级成为政府部门评先选优和加强分类管理的重要手段。天津市建立社会信用体系建设联席会议制度。广东出台《关于加强广东金融业信用建设的指导意见》，泛珠三角区域九省区共同签署了《社会信用体系共建协议》，定期举办建设磋商会，各地区社会信用意识普遍增强。

2. 引导金融资源优化配置，维护区域金融稳定运行

一些商业银行逐步开始关注我们关于金融生态的系列研究。农业银行和金融生态课题组开展了研究合作，利用农行内部自上而下的大数据系统，尝试建立中国地区的信用风险评级模型，作为全面风险管理的重要维度之一（个体、行业和地区）。此外，国家开发银行、建设银行、工商银行与课题组共同研讨地区金融生态的研究结果，开始参考我们地区金融生态评价结果来控制地区信用风险，特别是在做地区信贷资产配置决定时。

对于全国性的商业银行而言，全年信贷规模有限。每年年初，总行会制订计划，并在全国范围内调配。一般而言，经济发达、金融资源丰富的沿海地区，所获信贷额度较多，存贷比也相应较高。但事实上，除此之外，一个更为形象的概念——地方金融生态，已经影响着银行在全国各地配置信贷资源。各银行总行均强化了集中管理，并主要依据地区间风险收益的差异进行跨地区资金配置；各类银行之间及银行的各地区分行之间亦积极开展了以贷款交易等市场化的方式调配信贷头寸的活动；新建的商业银行分支机构在区域布局上也相对集中。

以上情势的发展，形成了信贷资金依凭地区金融风险差异而从高风险地区向低风险地区流动的趋势。这不仅整体提高了银行信贷的效率，降低了风险，而且客观上对某些地区形成压力，迫使其像改善当地投资环境一样，从法治环境、行政监管、金融发展、诚信体系建设等各方面入手，致力于改善当地的金融生态环境，以便吸纳更多的信贷资金，形成资金洼地效应。这可以说是一种真正意义上的市场压力和正向激励，堪称金融体系与地方政府之间的良性互动。这也正是开展地区金融生态环境评价工作希望达成的目标。

在这种良性互动下，中国各地区信贷资产质量近年来有了明显改善，银行体系的信贷资产不良率和估计损失率均显著下降。2003—2012 年，中国各省区信贷资产不良率和估计损失率的平均水平已经分别从 21.04% 和 12.41% 降低至 3.8% 和 4.51%。这中间，各地区改善金融生态环境的努力功不可没。

3. 探索科学的政绩考核体系

中组部日前下发了《关于改进地方党政领导班子和领导干部政绩考核工作的通知》（以下简称《通知》），为贯彻落实党的十八大和十八届三中全会关于改革和完善干部考核评价制度，完善发展成果考核评价体系十分必要。《通知》强调地方政绩考核不能简单以 GDP 论英雄，要加强对政府债务状况的考核。把政府负债作为政绩考核的重要指标，强化任期内举债情况的考核、审计和责任追究，防止急于求成，以盲目举债搞“政绩工程”。

构建地区金融生态环境的监测评估体系，为破除单纯 GDP 考核的政绩观开创了一条改革的新思路，为推进社会生态文明建设提供了切入点。

三　地方债务问题是金融生态的异化：软约束

金融生态的良好趋势仅仅是刚刚开始，同时我们也不时听到一些杂音。不仅是理论界，也包括一些国际组织，他们认为，“政府依然是银行部门的主要股东”，这导致“大型国有银行的实际运作几乎没有任何变化，许多银行仍将大量资金贷给国有企业，贷款几乎或完全没有根据商业风险进行定价”。尤其是在 2008 年全球金融危机之后，银行体系与

中央和地方政府的互动又重现了改革前的很多模式。

我们一直在监测中国非金融部门债务率的测算。在2009—2013年期间，中国经济的债务率上升了近71个百分点，2013年末中国的非金融部门债务达到了GDP的2.01倍。从2012年下半年开始至2013年末的18个月时间内，中国非金融部门债务率上升了31个百分点，社会融资总量的增速一直显著超过名义GDP增速，特别是地方政府融资平台债务激增和影子银行的信用膨胀尤为突出。

从2009年开始，中国经济明显经历了两轮加杠杆，2009—2010年是第一轮加杠杆，2012—2013年是第二轮加杠杆。2010—2011年中国的杠杆率基本上是平的，得益于央行对地方政府信贷平台采取了一系列及时有效的抑制措施，所以2011年中国的债务率没有上升，压了一年（见图1）。但是2012年6月以后由于重新又把稳增长提到所有工作最重要的位置，信用扩张重新开始，进入新的一轮杠杆快速上升的过程（见图2）。

2013年12月公布的全国地方政府债务的审计结果清晰地反映出这一过程：2010年底，地方政府直接承担偿债责任的有6.71万亿元，2013年6月底是10.9万亿元，两年半时间增长62.44%；2010年底，地方政府的“或有债务”（即政府履行了担保责任，或者承诺代为偿还的债务）2.34万亿元，2013年6月底是7万亿元，增长了299%；截至2013年6月，地方政府债务（直接+或有）是17.9万亿元，比2010年底（10.7万亿元）增长67.3%。

我们研究中国金融生态环境问题的出发点之一，就是要认识到现实中的金融业是依托一定的宏观环境和制度条件来运行的。中国的金融风险固然有金融机构内部治理结构的天然缺陷的因素，更有金融业生存与发展的外部“生态环境”不良的深刻根源。中国金融业的问题事实上是中国政治、经济体制转轨过程中诸多体制性矛盾累积的集中表现。如果这些矛盾得不到有效解决，银行微观治理结构层面的改良并不一定能够保证金融业发挥有效的资源配置作用，金融风险同样也会发生并积累成灾。

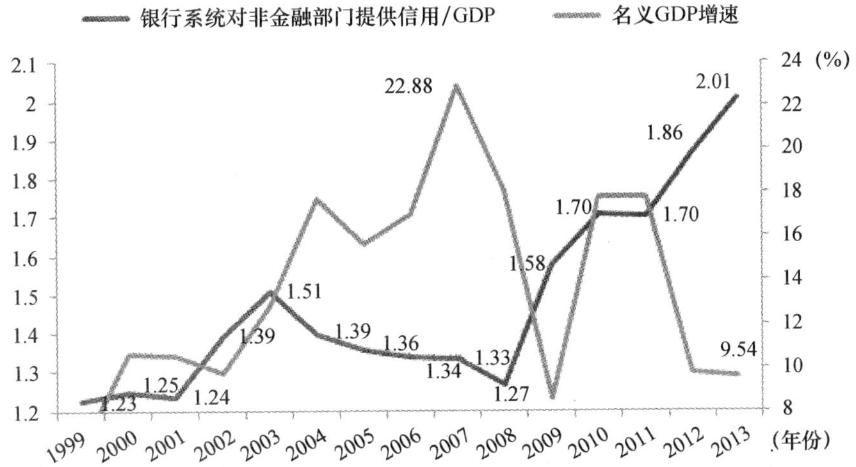

图1　中国整体债务率2009年开始迅速上升

注：2009—2010年是第一轮加杠杆，2012—2013年是第二轮加杠杆。

资料来源：中国社会科学院金融研究所课题组计算。

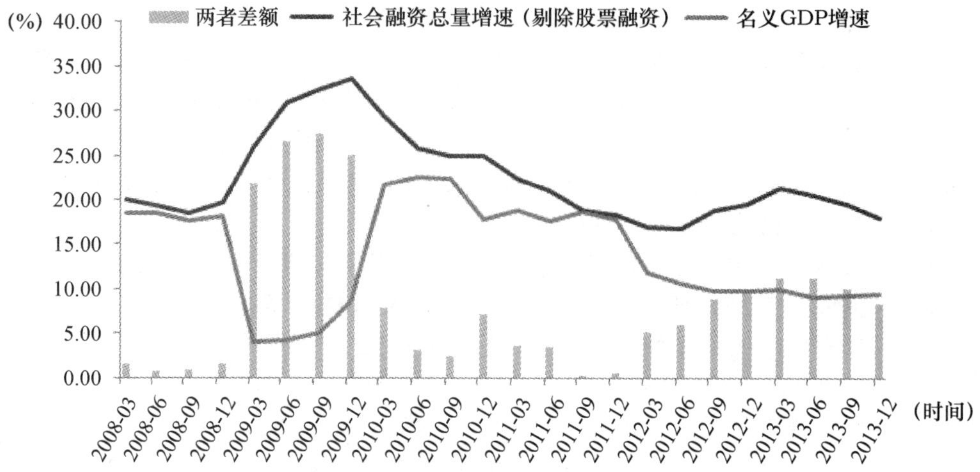

图 2　2009 年以来中国信用扩张速度显著超过名义经济增速

注：2009—2010 年是第一波高峰，2012—2013 年是第二波高峰。

资料来源：中国社会科学院金融研究所课题组计算。

2013 年 6—7 月中国的金融市场经历了比较严重的流动性冲击，此后金融体系的流动性压力丝毫没有得到舒缓，并有频繁发生的迹象。

从经济体内部状态看，流动性错配可能已累积到了相当严重的程度。从非金融部门资产负债表看，负债端的久期明显变短，这是因为近年来以“票据＋非银”的银行影子业务规模迅速地膨胀；但资产端的久期却明显变长，大量资金流向基建等地方政府项目，形成资金的沉淀，资产周转率大幅下降；从银行的资产负债表看，由于外汇占款的萎缩和产业部门回报率的下降，银行体系低成本负债资源趋于枯竭，近年来只能用更短的/不稳定的/高成本的负债（同业＋理财）去支持其信用资产扩张，进一步加剧了信用系统的脆弱性。

当长期资产的现金流不能够覆盖短期负债的成本之时，即投入的项目长期不能产出足够的现金流来自我维持（这种状态被称为庞氏融资），如此，举新债还本息模式便开始繁荣。如此滚动下来使得任何地方政府债务都陷于无解。因为市场会充斥着借短钱的融资客，这时候要求中央银行必须时刻保证货币市场流动性充沛，一旦央行不及时对冲，短端利率就会快速飙升，这便是 6 月份我们观察到的场景。而长短端利息倒挂不可能持续太久，因为短端被“冰冻”后必然传递至长端，高利息会导致经济加速下行和资产价格下跌，局部资金链断裂的风险就可能爆发。

从更深层次讲，这是一种系统性金融风险，顾名思义风险源自于体制和机制层面。中国系统性金融风险产生的症结在于缺乏对投资效果负责的机制和体制（在现代经济里叫债务的约束机制）。

现代经济的债务约束机制，无外乎体现在两个方面。其一是制度保证，即所谓现代国家的预算制度（预算民主、支出透明），政府支出要经过充分反映民意的正当程序，重大项目的实施要经过严格的公众听证程序；其二就是市场机制，投资是把时间引入的消费，所谓投资决定，就是在当下消费还是未来消费之间做抉择。在今天的消费与明天的消费之间，要有恰当的比例。这种发挥作用的“相对价格机制”正是经济中那只“看不见的手”。

这两个方面恰恰都是中国经济体制转型中的短板。

第一块短板是中国没有各级政府谁借钱、谁负责的机制。"新官"对上新项目、借新债情有独钟，一般都不爱理旧账。中国存在着广泛的非市场机制的利益动机，才可以刺激投资者和生产者追求收入最大化，而不是利润最大化。

两个背离反映了中国在投资领域中存在非常强的非市场力量。

一是融资成本与资本回报率的背离。资金成本高表明资金需求非常旺盛，而在市场机制中，资金需求应是资本回报率的增函数，但中国的资本回报率却是明显衰退的。

白重恩（2013）的研究计算了调整价格之后的税后投资回报率，2012 年中国已经降低到 2.7% 的新低水平。该数据从 1993 年的 15.67% 的高水平持续下降。在 2000—2008 年还曾稳定在 8%—10%，但金融危机之后投资回报率水平大幅下降（见图 3）。

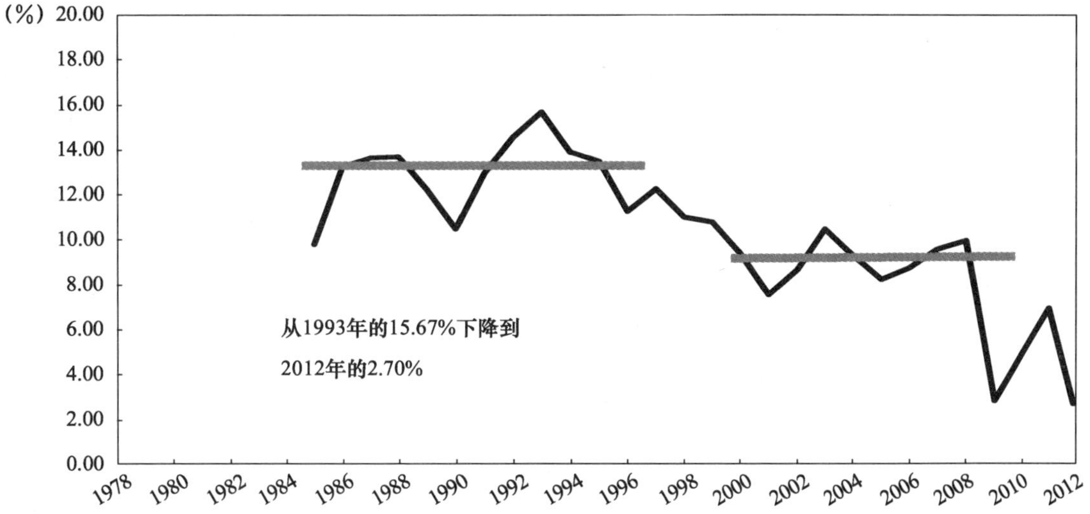

图 3　中国的投资回报率

资料来源：中国社会科学院金融研究所课题组计算。

二是市场机制中，国民生产总值中资本的收入份额会随着资本回报率下降而下降。伍晓鹰（2012）计算的中国数据表明，最近十年的情况是完全违反规律的，即边际资本回报率（MPK）下降的同时，资本收入在国民收入中的份额却在迅速上升（见图 4）。这在很大程度上说明，是资本收入而不是资本效率在吸引投资。

软预算约束下，未来消费形不成足够的收入，不能为投资埋单，那就只能是杠杆率的上升。债务快速堆积的实质是收入增长的衰退，简单讲，就是生产率衰弱了。经济体存在大量的资源错配至不具备经济合理性的项目，大量错配至低效率的部门，以至于许多企业和投资项目已无法产生足够覆盖利息的资产回报率，而在地方政府竞争体制中，许多僵尸型企业难以灭亡，这些企业占据大量信用资源而得以存活。如此，收入增长必然变慢（宏观上叫潜在增长水平下沉），微观上是收入增长速度会越来越显著落后于债务扩张的速度，杠杆会快速上升。

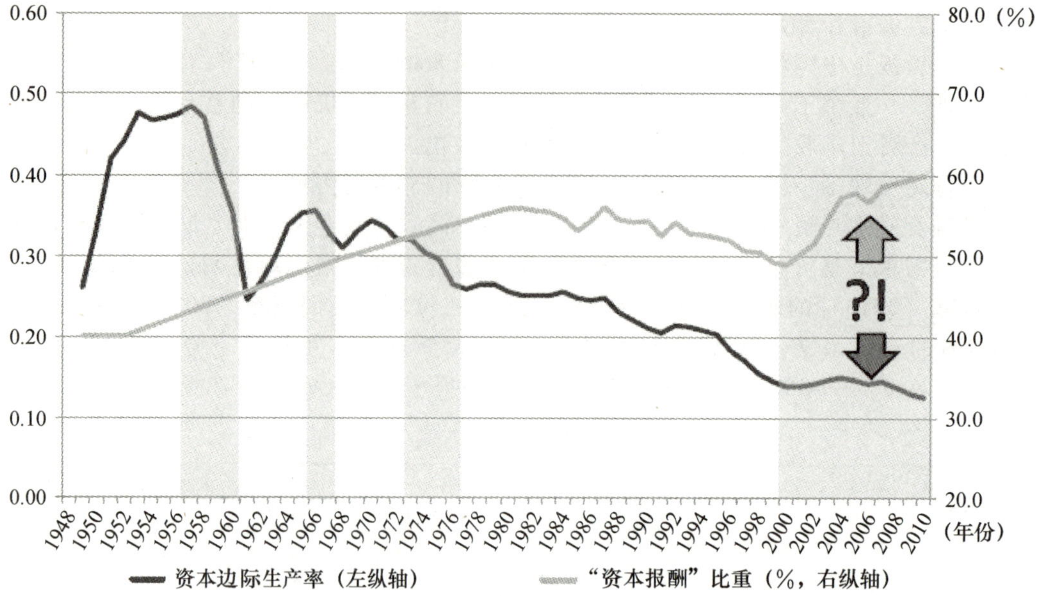

图4　近十年“资本报酬”比重上升与资本边际生产率下降相悖

注：在经济增长理论中，在市场机制中国民生产总值中资本的收入份额会随着资本回报率而下降，本图中“?!”是为了突出最近十年中国出现的情况与此相悖。

资料来源：伍晓鹰《中国的比较优势陷阱》，《财经》2012年第27期。

另一个短板是缺要素配置的市场机制。经过三十多年的改革开放，产成品价格基本实现了市场化，但在能源、电信、教育、医疗和其他生产性服务等领域存在着严重的垄断，特别是政府对资源要素价格有非常强的影响力，地方政府和国有部门通过各种方式控制土地、矿产等要素的价格，并控制着税收、收费、准入等对经济和金融活动有着绝对影响力的多种要素。掌握着这样一些被银行视为最值得信赖的抵押物，事实上使得地方政府更多地掌握了对金融资源的配置权。因此，它能将要素价格压至均衡价格之下，能将利率压至自然利率之下，从而扭曲了微观投资回报，于是金融信用跟着扭曲的回报走。中国的财政和准财政活动具有极强的货币创生性，这就是货币经济学讲的货币供给的“内生性”，我们称之为“财政决定信用”（货币需求）。财政风险最终都转化为金融风险。

今天中国金融体系的最大脆弱性来自于政府配置资源权力过大所导致的严重的道德风险和债务膨胀。某种程度上讲，整个信用系统都在套体制的“利”。

周小川行长指出，“推进软约束主体的改革，是利率市场化改革的必要配套工作。所谓软约束就是借了钱没想还，或者说借钱是我的事，还钱是后面人的事。这里面有两种表现，一种是利用行政权力借到钱，另一种是借钱不怕贵，其实都是不想还钱。这就产生了挤出效应，导致剩下的资金量变小，价格平衡点会更高。所以说，利率市场化改革的直接前提还是要强调减少软约束的行为和实体。目前软约束实体主要是地方政府融资平台”。

软预算约束始终是造成地方金融生态异化的关键因素。

四　地方债务治理：城市建设投融资机制的改革对策

从目前地方政府债务规模来看，尽管近两年增长较快，但我们认同中央的判断，地方政府债务的风险整体可控。

其一，中央和地方政府（与财政责任相关的）的债务规模占 GDP 的比例仍然控制在 60% 以内。刚刚发布的全国各级政府债务的审计结果显示，截至 2012 年底，全国政府负有偿还责任债务占 GDP 的比例为 36.7%。若将政府负有担保责任的债务按照 19.13%、可能承担一定救助责任的债务按照 14.64% 的比率折算，总债务占 GDP 的比例为 39.4%，均处于国际货币基金组织确定的债务率控制标准参考值范围之内。

其二，在单一制国家中，政府有很强的控制力能将债务在中央政府、地方政府、企业和住户部门之间转移，一个部门的负债对应的往往是另一个部门的资产，只要国家对国外经济部门保持相当规模的净债权状态，发生债务危机的概率不大。

其三，从短期看，我们可供选择的减杠杆的政策空间很大，包括政府资产的转卖；债转股；用长期债务替换短期债务，将负债久期拉长，减少错配的风险；等等。

未来中央政府信用的救助是可以考虑的重要手段。在单一制下，地方政府实际上是没有单独的承担风险的能力的主体（它的行为可以公司化，但产权关系是模糊的），这好似一艘没有做底舱隔段的船（任何一级政府的风险都可能是上级政府和中央政府的风险）。所以中国未来要利用好仍处于健康状态的中央政府的表（2012 年中央政府债务占 GDP 比例只有 23%）。通过低成本融资将企业和地方政府的存量债务逐步有序地转移至中央政府的表上，集中进行债务重组（具体执行的技术细节可以再进一步探讨，比方说中央可能要跟地方和银行谈一个价格，不能全额埋单，要倒逼硬化约束机制的建立，减少未来道德风险的发生）。

先转移杠杆，再行去杠杆，如果组织有序的话，能最大限度避免减杠杆过程中的无序相互践踏风险，将有效缓解流动性紧张，可以降低存量债务系统循环的成本，也可以为实体经济提供充裕的流动性。

总之，我们认为地方政府债务风险是完全可控的。

从长期来看，我们认为地方债务治理机制主要要解决两个方面的问题。

第一个问题是切实推进政府职能转变、强化债务约束的预算改革，这是落实市场在资源配置中起决定作用的关键所在。这是个系统工程，习主席说是“啃硬骨头”。这可能要改变中国的分权式竞争体制（GDP 竞争的政绩考核制度），重构中国经济增长的引擎。在分权式竞争体制下，只要是一旦经济下滑，重启地方进行融资和进行竞争性发展的这种特征就顽强存在。治一阵子又起来一段，起来一段又治一阵子，永远跳不出这个循环。

第二个问题是，地方政府未来要成为一个真正合格的市场融资主体，必须要有配套的制度的保障，使其能获得相应的与债务匹配的偿债收入，这样才能为其设计对应的金融解决方案。

在成熟国家中，与地方政府举债相对应的偿债结构主要是两个制度安排。

第一个是高效率的城市基础设施的市场化运营机制。基础设施的运营不是完全靠政府财政补贴，相当部分是靠市场化运营和使用者付费，而中国目前主要靠财政补贴，比方说，北京拥有全世界最完善的基础设施，但收费可能是最便宜的。十八届三中全会提出，在自然垄断性领域（电网、铁路、油气、水网等），可以根据不同行业特点实行网运分开、放开竞争性业务，推进公共资源配置市场化。进一步破除各种形式的行政垄断。这有利于形成支撑公共基础设施项目的合理偿债收入。

第二个是地方政府要有稳定的主体税源。在成熟国家，地方政府的收入是以不动产税、消费税和资源税为主体的。由于分税制没有形成地方财力与事权相匹配的体制，中国的地方政府越来越求诸“土地财政”，行为短期化导致了越来越严重的届别机会主义和道德风险（通过土地出让，50 年或 70 年的土地租金事实上被政府一次性收取，而一届政府的任期只有 3—5 年。这种不对称性是诱使地方政府无休止地占用辖地土地资源的基本原因）。

十八届三中全会通过的《决定》提出，要“建立事权和支出责任相适应的制度”，并明确“区域性公共服务作为地方事权”。《决定》提出要“建立透明规范的城市建设投融资机制，允许地方政府通过发债等多种方式拓宽城市建设融资渠道”，这为建立权责明晰、多元化的城市建设投融资体制指明了方向。

根据《决定》的精神，我们就未来城市建设投融资体制（金融解决方案）提出以下四种对策。

一是产权对策。通过资产证券化，实现基础设施产权向社会资本的转让。为此应建立基础设施的产权交易市场，完善地方政府投资项目的退出机制，以便于地方退出部分国有股权，盘活地方政府融资平台现有的资产，通过资产证券化等金融运作手段为新项目和在建项目筹集资金。

二是机构对策。设立城市基础设施投融资专营机构，或是在国有商业银行设立特别账户，封闭管理平台资金运用和偿债资产收益。

三是市场对策。以城镇化未来收益为支撑，积极探索多样化的市政项目发债模式。根据市政项目收益状况的不同，可以考虑分类处理。

如果项目本身收益具有完全偿债能力，如水务类公用事业、车流量较大的高速公路等都可以通过收费获取稳定收益，实现还本付息。这类项目可以由地方政府授权机构或代理机构发行债券筹资，并明确以项目收入作为偿债来源，国际上称之为项目收益债券（Revenue Obligations）。

如果项目自身收益不能完全偿还债务，但加上其附加价值可满足偿债要求。港铁公司就是通过开发地铁上盖土地，用上盖土地增值收益偿还的债务。对于这类项目，国际上一般混合使用市政债券和资产证券化（ABS）。

如果项目自身收益加上其附加价值不足以完全满足偿债要求，偿债缺口还需要用地方政府财税收入予以弥补。这类项目偿债就需要项目收益、土地增值收益和财政补贴三家搭起来建立合理的偿债结构。

国际上通行的是公共部门—私人企业—合作模式（PPP 模式）。应允许有条件的地方，根据实际情况进行不同模式的试点和探索。为此，市政债券应享受税收减免待遇，并在地方政府预算中设立特别账户，封闭管理发债资金运用和偿债资产收益，同时按市政债的要求强化其信息披露和惩罚约束责任。进一步推动利率市场化改革和分层次的信用体系建设，发挥信用评级在强化市场约束中的作用。进一步推动各类金融机构完善公司治理，形成有效的决策、执行、制衡机制，促使投资者按市场化理念和原则，基于透明的地方政府财务信息和信用评级结果进行投资决策。

四是外资对策。继续推动汇率自由化和资本项目开放的进程，以便利境外投资者参与地方政府债券市场。

参考文献

1. 《周小川：希望金融所研究员工持股课题》，新浪财经，http：//finance. sina. com. cn/hy/20120822/

164212922918. shtml，最后访问日期：2014 年 6 月 16 日。

2. 李扬、王国刚、刘煜辉：《中国城市金融生态环境评价（2005）》，人民出版社 2005 年版。

3. 李克强：《在改革开放进程中深入实施扩大内需战略》，《求是》2014 年第 4 期。

4. 《中共中央关于全面深化改革若干重大问题的决定》，《人民日报》2013 年 11 月 16 日第 1—3 版。

5. 《金改市场化攻坚——专访中国人民银行行长周小川》，《财经》2013 年第 36 期。

（刘煜辉）

第三篇

学科综述

宏观经济学

一　国外宏观经济学研究的前沿动态

国外宏观经济学科前沿主要集中于三个方面：一是国际金融危机爆发、传播与应对；二是主权债务危机研究；三是危机对于主流宏观经济学及宏观经济政策的冲击和相关的反思。

（一）国际金融危机的爆发、传播与政策应对

1. 美国次贷危机爆发

2007 年，次贷危机爆发，但危机前美国金融市场已出现严重问题。

近些年美国资本市场出现过度证券化[①]趋势，2006 年，美国资本市场上资产支持证券（Asset-Backed Securities，ABS）发行额约 7539 亿美元，未偿付资产支持证券余额约 2.13 万亿美元，抵押贷款相关的证券（Mortgage-Related Securities，包括机构债券、住宅 MBS 和商业 MBS 三类）发行额约 2.01 万亿美元（Gorton and Metrick，2012）；与房地产市场相关的，金融机构通过将住宅抵押贷款出售，在获得流动性的同时也转嫁了风险，因而放松了风险管理，加剧次级贷款泛滥；信用评级机构并未认真履行信用审核责任，大量高风险证券被授予过高评级，使一些“有毒证券”以过高的价格卖出，又刺激了“有毒证券”发行。而美联储对金融创新过于放纵，又疏于对流动性和市场风险的管理，导致金融工具和金融衍生品过度发展，连伯南克都认为“金融系统的监管出了问题”（Bernanke，2010）。政治游说也是不可忽视的因素。Igan et al.（2011）研究了金融机构游说对此次危机的影响，在控制其他影响因素后，作者发现参与游说的金融机构的贷款收入比、贷款证券化比例和抵押贷款增长率更高，危机后这些游说者的违约率更高，而其获得救助的概率更大。Fostel 和 Geanakoplos（2012）则认为刺破金融泡沫的是信用违约互换（CDS）的大规模交易，他们认为 CDS 相当于对现金进行分档（tranching）。

Issing（2012）认为在通胀目标制下的政策对资产价格泡沫的反应具有不对称性，泡沫膨胀时，美联储坐视不管，泡沫破裂时却赶忙收拾残局。这就产生了所谓的“格林斯潘卖权”（Greenspan put，国内也译为“格林斯潘对策”）问题，当市场相信存在“格林斯潘卖权”时会系统性地低估风险，从而高估资产基础价值形成泡沫。与“格林斯潘卖权”类似，科尔奈（2009）批评了政府过度救助、“大而不倒”、过度杠杆化以及普遍存在的道德风险，并将其统称为“软预算约束综合征”。

---

① 证券化（securitization）是指金融中介机构将自己资产负债表上的未到期贷款拿到资本市场出售的过程（Gorton and Metrick，2012）。

还有一类重要观点是从全球失衡的角度来解释危机成因。Bernanke（2005）等提出全球储蓄过量假说（global saving glut hypothesis），认为发展中国家储蓄过多，在全球贸易中长期出超，压低了全球资本的长期利率，刺激美国大量借贷导致贸易逆差①。殷剑峰（2009）认为美国贸易逆差是美国国内储蓄率下降的结果，持续高消费使储蓄小于投资是导致全球失衡的根源之一；中国经济增长与宏观稳定课题组（2009）认为，美国利用美元的霸权地位，过分采取扩张性的财政和货币政策造成流动性过剩是造成此次全球失衡和金融危机的根本原因。Caballero 和 Krishnamurthy（2009）、Caballero（2010b）认为新兴国家的央行及政府对安全资产存在过度需求，其储蓄大量投资于美国国库券、政府债券以及其他低风险资产，压低了资产收益率，推高了杠杆率，降低了风险升水，刺激了美国私人投资者对高风险资产的需求，结果美国投资者的资产负债表中集聚了大量高风险的“有毒资产”，形成了系统性风险。但是，Johnson（2009）、Borio 和 Disyatat（2010）都认为欧洲对美国的资本流入对次贷危机的影响更重要。欧洲资本大量投资于资产支持证券等高风险资产，投资量大到压低了高风险资产的收益率并明显缩小了风险资产与国债的利率差（spreads），进一步刺激了风险资产的发行。而 Bertaut et al.（2011）将上述两方面同时纳入分析框架，发现二者均对次贷危机有重要影响。

2. 危机的传播

2008 年，雷曼兄弟倒闭、AIG 危机、Reserve Primary Fund 挤兑、围绕问题资产救助计划（Troubled Asset Relief Plan，TARP）的争执，使次贷危机迅速升级为一场全球金融危机（Mishkin，2011）。

次贷危机爆发后，直接或间接的金融投资损失、总需求和贸易冲击、信心打击、大宗商品价格波动是危机传播的重要渠道。辜朝明（2008）认为此次大衰退和 20 世纪的大萧条都是一场资产负债表危机，大泡沫破灭以后，企业目标在短期内由利润最大化转为负债最小化，宽松货币政策下尽管银行有贷款意愿，企业也没有贷款需求，由此出现了流动性陷阱和总需求不足。王义中和何帆（2011）细数了危机传导的资产负债表渠道，包括“债务—紧缩”渠道、金融加速器渠道、汇率波动渠道以及货币错配型、期限错配型资产负债表渠道，等等。Claessens et al.（2011）使用 42 个国家 7722 个制造业企业数据研究了危机的传播渠道，发现在企业层面贸易和需求渠道是危机最重要的传播渠道，在国家层面贸易联系是危机外溢的最重要渠道，两个层面上金融渠道影响非常弱。马君璐、吴蕾和靳晓婷（2012）研究发现，次贷危机主要通过预期传染机制向亚洲新兴市场传染，该过程中，中国香港和日本是形成多米诺效应的重要媒介，危机具有“自促进”的形式。中国经济增长与宏观稳定课题组（2009）认为大宗商品价格在资产泡沫破裂时暴涨、在危机加深时又出现暴跌，这种剧烈变化会加剧商品输出国的经济波动，并影响其他国家的企业生产，干扰企业的生产决策和存货行为。此外，有观点认为杠杆经营的金融机构是危机传播的主要渠道，但 Wincoop（2011）据此建立了一个两国家模型，在带入实际参数后发现该模型不能解释危机在全球的影响和传播程度，从而否定了该渠道。

① 殷剑峰（2009）发现美国居民部门的储蓄率从 1984 年（恰好是美国经济趋缓的年份）开始出现了系统性下降，储蓄下降和消费持续上升推动形成了由美国需求拉动的经济全球化模式和以美元为主导的国际货币金融体系格局，这是全球经济失衡的根源之一。

3. 量化宽松政策

危机发生后，美联储除了实行降息、金融救助等传统政策外，还采取了量化宽松（Quantitative Easing，QE）、扭转操作（Operation Twist）等非常规措施。英格兰银行和QE的首创者——日本银行也在实行量化宽松政策，而欧洲央行则实行附带完全冲销的直接货币交易（Outright Monetary Transactions，OMT）。

至2013年5月，QE3仍在继续，美联储每月购买850亿美元资产，向市场注入流动性。Krishnamurthy和Vissing-Jorgensen（2011）发现信号渠道、长期安全资产需求渠道和公司债券违约风险渠道是前两次QE共同的影响传递渠道，特别地，QE1中MBS购买对压低收益率至关重要，QE2则主要通过降低未来短期利率预期来压低收益率（该结论亦见于Christensen and Rudebusch，2012）。Wright（2011）发现QE虽能压低美国国债和公司债券的收益率，但是效果消失很快，其半衰期大约为2个月，这一发现有助于解释美联储持续执行QE政策的原因。

2009—2010年，英格兰银行实行以购买英国政府债券为主的QE政策，通过降低期限溢价（Christensen and Rudebusch，2012），将政府中长期债券收益率压低了约1个百分点，并通过投资组合平衡渠道扩散影响（Joyce et al.，2011），带动产出增加1.5个百分点、通胀增加1.25个百分点（Kapetanios et al.，2012）。

Stiglitz（2012）认为美联储实行的量化宽松和扭转操作，在压低美国长期利率的同时也带来全球流动性过剩，推高大宗商品价格，新兴国家受到的冲击尤其明显。由于这种干预具有临时性，因此如果市场是完美预期，则应预期到未来当局还会再将这些债券出售，届时债券的价格一定会下跌，因此量化宽松的效果不会太大（如果量化宽松有明显的效果，则说明市场是不完美的，当前经济学理论有问题）。此外，债券高买低卖会给美联储带来大量损失，这些损失又会掣肘美联储以后的政策制定。

Farmer（2012）提出了质量提升（Qualitative Easing，QuaE）概念，指QE过程中通过购买风险资产吸收市场中的风险，缩小利率差并推动投资组合调整，使投资组合中包含更多的安全资产，从而提升资产负债表质量，有效减轻经济波动。

4. 财政刺激政策的效果

Alesina和Ardagna（2010）发现减税比增加支出的扩张性更强，不增加税收的支出削减比加税的支出削减更有利于降低赤字和债务GDP比率，文章结论支持削减政府支出的扩张性效果，这一结论无疑也支持了“紧缩经济学”。不过，IMF（2010）指出，Alesina和Ardagna（2010）用原始赤字（primary deficit）来描述财政行为并不合适，这种方法不能排除外生影响，如资产价格繁荣导致财政收入增加、赤字下降，按他们的方法会错误地将其视为是财政紧缩，并将与之伴随的经济繁荣视为紧缩的结果。IMF（2010）根据政府的增税或减支的决策与执行情况来表示政策选择，发现财政紧缩的效应是负面的，占GDP1%的财政紧缩会导致GDP在两年内下降0.5%，消费、投资下降1%，失业上升0.3个百分点。由于央行的政策配合，削减支出比增加税收的紧缩效应要小一些。在高负债国家，财政节约的紧缩效果虽然小一点，但也罕见扩张效应。但是降低负债能够降低利率、刺激私人投资，更小的财政负担在未来可以降低扭曲性的税收，因而在长期有利于增长，据测算，债务GDP比率每下降10个百分点，长期产出将增加1.4%。

作为“李嘉图等价”命题的倡导者，巴罗依然认为财政支出乘数小于1（Barro and Redlick，2011）。同样强调李嘉图效应，Clemens和Miran（2012）也发现财政乘数小于

1。Kraay（2012）研究了世界银行资助的29个低收入国家政府支出对产出的影响，发现乘数大约为0.5。

但是更多的研究结论并非如此。

Ramey（2011）使用美国1939—2008年数据，在考虑了政府支出消息对预期的影响后，财政乘数达到1.2。Fisher和Peters（2010）、Nakamura和Steinsson（2012）从军事采购的角度研究发现乘数约为1.5。Shoag（2010）研究发现养老金返还计划对收入的影响乘数为2.12，并且每增加3.5万美元支出会增加一个就业。Serrato和Wingender（2010）估计了美国地方政府支出发现了相似的结论，结论分别为：1.88，3万美元/每增加1个就业。Chodorow-Reich et al.（2012）研究了美国2009年实行的美国复苏与再投资法案[①]对就业的影响，发现支出的边际影响为3.8个工作/10万美元，其中有3.2个工作是在政府、医疗和教育部门之外。

Christiano et al.（2011）认为财政刺激在拉动产出时会触发泰勒规则使利率上调，这会对冲掉财政刺激的部分作用，只有在名义利率为0才能保证泰勒规则的对冲作用最小；研究发现当不存在泰勒规则的对冲作用时，财政乘数最大且明显大于1。而Hall（2009）发现名义利率为0时的财政乘数约为1.7。

对于影响财政刺激的因素，除了货币政策以外，还与总供给能力剩余、居民储蓄意愿变化有关（Solow，2012）。许多研究都证实了传统的财政乘数影响因素，包括：Ilzetzki et al.（2012）以44国近50年的数据研究发现，经济越发达、汇率越不灵活、开放程度越低的情况下财政乘数更大；在高负债国家财政乘数是负；在发展中国家，政府投资的乘数比政府消费要大许多。Aizenman和Jinjarak（2011）研究了应对此次危机过程中财政刺激的效果，发现危机前财政空间越大、贸易程度越低，财政刺激效果越好。Auerbach和Gorodnichenko（2011）使用OECD国家经济数据实证发现，在经济衰退时政府采购的乘数明显增大，政府采购对私人消费、投资、就业等方面的影响明显优于正常和繁荣时期，而且衰退期的政府采购不会造成通胀压力。

（二）主权债务问题研究

1. 欧洲债务危机的研究

危机爆发前全球充沛的流动性、低利率环境、乐观预期、资产价格上涨刺激许多国家过度举借外债，例如，2000年希腊、葡萄牙和西班牙的外债/GDP为36%，2007年达到了87%。次贷危机爆发后这些国家的金融和实体经济都受到重创，财政支出压力大增，偿债压力更让财政雪上加霜，而国内经济状况恶化以及全球风险上升导致这些国家已经难以低成本融资，出现了债务危机（Lane and Milesi-Ferretti，2011）。欧元区外围国家主权债务违约存在溢出效应，Guerrieri et al.（2012）从银行渠道发现外围国家违约风险上升使核心国家的银行高度重视自身流动性，以至于银行间市场出现了流动性冻结；仅仅通过银行渠道，作者发现外围国家债务违约达到其GDP的10%时，将导致欧元区产出下降0.5%。

---

① 美国复苏与再投资法案：The American Recovery and Reinvestment Act，ARRA。养老金返还计划：State Pension Plan Returns。

Ghosh et al.（2011）发现当前希腊、意大利、冰岛和葡萄牙几乎已无财政空间[①]，西班牙和英国空间尚存但较为有限。为保持政府债务的可持续性，这些国家实行财政紧缩，由此而来的自然是总需求不足、产出下滑和失业率飚升，还有罢工、抗议、游行。Erceg和Lindé（2011）研究发现一国削减支出会影响货币联盟里其他国家的产出、利率、通胀等，紧缩国规模越大影响越大，并且名义利率为0会强化支出削减对紧缩国及其盟国的不利影响。Auerbach和Gorodnichenko（2012）则发现政府支出的跨国溢出效应对于遭受经济衰退的国家影响更加明显。Aizenman et al.（2011）研究发现欧元区外围5国（葡萄牙、爱尔兰、意大利、西班牙和希腊）的财政空间（债务/税收或财政赤字/税收）和其他宏观经济因素显著影响主权违约风险，与基本面相近的参照组相比，市场对欧元区外围国家的违约风险定价明显过高，作者认为，如果市场没有错误定价，那说明市场定价纳入了对未来基本面的预期，即市场预期由于没有独立的汇率和货币政策，欧元区外围五国的未来基本面会糟于参照组。

对于欧元区这样的货币联盟，当各个国家普遍受到冲击时，可以使用货币政策来对抗冲击，但如果冲击是不对称的，如像当前欧元区“冰火两重天”的情况，则会制约货币政策。对此，Werning和Farhi（2012）认为应该建立财政联盟，建立一个财政保险基金，平时各成员国交纳宏观保险金，遭受冲击时保险救援可以帮助充实财政、稳定经济。

当前，受债务危机困扰的欧元区外围国家不得不去杠杆，但是通过紧缩财政来降低政府负债水平会造成总需求不足、加剧经济衰退。对此，Benigno和Romei（2012）认为需要贬值货币并大幅度下调利率，但是，由于核心经济（法德）对欧元汇率的影响，欧元有限贬值无法满足希腊等国的要求。尽管欧洲央行已将主要再融资利率降到0.5%（2013年5月3日[②]），但较低的通胀率显然制约了实际利率的作用。Fernández-Villaverde et al.（2011）认为这些国家可以实行供给面政策，即通过改革劳动力市场体系、增强服务部门竞争力、增加职业培训等方法来提高劳动生产率并降低加价程度，从而可以通过财富效应拉动当前的消费和产出。Farhi et al.（2012）提出了“财政式货币贬值法”（fiscal devaluation），在保持名义汇率不变的情况下，采取两种方法其效果将等同于汇率贬值：（1）统一提高进口关税并提高出口补贴；（2）提高增值税并降低工资税。若此类措施被预期到，还应辅之以降低消费税并提高收入税。如果税收转换设计合理，可实现财政影响中性。de Mooij和Keen（2013）着重分析了由所得税转向增值税对受困国家财政整顿的重要性。

2. 对债务与增长关系的争论

近几年发达国家的公共债务达到了二战以来的最高水平，Reinhart和Rogoff（2010，下文将两作者简称为R&R）研究44个国家的历史数据后，发现：不管是发达国家还是新兴国家，当政府债务与实际GDP的比例超过90%时，经济增长速度会明显下降，增长率中位数下降1个百分点，而平均值下降3～4个百分点，美国下降幅度更严重；新兴国家的外部债务超过GDP的60%时，其增长速度会下降2个百分点。他们没有解释原理和机

① 财政空间（fiscal space）即指政府负债上限与当前政府负债水平之差，Ghosh et al.（2011）认为一国经济基本面内生决定了该国政府所能承担的债务上限，文章发现希腊和日本已无财政空间，意大利、冰岛和葡萄牙所剩财政空间十分有限，而澳大利亚、丹麦、韩国、挪威则拥有充足的财政空间。

② FT中文网：《欧洲央行下调欧元利率至0.5%》。URL：http：//www.ftchinese.com/story/001050245#adchannel = NP_ Global。

制，但这一发现仍然被迅速视为高债务国家需要紧缩财政的重要学术依据。

但是，Herndon et al.（2013）发现了 R&R（2010）存在严重失误：计算均值时没有采用合理的加权平均而是直接取算数均值或中位数、人为放弃了一些可用数据、存在一处 Excel 操作失误，这些失误导致了错误的结论；他们重新计算了债务负担与经济增长的关系，结果发现随着债务 GDP 比率的上升，经济增长率只是小幅下降，并且下降幅度随样本选取起始时间的推移而收缩，特别是当样本期为 2000—2009 年时，高负债（债务率大于 90%）国家的增长率比债务率为 60% ~90% 的国家要高出 0.4 个百分点。这是一记重磅炸弹！

罗伯特·波林和迈克尔·阿什［Herndon et al.（2013）的后两位作者］随后呼吁“反思紧缩经济学”[①]。该呼吁很快得到了马丁·沃尔夫和沃尔夫冈·明肖的响应[②]，他们支持 Herndon et al.（2013）观点，认为即使高负债与低增长相关，也不能证明二者的因果关系，债务快速积累更可能是低增长的结果而非原因。沃尔夫指出英国历史不支持 90% 临界值的说法，他还认为高负债的影响更应体现为一种长期而非短期关系；明肖认为最优债务水平由增长状况、经济类型、汇率体制等经济基本面决定，不存在一个跨国别的统一临界值，这一点可在 Ghosh et al.（2011）对发达国家不同财政空间的测算结果中得到印证。

面对这些责难，罗格夫和莱茵哈特在《纽约时报》和《金融时报》上撰文，果断予以选择性回击[③]。一，他们承认 Excel 操作失误，但认为另两点存在争议，特别是他们用中位数得到的结论和 Herndon et al.（2013）的差不多，因此不能被认为是错误。二，他们一贯认为高债务和低增长是双向因果关系，对高债务导致低增长的宣扬是政治家的主观臆断。三，当前债务危机国家缺乏对增长有明显推动作用的投资项目，且贷款成本高昂，即使当前能以低利率获得贷款，未来利率上升也会增加财政负担，因此他们认为应当慎用扩张性财政政策。四，财政政策是个选项丰富的多选题，除了强力紧缩和敞开支出两个极端，还可以采取债务减记、金融抑制（financial repression）、通胀税、对税制和劳动力市场进行结构性改革等措施。R&R 的这两篇文章既重申了高负债与低增长相联，又表明自己始终站在人民大众一边、始终关心群众疾苦，同时还在努力为 R&R（2010）——“财政紧缩政策的重要学术依据”——摘帽。

克鲁格曼在其博客中对该事进行了多次评论，直斥 R&R 用“中位数结论”来回应批评是答非所问；他分析了债务与增长的关系，同样强调债务积累往往是低增长的结果而非

---

① 罗伯特·波林、迈克尔·阿什：《我们应反思紧缩经济学》，FT 中文网。URL：http：//www.ftchinese.com/story/001050049。

② 马丁·沃尔夫：《高债务并非总是伴随低增长》，FT 中文网。URL：http：//www.ftchinese.com/story/001050149。

沃尔夫冈·明肖：《债务临界值：一个不堪一击的理论》，FT 中文网。URL：http：//www.ftchinese.com/story/001050190。

③ R&R：*Debt*，*Growth and the Austerity Debate*，*New York Times*. 其中写到他们受了大量攻击和委屈。URL：http：//www.nytimes.com/2013/04/26/opinion/debt-growth-and-the-austerity-debate.html？pagewanted=all&_r=0。

R&R：*Austerity is not the only answer to a debt problem*，*Financial Times*. URL：http：//www.ft.com/intl/cms/s/0/cca28c2e-b1a4-11e2-9315-00144feabdc0.html#axzz2SdRE0kZF。

原因，还指出尽管 R&R 没有在论文中点明高负债导致低增长这样的因果关系，但二人在其他场合所宣扬的正是这样的观点；他指责 R&R 虽不承认支持紧缩但却实际上乐于见到紧缩政策，并将二人贬为“紧缩杂音”，还嘲讽他们只会用“极端凯恩斯主义者”和“某些人”来做挡箭牌。

Summers 完全支持 Herndon et al.（2013）、沃尔夫和明肖对 R&R（2010）的质疑，并认为面对当前疲弱的复苏，紧缩政策并不合适，但是放纵举债也是错的，当前靠举债来维持支出只是将痛苦延期，而且不能保证经济复苏后债务的可持续性；另一方面，Summers 批评某些左派人士不应将自己的欢乐建立在 R&R 的痛苦之上，他还特别指出，政府不会因为一篇学术论文的结论而制定一项政策，政治家总是先有决定而后寻找支撑，R&R（2010）不应为紧缩造成的后果担责。

（三）反思宏观经济学及宏观经济政策

2012 年，Olivier Blanchard 协同其他 22 位经济学家出版了一本经济危机反思之作——*In the Wake of the Crisis*：*Leading Economists Reassess Economic Policy*，该书从货币政策、财政政策、金融中介和监管、资本账户管理、增长与增长战略和国际货币体系 6 个方面对经济政策进行了全面而深刻的回顾与反思。后文在反思宏观经济政策一节中归纳了书中的诸多观点。

1. 反思宏观经济学

（1）重视金融和信用的作用。此次危机让经济学家们认识到，传统经济学研究轻视了金融和信用的重要性。Stiglitz（2012）指出，主流宏观经济理论有重要缺陷：过度假设并依赖市场有效性导致模型缺乏可靠的微观基础；信用没有得到重视。正常情况下货币与信贷高度相关，模型中二者可相互替代，但危机时，信用与货币不再一致[①]，用货币代替信用的研究是不可取的。长期以来，经济学家一直在犯舍本逐末的错误，大量精力被用于研究价格变化对消费者剩余影响这类细枝末节的问题，对金融不稳定这样的重大课题视而不见。Goodhart（2011）指出主流宏观经济模型的主要缺陷是没有将金融摩擦，特别是违约纳入分析。而 St. Paul（2011）的观点更加尖锐：当前经济学模型在设计、条件和参数的设定方面深受作者观念和立场的影响，使用这些模型将自动得到作者想要的结果，例如支持财政刺激的人其模型得到的乘数会偏大，反对财政刺激的人其模型得到的乘数会偏小。

Jordà et al.（2012）发现金融因素在经济周期中起重要作用。伴随金融危机的衰退比没有金融危机的衰退要严重得多；信贷累积对宏观经济变量有广泛的影响，包括产出、投资、贷款、利率和通胀，危机前信贷扩张越多，危机程度越深；Perri and Quadrini（2011）研究了金融影响的国际同步性（international synchronization），也得出了相似结论。

Gourinchas 和 Obstfeld（2012）发现不管是发达国家还是新兴国家，国内信贷膨胀和实际汇率升值是危机的两个最强有力的指标。Schularick 和 Taylor（2012）比较了二战前后的货币、贷款、银行资产等数据，认为持续的金融创新和金融监管放松打破了信贷和货

---

① 根据我们目前正在进行的研究，我们发现，金融发展（例如，具有信贷功能的非银行金融机构的增多）是导致信贷与货币相分离的长期原因，而外生冲击则是导致信贷与货币分离加剧的短期原因。

币原有的紧密联系，信贷过度繁荣将导致金融不稳定，因而信贷中包含了有关未来金融危机的重要信息。Reinhart 和 Rogoff（2011）使用 70 个国家的历史数据研究发现信贷繁荣往往是银行危机的先兆，而银行危机又往往先于或伴随着主权债务危机。债务积累太多会影响金融稳定性，因为债务会增加杠杆率，受利率波动影响，需要按期滚动，易形成信用—资产价格周期，受到负面冲击时会出现恐慌性抛售（fire sale），去杠杆化时又易形成债务—紧缩螺旋，因此债务周期会加深危机破坏性（Turner，2012）。

从危机后国内外期刊上大量涌现的带金融加速器的 DSGE 模型可以看出，学术界已更加重视金融在经济学分析中的作用。但是很遗憾，从 RBC（实际经济周期）到 MBC（货币经济周期）再到 FBC（金融经济周期），目前的进步恐怕还远远不够，因为现实更具有复杂性。

（2）重视现实复杂性。Caballero（2010a）指出宏观经济学有核心与外围（core and periphery）之分。核心是新古典经济理论，主要表现为 DSGE 模型，这类模型所涉及的一般均衡思想、微观基础、动态最优化、理性预期、可量化操作等一系列迷人特征使其在经济学研究中大行其道；外围则涉及投机性、杠杆周期、资产抛售（fire sale）、安全投资转移（flight to quality）、挤兑、保证金—抵押担保螺旋，等等，尽管外围研究涉及诸多重要现实特征，但存在相互割裂的缺陷，难以给出有关宏观经济的整体的综合性结论，更别提量化结论了，因此始终不在“主流”之列。Caballero（2010a）讽刺当前经济学核心普遍存在着“吹牛综合征”，不但高估自己对现实的理解，更高估其所使用的 DSGE 模型的准确性。当一个模型在做前提假设时摈弃掉大量现实特征、模型设计时只包括“重要”变量、变量关系只涉及有限的几个关联渠道，这些模型“精确推导”出的结论对现实的解释有几分精确？使用 DSGE 模型得到的那些变量间微妙的脉冲响应又能反映多少现实中的深刻内容？根据这些结论来对现实政策进行微调，又怎能避免或消除危机？有观点认为随着时间推移，外围理论会逐渐被吸收进 DSGE 模型中，但是这种貌似靠近现实的做法其实在另一个方向上更加脱离现实——这需要假设现实中的代表性个体有能力来解决包含越来越多因素和摩擦的随机一般均衡问题。Caballero（2010a）提出要拥抱现实复杂性，关注现实人既会制订策略又会恐慌的特征，这才是导致现实联系具有不可预见性的关键因素①。

在中国，最近几年使用（或滥用）DSGE 模型已然成为时尚。但中国当前仍处于市场化改革和经济转型阶段：资本市场尚未实现市场化，最重要的存贷款利率依然受到管制，信贷流向也受到扭曲；供给方面，以钢铁业为代表的诸多重要产业产能过剩；需求方面，居民实际消费支出（而非统计数据中的居民消费）严重向住宅倾斜，奢侈品进口繁荣，但其他商品的国内消费率不高，无论是总量还是结构，国内需求未走在长期均衡路径上；考虑到对外开放，我们一方面需要大量 FDI 促进中国生产，另一方面又需要商品出超来消费中国产品。按照厉以宁的观点，中国经济是“非均衡”经济②。这种“非均衡”经济在达到均衡时带着强烈的扭曲和干预特征——做中国经济理论研究时不能无视这一点。我

① Caballero（2010a）还特别提到，MIT 经济学博士研究生在一年级时的宏观经济课程涉及四个部分：方法、增长、波动和危机——或许，这能给国内教育带来一点启迪吧！

② 根据厉以宁的研究，非均衡不是失衡，而是在市场不完善和价格体系不灵敏条件下所达到的均衡。参见厉以宁《非均衡的中国经济》，中国大百科全书出版社 2009 年版。

们认为，在研究中国时使用 DSGE 要比研究发达经济体难度更大，应更加谨慎，但现实却是“翻开期刊，随处可见”。抛弃对中国整体经济的深入理解和完整逻辑，大肆使用 DSGE 只能是在制造另一场破坏性学术时装秀，是在走弯路，是学术闹剧。

但愿研究者们在使用（或套用）DSGE 时，能先读中国经济，并读一读 Caballero（2010a）。

（3）重视系统冲击风险。次贷危机之后，系统冲击风险（systemic risk①）被高度关注。

Barro 和 Ursua（2012）发现纳入罕见宏观经济灾难（Rare Macroeconomic Disasters）发生概率的模型可以更好地解释经济现实，罕见宏观经济灾难发生概率对资本资产定价、资本回报率、股价波动率、经济的杠杆率以及经济周期有明显影响。仅着眼微观经济冲击而不考虑宏观经济系统冲击风险会导致风险溢价过低，大量购买这类伪“安全资产”将积累系统冲击风险，使资产负债表愈加脆弱（Caballero，2012）。Hansen（2012）研究了对系统性风险的识别和测量。2012 年《美国经济评论》第 3 期刊登了美国经济学会 2012 年年会的论文集，其中的一个专题就是测量系统性风险（Measuring Systemic Risk），专题包括 Geanakoplos et. al.（2012）、Acharya et. al.（2012）和 Abbe et. al.（2012），三篇文章分别从住房市场、资本不足以及监管和隐私保护三个方面对系统性风险进行了研究。

2. 反思宏观经济政策

（1）货币政策。Blanchard（2012）认为通胀目标制并不合适，产出缺口是可变的，稳通胀不能保证稳定的产出缺口，应将金融稳定纳入宏观稳定框架。通胀目标制下，政策对资产价格泡沫的反应具有不对称性，泡沫膨胀时，央行坐视不管，泡沫破裂时却赶忙收拾残局。当然，现实中央行判断资产价格泡沫具有操作难度，但央行可以关注货币和信贷总量，特别关注因货币和信贷过多而引起的资产价格上涨和金融不稳定（Issing，2012）。央行除了利率这一政策工具，还应该并完全可以采取其他工具，当局应采取（利率，其他工具）的政策组合来实现产出、通胀和金融稳定的目标（Stiglitz，2012）。Blanchard（2012）认为危机后以利率政策稳定通胀和产出、以宏观审慎性监管稳定金融市场的做法也存在问题，因为两套措施存在复杂的多重、相互影响。

危机爆发后，大量投资者受损或破产，而美联储和财政部向关键性金融机构和企业注资救援，这被认为是财富不恰当地重新分配（Stiglitz，2012）

（2）财政政策。危机前经济学家们的一个“共识”就是财政政策不是反周期的有效工具。但是美国以前的衰退主要是由美联储提高利率引起，而此次衰退与以前不一样，因此危机中货币政策效果有限；危机爆发后股市和房地产的财富损失大约是 10 万亿美元，即使考虑了自动稳定器的对冲作用，年消费净减少达 4000 亿美元，要弥补这一需求缺口只能依靠财政支出；美联储已向市场注入了充沛的流动性，因此政府借债不会推高利率，也不会有明显的挤出效应；除了政府支出，财政刺激还应包括个人税收减免、投资税抵免等一系列税收刺激政策（Feldstein，2009a）。

危机爆发后，财政政策被认为是有效的（详见前文对财政刺激效果的综述）。在应对

---

① 本文将 systemic risk 译为系统冲击风险是为了与系统性风险（systematic risk）相区别。Hansen（2012）区分了 systemic risk 和 systematic risk，前者指金融市场崩溃或严重紊乱带来的风险，即金融市场爆发的具有系统性影响但又可以避免的风险，后者即宏观的或总量的无法通过分散化来避免的风险。

危机过程中，名义利率0下限强烈抑制了货币政策发挥作用，因此需要用财政政策来保证短期稳定（Romer，2012）。财政政策的有效性，取决于总供给能力剩余、货币政策对冲程度、家庭消费率变化以及财政空间（Solow，2012）。

此次全球经济危机使国际财政协调受到重视。Erceg 和 Lindé（2011）研究发现一国削减支出会影响货币联盟里其他国家的产出、利率、通胀等，紧缩国规模越大影响越大。Auerbach 和 Gorodnichenko（2012）则发现政府支出的跨国溢出效应对于遭受经济衰退的国家影响更加明显。

还有一点很值得一提，Solow（2012）指出自动稳定机制在经济复苏时可能会“帮倒忙”，例如，收入增加会激发自动稳定机制，在经济刚摆脱低谷时，这等于向脆弱的复苏泼凉水。

（3）金融监管政策。此次危机，美联储因疏于金融监管而饱受批评。Gennaioli et al.（2012）的研究（再一次）发现市场参与者做不到理性预期，只能做到局部思考（Local thinking），一些小概率风险会被忽视，而金融创新在风险识别方面即存在这样的问题，市场参与者大量购买这些被认为“安全的”金融创新，使那些被忽略的特定风险演变为具有全局影响的系统冲击风险，导致整个金融体系异常脆弱。Reddy（2012）建议借鉴印度经验，金融创新在出售前必须得到监管当局许可，只有被认为安全的金融创新才被准许出售（或有条件出售）。

Turner（2012）指出金融稳定核心问题是：在债务与股权合约之间保持合适比例；金融系统彻底做到总的期限转换[①]。而对金融机构救助的一个有效原则是用股权对债权进行转换。对于金融机构监管，Reddy（2012）指出除了“大而不倒”外，还存在另外三类监管难题：大而难救、大而难管、不大但重要而难以抛弃[②]。

（4）资本账户管理政策。传统观点认为资本流入可以增加投资和产出，增加消费稳定性、增强对总需求冲击的抵抗能力、加速国内金融市场发展，但这些观点被证明只是一厢情愿。资本账户自由化对增长的推动作用并没有得到经验研究的支持，且国内金融发展水平既不是保证国际资本流动安全的充分条件，也不是必要条件：美国次贷危机就与危机前来自新兴国家和欧洲的资本流入有关，而2007—2008年印度资本流动规模达到其GDP的10%也未出现乱子（Mohan，2012）。Broner 和 Ventura（2010）发现金融自由化有可能带来好的结果，但也有可能导致资本外流和国内金融市场不稳定，这取决于发展程度、金融深化程度和制度水平。

Forbes 和 Warnock（2012a）发现全球性危机显著伴随着极端资本流动（extreme capital flow episodes[③]），而 Forbes 和 Warnock（2012b）进一步发现异常资本流动主要体现在大规模债务流动，其占到流入的80%和流出的70%，而股票投资流动明显居次要地位。全球资本流动是影响金融稳定的重要因素，而银行部门的外币负债对金融稳定影响更为明显，Shin（2012）建议推广韩国做法，对银行外币负债强制征收一定比例（levy），短期

---

① 原文为：The core issues of financial stability are（1）……（2）the aggregate maturity transformation that the financial system is in total performing。

② 原文分别是：too big to save，too powerful to regulate，not too big but too critical to fail。

③ Forbes 和 Warnock（2012a）认为不能仅看净资本流动，应综合看总资本流入和总资本流出，从而将极端资本流动分为涌起（surges）、停止（stops）、外逃（flight）和整顿（retrenchment）四个阶段。

负债征收比例更高——这相当于是征收“托宾税”。通过该自动稳定机制以期增强银行系统稳健性。Caballero（2012）指出资本流动导致实际汇率过度波动，从而影响实体经济；影响国内资产投资偏好和金融市场的风险承担，使国内金融稳健性下降。Caballero（2012）强调除了采取征收托宾税和稳定支出等措施，还应该弄清楚导致资本流动的原因，是国际流动性过剩，还是国内利率太高？是国内财政扩张过度，还是投机泡沫吸引？弄清原因再对症下药。

Mohan（2012）认为新兴国家和发展中国家需要进行资本账户管理，因为其面对的资本流动波动大；新兴国家和发达国家在通胀和利率方面差异明显；发达国家是国际资本的主要来源国，其货币政策对资本流动有重大影响，新兴国家完全开放资本账户，将使本国汇率或其他重要经济变量暴露在发达国家的货币政策风险之下。Qureshi et al.（2011）使用51个新兴经济体1995—2008年数据发现，资本控制、与外币相关的审慎性措施会降低外币贷款在国内银行贷款的比重、降低投资组合债务占总外部负债的比重；其他审慎性措施有助于为贷款过热降温；信贷繁荣时期实行这些政策有助于提高信贷收缩时经济的适应恢复能力。Farhi 和 Werning（2012）研究发现固定汇率制下资本控制对不同冲击作用有差异，但是在应对影响利率差的风险溢价冲击时特别有效，这从理论上证明了资本账户管制在减少套利热钱冲击的作用。

Ocampo（2012）认为资本国际流动属于金融的一部分，对其进行管制应与金融管制一同构成宏观审慎性管制的一部分；金融和资本流动具有顺周期性，管制难度最大的是中等周期的资本流动，因为资本中周期流动会推动利率、财政、汇率和总需求顺周期变动，使逆周期政策难度加大，由于最好的政策应是发力点最接近冲击源的政策，因此抑制这种顺周期性的最佳政策就是资本账户管制。但这种管制应动态调整，不能作为长期政策，因为市场会找到规避方法。对于“不可能三角问题”，Mohan（2012）认为没必要待在“角”上，可采取折中措施：采取有管理的浮动汇率而非完全的自由浮动；采取有管理的资本账户开放而非完全资本账户自由化，如此可保持货币政策独立性。

（5）改革国际货币体系。此次危机使全球失衡问题更受关注，其中之一就是巨额外汇储备问题。Obstfeld（2011a）认为当前世界存在双重不对称性：增长不对称，发展中国家增长速度远高于发达国家，且其占世界经济比重已经超过后者；信用不对称，尽管增长缓慢，但富国的信用远远高于穷国，因此富国可以大量借债，无需太多外汇储备，高增长的后发国家为了经济安全投资大量外汇储备。Mohan（2012）认为，新兴国家大量的外汇储备不仅仅是出于预防性动机，新兴国家经济增长和金融深化需要更多的货币总量，迫使其央行扩大资产负债表，而新兴国家实行较谨慎的财政政策，导致国内安全证券不足，迫使央行购买发达国家的安全资产，从而积累了大量外汇。Obstfeld（2012）认为外汇储备大量积累存在多种负面效应，如“邻居效应”、新特里芬难题[①]等，这会形成新的风险点。

Collyne（2012）认为要增强汇率灵活性，恢复货币正常估值，并指出中国汇率低估

① “邻居效应”指当大量外汇储备被视为经济稳定和前景保障时，一国增加外汇储备，会迫使其邻国或情况类似的国家跟着积累外汇储备（Obstfeld，2012）。新特里芬难题是指高速增长的新兴国家和其他发展中国家，其占全球产出的比例会越来越高，继续当前积累外汇储备的做法将最终超出发达国家对安全资产的提供能力，既影响发达国家财政稳健性，又影响外汇储备的安全性（Farhi et al.，2011）。

导致周边国家不得不低估汇率，加剧了全球失衡。但是，王道平和范小云（2011）认为在现行国际货币体系下，汇率调整难以解决储备货币发行国的国际收支赤字和全球失衡问题，储备货币发行国的外部政策是全球金融不稳定的重要来源。因此为了缓解全球失衡、减少金融危机，必须改革当前的国际货币体系。

全球金融危机爆发后，斯蒂格利茨（2010）和其他联合国金融专家委员会成员发布《斯蒂格利茨报告》，呼吁改革当前的国际货币金融体系，提出：协调全球政策应对国际金融危机，解决全球失衡问题；完善全球金融安全网，增强 IMF 等全球性金融机构的危机应对能力；改革全球储备体系，增强 SDR 的储备货币功能；建立全球监管体系，增强 IMF 等全球金融机构的管理能力，将微观审慎监管、宏观审慎监管和逆周期监管结合；建立国际债务重组法庭，解决国际债务和主权债务问题；等等。

欧债危机再一次证明当前货币金融体系存在严重弊端，Obstfeld（2011b）认为需要强化 IMF 的国际最后贷款人功能和 SDR 作为储备资产的功能，建立国际金融监管机制，协调并参与各国的金融监管，包括跨国金融机构清算和成本分担问题，完善全球化治理机制和财政协调，抑制道德风险。

但是主权和国民利益与全球化存在冲突，滞后的全球化治理正在制约经济全球化进程（Obstfeld，2012）。Guðmundsson（2012）认为增强 IMF 最后贷款人功能和 SDR 国际储备资产功能目前存在三个障碍：IMF 当前贷款给主权国家的做法并不恰当，援助应更多着力于危机国的央行和银行体系；SDR 不是货币而是使用他国货币或外汇储备的权利，SDR 要成为国际货币，必须具有其支付清算系统，并被私人部门大量接受和使用；目前尚没有相应的治理机制来建立新的全球储备货币体系，IMF 无法履行全球央行的职能。由于国家主权利益的存在，建立全球性的宏观经济和金融监督体系在短期内难以实现（Goodhart，2011）。

后危机时代，改革国际货币体系，依然任重而道远。

二　国内宏观经济学热点与创新

国内宏观经济学的理论热点与创新主要围绕以下三个方面：当前经济减速的判断与争论；财政、货币政策研究的新发现新进展；开放条件下的宏观稳定研究。

（一）对中国当前增长阶段及政策应对的研究

1. 结构性减速的研究

国际上，McMillan 和 Rodrik（2011）研究了 38 个国家产业结构变化对劳动生产率的影响，发现亚洲产业结构变化主要表现在劳动力由低效部门流向高效部门[①]，而拉美和撒哈拉以南的非洲则存在相反的趋势；研究发现有三个因素影响产业结构变迁的方向：初级资源出口份额过大是不利因素，因为这些产业劳动力吸纳能力有限，汇率低估和灵活的劳动力市场则是两个有利因素。

许志伟等（2012）将存货投资具体分为产成品存货投资和原材料存货投资，文章发

---

① 根据 McMillan 和 Rodrik（2011）在附录的图中所示，不同国家产业生产率存在差异，大致上，低效部门涉及农业，零售和批发，社区、社会、个人和政府服务，高效部门涉及采矿业和制造业等。

现前者逆周期、后者顺周期，通过模型研究发现最终需求冲击是形成这两类存货周期性特征的主要根源，据此，文章认为 2008 年中国经济波动主要是需求冲击导致。

2. 滞胀问题研究

危机后产出下降、失业上升以及货币宽松带来的通胀压力使部分学者担忧中国会发生滞胀。例如，孙迎联（2011）认为长期收入分配失衡、“投资拉动、出口依赖”的增长方式以及货币超发等因素形成了滞胀风险。彭方平和连玉君（2010）从加息提高生产成本的角度，认为加息在短期内会形成通胀压力，加息的成本效应在萧条时期比经济过热时期更显著，因而建议慎用加息政策，以免滞胀。但是，张晓晶（2011）分析了导致 20 世纪 70 年代西方国家经济滞胀的基本面因素和政策因素，认为在中长期，受结构性减速、“人口红利”作用消退和环保等因素的影响，未来产出增长减速具有必然性，而全球农产品价格上涨趋势、国内城镇化发展和要素价格改革，会形成成本推动压力，因此在中长期我国面临增长趋缓和通胀压力，需要采取相应政策予以应对，但当前产出下降主要受危机后总需求不足影响，而通胀压力则主要是货币刺激的结果，因此短期看不具有滞胀风险。

（二）财政货币政策研究新进展、新发现

2004—2005 年中国劳动力结束了无限供给状态，由此产出缺口对价格的影响又增加了一个劳动力成本渠道，其对价格的影响被进一步放大；实证检验发现 2005 年以来产出缺口对 PPI 和工资指数的影响确实呈强化趋势，因而治理通胀的难度加大（丁守海，2012）。

1. 财政政策

（1）财政政策与经济波动。方红生和张军（2010）研究发现预期渠道和劳动市场渠道是导致中国财政政策出现非凯恩斯效应[①]的两个重要渠道；研究还发现在经济衰退期，增加政府消费会加剧宏观经济不稳定，增加基本建设支出则有利于稳定经济；紧缩性税收政策有利于在经济过热时稳定经济，但在萧条时期效果并不确定。

吕冰洋（2011）研究发现财政扩张是经济失衡的重要原因，与经济失衡存在循环累积因果关系，尽管财政政策在短期有助于推动增长，但抵御危机的政策可能在长期加重经济失衡，形成新的隐患。从地方财政支出的角度，贾俊雪等（2012）研究发现地方政府支出行为呈现出较明显的全国反周期和省份顺周期特征[②]，这利于全国经济稳定但加剧了省份经济波动，文章从财权与事权错位和官员治理制度两个角度对此进行了解释。更详细地，郭庆旺和赵旭杰（2012）将地方投资分为地方政府投资和地方非政府投资（主要包括地方投融资平台和民间投资），对于地方政府投资，地方政府出于政治服从的压力，具有逆周期性，有利于抑制波动；而地方非政府投资，典型地体现了地方 GDP 竞争特征，加剧了经济波动。李猛和沈坤荣（2010）将中国经济按“条条”（六大类产业）和“块

---

① 非凯恩斯效应是指扩张性财政政策（如增加政府支出或减税）降低了总需求和产出，或紧缩性财政政策（如减少政府支出或增税）增加了总需求和产出。引自方红生和张军（2010）。

② 该发现有可疑之处：地方政府支出与省 GDP 顺周期、与全国 GDP 反周期，这就说明省 GDP 与全国 GDP 负相关，但是全国 GDP 又是省 GDP 的加总！我们怀疑，对全国所有省份来说，这一规律不具有普遍性。

块”（按省份）进行分解后发现经济波动中有30%可归于地方政府冲击，一般认为地方官员造成经济冲击的动机在于贪腐动机、财税激励、政治晋升，但实证检验后发现只有贪腐动机显著影响地方政府短期化行为①。

（2）财政支出挤入效应研究。胡永刚、郭新强（2012）研究了政府生产性支出的挤入效应，认为目前中国政府支出规模仍处于挤入效应区间内，扩张性财政政策仍能刺激消费。王文甫（2010）利用垄断竞争条件下的DSGE模型，发现中国财政支出是通过流动性约束效应和财政支出的外部性效应推动居民消费和总产出。王文甫和王子成（2012）发现财政政策通过支出的正外部性和居民消费习惯两渠道实现对净出口的挤入效应，促进净出口增加。

（3）财政政策规则研究。吴化斌等（2011）发现有关财政政策的消息（即对未来财政政策的预期）对宏观经济有重要影响，研究还发现，政策具体执行力度低于消息（人们形成的预期）时会降低政策效果，因此政府应当提高对财政政策消息的管理水平。

设计良好的财政规则需要在保证经济增长的同时降低政府债务负担，贾俊雪和郭庆旺（2011）在一个两部门内生增长迭代模型里比较了多种财政规则，发现允许存在赤字、发行政府债券为公共物质资本投资和公债利息融资、其余原始赤字及支出由税收融资的规则最有利于增长，并能够保证政府的债务负担最轻。

贾俊雪和郭庆旺（2012）使用新凯恩斯主义DSGE模型研究中国最优财政货币政策，发现符合通胀目标制的货币政策为最优，用货币政策对抗产出波动会带来较大的社会福利损失；最优财政政策应确保政府债务可持续性，反周期的财政政策会导致宏观经济对外生冲击的无效率反应，造成社会福利损失，但损失程度不大。

2. 货币政策

受金融危机影响，2009年中国产出迅速下滑。为此，当年后期中央启动4万亿元投资计划，同时央行辅之以宽松货币政策，向经济注入流动性，但是欧阳志刚和史焕平（2011）研究发现此次货币宽松政策导致了货币供给过剩，其中M1过剩12.56%，M2过剩11.31%。

（1）货币政策目标。李成等（2010）认为由于资产价格和汇率会影响产出和通胀水平，因此应当将二者纳入货币政策的考虑范围。张成思（2011）研究了我国货币政策目标错置问题，文章认为1999年以后CPI持续严重低于GDP紧缩指数，CPI与实际通胀感受和通胀预期发生了明显的偏离，文章还证明，通过调整CPI成分权重所得到的新通胀序列与原序列没有明显差别，因此货币政策不应再盯住CPI，而应该盯住GDP紧缩指数。张晓慧等（2010）认为CPI在衡量周期变化上存在滞后性，同样建议货币政策关注更广义的价格。

（2）货币政策规则。郑挺国和刘金全（2010）认为我国货币政策规则在不同宏观经济背景下会发生结构性变化，并具有可变的目标通胀率，文章使用区制转移（regime-switching）模型研究发现我国货币政策确实存在两类不同的区制，1992年以来，1992Q4～1993Q3、1997Q4～1999Q4、2008Q4～2009Q2是三个“活性”区制，其他为“惰性”区制，处在“活性”区制的利率政策，其对通胀和产出缺口的反应程度要明显异于利率在

① 吴一平（2008）实证表明财政分权加剧腐败。参见吴一平《财政分权、腐败与治理》，《经济学》（季刊）2008年第3期。

“惰性”区制的反应。欧阳志刚和史焕平（2010）建立以经济增长率和通胀率为阈值变量的麦克勒姆规则，也证实了这种区制特点，发现货币政策对增长和通胀的反应随着二者联合变化而出现显著的非线性转换，转换时机发生在经济增长率为8.8%和通胀率为3.17%处，以这两个值为基准，将1992—2009年分为萧条期、过热期和高增长伴随低通胀时期，三个时期里货币政策[①]对产出缺口和通胀的反应程度存在明显的差异。相照应地，刘金全和张小宇（2012）建立了包含利率平滑的时变参数模型，发现我国名义利率的调整机制确实符合时变参数“泰勒规则”，总体上，名义利率针对产出和通胀做出调整，但名义利率对通胀的调整程度不足，说明我国货币政策尚欠缺足够的稳定性。周炎和陈昆亭（2012）将银行部门嵌入DSGE框架建立金融经济周期模型，使用1992Q1～2001Q1的数据发现：中国经济最接近模型经济中的半规则性政策机制所产生的波动，文章认为现实经济中被执行的货币政策为半规则行为的可能性最大。

（3）货币政策的工具与中介指标。王晓明（2010）认为，我国信贷调控对于通胀、产出缺口的有效性均强于利率调控，货币政策应当采用信贷调控规则，而不是利率规则。但是，姚余栋和谭海鸣（2011）认为央票发行利率能够综合代表数量型和价格型的货币政策，是取代M2来代表货币政策状况的综合性指标，不但优于新增贷款和M2等数量型指标，也优于SHIBOR、基准存款利率等价格型指标，文章认为央票发行利率已初步具备了中央银行基准利率的特征。相照应地，胡志鹏（2012）使用DSGE模型研究了我国货币模式的最优选择问题，提出当货币需求函数波动性大于利率波动性、总需求波动性、总供给波动性一定程度时，价格型调控模式将优于数量型模式，文章基于2001—2011年数据研究发现，我国货币政策采用价格型调控模式的条件目前已经成熟。而李成等（2011）使用含消费惯性和金融加速器的DSGE模型研究发现通胀预期偏差在价格型工具调控时对经济有正面影响，在数量型工具调控时有负面影响；数量型工具在短期能更有效遏制通胀，但在长期价格型工具的调控效果更显著；文章建议央行应有针对性地搭配不同政策工具。

（4）货币政策的风险承担。金融危机以后，货币政策的风险承担渠道受到重视，张雪兰和何德旭（2012）、方意等（2012）研究了中国的情况，他们的研究发现银行风险承担显著受到货币政策影响，且受经济状况、市场结构、商业银行资产负债表特征特别是资本充足率的影响。文章建议，应根据不同经济状况和银行资本充足率来认清货币政策与宏观审慎政策是互补还是替代关系，将货币政策纳入宏观审慎监管框架，加强其与金融监管政策的协调配合。

（三）开放条件下的宏观稳定研究

1. 开放与通胀

张成思（2012）发现全球化对中国通胀有重要影响。既有研究一般认为人民币汇率对国内CPI的传递效应微弱或根本不显著，但是徐奇渊（2012）认为，中国各地区的开放程度以及国家在不同时期的区域经济政策侧重点存在不同，各地区受到的内、外部冲击是非对称的，加总获得全国CPI指数会导致这些信息遭到严重损失，从而对汇率传递效应

---

① 但是，欧阳志刚和史焕平（2010）用基础货币增长率做代理变量表示货币政策，但基础货币却又用M0表示，这种做法令人怀疑。

分析造成误导；文章在控制地区差异后，实证发现人民币汇率变化显著影响国内 CPI。胡援成和张朝洋（2012）发现美元贬值会从成本推动渠道、资金输入渠道和货币扩张渠道推高我国 PPI、CPI 以及资产价格，导致中国承受较大的输入型通货膨胀压力。陆军等（2012）也发现了输入性通胀对我国通胀的推动作用，还发现工资水平、中间品价格、通胀预期和通胀惯性都会增加通胀压力。

2. 开放与宏观经济波动

di Giovanni 和 Levchenko（2011）研究了国家大小和国际贸易对宏观波动的影响，认为国家越小，企业数目越少、大公司对经济重要性越大，公司所受的冲击对宏观波动影响越大，反之则反。对外开放会强化大企业对整个经济的重要性，因而也会增加宏观波动。从贸易的角度，洪占卿和郭峰（2012）用 1976—2010 年中国省级面板数据研究发现各省国际贸易水平和省际贸易潜力的提高均可显著缓解该省经济波动，但若省际贸易潜力非常低，则国际贸易水平提高会加剧波动，文章建议推进省际贸易和国际贸易发展，同时进一步降低省际贸易壁垒。从汇率角度，袁申国（2011）发现浮动汇率制下的冲击通过金融加速器机制对宏观经济的影响要小于固定汇率制，即汇率浮动有助于降低经济波动。

张晓莉和刘啟仁（2011）假设政府目标为最小化外部账户波动，通过收支平衡模型推导出中国最优货币篮应由美元、欧元和日元和其他货币以 48：15：11：26（此指 2009 年，每年会变化）的比例组成；实证发现，2005 年汇改以来所实行的货币篮制度有效减缓了进出口冲击，有利于经济稳定。

3. 人民币汇率问题研究

2007 年 5 月以后人民币汇率日波动幅度扩大到 ±0.5%，黄志刚和陈晓杰（2010）实证发现这一幅度能够保证汇率具有良好的弹性，基本合理。梅冬州和龚六堂（2011）根据我国大量外汇储备以及明显的金融加速器效应，认为我国实行有管理的浮动汇率制度是最合适的；黄志刚（2010）也认为一定程度的汇率干预在稳定国内冲击产生的经济波动方面要优于浮动汇率。对于近几年的人民币升值，程大中等（2012）认为，根据单要素模型，如果人民币对美元实际汇率的低估从 2007 年到 2017 年得到 100% 矫正，则年平均升值率为 2.3% ~3.6%；根据双要素模型，对低估进行 56% ~71% 的矫正需要年均升值 0.6% ~1.99%，据此，文章认为 2007—2011 年人民币年均 3.8% 的升值速度过快了。

Gourinchas 和 Obstfeld（2012）证实对于发展中国家（1973—2010 年），更多的外汇储备有助于降低危机发生的概率。Dominguez et al.（2012）证实了危机前具有更多外汇储备的国家，危机后的增长率更高。张屹山和孔灵柱（2010）认为汇率反映了国家的目标，一国会基于国家利益来决定汇率，经济权力越大的国家，越有能力来通过汇率实现国家利率最大化。龚刚等（2012）提出了“储备型汇率制度”，支持国家干预汇率，认可发展中国家汇率低估的合理性。

杨长江和任栋（2011）认为实际汇率受工资水平、人力资本投资水平、人力资本结构等变量影响，人力资本结构对实际汇率的影响会通过要素禀赋效应、内生的巴拉萨—萨缪尔森（B-S）效应以及部门差异效应等机制发挥作用；实证检验发现，中国人力资本结构改善将推动实际汇率升值，其中，B-S 效应为负，要素禀赋效应为正，在对实际汇率的影响中后者起主导作用。

对于“人民币低估之谜”，唐翔（2012）从“竞次”的角度进行了研究。文章发现，地区间日益恶化的劳动力标准、环境标准和产品质量方面的“竞次”行为，不断降低单位产出的中间投入成本和生产成本，压低了中国的物价和工资水平，这是人民币低估的最主要原因。

徐建炜等（2011）利用168个国家1980—2007年的数据构造外汇市场干预指标，检验外汇市场干预对实际汇率的影响，发现无论是非冲销还是冲销的干预措施，在长期都不会对实际汇率产生显著影响，即外汇市场干预在长期是“中性”。外汇市场干预所产生的短期效应，更多的也是通过信号渠道发挥作用，其前提是央行的干预信誉较高。如果市场不相信央行的干预能力，即便在短期，央行也难以影响实际有效汇率。林斌（2010）也发现了央行干预的信号效应在不断增强，央行干预的资产流动效应逐渐弱化。文章还发现资产存货效应并未发挥稳定汇率的作用，一段时期后反而会引起更大的波动。孙华妤、潘红宇（2010）使用2005M7～2008M12的月度数据，运用协整检验和误差修正模型发现人民币名义贬值（升值）不会促进（抑制）对美贸易顺差，因此文章认为中国无法“操纵人民币汇率”通过低估币值来扩大净出口。

三 近期宏观经济学前沿的主要代表人物及代表作

（一）Stiglitz 与 Blanchard 等：反思当前经济学及经济政策

全球金融危机爆发后，斯蒂格利茨（2010）和其他联合国金融专家委员会成员发布《斯蒂格利茨报告》，呼吁改革当前的国际货币金融体系。2012年，Olivier Blanchard 协同其他22位经济学家出版了一本经济危机反思之作——*In the Wake of the Crisis: Leading Economists Reassess Economic Policy*，该书从货币政策、财政政策、金融中介和监管、资本账户管理、增长与增长战略和国际货币体系6个方面对经济政策进行了全面而深刻的回顾与反思。

（二）Feldstein：质疑统一货币联盟

Feldstein（2009b）认为推动欧盟实行统一货币的主因是政治因素而非经济因素。Feldstein（2011b）认为在经济结构、财政传统与社会观念均存在明显差异、劳动力市场处于分割状态的多个国家实行统一货币必将带来问题，主权债务危机即其中之一。统一货币后一国放弃了主动的货币、汇率政策，当本国经济疲软时，只能实行财政刺激。如果该国商品正在逐步丧失竞争力（当通胀更高、生产率提高更慢、劳动力成本上升更快时），经济持续地需要财政刺激，导致政府债台高筑，而统一货币后带来的低利率环境更刺激了政府和私人借贷。Feldstein 还认为，解决债务危机和银行业问题并不能解决商品竞争力不足的问题。尽管没有明确表述，Feldstein 并不支持欧元。

（三）李扬、张晓晶等：国家资产负债表研究

次贷危机特别是欧债危机，让国家资产负债表受到空前重视，形成了学术创新热点。在我国，沈沛龙和樊欢（2012）基于可流动性资产负债表，研究了我国政府的债务安全问题，发现外汇储备增长有助于降低政府债务风险，而积极的财政政策对短期降低政府债

务风险效果明显，政府或有债务规模不超过4万亿元时，政府债务风险较小。

李扬和张晓晶等（2012a，2012b）编制了中国主权资产负债表，对表中各项进行了计算或估算，发现2010年中国政府资产净值规模为20万亿元（窄口径）或70万亿元（宽口径，含国土资源性资产和行政事业单位资产），大规模的资产净值将有力保证在短中期内中国不会发生主权债务危机。文章研究了中国的总债务水平和债务结构，发现我国总债务水平和全社会杠杆率远低于主要发达经济体，总体上温和可控；中央政府债务水平安全可控；非金融企业债务比重极高是中国债务结构的突出特点；而地方政府债务规模已十分接近中央政府债务规模，其与房地产信贷共同形成短期风险点；长期风险更多集中在对外资产负债表、企业债务与社保欠账。文章发现保持经济增长率高于利率对于化解债务风险具有重要意义，因而保持经济可持续增长是应对主权债务风险的根本途径。

此外，曹远征领导的中国银行研究小组和马骏领导的课题组也研究了中国国家资产负债表。马骏等（2012）认为政府资产应该包括各级政府所持有的上市公司的股票市值，其估算的政府净资产约为38万亿元。对于国家债务的风险问题，马骏等（2012）认为净资产为正有助于判断债务健康度，但不能作为判断是否存在债务风险的主要标准，是否存在债务风险关键取决于资产的变现能力和资产负债的期限匹配度，政府的债务风险特别取决于其财政收入能否足以偿债。徐以升（2012）比较了几份研究后认为，央行外汇资产不应列为政府资产，因为央行资产同时具有债务性质，其资产不能无偿划拨，难以像其他资产一样“跨部门转移”①。

（四）张平、袁富华等：结构性减速

张平（2012）认为当前中国已进入结构性减速期。当经济发展到一定程度，服务业占经济比重将逐步上升，经济结构的“去工业化”势必伴随“结构性减速②”（袁富华，2012）。根据中国经济增长前沿课题组（2012）的估计，未来中国潜在增长率，2011—2015年为7.8%～8.7%，2016—2020年为5.7%～6.6%，2021—2030年为5.4%～6.3%；高投资和出口驱动的经济增长阶段已渐失动力，以干预和结构调整促进效率提升的增长阶段行将结束，人口结构变化和劳动力供给拐点的出现③、长期增长函数要素弹性参数逆转、经济结构服务化趋势的形成将抑制甚至持续拉低经济长期增长。常规化的总量宏观政策已经无法解决结构性调整所带来的问题，资源向均衡路径配置的要求迫使“干预型经济”向市场效率转换，必须以市场为主导，进行结构性的改革，由以主

---

① 徐以升：《比较三份国家资产负债表》，原文发表于《第一财经日报》。网上来源：财经网，URL：http：//www. yicai. com/news/2012/09/2064845 -0_ 1. html。

② 有观点认为中国目前整体上处于“结构性加速”阶段。吕健（2012）对东中西部分别进行研究后发现：东部地区“结构性减速”，西部地区“结构性加速”，中部地区加速和减速并存，但是“整体呈现出‘结构性加速’”。然而，这篇文章在关键数据的处理上存在瑕疵——人均GDP似乎没有剔除通胀，这可能会影响结论的稳健性，尤其可能影响中国“整体上处于‘结构性加速’阶段”的论断。因此，我们暂不引用该文章的结论。

③ 国家统计局发布数据，2012年15—59岁劳动年龄人口93727万人，比上年减少345万人，即使考虑到年轻人真正参加工作的时间延迟，几年后中国劳动者人数必然减少。参见《人社部：人口红利未消失》，《21世纪经济报道》，URL：http：//finance. qq. com/a/20130128/000638. htm。

导产业为基准的结构调整逐步转向以城市为核心的空间配置，以城市化和服务业为增长核心，找到城市化与产业竞争力相互协调的道路（张平，2012）。在具体的政策实施上，应重视教育和职业培训，提升未来人力资本红利；实施结构性税制改革，激励产业转型；打破垄断、放松管制，提升服务业特别是生产性服务业（金融业）的效率（张晓晶，2012）。

（五）林毅夫、余永定等：政府干预经济发展

在经济结构转型期，政府干预技术选择具有必要性。李飞跃（2012）认为企业的技术选择与要素价格紧密相连，政府对技术选择的干预会通过改变要素的相对生产效率而影响要素价格，进而调节部门间要素配置、技术进步速度并改变经济结构。而徐朝阳和林毅夫（2010）认为产业结构内生于要素禀赋结构，经济结构转型的核心不在于产业结构升级，而是要素禀赋结构升级，因此政府推动产业结构升级时应以要素禀赋结构的升级为前提和基础，偏离禀赋结构的产业结构升级将导致资源错配，形成效率损失。

路风和余永定（2012）认为经济发展动力要从要素投入向技术进步和生产率提高转变，关键是要提高技术能力、组织能力和制度建设。当前国际收支“双顺差”现象突出反映了中国在组织生产方面存在能力不足，经济活动严重依赖外资的生产组织能力，而对外资的长期依赖不利于本国能力成长，会导致中国形成结构性的能力缺口。文章强调“社会能力”，认为能力成长是高效利率各种资源、推动经济发展、转变经济发展方式的关键因素；文章建议国家加快制度建设，以政策支持企业提高竞争力和组织生产能力，推动国家能力提升。

参考文献与学科年度重要文献

1. Abbe, E. A., Khandani, A. and Lo, A. W., 2012: *Privacy-Preserving Methods for Sharing Financial Risk Exposures.* American Economic Review, 102 (3): 65 – 70.

2. Acharya, V., Engle, R. and Richardson, M., 2012: *Capital Shortfall: A New Approach to Ranking and Regulating Systemic Risks.* American Economic Review, 102 (3): 59 – 64.

3. Aizenman, J., Hutchison, M. M. and Jinjarak, Y., 2011: *What is the Risk of European Sovereign Debt Defaults? Fiscal Space, CDS Spreads and Market Pricing of Risk*, NBER Working Paper No. 17407.

4. Aizenman J. and Jinjarak, Y., 2011: *The Fiscal Stimulus of 2009 – 10: Trade Openness, Fiscal Space and Exchange Rate Adjustment*, NBER Working Paper No. 17427.

5. Alesina, A. F. and Ardagna, S., 2010: *Large Changes in Fiscal Policy: Taxes Versus Spending, in Tax Policy and the Economy*, Volume 24, The University of Chicago Press.

6. Auerbach, A. J. and Gorodnichenko, Y., 2011: *Fiscal Multipliers in Recession and Expansion*, NBER Working Paper No. 17447.

7. Auerbach, A. J. and Gorodnichenko, Y., 2012: *Output Spillovers from Fiscal Policy*, NBER Working Paper No. 18578.

8. Barro, R. J. and Redlick, C. J., 2011: *Macroeconomic Effects from Government Purchases and Taxes*, Quarterly Journal of Economics, Volume 126, Issue 1.

9. Barro, R. J. and Ursua, J. F., 2012: *Rare Macroeconomic Disasters*, Annual Review of Economics, Vol. 4 (1).

10. Benigno, P. and Romei, F., 2012: *Debt Deleveraging and the Exchange Rate*, NBER Working Paper No. 17944.

11. Bernanke, B. S. , 2005: *The Global Saving Glut and the U. S. Current Account Deficit*, The Sandburg Lecture, Virginia Association of Economists, Richmond, VA, March 10.

12. Bernanke, B. S. , 2010: *Monetary Policy and the Housing*, the Meeting of the American Economy, January 3, 2010.

13. Bertaut, C. , DeMarco, L. P. , Kamin, S. B. and Tryo, R. W. , 2011: *ABS Inflows to the United States and the Global Financial Crisis*, NBER Working Paper No. 17350.

14. Blanchard, O. , 2012: *Monetary Policy in the Wake of the Crisis*, in *In the Wake of the Crisis: Leading Economists Reassess Economic Policy*, edited by Olivier Blanchard et al. , the MIT press.

15. Blanchard, O. J. , Romer, D. , Spence, M. and Stiglitz, J. E. , 2012: *In the Wake of the Crisis: Leading Economists Reassess Economic Policy*, the MIT press.

16. Borio, C. and Diyatat, P. , 2010: *Global Imbalances and the Financial Crisis: Understanding the Role of International Finance*, Asian Economic Policy Review, Vol. 5, No. 2.

17. Broner F. A. and Ventura, J. , 2010: *Rethinking the Effects of Financial Liberalization*, NBER Working Paper No. 16640.

18. Caballero, R. J. , 2010a: *Macroeconomics after the Crisis: Time to Deal with the Pretense-of-Knowledge Syndrome*, Journal of Economic Perspectives, vol. 24 (4).

19. Caballero, R. J. , 2010b: *The "Other" Imbalance and the Financial Crisis*, NBER Working Paper No. 15636.

20. Caballero, R. , 2012: *Notes on Capital-Account Management*, in *In the Wake of the Crisis: Leading Economists Reassess Economic Policy*, edited by Olivier Blanchard et al. , the MIT press.

21. Caballero, R. J. and Krishnamurthy, A. , 2009: *Global Imbalances and Financial Fragility*, American Economic Review, Vol. 99 (2).

22. Chodorow-Reich, G. , Feiveson, L. , Liscow, Z. and Woolston, W. G. , 2012: *Does State Fiscal Relief During Recessions Increase Employment? Evidence from the American Recovery and Reinvestment Act*, American Economic Journal: Economic Policy 2012, 4 (3).

23. Christiano, L. , Eichenbaum, M. and Rebelo, S. , 2011: *When Is the Government Spending Multiplier Large?* Journal of Political Economy, Vol. 119, No. 1.

24. Christensen, J. H. E. and Rudebusch, G. D. , 2012: *The Response of Interest Rates to US and UK Quantitative Easing*, Economic Journal, 122, Issue 564.

25. Claessens, S. , Tong, H. and Wei, S. , 2012: *From the Financial Crisis to the Real Economy: Using Firm-level Data to Identify Transmission Channels*, Journal of International Economics, Vol. 88 (2) .

26. Clemens, J. and Miran, S. , 2012: *Fiscal Policy Multipliers on Subnational Government Spending*, American Economic Journal: Economic Policy, 4 (2): 46 -68.

27. Collyns, C. , 2012: *Internantional Monetary System Reform: A Practical Agenda*, in *In the Wake of the Crisis: Leading Economists Reassess Economic Policy*, edited by Olivier Blanchard et al. , the MIT press.

28. de Mooij, R. and Keen, M. , 2013: *"Fiscal Devaluation" and Fiscal Consolidation: The VAT in Troubled Times*, in *Fiscal Policy after the Financial Crisis* (2013), University of Chicago Press.

29. di Giovanni, J. and Levchenko, A. A. , 2011: *Country Size, International Trade, and Aggregate Fluctuations in Granular Economies*, NBER Working Paper No. 17335.

30. Dominguez, K. , Hashimoto, Y. and Ito, T. , 2012: *International Reserves and the Global Financial Crisis*, NBER Working Paper No. 17362.

31. Erceg C. J. and Lindé, J. , 2011: *Asymmetric Shocks in a Currency Union with Monetary and Fiscal Handcuffs*, in *NBER International Seminar on Macroeconomics 2010*, University of Chicago Press.

32. Farhi, E. and Werning, I. , 2012: *Dealing with the Trilemma: Optimal Capital Controls with Fixed*

Exchange Rates, NBER Working Paper No. 18199.

33. Farhi, E., Gourinchas, P. and Rey, H., 2011: *Reforming the International Monetary System*, Working Paper. URL: http://socrates.berkeley.edu/~pog/academic/FGR_ march2011.pdf.

34. Farhi, E., Gopinath, G. and Itskhoki, O., 2012: *Fiscal Devaluations*, NBER Working Paper No. 17662.

35. Farmer, R., 2012: *Qualitative Easing: How it Works and Why it Matters*, NBER Working Paper No. 18421.

36. Feldstein, M., 2009a: *Rethinking the Role of Fiscal Policy*, American Economic Review, Vol. 99 (2).

37. Feldstein, M., 2011b: *The Euro and European Economic Conditions*, NBER Working Paper No. 17617.

38. Fernάndez-Villaverde, J., Guerrόn-Quintana, P. A. and Rubio-Ramírez, J., 2011: *Supply-Side Policies and the Zero Lower Bound*, NBER Working Paper No. 17543.

39. Fisher, J. D. M. and Peters, R., 2010: *Using Stock Returns to Identify Government Spending Shocks*, Economic Journal, Vol. 120, Issue 544.

40. Forbes, K. J. and Warnock, F. E., 2012a: *Capital Flow Waves: Surges, Stops, Flight, and Retrenchment*, Journal of International Economics, vol. 88 (2).

41. Forbes, K. J. and Warnock, F. E., 2012b: *Debt-and Equity-Led Capital Flow Episodes*, in *Capital Mobility and Monetary Policy*, edited by Miguel Fuentes and Carmen M. Reinhart. Santiago: Central Bank of Chile.

42. Fostel, A. and Geanakoplos, J., 2012: *Tranching, CDS, and Asset Prices: How Financial Innovation Can Cause Bubbles and Crashes*, American Economic Journal: Macroeconomics, vol. 4, No. 1.

43. Geanakoplos, J., Axtell, R., Farmer, D., Howitt, P. and et al., 2012: *Getting at Systemic Risk via an Agent-Based Model of the Housing Market.* American Economic Review, 102 (3): 53 - 58.

44. Gennaioli, N., Shleifer, A. and Vishny, R., 2012: *Neglected Risks, Financial Innovation, and Financial Fragility*, Journal of Financial Economics, vol. 104 (3).

45. Ghosh, A. R., Kim, J. I., Mendoza, E. G. and et al., 2011: *Fiscal Fatigue, Fiscal Space and Debt Sustainability in Advanced Economies*, NBER Working Paper No. 16782.

46. Goodhart, C., 2011: *Global Macroeconomic and Financial Supervision: Where Next?* NBER Working Paper No. 17682.

47. Gorton, G. and Metrick, A., 2012: *Securitization*, NBER Working Paper No. 18611.

48. Gourinchas, P-O. and Obstfeld, M., 2012: *Stories of the Twentieth Century for the Twenty-First*, American Economic Journal: Macroeconomics, Vol. 4, No. 1.

49. Guðmundsson, M., 2012: *The Implications of Cross-Border Banking and Foreign-Currency Swap Lines for the International Monetary System*, in *In the Wake of the Crisis: Leading Economists Reassess Economic Policy*, edited by Olivier Blanchard et al., the MIT press.

50. Guerrieri, L., Iacoviello, M. and Minetti, R., 2012: *Banks, Sovereign Debt and the International Transmission of Business Cycles*, in *NBER International Seminar on Macroeconomics 2012 (2013)*, University of Chicago Press.

51. Hall, R. E., 2009: *By How Much Does GDP Rise if the Government Buys More Output?* Brookings Papers on Economic Activity, Vol. 2009 (FALL 2009).

52. Hansen, L. P., 2012: *Challenges in Identifying and Measuring Systemic Risk*, NBER Working Paper No. 18505.

53. Herndon, T., Ash, M. and Pollin, R., 2013: *Does High Public Debt Consistently Stifle Economic*

Growth? A Critique of Reinhart and Rogoff, Working Paper, No. 322. URL: http: //www. peri. umass. edu/fileadmin/pdf/working_ papers/working_ papers_ 301 - 350/WP322. pdf.

54. Igan, D., Mishra, P. and Tressel, T., 2011: *A Fistful of Dollars: Lobbying and the Financial Crisis*, NBER Working Paper No. 17076.

55. Ilzetzki, E., Mendoza, E. G. and Végh, C. A., 2012: *How Big (Small?) are Fiscal Multipliers?* NBER Working Paper No. 16479.

56. IMF, 2010: *Will It Hurt? Macroeconomic Effects of Fiscal Consolidation*, in *World Economic Outlook.*

57. Issing, O., 2012: *Lessons for Monetary Policy*, in *In the Wake of the Crisis: Leading Economists Reassess Economic Policy*, edited by Olivier Blanchard et al., the MIT press.

58. Johnson, K., 2009: *Gross or Net International Financial Flows: Understanding the Financial Crisis*, Council on Foreign Relations Working Paper.

59. Jordà, O., Schularick, M. and Taylor, A. M., 2012: *When Credit Bites Back: Leverage, Business Cycles, and Crises*, NBER Working Paper No. 17621.

60. Joyce, M., Lasaosa, A., Stevens, I. and Tong, M., 2011: *The Financial Market Impact of Quantitative Easing*, International Journal of Central Banking, Vol. 7, pp. 113 - 61.

61. Kapetanios, G., Mumtaz, H., Stevens, I. and Theodoridis, K., 2012: *Assessing the Economy-wide Effects of Quantitative Easing*, Economic Journal, Vol. 122, Issue 564.

62. Kraay, A., 2012: *How Large is the Government Spending Multiplier? Evidence from World Bank Lending*, Quarterly Journal of Economics, Vol. 127, Issue 2.

63. Krishnamurthy, A. and Vissing-Jorgensen, A., 2011: *The Effects of Quantitative Easing on Interest Rates: Channels and Implications for Policy*, NBER Working Paper No. 17555.

64. Lane, Philip R. and Gian Maria Milesi Ferretti, 2011. *External Adjustment and the Global Crisis*, NBER Working Paper No. 17352, National Bureau of Economic Research, Inc.

65. McMillan, M. S. and Rodrik, D., 2011: *Globalization, Structural Change and Productivity Growth*, NBER Working Paper No. 17143.

66. Mishkin, F. S., 2011: *Over the Cliff: from the Subprime to the Global Financial Crisis*, Journal of Economic Perspectives, vol. 25 (1), pp. 49 - 70.

67. Mohan, R., 2012: *Capital-Account Management: Key Issues*, in *In the Wake of the Crisis: Leading Economists Reassess Economic Policy*, edited by Olivier Blanchard et al., the MIT press.

68. Nakamura E. and Steinsson, J., 2012: *Fiscal Stimulus in a Monetary Union: Evidence from U. S. Regions*, Working Papers, Columbia University. URL: http: //www. columbia. edu/ ~ en2198/papers/fiscal. pdf.

69. Obstfeld, M., 2011a: *The International Monetary System: Living with Asymmetry*, NBER Working Paper No. 17641.

70. Obstfeld, M., 2011b: *International Liquidity: The Fiscal Dimension, Monetary and Economic Studies*, Institute for Monetary and Economic Studies, Bank of Japan, Vol. 29, Pages 33 - 48.

71. Obstfeld, M., 2012: *Liquidity and the International Monetary System*, in *In the Wake of the Crisis: Leading Economists Reassess Economic Policy*, edited by Olivier Blanchard et al., the MIT press.

72. Ocampo, J. A., 2012: *The Case for Regulating Cross-Border Capital Flows*, in *In the Wake of the Crisis: Leading Economists Reassess Economic Policy*, edited by Olivier Blanchard et al., the MIT press.

73. Perri, F. and Quadrini, V., 2011: *International Recessions*, NBER Working Paper No. 17201.

74. Qureshi, M. S., Ostry, J. D., Ghosh, A. R. and Chamon, M., 2011: *Managing Capital Inflows: The Role of Capital Controls and Prudential Policies*, NBER Working Paper No. 17363.

75. Ramey, V. A., 2011: *Identifying Government Spending Shocks: It's All in the Timing*, Quarterly Jour-

nal of Economics, Vol. 126 (1).

76. Reddy, Y. V., 2012: *Financial Crisis and Financial Intermediation: Asking Different Questions*, in *In the Wake of the Crisis: Leading Economists Reassess Economic Policy*, edited by Olivier Blanchard et al., the MIT press.

77. Reinhart, C. M. and Rogoff, K. S., 2010: *Growth in a Time of Debt*, American Economic Review, Vol. 100 (2).

78. Reinhart, C. M. and Rogoff, K. S., 2011: *From Financial Crash to Debt Crisis*, American Economic Review, vol. 101 (5).

79. Romer, D., 2012: *What Have We Learned about Fiscal Policy from the Crisis?* in *In the Wake of the Crisis: Leading Economists Reassess Economic Policy*, edited by Olivier Blanchard et al., the MIT press.

80. Romer, P. M., 2010: *Which Parts of Globalization Matter for Catch-up Growth?* NBER Working Paper No. 15755.

81. Schularick, M., and Taylor, A. M., 2012: *Credit Booms Gone Bust: Monetary Policy, Leverage Cycles, and Financial Crises, 1879-2008*, American Economic Review, Vol. 102, No. 2.

82. Serrato, S. J. C. and Wingender, P., 2010: *Estimating Local Fiscal Multipliers*, working papers, University of California, Berkeley. URL: http://ceg.berkeley.edu/students_9_2583495006.pdf.

83. Shin, H. S., 2012: *Global Liquidity*, in *In the Wake of the Crisis: Leading Economists Reassess Economic Policy*, edited by Olivier Blanchard et al., the MIT press.

84. Shoag, D., 2010: *The Impact of Government Spending Shocks: Evidence on the Multiplier from State Pension Plan Returns*, Unpublished Paper, Harvard University. URL: http://www.hks.harvard.edu/fs/dshoag/Documents/shoag_jmp.pdf.

85. Solow, R., 2012: *Fiscal Policy*, in *In the Wake of the Crisis: Leading Economists Reassess Economic Policy*, edited by Olivier Blanchard et al., the MIT press.

86. St. Paul, G., 2011: *Toward a Political Economy of Macroeconomic Thinking*, NBER Working Paper No. 17431.

87. Stiglitz, J., 2012: *Macroeconomics, Monetary Policy, and the Crisis*, in *In the Wake of the Crisis: Leading Economists Reassess Economic Policy*, edited by Olivier Blanchard et al., the MIT press.

88. Turner, A., 2012: *Optimal Financial Intermediation: Why More Isn' t Always Better*, in *In the Wake of the Crisis: Leading Economists Reassess Economic Policy*, edited by Olivier Blanchard et al., the MIT press.

89. Werning I. and Farhi, E., 2012: *Fiscal Unions*, NBER Working Paper No. 18280.

90. Wincoop, E., 2011: *International Contagion through Leveraged Financial Institutions*, NBER Working Paper No. 17686.

91. Wright, J. H., 2011: *What does Monetary Policy do to Long-Term Interest Rates at the Zero Lower Bound?* NBER Working Paper No. 17154.

92. 程大中、张天添、苏阳：《中国的实体经济面支持人民币升值吗?》，《管理世界》2012 年第 3 期。

93. 丁守海：《中国产出缺口价格效应的转变趋势——基于劳动力条件变化的视角》，《经济研究》2012 年第 11 期。

94. 方红生、张军：《中国财政政策非线性稳定效应：理论和证据》，《管理世界》2010 年第 2 期。

95. 方意、赵胜民、谢晓闻：《货币政策的银行风险承担分析——兼论货币政策与宏观审慎政策协调问题》，《管理世界》2012 年第 11 期。

96. 龚刚、高坚、李炳念：《储备型汇率制度：发行非国际货币的发展中国家之选择》，《经济研究》2012 年第 9 期。

97. 郭庆旺、赵旭杰：《地方政府投资竞争与经济周期波动》，《世界经济》2012 年第 5 期。

98. 辜朝明：《大衰退——如何在金融危机中幸存和发展》，东方出版社 2008 年版。

99. 洪占卿、郭峰：《国际贸易水平、省际贸易潜力和经济波动》，《世界经济》2012 年第 10 期。

100. 黄志刚：《资本流动、货币政策与通货膨胀动态》，《经济学（季刊）》2010 年第 4 期。

101. 黄志刚、陈晓杰：《人民币汇率波动弹性空间评估》，《经济研究》2010 年第 5 期。

102. 胡永刚、郭新强：《内生增长、政府生产性支出与中国居民消费》，《经济研究》2012 年第 9 期。

103. 胡援成、张朝洋：《美元贬值对中国通货膨胀的影响：传导途径及其效应》，《经济研究》2012 年第 4 期。

104. 胡志鹏：《中国货币政策的价格型调控条件是否成熟？——基于动态随机一般均衡模型的理论与实证分析》，《经济研究》2012 年第 6 期。

105. 贾俊雪、郭庆旺：《财政规则、经济增长与政府债务规模》，《世界经济》2011 年第 1 期。

106. 贾俊雪、郭庆旺：《财政支出类型、财政政策作用机理与最优财政货币政策规则》，《世界经济》2012 年第 11 期。

107. 贾俊雪、郭庆旺、赵旭杰：《地方政府支出行为的周期性特征及其制度根源》，《管理世界》2012 年第 2 期。

108. 科尔奈：《软预算约束综合症与全球金融危机——一位东欧经济学家的警告》，《比较》2009 年第 3 期。

109. 李成、王彬、马文涛：《资产价格、汇率波动与最优利率规则》，《经济研究》2010 年第 3 期。

110. 李成、马文涛、王彬：《通货膨胀预期、货币政策工具选择与宏观经济稳定》，《经济学（季刊）》2011 年第 1 期。

111. 李飞跃：《技术选择与经济发展》，《世界经济》2012 年第 2 期。

112. 李猛、沈坤荣：《地方政府行为对中国经济波动的影响》，《经济研究》2010 年第 12 期。

113. 林斌：《中央银行最优干预下人民币汇率的决定：基于信号效应、资产流动效应和资产存货效应的动态分析》，《世界经济》2010 年第 8 期。

114. 刘金全、张小宇：《时变参数"泰勒规则"在我国货币政策操作中的实证研究》，《管理世界》2012 年第 7 期。

115. 李扬、张晓晶、常欣、汤铎铎、李成：《中国主权资产负债表及其风险评估（上）》，《经济研究》2012 年第 6 期。

116. 李扬、张晓晶、常欣、汤铎铎、李成：《中国主权资产负债表及其风险评估（下）》，《经济研究》2012 年第 7 期。

117. 路风、余永定：《"双顺差"、能力缺口与自主创新——转变经济发展方式的宏观和微观视野》，《中国社会科学》2012 年第 6 期。

118. 陆军、刘威、李伊珍：《开放经济下中国通货膨胀的价格传递效应研究》，《世界经济》2012 年第 3 期。

119. 吕冰洋：《财政扩张与供需失衡：孰为因？孰为果?》，《经济研究》2011 年第 3 期。

120. 吕健：《产业结构调整、结构性减速与经济增长分化》，《中国工业经济》2012 年第 9 期。

121. 马骏、张晓蓉、李治国等：《中国国家资产负债表研究》，社会科学文献出版社 2012 年版。

122. 马君潞、吴蕾、靳晓婷：《美国危机向亚洲新兴市场传染过程中的多米诺效应研究》，《世界经济》2012 年第 6 期。

123. 梅冬州、龚六堂：《新兴市场经济国家的汇率制度选择》，《经济研究》2011 年第 11 期。

124. 彭方平、连玉君：《我国货币政策的成本效应——来自公司层面的经验证据》，《管理世界》2010 年第 12 期。

125. 欧阳志刚、史焕平：《我国货币政策的非对称操作及其转换时机的选择》，《管理世界》2010 年第 11 期。

126. 欧阳志刚、史焕平：《后金融危机的货币供给过剩及其效应》，《经济研究》2011 年第 7 期。

127. 斯蒂格利茨等：《斯蒂格利茨报告：后危机时代的国际货币与金融体系改革》，新华出版社 2011 年版。

128. 孙华好、潘红宇：《操纵人民币汇率的可能与现实》，《世界经济》2010 年第 10 期。

129. 孙迎联：《经济滞胀风险及其宏观政策选择》，《财经科学》2011 年第 12 期。

130. 沈沛龙、樊欢：《基于可流动性资产负债表的我国政府债务风险研究》，《经济研究》2012 年第 2 期。

131. 唐翔：《人民币低估之谜：一个投入产出分析》，《经济研究》2012 年第 10 期。

132. 王道平、范小云：《现行的国际货币体系是否是全球经济失衡和金融危机的原因》，《世界经济》2011 年第 1 期。

133. 王文甫：《价格粘性、流动性约束与中国财政政策的宏观效应——动态新凯恩斯主义视角》，《管理世界》2010 年第 9 期。

134. 王文甫、王子成：《积极财政政策与净出口：挤入还是挤出——基于中国的经验与解释》，《管理世界》2012 年第 10 期。

135. 王晓明：《银行信贷与资产价格的顺周期关系研究》，《金融研究》2010 年第 3 期。

136. 王义中、何帆：《金融危机传导的资产负债表渠道》，《世界经济》2011 年第 3 期。

137. 吴化斌、许志伟、胡永刚、郡萍：《消息冲击下的财政政策及其宏观影响》，《管理世界》2011 年第 9 期。

138. 徐朝阳、林毅夫：《发展战略与经济增长》，《中国社会科学》2010 年第 3 期。

139. 徐建炜、徐奇渊、黄薇：《央行的官方干预能够影响实际汇率吗?》，《管理世界》2011 年第 2 期。

140. 徐奇渊：《人民币汇率对 CPI 的传递效应分析》，《管理世界》2012 年第 1 期。

141. 许志伟、薛鹤翔、车大为：《中国存货投资的周期性研究——基于采购经理人指数的动态视角》，《经济研究》2012 年第 8 期。

142. 杨长江、任栋：《人力资本结构演进与实际汇率变动》，《世界经济》2011 年第 2 期。

143. 姚余栋、谭海鸣：《央票利率可以作为货币政策的综合性指标》，《经济研究》2011 年第 2 期。

144. 殷剑峰：《美国居民低储蓄率之谜和美元的信用危机》，《金融评论》2009 年创刊号。

145. 袁富华：《长期增长过程的“结构性加速”与“结构性减速”：一种解释》，《经济研究》2012 年第 3 期。

146. 袁申国、陈平、刘兰凤：《汇率制度、金融加速器和经济波动》，《经济研究》2011 年第 1 期。

147. 张成思：《通货膨胀目标错配与管理研究》，《世界经济》2011 年第 11 期。

148. 张成思：《全球化与中国通货膨胀动态机制模型》，《经济研究》2012 年第 6 期。

149. 张平：《“结构性”减速下的中国宏观政策和制度机制选择》，《经济学动态》2012 年第 10 期。

150. 张屹山、孔灵柱：《基于权力范式的汇率决定研究》，《经济研究》2010 年第 3 期。

151. 张晓慧、纪志宏、李斌：《通货膨胀机理变化及政策应对》，《世界经济》2010 年第 3 期。

152. 张晓晶：《滞胀成因的重新审视与中国的滞胀风险》，《经济学动态》2011 年第 7 期。

153. 张晓晶：《增长放缓不是“狼来了”：中国未来增长前景展望》，《国际经济评论》2012 年第 4 期。

154. 张晓莉、刘启仁：《汇率弹性、货币篮设计与政策实效分析》，《经济研究》2011 年第 11 期。

155. 张雪兰、何德旭：《货币政策立场与银行风险承担——基于中国银行业的实证研究（2000—2010）》，《经济研究》2012 年第 5 期。

156. 郑挺国、刘金全：《区制转移形式的“泰勒规则”及其在中国货币政策中的应用》，《经济研究》2010 年第 3 期。

157. 中国经济增长前沿课题组：《中国经济长期增长路径、效率与潜在增长水平》，《经济研究》

2012 年第 11 期。

158. 中国经济增长与宏观稳定课题组：《全球失衡、金融危机与中国经济的复苏》，《经济研究》2009 年第 5 期。

159. 周炎、陈昆亭：《金融经济周期模型拟合中国经济的效果检验》，《管理世界》2012 年第 6 期。

（张晓晶　辛　超）

企业改革理论

一　学科概述

企业改革理论，是中国社会主义市场经济理论的有机组成部分。作为一个交叉学科组成的知识体系，企业改革理论，不仅关系社会主义基本经济制度这样的属于政治经济学[①]范畴的、具有高度抽象性的理论知识，还包括大量与微观经济学[②]、应用经济学、转型经济学或过渡经济学相关的、具有很强实践意义的经验性知识。企业改革理论，是为中国经济体制转型服务的理论，它对中国国有企业改革以及中国从计划经济体制向社会主义市场经济体制转型的整个实践历程，发挥着重要的理论指导作用。

到目前为止，企业改革理论，仍非一个成熟的知识体系，而是一个处于比较活跃的动态演化中的知识体系。[③] 在不同的历史阶段，企业改革理论对应各个时期有不同重要性的现实问题。改革开放初期的企业改革以搞活、搞好国有企业为中心，改革举措是放权让利和实施承包制。20 世纪 90 年代初，企业改革的重心转向了搞好整个国有经济，改革举措是实施国有经济部门的战略性调整，与之相对应，在微观层面，以建立现代企业制度为企业实践的主线，推动了中小企业改制和大中型企业重组上市的改革。进入 21 世纪以后，国有资产管理体制改革，成为企业改革理论的新的研究对象。经历了以上的三个实践与认

---

① 周冰（2004）指出："中国经济改革理论的发展，是与改革实践的互动，与政治存在着错综复杂的关系，是一个对传统社会主义理论逐步突破和不断扬弃的过程。"他还认为："在中国，经济改革理论基本上是在政治经济学的框架下发展起来的，因此属于理论经济学的范畴。但是与通常意义上的理论不同，改革理论并不是以解释世界为目的的实证性理论，而是以指导改革实践、服务于改革实践为己任的规范性理论。所谓经济学是'经世致用之学'、理论联系实际、理论为现实服务等说法，都反映了改革理论的这种性质。"

② 企业改革理论，不同于微观经济学中的企业理论。后者被喻为"新古典主义微观经济学的核心"（杨小凯，1993），又经科斯、威廉姆森、阿尔钦、德姆塞茨、哈特等人的努力，发展成为现代企业理论。钱颖一（1994）指出，人们通常所说的企业理论，是以自由市场经济的现实为基础的，精确地说，是私有财产下自由市场中的企业理论。而我们在此探讨的企业改革理论，是以"社会主义公有制企业为主要对象的企业理论"，它以国有企业为研究重点。（周立群，1999）。

③ 周立群（1999）指出，不断深化的企业改革实践，一直在为企业改革理论研究工作，提供宝贵且丰富的素材，使得理论探索得以不断地从一个"热点"转向另一个"热点"、从一个层次转向更深的层次。

罗仲伟（2009）认为："从改革的方法论意义上看，中国的渐进式改革是在逐步明确市场取向改革大方向的前提下，改革在战略层面以实践导向、问题导向的必然产物……形成了'认识—操作实践—理论总结—深化认识—再操作实践—完善理论总结'的经验主义循环路径……体现的是一种不断试错，逐渐逼迫的试着干、干中学的社会变革过程……今天看来，对国有企业改革的认识过程仍未结束。"

识发展阶段，企业改革理论初步形成了一个相对完整的以国有企业、国有经济部门和国有资产管理体制以及配套社会经济体制（包括各种社会经济制度和制度参与主体之间的作用关系）为研究对象①的知识体系。

在研究方法上，企业改革理论具有“三结合”的特点：一是微观视角与宏观视角相结合。尽管企业改革理论所针对的具体实践问题总是较多地聚焦于微观层次的企业经济问题，但对这些现实问题的研究，始终不能脱离诸如意识形态、社会对改革的认知观念和承受力之类的宏观层次的政治与社会文化背景因素。二是西方理论学说与中国特色实践相结合。一方面，积极引入西方经济学和管理学的理论观点，借鉴其他转轨经济国家的经验教训；另一方面，又充分立足本国国情，与有国情特色的企业实践结合。三是规范研究与实证研究相结合。企业改革理论既研究规范问题，回答应该如何推进和深化企业改革，是否应采用某种改革手段或方式，以及探讨最优的改革思路应该是怎样的，等等；也研究实证问题，对各种具体的改革实践活动进行解释和评价。

二　改革开放三十余年来企业改革理论发展概况

企业改革理论在中国的萌生和发展，可谓与改革开放同步。但由于人们所探讨的理论问题的连续性和反复性以及理论与实践之间的复杂交互关系，因此，我们很难对这一理论的三十余年的演进进行精确的阶段划分（周立群，1999）。以下尝试以“国有企业的性质”这一核心议题为线索，对企业改革理论的发展历程作简要回顾。在我们看来：80 年代的企业改革理论，使“企业应该是有经营自主权的独立企业法人”的观念得到了普及。90 年代的企业改革理论，使“企业应该是公司制股份制的现代企业”的观念得到了普及。而今，人们遇到了新的问题，那就是：到底什么性质的国有企业制度，才与中国特色的社会主义市场经济相适应？过去十年，理论界对该问题，始终没有形成必要共识，企业改革实践也因此而相对迷失方向。当前的多种理论主张混杂和交错的格局，正在为下一轮的企业改革积蓄着力量。

（一）20 世纪 80 年代：以“企业本位论”为旗帜的早期企业改革理论

改革开放之初经济体制中存在的最突出、最根本的问题是，作为社会主义经济的基本单位——企业不能发挥更大主动积极性（蒋一苇，1979）。针对这种经济体制的弊端，学者们达成了一个重要共识：中国经济体制改革，必须以企业为出发点和立足点，从企业改革入手。

企业改革理论的萌生，与改革开放初期围绕国有企业性质问题而展开的各种争论有关。当时，最有影响力的观点是蒋一苇的“企业本位论”。该理论认为，为社会主义企业

① 狭义地讲，企业改革理论就是国有企业改革理论，其核心议题是伴随中国经济体制转型，国有企业到底如何通过改革来适应和有效融入社会主义市场经济体系；广义地讲，企业改革理论的核心议题是，如何将计划经济条件下形成的、量大面广的以国有企业为主体的企业经济部门，改革和改造为适应中国经济体制转型要求的新型企业群体，在这层意义上，企业改革理论，不仅涉及国有企业的有关问题，还必然涉及其他所有制企业的发展以及不同所有制企业之间的关系的问题。我们在下文中，主要是从狭义角度作探讨。

"定性"，确定它的性质及其与社会主义国家的关系，这是关系到社会主义经济体制的根本问题。经济体制改革，就是用"企业本位论"替代"国家本位论"和"地方本位论"，将企业看作现代经济的基本单位和一个能动的有机体，尊重企业的独立性，允许企业具有各自的经济利益。

在以"企业本位论"为代表的早期企业改革理论指导下，80年代的企业改革经历了4个阶段（周叔莲，1989）：一是1979—1980年的扩权让利试点阶段；二是1981—1982年的经济责任制阶段；三是1983—1986年的利改税阶段；四是1987—1989年的企业承包经营责任制阶段。经历这一时期的企业改革，企业自主权在不同程度上扩大了。对此变化，周叔莲（1989）写道："日本经济学家小宫隆太郎1985年5月曾经说中国企业不是真正的企业，1987年9月又修正了自己的观点，认为中国开始有了企业，其实，他的观点的变化反映了我们改革进程中的变化，反映了中国企业正在由不是企业开始变为企业。"

（二）20世纪90年代："制度创新"论、"两权分离"论、"公司治理"论和"产权改革"论

20世纪80年代的企业改革，基本解决了企业自主经营权的合法性问题。进入90年代，企业改革理论与实践，进一步在确认市场化这一改革方向以及确认社会主义市场经济体制这一改革目标的框架下展开。这一时期，企业改革思路有重大变化，即不再沿袭承包制，转而以建立现代企业制度作为改革的方向（张卓元，1998）。相应地，企业改革理论的发展也是围绕与公司制股份制这类企业制度形式有关的问题而展开的，具体表现为"制度创新"论和与之相伴生的"两权分离"论、"公司治理"论、"产权改革"论等有代表性的观点。在实践层面，实质性的改革进展发生在90年代中后期。

"制度创新"论强调，企业改革，必须在企业制度方面进行创新，对传统的全民所有制进行彻底的改革，建立真正的企业法人制度（陈佳贵，1993）。经过80年代的改革，国有企业的性质，仍然是兼有生产、社会保障、社会福利和社会管理多种职能的"社区单位"（刘世锦，1995）。1993年11月，党的十四届三中全会明确提出，国有企业改革的方向是建立现代企业制度。以制度创新为改革方向意味着，要从根本上改变传统的国有企业制度形式。

一旦确定制度创新这个改革方向，随之而来的问题是，根据什么理论进行企业制度创新，这是一个有争议的问题。后来，为大多数人所接受的观点是，企业制度创新的理论基础应该是所有权和经营权的分离（陈佳贵，1993），也就是人们常说的"两权分离"论。[①] 1994年至1995年间跟随公司制而引入的公司治理理论（青木昌彦、银温泉，1994；银温泉，1994；卢昌崇，1994；詹小洪，1994；青木昌彦、张春霖，1994；吴敬琏，1995），也迅速流行起来。张维迎（1997）指出，国有企业改革的目的是建立有效的企业制度，而有效的企业制度即等同于"公司治理结构"。将公司治理结构改革问题看作国有企业改革的核心问题（何自力，1999），这就是"公司治理"论的观点。

---

① 陈清泰（2009）写道："在国有企业改革中，我们备感困惑的是：如果所有权与经营权不分离，政府作为社会管理者直接经营国有企业，那么市场经济体制就无法建立；而如果所有权与经营权分离，又如何防止经营者渎职或滥用权力？"

“产权改革”论，是又一种富有影响力的理论观点。追溯起来，“产权改革”论的出现，早于“制度创新”论。20世纪80年代，理论界就出现了承包制与股份制孰优孰劣的争论。早期的企业改革实践，唤起了经济主体明确的产权意识和对产权制度改革的强烈要求（四川省经济改革研究所产权制度改革课题组，1988）。但受当时的意识形态和历史条件因素所限，“产权改革”论，并没有成为一种主流性的认识。而“制度创新”论、“两权分离”论和“公司治理”论，被默认为与产权问题无关的企业改革理论[①]，其流行阻力相对较小。20世纪90年代中期，面对国有大中型企业改革进展缓慢的事实，“产权改革”论趋于活跃[②]，促成了国有经济战略性重组等改革举措的实施。2003年，党的十六届三中全会进一步肯定了股份制，提出建立健全现代产权制度。

（三）21世纪初：两轮争论与进展相对迟缓的企业改革理论

进入21世纪以后，企业改革问题的研究热度，呈现出下降态势。在很多人看来，在企业改革这个主题上，可研究的内容已非常有限了。2001—2003年，这三年的研究带有很强的“惯性”特征，主要在于进一步巩固20世纪90年代中后期达成的理论共识。2003年，国务院国有资产监督管理委员会（以下简称“国资委”）的成立，标志着新的国有资产管理体制建立，企业实践重心由此转向了加强国有资产运营监管的方向。2003—2012年，国有企业改革的基础理论研究明显趋于弱化，但这期间，仍然涌现出两个阶段性的小的研究浪潮。第一个小浪潮出现在2004—2006年，这段时期围绕国有企业改制、国有资产流失和加强国资监管的问题出现了激烈的讨论，随后又激发了对国有经济地位是否巩固的争论；第二个小浪潮是2008年底至今，这段时期“国进民退”之争以及与之伴生的国有经济和国有企业功能与作用的问题成为又一阶段性的研究热点。

第一轮的争论发生在2005年前后。先是有“郎顾之争”，然后，国有企业的改革实践，进一步触发人们去关注一个更具有争议性的话题，那就是：伴随改革的不断深化，国有经济及以之为代表的公有制经济的主导地位是否依然巩固？刘国光（2007）概括了对这个话题的三种认知：（1）仍然巩固；（2）开始动摇；（3）已经丧失。有偏激观点认为，从国家经济安全的角度考察，中国国有企业的地位与作用已经受到严重侵蚀。[③]

第二轮的争论发生在国际金融危机之后。这一时期，国有企业实践活动出现了新情况，触发了人们对另一个热点话题的大争论，那就是：国有企业发展壮大，是否抑制了民营企业的发展？对于这个问题的认识，大体上也有三种观点：（1）没有，两者是相互促进的；（2）在某些非战略性的、非公益性的领域，国有企业的积极活动，可能有抑制和挤出民营企业的迹象，但其性质好坏，难以一概而论；（3）有，这一现象日渐普遍化。较偏激的观点认为，国有企业正在成为人们所不愿意见到的“凌驾于其他企业之上的特

---

① 刘伟和平新乔（1988）指出，“两权分离”论的一个隐含假设是，企业改革不能动摇所有权，而忽视产权或所有权，是这种改革思路的根本缺陷。

② 周雪光（2005）写道：中国经济转型的过程即是一个重新界定所有权归属、变更产权制度的过程。产权理论这一学术思潮的出现与同时期世界范围内社会主义经济转型的历史背景不谋而合，恰逢其时地为这些转型经济的研究和讨论提供了话语框架和思路。

③ 江涌：《国有企业：经济危难时的可靠依托》中国经济安全吗·系列之七，《世界知识》2007年第23期。

权企业”，并造成了较为严重的社会经济后果。

回顾这两轮争论，人们不禁要去思考这样一个问题：国有企业改革，在短短几年间，为什么会给社会主流观念带来反差如此巨大的争论——前些年，还在担心国有经济会不会越来越弱小；这两年，又开始担心国有经济是不是过于强盛？笔者认为，之所以会出现上述的情况，其根本原因在于：过去十年间，面对国际国内政治经济运行环境中不确定性不断增加的新形势，进展相对迟缓的企业改革理论没能够适时为实践中出现的新问题提供有力的理论指导，当前，人们对国有企业的性质这个核心问题又出现了新的认知分歧。

国有企业的改革方向，取决于国有企业的性质，也取决于我国所处的经济发展阶段及未来发展前景（金碚，2001）①。学者们指出，国有企业的性质与定位，应该能够体现社会主义市场经济国家的属性，且能够与一个国家的经济发展阶段与任务相适应（陈佳贵，1999；吕政，2002；黄速建、余菁，2006）。但什么性质的国有企业制度，才会与中国特色的社会主义市场经济相适应？对于这个核心问题，理论界并没有给出有说服力的答案。对国有企业定位与性质的认识不够清晰，已经成为造成国有企业改革滞后的关键原因（白永秀、严汉平，2004）。自2008年以来，有多位研究者提出了“重新评估中国国有企业”“再来一次国企改革大讨论”“再来一次改革”以及与之类似的观点。②

三　过去三年间企业改革理论的前沿和重大热点问题

过去三年间，无论是以“国有企业”为关键词的文献数量，还是以“国有企业改革”为关键词的文献数量，都回落到低于1994年时的水平。研究工作低落，降低了新理论观点与方法产出的有效性。从已有文献资料看，这三年间的理论热点问题聚焦在两方面的现实问题上。一方面，是如何评价国有企业或国有经济的现状，这具体涉及：如何评价国有企业改革的进展情况？如何评价国有经济部门的效率？如何看待国有企业的数量或规模以及国有经济在国民经济的比重问题？如何看待国有企业的市场主体地位及其与民营经济的关系问题？另一方面，如何看待国有企业或国有经济的未来方向？这具体涉及：如何看待国有经济的性质、使命与国有企业的功能定位？如何看待国有企业制度与社会主义市场经济体制的兼容性问题？如何看待国有企业或国有经济规模的理想状态？

---

① 金碚认为，国有企业向何处去，如何确定下一步的改革目标？这一问题的解决，首先取决于对国有企业在国民经济中的地位的正确认识。

② 2008年7月，《麦肯锡季刊》中文网发表文章《重新评估中国国有企业》。2010年，《华尔街日报》发表《中国应再来一次国企改革大讨论》，该文指出：中国国有企业自我改革的动力已经不足。中国还需不需要大量国企？国企的定位是什么？改革的方向何在？是否应该继续推进产权私有化改革？应该重新讨论这些方向性问题。同样在2010年，盛洪的《国企需再来一次改革》也提出问题：清晰的国企定位如何实现？而新一轮的国企改革又该沿着怎样的路径进行？张文魁在《要重启有时间表的国企民营化改革》中直言：“未来几年，需要启动新一轮国有经济改革。新一轮国有经济改革，应该是目标明确有时间表的改革。这个目标就是，重启民营化，显著收缩国有经济战线，实现多数国有大公司大集团的股权多元化或法人整体上市。这个改革的时间表，应该以五年为限。”

表 1　针对企业改革若干重要议题的 4 类观点

主要议题	不同类型的观点			
	A 类观点	B 类观点	C 类观点	D 类观点
（一）如何评价国有企业或国有经济的现状？				
如何看待改革	改革走过头了	发展就是改革	改革有停滞迹象，应改革与发展并重	改革倒退了
国有部门效率	—	不低	难下结论	低
国有企业数量	太少，建议增加	反对减少	偏多但大体合理	太多，建议大幅减少
国有经济比重	太低	不高	相对均衡	太高
国有企业的市场主体地位或其与市场的关系	不认可国有企业的市场主体地位，认为其过度市场化了	已经是较成熟的和成功的市场主体了	仍然处在向着成熟市场主体方向发展的过程之中	违背竞争中性原则、凌驾市场之上的破坏性力量
与民营经济关系	—	承担了民营经济所无力担当的责任	竞争与合作的关系仍在形成与发展中	不公平竞争，挤压和挤出民营经济
（二）如何看待国有企业或国有经济的未来方向？				
国有企业的性质、使命与功能定位	是社会主义经济中的一般企业形式，它关系到社会主义基本经济制度	社会主义市场经济中的一种重要企业形式，与一般企业组织形式有区别	市场经济中的特殊企业组织形式；相关表述不明晰，但该问题极其重要	任何企业，都应该遵循市场经济中的一般企业形式
国有企业制度与社会主义市场经济体制的兼容性	不兼容	不成问题，必然兼容	会遇到矛盾与问题，需要在实践探索中寻找解决方案	不兼容
国有经济规模和结构的理想状态	发展壮大；向原有结构回归	发展壮大；基本上保持现有结构	有进有退；结构应动态优化	显著收缩

说明：表中“—”表示，该类观点对此问题予以忽视、不关注或不讨论。

表 1 尝试将人们围绕一些重要议题所形成的各种观点归纳总结为 4 种类型。一是抵制国有企业改革的观点，简记“A 类观点”。国际金融危机之后，这类观点的影响有衰退迹象。二是支持国有企业发展壮大立场的观点，简记“B 类观点”。[①] 这派观点以国资委及中国人

① 我们在此所做的分类中，A 类观点比较接近段晓光（2009）所说的“传统左派”；B 类观点比较接近他所说的“新左派”。参见段晓光《我国国有企业改革中一个值得注意的理论流派》，《理论学刊》2009 年第 9 期。

民大学、中国社会科学院一些学者为代表。2011 年以来，这派观点频频在主流媒体上表达。三是辩证对待国有企业改革与发展问题的观点，简记“C 类观点”。这类观点表现得不那么引人注目，但它较稳健、务实，强调实事求是，其理论探讨以解决好企业改革进程中遇到的各种现实问题为重。四是大力倡导改革、反对国有企业发展壮大的观点，简记“D 类观点”。这类观点以吴敬琏、张维迎、张文魁、天则经济研究所的一些学者等为代表。

（一）如何评价企业改革的现状

首先，是如何看待和评价企业改革的现状。A 类观点抵制企业改革，多年来，一直在批评企业改革的弊端与负面性，在其眼中，企业改革走过头了，必须高度警惕国有企业过度市场化的倾向。B 类观点对国有企业与国有经济的发展现状，表现出非常乐观和满意的态度。他们主张，不能光谈改革，发展，也是改革的重要途径。发展国有企业和改革国有企业之间，并不存在冲突。在很大程度上，国有企业发展了，改革任务就自然而然实现了。C 类观点对国有企业与国有经济的改革与发展现状的认识，相对冷静和客观。他们既看到了多年来国有企业改革所取得的进展和成就——看到了多年国有经济战略性调整的成效，看到了国有经济在国民经济中所起到的不可或缺的作用，但同时，也看到新时期、新形势下国有企业改革面临的、亟待解决的深层次问题及深化改革的迫切性。他们承认，近年来，改革有停滞迹象，改革国有企业与发展国有企业，这二者应并重。D 类观点从大力倡导改革的角度，对当前的企业改革现状予以批评。他们认为，改革已经停滞了，甚至是倒退了，应纠正国有企业改革走回头路的倾向。

其次，如何看待国有经济部门的效率以及当前国有企业的数量与比重的合理性。A 类观点习惯忽视对国有经济部门效率以及国有经济与其他所有制经济的关系等问题的讨论。这类观点认为，改革已经使国有企业数量减少太多和使国有经济比重降至很低的程度，应回到过去国有企业数量多和国有经济比重高的状态。B 类观点总是在为“国有经济部门效率不低”这个结论寻找证据，这类观点比较能够接受国有企业数量和国有经济比重的现状，他们支持国有企业或国有经济部门进一步发展壮大，反对减少国有企业数量和降低国有经济比重。C 类观点认为，国有经济部门的效率是一个复杂的、难以通过实证研究而得出绝对结论的议题。目前，国有企业数量偏多、国有经济比重偏高，但大体合理，在可接受的水平。而国有经济规模的未来理想状态，应该能够根据国家所确定的国有经济使命与国有企业功能定位，不断实现有进有退和动态优化。D 类观点鲜明地认定国有经济部门的低效率（天则经济研究所课题组，2011；吴延兵，2012）。[①] 他们认为，当前的国有企业数量仍然太多、国有经济比重仍然太高，应进一步大幅裁减它们。

最后，如何看待国有企业的市场主体地位及其与其他市场经济之间的关系。A 类观点始终不太认可国有企业的市场主体地位。他们从政治角度强调，经济活动一旦与社会主义

---

① 天则经济研究所课题组（2011）的研究表明，2001—2009 年，国有及国有控股工业企业平均的净资产收益率仅从 8.16% 提高到 8.18%，而同期非国有工业企业平均的净资产收益率从 12.9% 提高至 15.59%。该研究还指出，如果通过扣除国有企业在政府财政补贴、融资成本和土地及资源租金等方面享受的种种政策优惠，来测算企业的真实绩效，那么，2001—2009 年，国有及国有控股工业企业平均真实净资产收益率仅为 -1.47%。吴延兵（2012）认为，相对于民营企业而言，国有企业中存在着生产效率和创新效率的双重损失，而且创新效率损失大于生产效率损失。

国家政体性质息息相关时，就必须通过占绝对优势的、以国有企业为主体的公有制经济形式来得到保障。对市场化的改革方向及其他市场经济主体，这类观点往往持抵触和批评的态度。B类观点认为，企业改革已经比较成功地完成了对国有企业的市场经济主体角色与地位的改造。现在的国有企业，尤其是国有大企业对国民经济和社会发展的重大贡献①，承担了民营经济部门无力担当的责任。C类观点认为，企业改革仍处于过程中，国有企业也仍处在向着成熟市场主体方向发展的过程中，国有企业与其他市场经济主体之间的竞争与合作关系，也仍处于形成与发展的过程中。D类观点认为，国际金融危机之后，政府对微观经济活动的参与度迅速提高，在不公平竞争中，国有企业对私营企业产生了挤压和挤出的不利影响。这派观点，有些和国外针对中国国有经济部门的“国家资本主义”或“非竞争中性”的批评性观点是交织在一起的。②

（二）如何看待国有企业或国有经济的未来方向

首先，如何看待国有企业的性质。明确国有企业性质，这是主导企业改革方向的核心问题。A类观点，将国有企业看作社会主义经济体制中的一般企业形式。B类观点认为，国有企业是社会主义市场经济中的一种重要企业形式，不过，它与民营企业代表的一般企业组织形式，又有显著的区别。C类观点认为，国有企业，是市场经济中的特殊企业组织形式（金碚，1999、2000、2001；白永秀、严汉平，2004）。而且，这种特殊企业组织形

① 中国人民大学张宇（2011）认为：“当前我国市场结构所面临的主要问题不是垄断，而是企业规模相对较小，产业组织结构分散，国际竞争力低下，不能适应激烈的国际竞争的需要。因此，一些关键性行业集中度的提高和国有企业的做大做强，是面对全球竞争的挑战和维护国家经济安全的必要选择。在事关国家安全和国家经济命脉的战略性部门以及自然垄断行业，问题的关键不在于有没有垄断，而在于谁来垄断。一般来说，在这些特殊的部门和行业，由公有制企业经营要比私有制企业能更好地体现社会的利益和国家的战略。”参阅王敏《张宇：在市场竞争中巩固国企主导地位》，《中国企业报》2011年6月11日。

刘永佶（2012）指出，中国的私有企业只能被国际垄断资本控制，现在没有，将来也不会有与国际垄断资本财团抗衡的实力。中国作为一个独立自主的大国，只能靠国有企业支撑并主导。私有企业也只有在国有企业的庇护下才能生存和发展。只有在国有企业抵御外国垄断资本控制和冲击的条件下，中国的私有企业才能生存和发展，而不是依附于国际垄断资本。

② 2011年底，美中经济和安全审议委员会（USCC）举行了关于中国国有企业问题的听证会，并发布研究报告《关于中国国有企业和国家资本主义的分析》。同期，OECD也发布《竞争中性和国有企业：挑战与政策选择》。2012年1月21日，英国《经济学家》杂志刊发了“国家资本主义”特别报道，并组织了专题辩论。

张球和方兴起（2012）认为：“（其）政治图谋就是要消除中国特色社会主义的经济基础，即公有制经济，特别是国有企业……在这方面回应美国等发达国家的最佳方式，是在经济市场化改革过程中确立国企的市场主体地位。”仅从中国国有企业改革的历时过程看，国有企业的市场化运作水平和市场竞争能力呈现稳步提高的态势。正如荣兆梓（2012a）指出：“经过近30年的企业改革，国有经济在市场经济中低效率的现象已经改变，国有经济市场竞争力已经有了实质性的改善，具备了在与其他经济成分的平等竞争中生存和发展的能力。”魏峰和荣兆梓（2012）的研究重新审视了国有企业利润来源问题，他们认为，关于国有企业利润来源的传统观点强调了国有企业利润的垄断来源而忽略甚至否定了效率来源，但事实是，垄断和高效率并非严格互斥的，通过战略性调整，我国国有企业的经济效率得到了普遍的提高和改善。

式，和西方成熟市场经济条件下的国有企业那种特殊企业组织形式，在性质上，有极其重要的差异。① D类观点认为，任何企业，都应该遵循市场经济中的一般企业形式，否则，它就不具有企业的性质。

其次，如何看待国有企业制度与社会主义市场经济体制的兼容性。A类观点认为，国有企业制度和市场经济体制之间天然存在矛盾与冲突，而且，这种矛盾与冲突很难调和。但凡社会主义国家，就应该与纯粹的市场经济制度——或者说“资本主义”“私有制”的同义词，保持一定的距离。B类观点认为，国有企业制度与社会主义市场经济体制之间的兼容性，不构成问题。他们认为，国有企业必然能完全融入市场经济。他们将那些成功市场化的国有企业，视为“中国模式”“中国经验”“中国优势”的不可或缺的内容。C类观点认为，国有企业至少应该可以部分融入市场经济，但此融入过程，不可能一蹴而就，大量的现实问题，需要在持续的实践探索中寻找有效的解决方案。② 市场化改革，正使国有企业具备越来越多的、与一般市场主体相近的特征，但与此同时，在这个变化过程中，有中国国情特色的国有企业制度与市场经济制度之间，时不时暴露出各种内在冲突。有些问题，同西方发达国家的大企业遇到的问题是相似的，但它们也不一定解决好了。应对这些问题，不可能将所有的国有企业一卖了之③，也没有可以照抄照搬的现成的解决方案，必须在坚持社会主义基本经济制度的前提下，继续深化改革，通过自主探索式的制度创新，来化解实践层面的各种矛盾与问题。C类观点认识到，现阶段，国有经济使命与国有企业功能定位问题的重要性与日突出，但这个问题，并没有得到比较系统的关注和考虑。D类观点认为，市场经济制度和国有企业制度是不相容的，后者是干扰公平市场竞争的负面力量。除了在极少数市场经济失效的领域不得不设立外，国有企业必然是低效的、浪费的。有观点甚至认为，国有企业的大量存在，是向市场经济过渡的主要障碍，只有彻底推进私有化或大规模的民营化，才能建立起真正的市场经济体制。④

---

① 邵传林（2011）指出：在资本主义社会，国有企业并不是一种一般的企业形式而是一种非常特殊的组织。与资本主义社会相比，处在社会主义市场经济初期阶段的国家更需要较高比例和更广范围的国有经济。中国国有企业与资本主义国有企业在性质上存在根本性差异。参见邵传林《国有企业性质的比较制度分析》，《经济学动态》2011年第9期。

② 2011年6、7月间，《中国企业报》组织了“国企改革与发展”的系列报道，其中，《国企改革的历史方位与现实难题》一文写道：“国有企业改革已进入了深水期，正处于攻坚破难的关键阶段……我们遇到的是社会主义公有制如何才能真正地与市场经济相统一，这是个开拓性的世界难题。把社会主义基本制度与市场经济有机结合起来，是中国经济改革的实质所在、特色所在、经验所在，也是难点所在。社会主义和市场经济的兼容性，关键在于市场经济能否与社会主义公有制的主要形式国有企业相容，只有在实践中解决了这一历史性难题，才能使社会主义市场经济体制最终确立起来。”参见李锦、田晶《国企改革的历史方位与现实难题》，《中国企业报》2011年6月14日。

③ 荣兆梓（2012a）指出：“国有经济乃至公有制经济在市场竞争中比重持续下降的经济动因不复存在，与此相应，运用各种企业改革政策加速这一市场过程的理由也不复存在。国有经济的相对比例已经接近宏观经济有效率的均衡点，国有经济的大规模数量调整时期已经结束，更加深入的质量提升时期由此开始。这是一个明确的标志：中国所有制结构的大规模变动已经接近尾声。改革将进入不同经济成分在平等竞争中相互促进、进退交替的新阶段。”史正富和刘昶（2012）也认为，现代企业产权的社会化趋势决定了，私有化不是解决国有企业改革问题的有效途径。

④ 有代表性的言论如张维迎：“基于中国改革的经验以及作者过去的研究……国有制与市场经济是不相容的；企业的竞争行为不可能独立于所有权结构。”

最后，是国有经济规模与结构的理想状态。A类观点认为，国有经济部门宜增不宜减，必须发展壮大，向涉足领域更宽泛的结构回归。B类观点与A类观点相接近，有代表性的观点是："理直气壮地发展壮大国有经济"，他们基本认可国有经济的现有结构，旗帜鲜明地反对国有经济完全退出竞争性行业和领域（程恩富、鄢杰，2012）。C类观点不支持私有化必然可取（斯蒂格利茨，2011）[①]，但他们认为，国有经济结构需要进一步动态优化[②]。针对国有经济部门的结构分化特征，C类观点倡导，对不同类型的国有企业实施分类监管。[③] D类观点认为，国有经济比重太高，主张重启或继续市场化、民营化，乃至私有化改革。[④]

四 该学科的进一步发展趋势

改革开放三十多年来，企业改革理论发展的重中之重，始终是阐述清楚国有企业的性质与定位问题。这个核心问题解决好了，企业改革的方向和路径自然清晰了。进入21世纪以来，企业改革实践，越来越迫切地要求理论研究者清楚地回答，到底什么是体现中国国情特色的、适应社会主义市场经济体制要求的国有企业制度。

对于上述问题，已经有两个重要的理论基础（黄群慧、余菁，2013）：第一，国有企业，是一种有特殊使命的企业制度形式。理解国有企业的性质，既应该积极汲取公司制股份制中的思想有益成分，又不应该脱离国有企业的特殊使命属性。第二，针对中国国有企业性质和定位的特性，在实践中，需要对国有企业实施分类监管。在我们看来，未来的企业改革理论与实践工作，应建立在以上两个理论基础上。一旦国有企业性质与定位问题论述清楚了，新一轮的国有经济战略性重组和国有资产管理体制的改革，才有可能水到

---

① B类和C类观点都反对将私有化作为国有企业改革出路的观点。张学勇和宋雪楠（2012）对国外私有化和国有化的研究综述表明，在有关问题上，尚且缺乏一致性结论。

② 荣兆梓（2012）指出：不同所有制形式的企业，可以在动态的市场环境下探索自己有效的（企业制度）实现形式。企业改革就是寻找多种经济形式优化结构合理布局的均衡点的一个制度演化过程。不同经济成分的动态均衡点究竟在哪里，即一个与宏观经济的总体效率相适应的所有制结构，包括国有经济的适当比重究竟是怎样的，没有现成的答案。他用上述观点，以区别于所谓的"国有经济自然淘汰论"，即：市场化改革的过程，就是国有企业有组织地退却，再退却，直至最终被私有制经济完全取代的过程。

③ 20世纪90年代末，以杨瑞龙为代表的学者就提出，国有企业应该实施分类监管。近年来，分类监管的论调，又有所流行。国资委副主任邵宁数次提到两分类的思路，也有一些学者论述了更为具体的分类思路。这些分类思路，除"两分法"，即竞争型和功能型两大类，或营利性和公益性/垄断性两大类（刘纪鹏、赵晓丹，2013），还有"三分法"（黄群慧、余菁，2013；李南山，2013；上海资本营运研究院，2013）。

④ 2011年底、2012年初，世界银行和国务院发展研究中心共同发布报告，预测中国国有经济的比重在2030年将降到10%。在2012年3月中旬国务院发展研究中心主办召开的"中国发展高层论坛2012"年会上，张维迎发言指出："国有企业已经成为未来中国进一步成长的一个最主要的障碍之一。未来，我希望在5—10年内国有企业的比重应该占到10%左右。"张文魁在《国企民营化》中指出：国有部门是低效部门，绝大部分的国有企业应该走民营化的道路。他在之前发表的《要重启有时间表的国企民营化改革》中写道，"新一轮国有经济改革，应该是目标明确有时间表的改革。这个目标就是，重启民营化，显著收缩国有经济战线……这个改革的时间表，应该以五年为限"。

渠成。

参考文献与学科年度重要文献

1. 蒋一苇：《企业本位论》，《中国社会科学》1980 年第 1 期。

2. 周叔莲：《我国企业改革的历史回顾》，《当代经济科学》1989 年第 1 期。

3. 陈佳贵：《论企业制度创新》，《经济体制改革》1993 年第 3 期。

4. 杨瑞龙等：《国有企业的分类改革战略》，《教学与研究》1998 年第 2 期。

5. 张卓元：《中国经济体制改革的总体回顾与展望》，《经济研究》1998 年第 3 期。

6. 周立群：《中国国有企业改革理论的演进与发展》，《南开学报》1999 年第 2 期。

7. 金碚：《国有企业的历史地位和改革方向》，《中国工业经济》2001 年第 2 期。

8. 吕政：《对深化国有企业改革的再认识》，《中国工业经济》2002 年第 10 期。

9. 黄速建、余菁：《国有企业的性质、目标与社会责任》，《中国工业经济》2006 年第 2 期。

10. 刘国光：《党的十七大重申坚持和完善基本经济制度的意义》，《经济学动态》2008 年第 1 期。

11. 罗仲伟：《中国国有企业改革：方法论和策略》，《中国工业经济》2009 年第 1 期。

12. 段晓光：《我国国有企业改革中一个值得注意的理论流派》，《理论学刊》2009 年第 9 期。

13. 天则经济研究所课题组：《国有企业的性质、表现与改革》，（http：//www. unirule. org. cn，2011 年 4 月 12 日）。

14. 邵宁：《“十二五”国企改革改什么?》，《企业观察家》2011 年第 5 期。

15. ［美］约瑟夫·E. 斯蒂格利茨：《私有化更有效率吗?》，《经济理论与经济管理》2011 年第 10 期。

16. 吴延兵：《国有企业双重效率损失研究》，《经济研究》2012 年第 3 期。

17. 荣兆梓：《国有企业改革：成就与问题》，《经济学家》2012 年第 4 期。

18. 黄群慧、余菁：《新时期的新思路：国有企业分类改革与治理》，《中国社会科学院工业经济研究所研究报告》2013 年第 1 期。

（余　菁　王　欣）

城市土地经济学

一　学科概述

作为一门应用经济学，城市土地经济学是阐述围绕城市土地这一生产要素而产生的经济问题的要素经济学。它的研究对象是城市土地领域中的生产力运行与生产关系运行及其相互关系。在国标《学科分类与代码》（GB/T 13745—92 和新版 GB/T 13745—2009）中，城市土地经济学是一级学科“经济学”之下二级学科“城市经济学”下面的三级学科。

学术史上，土地在古典经济理论中占有重要地位，萨伊、劳德戴尔先后提出的劳动、土地、资本三要素划分法是19世纪经济学文献的标准。理查德·伊利是公认的土地经济学之父、美国乃至世界房地产学术研究的鼻祖。在1916年美国经济学年会上，伊利作“作为经济学概念和研究领域的地产”的演讲，提出了土地经济学的范围和框架。1920年，伊利在美国威斯康星大学成立了土地经济学研究所，并从1922年起开设“城市土地”课程。1925年伊利与其研究所总部、学刊一同转到西北大学，在土地经济学概论教学上开设“城市土地经济学”的高级课程和研讨课，房地产的课程也涵盖城市土地经济学和城市土地问题、城市土地研讨课等。在伊利的指导下，1928年 Dorau 和 Hinman 著的《城市土地经济学》（*Urban Land Economics*）作为“土地经济学丛书”中的一本出版，使城市土地经济问题的研究进一步系统化。1949年，瑞特克勒夫出版了《城市土地经济学》一书，标志着城市土地经济学体系的最终形成。

中国的城市土地经济学研究在改革开放前后发生了巨大的转折。1949年之前，中国城市土地经济学的研究处于或至少紧跟国际学术前沿，不少大学、研究机构和地政培训机关都投入有关城市土地经济的研究，出版书刊、学报，组织专业学会、学社，开设相关课程，并创设科、组、系以及地政专修科、地政系、地政学院等。[①] 1949年以后，城市土地租赁、买卖、抵押等经济活动几乎完全消失，中国城市土地经济学术研究进入了停滞乃至倒退、消失的阶段。改革开放后，应对兴办中外合资企业、企业改制中的用地问题，中国开始推行土地使用制度改革，城市土地经济学术研究也逐渐复苏，从无到有地、从弱到强地发展了起来。据周诚教授总结，改革开放以来城市土地经济学学术研究的重点及其基本成就主要有：“（1）在土地价值问题的研究上，形成了土地无价值论、土地全价值论和土地价值二元论等三个派别，其探索的广度和深度都已大大超过前人；（2）关于地租、地价问题的研究，涉及绝对地租、级差地租的具体表现形式及其量化问题，其深度是空前的，而且与土地估价的理论、方法相结合，具有较高的社会价值；（3）关于土地有偿使

---

① 有关民国时期中国城市土地经济学的发展历史，可参见张清勇《中国土地经济学的兴起：1925—1949年》，商务印书馆2013年版。

用制的研究，应用了地租、地价理论研究成果，探索了具有灵活性的举措，有力地促进了国有土地使用制的改革；(4) 关于土地产权与土地管理体制的研究，对于完善土地管理体制起了重要的作用;”(5)“制度经济学、产权经济学原理在城市土地经济学中的应用方面，成就显著。”①

二 2010—2012 年城市土地经济学的理论前沿和重大热点问题

(一) 城市土地市场运行问题

关于土地市场化水平，钱忠好、牟燕 (2012) 采用加权平均法对 2003—2008 年中国土地市场化水平进行了测度，并运用变异系数和泰尔指数分析土地市场化水平差异化的原因，发现中国土地市场化综合水平不高且呈现下降趋势。关于土地市场有效性，邹秀清、黄砺 (2012) 利用 1998 年第 1 季度至 2011 年第 3 季度全国土地交易价格指数中的综合地价指数数据，对城市土地市场的弱式有效性进行实证检验，得出目前城市土地市场尚未达到弱式有效的结论。关于土地市场发育成熟度，侯为义等 (2012) 应用 2003—2007 年 31 省 (市) 数据，测算了东、中、西部土地市场的发育成熟度，发现土地市场发育程度存在显著的区域梯度差异，东部土地市场发育成熟度远远高于中部和西部。此外，有学者基于实地调查研究土地市场微观主体的行为，如张红霞等 (2012) 利用武汉、南京、广州的开发商行贿数据，发现开发商行贿是在“供给”和“需求”两种力量的推动下进行的，具有不得已而为之的被动性，且行贿具有区域集聚性和区域差异性。同时，土地市场的宏观调控仍然是学者们感兴趣的主题。张红霞 (2012) 发现 2000—2008 年武汉市加大了供给调控的作用范围和强度，显著影响了市场结构和市场运行；提升了价格调控的作用空间，促使地价、房价向理性回归。

(二) 城市土地供给与需求问题

关于土地供给，张宇等 (2012) 发现当前土地供应制度困境表现在制度缺失、制度冲突和制度虚置三个方面，认为摆脱制度困境除了需要优化和改进直接相关制度外，还应调整间接相关制度，形成制度实施合力，发挥整体效用。汪冲 (2012) 构建了经济性评价指标，发现 2003—2008 年 282 个地级及以上城市中 90% 土地供应规模过低并由此造成经济低效率，而少数大城市又存在明显的规模报酬递减；协议供应的规模经济性程度相对高于“招挂拍”供应，城市土地供应仍然存在明显的范围不经济现象。高明媚等 (2012) 构建了工业用地供给制度绩效的评价指标体系，发现江宁区工业用地供给的社会监管效用水平很高，经济效用一般，结构配置效用较低。Peng 和 Thibodeau (2012) 利用 2001—2008 年成都等 7 个城市 2008 宗土地交易和 3469 份住房交易数据，检验 2004 年“8·31 大限”以来政府直接控制城市土地供应对于住房用地市场效率的影响，发现住房价格在 2004 年前后均决定土地价格，但是影响程度从 2004 年第 3 季度以后显著变弱，认为政府直接控制土地供应后，土地市场效率下降了。Qu 和 Liu (2012) 利用 2003—2010 年北京

---

① 周诚：《20 世纪中国土地经济学术研究纵览》(代序言)，载毕宝德主编《土地经济学》，中国人民大学出版社 2005 年版，第 1—8 页。

的土地出让数据，比较拍卖和非拍卖方式对于出让价格的影响，拍卖方式会导致更高的出让价格，而且竞拍者的类型显著影响拍卖溢价率。杨璐璐（2012）呈现学术界对土地供给制度认识的差异性，并梳理政策脉络和基本法律框架，发现学界对土地供给制度没有统一的定义，缺乏对土地供给制度的系统研究。

对于土地需求的研究相对较少。陈凤桂等（2012）分析1996—2007年广东省建设用地的变化特征、影响因子以及驱动机制，发现可以将影响因子归纳成人口与经济因子和产业结构因子等2个因子，各因子对建设用地需求的影响作用大小存在差异。在有关土地需求的研究中，学者们对工业用地及其需求的研究较为关注。俞志英（2012）依据1996年DiPasquale-Wheaton的区域经济增长三部门模型，发现上海第二产业产出增加和第二产业劳动力供给增加都会推动工业用地需求增加，并且第二产业产出增加是工业用地需求增加的主要原因；满足工业用地需求的有效供给是第二产业发展必须付出的资源支撑，应当以产出效益为核心用好增量、优化存量工业用地。

（三）城市土地价格问题

土地价格水平的决定及其波动规律是关于土地市场的一个研究重点。关于地价的变动特征，曹天邦等（2012）采用南京市主城区的地价动态监测数据，发现经济形势、房地产市场变动等对地价时间上的演变影响显著，地价空间演变主要受区位、交通、城市规划、公用设施状况和环境条件等的影响。黄砺、王佑辉（2012）借助HP滤波法、ARCH类模型分析，发现住宅地价增长率波动的周期性特征非常明显且波动幅度日益加强，住宅地价增长率具有显著的集簇性，没有高风险高回报的特征，并具有与股票市场恰好相反的杠杆效应。赵奉军、王先柱（2012）通过X－12程序分离出不同类型用地交易价格的季节因子，表明工业用地价格与住宅和商业用地价格表现出不同的季节变动模式，流动性的季节性和住宅价格指数的季节性是土地交易价格季节性的Granger因。

关于地价的影响因素，韩冬、柴树懋（2012）基于2002—2007年27个城市的数据，发现城市公共设施和环境质量的改善对城市土地价格具有显著的正面影响；市场化水平的提高，增强了公共设施对城市土地价格的正面影响。公云龙等（2012）认为金融发展水平对城市地价具有显著影响，商业和住宅地价主要受金融发展总量规模的影响，金融结构优化的影响尚未显现；宽松的信贷政策、充足的货币供应为地价上涨提供了支撑。张静等（2012）探究江苏省城市住宅地价影响因素的空间变异特征，发现距中心城市距离与住宅地价负相关，GDP、城镇化率、对外交通状况、从业人口数量等对住宅地价的贡献为正。夏波等（2012）利用2003年以来重庆市3343条土地出让记录数据，发现城乡统筹改革对土地价格的上涨起到了一定的抑制作用，同时城乡统筹改革后经济因素、人口密度因素以及产业结构因素对地价的敏感性增强。何鑫、朱宏泉（2012）发现货币供应量对各类地价存在显著影响，建议通过稳健的货币政策控制地价上升，同时加强地价与房地产市场的联动监控，控制由地价上涨引起的住房投机性需求。

此外，工业用地价格问题开始得到关注。曹子剑等（2012）比较中日两国的工业地价，发现中国工业地价水平都明显低于日本，与两国目前所处的工业化阶段和采取的产业发展策略密切相关；在吸引国际投资方面，中国现阶段工业用地价格的比较优势仍然明显，“低价引资”策略具有一定的时效性和合理性；但是，在国内社会发展、制度变革和国际无障碍竞争、反补贴的双重压力下，低价策略难以持续。王家庭等（2012）发现产业集聚对工业地价有显著影响，土地供给在2006年工业用地制度改革之后对工业地价才有显著影响，外资的影响则不显著。

（四）土地与住房市场的关系

邵挺、袁志刚（2010）的实证研究发现，地方公共品提供水平的高低对住宅价格有着显著的影响，住宅供地面积的增加会显著地降低地方公共品供给对房价的资本化速度，提出为了抑制大中型城市的住宅价格过快上涨，一方面需要尽快实现全国基本公共品服务提供的均等化，另一方面还要大量增加大中型城市的住宅供地规模。张娟锋、刘洪玉（2010）建立住宅与土地市场的联立方程模型以解释住宅、土地价格的城市间差异，利用OLS和2SLS估计住宅与土地价格方程，发现住宅与土地市场是互动影响的关联资产市场，住宅与土地价格存在联立性，人口数量、财富水平、建筑成本、住宅预期收益和土地市场化程度是造成城市间住宅、土地价格差异的决定因素，而平均工资与城市宜人性的影响并不显著。

丰雷等（2011）也表明，中国的土地供应管制对住宅价格水平及波动有显著影响，而当土地供应管制加强时，投机因素对房价波动的影响更大；2003年下半年以来“从严从紧”的紧缩供地政策，通过预期效应作用于投机行为，进而传导给住宅市场。黄静、王洪卫（2012）则发现土地“招拍挂”制度的实施使得住房市场和土地市场的联动性加强，土地价格更能反映和体现房价信息，市场更具有效性；土地“招拍挂”制度并不是房价上涨的主要原因，开发商敢于高价拿地，关键在于开发商对未来房地产市场的高预期。朱媛玲等（2012）分析认为土地供给信息是影响住宅市场价格的重要因素且东中西各区域的影响程度不同，东部地区住宅市场价格对土地供给信息的敏感程度较高，中西部地区相对较低。张娟锋等（2012）利用35个大中城市的宏观数据和杭州286宗住宅用地微观数据，发现土地供给对住房供给在长期内（1—2年）有显著影响，短期内（1年以内）没有影响；而土地供给对住房价格在长期与短期内都有影响。

关于土地财政对房价的影响，中国经济增长前沿课题组（2011）指出，进入21世纪后，土地要素被重估，直接成就了政府的“土地财政”，扩张了公共基础设施的投资，推动了土地城市化和区域经济增长；但土地的供给特性和跨期分配效应导致了宏观风险增加，房地产价格上升过快，阻碍了人口城市化，去工业化特征明显。周彬、杜两省（2010）通过构造一般均衡模型，发现“土地财政”必然推动房价持续上涨，其格兰杰因果检验发现地价在5个季度内都对房价变化有解释能力，联立方程模型估计发现地价对房地产价格和成交量具有明显的影响。郑思齐、师展（2011）的实证研究表明，在控制其他因素的情况下，越依赖“土地财政”的城市，以及通过低价出让工业用地进行招商引资力度越强的城市，居住用地供给的受限程度越高，居住用地价格上涨的压力也越大。相反，王斌、高波（2011）则发现土地财政没有推高房价，反而对房价上涨产生抑制作用。

（五）城市土地利用问题

王小鲁（2010）指出市场调节下的大城市合理发展有利于提高经济效益和资源合理利用，尤其是节约土地资源。城市规模过小，缺乏规模经济性，也导致了生产要素使用效率不高、土地资源浪费和过多占用等问题。豆建民、汪增洋（2010）实证分析经济集聚和产业结构等因素对城市土地产出率的影响，发现资本密度是影响城市土地产出率最重要的因素，资本对劳动的替代性造成就业密度对城市土地产出率的贡献很小，甚至为负。陆铭（2011）研究地理与城市土地利用效率的关系，发现总体上中国城市土地利用效率，随到大港口（香港、上海和天津）的距离越远，负面作用越大——在距离大港口450公里以内的范围，城市建成区面积的扩张促进土地利用效率的提高，而在更远的内地，城市建成区面积的扩张有降低平均土地利用效率的作用。他认为放松政策管制、实现建设用地使用权的跨区域再配置，能够为中国经济的下一轮增长提供新的动力。张莉、徐现祥（2011）利用广东地级城市的面板数据，发现土地利用效率与其人口集聚程度正相关，土地利用效率在距大城市约300公里以内随距离的增加而下降，下降幅度超过50%，认为让人口在土地利用效率高的地方集聚，既可能缩小地方间的差距，也可能为经济发展注入新的动力。

王家庭、张俊韬（2010）对1999—2008年我国35个大中城市蔓延现象进行了测度和聚类分析，发现我国大多数城市空间结构具有明显的低密度扩张趋势，城市蔓延现象表现出明显的区域特性，东部地区城市蔓延程度最高，中部地区次之，西部地区相对较低。叶剑平等（2011）利用生产函数和空间面板数据剥离土地要素对中国经济增长的贡献，发现1989—2009年、1992—2000年、2001—2009年全国土地要素贡献率分别是19.31%、13.93%和26.07%。刘涛、曹广忠（2011）关于中国626个城市的实证研究发现：城市人口和产业规模的增长显著地提高了对城市土地的需求，第二、三产业的影响程度因城市发展阶段而异；经济发展水平和城镇化模式对城市用地规模的影响并不显著；中央政府的建设用地指标分配制度改变了城市的等级结构，却很难对城市用地扩张产生实质性约束；地方政府缺乏土地储备的激励，大量的开发区用地被迅速投入市场，造成了城市土地的粗放利用；土地资源的稀缺性提高了土地供给成本，交通区位劣势降低了土地需求，限制了城市用地的无序扩张；宏观经济区位的劣势并未有效地限制城市用地规模，反而促进了城市政府低价甚至负地价出让土地，造成了大量土地的闲置和粗放利用。

（六）政府的用地行为问题

王媛、贾生华（2012）从实物期权理论视角研究地方政府土地供应决策，采用2008—2010年杭州市243宗地块样本，考察了土地供应时机的影响因素，发现市场不确定性提高1个标准差将使得土地供应的可能性降低42%，认为地方政府供地行为符合实物期权规律，也为地方政府供地决策具有收入最大化倾向的论断提供了证据。Zhang（2012）考察地方政府采用土地储备制度的影响因素，设置了地方经济发展变量、省级压力变量、财政依赖变量、政治依赖变量、同级压力变量、专家理论化变量，发现所有的自变量都对土地储备制度的采用产生影响，经济变量中人均GDP和工业化率在初期具有正面影响，但这种影响逐步降低，其他制度和社会变量变得更加重要。黄少安等（2012）指出，政府要获得高房价、从而推动房地产发展所产生的“租”，就必须牺牲来自于其他行业的“税”，形成“租税替代”机制，并使用工业企业调查数据进行了检验。

土地财政问题得到了较多关注。周飞舟（2010）以西部某一个城市的某区为例，从对该区的税收和财政情况的分析发现，土地征用、开发和出让及其带动的建筑业和房地产业的兴盛是城市扩张的核心内容，并构成了地方政府财政收入的最重要支柱，因而大兴土木现象的背后是政府的土地财政，但土地财政并不会必然地促进地方政府将收入大量用于公共服务。罗必良（2010）认为分税制导致了地方财政收入和支出间的巨大缺口，这种财政压力引发了地方政府的工业化与城市化冲动，形成普遍的“占地竞赛”，使得获取“土地财政”成为政府的普遍“偏好”。吴群、李永乐（2010）认为中国地方政府倾向于选择土地财政的一个根源是1994年分税制改革后财权和事权的不匹配，实证检验发现中国式的分权体制激励了地方政府用“扭曲之手”来攫取预算外财政收益，而地方竞争体制进一步驱动了地方政府采取积极的土地财政策略。杨圆圆（2010）对全国各地区土地财政规模进行了大致估算，对土地财政的影响因素进行了定量分析，表明各地对土地财政的依赖与经济发展水平、城市化进程、地区竞争程度、腐败情况、财政信息披露程度等因素有很大关系，其中腐败和财政信息披露的影响更为重要。张莉等（2011）在理论上证明了地方政府官员出让土地的“土地财政”和“土地引资”动机同时存在，在实证上发现地方政府官员热衷于出让土地是源于“土地引资”，而非“土地财政”。卢洪友等（2011）分析了现行财政分权与地方政府“土地财政”的内在关系，并进一步检验了地方政府实施土地财政行为的根源，发现地方政府依赖土地财政的根源主要不是财政分权制度下的政治晋升激励，而是基层政府财政困难的无奈之举。

（七）土地制度与政策问题

刘守英（2012）则认为权利二元、政府垄断、非市场配置和管经合一的土地管理体制，为地方政府经营土地财政创造了条件，必须改革以地谋发展模式，包括推动以产权为基础的市场配置方式改革，完成土地财政转型，完善与现代社会相适应的财产税制度，建立公平、共享的增值收益分配制度，建立服务现代社会管理的统一登记制度等。杨刚强等（2012）从土地要素供给、土地资产价格、土地金融三个方面构建了土地政策差别化调控区域协调发展的传导路径，认为差别化土地政策有利于提高土地资源的空间配置效率，需要进一步完善土地政策调控工具，加强土地政策与财政、金融等区域政策的配套协调等。

谭梦等（2012）分析土地督察对土地出让市场化的作用效果，发现土地督察对土地市场化具有显著作用，例行督察比专项督察的效果更优；由于实行专项督察，2007年和2008年被督察区域土地出让市场的市场化程度提高了5.71%；2008年由于实行了土地例行督察，被督察区域比未实行督察时期提高了17.39%。彭佳雯等（2012）应用2003—2009年省级面板数据，定量评价了土地督察的减少国有土地收益流失效果，发现土地督察制度的实施对于减少国有土地收益流失产生了显著影响。赵雲泰等（2012）评估土地督察对土地市场化的影响，发现土地督察对土地市场化的发展有积极的促进作用。

三　中国城市土地经济研究今后发展方向估计

改革开放以来，中国城市土地经济研究从无到有、从弱到强发展了起来。促使该学科发展的动力源主要有两个，一个是中国经济体制改革中与城市土地相关的改革内容对理论界提出的挑战，另一个是国外城市土地经济学界的研究成果、研究方法的引介和推广。

今后的改革实践还将继续为城市土地经济研究提供研究话题，要求城市土地经济学界给出解释。例如，“房产税”从2011年1月起在上海和重庆试点，近期可能会扩大试点，该税的实施会对土地价格、土地利用造成什么影响，将是下一阶段应该深入研究的问题。

另外，土地价格是土地市场的核心指标，但以往对中国土地价格水平及其波动的研究较少，一方面可能是由于缺乏理论基础，更重要的可能是由于缺乏数据。2012年此类问题的定量研究已经开始，在未来房地产市场回暖态势、房价趋向反弹的大背景下，地价问题的研究将会是一个热点。将地方政府行为纳入研究的分析框架，实证研究地方政府行为对地价的影响，将增加我们对于中国地价波动的认识。

近年来政府在努力设计和推动差别化供地政策。在土地市场和制度领域，数量最多的可能就是有关“土地管理”的论文，但遗憾的是，这类论文往往是定性的、描述性的甚至重复性的。中央已多次提到“差别化土地管理”，并已有国家级、省部级的相关课题立项，可以预计该问题将会是未来的一个研究热点。

还有一个重要研究方向是对土地用途进行区分。以往的研究几乎都只是笼统地研究土地，而未具体区分不同的土地用途，忽略了不同用途土地定价机制、出让制度的差异。2012 年已有多篇论文专门探讨工业用地的供给、需求和价格问题，是一个喜人的现象。区分土地用途，按住宅、商业、工业等用途，分别细化研究，或探讨不同用途土地之间价格的相互影响，或与地方政府的土地经营行为结合起来，将是推进下一步研究的重要方向。

参考文献与学科年度重要文献

1. 曹天邦、黄克龙、李剑波、王亚华：《南京市主城区住宅地价的时空演变》，《地理研究》2012 年第 6 期。

2. 曹子剑、赵松、徐更新：《中日两国工业地价比较研究》，《中国房地产》2012 年第 18 期。

3. 陈凤桂、张虹鸥、陈伟莲：《广东省建设用地需求影响因子及驱动机制研究》，《国土与自然资源研究》2012 年第 1 期。

4. 豆建民、汪增洋：《经济集聚、产业结构与城市土地产出率——基于我国 234 个地级城市 1999—2006 年面板数据的实证研究》，《财经研究》2010 年第 10 期。

5. 丰雷、苗田、蒋妍：《中国土地供应管制对住宅价格波动的影响》，《经济理论与经济管理》2011 年第 2 期。

6. 高明媚、唐焱、孙春阳：《工业用地供给制度绩效评价研究——以南京市江宁区为例》，《广东土地科学》2012 年第 2 期。

7. 公云龙、张绍良、赵松、李晶晶：《金融发展对城市地价的影响效应分析》，《中国土地科学》2012 年第 3 期。

8. 韩冬、柴树懋：《市场化进程中公共设施和生态环境对土地价格的影响——基于我国城市数据的动态面板模型分析》，《中国物价》2012 年第 6 期。

9. 何鑫、朱宏泉：《货币政策、住房需求与地价的动态关系研究》，《经济体制改革》2012 年第 6 期。

10. 侯为义、徐梦洁、张笑寒：《基于主成分分析法的中国土地市场发育成熟度评价》，《资源开发与市场》2012 年第 3 期。

11. 黄静、王洪卫：《土地供给方式对房价的影响研究——基于面板误差修正模型的实证分析》，《上海财经大学学报》2012 年第 4 期。

12. 黄砺、王佑辉：《我国住宅用地价格增长率波动的实证分析——基于经济周期理论和 ARCH 类模型》，《南京农业大学学报》（社会科学版）2012 年第 1 期。

13. 黄少安、陈斌开、刘姿彤：《“租税替代”、财政收入与政府的房地产政策》，《经济研究》2012 年第 8 期。

14. 刘守英：《以地谋发展模式的风险与改革》，《国际经济评论》2012 年第 3 期。

15. 刘涛、曹广忠：《中国城市用地规模的影响因素分析——以 2005 年县级及以上城市为例》，《资源科学》2011 年第 8 期。

16. 卢洪友、袁光平、陈思霞、卢盛峰：《土地财政根源："竞争冲动"还是"无奈之举"?》，《经济社会体制比较》2011 年第 1 期。

17. 陆铭：《建设用地使用权跨区域再配置：中国经济增长的新动力》，《世界经济》2011 年第 1 期。

18. 罗必良：《分税制、财政压力与政府"土地财政"偏好》，《学术研究》2010 年第 10 期。

19. 彭佳雯、钟太洋、张晓玲：《土地督察减少国有土地收益流失效果评价》，《中国土地科学》2012 年第 1 期。

20. 钱忠好、牟燕：《中国土地市场化水平：测度及分析》，《管理世界》2012 年第 7 期。

21. 邵挺、袁志刚：《土地供应量、地方公共品供给与住宅价格水平》，《南开经济研究》2010 年第 3 期。

22. 谭梦、钟太洋、张晓玲：《土地督察对土地市场化的影响》，《中国土地科学》2012 年第 1 期。

23. 汪冲：《基于三次成本函数和时空相依的城市土地供应经济性评价——以 282 个地级及以上城市为例》，《资源科学》2012 年第 1 期。

24. 王斌、高波：《土地财政、晋升激励与房价棘轮效应的实证分析》，《南京社会科学》2011 年第 5 期。

25. 王家庭、曹清峰、田时嫣：《产业集聚、政府作用与工业地价：基于 35 个大中城市的经验研究》，《中国土地科学》2012 年第 9 期。

26. 王家庭、张俊韬：《我国城市蔓延测度：基于 35 个大中城市面板数据的实证研究》，《经济学家》2010 年第 4 期。

27. 王小鲁：《中国城市化路径与城市规模的经济学分析》，《经济研究》2010 年第 10 期。

28. 王媛、贾生华：《不确定性、实物期权与政府土地供应决策：来自杭州的证据》，《世界经济》2012 年第 3 期。

29. 吴群、李永乐：《财政分权、地方政府竞争与土地财政》，《财贸经济》2010 年第 7 期。

30. 夏波、简慧英、吴小凤：《城乡统筹改革对地价的影响及其实证分析》，《重庆工商大学学报》（自然科学版）2012 年第 6 期。

31. 杨刚强、张建清、江洪：《差别化土地政策促进区域协调发展的机制与对策研究》，《中国软科学》2012 年第 12 期。

32. 杨璐璐：《中国土地供给制度演进轨迹：文献综述及其引申》，《改革》2012 年第 1 期。

33. 杨圆圆：《"土地财政"规模估算及影响因素研究》，《财贸经济》2010 年第 10 期。

34. 叶剑平、马长发、张庆红：《土地要素对中国经济增长贡献分析》，《财贸经济》2011 年第 4 期。

35. 俞志英：《上海市工业用地需求驱动力研究》，《上海国土资源》2012 年第 2 期。

36. 张红霞：《城市土地市场调控路径的效应分析——以武汉市为例》，《当代经济》2012 年第 4 期。

37. 张红霞、谭术魁、周和义：《土地市场中开发商行贿表征的量化分析——基于 Logistic 模型及 Moran 指数的应用》，《中国土地科学》2012 年第 6 期。

38. 张静、张丽芳、濮励杰、管驰明：《基于 GWR 模型的城市住宅地价的时空演变研究——以江苏省为例》，《地理科学》2012 年第 7 期。

39. 张娟锋、刘洪玉：《住宅价格与土地价格的城市差异及其决定因素》，《统计研究》2010 年第 3 期。

40. 张娟锋、刘洪玉、任超群：《土地管制、市场价格与政策选择》，《财贸经济》2012 年第 7 期。

41. 张莉、王贤彬、徐现祥：《财政激励、晋升激励与地方官员的土地出让行为》，《中国工业经济》2011 年第 4 期。

42. 张莉、徐现祥：《空间再配置：地区经济发展的新动力》，《学术研究》2011 年第 2 期。

43. 张宇、欧名豪、李曦：《城市建设用地供应制度困境研究——基于制度经济学的分析视角》，《现代经济探讨》2012 年第 8 期。

44. 赵奉军、王先柱：《中国土地交易价格季节性的实证检验》，《中国土地科学》2012 年第 6 期。

45. 赵云泰、黄贤金、钟太洋：《土地督察对土地市场化的影响效果评估》，《自然资源学报》2012 年第 6 期。

46. 郑思齐、师展：《“土地财政”下的土地和住宅市场：对地方政府行为的分析》，《广东社会科学》2011 年第 2 期。

47. 中国经济增长前沿课题组：《城市化、财政扩张与经济增长》，《经济研究》2011 年第 11 期。

48. 周彬、杜两省：《“土地财政”与房地产价格上涨：理论分析和实证研究》，《财贸经济》2010 年第 8 期。

49. 周飞舟：《大兴土木：土地财政与地方政府行为》，《经济社会体制比较》2010 年第 3 期。

50. 朱媛玲、燕玉铎、赵俐：《土地供给信息对我国住宅市场价格影响研究》，《情报科学》2012 年第 5 期。

51. 邹秀清、黄砺：《中国城市土地市场有效性的实证研究》，《资源开发与市场》2012 年第 6 期。

52. Peng，L. and Thibodeau，T.，2012，“Government Interference and the Efficiency of the Land Market in China”，*Journal of Real Estate Finance and Economics*，45：919 – 938.

53. Qu，W. and Liu X.，2012，“Assessing the Performance of Chinese Land Lease Auctions：Evidence from Beijing”，*Journal of Real Estate Research*，34 (3)：291 – 310.

54. Zhang，Y.，2012，“Institutional Sources of Reform：The Diffusion of Land Banking Systems in China”，*Management and Organization Review*，8 (3)：507 – 533.

（张清勇）

房地产经济学

中国房地产经济学的发展与中国房地产市场现实的发展演进息息相关。2010 年以来，中国房地产经济学的相关研究主要集中在以下五个方面，现综述如下：

一　房地产业与宏观经济

房地产业作为中国国民经济的支柱产业之一，与宏观经济运行之间存在极为紧密的联系。

在房地产业与经济增长的关系方面，多数研究都发现了房地产相关指标与经济增长的双向正向相关关系。赵昕东（2010）利用 1999 年 1 季度至 2009 年 2 季度的居民消费价格指数、国内生产总值、货币供给与住宅价格指数的季度数据，应用结构向量自回归模型发现正向的房地产价格冲击最终导致通货膨胀率和国内生产总值增长率上升到一个新的高度，使货币供给增长率下降到一个较低的水平；而正向的供给冲击、需求冲击与货币政策冲击最终均导致房地产价格增长率上升到一个新的高度。况伟大（2011）使用中国 35 个大中城市 1996—2007 年的数据实证结果表明，经济增长对房地产投资影响大于房地产投资对经济增长的影响，房地产购买对经济增长的影响大于房地产开发投资，经济增长对房地产信贷的影响大于房地产信贷对经济增长的影响，房地产投资对经济增长的影响大于房地产信贷对经济增长的影响，但经济增长对房地产信贷的影响大于房地产投资对房地产信贷的影响。唐志军、徐会军、巴曙松（2010）通过协整和 VAR 分析发现房地产价格波动对社会消费品零售总额的波动有显著的负影响；我国房地产投资的波动对 GDP 的增长率有显著的正影响；我国房地产价格增长速度上升 1 个百分点时，通货膨胀率则上升 0.118 个百分点。

房地产价格与经济增长的关系还可能存在非对称性。原鹏飞、魏巍贤（2012）运用 CGE 模型对房地产价格波动的经济影响进行了定量研究发现：房地产价格波动对各宏观经济变量影响显著；各行业产出与房地产价格的变动方向一致，建筑业、重工业、公用事业以及房地产业自身等所受的影响相对较大；房地产价格上涨与下跌使得所有居民的收入都下降，但各收入等级城镇居民所受的影响并不相同，而政府和企业的收入与房地产价格变动的方向一致；总体来看，房地产价格上涨对经济增长的带动效应较大，但相同幅度价格下跌的负面冲击更大。

由于房价变化带来的居民财富进而消费的变化被称为房价的财富效应。不少研究认为房价上涨具有负财富效应。戴颖杰、周奎省（2012）运用 FAVAR 模型研究发现房价抑制了居民消费支出，没有体现出财富效应；比较而言，房价对居民耐用品的消费支出起到了较为明显的抑制作用，而对日常生活用品则体现出微弱的带动效应。陈健、陈杰、高波

(2012) 在考虑经济互动关系中内在非线性结构前提下，从信贷约束角度探讨了房价波动对消费的影响机制，并基于我国31个省级区域的面板数据利用Hansen门槛模型进行实证分析，研究发现：总体上我国的房价上涨会抑制消费。王子龙、许箫迪（2011）利用我国30个大中城市1998—2009年的季度数据计算结果表明，我国30个大中城市的广义虚拟房地产财富效应表现形式存在明显个体差异，大部分城市的房地产财富效应为负，30个城市的总体房地产财富效应也为负，且系数较小，不显著。骆祚炎（2010）实证分析表明住房支出的比例与居民消费的增长呈现反方向变动关系，资产呈现较弱的负财富效应。谢洁玉、吴斌珍等（2011）使用中国城镇住户调查数据分析发现房价显著抑制了消费，且该抑制效应在不同群体间差异明显。有未婚男性的家庭，或者已经有房的家庭，特别是现有住房价值较低的家庭，房价对消费的抑制效应更强。

也有研究发现了房价变动具有正财富效应。王柏杰、何炼成、郭立宏（2011）利用我国2003—2010年省际面板数据实证表明：我国房地产财富的总体短期消费效应为0.11，长期消费效应则为0.29，消费的习惯形成系数则为-0.97；但从地区效应来看，房价较高的省市并未体现出较高的消费效应。赵杨、张屹山、赵文胜（2011）以我国1994年至2011年数据实证结果表明：相对于城镇居民可支配收入而言，房地产财富效应呈正向但较微弱；房价促进消费的效应在长期要大于短期，且随着时间的增长有渐强的态势。肖卫国、郑开元、袁威（2012）采用混合的RBC-VAR方法和1998年1季度至2010年3季度的数据模拟分析表明：预期房价上涨的家庭越多，住房价格波动对消费波动的影响越大；贷款价值比越高，住房价格波动对消费波动的放大效应越强。冯科（2011）研究表明，利率和货币供应量均不能通过房地产价格对消费和投资产生显著作用，即中国房地产价格的财富效应和投资效应较弱。

进一步的研究发现房价财富效应的正负存在区域差别与发展阶段差别。陈健、高波（2012）基于我国2000—2008年31个省、市的面板数据分析发现，收入差距与房价之间存在着正向的互动关系，但是对消费的影响却呈现出一定的区域差异，在东中部地区，收入差距与房价之间这种相互强化的关系，使得代表消费主体的广大中低收入群体的住房负担加重，不得不减少消费。但是在西部地区，由于住房负担相对较轻，能正向发挥财富效应，所以收入差距与房价之间的互动影响，反而促进了消费。陈健、高波（2012）采取非线性的平滑转换回归方法研究表明当保障房供给处于低水平阶段时，房地产价格的财富效应为负向，房价上涨会抑制消费增加；当保障房供给处于高水平阶段时，房地产价格具有正向的财富效应，房价上涨促进消费增加。

在房价变动与产业发展方面，有研究认为房价上涨对产业发展有不利影响，如带来“产业空心化”等不良后果。吴海民（2012）利用2001—2010年我国沿海地区12省市民营工业的面板数据实证结果表明，房地产价格上涨、通货膨胀存在引发民营工业“规模空心化”和“效率空心化”的作用机制。范剑勇、邵挺（2011）利用1998—2007年中国地级及以上城市的相关数据通过计量模型的参数估计发现，Krugman-Helpman模型中导致城市体系扁平化趋势的“非黑洞”条件在中国是成立的。这一结论意味着，通过遏制房价水平非正常过快上涨等方法来扭转城市体系的扁平化趋势可能对调整经济结构与增长方式等具有启示意义。

但也有研究表明房价上涨对产业升级有促进作用。高波、陈健、邹琳华（2012）利用动态面板数据模型对2000—2009年中国35个大中城市进行实证检验，结果发现城市间的相对房价升高，导致相对就业人数减少，并促使产业价值链向高端攀升，实现了产业升级。对不同区域的深度分析表明，区域房价差异确实是影响东、中、西部地区产业转移和产业升级的一个重要因素。

在房价变动与通胀的关系方面，有研究认为房价与物价存在相互替代关系。任碧云、梁垂芳（2011）利用结构VAR模型通过1978—2009年的经验检验，发现我国货币供应量对居民消费价格指数和房屋销售价格指数的影响较为显著，居民消费价格指数与房屋销售价格指数会此消彼长，并且，货币供应量对居民消费价格指数的影响存在半年到一年的滞后期。

但也有研究发现房价上涨对通胀有正向影响。张健华、常黎（2011）利用中国人民银行城镇储户问卷调查数据，采用时变参数法估算了1999—2011年我国居民的预期通货膨胀率，发现近年来伴随着房地产价格的快速上涨，房价对通胀预期的影响日益显著。缪仕国（2011）认为房价是物价变动的重要原因，通过建立结构性VAR模型发现房价受到贷款利率影响最大，而物价受到货币供应量的影响最大。

在房价变动与收入分配的关系方面，一些研究发现了收入分配差距对房价的影响。胡晓（2010）实证结果表明收入差距对房地产价格具有显著的正向影响，说明中国当前较大的收入差距是房地产价格上升的重要影响因素。

另一些研究探讨了房价变动与收入分配的相互影响。陈彦斌、邱哲圣（2011）发现，房价的高速增长通过引致富裕家庭投资性住房需求的增加而进一步推高了房价，部分年轻家庭为了追赶房价不得不提高储蓄率，而部分贫穷家庭无法获得足够的住房使得城镇家庭住房不平等程度增加。高房价对居民储蓄、投资行为的扭曲作用使得城镇居民的福利水平普遍下降，其中中低收入阶层下降最多。高东胜、冯涛（2011）基于省级面板数据研究发现，房价与国民收入分配中的资本收入份额存在相互作用关系。房价上涨1%会使资本收入份额提升0.16%—0.43%，资本收入份额上升1%则会推动房价上涨约0.39%—0.54%。这种相互作用机制存在一定的区域异质性，即在东部地区资本收入份额的提高会显著推高房价，而中西部地区后者对前者的影响效应更为明显。

二　房地产市场运行与周期波动

在房价与经济基本面的关系方面，不少研究关注了人口因素的作用。陈斌开、徐帆、谭力（2012）认为“婴儿潮”很可能是2004年以来中国住房价格快速上涨的重要原因。基于微观家户数据的实证研究发现，中国居民住房需求与年龄高度相关：个人在20岁以后住房需求快速上升，直到50岁以后开始逐步下降，“组群效应”是50岁以后个体住房需求下降的主要原因。谭政勋、陈铭（2012）分析发现，长期来看，人均GDP是推动房价上涨最重要的因素，人口其次，银行贷款最小；银行贷款是短期房价上涨最主要的推动力，人均GDP其次，人口的影响最小；人口增加引起的房价上涨很难调整，而信贷扩张造成的房价上涨则相对容易。

另一些研究分析了公共基础设施水平的作用。许光建、魏义方等（2010）发现除了地价、居民收入、信贷规模等宏观性的影响因素外，城市基础设施、教育、医疗卫生等公共服务的投入也在一定程度上影响着房价的变动以及不同城市房价水平的差别。冯皓、陆铭（2010）基于上海市52个区域的房价与学校分布的月度面板数据，以及“实验性示范性高中”命名的自然实验，发现区域间在基础教育资源数量和质量上的差异已经部分体现在房价上，教育的“资本化”确实存在。

市场容量或规模也被认为是一个房价影响因素。李绍荣、陈人可、周建波（2011）认为房地产市场消费者比例超过一定范围时，投资者会获得超额所得，且随着消费者比例增加，该超额所得会增加，而消费者没有任何超额所得。要长期稳定房价，需要从制度上控制进入房地产市场的消费者的比例。

也有研究表明房价与基本面之间关系不明确。余华义（2010）利用1998—2008年中国35个大城市面板数据，发现中国房价与经济基本面间缺乏稳定的对应关系，房地产宏观调控后房价向上偏离了经济基本面，且房价方程发生了结构改变。

房价与基本面的关系还可能存在区域差异。王鹤（2012）利用1999—2009年的省际面板数据，运用广义空间面板数据模型分析全国范围以及东、中、西部分区域房价，结果表明东部地区房价基本完全由空间因素决定，西部地区房价由供给和需求等因素决定，而全国范围及中部地区房价受两者的共同影响，利率和汇率的变化对我国房价无显著影响。

在房地产市场周期波动研究方面，王先柱、赵奉军（2013）利用X-12程序提供的季节稳定性F检验与Kruskal-Wallis检验及移动季节F检验实证检验结果发现：中国的房地产市场中新房开工面积与销售面积在12月份显著偏高，住房租赁价格夏季和冬季偏高；考察以香港、台湾和上海三个地区为对象的国内地区房地产市场发现，季节性高度显著，但季节因子存在明显的区域差异。房地产市场的季节性能够部分由消费市场和CPI的季节性所解释。陈浪南、王鹤（2012）采用广义空间动态面板数据模型和2002年1季度至2010年3季度省际面板数据实证结果表明，我国房地产价格互动存在空间滞后效应和时间滞后效应。相邻地区之间房价的影响程度比其他不相邻地区之间房价的影响程度大，经济特征相似地区间房价的相互影响程度比经济特征不相似地区间房价的相互影响程度小。

在房地产投机泡沫的研究方面，多数研究认为中国房地产市场存在泡沫。曾五一、李想（2011）使用CIPS面板单位根检验和Pedroni面板协整检验分析表明，房屋销售价格指数和租赁价格指数序列的单整阶数不相等，并且二者不存在协整关系，因此在样本期间内我国房地产价格存在泡沫。吴福象、姜凤珍（2012）研究发现，我国的高房价对住房租赁市场有倒逼作用和漫延趋势，租金相对于房价的偏离导致住房租赁市场难以有效支撑住房买卖市场；各线城市房价收入比存在差异，不同收入群体房价收入比存在着悖论并有加剧的趋势。张亚丽、梁云芳、高铁梅（2011）使用动态面板广义矩进行建模分析发现，预期人均实际收入和预期房地产收益率是房价持续快速上涨及波动的主要因素。高房价城市房价的预期收入弹性大于1，因此高房价城市房价出现了非理性增长，房地产市场存在泡沫。中等房价城市房价的预期收入弹性小于1，低房价城市预期收入对房价没有显著的影响，因此中等房价城市，特别是低房价城市房价增长较为理性。

在房地产泡沫的发生机制与条件研究方面，王培辉（2011）认为流动性膨胀、房地产市场虚拟化、虚拟经济部门资金错配、土地价格不断上涨和房地产市场需求刚性是房地产价格出现泡沫的主要原因。邓永亮（2010）通过对2002年1月至2009年9月的月度统计数据进行实证检验发现，流入我国境内的“热钱”主要是流入了房市而不是股市，并推动了房价的上涨；房价的上涨会进一步吸引“热钱”流入。朱孟楠、刘林（2011）采用非线性 Markov 区制转换 VAR 模型实证研究结果表明：我国实际房地产价格上涨将导致人民币兑美元实际汇率升值，但存在明显滞后效应；而在某种经济状态下人民币兑美元实际汇率升值可能会导致我国实际房地产价格上涨。王永钦、包特（2011）研究发现，住房的供给弹性、房产税、首付率、信贷市场上的有限责任制度（欧式或者美式）、住房的质量和产权保护度等对于泡沫的生成具有重要的影响。有效的房地产政策要考虑不同政策在这些市场不完美下的相互作用。丰雷、苗田、蒋妍（2011）通过 1999—2007 年中国 30 省市的季度面板数据进行计量检验表明：中国的土地供应管制对住宅价格水平及波动都有显著影响；土地供给管制环境的宽松与紧缩影响投机行为作用的大小，当土地供应管制加强时，投机因素对房价波动的影响更大；2003 年下半年以来我国“从严从紧”的紧缩供地政策，通过预期效应作用于投机行为，进而传导给住宅市场，对平抑房价政策目标的实现产生了一定的负面影响。

三　房地产调控政策

货币信贷政策是房地产调控最重要的手段之一，多数研究认为货币信贷政策有显著的调控效果。在这些研究中，有些结论更强调利率等价格手段的作用。徐忠、张雪春、邹传伟（2012）利用我国 2005—2011 年的数据，通过实证分析发现流动性对房价和通胀影响显著；我国负利率推升了房价的上涨；货币政策的价格型工具对抑制房价有作用，而且加息对房价的抑制作用超过控制货币供应。沈悦、周奎省、李善燊（2011）运用 FAVAR 模型，根据 152 个变量的时间序列数据实证发现：利率对房价的影响较为明显，利率和房价呈反向关系，“房价之谜”不存在。相较于高档住宅和经济适用房的价格，普通商品住宅价格对利率较为敏感。王先柱、毛中根、刘洪玉（2011）认为利率必须到达一定基点后才能有效抑制房地产需求，并且东部地区较中西部地区效果更好；全国层面和东部地区当期利率的提高能够在一定程度上抑制土地购置面积，房地产开发投资对利率变化敏感，其中在全国层面和东部地区更显著；商品房竣工面积对利率变化不是十分敏感，而受银行信贷规模影响十分显著。孔行、刘治国、于渤（2010）研究表明，按揭贷款能够从使用者成本和预算约束两个方面影响房地产市场需求，二者作用方向相反。在此基础上发现，按揭贷款利率对房地产市场需求的影响程度远大于按揭成数影响，但按揭成数调整的累积效应更大。

另一些研究则更强调信贷规模的作用。李健、邓瑛（2011）实证分析结果表明，美国、日本与中国三个国家中货币量与房价之间都存在长期均衡关系，巨额货币存量推动房价上涨的力量比较强大而且明显。在资产泡沫积聚时期，推动房价上涨的实体因素不足，最重要的还是货币因素推动。中央银行需要调整货币政策框架及通胀目标，关注资产价格变化并有效控制货币量。何静、李村璞、邱长溶（2011）运用非线性平滑转换模型研究发现：2000—2009 年我国信贷规模的变动是房地产价格变动的格兰杰原因，信贷规模对房地产价格存在非线性影响，两者之间的关系适合使用 LSTR1 模型来拟合，当信贷规模的增长超过 45.76% 时，信贷规模的变动会对房地产价格产生影响。王先柱、刘洪玉（2011）发现房地产企业的现金持有水平随着货币政策紧缩程度的变化而变化，当货币政策趋于从紧时，外部融资约束增强，企业会提高现金持有水平。实际控制人类型和企业规模在增加现金持有的路径选择上存在显著差异，国有企业的现金持有水平受货币政策影响程度小，低成长性房地产企业也是如此，这种现象的存在削弱了货币政策在房地产市场的调控效果。秦岭、姚一旻（2012）研究发现，银行信贷扩张与房地产价格上涨具有明显的相互推动和加强的作用。具体而言，房地产开发商贷款和个人购房贷款对房价都具有显著的正向影响，同时对来自房价冲击的响应也都是正向的。并且，在房价持续高速上升时期，房地产贷款规模对房价的影响力明显超过贷款利率。王先柱、赵奉军（2010）发现房地产价格的解释力主要来源于房地产需求和房地产供给，利率对房地产价格的解释力度不强，房地产信贷对房地产价格存在正向的影响，东部地区房地产信贷对房地产价格影响较西部地区更明显。

但也有研究认为货币信贷政策对房价的作用并不显著。郭娜、翟光宇（2011）通过结构向量自回归模型发现中国的利率政策并不能对房地产价格形成有效的调节，造成了利率政策房地产价格传导渠道的失效；相反，房地产价格冲击对利率政策却具有显著的正向影响，说明中国历史上的利率政策制定的确参考了房地产价格因素，并对其做出了一定的反应。孟彩云、王聪（2012）基于2000—2010年我国季度经济数据实证结果表明，依据标准泰勒规则所制定的利率政策，可以降低央行损失函数值，提高利率政策有效性。在房地产价格波动不影响物价稳定和经济增长的情况下，央行不应针对房地产价格进行调控。宋芳秀、王一江、任颋（2010）基于房地产业上市公司的面板数据实证分析表明：利率作为成本变量对房地产业上市公司投资额的影响并不显著；实际控制人类型则是影响房地产业投资的重要因素，在同等条件下，实际控制人类型为国有的企业具有更高的投资额。这种现象的存在削弱了房地产投资领域利率机制的作用和政府利率调控的效果。

从2010年5月北京率先推出住房限购政策以来，限购政策在各大城市逐步全面推开，并已经发展为当前最重要的调控手段。刘江涛、张波、黄志刚（2012）发现限购能够降低住房价格，但是降低的幅度受到多种因素的影响，包括限购对消费需求的缩减、开发商跨期调整供给的成本及预期。投资需求会改变住房的跨期需求和供给，对限购政策效果具有抵消作用。限购政策的作用大小与市场对政策不确定的预期紧密相关，市场预期管理对于稳定房价具有关键作用。冯科、何理（2012）利用2007—2011年全国、北京、上海的经验数据，定量分析了房地产限购政策对其他消费市场的影响以及产生的社会福利变化。研究结果显示，房地产限购政策会破坏其他消费市场的均衡；限购政策下的刚性、改善性和投资性房地产需求者均面临福利损失，但全国、北京、上海的福利损失结构因房地产需求类型而异。

在房地产财税政策方面，程瑶（2012）发现由于税制本身固有的缺陷、征管水平和征管手段的限制，虽然各项房地产税收调控政策大部分都起到了一定的作用，但是执行结果与预期的调控目标相比还是存在一定距离，可以通过个人所得税税目税率调整、改革对土地增值收益的调节方式、扩大房产税征收范围并调整税率、从根本上变革契税的税制设计和征管办法等举措进一步加强房地产税收调控。赵安平、罗植（2012）通过建立离散动态最优化模型的研究发现，民生支出与房价之间存在复杂的联系，民生支出具有房价调节器的作用：当房地产市场过热时，扩大民生支出能够遏制房价上涨；当房地产市场低迷时，扩大民生支出则会刺激市场复苏。

在房地产调控政策的有效性分析方面，王松涛（2011）认为全国性政策工具对重点城市住房价格产生了显著的长短期干预效果，尤其是2005年和2006年国务院的两次综合干预以不同形式和力度抑制了房价增长；政府干预的有效性逐渐提升，但全国性政策工具对不同城市的作用力度有显著差异，表现为对二线城市房价的抑制作用明显高于一线城市。

四　土地财政与物业税（房产税）

在“土地财政”研究方面，多数研究认为“土地财政”制度推动了房价的上涨。周彬、杜两省（2010）通过构造一般均衡模型发现：“土地财政”必然推动房价持续上涨，从而降低居民个人的效用并引起社会公众的不满；房价越高，地方政府的效用就越大，因而地方政府具有推动房价上升的内在激励；由于地方政府的效用与商品房成交量的关系不确定，地方政府一般具有豪宅偏好，而忽视中小户型大众住宅、经济适用房和廉租房的供应。郑思齐、师展（2011）实证研究表明，在控制其他因素的情况下，越依赖“土地财政”的城市，以及通过低价出让工业用地进行招商引资力度越强的城市，居住用地供给的受限程度越高，居住用地价格上涨的压力也越大。陈志勇、陈莉莉（2011）用2000—2009年我国省级面板数据分析发现，2000年以来，一方面财税体制的调整驱使地方政府依赖土地出让收入进行基础设施建设，改善投资环境，促进地方经济增长；另一方面驱使地方财政倚重房地产业，并通过对房地产业的扶持，发挥其联动效应，提升地方经济水平。刘宗明（2012）在控制了货币增长（通货膨胀）等因素后，发现财政分权水平的提高对房价上涨和消费下降有显著的影响。宫汝凯（2012）采用2000—2008年的分省面板数据实证结果表明，分税制背景下逐年扩大的财政分权度是导致房价持续过快上涨的不可忽视的制度性因素。

但也有研究对“土地财政”助推房价提出了不同意见。黄少安、陈斌开、刘姿彤（2012）研究表明：在静态框架下，政府财政收入满足“租税等价”原理，即政府通过土地租金融资和通过企业税收融资是等价的，其总收入水平只取决于土地资源总量，与融资方式无关。在动态框架下，政府财政收入在长期内满足“租税等价”，在短期内存在“租税替代”关系，即政府来自于房地产的租金收入越高，来自于其他行业的税收收入越低。张莉、王贤彬、徐现祥（2011）证明在一个政治集权经济分权的经济体内，地方政府官员出让土地的“土地财政”和“土地引资”动机同时存在；采用省级面板数据实证发现，地方政府官员热衷于出让土地是源于“土地引资”，而非“土地财政”。

何杨、满燕云（2012）还提出了“土地财政”的债务风险问题。通过对地方政府债务融资的运行情况和地方政府依靠土地经营城市的发展模式进行分析，发现以土地为杠杆借债融资的模式可能由于国内外经济形势的变化暴露出显性风险。

在物业税（房产税）对房地产市场的影响方面，多数研究认为房产税抑制房价的作用不容乐观。况伟大（2012）对中国33个大中城市1996—2008年的商业房产税数据检验发现，房产税和地价的回归系数较小，东部城市房价主要由需求拉动，中西部城市房价主要由成本推动，房产税与土地出让金不存在挤出效应。徐宁、吴福象（2012）将迪帕斯奎尔—惠顿四象限模型嵌入动态蛛网模型，评估了房产税试点对房地产市场的影响。仿真结果表明，房产税试点虽然一定程度上起到了稳定房价作用，但不能从根本上扭转房价的正向发散趋势，原因是过低的税率加之住宅需求曲线的正斜率导致房价收敛的周期延长。

白彦锋（2012）研究表明，第一，鉴于房产税作为一种财产税的特殊性以及房地产市场的特殊复杂性，房产税改革过程本身就步履维艰。第二，我国社会经济、人口、城市化等因素的中长期发展，可能使房价丧失长期上涨的动力，从而使房产税丧失其未来成为地方税主体税种的基础和前提。

也有部分研究认为房产税可以有效抑制房价。骆永民、伍文中（2012）通过构建动态随机一般均衡模型（DSGE）和基于该模型的数值模拟发现：旨在对住房持有环节征税的房产税改革在长期可以有效降低房价，并且能发挥良好的自动稳定器功能以平抑房价变化所导致的宏观经济波动，但同时也会给宏观经济带来一定的负面影响。

五　住房保障

在住房保障对房价影响方面，王斌、高戈（2011）使用住房过滤模型分析认为我国以“补砖头”为主体的住房保障政策有利于稳定房价，通过构建 SVAR 模型检验发现，经济适用房建设对房价上涨具有抑制作用，同时，房价上涨会促使“相机抉择”的政府加大经济适用房投资力度。潘爱民、韩正龙（2012）采用省级面板数据，研究发现：土地出让价格、经济适用房价格和住宅价格之间存在长期均衡关系，土地出让价格和经济适用房对住宅价格的影响力度存在区域性差异；短期内，经济适用房的替代效应大于收入效应，其供给有利于平抑商品房价格的上涨趋势；长期内，经济适用房的收入效应大于替代效应，其供给会起到推高房价的作用。

在住房保障对经济增长的影响方面，郑思齐、廖俊平等（2011）通过农民工住房与经济增长的理论模型发现，针对农民工的单纯住房数量的供给在低端产业占主导时对经济增长的推动作用明显，但在高技能产业比重逐渐增加时其效果逐渐衰减。相反地，改善农民工居住环境的政策能够使住房供给对经济增长的推动力具有可持续性。

在住房保障的适度供给区间测算方面，陈健、邹琳华（2012）利用我国 2000—2009 年的省际面板数据，基于 Hansen 面板门槛模型进行实证分析，得出结论：能发挥财富效应，进而有助于扩大内需的保障房覆盖率的最优区间下限为 9.37%，上限为 19.22%。东部地区的大部分省份难以超越保障房最优供给区间的下限门槛，处于保障乏力的状态，而西部地区的大部分省份则恰好处于这个最优区间内。

六　小结

到 2013 年，中国房地产市场的快速发展经历了十个年头。严厉的房地产调控政策没有取得预期的效果，房地产市场也没有像很多人猜测的那样出现大起大落。房地产市场何去何从，依旧扑朔迷离。从 2010 年以来的研究看，虽然多数的研究并没有突破已有理论桎梏，但也有少数研究开始更为理性地看待中国房地产问题，也更加注重考虑中国市场特性因素，这是中国房地产经济研究走向成熟的良好开端。未来的房地产经济学研究，应当进一步摒弃基于历史经验或国际经验而产生的对中国房地产市场的先入为主成见，基于中国实际，做出更加理性、客观、深入的研究，为更好地总结和指导中国房地产市场实践服务。

参考文献与学科年度重要文献

1. 白彦锋：《房产税未来能成为我国地方财政收入的可靠来源吗?》，《经济理论与经济管理》2012年第5期。

2. 曾五一、李想：《中国房地产市场价格泡沫的检验与成因机理研究》，《数量经济技术经济研究》2011年第1期。

3. 陈斌开、徐帆、谭力：《人口结构转变与中国住房需求：1999—2025——基于人口普查数据的微观实证研究》，《金融研究》2012年第1期。

4. 陈健、陈杰、高波：《信贷约束、房价与居民消费率——基于面板门槛模型的研究》，《金融研究》2012年第4期。

5. 陈健、高波：《收入差距、房价与消费变动——基于面板数据联立方程模型的分析》，《上海经济研究》2012年第2期。

6. 陈健、高波：《住房保障与财富效应逆转——基于平滑转换回归方法的实证分析》，《经济评论》2012年第1期。

7. 陈健、邹琳华：《扩大内需下保障房的最优供给区间研究——基于财富效应的分析视角》，《财贸经济》2012年第1期。

8. 陈浪南、王鹤：《我国房地产价格区域互动的实证研究》，《统计研究》2012年第7期。

9. 陈彦斌、邱哲圣：《高房价如何影响居民储蓄率和财产不平等》，《经济研究》2011年第1期。

10. 陈志勇、陈莉莉：《财税体制变迁、“土地财政”与经济增长》，《财贸经济》2011年第12期。

11. 程瑶：《房地产税收政策调控效果实证研究——基于江苏省的调研数据》，《中央财经大学学报》2012年第2期。

12. 戴颖杰、周奎省：《房价变动对居民消费行为影响的实证分析》，《宏观经济研究》2012年第3期。

13. 邓富民、王刚：《货币政策对房地产价格与投资影响的实证分析》，《管理世界》2012年第6期。

14. 邓健、张玉新：《房价波动对居民消费的影响机制》，《管理世界》2011年第4期。

15. 邓永亮：《“热钱”对我国资产价格影响的实证研究》，《当代经济科学》2010年第4期。

16. 范剑勇、邵挺：《房价水平、差异化产品区位分布与城市体系》，《经济研究》2011年第2期。

17. 丰雷、苗田、蒋妍：《中国土地供应管制对住宅价格波动的影响》，《经济理论与经济管理》2011年第2期。

18. 冯皓、陆铭：《通过买房而择校：教育影响房价的经验证据与政策含义》，《世界经济》2010年第12期。

19. 冯科、何理：《中国房地产市场“限购政策”研究——基于反需求函数的理论与经验分析》，《经济学动态》2012年第2期。

20. 冯科：《中国房地产市场在货币政策传导机制中的作用研究》，《经济学动态》2011年第4期。

21. 高波、陈健、邹琳华：《区域房价差异、劳动力流动与产业升级》，《经济研究》2012年第1期。

22. 高东胜、冯涛：《房地产价格与国民收入分配的互动关系——基于联立方程模型的实证研究》，《财经科学》2011年第11期。

23. 宫汝凯：《分税制改革、财政分权和房价水平》，《经济理论与经济管理》2012年第4期。

24. 郭娜、翟光宇：《中国利率政策与房地产价格的互动关系研究》，《经济评论》2011年第3期。

25. 何静、李村璞、邱长溶：《信贷规模与房地产价格的非线性动态关系研究》，《经济评论》2011年第2期。

26. 何杨、满燕云：《地方政府债务融资的风险控制——基于土地财政视角的分析》，《财贸经济》2012年第5期。

27. 胡晓：《收入差距与中国房地产价格：理论与实证——兼论当前房地产调控的有效性》，《财经科学》2010年第12期。

28. 黄少安、陈斌开、刘姿彤：《“租税替代”、财政收入与政府的房地产政策》，《经济研究》2012年第8期。

29. 孔行、刘治国、于渤：《使用者成本、住房按揭贷款与房地产市场有效需求》，《金融研究》2010年第1期。

30. 况伟大：《房产税、地价与房价》，《中国软科学》2012年第4期。

31. 况伟大：《房地产投资、房地产信贷与中国经济增长》，《经济理论与经济管理》2011年第1期。

32. 李健、邓瑛：《推动房价上涨的货币因素研究——基于美国、日本、中国泡沫积聚时期的实证比较分析》，《金融研究》2011年第6期。

33. 李绍荣、陈人可、周建波：《房地产市场的市场特征及货币调控政策的理论分析》，《金融研究》2011年第6期。

34. 刘江涛、张波、黄志刚：《限购政策与房价的动态变化》，《经济学动态》2012年第3期。

35. 刘宗明：《财政分权、房价上涨与消费抑制》，《财经科学》2012年第2期。

36. 骆永民、伍文中：《房产税改革与房价变动的宏观经济效应——基于DSGE模型的数值模拟分析》，《金融研究》2012年第5期。

37. 骆祚炎：《住房支出、住房价格、财富效应与居民消费增长——兼论货币政策对资产价格波动的关注》，《财经科学》2010年第5期。

38. 孟彩云、王聪：《房地产价格、泰勒规则与宏观经济调控——基于2000—2010年我国宏观经济数据的检验》，《当代财经》2012年第2期。

39. 缪仕国：《物价稳定与房价：货币政策视角》，《当代经济科学》2011年第4期。

40. 潘爱民、韩正龙：《经济适用房、土地价格与住宅价格——基于我国29个省级面板数据的实证研究》，《财贸经济》2012年第2期。

41. 秦岭、姚一旻：《我国银行信贷与房地产价格关系研究》，《经济社会体制比较》2012年第2期。

42. 任碧云、梁垂芳：《货币供应量对居民消费价格指数与房屋销售价格指数的影响——基于1978—2009年中国经验数据的分析》，《中央财经大学学报》2011年第1期。

43. 任木荣、苏国强：《货币政策工具调控房地产价格的传导机制分析》，《中央财经大学学报》2012年第4期。

44. 沈悦、周奎省、李善燊：《利率影响房价的有效性分析——基于FAVAR模型》，《经济科学》2011年第1期。

45. 宋芳秀、王一江、任颋：《利率、实际控制人类型和房地产业上市公司的投资行为》，《管理世界》2010年第4期。

46. 谭政勋、陈铭：《房价波动与金融危机的国际经验证据：抵押效应还是偏离效应》，《世界经济》2012年第3期。

47. 唐志军、徐会军、巴曙松：《中国房地产市场波动对宏观经济波动的影响研究》，《统计研究》2010年第2期。

48. 王柏杰、何炼成、郭立宏：《房地产价格、财富与居民消费效应——来自中国省际面板数据的证据》，《经济学家》2011年第5期。

49. 王斌、高戈：《中国住房保障对房价动态冲击效应——基于SVAR的实证分析》，《中央财经大学学报》2011年第8期。

50. 王鹤：《基于空间计量的房地产价格影响因素分析》，《经济评论》2012 年第 1 期。

51. 王培辉：《中国房地产价格泡沫原因分析》，《经济理论与经济管理》2011 年第 3 期。

52. 王松涛：《中国住房市场政府干预的原理与效果评价》，《统计研究》2011 年第 1 期。

53. 王先柱、刘洪玉：《货币政策、实际控制人类型和房地产上市公司现金持有水平变化》，《当代经济科学》2011 年第 5 期。

54. 王先柱、毛中根、刘洪玉：《货币政策的区域效应——来自房地产市场的证据》，《金融研究》2011 年第 9 期。

55. 王先柱、赵奉军：《房地产市场货币政策效应：基于我国 35 个大中型城市的实证分析》，《经济体制改革》2010 年第 3 期。

56. 王永钦、包特：《异质交易者、房地产泡沫与房地产政策》，《世界经济》2011 年第 11 期。

57. 王子龙、许箫迪：《房地产市场广义虚拟财富效应测度研究》，《中国工业经济》2011 年第 3 期。

58. 吴福象、姜凤珍：《租售比、房价收入比与房地产市场调控——基于区际差异化市场比较的实证分析》，《当代财经》2012 年第 6 期。

59. 吴海民：《资产价格波动、通货膨胀与产业“空心化”——基于我国沿海地区民营工业面板数据的实证研究》，《中国工业经济》2012 年第 1 期。

60. 肖卫国、郑开元、袁威：《住房价格、消费与中国货币政策最优选择：基于异质性房价预期的视角》，《经济评论》2012 年第 2 期。

61. 谢洁玉、吴斌珍、李宏彬、郑思齐：《中国城市房价与居民消费》，《金融研究》2012 年第 6 期。

62. 徐宁、吴福象：《我国房产税试点的绩效评价与政策优化研究》，《上海经济研究》2012 年第 4 期。

63. 徐忠、张雪春、邹传伟：《房价、通货膨胀与货币政策——基于中国数据的研究》，《金融研究》2012 年第 6 期。

64. 许光建、魏义方、戴李元、赵宇：《中国城市住房价格变动影响因素分析》，《经济理论与经济管理》2010 年第 8 期。

65. 余华义：《经济基本面还是房地产政策在影响中国的房价》，《财贸经济》2010 年第 3 期。

66. 原鹏飞、魏巍贤：《房地产价格波动经济影响的一般均衡研究》，《管理科学学报》2012 年第 3 期。

67. 张健华、常黎：《哪些因素影响了通货膨胀预期——基于中国居民的经验研究》，《金融研究》2011 年第 12 期。

68. 张莉、王贤彬、徐现祥：《财政激励、晋升激励与地方官员的土地出让行为》，《中国工业经济》2011 年第 4 期。

69. 张亚丽、梁云芳、高铁梅：《预期收入、收益率和房价波动——基于 35 个城市动态面板模型的研究》，《财贸经济》2011 年第 1 期。

70. 张漾滨：《中国股价与房价波动对居民消费的影响研究》，《管理世界》2012 年第 1 期。

71. 赵安平、罗植：《扩大民生支出是否会推高房价》，《世界经济》2012 年第 1 期。

72. 赵昕东：《中国房地产价格波动与宏观经济——基于 SVAR 模型的研究》，《经济评论》2010 年第 1 期。

73. 赵杨、张屹山、赵文胜：《房地产市场与居民消费、经济增长之间的关系研究——基于 1994—2011 年房地产市场财富效应的实证分析》，《经济科学》2011 年第 6 期。

74. 郑思齐、廖俊平、任荣荣、曹洋：《农民工住房政策与经济增长》，《经济研究》2011 年第 2 期。

75. 郑思齐、师展：《“土地财政”下的土地和住宅市场：对地方政府行为的分析》，《广东社会科学》2011 年第 2 期。

76. 周彬、杜两省:《"土地财政"与房地产价格上涨:理论分析和实证研究》,《财贸经济》2010 年第 8 期。

77. 朱孟楠、刘林、倪玉娟:《人民币汇率与我国房地产价格——基于 Markov 区制转换 VAR 模型的实证研究》,《金融研究》2011 年第 5 期。

(邹琳华)

税收学

税收学是现代应用经济学的重要分支，它通过系统研究政府与各经济主体之间的税收关系，抽象出一般性的税收经济理论，并将之应用于税收制度设计与税收征管过程中。2010年以来，新现象、新问题层出不穷，新的税收理论问题也随之不断涌现，国内税收理论界对新形势、新情况的关注，拓展了税收学研究的新领域，推动了我国税收理论体系的建设和发展。中国税收学在税收学基础理论研究和重大税制改革的现实问题上都进行了较为深入的研究，取得了一批研究成果。现综述如下。

一　税收与收入分配之间的关系研究

鉴于税收制度的功能定位，税收与收入分配之间的关系研究一直是税收学界关注的重要问题。税收制度中的流转税可以从初次分配环节影响收入分配，所得税又可以在再分配环节对收入分配差距形成调节作用。

郭庆旺、吕冰洋（2011）研究了税收对要素收入分配的影响。他们指出，我国自1994年分税制改革以来，税收收入保持高速增长的同时，国民收入分配格局发生显著变化——劳动要素分配份额逐渐下滑，资本要素分配份额逐渐上升。他们利用GMM估计的方法检验了我国税收制度对要素收入分配的影响。结果表明，增值税明显降低了劳动分配份额，但对资本分配份额的影响不明显；而营业税明显降低了资本分配份额，而对劳动分配份额的影响不明显；企业所得税降低了资本分配份额；个人所得税中对劳动征税部分降低了劳动分配份额。

白彦峰、许嫚嫚（2011）研究了个人所得税的免征额调整对政府税收收入和居民收入分配的影响。结果表明，工资薪金免征额的调整对财政收入“减收”效应并不明显。同时，免征额调整对于缩小我国当前收入差距的作用也很有限。

李青（2012）研究了个人所得税制度的再分配效应。她以税前后收入份额差距、平均税率作为指标，分别从纳税人与收入的角度对2000—2009年间我国个人所得税的再分配效应与累进性进行了考察。结果显示，通过公开的统计数据计算，上述十年间，个人所得税减少了收入最高的20%纳税人的收入份额，改善了其余的80%纳税人的收入分配状况。个人所得税呈现累进性的特征。

二　税收的经济效应研究

税收对经济的影响是税收经济学研究最重要的领域，近年来随着中国经济社会发展进入新的历史时期，迫切要求税收作为政府重要的政策工具，在扩大内需、调节收入分配等方面发挥更大的作用。2012 年，围绕税收经济效应的研究主要包括：

一是税收负担转嫁的研究。在现实经济运行中，纳税人和负税人往往不一致，税负转嫁研究的目的是弄清楚税负被哪个主体实际负担，它是税收理论的基本问题之一，也是税收经济效应研究的理论基础；

二是税收对需求结构的影响。坚持扩大国内需求特别是消费需求的方针，学者们从税收与消费需求关系的理论角度提出了自己的看法；

三是对区域经济的影响。由于经济活动日益跨越传统的行政边界，税收在不同区域内的分配也成为重要理论问题。学者们主要关注流转税在不同地区间的转移与分配问题；

四是税收对住房价格的影响；

五是税收对经济增长的影响。

欧阳华生、刘明、余宇新（2010）运用可计算一般均衡模型测算了我国的税收超额负担以及减税政策的福利效应。结果表明，我国税收超额负担总体处于较高水平，而且，结构性非常明显，所得税导致的每单位税收超额负担要高于流转税。

席玮（2012）从税负转嫁的角度，借鉴 Mendoza 的税负分析框架，构造了要素收入有效税率的核算框架，并对 1995—2010 年中国劳动与资本的实际有效税负进行了测算。他认为，间接税对居民消费的转嫁作用、增值税抵扣链条断裂导致的重复征税是劳动、资本有效税率攀升的重要原因。

张斌（2012）研究了消费需求与税收政策之间的关系，认为税收政策主要通过减轻边际消费倾向较高的中低收入阶层所得税负担，降低间接税，尤其是生活必需品的间接税负和建立完善的社会保障筹资机制降低居民的储蓄动机三个方面发挥扩大消费需求的作用。而且要重视税收政策的局限性，中国扩大消费税收政策需要考虑公平与效率的平衡，应与财政支出政策相互配合发挥作用。

黄夏岚、刘怡（2012）比照消费地原则和生产地原则的分配方式，对当前地方增值税分配方式如何以及在何种程度上偏离了受益负担的一致性进行了研究。他们发现，在采用社会消费品零售总额的地方份额作为消费指标实际衡量地方增值税分配时发现，存在相当程度的财富逆流。在增值税扩围的背景下，改革现有的增值税地区间分配方法十分必要。

吴晓燕、周京奎（2010）研究了土地和房屋保有税对城市土地利用效率和住宅供给结构的影响。结果表明，如果仅征收物业税，那么单位土地住宅建筑面积将随着税率的提高而下降，从而降低了土地利用效率；如果对保有土地征税，则会提高土地利用效率。结果还说明，如果对大户型住宅征物业税，住宅供给结构也会因此得到改善，然而，如果仅对开发大户型住宅的土地征税，住宅供给结构失衡的状况将更加严重。

况伟大（2012）对住房和商业房屋构建一个购房者、开发商和政府的三部门一般均衡模型，研究了房产税、地价与房价之间的关系。结果表明：房产税负的提高会导致房价下降；同时，对居民住房房产税的作用也不应进行过高估计。尽管“招拍挂”制度将抬高地价，但为有效利用土地，政府还应坚持“招拍挂”制度。降低房价，应多管齐下，而非寄希望于某一项政策，毕其功于一役。

何其春（2012）建立内生经济增长模型，从企业家的创新努力角度来研究了经济增长，并探讨了税收对经济增长和收入分配的作用。结果显示：经济增长需要对于企业家的创新给予激励和补偿，但是结果也会扩大收入差距。企业家来自创新收入的税率提高将降低他们的努力程度，从而降低经济增长速度，但是该税率的增加有助于降低收入不平等程度。

三　我国税制结构的研究

从概念上来说，税制结构是一个国家不同类型税种之间相互协调、相互补充的整体布局和结构关系。2010 年以来，税制结构研究成为税收学研究的一个热点，特别是直接税和间接税之间的比例和结构关系。

刘佐（2010）指出，直接税与间接税的比重，是税制结构研究的主要问题之一。他描述了中国若干重要历史时期特别是新中国成立 60 多年以来，历次重大税制改革以后直接税与间接税比重变化的轨迹。结果表明，中国的间接税收入占税收总额的比重偏高，直接税收入占税收总额的比重偏低。但从发展趋势看，近年来中国直接税与间接税的比例逐步趋于合理。他还指出，中国直接税与间接税比例的调整应当从总体税负调整的角度出发，通过增量的安排实现。

高培勇（2011）指出，在以税收为主体的现实中国财政收入格局中，税收要充当调节收入分配的重要角色。然而，现行税制体系下的中国税收，则无法实现这一目的。原因在于我国的税制结构特点，我国税收收入的 70% 以上来自于间接税。在余下 30% 的直接税中，个人所得税所占的比例较低，无法胜任现实调节收入分配的需要。

崔军（2011）认为，由于整体税制结构呈现失衡状态，直接税中具体税种的税制不完善以及税收征管体系无法适应征收要求等原因，我国直接税制度的调节作用没有充分发挥。因此，应该以收入差距调节为目标，加强直接税体系建设，收入和财产的取得和保有环节形成全方位的“税收之闸”，有效遏制收入差距的扩大。同时，构建适应直接税征收的税收征管体系。

四　我国税制改革与税收政策选择

我国的经济体制改革不断深化，我国税收学研究紧紧把握改革这一主线索，推动税收制度改革不断深入。1994 年的税制改革，基本构建了与社会主义市场经济要求相适应的税收制度框架。然而，长期以来，中国以间接税为主体的税制结构特征，对我国结构转型升级形成制约作用。现阶段，税制改革的总体方向是结构性减税，在降低法定税负的同时，优化税制结构。中国税收学界围绕结构性减税的呼吁和议论成为税制改革的谈论热点。同时，随着经济全球化的发展，税制改革不仅要考虑国内各种因素的影响，同时也受到国际税收竞争的制约。

贾康（2010）认为，“十二五”期间的税制改革有以下三个基本概念：一是结构性减税，整个“十二五”期间，结构性减税中最显著的措施是增值税扩围，以增值税来替换营业税，好处就是减少原来存在的重复征税因素，其目的就是鼓励第三产业的发展和专业化细分，配合扩大内需、提振消费和达到产业结构升级的总体目标。二是税收要有减有升。这方面最典型的就是个人所得税。三是税收上还应有结构性增税。比如，推进资源税改革和引入财产税的制度框架。

杨志勇（2010）从各国运用财政政策的角度来判断中国税制改革的方向。他认为，第一，税制改革应有利于健全财政。税制改革需要放置于全口径政府收入的背景下进行。第二，调整税制结构，增强自动稳定器的作用。研究制定在降低商品税收入比重的基础之上，扩大所得税收入的战略性措施，通过税制结构的调整，更好地发挥自动稳定器作用。第三，税制改革应有助于加快经济发展方式的转变。第四，进一步完善地方税体系。迫切需要重构政府间财政关系，改变地方财政过多依靠卖地收入的现状，即从高度依赖土地出让金收入转向更多地依靠财产税收入。

高培勇（2012）指出，结构性减税是政府实施宏观调控的重要手段，它还要作为积极财政政策的主要载体发挥作用，需要与既有的税制改革方案相对接。他还认为，在经历了主要依靠增加政府支出和扩大公共投资的反危机操作之后，其“粗放型”扩张对于经济结构的负面作用已经逐渐凸显，调结构的任务显得更为紧迫。未来的扩张性操作必须着眼于“精细化”，在保增长与调结构之间寻求平衡，减税无疑成为一种适当的选择。他还提出了结构性减税规模的确定标准，需要从两个方面确定规模：一是财政赤字规模。财政赤字规模在总体上锁定了结构性减税的最大量；二是增支减税的对比。在既定财政预算赤字约束下，有别于以往以“增支”为重心的操作，“减税”将成为继续实施财政扩张的主要载体。最后他指出了结构性减税的方向，结构性减税通过“有增有减”的结构性调整，实现整个税收结构的优化，将减税操作与税制改革的方向相结合，实实在在地减轻企业和居民的税收负担。

国家税务总局税收科学研究所课题组（2012）分析了国外特别是发达国家的税制改革，总结了国外税制改革的发展方向。他们提出，国外税制改革有 6 个方面的经验，即：正确认识市场和政府介入关系，传统税基正在面临结构性调整，以间接税为主体的税制结构优势明显，减税与增税互补成为显著特点，选择性征税成为普遍性征税的重要补充，税制优化将更加强调社会功能。

五　具体税种的改革

“结构性减税”既是一个总体方向，又是手段。在减税的大方向中，落实到不同类型的税种，就有着不同的制度改革策略。随着“营改增”等税制改革措施的推进，税收学界对各税种改革的研究有了进一步发展。包括流转税、所得税、财产税等多个税种。

胡怡建、李天祥（2011）利用投入产出表模拟估算了增值税扩围改革在不同税率下对财政收入的影响。结果发现，营业税改征增值税对财政收入的影响取决于增值税税率设计，当增值税税率设定为 13% 时是减税影响，而当增值税税率设定为 17% 时则是增税影响。

张斌（2012）研究了国外实行增值税“扩围”的做法和经验。他指出，目前大部分国家将服务业纳入了征收范围，部分国家采取了逐步“扩围”的方式，也有许多国家开征初期就将增值税覆盖了大部分服务业。因此，我国应根据实际国情选择“扩围”的具体行业，并通过分行业制定差别税率等措施实现各行业税负的均衡。应该说，上述研究是确定未来“营改增”之后增值税税制要素的依据和基础。

杨志勇（2012）关注了“营改增”试点之后的企业税负变化问题。他指出，“营改增”之后纳税人的税负下降与否与企业的生产周期相关，如果“营改增”纳税人在某一段时期内进项税额较少，那么企业税负可能加重。另外，还需要考虑的一个因素是“营改增”试点企业与其他地区非试点企业相比有了新优势。增值税纳税企业购买它们所提供的服务，能够取得增值税专用发票，增值税税额可作为进项税额加以抵扣。由此，试点企业的业务可能因之扩大，竞争优势因之增强。所以说，判断“营改增”试点对企业税负的影响应该从不同的差异化角度展开。

李文溥、谢攀、刘榆（2012）研究了两税合并对要素收入份额的影响。他们发现，劳动要素的企业所得税实际税率比上年下降了0.36和0.33个百分点，降幅达到3.20%和2.56%。“两税合并”结束了对外资的“超国民待遇”，降低了内资的市场进入成本，有利于改善劳动要素在国民收入再分配过程中的地位。

李林木（2012）分析了我国综合与分类相结合的个人所得税制度模式。他指出，如果我国将要建立的综合分类税制既要注重收入分配的公平，又要注重经济发展和税收管理的效率，那么大分类、小综合的半二元税制模式应当是较理想的选择。还有学者关注个税要素的具体设计。

王鑫、白重恩、吴斌珍（2012）对城镇居民收入分布函数进行了估算，并在此基础上，模拟了考虑家庭赡养系数的个人所得税税制改革效果。结果发现，在保证个人所得税收入基本不变的前提下，在扣除标准中考虑赡养系数后，中低收入家庭的所得税负担有所减轻，高收入家庭的税收负担相应加重。因此，个人所得税制改革需要考虑赡养系数的制度设计。

中国社会科学院财经战略研究院课题组（2012）认为，为了调节住房市场、调节收入分配、转变税制结构，应该坚定不移地推动房产税改革，按照公平、效率和量能负担的原则循序渐进地扩大征收范围，构建面向自然人纳税人的房产税征管机制。

贾康（2012）探讨了房产税的作用、机理及改革方向。他指出，我国税制结构中直接税比重过低，地方税体系不成型，房地产调控以及收入分配调控的需要，应该坚持推进房产税改革的大方向。他还指出了未来房产税改革的路径选择，需要在总结经验的基础上，推动试点地区方案优化，并讨论积极稳妥扩大试点的方案。

姚昕、刘希颖（2010）从经济增长的视角研究了最优碳税问题。她们从微观主体行为出发，充分考虑中国经济增长阶段性特征，并通过求解在增长约束下基于福利最大化的动态最优碳税模型，得到最优碳税征收路径。结果表明，碳税的开征有利于减少碳排放，提高能源效率。而且，在保障经济增长的前提下，中国最优碳税是一个动态渐进过程。随着经济总量的不断增长，最优碳税额呈现逐渐上升的趋势。

陈诗一（2011）研究了边际减排成本与中国的环境税改革。他认为，从促进减排和低碳转型的角度看，在确定碳税税率时，其大小要足以影响和改变排放者的行为，才能体现环境税的制度价值。短期而言，可以执行无差别的碳税政策；长期来看碳税税率应适当调高，且因行业而异。征收碳税在短期会对工业产出造成负面影响，但影响幅度很小；征收碳税促进碳强度减排的作用明显，有利于2020年实现国家承诺的40%—45%的碳强度减排指标。

林伯强（2012）以煤炭为例，对资源税制改革的影响进行了规范与实证分析。他利用修正的El Serafy使用者成本法对煤炭资源的使用者成本进行估计，结果表明，中国煤炭资源的开发利用存在使用者成本，并随着煤炭产量的大幅增加而迅速提高，通过资源税制改革可以反映煤炭资源的真实成本。另外，他的结论还表明，对煤炭资源征收5%—12%的资源税，宏观经济成本将在可承受范围之内，而且能够反映煤炭作为稀缺性资源的耗减成本。

肖俊极、孙洁（2012）利用模型模拟了消费税调整和燃油税制度对市场均衡造成的影响，进而分析了它们对社会福利和能源消耗的影响。结果表明：在汽车消费上，消费税调整确实使得中小排量汽车的价格下降，汽车消费向中小排量车偏移，而大排量的汽车价格升高，销量减少；燃油税抑制了汽车消费，各油耗水平的汽车销量大幅下降，而低油耗汽车销量下降幅度高于高油耗汽车。

六　税收征管研究

税收征管一直是税收理论研究的薄弱环节，2012 年作为对税制结构调整和提高直接税比重研究的延伸，如何建立适应直接税改革的税收征管模式进入了研究视野，如“综合与分类相结合”的个人所得税改革和对居民自住用房征收房产税改革都要求现行的以间接税和对企业征收为主的税收征管模式的调整。

郝昭成、张斌（2012）对适应综合与分类相结合的个人所得税征管机制改革进行了研究，认为建立自然人纳税人的税务登记和关联账户制度，建立以中央数据库为基础的个人所得税征管信息系统，属地管理和属人管理相结合的征管分工模式，纳税服务和中介服务体系以及“强稽查、严处罚、善救济”的税收执法体系是综合与分类相结合个人所得税征管机制的基本框架。

马珺（2012）系统梳理了美国税收征管模式的演变历程，归纳了现代税收管理与传统税收管理在管理环境、技术、理念、范围、目标、纳税义务的评定主体、审计与评定的关系、举证责任分布和组织结构等九个方面的差异。

参考文献与学科年度重要文献

1. 白彦锋、许嫚嫚：《个税免征额调整对政府税收收入和居民收入分配影响的研究》，《财贸经济》2011 年第 11 期。

2. 陈诗一：《边界减排成本与中国环境税改革》，《中国社会科学》2011 年第 3 期。

3. 崔军：《基于“调高”、“提低”目标的我国直接税体系建设》，《财贸经济》2011 年第 6 期。

4. 欧阳华生、刘明、余宇新：《我国税制税收超额负担定量研究——基于 CGE 模型框架的分析》2010 年第 1 期。

5. 高培勇：《尽快启动直接税改革——由收入分配问题引发的思考》，《涉外税务》2011 年第 1 期。

6. 高培勇：《当前经济形势与 2012 年财政政策》，《财贸经济》2012 年第 2 期。

7. 郭庆旺、吕冰洋：《论税收对要素收入分配的影响》，《经济研究》2011 年第 6 期。

8. 何其春：《税收、收入不平等和内生经济增长》，《经济研究》2012 年第 2 期。

9. 胡怡建、李天祥：《增值税扩围改革的财政收入影响分析——基于投入产出表的模拟估算》，《财政研究》2011 年第 9 期。

10. 黄夏岚、刘怡：《增值税收入地区间转移的衡量——生产地原则与消费地原则的比较》，《财贸经济》2012 年第 1 期。

11. 贾康：《“十二五”期间财政政策取向与税制改革》，《经济界》2011 年第 3 期。

12. 贾康：《房地产税的作用、机理及改革方向、路径、要领的探讨》，《北京工商大学学报》（社会科学版）2012 年第 3 期。

13. 李林木：《综合与分类相结合的个税改革：半二元模式的选择与征管》，《财贸经济》2012 年第 7 期。

14. 李青：《我国个人所得税对收入分配的影响：不同来源数据与角度的考察》，《财贸经济》2012年第5期。

15. 林伯强等：《资源税改革：以煤炭为例的资源经济学分析》，《中国社会科学》2012年第2期。

16. 刘佐：《中国直接税与间接税比重变化趋势研究》，《财贸经济》2010年第7期。

17. 马珺：《从美国经验看现代税收管理与传统税收管理的不同》，《中国税务报》（理论版）2012年11月12日。

18. 吴晓燕、周京奎：《房地产税、土地利用效率与住宅供给——与房屋保有税制选择的一个理论分析》，《财贸经济》2010年第12期。

19. 杨志勇：《各国财政政策运用背景下的中国税制改革》，《税务研究》2010年第10期。

20. 杨志勇：《“营改增”加重税负了吗》，《人民论坛》2012年第9期。

21. 姚昕、刘希颖：《基于增长视角的中国最优碳税研究》，《经济研究》2010年第11期。

22. 张斌：《扩大消费需求的税收政策》，《财贸经济》2012年第9期。

（中国社会科学院财经战略研究院税收研究室，执笔人：蒋　震）

金融市场学

一　学科概述

从广义上讲，金融市场是从事金融资产交易和融资活动所形成的供求、借贷、信用等关系的综合体系，也是进行各种票据、有价证券、外汇和金融衍生品买卖，以及同业之间进行货币借贷的场所。在发达市场经济体当中，金融市场在金融资源配置中发挥着基础性作用，其运行状况直接影响着实体经济的运行效率。

金融市场是一个由各种不同类型的市场构成的庞大体系。按照金融工具的期限，金融市场可分为融通短期资金（一年以下）的货币市场和融通长期资金（一年以上）的资本市场。货币市场包括金融同业拆借市场、回购协议市场、商业票据市场、银行承兑汇票市场、短期政府债券市场、大面额可转让存单市场等。资本市场包括中长期信贷市场和证券市场。中长期信贷市场是金融机构与工商企业之间的贷款市场；证券市场是通过证券的发行与交易进行融资的市场，包括债券市场、股票市场、基金市场、保险市场、融资租赁市场等。

金融市场学是研究市场经济条件下各个金融子市场的运行机制及其各主体行为的科学。20 世纪 60 年代以来，金融学家将不确定性引入经济分析，直接推动了各种各样的金融市场均衡模型的出现，最具代表性的理论模型包括马克维茨（1952）的资产组合理论、夏普（1964）的 CAPM 模型、法玛（1965）的有效市场理论、考克斯和罗斯（1976）的期权定价理论等，其研究焦点是论证在无摩擦的理想世界中，套利机制是如何保证各市场之间的均衡，进而保证金融体系的有效性的。时至今日，这些模型在金融经济学中仍占据着中心位置。从这个意义上说，金融经济学是将不确定性引入对金融市场的研究之后产生的，金融市场学在金融经济学中处于核心地位。

20 世纪 90 年代以来，由于金融市场在经济体系的主导和核心作用，相应地围绕着金融市场的研究也越来越受到理论界的重视，传统研究热点包括金融资产定价研究、金融市场的有效性研究以及金融市场中投资者的行为研究等。资产定价研究是 20 世纪 90 年代初的研究热点，但其研究成果已经相对成熟，目前的研究并无太多理论创新，更多的是对传统资产定价理论的实证检验和局部修正，特别是检验“有效市场假说”是否成立。金融市场有效性的研究是近年来的热点，博弈论与信息经济学被大量用于分析金融市场的不完全性。此外，行为金融是一个正在迅速发展的学科分支，投资者情绪、非理性行为等金融市场上的各种不符合“经济人”假说的异常现象开始成为金融市场理论研究的重点对象。

总体而言，目前主流的金融市场理论与以货币理论与政策为基础的传统金融学不同，以微观经济分析、实证研究和多学科交叉融合发展为主要风格。当然，无论金融市场学研究的风格如何变化，其关注点最终都要落到金融市场自身的运行、金融市场上参与者的行为，以及金融市场与宏观经济政策的关系上。

二　改革开放三十余年来中国金融市场学发展、演进的概况

改革开放之初，中国金融市场的发展领先于整体上的经济转轨。20 世纪 80 年代初，当“市场经济”概念还在经济学界被小心翼翼地讨论之时，各地就已经出现了非正规的金融市场，例如沿海地区的地下资金拆借活动，东北老工业基地试行的企业发行债券。相应地，理论界和决策层对发展金融市场的必要性进行了广泛的讨论，由此拉开了中国金融市场快速发展的大幕。

不过，在改革初期，决策层发展金融市场的主要动因是为了在资本稀缺的环境中增强动员资本的能力，设法从多层次筹集建设资金。随着市场化改革的深入，学术界逐渐地将金融市场发展与现代公司治理结构的建立和金融体系的完善联系起来，形成了一批有代表性的研究成果。

20 世纪 90 年代中期以来，许多学者从国有企业改革的视角入手，认为大力发展金融市场是国有企业建立现代公司治理结构的必由之路。黄范章（1989）首先探讨了发展股票市场和建立股份制企业的重要意义。钱颖一（1995）把治理结构概念正式引入企业改革领域，使整个企业改革乃至当前金融改革的重点发生了全面调整。张亦春、周颖刚（1997）进一步指出，中国在改革初期实施的股份制和承包制改革有助于形成有效的激励机制，但由于信息不充分、不对称，无法形成有效的监管机制，而发展证券市场恰恰能够改善企业所有者与经营者之间的信息不对称，形成有效的监督机制。王晋斌、刘元春（2000）则认为，中国资本市场发展的滞后，降低了市场的定价效率，难以改善企业的治理结构。张文魁（2000）指出，健全中国的偿债保障机制可能比简单地鼓吹发展股票市场更具现实意义，可以有效监督企业经营。

与此同时，更多的学者从金融体系自身的发展与改革角度对金融市场的功能进行了广泛讨论。

易纲（1996a，1996b）以货币化过程为主线研究了 1978—1995 年间中国金融资产结构的变化，并指出了中国企业直接融资比重偏低所带来的种种危害。相应地，要着力发展直接融资（主要是指股票市场和债券市场），以优化中国的金融资产结构，分散和管理好金融风险。易纲、宋旺（2008）以中国货币市场和资本市场发展为主线，分析了改革开放三十多年来的中国金融资产结构变化态势，并指出，中国未来需要继续完善货币市场和资本市场，以促进金融资产结构调整。未来十年，我国金融市场发展的最佳路径是市场的双向开放。

还有一些研究致力于比较金融市场主导型和银行主导型金融结构的效率。虽然大多数研究充分肯定银行主导型金融结构在现阶段对中国经济增长的重要性，但是也有一些实证研究对此进行了质疑。例如陈雨露、马勇（2008）证实，新兴市场国家的金融结构越是倾向于银行主导型，其经营成本就越高，效率也就越低。林毅夫、孙希芳和姜烨（2009）从更一般化的角度提出了最优金融结构理论。具体而言，发展中国家的比较优势一般集中于劳动密集型的中小企业；由于中小企业信息不透明，且融资规模较小，因此它们通过金融市场进行融资的固定交易成本很高，很难通过公开发行股票和债券获得资金。中小银行应该成为发展中国家金融体系的中心。李扬、殷剑峰（2005）的历史考察发现，从其在

金融体系中的主导作用看，股票市场和银行业堪称“各领风骚”几十年；21世纪初，银行业恢复主导地位的秘籍之一恰恰是能够面向资本市场，全面引进了各类信用风险转移工具，推动金融创新。

在货币市场方面，李扬（1996，1998）系统地讨论了货币市场发展的诸多问题，阐述了发展货币市场对于货币当局的重要性，分析了中国同业拆借市场和回购市场的市场结构、参与者、资金流向、利率水平等问题。

对资本市场的研究成为更受瞩目的焦点。李扬、王国刚（1998）介绍了资本市场在储蓄向投资转化过程中发挥的重要作用。张春霖（1997）、周天勇（1997）等认为应当改变以国家为唯一中介的融资体制，以竞争性的资本市场替代国家融资，疏通直接融资渠道，从而使国民经济运行的风险分散化、社会化。进入21世纪之后，城镇化成为经济发展的主引擎，学术界开始讨论与城镇化配套的金融体系建设（如陈元，2010；李扬，2010等），多层次资本市场体系建设被普遍认为是其中的重点，相关研究开始成为热点。

近些年来，对货币市场和资本市场发展的必要性论证已经基本结束，相关研究趋于具体化，通常围绕各类金融市场中的某一具体现象展开，大量借鉴西方主流金融理论模型和计量方法，运用中国数据进行实证检验，产生了一些有实际意义的结论。这一类文献构成《经济研究》、《管理世界》、《金融研究》、《国际金融研究》、《金融评论》等中国主要经济金融杂志中的金融市场类论文的主体。

总体上来看，中国的金融市场研究始终以解释和解决现实问题为导向，同时注重借鉴和改造国外的成型理论框架，用于解释本土现象；并没有太多的纯理论层面的分析。因此，我们以上总结的，也主要是三十余年来围绕各种实际问题的认识演变和政策思路研究，并非西方主流金融学理论意义上的金融市场理论研究成果。

三　2012年金融市场学的理论前沿和重大热点问题

1. 对西方理论的介绍

毋庸讳言，由于学科建设的落后，研习西方主流理论、跟踪前沿文献至今仍是中国金融市场研究者的一项重要任务。

陆蓉、邹富（2012）介绍了金融市场研究的一个前沿领域：金融市场中个体之间的关系研究。该领域的前沿集中于关系对资产定价和公司金融的影响。在中国社会中“关系”是一个重要的文化和社会元素，研究关系在金融市场中的作用对于中国金融市场研究尤其重要。

刘少波、杨竹清（2012）从经济增长、资本流动与投资增长、金融稳定、资本市场效率、股市风险、公司治理及绩效等方面展示了资本市场开放的经济后果领域的研究状况和最新进展。文章指出，最近愈来愈多的研究非常关注开放国国内经济金融条件的匹配性，试图揭示在经济金融全球一体化趋势无法逆转，因而一国经济金融开放不可避免的态势下，开放国应具备什么样的内部条件才能获得开放的积极效应并降低甚至避免其负面影响，进而尝试最优金融开放的理论构建。

王增武对金融经济领域的不确定性研究进行了综述，重点介绍了Choquet积分在非期望效用、资产定价、保险、投资消费储蓄、宏观经济等领域的应用。

郑伟（2012）对金融市场的分形和混沌研究做了全面综述，并进行了评价和展望。阐述了这些研究的意义，揭示了经济变量和金融市场价格的非线性特征，并对其机制进行了深入分析。他认为，现有研究还不能很好地应用于实际经济和金融过程，去解决实际的问题。在定价、建模和预测方面还面临很多困难。对金融市场的非线性研究，让我们对现实世界的理解更加深入和精细。但这些研究并不意味着否定传统经济学理论。正是在不同理论的不断争论和互相印证的过程中，推动金融计量理论不断向前发展。

2. 国际比较以及开放条件下的中国金融市场

长期以来，国内学者一直注重对其他国家金融市场的经验教训展开比较分析。例如，陆静和郑晗（2012）分析了9个国家（地区）的资本市场指数在次贷危机期间的传染效应。研究发现，危机前，美国对除中国外的7国（地区）在危机发生时冲击力更大，资本市场出现单向传染效应。在危机期内，美国次贷危机对其他国家市场的影响强度迅速增大，持续时间比传统过程相对延长。他们还通过高低波动率机制的比例系数伽玛检测了这些国家（地区）资本市场间的转移传染和纯传染效应。

费兆奇（2012）从行业视角出发，研究了我国A股市场的世界一体化与区域一体化的动态进程。研究发现：特定行业因素对工业、原材料和金融行业的冲击超过了外界因素对A股市场整体的影响；与世界因素相比，亚洲区域因素对A股指数及大多数行业的影响占据主导地位；在次贷危机期间，亚洲区域因素对A股市场中金融行业的影响最大，金融行业成为亚洲区域风险向国内市场传递的主要载体。

何光辉等（2012）同样关注中国股市的一体化问题。研究发现，中国证券市场国际一体化已隐约出现，但不确定性大，而且国际化关系不对等。入世后中国证券市场国际一体化水平显著提高，但在美欧金融危机期间没有得到延续。进一步推进中国市场国际一体化应根据自身发展特点和国际金融形势变化及时调整策略，确保在分享全球化利益的同时风险最低。

何诚颖等（2012）在资本国际流动的基础上重新阐述了“不平衡性增长”这一概念，并指出，资本市场国际化通过引导资本的合理流动，形成促进经济平衡性增长的资本流动机制。中国资本市场国际化应该积极借鉴新兴国家的经验并吸取其教训，以货币兑换自由化、取消外汇管制为前提，深化改革、强化监管，保证国内金融市场稳定和经济发展模式的成功转型。

3. 金融市场主体行为与市场运行的微观研究

与国外金融市场研究的前沿趋势相符合，越来越多的学者开始重视国内市场的微观主体结构与行为分析，尤以股票市场的实证研究居多。在这一领域，国内学者开始越来越多地运用数量工具来探讨金融市场的内在特征，但迄今为止，多数还是在国外已有研究基础上进行数据替换与方法微调，还缺乏原创性的基础性文献。

2012年，对股票市场行为主体的研究成果十分丰富。王聪等（2012）考察了中国城镇居民对股票市场的态度、参与现状及其影响因素。研究发现，年龄、收入和教育程度对股市参与有显著的正向影响；风险态度、社会互动、房产比例、职业风险等是股市参与的重要影响因素；信贷约束和社会互动是影响股市参与程度的重要因素。不过，除了年龄、教育年限和收入因素之外，股市参与的影响因素是动态变化的，中国居民的股市参与和参与程度随金融市场环境的变化而变化。

股价崩盘风险是金融危机背景下金融市场学的一个研究热点。许年行等（2012）发现：（1）分析师乐观偏差与上市公司未来股价崩盘风险之间显著正相关，且此关系在“牛市”更为显著；（2）机构投资者持股比例越高，机构投资者数量越多，公司存在再融资行为，以及来自前五大佣金收入券商的分析师比例越高，分析师乐观偏差与崩盘风险之间的正向关系就更为显著。

上市公司是股票市场中的另一重要主体。吴超鹏等（2012）研究风险投资机构对上市公司投融资行为的影响机制和作用效果。结果发现，企业上市后仍然可以利用风险投资机构的监督职能、声誉资源和融资关系网络来解决代理问题和信息不对称问题，进而促进企业投融资行为的规范化和理性化。

对于股票市场的总体运行态势，2012 年有一些有新意的实证研究。文风华等（2012）在已实现波动率异质自回归模型（HAR-RV 模型）的基础上，基于市场微观结构的理论，同时考虑市场波动的杠杆效应和量价关系，构造了已实现波动率及交易量之长记忆异质自回归模型（LHAR-RV-V 模型），并利用该模型对沪深 300 指数的等时 1min 高频数据进行实证分析，实证结果表明该模型能够较好地捕捉到我国股票市场波动的长记忆性和杠杆效应，且杠杆效应具有一定的持续性。

刘红忠等（2012）首次提出了股票市场的“隔夜效应”和“午间效应”，并使用交叠样本法和 ARMA-GRACH 模型对沪深两市的午间休市和晚间休市对股票收益率的影响进行了检验。结果发现，存在持续稳定的“隔夜效应”，“午间效应”虽然显著，但并不持续稳定。

货币市场是另一个研究重点。荆中博等（2012）对 Hagen 和 Ho 的货币市场压力指数进行改进，采用 1970—2009 年间 66 个国家的 74 次银行危机样本，多维度地实证检验了修正后的指数对于银行危机的识别精度。他们的实证检验结果表明，采用整体样本标准差构建的货币市场压力指数适用范围更广、识别精度更高，而且以 T = 97% 为阙值构建的指数具有较高的识别精度和稳定性。他们修正后的货币市场压力指数是一个更好的银行危机预警指数。

方意等（2012）运用有向无环图方法分析了中国货币市场基准利率的确立。结果表明，存款利率是中国货币市场的基准利率，Shibor 与银行间质押式回购利率的基准利率属性随着利率市场化的推进正在逐步增强。

关于金融市场改革与发展，也有一些代表性文献。杨之曙等（2012）基于 2003 年 12 月 8 日沪深交易所交易前市场透明度改革背景，结合特定营业部进行了实证分析。发现透明度的变化，使得散户投资者被动地改进了成交时间和价格影响力。结果，透明度的变化更多地有利于散户投资者的交易。相比之下，对机构投资者有一定的影响，但是不大，这对交易制度改革的有效性提出了新的思考。

杨涛（2012）认为，一个健全的银行间市场体系，应该由同业拆借市场、债券市场、外汇市场、衍生品市场、黄金市场共同组成，其中的投资人结构虽然近年来不断优化，但是还存在诸多问题，需要在多元化、国际化、专业化等方面进一步加以完善。而对于投资人的监管，需要充分借鉴国外经验与结合国情，确立在法律、机制、模式等方面应该遵循的基本原则。

陆家骝（2012）认为，我国建立多层次资本市场的实质就是改变过去银行体系垄断融资渠道的状况，通过资本市场的发展来建立起竞争性的多元融资结构体系。我国区域债权资本市场的形成和发展是竞争性融资机构发展的表现形式，而以资本市场为基础的金融工具创新会使资产收益空间增大，最终促进我国金融市场的完全性和金融效率的改进。

4. 金融市场的监管与政策环境

如何为金融市场发展创造良好的外部制度环境，一直是国内学者研究的焦点。

在市场监管方面，赵晓钧（2012）认为，投资者适当性作为海外成熟资本市场普遍存在的重要监管规则，通过调整证券金融机构的金融产品销售行为，保护投资者的利益。欧盟、日本以及中国香港资本市场相继在立法中确立适当性规则以保护投资者，这为我国《证券法》修改提供了全新的理念和思路。在比较分析基础上，他提出了构建我国法中适当性规则的有益思路。郝旭光等（2012）通过对监管部门和其他市场参与者进行调查问卷，系统评价了证券市场监管政策的效果。结果发现：市场参与者对监管部门的总体监管效果评价较低。其原因在于由于监管部门对监管理念即对证券市场的本质和监管目标的认识存在偏差，导致监管部门对证券市场存在的问题缺乏清醒、深刻的认识，在监管过程中违背了“三公”原则，进而导致监管部门在制定相关政策时“考虑不全面，措施不配套”，从而表现出较差的前瞻性、严密性和综合性。

在金融市场面临的政策方面，汤洁茵（2012）认为，减轻金融交易的税收负担对促进金融市场健康、稳定、有序发展的作用极为有限，反而在一定程度上削弱了公民权利实现的财政基础。随着金融市场从国民经济的核心演化为投机场所，各国对其课以低税负甚至免税缺乏必要的正当性。因此，对金融市场课税，应当重视的不只是其对金融市场发展的调节功能，而更应当关注税收所固有的财政收入功能，并以此为基础，遵循量能课税原则着手金融交易课税规则的构建。

也有学者对于当前资本市场监管政策中的行政化倾向提出质疑，如尹中立（2012）则认为，股市“半强制分红制度”在我国有一定的合理性，但在实施该项制度的过程中，需要更合理的手段和措施。从正常的法律关系来看，上市公司是否分红，以及分红多少，应该由公司的董事会或股东大会决定。分红应该属于公司治理问题，与监管无关。王志强等（2012）对2006年和2008年证监会出台的两项将上市公司股利分配水平与再融资资格挂钩的半强制分红政策效果进行了评估。结果表明，2008年政策中限定股利分配形式仅为现金股利的规定提高了高成长性公司的融资门槛，可能导致监管悖论，因此监管当局应该减少在再融资资格筛选中的行政干预，加快资本市场的市场化进程。

5. 金融市场与实体经济

我国金融市场建设如何才能更好地服务于实体经济，二者究竟有何内在关联？这是政府和学界都关注的重大问题。

产品市场与股票市场的关系一直是该领域的研究热点，国外诸多研究将近几十年来美国乃至全球资本市场上公司股票特质性风险或其回报波动的显著增加，以及公司产品市场竞争业绩与其股票市场绩效的关联性下滑，直接归咎于实体经济领域内日趋激烈的竞争。吴昊旻等（2012）基于“竞争结构—风险预期—回报波动”关联视角的理论分析和实证研究表明：我国上市公司股票特质性风险——至少近十年来——亦呈现显著增加的趋势，特质性风险与其市场风险水平的明显“背离”虽国内外皆然，但其背离的“性质”却显著不同，我国股市的投机性、政策性特征更为明显；特质性风险的显著增加与我国上市公司产品市场竞争的加剧显著正相关；相对集中的行业结构与显著的市场势力能够有效弱化公司股票特质性风险而稳定公司回报。

从宏观面看，孔祥利等（2012）通过构建数理模型，从金融市场财富门槛的角度对我国通货膨胀与收入不平等的关系进行了理论分析。结果发现，一方面，在我国金融市场不发达的现实背景下，形成了规避通货膨胀的财富门槛，财富门槛降低了低收入群体规避通货膨胀的效果，扩大了收入差距；另一方面，通货膨胀又在事实上提高了金融市场的财富门槛，进一步加剧了收入不平等状态。

罗文波和安水平（2012）利用29个省、市、自治区2006—2010年的面板数据，实证结果发现：多层次资本市场融资对经济增长具有显著的促进效应，但债券市场与FDI对经济增长的作用较弱。总量促进经济增长的背后，不同的融资渠道之间的相互作用不尽相同：银行信贷与债券对股票市场筹资存在显著的“溢出效应”，FDI对股票市场筹资存在显著的“挤出效应”，说明股票市场融资可以替代FDI在实体经济中的作用。通过对多层次资本市场与产业结构转型关系的数据进行实证，他们发现：股票融资、债券融资在一定程度上推动了中国的经济结构转型，但FDI与结构转型负相关，银行信贷与经济转型的关系不显著。

6. 金融市场的基础设施

基于对全球金融危机的总结反思，以及国内金融市场改革的需要，对于金融基础设施的研究逐渐进入主流学术视野。

产权保护是金融市场发展的一项制度基础。严武等（2012）利用中国的A和B股市场的独特结构，分析了产权保护对市场交易中不同投资者之间信息不对称的影响。实证结果表明，当某一城市的产权保护较好时，公司的公司治理情况更好，透明度更高，该城市的同一上市公司的A股与B股的不同投资者之间的信息不对称程度较低。

支付清算系统对金融运行的作用越来越显得重要。李雪静（2012）认为，目前，随着我国场外衍生品市场的不断发展，为了避免对手方风险及系统性风险的传染蔓延，我国应加快场外衍生品市场中央清算机制的研究和探讨。同时，我国场外衍生品市场的中央清算应以上海清算所为主要载体和平台，加大对远期、互换、信用等场外衍生产品的中央清算机制研究。刘浚淇和陈艺云（2012）认为，危机以来中央对手方清算作为加强金融市场基础设施建设的重要举措受到了各国监管当局的普遍关注，对于推动国际金融市场的发展与金融风险管理发挥了重要的作用。他们分析了中央对手方清算在交易商与交易主体的激励、道德风险与风险管理激励、合约标准化、中央交易对手的协调等方面所面临的挑战，阐述了后危机时代中央对手方清算发展情况及发展趋势。

信用评级作为基础设施的作用在危机后显得愈发重要。陆军等（2012）等认为，信用评级机构的发展与资本市场的发达程度密切关联，且具有路径依赖和规模效应。应着眼于专业化水平高、规模较大的信用评级机构，借此提高中国在国际金融市场上的话语权；同时，监管机构应严格控制信用评级机构介入金融创新业务，降低其与被评级机构之间的利益关联，并要求它们向监管当局提供评级过程中必要的数据和所使用的模型。鄂志寰、周景彤（2012）分析了美国信用评级市场中存在的市场高度垄断、严重的“顺周期”现象、利益冲突、金融市场及监管当局对评级的严重依赖等问题，并介绍了针对这些问题而设计的以行业自律为基础、NRSRO注册与美国证券交易委员会（SEC）直接监管相结合的信用评级监管体系。

7. 跨学科研究

学科交叉融合是金融经济学发展的重要源泉之一，也是未来发展的重要方向。2012

年中国的金融市场研究也出现了一些有意义的跨学科探索成果。

游家兴等（2012）借用传播学媒介效果研究中的“沉默的螺旋”理论，以金融市场上长期存在的异象——资产误定价为切入点，首次从媒体情绪的视角研究新闻媒体对金融市场运转可能存在的负面效应。研究发现，当新闻报道所传递出的媒体情绪越高涨或越低落时，股票价格越有可能偏离基本价值水平。并且，当公司信息透明度越低时，媒体情绪对资产误定价的影响越显著。进一步的研究表明，媒体传递的情绪不同，其对资产误定价的影响存在不对称性，乐观的媒体情绪更容易推动价格向上偏离基本价值，导致股价泡沫产生。

王国伟（2012）认为，金融经济的发展和金融市场对社会生活的塑造，为金融市场的社会学研究的兴起提供了现实基础。西方学者家分别从社会网络、新制度主义、场域和述行分析的角度对金融市场的研究，既突破了金融学的解释逻辑，又深化和丰富了经济社会学研究的主题。中国金融市场二十年的发展实践，为开展金融市场的社会学研究提供了千载难逢的发展机遇。

米运生等（2012）从法哲学和经济学双重视角考察了中国农村金融市场发展滞后的原因。其主要结论是，规制市场的垄断结构和基于“权利”的法哲学原理下的监管理念导致了农村金融市场的双重迷失，垄断结构下的单一规制服务无法适应异质性的农村信贷市场，垄断供给者所要求的最低收益和平均定价所形成的门槛效应将小规模农村金融机构排斥在规制市场之外。

杜恂诚（2012）运用历史方法考察了中国近代的政府公债与金融市场。他发现，近代中国政府公债的发行开辟了政府动员国民储蓄的新时代，也为资本市场的发展提供了契机；不过，这也说明政府公债还没有完全与金融市场融为一体，公债价格还受到很多非市场因素的影响或制约。

四　中国金融市场研究今后的发展方向

金融市场学本质上是一门应用科学，中国金融市场研究的推进与中国经济的转轨与发展进程密不可分，其研究走向直接受到新出现的各种重要现象的左右。

第一，随着中国经济结构的转型升级、城镇化的推进和地方融资平台风险的暴露，为了更好地发挥金融体系优化配置资源、分散风险的作用，多层次资本市场的建设将成为中国金融改革与发展的一项重大任务。因此，与城镇化相配套的市政债券等新问题将成为研究的热点。

第二，随着中国经济开放程度的不断提高和人民币国际化的推进，离岸金融市场、国际支付清算体系建设等一些在过去显得不太重要的课题将亟待深入研究。

第三，虽然世界已经进入后危机时代，但金融市场波动与金融危机、宏观经济形势之间的传导机制仍未被学术界清晰地揭示出来，仍有待包括中国在内的各国学者共同努力探索。

在学科体系建设上，中国的金融市场学仍处于既缺乏有效的理论框架，又缺少对中国现象的系统把握的初级阶段。今后一个时期的首要任务是在继续掌握西方理论前沿动向的同时，着力从各个角度搜集整理中国金融市场发展的描述性事实和基础数据，并在此基础上运用统计和计量的方法提炼出一系列的典型化事实，为中国的金融市场理论研究提供坚实的事实基础和研究对象，然后以此为新的起点，构建既吸收主流理论精华，又符合中国国情的金融市场理论框架。

参考文献与学科年度重要文献

1. 杜恂诚：《近代中国的政府公债与金融市场》，《财经研究》2012 年第 9 期。
2. 鄂志寰等：《美国信用评级市场与监管变迁及其借鉴》，《国际金融研究》2012 年第 2 期。
3. 方意等：《中国货币市场基准利率的确立及其动态关系研究》，《金融研究》2012 年第 7 期。
4. 费兆奇：《中国股市的世界一体化与区域一体化：行业视角》，《金融评论》2012 年第 1 期。
5. 郝旭光等：《中国证券市场监管效果研究》，《管理世界》2012 年第 7 期。
6. 何诚颖等：《资本市场国际化与中国经济增长方式转型》，《经济学动态》2012 年第 9 期。
7. 何光辉等：《入世以来中国证券市场动态国际一体化研究》，《经济研究》2012 年第 10 期。
8. 荆中博等：《基于货币市场压力指数的银行危机预警研究》，《金融研究》2012 年第 5 期。
9. 孔祥利等：《金融市场对我国通货膨胀与收入不平等关系的调节作用分析》，《经济经纬》2012 年第 4 期。
10. 李雪静：《场外衍生品市场中央清算机制的保证金模式研究》，《上海金融》2012 年第 10 期。
11. 刘少波等：《资本市场开放及金融自由化的经济后果研究述评》，《经济学动态》2012 年第 5 期。
12. 刘红忠等：《中国股票市场上的“隔夜效应”和“午间效应”研究》，《金融研究》2012 年第 2 期。
13. 刘浚淇、陈艺云：《后危机时代国际金融市场中央对手方清算的发展动态与趋势》，《上海金融》2012 年第 7 期。
14. 陆静、郑晗：《次贷危机期间国际资本市场传染效应研究》，《国际金融研究》2012 年第 5 期。
15. 陆蓉等：《金融学中的关系研究评述》，《经济学动态》2012 年第 2 期。
16. 罗文波、安水平：《资本市场融资、经济增长与产业结构升级》，《证券市场导报》2012 年第 4 期。
17. 陆家骝：《竞争性融资结构与区域债权资本市场建设》，《当代财经》2012 年第 8 期。
18. 陆军等：《信用评级市场结构与金融市场风险》，《金融论坛》2012 年第 1 期。
19. 米运生等：《规制失灵与农村金融市场的双重迷失》，《经济评论》2012 年第 4 期。
20. 邵毅平、虞凤凤：《内部资本市场、关联交易与公司价值研究》，《中国工业经济》2012 年第 4 期。
21. 许年行等：《分析师利益冲突、乐观偏差与股价崩盘风险》，《经济研究》2012 年第 7 期。
22. 汤洁茵：《金融市场发展中的税收立法选择》，《税务与经济》2012 年第 2 期。
23. 严武等：《产权保护和市场信息不对称：来自中国 A—B 股的证据》，《经济研究》2012 年第 11 期。
24. 杨之曙等：《透明度变化对股票市场投资者委托单提交行为和交易成本影响研究》，《金融研究》2012 年第 2 期。
25. 杨涛：《银行间市场投资人结构及监管原则研究》，《上海金融》2012 年第 10 期。
26. 尹中立：《我国上市公司的半强制分红制度》，《中国金融》2012 年第 6 期。
27. 游家兴等：《沉默的螺旋：媒体情绪与资产误定价》，《经济研究》2012 年第 7 期。
28. 王聪等：《股市参与、参与程度及其影响因素》，《经济研究》2012 年第 10 期。
29. 王国伟：《金融市场的社会学》，《江淮论坛》2012 年第 1 期。
30. 王雪磊：《后危机时代碳金融市场发展困境与中国策略》，《国际金融研究》2012 年第 2 期。
31. 王增武：《金融经济领域的不确定性研究综述》，《金融评论》2012 年第 2 期。
32. 王志强等：《上市公司财务灵活性、再融资期权与股利迎合策略研究》，《管理世界》2012 年第 7 期。

33. 文风华等：《基于 LHAR-RV-V 模型的中国股市波动性研究》，《管理科学学报》2012 年第 6 期。
34. 吴超鹏等：《风险投资对上市公司投融资行为影响的实证研究》，《经济研究》2012 年第 1 期。
35. 吴昊旻等：《产品市场竞争与公司股票特质性风险》，《经济研究》2012 年第 6 期。
36. 郑伟：《金融市场的分形和混沌研究综述》，《技术经济与管理研究》2012 年第 7 期。
37. 祝合良、许贵阳：《我国黄金期货市场套期保值功能的实证研究》，《财贸经济》2012 年第 1 期。
38. 赵晓钧：《中国资本市场投资者适当性规则的完善》，《证券市场导报》2012 年第 2 期。

（杨　涛　董　昀）

合作经济学

一　合作经济学的奠立和演进

1945 年安克（Enke）发表了“消费合作与经济效率”一文。继其之后，1948 年安麦力诺夫（Emelianoff）的专著《合作经济理论》出版，他们将传统厂商理论应用于合作社，把合作社视为一种厂商类型，建立了一套有效的合作社的分析方法，使合作经济开始脱离社会学的范畴，作为社会科学中一门独立的学科出现。

自 20 世纪 40 年代，对合作社的研究开始向模型化、规范化方向发展，根据经济学家对合作社本体假设的不同可以分为三类：1. 作为农场延伸的一种纵向一体化组织；2. 独立企业的一种；3. 一种以集体协作方式运行的企业联盟，也被称为“合作社联盟”①。但在新古典的分析框架中，视合作社为一种“企业”的假设无法使分析达到令人信服的“均衡”状态。这促使一些学者将“异质性”引入了合作社分析。异质性概念的引入使合作社的研究方法开始转向“联盟”假设下的讨价还价，并使这种研究范式逐渐成为合作社研究的主流。

20 世纪 80 年代以后，伴随着新制度经济学的兴起，合作社研究也开始引入产权理论、代理理论、企业行为理论、交易成本理论、博弈论等新的主流经济理论。此前厂商理论所不能解释的合作社内部治理问题在新的理论框架下得以深入剖析和探讨，从而大大解除了合作社理论发展中的瓶颈。

20 世纪 90 年代见证了合作社研究的“井喷”式发展，一大批重要的理论研究成果涌现出来。Cook，Chaddad，Iliopoulos（2004）将 1990 年以来的合作社理论成果分为三大流派：1.“作为一种企业的合作社”的拓展；2. 作为一种“联盟”的合作社；3. 作为一种“一组合同联结体”的合作社。②

二　改革开放以来的中国合作经济学

改革开放后，伴随着中国农村改革的不断深入，中国的合作经济学也开始逐步摆脱前苏联集体经济思想的窠臼，在重新思考、诠释马列主义合作理论的同时，开始采用西方经

---

① 周诚：《20 世纪中国土地经济学术研究纵览》（代序言），载毕宝德主编《土地经济学》，中国人民大学出版社 2005 年版，第 50 页。

② 原文 Cook，Michael L.；Chaddad，Fabio R.；Iliopoulos，Constantine：Advances in Cooperative Theory since 1990：A Review of Agricultural Economics Literature，Hendrikse，George W. J.（ed.）；Restructuring Agricultural Cooperatives，Erasmus University Rotterdam，2004，pp. 65 – 90。中文翻译载张晓山、苑鹏著《合作经济理论与中国农民合作社的实践》，首都经济贸易大学出版社 2009 年版，第 305 页。

济理论来解释中国合作经济组织的实践和创新。

（一）改革开放初期的合作经济学研究

改革开放初期，与整个国家的经济改革形势和意识形态背景相适应，中国合作经济学研究总体上没有脱离人民公社体制的框架①，研究的焦点一是集中在对马列主义合作理论的重新理解和诠释上，二是集中在合作制与集体所有制的关系上，三是集中在农业合作化道路的重新定位上。

关于马克思对土地集体所有制的论述，学术界主要有三种代表性观点。一种观点认为，马克思所说的集体所有制，是农民集体占有土地的所有制②；另一种观点认为，马克思的集体所有制，是在承认农民私有产权前提下的农户联合生产的集体所有制③；第三种观点认为，马克思的集体所有制，就是社会或国家公有制④。

关于合作制和集体所有制的关系，学术界主要有两种代表性观点。一种观点认为，列宁讲的农业集体经济，既包括集体所有制，也包括合作制⑤；另一种观点则认为，集体经济与合作经济有严格区别，前者指生产资料集体所有、统一经营和分配的生产组织，后者指个体农民组织的商业、加工、信用合作社，合作制和集体制是从小生产过渡到大生产的不同阶段⑥。

关于合作化道路的重新定位问题，学术界争论的问题有：应当发展集体经济还是合作社；是发展社区合作还是专业合作；是发展生产合作还是加工、流通合作。

关于是发展集体经济还是合作社的道路问题，主要有三种不同观点。一种观点认为，从我国农村较低的生产力水平来看，集体经营是长远之道⑦；另一种观点则认为，以家庭承包为基础，统分结合的双层经营体制充实了社区合作的内容，可以走出一条有中国特色的合作社之路⑧；第三种观点却认为，商品经济条件下，集体经济和双层经营体制将妨碍农业生产要素的合理配置，妨碍农户在家庭经济基础上形成适度规模，因此集体经济和双层经营将被历史实践否定⑨。

关于是发展社区合作还是专业合作的问题，一种观点认为，社区合作经济以土地公有为基础，具有许多其他经济组织所不具备的功能，因此应成为农村合作经济发展的重

---

① 杜吟棠主编：《合作社：农业中的现代企业制度》，江西人民出版社2002年版，第263页。

② 张鸿文：《关于马克思恩格斯和我国农村的改革》，《经济研究》1981年第11期。

③ 李波人：《马克思恩格斯和我国农村的改革》，《农村问题论坛》1986年第106期。

④ 李本均：《也谈集体所有制与合作制》，《经济研究》1984年第6期。

⑤ 黄道霞：《集体所有制与合作制——对马列主义经典作家有关论述的考证》，《经济研究》1984年第1期。

⑥ 刘文璞：《列宁的合作社理论》，《农民日报》1988年4月20日。王丁元：《略论马克思主义合作制的发展》，《农业经济问题》1983年第6期。

⑦ 王家梁：《集体经济的实质及其发展》，载《合作经济研究文集》，科学技术文献出版社1991年版，第57页。

⑧ 周志祥：《试论社区合作的发展与双层经营的完善》，载《合作经济研究文集》，科学技术文献出版社1991年版，第177、181页。

⑨ 高鸿宾：《对农村集体经济中双层结构的历史认识》，《农业经济问题》1985年第3期。

点[①]；另一种观点认为，家庭经营和各种专业合作经济组织的有机结合，将是农村合作经济发展的主要形式，地区性合作经济组织将逐渐向专业合作组织过渡[②]；第三种观点认为股份合作经济在保留农民私有产权的前提下可以创造新的社会生产力，因此将是今后农村合作经济的主要形式[③]。

关于是发展生产合作还是流通合作的问题，一种观点认为，今后农村合作经济的重点应放在流通、服务方面[④]；另一种观点则认为，有条件的地方仍应是办生产合作社[⑤]。

（二）20 世纪 80 年代中后期新型合作经济组织兴起后的观点争论

进入 20 世纪 80 年代中后期，随着农村经济体制市场化改革的不断加深，一批新型合作经济组织涌现出来。针对这一新现象，理论界也展开了讨论，主要围绕着合作社的本质属性、合作制与股份合作制的异同来展开。

关于合作社的本质属性，一种观点认为，合作社应当包括公共财产不可分割、按劳分配和限制雇工的原则[⑥]，但另一种观点认为，合作社包括可分割和不可分割资产，不同类型的合作社有相对应的分配形式，按劳分配不是普遍性原则；合作社中所有者、经营者和生产者“三位一体”的治理结构仅是部分现象，不能以此来定义合作社本质[⑦]。

20 世纪 80 年代末 90 年代初，乡镇企业的蓬勃发展使股份合作制遍地开花，关于合作制与股份制的关系的讨论也逐渐升温。一种观点认为，股份制是合作制的一种[⑧]，中国农村的股份制是一种新的合作经济形式[⑨]；另一种观点则认为，股份制与合作制是两种截然不同的经济制度，不能混淆[⑩]；第三种观点则认为，股份制与合作制有区别也有联系，它们都是一种经济联合形式，但股份制以谋求他人创造的剩余价值为目的，合作制则以劳动者自助为目的[⑪]。

（三）农业产业化战略大背景下的合作经济学发展

20 世纪 90 年代中后期，以“龙头企业 + 农户”为代表的多元化农业产业化组织纷纷涌现，更多新型合作经济组织形式也应运而生，并且与其他农业产业化主体并存、竞争、整合，衍生出更加多样化的农业产业化组织形式。2007 年 7 月，《农民专业合作社法》的颁布实施更大大刺激了全国农民专业合作社的蓬勃发展，这为中国合作经济学的发展和创新提供了肥沃土壤和广阔天地。

---

① 王叔云：《试论当前完善农村合作制的重点》，《财经科学》1986 年第 10 期。

② 农村合作经济研究课题组：《对农村合作经济的动向和趋势的认识》，《农业经济问题》1985 年第 8 期。

③ 杜润生：《关于发展农村商品经济的几个社会目标》，《红旗》1985 年第 8 期。

④ 晓亮：《对合作经济的几点反思》，《天津社会科学》1987 年第 3 期。

⑤ 徐更生：《搞活流通、加强服务、促进农业一体化》，《经济参考》1988 年 2 月 15 日。

⑥ 张路雄：《关于合作经济的几个理论问题》，《经济研究参考资料》1982 年第 72 期。

⑦ 张晓山、苑鹏：《合作经济理论与实践》，中国城市出版社 1991 年版，第 29、33、110 页。

⑧ 杨鲁慧：《关于合作制问题的研究综述》，《哲学社会科学动态》1988 年第 1 期。

⑨ 农业部政策体改法司：《理直气壮地发展农民股份合作企业》，《农民日报》1990 年 10 月 24 日。

⑩ 厉以宁：《乡镇企业股份制——组建与运行》，中国人民大学出版社 1994 年版，第 36—37 页。

⑪ 韩元钦：《合作经济是劳动者约定共营制经济》，《经济研究》1987 年第 1 期。

与此同时，从西方引进的主流经济学理论，尤其是新制度经济学理论，则为这些新型农业产业组织的产生、发展和演变提供了有力的理论分析工具。因此，在90年代后期以来，采用范式较为统一的西方经济学理论来分析中国的合作经济组织，使观点争论大大减少，对合作经济组织的分析则日趋系统和深入。但略有遗憾的是，中国的合作经济学至今仍徘徊在“舶来”的西方经济思想理论中，本土化的合作经济理论难得一见，这应当成为中国合作经济研究学者未来的努力方向。

三　2012年中国合作经济学理论前沿和重大热点问题

2012年，国内合作社研究与中国农民专业合作社的实践共同发展前进着。合作社的产权特征分析、合作困境解析、异化发展评判、评估体系构建，以及合作社与其他农业产业化组织间的竞存构成了国内合作社研究的几大重点主题；在新制度经济学的交易成本理论、产权理论、委托—代理理论之外，新兴古典经济学的交易分工理论、社会资本理论、人力资本理论、数据包络分析法（DEA）等也逐渐被应用于合作社研究，成为近年来国内合作社研究理论分析工具的新热点；随着中国农民专业合作社不断向前发展，合作社的规制和监管问题、合作社法律完善、合作社融资等问题，也获得了研究者越来越多的重视。

（一）合作社产权特征的制度分析

合作社产权安排的独特性一直是学者分析的热点问题，此外，中国农民专业合作社普遍存在的产权股份化倾向也是国内合作社产权制度研究的重点。

任强（2012）深入讨论了合作社“模糊产权”的意义。他认为，合作社的模糊产权来自于合作社“劳动控制资本”的本质属性，是这种属性的必然结果。他认为，合作社的“模糊产权”可以改进，但从本质上不能彻底改变，所有的产权改革都要以不损害合作社中“劳动对资本的控制”为底线。

伍开群（2012）采用Hansmann的企业所有权理论分析了合作社的制度合理性，指出将所有权赋予社员组成农业合作社，意味着外部交易内部化，极大地节省了市场交易成本和减少了市场风险；同时，由于社员具有高度利益同质性，其所有权成本较低，因此，农业合作社制度成本较低，具有制度效率。另外，他采用卢周来的讨价还价模型来解析不同要素所有者在合作社中所拥有的不同所有权安排，认为各类要素市场供求状况导致了农业合作社对各类投入要素不同程度的依赖，从而各契约方形成不同的讨价还价能力，进而获得相应的所有权。

郑鹏、李崇光（2012）用中西部五省市的经验证据支持了合作社产权安排的股份化倾向与合作社成员异质性之间的相关性。

张晓山（2012）从合作社人力资本稀缺性的角度来解释合作社产权安排向核心社员倾斜的现象，并认为这种安排具有其现实合理性和必然性。

（二）合作社内合作困境的解决

合作社内部的合作困境主要来自于两方面：一是中小社员强烈的“搭便车”行为动机，二是合作社管理层的委托—代理问题。针对前者，在以往基于新制度经济学的委托—代理理论、集体行动理论之外，通过计量模型、公共治理等新理论，以及从社员对合作社和管理层信任的角度入手来分析专业合作社内部社员“搭便车”动机的研究已经成为主流。

针对小社员在集体行动中的机会主义行为，谭智心、孔祥智（2012）实证分析了不同类型合作社中影响中小社员“搭便车”动机的因素。肖云等（2012）从奥斯特罗姆公共治理理论的角度解释了合作社社员“搭便车”行为产生的原因并提出了治理措施。任大鹏等（2012）借用增长极理论来阐释合作社内部的凝聚力和离散力等。

浦徐进、蒋力、吴林海（2012）在“行动者/结构”的分析框架下，尝试将强互惠理论拓展到合作社农产品质量供给治理领域。他们进行的数值仿真表明，强互惠行为的存在确实能约束社员行为从而有效提高合作社的农产品质量。

刘宇翔（2012）以陕西省 19 家合作社的 197 名社员为样本，实证研究了影响合作社成员信任的因素。他将合作社成员的信任分为四种向度：对社会、对其他社员、对管理层和对社内规章制度，从社员的个人特征、家庭特征、成员意愿、成员需求四个方面来挖掘影响因素。在结果基础上他提出，在塑造合作社内部的制度信任的同时，还要注重社员之间关系信任的培养。

除了对实践中合作行为的解释，朱富强（2012）则从更加抽象的理论层面质疑了单一以退出权来解释新中国成立初期农业合作社失败的理论局限性，提出了以退出权—呼吁机制的理论框架来解释合作社的合作困境。他指出，缓解和克服合作组织中的机会主义倾向和“搭便车”行为有两个基本机制，一是在合作社形成过程中的退出机制，成员能够以此保证最低限度的单干收益；二是在合作社运行过程中的呼吁机制，成员可以以此直接惩罚机会主义者。而农业合作组织成功的根本在于健全的呼吁机制。

（三）合作社的收益分配问题

合作社的收益分配问题有两层含义：一是指合作社内部不同身份成员间的收益分配问题，二是指在农业产业链中，合作社与其他产业主体间的收益分配问题。

蔡荣（2012）通过利用山东省 135 家农民专业合作社调查数据，实证考察农民专业合作社的合作剩余创造与分配制度安排问题。研究发现：合作剩余主要源于合作社产品集中销售的价格溢价和农资集中采购的价格优惠；合作剩余分配包括社员层面的利益回报和合作社层面的盈余返还，前者为合作社收购产品和销售农资时向社员所提供的价格改进及其他各项免费服务，后者包括“按交易返利”、“按股分红”和“两者相结合”等不同类型的分配制度，其选择主要受到合作社领办主体身份类型、社员入股要求和社员规模等因素的影响。

何安华等（2012）从合作社成员间的异质性出发，提出了一种合作社成员资源禀赋差异与合作社收益分配层级化二者相互强化、演变的动态理论分析框架。分析认为，在缺乏外部因素介入的情况下，资源禀赋的初始差异将导致合作社下层成员囿于原有要素合作，而上层成员走向多要素合作的新的资源禀赋差异格局的出现。

施晟、卫龙宝、伍骏骞（2012）以山东、海南、浙江等省的数据实证研究了“农户+合作社+超市”中的剩余分配问题。研究发现，相对于其他模式，“农户+合作社+超市”能为农户带来最多的净收入提高；信息的获取能力和风险控制能力决定了合作剩余在三方间的分配，农户最终获得产品的价格溢价，合作社获得社会网络资源的租金，超市获得营销的剩余索取权。他们指出，不同环节的剩余索取权应分配给信息最充分、风险控制能力最强的一方。

（四）成员异质性与合作社发展的异化

在转型阶段，中国农民分化导致的合作社成员异质性，进而导致的合作社发展异化问题，是目前中国合作社研究的一大重点领域。合作社异化普遍表现为产权安排的股份化倾向（也有文献称之为“资本控制”、“资本锁定”、“内部人控制”等）。除了从产权安排角度研究合作社成员的异质性问题，近年来对合作社成员异质性问题的研究中也开始出现定量研究。赵凯（2012）在界定合作社社员异质性内涵的基础上，将合作社成员异质性界定出了13个维度，包括家庭人均纯收入水平、储蓄存款额度、家庭固定资产的规模、家庭资源禀赋（承包地规模和质量）、家庭成员数量、家庭成员结构、户主类型、文化程度、技术水平、决策能力、生产偏好、声誉以及社交能力等。吴晨（2012）则以罗虚戴尔合作社原则为基准统计分析合作社的异化程度，并从获得合法的法人身份、降低组织管理协调成本、制度变迁路径依赖和股份合作制有利于合作社参与市场竞争4个方面分析了农民专业合作社异化的原因。

（五）合作社评估模型和体系

对合作社的组织效率进行量化研究是近来国内合作社研究的最新趋势之一。扶玉枝、黄祖辉（2012）以浙江省农民专业合作社为样本，采用Bootstrap-DEA模型测算了合作社内部的技术效率、规模效率和纯技术效率。刘婧（2012）则采用广义超越对数成本函数确定效应模型和SUR法，对合作社的规模经济和范围经济进行了实证研究。张靖会（2012）也提出了一种合作社绩效（效率）评价指标体系。

此外，还有学者针对合作社的竞争力、创新能力、融资能力等方面构建了评价指标体系。

张彪、叶得明（2012）从宏观环境、人力资源、物质资源、生产能力、销售能力、制度规范等方面构建了一种合作社竞争力评价指标体系，发现现阶段农民专业合作社的竞争力主要体现在销售能力和人力资源等方面。

倪细云、王礼力（2012a）从内部技术创新能力和外部创新环境支持能力两方面构建了一个包含7个二级指标，30个三级指标的合作社技术创新能力测度模型，并应用于实践。结果表明，合作社内部创新能力整体不强，市场创新能力最为薄弱，创新投入能力大于创新产出能力，创新管理能力较强。他们的研究为政府监测与评判合作社的技术创新能力，制定科学政策提供了一种依据。

倪细云、王礼力（2012b）运用层次分析法和模糊综合评价法，从保障能力、发展潜力、财务管理、环境因素和影响能力等五方面选取最能代表农民专业合作社融资能力的30个指标，建立了农民专业合作社融资能力评价指标体系，构建农民专业合作社融资能力测度模型。实证结果表明，农民专业合作社整体融资能力不强，各合作社之间的影响能力的差距大。

（六）合作社与其他农业产业化组织的竞存整合

在中国政府的农业产业化战略主导下，中国农民合作社在与龙头企业、经纪人、大户等其他农业产业化主体的竞争整合中发展演变。农户对不同产业化组织形式的选择一直是学界研究的热点，所采用的理论分析工具多为交易成本理论，但近年来新兴古典经济学的交易分工理论也开始被应用于对合作社等产业化组织的分析。邵锋等（2012）基于间接定价理论模型，分析了农产品营销中农户对营销衔接主体的选择。张亿钧（2012）在土地流转的大背景下分析了合作社遇到的来自专业大户、龙头企业等其他生产主体的挑战，并提出了对策建议。刘颖娴、郭红东（2012）从资产专用性的角度实证研究了影响合作社纵向一体化行为的因素。韩国明、李伟珍（2012）从历史制度主义的角度出发，在村庄背景下分析了不同类型合作社与村庄公共物品提供间的关系。他们认为，当村庄内部出现了农民自组织的合作社时，将形成政府、村组织、合作社共同构成的公共品合作供给机制，而当“支部＋合作社”模式出现时，则村庄的公共品供给将延续旧有的低效率机制。

（七）社会资本理论在合作社研究中的应用

近年来，社会资本在合作社研究中的应用得到重视。鞠立瑜等（2012）对合作社内部社会资本分布情况进行了描述统计。廖媛红（2012a）的实证研究表明，在一定条件下，作为正式制度的合作社管理规章对作为非正式制度的社会资本存在“挤出效应”。廖媛红（2012b）指出，社会资本在农村资金互助中的作用包括积极和消极两方面。积极作用包括：信任减少了互助社成员间的信息不对称，降低金融交易成本；合作与互惠规范有利于引导和制约借款成员的主观行为；相对封闭的社会网络有助于建立声誉机制，减少机会主义行为。消极作用包括：信任的特殊性与边界性影响互助社的规模和结构；社会规范可能对正式制度产生“挤出”效应；社会网络的相对封闭性，不利于互助社的可持续发展。据此，她提出，为了保持互助社发展的可持续性，可将互助社员间的特殊信任提升为普遍信任，并扩大信任半径；积极扩展现有社会网络，通过桥梁式社会资本建立多元化合作共赢模式；建立和完善正式制度，与社会规范进行互补等措施来充分发挥社会资本的功能。

孔祥智、程泽南（2012）详细讨论了合作社自办企业的动机、所涉及的税收种类及优惠政策。针对合作社自办企业面临的纳税主体的界定不清、资金需求与税收负担相矛盾、资金使用成本增加等税收问题，提出了政策建议。

（八）合作社规制和监管

在关于合作社与政府关系的研究中，论证政府扶持的必要性和提出具体措施的研究文献占据了主要部分，但近年来，随着中国农民专业合作社的发展壮大，对其进行监管和规制也进入了研究者的视野。

任梅（2012）依托政府规制理论和合作社理论，针对中国农民专业合作社，分析了其规制需求，回顾了其规制发展历程，概括了其规制体系的构建、规制成效、规制运行中存在的问题及原因，在合理借鉴国内外政府规制经验的基础上，提出规制优化的原则、目标体系和政策建议。

辛德树等（2012）提出了构建以政府为主导、以审计机制为核心的合作社外部监管体系的详细建议。他们界定了合作社外部监管的含义和功能，指明了不同部门的外部监管职责，明确提出了外部审计监督的制度构建、实施和法律效力等问题。

徐旭初（2012）在讨论中国农民合作社面临的环境约束时指出，在政绩因素驱动下，各级政府将合作社视作带动农村经济发展的主体，对合作社进行支持鼓励的同时也带来了对合作社自主运行的干预。因此，未来中国农民专业合作社发展的方向很大程度上取决于合作社自治与政府规制间能取得何种平衡。

（九）股份合作社研究

在农地规模化经营的大趋势下，土地规模经营的组织形式创新也日益增多，土地股份合作社成为一大研究重点。

韦彩玲（2012）分析了土地流转中“龙头企业 + 合作社 + 农民”模式的潜在问题，指出该模式的风险防范机制不健全，存在隐蔽性“农地非农化建设”之嫌，使农民难以充分享受农地规模经营的收益。针对这些问题，她提出通过完善农村社会保障体系、规范农地流转行为、允许农民的股权流转和充分发挥政府作用等措施来解决。

田代贵、陈悦（2012）在重庆市实施农村集体股份合作制的实践经验基础上，提出了建设农村新型股份合作社的一揽子设想和操作建议。他们指出，农村新型股份合作社发展的制度保障是推进农村集体资产股份制改革，包括培育农村微观经济主体、确立农民财产主体和投资主体地位、建立农村集体资产法人产权制度，彻底理顺产权关系、建立农村集体资产及要素市场配置机制等多个方面。从主体确认、集体股的设置及规范、法人治理结构的规范、创新农村集体资产股份制组织形式等角度，他们进一步提出了发展集体股份合作社的制度框架和具体操作方略。

肖妍、程培堽（2012）以苏州吴中区上林村土地股份合作社作为案例，剖析了该合作社的内部治理结构和运行机制，提出了土地股份合作社在发展中可能遇到的问题，如：政社不分、股权设置简单、股权封闭强、出资方式单一、经营模式名为入股，实为租赁等，并针对此提出了完善治理结构，完善产权制度和风险防范机制等措施。

刘明、周洪梅（2012）对上海市农村社区股份合作社发展的三种模式进行了分类研究。针对三种模式（松江区新桥模式、闵行区莘庄工业区模式、奉贤区新叶村模式）在发展中遇到的问题提出了政策建议。

（十）合作社融资问题

在绝大多数合作社发展过程中，融资难是普遍存在的问题，学者们也针对此问题提出了不同见解。

程京京、常小雨（2012）针对农民专业合作社融资难的问题，基于对陕西杨凌示范区的实地调查，提出了开发合作社法人小额信贷产品的解决思路。他们从产品开展的信用形式和要素优势入手，明确指出合作社法人小额信贷的良好风险防范机制、灵活的使用性等，可以在保障金融机构信贷资金安全性、收益性的前提下有效满足合作社发展的资金需求。

汪小亚、帅旭（2012）总结了依托农民专业合作社开展的信用合作特征，包括以产业为基础、以商业信用和货币信用为手段、资金运用方式具有小额信贷特征、对正规金融具有补充和替代作用等；并将此类信用合作分为三种模式：围绕生产经营环节，内部社员之间以“贷物”为特征的商业信用合作；依托合作社具有资金互助功能的业务单元或独立的资金互助组织，开展成员间的货币信用合作；基于“公司 + 合作社 + 农户”的农业产业链开展商业信用和货币信用合作。最后，他们针对制约合作社衍生出的信用合作的主要因素提出了解决对策。

四 合作社研究的未来发展趋势

根据以上合作社研究文献，可以对今后国内外合作社研究的发展趋势做出以下预测：

（1）合作社的成员异质性及其对合作社内部治理和市场行为的影响仍将是国内外合作社研究的热点问题。社会资本理论的应用是国内外此方面研究的共同趋势。

（2）对国内合作社研究而言，在政府开始扶持新型农业经营主体的新的大背景下，中国农民专业合作社将会出现怎样的变化、政府与合作社的关系将是未来合作社研究的核心问题；合作社成员异质性和组织绩效的量化研究将成为理论创新热点；此外，联合社、资金互助功能、办加工企业等合作社发展中出现的新现象也将逐渐成为合作社研究的热点问题。

（3）对国外合作社研究而言，在金融危机对农业领域产生深刻影响的背景下，成员间越来越明显的异质性将对传统合作社和新一代合作社产生深远影响，未来的研究将围绕这一问题开展。此外，合作社与 IOFs 的比较研究也将在理论模型和计量方法上继续进行创新。

（4）随着合作社实践的不断向前发展，合作社的政府规制和外部监管方面的短缺也日益明显，如何构建、构建一种什么样的合作社政府规制和外部监管体系将对未来合作社的健康发展起到至关重要的作用。

参考文献与学科年度重要文献

1. 郑鹏、李崇光：《“农超对接”中合作社的盈余分配及规制——基于中西部五省市参与“农超对接”合作社的调查数据》，《农业经济问题》2012 年第 9 期。

2. 张晓山：《大户和龙头企业领办合作社是当前中国合作社发展的现实选择》，《中国合作经济》2012 年 4 月。

3. 谭智心、孔祥智：《不完全契约、内部监督与合作社中小社员激励——合作社内部“搭便车”行为分析及其政策含义》，《中国农村经济》2012 年第 7 期。

4. 肖云、陈涛、朱治菊：《农民专业合作社成员“搭便车”现象探究——基于公共治理的视角》，《中国农村观察》2012 年第 5 期。

5. 蔡荣：《剩余创造、分配安排与农民专业合作社前景》，《改革》2012 年第 5 期。

6. 何安华、邵锋、孔祥智：《资源禀赋差异与合作利益分配——辽宁省 HS 农民专业合作社案例分析》，《江淮论坛》2012 年第 1 期。

7. 赵凯：《论农民专业合作社社员的异质性及其定量测定方法》，《华南农业大学学报》（社会科学版）2012 年第 4 期。

8. 吴晨：《农民专业合作社异化度测量及应对策略分析——基于广东省的实地调查》，《南方农村》2012 年第 10 期。

9. 扶玉枝、黄祖辉：《营销合作社分类型效率考察：理论框架与实证分析》，《中国农村观察》2012 年第 5 期。

10. 张靖会：《农民专业合作社效率评价体系——基于供给机制视角的研究》，《中央财经大学学报》2012 年第 2 期。

11. 刘婧、王征兵：《农民专业合作社规模经济和范围经济的实证研究——基于山西省合作社调查数据》，《经济经纬》2012 年第 4 期。

12. 张亿钧：《土地流转背景下我国农民专业合作社的发展：问题、挑战及对策》，《农业经济问题》2012 年第 5 期。

13. 刘颖娴、郭红东：《资产专用性与中国农民专业合作社纵向一体化经营》，《华南农业大学学报》

（社会科学版）2012 年第 4 期。

14. 浦徐进、蒋力、吴林海：《强互惠视角下的合作社农产品质量供给治理》，《中国农业大学学报》（社会科学版）2012 年第 1 期。

15. 廖媛红：《农民专业合作社内部社会资本对成员满意度的影响——以管理正规化程度为调节变量》，《经济社会体制比较》2012 年第 5 期。

16. 廖媛红：《农村资金互助社的社会资本作用机理研究》，《农村金融研究》2012 年第 5 期。

17. 鞠立瑜、傅新红、杨锦秀、庄天慧：《农民专业合作社社长的内部社会资本状况分析——基于四川省 116 位社长的调查》，《农业技术经济》2012 年第 4 期。

18. 张娟：《农民专业合作社联合社的变迁路径》，《农村经济》2012 年第 11 期。

19. 徐旭初、邵科：《如何看待合作社办农产品加工企业》，《中国农民合作社》2012 年第 11 期。

20. 任大鹏、李琳琳、张颖：《有关农民专业合作社的凝聚力和离散力分析》，《中国农村观察》2012 年第 5 期。

21. 徐旭初：《农民专业合作社发展辨析：一个基于国内文献的讨论》，《中国农村观察》2012 年第 5 期。

22. 汪小亚、帅旭：《农民专业合作社信用合作的模式及现实选择》，《中国农村金融》2012 年第 14 期。

23. 程京京、常小雨：《小额信贷：农民专业合作社金融支持新思路——基于陕西杨凌示范区的调查》，《农村经济》2012 年第 10 期。

24. 朱富强：《再造农业合作社——林毅夫的合作社失败命题之重审》，《社会科学研究》2012 年第 2 期。

25. 伍开群：《农业合作社的制度逻辑》，《学术界》2012 年第 6 期。

26. 刘明、周洪梅：《关于上海发展农村社区股份合作社的初步探讨》，《上海农村经济》2012 年第 8 期。

27. 肖妍、程培堽：《农村土地股份合作社运行特征、成效和潜在问题——以上林村土地股份合作社作为例》，《农业经济》2012 年第 7 期。

28. 田代贵、陈悦：《农村新型股份合作社改革的总体框架——一个直辖市例证》，《改革》2012 年第 7 期。

29. 韦彩玲：《土地流转“龙头企业 + 合作社 + 农民”模式的潜在问题及对策研究》，《甘肃社会科学》2012 年第 6 期。

30. 孔祥智、程泽南：《农民专业合作社自办企业税收制度分析》，《中国农民合作社》2012 年第 11 期。

31. 倪细云、王礼力：《农民专业合作社技术创新能力：测度模型及实证分析》，《科技与经济》2012 年第 1 期。

32. 倪细云、王礼力：《农民专业合作社融资能力：测度模型与实证分析》，《求索》2012 年第 4 期。

33. 张彪、叶得明：《农民专业合作社竞争力测评分析》，《广东农业科学》2012 年第 17 期。

34. 刘宇翔：《农民专业合作社发展中信任的影响因素分析——以陕西省为例》，《农业经济问题》2012 年第 9 期。

35. 施晟、卫龙宝、伍骏骞：《“农超对接”进程中农产品供应链的合作绩效与剩余分配——基于“农户 + 合作社 + 超市”模式的分析》，《中国农村观察》2012 年第 4 期。

36. 韩国明、李伟珍：《村庄公共产品供给框架下农民合作社的生成路径分析——基于历史制度主义视角》，《农村经济》2012 年第 1 期。

37. 辛德树、熊伟、李敬锁、牟少岩：《构建以政府为主导以审计机制为核心的农民专业合作社外部监管体系》，《中国农民合作社》2012 年第 12 期。

38. 任强：《论合作社的组织基础》，《浙江学刊》2012 年第 5 期。

39. 任梅：《中国农民专业合作社的政府规制研究》，中国经济出版社 2012 年版。

（宫哲元）

渔业经济学

一　学科概述

渔业经济学起源于20世纪初的英国。当时的英国机动渔船用柴油机代替蒸汽机捕鱼，大大提高了捕捞经济效果，引起了人们对渔业经济研究的重视。最早的渔业经济学相关专著是日本的蜷川虎三、冈本清造合著的《水产经济论》（1933）、冈本清造的《水产经济学》（1961）。20世纪70年代以后，各国出版了大量水产经济学著作，如日本近藤康男的《水产经济概论》（1979），清光照夫、岩崎寿男合著的《水产经济》（1982）和大海原宏、志村贤男等合著的《现代水产经济论》（1982）等。苏联出版了H. JI. 琴索耶夫的《苏联渔业经济学》（1977），挪威出版了洛根渥尔德和汉尼森合著的《渔业经济学》（1978）等。美国、加拿大和俄罗斯等渔业经济较为发达的国家，常常将渔业经济作为采掘业或者工业的一个部门经济进行研究，例如H. JI. 琴索耶夫就把渔业经济作为"工业经济的一部分"进行研究，并就渔业在国民经济中的地位、水产资源的经济评价、渔业科技进步、渔业经济管理等理论和方法进行了探讨。北欧的挪威等国着重从渔业资源经济问题研究渔业经济，评价捕捞的经济效果，并提出该国渔船生产实行限制的重大技术经济措施等。

在我国，渔业被视作大农业的重要组成部分，渔业经济管理也因此被视为大的农业经济管理学科的组成部分。在教育部颁发的普通高等学校本科专业目录（1998）中，渔业经济管理被置于农林经济管理学科下面。渔业生产的基本特点是经济再生产与渔业自然资源再生产的相互交织和紧密结合。因此，渔业经济管理学科研究的是渔业经济再生产与渔业资源再生产交织运行过程中形成的人与人之间、人与自然之间的矛盾及其发展规律。它是部门经济学，是在总结世界各国渔业经济成功经验和我国渔业发展的经验教训的基础上发展起来的一门应用经济学学科。关于中国渔业经济学学科体系的看法有以下六种代表性观点：

一是从生产力、生产关系及其相互关系的角度，将渔业经济学的学科体系界定为以下三个层次：渔业生产关系经济学、渔业生产力经济学和渔业经济管理学（宏观渔业经济管理和微观渔业经济管理）。以如毕定邦、吴万夫、解力平等老一辈渔业经济学家为代表。

二是将渔业经济学划分为宏观、中观和微观三个层次。宏观渔业经济包括世界渔业经济和我国的宏观渔业经济；中观渔业经济包括中观经济的基础理论、研究方法和研究经验，具体可包括渔业区域经济、渔区经济、省别渔业经济、城市（县域）渔业经济、湖区渔业经济。微观渔业经济可分为产业组织经济和渔（农）户经济（勾维民，2004）。

三是认为渔业经济学科应该是包括以下四个：渔业理论经济学（渔业生产经济学、

渔业流通经济学、渔业分配经济学和渔业消费经济学)、渔业具体应用经济学（世界渔业经济学、国别渔业经济学、区域渔业经济学和家庭渔业经济学)、渔业交叉经济学（渔业生态经济学、渔业技术经济学、渔业计量经济学、渔业信息经济学)、渔业经济学方法学(渔业会计学、渔业统计学和渔业计划学)。

四是认为渔业经济学科应该包括以下四个层次的内容：研究渔业经济基本理论与方法的渔业经济学；研究宏观渔业经济问题的水产品贸易、渔业金融、渔村发展经济学；研究微观渔业经济问题的水产养殖经济学；研究交叉学科的渔业技术经济学、渔业资源与环境经济学、渔业制度经济学、渔业生态经济学等（杨正勇，2009)。

五是渔业经济学科的五层次结构观点。中国水产科学院主编的《21 世纪中国水产科技发展战略研究》一书中将渔业经济学科分为五个层次：渔业经济综合研究（渔业经济体制学、渔业生产力经济学、水产品流通和市场经济学、渔业发展战略学)、渔业经济结构研究（海洋捕捞经济学、远洋渔业经济学、淡水养殖经济学、水产增殖经济学、水产品加工经济学、市场企业经营管理学、渔业工程经济学等)、渔业区域经济研究（世界渔业经济学、国民渔业经济学、省别渔业经济学、郊域渔业经济学、内陆渔业经济学、沿海渔区经济学)、渔业交叉经济研究（渔业资源经济学、渔业生态经济学、渔业技术经济学、渔业计量经济学、渔业信息经济学等）和渔业经济方法研究（渔业会计学、渔业统计学和渔业计划学等)。

六是从研究领域将渔业经济学科分为六个层次：渔业政策领域、渔业生产领域、渔业流通领域、渔业分配领域、渔业消费领域和渔业再生产与可持续发展领域的渔业经济研究。

从狭义上看，渔业经济学是指基于经济学理论基础上衍生的渔业经济学，广义的渔业经济学则是在传统渔业经济学基础上，将与渔业经济密切相关的管理学、资源、环境、生态科学以及涉及更边缘的渔文化研究引入，研究领域更为深入。综合来看，渔业经济管理学科是以水产科学、经济科学、资源与环境经济学、管理科学、渔村社会学、政治学、经济哲学与管理哲学、数学、系统工程等众多科学的理论和方法作为支撑和指导，以渔业经济活动过程中的渔业、渔村、渔民问题及其运行规律为研究对象的学科群的总称。

二　改革开放以来中国渔业经济学发展、演进的概况

新中国成立前曾在上海出版发行过《水产经济》小册子。但是，渔业经济学作为一门学科被系统研究则是在中华人民共和国成立之后。我国部分高等水产院校在 50 年代开始讲授的渔业经济学，其体系与内容基本上是参照苏联的农业经济学和工业经济学的体系再结合我国渔业情况编写的。期间没有提出科学和规范的渔业经济学概念，更没有形成系统的渔业经济学体系，研究领域更多地限于计划经济体制的政策性解释，某种意义上成为渔业的国民经济计划或水产企业的生产作业计划学。同时由于所采用的体系和内容侧重海洋渔业，也不能反映我国渔业发展的新情况和新问题。因此，我国的渔业经济学是在改革开放后的 20 世纪 80 年代才开始形成并逐步发展起来的。目前已经形成较为成熟的体系。

（一）改革开放后渔业经济学科的自身建设和发展

改革开放以来，渔业经济学科从理论探索和改革开放的实践中总结出了适合中国渔业经济发展的渔业经济学理论和应用体系。

20 世纪 80 年代初期，渔业经济学科学概念和体系开始形成。1978 年浙江舟山的全国渔业经济科学规划会议明确提出要编写《社会主义渔业经济学》。中国水产科学研究院成立了渔业经济研究机构，在沿海主要海区和内陆重点淡水水域的水产研究所设立了渔业经济研究室。1979 年还成立了全国渔业经济研究会，20 多个省、市、自治区也先后建立了渔业经济研究会，开展群众性、学术研究，定期或不定期举行渔业经济学术讨论会。1985 年水产品率先放开市场，为了给渔业经济体制改革提供理论支撑，渔业经济学研究空前活跃。从 1984 年起，上海水产大学成立经贸学院并设置了渔业经济管理专业后，其他几所水产院校和一些农业院校也都先后开设了渔业经济管理专业，不同层次的水产教育相继开设相关课程，渔业经济学、渔业企业管理学教材相继出版，如《渔业经济学》教材讲义（胡笑波，1985）、《渔业经济学》（毕定邦，1990）和《渔业生态经济学》（夏世福，1989）等教材。但是这一时期我国渔业经济学的基本参照系是苏联的渔业经济学，课程结构、体系、内容主要受到 20 世纪 70 年代末期引入的《苏联渔业经济学》的影响。

从 20 世纪 90 年代开始，西方经济学理论、方法的专著和教材大量引入，对在苏联渔业经济学框架下形成的中国渔业经济学产生了强力冲击。挪威学者 Han-nesson 的专著《渔业生物经济分析》（张相国译，1995）、日本学者清光照夫和岩崎寿男的著作《水产经济学》（王强华等译，1996）等系统科学地介绍了国外关于渔业发展的研究成果，促进我国渔业经济研究进入一个新时期。随着社会主义市场经济理论的提出和制度的建立，渔业经济学吸收西方经济学的研究方法，提出了宏观渔业经济关系和渔业生产力研究的思路，开始强调厂商理论、生产理论、成本理论和数量经济方法等现代经济学理论和方法在渔业领域的应用。《渔业经济学》（胡笑波、洛乐，1995，2001）、《渔业经济与管理》（丁举贵，1995）、《渔业技术经济学》（吴万夫，1995）等一批新教材和《当代中国的水产业》等 10 多种渔业经济专著出版。渔业经济学科在整合苏联渔业经济学和西方经济理论的过程中得到创新和发展。

2004 年在青岛举办的渔业学科建设研讨会上，渔业经济作为水产专业 7 +2 学科设置的 2 级学科，建立了以马克思主义经济理论和社会主义市场经济为指导的渔业经济学科框架。中国渔业市场经济的规范研究得以迅速发展。目前，在我国以上海海洋大学、中国海洋大学、大连海洋大学、浙江海洋学院、广东海洋大学等为主体的水产大学和一些综合性农业高校及个别综合性大学的水产系（学院）中，“渔业经济学”已是水产类专业的重要基础课程，是运用经济学基本理论，研究水产业的产业发展和资源配置效率、经济活动的规律以及产业内的各种经济关系等的学科体系。大学与相关科研院所如中国水产科学院等的渔业经济研究团队也为渔业经济学科建设做出了巨大贡献，在渔业行业经济、渔业微观经济、渔业制度经济、渔业福利经济、渔业资源经济、渔业技术经济、渔业经营体制、渔业生态经济、渔业环境经济、水产养殖经济、渔业国际贸易、渔业市场建设、渔业资源配置改革等方面进行了卓有成效的研究，在实证经济学和规范经济学两种范式方面都取得了与世界渔业大国地位相称的成就，为我国完善社会主义市场经济中渔业强国的建设做出了积极贡献。

（二）渔业经济学的研究进展

伴随我国渔业发展历程，学者们的研究集中在以下几个方面：

1. 对渔业增长的分析

20 世纪 80 年代的渔业体制改革和《中华人民共和国渔业法》确立以养为主的产业调整方针，促进了我国渔业产量大幅增长。对我国渔业经济增长的研究有两个主要方向：一是通过建立生产函数或模型，分析各要素的贡献率从而得出影响渔业经济增长的结论，如李文抗等（2003）通过增长速度方程法测算了天津渔业技术进步对渔业经济增长的贡献率；卢江勇等通过 CES 模型和全要素增长率法计算出海南省 1988—2003 年渔业增长全要素生产率和粗放度；张峰（2006）通过 C-D 生产函数分析上海渔业产量的主要影响因素和影响程度；包特力根白乙等根据 1980—2005 年数据构建了中国渔业计量经济模型，得出捕捞业生产函数和养殖业生产函数并进行预测；林群等根据 C-D 生产函数对山东省 1971—2006 年渔业经济增长的产出和投入要素进行了协整分析，分析了资本、技术、劳动对渔业产出的贡献，等等。第二个方向就是分析渔业制度对经济增长的作用。如姚震等计算了我国 1950—1999 年渔业总要素生产率的变化，分析制度因素所起的作用；袁新华等通过分析我国渔业经济发展中各阶段经济增长率的变化特点，探讨渔业制度对我国的渔业经济增长的促进和制约作用。同时，建立 C-D 函数模型，从资本、劳动力、科技、制度等几个方面探讨制度变革对渔业经济增长率的贡献水平。结果表明我国渔业制度变革对渔业经济增长具有明显的促进作用。

2. 产业管理的经济学问题

（1）捕捞尤其是近海捕捞管理控制和渔民渔业的补偿问题。影响捕捞尤其是近海水产资源捕捞管理的制度、资源、环境、成本和渔民生活等因素分析和管理建议被广泛讨论。《渔业法》规定，水产资源捕捞实行限额捕捞，并在投入控制上“双控”。近年来，由于近海渔业资源衰退加剧，禁渔时间和区域的效果有限，而渔民转产转业缓慢等问题，使得如何控制捕捞强度成为渔业资源经济学讨论的热点，其中推行个人可转让配额或生产单位配额制成为讨论的重点。个别可转让配额理论本质是在国家管辖权范围内对海洋共有资源进一步实施“圈海运动”和“私有化运动”。21 世纪初，朴英爱等、苏永华等就探讨了中国引入 TAC、ITQ 制度的必要性；慕永通等介绍了以 TAC 为基础的渔业管理制度的内容、产生、发展和应用情况，指出我国渔业借鉴 TAC 管理制度过程中的五项基本措施。杨正勇指出通过引入个体可转让配额制度来保护已持续衰退的海洋渔业资源是我国目前正在探索的思路。为了降低交易成本，应当在大的渔区首先实施该制度，同时通过转产、转业来降低捕捞渔民的数量。之后有学者如包特力根白乙等介绍韩国、加拿大等国 TAC 制度安排及启示。目前该制度在我国仍然处于探索阶段。

该问题还牵涉到失海失水渔民补偿问题。虽然《物权法》规定了渔业养殖捕捞的用益物权，但还不能解决失海失水渔民补偿问题。对渔业退出损失的计算争议和失地渔民的土地或海域争议及由此带来的补偿问题由此成为理论探讨的热点，大多从弱质渔业和弱势渔民方面分析。

（2）养殖业及其管理问题。美国生态经济学家莱斯特·布朗曾经说，中国对世界的贡献是计划生育和淡水渔业。上世纪末期，我国已经成为以养为主的渔业国家。新世纪的水产养殖业养殖领域不断扩展，由过去追求扩大养殖面积和增加养殖产量转向注重品种结构调整和产品质量提高；工厂化养殖、生态健康养殖模式迅速发展，深水网箱养殖发展势头迅猛，养殖业的规模化、集约化程度逐步提高。但是，李健华也指出水产养殖业发展值得关注的四个突出问题：水产养殖对资源环境影响、水产养殖病害、水产品药残和养殖渔民权益保障不力等，提出了树立科学发展观，发展资源节约型、环境友好型的水产养殖业的总体建议。刘晴（2004）指出中国水产养殖应建立和完善我国海水养殖业的法律体系，合理调整养殖水域的布局和品种结构，依靠科技进步和人才，改造传统养殖方式。有些研究以网箱养殖为例，探讨养殖对环境的污染、对捕捞渔民生产的影响、给水域生态环境带来的风险等问题和相关法律、管理和政策的支持。中国海洋大学林洪教授等人是我国最早从事食品安全与质量控制研究的科学家之一，撰写了《水产品安全性》（2005）一书，论述了水产品质量安全法规、标准与管理，水产品加工的安全性，水产品安全性评价等。产业化对于促进养殖业发展和渔民增收具有积极作用，郑建明将常见的养殖渔业组织形式归纳为专业合作经济组织带动型、渔业企业带动型和专业养殖大户带动型等三种模式，并从内部关联程度上归纳为两个层次：一个是通过产权结合，形成的大规模的集水产品生产、加工和销售一体化的渔业综合性企业；另一个是风险共担、利益均沾、优势互补的契约性联合体。还有些学者如乐家华（2010）、赵玉杰（2011）等做横向比较，探讨世界或某些国家养殖业的发展现状和趋势。

（3）水产品加工业。关注的重点是水产品加工业发展的现状、问题和对策。我国水产品加工业的主要问题是加工比例小，占水产品总产量的比例不足1/3；深加工滞后，仅停留在作为食品的低层次上，尤其是对低值鱼虾的综合利用程度低；主要原因有加工企业规模小、生产设备老化，保鲜、加工技术落后等，与国民的消费习惯也有关系。因此，行业内普遍认为引入先进技术和加强宣传对于提振水产品加工业是必要的。

（4）远洋渔业。《联合国海洋法公约》有关养护和管理跨界鱼类种群和高度徊游鱼类种群的主要规定、国际上正在推行的“产地证明书”和“生态标签”等制度及其发展趋势，对我国远洋渔业的发展有重大影响，研究者主要从规划、国际渔业关系、管理、观念等方面探讨了发展我国远洋渔业的若干问题。

（5）休闲渔业。休闲渔业对于调整渔业结构、合理利用渔业资源、促进渔业增效等方面具有重要意义，在我国拥有良好的发展前景。骆乐等人（2003）认为，观赏渔业是都市型水产业的新增长点。闵宽洪将休闲渔业分为四种类型：生产经营型、休闲垂钓型、观光疗养型、展示教育型，提出休闲渔业应增加经营种类、选择合适品种、政府鼓励及协调和规范服务等建议。李季芳（2006）等认为我国海洋休闲渔业在发展中存在“缺乏统筹规划、设施差、规模小、短期行为严重”等问题，提出了相关规划建议。勾维民认为休闲渔业属体验经济性质，在大力扶持和推进产业开发的同时，要加强管理。

（6）产业结构调整

在市场需求状况、资源状况、贸易能力、产业配比、政府制度支持等因素影响下，渔业产业结构必然要调整。研究指出，我国海洋渔业产业结构调整要改革经营机制，发展二、三产业，优化渔业组织结构；保护渔业资源，优化海洋捕捞结构；改革养殖制度，优化渔业生产结构；依托特色渔业，全面规划品种结构等。

3. 水产品贸易与补贴研究

水产品贸易研究有以下几个方向：一是贸易中对 WTO 规则的利用。水产品对外贸易中，各级政府应有效利用WTO规则，充分发挥政府导向的作用。二是如何提高水产品国际竞争力（刘向东，2003）。三是技术性贸易壁垒和反倾销的影响和应对。肖利华等认为中国水产品出口国基本上都对进口水产品制定了严格的技术性标准，我国的水产品不可避免地要受到这些国家的技术性贸易壁垒的限制和不利影响。四是水产品贸易顺差的影响。阎彩萍等认为，水产品贸易顺差对我国渔业经济发展可能产生有利与不利影响，市场多元化、外贸增长方式转变、企业做大做强、产业政策调整等可以降低巨额贸易顺差带来的短期冲击。四是补贴制度。渔业补贴对我国水产品竞争力的提升作用明显。尹金辉（2006）通过分析WTO相关条款对我国渔业补贴的适用性，提出WTO框架下我国渔业补贴的制度选择。

4. 渔业发展战略研究

许多学者运用不同的分析方法，对我国渔业发展战略进行研究。如王淼等把我国入世后的海洋渔业发展战略归类为科技兴渔、依法治渔、可持续发展、开放式发展、立体式发展和名牌发展等六大战略。于会国基于我国渔业发展的内在资源优势与劣势，外部环境所存在的机会与威胁，提出了我国发展水产养殖业、捕捞业、水产品加工业以及水产品贸易应采取的战略选择。还有很多学者针对某一领域的渔业发展战略进行具体研究，如我国内陆渔业的战略发展思路等。这些研究不仅探讨了我国渔业发展的战略思想、战略方针、战略目标以及战略要素等理论问题，而且对新中国成立以来不同历史阶段我国渔业的发展战研究进展和产业化水平进行了探讨。

5. 行业协会研究

许多学者概括了我国渔业行业协会的发展现状，研究内容主要涉及两方面：一是行业协会的作用。论述的角度各有不同，有的是从政府、市场和行业协会之间的关系阐释，有的是从交易成本的视角进行分析和验证，有的是通过对国外行业协会定位、作用的分析进行对比论述。二是行业协会的组织体系建设。如傅崐成等通过对两岸渔业协会制度进行比较，指出大陆渔业协会应有选择地借鉴台湾渔业协会的经验，建立健全渔业协会法律体系、组织机构，扩展渔业协会的职能。

6. 渔业保险研究

渔业保险是市场经济条件下保障渔业生产经营活动稳定性的有效途径。研究热点是渔业保险模式和船员死亡控制标准。胡家辉等在分析对比世界上存在着的六种渔业保险模式和参考中国保监会提出的五种农业保险模式的基础上，提出了采取“渔业相互保险公司经营渔业原保险，商业保险公司经营渔业再保险”的渔业保险经营模式。孙颖士就我国渔业船员的死亡数作了评估，与国内其他重点高危行业死亡率进行了分析与比较，提出了要尽快研究制定渔业船员死亡控制标准，阐述了中国政策性渔业保险制度的模式选择。

7. 渔业信息化、现代化研究

我国渔业信息化水平与发达国家相比，差距较大。学者指出，我国渔业信息化存在缺乏总体规划和远景目标等问题，并提出渔业信息化研究与建设的战略重心应是渔业信息基础平台建设、渔业资源环境监测研究、实用渔业信息系统构建等，并且探讨了渔业信息化与渔业可持续发展的关系。

渔业现代化对于保障粮食安全、拓展就业门路和推进渔业可持续发展都具有重要意义。钱志林等认为实现渔业现代化就是要实现资源配置、物质装备、生产技术、产品流通、经营管理和渔村、渔民六个方面的现代化。王淼等提出了推进海洋渔业现代化的投资融资、产业经营、内部利益、科技进步、服务保证、风险保障、政府推动等十大有效运行机制。刘大安等选择了渔民收入与消费、渔（农）村经济发展水平、渔业生产水平、基础设施建设、科学技术与文化教育、组织建设与经营管理、自然资源和环境条件等7项主体指标及25项群体指标组成渔业现代化评价指标体系。

8. 渔业资源可持续利用和循环经济研究

一是渔业资源可持续利用及其研究方法。林光纪讨论了渔业公共资源的市场配置导致的悲剧现象，并从博弈论的视角提出了合作博弈、产权安排、配额流转、税收与管制、制度与监督等五点应对策略。朱玉贵（2009）等认为，渔业资源的自有准入制度是捕捞能力过剩的根源。现有的税收和资源租金措施难以贯彻执行，捕捞许可证制度和渔船回购制度不能从根本上解决捕捞能力过剩问题，需要构建激励相容的渔业管理制度。一些学者提出了海洋牧场等建议以实现我国渔业资源可持续利用。一些计量方法在测度渔业可持续性上被运用。如陈新军等运用系统论、灰色相对关联分析，构建以BP模型为基础，包括经济、社会和资源环境三个方面的渔业资源可持续利用预警系统，提出了渔业资源可持续利用综合评价方法和步骤。梁仁君等运用非线性理论建立了海洋渔业资源二次非线性捕捞的动力模式，研究了渔业资源生物量增长、增长率和捕捞强度的关系。陈作志等用层次分析法（AHP）提出了南海海域渔业资源可持续利用的评价指标体系，包括渔业资源环境子系统、社会子系统和经济子系统等3个层次共23个指标，评价了南海海域1978—2007年间渔业资源可持续利用状况。

二是海洋循环经济。包括基本概念和理论，以及发展循环经济的必要性。陆忠康着重阐述循环经济基本含义、循环经济3R原则，探讨传统经济与循环经济各自的特征与渔业可持续发展的关系。杨宁生则归纳了我国现行渔业发展模式的特征，即系统的开放性、物质资源的高投入、生产的高效率和高产量，并提出要树立循环经济的渔业发展观。王奎旗等从粮食安全保障角度出发，阐述了发展渔业循环经济是“紧缺资源替代”战略的一个重要组成部分，并提出了我国水产业实施“循环经济”的“社会大循环”、“企业间循环”、“企业内循环”三个可供选择的基本模式。杨正勇等通过博弈模型的构建，论证了完善监管体系对于诚信体系建设、循环经济发展的重要意义。

三是低碳渔业与碳汇渔业的经济学问题。作为2010年全国渔业专家论坛主题，发展碳汇渔业在水产科技界和国家渔业主管部门已形成共识。低碳渔业的经济学问题主要讨论渔业生产节能减排，渔业生态养殖节水、节能、节人力、低排放，可循环，可追溯。“碳贸易”也是研究方向。在我国土地、水资源紧缺情况下，远洋渔业、公海渔业捕捞的产品是国内无碳经济产品，应该提倡。

9. 渔业社区管理和共同管理

传统的渔业管理强调政府的直接控制管理，忽视了渔区在其中的作用。渔业社区管理是作为一种解决传统渔业管理困境的途径提出的。唐建业认为渔业社区管理是解决目前我国渔业管理中存在的诸多问题的一种合适方案，有良好实施环境。

渔业共同管理机制在许多国家得到了广泛的应用。慕永通等介绍了共同管理的基本理念及其优势，建议在我国渔业管理制度建设中应重视建构这样一种机制。曹宁、高健围绕中国和日本对东海竹荚鱼资源的利用状况和未来的管理趋势，讨论了对东海竹荚鱼资源实施区域共同管理的必要性及未来努力的方向。

三　渔业经济学学科在2012年的理论前沿和重大热点问题

1. 渔业产业发展方面的热点问题

（1）全球和我国的渔业发展与贸易情况。《渔业信息与战略》杂志发布了全球渔业动态。高宏泉分别分析了2010年全球渔业生产情况，指出中国已经成为渔业养殖业最主要来源国。全球水产品产量最大的前三位国家是中国、印度尼西亚和印度。2011年，全球渔业生产和水产品国际贸易基本保持平稳。渔业捕捞产量出现上升，水产品国际贸易保持活跃。全球主要渔业国家的渔业生产大多呈现了不同程度的增长。李励年针对不同国家的渔业特征，对全球主要渔业国家2011年的渔业生产和国际贸易状况进行了回顾与分析，并认为，由于发达国家经济滞胀，亚洲和拉美的新兴经济体和国家将成为今后全球渔业发展的主要推动力。岳冬冬等通过对1949—2010年我国水产品产量增长规律的研究，得出以下结论：第一，水产品产量的增长趋势符合指数模型。据测算，大约每经过11年我国水产品产量能够翻一番；第二，目前我国水产品产量正处于绝对增长阶段，年均增长率为8%；第三，自1996年后，水产品产量大约每6—7年增加1000万吨；第四，预计自2011年起，水产品产量年均增长须超过125.4万吨，才能在2015年以前完成渔业“十二五”规划设定的产量增长目标。

（2）渔业生产方式的探讨。我国的渔业已经开始由劳动力密集型向技术密集型转变，张欣等通过运用广义最小二乘法和分位数回归法，对我国沿海地区渔业经济增长方式进行了研究。研究的结果表明，当前我国渔业生产中存在着劳动力过剩以及投资效率低下的问题，自然资源对渔业生产的影响呈现出递减的变化，先进的生产工具和技术进步对于渔业经济发展具有长期的推动作用。张作军认为，我国养鱼业已由过去传统简单的养殖方法向复杂化、多样化、模式化方向发展。一些先进的科学技术手段和养殖方式如全价颗粒饲料增氧机、投饵机水质净化技术及生态养鱼理论的介入，为发展养鱼事业提供了更广阔的空间和选择余地。王国华等则对日本渔业和渔村的6次产业化进行了探讨。

（3）灾害对渔业的影响。海洋灾害对福建渔业发展构成严重威胁，林旭东等调研福建海洋灾害发生情况的基础上，认为在抗灾方面，当地渔港数量少、标准低、布局不合理；海洋预警系统基础设施滞后和渔船应急指挥系统滞后影响了福建渔业防灾减灾，提出相应对策建议。旱灾对水产养殖业生产是不利的。王春勇以通海县为例，分析干旱对渔业生产的影响，并结合该县以往的抗旱经验提出相应的对策。发生于2011年3月的大地震对日本渔业造成重大损失，王国华等探讨了日本政府构建的国家财政主导型的灾后渔业复兴政策体系。政策执行的直接效果是促进了受灾地区渔业生产和渔民生活的恢复，也间接促进了日本渔业权管理体系与渔协的改革。

（4）捕捞渔业管理。渔业捕捞行政许可作为一项国家职能，在管理和调控渔业活动中发挥着重要的作用。余秀宝等指出，现阶段我国渔业捕捞中存在的问题与渔业捕捞行政许可制度不完善有着直接的关系，我国渔业捕捞行政许可的主体、内容、程序以及许可证的效力都存在一定的问题。建立并实施渔业捕捞准入制度是社会主义市场经济下政府监管渔业的有效手段之一。林光纪针对近年来我国渔业界呼声很高的渔业捕捞准入制度，从捕捞准入的内涵、边界、渔业捕捞准入制度的市场经济特征进行探讨，分析了我国捕捞“禁入、许可制度”的现状和建立渔业捕捞准入制度的理论，初步提出了渔业捕捞准入制度体系框架。

（5）南海渔业。中国南沙群岛主权权益面临复杂严峻的态势，为了南海维权，中国政府提出了“开发南沙，渔业先行”的斗争方略。2012年，为了做好南海渔业发展战略研究，农业部和外交部牵头，国家海洋局和海南省政府参加开展了南海渔业调研。王清印等简要总结了南海海洋渔业资源以及开发利用现状，分析了南海渔业发展面临的主要问题，并据此提出了几点南海渔业发展战略与对策建议。多家报纸媒体提出南海有丰富的矿产资源和渔业资源。同时，生物多样性丰富，但生态环境十分脆弱。开发与保护，都需要强有力的行政机构。

2. 渔业补贴问题研究

近年来，每年约有40%以上的渔产品纳入国际贸易之中，但是目前世界各国在执行WTO的《补贴与反补贴协议》没有专门针对渔业补贴的制度设计。2004年底，联合国粮农组织召开的渔业会议上，援引APEC的报告说中国存在不利于国际贸易的渔业补贴问题。那么中国有无这类渔业补贴？肖勇通过抽样调查获得的数据，分析了中国水产品主产区与贸易有关的渔业补贴，并进行国际比较，得出中国与贸易有关的水产品政府补贴符合WTO要求，没有扭曲水产品国际贸易的结论。李姣姣也对WTO补贴规则与我国的渔业产业政策调整进行了探讨。蓝天则对韩国FTA发展战略下的贸易援助制度进行了探讨，认为韩国的援助制度具有援助范围全面、援助目标明确、贸易调整措施多元化、操作方式灵活及运行制度规范等特点；在实施效果的评价上，该制度虽然对企业的援助效果不尽明显，但是对农渔业人等的援助力度突出，或可为中国借鉴。

3. 渔业科技问题

水产技术推广机构如何与农村合作组织合作以提升公共服务能力是探讨的热点之一。李可心等从国家水产技术推广机构如何加强对渔业合作经济组织的指导和联合，多途径提升基层公共服务能力的角度，对合作组织在技术推广中的地位和作用、技术推广机构与合作组织合作的途径等问题进行了探讨。梁瑞青以山东为例，从山东省渔业合作经济组织的发展现状，水产技术推广机构加强对渔业合作经济组织的指导与联合，多途径提升公共服务能力和效率的角度，对有关问题进行了研究探索。提出积极发挥国家水产技术推广机构的主导作用，指导渔业合作经济组织开展公共服务，“一主多元”水产技术推广新机制新模式的意见和建议。

我国渔业科技成果转化是联系渔业科技与渔业生产的纽带和桥梁。赵蕾等运用层次分析法对某水产科研院所应用技术成果、基础研究成果和软科学成果三类成果转化的综合评价指标体系分析后认为，综合效益是评价应用技术成果转化最重要的指标，学术水平是评价基础研究类成果转化最重要的指标，综合影响是评价软科学类成果转化最重要的指标。

GIS技术在21世纪开始在渔业领域应用，周勃等简述了GIS的概念和GIS技术在渔业应用中的重要意义，总结了渔业应用中常用的软件和方法，介绍了GIS技术在渔业领域应用的现状，概括了GIS在渔业制图、鱼类栖息地评价、渔业资源分布及其与环境的关系、水产养殖选点和建立基础数据库方面的应用，并就当前的应用阐述了所存在的问题，预测了GIS技术在渔业领域发展的新趋势。

据浙江海洋与渔业科技工作会议观点，我国“十二五”末渔业科技贡献率超60%。科技创新在应对环境污染、提高资源利用率方面有重要作用。许帅等探讨了科技创新与渔业可持续发展的关系。

4. 水产品质量安全

市场对水产品质量安全要求日益提高，而我国水产品质量安全尚存在很多诸如药残、水污染等隐患，提高安全保障水平还任重道远。渔业标准化是渔业现代化建设的一项重要内容。房金岑分析了渔业标准制修订过程中常见的问题，提出标准的适用范围会随对象、级别和范围的变化而变化，要综合考虑标准的先进性和经济合理性，不能盲目追求技术的先进性。同类标准的结构、文体和术语都应尽量保持统一，渔业标准与基础标准之间要协调一致等观点。卢家书分析了我国水产品质量安全存在滥用药物和饵料添加剂、非法生产和销售禁用药物、养殖用水污染、水产种质资源差、养殖者质量意识淡薄等问题，提出加强基地质量监管体系建设和无公害水产品生产保障、市场体系和推广体系建设、加强水产育苗和疫苗研究和完善相关标准和法规建设等建议。广东省拟在渔业重点地区设立水产品安全监管机构。

5. 渔业保险

农业部印发了《全国渔业互助保险“十二五”规划》，提出继续完善和巩固全国一盘棋的渔业互保格局，区分国家协会和地方协会的职能定位，强化中国渔业互保协会行业指导地位。渔业被公认是一个高投入、高风险行业。许馨等收集并分析了2011年渔业互保十大典型理赔案例。同年在江苏省连云港市组织召开的全国渔业政策性保险试点工作会议上，七个试点省总结交流了渔业互助保险中央财政保费补贴试点项目实施情况，探讨进一步完善项目管理的方式和途径和如何贯彻落实中央关于“扶持发展渔业互助保险”的要求。

6. 资源领域

周建设等对西藏渔业资源的研究进展做了较为系统的归纳与分析，指出西藏水产产业发展滞后，濒危物种未得到及时保护及利用，调查研究基础欠缺，基础设施建设薄弱，推广普及难度大，相关技术人员严重缺乏。

7. 学科体系建设

渔业经济学学科体系建设依然是讨论热点。杨正勇探讨了渔业资源与环境经济学的研究体系，认为从研究对象看，该学科研究的是渔业资源与环境的开发利用、保护和再生产过程中人和渔业资源与环境之间、人和人之间的相互关系，阐明这些相互关系运动的客观经济规律；从研究内容上看，该学科总体上可划分为包括若干具体内容的渔业资源经济及渔业环境经济两大部分；从研究方法看，渔业资源与环境经济学在秉承经济学的分析方法的同时，也采用新制度经济学、博弈论与信息经济学等方法。

四 中国渔业经济研究今后发展方向展望

从学科建设方面来看，渔业经济学需要更多的引入经济学、制度经济学和资源经济学等的分析框架和计量技术与方法，关注交叉学科的发展建设。从研究方向看，中国渔业经济研究的如下方向将会被重点关注：一是渔业稳定增长与技术创新。目前中国渔业增长将面临劳动力成本走高、健康水资源缺乏、水产资源衰退、水产食品安全、生态安全、国际贸易格局变化等诸多问题，我国渔业要想保持稳定增长，面临的挑战与机会伴生，由此引发的产量增长极限与技术创新替代是今后渔业经济研究重点之一。二是捕捞渔业的发展和近海渔民生计问题。由于渔业资源衰退的趋势未变，捕捞渔业强度如何控制的制度与管理仍将是重点。同时由于近海鱼类的洄游性，水产资源的国际谈判及渔业贸易摩擦带来的问题将持续被关注。失海、失水渔民的补偿由此成为理论探讨的热点。三是水产品贸易与补贴政策。如何应对贸易壁垒，提高水产品的国际竞争力和利用国际贸易规则扶持水产业的发展战略将始终被重点关注。四是渔业产业化、组织化。五是可持续发展的健康养殖业与水产品质量安全。如何发展资源节约型和环境友好型的养殖业、加强水产品质量监管是不容忽视的问题。六是循环经济和休闲渔业的发展将被继续关注。七是渔业的公共管理和信息化服务建设。八是渔业尤其是南海渔业发展战略研究。

参考文献与学科年度重要文献

1. 杨正勇：《论渔业经济管理学科的构建》，《高等农业教育》2009 年第 8 期。

2. 勾维民：《渔业经济学科的研究领域和体系框架》，《高等农业教育》2004 年第 9 期。

3. 杨正勇：《论渔业经济管理学科的构建》，《高等农业教育》2009 年第 8 期。

4. 扬子江：《渔业经济学思考之一：渔业经济学的学科位置与研究前沿初探》，《中国渔业经济》2003 年第 6 期。

5. 胡笑波：《论新兴的部门经济学——渔业经济学》，《渔业经济研究》2005 年第 1 期。

6. 李文杭等：《天津市渔业技术进步贡献率测算及增长对策分析》，《中国渔业经济》2003 年第 S1 期。

7. 卢江勇：《海南省渔业生产函数实证分析》，《水产科学》2005 年第 12 期。

8. 张峰：《上海渔业生产函数的建立与分析》，《甘肃农业》2006 年第 12 期。

9. 包特力根白乙等：《中国渔业生产：计量经济模型的构建和应用》，《中国渔业经济》2008 年第 3 期。

10. 林群等：《山东省渔业生产函数的协整分析》，《中国渔业经济》2009 年第 12 期。

11. 姚震等：《渔业制度变迁对渔业生产率贡献的分析》，《中国渔业经济》2001 年第 6 期。

12. 袁新华等：《我国渔业经济增长的制度经济学分析》，2008 年中国渔业经济专家论坛。

13. 綦振奕等：《当前我国海洋捕捞业面临的主要问题及可持续发展对策探讨》，《齐鲁渔业》2006 年第 7 期。

14. 慕永通：《我国海洋捕捞业的困境与出路》，《中国海洋大学学报》（社会科学版）2005 年第 2 期。

15. 朴英爱等：《中国渔业管理的效果分析与 TAC 制度》，《中国渔业经济研究》2000 年第 1 期。

16. 苏永华等：《我国渔业管理引进 TAC、ITQ 制度的思考》，《中国渔业经济》2004 年第 6 期。

17. 李明华：《美国渔业个体捕捞配额制度的生态作用》，《中国渔业经济》2006 年第 1 期。

18. 慕永通等：《个别可转让配额理论的起源与发展》，《中国海洋大学学报》（社会科学版）2004 年第 1 期。

19. 杨正勇：《我国海洋渔业资源管理中个体可转让配额制度交易，成本的影响因素分析——Williamson 的视角》，《海洋开发与管理》2006 年第 6 期。

20. 杨正勇：《我国海洋渔业资源管理中个体可转让配额制度交易，成本的影响因素分析——Williamson 的视角》，《海洋开发与管理》2006 年第 6 期。

21. 李娇：《我国渔民增收滞后的原因及对策探讨》，《中国渔业经济》2011 年第 29 期。

22. 徐小怡、宁凌：《广东省渔业保险财政补贴问题研究》，《中国渔业经济》2010 年第 29 期。

23. 邓云锋等：《中国渔业的产业价值链分析》，《海洋科学进展》2005 年第 3 期。

24. 李健华：《落实科学发展观 构建健康发展的水产养殖业》，《中国渔业经济》2006 年第 1 期。

25. 郑建明等：《沿海养殖渔业产业组织化模式研究——以沿海河蟹养殖业为例》，《东方行政论坛》（第一辑），2011 年。

26. 骆乐等：《观赏渔业：都市型水产业的新亮点》，《中国渔业经济》2003 年第 6 期。
27. 李季芳：《我国海洋休闲渔业发展中的问题分析与对策建议》，《山东农业大学学报》（社会科学版）2006 年第 4 期。
28. 郑德雁等：《从“毛毛虫实验”看政府在突破水产品出口壁垒中的作用》，《中国渔业经济》2003 年第 2 期。
29. 刘向东：《努力打造我国水产品国际竞争力》，《中国渔业经济》2003 年第 3 期。
30. 肖利华等：《中国主要水产品出口国的技术性贸易壁垒浅析》，《渔业经济研究》2006 年第 4 期。
31. 阎彩萍等：《我国水产品国际贸易顺差的成因及其影响》，《中国渔业经济》2006 年第 2 期。
32. 王淼等：《WTO 环境下我国海洋渔业的战略选择》，《农村经济》2002 年第 10 期。
33. 于会国：《后 WTO 时代我国渔业发展战略研究》，硕士学位论文，中国海洋大学，2006 年。
34. 柳富荣：《内陆渔业的战略发展思路》，《中国水产》1998 年第 12 期。
35. 傅崐成：《两岸渔业协会制度比较及其启示》，《中国海洋大学学报》（社会科学版）2007 年第 2 期。
36. 钱志林等：《渔业现代化的实质与内涵》，《农业技术经济》1998 年第 1 期。
37. 王淼等：《我国海洋渔业产业结构的战略调整及其实施策略》，《改革与理论》2002 年第 11 期。
38. 刘大安等：《渔业现代化程度评价指标体系》，《中国渔业经济研究》1999 年第 2 期。
39. 林光纪：《渔业公共资源管理的制度经济学探讨》，《福建水产》2008 年第 3 期。
40. 朱玉贵：《海洋渔业资源可持续利用研究》，《中国人口·资源与环境》2009 年第 2 期。
41. 陈新军：《基于 BP 模型的渔业资源可持续利用综合动态评价》，《湛江海洋大学学报》2002 年第 6 期。
42. 梁仁君等：《海洋渔业资源可持续利用的捕捞策略和动力预测》，《南京师大学报》（自然科学版）2006 年第 3 期。
43. 陈作志等：《基于 AHP 的南海海域渔业资源可持续利用评价》，《自然资源学报》2010 年第 2 期。
44. 唐建业：《渔业社区管理在中国的实施探讨》，《海洋通报》2006 年第 4 期。
45. 曹宁等：《东海竹荚鱼的开发利用和区域共同管理探讨》，《渔业经济研究》2006 年第 5 期。
46. 高宏泉：《2010 年全球渔业生产情况》，《中国水产》2012 年第 7 期。
47. 李励年：《全球主要渔业国家 2011 年水产品生产和与国际贸易回顾》，《渔业信息与战略》2012 年第 3 期。
48. 岳冬冬、王鲁民：《我国水产品产量增长特征研究》，《江苏农业科学》2012 年第 40 期。
49. 张欣：《我国沿海渔业经济增长方式转变与发展建议实证研究》，《生产力研究》2012 年第 4 期。
50. 张作军：《养鱼生产方式的评价及选择应用》，《农林科技》2012 年第 5 期。
51. 王国华：《东日本大地震后日本的渔业复兴政策及效果浅析》，《河北渔业》2012 年第 10 期。
52. 林旭东：《构建福建渔业防灾减灾体系的对策措施》，《中共福建省委党校学报》2012 年第 5 期。
53. 王春勇：《干旱对渔业生产的影响及对策》，《云南农业》2012 年第 7 期。
54. 王国华：《东日本大地震后日本的渔业复兴政策及效果浅析》，《河北渔业》2012 年第 10 期。
55. 余秀宝：《我国渔业捕捞行政许可问题探讨》，《法制论坛》2012 年第 1 期。
56. 林光纪：《重构我国渔业捕捞准入制度的理论探讨》，《福建水产》2012 年第 2 期。
57. 王清印：《切实维护我国南海渔业权益的战略思考》，《渔业信息与战略》2012 年第 1 期。
58. 肖勇：《基于 WTO 规则，中国水产品对外贸易的财政支持研究》，*International Conference on Engineering and Business Management*，2012。
59. 蓝天：《FTA 战略下韩国的贸易调整援助制度及启示》，《国际经贸探索》2012 年第 1 期。
60. 李可心等：《国家水产技术推广机构指导并联合渔业合作经济组织开展技术推广服务的分析与探讨》，《中国水产》2012 年第 1 期。

61. 梁瑞青：《山东省水产技术推广机构指导渔业合作经济组织开展公共服务的探索》，《河北水产》2012 年第 8 期。

62. 赵蕾等：《基于层次分析法的渔业科技成果转化综合评价体系研究——以某水产科研院所为例》，《科技管理研究》2012 年第 14 期。

63. 周琼：《GIS 技术在渔业领域的应用研究》，《生物灾害科学》2012 年第 35 期。

64. 许帅：《科技创新与渔业可持续发展研究》，《黑龙江水利科技》2012 年第 11 期。

65. 房金岑：《对渔业标准制修订工作的认识和思考》，《中国渔业质量与标准》2012 年第 3 期。

66. 沈涛等：《对水产品质量监管的几点看法》，《渔业致富指南》2012 年第 24 期。

67. 许馨等：《2011 年渔业互保十大典型理赔案例》，《中国渔业报》2012 年 6 月 11 日第 5 版。

68. 杨正勇：《论渔业资源与环境经济学的研究体系》，《高等农业教育》2011 年第 9 期。

（操建华）

人力资源开发与管理

一　学科概述

人力资源开发与管理，是在经济学与管理学理论指导下，通过招聘、甄选、培训、报酬等管理形式对组织内外相关人力资源进行有效运用，满足组织当前及未来发展的需要，保证组织目标的实现与成员发展的最大化。人力资源开发与管理学研究的主要内容，包括人力资源的招聘、甄选、流动、培训、开发、绩效评估、薪酬决定和员工关系管理等内容。其中，人力资源的培训、开发及薪酬决定，是尤为重要的内容。

人力资源开发与管理学是一门交叉学科。一方面，它是应用经济学领域下的劳动经济学的一个分支。劳动经济学从 20 世纪 50 年代创立并逐步发展至今，已经成为一门比较成熟的经济学学科，主要研究劳动力市场和劳动政策。但是，传统的劳动经济学理论，如生产方程、要素配置理论、工资均衡理论等都比较抽象，不宜用于分析企业内部存在的特殊且具体的人力资源问题，如培训、绩效考核、薪酬管理等。因此，人力资源开发与管理这门分支学科应“需”而生（迟巍，2007）。另一方面，它又是管理学的一个分支，在我国的学科分类当中，人力资源开发与管理属于工商管理学科下企业管理专业的一个专业方向。

人力资源开发与管理的理论基础，主要是微观经济学和劳动经济学，尤其是劳动经济学中的人力资本理论。人力资源开发与管理是一门应用经济学科，它强调理论但更强调实际应用。此外，人力资源开发与管理与政策法规密切相连。例如，薪酬设计除了要考虑劳动力市场的供求关系，还要遵守政府的最低工资政策，以及国家的社会保险和公积金政策等。

二　人力资源开发与管理理论的发展和演进概况

我国在 20 世纪 50 年代中期，就设立了劳动经济学专业，劳动经济专业中的劳动管理课程中，所讨论的问题有一些和现在人力资源管理讨论的问题是联系在一起的。1984 年以后，我国大学中设立了人事管理专业，同时还出现了劳动人事管理专业，这两个专业发展的时间大约为 10 年。1992 年，当时的国家教委正式把人事管理专业改成人力资源管理专业，从此以后，人力资源开发与管理成为我国的一个重要专业领域。

（一）中国人力资源管理实践的发展

人力资源专家刘昕教授认为，改革开放以来我国人力资源管理的实践发展可以概括为两个转变，即从计划经济向市场经济的转变，从传统劳动人事管理向现代人力资源管理转变。他将这一发展历程划分为如下三个阶段（小彦，2008）。

第一阶段从20世纪70年代末到80年代中期，这是在计划经济体制框架内实行以“放权让利”为特点的“体制内”改革阶段。企业在用人方面有了更大的空间，正常的进出渠道逐步形成，但招收和解雇员工方面的权力仍然受到严格的限制。第二个阶段是20世纪80年代中期到90年代初，也就是以计划经济体制和市场经济体制并存为特点的“双轨制”改革阶段。企业经营承包责任制使企业经营自主权得到了进一步落实，企业积极性得到了调动。但是依然存在一些问题，例如承包者与企业职工之间的关系无法理顺，承包者无权解雇多余职工等。第三阶段是1993年以来，我国宏观经济体制改革进入了以市场经济为导向的市场化改革阶段。人事制度的改革，打破了干部和工人之间的身份界限，对干部实行聘任制；劳动制度的改革，打破固定工制度所形成的“铁饭碗”，实行全员劳动合同制，企业在一定的条件下有权辞退不合格的工人。分配制度的改革，打破了平均主义的“大锅饭”，拉开了收入差距。

总体上看，改革开放30多年来，我国人力资源管理实践取得了巨大的成就：劳动力市场充分发育；劳动法律日渐健全；企业获得了较为充分的用人自主权；企业对人力资源及其管理的重视程度大大提高；人力资源管理理念和实践均大为改善。当然，问题依然存在，如大部分组织尚未形成成熟的人力资源管理理念和管理体系；大多数企业的人力资源管理职能都还没有真正进入战略层次等。

（二）人力资源管理实践与企业绩效关系的研究

关于薪酬与企业绩效的关系，国内的研究基本集中在高管薪酬与企业绩效方面。魏刚（2000）的研究发现：我国上市公司高管的年度报酬与公司经营绩效并不存在显著的正相关关系。但李江波、赵俐佳（2009）的研究发现，高管货币报酬、持股比例与公司绩效在不同程度上具有正向关系。国内研究的一个亮点是关注了企业内部薪酬差距，即研究了高管团队薪酬与企业平均薪酬之间的差距对企业绩效的影响。例如，俞震、冯巧根（2010）以2005年A股上市公司公布的年报数据为研究对象，对高管层的薪酬差距与公司盈余管理行为和公司绩效的相关性进行了实证检验，发现薪酬差距的加大会激励高管层更加努力地工作，体现在薪酬差距大的公司总资产收益率更高。但周蓓蓓、曹建安、段兴民（2008）的研究结果表明，高管相对薪酬差距对公司绩效无正向显著性，并呈现出负向影响的趋势，亦即高管相对薪酬差距的拉大并不能有效地提升公司绩效。

关于培训对企业绩效的影响，秦晓蕾等（2007）实证研究了培训对制造业企业绩效的影响。他们的回归分析表明，员工培训与企业绩效存在显著正相关关系。卢美月（2007）实证研究了培训对两岸企业的绩效的影响。该研究以台湾和大陆244家企业为研究对象。因变量企业绩效，以企业主管认为自己企业相对于同行业企业所表现出来的相对绩效水平表示，包括销售增长率、资产收益率、利润率、创新程度、生产率等指标，均是5刻度分类变量。自变量培训包括在职培训、脱产培训、工作轮调等在企业的应用程度，也都是5刻度分类变量。分析表明，员工培训对企业绩效没有显著的影响。

关于员工招聘与企业绩效，范秀成和英格玛·比约克曼（2003）在对62家在中国经营的制造业外商投资企业人力资源管理与企业绩效的研究中，将新员工中经过正式招聘程序录用的比例、招聘前对拟招聘岗位人员应具备的技能/资质/特征进行分析的比例、招聘小组成员的平均人数这三个变量作为招聘变量，并与培训、工作分析等其他人力资源管理变量一起，对企业绩效进行回归。但是，实证结果表明，这三项招聘实践对企业绩效没有显著影响（杨丰瑞、赵明，2006）。

关于绩效考核与企业绩效，范秀成和英格玛·比约克曼（2003）的研究发现，考核变量对企业绩效正有显著的正的影响。张弘和赵曙明（2006）利用 2002 年对中国沪深两市 56 家生产制造企业的问卷调查数据，研究了人力资源管理对企业绩效的影响，但没有发现考核与企业绩效有显著相关关系。可见，尽管人力资源管理理论明确指出了考核的重要性，但目前的实证研究并没有证实考核对企业绩效有显著影响。

（三）战略性人力资源管理的研究

战略人力资源管理属于宏观层面的人力资源管理研究，其研究目的在于揭示“人力资源管理与组织绩效的关系”（孟繁强，2008）。在发展演变中，战略人力资源管理逐渐形成了三个基本的理论观点，即战略性人力资源管理的普适观（universalistic perspective）、权变观（contingency perspective）和形态观（configurational perspective）。这三种理论观点，提出的时间较早，学者们讨论的比较多，研究得也比较充分，可以称为是战略人力资源管理的三个传统观点。

战略人力资源管理的普适观，来自于最佳人力资源管理实践的观点，认为不管何种企业，都存在一种最佳的人力资源管理活动，这种既定的人力资源活动能够直接提升企业绩效。比如说，基于绩效的激励性薪酬、严格的员工招聘流程等，总是能给企业带来更高的绩效，而不管这些企业处在何种行业、采用何种竞争战略。但是，关于普适观中最佳人力资源实践具体应包括哪些内容，学者们并没有达成一致的结论。

战略人力资源管理的权变观，认为人力资源管理实践与企业绩效之间的关系受到权变因素的影响；人力资源管理系统与绩效之间是否正相关的关键，在于人力资源管理系统与企业战略之间是否匹配。由于该理论强调人力资源管理与企业战略等的匹配，所以也叫作最佳匹配理论（best-fit approach）。在中国，人力资源策略的绩效效应，还要受到企业所有制类型等的调节（蒋春燕与赵曙明，2004）。

战略人力资源管理的形态观（configurational perspective），又称为构型观或配置观，认为人力资源管理的各项活动之间形成相互支持、相互补充的系统形态后与权变因素如战略或环境等进行匹配，进而影响企业绩效。它将人力资源管理活动本身看作一个系统，各项活动之间属于系统依存关系，强调人力资源管理系统的整体影响和各项活动的协同效应。但形态观的主要问题是，缺乏较为稳定的研究方法，也缺乏实证支持。

战略人力资源管理情景观，又称为环境观，是战略人力资源管理的一个重要转换。该理论主要由欧洲学者提出并在欧洲得到发展，因为源于欧洲的莱茵克模式，强调立法、制度和利益相关者在管理政策的制定中扮演重要的角色，也承认管理者的任务是将组织外界期望“翻译”成人力资源管理政策实践（孟繁强，2008）。情景观中，“环境”要素如国家的角色、劳动市场情况、文化和工会等等，都是战略人力资源管理的重要内容，而并不只是影响人力资源管理的外在环境因素。

（四）高绩效人力资源管理系统的研究

高绩效人力资源管理系统的正式提出，是 Huselid（1995）的贡献。他当时提出了被称为具有“通用性”的人力资源管理研究方法：他假定存在能普遍带来高绩效的高绩效工作系统，这种“理想模式”有助于企业绩效最大化。Huselid 等（1997）则把高绩效工作系统定义为“公司内部高度一致的确保人力资源服务于企业战略目标的系列政策和活动”。当前，学术界对高绩效人力资源管理系统并没有统一的定义，但大家的看法大致相同，即它是一个通过对员工的培训与开发和利用诸如员工参与决策、内部晋升和激励性薪酬等来提高组织绩效的系统（刑周凌，2009）。

范秀成和比约克曼（2003）对 62 家在中国经营的制造业外商投资企业进行了研究，分析结果表明，人力资源管理系统对企业绩效有显著影响。张弘和赵曙明（2006）的研究结果表明，激励性工作设计、职业生涯发展规划、发展评估、员工参与小组等人力资源管理实践与企业绩效之间存在积极关联。

但是，与上述研究结论不同，也有一些实证研究发现国外通行的高绩效人力资源管理系统对中国企业并不适用。蒋春燕和赵曙明（2004）的研究表明，各项人力资源管理实践与企业绩效之间不存在显著正相关关系，而系统的培训与员工相关的绩效之间存在显著负相关关系。刘善仕、周巧笑和晁罡（2005）他们以利润率、市场份额和销售增长为企业绩效指标，以招聘、培训与开发、薪酬、绩效评估、晋升、信息共享与员工参与、工作保障、工作设计等为人力资源实践变量。回归分析表明，各项人力资源实践对企业绩效均没有显著影响，甚至信息共享和员工参与对企业绩效产生了显著的负面影响。因此，他们对内部导向、高投入的高绩效人力资源管理系统在中国的适用性提出了质疑。

三　近期人力资源开发与管理的理论前沿和热点问题

（一）人力资源管理系统影响企业绩效的中介机制研究

尽管高绩效人力资源管理系统作用于企业绩效的中介机制这一问题引起了研究人员的兴趣和重视，但就目前已经产生的研究成果而言，学术界对于高绩效人力资源管理系统影响企业绩效的中介机制尚未能形成较为清晰的把握，该领域也因此被视为所谓的“黑箱”。这一点具体表现为研究者对于中介变量所应具有的性质特征众说纷纭，而且不同学者在选取研究对象和研究方法等方面也存在着较为明显的差异。

刘善仕、刘婷婷和刘向阳（2007）通过对于中国 156 家高新技术企业人力资源管理系统的实证调查展开经验研究，着重讨论了高新技术企业人力资源管理系统与组织绩效之间的关系。刘善仕等认为，对于高新技术企业而言，创新能力是十分重要的中介变量，并通过层级回归等工具对于该假设加以论证。研究切合中国具体的产业背景与管理情境，但用以测度创新能力的指标受主观因素左右过大势必影响了相关结论的准确性。

Becker 和 Huselid（2006）从战略人力资源管理的思想出发，探讨了破解高绩效人力资源管理系统影响企业绩效的中介机制这一“黑箱”的可能性。该研究指出，如果将战略实施能力作为人力资源系统与企业绩效之间的纽带，则高绩效人力资源管理系统将有可能在不同的企业之间表现出普遍的适用性。然而研究的缺陷在于相关的实证分析没能同步跟进，从而导致直接将研究结论用以指导人力资源管理实践的障碍尚未完全肃清。

张一弛和李书玲（2008）利用中国医药行业企业的样本进行实证分析，研究结果表明企业的战略实施能力是高绩效人力资源管理系统影响企业绩效的中介变量。该研究采取了包括回归建模和因子分析在内的一系列定量分析工具，得出的结论较为理性地体现出实证意义上的可靠性。但仅仅将视野局限于企业的战略实施能力，而没能为企业战略管理的整体过程提供更为全面的讨论平台，使得结论不够周密，也降低了研究成果对于人力资源管理实践的指导意义。

王朝晖、冷晓君（2012）提出并检验了知识导向型人力资源管理实践影响组织智力资本促进情境双元型创新最终提高组织绩效的理论模型。通过对246家中国企业的实证研究表明：（1）知识导向型人力资源管理实践对智力资本的专才型人力资本、合作型社会资本和有机型组织资本有显著的正向影响；（2）智力资本对情境双元型创新有显著的正向影响，情境双元型创新对企业绩效有显著的正向影响；（3）智力资本和情境双元型创新完全中介知识导向型人力资源管理实践对组织绩效的影响。从智力资本的视角，探索了人力资源管理实践和组织绩效之间的“黑箱”，揭示了知识型人力资源管理实践与组织绩效之间的中介机制。

（二）企业—员工关系理论的研究

近年来，学者们进行了大量有关企业—员工关系（Employee-Organization Relationship，EOR）的研究，主要集中于组织与员工之间的交换关系，研究的概念包括心理契约（Psychological Contract）、组织支持感受（Perceived Organizational Support，POS）、领导—成员交换（Leader-Member Exchange，LMX）以及雇佣关系等。

有关企业与员工关系的研究，要么是从组织角度出发，要么是从员工角度出发，很少有从两个角度综合去研究的。因此，整合两个理论的价值无疑是非常明显的，一些学者也做了一些整合模型的研究。Tsui 和 Wang（2002）在其综述性文献中提出了一个投入/贡献模型与心理契约的初步整合模型。这个框架首次将投入/贡献模型和心理契约纳入到一个过程模型中，突破了以往研究的框架。从中可以看出，组织定义的 EOR 模式是员工心理契约的主要影响因素，并且企业与员工关系可以通过心理契约去影响员工反应，进而影响公司的结果（殷丽娟，2006）。

马志强等（2013）文章以企业—员工关系为主线，研究企业内部伦理行为对员工组织承诺的影响，并探讨心理契约在影响关系中的调节作用。通过问卷调查收集相关数据对提出的研究假设进行检验，结果显示：企业内部伦理行为可分为四个维度，即薪酬管理、工作环境构建、企业伦理支持、职业发展规划；四个维度均与组织承诺中的情感承诺、持续承诺正相关，其中薪酬管理与员工规范承诺正相关；心理契约在企业内部伦理行为对组织承诺各维度的影响中起到一定的调节作用，但作用的效果有所差异，其中在企业内部伦理行为对情感承诺和规范承诺的影响关系中调节作用显著，对持续承诺的调节作用不显著。

如何测量企业中员工关系强弱，一直是人们应用社会网络理论和方法分析企业员工创造力和创新能力的核心问题。彭建平（2012）以两个企业的部门员工整体社会网络为研究对象，通过问卷发放和因子分析方法，使用不同的关系测量模型对企业员工间的关系强弱进行测量，发现两种测量员工关系的方式所获得的数据存在显著相关，但应用构建社会网络的方法来提取关系特征比直接测量员工关系有更高的解释力度，两种方法的计量转换模型虽然显著，但解释力度偏弱。

（三）全球价值链与人力资源管理的研究

近年来，学术界开始讨论跨国公司作为全球价值链的“领导公司”（lead firms）怎样影响它的供货商（suppliers）的员工工作状况，开启了全球价值链对人力资源管理影响的研究。从战略人力资源管理的情景观出发，这种研究是将企业在全球价值链的位置或角色看成是企业环境中的一个要素，从而探讨人力资源管理与这一环境因素的相互影响和作用。这无疑开启了战略人力资源管理的一个新领域。

有学者利用来自于战略国际人力资源管理的理论框架，分析了在中国的外商投资企业及其分子公司的人力资源实践，并认为这种人力资源管理策略可以在全球价值链的背景下得到最好的阐释和理解。这项研究利用服装和电子消费产品这两个行业中的27家企业的数据，论证了战略是人力资源管理政策的一个重要决定因素。此外，基于标准化的成熟的产品和生产过程，大多数企业都采用的是在一定质量水平下的低成本策略。在中国的制度环境中，行业部门对人力资源管理实践也很重要（Morrisa and Wilkinsonb et al.，2009）。

有研究从文献研究和逻辑推演的思路出发，指出企业在全球价值链中的位置，是根据其对海外资源和制度的评估确定形成企业的战略，并最终影响人力资源管理实践，即人力资源管理要对价值链进行所谓的适配（fit）：跨国公司的海外分支依赖总部资源的程度越高，则越倾向于采用全球化人力资源战略，整个跨国公司内部人力资源管理的一致性和整合程度越高；相反，跨国公司海外分支的经营活动如果对当地资源的依赖程度越高，则可能更加倾向于当地化的人力资源战略，增加人力资源管理的当地化特色和程度；当跨国公司的分支机构与当地政府、社区、行业协会、媒体甚至是竞争者产生越来越深的联系的时候，他们的人力资源战略必然会越来越倾向于当地化（胡豪与张黎明，2007）。

总体上看，现有文献较多研究跨国公司内部的人力资源管理策略及措施，较少研究企业在全球价值链的位置，以及价值链内其他企业的人力资源管理制度和情况对企业人力资源管理的影响及其之间的相互作用。中国企业在全球价值链扮演着不同的角色，因此，研究全球价值链与中国企业的人力资源管理，将是一个很重要的研究课题。

四　人力资源开发与管理学科进一步发展的趋势

首先，跨文化背景下的人力资源管理研究，将成为中国人力资源管理研究的一个重要内容。当前，经济全球化已成为世界的潮流，企业经营管理的全球化已经初具雏形，中国越来越多的企业已经进入国际化、全球化经营阶段，因此，跨文化背景下的人力资源管理问题，必将成为中国人力资源管理研究的一大趋势。像外派员工管理、东道国员工的管理等，都将成为人力资源管理研究的重点。

其次，社会资本和心理资本理论，将成为人力资源管理研究的一个重要理论基础。现有的人力资源管理研究过多地关注招聘、培训、考核、薪酬等实践问题，对人力资源管理的理论基础研究不够。既有的理论基础主要建立在人力资本理论之上，而社会资本和心理资本理论对人力资源管理的理论解释力正在受到学者们的重视。

再次，公共部门人力资源管理的研究，将越来越受到重视。人力资源管理研究在中国的兴起，主要立足点还是企业。作为公共部门的政府和事业单位，在管理方法上自然与企业大相径庭。但近年来我国的公共部门开始关注从企业管理中借鉴理论和技术，强调管理方式向企业部门靠拢，并引入竞争、效率和效益等概念。在这一背景下，公共部门将会越来越多地借鉴企业人力资源管理的成功经验和做法。

参考文献与学科年度重要文献

1. 迟巍：《人力资源经济学》，清华大学出版社2007年版。

2. 范秀成、英格玛·比约克曼：《企业人力资源管理与绩效关系研究》，《理科学学报》2003年第2期。

3. 胡豪、张黎明：《动态价值链与跨国人力资源管理》，《决策咨询通讯》2007年第1期。

4. 蒋春燕、赵曙明：《企业特征、人力资源管理与企业绩效：香港企业的实证研究》，《管理评论》2004年第10期。

5. 李江波、赵俐佳：《高级管理层薪酬与公司绩效的实证研究——基于中小企业板公司2006—2008年面板数据分析》，《云南财经大学学报》2009年第2期。

6. 刘善仕、周巧笑、黄同圳、刘学：《企业战略、人力资源管理系统与企业绩效的关系研究》，《中国管理科学》2008年第3期。

7. 卢美月：《企业文化、企业培训与组织绩效的影响研究》，《上海管理科学》2007年第1期。

8. 孟繁强：《战略人力资源管理的情景观研究》，《科学学与科学技术管理》2008年第5期。

9. 彭建平：《企业员工关系测量模型比较研究——以2个企业部门的整体社会网络为例》，《华南理工大学学报》（社会科学版）2012年第6期。

10. 秦晓蕾等：《制造业创新战略、员工培训与企业绩效关系实证研究》，《管理学报》2007年第3期。

11. 王朝晖、冷晓君：《KHRM、情境双元型创新与企业绩效关系研究》，《科学学与科学技术管理》2012年第9期。

12. 魏刚：《高级管理层激励与上市公司经营绩效》，《经济研究》2000年第3期。

13. 小彦：《我国人力资源管理发展三十年》，《中国人才》2008年第9期。

14. 刑周凌：《高校最佳人力资源管理实践对组织绩效的影响》，《系统工程理论与实践》2009年第11期。

15. 杨丰瑞、赵明：《IT企业研发人员胜任力模型的构建及其在招聘中的应用》，《北京市经济管理干部学院学报》2008年第1期。

16. 俞震、冯巧根：《薪酬差距：对公司盈余管理与经营绩效的影响》，《学海》2010年第1期。

17. 张弘、赵曙明：《人力资源管理实践与企业绩效——沪深两市生产制造型企业的实证研究》，《预测》2006年第4期。

18. 张一驰、李书玲：《高绩效人力资源管理与企业绩效：战略实施能力的中介作用》，《管理世界》2008年第4期。

19. 周蓓蓓、曹建安、段兴民：《上市公司高管相对薪酬差距与公司绩效相关性研究》，《商业研究》2008年第2期。

20. Arthur J. B. （1992）. The link between business strategy and industrial relations systems in American steel minimills. Industrial and Labor Relations Review, 45（3）：488－508.

21. Becker, B., Gerhart, B. （1996）. The Impact of Human Resource Management on Organizational Performance：Progress and Prospects. Academy of Management Journal, 39（4）：779－801.

22. Huselid, M. A. （1995）. The impact of human resource management practices on turnover, productivity, and corporate financial performance. Academy of Management Journal, 38（3）：635－672.

23. Morrisa, J. and B. Wilkinsonb, et al. （2009）. "Strategic international human resource management or the 'bottom line'? The cases of electronics and garments commodity chains inChina." The International Journal of Human Resource Management 20（2）：348－371.

24. Tsui, A. S., Wang, D. X. & Zhang, Y. C. Employment relationship with Chinese middle managesr: Exploring differences between state-owned and non-state-owned fimrs. Dordrecht: Kluwe, 2002: 347 - 474.

25. 白艳莉:《员工雇佣关系感知的动态发展及其管理策略——以心理契约理论为分析视角》,《兰州学刊》2012 年第 12 期。

26. 樊耘、阎亮、张克勤:《组织文化、人力资源管理实践与组织承诺》,《科学学与科学技术管理》2012 年第 9 期。

27. 高遐、井润田、万媛媛:《管理决断权、高管薪酬与企业绩效的实证研究》,《管理评论》2012 年第 4 期。

28. 韩平、张雷雅、曹洁琼:《高新技术企业人力资源管理实践与企业绩效关系研究》,《科技进步与对策》2012 年第 4 期。

29. 江永众、程宏伟:《劳动关系研究的多学科比较——基于劳动经济学和人力资源管理学的视角》,《学术研究》2012 年第 5 期。

30. 金涛、施建军:《知识型企业的跨文化人力资源管理解析》,《现代管理科学》2012 年第 6 期。

31. 刘昕、江文:《循证人力资源管理:研究及启示》,《华东经济管理》2012 年第 4 期。

32. 王雅洁等:《转型期人力资源管理发展中的问题与对策》,《统计与管理》2012 年第 6 期。

33. 朱飞、熊新发:《ELM 主导型雇佣关系模式下的员工管理困境和管理策略创新研究——可雇佣性的视角》,《理论探讨》2012 年第 2 期。

34. 祝丽怜、陈志霞:《心理资本作用机制研究》,《科技管理研究》2012 年第 11 期。

(高文书)

第四篇

论 文 荟 萃

理论经济学与方法

【混合双寡头模型下的 R&D 竞争：不确定性和模仿视角**】**

吉生保　冼国明

《国际贸易问题》2012 年第 1 期

10000 字

研发技术模仿作为刻画研发特征的一个重要指标，对研发市场竞争格局产生深刻影响。从国际创新发展过程的经验来看，研发技术模仿是外资研发利用的重要途径，是发展中国家经济发展和转型的必经阶段。毋庸置疑，中国作为重要的发展中国家，正在经历经济转型的特殊阶段；特别地，外资研发嵌入程度日益增加，研发技术模仿对于提升我国研发创新能力、顺利实现经济转型意义重大。为此，“十二五”期间，我国继续加大吸引研发类 FDI 的优惠力度，而各地政府也都积极出台各项配套政策为加强自身研发创新能力创造条件。然而，在不同的研发市场结构以及不同的研发创新规模下，研发技术模仿如何影响研发市场竞争格局，在理论上尚未得到解决。该文分别在混合双寡头和私人双寡头情况下，就不同的创新规模、利率水平以及被模仿程度对社会福利的影响展开研究，就公共机构在 R&D 投资上的作用的政策进行探讨。

研究通过引入模仿参数 δ 度量了 R&D 容易被模仿的程度，发现在混合寡头的情况下，并没有改变公共厂商投资过度以及私人厂商投资不足的一般结论，进一步验证了 Theotoky（1998）结论的稳健性。在此基础上，通过引入二次 R&D 成本函数，本研究发现混合双寡头与私人双寡头情况下社会福利的比较是不确定的，除了依赖创新规模 P 以外，还取决于模仿参数 δ，具体体现在：（1）对于任意的 δ，创新规模越大，私人双寡头越倾向于占优混合双寡头；（2）对于创新规模比较小的 R&D，只有同时具备较容易的模仿程度，混合双寡头才会优于私人双寡头；（3）在不完全模仿（$\delta \neq 1$）的情况下，在 R&D 越来越容易被模仿的过程中，利率越高（低），私人双寡头优于混合双寡头的最低 P 先上升（下降）后下降（上升）。该文分析，公共厂商在总体 R&D 支出方面虽然不是完全理想，但还是能够达到一定的效果；可能会抬升总体 R&D 投资水平，但是要付出确定的代价，即 R&D 结构不再是社会最优。所以，应该谨慎对待公共厂商在 R&D 投资上的作用，不能完全依靠市场力量来增进社会总体 R&D 水平，尤其是针对一些创新规模比较大的 R&D，包括 R&D 补贴和政府采购在内的其他手段也应该积极加以利用。此外，对于常见的、创新规模比较小的 R&D，应当视利率水平和容易被模仿程度的不同组合以及动态演变情况，灵活地采取混合双寡头或私人双寡头的形式，这对于福利的增进也是必要的。

（吉生保）

【完善社会主义市场经济体系的若干问题】

梁桂全

《广东社会科学》2012 年第 3 期

17600 字

不断改革、创新和完善社会主义市场经济体系，将贯穿于我国整个现代化进程。当前及今后一个时期，我们将面临着“中等收入陷阱”的挑战，这一挑战从根本来说是制度性挑战。发展和完善社会主义市场经济体制，既有深层次的理论、制度问题，又有眼前迫切需要解决的现实问题。

（1）必须毫不动摇地坚持以市场经济为取向的改革。

（2）中国特色社会主义市场经济的一般性与特殊性。只强调中国特色，不注意市场经济共性因素，往往导致脱离客观规律的主观随意性；只讲市场经济共性，不讲中国特殊国情和社会主义方向，往往导致脱离国情和人民立场。解决市场经济一般和特殊的统一，核心或关键是解决市场经济和社会主义的结合。

（3）市场经济主体是中国特色社会主义市场经济的基本问题。完善中国特色社会主义市场经济，必须要恢复和强化资本在我们生活中的市场经济主体地位。

（4）创造条件让更多群众增加财产性收入。这从根本上涉及市场经济的发展方向。一方面让群众增加财产性收入，抑制两极分化，实现共同富裕；另一方面强化资本主体的人民性，显示市场经济发展的社会主义价值取向。

（5）发达的现代社会信用是现代市场经济的灵魂和精粹。要多管齐下加快市场经济信用体系和机制建设。

（6）构建市场经济国际机制体系，促进经济国际化转型升级战。经济发展到中等收入阶段时，将进入新的国际扩张期。这同时要求一国市场经济体系向国际拓展，推进市场经济国际化，为从中等收入跨入高等收入的新飞跃开创新的国际空间。

（7）发展市场经济非政府组织，政府加快退出市场。市场经济自组织程度是市场经济成熟程度的重要标志。必须加快发展市场经济社会组织，提高市场经济自组织、自管理、自约束、自提高能力，这是深化和完善市场经济体系的重要基础工作。

（8）中国特色社会主义市场经济条件下先富到共富的路径与市场机制。最大限度释放市场经济内在能量，加快发展社会经济，同时保障全社会的共同富裕，是中国特色社会主义市场经济的基本价值取向。

（9）创新促进科学发展、幸福建设的市场机制。通过市场经济机制创新，改变社会经济发展形态，实现科学发展的市场经济机制自动调控，并促使经济发展更好地实现人民幸福，是中国特色社会主义市场经济更具历史意义的伟大探索。

（10）促进社会建设、文化建设同步发展的市场机制创新。探索促进经济文明、社会文明、精神文明和政治文明四位一体协调推进发展大格局的市场机制体系，是深化和完善中国特色社会主义市场经济体系的重大战略任务。

（11）加强中国特色社会主义市场经济精神文化建设。要加快确立产权（财产）不可侵犯理念、自主选择自由理念、平等公正理念、社会责任意识、人文价值精神、科学理性精神。

（梁桂全）

【危机的经济学与经济学的危机】

葛守昆

《江海学刊》2012 年第 2 期

11000 字

肇始于 2007 年美国次贷危机的国际金融危机，引发了全球性的经济恐慌与经济衰退。问题是究竟危机（本文的危机主要是指金融或经济危机）何以发生，有何因应之道？迄今为止的经济学缺少足够充分的解释。从世界各国应对危机的实践来看，也验证了人们在危机方面存在的认识偏差。这表明，经济学本身同样面临着挑战性的危机。

危机究竟因何发生？主要来自于微观主体信息不对称所导致的市场供求关系的不确定性。在凯恩斯经济学中，将危机归咎于“有效需求不足”，这是似是而非的认识。危机不仅甚至不主要是有效需求不足，而是供给太多。在马克思经典经济学中，几乎将市场经济等同于私有制，因此认为私有制是诱发危机的根源。但是相比之下，迄今为止尚无超过市场经济的经济形态。企图取消市场经济来消除危机，非明智之举。

危机来了怎么办？关键是搞清楚危机的实质及其表现，然后再有针对性地采取应对策略。在应对危机的措施上，现在各国通行的政策，大多是通货膨胀的办法，说明对危机认识不够充分，甚至是以引发危机的原因来治理危机。

现有的应对危机的理论未能科学全面地解释危机现象，充分暴露了现有的传统经济学本身面临着严重的危机。(1) 经济增长目的变得越来越模糊；(2) 表面的计划与市场之争淡化了对危机的认识；(3) 一个超越国家边界的国际宏观经济学相当脆弱和滞后；(4) 如何对危机有效地防范缺少必要的远见。

面对由危机所暴露的经济学危机，经济学家们必须通过深刻反思，探寻新的经济学道路。从根本上讲，就是恢复或回归本原的经济学。包括：(1) 经济与消费的一致性。人类消费伴随着整个经济的过程，经济学研究永远都不能偏离消费这个重要的初衷。(2) 微观与宏观的一致性。宏观经济学追求的目标，就是在微观有充沛活力的基础上，确定有效的总供给与总需求基本一致，价格相对稳定；减少资源消费，保持资源有续利用；将美好的生态环境作为消费的重要内容。(3) 全球与国家的一致性。现行的宏观经济学，基本上还是国家宏观经济学，必须建立全球范围的宏观经济学，针对全球化的市场经济，共同应对和防范全球性的危机。

（葛守昆）

【计划经济的技术和市场经济的价值】

钟祥财

《学术月刊》2012 年第 4 期

18000 字

计划和市场是人类社会迄今为止的两大经济体制类别。古今中外不存在纯粹的计划经济或市场经济，判断一个国家实行何种经济主要依据该经济体中占主导地位的体制类别。在观念中，计划体制作为理想社会的经济方式常常被赋予特殊价值，市场机制则因追求财富增长往往只被视为满足效用的技术工具。该文指出，计划经济的主张与人类自古以来就出现的追求平等、反对剥削的社会理想有关，但它主要是作为市场经济的一种革命性替代体制提出的，其目的是从根本上消除市场竞争所导致的经济危机，其前提是实行生产资料的公有制，基础是科学计算和严格管理。这种理论演变的轨迹显示出，计划经济的主张是通过技术工具的运用把理想转化为一种可以实际运作的体制，其实质是把价值技术化、工具化了。这一体制思想从萌芽到成型时间较快，应当与 19 世纪以来人类整体主义方法论和科学技术的发展相关。由于这一体制的人性假设过于高远，具有理想化的特点，支撑这一体制的经济理论大部分属于数量测算和技术控制，实践上就容易把人作为技术的对象，或达到某种目的的手段，从而导致计划经济的价值虚置。

正是在审视和思考计划经济缺陷的过程中，人们不断丰富和深化着对市场经济内在价值的认识。首先，由于以人类关心自身利益的本性为基本假设，因此以自由竞争为特征的市场经济符合真的价值要求；其次，由于认识到人类的知识是分散的，有限的，只有通过自然扩展的交易、合作等途径才能使各种资源禀赋得到配置优化和不断改进，所以市场经济符合善的价值要求；再次，由于我们生活的世界无时不在变化，充满不确定性，只有多样性、独立性以及责任权益对等才能把社会经济的风险控制在局部和阶段的范围内，避免人类走上整体危机的歧途，所以市场经济符合美的价值要求。从知识论的角度看，计划经济的前提是人类能够掌握社会经济运行的全部规律，而市场经济则隐含人类认知的有限性，进而把经济发展视为一个不断发现知识、不断完善制度的过程。显然，后者更有益于人类的生存和发展。

（钟祥财）

【计量经济学应用研究的可信性革命】

王美今　林建浩

《经济研究》2012 年第 2 期

11000 字

在我国，经过 30 年的发展，计量经济学模型已经成为经济理论研究和实际经济分析的一种主流的实证方法。与此同时，人们对于计量经济学模型方法产生了不同的甚至是相反的评价，究其原因部分来自于计量经济学模型方法本身，更多地来自于计量经济学模型的应用研究。一部分研究者由于不了解计量模型方法具体的应用背景和适用条件，陷入一种滥用和错用的误区，一项实证研究从计量经济模型的设定开始，一直到模型的估计、检验、评价和解释，随意性和错误随处可见。

可信性是计量经济学应用研究的最重要的问题，其核心在于实现经济理论、统计学、数学在实证研究中的科学结合。国际计量经济学界对此有过三次大讨论，涉及计量经济学的学科性质、经济变量之间因果关系的识别及模型统计适切性等方面的内容。以此为出发点，联系我国计量经济学应用研究中存在的主要问题，该文阐述了计量经济学应用研究的可靠性来源：

第一，随机性设定是我们利用计量经济模型对真实数据生产过程（DGP）进行探索的一个主要体现，是正确设定计量模型不可或缺的部分，应得到足够的重视，努力用好。

第二，目前广为应用的非结构计量经济模型对因果关系的推断并不符合因果关系的本质含义，应该慎之又慎。实验与准实验方法及结构计量建模是近年发展起来的对因果关系进行推断的新方法，但在我国尚少运用，应努力发展。

第三，稳健推断、模型设定检验和模型选择都是保证应用研究统计适切性的重要工具。建模过程可靠性的最终落脚点在于模型设定检验，“检验，检验，再检验”这一计量经济学的金科玉律必须成为计量经济分析过程中的“杂草清除”机制。

我国计量经济学的应用研究面临进一步提高可信性的重要问题，需要全面吸收和借鉴国际计量经济学界对于可信性问题的成果，这对我们的研究模式和教学模式提出了更高的要求。对于研究模式而言，应该避免简单套用国外模型方法的做法，否则将导致研究思路单调、薄弱，甚至是低水平重复。一项成功的、高水平的经验研究通常具有高度综合性，需要对经济理论、计量方法、数据特征、国别情况及其制度约束有深刻理解，并在上述各环节体现研究的科学性与可信性。这一方面有助于我们更准确地解释中国经济现象，另一方面也给了我们对计量模型方法本身进行创新的机会。

对于教学模式而言，不应将计量经济学的教学视为计算软件的实验课，如果认为应用计量经济学知识只需要懂得如何操作软件来得到估计和检验结果，就从教学阶段埋下了错用、滥用计量经济学的种子。计量经济学的教学是一项系统工程，需要重视计量经济学思想方法的培养和训练，帮助学习者深入了解整个计量经济学的思想方法和理论体系，明确每种计量模型方法的适用范围和前提。

（聂海峰）

【**财政学**：两大传统的分立与融合】

马　珺

《经济理论与经济管理》2012 年第 10 期

15000 字

最近 10 年以来，中国财政学的教学与科研正快速地融入“国际化”进程，传统的制度研究和历史研究不再受到重视。从某种意义上说，这种“国际化”意味着意识形态羁绊的去除，意味着财政学思想研究的解放，它带动了财政学研究的巨大繁荣。然而被人们忽略的是，西方主流财政学在中国的流行也导致对财政学“国际化”本身普遍缺乏反思。即，它是什么样的“国际化”，它对财政学在中国的发展究竟有何影响？

该文从财政思想史的角度，探讨了西方财政学两大思想流派——英美财政学传统和欧洲大陆财政学传统——的历史发展，分析了二者间的主要区别与联系，及其各自对当代西方主流财政学的影响，阐述了当代西方主流财政学的由来。并以此为背景，简要探讨了中国财政学在新中国成立后的发展，提出“中国财政学应向何处去”的问题。

该文借鉴国际上财政学思想史研究的成果，阐明了以下几个重要观点：（1）此种“国际化”的实质是向英美主流财政学看齐，其实是财政学的“英美化”。无论是在国家观念上，还是在研究方法上，均是如此。（2）这一过程导致与英美财政学传统并立的欧洲大陆财政学传统被边缘化。而欧洲大陆财政学传统对国家的看法、对财政过程的关注、对财政过程的契约性质和政治性质的强调、对财政制度及其规则的探讨，更为接近现代财政制度运行的实际。（3）一些偶然与必然因素造就了今天的西方主流财政学。包括两次世界大战及纳粹政权的知识分子政策、经济学科学化的进程，以及主要财政学者的个人境遇等，都对当代主流财政学的成型产生了至关重要的影响。但这并不表明那些偶然被边缘化的思想没有价值。（4）战后欧洲大陆财政学传统虽然在公共选择的名义下得以复兴，但随着公共选择作为一种科学研究纲领地位的确立，其最初的欧洲大陆财政学源头仍未引起足够重视。（5）这一背景对改革开放以来的中国财政学教学与科研产生了重大影响。需要警惕在“国际化”“科学化”“规范化”等的名义下，将财政学演变为纯粹的数学游戏，以至于所提出的解决问题的思路与最初引起研究者兴趣的那些问题本身越来越远。后者正是当代西方主流财政学所倍受诟病之处。当然，财政学也不应当是某些后现代经济学家所主张的“花言巧语”，中国财政学研究应当走出语言游戏，关注那些真正重要的问题，并提出解决的思路。

（马　珺）

【**对马歇尔和庞巴维克价值决定理论的比较研究**】

王　瑶

《经济学动态》2012 年第 8 期

15000 字

马歇尔的均衡价格理论与庞巴维克的主观价值理论均以“市场出清如何达到”为共同主题，分别以不同的视角试图证明斯密所确信的“无形之手”的逻辑推理。马歇尔以完全竞争状态为分析起点，充分考虑到需求和价格的函数关系这样易处理的问题，巧妙地完成了对一种竞争制度最理想特性的精彩证明。相比马歇尔的均衡价格理论，庞巴维克的主观价值理论虽然居于下峰，但其以对抗性竞争（双边竞争或交易过程）来解读市场出清，或许更能反映出亚当·斯密的本意。

马歇尔的经济分析源于新教的加尔文主义和苏格兰哲学传统（边沁的功利主义和休谟的经验主义），庞巴维克的经济分析则源于天主教的托马斯主义和欧洲大陆的经院哲学传统（反边沁主义和亚里士多德—康德的先验思想）。具体地说，劳动成本理论起源于一种新教徒的世界观，主观效用理论则是一种天主教文化的产物。新教徒把工作和劳动置于神学中心，而天主教哲学则认为应褒扬适度的欲望追求而不是工作和挣钱。这也很好地解释了庞巴维克的时差利息论是建立在“人们的意志力有限，他们抵挡不住现时的奢侈，即使他们知道未来的需要更大”这一天主教世界观的时间偏好原理之上的。另一方面，边沁主义者假定，总福利只是个人福利的算术总和，他们避开个人间效用比较问题，肯定基数效用和可加的效用函数。马歇尔毫无疑问属于边沁的传统，因为他的理论把人预设为一个深思熟虑的理性计算者。对他来说，似乎快乐和痛苦就是理解人类动机的全部真实基础。可以肯定的是，马歇尔最大限度地利用了边沁的幸福微积分的概念，在这里，享乐主义和功利主义成为主要的心理动力。庞巴维克则是坚定的反边沁主义者，因为边沁把人们看作是由快乐和痛苦被动地推动的。庞巴维克认为所有的选择都是前瞻的，个人的选择并不是某种趋向于效用的纯粹引力拉动的结果。在这种意义上，庞巴维克的观点是：交换的最佳条件只取决于个人内心效用比较，从未取决于个人之间的效用比较。

和庞巴维克相比，马歇尔取得成功的重要原因是均衡价格理论极易进行数学处理。现代马歇尔主义者、芝加哥大学的弗里德曼教授提出的工具主义方法论又为均衡价格理论的“假设的真实性无关紧要”提供了哲学依据。结果是，均衡价格理论通过运用概率论（这是统计学和计量经济学的基础）以“经济预测”的客观性来检验经济理论的有效性从而实现了理论和历史的有机结合。在庞巴维克的方法中弥漫着一种亚里士多德式的气质，例如，数学化经济关系的努力被认为是无用的，因为数学是功能的、侧重形式的，所以不能带来对基本经济联系的任何真正理解。概言之，奥地利经济学家只依赖逻辑推理和经院哲学的方法来提出问题和研究问题；其首要目的在于描述，而不是像大多数现代马歇尔主义者那样首要目的在于预测。

（经　科）

【会计·信息·文化】

葛家澍

《会计研究》2012 年第 8 期

7300 字

会计，公认为一个信息系统，生成并传递经济信息（主要是成本信息和财务信息），帮助管理层、投资人和债权人作出有用的决策。因此，从会计在主体经营管理中的作用出发，联系经营管理层面进行研究，并不会产生歧异。但从文化（非物质文明）的层面考察会计，则将对会计的性质和作用有大不相同的认识。

会计的主要产出是信息，信息并不是物质生产的成果，不是能量，而是媒介物质生产的一种“精神”或“文化”产品。从会计产生之初，会计信息的加工和传递就需要遵循真实、公允和透明的要求。虽然不同时期、不同国家和地区，在趋同的前提下，对会计信息的要求总会有差异，但如实反映和充分披露，始终是会计活动共同遵守的道德规范。诚信，是会计的指导思想、基本准则和根本信念，体现了会计的文化观。该文所试图探讨的，正是会计的这层文化意义。

进一步地选取两个重要历史时期，从社会的文化层面，考察会计的记录和报告的特点：在第一本复式簿记著作产生的文艺复兴时期，复式簿记不仅是反映了财产物资的价值流动及交换的来龙去脉，在科学性价值之外，更是体现了公正合理的产权观念、公平平等的思想基础；在财务报告概念框架出台的时期，诚信仍然是会计与财务报告的本质要求，鉴于现代市场充满风险和不确定性的特点，这个要求借助于财务报告概念框架，在如实反映的基础上，又强调了对基础的相关，现代财务会计与财务报告丰富发展了会计的价值观和会计文化。

会计信息一方面有助于物质文明的创造，另一方面，在精神文明的层面，会计信息坚持并向社会传播——坚持如实反映、坚持公正透明、坚持对所有者有用——的价值观，输送诚信的道德品质，从而有助于打造一个公平、公正、平等的市场环境，影响甚至改造企业家、会计师和所有市场参与者的灵魂，净化社会风气。2011 年的中国概念股事件，反映了诚信作为会计之本，对企业产生的至关重要影响。因此，在任何时候，会计信息所传递的企业经营活动及其业绩的变化：如实反映（当然，不可能做到绝对的精确可靠）是基础，估计与判断仅是补充。

（叶　凡）

经济发展与宏观调控

【构建四大机制　促进新型消费】

尹向东　刘　敏

《人民日报》（理论版）2012 年 3 月 16 日

2600 字

新型消费是坚持以人为本、追求合理消费需求最大化满足的可持续消费，它具有消费主体大众化、消费产品绿色化、消费行为文明化、消费环境生态化等特征，是物质文明、精神文明、生态文明协调发展在消费领域的体现。在发展新阶段，扩大消费需求需要在生产、分配、交换、消费四个社会再生产环节构建长效机制，促进新型消费。

建立居民收入和消费与经济同步增长的联动机制。建立以居民收入增长为中枢的居民消费增长与经济增长的联动机制，要改善收入分配格局，完善社会保障体系，改善消费品供给结构，加大公共产品供给力度。建立城乡居民收入增长的联动机制，同步推进工业化、城镇化和农业现代化，尤其应把发展经济的重点放在农村。建立不同社会群体收入增长的联动机制，提高中等收入者比重，提高社会消费倾向。

建立消费结构与产业结构良性互动的耦合机制。建立可持续投资机制，生产的起点是投资，建立可持续投资机制是实现消费结构与产业结构良性互动的前提。建立产业政策科学决策机制，科学合理的产业政策是引导产业结构优化升级的有效杠杆。完善宏观调控机制，宏观调控可以弥补市场机制的不足，促进产业结构与消费结构良性互动。

建立促进消费环境优化的市场监管机制。建立价格监管机制，物价部门不仅应履行政府定价和政府指导价职能，而且应全面、系统地开展市场价格监管工作。建立质量监管机制，加强产品质量监督检查，形成监管合力。建立交易监管机制，加强消费市场交易监管，改善交易环境。

建立消费需求结构优化升级的引导与调控机制。建立文化引导机制，通过消费价值观教育、消费道德宣传、消费行为干预等，发挥文化对居民消费需求的引导作用。建立政策调控机制，通过消费政策对消费行为进行科学引导和宏观调控。建立法律管理机制，通过实施消费者权益保护法等手段维护消费者权益，引导社会消费行为。

（刘　敏）

【自我雇佣还是成为工资获得者？中国农村外出劳动力的就业选择和收入差异】

宁光杰

《管理世界》2012 年第 7 期

15900 字

就业获得与收入提高是大多数中国农村剩余劳动力由农村流向城市的主要目标。该文将研究视野转向中国由农村流向城市的劳动力的就业状态：他们获得什么样的工作？自我雇佣还是被他人雇佣成为工资获得者，较稳定的长期工还是短期或临时工？他们的就业状态是按照自身比较优势选择的结果，还是由于存在劳动力市场分割和歧视使得他们被迫作出这样的选择。如果存在选择性偏差，各种就业状态之间真实的收入差距又是多少？哪些因素对收入差距形成起主要作用？该文重点关注自我雇佣状态，因为自我雇佣近年在农村外出劳动力群体中日益普遍。

该文发现人口特征、人力资本、社会网络和迁移目的城市都影响由农村流向城市的劳动力的就业选择和收入。控制了选择性偏差，自我雇佣者的小时收入比短期工的小时收入高，但并不比长期工高。收入差异分解的结果显示价格效应对于解释自我雇佣者和长期工之间的收入差距很重要。而对于自我雇佣者和短期工之间的收入差距，常数项的差异占主导。因此在两组收入差异中都存在歧视问题。研究支持双重分割的移民劳动力市场假说：自我雇佣这一就业状态的选择只部分建立在比较优势的基础上，进入壁垒限制了一些自我雇佣者转为长期工。另一方面，即使有创业梦想，由于融资约束，一些短期工也很难成为自我雇佣者。

这些分析结果提供了一定的政策启示。首先，要建立和完善劳动力市场，使劳动者能够依据其比较优势选择理想的就业状态，实现劳动力资源的合理配置和个人收入的最大化。对于由农村流向城市的劳动力而言，劳动力市场的分割更为明显，尤其是流入到稳定的正规就业部门非常困难，这需要在人才招聘时减少户籍和身份等的限制。另一方面，个体私营经济对于我国经济发展起着重要作用，我们应鼓励和支持一些农村外出劳动力自我创业、从事自我经营，培养企业家精神，提高其决策能力，增强其自我经营的信心。在资金获得方面给予支持，使他们能更容易地获得融资。特别的，让那些在农村有自我雇佣经历的人在城市同样能够施展才能。要注重社会网络的建设，以利于其自我创业。同时，要建立广泛的社会保障体系，将更多的农村外出劳动力（尤其是自我雇佣者）纳入到保障体系中，使其能够继续从事自我经营。否则，对风险的规避会使他们转向有较高社会保险覆盖的长期工作。

（宁光杰）

【基本养老保险制度对个人退休行为的激励程度研究】

彭浩然

《统计研究》2012 年第 9 期

5000 字

近年来，退休制度改革在我国引起了广泛讨论。支持延长退休年龄的理由主要有以下三方面：第一，随着我国医疗卫生水平的不断提高，人均预期寿命不断延长，继续沿用旧的退休年龄标准显得不合适。第二，自我国城镇职工基本养老保险制度由完全的现收现付制向社会统筹与个人账户相结合的混合模式转轨以来，由于未解决好转轨成本，加上人口老龄化的影响，养老基金面临很大的支付压力。延长退休年龄通常被认为是缓解养老金支付危机的有效手段之一。第三，出于对劳动力短缺和人口红利消失的担忧，延长退休年龄可以使我国在未来一段时间内继续保持低工资水平以及国际竞争力。以上理由主要是从宏观角度进行考虑，并未考虑微观个体的感受。各种民意调查的结果显示，大多数人反对延长退休年龄。正因为如此，我国退休制度改革陷入僵局，停滞不前，亟待突破。

从劳动经济学理论来看，退休制度与养老保险制度两者密不可分。研究如何改革退休制度，绝不能忽视其与养老保险制度的相互影响。其中，养老保险制度如何影响个人退休决策或行为是一个关键的基础问题。2005 年我国基本养老保险制度改革以来，养老金待遇与缴费水平、缴费年限挂钩，新制度究竟会对个人退休行为产生什么样的影响，为分析养老保险制度对退休的激励提供了一个重要渠道。

根据 2003 年的《国民经济行业分类》，在以下九个行业——采矿业、制造业、电力煤气及水的生产和供应业、建筑业、交通运输、仓储和邮政业、批发和零售业、金融业、房地产业、教育业中分别选取一位代表性个体进行研究。通过测算九大行业代表性个体在不同退休年龄（55—65 岁）退休时的养老保险替代率水平，以及终身养老金财富现值，并在此基础上测算了不同行业代表性个体延迟退休的边际隐性税率。养老保险替代率反映的是个人退休后养老金收入相对于工作时收入的替代程度，边际隐性税率反映的是个人延迟退休所面临的隐性成本。

研究结果发现，我国现行养老保险制度对个人退休行为存在负激励作用，并且行业之间差别很大。工资水平低、增长慢的行业的职工养老保险替代率比工资水平高、增长快的行业要高，有些行业比如建筑业，甚至超过了 100%。对于绝大部分行业来说，个人延迟退休能够提高养老保险替代率水平。但从终身养老金财富现值的变化情况来看，个人越晚退休所获得的养老金财富越少。这对于所有行业都一样。越是工资水平低、增长慢的行业，其职工延迟退休的边际隐性税率越高；越是工资水平高、增长快的行业，其职工延迟退休的边际隐性税率越低。所以，从养老保险替代率水平和边际隐性税率来看，与工资水平高、增长快的行业的职工相比，工资水平低、增长慢的行业的职工更倾向于提前退休。

（聂海峰）

【“单独”育龄妇女总量、结构及变动趋势研究】

王广州

《中国人口科学》2012 年第 3 期

15000 字

随着近 40 年计划生育政策的全面实施，我国育龄妇女的总和生育率从 1973 年的 4.54 下降到 2010 年的 1.4 左右。30 多年来独生子女政策不仅从根本上改变了中国人口发展的历史趋势，而且也从根本上改变了中国的人口结构、家庭结构和社会基本结构。生育水平迅速下降的直接后果就是迅速形成了上亿的独生子女和独生子女家庭户。以往研究独生子女生育行为或独生子女家庭经常是把个人作为研究对象，研究单位仅限于个人尺度，并没有把家庭成员等重要信息也作为家庭研究的重要依据和数据来源。作为定量研究生育政策调整可能产生的影响的前期基础研究工作，该文从“单独”育龄妇女出发，研究“单独”育龄妇女总量、结构和变动趋势。

“单独”家庭指夫妻一方为独生子女的家庭；“单独”育龄妇女指妻子为育龄妇女且夫妻一方为独生子女的育龄妇女。判断妇女是否为“单独”育龄妇女需要具备已婚、妇女年龄在 15—49 岁和妇女本人或其丈夫为独生子女三个必要条件。为了解决宏观模型需要比较多的参数和模型的复杂性问题，该项研究采用随机人口微观仿真预测模型，把随机宏观人口预测模型和微观仿真模型的优点结合起来，实现动态模拟“单独”育龄妇女家庭总量和变动趋势。通过计算机仿真，该项研究得到以下基本结论：

第一，虽然随机微观仿真非常复杂，但其突出优点是在样本量较小的情况下，随机人口微观仿真结果与现有调查数据和宏观随机仿真模型比较具有高度一致性和可靠性。第二，2005 年全国“单独”育龄妇女家庭在 1800 万人左右，估计值下限在

1720万人左右，上限在1910万人左右。其中，“双独”育龄妇女家庭在93万人左右，估计下限在63万人左右，上限在128万人左右。第三，“单独”育龄妇女总量在未来30年内持续增长的趋势不可逆转，增长速度很快，年增长速度在10‰以上。第四，如果现行生育政策不变预计增长速度很快，年增长速度在10‰以上，2050年“单独”育龄妇女占育龄妇女的比例在50%以上，总量超过1.2亿人。放开“单独”二孩，2050年“单独”育龄妇女占育龄妇女的比例在50%以内，总量仍超过1亿人。全面放开二孩，2050年“单独”育龄妇女占育龄妇女的比例在30%以上，总量1亿人以内。第五，无论生育政策是否调整，“单独”育龄妇女的年龄构成都将实现由目前的30岁及以下占绝对优势向30岁以上“单独”育龄妇女为主的结构转变，不同的生育政策对实现这一转变的影响不同。

（王广州）

【Labor Migration and Income Inequality in China（中国的劳动力流动和收入不平等）】

都　阳　薛进军

The Economic Science（经济学）Vol. 60. No. 1
18000字

从劳动力市场看，扩大就业和不同群体之间工资的趋同，是缩小不同群体之间收入分配差距的积极手段。当劳动力市场的改革使劳动力流动成为可能的时候，农村劳动力必然对城乡之间、地区之间劳动力价格的差异作出反应。这也是我们观察到劳动力流动的规模，尤其是农村向城市的迁移规模不断扩大的原因。正是由于中国的劳动力流动和迁移是以获取更高收入为动机的，其对收入分配的影响也非常直接。集中体现为扩大就业的效应和工资趋同效应。

虽然从总体上看，中国的劳动力市场仍然未能实现劳动力完全自由的流动，但在过去30年里，劳动力市场的改革是充分有效的。其突出的体现就是，直接限制劳动力流动的政策和制度约束得到了有效的清理，劳动力流动，尤其是农村劳动力从农业向非农业的转移规模越来越大。实证研究的观察也表明，市场机制在就业决定和工资形成等环节发挥了越来越重要的作用，这也使得来自农村的劳动力和城市劳动力之间的工资性收入差距逐步缩小。

研究表明，劳动力市场的改革和劳动力流动规模的增加，无疑是缩小收入差距的积极手段。根据该文的分析，劳动力流动通过两个效应改善收入分配形势。首先，是通过就业扩大效应，即让更多的人参与初次分配，进而改善收入分配的形势。遗憾的是，现有的统计资料，难以对这一效应进行全面的评估；其次，是通过收入趋同效应，缩小收入差距。当经济发展面临刘易斯转折点，劳动力的充分流动会引发不同群体的工资趋同，并产生缩小收入差距的推动力。观察表明，农民工之间、城市工人与农民工之间，以及城乡之间的收入差距都可能因劳动力的流动而缩小。基于城市劳动力市场的微观数据分析表明，近年来不断扩大的就业总量（主要是农民工），是缩小收入差距的推动因素。

因此，在现阶段，我们至少可以说劳动力市场发育带来的就业扩大效应以及劳动力流动所产生的工资收敛，正在对缩小收入差距发挥积极的作用。有理由相信，在刘易斯转折点之后，主要的劳动力市场结果会向更有利于收入分配改善的方向转化，与库兹涅茨转折点的会合也会加速。

（都　阳）

【未富先老与中国经济增长的可持续性】

蔡　昉

《国际经济评论》2012年第1期

18000 字

在过去的30余年中，生育水平的长期下降使得中国的人口年龄结构发生了巨大变化。这种变化不仅反映了在收入水平不断提高的过程中，人口也同时老龄化这个一般的规律，而且表现出人口老龄化的速度快于收入水平提高速度的特殊性。人口转变与人均收入提高之间的这种缺口使中国出现了“未富先老”的特征。

中国“未富先老”的特征出现在第一次人口红利过早消失与第二次人口红利开发困难的特殊时期。一方面，这给中国经济增长转向生产率提高驱动型模式提出了特殊的挑战。另一方面，这也留给中国一定的余地，使得中国可以利用现存与发达国家之间的技术差距继续保持较快速的经济增长。而无论是应对前一挑战还是抓住后一机会，都要求创造相关的制度条件，以开发第二次人口红利。

中国面临的挑战不仅是人口问题，更是保持经济增长可持续性的问题。只有正视经济发展的阶段性规律，才可能找到保持经济持续增长的正确途径。本文通过归纳相关的国际经验和教训，提出了提高劳动者素质以开发第二次人口红利、通过制度调整提高养老能力和未来储蓄率的可持续性、建立完善的养老保险制度等政策建议。

具体来说，第一，随着人口年龄结构的变化，中国的教育资源制约将会得到较明显的缓解，从而使国家、家庭和社会可以把更多的资源用于教育的进一步扩大和深化。这将有利于国家培养拥有更充足人力资本水平的高素质劳动者，使得他们不仅能适应产业结构变化的要求，而且还能够在未来具备能力延长工作时间，从而进一步增加有效劳动力供给。这可以被看作是从人力资本方面创造经济增长新源泉的第二次人口红利。第二，中国现收现付的养老保险制度使得未来被供养的人口无须依赖自己的养老资金积累，因而为此进行储蓄的动机不能被完全激发出来。如果能大幅度提高养老保险制度的覆盖率，并把养老保险制度从现收现付模式逐渐转到积累型模式上，就可以具备必要的制度条件，解决与储蓄率相关的未来经济增长可持续性问题。与此同时，完善养老保险制度还可以进一步发展资本市场，使养老基金积累转变为资本形成的源泉。

该文最后还进一步强调了提高全要素生产率对于保持经济增长的重要性。

（蔡　昉）

【中国城镇化格局变动与人口合理分布】

张车伟　蔡翼飞

《中国人口科学》2012 年第 6 期

16000 字

目前，中国的城镇化率已经突破50%，成为名副其实的城镇化社会，但从国际比较的视角来看，中国的城镇化水平仍显滞后。未来20年，中国仍将处于较快的城镇化过程之中，城镇化水平有15—20个百分点的提高空间，这就意味着城镇人口还将增加3亿人左右。在此背景下，自然会产生这样的问题：中国城镇化格局现状如何？呈现怎样的变化趋势和特征？新增城镇人口主要分布在哪里才是合理的？了解中国城镇化格局的现状，分析其变化趋势和特征，对于制定基础设施与产业布局政策，实现基本公共服务均等化以及协调人口与经济、社会和资源环境发展具有重要的参考价值。对于中国城镇化格局问题，已有研究虽然有所涉及，但并不充分，缺乏全面、深入的考察，而有关城镇人口合理分布问题则更少有人关注，缺乏对人口分布合理性标准的探讨。

该文利用国家统计局、住房和城乡建设部的两套统计数据，重新考察了改革开放以来中国的城镇化格局变化，并有三个发现：第一，“镇”人口扩张对城镇化作用不断增强，呈现出人口聚集“市化”和“镇化”共同驱动特征。第二，从区域维度的城镇扩张来看，20世纪90年代以来，城镇人口向东部地区集聚的趋势未发生根本改变。第三，城市群吸引人口和经济聚集能力不断增强，正成为推动城镇化的重要力量。此外，该文引入了Zipf律作为城市人口布局的合理性的标准，审视了全国和区域层面城市规模分布的合理性。在进行合理性评判之前，该文对不同规模等级的城市人口增长状况进行了测算，发现城市人口规模越大城市人口扩张速度越快，这表明城市发展呈现显著的规模正相关现象，从而解释了中国的帕累托指数不断下降的原因。从城市规模合理性的评价结果来看，全国层面的城市人口分布逐渐收敛于Zipf律，人口在不同规模城市间的分布正趋于合理；分区域来看，华中地区大城市发育不足，华南地区中小城市发育不足，其他地区基本呈现向Zipf律收敛的趋势。基于以上分析，该文认为不同空间维度城镇化发展面临的问题与任务是不同的，应实施差别化的促进政策。

（蔡翼飞）

【中国居民消费价格波动：价格粘性、定价模式及其政策含义】

渠慎宁　吴利学　夏杰长

《经济研究》2012年第11期

20000字

国内尚未有关于商品或服务价格粘性现象的经验性研究，中国市场中价格粘性的程度需要得到实证检验。同时，由于结构宏观研究方法特别是动态随机一般均衡（DSGE）具备较强的微观基础，便于进行中国行业、宏观经济波动及政策分析，近年来逐步在国内经济学研究中得到运用。在建立结构宏观分析框架的过程中，总量价格定价模式已成为必须考虑的问题之一。目前，国内学者们的定价模式设定往往较为主观随意，多数采用Calvo（1983）中的定价机制，而这缺乏相应的实证支持。中国居民消费价格呈现出何种波动现象？商品和服务价格的粘性程度有何差异？商品和服务价格的定价模式是否一致？定价模式反映出中国市场中存在哪些问题？能否找到价格波动的“合理界限”，保障市场的竞争行为不受冲击？如何选择合适的定价模式建立符合中国国情的结构宏观模型？这些都是之前未被国内学者关注的，而这正是该文试图回答的问题。

为解决这些问题，该文应用国际上主流、前沿的研究方法，通过大量的数据处理与计算，对中国商品和服务价格粘性程度进行相关测算，分析了中国的居民消费价格的波动特征事实，并在此基础上，重点分析中国居民消费价格粘性背后的经济含义。论文的价值主要体现在：（1）分析了居民消费价格的粘性特征，在国内首次估算了食品、工业消费品和服务的价格调整频率、幅度及上涨和下降倾向，并给出了合理、独到的解释；（2）利用Klenow（2008）给出的方法，对居民消费价格及其大类进行分解，检验了国内居民消费品的定价模式（SDP还是TDP模式），从而考察了食品、工业消费品和服务行业的市场化程度，并对国内动态随机一般均衡（DSGE）模型的构建有一定的理论价值和现实意义；（3）通过该文原创的稳健性检验方法寻找商品和服务价格波动的非敏感区间，并提炼了其政策含义。

该文的创新结论和政策建议是：尽管中国经济总体上已经达到了市场经济的标准，但各个行业市场化程度差异较大。食品、工业消费品市场化程度较高，而服务业市场化程度较低。服务业较低的市场化程度意味着其存在一定程度的市场失灵现象。然而，服务业较强的价格粘性却可为政府利用，其“反周期”特征可以起到“国民经济稳定器”的作用，“借助发展服务业抑制通胀（通缩）”，可成为政策制定者考虑的一种调控手段。

（夏杰长）

【“结构性”减速下的中国宏观政策和制度机制选择】

张　平

《经济学动态》2012 年第 10 期

12000 字

该文第一部分分析了中国潜在增长率下降的原因，认为“结构性”减速带来的宏观不稳已经是不可回避的问题。当前的经济减速问题不能仅仅限于常规的稳定化政策。因为常规化的总量宏观政策已经无法对冲“结构性”减速的调整了，需要“结构性”的改革，建立新的体制机制，并配合宏观稳定政策才能应对当前的“结构性”减速挑战了。

该文第二部分进一步探索了“结构性”减速引起实体经济的通缩。“结构性”减速最大特征是增长的均值出现中长期的下降趋势，而不同于主动调整和外部短期冲击的“临时”影响，这一下降趋势已经在实体经济部门体现出“通缩”风险。从实体产出价格已经负增长入手，分析了实体在高利率下和增长不确定下的信用收缩，资本市场对实体通缩的预期和可能出现的负债表式通缩挑战，指出了风险加大。

第三部分讨论了中国式资产购买，梳理了中国进行资产购买的丰富经验，工业化过程中，银行采用了超贷（1995 年前中国银行贷款大于存款，均技术性破产）的方式支持了工业化，1998 年首先发行 2700 亿元特别国债，中央政府对银行资产的购买进行坏账剥离，启动了中国银行改革和工业化加速；而后中国出口导向导致外汇储备成为世界第一，央行资产中 80% 以上的是外汇资产，成为世界上最大的央行。2007 年中央政府通过发特别国债 1.55 万亿元购买外汇，建立中投公司进行国际化投资取得了国际化运作的经验。当前地方政府的负债中很多都是城市化发展所必需的长期限的基础设施资产，中央政府应该发行特别国债或其他债券形式 3 万亿元以上购买“城市化长期限基础设施资产”，并可适当再冲抵部分坏账，按国债发行的资金成本可以压低到 3% 以下的水平，这样可以用更长期限，更低资金成本来置换短债务期限和高资金成本的地方负债，同时直接解除地方政府的债务压力，稳定了金融，并通过资产购买加大对地方政府治理，有效地促进地方政府转型。

最后探讨了改革和政策取向。城市化和服务业的发展将开启经济“稳速增效”的第二增长阶段，以持续效率改进促进结构进一步优化是本阶段的主要特征。以效率持续改进为主要标志的增长阶段较赶超阶段有着显著不同的三个特质和内涵：投资减速迫使经济进入减速通道；人口结构转型和劳动力供给拐点的发生抑制甚至持续拉低经济长期增长；资源向均衡路径配置的要求迫使“干预型经济”向市场效率转换。基于这三个因素的相互作用，增长平稳减速将成为一个趋势，克服减速必须通过增效才能进入可持续发展轨道，否则会恶性循环。这需要一组市场结构的改革，该文给出了供给机制改革和激励政策建议。

（经　科）

【中国主权资产负债表及其风险评估】

李　扬　张晓晶　常　欣　汤铎铎　李　成

《经济研究》2012 年第 6、7 期

46000 字

该文从国民资产负债表的基本框架入手，运用现有数据并通过必要的估算，初步编制了 2000—2010 年的中国主权资产负债表。结果显示：

按宽口径匡算，2010 年中国主权资产

净值接近70万亿元。按窄口径匡算（主要是考虑资产的变现能力和或有负债的发生概率），同年中国主权资产净值在20万亿元左右。各年主权资产净额均为正且呈上升趋势，这表明政府拥有足够的主权资产来清理主权负债，几无发生主权债务危机的可能。但是，包括养老金缺口在内的或有负债风险值得关注。

中国的国民资产负债表呈快速扩张之势。对外资产、基础设施以及房地产资产迅速积累，构成资产扩张的主导因素。这记载了出口导向发展战略之下中国工业化与城镇化加速发展的历史进程。在负债方，各级政府以及国有企业的负债以高于私人部门的增长率扩张。这凸显了政府主导经济活动的体制特征。

对总债务水平与全社会杠杆（即总债务/GDP）的分析显示：中国的全社会杠杆率虽高于金砖国家，但远低于所有的发达经济体，总体上处在温和、可控的区间和阶段。但是，近年来该杠杆率的提高速度很快，必须引起关注。分部门的分析显示：居民负债率较低和企业负债率（占GDP比重）很高，构成中国资产负债表的显著特色。特别是，中国企业部门债务占GDP比重已逾100%，超过了OECD国家90%的阈值，值得高度警惕。

中国主权资产负债表近期的风险点主要体现在房地产信贷与地方债务上，中长期风险则更多集中在对外资产负债表、企业债务与社保资金欠账上。这些风险大都是或有负债风险，且与过去的发展方式密切相关。

因此，转变经济发展方式，保持经济可持续增长，是应对主权债务风险的根本途径。具体而言：（1）保持经济的可持续增长，是化解债务风险的根本途径。（2）债权型错配，是中国对外资产负债结构的主要风险。作为长期战略，中国应注重扩大内需，减少对外需的依赖，放缓对外资产积累。同时，应努力藏汇于民、促进对外直接投资、稳步推动人民币国际化。在短期内，我们应更加积极主动地利用主权财富基金的机制，弱化货币错配风险。（3）逐步减少政府对经济活动的参与和干预，降低或有负债风险。（4）重塑中央与地方财政关系、创新城市化融资机制，以解决地方政府资产负债表因期限错配而引发的流动性风险问题。（5）切实发展资本市场，推动融资结构从债务性融资为主向股权性融资为主转变，以降低全社会的杠杆率，缓解企业的资本结构错配风险。（6）调整收入分配格局，深化国有经济布局的战略性调整，应对社保基金缺口风险。

（经　科）

【人口拐点、刘易斯拐点和储蓄/投资拐点：关于中国经济前景的讨论】

殷剑峰

《金融评论》2012年第4期

19000字

该文认为，中国经济30多年的高速增长造就了过度乐观和过度悲观的两种情绪。一方面，许多人认为中国经济还会有若干个十年的高速增长，另一方面，也有不少人将人口老龄化和刘易斯拐点看成是中国经济陷入低速增长，甚至停滞的前兆。该文首先基于人口转变的视角回顾了中国经济高速增长的基本机制，接着关注到在人口转变进入到人口再生产的第三个阶段的中后期时，我国经济快速增长的势头可能会因为老龄化而面临快速下降的局面，于是在一个简单的索洛模型框架下界定了“人口拐点”“刘易斯拐点”和“储蓄/投资拐点”，指出单一的人口拐点或刘易斯拐点并不值得担忧，刘易斯（第二）拐点之后同时发生的人口拐点和储蓄/投资拐点才是经济减速，甚至人均产出水平下降的推手。该文指出，此次全球危机和若干国家的案例也表明，危机通常发生于刘易斯

（第二）拐点之后的双重拐点重叠，即在刘易斯第二拐点之后，劳动力转移增速小于劳动年龄人口比重降速的情况下，人口水平拐点和储蓄/投资拐点的同时出现将导致经济减速和总人口人均产出的下降。该文对我国数据的分析发现，尽管我们已经或即将面临人口拐点，但仅从劳动力这一个生产要素的角度看，尚无法得出刘易斯（第二）拐点出现的结论；同时，在没有外部冲击的情况下，也没有迹象表明储蓄/投资拐点的来到。因此，过去30多年推动中国经济高速增长的两大动力——劳动力供给效应和资本积累效应依然存在。不过，从那些陷入危机的国家可以得到教训，信用膨胀伴随的房地产价格快速上涨将会引发突然、剧烈的调整，从而导致劳动力转移停滞，刘易斯第二拐点到来，可能会使经济面临"硬着陆"甚至长期萧条。所以，未来在通过改革继续推动劳动力转移的过程中，我们需要稳定信用和房地产市场，以防止刘易斯（第二）拐点和储蓄/投资拐点被提前触发。对此，作者提出三点：第一，严防信贷膨胀伴随的房地产价格过快上涨，住房体制也有必要再做一个彻底的改革；第二，促进和稳定就业，在劳动力完成转移之前，促进就业至关重要，在劳动力完成转移之后，稳定就业应该变成第一位；第三，稳定储蓄和投资，需要指出的是，经济增长只能来自于要素投入和技术增长，与扩大内需并没有严格的相关关系。最后，认为学术界或许应该借鉴德国模式——管理资本主义。

（刘戈平　薛　波）

【预期寿命与中国家庭储蓄】

刘生龙　王亚华　胡鞍钢

《经济研究》2012年第8期

19000字

改革开放30年来中国保持了近两位数的年均经济增长率，在世界上的地位越来越重要。与此同时，伴随着经济的高速增长，中国的总和储蓄率不断增加，消费率不断下降。作为一个拥有十几亿人口的大国，中国的高储蓄率引起了无数学者的高度关注。一些研究表明，即使在控制了储蓄率的决定因素之后，中国的国内储蓄率仍然异乎寻常的高。根据中国国家统计局公布的资金流量表可以看到，2008年中国国民总和储蓄率达到了令人震惊的52.3%，成为世界上储蓄率最高的国家之一。在中国的总和储蓄中，居民储蓄一直占据非常重要的地位，在总和储蓄中一直占据40%以上的份额。随着2008年全球金融海啸的到来，中国政府再一次提出要扩大内需，鼓励居民扩大消费需求，然而中国居民的消费率不仅没有提升，反而一直下降，2009年中国的居民消费支出占GDP的比重从1990年的50.5%下降到35.3%，而家庭储蓄率则不断上升，使得中国家庭的储蓄和消费问题再一次成为国内外研究者十分关注的焦点。

过去人们研究消费和储蓄时往往从绝对收入假设、持久收入假设、生命周期理论和预防性储蓄理论入手，很少关注预期寿命延长对家庭储蓄的影响。随着经济的发展、医疗条件和公共卫生状况的改善，1990—2009年中国的人均预期寿命也呈现不断增长的趋势，从1990年的68.55岁增长到2009年的73.1岁。预期寿命的增长意味着人们在退休之后的时间变得更长，而为了在这延长了的退休时间里仍然保持一定的消费水平，人们将不得不在工作年龄时段更多地进行储蓄。预期寿命的延长很可能是导致中国家庭储蓄率不断攀升的原因之一，该文试图通过实证分析来论证预期寿命对中国家庭储蓄的影响。

在生命周期模型的基础之上，该文引入预期寿命，就预期寿命对中国家庭储蓄率的影响进行理论分析和实证检验。通过收集中国1990—2009年31个省份的省级面板数据，该文的实证研究结果表明人口预期寿命对中国家庭储蓄率产生了显著的正向影响，样本期间内由人口平均预期寿命增长导致的中国家庭储蓄率增加了共计4.2个百分点，对中国家庭储蓄率增长的贡献度达到了42.9%。该文的实证研究结果还表明预期未来的收入增长率对家庭储蓄率产生微弱的负面影响，而预期未来的收入不确定以及人口扶养比对中国家庭储蓄率的影响没有通过显著性检验。

（刘生龙）

【超额工资、过剩流动性、进口价格与中国通货膨胀因素的量化分析】

张延群

《金融研究》2012年第9期

12000字

抑制通胀增长过快，将物价水平保持在合理区间历来是中国宏观调控政策的重点之一，控制CPI过快上涨对于经济发展和社会稳定都具有重大意义。理解不同时期通胀的主要原因对于有针对性地采取措施抑制通胀是十分重要的。如果通胀的主要原因是由信贷规模过大、货币供给增长过快而引起的流动性过剩和需求过度，从紧的货币政策是控制通货膨胀的有效手段。而当引起通货膨胀的主要因素是进口价格过高或者劳动工资增长过快时，紧缩性的货币政策不仅收不到显著的效果，而且还可能对实体经济的增长造成损害，减少供给，造成物价进一步上涨。因此，对各个时期通胀的主要因素进行分解，分析其作用强度以及传导途径，有助于理解当前通胀变动的原因，预测未来通胀的走势，对于实行积极有效的宏观经济政策具有指导意义。

该文从超额货币供给、超额工资增长和外部因素等三个来源对我国的通胀进行量化分析。按照货币需求和工资决定的经济学理论，分别针对货币需求和实际工资决定建立VECM模型，通过协整分析技术识别出能够代表货币需求和实际工资决定的长期均衡关系，将实际货币总量和实际工资与长期均衡值的偏离定义为超额货币需求（或称为过剩流动性）和超额工资增长。然后建立单方程的通货膨胀模型，将超额货币需求、超额实际工资、进口价格增长率以及通货膨胀率的滞后作为解释变量代入通货膨胀方程。通过这种方法能够将影响通货膨胀的长、短期因素，货币和工资因素，国内和国外因素加以区分，还可以将不同时期各因素的重要性进行比较。运用1993Q1—2010Q4季度数据进行实证分析，得到的主要结论是：1994年之后特别是2009年以来，超额工资对CPI的变动起到重要作用，超额货币供给对通胀的影响是显著的，与超额工资相比其影响程度相对较弱。进口价格上涨在短期内对通胀的影响是显著的。

最后特别指出，2010—2011年的高通胀虽然有超额货币供给和进口价格增长过快的原因，但主要原因之一还在于出现了较大程度的超额工资增长。目前和今后一段时期，我国仍然存在工资快速上涨的压力。富余劳动力供给已经在减少，人口红利正在消失，劳动生产率受到调整经济结构转变和“中等收入陷阱”的制约出现减慢的迹象，为了缩小收入差距而提高最低工资收入的政策也将推高总体工资水平。在未来几年，来自超额工资增长的因素对通胀的压力会有所增大。努力加强供给管理，减少工资成本推动型的通胀应当成为下一阶段控制过高通胀率的政策重点之一。

（张延群）

【稳定城市化——一个人口迁移角度的城市化质量概念】

檀学文

《中国农村经济》2012年第1期

18000 字

针对快速城市化现实，该文提出了一个着眼于人口城市化过程的城市化质量概念——稳定城市化。人口城市化有别于土地城市化，前者是自发和主动的，后者是被动和攫取式的。人口城市化也有别于劳动力流动，前者涉及家庭而后者涉及个人。稳定城市化是指在农村劳动力及其家庭在城镇稳定地就业和共同生活的基础上呈现出来的连续的、无障碍的、不可逆的城市化过程，是一个包含社会因素的经济学概念。稳定城市化是对城市化过程而非结果的一种描述。它不是城市化过程完成时的状态，而是人口城市化过程的动态特征。城市化过程的特征在逻辑上必然会影响社会经济发展的结果，包括土地利用的转变、经济活动的集中等，但是二者是不同的。后者在其他研究中被直接当作城市化质量的表征，这是稳定城市化与其他城市化质量概念的根本区别。稳定城市化概念没有否认其他关于城市化质量研究的基本结论，而是将城市化过程和结果进行了区分，赋予城市化质量以本源含义。

从农村人口城市化出发，我们可以采用外出劳动力回流率、外出劳动力规模变动率、城市化速度变动率、举家城市化迁移比例、农村留守儿童比例等指标，构成一个城市化稳定性指数。这个指数可以用于比较不同时期人口和劳动力城乡流动过程的稳定程度。另一方面，稳定城市化概念可以用于分析城市化问题的原因及其应对之策，即当前的不稳定城市化的原因和对策。不稳定城市化可以将城市化过程中作为原因和后果的具体社会经济现象加以区分，并作为逻辑桥梁在其中建立联系。一些与人们的现实经济利益挂钩的社会经济现象导致了不稳定城市化现象，此为原因；不稳定城市化现象所引发的另一些与人们的经济利益挂钩的社会经济现象，多数不合人意，此为后果。所谓的后果便是那些城市化问题，例如就业困难、城乡二元差距的维持或扩大、农民工与城市居民的社会冲突、留守和流浪儿童问题等。

中国的不稳定城市化现实存在于两个方面：一方面是不稳定迁移和城市化，包括农村劳动力流动的波动和回流；另一方面是农民工的非家庭迁移。不稳定城市化的可能原因则主要存在于三个方面：我国经济总量和结构特征将限制农民工就业的持续增长；城市对外来农民工的不公平待遇以及农村推力和拉力的消长也将影响后续的城市化进程。稳定城市化概念和指标具有单一性，可以简化城市化问题研究而不影响研究的效力。

（檀学文）

【银行信贷、经济周期与货币政策调控：1984—2011】

李连发　辛晓岱

《经济研究》2012 年第 3 期

17000 字

近年来，基于银行较强的信贷扩张自主驱动力，我国的银行信贷一直保持较高的增长态势。这种信贷增长态势在支持经济增长方面发挥了积极的作用，同时其对经济周期的影响也较为明显。信贷总量超过正常水平则被称为信贷扩张。当以往不良贷款率较低时，商业银行往往倾向于低估贷款损失。当商业银行可以通过较低的成本获得资本时，它对贷款损失的乐观估计使其更容易，也更倾向于扩张信贷。信贷扩张对经济周期的影响主要体现在对产出和通胀的影响。研究银行信贷扩张既要看到其短期内对经济增长的促进作用，又要避免中长期可能给经济增长带来的干扰和不必要的波动。为此，需要更好地理解合理的信贷水平这一重要的概念，进一步深入分析银行信贷扩张的内在机理及其对经济周期的影响。

以往的分析较少采用基于参数校准的模拟分析，虽然得出了一些有借鉴意义的结论，但仍需要进一步加以检验。模拟和经验分析得到以下主要结论。第一，如果任由信贷总量扩张导致宏观经济出现不必要的波动，使得产出缺口和通胀都高于正常水平，会带来显著的福利损失。合理信贷总量的逆周期特征明显。信贷总量是否处于合理水平对通胀率持续影响很大。这意味着，从金融宏观调控角度出发，有必要加强对信贷总量的密切监控和合理引导。第二，信贷扩张发生后产出缺口扩大的趋势仅持续 4 个季度左右，而通胀压力则会持续 7 个季度以上。第三，我国 1984 年以来存款准备金率、信贷总量和货币乘数之间存在协整关系，存款准备金率随信贷总量增加而提高。这说明，我国的信贷总量始终受到关注与引导。

在金融宏观调控过程中，数量调控仍然非常重要，对信贷总量的适度逆周期调整有助于平缓经济波动，也有助于减少社会福利损失。传统西方经济理论不重视数量调控，认为利率调控就足够了。但是，欧美理论界关于银行信贷宏观效应的研究近来不断增加。尤其在以直接融资为主的美国，近来理论界也已有许多学者开始深入研究信贷问题。我们认为，面对特定的经济环境，有针对性地将数量调控与价格调控结合起来是未来货币政策框架的发展方向。

（李连发）

【“双顺差”、能力缺口与自主创新——转变经济发展方式的宏观和微观视野】

余永定　路　风

《中国社会科学》2012 年第 6 期

23000 字

中国经济发展面临的最大任务是转变发展方式。怎样才能实现这种转变？是什么关键因素的变化使中国的经济增长从主要依靠资源和资本的投入转向主要依靠技术进步和生产率的提高？从发达国家的经验看，现代经济增长是技术、企业、产业结构以及支撑制度共同发展和演进的结果，而使这个过程保持技术进步和生产率提高的关键变量是以知识、组织和制度为构成要素的能力发展。因此，能力发展也应该关系到中国经济发展方式的转变。

为了探究能力发展对于转变经济发展方式的作用，该文以中国国际收支的“双顺差”悖论为切入点，把“双顺差”结构与技术进步、企业成长和产业结构演进等决定中国经济健康发展的关键变量联系起来进行考察，以四个互相联系的命题发展出一个理解中国经济发展方式现存问题与转变途径的概念框架。命题一：中国国际收支的长期“双顺差”格局表明，中国的经济发展过程存在着资源错配的根本性问题，其核心是中国的储蓄（即本国资源）没有被充分地用于本国的再生产过程，而相当一部分实际是在被发达国家所廉价利用。命题二：导致“双顺差”刚性的一个重要原因是中国经济增长的外资依赖；陷入这种依赖的原因是在忽略自主创新而导致能力成长不足的条件下，把依靠外资当作实现高增长的政策手段。命题三：由于 FDI 并不自动带来技术，所以外资依赖对于中国经济主体的能力成长具有挤压效应，使中国在经济发展过程中形成结构性的能力缺口。命题四：转变经济发展方式的关键是中国经济活动主体的能力成长，它要求消除外资依赖，并在政策上转向以自主创新为核心的发展战略。

这些命题共同证明：在国际经济环境发生重大变化的历史关头，如果中国不能在技术能力、组织能力和制度建设等方面取得发展，外资依赖与能力缺口就有可能使中国经济发展遭受重大挫折。因此，能力成长才是转变中国经济发展方式的关键变量。该文的分析揭示出实施自主创新战略对于转变中国经济发展方式的核心作用。

（梁　华）

【中国养老保险缴费对消费和储蓄的影响】

白重恩　吴斌珍　金　烨

《中国社会科学》2012 年第 8 期

19000 字

中国居民的储蓄率居高不下，成为一个国内外都非常关注的“谜”。在金融危机的背景下，中国家庭过高的储蓄率再一次成为焦点。通过刺激消费来拉动经济增长，被普遍看成是应对金融海啸的重要措施，扩大内需也被看成是促使经济健康可持续发展的关键。

对于中国家庭高储蓄的原因，学界提出了各种解释，其中一个最常见的解释和中国还不够健全的社会保障体系相关：家庭需要为多种可能的收入冲击做预防性储蓄，包括为养老、教育及可能发生的大额医疗支出等储蓄。不少学者提出应该通过提高社会保障水平来刺激消费，这一建议还得到了政策上的支持：在政府应对金融危机的“一揽子计划”中，大幅度提高社会保障水平被列为应对危机的四大措施之一。但是也有学者指出，当前扩大内需总量的根本在于提高老百姓的可支配收入，进行国民收入的再分配，而提高社会保障水平最终将加重企业或居民的税负，进一步挤压居民当期的可支配收入。经济学理论告诉我们，在一些合理假设下，企业支付的部分会转化成职工税前工资的下降，也就是说企业的税负也可能会转嫁给职工。因此，要衡量提高社会保障水平对消费的影响，就需要研究提高社保缴费负担对消费的影响。由于养老保险是社会保障的主体，该文集中讨论养老保险缴费。

利用中国城镇住户调查 2002—2006 年 9 个省的数据，来估计职工当期的养老保险缴费对家庭消费储蓄的影响。该文发现，在 2006 年之前，尽管增加养老保险覆盖率本身有助于刺激消费，在给定缴费前的收入水平以及养老保险覆盖状态时，提高养老金缴费率会显著抑制缴费家庭的消费。另外，养老保险缴费负担对总消费的影响主要也是负面的。

（梁　华）

【要素收入分配对居民收入分配的影响】

郭庆旺　吕冰洋

《中国社会科学》2012 年第 12 期

22000 字

从我国现实来看，从 20 世纪 80 年代中期起，劳动相对资本分配份额下降，同时居民收入分配状况呈现恶化状况；换句话说，要素收入分配向资本倾斜与居民收入分配差距扩大呈现并行趋势。

在党的十七大报告中，同时提出“提高劳动报酬在初次分配中的比重”和“逐步扭转收入分配差距扩大趋势”，并强调在初次分配中希望由市场而非政府来主导要素收入分配格局的改变。居民收入分配与要素收入分配是否有内在关系？这种关系的逻辑机理是什么？现实中的要素收入分配状况对居民收入分配产生了怎样的影响？政府应在哪一环节、采取怎样的措施缓解居民收入分配差距扩大？该文的研究解决了上述问题。

提高劳动要素分配份额、降低资本要素分配份额的政策措施，将有助于改善居民收入分配。实践意义在于，有助于发现更多的改善居民收入分配的政策措施。由于要素收入分配影响居民收入分配，那么任何影响前者的政策措施都会影响到后者，如改变要素相对价格、垄断、政府征税等，那么我们会发现更多的影响居民收入分配的因素，从而为改善居民收入分配提出更多有效的对策。

该文研究发现，在我国居民收入来源

中资本收入分配不平等程度严重高于劳动收入的情况下，不论是在要素收入的初次分配环节还是在再分配环节，劳动相对于资本的收入分配份额下滑，明显扩大了居民收入分配差距。鉴于家庭部门更容易获得劳动要素收入，而部分资本要素收入将由企业部门获得，因而劳动要素分配份额的调整比资本要素分配份额的调整对居民收入分配状况的影响效果更大。在要素收入的再分配环节，政府通过对要素收入征税影响要素的相对收入分配份额，进而影响到居民收入分配。因此，扭转要素收入分配中劳动相对资本分配份额下滑趋势，将有助于改善居民收入分配。

（梁　华）

财政与税收

【论民生财政对公共财政的创新——我国全面建成小康社会时期财政转型探索】

王小琪

《财经科学》2012 年第 12 期

10000 字

民生是一个历史的范畴，我国现阶段，民生除了指民众的基本生存和生活状态，还指民众的基本发展机会、基本发展能力和基本权益保护状况等。随着经济的发展、社会的进步、财力的增强，由政府提供的民生服务范围逐步扩大，逐渐将一些传统的私人和准私人领域包括进来，标准也逐步提高。我国在温饱阶段，民生及其服务主要是解决生存问题；全面建设和建成小康社会阶段，民生及其服务主要是解决生活质量和发展诉求问题。

民生财政体现了社会主义财政的本质特征，是对经济建设财政的继承和发展，或者说是扬弃；是公共财政的创新和升华，它通过对社会每一个成员基本权益的保障而实现了财政人本性、公共性的回归，是公共财政发展历史进程中的新阶段。构建民生财政，是财政转型的基本方向和目标。构建民生财政，体现了财政运行的根本目的；体现了实现社会公平正义，建设和谐社会的要求；是克服市场失灵，发挥政府比较优势的需要。

构建民生财政，实现公共财政的升华，应着力在如下几个方面创新：

第一，理念创新。树立以人为本、为民理财的理念。树立政府与市场合理分工的理念。树立发展型（或叫积极的）福利的理念。

第二，制度创新。（1）建立民生支出持续稳定增长和结构优化机制。一是加快筹集整合资金，一方面积极筹集资金扩大投入规模，另一方面加大资金整合力度。二是突出民生支出的重点方向和领域。以解决群众最基本、最迫切、最关心的问题为出发点，构建覆盖全民、满足民众最低需求的基本民生服务体系。

（2）完善向民生倾斜的财税制度。加强保障性安居工程建设。加快建立全覆盖的社会保障体系，提高保障标准。建立机关事业单位职工工资正常增长机制。提高国有垄断企业“红利”上缴国家比重。适当降低个人社会保险缴费基数和缴费率，适当增加高收入行业的缴费额。进一步实施结构性减税，推进增值税转型和营业税改增值税，将鼓励新增就业的税收优惠政策长期化。逐步推动分类个人所得税制向综合个人所得税制转变。适时开征遗产税、赠予税、特别消费税等。推进费改税。研究开征社会保障税，全面改革资源税，开征环境保护税。

第三，体制创新。打造财政主导、社会参与的多元化民生保障体系。健全中央和地方财权财力与事权相对称的财政体制。推进财政的民主化、公开化、法治化进程。

（王小琪）

【扩大消费需求的税收政策】

张　斌

《财贸经济》2012 年第 9 期

8000 字

随着中国经济社会发展进入新的历史时期，国内消费增长乏力，经济增长主要依靠出口和投资拉动带来了严重的结构性矛盾。2008 年金融危机爆发后，面对全球经济再平衡的挑战，扩大内需，尤其是扩大消费需求显得更为迫切。税收作为政府参与国民收入分配的重要政策工具，在扩大消费需求中应如何发挥作用，这是当前税制改革面临的重大任务。

该文首先从需求结构、最终消费构成和居民消费结构三个层面对扩大消费的政策目标进行了界定，分析了边际消费倾向、储蓄率、政府支出与居民消费的互补与替代关系对消费的影响。以上述分析为基础，从税收对居民收入、消费品价格、消费结构和储蓄率四个方面的影响阐述了税收影响消费需求的基本作用机制。在研究中国现行税制结构对消费的影响时，根据中国目前政府收入项目的性质，将具有间接税性质的非税收入纳入了税收政策分析框架，在系统梳理所有政府性基金的基础上，测算了具有间接税性质的政府性基金的规模和具体结构。该文根据间接税的性质将其影响成本和消费品价格的机制分为三种：即由投资承担的部分（通过增加固定资产原值和折旧额转化为年度成本）、作为固定经营成本的部分和作为变动成本的部分，这种区分进一步细化了现行税制结构经济影响的分析框架，有助于更细致、准确地测算不同税种对投资、消费和储蓄的影响。

在政策建议方面，该文指出：扩大消费需求的重点是扩大居民消费需求，税收政策主要通过减轻边际消费倾向较高的中低收入阶层所得税负担，降低间接税，尤其是生活必需品的间接税负和建立完善的社会保障筹资机制降低居民的储蓄动机三个方面发挥作用。要重视税收政策的局限性，扩大消费需求的税收政策需要在公平与效率之间权衡，并应与财政支出政策相互配合发挥作用。

该文以税收影响居民消费的四个基本作用机制为基础，在两个方面扩大了现行税制结构经济效应研究的视野，提出了两个具有重要现实意义的问题，一是结合中国政府收入的特征，对具有间接税性质的非税收入规模进行了测算，二是深入分析了间接税影响消费品价格的三种基本作用机制，同时提出了较为具体的政策建议。

（张　斌）

【资源税改革——以煤炭为例的资源经济学分析**】**

林伯强　刘希颖　邹楚沅　刘　霞

《中国社会科学》2012 年第 2 期

19000 字

改革开放以来，我国经济在以资源密集开采和快速消耗为特征的城市化、工业化进程中快速增长，环境与能源资源的有限性及经济增长之间的矛盾日趋尖锐。出于加快增长方式转变以实现可持续发展的迫切需求，全面的资源税改革呼之欲出。中国为什么需要资源税？怎样的资源税是在当前渐进式的增长路径上的“最优”？如何确定资源税率？政策选择的宏观经济影响如何？对上述问题力求客观准确地解答，是政府进一步推动这一领域深化改革进程的基础。基于中国的资源禀赋，煤炭资源在中国能源结构中具有绝对主导地位，并且以煤为主的能源格局在一个较长时期内很难改变，因此煤炭资源的资源税改革必将成为整个资源税改革进程中最为重要然而又必须迈过的一道难关，需要审慎对待。相对于占能源消费比重较小的油气领域来说，有关煤炭资源税问题的深入研究在当前显得更为迫切。

该文引入使用者成本来计算我国煤炭资源的耗减价值。不可再生资源同时具有稀缺性与可耗竭性，市场对于稀缺性通常能够进行很好的体现，对于可耗竭性带来的代际间的外部性则需要政策设计将其纳入考量。使用者成本法的基本思想是：需要将可耗竭自然资源取得的既定回报中的一部分转化为可持续性投资作为对资源耗减的补偿，才能保证能够无限维持的消费水平，如果煤炭资源税的设定能够充分考虑资源的耗减价值，那么也就具有了可持续发展的意义。该文从消除资源耗减的代际间的外部性的角度给出了资源税的理论依据，同时也提供了具有可操作性的理论税率计算方法。在中国渐进式改革的政策实践中，对于经济增长方式由粗放向可持续发展转变的促进无疑是一种“优化”行为，可以作为引导资源税问题研究的基准方法。

该文研究指出，我国需要开征从价煤炭资源税，以反映煤炭资源自身耗减价值，减少垄断租金，促使煤炭行业整合背景下的国有煤炭企业自觉改进生产技术，提高煤炭资源的开采效率。基于政策模拟的结果，建议将煤炭资源税率设定在5%—12%的范围内，并且出于我国经济发展的可承受性，在开始时可以将煤炭资源税率设在7%左右。上述结论为我国政策实践在全盘考量阶段提供了权衡的依据。

（梁　华）

货币与金融

【中国企业债券市场发展现状发展对策研究】

刘佳宁

《新金融》2012年第7期

7000字

企业债券融资是推动企业资本来源多元化的重要途径。我国企业债券发行总体发行规模偏低，金融工具的功能尚未得到充分发挥。2008年全球性金融危机的爆发及急剧的银根紧缩绷紧了大量企业的资金链条，许多企业不得不求助于银行贷款以外的融资渠道，企业债券又开始逐步进入各地政府及政府投融资平台的视野。与股权融资相比，企业债券融资具有融资成本低、控制权不被稀释等独特优势，同时发行企业债券可以提高企业知名度。企业债券发展滞后的主要动因有三个：一是对企业债券的意义与效用未能从战略视角高度认识，与国家部委办积极沟通、争取政策资源的能动性不强；二是未能有效建立上下联动的发债机制，各级政府对发行企业债券的普及推广、对准发债企业的培育辅导、对发债推进机制的构建明显滞后；三是企业发债内在动力不足，未能针对具有融资需求的中小企业形成有效的发债扶持机制。我省银行业资金相对充裕，国有大企业缺乏发债动力，大部分有融资需求的中小企业受制于信用、抵押品、盈利指标、风险控制等因素约束，难以达到发债要求。

当前经济下行压力之大超乎预期，企业生产经营较为困难，急需拓展新的融资动力与机制，创造公平低廉的营商融资环境。当前国际和国内宏观金融环境都发生了深刻变化，加快培育企业债券市场既可拓展融资渠道促进实体经济发展，又可提高资金使用效率促进经济转型升级，其深层意义还在于推进融资结构与金融要素资源配置优化。应加快构建企业债券发行的长效机制，并以常态化做好以下工作：一是各级政府应从战略视角高度重视债券融资工作，提高利用债券市场融资的认知度。二是建立企业债券发行的规范管理体系。三是完善债券市场基础建设，推进多元化、多种类、多渠道的发债形式。要着力推进多元化发行主体，尤其是资金需求更迫切，从正规信贷渠道难以获得资金供给的民营和中小企业发债主体，帮助他们解决法人治理结构要求、发债担保、资信评估等切实问题。四是制定有效的扶持政策并大力推动实施。

（刘佳宁）

【加强监控民间金融发展状况】

黎友焕

《中国金融》2012年第3期

5500字

中国民间金融拥有4000年的悠久历史，长期以来对我国经济社会的发展作出了巨大的贡献。当今我国民间金融在整个金融体系当中所占比重不大，却在为中小企业提供融资来源、为普通百姓提供理财渠道等方面发挥了重要作用，在很大程度上对银行等金融机构的职能进行了补充。但由于它游离于现行法规边缘、处于监管体系之外，长期受到歧视，每每成为整顿金融秩序的靶子。如何给予民间金融一个准确公正的定义以及引导其健康有序发展显得至关重要。

在此之前的研究文献，对于民间金融的概念，一直没有得出一致的结论。因此，也很难对其发展现状进行精准的概括，难以准确有针对地提出有效的政策建议引导民间金融的发展走上正轨。

该文在研究民间金融机构发展历程及参阅大量文献的基础上，对民间金融的概念加以界定，分析其产生的原因与特征，并概述广东省民间金融发展的现状，针对当前存在问题提出对策建议。

民间金融是与官方金融相对而言的，在我国银行、保险系统、证券市场、农村信用社以外的经济主体所从事的融资活动，属于非正规金融范畴。民间金融的交易客户基本上是从正式金融部门得不到融资安排的经济行为人，交易对象是不被正式金融所认可的非标准化合同性的金融工具，也不具有规范的机构和固定的经营场所，一般处于金融监管当局的监管范围之外，主要运行方式是民间借贷。民间金融产生的需求因素有负利率对银行存款的挤出效应、投资渠道匮乏无法对流动性进行分流。供给因素有从紧的货币政策、利率管制下利差较小、中间业务不足等。

目前我国民间金融的特征包括：规模与民营经济的发达程度直接相关、民间金融活动中的风险约束有所强化、公开程度增强等。当前广东省民间金融的发展体现在服务和经营范围、资金来源以及金融主体日趋多元化、发展地区和方向不断扩大的状况。从广东省民间金融发展的对策来看，要培育和建立合法的民间金融服务体系、倡导建立互助性民间金融组织、建立跟踪监测体系，防范民间借贷风险以及完善社会金融服务体系，形成民间金融和正规金融共生的环境。

（黎友焕）

【我国货币政策的最优度量指标】

王　曦　邹文理

《中山大学学报》（社会科学版）2012 年第 1 期

10000 字

货币政策是指中央银行为实现其特定的经济目标而采用的各种控制和影响经济活动的方针和措施的总称，包含政策工具、操作目标、中介目标和最终目标等一系列内容。其中操作目标和中介目标又合称中间目标。货币政策的实施过程，就是通过使用货币政策工具作用于操作目标，进而通过操作目标影响中介目标，以实现最终目标。作为连接货币政策工具和最终目标的中间目标指标就需要能够充分体现出货币当局的政策意图并度量当前的货币政策状况。

在国内，尽管有很多关于货币政策的探讨，但就货币政策度量本身，尚未出现统一和专门的研究，在度量货币政策时仍然较为随意，就目前的情况来看，使用货币供应量的居多。但不同的研究者在不同研究中提出了不同的指标，缺乏统一的比较和评价标准，使得不同研究之间的结论缺乏可比性，对于理解和认识货币政策的效果也缺乏一个讨论的基准。

根据人民银行法的精神，货币政策合意度量指标的标准应该满足：首先，在统计意义上，货币政策的合意度量指标应对物价水平和实际经济变量具有预测力；其次，在经济意义上，合意度量指标应对物价水平和实体经济具有实质性的效果。这里，考虑经济意义是为了排除某个度量指标虽然具有统计上的预测力，但其在对宏观经济的影响方向不符合预期或者其累积影响不大，因而失去了作为调控工具的意义。有鉴于此，研究详细考察了我国各种可能的货币政策指标对经济的预测能力以及其经济作用效果，对我国的货币政策度量问题提出了一个有依据的判断。

使用基于VAR的格兰杰因果检验与方差分解方法，比较银行间7天拆借利率、基础货币、金融机构信贷总额、货币供应量M_1和M_2对实际工业增加值、固定资产投资总额、社会消费总额以及物价水平的预测能力。又利用脉冲响应分析，讨论M_1和M_2的作用方向是否符合理论预期。最后汇总比较指标的预测能力以及实际经济效果，以甄别确定我国货币政策的最优度量指标。

该文分析的最终结论是：（1）在度量货币政策上，数量指标货币供应量要优于利率指标。（2）在研究货币政策对实体经济（消费、投资和产出）的作用时，M_2是最优的货币政策度量指标；在研究货币政策对通货膨胀的作用时，M_1是最优的货币政策度量指标。

（聂海峰）

【中国货币政策调控工具的操作机理：2001—2010】

王国刚

《中国社会科学》2012年第4期

18000字

随着“十二五”规划的展开，中国货币政策由“从紧”到“适度放松”再到“稳健”。这意味着中国的货币政策调控进入一个新的历史时期。在此背景下，作者认为回顾和分析21世纪前10年的中国货币政策调控历程、内在机理及其效用，对推进我国货币金融理论发展和完善货币政策实践都有重要意义。

货币政策体系整体上可以分为最终目标、中间目标和操作工具等，其中，操作工具是调控过程中实现预期目标的基本手段，也是传导货币意图的主要机制。通常情况下，操作工具包括货币发行量、法定存款准备金率、再贷款率和再贴现率、市场公开业务等。而该文从实践层面出发，主要关注法定存款准备金率、人行债券、存贷款基准利率和新增贷款规模管制，详细阐述了几个机理：（1）调整法定存款准备金率的机理；（2）发行人行债券以调剂对冲头寸的机理；（3）调整存贷款基准利率的机理；（4）运用行政机制管控新增贷款的机理。该文指出，提高法定存款准备金率和发行人行债券在整体上并无紧缩效应，提高存贷款利率有着信贷扩张效应，与这些政策手段相比，调控新增贷款规模的有效性最高。最后，该文指出中国货币政策调控的难点，并给出了对策建议：在2001年到2010年间，人行的货币政策在宏观调控中时常处于矛盾境地，矛盾有时来自于经济运行中的指标间相互掣肘，有时是内外经济差别甚至还有社会舆论。尽管人行积极应对经济中出现的各种新情况、新问题，综合运用货币政策中的各种工具，化解了各种错综复杂的矛盾，但是货币政策在形成和实施过程中还存在一系列需要进一步深入探讨的难点：（1）调控能力在逐步减弱。（2）价格调控依然困难。（3）对冲外汇占款的可运作空间趋于缩小。（4）中间目标的指标选择依然困难。（5）物价上涨压力依然严重。从2001—2010年的10年实践经验来看，要实现优化货币政策目标体系，健全货币政策决策机制这些目标，还需进行体制机制创新，应该从以下几个方面来推进创新：完善人民银行资产负债表的结构、完善中间目标和操作手段、积极推进存贷款利率的市场化、完善货币政策最终目标和构建逆周期的金融宏观审慎管理制度框架。

（刘戈平　薛　波）

【货币增长是否导致了通货膨胀：基于因果关系的动态视角**】**

费兆奇

《国际金融研究》2012年第7期

9000 字

近年来，我国的经济持续增长，随之而来的是通货膨胀率也在不断上升，这引起很多人的关注。央行能否通过影响货币供应量的途径对物价水平进行调控，是该文想要研究的问题。

该文在动态格兰杰因果关系的基础上，通过构造“GF”统计量检验了我国2001年以后货币增长与通货膨胀的动态因果关系；而且，通过设计“格兰杰－F”检验和构造“格兰杰－F”统计量考察了经济增长在货币增长与通货膨胀传导关系中所扮演的角色，旨在解决以下问题：该格兰杰因果关系在既定的显著性水平上是否稳定，是否会随着时间而发生变化；是什么因素导致了该格兰杰因果关系的发生，即导致货币增长引起物价水平变化的因素是什么；货币增长引起的通货膨胀是否影响了经济增长。该文的结构典型符合实证分析类型。文章第一部分说明研究所要使用的方法，构造出了GF统计量，该统计量基于动态的格兰杰检验，在此基础上，可以考察什么因素能够预测GF统计量。接着选取M_2代表货币供给量，用CPI代表物价水平，用月度工业增加值代表经济增长（GDP）。利用格兰杰因果检验，得出政府由于增加货币供给所导致的物价上涨并不一定会阻碍经济的增长。

最后一部分政策建议如下：（1）在2001—2011年的检验期间内，货币增长并非总是通货膨胀的格兰杰原因，发现：M_2向CPI传导的格兰杰因果关系并不稳定，在2003年1月至2008年1月，我国的货币增长并不是导致物价水平上涨的原因。但在2008年2月至2009年年初的这段时期内，货币增长在1%的显著性水平上是物价水平上涨的格兰杰原因。（2）2009年以后，货币增长与通货膨胀的因果关系，随着检验滞后期间的延长，由不显著变为显著。该文提出的假设和检验证实，2008年以后，在相对较长的滞后期间（例如4—6个月），货币增长是通过经济增长的渠道对物价水平产生影响，或者经济增长是货币增长导致物价水平变化的格兰杰原因。（3）货币供给所导致的物价水平上涨并不一定会阻碍经济的增长；相反，在经济低迷时期，由于货币增长所导致的物价水平上涨还会带动经济增长。当然，该文的结论不具有排他性，货币的增长可能通过其他渠道影响物价水平。

（刘戈平　薛　波）

【人民币低估之谜：一个投入产出分析**】**

唐　翔

《经济研究》2012年第10期

16000字

所谓“人民币低估之谜”，包含两方面事实：一是人民币实际汇率随经济增长而持续贬值；二是西方学界普遍认为人民币实际汇率近年来存在大幅度低估。主流观点如“劳动力无限供给论”与“汇率操纵论”，都无法同时解释这两方面事实。

该文认为，中国的地区间竞次是产生“人民币低估之谜”的主要原因。所谓竞次，是指处于一个共同市场内部的各个国家/地区政府竞相放松或降低对生产过程的监管标准，以帮助其辖区内企业降低生产成本，获取相对的产品价格优势，致使整个共同市场的社会福利指标不断恶化所形成的一种囚徒困境。在中国地方分权式市场化改革的过程中，由于统一监管权力的缺失，在劳动标准、环境标准、产品质量标准等三个方面出现了几乎涉及所有经济部门且日益恶化的地区间竞次，导致各部门单位产出的中间投入和工资成本不断下降，进而通过三种价格乘数效应对一般价格和工资水平产生了放大的压低作用，致使中国的相对价格水平（即人民币实际汇率）长期走低，经过多年积累至2007年已大大低于其潜在合理水平，从而形成“人民币低估之谜”。

为了验证这一观点，该文对标准的投入产出模型加以拓展，以两个在中国存在严重竞次现象的部门（公路货运业和煤炭开采业）作为案例，利用真实的投入产出表来模拟竞次的价格水平效应。结果显示，在2007年，仅这两个部门竞次的叠加效应就可以导致人民币实际汇率比潜在合理水平降低20%—30%；换言之，消除这两个部门的竞次将导致人民币实际汇率升值24%—44%。在另一种情形下，即假定所有部门都存在轻微程度的竞次，其叠加效应将令人民币实际汇率降低30%—55%，意即消除竞次将令实际汇率上涨40%—120%。因此，竞次足以解释西方学者所认为人民币在2005年前后被低估的幅度。事实上，上述结果表明，如果消除竞次，人民币实际汇率的上涨有可能大大超出这一幅度，而使得中国出口制造业的价格优势（包括劳动力成本优势）完全丧失。此外，竞次的不断恶化可以解释人民币实际汇率长期走低的趋势。综上，中国的地区间竞次完全可以解释“人民币低估之谜”。

（唐　翔）

产业经济与企业管理

【文化创意产业亟须创新管理和服务】

罗黎平

《光明日报》2012 年 8 月 15 日

2400 字

在国内外经济形势倒逼和国家政策引导下，各省市掀起文化创意产业发展和建设高潮，但一系列问题也随之出现。一是文化创意产业园区空心化、同质化严重。二是产业社会资本“堆积”和企业普遍资金“饥渴”并存。三是公共服务平台效率低、质量差、运行不可持续性问题显现。造成上面这些问题的根源在于：一方面，作为一种全新的产业发展业态，文化创意产业的产业运行规律和发展需求模式与传统产业有明显不同；另一方面，地方在发展文化创意产业方式上仍旧追求“大项目、大园区”，在支持政策上一味地“多投入、多优惠”，没有跳出抓传统工业经济的思维路径。创意产业概念的提出，其意义不在于对其所涉及的产业内容进行重新分类统计，而在于强调在新的发展格局下，对经济增长新核心要素的把握，对新的产业结构通道的重新建构；在于强调在创意经济时代对传统产业经济思维方式的转换，对经济发展模式进行创新。因此，不能囿于传统产业的思维逻辑，而应该在技术进步、产业融合、消费转型的大背景下对创意产业加以审视，加快文化创意产业领域公共服务和管理的创新，尽快畅通产业发展公共服务的供需通道。

一是在整合现有资源的基础上，按照产业链各环节的重点服务需求，构建产业服务体系。文化创意产业链的三个环节对服务的需求重点不同：在创意作品化阶段主要是对研发服务的需求，作品产品化阶段主要是对产品孵化服务的需求，产品品牌化阶段主要是对营销传播服务的需求。可以根据这三个环节的服务需求重点，构建三大服务子系统，构建相关的公共服务平台，如人才培训平台、信息交流平台、咨询服务平台等，为文化创意产业提供各个环节、全方位的产业发展服务。

二是借鉴国内外的成功经验和做法，逐步完善产业公共服务的组织管理体系。目前国内对文化创意产业管辖和指导的业务部门很多，包括宣传部门、文化部门、科技部门等。在现行体制机制下，一方面，要进一步弱化政府对公共服务管理领域具体业务的管理职能，避免部门分割和各自为政现象；另一方面，要进一步强化第三方机构、社会中介组织的主体作用。

三是加强公共服务平台的运营和管理机制创新。一要创新服务资源供给机制，根据服务产品的属性，实施主体分类供给。政府在保障大型、共性服务资源的重点投入以外，对相关服务可以实施服务外包，实现服务资源的供给多元化。二要建立产业发展动态监测机制，通过对文化创意产业发展阶段和进程的动态监测和识别，按照相应阶段的产业发展对公共服务需求的重点，给出适时的公共服务需求和供给引导。三要创新协同服务机制，加强和其他地区、相关国家及国际组织的联系，建立长期稳定的交流协作渠道，构筑跨区域、跨部门的产业服务资源共享平台。四要建立考核和监督机制，确立服务规范和绩效考评体系，对园区以及其他的公共服务平台进行认定、扶持和授牌，由政府部门和企业定期就运行状况和平台服务质量进行评估，实行淘汰机制。

（罗黎平）

【中国经济的发展阶段、企业组织与金融体制改革】

王　珺

《广东社会科学》2012 年第 4 期

11000 字

准确地判断我国经济发展的阶段性变化对于把握发展中的问题、特征与趋势以及制定下一轮经济改革与发展政策具有重要意义。该文首先将阶段性划分的理论标准与当前我国工业化发展的实际情况相结合，指出了现阶段我国经济正处于以重化工业为特征的发展阶段。然后考察了随着重化工业阶段的推进，企业组织结构发生变化的国际经验，并概括了产业结构与企业组织结构之间的一般联系，即轻纺工业时期与中小企业相适应，重化工业与大企业组织相匹配。从理论上说，虽然在轻纺工业时期也有可能成长出一些大企业组织，但是，中小企业难以在重化工业阶段扮演引领者的角色。

在此基础上，该文将这个工业化发展进程中的一般经验应用于进入 21 世纪头 10 年的中国实践，发现了它与世界工业化发展进程中的一般经验的异同。共性在于大企业的快速成长以及其在国民经济中的重要性明显地提升，特性是中国的大企业主要来自于国有独资以及国有控股公司，而民营企业走向大企业的数量却十分有限，这反映了我国国有企业与民营企业之间在获得重化工业发展机会中的分化。

该文讨论了形成这种分化的机理及其影响。从形成这种分化的机理来看，虽然国有企业经营绩效低于民营企业，但是，一方面国有企业从国有银行为主的金融体系中获得的贷款支持比民营企业更有优势，这决定了国有企业比民营企业更有资本实力进入重化工业。另一方面在国有资产退出一般竞争行业的战略性重组中，地方政府因担心对盈利企业的转让容易造成国有资产流失，无法实现保值增值，因而采取了“抓好放差”的做法，把赢利的企业抓在手里，把亏损的企业放出去，这种做法对以市场化并购与重组的方式激励民营企业进入重化工业产生了抑制作用。由此带来的影响是，大大强化了国有企业在重化工业部门的垄断，导致了重化工业中的“国进民退”。而这种分化机理背后的症结在于，现行的金融与资本市场对民营企业进入重化工业没有起到融资支撑的作用。针对这个问题，提出了以市场化并购与重组为重点的金融体制与资本市场改革的思路与建议。

（王　珺）

【锁定效应与中国代工产业升级——基于制造业分行业面板数据的经验研究】

杜宇玮　周长富

《财贸经济》2012 年第 12 期

16000 字

“锁定效应”反映了这样一种现象：由于存在报酬递增和自我增强等机制，一国现有的技术条件容易导致技术水平停滞不前，从而不利于后进国家的工业化进程和产业结构升级。锁定效应不仅存在于技术创新领域，而且对社会资源配置、分工模式和经济发展都有着普遍且重要的影响。在开放经济条件下，以代工模式嵌入全球价值链，是后进国家实现工业化的有效战略和重要途径。然而，在以国际代工为基本特征的外向型经济发展模式下，中国制造业可能受制于价值链治理因素、产业发展特征、企业自身条件和外部环境因素，非但不能快速地实现产业升级，反而通过锁定效应形成国际分工和贸易模式的自我强化与路径依赖。那么，中国代工产业锁定效应的形成机制是什么？国际代工模式下的中国制造业是否存在锁定效应？若存在，则其表现形式如何？对于不同要素密集型的制造业而言，其锁定效应的影响因素有何差异？这些问题都亟待深入研究。

GVC 理论虽然为开放条件下的锁定效应提供了微观基础，但主要是从价值链治理角度进行的学理探讨或行业个案分析，而系统性经验研究略显不足。基于此，首先从投入、需求与功能三个维度将代工产业的锁定效应分解为要素锁定效应、市场锁定效应和价值链锁定效应，进而利用2001—2008 年中国制造业分行业面板数据，实证研究了国际代工模式下不同要素密集型产业的锁定效应。主要结论包括：第一，中国劳动密集型制造业的锁定效应表现为要素锁定效应和市场锁定效应，资本密集型、技术密集型制造业则兼具要素锁定效应、市场锁定效应和价值链锁定效应。第二，劳动密集型制造业的锁定效应主要来源于外资代工模式，全球价值链分工因素对资本密集型制造业表现出一定的要素升级和价值链升级效应，因而具有明显的“双刃剑”特点，技术密集型制造业的全球价值链分工因素则具有显著的锁定效应。第三，对于劳动密集型制造业而言，工资水平和创新研发强度对要素锁定效应具有显著影响，规模经济因素是价值链锁定效应的决定性因素，而工资水平还与外部制度因素显著影响了市场锁定效应。第四，资本密集型制造业的锁定效应与工资水平、规模经济和创新强度显著相关，但制度扭曲效应并不显著。第五，技术密集型制造业的锁定效应受到创新强度和外部制度因素的显著影响，企业规模扩大反而会导致价值链低端锁定。上述结论意味着，中国代工产业升级在很大程度上取决于跨国公司战略、产业（企业）规模、对生产要素的利用方式以及外部制度环境等因素，针对不同类型的产业升级应当采取差异化的政策措施。

（杜宇玮）

【非财务信息、外部融资与投资效率——基于外部制度约束的研究】

程新生　谭有超　刘建梅

《管理世界》2012 年第 7 期

22000 字

随着投资者对企业信息需求不断增长，财务信息已经不能满足其决策需要，非财务信息开始日益受到人们的关注，中国证监会也制定了相应法规和准则要求和鼓励上市公司披露有关未来发展前景的非财务信息。同时，非财务信息作为公司财务决策的重要组成部分，并非独立于所处的制度环境，要受到外部制度约束的影响。因此，该文研究了异质性的非财务信息是否会对投资效率产生不同的影响？更进一步，如果其能够影响企业投资效率，那么具体又是通过何种内在机制影响投资效率的呢？与财务信息影响投资效率的渠道是否存在显著差异呢？

该文通过对财务信息与投资效率、非财务信息与投资效率以及市场化进程、非财务信息与投资效率进行理论分析并提出假设，采用深、沪两市 2005—2009 年间除金融行业外所有上市公司作为基础样本，进行筛选剔除，运用南开大学公司治理数据库、CCER 数据库、国泰安数据库等数据建立模型，进行实证检验与结果分析，得出以下结论：（1）非财务信息影响投资效率，与高质量财务信息通过缓解逆向选择、降低道德风险以及有效发挥资本市场功能等三种内在机制提高投资效率不同的是，外部融资在非财务信息和投资效率之间起到了传导效应，非财务信息会通过外部融资避免投资不足，但也会导致投资过度。（2）对于市场化进程较高的公司而言，声誉机制的作用受到弱化，从而降低了非财务信息与外部融资的相关性，并降低了非财务信息对投资效率的影响力。（3）该文为自愿披露经济后果的“透明观”和“柠檬观”提供了中国的经验证据，实证结果既没有完全支持或否定“透明观”和“柠檬观”，而是发现其具有明显“制度依存性”的特点。此外，该文的研究结果一方面有助于投资者更好地辨别上市公司关于未来发展前景信息的质量，从而提高决策的准确性；另一方面建议政策制定部门在制定相应的信息披露准则时要根据不同企业所面临的不同情况。

（程新生）

【**劳动关系氛围和员工工作满意度：**组织承诺的调节作用】

崔 勋 张义明

《南开管理评论》2012年第2期

20000字

随着我国经济和社会的快速发展与转型，企业与员工间的利益协调的重要性愈显突出，企业层次的劳动关系也成为理论界和实务界关注的热点。因此，该文在组织行为层次，探讨了劳动关系氛围与员工态度之间的关系，以及员工组织承诺在上述关系中的调节作用。

该文通过对劳资双赢、劳资对立和员工参与三种劳动关系氛围对员工内在和外在满意度的影响，以及员工组织承诺中情感承诺和交易承诺分别在上述关系中的调节作用进行理论分析，提出假设。采用不同省份的60家企业1607名员工的问卷调查数据进行样本分析及假设检验，得出以下结论：一方面，对员工的外在工作满意度而言：（1）劳资双赢氛围反映员工对劳资双方目标一致性的感知，能够显著地提高员工的外在工作满意度；劳资对立氛围使员工与上司或者与那些认可企业的同事之间，存在各种立场和利益上的摩擦与冲突，显著地降低外在工作满意；员工参与更多的是与工作特性或者权利相关，而与人际关系和工作环境的相关性不大，外在工作满意度不存在显著影响。（2）情感承诺显著正向调节劳资双赢氛围对外在工作满意度的积极影响，员工情感承诺越高，劳资双赢氛围对外在工作满意度的积极影响就越强，但不能调节劳资对立氛围对外在工作满意的消极影响。（3）交易承诺不能调节劳资双赢氛围和劳资对立氛围与外在工作满意度之间的关系。

另一方面，对于员工的内在工作满意度而言：（1）由于内在工作满意度体现了员工对工作特性、晋升机会和工资报酬这些因素的满意程度，劳资双赢氛围和员工参与氛围显著地提高员工的内在工作满意度，劳资对立氛围显著地降低内在工作满意。（2）情感承诺显著正向调节劳资双赢氛围和劳资对立氛围对内在工作满意度的积极影响，员工情感承诺越高，劳资双赢氛围对内在工作满意度的积极影响就越强，劳资对立氛围对内在工作满意度的消极影响就越弱，但情感承诺不能调节员工参与氛围对内在工作满意的积极影响。（3）交易承诺不能调节劳资双赢氛围、劳资对立氛围和员工参与氛围与内在工作满意度之间的关系。因此，为了保证更高的生产率、工作投入和个人绩效，企业应努力提高员工劳资双赢和参与的氛围，降低劳资对立的氛围，同时，企业应通过积极的人力资源管理理念和政策，进行持续不断的企业文化建设，提高员工和企业间心理契约的水平。

（程新生）

【公司治理、投资者异质信念与股票投资风险——基于中国上市公司的实证研究】

李维安　张立党　张　苏

《南开管理评论》2012 年第 6 期

16000 字

现阶段，我国资本市场中的股票投资存在巨大风险，究其原因，除了一些宏观因素的原因，该文认为，微观层面的公司治理因素也是重要原因。因此，通过分析公司治理、投资者信念与股票投资风险之间的关系，考察从公司治理到投资者异质信念，再到股票投资风险的传导机制，并验证投资者异质信念这一中介变量的存在性，从而揭示公司治理对股票投资风险的影响机制。此外，对于我国资本市场股票投资存在的巨大风险，运用文章揭示的公司治理对股票投资风险的影响机制提出了相应的建议。

该文通过对公司治理与股票投资风险、公司治理与投资者异质信念、投资者异质信念与股票投资风险以及投资者异质信念的中介效用进行理论分析，提出相关假设，采用 2006—2009 年国内所有 A 股上市公司作为基础样本，进行筛选剔除，运用南开大学公司治理数据库的公司治理指数以及上市公司公开数据和 CCER 的股票价格收益数据库等数据计算换手率、超额收益波动率、sigma 系数等，对其进行实证检验与结果分析，得出以下结论：（1）公司治理水平的提高有利于降低股票的投资风险，高质量的公司治理能通过改善公司的信息披露质量，有效减轻代理问题，抑制大股东对中小股东和其他利益相关者的侵占动机，提高企业信息披露的透明度和可信度，可以使广大投资者更好地了解企业的未来价值，引导他们制订长期投资决策，降低股票的投资风险。（2）公司治理水平的提高有助于降低投资者信念的异质程度，公司治理的核心功能是提高企业未来的投资价值以及提高信息披露质量，减少投资者和管理者之间的信息不对称性，因此高质量的公司治理能减少信息不对称性，降低投资者获取私有信息的动机，减少交易者之间交易信念的异质性。（3）投资者信念异质程度的降低有利于减少股票的投资风险，资本市场中股票交易量会随着投资者信念异质程度的增加而增加，股票交易量的变化与股票价格正相关，因此投资者信念异质程度的增加会抬高股票的投资风险。（4）投资者异质信念是公司治理影响股票风险的完全中介变量。该文建议监管当局积极鼓励和引导独立第三方公司治理专业评价机构公布其评价结果，以激励上市公司主动提高公司治理水平，从而降低股票的投资风险。

（李维安　程新生）

【产品预售、退货策略和消费者无缺陷退货行为】

李勇建　许　垒

《南开管理评论》2012 年第 5 期

10000 字

预售已成为零售商销售新产品的重要手段，由于产品价值的不确定性以及预售产品性能的超前性和高增值性，许多消费者往往由于不明确产品的使用方法或产品与预期存在差异等原因，将已购买的预售产品退回零售商。然而，不同商家针对预售产品提供的退货策略存在较大差异，因此，该文在消费者对预售产品价值不确定的条件下，研究了以下问题：零售商是否应该提供预售策略？如果提供预售策略，零售商应该辅助何种退货服务：全额退款退货策略还是部分退款退货策略？如果提供退货策略，在不同退货策略下，零售商应该提供多大的预售折扣？消费者的产品估价、预售需求的变化以及预售需求和正常销售季节需求的相关性又将如何影响零售商的预售及退货策略？

该文通过对不提供预售、提供预售全额退款以及提供预售部分退款等进行模型构建，对零售商的预售和退货策略进行灵敏度分析，研究预售商品的估价、预售商品的估价变化对预售价格和预售利润的影响以及预售和销售季节的需求模式及其相关系数对零售商预售和退货策略的影响，得出以下结论：（1）全额退款退货策略和不提供退货策略都不是零售商预售时的最优退货策略。当预购者对产品价值不确定时，建议企业提供一定的退款（大约为产品残余价值）退货策略，而不是全额退款或不提供退款的策略。这一策略既可以吸引消费者预订产品，又可以降低零售商的风险。（2）企业不必过分担心预售阶段的退货策略对企业未来正常销售的负面影响，退货策略只影响企业在预售阶段的利润和消费者退货量。企业可以提供一定的退货策略来吸引消费者提前预订产品以降低企业的库存风险，并借助产品预售信息来预测正常销售季节的产品需求。（3）预售策略的效果依赖于预售阶段和正常销售季节阶段的需求相关性，因此建议企业在确定产品的预售策略时先对市场需求类型进行调研，根据消费者对产品预售和正常销售响应的调研结果来决定是否进行预售以及应该提供什么样的预售策略。该文建议，对于新上市的预售类产品，销售商不应提供过于宽松的退货政策，而应对预售类产品的退货设置一定的麻烦成本，这样可以减少不必要的无缺陷退货问题；同时，销售商可以采取针对消费者进行分类需求预测，如针对预售产品发放问卷等，这样可以更准确地预测正常销售季节的消费需求。

（程新生　李勇建）

【信息成本、环境不确定性与独立董事溢价】

牛建波　赵　静

《南开管理评论》2012 年第 2 期

17000 字

董事会是公司治理的核心，独立董事制度是考核董事会治理的重要指标之一。独立董事的设立一方面可以有效解决委托代理问题，保护投资者利益（尤其是中小股东）；另一方面独立董事丰富的实践经验和专业技能能为董事会和经理层提出宝贵的意见，能提高企业决策的质量和水平，由此产生独立董事溢价。已有的相关研究表明，独立董事获取信息的成本是影响独立董事溢价存在与否及水平的重要因素，同时，企业在经营过程中会受到很多不断变化的环境因素的影响，这些因素构成了一个充满竞争和动态的复杂不确定性环境，因此，该文从独立董事获取信息成本的角度，研究信息成本对我国独立董事溢价的影响，同时从环境复杂性和动态性两个维度出发，研究了环境不确定性对信息成本与独立董事溢价关系的明显调节效应，并对相关部门制定相关独立董事制度提出建议。

该文通过对环境不确定性、信息成本与独立董事溢价以及环境不确定性的复杂性和动态性两个维度进行理论分析，提出相关假设，采用我国沪深两市的非金融行业上市公司 2004—2009 年的数据进行筛选剔除，运用 wind 数据库和 CCER 数据库中数据进行实证检验与结果分析，得出以下结论：（1）独立董事获取信息的成本会对独立董事溢价产生显著影响，独立董事溢价随着获取信息成本的提高而降低。当独立董事获取信息成本很高时，为了最大化自己的收益，独立董事会降低获取信息的意愿，从而使独立董事掌握的信息量减少，进而影响独立董事各种职能的发挥，削弱独立董事溢价作用。（2）在环境不确定性高的情况下，信息成本对独立董事溢价的影响更为明显。一方面，外部环境越复杂，企业面对的环境不确定性越高，企业决策方案成本和成功概率的估算变得更加困难，决策难度增加，信息在企业决策中显得更加重要，信息成本的高低对独立董事溢价的影响更明显。另一方面，环境动态性较高的企业，由于信息重要性更加明显，随着独立董事掌握的信息增加，其带来的独立董事溢价将更加明显。因此，对于独立董事比例的设定，不同公司应区别对待。该文建议有关部门在制定相关独立董事制度时不能对独立董事比例作统一的要求，应考虑信息成本和环境不确定性等具体因素。同时，有关部门加强制定提高信息披露质量的有关政策，进一步完善企业的信息披露制度，降低获取信息的成本，将有利于产生独立董事溢价。

（程新生　牛建波）

【**渠道中不同机会主义的管理：**合同的双维度与关系规范的作用研究】

任星耀　朱建宇　钱丽萍　王　鹏

《南开管理评论》2012 年第 3 期

15000 字

目前，我国正处于转轨时期，渠道机会主义事件频发，在实践中企业使用频率较高的治理机制是合同和关系规范，且经常同时使用二者。因此，该文从合同的不同维度出发，分别探究其对不同性质的机会主义的影响，并进一步考察规范在上述关系中的调节作用以及其对不同性质机会主义的直接作用。另外，对于如何结合具体的渠道机会主义设计适宜的治理机制提出建议。

该文通过分析机会主义、合同对机会主义的作用、关系规范对机会主义的作用以及合同和关系规范共同对机会主义的作用进行分析，提出相关假设，以家具、电脑及其零配件行业中的经销商为调研对象，采取上门拜访、面对面访问的方式完成问卷填写，最终对问卷的数据进行实证检验与结果分析，得出以下结论：（1）在合同对机会主义的直接作用方面，合同的包容性会同时导致渠道成员积极机会主义和消极机会主义的增加；合同的约束力会减少渠道成员的积极机会主义。（2）在关系规范对机会主义的直接作用方面，关系规范对于降低积极机会主义和消极机会主义皆有明显的效果。（3）在关系规范的调节作用方面，关系规范可强化合同的约束力在降低积极机会主义方面的作用，弱化合同的包容性在增加消极机会主义方面的作用。但是，关系规范在弱化合同的包容性增加积极机会主义方面并没有显著效果。

此外，面对我国渠道中普遍的机会主义现象，如何设计适宜的治理机制，该文建议：（1）针对所处行业的特征及自身的实际情况，理清主次和轻重缓急，针对关键、核心事宜及权利和义务作出明确规定，突出重点。（2）渠道管理者要针对所在行业、面临环境、渠道合作关系的实际情况，辨别分析渠道中机会主义的类型，有针对性地采取相应的治理机制。当企业致力于重点防范、降低渠道伙伴的积极机会主义时，可以适当加大合同的约束力，同时与对方建立共享的价值观和目标；当企业致力于重点防范、降低渠道伙伴的消极机会主义时，要构建内在认同和目标共享的关系规范治理机制。（3）渠道成员应该强调彼此是一个唇齿相依的整体，渠道成员之间应当积极建立和维持良好的关系规范，在经营理念上彼此产生共振、思想上产生共鸣、行为上进行有效的沟通与合拍，从而最大限度地规避机会主义，形成一个有机的联合体，实现共赢协作。

（程新生）

【**C2C 电子商务卖家的竞争战略研究：**基于淘宝网的分析】

薛有志　郭勇峰

《南开管理评论》2012 年第 5 期

18000 字

随着国际互联网的普及，电子商务产生并以前所未有的速度发展。对于 C2C 电子商务卖家而言，在激烈的市场中获得竞争优势至关重要。因此，该文通过C2C电子商务卖家面临的两个竞争市场，分析了C2C电子商务卖家的竞争环境，提出C2C电子商务卖家要实现竞争优势可以选择的竞争战略。此外，还通过从淘宝网收集到的数据对成本领先和信誉领先两种战略作了实证分析。

该文首先对C2C电子商务卖家的竞争环境进行分析，指出C2C电子商务卖家要面对两种竞争，一是与实体店的竞争，二是与销售同类产品的卖家的竞争。C2C电子商务卖家与实体店竞争中，电子商务卖家的交易成本较低、店铺租金成本及仓储成本较低、快递送货渠道较好以及销售商品免税，但同时存在物流成本和等待成本、消费者无法获得对实物的体验以及存在被欺诈风险和支付风险。与同类产品卖家竞争中，参照波特的“五力模型”框架，从竞争强度、潜在进入者威胁、替代品威胁、供应商以及消费者的议价能力分析C2C电子商务卖家的竞争环境。该文提出了C2C电子商务卖家可以采用的五种竞争战略：（1）产品优选战略，卖家应当优化销售产品的选择，主要考虑物流成本的影响以及与实体店竞争的影响。（2）聚类战略，网店销售的多种产品同属某一类别，则消费者同时购买两种以上产品的概率较大，让买家选择多种产品的同时，能够分摊物流成本。（3）成本领先战略，一方面C2C卖家要追求成本领先，要打通与生产厂家的交易渠道，拉近与生产厂家的距离；另一方面，C2C电子商务卖家还可以在同城销售中获得成本领先优势；另外，还可以通过薄利多销建立竞争优势，可以直接标底价或者各种折扣、承担快递费以及允许信用卡付款等。（4）信誉领先战略，C2C卖家要做到对自己销售的产品提供完整、无偏的信息，要做到同消费者进行无障碍沟通，及时准确地回复买家的留言和问题，要做到信守承诺，在交易过程中不说空话，还可以通过加入某一商盟，支持消费者保障、七天退换等服务，进一步提升信誉。（5）集中一点——单品制胜战略，C2C卖家可以把资源集中到有特色的单一产品上，形成一定的知识和能力，然后再把这种知识和能力应用到其他产品上。此外，通过从淘宝网收集到的数据对成本领先和信誉领先两种战略做实证分析，发现成本领先战略和信誉领先战略对C2C卖家来说为两种可行的战略。

（程新生）

【会计估计的准确性、行业共识信息与个体投资者的决策】

张继勋　张丽霞

《南开管理评论》2012年第3期

14000字

会计信息在投资者决策过程中发挥着重要作用，会计信息质量的高低直接影响投资者的判断和决策。然而，会计估计使得公司管理层有可能进行盈余管理，导致会计报表中的盈利情况不能公允反映。投资者是否能区分管理层作出的准确或不准确的会计估计，是否会对会计估计准确程度进行区分，对会计估计准确的原因是如何归因的，是否会对会计估计中诚信的管理层给予额外的奖励，这些问题的研究对投资者作出正确的决策以及提高管理层提供可靠信息的积极性具有重要意义。因此，该文采用了实验方法研究了会计估计的准确性、行业信息的共识程度对投资者投资判断和决策的影响。

该文首先提出相关假设，通过分析得到四个实验处理组：会计估计不准确组，估计准确/高度共识组，估计准确/低度共识组和估计准确/无共识组，将我国一所重点大学的136名MBA学生作为试验对象，通过相关试验以及对试验结果进行分析处理，得出以下结论：（1）提供估计准确性的事后披露信息，能够让投资者在会计估计准确的公司和会计估计不准确的公司之间作出区分，投资者给予会计估计披露准确的公司相对较高的评价，给予会计估计不准确的公司较低的评价。（2）对于只具有估计准确信息的公司，投资者并不愿意给予公司及其管理层较高的评价，其投资意愿也比较低，其中的原因在于投资者将这种估计准确性归因于行业的环境，没有归因于公司及其管理层的诚信。（3）通过向被试提供行业中其他公司在估计方面的准确性，可以帮助被试对该公司估计准确性的原因作出恰当的归因，从而改变对公司的评价。在获得了公司会计估计准确而同行业其他公司会计估计不准确的信息情况下，投资者把会计估计准确的原因归因于公司及其管理层的诚信，并对公司及其管理层给予较高的评价。（4）通过向被试提供行业中其他公司在估计方面的准确性，可以帮助被试对该公司估计准确性的原因作出恰当的归因，从而改变对公司的评价。在获得了公司会计估计准确而同行业其他公司会计估计不准确的信息情况下，投资者把会计估计准确的原因归因于公司及其管理层的诚信，并对公司及其管理层给予较高的评价。因此，事后披露会计估计准确性的信息只有通过行业共识信息的辅助，个体投资者才能够正确识别会计估计准确的原因，也才能够进行正确的归因，作出正确的判断和决策。

（程新生　张继勋）

【**所有权与自然垄断产业规制：**组合模式与选择】

陆军荣

《中国工业经济》2012 年第 8 期

20000 字

所有权问题是自然垄断产业规制制度及机制设计的一个核心问题，但选择何种形式的所有权规制模式为最佳，理论上并没有定论，在实践中也存在着多样化的选择。该文根据企业主体所有权类型与规制制度的不同组合方式，重点分析研究了民营外生规制、国有内生规制和混合所有权规制三种主要的基本模式，这三种模式在实践中都被广泛采用。在理论分析与实践应用中，每一种模式都有其优点与缺点，不能简单判断哪一种模式是最优的。从经验来看，每一种模式的应用都需要考虑其所处的特定制度环境，在自然垄断产业发展初期，由于尚未能建立起有效的外部规制机制，国有内生规制模式相对来说是好的选择；随着外生规制的制度完善与管制技术水平提高，民营外生规制模式的效率性将会显现，而且能够更好地适应自然垄断产业自身的发展变化，不断调整自然垄断产业规制的边界；但由于政府外生规制在信息不对称、规制成本、规制俘获等方面的局限性，以及自然垄断产业民营化与规制体制完善的过程性，混合所有权规制模式可以成为其间的合适选择。欧盟国家自然垄断产业的改革经验，从实践上证明了混合所有权规制模式的可行性。

我国对于自然垄断产业的管理目前仍主要以国有内生规制模式为主，且正面临着国有企业改革与外生规制制度建立的双重任务。当前阶段，进一步推进我国的自然垄断产业改革面临着多方面的瓶颈与障碍：一是自然垄断产业国有企业的“强势垄断”与“低效率垄断”现象并存。二是自然垄断产业的外部规制能力弱。三是产权多元化的治理软约束。针对上述国情问题，选择“混合所有权规制模式”对于我国而言具有内在合理性与现实可行性。我国自然垄断产业同时面临着国有内生规制低效率与外生规制制度缺失两个方面问题，混合所有权规制模式在制度设计上具有内生与外生规制“双重性”的特点，可以确保规制制度改革的顺利实施。借助混合所有权规制模式的特点，实现我国自然垄断产业改革的目标：打破自然垄断产业需要“国有垄断”的绝对性，让民营资本通过市场进入或是资本进入的方式，提高产业的整体运行效率；通过混合所有权规制模式的改革，逐步建立起我国的独立外部规制体系；保留政府对自然垄断产业发展干预的合理途径与机制，保障公民社会福利及保证制度改革调整过程的平稳性。

（陆军荣）

【国有垄断企业的财产占有实质与收入分配改革】

盛　毅

《河北经贸大学学报》2012 年第 5 期

6500 字

与传统国企比较，“新型国企”的最大变化体现在两个方面：一是企业由非法人企业变成了法人企业；二是所有者代表由多个政府职能部门担任变成政府指定的特设部门担任。前者的改变与经营者和职工的收入关系基本上没有关系，而所有者代表部门的明晰，对经营者和职工收入有直接影响。

在财产权利可以分为“终级所有权”和“法人财产权”，或所有权和经营权，或“法律上的所有权”和“经济上的所有权”等，并由多个主体分别行使的条件下，国资委行使的是一种公有经济权力，其具体的承担者是政府官员和管理者，他们或他们的利益多寡与权力运行的结果没有明显相关关系。理论上讲，监管机构和人员能够做到极致的，最多像所有的投资人那样，全力履行监管职责，防止财产的占有和使用者侵占投资人的权益。但如果这些机构和人员没有完全履行监管职责，也不会有大的损失。相应地，对国有资产占有和使用者监管的力度，将在类似所有者的严格监管到类似财产局外人的责任监管之间波动，没有人能够肯定所有者的财产权益得到充分保障。经营者实质上拥有较大的资产支配权，使他们能够在决定劳动收益与资本收益这一初次分配中，有条件向劳动倾斜。如果所有者代表的监管放松，不仅企业经营者和职工收入会控制不住，甚至资本收益也很难兑现。

财产权利的配置特点和内在权力约束，决定了在新型国有企业尤其是垄断国有企业中，经营者集体对公司财产具有很大的支配权，它可以在收入分配上拥有较大自主权。简单地实行工效挂钩并不能解决问题。首先，具有垄断地位的国有企业，利润是有较充分保障的，每年经营结束后根据效益核算的工资总额，一般只会做加法而不会做减法。其次，实行工效挂钩的工资基数，是国有企业经营者与监管部门讨价还价的结果。在这一博弈过程中，确定的基数将有利于经营者。最后，监管主体的监管不严或无法有效监管，使企业将利润转福利，让补贴进入成本，规避了工资总额的限制。

既然国有垄断企业现有财产占有方式会导致“内部人控制”，进而导致经营者和职工收入的过快增长，因此不能将这类企业的涨薪看成“企业内部的事”。收入分配改革要么改变财产占有方式，削弱经营者的资产支配权；要么改变分配方式，通过行政管理办法去控制经营者的收入分配权力。由于前者涉及我们对基本经济制度作用的认识等深层次问题，预计在短期内不会有大的突破。因此，对国有垄断企业收入分配的监督，可在加强财政、审计、劳动等部门的监督的前提下，将其置于人大或全社会监督之下，让广大群众对这类企业的工资和福利、产品成本和价格、财务会计、劳动人事等，都有知情权、管理权、监督权。从长远看，这种办法可能是解决这一问题的最终途径。

（盛　毅）

【外资竞争、行政效率与民营经济发展】

才国伟　钱金保　鲁晓东

《世界经济》2012 年第 7 期

14000 字

1978 年以来的改革开放，是中国 30 年来经济增长的制度基础，招商引资也成为地方政府工作的重要内容。招商引资的竞争，一方面导致了牺牲国内福利的措施，比如税收返回、税收减免、土地优惠等；另一方面也对当地的公共服务质量产生影响，使得当地的行政效率提高、公共物品提供改善。现有文献研究了外资进入中国技术外溢性以及技术外溢的条件，发现制度环境对外商投资的技术外溢性的效果具有重要的作用。外商企业和国内民营企业的关系一直是一个争议的话题，一方面的论点认为外资企业比民营经济具有技术、管理和市场经验，压缩和限制了民营企业的市场空间，和国内民营企业存在替代效应；另一方面，外资企业进入改变了当地的市场结构，增加了外资企业融资渠道、技术和服务对象以及当地的营商环境，一定程度上提供了民营经济发展的市场环境，对国内民营企业的发展有互补效应。如何分析这两种效应的作用途径和规模就是一个重要研究问题。该文从行政效率和外资进入之间的关系入手，从理论和经验两个方面分析了竞争外资对行政效率的影响，提出了外资影响民营经济的新途径。

首先构建了一个理论模型，表明在一个封闭的分权经济中，地方政府的行政效率低于社会最优水平；而在开放经济中，地方政府的竞争会提高行政效率，在客观上促进民营经济的发展。应用世界银行《政府治理、投资环境和和谐社会：中国 120 个城市竞争力的提高》中的微观数据，使用进出口通关天数来度量当地的政府行政效率，采用回归方法和工具变量方法，验证了外资进入和行政效率提高之间的关系。经验估计的结果支持理论模型的假说，表明在控制其他影响变量之后，地方政府的外资竞争确实能够提高行政效率，并且行政效率的提高促进了民营经济的发展。

外资进入不仅对中国市场的经济结构产生影响，对中国政府的公共管理也产生了重要的影响。该文的研究为认识外资影响途径、分析政府间竞争对公共治理的途径提供了新的证据。

（聂海峰）

【基于经济利益的产业间环境责任分配】

张友国

《中国工业经济》2012 年第 7 期

16000 字

产业间的环境责任分配问题，即生产领域的污染排放或自然资源消耗该由哪些产业负责，以及负多大责任的问题。首先，产业间的环境责任分配关乎经济主体能否公平地承担环境责任。相互关联的经济主体通过产业间贸易能够对环境产生直接和间接的影响，并获得相应的经济利益。所谓环境责任分配的公平性是指各产业承担的环境责任应与其获得的经济利益相匹配。其次，产业间的环境责任分配更是环境管理领域的一个核心问题。例如，当前我国正致力于通过转变经济发展方式实现节能减排等资源环境目标。其中，有关节能减排的一个十分重要的措施，就是将节能减排的目标分解到各个地区及产业部门。如何公平合理地分解节能减排的目标，并有效地实现这一目标，显然有赖于科学合理的环境责任核算。由此可见，环境责任核算不仅是一个关乎经济、社会和环境公平的问题，同时它还会影响相关环境管理制度和政策的制定与实施。对各个产业的环境责任进行科学核算，并据此制定相关的产业环境政策，将有力推进我国经济发展方式的转变。

尽管已有不少研究对环境责任的分配

问题进行了探讨，但对产业间的环境责任分配讨论不足，而这正是该文试图解决的问题。基于投入产出模型提出了七种产业环境责任指标，并分别采用这些指标对各个产业的环境责任进行了评价。这些指标都具有各自的理论基础，并且能够避免环境影响的重复计算问题。由于这些指标考虑问题的出发点不同，是基于不同的环境责任分配机制构建的，因而它们具有不同的政策含义：（1）直接责任指标和下游责任指标将环境责任全部分配给生产者，它们适合约束生产者或供给方行为。（2）上游责任指标遵循的是消费者责任原则，故其最重要的政策含义就是形成绿色消费模式。（3）融入了共担责任原则的两种 α - 责任指标，关注的是环境责任在同一产业链上不同部门之间的分配，它们可促进产业链上各经济主体的相互督促和产业链整体环境绩效的提高。（4）两种综合责任指标识别了经济主体（产业链）上游和下游所有的间接责任，能够全面调动各类经济主体的环保积极性。该文认为应当在环境责任分配中着重考虑共担责任原则及其政策主张。这意味着政府有必要重视研究和采取适当的政策措施引导消费和需求，将它们与生产侧的政策措施结合使用，同时调动具有产业关联性的经济主体相互督促对方提高环境绩效，从而真正从源头上遏制高耗能、高污染行业的非理性扩张。当然，实际环境责任指标的选取有赖于具体情况和决策部门的政策取向。

（张友国）

【进入退出、竞争与中国工业部门的生产率——开放竞争作为一个效率增进过程】

李 平 简 泽 江飞涛

《数量经济技术经济研究》2012 年第 9 期

21000 字

转轨以来，中国工业组织的一个突出特征是大规模的进入退出，比如，在 1998 年，中国工业部门全部国有及规模以上的企业数为 165118 个，到 2007 年增加到 336768 个；在 1998—2007 年间，中国工业部门四位数产业的平均进入率在 21.88% 以上，平均退出率在 14.90% 以上，其中，非国有资本占据了进入退出资本的绝大部分。开放竞争、以非国有企业为主体的大规模进入及其推动的市场结构的变迁成为中国经济转轨的基本特征和近年来中国经济最重要的结构变迁之一。

然而，在现有的文献中，对于中国工业部门大规模的进入退出问题却存在两种完全不同的认识：一种观点认为，大量非国有企业的进入推动了中国经济的市场化转轨和生产效率的改善；另一种观点认为，以非国有企业为主的大规模进入使中国工业部门的大量产业出现了过度竞争、重复建设和产能过剩等问题，因而，阻碍了这些产业生产效率的改善。这两种认识不仅反映了对中国工业组织和经济转轨过程的不同理解，而且具有迥然不同的政策含义。

在一个产业演化模型的理论框架下，该文从经验上考察大规模的进入退出对中国工业部门市场竞争结构和全要素生产率的影响。实证分析的结果表明，在中国工业部门四位数产业层面上不仅表现出非常高的进入率，而且表现出非常高的退出率。在企业间的生产率存在显著差异的情况下，产业层面大规模的进入退出是市场开放、进入成本降低和工业规模快速增长的结果。作为“增量改革”的核心内容，以非国有企业为主体的大规模进入退出促进了资源配置方式的市场化转型，并使得原来具有典型“国家垄断”特征的产业组织结构开始具有竞争性的特征。在这个逐渐加强的动态竞争过程中，无论是新进入企业还是在位企业，只有生产率较高的企业才能生存下来，低生产率企业将被逐出市场。这种优胜劣汰的市场选择机制为在位企业提高生产率提供了激励，并通过跨企业资源配置效率的改善促进了中国工业部门总量生产率的增长。

该文的实证结果也显示，中国工业部门跨企业的资源配置效率仍然比较低下，从而在一定程度上阻碍了工业总体效率的提高。并且，跨企业的资源配置效率在不同类型的行业中差别很大：在那些市场开放较早的劳动密集型行业里，跨企业的资源配置效率比较高；相反，在那些市场开放较晚的资本密集型行业里，跨企业的资源配置明显缺乏效率，从而严重阻碍了这些行业整体效率的进一步提升。

（李　平　简　泽　江飞涛）

【地区竞争、体制扭曲与产能过剩的形成机理】

江飞涛　耿　强　吕大国　李晓萍

《中国工业经济》2012 年第 6 期

21000 字

自 20 世纪 80 年代以来，“重复建设”“过度竞争”“过度投资”和“产能过剩”等相类似的问题，一直困扰着经济政策部门。对于重复建设、产能过剩形成机理的研究上，一直存在两种截然不同的研究传统：一种传统是以“市场失灵”来解释产能过剩、重复建设的形成机理；另一种则是以转轨经济中体制缺陷对经济主体行为的扭曲来解释。以“市场失灵”解释产能过剩形成的各种理论却似是而非。从中国现实经济中产能治理政策实施效果来看，基于“市场失灵”解说以直接干预微观经济为特征的产能过剩治理政策，不但不能从根本上治理产能过剩，还导致了一系列的不良政策效应。以转轨经济中体制缺陷对经济主体行为的扭曲来解释产能过剩形成的已有研究，亦存在不足。

该文延续后一种研究传统，系统阐述产能过剩形成的体制基础，并建立模型解析其形成机理：中国的财政分权体制和以考核 GDP 增长为核心的政府官员政治晋升体制，使得地方政府具有强烈的动机干预企业投资和利用各种优惠政策招商引资；土地的模糊产权、环境保护体制上的严重缺陷和金融机构的软约束问题，使得低价出让工业土地、牺牲环境和帮助企业获取金融资源成为地方政府竞争资本流入的重要手段。体制扭曲背景下，地区对于投资的补贴性竞争才是导致产能过剩最为重要的原因。该文进一步建立模型详细说明：地方政府低价供地等所导致的补贴效应，地方政府低价供地以及协调配套贷款等行为下企业自有投资过低所导致严重的风险外部化效应，扭曲了企业的投资行为，导致企业过度的产能投资、行业产能过剩。

该文研究表明，需要政策治理的产能过剩并非“市场失灵”而是“制度局限”，治理这类产能过剩的关键在于矫正现有制度基础，采取以增进与扩展市场为导向的治理政策。即：通过推进经济体制改革，健全和完善市场制度，矫正现有不合理制度对市场主体行为的扭曲，并充分发挥市场在利用市场分散信息、协调供需均衡、淘汰落后企业和产能等方面的高效率性。具体而言，从根本上解决产能过剩问题需要在土地产权、环境保护体制、金融体制、财政体制等方面进一步推进改革。

（江飞涛）

【检验认证的经济学性质及其行业监管——基于对中国检验认证机构的考察】

金　碚　王燕梅　陈晓东

《经济管理》2012 年第 1 期

15000 字

检验认证活动起源于信息不对称的经济现实，是为了使交易活动顺利进行而积极提供信息的活动，是经济有效运行所必需的“润滑剂”。检验认证活动本质上是对市场缺陷（信息不对称）的一种弥补，而且是通过检验认证活动本身的市场化，在社会和政府的一定监管制度下，对市场体制的完善。随着其所反映的经济社会活动的规模化和复杂化发展，产业链进一步的分化，检验认证活动一方面从生产制造环节被分离出来，作为更加专业化的检验认证行业，成为生产性服务业中的一部分；另一方面也日益走向主体化和独立化，从而第三方检验认证活动超过第一方和第二方检验认证活动而成为检验认证活动的主体。在此基础上，对检验认证行业的监管也应运而生。因此，监管与检验认证行业的发展、与检验认证活动所要反映的经济社会活动形成天然的不可分割的联系。

改革开放以后，中国的检验认证机构在政府主导下快速发展，目前已经成为规模仅次于欧盟和美国的全球第三大检验认证市场，国有、外资、民营机构三足鼎立。各种类型的大小机构 2 万余家，而且均有自身不同的市场定位，其业务范围和运作区域差异较大。面对这样一个快速走向市场化、机构众多而又业务范围极广的信息服务行业，政府角色如何定位、如何发挥作用是一个需要解决的难题。

中国政府与欧美政府在检验认证行业监管体制方面存在较大的差异。中国政府在检验认证行业中处于主导地位，对检验认证机构的监督管理处于“强”监管状态。这种差异既源于过程的“路径依赖”，也是现实条件下的务实选择。目前中国已经抛弃了计划经济体制下政府直接从事检验认证活动的体制，正向着建立起基于第三方检验认证机构的检验认证监督管理体制转变。按照市场经济体制的要求，实施面向各类机构的基于公开、公平原则的监管就将成为构建监管体系的基本制度原则。与此同时，要将借鉴国际经验引向更深层次，在采用国际规则和国际标准的同时，发挥检验认证机构和行业协会的作用，发挥认可机构的监管作用，使中国的监管体系随着社会和经济环境的变化而不断完善，变单纯依靠的政府行政力量的直接管理为能够调动各方面力量的基于市场过程的全方位监管。

（王燕梅）

【运输费用、需求分布与产业转移——基于区位论的模型分析】

郑　鑫　陈　耀

《中国工业经济》2012 年第 2 期

19000 字

产业转移的理论基础是注重生产成本分析的雁阵模型和产品生命周期理论，但这两类理论并没有考虑空间因素的影响。该文在现有产业转移理论的基础上，使用“分散式转移”和“集中式转移”的阶段划分来描述产业转移的一般过程，并引入运输费用、需求分布等空间变量，构建出基于区位论思想的两地区模型；在规模报酬不变和规模报酬递增的假定下分别讨论了产业转移的实现条件和形式，发现地区生产成本的相对变化并不必然导致产业转移的发生。集中式转移对于促进区域协调发展的作用要大于分散式转移；而运输费用的下降和内需的扩大将提高集中式转移的动力，地方保护主义阻碍了集中式转移但助推了分散式转移。

将两地区模型用于中国国内区域间产业转移的研究，可以解释和预测我国区域生产成本、运输费用、需求分布的变化对产业转移的影响。对于政策制定，如果将扩大产业转移规模作为促进区域协调发展的重要途径和目标，那么两地区模型可以为我们提供一些有益的启示。一是降低中西部的生产成本对推动产业转移具有一定作用，但其作用的发挥还需要中西部需求的扩大和区域间运输费用的降低，需要围绕产业转移目标，制定同时着力于降低中西部生产成本、扩大内需和降低交通物流成本的一揽子政策措施。二是提高国内产业转移的动力不能主要依靠区域间劳动力成本差异，与国际产业转移不同，国内区域间劳动力成本因较强的人口流动性而差异较小，而且较大的工资收入差距也是区域协调政策所不容许的，因此，降低中西部生产成本应主要依靠理顺能源和资源价格、改善商务环境、完善基础设施等措施，以及一定的投资刺激政策。三是扩大内需的政策需要向中西部倾斜，其重点是提高中西部居民的购买力，进而提高其在本地的消费支出。四是在进行大规模交通基础设施建设的同时，需要加强区域间各级政府及其他公共机构的协商与合作，避免地方保护主义，降低广义的运输费用，进而扩大集中式产业转移规模，实现产业转移与规模经济效益的统一，促进空间专业化分工的形成。

（陈　耀）

【专利申请提前公开制度、专利质量与技术知识传播】

叶静怡　李晨乐　雷　震　曹和平

《世界经济》2012 年第 8 期

12000 字

专利制度是鼓励创新、促进技术进步的重要方式之一。专利制度有两个社会目标：一是通过授予专利权以鼓励研发投资，二是通过公开专利申请的信息以促进技术传播。经济人具有将发明创造作为商业秘密保护的激励。为避免技术失传、促进技术传播，专利制度在赋予专利权人垄断权利的同时，也要求公开专利所包含的技术知识，从而避免重复投资，加快技术创新和进步。因此，许多国家尤其是发达经济国家的专利制度都明确规定专利申请自申请日起满 18 个月予以公布（法定公开），并且允许申请人早于 18 个月公开其专利申请（提前公开）。

专利制度对创新活动的激励效果一直是国内外学者普遍关注的问题。理论研究从专利长度、宽度、新颖性标准等方面探讨了专利制度在鼓励研发投资和技术知识传播方面的最优设计。实证研究与专利制度的第一个社会目标密切相关，主要涉及专利制度及其变革在专利申请总量、企业创新产出、创新效率等方面的影响。针对我国专利申请“提前公开”制度对技术知识传播的影响，尚未有基于数据基础之上的实证研究。

该文试图在专利申请提前公开制度对技术知识传播的激励效果这个新领域作出贡献。该文使用中国国家知识产权局 1993—2007 年中国发明专利数据，用固定效应模型检验提前公开专利申请与法定公开专利申请的质量差别，以揭示提前公开制度对技术知识传播的影响。研究发现：

第一，提前公开专利申请相对于法定公开专利申请撤回率更低、授权率更高，质量更好。专利申请提前公开制度使申请者更早获得专利、获得更长的临时保护期，激励了申请者提前公开其优质专利，促进了技术知识的尽快传播，尤其是优质技术知识的尽快传播，有助于整个社会的技术进步。

第二，与 2000 年之前递交申请并提前公开专利相比，2000 年之后的提前公开专利申请撤回率更低、授权率更高。2000 年《专利法》关于增强对已公开专利申请临时性保护的修订，激励了申请人进一步提前公开其优质专利申请，对优质技术知识传播和整个社会的技术进步起到了推动作用。

第三，2000 年《专利法》修订对企业、个人、高校三类申请主体的激励效果有所差别。《专利法》改革鼓励了企业和个人提前公开更多的优质专利，但高校申请者提前公开行为在《专利法》修订前后则没有显著变化。这证明了2000年《专利法》相关改革的市场导向性，改革对企业、个人等营利性机构产生了直接影响；同时还证明了高校研究机构的非营利性角色定位，他们的专利可能对专利市场保护强度变化不敏感。

（叶静怡　李晨乐）

【国有单位工资结构及其就业规模变化的收入分配效应 1988—2007】

夏庆杰　李　实　宋丽娜　Simon Appleton

《经济研究》2012 年第 6 期

20000 字

在利用 CHIP 1988 年、1995 年、2002 年、2007 年等四年城镇入户调查数据的基础上，该文探讨了国有单位工资结构及就业规模变化的收入分配作用。在研究过程中，使用了分位数回归方法、以多重分位数回归为基础的 MM 反事实分解方法，其目的是考察国有单位与非国有单位之间的工资差距及其变化状况、国有单位工资结构和就业规模的变化各自对中国城镇工资收入差距的影响。多重分位数回归结果和反事实分解分析表明：在 1995—2002 年和 2002—2007 年两个时期里国有企业就业规模的大幅度下降导致中国城镇工资收入差距显著下降、特别是中位数工资收入以下职工工资差距的下降；在 1995—2002 年期间国有企业工资高于非国有企业幅度的下降也导致城镇工资差距的下降，特别是中位数收入以上职工收入差距有所缩小；然而在 1988—2002 年和 2002—2007 年两个时期里（国有企业改革以前和以后），国有企业工资高于非国有企业的幅度及其不合理部分大幅度上升，其结果是城镇工资收入差距扩大，在国企改革前的时期里中位数收入以下职工收入差距扩大，而在国企改革后的时期里中位数收入以上职工收入差距大幅度扩大。

从 1978 年算起中国经济改革已经有 30 多年的历史了，期间影响最大的改革莫过于 80 年代的农村包产到户和 90 年代的国有企业大规模减员增效和“抓大放小”。80 年代的农村包产到户完全是帕累托式的改革，即在改革中几乎没有利益受损群体，结果是中国粮食产量大幅度提高，数以亿计的农村人口摆脱贫困。然而在 90 年代的国企改革中，减员增效的结果是将近 3000 万国企职工下岗，“抓大放小”的结果是国企数量大大减少，且存活下来的大多是具有国计民生重要战略意义且能够营利的大型垄断国企。但是国有企业改革彻底地改变了 90 年代中期国家财政收入的大部分被迫用于补贴亏损国企的局面，从而为 21 世纪以来以改善民生为主的“胡温新政”奠定了物质基础。

然而，由于处于转型过程中的中国市场经济不健全，国有企业特别是国有垄断企业可以从国有银行得到大笔贷款、从政府得到许可控制稀缺资源、对银行金融保险航空电力通信铁路等行业实施垄断经营，因而可以制定垄断价格、获得垄断利润、支付给其职工高于劳动边际产品和市场价格的高工资。国有垄断企业的高工资高福利在一定程度上导致了中国工资收入不平等和差距趋于扩大。因而需要根据国际经验和我国实际情况对国有垄断行业的工资分配机制进行有效监管。

（夏庆杰）

【风险投资对上市公司投融资行为影响的实证研究】

吴超鹏　吴世农　程静雅　王　璐

《经济研究》2012 年第 1 期

17000 字

随着风险投资在推动全球经济发展中的作用日益凸显，相关研究随之兴起。目前该领域研究主要集中于探讨风险投资在公司未上市阶段的作用，而对其在公司上市后的作用却研究甚少。然而，由于股权锁定期等原因，我国风险投资机构在公司上市后退出的比例很低，因此，探讨风险投资在公司上市后发挥的作用将有助于人们更加全面地了解风险资本对所投公司的影响，从而拓展和完善风险投资理论。

现有研究表明，风险投资具有监督职能，其声誉资源和关系网络可以帮助创业企业成功 IPO 或者被并购。那么，在企业上市之后，风险投资能否继续发挥作用，以改善企业的经营管理决策？进一步地，风险投资通过何种渠道对上市公司产生影响？不同特征的风险投资发挥的作用效果是否存在差异？针对上述问题，该文以 2002—2009 年间 291 家风险投资机构和 1384 家 A 股上市公司为样本，实证检验风险投资机构对上市公司投融资行为的影响。结果表明，样本期间，13.5% 的 A 股上市公司有风险投资股东。有风险投资股东的上市公司，自由现金流的过度投资现象较不严重，因现金短缺导致的投资不足问题也得到缓解；风险投资除了自己为企业提供资金外，还帮助企业从银行或者其他股东那里获得短期有息债务资本和权益资本。此外，不同特征的风险投资机构均可抑制自由现金流过度投资，但只有高持股比例、高声誉、联合投资或非国有背景的风险投资机构才能显著改善外部融资环境，缓解现金短缺公司的投资不足问题，而国有背景的风险投资机构则可以帮助公司获得更多的短期债务融资。

该文的研究结论具有重要的理论和现实意义。首先，目前国内外研究很少探讨风险投资在创业企业上市后的作用，因此该文是一个初步尝试，后续研究可进一步拓展到探讨风险投资对上市公司股利政策、兼并收购、盈余管理以及高管股权激励等财务决策的影响。其次，该文的结论对于政府部门和公司管理者具有重要启示：近年来我国政府采取一系列措施规范和发展风险投资行业，研究表明风险投资业的发展不仅促进了上市公司治理结构的完善，过度投资行为的减少，而且使得企业对外融资渠道得到拓展，因此政府发展风险投资的政策是富有成效的。此外，该文结论也表明高声誉、高持股、联合投资的风险投资机构在投融资决策中发挥了更大的作用，因此公司在选择长期战略投资者时，应注意引入拥有声誉资源和融资关系网络的风险投资机构。

（吴超鹏）

【随机资源消耗的单资源收益管理问题研究】

庄伟芬　曼默特·故默斯　张　丹

《运筹学协会期刊》2012 年第 9 期

15000 字

不同于航空客运或酒店的收益管理，顾客的需求数量在预定时通常是确定的，而航空货运和其他航运业面临的棘手问题是，资源的确切占用量要等到装运离岸的最后一刻才明确，这种资源消耗的随机不确定性使得多等级需求的单资源收益管理具有极大的挑战性，传统的收益管理已不再适用。

该文针对这一具有广泛运用背景的随机资源消耗的单资源收益管理问题，运用随机动态规划进行建模分析，刻画性质结构和最优策略，研究随机资源消耗分布如何影响最优预定策略以及最优期望利润，证明期望利润随资源消耗量的方差递减，通过随机次序和凸序来识别不同等级需求的优先接受次序。由于多等级需求单资源问题的模型受到“维数灾”的限制，根据理论分析结果和期望函数的结构性质特征，提出运用资源消耗随机程度信息本质的两种简单启发式算法：（1）参数放大法。利用各等级资源消耗分布的一阶矩、二阶矩生成一个共同的消耗分布，把多等级问题转换成单等级问题，同时该算法在各等级消耗分布时是最优的；（2）降维法。不同于参数放大法，把多等级资源消耗不确定性转换成一个共同的不确定性，降维法把多维随机动态规划分解成独立的单维问题。大量的数值实验（二等级问题的直接数值计算和八等级问题的仿真、数值计算）证明这两种简单易行启发式算法的系统绩效，一致显著地优于目前广泛被使用的包括确定型资源消耗、线性规划影子价格法、竞标法、先来先得法等完全忽略资源消耗随机性的启发式算法。该研究结果证明了随机资源消耗问题的重要性，同时也为收益管理的研究开辟了新视角。进一步研究方向是将该问题推广到随机资源消耗的网络收益问题。

（庄伟芬）

区域经济与可持续发展

【地理和禀赋的梯度变化与出口产业集聚的空间调整】

张　超

《财经研究》2012 年第 9 期

8700 字

经济全球化使得发展中国家凭借劳动力禀赋优势，实现出口贸易快速增长，特别是中国，还在沿海地区形成了许多出口加工集聚区。但近年来，随着沿海地区劳动力工资上升和内地交通设施改善，沿海产业向内地转移的迹象已经越来越明显，不仅不参与集聚的企业为追逐低工资成本而“候鸟式”迁移，一些参与集聚的甚至是主导集聚的企业也开始舍弃集聚效应而已经或正在考虑“离群性”转移。那么，后者又将是一个怎样的发展过程？其冲击影响的性质和程度又将是怎样的？

对此类问题研究的方法：一是基于自然地理与禀赋、生产成本、区位论和新古典框架的区域科学或经济地理学，注重对空间或区域现象进行经验归纳；二是基于规模收益、垄断竞争和一般均衡框架的空间经济学或新经济地理学，注重演绎空间过程的内在机理。目前研究的一个不足是，还没有出现真正实现自然地理、资源禀赋与集聚效应相结合的，把基于生产成本与运输成本之间标准替代的区域科学，与基于产业集聚与扩散机理分析的空间经济学，较为理想地融合在一起的空间经济分析模型。

该文首先构建了一个包含自然地理和劳动力禀赋的基于生产者最优决策的出口产业集聚模型，分析发现，劳动力禀赋和自然地理条件是促进出口的根本性因素，而出口产业的空间集聚又产生“低价格效应”，能进一步增加出口和促进整个产业发展，由此出口增长和空间集聚就会产生一个相互强化的循环累积机制。这一循环累积机制，正是发展中国家或沿海地区出口产业快速发展的解释和揭示。进而，通过劳动力流动的“空间溢价”和出口运输距离来界定的区位的地理与禀赋的梯度变化，进一步分析中国出口产业在沿海和内地之间的空间调整和空间均衡。该文的一个理论贡献是首次把沿海和内地的自然地理和劳动力禀赋作为各自的比较优势，与集聚效应相结合，得出了一系列融合区域科学与空间经济学思想的显性方程，特别是解决了包含劳动力流动、劳动力禀赋差异和运输成本差异的不同区位产业集聚的空间均衡的可维持性问题。

主要政策含义：一是对内地来说，要加强城乡民生保障、交通基础设施等建设；二是对沿海地区来说，应当为劳动力提供更好的工作和生活条件，支持企业技术升级；三是对企业来说，劳动力成本上升是一个长期趋势，增加技术投入以替代劳动力将是最终对策，如果迁移则应当在迁移距离与劳动力成本降低之间取得平衡，或者把运输成本低、使用劳动力多的生产线转移至内地。

（张　超）

【农民工市民化对地方经济的影响——基于浙江 CGE 模型的模拟分析】

胡秋阳

《管理世界》2012 年第 3 期

18000 字

城市化对于促进经济增长和推动经济发展有积极意义。不过，我国的城市化过程并不仅是居民和劳动力的城乡转移和部门转移，还包括户籍身份的转换，并且户籍身份的转换与前两种转移是不同步的。事实上，广大的农民工虽然进入城市并就业于非农部门，但是因为户籍制度的限制而不能实现市民身份的转变，处于所谓"半城市化"状态。问题在于，农民工不仅因此无法得到与城市居民同等的公共服务，以及因为身份境遇的不同而与城市居民在储蓄/支出等方面有较大差异，还在劳动力市场上受到歧视和不公平待遇。

伴随农民工的市民身份转变，对农民工的公共服务的不平等将得到纠正，农民工居民与一般城镇居民在支出行为上的差异将转向趋同，对农民工工资待遇的歧视将得以消除，而这些变化将通过不同路径对经济的不同层面产生各种影响。该文将上述农民工市民化进程中的三种变化对经济的影响分别称为公共服务平等化效应和储蓄/支出结构趋同效应，以及工资待遇公平化效应。已有研究主要讨论了农民工市民化的储蓄/支出结构趋同效应和公共服务平等化效应，但都未关注农民工受到的工资歧视问题。并且，已有研究没有进一步综合讨论农民工市民化的经济影响与产业结构升级等其他结构调整政策的关系。

该文利用可计算一般均衡（Computable General Equilibrium，CGE）模型，模拟分析了农民工市民化对经济结构和经济增长的影响，主要关注了其中的农民工居民与城市居民的储蓄/支出结构趋同效应和农民工工资待遇公平化效应。研究表明，对于浙江经济而言，农民工市民化的两种经济效应彼此间相辅相成，在其综合作用下，能够有效促进浙江经济形成居民收入提高、消费和内需增长以及产业结构升级的良性运转，并实现经济增长和就业扩大。鉴于这两种效应对需求侧和收入分配侧的直接影响间接地关联带动了生产侧，该文还考察了农民工市民化与产业结构升级政策的关系，发现它们的效果之间具有协同性，能彼此放大对经济的积极影响。

（胡秋阳）

【总量控制、区际排污指标分配与经济绩效】

乔晓楠　段小刚

《经济研究》2012 年第 10 期

12000 字

总量控制制度是我国落实污染物减排目标，建设生态文明的一项基本制度，并且已经被写入了国家法律。所谓的"总量控制"是指国家环境管理部门根据国民经济和社会发展战略，依据所勘定的环境容量，决定全国的污染物排放总量。这一排放总量在确定之后，将被分解到各个地区，并且成为地方政府领导班子综合考核评价的重要内容。国务院于 2011 年印发的《"十二五"节能减排综合性工作方案》中就规定省级人民政府每年要向国务院报告减排目标完成情况，国务院每年将组织开展省级人民政府减排目标责任评价考核。由此可见，中央政府基于总量控制给地方政府分配的排污指标就成为一种稀缺资源，在减排技术没有重大突破的前提下将构成地方经济发展的硬约束，并且会影响到地方与国家整体的经济绩效。

综合考虑科学性与可操作性，通常被采用的区际排污指标分配原则包括公平原则、溯往原则和产值原则。公平原则指全国的排污指标按照相同的比例在各地区间进行平均分配；溯往原则指排污指标按照上一期各个地区排放量占全国总排放量的比例进行分配；产值原则指排污指标按照上一期各个地区产值占全国总产值的比例进行分配。而我国在实际对区际排污指标进行分配的时候采取的则是有调整的产值原则。显然，不同的指标分配原则势必会对经济绩效产生不同的影响，并且还涉及公平与效率之间的权衡。

那么，到底应该如何进行排污指标分配呢？该文通过构建模型并进行递归模拟，比较分析了不同排污指标分配原则对经济绩效产生的影响。研究结果表明：向技术优势企业所在的区域进行倾斜，分配较多的排污指标，将有利于提高企业的利润总和，但是却会拉大区域之间的差距；而向技术劣势企业所在的区域进行倾斜，虽然可以提升消费者的福利水平和总税收，并缩小区域差距，但是企业利润总额却要下降。因此，中央政府需要考虑各方利益，在总体效率与区际公平之间进行权衡。此外，中央政府利用中央财政对落后区域进行减排专项转移支付，则可以在一定程度上解决公平性的问题，并且能够进一步提升社会总福利水平。基于以上结论，提出两点政策建议。第一，以社会福利原则作为比较的基准，产值原则下对优势区域分配的指标在动态过程中初期偏低，而后期过高。因此，如果以社会总福利最大化作为目标，那么每一期对产值原则进行的调整需要注意上述趋势，采取“前升后降”的策略。第二，建议出台并完善专项的减排转移支付政策，支持落后区域的减排事业。

（乔晓楠）

【外国直接投资对中国环境的影响——来自工业行业面板数据的实证研究】

盛　斌　吕　越

《中国社会科学》2012 年第 5 期

17000 字

随着经济全球化的进程，很多局部地区的环境污染通过贸易、外国直接投资（FDI）和技术转移等媒介演变为全球性的环境污染，并已经对人类的生存和可持续发展构成根本性的威胁。近年来，人们开始从关注环境污染本身转向关注引发环境污染的各种原因与机制，其中资本流动与环境的关系就是当前最具争议性的问题之一。为降低实施较高环保标准所带来的成本与费用，发达国家的企业将污染产业或夕阳产业通过 FDI 转移到环境管制标准与污染治理成本相对较低的发展中国家，从而显著恶化了东道国的环境福利，这就是著名的“污染天堂假说”。

该文认为上述观点未必成立，FDI 对发展中国家环境的影响机制是多种效应的集合，而不能仅从外资政策和环境政策的角度加以解释。结合 Grossman 和 Krueger 所提出的贸易对环境的规模效应、结构效应和技术效应三个作用机制，我们认为外商直接投资对发展中国家的环境影响机制也应从这三种效应来进行综合考量。因此，该文试图在构建 FDI 影响东道国环境质量的理论模型的基础上，针对中国工业行业实际情况进行经验检验，以求揭开长期为人们所争论的问题的面纱。该文得出以下几个主要结论。

第一，我们的研究测算在经验层面上不支持中国已经成为跨国公司和外国资本转移相关产业的“污染天堂”的论点。计量分析表明 FDI 的进入无论在总体上还是分行业上都减少了我国的工业污染排放，从而改善环境质量，因此不存在 FDI 的“污染天堂效应”。第二，对 FDI 影响污染排放的效应分解分析揭示了技术效应是 FDI 改善我国环境质量的根本原因，这种积极作用超过了外资进入所导致的增加污染的规模效应和结构效应。因此应积极鼓励具有环境保护技术优势的外资企业的进入，实现引资和环保的双重目标。经验分析也证明中国当前的外资进入程度距离以环保为目标的最优水平还有一段空间。第三，对工业行业的细分研究表明FDI对污染排放的影响效果存在较大差异。外资进入程度中等的部门的环境优化总效应更为显著，而FDI进入程度较低的采掘业和程度较高的电子通信制造业等部门的总效应则趋近于零。这体现了外资进入程度与环境质量改善之间的U型关系。因此，对污染密集度较高行业的引资限制和禁止应得到继续的贯彻，除非其能够确实引入世界先进的环保与节能技术；而对当前外资与产出规模较大的制造业应注意鼓励跨国公司在中国设立研发中心和延伸国内产业链，促进产品和产业的绿色环保技术的升级，从而为中国经济实现可持续发展作出贡献。

（吕　越）

【国家海洋战略对我国滨海城市群发展的重大影响】

郁鸿胜

《上海城市管理》2012年第1期

10000字

国际海洋战略地位上升，河口海岸和岛屿成为海洋开发的重点。海洋的特殊地理特点和丰富的海洋资源，已经成为国际政治、经济和军事斗争的重要舞台。我国高度重视海洋战略。实施海洋开发战略已成为我国“十二五”的发展重点。国家海洋重大战略的发展形势，对我国区域发展将产生重要作用。

广西北部湾面临新一轮发展机遇。北部湾正将成为我国沿海经济发展新的增长极。这是因为，一是中国—东盟合作为北部湾经济区发展提供了对外开放的大平台。二是“一轴两翼”区域合作新格局确立了北部湾经济区的中心地位。三是泛北部湾经济合作有利于北部湾经济区实现产业结构优化和体制创新。四是北部湾经济区战略定位有利于发挥国际通道的作用。五是经济全球化和国际产业转移为北部湾经济区的开放开发注入了新的活力。

珠江三角洲城市群发展的重点是深港都会合作。深港都会合作就是香港、澳门和深圳之间的相互联动，深港都会合作的核心是要成为亚太地区的经济指挥中心和控制中心。

环渤海区域城市海洋经济发展的定位将对环渤海区域城市群发展产生重大影响。

东海区域及长三角沿海区域城市群未来，要建设航运资源高度集聚、航运服务功能健全、航运市场环境优良、现代物流服务高效，具有全球航运资源配置能力的国际航运中心。基本形成以上海为中心、以江浙为两翼，以长江流域为腹地，与国内其他港口合理分工、紧密协作的国际航运枢纽港。

长三角沿海城市区域战略目标，长三角海岸带及邻近海域11个城市，通过发挥区域比较优势，形成各具特色的海洋经济区域。

国务院批复的舟山群岛新区以新加坡、中国香港等国际城市为标杆，面向太平洋服务全中国。该区将成为我国海洋经济发展的重要先导区、国家海洋综合开发的重要试验区、长江三角洲经济的重要增长区、上海国际航运中心南翼的重要主体功能区。舟山群岛新区建设成为我国重要的开发公海远洋资源的前沿基地、东海现代海洋产业基地、东部地区重要的海上开放基地、东海海洋海岛的综合保护开发示范基地、国际大宗商品储运中转加工交易基地和具有全国示范的陆海统筹发展基地。

（郁鸿胜）

【生态文明建设的区域路径与模式研究——以汶川地震灾区为例】

王　倩

《四川师范大学学报》（社会科学版）2012年第7期

7000 字

我国生态文明建设刚刚起步，全面、具体、系统的生态文明建设有待逐步展开，因而区域的典型试验与系统探索尤为必要。汶川地震灾区是我国生态文明发展战略区域实现的重点关注区，重建工作运用了科学发展的最新成果，包含了生态文明建设的丰富内容和积极探索，体现在灾后经济、社会、生态、文化重建的方方面面。该书认为，灾区的生态文明建设是一条与科学重建嵌入式的发展道路，是与经济、社会、文化、政治与生态环境建设的融合共建，重点围绕生态文明理念传导、经济社会重建的生态化转向、生态修复与环境保护等方面展开的。

灾区生态文明理念是通过三条途径牢固树立的：第一，是通过自上而下的方式，将科学发展观、灾后重建的国家意图、指导方针中包含的生态文明理念以领导视察指示、规划文件、法律法规标准、标语口号、审计监控等多种方式贯彻落实到基层，渗透到每个参与灾后重建的个体意识中。第二，是通过自下而上的方式，将民众生态文明意识的自发觉醒、巨灾引发的环境忧患与经济反思、未来设计中人与自然、人与人、人与社会和谐的美好远景，通过具体的行动实践、监督参与渗透到灾后重建过程中，积极推动灾区生态文明建设。第三，发达地区先进理念通过援建注入灾后重建过程。另外，媒体对抗震救灾以及灾后恢复重建全过程、全视角的跟踪报道，文化摄影作品的涌现与广泛传播，各领域专家学者的研究成果，都对生态文明理念的牢固树立起到了重要的媒介作用。

灾区不同地域空间在生态文明建设内容与重点上呈现不同的侧重，大致可以分为以下几种类型：以卧龙自然保护区为代表的侧重生态环境自然修复与人工修复的区域；以循环经济园区与水磨镇重建为代表的侧重于新型工业化和城镇化的区域；以汶川羌族文化保护为代表的侧重于生态文化、民族文化的整体性保护与传承的区域；以村镇、社区等灾区基层单位生态细胞建设为代表的侧重于生态社会体系建设的区域；以基层村民自治与城乡统筹综合配套改革为代表的侧重于生态政治建设的区域。

继续推进灾区生态文明建设，应将系统的生态文明建设提上发展日程，将生态文明建设纳入灾区发展战略，制定汶川地震灾区生态文明建设规划与实施意见，系统地推进生态文明建设，将灾区建设成为具有国际影响力的生态文明建设示范区。注重将根治于灾区文化背景的朴素的生态文明思想与现代的生态文明理念交融，从而成为建设民族特色生态文明的伟大尝试。注重继续发扬深化伟大抗震救灾的时代精神与灾区人民感恩奋进的民族精神。

（王　倩）

【中央扶持民族地区发展政策研究】

魏后凯　成艾华　张冬梅

《中南民族大学学报》（人文社会科学版）2012 年第 1 期

15000 字

中国是一个统一的多民族的社会主义国家，民族问题是建设中国特色社会主义必须处理好的一个重大问题。新中国成立以来，特别是改革开放以来，中央根据民族地区的实际情况，制定和实施了一系列特殊的帮扶政策。近年来，在国家政策的有力支持下，民族地区经济增长速度不断加快，固定资产投资已经呈现出持续高速增长的态势，少数民族群众的生活水平明显提高，少数民族文化和教育事业稳步发展，扶贫开发成效显著。

与此同时，我国少数民族地区经济发展还面临着经济基础薄弱，生产条件差，生活水平低，与发达地区差距大等问题。

要妥善解决这些问题，需要国家扶持政策的全面支持。当前，中央扶持民族地区发展政策主要存在以下几个问题。第一，缺乏完整的政策体系，在一定程度上影响了政策的实施效果。同时，现有政策支持更多体现在带有“输血”性质的帮扶政策，而对能形成“造血”功能的刺激或者激励政策明显不足，忽视了民族自治地方政府和企业的主观能动性。第二，现有扶持政策的持续性和稳定性较差，随着社会主义市场经济体制的全面建立，大多形成于计划经济时代的民族经济政策，其保障执行程度不断降低，当前正面临着严重的冲击与挑战，亟待巩固、调整、改进与完善。第三，现有政策没有充分体现民族地区的特殊性。在工业化和现代化为主要目标的区域经济政策中，有传统特色和少数民族特色的经济活动很难受到应有的关注和重视。第四，现有扶持政策手段和目标之间存在偏差，由于体制和政策不完善，现有扶持政策手段与政策目标之间也往往存在偏差，其耦合性有待进一步加强。第五，对民族地区的历史欠账问题和特殊因素考虑不足，民族地区当前基本公共服务存量低，历史欠账大，相同的投入带来的均等化效应还不明显。与此同时，民族地区存在大量的特殊支出，基本公共服务成本高等。

加快推进民族地区发展，对促进区域协调发展具有重要意义。在新时期，中央扶持民族地区发展政策调整的总体思路是：首先，要加大财税支持力度，努力帮助民族地区加快发展步伐。其次，要积极扶持民族地区产业发展，加快对外、对内开放步伐，建立健全区域生态补偿机制，着力提升民族地区的自我发展能力，培育形成自我发展机制。最后，针对民族地区的特殊性，进一步完善新时期的特殊扶持政策，如实施特困民族地区扶持政策，进一步完善对口支援和民族人口发展政策，帮助民族地区加快发展。

（成艾华）

【从绿色发展视角看统筹城乡发展】

李红玉

《学习与探索》2012年第10期

8000字

随着中国经济社会发展进入科学发展、转型发展、跨越发展的关键时期，统筹城乡绿色发展已经成为新时期提高城乡统筹发展质量、践行科学发展观的重要手段。该文主要从统筹城乡绿色发展的概念内涵解析，对新时期经济社会发展的意义及作用、未来发展形势及导向等方面进行了研究。具体包括如下内容：

第一，统筹城乡绿色发展理念和内涵。具有中国特色的统筹城乡绿色发展可以界定为：通过构建一体化的资源开发利用通道、均等化的环境保护设施及标准体系、网络化的生态系统，以及要素自由流动的绿色产业集群，统筹城乡绿色发展，实现城乡绿色共荣。随着国际社会加快迈入绿色经济时代，统筹城乡绿色发展已经成为统筹城乡发展的重要支撑。

狭义的统筹城乡绿色发展包括以下两方面内容：（1）要将环境资源作为统筹城乡发展的主要载体；（2）要把实现城乡经济、社会和环境的可持续一体化发展作为统筹城乡绿色发展的目标。广义的统筹城乡绿色发展还应包括城乡经济活动过程和结果的“绿色化”，以此作为统筹城乡绿色发展的重要路径。

第二，统筹城乡绿色发展面临的形势及其作用。统筹城乡绿色发展，要求把农村绿色发展纳入城乡经济社会发展的整体格局，以城乡一体化绿色发展为目标，统筹城乡生态建设和环境治理，通过城乡空间规划、发展政策调整、国民收入再分配等方面的制度、体制和政策创新，促进城乡各种资源要素的合理流动和优化配置，提高城市对农村绿色发展的带动作用和农村对城市绿色发展的促进作用，使城乡实现均衡、持续、协调的绿色发展，促进城乡分割的传统“绿色发展的二元结构”向城乡一体化的现代“绿色共荣”转变。因此，统筹城乡绿色发展将极大缓解和分担城市与区域发展在生态环境容量和资源承载力上的约束，并且由于资源要素在更大空间范围内流动，将带来要素效率的显著提高，为创新发展和跨越发展提供新的更大的空间，因此，统筹城乡绿色发展对于培育和提高城市与区域绿色生产力具有很大推动作用。

第三，未来统筹城乡绿色发展的政策导向。其一，要大力创新统筹城乡绿色发展的政策体系，要加快进行资源性产品的价格改革，要充分发挥环保事业在绿色发展中的引领作用；其二，要全面构建统筹城乡绿色发展的服务体系，加大城镇综合服务设施建设，不断增强城镇服务功能，构建城乡协调的绿色发展体系。

（李红玉）

【倒“U”形城市规模效率曲线及其政策含义】

王业强

《财贸经济》2012 年第 11 期

11000 字

进入 21 世纪，中国工业化、城镇化加速发展，城市人口规模不断扩大，各大都市圈在空间上不断扩张，城镇化逐渐成为推动中国经济持续增长的重要力量。但是，随着城市规模的日益增大，城市交通、教育、医疗、养老、环境污染等问题逐渐突显。关于城镇化道路的选择，尤其是城市规模问题，不可避免地成为中国城镇化过程中迫切需要解决的现实问题。

各种理论观点争论的焦点在于，是否存在一个潜在的城市规模，在此之前，随着城市规模的扩大，城市的效率表现出不断提高的趋势；而在此之后，城市效率则随着城市规模的扩大呈现出下降趋势。也就是说，城市效率与城市规模之间呈倒“U”形关系，该文将其定义为城市规模效率的倒“U”形假说，并通过对中国城市规模效率进行测算，综合评估和比较中国各地区地级以上城市的规模效率，包括经济规模效率、社会规模效率和环境规模效率，以及城市规模效率与城市规模之间的关系，验证倒“U”形城市规模效率曲线在中国城市经济中的存在性，并对其最大规模效率对应的城市规模进行测算，进而在此基础上提出适合中国国情的城市规模政策。

从分析结果看，基本上地级市及以上城市的经济、社会和环境规模效率与城市规模之间是倒“U”形曲线关系，具体讲，伴随着城市规模扩大，中国城市经济、社会和环境效率逐渐提高，当城市规模达到一定限度后，中国城市经济、社会和环境效率开始下降。根据开口向下的二次曲线极大值的求法可知，中国地级以上城市的规模效率与城市规模之间的倒“U”形曲线关系更为显著，其顶点对应的城市规模在 352 万—932 万人之间。

从四大板块地级以上城市效率分解来看，城市规模效率对城市规模 Tobit 回归的二次项系数符号全部为负，说明中国规模效率符合倒“U”形曲线规律。四大地区最大规模效率所对应的城市规模排序为西部、东部、中部和东北，西部地区最大经济规模效率对应的城市规模为 824 万人，高于东部 640 万人的规模，中部最大经济规模效率对应的城市规模为 410 万人，东北地区最低为 318 万人。而四大区域地级以上城市的平均规模排序依次为东部 184 万人、东北 121 万人、西部 115 万人、中部 106 万人。说明西部地区城市规模上升的空间较大，而东北地区相对较小。据此，该文分别列出各地区处于规模效率递减的城市。

（王业强）

【适应型城市：将适应气候变化与气候风险管理纳入城市规划**】**

郑　艳

《城市发展研究》2012 年第 1 期

7000 字

气候变化带来的不确定风险，给城市灾害风险管理提出了新的挑战，因而城市管理者需要一个学习和重新适应的过程。该文从“城市发展如何考虑气候变化与风险管理需求”这一核心问题出发，探讨了气候风险、气候风险管理及适应型城市的概念和内容，指出在中国城市化提升阶段，城市发展迫切需要加强气候风险管理的意识和能力，构建适应型城市。适应型城市（Resilient City）要求通过政策、机制设计和人、财、物等资源配置，能够更加灵活地应对气候变化、管理气候风险。这种灵活应对的能力，不仅包括气候风险的防护能力，也包括快速恢复、可持续发展，以及挖掘新的发展机遇的能力。

基于国外城市应对气候变化风险的实践与经验，提出将适应与气候风险管理纳入城市规划，提出构建适应型城市的几个要点：（1）建立灵活应对、广泛参与的城市气候风险治理机制。适应型城市为建立气候风险治理机制提出了更高的要求，表现在更及时准确的信息传递和反馈，更广泛的利益相关方参与，更灵活的风险应对能力。（2）将气候风险评估作为制定城市发展规划的科学依据。与传统的灾害风险相比，气候风险具有长期性和更大的不确定性。气候风险管理必须建立在对未来气候变化情景的预估基础上，并且将气候风险评估的结果作为制定城市规划的科学基础。（3）用法律、资金、技术等手段保障城市的气候防护能力。气候防护是从气候风险管理的角度提出的适应概念，是指通过各种政策、立法、机制，或者资金、技术的投入，或者资源的有效分配，使得城市的薄弱环节，如脆弱部门、脆弱群体、脆弱基础设施等，具有抵御、防范气候风险的能力。（4）城市规划设计中协同考虑防灾减灾与生态保护。建议将精明增长、紧凑型城市、卫星城市、生态城市等新的城市规划理念与应对气候风险、减缓城市热岛效应等结合起来，因地制宜，采用合理的城市容量与人口规模控制，通过土地资源的合理利用、城市结构的优化，改善城市环境问题，同时降低灾害引起的风险。（5）将城市规划、应对气候变化与城市可持续发展目标相结合。适应气候变化与灾害风险管理，从根本上而言，其目的都是实现可持续发展。城市规划这一政策工具，可以用来整合减排、适应、减灾、生态保护、社会参与等多个发展目标，以适应多目标下的风险决策过程。

（郑　艳）

国际经济与国际贸易

【中国外汇储备投资组合选择——基于外汇储备循环路径的内生性分析】

刘澜飚　张靖佳

《经济研究》2012 年第 4 期

11100 字

中国的外汇储备水平超出预防性储备规模的现象引发学界和业界的普遍关注。在美元持续贬值，人民币不断升值的背景下，中国庞大的外汇储备使中国人民银行面临资产损失和外汇冲销工具选择空间缩小等严重问题。从审慎性来看，随着美国接连推出量化宽松政策和近期美国主权债务评级下调，美国国债的安全性受到质疑。从收益性来看，美国国债的收益率不仅低于其股权资产，更低于中国国内投资收益率，造成中国央行资产缩水。中国外汇储备的种种困境引发了学者和业界人士关于采取多样化投资的方法分散外汇储备风险的探讨。那么，是否存在一种投资循环方式使我国外汇储备对外投资间接转化为国内实体经济的资金供给？什么因素决定了这种投资的最优规模？如何判断中国外汇储备水平的最优规模？未来外汇储备投资的改革方向如何？这些亟待解决的问题成为研究的动力。

既有分析方法侧重对投资收益的度量，但鲜有关注中国作为新兴市场国家所独具的特征。从中国的现实来看，外汇储备投资选择并不单纯由美国资产收益因素外生决定，还由外汇储备资产在中美经济中的循环机制和大国之间的博弈内生决定。该文从这一视角出发，构建了两国央行与金融市场的斯塔克尔伯格模型和古诺模型，前者用于揭示央行外汇储备投资对国内外的经济贡献和资产组合比例，后者用于估算外汇储备投资最优规模。在此基础上，该文利用 2006—2009 年中美宏观经济数据模拟得到中国外汇储备最优投资组合及总量，并分析与实际水平的差异及原因，得到以下主要结论。第一，央行出于谨慎性投资原则而压低了风险投资比例。第二，美国股票收益率并不是中国外汇储备投资风险资产的唯一动力，需要依据模型对宏观经济数据进行综合考察，才能够确定外汇储备最优投资组合。第三，可以通过降低居民相对风险回避系数来间接提高央行外汇储备投资预期效用。第四，中国央行外汇储备投资函数与外汇储备对美国股权投资额度之间的关系并非一成不变，在金融危机时期会发生逆转。目前央行应对危机的反应能力不足。第五，美国金融市场通过对中国外汇储备规模的内生性影响获取了巨大的收益，同时由于中国金融市场不发达，中国外汇储备对外投资受制于美国金融市场的决策，面临着亏损的结局。第六，美国更多地将中国外汇储备对其证券投资转化为 FDI 投入中国实体经济，不但可以推动中国实体经济发展，更会获得可观的利润，从而达到两国经济的双赢局面。

（刘澜飚）

【中国企业低价出口之谜——基于企业加成率的视角**】**

盛　丹　王永进

《管理世界》2012 年第 5 期

24000 字

改革开放以来，中国出口贸易的迅速发展，对增加就业和促进国民经济增长发挥了重要作用。然而，我国在从出口贸易获得丰厚利得的同时，也出现了一系列的问题。其中，较为突出的就是出口产品价格过低。出口产品价格低于国内价格，一方面，降低了国内消费者的购买能力和福利水平；另一方面也成为我国出口商品频频遭遇反倾销诉讼的重要诱因。此外，出口价格过低还压低了出口企业的利润和劳动者的工资，限制了内需的增长。这一问题得到了国内外媒体、政府官员和专家学者的广泛关注，成为亟待研究和解决的重要问题。然而，就这一问题进行严谨学术分析的文献并不多。那么，中国出口产品价格过低这一现象是否具有普遍性？如果是，其背后的原因是什么？这些问题都亟待深入研究。

根据《人民日报》对北京和纽约两大城市物价水平的对比，虽然对于家政、交通和房租等非贸易品而言，北京的物价低于纽约的物价。但是对于贸易品而言，中国国内的产品价格却普遍高于同类产品在国外的售价，这显然与目前我国所处的经济发展阶段相违背。更令人感到惊奇的是，这些产品很多都是在中国制造的，即其生产成本是相同的。因此，中国企业出口产品价格过低的现象并不能由中国的低劳动力成本进行解释。在生产成本相同的条件下，产品价格的差异实际上反映了企业在国内外销售的成本加成率的不同。因此，我国出口产品价格低于国内产品，说明我国企业出口产品的加成率要低于其在国内销售的加成率。

该文运用 1999—2007 年中国工业企业数据，对中国出口企业和非出口企业的加成率进行系统的分析和比较，并在此基础上进一步考察这种差距形成的原因。实证结果表明：（1）出口企业与非出口企业加成率的差距确实显著存在，即出口企业加成率明显低于非出口企业，且平均而言，企业出口比内销的加成率低约 10%。由于这些产品同样是在中国制造，这就意味着企业出口价格要明显低于内销价格。（2）我国的出口退税、补贴以及出口企业的过度竞争，是我国企业低价出口的重要原因。出口退税率越高、补贴越多以及出口企业竞争越激烈，出口企业收取的加成率也就越低，出口企业与非出口企业之间价格的差距也就越大。综上所述，我国一系列扭曲性的政策是导致企业低价出口的重要原因，应该从出口退税和补贴政策、产业结构调整以及竞争秩序等方面采取切实有效措施，使企业出口定价行为趋于合理化。

（盛　丹）

【地理集聚、行业集中与中国企业出口模式的差异性】

包　群　邵　敏　Ligang Song

《管理世界》2012 年第 9 期

21000 字

改革开放以来中国出口贸易呈现出迅速扩张态势，这也引发了大量研究考察其背后的决定因素。一些学者强调传统贸易理论的比较优势，另一些研究则基于新贸易理论，指出规模经济的重要性，新近研究则利用微观企业数据检验新贸易理论强调的企业生产率差异。尽管对中国出口贸易快速扩张的原因探讨仍然存在较大争议，然而外商投资企业在中国出口扩张中扮演的重要角色已经得到了广泛认同。例如 Zhang and Song（2001）发现区域引资每增加 1%，将带动出口贸易额上升0.29%。与上述文献不同，该文的核心问题是，既然与国内企业相比，外资企业具有更高的出口外向度，那么外资进入是否也会对当地企业的出口活动产生外溢效应？大量经验文献分析了外资进入对中国国内企业的技术外溢作用，但考察外资企业的出口外溢效应的研究却相对较少。事实上，外资参与不仅能够显著地影响企业自身的出口倾向，而且也可能对东道国当地企业产生出口外溢。例如，外资企业通过带来更多的国际市场出口信息对东道国当地企业起到了出口示范效应，外资企业也可能通过加强市场竞争迫使内资企业被动地提高企业生产效率与竞争能力、从而有利于其加入出口市场。另外，大量外资企业的涌入也可能会因为挤占了原本属于内资企业的出口空间与机会而降低了后者的出口可能性，或者面对拥有较强市场竞争力的外资企业时大多内资企业只能无奈选择退出或是产品内销。

文章将2000—2006年间持续经营的47424家企业划分为非出口企业、持续出口企业、新出口企业和间断出口企业四种类型，运用多项式选择logit模型分析了影响我国企业出口模式的因素。研究结论表明，虽然企业生产率、要素投入、企业规模等因素都对企业出口决策形成了一定影响，但就中国企业出口贸易的扩张而言最为重要的影响因素是外资参与。研究进一步支持了出口企业的外溢效应，尤其是外资企业通过地理集聚与行业集聚对我国本土企业出口决策的外溢效应。有趣的是，从地理距离对外溢效果的影响来看，研究结论并不支持出口外溢的本地化现象，表明我国出口企业可能存在一定程度的过度集聚现象，即大量出口企业纷纷拥挤在有限的地理空间或是特定行业，结果引发恶性价格竞争、要素成本上升而彼此压缩出口机会。最后，就企业所有制而言，民营企业最为充分地享受了外资进入所带来的出口外溢好处，其次是集体企业，最后是国有企业。

（包　群）

【欧洲主权债务危机与欧洲中央银行制度上的缺陷】

徐明棋

《社会科学》2012年第1期

10000字

从现象上看，希腊以及南欧的一些国家财政赤字长期较大，政府负债率高企是导致债务危机的直接原因。但是现代国家财政不断的赤字已经成为一种常态，很少有国家可用财政盈余来偿还以前的债务，一般都是发新债偿还旧债。而维持这种状态的是政府的信用，即政府能够用未来的财政收入偿还现在的债务的能力。这种信用的维持需要政府将其负债水平控制在市场可接受的程度之内，即年度赤字增长占GDP的比重速度不能太快，总的政府债务规模也不能太高。由于经济周期处于下降周期，加上全球金融危机的冲击，欧洲各国都启动了大规模的财政和货币刺激计划，欧元区薄弱的国家财政赤字急剧上升，相继发生了债务危机。如果此时各国有着自己的中央银行，或者欧洲中央银行能够为这些国家提供最后贷款人的保障，就可以给市场以信心，维持这些国家债务市场的稳定。

最后贷款人的职能是现代中央银行一个重要的职能，尤其是在经济下降并发生市场恐慌时期，中央银行发挥这一职能是维持金融体系安全稳定的重要保障。由于欧洲中央银行缺乏这一职能，欧元区主权债务危机很难在短期内被彻底平息。在欧洲中央银行成立之初欧盟刻意取消欧洲中央银行最后贷款人的原因，是当时的制度设计受到德国中央银行模式的影响太深，忽略了欧洲金融市场可能会面临今天的严重危机。最后贷款人的理论上存在的争议，即是否引起道德风险，会否损害市场机制。欧洲中央银行最后贷款人职能不能缺失，但是欧洲中央银行提供资金解救成员国必须服从维护欧元区金融体系稳定和欧元区生存需要，而不是简单地帮助个别负债程度高的成员国减轻债务负担。

建议欧盟进行改革，赋予欧洲中央银行这一职能，让其在解救欧元区高负债国家的债务危机中发挥更大的作用。

（徐明棋）

【对欧元区共同边界效应的检验——兼论欧元区是否满足最优货币区的条件】

姚大庆

《世界经济研究》2012 年第 5 期

8000 字

欧洲债务危机爆发后，欧元区的稳定性受到挑战和质疑。普遍认为，欧元区的货币实现统一，而财政仍然分散，是导致欧债危机的重要原因。因此，一些人主张欧洲应加快财政一体化的步伐。也有人认为欧元区推行货币一体化不切实际，提出解散欧元区，恢复各国的原有货币。现在的欧元区 17 国是否满足最优货币区的条件，这是国际经济学界近年来一直关注的问题。

共同边界效应指拥有共同边界的国家间进行经济活动比没有共同边界的国家间更便利。随着区域一体化的发展，共同边界的作用趋于弱化，因为不相邻的国家在加入区域一体化进程后，可以和相邻国家一样便利地开展国际贸易。如果区域一体化水平很高，接近于同一国家内各个地区的水平，共同边界的作用将会趋于消失。因此，共同边界效应的显著程度可以当作判断区域一体化水平的一个指标。

现有的相关文献时间较早，使用的数据和计量分析方法相对陈旧，已经不足以判断目前欧元区的一体化水平。针对以上问题，选取 2005 年至 2009 年世界和欧元区三组国家间的双边贸易数据，利用引力模型计算欧元区国家间共同边界效应的大小，从一个侧面检验欧元区的一体化程度，得到以下基本结论。第一，世界上主要国家间存在明显的共同边界效应，这说明虽然科技进步便利了世界各国间的交通、通信联系，但相距遥远、没有共同边界的国家间贸易仍然比相邻国家间贸易更困难。第二，欧盟创始 6 国之间不存在共同边界效应，这表明经过近 60 年的经济和政治合作，欧元区 6 个核心国家间的经济已经高度一体化。第三，在全部 17 个欧元区成员国间，仍然存在显著的共同边界效应，一体化程度不足。聚类分析也证明欧元区 17 国的经济发展水平有明显差异。因此，欧元区在欧盟东扩的背景下过快扩张，是导致欧洲债务危机的重要原因。

商品自由流动是劳动力、资本等要素自由流动的基础。既然欧元区贸易没有完全实现一体化，则生产要素更不可能实现完全一体化。欧债危机后欧元区金融市场和劳动力市场的发展证实了以上的判断。

（姚大庆）

【国际贸易、偏向型技术进步与要素收入分配】

张 莉 李捷瑜 徐现祥

《经济学》（季刊）2012 年第 2 期

18000 字

20 世纪 90 年代中期开始，中国初次收入分配逐渐向资本倾斜的事实在近年来引起了学术界和政策层面的广泛关注。国内研究要素收入份额的文献，无论基于全国数据、省级数据或者产业数据测算得到的要素收入份额，均在近年来表现出向资本倾斜的趋势，对此趋势大多数文献基本达成了共识。事实上，这种要素收入向资本倾斜的现象并不是“中国特色”，国外众多学者通过实证分析发现世界范围内很多国家，无论是发达国家还是发展中国家，至少在中期内表现出不同程度上的资本收入占比增加的趋势。利用1970—2007年的跨国数据同样发现，就全球范围而言，资本收入份额呈现出增长的趋势，特别是在2000年以后，这种趋势在发展中国家表现得尤为明显。

这一实证发现一方面引起学者重新审视单个经济体的要素收入份额在长期内应保持稳定不变的结论，另一方面引发学者对寻找现象背后原因的兴趣。文献中提出偏向型技术进步是影响要素收入份额的重要因素，然而研究偏向型技术进步变化来源的文献很少，找到偏向型技术进步的来源可能更为重要。研究技术进步偏向及来源的文献，发现在发达国家技术进步表现为偏向技能和偏向资本两种方式，国际贸易是技术偏向的重要渠道，技术进步的偏向是使得收入分配逐渐向资本偏重的重要原因。国际贸易导致的技能偏向型技术进步表现为资本偏向型的技术进步，由此在初次收入分配中表现出资本收入份额的增加。因而，国际贸易也是发展中国家要素收入分配偏离的重要渠道。

该文构建了要素收入份额的决定方程，证实了偏向型技术进步的重要性，并从国际贸易的角度寻找其变化的原因。利用1980—2007年的跨国经济发展数据，探索国际贸易、偏向型技术进步对发展中国家要素收入份额的影响机制，发现发展中国家的技术进步偏向资本，从而导致要素收入向资本倾斜；进一步引入现有文献中用于解释收入份额变化的外商直接投资、劳资谈判能力等因素，发现结论依然是稳健的。主要结论包括：（1）近三十年来资本的收入份额在全球范围内呈现上升趋势，这种趋势在发展中国家尤为明显。国际贸易通过促使技术进步偏向资本，从而显著提高资本相对收入份额的作用机制，对发展中国家的要素收入份额的变化最具有解释力。（2）通过模型估计得到的全球范围内的要素替代弹性约为0.65，这说明资本和劳动之间是互补关系。而发展中国家的要素替代弹性约为0.615，小于全球平均水平，这间接说明发达国家的要素替代弹性大于发展中国家，原因在于其拥有更多的技术选择来匹配不同的资本和劳动。

（聂海峰）

【中美贸易不平衡与日美贸易不平衡的不同——中美贸易不平衡是对美国经济和全球经济的贡献】

赵　瑾

《国际贸易》2012年第2期

8000字

战后美国对外贸易持续逆差开始于1976年。作为美国贸易逆差最大的来源国，先是出现于20世纪80年代的日本，后是出现于21世纪初的中国。那么，同是对全球第一大经济体美国，20世纪七八十年代的日美贸易不平衡与21世纪初期的中美贸易不平衡有什么不同？为什么美国当年以日元升值解决日美贸易不平衡的做法在中国行不通？换句话说，为什么美国以逼迫人民币升值的办法不仅不能解决中美贸易不平衡，而且会影响美国经济自身，甚至全球经济的发展？

中日两国对美国的贸易不平衡，是在经济全球化发展程度不同的国际环境下，以及两国不同的国内经济发展水平和政治经济体制下产生的。比较日美贸易不平衡与中美贸易不平衡在贸易顺差额的统计差异、贸易顺差的本质、贸易顺差的来源、贸易顺差的受益国、贸易顺差的可持续性、贸易顺差国与美国的关系、贸易顺差国对美国经济的影响、贸易顺差国的市场开放度对全球经济的贡献度八个方面的不同，可以得出以下结论：（1）中国对美国的贸易顺差对美国不构成威胁，相反是美国经济发展的良好机遇。（2）在美国经济面临金融和财政双重危机的情况下，中国对美国消费者提供质优价廉的商品，购买美国国债，开放国内市场不仅有利于美国社会稳定，而且有利于美国经济的复苏。（3）美国应用对日解决贸易不平衡的办法解决中美贸易不平衡，不仅会影响中国经济增长从而影响全球经济的复苏，更将影响美国自身经济的发展。（4）历史已经证明，当年美国以促使日元快速升值的做法没有解决日美贸易不平衡，今天美国逼迫人民币升值30%的办法也没有解决中美贸易不平衡。美国不从根本上改变过度消费的经济发展模式，就无法从根本上解决战后美国长达40年的贸易逆差问题。

（赵　瑾）

【服务业外商直接投资与经济增长：基于中国的实证研究】

姚战琪

《财贸经济》2012年第6期

12000字

目前经济全球化进程逐渐加快，已成为世界经济发展的主流。在服务全球化时代，资本、信息等生产要素的全球流动推动了服务全球化的进程，跨国公司通过组建全球一体化的生产组织体系，不但在纵向产业之间的企业内分配全球分工链条，而且在不同国家企业之间展现横向产业分工，跨国公司成为推动全球贸易的主导力量。那么，中国参与服务全球化的程度到底如何？服务业外商投资与经济增长是否存在双向因果关系？中国对外直接投资的特点和趋势有何变化？基于中国目前的具体情况，这都亟待深入研究。

目前学术界缺乏对服务业外商直接投资与我国经济增长（包括服务业增加值）的长期关系进行系统分析和实证检验的研究成果，已有的研究成果缺乏运用科学研究方法，因此需要对以上重大问题进行深入研究并采用科学合理的研究方法进行分析，该书针对以上问题进行检验分析，从服务业外商投资促进经济增长以及服务业总产出和经济增长推动服务业外商投资两个角度，研究20世纪80年代以来，中国GDP、服务业外商直接投资与服务业增加值之间的互动关系和内在影响机制。根据1983—2010年的经济数据，在各变量之间建立向量自回归模型并进行相应的协整检验，研究服务业外商投资与我国经济增长是否存在长期的稳定关系，以此得出以下基本结论并提出相应的政策建议。第一，推动我国服务业持续增长对促进我国经济持续增长具有重要意义。协整方程的统计结果显示，国内生产总值与服务业增加值的相关系数大于服务业外商投资与服务业增加值的相关系数，即国内生产总值对服务业增加值的影响力和推动作用明显超过服务业外商投资对服务业增加值的影响。第二，由于我国服务业利用外资质量不高导致服务业外商直接投资与我国国内生产总值之间不存在双向因果关系，因此，在促进我国服务业外商直接投资规模增长的同时，须不断推进利用外资由量向质的根本转变。第三，服务业外商投资对我国服务业增加值的推动作用较弱，这一实证结果是国内服务业发展滞后和服务业对外直接投资规模较小的反映。目前中国服务企业走出国门发展尚处初级阶段，需要在文化整合、人才流动等关键领域取得实质进展方可解决当前制约我国服务业对外直接投资的根本问题。

（姚战琪）

【我国制成品出口规模的力量分析：1985—2050】

裴长洪　郑　文

《经济研究》2012年第11期

20000字

现有国际贸易理论主要探讨了国际贸

易的发生机制，但没有给出一国商品出口总量决定的有效方法。该文认为，研究商品出口必须注意区分商品结构，鉴于制成品出口在全球商品出口上占据最主要的地位，我们以制成品出口为研究对象，构建了衡量一国制成品出口规模的理论框架与实证模型，经大样本检验，得出结论：一国制成品出口总量主要由人口规模、人口密集度、人口年龄结构、资本形成能力、经济发展模式、贸易成本比较与收益转换等六大因素共同决定。该文运用上述理论与模型，对中国1985—2010年制成品出口的规模形成进行了理论解释，并通过六种情景模拟出了中国2010—2050年的制成品出口增长态势，做出如下预测：2010—2020年仍将是我国制成品出口快速增长的时期，2020—2030年期间我国制成品出口的全球占比将达到25%左右的历史峰值，并进入高位持续期；2030年前后，主要受制于人口抚养比的大幅激升，我国制成品出口全球占比的长期增长趋势将被终结，由此进入下降阶段，这将是一个历史性的转变。

由于我国是人口大国，劳动资源相对丰富。我国制成品出口规模与增长实际上要以人口的相对比重作为贸易利益的决定因素。在西方人早就宣扬的贸易自由化中，生产要素自由流动，但实际上人口基本是不能流动的，这就使贸易利益的平衡点更加依赖人口在商品流动世界中的相对比重。作为贸易强国，不仅要强调贸易质量，而且也要强调贸易数量，特别是人均数量；没有数量就没有话语权。因此，未来中国走向贸易强国，不仅需要质量的提高，数量的增长仍然极其必要。依据我们的分析，如果把2010—2050年作为一个完整周期进行考察，这一时期将是我国制成品出口增长的历史顶峰期；而当前我们尚处于这个时期的起步点，从数值上看也基本上是最低点，因此我们有理由未雨绸缪，早做规划，为这一远景的实现创造必要的条件。

除此之外，该文的情景模拟表明，我国可用五年时间使制成品出口贸易在世界市场中占有20%左右的份额，然后再用五至十年时间达到25%左右的水平。鉴于近年来我国商品出口的世界占比一般比制成品出口的世界占比低3—4个百分点，按这一比例关系，我国商品出口的世界占比相应地将于“十二五”期末达到15%，并将于“十三五”期末或“十四五”期间，即2020—2025年间达到20%左右。这是我国开放型经济发展、也是我国经济建设发展的重大战略利益，理应尽力确保实现。

（经　科）

【中国主要农产品种子进出口贸易状况及分析】

杜志雄　詹　琳

《国际贸易》2012年第6期

10000字

中国种子的进出口贸易大致可分为：初始阶段（20世纪80年代初期）、迅速发展阶段（20世纪80年中期至90年代末期）以及高速发展阶段（进入21世纪以来）。进入第三个阶段后，用于进出口的种子从品种到贸易总额再到贸易格局都发生了巨大的变化，种业呈现进出口主体、产品、方式和市场多元化的格局。

目前，中国的农产品进出口贸易整体呈现逆差，农作物种子进出口贸易也呈现相同趋势，自2009年下半年以来，对外贸易逆差不断扩大，2011年达到6419万美元，主要表现为粮食作物种子处于顺差，经济作物与牧草作物种子逆差较大。

中国种子进出口贸易特点分析：

（1）中国种子对外贸易规模偏小：2010年，中国3.7亿美元的贸易总额只达到国内种子市场总体规模的4%，为美国的18.1%，不及世界种子市场全年贸易额的3%。

（2）中国种子国际竞争实力不强：中国在水稻、大豆、花生、棉花等种子上具有较强的国际竞争力，但是总体竞争力TC指数一直低于国际平均水平。

（3）中国种子对外贸易结构单一：中国参与对外贸易的种子品种十分有限，蔬菜、水稻和瓜果种子，这三类种子占种子出口总额的86.8%。

（4）中国种子的进口或者出口国（地区）过于集中：美国占据中国的种子对外贸易量的67%，贸易额的44%；中国的水稻种子主要出口越南，而甜菜种子主要来自德国。进出口地区的单一性，对于种子的出口定价和进口的品种选择都会造成不利影响。

中国虽然是世界种子进出口规模上升最快的国家之一，但是主客观不利因素的存在制约了中国种业对外贸易规模的扩大。全球种业已经进入到寡头垄断的发展阶段，来自于全球种业巨头的直接机构扩张（FDI），使得中国农产品种子受国际市场影响的广度和深度远比仅通过国际贸易方式受到的影响大得多。因此，需要加快国内种子产业的市场化改革，加大种子产业结构升级与调整力度，加强对种子企业，特别是已经初现纵向一体化规模效益的民营种子的扶持力度，包括减免税收和建立种子审批的“绿色通道”。在利用“两个市场”扬长避短，寻找获得空间的同时，稳健、逐步的开放种子市场，使中国种子对外贸易保持健康、快速的发展。

（杜志雄）

农业发展与农村经济

【村民自治的程序民主与实质民主——基于社会选择理论对村支“两委”选举的案例分析】

肖　卫　朱有志　朱　强

《南京社会科学》2012年第5期

12000字

自20世纪70年代末以来，随着人民公社解体，农村家庭承包制全面推行，中国农村社会组织形式、政治关系和权利运行状态因之发生深刻变化。村民委员会的普遍建立和村民自治作为一种新型的中国农村治理模式诞生。村民自治是中国特色社会主义基层民主政治形式，是广大农民在基层经济、政治、社会和文化事务领域，直接行使当家做主民主权利的制度建设和实践活动。然而，村民自治推行30年来，由于村民的认知能力有限、信息不完全和民主程序不完善等原因，村民自治的实质民主进程与民主效率实现程度仍然存在诸多问题。比如，经济落后地区的村民自治，由于村民缺乏相应的民主意识，民主程序未能如实履行；经济相对发达地区的村民自治，由于村干部的权利寻租空间较大，民主程序被少数人控制，未能反映绝大多数村民意志。

该文分析了投票悖论与阿罗不可能定理是个人理性决策与集体一致性行动的冲突在社会选择领域的表现，并结合森对悖论的解答，引入信息基础的理性扩张、合约成本和作为契约的程序、制度，以农村村支“两委”选举为例，探讨村民自治过程中，不同经济发展水平和结构特征的农村中个人理性走向集体一致性社会选择实现路径。在经济发展过程中村民自治的程序民主与实质民主的关系将表现在以下几个方面：（1）在经济发展水平相对较低，经济结构以传统农业为主的村庄，青壮年劳动力流动性较大，通过程序民主往往能够实现实质民主。（2）在经济发展过程中，一些具有良好区位条件、资源条件的村庄，由于土地租金或资源价值使得经济发展水平迅速提高，这种瞬间的经济发展导致小集团合谋具有激励，因此，在一定时期内程序民主与实质民主会相背离。（3）经济发展到一定阶段，尤其是各种形式的农村集体经济和合作经济的发展，让广大村民具有积极参与农村民主生活的政治诉求，这个阶段，村民自治的信息基础逐渐完备，民主决策机制进一步完善，给小集团合谋制造障碍，此时程序民主能够在较大程度实现实质民主。对策建议：第一，扩展村民自治的信息基础，引导广大农民在村民自治中实现民主政治权利。第二，完善农村民主选举制度，促进村民自治选举的规范化、程序化和制度化。第三，加强发展各种形式的农村集体经济与合作经济，为农村实质民主的实现奠定经济基础。第四，加强对村民自治的监督和指导，杜绝选举过程中的合谋行为。

（肖　卫）

【基于低碳经济视角下的广东农业发展方式转型分析】

谢淑娟

《林业经济》2012 年第 6 期

11600 字

在全球气候变暖的时代背景下，农业生产导致的碳排放量及引发的环境问题已不容世人所忽视。以农业温室气体减排和增加碳汇为目标的低碳农业发展模式，将成为现代农业未来发展的主要趋势。目前，我国学术界对低碳农业的研究大都限于对低碳农业发展的定性探讨上。就此，以高碳型农业较为发达的广东省为案例，估算了 2000—2009 年广东全省农业碳排放总量并分析了碳排放的主要特征，进而对广东农业碳排放影响因素进行分解研究。结果显示，随着化肥、农药等高碳型生产资料消费的快速增长，以及播种面积与灌溉面积的增加，2000—2009 年广东农业的碳排放总量总体呈现不断上升的趋势，年均增长 2.6%；单位农业总产值碳排放强度则以年均 1.4% 的速度缓慢下降，但空间碳排放强度明显高于单位农业总产值碳排放强度，以年均约 4% 的速度增长；农业产值增长，农业化学化水平的提高，农业投入产出率平稳及农业能源消费结构的高碳化等是农业生产碳排放变动的主要影响因素。在此基础上，进一步剖析广东农业低碳发展面临的主要障碍是：耕地重用轻养，土壤有机碳流失严重，严重制约了广东农业的低碳发展；农业生产资金投入不足，缺乏制度保障与引导，不利于广东农业的低碳化转型；现行的农业生产技术体制制约低碳农业的发展。由此提出广东农业生产实现低碳化转型发展的主要路径：一是改进耕作方式，降低农用化学品的施用强度，提高土壤固碳水平；二是加强开发推广农业节能减排技术和低碳能源，降低农业能耗碳排放强度；三是优化农业种植结构，因地制宜开发绿色农产品及农业生态旅游业；四是各区域之间逐步推行低碳农业生态补偿机制；五是构建资金投入多元化的农业低碳转型发展的长效机制。

（谢淑娟）

【农村新成长劳动力：构成、特性与政策含义——以广东为例**】**

邓江年

《广东社会科学》2012 年第 4 期

6000 字

随着我国人口年龄的转变，“年轻劳动力的无限供给”已不复存在，劳动力转移进入了一个由年轻劳动力的无限供给进入有限供给的新阶段。这个阶段中，新成长劳动力的转移意愿和能力成为决定现实转移规模的主要因素，与之转移就业特征相适应的制度变革和政策调整有利于提升农村新成长劳动力的劳动参与率，促进他们有序而合理地转移以及稳定地就业和居住，从宏观上对推进我国的城市化和延长“人口红利”期具有积极意义。

农村新成长劳动力是指农村户籍人口中达到劳动年龄、在社会初次择业就业的劳动力。经过 30 多年持续的农村向城市、中西部向东部沿海地区的劳动力区域转移和输送，很多农村地区大部分青壮年劳动力已经外出转移就业，留驻农村本地的大部分为老、妇、少、幼，少部分留驻本地的青壮年劳动力也多为亦工亦农的兼业，或由于家庭原因缺乏外出务工意愿。由于在一定时期内，农业生产率的变化相对稳定，由农业生产技能水平的提升而挤出的劳动力数量有限。因此，农村新成长劳动力则成为农村新增转移劳动力的生力军和主力军。自 2008 年以来，广东全省每年新增农村转移劳动力数量保持在 100 万—150 万之间的水平，呈逐年上升趋势。广东省每年新增的农村转移劳动力中，除去具有高度转移比例的新成长劳动力和在城市化过程中失去地区被迫转移的农村劳动力，农村中已能再挖掘的可转移剩余劳动力已经很少。

农村新成长劳动力具有“年轻”“初次择业就业”的特征，在转移就业中表现出基本素质较差、转移意愿较强、就业波动较大、偏好中长距离转移和权益诉求多元化等特性。针对农村新成长劳动力的特性，加快推动农村新成长劳动力的转移就业和稳定就业，必须推动以户籍制度为中心和出发点，包括劳动力市场制度、社会保障制度、教育培训制度、农村土地制度、金融制度等方面的一整套制度体系创新。

（邓江年）

【经济发达地区农村劳动力非农劳动供给的性别差异与影响因素分析】

周春芳

《农业经济问题》2012 年第 3 期

8600 字

作为不可或缺的组成部分，农村女性非农劳动参与是我国城镇化的重要内容，从性别角度研究劳动力的非农劳动供给具有重要的现实意义。然而，系统地研究农村劳动力非农劳动供给及其性别差异的文献明显不足。另外，农村劳动力的非农劳动供给可以分为相互联系的两个阶段：是否参与非农劳动和非农劳动时间，已有文献从性别角度把两者结合起来研究的较少。从方法上看，作为相互联系的两个阶段，劳动力是否参与非农劳动的选择会对非农劳动时间产生有偏性估计，这会导致第二阶段模拟方程中参数估计量的偏误，致使第二阶段回归结果的不可信，而 Heckman 两阶段模型能很好地解决该问题。鉴于此，该文利用工业化水平较高的江苏省 2008—2010 年的调查数据，采用 Heckman 两阶段模型，对农村劳动力非农供给行为及其性别差异进行了分析。该文试图回答两个问题：第一，农村男女劳动力的非农劳动供给行为有何不同？第二，影响农村男女劳动力非农劳动供给的因素有何差异？

作为理性经济人，农村劳动力非农劳动供给是在比较利益的驱动下，对自身保留工资与市场工资进行比较，作出的是否参与以及参与程度的决策。由于生理特征、个人偏好所致约束条件和目标函数的差异，不同性别的农村劳动力非农劳动供给的影响因素也有所不同。该文的研究表明，女性所具有的生理特征，以及社会习惯、规范和信仰等传统社会分工使她们更加偏好于家庭生产，这提高了女性非市场劳动时间的边际价值，降低了她们从事市场劳动的比较优势。比较优势的不同使得农村劳动力非农劳动参与行为具有明显的性别差异。表现为：农村女性非农劳动参与率较低、就业地点较近、劳动强度较低、非农劳动时间较短，且其非农工资水平较男性低。同时，家庭和社会分工的不同，使得农村男女劳动力非农劳动参与的制约因素不同。其中，婚姻状况、学龄前儿童数、80 岁以上老人数、家庭其他成员收入水平对女性非农劳动供给的影响较大，对男性劳动力的影响却没有通过显著性检验。表现为已婚的、家中有学龄前儿童和 80 岁以上老人的农村女性，其非农劳动参与率和劳动时间均较低。这说明已婚女性要担负家务劳动、儿童抚育和赡养老人的责任，这种性别分工的一个直接后果就是极大限制了女性非农劳动参与水平的提高。另外，受教育程度对农村女性非农劳动供给的影响较男性大，说明受教育程度较高的女性非农劳动供给水平较高。因此，提高农村女性受教育程度，增加其人力资本投资，对我国城市化进程的推进具有重要意义。

（周春芳）

【基于四部模型法的中国农村居民医疗服务需求分析】

吕美晔 王翌秋

《中国农村经济》2012 年第 6 期

13000 字

《2000 年世界卫生报告》指出，一个国家卫生系统运行的最终责任在政府，卫生系统不仅有责任提高人们的健康水平，而且还有责任减少患者的经费开支，并在有病时能够保证其尊严不受侵犯。政策制定者只有了解目标人群的医疗服务需要和需求，才能有针对性地选择干预手段，进而合理有效地进行医疗服务资源的分配。对于发展中国家来说，医疗服务需求研究的核心在于探讨政府和居民如何分配相关资源来投资于医疗服务，以解决居民对医疗服务的可及性、可得性问题，并减轻居民的疾病经济负担，缓解因病致贫和因病返贫的问题。

四次国家卫生服务调查的数据显示，我国农村居民两周患病率呈上升的趋势，分别为 12.8%、13.7%、14.0% 和 17.7%，慢性病患病率以及每千人口的两周患病天数、两周患病卧床率和卧床天数也有所增加。然而，伴随着农村居民医疗服务需求的增加，其医疗服务的实际利用却呈下降的趋势，同期农村居民的两周患病就诊率分别为 16.0%、16.5%、13.9% 和 15.2%，两周未就诊率分别为 33.7%、33.2%、45.8% 和 37.8%。这表明，农村居民对医疗服务的需要并未全部转化为现实需求。那么影响农村居民未能将医疗服务需要转换为现实医疗服务需求的原因有哪些？这些因素又在多大程度上阻碍了农村居民现实医疗服务需求的实现？这是该文拟要解决的核心问题。

该文根据 Grossman 人力资本理论的理论框架，使用在江苏省、安徽省和贵州省的农户抽样调查数据，分析了我国农村居民医疗服务需求的影响因素以及政策含义。该文使用较为前沿的四部模型法实证分析了中国农村居民医疗服务需求的影响因素，从而得出我国农村居民医疗服务医疗需求行为的一般模式。分析结果表明，医疗服务是一种正常品，收入提高促进了人们对医疗服务的利用，收入较高家庭的患者住院医疗支出也较多，收入低的居民门诊经济负担更为严重，当医疗服务价格下降，医疗服务利用或购买会增加，因而完善新型农村合作医疗对缓解农村居民看病难、因病致贫和因病返贫有一定的作用。从农村居民对医疗服务的利用来看，经济因素已经不再是决定其是否进入医疗服务市场的唯一重要因素，农村居民自身的健康需求成为其进入医疗服务市场的重要推动力，也是其医疗类型选择的重要影响因素。从医疗服务支出的决定因素来看，医疗服务价格偏高会加重农村居民的经济负担。为此，农村公共卫生政策要致力于提高农村居民对疾病认知和预防的能力，以低收入者作为政策作用的主要对象，并进一步降低医疗服务价格，且农村医疗保险的开展应优先发展住院及大病医疗保险。

（吕美晔）

【中国城郊农村新型城市化模式探析——来自成都市温江区的个案】

郭晓鸣 廖祖君

《中国农村经济》2012 年第 6 期

10000 字

当前，创新中国城市化模式已经成为一个重要的理论和现实问题，而城郊农村由于紧紧靠近中心城区，较易承接中心城区的扩散功能，土地增值潜力巨大，对此类区域的城市化模式进行探索和创新，条件相对成熟，需求更加强烈，并对统筹城乡经济社会发展背景下创新中国城市化模式、积极推进中国城市化进程具有重要的理论和现实意义。

由于国家土地管理制度的限制，一方

面，地方政府不可能超出年度新增国有建设用地指标而任意征用郊区土地；另一方面，农民或农村集体经济组织也不能私自利用土地包括建设用地发展非农产业。在这种情况下，无论政府还是农民都迫切希望通过创新城市化模式来破除土地制度制约。与此同时，城市化模式创新涉及对土地管理制度等一系列敏感政策的突破，这要求进行创新的区域有一定的试错权。因此，该文选择2007年被国务院批准建设全国统筹城乡综合配套改革试验区的成都市为研究对象，以其下属的温江区作为个案开展分析。温江区位于成都市中心区正西16公里处，是成都市中心城区的重要组成部分。2010年，温江区在万春镇幸福村实施了农村土地综合整治项目（简称为“幸福田园”项目），从项目实施的整个过程来看，主要采取了以下做法：（1）在充分尊重农民主体地位的基础上实行农民全程参与；（2）以农村产权制度改革成果为基点实施要素优化配置；（3）以建设田园城市为目标提升社区生态环境；（4）依托优势产业集群实现产业转型升级；（5）以民生工程建设为重点促进公共服务均等化。从本质上看，“幸福田园”模式具有四大基本特征：（1）通过还权赋能实现“持地”城市化；（2）通过产业再造实现“就地”城市化；（3）通过基层组织创建实现“主动”城市化；（4）通过人与自然相融实现“田园”城市化。同时，该模式还具有五大创新价值：（1）对城市化动力机制的创新；（2）对城乡土地管理制度的创新；（3）对基层民主管理制度的创新；（4）对形成城乡一体化新格局的创新；（5）对田园城市发展模式的创新。

必须看到，“幸福田园”模式并非“放之四海而皆准”的城市化模式，实施这种新型城市化模式的区域应当具备一些基本条件：一是能够建立有效的土地产权制度，确保农民不因城市化而失去土地权利；二是能够奠定承接主城区城市功能转移的产业基础，加快休闲旅游、高端服务业等第三产业发展；三是能够构建城乡一体化的基础设施和公共服务供给体制，提供城乡同质化的公共产品。基于此，一般而言，大城市郊区农村更容易满足这三个基本条件，因而也更有可能推行该文所述的新型城市化模式。除了重点讨论的土地管理制度变革之外，在实施新型城市化模式中还需要继续研究探索的关键问题包括：城郊农村的配套性基础设施和公共服务的运营机制如何真正理顺，基础设施和公共服务运营所产生的资金缺口如何有效弥补。就“幸福田园”模式而言，虽然其基础设施和公共服务水平达到了城市标准，居民生活和就业方式也基本实现了城乡一体化，但是，由于配套性基础设施运营和公共服务供给缺乏有效的资金保障，其可持续性还有待未来进一步检验。

（廖祖君）

【中国粮食生产及其价格变动的传导机制研究——基于动态随机一般均衡（DSGE）模型实证分析】

娄　峰　张　涛

《数量经济技术经济研究》2012年第7期

10000字

“民以食为天”不仅是中国人的千古箴言，也是全人类的共识，粮食问题在国民经济和人民生活中的地位及其重要性是不言而喻的。新中国成立以来，中国的粮食流通体制经历了多次改革，其中核心问题都是粮食价格问题：“统购统销”的中心是价格，“双轨制”实质也是价格，“保护价”和“最低收购价”直接目标也是价格。因此，粮食价格问题是粮食体制改革的核心，是牵一发而动全身的问题，作为有十几亿人需要供养的中国，粮食存在怎样的价格传导机制？政府的宏观调控政策，如提高农民工工资、加大政府支农补贴等对我国粮食价格产生什么影响？其传导途径是什么？研究分析这些问题对正确理解我国粮食价格传导机制具有重要的现实意义。

该文根据动态随机一般均衡基本原理，结合我国农户行为特征，分别构造了农户消费需求行为函数和农户生产行为函数，并结合相关资源约束条件，利用随机离散动态规划理论，推导出农户消费需求和生产行为的贝尔曼（Bellman）方程，构建出一个完整而简洁的中国粮食价格传导机制的DSGE模型体系，然后基于《中国农村统计年鉴》《新中国五十年农业统计资料》等数据，应用完全信息的贝叶斯（Bayesian）方法，进行模型参数的动态估计，求出稳定解，最后着重考察农户外出务工工资价格、政府转移支付两种外生冲击，各内生变量相对其稳态偏离的变化比，也即内生变量的对外部冲击的响应变化图，进行政策模拟分析。

实证结论表明：（1）增加政府转移支付不仅可以激发农户粮食生产的积极性，增加农户粮食生产时间投入，从而增加粮食产量；而且会使得粮食生产的固定资产投资增加，资本存量上升，从而也使得粮食产量增加；另外，加大政府转移支付，可以改善农户消费效用，提高农户生活水平。因此，应继续加大对农户粮食生产的政府转移支付力度，进一步激发农户的粮食生产积极性。（2）适当提高农户外出务工工资水平，虽然短期会对我国粮食生产及粮食价格造成负面影响，但从中长期来看，农户外出务工工资的提高，可以增加农户外出务工收入，农户总体收入增加后，又反过来使得农户生产的固定资产投资增加，从而使得粮食产量供给增加和粮食价格的下降。因此，建议适当提高农民工工资水平，增加农户总的纯收入。

（娄　峰）

【农户民间借贷的利率及其影响因素分析】

张元红　李　静　张　军　李　勤

《农村经济》2012年第9期

8000字

近年来，民间借贷风险不断出现，引起了全社会关注。实际上，民间借贷一直是学界的研究热点，相关研究比较丰富。其中，关于民间借贷的利率问题讨论最多，多数人认为民间借贷不受政府管制，其利率由借贷双方自由决定，能够真实反映局部金融市场资本稀缺程度和资金价格。对于部分民间金融利率高于正规金融利率的现象，人们也提出了各种解释或假说。一些研究从供给的角度构建了乡村资金利率决定模型，认为其交易成本和机会成本不高，但风险报偿和垄断利润影响较大。另外一些研究运用了信息经济学理论，认为非正规金融市场上的高利率是由于该市场上严重的信息不对称和高风险造成的；而低利率或零利率通常发生在熟识度较高的人群中。总的来说，多数分析仅以少量案例为基础，缺少基于大量样本数据的实证检验，而一些重要影响因素（如借贷双方的个人特性、地区差别）也往往被忽略。

该文依据中国8省份1882户农户调查数据，分析了农户层面民间金融的利率状况。结果表明，大多数农户民间借贷仍然是无息借款，但有息借贷比例和实际借款利率都有上升趋势。农户民间借贷利率存在多样性，高利贷只是少数现象。一方面，低利率或者“零利率”很多时候只是一种表面现象，实际上放贷人会得到除利息之外的其他货币化的收益（未来借款的承诺、劳力的补偿、商品购买的折扣）或非货币化的收益（亲情、友情的延续，孤独感的排出等）。另一方面，有利率的民间借贷日益表现出了商业化、正规化的特征。影响民间金融利率的因素较多，最主要的有五个因素：一是民间金融市场资金的可得性，资金越难获得利率越高；二是借款人与放款人之间的关系，是否直系血亲直接影响利率高低，血缘关系越近利率越低；三是正规金融市场资金可得性，求借了正规金融市场但难以获得贷款时，相应的民间借贷利率也会越高；四是借款额度，数额越大，利率越高（数额大意味着风险高）；五是借款人的资产状况，借款人拥有不动产净值越多，贷款可保障程度越高，利率越低。在借款用途影响方面，经商办企业等营利性强的用途会导致利率升高；相反，用于看病、红白事等生活急需的贷款则只需要支付较低的利率。考虑到民间借贷对农户的重要性，以及高利贷等违法现象较少的现实，应该充分肯定民间金融的积极作用，对不同的民间金融采取区别化的对策。

（张元红）

【“入世”十年：中国农业发展的回顾与展望】

张晓山

《学习与探索》2012 年第 1 期

13000 字

以“入世”为标志的中国农业全球化导致中国的农产品贸易量大增，促进了中国农业由传统农业向现代化农业的过渡，农业产业化经营的步伐加快。“入世”后的实践显示，越来越隐性的贸易保护措施，如苛刻的技术标准，繁杂的行政过程，使得理论上的概念不得不面对日趋残酷的贸易现实。中国的劳动密集型农产品并未如想象中的那样获得国际市场中的更多机会，中国农产品的贸易逆差格局将长期存在。中国当前满足城乡消费者的农产品供给在相当程度上是借助于国外的耕地和水资源，这意味着我国已经由过去的农产品净出口国变为农产品需求存在缺口的国家。中国农产品供给必须首先立足于本国，提高本国农业资源的利用率，确保中国粮食安全的任务不能有丝毫放松。

在种子产业的生物技术和转基因技术研究领域，大型的跨国公司占据主导地位。在外资进入中国种业与转基因农作物品种的推广问题上，在关于转基因的争论尚无定论时，目前需要解决的问题是如何制定明确具体的促进中国农业技术进步和种业发展的政策措施，着力培养我国有自主知识产权的作物品种（包括非转基因的作物品种和转基因的作物品种），构建我国具有自主知识产权的作物品种的技术体系，与跨国公司抗衡，避免出现外资控制中国种子产业的局面。关于转基因的争论，要构建一个公开透明的公共平台，制定统一的规则，让不同的观点得以交锋和辩论。要保护和尊重消费者的权益，首先是知情权和选择权。

农业经营模式的讨论在理论和实践上都是一个世界性的问题。面对全球化的冲击，中国农业经营方式的主要政策选择是农业产业化经营。从全国来讲，以农户为基本经营单位的农业基本经营制度仍然有旺盛的生命力，发展现代农业要在稳定完善家庭承包经营的基础上进行。在鼓励土地向专业农户集中的同时，要防止一些工商企业以发展现代农业为名，圈占农民土地，损害农民利益。改革与开放应该是如影相随，同步发展。如果越来越大程度的开放没有伴随越来越深化的改革以及体制、机制和模式的创新，全球化带来的负面影响就不可能得到有效的抑制。中国农业要应对全球化的挑战，必须深化经济体制和政治体制改革，要采取综合配套措施来促进农业生产和增加农民收入。

（张晓山）

【对完善新型农村社会养老保险制度若干问题的探讨】

崔红志

《经济研究参考》2012 年第 45 期

12000 字

建立新农保制度是我国完善农村社会保障体系的重大部署。到 2012 年底，我国将实现新农保制度的地域全覆盖。与地域全覆盖相比，如何使得更多的适龄农民参加到这一制度中是一个更重要、更艰巨的任务。但是，诸多研究表明，新农保试点地区农民（尤其是年轻农民）的参保率不高，而新农保制度的不完善是形成这一现象的重要原因。

由于理论界对如何进一步完善新农保制度存在着较大的分歧，该文基于对我国六个新农保试点县（市）的 405 个农户问卷调查、座谈和深度访谈，并结合有关社会保障的理论，对完善新农保制度中六个方面的问题进行了探讨。这六个方面分别是：是否应把新农保的自愿参保原则修改为强制参保、如何看待新农保制度中的捆绑政策、新农保制度是否应允许农民退保、如何看待目前新农保的保障水平、如何划分各级政府在新农保筹资中的责任、如何重构新农保经办服务体系。

围绕上述六个方面的主要结论是：第一，完善新农保制度应始终坚持农民自愿参保原则。城镇职工社会养老保险的强制性不能适用于农民。在遵从农民自愿参保的原则下，仍然能够实现较高的参保率。第二，把老年农民享受基础养老金与子女参保缴费之间挂钩的“捆绑缴费”政策缺乏理论基础，并会在实施中出现很多问题。中央应在政策导向上弱化父母享受基础养老金与子女必须参保缴费之间的关联，取消父母享受基础养老金与子女必须参保缴费之间捆绑的做法。第三，应把新农保的不能退保修改为自愿退保，从而克服农民对政府的信任程度低、农民地域流动和身份转换与社会养老保险关系转移接续困难之间矛盾等不利于农民参保缴费的外部环境约束。第四，现有的基础养老金水平在促进农民参保缴费中发挥了基础性作用，但应在稳定目前基础养老金水平的基础上，建立正常的调整机制，稳定农民对养老金标准和保障程度的预期。第五，更加清晰地界定各级政府在新农保筹资中的责任。在界定地方政府之间筹资责任中，总的原则是应强化省级财政的平衡功能，尽量减少或不让乡镇财政承担筹资责任。省级财政应加强对省内财政能力较弱地区的财政转移支付，分担更大比例的保费补贴。由于新农保制度的计发办法存在着隐性财政压力，中央应明确新农保隐性财政负担应由省级财政承担这一隐性负担。这既是缘于省级财政的能力更强，也是由于在以县（市）为单位进行试点的情况下，县（市）是新农保宣传和发动的主体。减轻其承担的压力，有助于新农保工作的开展。第六，在对服务类型进行分类的基础上，实施政府购买服务，重构新农保经办服务体系，把宣传发动工作下沉到村，由政府向村级组织和各类社会组织购买服务。

（崔红志）

【农民金融约束的形成原因探究】

平新乔　张海洋　郝朝艳　梁　爽

《经济学动态》2012 年第 4 期

10000 字

该文是探究中国农民在经济发展过程中面临的金融压抑和金融约束的形成原因。中国农村金融在农村发展过程中的金融压抑或农户创业过程中的金融约束，有两方面的原因：一是由于“有限责任约束”。在受到有限责任约束的情况下，一些具有创业机会的农民可能因为借不到钱而无法成为企业家，已经创业的农民也可能受到信贷约束而使得投资的数量受到限制。形成金融约束的另一种原因是信息和激励机制的扭曲，这集中体现为“道德风险”问题：财富越是少的借款者，因为借款人在投资中下的赌注相对小，便会越是缺乏努力工作的动力，这就增加了破产和坏账的概率。这样，就会形成另一个陷阱：金融机构惜贷→借款人偷懒→项目失败概率上升→金融机构惜贷→借贷利率上升→借款人偷懒→……。道德风险问题会同时造成金融机构惜贷和融资成本上升，从而限制了农户成为企业家的可能。

在当前中国农村的发展水平上，有限责任仍然是造成农村金融市场不完全、产生金融制约的一个重要原因。其实质是，大多数农户的财产水平仍然很低，农民尚未彻底走出“低财富水平→小信贷规模→小投资规模→低投资回报→低财富水平……”这样一种低财富水平、低金融支持陷阱。即使是在农户经营的非农产业与企业中，主要是因为道德风险造成了金融市场的不完全，农户的财产水平低仍然制约了金融机构对农户的放贷规模。应当切实解决中国农村中由于“有限责任”所导致的金融压抑和金融约束，切实提高农户的财富水平和财产性收入水平。在涉农信贷和涉农金融中，尽可能地降低抵押、质押这类以农户财富为底的融资方式比率，利用农民在参与市场经济中积累起来的社会资本的力量，发展集团融资（group credit）和土地抵押。

（平新乔）

【中国农民工工资走势：1979—2010】

卢　锋

《中国社会科学》2012 年第 7 期

21000 字

经济现代化进程伴随就业结构转型的普遍规律，使早先占劳动力绝大部分的农业劳动力逐步转向非农部门就业。中国经济过去 30 多年的高增长，同样伴随农业劳动力的大规模转移。其中，除少数通过上大学、参军等途径进入城镇就业体系外，数以亿计中国农民自发选择非农就业所派生的波澜壮阔的农民工浪潮，是推进这个历史进程的基本力量。作为我国经济社会转型期的一个特殊概念，农民工“指户籍身份还是农民、有承包土地，但主要从事非农产业、以工资为主要收入来源的人员”。从经济学角度看，迁徙择业是行为主体对选择行为预期收益与成本进行权衡的结果，工资是影响农民工就业选择的重要变量。因此，观察过去 30 余年农民工工资的演变轨迹，是理解中国农民工现象的重要环节。

一直以来，农民工工资并未纳入我国的工资统计体系，农民工工资数据的缺失成为制约这一领域研究的主要短板。该文将 20 世纪 80 年代以来可收集到的各类数据资料进行了整合，对了解农民工工资的历史演进轨迹具有重要的参考价值。通过对各类文献和信息来源搜集、梳理和甄别，该文最终获得以下几类工资数据和资料。一是国家统计局农村调查系统抽样调查提供的全国范围农民工工资数据；二是其他部门和机构提供的全国范围工资数据；三是特定专题研究项目提供的局部范围农民工工资统计调查数据；四是各类研究人员提供的个体农民工工资访谈数据。

该文在系统收集、梳理有关数据资料的基础上，定量估测改革开放时期中国农民工工资水平及其演变轨迹，结果表明：过去 30 余年，其名义货币工资以年均约 10% 的速度增长，用消费者价格指数调整的实际工资则经历了三个阶段的演变，农民工与正式职工工资的比率则呈先高后低走势。

（梁　华）

经济史研究

【“共同体化”、“社会化”与“国家化”：
论近代中国行业组织变迁之阶段性特征
——以近代上海为中心】

樊卫国

《中国经济史研究》2012 年第 2 期

20000 字

晚清同光年间至民国末年，上海行业组织在各式社会、经济、政治因素的侵染和交互作用下，先后经历了由民间自发秩序到政府强制规范等制度变迁，其组织形态具有“共同体化”“社会化”“国家化”等不同的阶段性特征。

清末民初大量的沪地会馆公所，由工商业主、经营者等自发联络同业，集议组建。会所成员随志趣进出，会众多寡不一，其宗旨规约和组织形态，不尽相同。传统会所具有“共同体化”的特征，表现为一群同业者因一定的利益、一定的规约认同、一定的社会关系和身份特征进行组织化制约和活动。行业会所的维系不仅依赖同业利益，也蕴涵着超经济的乡谊伦理。这类脱胎于泛宗族亲缘的行业集团带有“自然组织”的元素。近代上海，同业组织“共同体化”的典型形态是行业组织的地域行帮化。

随着近代工业、商业、金融业、交运业等技术水准的提升和规模生产的发展，一地同乡之“圈子”显然难以满足其生产要素，特别缘于专业人才需求的扩张，封闭性的“地域化”不可避免地向着开放性的“社会化”变革。有些新兴行业的同业组织，从组建一开始就突破“邑庙”模式，走向“社会化”。传统会所等行业组织，某种意义上讲，它是以乡谊为纽带的“个人”组织，而同业公会是以业缘为标志的“企业”组织。如果说共同体化的会所来自有限的民间自发，是特定团体内的集群合作，凭借乡土情感，形成一种自发秩序——局部垄断；那么社会化行业组织的兴起是政府和民间力量双重驱动的产物，依靠社会理性，建立一种开放而有效的市场秩序。这是从民间自发走向民间自觉的历程。

20 世纪 30 年代中国出现的统制经济思潮，对于同业公会管理体制的转向“国家化”具有重大影响。1938 年 1 月国民政府同时公布《工业同业公会法》《商业同业公会法》《输出业同业公会法》。借着抗战爆发，政府全面强化了对于同业公会的控制，政府对于同业公会的日常职能、行业业务、公会财产、违规处罚、会员争执等方面皆有督察和处置权，对公会的活动方向和活动方式作了许多限制性规定。

共同体化与社会化不同在于行业组织权力基础由部分群体的民间合约，走向普遍的同业合约；而国家化的行业组织权力不仅来自民间合约，更缘自政府授权，政府主导将责、权、利重新配置而对同业组织的权力主体进行整合塑造。

“国家化”“社会化”（包括“共同体化”）是两种社会团体管理体制，孰优孰劣难以绝对论之，主要看在不同的社会集体意识和市场发展形态中的一般运作效应及其适当性。不同的组织形态和管理体制蕴含着不同的组织机制和绩效，其得失利弊需要进行具体的历史分析，不能简单化评判。

（上海社会科学院经济研究所）

【试论我国海运事业的发展和变迁（1949—2010）】

彤新春

《中国经济史研究》2012 年第 2 期

15000 字

海运业是国际贸易的桥梁和纽带，目前全球商品贸易货运量的 90% 以上是通过海运完成的，海洋运输是国际贸易中主要的运输方式，在国际贸易货物运输中占有极其重要的地位。西方海权论学者马汉悉心研究世界发展史后得出：“所有国家的兴衰，其决定因素在于是否控制了海洋”，并建立了海权强大—贸易发达—国家富强的发展战略模式，深刻地揭示了海洋问题的本质是经济利益。

在经济全球化的今天，海上贸易和运输日益成为一国经济增长的生命线，海运格局的变迁佐证了各国经济地位的更迭。几个世纪以来，世界经济发展的规律表明，伴随着世界工厂地位确立的同时必然是海运大国的成长。

新中国成立后，我国海运事业的发展大致可以分为三个阶段：1949—1978 年，我国海运事业在面临经济封锁的情况下缓慢发展；1979—2000 年，随着改革开放的逐步走向深入，中国海运事业取得了长足发展，海运大国地位渐趋形成；2001 年至今，随着中国加入世贸组织，中国逐步成为世界制造业基地，经济融入全球化的同时中国经济快速增长，我国海运事业也面临着深刻变革，从海运大国向海运强国转变。

随着世界贸易中心向亚洲转移，高速增长的中国经济对航运需求巨大，中国海外航运业务发展迅速。每年新增的海运量中，超过 60% 是中国的进出口货物，中国由海运大国向海运强国转换的时机已经成熟，当然，这一过程充满了机遇和挑战。第一，中国经济快速发展是海运强国形成的重要基础。第二，中国海运面临的主要问题：（1）在世界海运总运力中所占份额有待提升。（2）中国海运无法有效满足国内需要。（3）中国造船工业与欧美先进国家相比还有不小差距。（4）面临国际海事新规则的约束和挑战。（5）欧洲海运的传统优势还将持续。第三，在世界海运历史上，很多国家为了赢得或保证海运大国、强国的地位，都曾出台过不少政策和措施，从制度上进行保驾护航。因此我国必须形成一整套海运立法体系。只有这样中国才能有望在 2020 年实现水运业的现代化，届时将实现我国由海洋大国、航运大国向航运强国的转变。

（经　科）

第五篇

著作选介

【21世纪初中国产业政策变动趋势实证分析】

赵　英　倪月菊等

经济管理出版社2012年版

428千字

《21世纪初中国产业政策变动趋势实证分析》一书，是中国社会科学院重点课题“21世纪初中国产业政策变动趋势”的最终研究成果。该书与20世纪末中国社会科学院工业经济研究所的所重点课题“中国产业政策实证分析研究”相接续，构成了持续20年（1990—2010年）中国产业政策状况的跟踪研究。

该书通过对21世纪初中国产业政策制定和执行机制的研究，结合对中国产业政策的绩效评价，深入地梳理了中国产业政策演变的脉络，分析了产业政策的作用、地位、特征、重点等方面的变化。为在经济发展中，正确地制定产业政策，适度地发挥产业政策的作用，改进政府对产业政策的制定与实施，提供理论基础和思路。同时，从一般公共政策的角度，对产业政策制定进行的研究，不仅具有全新视角，也便于政府改进产业政策的制订方式、方法，提高产业政策绩效，可以从中看到，中国一般经济政策制定与实施的体制、机制的转换，加深了人们对中国经济体制、机制变换的认识，乃至对中国的政治体制变换产生相当深度的认识。

该书在与20世纪90年代中国产业政策比较的基础上，揭示了21世纪前10年中国产业政策发生的巨大变化：由“供给侧管理”转向“需求侧管理”；在一定程度上由中长期政策目标转向短期政策目标；从计划管理主导转向以市场经济为基础；从中央政府强势主导逐步向多主体参与转变；由主要关注工业，逐步向一、二、三次产业并重转化；产业政策手段有了较大变化；产业政策的制定程序与方式有了较大变化；产业政策的表现形式有了一定变化；产业政策体系中产业保护政策明显减少，节能减排政策显著增加；产业政策体系逐步完善。

该书提出，与20世纪90年代相比，中国产业政策固然发生了很大变化，但也有不少特征延续至今：政府机构和官员主导的产业政策制定方式与流程，基本没有变化；有关政府机构和主管官员的想法、意志对产业政策制定仍然产生决定性影响；政府之间（包括中央政府综合经济管理部门、中央政府专业经济管理部门、地方政府）的博弈，仍然是影响产业政策形态及实施效果的主要因素；虽然行政手段在产业政策中的实际影响力有较大下降，但是政府机构和官员仍热衷于使用行政手段；与仍热衷于使用行政干预作为产业政策手段相映衬，产业政策制定时，对市场机制的重视和考虑仍然停留在20世纪90年代的程度；产业政策的干预范围仍然过多，在产业层次干预过细。

该书对产业政策在中央政府宏观经济调控中的作用，做了重点研究。该书提出，20世纪90年代末至今，产业政策实际上成为与财政政策、货币政策并列的政府推动经济发展，进行经济宏观调控的重要政策。财政政策、货币政策、产业政策三大政策并用，成为21世纪初中国政府推动经济发展，管理经济的重要特征。

该书从一般公共政策制定角度对中国产业政策进行了研究。该书通过与日本政府产业政策制定过程的对比，提出中国与日本产业政策制定中，主要由精英发挥作用，同时在精英群体中又存在着相当程度的民主与政策博弈，因此确切地说中国与日本的产业政策制定模式可以称为“精英民主模式”。在这一模式中，民众拥有一定的法制化、程序化的参与监督权，但是由于实际运作过程及政策的特点（专业化、技术化、距离民众切身利益比较远），因此越到产业政策制定过程的末端，即征求意见和实施阶段，民众参与程度越高。

中国产业政策的制定过程与制度，经过20余年演变，在多元化参与、公开、透明、法制化、公众参与和监督等方面已取得了相当程度的进步。但是从提高公共政策制定的透明度、法制化、公众参与及科学决策等方面看，与发达国家相比仍存在着较大差距。

从公共政策制定角度看，中国产业政策制定程序、制度在21世纪初的演变趋势是：进一步扩大产业政策制定程序、制度内的“精英民主”；健全保证多元化参与、民众参与的制度；减少与制衡行政权力的作用；逐步扩大民众的参与、监督，使民众参与产业政策制定的阶段逐步前移，即参与提出产业政策，参与产业政策初步方案的讨论。

从制定公共政策角度审视我国产业政策，可以看到我国产业政策的制定过程与制度演变，基本上与我国政治、经济体制的渐进改革过程相匹配，在渐进演变中逐步趋于理性、科学、法制，逐步与市场经济相呼应。

该书对21世纪初中国产业政策发展趋向进行了分析，得出了如下看法：

第一，在现有经济体制按照20世纪90年代末以来演变速度渐进变革的背景下，到2020年，中国产业政策在中国经济政策体系中，仍将维持目前的地位与作用，某些方面还可能进一步得到强化。

第二，21世纪中国经济与国际经济体系接轨，将进一步加速。

第三，产业政策的法制化进程将逐步加速。随着中国政治体制、行政体制改革进程逐步深化，产业政策必然会更多地以法律法规形式予以表现，产业政策制定也必将受到法律框架的约束，同时行政手段的运用将逐步减少。

第四，产业政策制定过程将进一步增加透明度，制定程序将逐步民主化。多种利益主体参与政策制定，将逐步获得稳定的渠道与制度性保证。产业政策制定过程的发起、研究阶段，将逐步吸收民间企业、普通民众参与。中介机构、企业界、舆论界、学术界的发言权将逐步提高，但是行政精英仍起着主导作用。外国政府、企业及中介组织对中国产业政策制定的影响将逐步增加。

第五，在产业政策体系中，财政、金融政策仍将居于主导地位。产业技术政策在产业政策体系中的地位与作用将持续上升。随着中国产业政策进一步法制化，行政干预空间的减少，中国产业升级换代的加速，节能减排日益成为政府政策中的刚性指标，产业技术政策不仅可以为政府有关部门进行干预提供合法、合理的政策工具，也提供了一定的政策创新空间。

由于提高自主开放能力在相当长一段时间内仍将是产业政策的重点；由于WTO规则框架内对政府补贴科研及前市场阶段的技术开发留出了政策空间；因此产业技术政策也必然成为产业政策体系中的重要政策工具。

第六，产业政策关注重点将由主要关注第二产业，逐步转向第二产业、第三产业并重。

第七，产业政策制定将更多地考虑、了解市场经济运行规律，建立在充分发挥市场配置资源基础上。在政策手段运用方面，将更多地考虑如何适应市场机制。中国产业政策与市场经济体系、机制的匹配将更加契合。信息引导、价格引导、税收引导等比较适合市场经济机制的间接调控经济的政策手段将得到更加广泛的运用。

第八，进一步节能减排，促进可持续发展；促进产业结构升级换代；促进自主创新能力的形成；仍将是产业政策的重点。

第九，如何从外部保证中国经济发展的能源、资源供应，如何通过产业技术政策提高中国经济结构、经济运行的安全性，是中国产业政策当然要考虑的重大战略问题。

第十，产业政策将带有更为明显的“需求侧”管理特征。政府将更着力于通过对总需求、各个领域需求的调节政策，影响、引导产业发展。通过市场准入、技术标准等政策措施，促进产业、企业、产品技术水平的提高，淘汰落后生产装备、工艺及产品。

该书从20世纪90年代至今的更广阔视野，对中国产业政策演变，进行了回顾与总结：

首先，中国产业政策经过20余年的演进，变得更加与世界潮流相适应，更加与市场经济体制相适应，从存在形式、政策手段运用、存在依据等方面看均是如此。国内各个利益主体对产业政策的积极参与，是产业政策变革的内在动力；国际利益相关者的参与及国际规则制约，是产业政策变革的外在动力。在利益与规则的诱导与制约下，中国产业政策既逐步融入世界潮流，又根据中国经济管理体制特征、经济发展需要，形成了特色。

中国的产业政策20余年来基本沿着渐进路线逐步演进，朝着与市场经济相适应的方向变化，没有发生剧烈的、跳跃式的、大幅度的演进路线变化。中国产业政策演进过程中，技术层面的变化，快于政治层面的变化。

其次，产业政策体系逐步完善，政府对产业政策的运用，从技术上更加熟练。随着市场经济体制逐步建立，市场经济机制逐步发挥作用，产业政策体系逐步完善似乎是一个悖论。但是，看似矛盾的背后，有着历史合理性。产业政策体系逐步完善，与政府全面干预经济，以行政手段为主的无所不在的计划干预方式逐步退出相匹配。反映了政府在全面发挥市场经济体制、机制调节作用的同时，逐步探索在我们这样一个处于追赶地位的发展中大国，继续支持、干预经济发展的路径。产业政策由最初的中长期结构调整政策，逐步进入经济周期宏观调节领域，成为与财政、货币政策并列的重要经济宏观调节政策，实际上与我国政府目前对经济干预的范围、程度的定位，密切相关。通过产业政策，政府既没有像计划经济体制下全面地干预经济，又没有像发达国家那样完全脱离对经济的产业层面、企业层面的干预。

中国产业政策演进与我国经济发展阶段相匹配，与经济体制变革相匹配。

再次，产业政策的制定与执行，已在逐步开放、吸纳多主体参与的道路上前行，尽管行进速度不快，但不可逆。从中国产业政策制定与执行过程20余年的实践看，产业政策制定与执行过程逐步向民主化、公开化演进，利益集团之间的博弈得到了更加明确的反映，博弈规则逐步法制化，决策依据逐步建立在市场机制基础上。从这一演化角度看，产业政策只要建立在市场机制基础上，能够反映、协调政府与企业及相关利益集团的看法与利益，其与市场的兼容性就可能逐步提高。

最后，产业政策制定日益受到法律法规的约束，这意味着政府行政权力随意发挥的空间逐步缩小。中国产业政策必将整体在法律框架中运行。产业政策制定中的法制化、民主化因素逐步增加，是政府经济管理方式、演变的缩影，也是我国经济体制、行政管理体制演变的缩影。

（赵　英）

【中国民营家族企业制度变革研究】

沈志渔　刘兴国

经济管理出版社2012年版

201千字

该著作的内容包括三大部分：基本理论研究；我国民营家族企业的成长与变革研究；民营家族企业成长与变革的案例分

析。第一章是绪论，介绍了该书的研究背景、意义与相关概念界定。第二章是文献综述，第三章是企业制度变革的一般性分析，第四章是对外国家族企业制度变革的经验总结，这三章都属于“基本理论研究”的内容。第五章是制度变革与我国民营家族企业成长关系研究，第六章是我国政府在民营家族企业制度变革中的作用研究，这两章都属于“我国家族企业的成长与变革研究”的内容。第七章是我国民营家族企业制度变革的案例研究，属于“家族企业成长与变革的案例分析”的内容。

在“基本理论研究”部分，首先对国内外有关企业制度变革、家族企业与家族企业制度变革的相关文献进行了全面总结，总结了家族企业存在原因、人力资源管理、继承、所有权结构、冲突管理等方面的研究成果，介绍了管家理论、代理理论、行为科学、企业资源理论、现代资本结构理论对家族企业行为的解释，总结了有关文献对家族企业制度变革动因与演变模式、家族企业治理结构、家族企业组织形式变迁等方面的研究成果；然后，对企业制度变革的一般性分析进行了阐述，从企业生命周期、信任、非正式制度、市场完善程度、文化与企业内部因素角度解释了其对企业制度变革的影响，介绍了关于公司化演进、网络化演进两种重要的演进趋势，总结了当前关于家族企业制度演进的四种模式：规范模式、跳跃模式、强制模式与准规范模式；最后，对外国家族企业制度变革的成功经验进行了总结：美国家族企业制度变革历程、演进阶段、家族文化对变革的影响；日本家族企业制度变革历程、日本式家族观念对变革的影响；欧美家族企业在产权结构、资本扩张、决策领导、基础管理、技术拥有与企业文化等方面的演变；欧美国家、日本与韩国家族企业的继承经验；欧美国家家族企业的专业化管理；外国家族企业制度变革的主要经验：重视解决家族企业委托—代理中的信任问题、树立“大家族”观念、变革家族企业的内部财产制度。

在“我国家族企业的成长与变革研究”部分，首先是探讨了制度变革与我国家族企业的成长问题，介绍了我国家族企业的产生与发展历程，分析了我国民营家族企业发展中存在的主要问题，指出了现阶段我国民营家族企业进行制度变革的紧迫性；分析了我国家族企业的生命周期及内外两方面的影响因素，明确了我国家族企业制度现状；探讨了我国民营家族企业在制度创新方面的主要内容；研究了我国家族企业的产权变革方式、职业经理人的引入与内部治理变革，指出了我国家族企业制度变革中存在的主要问题：表面性改革治标不治本、完全嫁接外国企业治理模式并不可取、采取现代企业制度的条件还不成熟。然后，对我国政府在民营家族企业制度变革中的作用进行了探讨，研究认为，政府经济职能中包含了推动民营家族企业制度变革的责任，由于我国缺乏领导民营家族企业变革的企业家阶层、家族企业的发展和变革面临着严重的制度供给不足、市场和企业的失灵以及家族企业制度变革的路径依赖，决定了我国家族企业需要政府在制度变革过程中发挥积极作用。研究指出，在民营家族企业制度变革过程中，政府可以在以下几个方面发挥重要作用：不断完善促进民营经济发展的法律环境，转变政府职能、优化民营经济政策环境，培育现代企业制度所依托的要素市场和中介机构，结合对外开放和国企改革引导民营家族企业向现代企业制度转变，加强企业思想政治工作促进民营家族企业健康发展。

在“家族企业成长与变革的案例分析”部分，以江苏大宏集团为例，对我国民营家族企业的制度变革问题进行了深度分析。首先是对江苏大宏集团的基本情况进行了介绍，总结了其发展历程与重要事件。然后，总结了江苏大宏集团进行制度变革的实践：率先大胆成功引入了职业经理人，由职业经理人全面负责集团各分公司的经营管理；主动进行家族企业的产权改革，推动集团各分公司高层管理者持股，以实现企业利益与管理者利益的一致，同时优化集团股权结构；按照公司规范治理的要求，结合企业分拆上市，推进盐城市宏华纺织机械有限公司公司治理结构变革；为优化集团资源配置，积极进行集团管控模式变革，组建了江苏大宏集团，实现了集团总部与分公司在财务、人员、业务上的分离，并且逐步完成了家族成员从集团及分公司管理事务中的退出。最后，总结了江苏大宏集团进行制度变革的成功经验与存在的问题。江苏大宏集团制度变革的经验表明：民营家族企业发展到一定阶段必须主动进行制度变革，引入职业经理人是民营家族企业提升管理水平的根本途径，管理层持股有利于提高管理者积极性，民营家族企业上市是促进企业规范的重要方式；但基于民营家族企业创始人的先天局限性，江苏大宏集团的制度变革也存在一些难以避免的问题，主要是表现在对职业经理人授权的不充分，以及在引进职业经理人时缺乏科学的引进机制。

该书的主要贡献表现在以下两个方面：

（1）强调并全面分析了政府在我国民营家族企业制度变革中的重要作用。我们认为，我国政府的经济职能中包含了对民营家族企业制度变革的引导责任，我国民营家族企业的先天局限也要求政府在企业制度变革过程中发挥积极作用，并在此基础上指出了政府在民营家族企业制度变革过程中应当发挥的主要作用。

（2）以民营纺织类家族企业为代表，深入剖析了我国民营家族企业制度变革的实践探索。该书剖析了江苏大宏集团在企业制度变革道路上的积极探索、成功经验，并指出了其在制度变革中所存在的问题。

（刘兴国）

【中国工业大国国情与工业强国战略】
陈佳贵　黄群慧等
社会科学文献出版社 2012 年版
370 千字

一　内容体系

该书内容共分为三篇：总论篇、国情篇和战略篇。

第一篇为总论篇。其中，第一章从理论上探讨了工业大国与工业强国的概念，基于产业结构演进的视角构建了工业大国国情的分析框架，并简要介绍了研究的结构和内容体系。第二章在第一章理论的基础上，描述了世界主要工业大国成长的历程，刻画了世界主要工业大国成长的路径特征，并归总了世界主要工业大国成长的经验借鉴。第三章，梳理了中国的工业发展过程，对中国的工业大国国情进行了系统分析，提出了中国作为工业大国的机遇与挑战，设计了中国工业强国的总体战略，构建了中国工业强国战略的重点任务与政策导向。

第二篇为国情篇。其中，第四章介绍了工业化水平评价的方法，分析了中国的工业化水平，介绍了工业现代化水平评价的方法，并分析了中国的工业现代化水平。第五章对产业结构变化的理论及一般规律进行了阐述，比较分析了各国（地区）产业结构变化的规律，并描述了中国三次产业结构的变化状况。第六章分析了工业化与城市化的互动机理分析，刻画了中国工业化与城市化演进与互动，总结了中国工业化与城市化互动的典型模式，研究了中国工业化与城市化关系新阶段的特征，并提出了工业化与城市化协调发展的政策。第七章描述了中国工业化进程与财政收入增长的情况，分析了工业化进程与财政收入结构变化的关系，评价了“剪刀差”政策对财政收入结构的影响，研究了工业化进程与财政支出结构的变化，并提出了中国工业化未来进程与经济发展新阶段的特征。第八章分析了中国工业生产的国际地位变化，评估了中国工业的国际竞争力，比较了中国工业国际竞争力与世界主要国家的差距及其存在问题，并提出了进一步提升中国工业国际竞争力的建议。

第三篇为战略篇。第九章阐述了关于效率的基本理论认识，分析了工业强国战略对工业效率提升的新要求，研究了中国工业效率现状及相关问题，设计了提高中国工业效率的战略途径。第十章勾画了中国工业技术创新的发展历程，总结了中国工业技术创新的重要经验，确立中国工业技术创新战略的核心任务，提出了推进中国工业技术创新战略的措施。第十一章分析了工业化进程与劳动就业的理论关系，描述了中国工业化进程中的劳动就业情况，分析了现阶段中国劳动就业的相关问题，阐释了新时期中国工业劳动就业战略的主要内容。第十二章分析了影响工业区域结构变化的主要因素，梳理了中国工业区域结构调整的历程，提出了中国工业区域结构战略规划与实现机制，构筑了中国工业区域结构战略远景。第十三章分析了中国工业发展中面临的资源问题和环境问题，梳理了中国工业发展中资源环境政策的演变，总结了中国工业发展面临的资源环境方面的挑战，提出了中国工业发展的资源与环境战略。

二 学术观点

通过研究和分析，该书形成了以下观点：

第一，经过改革开放以来的快速工业化进程，中国的基本经济国情已经从农业大国转变为工业大国，现在正处于从工业大国向工业强国转变的阶段，需要通过加快推进工业现代化进程、提高工业现代化水平来实现这个转变，把中国建设成为一个工业强国。

第二，关于工业大国和工业强国的概念。国情意义上的工业大国包括两层递进的含义，一是这是一个经济意义上的整体层次的大国，在人口、土地、经济总量方面符合大国的标准，具有大国经济的特征；二是这是一个工业经济主导、工业规模庞大、工业产品数量位于世界前列的国家，也符合局部层次大国概念内涵。“工业强国”是指在整个世界工业或者某些工业领域的国际竞争与发展中占据强势地位、具有引领作用和发挥重要影响的国家，可以具体包括两类：一类是全面强势型，即在整个工业领域的几乎各个方面、各个行业都具有强势地位和重要影响，美国、德国和日本可以归为此类；另一类是局部强势型，在某些工业领域具有强势地位和引领作用，英国、法国、瑞士等国应该大体属于此类。

第三，制定国家层面的工业强国战略规划十分必要，主要体现在以下几个方面：一是转变经济发展方式需要；二是大力发展实体经济的需要；三是指导地方科学发展的需要。

第四，与工业强国的特征相对应，我国推进工业现代化进程、实施工业强国战略应该包括三个方面的重点任务：一是建立先进的技术体系；二是建立现代的产业体系；三是建立高效的管理体系。

第五，虽然总体上我国产业分工处于较低的位置，但没有显著证据表明我国低技术行业的现代化水平会高于高技术行业的现代化水平，我国在低技术行业中也存在现代化水平低的产业，在高技术行业中我国也有现代化水平较高的行业。

第六，要实现从工业大国向工业强国转变，必须从提升工业效率、加快工业技术创新、强化工业劳动就业、优化工业区域结构以及注重工业资源与环境等方面入手。

三　对策建议

该书认为，要实现从工业大国向强国转变，必须从以下几个方面入手：

第一，大力开展科技创新，实现科学技术现代化，建立先进的技术体系。与美国、德国、日本等国家相比，我国技术水平还比较落后，创新能力还有待加强，整体上还没有达到世界先进水平，尤其是核心技术突破还是制约我国科技现代化水平、技术体系先进性提高的瓶颈因素。因此，必须有长远发展的战略眼光，不要仅仅强调引进消化吸收再创新，还要强调原始创新，重视对基础科学研究的支持。

第二，积极推动转型升级，实现产业结构高级化，建立现代的产业体系。围绕工业强国战略的重点，第一产业和第三产业的战略使命和发展定位要有所转变。第一产业的战略使命主要体现在对工业发展的市场贡献方面，也就是要通过给农业以资金支持，大力提高农民的收入，从而增加“三农”对工业技术和产品的市场需求，进而促进工业的发展。而第三产业的战略使命和发展定位主要体现两个方面：一是使其成为吸收富余劳动力主要渠道，既要吸收农业剩余劳动力的转移，又要承担由于工业现代化水平的提高、工业劳动生产率大幅度改善而产生的工业富余劳动力问题；二是随着现代生产型服务业和制造服务化的发展，推进我国工业结构的高级化，并进一步为我国由工业强国到服务业大国奠定基础。

第三，努力深化体制改革，实现管理组织科学化，建立高效的管理体制。通过深化体制改革，建立起科学高效的管理体制，这涉及工业行业管理体制改革、教育管理体制改革、人才管理体制改革、科技管理体制改革等多方面。

（黄群慧）

【中国企业品牌竞争力指数报告 2011—2012】

张世贤　杨世伟　赵宏大

经济管理出版社 2012 年版

400 千字

国家“十二五”规划明确指出：要加快转变经济发展方式，开创科学发展新局面；要发展拥有国际知名品牌和核心竞争力的大中型企业，实施“走出去”战略。打造自主品牌已经上升至国家战略的高度，也是中华民族伟大复兴的重要一环。

为了深入贯彻国家对于品牌发展的方针政策，引导中国自主品牌快速健康成长，中国社会科学院和中国市场学会品牌管理专业委员会根据国务院《国家知识产权战略纲要》（2008）文件精神，立足于品牌的创造、运用、保护和管理，通过重点课题的形式，构建了“中国企业品牌竞争力指数（CBI）”理论体系，通过对企业品牌运营的评价，揭示企业品牌成长的规律及企业在品牌运营方面的优势和劣势，引导企业加强对品牌资产的培育和利用，增强企业的品牌竞争力。

在“中国企业品牌竞争力指数”理论体系的基础上，启动了对中国大陆 40 个行业近 3000 家上市公司以及 7000 多家非上市企业进行全方位的品牌调研。按照指标体系和对各行业的数据分析，对不同行业品牌竞争力的多个方面进行分析，中国社科院撰写出品牌蓝皮书《中国企业品牌竞争力指数报告》。

报告首先探讨了企业品牌竞争力的理论评价体系，针对企业品牌竞争力评价体系的构建、评价体系包含的主要内容等进行具体阐述，并详细说明评价体系的特点及意义。

报告重点展示了包括房地产行业，金融行业，汽车行业，IT 行业等 12 个有代表性的行业品牌竞争力指数的研究报告。“行业报告”共包含四部分内容：第一，各行业品牌竞争力指数总报告；第二，2011年度各行业品牌竞争力区域报告；第三，2011年度各行业品牌竞争力指数分项报告；第四，各行业品牌竞争力提升策略专题研究。在各行业品牌竞争力指数总报告中，分别对各行业的企业间总体竞争态势、企业品牌竞争力指数排名、品牌竞争力指数评级以及品牌价值排名等有关问题进行研究。在2011年度各行业品牌竞争力区域报告中，对各行业的企业分别按照区域和省份经济分区进行分析。在2011年度各行业品牌竞争力指数分项报告中，对各个行业从品牌财务表现分指数、市场竞争表现分指数、品牌发展潜力分指数和消费者支持力分指数四个二级指标进行分析。在各行业品牌竞争力提升策略专题研究中，报告对各行业的宏观经济与政策作出分析，并从宏观、中观和微观的层面对各行业的企业品牌竞争力进行总体述评，进而为不同行业的企业提升品牌竞争力提供策略建议。

《中国企业品牌竞争力指数报告》具有以下特点：

（1）客观反映中国企业品牌竞争力发展水平。在中国品牌竞争力指数系统（CBI）理论指导下，《中国企业品牌竞争力指数报告》从不同角度反映品牌的内涵，按照科学的评价标准，在翔实的数据采集基础上撰写完成，能够客观地、真实地、权威地反映我国企业品牌、行业品牌与区域品牌的现状。

（2）为社会各界提供智力支持和信息资源。中国品牌竞争力报告旨在为政府、企业及其他各界提供最真实、最准确、最科学、最深入的中国企业品牌竞争力的状况分析。力求能够使中国的企业在自身的品牌建设方面获得具体的诊断测评方法和品牌表现形态的实践测量，并为企业的品牌管理提供有效的借鉴。

（3）为众多行业企业提供详细的品牌竞争力提升建议。报告在对中国各行业自主品牌企业大量数据调研的基础上，有针对性地推出了房地产、金融、汽车、IT业、服装、医药、通信、百货、家电、食品饮料、纺织、酒这12个行业的报告。分行业报告不是数据的简单罗列，也不仅是对各行业粗浅的分析，而是对各个行业企业品牌数据详细的统计分析，并根据各行业的宏观环境和国家的政策，结合品牌发展现状提出了有针对性的报告，以求对行业企业提供高效、有针对性的建议。

（4）依托并完善了中国企业品牌竞争力指数数据库。中国企业品牌竞争力指数数据库是中国社会科学院与中国市场学会品牌管理专业委员会经过对中国拥有自主民族品牌的上市和非上市企业的跟踪研究，建立起来的涵盖品牌财务表现力、市场竞争表现力、品牌发展潜力、客户支持力等4个一级指标，18个二级指标、72个三级指标的指标体系的大型综合数据库。经过中国社会科学院和中国市场学会品牌管理专业委员会的共同努力，数据库样本包括中国大陆22个省，4个直辖市和5个自治区的上千家拥有自主民族品牌的上市和非上市企业，是中国及世界上有关中国企业品牌的最重要数据库之一。《中国企业品牌竞争力指数报告》依托与中国企业品牌竞争力指数数据库，并在每年的实践中不断发展、完善和丰富中国企业品牌竞争力指数数据库。

总之，《中国企业品牌竞争力指数报告》的推出，填补了我国行业品牌竞争力研究的空白。是适应中国自主品牌客观发展需求，提升中国自主品牌竞争力的重大举措；是培育中国企业品牌资产，增强自主品牌竞争力的理论支撑和实践指导。

（张世贤）

【中国公共财政建设指标体系研究】

高培勇　张　斌　王　宁

社会科学文献出版社 2012 年版

190 千字

作为主导中国财税体制改革进程的重要线索，公共财政建设正在由理论层面的探讨日益深入地转变为财税改革的实践操作。中国已经步入全面和全力建设公共财政的时代。然而，从总体上看，在当前中国公共财政建设的进程中，始终面临两个方面的“瓶颈”制约：一是作为一种全新的制度安排，我们还不能完整而系统地描述公共财政的制度体系——正在着力建设的公共财政制度究竟是什么样子的？二是作为一场深刻的制度变革，我们还不能适时而动态地刻画公共财政的建设进程——不断逼近公共化目标的公共财政建设目前到了什么地步？因此，在当前的中国，迫切需要拿出一套融理论与实践、理想与现实为一体的公共财政建设施工方案和验收标准——标识公共财政建设前行方向的“路线图”和刻画公共财政建设既有进程的“考评卷”。

中国社会科学院财经战略研究院课题组从 2004 年开始对中国公共财政建设进展状况的定量描述与评价的研究，该项研究历经八年，经过理论研究—指标设计—跟踪考评—修正完善四个阶段，形成了中国公共财政建设指标体系的理论框架和分别适用于全国和地方公共财政建设状况评价的两套指标体系，并根据指标体系对 2007—2012 年共 6 个年度的全国公共财政建设情况和 2011 年地方公共财政建设状况进行了综合评价，形成了《中国公共财政建设报告（全国版）》和《中国公共财政建设报告（地方版）》两份定期发布的系列报告。《中国公共财政建设指标体系研究》一书是上述两份报告的理论基础，该书于 2011 年入选“国家哲学社会科学成果文库”。

该书在对大量文献资料进行全面、深入论证的基础上，采用层次分析法，使用指数分析手段对中国财政公共化状况进行度量，以综合反映由多种因素组成的财政公共化状况在不同时间条件下变动的相对数。为使该指数具有指数综合和指数分析两项功能，指标采用了三层次的递阶结构。具体是：

第一，公共财政建设综合考评指数（简称“综合指数”），是综合各类有关因素而形成的用于反映我国公共财政建设总体状态的单一指标。根据不同时期综合考评指数所绘制出的指数曲线，将能够动态地表现出财政公共化状况的变动方向和变动程度。

第二，公共财政建设分项考评指数（简称“分项指数”），包括基础环境考评指数、制度框架考评指数、运行绩效考评指数和国际化考评指数等四个分项考评指数，分别用于反映我国公共财政建设主要方面的状态。根据不同时期各分项考评指数所绘制的指数曲线，将能够动态地表现出公共财政建设有关方面状态的变动方向和变动程度。

第三，公共财政建设因素考评指数（简称“因素指数”），共有 10 个，分别是：政府干预度考评指数、非营利化考评指数、收支集中度考评指数、财政法治化考评指数、财政民主化考评指数、分权规范度考评指数、财政均等化考评指数、可持续性考评指数、绩效改善度考评指数和财政国际化考评指数。每个因素考评指数都是综合若干个反映该因素的考评指标而形成的。每个因素考评指数都将能够表现出所对应方面的公共财政建设状态。根据不同时期相关因素所绘制的指数曲线，也能够动态地反映出财政公共化状态的变动方向和变动程度以及各因素的影响大小。

考虑到确定每一个财政公共化因素的重要程度直接关系到公共财政建设考评指

数反映公共财政建设状态的准确性，需要广泛听取有关专家、学者的意见。为此，作者设计了财政公共化因素重要程度比较表，并邀请80位专家、学者分别填写了相关表格参与决策。这些表格仅要求决策参与者对每两个财政公共化因素进行比较，作出定性判断。财政公共化因素权重值就是依据每个决策参与者给出的分析方案，经群决策方法将这些方案汇总而构成的。这些权重值体现了决策参与者集体的智慧，从而具有较高的科学性、准确性和实用性。

十大因素考评指数进一步分解为38个二级指标和88个三级指标构成，该书对所有二、三级指标进行了详细定义，并明确阐述了评价数据来源和各指标计算方法。根据数据来源和评价方法，88个三级指标分为参考指标、客观指标和主观指标三种类型。

参考指标是在理论上对评价中国公共财政建设状况有意义，但目前数据不可获得或者数据无法比较的指标，这类指标应予以描述性评价，但不列入指标评分。

客观指标是采用《中国统计年鉴》《中国财政年鉴》《中国税务年鉴》《中国卫生年鉴》《中国教育年鉴》等具有权威性的统计资料和政府公报所公开发布的相关年度数据，经必要的合成运算而生成有关指标数据。

主观指标是通过面对面问卷访问方式所获得的结果，经统计、整理后生成相关指标数据。问卷范围限定为全国除省会和计划单列市之外的地级市，并将所有地级市按所在地域划分为东、中、西三组；再根据地区生产总值将每组细分为高、中上、中下、下四类，进行随机抽样，如果选中的城市属于同一省份，则重新抽取，以保证每省只有一个城市作为问卷对象。问卷对象分为政府、事业单位、企业和居民四类，样本比例按10：20：25：45分配。

（张　斌）

【中国可耗竭能源定价机制研究】

王振霞

中国社会科学出版社2012年版

270千字

可耗竭能源主要包括石油、煤炭、天然气三种化石能源，在我国能源消费总量中占据绝对的比重，是我国经济发展的主导性能源，在发展国民经济、社会生产和生活中都具有十分重要的地位和作用。

随着经济发展，居民生活质量的提高，对能源的消耗不断增加，其面临的问题也日趋突出：第一，可耗竭能源的发展和使用的不可持续性与可耗竭性能源需求不断增加的矛盾不断激化。第二，可耗竭能源在消费过程中会大量排放一氧化碳、二氧化碳等多种有害气体，从而对全球气候和环境造成不利影响。可耗竭能源消费面临的问题，对经济的可持续发展，转变经济发展方式，调整和优化经济结构，建立和谐社会等，正在发生越来越大的约束作用。第三，经济发展对可耗竭能源的对外依赖增强，依存度不断增大，品种在增多，国际市场价格对国内市场价格的传导和影响也随之扩大，并且这种情况将是长期的。

而可耗竭能源面临的矛盾和问题，又与其价格形成不合理有极大的关系。价格不合理，主要表现为价格形成不合理和比价不合理，长期被扭曲，价格严重背离价值，不能很好地发挥合理配置能源资源的作用。价格不合理，不仅制约了能源的有效供给，而且助长了对能源的不合理消费尤其是造成了极大的浪费。这是我国可耗竭能源“高消耗、高浪费、高污染、低效益”的“三高一低”状况长期得不到解决的重要原因，也是我国落后的经济增长方式和不合理的经济结构长期得不到转变的重要原因。现在，靠资源要素低价支撑的经济增长方式已难以为继，转变经济发展方式迫在眉睫。因此，深化可耗竭能源价格改革，建立科学合理的价格形成机制和管理体制，理顺各种可耗竭能源的价格关系，完善可耗竭能源的价格体系，充分发挥价格在能源配置中的作用，对于加快我国经济发展方式的转变、经济结构的调整和优化、能源的节约和发展低碳经济，都具有重要的意义。

能源价格机制改革是我国当前能源体制改革的重点，也是难点问题。我国能源价格体制改革虽然起步较早，但与投资体制、企业制度等其他方面的改革相比，进展缓慢。其中原因比较复杂，总的说来既缺乏理论支撑，也缺乏明确的改革思路。该书选择可耗竭能源价格机制为研究对象，抓住了我国能源价格的核心问题和深入改革的关键，具有重要的理论意义和现实意义。

该书运用耗竭理论、产权理论、地租理论、管制理论和经济增长与经济发展理论，从全球化的视角，立足中国的实际，分别对石油、煤炭、天然气三种主要的可耗竭能源的发展、消费状况、存在问题、价格作用及改革等方面，作了较为全面系统的深入探讨，指出在新时期影响可耗竭能源价格形成的新的因素，预测其发展趋势，提出进一步改革的思路和政策建议。该书具有以下特色：

一是运用一般与特殊相结合的方法，浏览并研读了大量中外文的研究文献，试图从全局上把握几种主要可耗竭能源的共性及各自定价机制上的具体特性，提出价格改革短期、中期和长期思路，提出的改革意见和政策建议具有较强的针对性和可行性，尤其是关于以煤炭价格改革带动中西部资源省份和东部地区之间协调发展的主张，拓宽了煤价改革的思路，具有新意。

二是对中国可耗竭能源价格存在的问题、改革的方向有前沿水平的理解。较为全面系统地阐述、分析了可耗竭能源价格的特点、状况、问题、原因，探讨了各种可耗竭能源价格的相互关系、各自的特点及其作用，对可耗竭能源的价格的一些问题进行了前瞻性的研究。

三是提出国际石油价格形成外生化的理论，指出国际石油价格形成过程和价格波动外生化趋势明显，我国在与国际石油价格接轨的过程中应逐渐由与预测价格水平的接轨，转移到价格形成机制的接轨以及综合运用财政、货币、产业等宏观政策协调平滑石油价格对我国基本经济指标的影响，进而提出我国石油价格与国际接轨的具体建议。

四是把分析框架扩展到全球范围，在全球化和低碳环保视角下研究我国能源价格形成机制的改革思路。该书从全球化的角度考察我国可耗竭能源的问题及价格改革的方向，指出在全球倡导生态环境保护的大趋势下，低碳经济发展机制和能源结构的优化对我国可耗竭能源定价机制的影响将推动和促进我国深化价格形成机制改革成为新的趋势。这对于国家决策部门制定能源政策中做到兼顾各种影响因素，具有一定的指导意义。

可耗竭能源及其价格问题，涉及方方面面的利益，关系复杂，矛盾重重，每进一步都会遇到难以预测的困难。所研究的问题难度大，不易驾驭，仍需从多方面作进一步的努力。首先，在可耗竭能源定价理论方面，如何把握和综合运用各种相关理论，用于正确指导研究，需要作进一步的努力；其次，研究和解决可耗竭能源的价格及其改革，需要对能源经济的现实运行状况进行深入的了解；再次，对各种可耗竭能源及其价格关系，也需要作进一步的研究和把握；最后，还要认真分析和把握今后一个时期内国内外经济形势的变化及其对价格运行的影响，科学地设计石油、天然气价格市场化改革，提出符合国情、有中国特色的可操作性的政策建议。页岩油气的发展，第三次工业革命的兴起，都将对可耗竭能源的生产、消费及至价格产生影响，对此也需要作一些超前性的研究。总之，有关我国可耗竭能源及其价格问题与价格改革，面临许多研究课题和任务，这将成为该书后续的研究工作。

（王振霞）

【中国节能发电调度研究】

史　丹　杨红亮

经济管理出版社 2012 年版

204 千字

近年来，随着我国工业化、城镇化进程的加快，我国社会经济发展所面临的资源与环境约束也日益突出。对此，党中央和国务院从全面落实科学发展观、实现国民经济可持续发展的战略高度，相继制定了一系列政策措施加强节能减排，调整经济结构。电力行业是影响节能减排的重要行业之一。“十一五”期间，为了提高我国电力工业能源使用效率，减少环境污染，促进能源供应和电力结构调整，实现电力工业的可持续发展，2007 年 8 月国务院办公厅转发了国家发改委等四部门联合制定的《节能发电调度办法（试行）》，要求改革现行的发电调度方式，开展节能发电调度，并确定率先在广东、江苏、河南、四川、贵州等五省试行，通过试点后逐步覆盖全国范围内所有的并网运行发电机组。2008 年 3 月，国家电监会发布了与节能调度有关的《发电权交易监管暂行办法》，以比较市场化的方式规范了发电机组之间、发电厂之间发电权的交易行为。2009 年 4 月和 12 月，国家电监会又联合相关部委先后印发了《节能发电调度信息发布办法（试行）》和《关于节能发电调度试点经济补偿有关问题的通知》，进一步明确了节能发电调度信息发布和节能发电调度备用发电机组的经济补偿原则。这一系列政策措施的出台有力地促进了节能发电调度工作的开展。

节能发电调度要求省级及以上电力调度机构，在满足安全校核的前提下将所有并网运行的机组按照机组类型、能耗水平和污染排放水平进行排序，优先收购可再生能源以及高能效、低排放的燃煤机组的发电量。经过几年的试行，实践证明：开展节能发电调度，对于优化电力供应结构、减少能源消耗以及降低污染排放有着显著的作用和意义。“十二五”时期，我国能源需求将会持续增长，资源保障能力、环境容量和其他诸多因素的制约使得我国将面临更加严峻的节能减排形势。

在上述背景下，该书总结“十一五”及以往的节能减排工作的成功经验，进一步探索创新型的节能发电调度模式。采用专题分析和系统分析相结合的方式，参考借鉴了世界范围内电力工业发展和电力市场建设的优秀成果，针对节能发电调度的试点结果、节能发电调度和电力市场化改革、节能发电调度和电价形成机制以及节能发电调度的成本效率分析等重要问题展开了深入研究。

作者在研究的过程中，深入广东、江苏、河南、四川、贵州等节能发电调度试点地区，发现我国节能发电调度实施过程中存在几个问题需要重点解决：一是节能发电调度与电网安全之间的协调问题；二是节能发电调度增大电网供电成本的问题；三是经济补偿办法滞后的问题；四是节能发电调度技术支持系统准确度问题；五是节能发电调度的公平排序问题；六是节能发电调度与市场机制衔接问题；七是节能发电调度如何减少温室气体排放问题。

在对节能发电调度试点进行调研的基础上，该书对节能发电调度的业务构架、节能发电信息系统构成、节能发电调度的要素投入等管理系统进行了研究。同时，提出应借鉴国际先进经验，积极开展电力市场化改革。改革的内容主要包括：打破投资垄断，推行政企分开；实现厂网分开；

进行区域电力市场试点；实现大用户直接交易与双边交易等。

除电力市场改革以外，我国电价改革也将有助于推进节能发电调度的发展。我国电价改革的重点是：建立与发电环节适度竞争相适应的上网电价机制；有利于促进电网健康发展的输配电价格机制；实现销售电价与上网电价联动机制；优化销售电价结构；允许用电量大的用户直接向发电企业购电。电价改革的最终任务是：将电价划分为上网电价、输电价格、配电价格和终端销售价格；发电、售电价格由市场竞争形成；输电、配电价格由政府管制。由于电力部门的节能减排主要是通过法制、行政命令和市场手段来推进的，其中各级政府部门颁发的规范性文件起主导作用，因此环境标准也将对节能发电调度起到积极的促进作用。

该书在深入分析和调研的基础上，运用计量模型对我国火电节能减排潜力进行了实证研究。分析结论认为：一是企业规模与效率之间并不存在必然的联系，部分中等规模的发电企业效率明显领先，政府必须合理选择发电企业的管制内容，以优化发电企业的规模。二是政府在制定管制政策时，需要平衡环境收益与经济效益之间的关系；需要科学评价管制群体的影响差异；需要建立科学的补偿机制。三是权衡节能收益与节能成本、优化配置方案；应有效区分节能潜力和节能成本，理顺利益方关系；应有序推动节能发电调度，制定合理的计划安排。

最后该书通过上述研究分析，对如何完善节能发电调度提出了政策建议，包括加强节能发电调度的管理和监管工作；建立与节能发电调度相协调的市场机制；运用经济手段促进节能发电调度的发展；积极稳步推进电力改革等。

（王振霞）

【中国城市的可持续发展住宅政策与住宅市场的研究——基于城市经济学理论模型分析】

姜雪梅

经济管理出版社 2012 年版

230 千字

从 20 世纪 80 年代住房制度和土地制度改革开始，我国房地产市场的发展历经近 30 年。在这 30 年中，我国房地产市场迅速发展，不仅为居民生活环境的改善、也为国民经济的发展作出了举足轻重的贡献。

与此同时，在近 30 年的房地产市场发展过程中，因最初的严重的供求矛盾和信息的不对称等原因，房地产市场长期处于卖方市场，房价不断快速走高。在高企的房价之下，最大受益者是少数的个人和企业，而不是大多数人和政府。因住房制度的不完善和住宅持有环节税收的缺少，由级差地租产生的高房价收益近零成本地进入少数人的口袋，很多新增人口被沦落为房奴或无法实现安居之梦，政府不得不背负较重的住房保障压力。这进一步加大了贫富之差，导致社会财产分配的不公。依据瑞典的经验来判断，我国城镇土地属于国有，政府对房地产市场的控制能力应该很强，但事实并非如此。因为我国还没有建立房地产市场稳定健康发展的长效机制，政策的传导机制薄弱，房地产调控往往达不到预期目标，呈现“越调越涨”的怪圈。

如何完善住宅市场机制，促进房地产市场的稳定健康发展呢？如何完善住房制度和住房保障政策改善城市居民的居住环境呢？在有限的财政收入下，如何提供公共物品、改善居民效用，以达到整体社会效益的最大化而实现社会的可持续发展呢？政府作为城市土地的代理所有者，如何调控住宅市场，如何平衡土地短期收益和长期财政收入的现金流入而实现财政收支可持续呢？这不仅是政府所要解决的问题，也是整体社会所面临的挑战。

任何住宅制度和住宅政策的最终落脚点是居民和企业，而居民和企业也是构成住宅市场的最主要因素。换句话说，住宅政策的成效问题应根据住宅政策对居民效用的具体影响程度进行分析判断。在兼顾居民、企业和政府三方利益的前提下，才能实现住宅市场的可持续发展乃至社会的可持续发展。

该书利用城市经济学原理，从居民、企业和政府的微观层面分析中国城市的住宅政策和住宅市场。换言之，从居民和企业的利益出发由下而上地分析了由上而下的我国城市住宅政策和住宅市场。不同于以往的分析方法，这种微观的分析方法更加直观、清晰地分析了住宅市场中的各方利益关系，以此深入分析住宅政策效果和其中存在的问题。由此提出的政策建议可操作性强，政策效果的偏离度较小。这是该书的独特创新之处。

该书从社会、财政可持续发展的角度，分析了整体商品住宅政策对城市空间结构和社会整体效益的影响。从财政可持续和社会整体效用的角度考虑，狭义的保障性住房供给量应占住宅总供给量的10%左右。并且，狭义的保障性住房政策应跳出户籍制约，面向所有城市中低收入居民或其他弱势群体。如果只保障一部分低收入阶层的住房问题，不仅整体社会福利仍然达不到最高水平，也很难达到住房保障政策的预期目标。对狭义的保障性住房应进行长期封闭式运营，长期解决城市中低收入者的住房问题。

该书从各时点微观层面分析住宅市场和住宅政策。通过对平面图分析等多种方法，描绘住宅的最佳运营轨迹，分析商品房和经济适用房政策。同时，解析实施开发商补贴政策的原因以及产生经济适用房政策盲区的原因，对开发商补贴政策理论研究作贡献。在不成熟的住房市场中“开发商补贴”（经济适用房）政策是改善低收入家庭居住环境的有效方法。政府的努力程度直接影响经济适用房政策效果，使收入越低的家庭居住在地租越高地区的经济适用房的效果更佳。建筑质量或地租或资本回报率越高时经济适用房的运营时间越长。当商品住宅的使用寿命等于土地使用权年限时经济效益最大，因此建议实施住宅70年使用计划。

该书通过建立人口增长的住宅市场动态模型，分析了城市化过程中的住宅市场和住房保障政策。另外，还进行数值模拟，分析人口增长、维修技术对住宅价格、土地租金、住宅政策的影响。加速度意愿支付价格是城市化过程中住宅价格快速上涨的主要原因。当人口增长带来的需求膨胀和住宅价格的快速上涨导致边际效益大幅增加时，开发商只经营一定范围内质量的住宅而获得丰厚的利润。结果，不仅增加面临住宅困难的低收入群体数，而且部分高收入群体也很难找到与其收入相匹配的高质量住宅。因此，应适当提高边际建筑成本，扩大住宅建筑质量的范围。比如，对一定质量标准的住宅实施环保标准制度，提高建筑成本，减少开发商的暴利，鼓励开发商建设多元化的商品住宅。因此，我们应不断提高住宅建筑质量，积极改进维修技术，及时进行维护延长住房的使用寿命，形成良性的住房过滤机制，避免新一轮的住房困难，促进住房市场长期健康发展。在未成熟的住宅市场背景下，在第一期实行高收入者住宅补贴的政策是非常有效的长期住宅政策，不仅改善第一期的高收入者居住环境，还改善第二期的低收入者居住环境并增加地租收入。由此可见，住房市场的健康发展与住房政策的长期规划密不可分。

该书剖析了我国住房政策以及房地产调控面临的挑战，针对住宅市场机制和其中存在的问题提出可持续发展的住宅政策建议。比如，住房制度三轨制、房产税和土地出让金为一体的土地出让制度，住房过滤——住房梯度消费的长效机制。在目前的住房双轨制基础上，建立可承受住宅制度轨道，实施住房制度三轨制。通过“两限一征”拓展可承受住宅制度轨道，在市场轨道和保障轨道之间起杠杆调节作用，控制房价的合理范围并保障住宅的民生产品属性，促使大部分居民自食其力，减轻政府的住房保障压力，促进社会的良性循环发展。“房产税和土地出让金为一体的土地出让制度”，是在现有的土地出让制度的基础上征收房产税，即一次性缴纳出让40—70年的土地使用权的土地出让金并购买者或使用者每年按楼面地价和建筑面积缴纳房产税。该制度不仅能降低地价也能实现房产税的征收，可以防止社会的严重透支，既保障地方政府的可持续的财政收入来源，也降低土地的购买成本并降低消费者的购房成本，实现政府、企业、消费者的三赢。

此外，该书还详细地介绍了城市经济学数学模型、分析方法和模型公式的经济含义，为学习城市经济学理论模型的学者提供参考。

（申桂萍）

【我国现阶段城市化对城市旅游的影响】

金 准

经济管理出版社 2012 年版

256 千字

20 世纪 90 年代以来，随着市场经济的逐步展开，经济运行主体越来越多元化，我国的城市化方式从单极的由上而下或自下而上的方式，进入由更为复杂的政府、企业、个人多元动力机制合力推进的过程，城市化进程也陡然加快，进入了所谓的“新城市化”阶段。在这一进程中，我国城市的社会、经济结构都发生了剧烈的变化，这种变化一方面为经济的发展提供了动力，另一方面也造成了种种城市问题。城市化方式的变化对我国的城市旅游产生了重要影响，该书主要以在我国现阶段城市化和城市旅游中都具有典型性的首都北京为例，以城市旅游活动为纽带，研究由城市化引起的变化对城市旅游的供给、需求、结构、模式等多方面造成的影响。

该书从研究城市发展的理念入手，梳通从《雅典宪章》直到《北京宪章》的发展脉络，研究逐步演进的城市发展的观念史。在此基础上，该书通过大量城市旅游文献的梳理，指出城市旅游的研究主线是城市与城市旅游系统的冲突和调和，城市的吸引物是城市整体，包括城市的景区、社区、公共设施等诸多方面，城市构成了旅游目的地系统、客源市场系统、支持系统和出行系统，城市化进程则在改变这四个系统，进而深刻影响到城市中的旅游业。城市旅游发展是否健康，城市化对城市旅游业的影响方向是否有益，要看城市旅游业是否增长，也要看城市生活是否能充分转化为旅游的吸引力。研究城市化对旅游业的增长性和嵌入性造成的相应影响，构成了该书主要的研究框架。

该书通过大量的数据和实证，特别是通过对历年北京游记的比较分析和数据化研究发现，北京在城市化进程中，旅游的目的地系统、出行系统、支持系统以及市场系统都在发生结构性的变化。供给方面，城市化造成了北京城市旅游吸引物系统的新旧交替，旧的文化遗产格局被改变，现代人文吸引物成片出现，城市核心区的整体风貌被打破，碎片化特征明显；旅游出行系统在交通发生、交通分布、交通方式上都越来越显现出不合理的方面，当这套系统要同时面向居民和外来旅游者时更显吃紧；环境问题虽有好转，却仍然严重，尤其在城区；需求方面，城市化为北京城市旅游的增长提供了强劲的增长动力，城市性市场的需求越来越成为主流需求特征，追求自由和多元化，在城市环境中漫游式的需求越来越强烈。

这些变化，在对城市旅游产生一定的推动作用的同时，也造成了旅游活动的集中和收缩，并引发深层次的冲突，碎片化的风貌，使城市失去了令游客深入其腹地的导引线索，游客活动区域被压缩，游线亦随之碎片化，在此过程中，旅游区域格局呈现越来越明显的不平衡性，旅游活动越来越集中于几个受城市化影响较少的区域，向外辐射的能力亦越来越有限，北京的城市旅游从城市化进程中获得了增长性，但也相应地失去了对社会的切入性。

现阶段的城市化一方面推动了城市旅游在总量上的增长，使城市旅游业总收入增加，令城市旅游业对其他产业的拉动增强，旅游业带动了更多的就业；另一方面也由于旅游活动的过于集中，产生了如下问题：第一，城市旅游将城市其他产业纳入其吸引物体系的能力在降低，对其他产业的拉动效应也在减弱；第二，城市旅游产生正面社会经济影响的区域在收缩；第三，城市旅游的就业效应在发生变化；第四，人流高度密集的特定区域产生社会、经济、文化、环境等多方面的冲突。

城市化是近年中国经济发展最重要的动力，也是改变城市的魔手，推土机下的城市更像大厂房，超宽的马路、超大的街区、一圈一圈往外蔓延的环路、不断消失的传统街区、传统生活，城市景观千人一面，和传统城市繁复生活千锤百炼的形态大不相同。当大、新、快取代小、旧、慢成为北京城市发展的主调时，作为居民只能顺从，本地人默默隐忍，移居者和游客却不会放弃比较，他们用脚步表达态度。北京的旅游，越来越少漫步者，观光一枝独秀，是对批量生产的大北京的最强烈批判，反映这种批判，正是该书所做研究工作的本源。通过研究，该书得到这样的结论：城市是城市旅游的母体，城市化进程中所造成的问题，必然会反映到城市旅游中，城市化作为一种制度，对城市包容产业的影响力，要大于产业内部的制度调整力；我国现阶段的城市化模式，使城市旅游产生了几对难以调解的矛盾，如果不对城市化模式进行改变，终将影响到城市旅游的可持续发展。

（申桂萍）

【低碳城市：经济学方法、应用与案例研究**】**

潘家华　庄贵阳　朱守先等

社会科学文献出版社 2012 年版

363 千字

该书包括理论篇、方法篇、评价篇和规划篇四部分内容。主要思路是在低碳发展国际大背景下对低碳经济和低碳城市概念界定的基础上，建立一套行之有效的低碳经济（城市）评价指标体系（方法学），并用于国内城市案例研究之中。通过对案例城市进行评价，制定案例城市的低碳发展规划，开发一套行之有效并符合中国国情的低碳城市经济学评价方法，指导中国低碳城市建设。

一　低碳经济的概念辨识

该书认为，低碳经济是指碳生产力和人文发展均达到一定水平的一种经济形态，旨在实现控制温室气体排放的全球共同愿景（Shared vision）。碳生产力指的是单位CO_2排放所产出的 GDP，碳生产力的提高意味着用更少的物质和能源消耗产生出更多的社会财富。人文发展（human development）意味着在经济能力、健康、教育、生态保护、社会公平等人文尺度（human dimensions）上实现经济发展和社会进步。这一概念的特点在于，一方面对于人文发展施加了碳排放的约束，另一方面强调碳排放约束不能损害人文发展目标，其解决途径便是通过技术进步和节能等手段提高碳生产力。这一概念并未刻意区分绝对或相对的低碳排放，但是，从短期来看，可以在不改变其能源结构和产业结构的前提下，提高能源利用效率和碳产出效率，实现相对的低碳排放；从长期来看，技术进步能够借助清洁能源替代、低碳技术应用等手段实现一国碳排放总量的绝对下降。上述有关低碳经济的概念讨论表明，低碳并不是目的，而是手段，重要的是要保障人文发展目标的实现。

二　低碳经济的核心要素

根据概念解析，低碳经济包含四个核心要素：发展阶段、低碳技术、消费模式、资源禀赋。低碳经济可用如下概念模型：LCE = f（E，R，T，C）。其中，E 代表经济发展阶段，主要体现在产业结构、人均收入和城市化等方面；R 代表资源禀赋，包括传统化石能源、可再生能源、核能、碳汇资源等；T 代表技术因素，指主要能耗产品和工艺的碳效率水平，通常情况下，技术水平是发展阶段的产物，但对低碳经济来说不一定如此，一些国家可以利用先进的低碳技术，超越许多发达国家经历过的先污染后治理的传统发展阶段，实现跨越式的低碳发展；C 代表消费模式，主要指不同消费习惯和生活质量对碳的需求或排放。

三　低碳城市综合评价指标体系构建

建立低碳城市综合评价指标体系的目的，除了可以对经济体低碳发展现状进行评价之外，更重要的是为了指导实践，服务于政策设计和低碳城市发展规划。每一项指标设计都有理想值、目标值和当前值三个指标，低碳城市评价的目的就是按照理想值设定目标值，进而根据目标值改进现有的高碳发展状况。

该书所构建的低碳经济发展水平综合评价指标体系包括四个层面：（1）低碳产出指标；（2）低碳消费指标；（3）低碳资源指标；（4）低碳政策指标。其中，低碳产出指标表征低碳技术水平；低碳消费指标表征消费模式；低碳资源指标表征低碳资源禀赋及开发利用情况；低碳政策指标表征向低碳经济转型的努力程度。在每个层面之下，遴选一个或多个核心指标并赋予相应的阈值或定性描述。由于指标体系的出发点是用于国内城市的低碳发展现状评价，更多的着力点在低碳发展现状的相对评价。但考虑到国内各省市经济发展水平的差异，单纯利用相对标准进行评价可能存在局限，该书还根据世界低碳发展的实际水平，设定了绝对值的评价标准，以便发达地区城市能够放眼世界，找出不足。绝对评价标准是对相对评价标准的有效补充。

四　低碳城市评价方法案例应用

低碳城市评价方法的应用目标主要包括两方面内容：

第一，测试指标体系的维度设计是否恰当。判断选取和建立的指标广度，是否能达到既能总体把握城市低碳发展概况，又能突出行动导向的关键领域；宽度是否适度，即在每一个具体领域中，既能提纲挈领地抓住关键，又能兼顾数据和信息的可得性和可评估性；深度是否达到，主要将对低碳经济和低碳城市概念的界定和理解，体现到具体指标当中去，指标选取符合低碳发展主题。

第二，测试指标体系是否具有良好的适应性和灵活性。指标体系是对国际先进经验与国内先行实践两套方法学的融合，在汲取先进理念的同时，必须考虑它的“本土化”问题。这就需要用国内城市的实际情况对指标体系进行适应性测试，观察指标体系能否兼容多种城市类型而不损失低碳城市概念的精髓；同时，还要在可操作性上下功夫，使指标体系能够在评价的基础上，发现城市最具减碳潜力的领域，对不同类型的城市提出操作性强、突出地方特点的行动方案。因此，为取得良好的测试效果，试点城市的选择须具有较强的代表性。

五 低碳城市规划的背景与行动

低碳城市规划理论和方法主要在于：构建适合中国国情的低碳城市规划研究的理论框架，揭示中国低碳城市规划建设、低碳城市生活方式、低碳城市运行系统之间的耦合关系，解释低碳城市—低碳社会—全球气候变化之间的科学问题联结，为国家建立应对和减缓快速城市化过程对全球变化影响的政策体系和实施机制提供科学依据和技术支撑。

低碳城市规划研究内容可以概括为：（1）低碳城市规划理论框架及技术和数据支持系统研究。重点包括：我国低碳城市规划理论框架研究；低碳城市规划理论框架的技术和数据支持系统研究等。（2）低碳城市总体规划创新研究。重点包括：系统耦合关系研究：大城市地区规划低碳编制技术创新研究；城市总体规划低碳编制技术创新研究详细规划与城市设计低碳编制技术创新研究等。（3）低碳城市专项规划创新研究。重点包括：消费模式研究；产业系统研究；交通与物流系统规划研究；能源系统规划研究；碳汇系统研究等。（4）低碳城市规划技术方法和指标体系研究。重点包括：规划技术方法创新研究；规划指标体系研究等。（5）低碳城市规划制度建设与实施机制研究。重点包括：规划制度建设研究；规划的决策机制研究；规划的实施与评估研究等。

（朱守先）

【中国区域协调发展研究】

魏后凯等

中国社会科学出版社 2012 年版

483 千字

中国学术界对区域协调发展问题的研究是从 20 世纪 80 年代末到 90 年代初开始的。20 多年来，学术界对区域协调发展问题的研究重点围绕区域发展不协调问题、区域协调发展理论基础、区域协调发展战略与政策研究等三个方面展开，研究内容丰富，具有较好的基础。但从科学发展观的角度看，仍有许多问题没有搞清楚。在科学发展观指导下，区域协调发展应该是一种全面可持续的协调发展，学术界对这一问题研究较少；同时，对科学发展观视角下区域协调发展的科学内涵、判断标准以及促进区域协调发展的新型机制的研究也不够深入。“科学发展观视角下促进区域协调发展研究”（2008 年度国家社会科学基金重点项目，项目批准号：07AJL010）正是在这样的理论背景与现实诉求下启动和开展的，经过四年的深入研究，形成《中国区域协调发展研究》这一最终成果。该书共包括 13 章，着重从科学发展观的视角，围绕区域全面可持续的协调发展这一主线，在深入分析中国区域协调发展态势的基础上，对新时期区域协调发展的内涵、标准和新型机制，以及中国区域协调发展及差异变迁的趋势和影响因素进行多维度考察，进而提出了新时期促进区域协调发展的战略思路和政策措施。

当前，中国区域发展已经进入一个重要的转型时期。自 1999 年区域协调发展战略全面实施以来，中国区域协调发展取得了巨大的成效，主要表现在区域经济活动由沿海向内陆扩散、区域经济由不平衡增长向相对均衡增长转变、区域经济差距由扩大趋向缩小、基本公共服务均等化程度提高、地区专业化分工不断深化等方面。然而，也应该看到，目前区域发展依然存在诸多问题，如城乡区域差距仍然较大、投资驱动型增长模式难以持续、居民收入增长与经济增长不同步、资源和生态环境约束加大、地区产业竞争力较弱、空间无序开发现象突出等。与此同时，中国区域发展面临着国家区域协调发展能力日益增强、资源环境约束推动发展模式转型、金融危机加快产业调整升级、扩大内需战略推动产业西进等新的形势。

在这一重要转型时期，区域协调发展的内涵将更加丰富。特别是在科学发展观视角下，区域协调发展不单纯是经济的协调发展，追求经济发展差距的缩小，而是经济社会的全面协调发展，是兼顾当前利益与长远利益、经济发展与生态环境保护有机融合的可持续协调发展。总体来看，科学发展观视角下的区域协调发展具有三方面的含义：一是全面的协调发展。不仅包括地区间经济、社会、文化和生态的协调发展，而且包括城乡协调发展、人与自然和谐发展、经济与社会协调发展等内容。二是可持续的协调发展。区域协调发展应该建立在可持续发展的基础上，通过采用资源节约和环境友好技术，制定科学的规章制度和政策措施，促进地区间和区域内资源高效集约利用，推动形成生产、生活、生态协调发展的格局。三是新型的协调机制。推动区域协调发展，必须建立一个以科学发展观为指引，并与社会主义市场经济体制相适应，能够长期管用的新型协调机制。在科学发展观视角下，判断区域发展是否协调，不能只看经济增长或居民人均收入等单一指标，而应从区域协调发展的丰富内涵出发，综合考察经济、社会和生态环境等多方面的指标。总体上讲，应主要考虑以下几个标准：一是各地区优势能够得到充分有效的发挥，并形成分工合理、各具特色的产业结构；二是各地区形成人与自然和谐发展的局面；三是各地区人均居民收入差距逐步缩小，并保持在合理的范围内；四是各地区居民均能够享受到均等化的基本公共服务和等值化的生活质量；五是保持地区间人口、经济、资源、环境的协调发展。

为了促进区域协调发展，需要建立新型协调机制，并构建与机制相衔接的政策体系。建立区域发展的新型协调机制，首先，需要充分发挥市场机制在资源配置中的基础性作用，在此基础上建立新型补偿机制和扶持机制，矫正市场缺陷和资源价格扭曲，实现关键问题区域可持续发展；其次，需要强化合作机制和参与机制，推动区域经济一体化和后发地区内生性增长；再次，需要加快共享机制建设，确定基本公共服务内容，明确中央和地方各自责任，实现居民共享发展成果。在建立新型协调机制的同时，重点需要从四个方面构建政策支持体系，即促进基本公共服务均等化的财政转移支付体系、促进产业转移的支持政策体系、差别化的国家区域援助政策体系和以都市圈为中心的国土开发政策体系。

在着重研究科学发展观视角下区域协调发展的内涵、标准、新型机制和政策体系的基础上，该书还分章节深入分析了对外开放、制度变迁、地区专业化、人口流动、社会资本、人力资本等因素对地区增长和协调发展的影响，研究了农村居民收入地区差异、能源效率的区域差异、区域碳排放、基本公共服务均等化等区域协调发展问题，探讨了中国发展的关键问题，区域的差别化国家援助政策，由此形成了这一具有一定高度、广度、深度的研究成果，对中国区域科学理论发展以及新时期中国区域协调发展实践具有一定的参考价值。

（苏红键）

【中部崛起战略评估与政策调整——对江西的实地调研】

魏后凯　麻智辉　王业强等

经济管理出版社 2012 年版

323 千字

促进中部崛起是我国区域总体发展战略的重要组成部分，也是国家促进区域协调发展的重要战略举措。近年来，在国家政策的支持下，中部六省发展速度明显加快。2008 年，面对金融危机的冲击，中部六省增长速度仍然达到 12.2%，高于东部地区 11.1% 的增长幅度。但中部地区发展还面临着诸多制约，如承接产业转移与生态环境、问题区域发展限制多等一系列发展的硬约束。为更有针对性地出台中部地区政策，该书以江西为例分专题进行了深入调查研究：中部崛起战略实行后的政策实施效果、问题区域调查（南昌、九江、景德镇和萍乡等老工业基地；萍乡和景德镇等资源枯竭型城市；兴国等革命老区；南昌县等粮食主产区）、城镇化发展状况和小城镇建设状况调查研究、产业转移调查研究，并在实地调研和理论分析的基础上，对中部崛起战略的进一步推进进行了深入分析，形成该书研究成果。

首先，该书从中部崛起的层面系统梳理了中央出台的关于中部崛起的战略与政策，认为尽管国家有关部门先后制定实施了一系列中部崛起的相关政策，但原则性的较多，而具体可操作的政策措施相对较少。尽管中部地区目前的发展势头不错，但是经济发展中的深层次矛盾未能真正解决，仍然依靠高投入、高消耗、高排放的发展方式，经济增长主要依靠投资拉动，大量进驻国际产业链低端市场，短期经济效益明显，要实现经济长期可持续发展仍然困难重重。中部要崛起，就必须跨越、赶超，但这种跨越、赶超必须与转变发展方式有机结合起来，实行“转赶”结合，促进经济发展与生态环境保护有机融合，走跨越式绿色发展之路。从发展战略层面看，应依靠创新驱动促进中部崛起，实施多中心网络开发模式，进一步构筑具有中部特色的现代产业体系，着力打造内陆开放型经济高地；而从政策层面看，中部崛起主要面临两个方面的问题，一是崛起的驱动力问题；二是要解决崛起的体制性制约。因此，中部地区应进一步完善承接产业转移政策，设立国家级人才导向型科技创新试验区，同时建立多元化的利益补偿机制和差别化的国家援助政策。

其次，从政策操作层面对促进中部崛起政策的实施效果进行评价，包括对资源枯竭型城市、老工业基地、粮食主产区、革命老区和贫困地区都进行跟踪调查。针对不同类型地区的现状以及存在问题，提出未来国家必须按照分类指导的原则进一步细化对中部地区不同类型区的支持政策。对资源枯竭型城市，制定支持转型的配套政策；延长财政性转移支付年限；建立资源开发补偿机制。对粮食主产区，进一步完善涉粮政策，减轻粮食主产区地方财政负担；体现地区差异，逐步提高粮食补贴标准；建议逐步取消主产区粮食风险基金的资金配套。对革命老区、41 个比照县，要加大扶持力度，增强其“造血”功能；支持探索大湖流域生态经济新模式；创新重大项目布局；加大金融支撑力度；开展先行先试政策试点等。

再次，按照不同类型的问题区域分别对中部崛起战略进行深入研究，并提出具体政策建议。

如第三章认为目前江西老工业基地还存在社会保障能力不足、体制改革滞后、综合配套能力不强、产业链条短、环境污染严重等较为突出的问题。对此，应尽快制定全国老工业基地专项规划，进一步完善社会保障体系，支持资源枯竭型老工业基地经济转型，出台生态补偿条例，实施差别化减排标准，提高粮食直补和良种与农机具购置补贴标准等。

第四章针对资源枯竭型城市的发展现状，提出要尽快启动国家层面的援助规划，进一步深化矿产资源产权改革，加大各级财政的援助力度做好社会保障工作，建立接替产业扶持机制，建立资源开发补偿机制。

第五章提出加快推进江西特色新型城镇化必须要坚持走以人为本的人本型城镇

化道路、资源节约的集约型城镇化道路、城乡统筹的融合型城镇化道路、协调发展的和谐型城镇化道路、特色发展的多样型城镇化道路、可持续发展的低碳型城镇化道路。

第六章认为，未来江西小城镇的建设应以实现“富民兴赣、跨越崛起”为目标，加快推动由农业立镇向产业强镇、由各自为政向分工协作、由点轴推进向组团发展、由为民建镇向富民强镇的战略转变，坚持基础立镇、产业强镇、品牌兴镇、创新活镇、集约建镇和可持续发展战略，充分发挥小城镇连接城乡、承上启下的桥梁纽带作用，着力破除城乡二元结构，加速形成江西省城乡经济社会一体化发展的新格局。

第七章提出中部地区承接沿海产业转移过程中，必须做好以下几方面的工作：一是建设产业转移示范区，探索统筹区域协调发展；二是构建跨区域土地“占补平衡”机制，实行差别化土地政策；三是构建差别化货币政策体系，推动后发地区发展；四是优化税制安排，建立区域性财税政策。

第八章认为，为促进江西乃至中部革命老区发展，国家层面需要尽快制定革命老区振兴规划，各级政府要进一步加大对革命老区的投入，继续加强对口帮扶，设立老区扶贫开发与建设基金，充分依托老区优势资源大力发展红色旅游。

第九章认为，粮食主产区建设应注重以下问题：一是加大粮食主产区基础设施建设力度；二是建立对粮食主产区的利益补偿和激励机制；三是建立和完善对粮食主产区的金融保险扶持制度；四是加强粮食主产区粮食产业化体系的培育；五是健全粮食主产区粮食安全储备制度；六是加大粮食主产区耕地保护的力度。

第十章认为，当前中国的区域竞争正在由个体竞争走向群体竞争。在这种群体竞争的新时代，城市群正日益成为中国参与国际竞争和全球化的重要载体，成为提升国家竞争能力和自主创新能力的主导地区，成为引领和支撑全国经济持续快速发展的核心增长极。从国家层面看，当前以武汉城市圈、长株潭城市群、环鄱阳湖城市群为主体，整合资源和产业链，强化分工合作和一体化，加快推进长江中游城市群建设，并以此为载体推动形成长江中游经济区，使之成为世界规模级的人口、城镇、先进制造业和现代服务业密集带，成为引领和支撑未来中国经济发展的第四极，对提升中国国家竞争力和自主创新能力，推动现代化和全面小康社会目标的实现，促进区域协调发展和中部地区崛起，都具有重要的战略意义。

（王业强）

【中国农民工市民化研究】

单菁菁

社会科学文献出版社 2012 年版

245 千字

20 世纪 80 年代开始的大规模人口流动和城市化浪潮是改革开放以来对中国经济社会影响最深远的事件之一。截至 2010 年，中国农民工总量达到 2.4 亿人，农民工已经成为我国产业工人的主要组成部分。当前及未来 10—20 年是我国城市化快速发展的时期，同时也是城市化过程中各种问题和矛盾集中爆发的时期。能否妥善解决这些问题和矛盾，推动农民工顺利融入城市，完成其市民化过程，不但关系到这一庞大社会群体的自身发展与福利，更直接关系到我国城市化进程能否顺利进行和社会主义和谐社会能否真正建立。为此，我们在中国经济最发达也是农民工最为集中的区域——长三角、珠三角和京津唐三大都市密集区选择了一些典型城市，从经济层面、社会层面和文化心理层面对进城农民工的市民化状况进行了深入调查与研究。

并得出如下结论：

从经济层面看，进城农民工的经济生活状况不容乐观。在就业与收入方面，与普通市民相比，农民工群体就业具有更换工作频率快、失业率高、就业稳定性差等特点，主动或被动的频繁“跳槽”和失业使他们的城市生活始终处于一种动荡和不稳定的状态，并直接影响了他们的经济收入。目前就总体情况来说，进城农民工的收入水平仅能满足他们低层次的生存需要，尚不足以支撑他们形成与当地市民相同或相接近的生活方式，整体低下的收入水平使很多农民工在城市中的生活经常捉襟见肘甚至入不敷出。在生活消费与支出方面，目前进城农民工的日常消费支出仍主要以购买生活必需品（如食品、日用品、衣物等）和缴纳房租等生存性支出为主，鲜有余钱用于文化、教育、娱乐等消费和自我发展的积累。特别是在居住方面，除了极少数人在城市拥有自购住房外，绝大多数农民工都住在单位宿舍、简易工棚、雇主家或租赁房等临时性住所里。目前全国农民工的房租支出已经超过其家庭总支出的1/5，有40%以上的农民工认为当前的房租已经达到或超过其承受能力。

从社会层面看，进城农民工们正在日常生活中逐渐调整和重新编织着自己的社会网络。一方面以血缘和地缘关系为基础的初级关系仍然是他们社会网络中的强纽带关系，进城农民工们主要从这种先赋性的强纽带关系中获得他们在城市生活所迫切需要的社会支持。另一方面，随着谋生方式由农业生产向非农产业的转移、生活重心由乡村向城市的迁移，进城农民工们正在逐步建立起以城市社会为参照、以业缘关系为基础的新的社会纽带，这些由进城农民工们一手构建的社会关系网络正在成为他们在城市中赖以生存和发展并最终融入城市的重要资本。

从文化心理层面看，进城农民工们的城市适应和社会满意度普遍不高，对所在城市的认同度和归属感不强，融入程度较低，具有典型的亚文化属性。调查反映，进城农民工们对城市社会的适应程度总体上处于“一般”到“比较适应”之间的水平，社会满意度处于“一般”水平，城市认同度处于“一般”偏上的中间水平，心理融入程度基本处于“尚未融入”的水平，对城市的文化心理融入程度较低。

研究发现，进城农民工们的市民化状况，如社会适应、生活满意度和城市融入程度等，与其在城市中的经济生活如职业获得、经济收入之间存在着显著的正相关关系。一般情况下，农民工的就业越充分、收入水平越高、消费能力越强，其在城市中的社会满意度就越高，就越能够适应和融入其所在的城市。而反之，当农民工的经济收入经常出现入不敷出、长期处于生存性消费状态时，他们的城市适应和社会满意度也会大大降低，并直接影响到他们的市民化进程。换句话说，实现充分就业仍然是影响农民工经济生活和城市进入的核心问题之一。目前我国农民在进城打工过程中仍然面临着一系列就业壁垒，如制度性壁垒、经济性壁垒和市场化壁垒等，这些就业壁垒不仅使农民工无法在劳动力市场上与城市市民平等参与竞争，更使他们处于一种与城市社会相对隔离的边缘化境地，已经成为影响和阻碍我国进城农民工市民化的重要桎梏。随着各地改革步伐的加快，农民工市民化的户籍门槛正逐步弱化，但附着在户籍制度之上的差别化的福利安排所导致的较高市民化成本，正在成为影响农民工市民化的又一重要门槛。建立多元化成本分摊机制将成为我国突破农民工市民化成本门槛以及推动农民工市民化的关键。

农民工进入城市的过程分为社会适应和自我发展两个阶段。在社会适应阶段，他们在城市中建立的社会联系越多，社会交往网络越广泛，其社会适应的过程也就越顺利，最终的社会适应程度就越高，也就越容易进入和整合于他所在的城市社会。相反，那些社会交往网络狭窄甚至发生断裂的外来人口，其社会适应程度和社会整合性就越差。在自我发展阶段，他们社会网络中的异质性成分越多，与社会关系的联系越紧密，对城市社会的资源攫取能力就越强，其自我发展程度和社会满意度就越高。因此，能否在新的社会环境中构筑起合理有效的社会网络也是影响农民工城市进入和实现市民化的基本条件和关键因素。进城农民工的社会适应和城市融入的过程，不是由都市性取代乡村性的替代过程，而是在乡村性上增加都市性的叠加过程。在这一过程中有两个具有现代意义的转变：一是城市农民工们在他们传统的血缘、地缘关系上增加了新型的业缘关系，虽然这种关系更多的仍是基于同质群体，但却开始了他们向现代分工社会的转变；二是城市农民工们在他们的社会行动中加入了明确的目标动机和工具理性，这开始了他们向现代生活方式的转变。

（单菁菁）

【中国金融发展报告（2012）】

李　扬　王国刚等

社会科学文献出版社 2012 年版

249 千字

该书由总报告和 11 篇分报告组成，对 2011 年我国货币政策与金融走势、我国金融行业的发展以及金融市场的运行等进行了全面的分析与讨论。

总报告首先从国内和国际经济环境两方面，随后从货币供应量、基础货币、信贷、金融机构存款、货币市场、资本市场、外汇市场等方面，着重分析了 2011 年中国货币政策与金融运行。最后，通过分析公开市场操作、法定存款准备金调整、利率政策、房地产信贷政策、窗口指导等货币政策操作手段，总结了 2011 年的货币政策操作。分报告 1，从银行业运行、银行业经营状况分析、银行业经营的政策与监管环境、改革与创新等方面全面分析了 2011 年中国银行业的发展状况。分报告 2，从证券业的经营状况、基金管理公司和期货公司经营状况、中国证券业深化改革的学术争论等方面全面分析了 2011 年中国证券业的发展状况。分报告 3，从保险业发展状况和特点、保险业重要实践与政策评述、保险业对外开放情况、保险业存在的主要问题、保险市场发展展望等方面全面分析了 2011 年中国保险业的发展状况。分报告 4：中国金融监管改革与创新，从加强监管力度、出台监管新规；规范重点领域、防范潜在风险；完善金融制度、鼓励金融创新；打击金融违法犯罪、注重消费者保护；支持实体经济、服务结构调整；加强外汇管理、推进人民币国际化；金融监管工作展望等方面，全面总结、论述了 2011 年中国金融监管改革与创新的发展状况。分报告 5：货币市场运行，从货币市场交易总量与结构、货币市场利率动态及影响因素分析、货币市场资金流动、2011 年货币市场运行中的理论探讨和 2012 年货币市场展望等方面全面分析总结了 2011 年我国货币市场的运行发展状况。分报告 6：银行理财产品市场运行，从银行理财产品市场概括、银行理财产品市场热点剖析、银行理财业务监管动态、2012 年展望与策略建议等方面全面总结了 2011 年我国银行理财产品市场的运行状况。分报告 7：债券市场运行，从债券市场总体情况、利率产品市场运行分析、信用产品市场运行分析、衍生品市场运行分析、债券市场发展主要特点、债券市场展望等方面全面总结了 2011 年我国债券市场的运行与发展状况。分报告 8：股票市场运行，从股票市场运行分析和股票市场运行展望两方面总结分析了我国股票市场的运行发展状况。分报告 9：

期货市场运行，从期货市场运行基本情况、期货市场的政策与制度变革、期货市场的理论探讨等方面详尽总结分析了我国期货市场的发展运行状况。分报告10：外汇市场运行，从外汇储备与外汇储备管理政策、外汇市场走势两方面总结分析了2011年我国外汇市场运行发展状况。分报告11：国际收支分析，从国际收支的总体情况、经常项目变动情况、资本和金融项目变动情况、国际收支形势展望和外汇管理政策取向等方面总结分析了我国国际收支发展状况。

（高　雁）

【中国金融监管报告（2012）】

胡　滨

社会科学文献出版社2012年版

263千字

2011年是国内外经济金融形势极其动荡不安的一年，也是中国“十二五”规划的开局之年。从国际经济金融环境上看，欧美主权债务危机不断演变和升级，发达国家经济增长乏力，新兴经济体增速放缓，全球经济复苏呈现长期性、艰巨性和复杂性。从国内经济金融形势看，虽然下半年物价上涨及通货膨胀压力有所放缓，但地方政府债务风险和房地产价格虚高等系统性风险隐患仍然存在，经济运行中的结构性矛盾较为突出，经济外部依赖的负面效应明显。

错综复杂的经济金融环境既给金融监管带来了严峻的挑战，也提供了改革创新的机会。2011年国际组织和各国金融监管机构在继续延续危机后加强金融监管的改革思路的基础上，围绕宏观审慎管理的基本理念，出台巴塞尔资本协议Ⅲ，开展系统重要性机构监管标准的制定、加强影子银行体系和信用评级机构的监管，不断完善和革新金融监管的政策框架和管理工具。

2011年中国金融监管机构不断完善宏观审慎管理框架，积极推进中国版巴塞尔资本协议的出台与实施，防范地方政府融资平台风险，重点加强消费金融领域监管及消费者保护工作，鼓励金融机构支持中小企业等实体经济发展，不断完善外汇管理，推进人民币国际化战略，进一步优化和完善中国金融监管制度体系与政策措施。

作为中国社会科学院金融法律与金融监管研究基地系列年度报告，秉持了“记载事实”“客观评论”以及“金融和法律交叉研究”的理念，集中、系统、全面、持续地反映了中国金融监管的现状、发展和改革进程，为金融机构的经营决策提供参考，为金融理论工作者提供研究素材，为监管当局制定政策提供依据。报告主要由“总报告”“分报告”和“专题研究”三部分组成。“总报告”为两篇：第一篇为“中国金融监管发展道路：1949—2011”，将中国金融监管置于全球金融危机的背景下，系统总结60年来中国金融监管的发展进程、基本特征、理念以及存在的问题，并对中国金融监管的发展，提出了相应的对策。第二篇为“中国金融监管：年度进展”，对2011年度中国金融监管进行系统总结、分析和评论，并对2012年中国金融监管发展态势进行预测。“分报告”为分行业的监管年度报告，具体剖析了2011年度中国银行业、证券业、保险业以及外汇领域监管的年度进展，并且对国际金融监管动态进行扫描，呈现给读者一幅中国金融监管全景路线图。“专题研究”部分是对当前中国金融监管领域重大问题的深度分析，主要涉及宏观审慎政策、影子银行体系的监管、中国版巴塞尔新资本协议的实施以及理财产品监管等，同时对中国金融监管的理论进展进行了系统梳理。

（高　雁）

【中国货币法制史概论】
石俊志
中国金融出版社 2012 年版
280 千字

该书借助货币学、法学、史学学科交叉的方式，深入探讨货币理论，包括货币起源、货币本质、货币演变以及法律在货币发展过程中起到的重要作用。该书通过对中国古代各王朝货币法制状况的分析，总结各王朝采取的货币法规、货币政策所产生的政治、经济影响，探索各王朝盛衰兴替的经济原因。

中国古代的货币可以分为两种，一种是法定货币，另一种是非法定货币。法定货币和非法定货币两者皆可以进一步划分为两类，一类是称量货币，另一类是非称量货币。中国古代的法定称量货币主要有黄金和白银，它们依靠本身的价值和法律的支持承担货币职能。中国古代的法定非称量货币主要有铜钱和纸币，它们依靠发行者——朝廷的信用和法律的支持承担货币职能。中国古代的非法定货币种类很多，主要有布帛和粮谷，它们是民间自发形成的价值尺度、流通手段、支付手段和储藏手段，也是朝廷征税、支付官员俸禄、发放军饷和财富储藏的主要工具。

该书研究、考证了中国古代货币法制的建立、发展和演变的全过程，指出铜钱是中国古代货币法制的主要对象。中国古代货币法律赋予铜钱一定程度的信用货币性质。基于这种性质，各王朝通过铸行减重铜钱和铸行虚币大钱的方式，扩大铜钱流通总量，实施货币政策，实现国民收入的再分配。作为法定称量货币的黄金和白银，由于依靠本身的价值承担货币职能，因此不能被朝廷用来调节货币流通总量，所以不能作为实施货币政策的手段。

秦始皇统一天下，将战国晚期秦国的铜钱以及相关法律推广到全国使用，建立了中国古代货币立法的基本框架，其中包括三项基本原则：（1）朝廷垄断铜钱铸造权，禁止百姓铸造铜钱；（2）法律保护铜钱的流通，禁止百姓销毁铜钱；（3）法律保护不足值铜钱按照法定价值流通，百姓和各级官府均不得拒绝接受不足值的铜钱。这三项基本原则的建立，赋予铜钱信用货币的性质，使朝廷可以铸行不足值的铜钱。朝廷能够通过铸行虚币来调节货币流通总量，就使得铜钱具备了发生通货膨胀或通货紧缩的能力。

中国古代的铜钱可以分为纪重钱和通宝钱两大类。纪重钱主要有半两钱和五铢钱两种类型。纪重钱面文简单，半两钱表面只有“半两”二字，五铢钱表面只有“五铢”二字，其流通不受改朝换代的影响。纪重钱流通时期，货币法制的重点在于禁止百姓盗铸铜钱，目的旨在抑制铜钱过多引发的通货膨胀。通宝钱种类繁杂，其面文也相对复杂，表面不再铭文重量，而是铭文朝廷国号、年号或吉语，并加之“通宝”“元宝”或“重宝”等字样。通宝钱流通时期，货币法制的重点在于禁止百姓毁钱铸器及禁止百姓挟钱出境，目的旨在抑制铜钱过少引发的经济萧条。

（刘戈平　薛　波）

【**广东经验**：跨越“中等收入陷阱”——迈向 2020 年的发展战略转移、发展方式转变和发展动力重构】
李　扬　裴长洪
社会科学文献出版社 2012 年版
393 千字

广东是中国特色社会主义市场经济发展道路的探索者，这使得它的经济增长 30 余年来一直在全国名列前茅。广东经济发展的突出特征是放手打破传统体制，激发基层微观经济主体的无限活力，通过积极引进和“干中学”，推动经济高速发展。国内理论界通常将此概括为“基层推进、非均衡增长”的广东发展模式。现在看来，这种模式得之微观活力无限，但往往失之宏观多重失衡。这种状况，使得迈向未来十年的广东经济社会发展在经济增长动力结构、经济体制结构、经济发展方式、城乡关系、区域关系、社会发展与经济发展关系以及硬环境与软环境关系等许多重要方面面临较严重的失衡状态。

如今，随着广东的人均收入迈入中高收入水平，并伴随出现一系列在这一经济发展水平上的国家（地区）大都会出现的“中等收入陷阱”的种种表现，以“赶超”为主要目标的非均衡增长机制已逐步暴露出其多方面的不适应性。随着利益分化、城乡失衡、分配不公等非均衡状态的恶化，并导致社会矛盾由微而著，全面转型升级、强化社会建设，推动科学发展，已成为广东的当务之急。

作为改革开放的排头兵，广东省委和省政府较早认识到，广东目前正处于转型升级、科学发展的重要战略机遇期，同时又处于社会矛盾、社会问题凸显期。因此，尽管广东过去30年取得了令人瞩目的成就，但只有进一步全面深化改革开放，推动科学发展，促进社会和谐，才能有效地越过“中等收入陷阱”，迈上新的台阶。基于这种清醒的认识，广东在国内较早开始了对新发展道路的积极探索。经过几年的摸索，广东已经初步形成了面向新时期的新的发展战略以及创新领域。

概括而言，广东新发展战略的要点，就是基于“能力建设”，通过政府治理能力、市场配置能力和微观创造能力的建设，重新塑造经济社会发展的目标结构、动力和体制结构、要素结构和市场结构。近年来，围绕上述逐渐明晰的新战略，广东省委、省政府领导全省人民进行了具有创新性的积极探索，其内容丰富，成功经验颇丰。总结起来，广东的突出特点，在于同时在发展布局、发展机制和发展内容等三个方面展开了全面创新。

广东发展的顶层设计立足广东省情，总结广东几十年发展经验，集中历届省委、省政府的集体智慧，集中中央和国家有关部门各种发展规划和战略的主要意图，形成统揽全局的政策思路，它既是历史发展的延续，也是未来的指南。广东30多年的发展经验，特别是十七大以来落实科学发展观的经验，突出体现在对改革和发展进行的顶层设计上。广东的顶层设计不是满足于总结经验，而是将其作为未来发展和改革的动力；不是具体的某项政策措施，而是在各项政策基础上进行综合配套，是多项政策配套的有机组合；不是局促于一隅、目光短浅的变革，而是纵观全局，立足于国际、国内发展的大背景，各项政策协调配合，从而产生正向合力的战略思路；不是脱离广东具体省情，而是立足于国情、省情，立足于应对广东发展面临的困难和挑战而进行的战略安排。

以广东现有发展趋势预测，广东2020年人均真实GDP将超过2万美元（不包括物价调整，汇率按6.5计算）。如果加上3%物价上涨，则人均名义GDP将达到27507万美元。所以，依照最保守的增长趋势估计，按现行汇率预测，广东2020年将全面迈入高收入阶段。将广东“顶层设计”的包容性增长的新模式加入到模拟过程，可以预测广东未来优化的发展情景。所谓新模式，就是将推动广东全面创新的战略转换成新的发展路径变量，核心则是利用广东现有非均衡结构的势能推动均衡高速增长。在广东“顶层设计”的包容性增长的新模式下：（1）预计“十二五”可继续保持12%的增速，但到了“十三五”后，经济增长速度应该保持在9%左右。这样的一个发展态势，加上人口向高收入的珠三角区域转移，珠三角和非珠三角地区的人均GDP的收入差距将缩小到2.16：1，基本实现共同发展的目标。（2）居民消费占GDP比重将逐步提升。（3）科技与创新对经济发展的贡献率上升到50%以上。(4) 城乡收入差距和地区收入差距显著缩小。

深入分析广东面临的全面失衡状态及其产生原因便不难看出，传统上的广东发展模式事实上比较集中地体现了我国过去30年发展的实践，即以“摸着石头过河”为基本路径的改革发展模式的所有主要特征。而如今广东对未来发展模式的新探索，也正是在有意识地解决这些问题。正因如此，广东的新探索便有了一定的全局性意义。

广东的探索告诉我们，经过30余年的改革开放，加强立足全局、着眼长远的“顶层设计”，对于我国未来的改革和发展至关重要；处理好市场和政府之间的关系，是进一步完善我国社会主义市场经济的关键所在；经济的转型升级不是一种简单地否定，不是给经济做减法，而是从省情、国情和世情出发，在进一步发挥传统优势的前提下创造新优势，实现新发展；必然是从过去以产业合作创新的模式提升到未来以制度接轨创新、合作机制创新的新高度上来；在经济发展新水平的基础上向新的发展阶段迈进，我们的改革发展必须超越单纯的经济观点。

(经　科)

【新中国经济学史纲】

张卓元等

中国社会科学出版社 2012 年版

728 千字

1949 年新中国成立到现在，已 60 多年。这 60 多年的历史大概可以分为两大阶段，一是从 1949—1978 年建立社会主义制度和探索社会主义建设的阶段，即改革开放前阶段；二是从 1979 年到现在建设中国特色社会主义阶段，即改革开放阶段。由于建立了新的社会经济制度，解放了生产力，国民经济得到迅速恢复和发展。中国国民经济恢复阶段结束的 1952 年，国内生产总值为 679 亿元人民币，而到 2010 年，国内生产总值已跃至 39.8 万亿元人民币，按不变价格计算增长 92.7 倍，年均增速达 8.1 个百分点。其中 1952—1978 年年均增速为 6.1%，1979—2010 年年均增速为 9.9%。中国经济占世界经济总额的比重，已由新中国成立前的不足 1%，增加到 1978 年的 1.8%，再到 2010 年的 9.5%。中国经济的国际地位显著提高。目前已成为全球第二大经济体。2010 年，中国人均 GDP 已超过 4000 美元（按 2009 年美元计算），已进入中等偏上国家行列。目前中国正在全面建设小康社会，到新中国成立 100 年时将建成富强、民主、文明、和谐的社会主义现代化国家。

新中国经济学研究就是在上述经济社会建设实践基础上开展并取得一个又一个重大进展的。新中国经济学研究也可以分为两大阶段，即改革前后两个阶段。改革开放前，实行的是传统的社会主义经济体制，经济学领域占主流地位的是传统的社会主义经济理论。与此同时，也有一些提出了不少标新立异的观点，对传统的社会主义经济理论发起挑战，如计划与市场关系问题、价值规律作用问题、所有权与经营权分离问题、物质利益原则问题、生产价格问题等，都贡献了具有远见卓识的观点和主张。这说明改革开放前中国经济学界亦有理论创新。改革开放后，中国经济学界真正迎来了百家争鸣和理论创新的春天。中国经济学家在马克思主义指导下，在党的解放思想、实事求是思想路线指引下，理论联系实际，大胆探索，勇于创新，做出了一系列富有理论价值和实践意义的研究成果，并逐渐形成中国特色社会主义经济理论体系。举其要者有：社会主义市场经济理论、社会主义初级阶段理论、对外开放理论、社会主义基本经济制度理论、按劳分配和按其他生产要素分配相结合理论、中国式经济增长理论、转变经济发展方式理论、渐进式改革理论等。这期间经济研究的一个重要特点是：充分吸收现代经济学有用成果，特别是有关市场经济一般规律的科学概括，以及发达国家对市场经济运行调节与管理的经验，许多应用经济学像雨后春笋般发展起来。

该书的目的在于系统梳理新中国成立60多年经济学研究的进展与成果，展现新中国成立后随着经济建设与起飞取得让世人瞩目的奇迹，经济学研究也呈现出一片繁荣、百花争艳的景象。

（经　科）

【西方经济思想史导论】

郭冠清

中国民主法制出版社 2012 年版

188 千字

针对经济思想史教材普遍存在的叙述比较枯燥、故事讲解比较杂乱、人物和著作缺乏挖掘，以及过分强调思想性而忽视一些学者的真正贡献等现状，该书以“科学态度”为出发点，以“市场经济”为背景，试图通过生动而又不失严肃的语言、连续完整的故事情节、原汁原味的经典著作分析，真实地再现人类探索经济发展规律的艰辛历程。

该书从大约1500年前野蛮的伊利亚人征服世界开始，在第1章里对斯密以前的经济学给予了介绍，主要包括重商主义，威廉·配第爵士、配第以后的英国先驱和重农主义，重点关注他们对古典政治经济学体系搭建作出的贡献，也粗略地介绍了他们对后期经济学发展的影响。在第2章里首先对让所有前辈们的初步努力变得黯然失色的斯密这位苏格兰学者进行了介绍，对“斯密革命”本身进行了分析，对《国富论》进行了重新解读。针对我国教材上流行的“逻辑与历史不一致”“斯密教条”等的批判，该书通过论证，得出了它是一部“语言优美、逻辑严密、思想卓越、论证有力”的著作的结论。在斯密完成“古典政治经济学体系大厦”搭建之后，乐观自负的萨伊、悲观抑郁的马尔萨斯、古板早逝的李嘉图对古典政治经济学进行了继承和发展，对于他们的贡献尤其是萨伊和马尔萨斯这两位被称为庸俗经济学学者的贡献给予了较多正面介绍。斯密和三位后继者未完成的工作和理论本身存在的问题，引来了充满小资情调的西斯蒙第的反对、为民族振兴孤独呐喊的李斯特的抗议和空想社会主义的攻击。该书对没有引起我国学者足够重视的李斯特理论进行了重新梳理和着重介绍。在李嘉图学派因内生矛盾解体后，古典政治经济学走向衰落，以法国学者巴师夏为首的自由主义阵营，沿着萨伊开创的路线，走向了论证资本主义制度合理性的道路。而以英国学者约翰·穆勒为首的阵营，却将李嘉图、马尔萨斯、萨伊等当时流行的理论进行“毫无生气的折中”，试图通过“精密的科学语言和美妙的古典辞藻”将古典政治经济学从衰败拉回繁荣。

为了对资本主义的存在和繁荣给予更好的解释或论证，雄心勃勃的杰文斯、志向远大的门格尔和坚忍不拔的瓦尔拉斯在19世纪70年代初期各自独立提出了边际效用理论，并由此引来了“边际革命”。对于“边际革命”本身，该书进行了高度概括，对于门格尔与德国新历史学派的“方法论之争”和一般均衡体系进行了重点介绍。在边际革命后，毫无生气的马歇尔将边际革命的理论创见与古典主义深邃的思想结合起来，重构了经济学体系，而精通辩护的克拉克将边际革命的思想应用到了分配领域。在瓦尔拉斯和马歇尔非常卓越地完成了“无形之手”的论证和新古典经济学体系的建立之后，永不服输的费雪和极富争议的威克塞尔建立了新古典货币理论。新古典经济学吸取古典学派和边际学派的“精华”，提出价格由供给和需求“均衡”决定、收入按照“边际生产力”分配等理论，几乎征服了19世纪末到20世纪20年代的所有经济学家，以至在瓦尔拉斯和马歇尔之后，经济学走入了至今仍然没有走出的新古典时代。不过，情况总有例外，美国的挪威移民凡勃伦，对形式优美、誉满和谐的新古典模型不屑一顾，在对新古典理论进行辛辣和无情的批判的同时，建立了制度学派。

由亚当·斯密建立起来的经济自由主义体系，经过李嘉图、萨伊和约翰·穆勒的综合和论证，对边际革命的修正和挽救，奥地利学派和马歇尔的提炼和发展，克拉克、费雪和威克塞尔的补充和完善，到20世纪20年代，已经成为一个具有完全“话语权”的学说。尽管凡勃伦等异教徒的批判，有时也会在平静的水面上掀起一点涟漪，但是经济自由主义的权威地位丝毫没有动摇。然而30年代的大萧条彻底粉碎了经济自由主义的梦想，使资本主义经济体系陷入了随时可能崩溃的边缘，而与美国竞赛的社会主义阵营的国家苏联，却正在以前所未有的速度成长起来。正当资本主义在经济上陷入困境，理论上接近破产，政策上软弱无力，迫切需要一种理论来解释和改造这个糟糕世界的时候，英国学者凯恩斯出现了。他于1936年发表了举世震惊的《就业、利息和货币通论》，向传统经济学发起了正式挑战，引发了一场“凯恩斯革命”。该书对凯恩斯革命的背景进行了介绍，对凯恩斯的生平进行了挖掘，并强调了两个被忽视的凯恩斯思想来源——跨国婚姻和投资经历。该书对凯恩斯理论进行了重新解读，将凯恩斯理论概括为：“有效需求原理：有效需求决定就业和收入水平”“三大心理法则：不确定性和动物精神决定有效需求”和“国家干预经济的政策：宏观政策引导有效需求”。

该书以斯密理论为逻辑基点，以斯密革命、边际革命和凯恩斯革命三次革命为核心，以对三次革命理论的补充、完善、挑战或反对为脉络，以人物而不是学派为主线，对经济学说进行了比较全面和系统的介绍，以期专业读者和普通读者都能够分享到学习经济思想史的快乐。

（经　科）

【劳动力结构转换与居民收入差距】

杨新铭

经济科学出版社2012年版

230千字

在完善的市场经济条件下，收入差距形成的制度性因素将逐渐为要素分配因素所取代。对于个人来讲，可以掌控的主要是劳动力要素。随着经济发展劳动力质量结构（人力资本差距）将是居民收入差距形成的最主要因素。从当前我国经济社会发展情况看，劳动力质量结构依然处于较为低端的状态。大量劳动力获取较低收入的根本原因在于其人力资本积累不足，缺乏获取更高收入的能力。基于此，要提高居民收入，缩小收入差距的关键不在于如何抑制高收入阶层的收入，更重要的是提高低收入阶层获取较高收入的能力，使其成为中等收入阶层的一员。

该书运用教育年限、教育经费以及个人教育、医疗支出等数据，分别计算了教育年限基尼系数、教育经费基尼系数和人力资本支出基尼系数等指标，对我国劳动力质量结构进行了整体测算与分析。结果表明城镇与农村内部无论哪个指标所揭示的劳动力结构变化过程都是一致的，即都经历了先上升后下降的过程。显然，我国劳动力质量结构正处于转换过程中。

劳动力结构转换过程会影响居民收入差距的变化，但与成熟经济体不同，处于转型过程中的我国经济对于劳动力结构与居民收入差距的关系无疑更加复杂。因此，该书在梳理国内外相关文献基础上，结合我国二元经济结构现状，依托劳动力异质假设将劳动力划分为非技能、半技能与技能三种类型，构建了劳动力结构转换与收入差距之间相互影响的理论模型。其中，人力资本投资与劳动力流动是促成城乡劳动力结构转换的主要途径。劳动力结构转换导致收入差距变化的内在机理是，劳动力结构转换改变了不同质量劳动力稀缺程度，引起劳动力价格的变化，从而导致居民收入差距的变化。值得注意的是，在当前一定程度的收入差距是劳动力增加人力资本投资，实现劳动力结构正向转变的必要条件。这就意味着一定程度的收入差距有利于长期经济发展。在劳动力结构达到均衡，不再发生转变的情况下，可以利用技术进步来制造收入差距的变化，使原有均衡被不断打破，并继续上述动态过程。

在运用分省面板数据对农村内部、城乡之间以及城乡加总收入差距与劳动力结构转换的相互关系的实证分析表明：收入差距与人力资本关系的理论与实证分析基本吻合，人力资本与收入差距呈现出相互作用的关系，劳动力结构的负向转换会导致收入差距扩大，正向转换会缩小收入差距，收入差距的增加则有利于人力资本差距的缩小与劳动力结构的进一步正向转换。此外，运用宏、微观数据对收入方程回归结果表明：教育、经验等人力资本形成的主要途径的教育收益率远高于微观的个人收益率，也就是说教育、经验等人力资本投资对于宏观经济发展的作用要远大于其对个人收入增加的作用。这就意味着人力资本投资具有很强的外部性，因此，投资的成本应主要由政府而非个人支付。不仅如此，通过比较不同等级教育收益率发现，城镇各等级教育收益率呈现阶梯式上升的趋势而农村则是阶梯式下降。这就解释了农村教育落后于城镇的微观原因。不仅如此，当前城乡人力资本形成的最优途径应沿着小学、初中、中专、大专（本科）依次进行，而不是沿着小学、初中、高中、本科（大专）进行。

为此，要促进经济发展，提高居民收入，缩小收入差距的政策着力点应该是：合理利用收入差距，促进人力资本投资与劳动力结构正向转换；合理分摊人力资本投资成本，促进人力资本形成模式的创新；合理构建创新体系，促进与要素禀赋匹配的技术进步。

（经　科）

【促进就业为取向的宏观调控政策体系研究】

王　诚

中国社会科学出版社 2012 年版

310 千字

该书的特点，是对于历史上存在过并且仍然影响当前市场经济实践的宏观经济政策进行概念逻辑梳理和理论反思，或曰“理论再创新”。并且在此基础上，针对现实中国在克服失业、实现就业转型和发展方面的困难，试图建立起适合中国国情的以促进就业为目标或取向的宏观调控政策体系。

尽管“充分就业”是任何市场经济国家宏观经济政策的重要目标，然而对于市场经济社会而言，充分就业或就业并不能仅仅依靠宏观调控政策来解决，同时，就业也不是经济发展的根本动力，能够推动就业扩大同时作为经济社会发展的根本动力的，仍然是熊彼特意义上的“企业创新”。无数的企业家在企业创新和产品创新的过程中，就自然创造了新的企业以及新的就业机会和就业岗位，从而推动市场经济中的就业不断更新和扩展。相反，如果我们把就业仅仅理解为安置一个劳动力的工作，就业本身就没有活力和生命力，就业与企业创新的本质联系就会被割断，新的就业机会也难以被已有的就业活动不断创造出来。“核心就业”是解决中国短期和长期就业问题的根本出路。核心就业，是指与企业创新活动相联系的，即有助于或直接产生、促进、保护和扩展企业创新的就业。

由于中国经济处于转型时期的特殊背景，中国经济中的“无就业增长”与西方发达经济中此类现象有所不同。在城市中，就业微观基础的转变，并没有随着大规模国有企业改制从行政安置性就业转变为市场竞争性就业，而是转变为就业创造能力日益衰减的“改制扭曲性就业”。在农村，尽管通过政府的一系列强农惠农政策和“以工补农”“以城补乡”措施的实施，农村就业得到程度不同的增强，农村劳动力就业的选择面也大为扩宽，但是从总体上看，中国农村就业的微观基础仍然非常脆弱，甚至难以短期支撑占中国劳动力人口一半的农村劳动力就业。

如何建立促进就业的宏观调控政策体系呢？在财政政策方面，一是完善公共支出。从总体上看，财政政策为了促进就业的增长，需要进一步构建健全完善的财政支出促进就业的政策，有必要更加充分发挥财政支出的作用，以构筑良好的宏观就业环境。二是健全税收政策。为了发挥税收有效促进就业的作用，需要做到对就业弱势群体实行税收扶持，对能够创造较多就业岗位的投资主体和企业以较大的税收优惠，以多样化的征税方式适应多样化的就业方式，平衡二元经济下城乡就业者的税收负担悬殊问题或不合理倾斜问题。在货币政策方面，推动贷款抵押担保方式创新，信贷产品创新，鼓励政策性银行和商业银行积极开展对各类教育和培训机构开展融资活动；对自主创业和灵活就业的劳动者开展融资服务；对符合条件的各类社会就业服务机构开展融资。在产业政策方面，关键是要寻找劳动密集型产业、资本密集型产业及技术密集型产业之间的最佳平衡点，以充分发挥中国经济在就业机会创造方面的比较优势和后发优势，促进就业量的增长和就业品质的提升。在人力政策方面，人力政策主要从劳动力的供给调节方面采取政策措施。人力政策需要着力解决当前劳动力市场上存在失业与空位的并存，就业和空位信息不易获得，劳动力价格具有调整刚性，劳动力流动比资金流动成本高，劳动力闲置即失业问题加重等新问题。在社会保障政策方面，需要强调失业保险政策在促进就业上的作用。在对外经济贸易政策方面，需要充分利用世界经济的全球化就业对于中国经济和就业的拉动作用。要防止世界金融危机对中国进出口形势的不利影响，积极争取资源产品、高科技和专利产品和服务的进口，同时积极促进劳动密集、非“两高一资”的并且附加值更高的产品出口。

该书的创新之处：第一，重新反思和提出了对于宏观经济调控政策的市场经济基础的认识和构建。提出市场经济的本质特征不是那种不负责任的“自由放任”，而是具有创造性意识的“自由发挥”。为了保证市场经济“自由发挥”或“企业创新”功能的正常运行，政府首先和更为基础性的工作不是宏观调控，而是微观规制，即对于市场微观主体的行为建立起正式的系统性规范和制约。第二，提出和论证了作为宏观调控目标的充分就业内容，不是那些与企业创新或企业家精神无关的非核心就业，而是围绕着以企业创新为中心而展开的各个层次的核心就业。由于核心就业的扩大直接推动企业创新，所以成为市场经济发展的动力，当宏观调控政策促进核心就业以及实现“充分就业”时，既解决了宏观经济中的失业率过高的问题，又解决了市场经济中财富创造的问题。第三，在分析发达国家经验与中国国情的基础上，初步提出了以促进就业为取向的宏观调控政策体系。该体系以促进就业量的扩大与质的提升为目标，包括相互协调配合或防止可能相互冲突的财政政策、货币政策、产业政策、人力政策、社会保障政策、对外经贸政策等。

（经 科）

【均衡之路——中国县域发展的寿光经验】
李 周 朱 钢 王小映 于法稳等
人民出版社 2012 年版
330 千字

近年来，寿光市结合中央精神和自身实际，积极审视和提升县域经济发展水平，确立了“城乡一体均衡发展”的新理念，提出以规划、产业、建设、文化、民生、党建“六个一体化”的整体推进，全面建设“城乡一体均衡寿光”的战略构想，靠均衡破除城乡二元结构，靠均衡统筹推进工业化、城镇化和农业现代化，靠均衡实现强市与富民的有机结合。均衡是一种理念，也是一种方向，是科学发展观在县域经济和社会发展中的具体实践。该书解读了寿光均衡发展的秘密所在。全书分均衡发展的寿光、均衡发展的基础、均衡发展的主干、均衡发展的支撑、均衡发展的载体、均衡发展的抓手、均衡发展的内核、均衡发展的依托、均衡发展的保障、均衡寿光的启示 10 章，具体剖析了寿光实现均衡发展的成功经验，以及对我国县域发展的启示。

近年来，寿光市社会经济发展呈现出综合实力持续增强、三次产业齐头并进、城乡面貌显著改善、生产生态同步提升、增长增收协调一致、经济社会均衡发展特点。改革开放 30 年来，寿光市经济快速成长，社会全面进步，城乡面貌显著变化，由当初贫穷落后的小县跃升为山东省县域经济的“领头羊”和全国县域经济发展的排头兵。寿光的发展是从农业起步的，通过创新农业生产方式，发展成为中国的蔬菜之乡。在此基础上，又适时调整和推进工业发展，全面构筑现代工业体系，实现工业和农业协调发展，城市和农村共同繁荣。寿光不仅为我国农业发展创造了成功经验，而且为我国县域经济发展提供了值得借鉴的成功模式，概括为以下六个方面：第一，以全域规划为指导，优化发展布局；第二，以产业升级为主线，加快阶段跃迁；第三，以城乡统筹为方法，领引整体提升；第四，以生态文明为理念，提高发展质量；第五，以人民福祉为根本，促进社会和谐；第六，以党的建设为保障，增强执政能力。

从产业发展来看，农业铸就了寿光市全面发展的坚实基础，作为全国知名的“中国蔬菜之乡”。进入新的历史发展阶段，寿光以与时俱进的精神风貌，以新的思路、新的理念谋划农业发展，确立了标准化、基地化、品牌化、种苗化、高端化“五化”发展方向，并把种苗化、高端化作为重中之重，不断地调整农业发展策略，不断地提升农业比较优势，不断地谱写农业发展的新篇章。通过标准化生产，确保蔬菜质量安全；通过园区化种植，提高规模效益；通过品牌化经营，提高寿光蔬菜影响力；通过做强种苗产业，抢占现代农业制高点；通过高端化营销，促进农民持续增收。在“工业立市”战略的指导下，先后实施了企业改制、大建园区、退城进园、企业扩张、科技驱动等一系列举措，促进了工业经济的快速发展。从 1978 年到 2011 年，工业增加值增加了 100 多倍，工业增长为寿光经济社会发展提供了坚实基础。2009 年中央作出转方式、调结构的重大战略部署后，寿光市的决策者们迅即将原先立足于把工业做大的“工业立市”战略，提升为立足于把工业做强的“工业强市”战略，着力通过传统工业的生态化改造与战略性新兴产业的园区化发展相结合，大企业扩张和中小企业培育相结合，增量带动与存量调整相结合的“三结合”等战略举措，促进工业产业结构的调整和升级。

现代服务业的繁荣壮大是寿光经济发展呈现出的另一新特点。近年来，按照“商贸走高端、物流上规模、旅游抓开发、新兴快发展”的思路，把促进服务业大发展作为转方式调结构的中心任务来抓，培育做强现代商贸、市场物流、会展旅游、新兴金融“四驾马车”，拉动寿光现代服务业飞速发展，为区域经济注入新动力。

在推动城乡均衡发展方面，寿光市站在统筹城乡发展的高度，确立了“城乡均衡、幸福寿光”的发展理念，突出城、镇、村三个节点，加大建设、管理、服务配套力度，加快“城郊村向城区集中、镇郊村向镇区集中、周边村向中心村集中”，构筑区域建设一体化格局。城乡一体、均衡发展，实现了中心城市、乡镇与村庄的一体发展、协调发展，在公共建设投资、公共服务等方面提升了城乡公平水平，促进了全市经济社会的科学发展、和谐发展、率先发展、全面发展，在最大程度上实现了改革发展成果的全民共享。

在加强生态建设方面，先后实施了“清水工程”“蓝天工程”“固废治理工程”等一系列生态工程，取得了明显的成效。通过生态建设，改善了人居环境；寿光市以创建“国家生态市”为契机，积极应对经济发展中存在的环保难题，形成了科学的治污体系、务实高效的环境监管、全方位的环境宣传教育为有效衔接的有效环保工作体系，实现了以最小的资源环境代价谋求经济社会最大限度的发展。

在推进民生工程建设方面，寿光市委明确指出：“民生是发展之本、稳定之基，是一切工作的出发点和落脚点”。按照“城乡一体、均衡寿光”的发展思路，加快建设收入好、身体好、住行好、保障好、教育好的“五好民生”，从群众最关心、最现实、最直接的利益问题入手，统筹发展社会事业，全面提升社会公共服务水平，实现了经济社会发展成果的普惠共享，形成了城乡一体的学有所教、劳有所得、病有所医、老有所养、住有所居的良好局面。

在加强社会管理方面，寿光市委、市政府围绕“统筹社会管理、实现城乡均衡发展”主题，立足市情、创新思路，积极创新社会管理理念、管理体制、管理手段和管理方式。通过创新管理模式，推进社会和谐；通过开通“寿光民声”，顺畅社情民意；通过维护合法权益，促进社会公平。

在加强党建方面，寿光市全面落实科学发展观，始终不渝加强思想政治建设，积极创新党建工作机制，不断完善反腐倡廉防控体系，为均衡发展提供了坚强的组织保障。

在对寿光均衡发展模式总结之后，研究成果对该模式在新形势下县域经济的创新发展的启示进行了总结，主要表现在三个方面：一是在县域经济发展方面，需要谨慎扬弃，保障发展；强化创新，保持优势；加快转型，实现跨越。在践行科学发展观方面，需要保持强政府、发育强社会；把握大机会，实现大发展；健全管理机制，增强执行能力。在推动和谐社会建设方面，需要健全程序、完善过程；多元一体、和谐共生；全域发展、均衡共享。

（于法稳）

【新型农村社会养老保险制度适应性的实证研究】

崔红志等

社会科学文献出版社 2012 年版

319 千字

2009 年 9 月，国务院颁发了《关于建立新型农村社会养老保险试点的指导意见》，决定从 2009 年起开展新型农村社会养老保险（以下简称新农保）试点。建立新农保制度是近年来我国重大的惠农政策，也是我国朝着基本公共服务均等化迈出的重要一步。新农保与老农保的根本区别是明确了公共财政在保费筹资中的责任。[①]但即使有了财政补贴和其他相关的制度安排，农民是否能够接受新农保制度仍然存在着不确定性。这种不确定性也是国家采取逐步试点而不是整体推进的重要考虑。

该书从农民可接受的视角，探讨了新农保制度的适应性问题，并就如何完善和进一步提高新农保制度的适应性进行了较为深入的讨论。该书共分四个部分。第一部分是总报告。第二部分是四个专题研究报告，分别是“我国农村社会养老保险制度的演变”“农民参加新农保制度的影响因素研究”“新型农村社会养老保险制度的服务供给能力问题研究”“商业保险参与新农保经办服务的可行性研究”。第三部分是对河北省青县、江苏省常熟市和姜堰市、河南省荥阳市和社旗县、重庆市酉阳县新农保制度适应性的调查报告；第四部分是对69个农户访谈案例研究，从“新农保制度的需求基础”“农民对新农保制度激励与约束机制的反应”“新农保经办服务状况对农民参保缴费的影响”“农村治理状况对新农保制度的支撑”“农村养老保险政策稳定性与各种保障制度的衔接与农民的参保意愿”“商业保险公司介入新农保业务的空间”这六个方面分析新农保制度的适应性。这些农户案例不仅弥补了定量研究的不足并有助于加深对定量研究结果的理解，是珍贵的历史资料。

该书采用实证分析和规范分析相结合的研究方法，在对河北省青县、江苏省常熟市和姜堰市、河南省荥阳市和社旗县、重庆市酉阳县六个新农保试点县（市）（10个乡镇、18个行政村）中405户农户问卷的分析、深度访谈和案例研究的基础上，得出如下主要结论：

（1）农村家庭和土地保障的功能趋于弱化乃至瓦解，新农保制度的实施具有坚实的需求基础。

（2）现有的新农保制度在总体上能够促进农民参保缴费，但不能支撑高参保率；也不足以促使农民长期缴费、连续缴费和选择更高档次的缴费标准。

（3）新农保的激励机制是促进农民参保的主要动因。约束机制（主要表现为60岁以上农民可以直接享受基础养老金，但其符合条件的子女应参保缴费）的作用不大，而且执行成本高，并关系到农民对制度的信任和预期。

（4）新农保制度的服务支撑体系建设滞后并导致了对制度推行的抑制。

（5）诸多外部环境因素正在制约农民对新农保制度的接受性。这些因素主要包括老农保遗留的问题、农村治理状况、农民对政府的信任、农民的地域流动和身份转换与社会养老保险关系转移、续接困难之间的矛盾等。

上述结论表明，现有的制度安排和外部环境不能支撑很高的参保率，更不能实现新农保制度“人口全覆盖”目标。现阶段新农保工作的重心应放在提高新农保制度的适应性上。而要提高新农保的适应性，需要切实解决好以下几个关键问题：

（1）继续在自愿参保原则下推进新农保，不应强化制度的约束机制甚至把新农保参保原则简单地从自愿参保改为强制参保。

（2）进一步强化新农保制度的激励机制，核心是建立基础养老金的自然增长机制；应废止父母享受基础养老金与子女参保缴费的捆绑政策。

（3）把新农保的不能退保改为自愿退

① 值得指出的是，新、老农保虽有一定联系，但这种联系并没有改变新农保试点是一项开创性工作的特征。老农保并没有太多作为新农保借鉴的现成经验。

保，从而克服农民对政府的信任程度低、农民地域流动和身份转换与社会养老保险关系转移接续困难之间矛盾等，不利于农民参保缴费的外部环境约束。

（4）在对服务类型进行分类的基础上，实施政府购买服务，重构新农保经办服务体系，把宣传发动工作下沉到村，由政府向村级组织和各类社会组织购买服务。

与同类研究相比，该书有两点创新和突破。

第一，因为新农保制度具有很强的福利性质，所以一些学者断言农民会比较容易地认可、接受和参加这一制度。该书在实地调研、文献梳理和理论分析的基础上，得出了新农保制度的运行机制和组织框架都有待完善，其适应性还受到路径依赖、农村治理状况、农民对政府信任程度等多种因素影响的结论。这一研究结论是对已有理论和认识的重要创新，也具有显而易见的政策含义，对决策层进一步完善新农保的制度和运行机制具有参考价值。

第二，针对新农保试点阶段，农民尤其是年轻农民参保率不高的现实，主流的主张是把新农保的自愿参保改为“强制参保”。该书在理论分析和实证研究的基础上，说明了这一思路的不可行性；并就“自愿参保原则下如何提高新农保制度的适应性”提出了若干意见建议。

（崔红志）

【中国的农地制度、农地流转和农地投资】

黄季焜　郜亮亮　冀县卿　Scott Rozelle

格致出版社、上海三联书店、上海人民出版社 2012 年版

150 千字

农村土地制度一直是农村改革的核心问题。过去许多学者对改革破冰之作——家庭联产承包责任制的功效和演进作了深入研究，政府也在联产承包责任制后为稳定农地使用权和确权等方面出台了一系列法规和政策；但究竟这些法规和政策有多大程度上在实践中得到贯彻实行以及在现实中产生多大的影响，是学术界和政府部门都极为关注的问题。因此，梳理改革以来的农村土地制度和政策变迁，了解各项国家政策在实践中的实际执行情况，分析主要法规和政策执行的实际效果和影响，是该书的初衷。为此，先后于 2000 年和 2009 年初在全国有代表性的六省开展了大规模的调查，形成了独特的面板数据，对以上提出的问题作了系统的实证分析，在实证分析的基础上，提出我们的政策建议和需要进一步研究的问题。

该书最大的特色是利用大规模的实地农户调研数据对以上相关政策问题开展规范的、定量的实证研究。因为是面板数据，这使得我们能够较好地利用计量模型实证分析农地制度变迁的效果和影响。因为该书主要目标集中在农地制度上，所以没有涉及农村宅基地、非农用地等重要土地制度政策问题。即使在农地制度范畴内，该书也未包括农地流转的规模效应等问题。

该书目的是希望能在系统梳理改革 30 年中国农村土地使用权制度和政策演变和现实状况的基础上，深入分析与农地相关的国家政策的实际影响以及农地调整、农地确权和农地流转等对农户投资的影响。具体来说，主要有以下四方面的内容。首先，系统地梳理改革 30 年中国农村土地使用权政策的演变，分析农地使用权的实际情况，对比实际情况与农地使用权政策的差异。其次，利用全国六省有代表性的随机抽样农户调查数据，阐述农地流转的趋势、现状和特点，并建立计量经济模型分析流转管制、农业补贴以及非农就业等对农地流转的影响。再次，利用同样的农户调查数据，实证分析农户农地使用权预期、农地确权、农地流转和农地产权及演变的影响因素和对农户投资的影响。最后，在以上实证分析和研究的基础上，讨论研究

结果的政策含义。

该书的结构安排如下：

第一章，导论。简要介绍研究背景、写作动机和该书的研究目的。

第二章，改革30年农地使用权政策演变和效果。改革开放以来，中国政府对农民土地使用权稳定性的政策在不断加强，具体体现在农地使用权期限、农地调整、农地使用权确权、农民农地自主经营决策权以及农地转让权五个方面的变化上。基于具有全国代表性的随机抽样农户调查数据，发现农民土地使用权稳定性的现实变迁与国家政策的演变方向基本保持一致；但是，农民土地使用权稳定性的现实状况不容乐观，现实与国家的农村土地政策还有一定的差距。

第三章，农地调整的影响因素分析。此章关注的问题是农地调整变动趋势和政策等因素对农地调整的影响。目前，中央政府不允许农村土地进行大调整，将土地小调整限制在有限的特殊情形之下；但我们的调查发现，实践中土地大调整消失的时间远滞后于国家政策的出台时间，且土地小调整依然存在。为此，我们基于全国大样本的调查数据，实证分析了土地政策、两轮承包后国家相关限制农村土地调整的政策以及其他因素对农地调整的影响。研究结果在肯定国家政策在稳定农地使用权起积极作用的同时，也提出了继续加大相关政策执行力度的政策建议。

第四章，农户农地使用权预期对农户投资的影响。土地资源的可持续利用关系到国家的粮食安全和农业的可持续发展，农民作为农地长期投资的直接参与主体，对农地使用权的预期将直接影响其对土地投资种类的选择，最终影响农地的生产力。我们的调查发现，农民对农地使用权稳定性的预期并不乐观；针对这一问题，此章分析了可能的原因，并就农民对农地使用权预期对农地长期投资的影响作了实证分析，得出稳定的土地使用权对农户的长期投资有重要的激励作用，并依据研究结果，提出了相应的政策建议。

第五章，农地确权对农户投资的影响。20世纪90年代以来，国家对农户合法土地权利的保护力度逐步加强，强调确权登记颁证的力度也逐渐加大。但是，现实又是如何呢？此章首先就分田到户至2008年农户持有农村土地承包合同和土地承包经营权证书变动趋势作了分析，并构建了计量经济模型来进一步分析农地确权对农户长期投资的影响。根据研究结果，对农地确权的紧迫性和在农业发展中的重要性等政策含义作了讨论。

第六章，农地流转趋势、现状与特点。此章重点分析了中国农村土地流转变动的总体趋势、区域差异和流转特征。调查结果证实了中国农地流转在过去十多年取得了较快的发展，但区域间存在很大的差异；同时还详细刻画了农地流转的市场化和规范化程度等流转特征的变化趋势，为了解中国农地市场演变过程提供了基础数据，也为后面几章的分析提供了背景资料。

第七章，流转管制对农地流转的影响。已有文献表明，尽管中央政策鼓励农民依法、自愿、有偿自由流转其土地使用权，但现实中一直存在着对农地流转的管制。此章的目的是利用我们的实证调查数据，验证村级流转管制的实际情况，并在此基础上分析农地流转管制对农地流转是否产生显著影响。研究结果虽然证实农地流转存在许多管制问题，但研究也发现许多管制到近几年已基本消失，过去基层乡村对农地流转的管制确实抑制了农地的流转。

第八章，农业补贴对农地流转的影响。为保障国家粮食安全和提高农民收入，国家逐年加大对农民的补贴。过去对农业补贴研究侧重于其对农民收入和粮食生产的影响，此章从另外一个角度，分析了农业补贴对农地流转的影响，这对系统认识农业补贴的效果有一定的意义。基于两轮全国有代表性农户的追踪调查数据，我们的实证研究结果对农业补贴政策提出了新的挑战，并对其政策含义作了讨论。

第九章，非农就业对农地流转的影响。农户的非农就业程度是影响农地流转的一个很重要因素，但对这种关系的经验分析面临很多挑战。此章的目的是借助我们的调查数据，经验分析非农就业对农地流转的影响，从而为下一步的流转政策提供实证依据。实证研究结果同我们的预期一样，随着非农就业的增加，农户将更愿意转出手中的土地。城市化和工业化过程必然会带来更大规模的农地流转。

第十章，农地产权及演变对农地投资的影响。中国农地产权属于集体所有，这一现实使学术界很难开展实证分析土地私有化所能产生的各种影响。但中国现在的农地制度将农村土地分成了自留地、承包地或责任田等类型的土地，它们的产权特征存在差异，自留地可基本看似“私有土地”。所以，此章通过分析农民在自留地和其他地上的有机肥投入，间接地研究农地产权演变对农户长期投资的影响，从实证的角度探讨了农地产权改革的影响和重要性。

第十一章，农地流转对农户投资的影响：不同时期的影响。农地流转市场的快速发展越来越使农户面临两种土地：自家地（自留地和责任田）和转入地，研究这两种地上的投资行为差异可以从另外一个侧面说明农地产权、农地使用权稳定性的重要性。此章就是以分析这个问题为主要目的，经验分析农户在转入地上的投资行为是否显著区别于自家地。发现农户在这两种地上的投资行为确实存在显著差异，同时，随着流转市场的正规化，转入地使用权稳定性的提高，这种差异显著缩小了。

第十二章，农地流转对农户投资的影响：流转对象变化的影响。农户转入的土地根据转出的主体，还可以分为来自亲属的转入地和来自非亲属的转入地。此章的主要目的是，更具体地分析农户在这两种类型的转入地上是否存在投资差异。描述性和计量经济模型的分析都表明，相比从非亲属转入的土地来说，农户在从亲属转入的土地上有更高的有机肥施用概率和用量。这再次证实（虽然是通过相当间接的途径）明晰农地产权的重要性。

该书的最后一章是结束语，在总结本研究的主要结论的基础上，讨论未来农地制度及政策改革和需进一步研究的问题。

（郜亮亮）

【中国农村民间金融研究——信用、利率与市场均衡】

张元红　张　军　李　静　李　勤

社会科学文献出版社2012年版

300千字

民间金融在世界各国特别是发展中国家广泛存在。在亚洲和非洲一些国家，民间金融在社区层面发挥着重要的作用。在中国，民间金融在农户和农村小企业融资中的作用甚至超过了正规金融部门。国内外对民间金融的研究比较丰富，其中大多数研究属于案例研究。对民间金融进行深入研究，一方面有利于我们更好地理解和诱导农村民间金融；另一方面，有利于借鉴经验，改革和完善农村现有的金融体系，使其更好地适应农村金融市场的需求。

该书对中国农村民间金融进行了系统性的阐述和分析，包括民间金融的形式和结构，民间金融的信用机制，民间金融的利率决定，民间金融的市场边界与市场均衡，民间金融与正规金融之间的关系等内容。

该书的研究和分析，除了利用国家统计局和农业部固定观察点提供的一些面上资料，大量相关研究的二手资料外，还专门进行了大规模的农户调查，包括8个省

13个县63个乡村1882个农户的样本，以及为此所做的一些案例调查。

关于农村民间金融基本状况，该书研究发现：第一，农户民间借贷发生频率较高，在全部有效样本中，民间借贷当期发生率为三分之一，累计发生率超过70%。第二，农户民间借贷大多是个人之间的直接借贷。通过入会形式取得借款的农户仅占3.45%；通过组“会”形式放款的农户只占13.06%；其他绝大多数农户的民间借贷都是在个人之间直接发生的。第三，农户民间借贷互助性较强。农户借贷主要是在家庭成员、亲戚、朋友之间进行，49.1%的借款来自兄弟姐妹，来自专业放款人的比例只有2.3%，来自其他不熟悉的人的比例只有0.5%。农户民间借贷以无息借款为主，即使有利息，往往也不高，部分借贷还以相互帮忙来替代利息。高利贷也有，但属于极少数情况，仅占0.65%。第四，出现了一些趋势性变化。农户民间借贷中，无息借款比例有所减低，有息借款比例有所上升，平均的借款利率也有上升趋势。农户民间借贷用于非生活目的的比例有所提高，借贷约束条件也有所提高，越来越多的农户民间借贷开始有固定期限、固定合同，甚至担保要求。第五，农村民间借贷存在一定的地区差别。

关于民间借贷的信用方式，该书研究表明，民间借贷的信用约束大多采用了非正规制度的方式。首先，契约约束少，借入民间资金的农户只有12.8%签订了书面合同。其次，较多利用血缘和亲缘关系的压力，借入资金样本户中只有不到四分之一的借款对象没有血缘关系。第三，地缘和社区关系的压力也发挥作用，绝大多数人信贷活动都是围绕借款人居住的村庄发生，借款人与贷款人在空间上的居住距离大多不超过5公里范围。第四，传统习俗和道德规范的压力无形中存在。第五，较少利用抵押与担保，借入民间借款的农户中，只有5.16%需要抵押担保。另外，借款时需要经过第三人介绍和撮合的比例也只有8%。

关于民间借贷的利率及其影响因素，该书的主要结论是：第一，农户民间借贷名义上主要是无息借款，但存在利率多样性。第二，低利率或者“零利率”只是一种表面现象，实际上放贷人会得到除利息之外的其他可货币化的收益（未来借款的承诺、劳力的补偿、商品购买的折扣）或非货币化的收益（亲情、友情的延续、孤独感的排出等）。第三，随着金融市场化改革的深入，民间借贷利率与正规金融市场利率之间互动性增强。第四，民间金融利率影响因素较多。回归结果表明：（1）农户民间借款利率取决于民间金融市场资金可得性，资金越难获得利率越高；（2）取决于借款人与放款人之间的关系，是否直系血亲直接影响利率高低，血缘关系越近利率越低；（3）取决于正规金融市场资金可得性，求借了正规金融市场但难以获得贷款时，相应的民间借贷利率也会越高；（4）与借款额度有关，数额越大，利率越高；（5）取决于借款人的资产状况，借款人拥有不动产净值越多，贷款可保障程度越高，利率越低。另外，在地区亚变量影响方面，浙江、宁夏等省民间借贷利率较高，河北、辽宁等省民间借贷利率较低。在借款用途亚变量影响方面，经商办企业等营利性强的用途会导致利率升高；相反，用于看病、红白事等生活急需的贷款则只需要支付较低的利率。

关于农村民间金融的市场供需，该书认为，总量上，我国民间借贷的供给和需求大约占农户金融供给和需求的60%—75%。从结构上来说，绝大多数单笔借款都在5万元以下；借贷的最主要的用途是盖房（27.78%），其次是用于孩子上学（14.76%），第三位是经商（13.31%），以下依次为购买生产资料、看病、红白事等方面。在民间金融与正规金融的市场交融方面，借民间借款的农户中有27.16%也同时借入了正规金融机构的贷款；借入正规金融机构贷款的农户中有45.6%也同时借入了民间贷款。民间金融与正规金融在制度规范、信用机制、产品市场等方面存在明显的区别，民间金融与正规金融之间存在互相竞争、互相补充、互相渗透又互相利用的复杂关系。研究还发现，农户民间借贷存在不对称现象，借款人的数量远高于放款人，户均借款额也远高于户均放款额，农户民间资金流动呈现净流入的状态。换句话说，在正规金融如银行、信用社、邮政储蓄等从农村不断抽血的同时，民间金融则通过亲缘关系在某种程度上担负着从城镇向农村输血的功能。

（张元红）

【全面控制体系下的员工参与】

孙兆阳

新世界出版社2012年版

200千字

为了探讨我国劳动关系的特点、性质和发展方向，该书以劳动过程理论为基础，以员工参与为切入点，以一家私营钢铁企业——C公司的访谈和问卷数据为依据，通过案例分析的方法，展示了企业内控制体系的形成和结构，以及工人个体抵抗的无力和失效，从而凸显出以集体方法调整我国劳动关系的必要性。该书将劳动过程理论用于分析我国劳动关系的实践当中，揭示了企业实行员工参与作为控制手段的实际目的，为理解我国冲突加剧的劳动关系现状提供了一个角度。

第一章阐述了研究的背景、方法和意义，总结了我国对劳动过程理论和员工参与的研究现状。我国的改革开放不仅带来了经济的腾飞，也开放了竞争激烈的市场，并刺激了以经济利益为出发点的矛盾和冲突。经济的持续快速增长，和政治上要求的和谐社会，受到了不断爆发和增加的劳动争议和集体冲突、罢工的现实挑战。面对中国工人不断增强的经济和政治要求，企业和政府还未能充分适应这一转变，没有放开按照市场规律运作的集体谈判和调整机制。而且对于如何理解劳动关系的本质也还没有定论，该书以对资本主义生产方式批判为出发点的劳动过程理论为主要理论基础，通过分析雇主与工人在劳动过程中形成的控制与抵抗关系，从而揭示了冲突产生的原因。以此为目的，该书采用了参与式观察、访谈和问卷的方法收集数据，并以深入案例分析的方法，对数据进行总结和提炼，并对我国关于劳动过程理论和员工参与的研究现状进行总结。

第二章从历史的角度总结了劳动过程理论的发展，提出了各个主要流派及其观点，并从中提炼出核心线索，也就是处于劳动过程中的资本所有者与工人的控制与抵抗的矛盾关系。劳动过程理论在布莱弗曼之后成为了左派思想讨论的一个重点，特别是对资本主义生产方式的批判和对工人阶级形成的分析。他借用“泰勒主义”的管理思想，解释了概念与执行的分离，并提出了资产所有者对工人的垄断性的控制。他的理论在管理方法、对技术的定义和工人主体性上受到了诸多的批评，并对控制的形式作出了更深入的论述。首先是Friedman提出了“直接控制”和“责任自治”的管理策略倾向；Edwards继续将控制结构发展为简单、技术和官僚控制的不同层级结构；Burawoy进一步揭示了资本主义控制方式从强制到认同的转变和“生产政体”下宏观政治经济环境的影响，这也为Thompson的核心理论所支持。其次对技术的批判来自新技术和新能源带来的弹性专业化和弹性工作制的支持者，但是控制形式的转变并没有改变其实质。同时，工人对于控制并不是毫无反应，而是不断采取抵抗措施，这就需要从主体性考虑控制与抵抗的框架。

第三章则将重点放在员工参与这一管理策略之中，从而分析其是如何被当作控制手段的。首先简述了员工参与在发达资本主义国家的发展历史，突出了作为协调工人运动和罢工的特征，并介绍了我国参与制度的建设，特别是职工代表大会的发展。其次，论述了员工参与概念的内涵和外延，包括深度、形式、层次、范围、目的和结果五个维度的理解方法和主要分类方式。接着对员工参与的本质进行了理论探讨，提出了参与作为控制的循环和波浪式前进两种主要观点，以及一元论、多元论和马克思主义对员工参与的认识。结合对劳动过程理论的控制与抵抗框架的论述，分析雇主将员工参与作为控制工人的手段的本质。

第四章先介绍了C公司的基本背景，然后从企业的组织结构设置、职位结构管理、组织运行诊断活动等方面突出企业的官僚结构和权力集中的趋势，接着论述了薪资制度、激励制度和成本压缩活动，以及在标准化生产下的设备和技术对工人从事生产活动的限制。

第五章论述了企业内部管理运行机制，通过制度的丰富化、精细化、复杂化和结构化控制，以及人力资源管理的各种方法，企业加强了对工人行为的限制，并在制造与工人的认同的过程中，制造工人内部的冲突。

第六章在前面案例所描述的控制和抵抗体系下，突出说明了公司所采用的员工参与的各种方法，从信息共享到自主管理再到财务分享等实践，并总结了根据理论综述部分得到的员工对参与制度的满意度问卷的结果，表现出工人对现状的不满以及对进一步加强话语权的希望。

第七章将理论与数据结合起来，分别从市场、技术、管理和情感四个维度分析了企业控制体系的形成。首先是内部市场的层级化，再加上外部市场流动限制，进一步压缩了工人的活动空间。其次生产的自动化和标准化改变了旧有的技能结构和生产要求，对技能的限制和对其发展的要求使得企业又无法放弃工人的经验和知识。再次是官僚化制度强化了管理者的权力，同时管理人员和工人都有了突破僵化官僚制度的需求。最后，企业通过文化建设试图在思想和情感上统合工人的意识，但是个人的情感需求和对自己社会身份的认识已经成为企业以情感控制工人的阻碍。而且打着“自主管理”名义的活动圈的员工参与实践，在强化工人对企业认同上起到了显著的作用，但是不能改变作为控制工人行为的手段和结果。总之，在这样一个全面控制体系之下，工人的个体抵抗方法和行动受到了最大的限制，因此集体行动和以集体方式调整劳动关系成为了必然的选择。

总之，由于历史的、经济的、政治的、社会的原因，我国企业以市场、技术、管理和情感四个维度为中心，形成了从宏观到微观、从上到下、从行为到意识的全面控制体系。在这样的环境之下，工人被孤立为个体，甚至在群体内部产生竞争和冲突，个体抵抗的失效导致了矛盾以激化的争议和斗争的形式表现出来。而且在我国，类似C公司这样的企业所采用的员工参与的方法过于基础，参与程度又非常低，不能满足工人参与生产和管理决策的需要，所以以集体方式调整劳动关系就显得重要而且必要。

（孙兆阳）

【新格局下的中国农业】

赵　文

经济管理出版社 2012 年版

267 千字

WTO 农业谈判之后，国际农产品市场经历了哪些变化，这些变化对中国的影响如何？中国已经迎来了刘易斯转折点，农业生产方式也随之发生了重大转变，这对国内食品供应的影响是什么？这些研究内容构成了《新格局下的中国农业》的核心内容。该书认为，中国农业所面临的新格局，来自国际和国内两个方面。从国际农业生产和贸易格局来看，发达国家的粮食出口在1990年前后经历了一个由增到减的转折点，其农业补贴也在1990年前后经历了一个由增到减的转折点。自20世纪70年代开始困扰发达国家的农业补贴问题，随着WTO谈判而逐渐得到解决，生物质能源的兴起则为发达国家过剩的食品生产能力找到了新出路，国际农业生产和贸易也因此形成了新格局。在这一新格局下，中国利用国际市场满足国内食品需求，会比以往的代价要大。在国际农业新格局形成的同时，中国迎来刘易斯转折点，农业生产方式发生了新变化，这种变化主要体现在农业增产和农民增收的目标更加分离。

二战以后，各国农业补贴的增加导致了农业贸易的混乱和农业生产资源的扭曲配置。随着经济发展，发达国家来自消费者和制造业要求压低食品价格的政治压力减轻，农业部门在国民经济中的比重下降使得支持农业越发容易，农业相对工业比较优势的下降需要政府在财政上支持农民的收入，否则农业与非农部门之间的资源调整所引起的社会和政治困扰可能无法承受。所以，虽然社会福利由于农业补贴政策而减少，但随着经济的增长各国都要把农业由征税对象改变为保护或者支持对象，先求稳定后谋发展。农民的政治影响力和团结程度随着人数的减少反而增强。所以农业保护的实际是社会稳定而非粮食安全。

20世纪80年代中期是各国农业政策使用高峰期，也是农业政策负担最严重的时期。发达国家所面对的农业干预政策的汗颜绩效和日益显现的由国际摩擦带来的政治风险，使得他们认识到需要一种国际机制协调农业政策。WTO框架下的农业政策改革意在促进农业全球分工，以期减少资源配置扭曲和财政负担，增加社会福利。国内支持措施作为最主要的农业政策，是农业贸易自由化改革的焦点。农产品进口国以农业补贴和边境措施来保护本区域农业，而出口国也对农业进行补贴，以维持本国农业的竞争优势和抵消竞争者的影响。这种扭曲和反扭曲交错作用，构成了当今农产品贸易的一个重要特征，即国际农产品贸易呈现次优的状态。

从中国的角度来看，国际农业贸易是处于优势扭曲下的次优格局，农业比较优势是影响各国农业补贴政策绩效的重要因素。农业优势国家由于农业经济效率较高，所需要的政策投入相对较少，因此市场扭曲相对较小。如果这种支持政策维持了高效率的生产，那么对农产品增加产量和扩大贸易量来说，它可能是值得鼓励的。这些国内支持措施间接地抵消了农业劣势国家贸易政策的一些影响，在鼓励和扩大本国生产的同时，替代和挤出了其他国家非效率的生产和贸易，从而有可能提高了世界的经济福利和社会稳定。从这个意义上说，削减新大陆国家等农业具有比较优势地区的农业补贴，将给世界尤其是农产品进口国带来经济福利损失和社会政治风险。

中国力保主要农产品基本自给，同时防止粮食供大于求，谷贱伤农。在有限的耕地和一定时期内粮食与其他农产品生产存在此消彼长关系的情况下，适当进口一部分农产品，既有利于粮食产量和价格的基本稳定，也有利于开展多种经营，满足居民对农产品的多样化需求。对于中国来说，未来WTO农业谈判对中国的影响主要来自市场准入和国内支持的改革。劳动密集型的果蔬类产品是中国具有比较优势的农产品，而中国出口此类产品面临的多是技术壁垒，关税和配额的改革对此的影响相对有限。中国进口的农产品中，粮食、油籽、食糖和动物产品均是国外重点支持的农产品，多哈回合削减国内支持将减少其产量，提高其价格，中国的农产品贸易条件将恶化。因此总体来讲，中国将在多哈回合国内支持的削减中受损。

在国际农产品市场转变的同时，中国农业生产方式也发生了巨大变化。随着居民食品需求增长，食品价格持续上涨。“如何廉价提供农产品”和“如何防止农民收入相对减少”是中国农业面临的至关重要又相互对立的两个政策目标。如果食品供给立足自给，那么提高农业生产率就至关重要，而这必须提高农业的相对收益。

但是，由于农业技术进步天然具有的外部性特点，农业技术进步的增产效应往往和农民增收目标相悖，从而产生了激励问题，刘易斯转折点后这一问题愈加突出。由于中国非农产业生产率的迅速提高导致的农村劳动力流出农业，和农业内部要素之间的迅速分工和替代，中国农业非中性技术进步的特征非常明显，农业收益的分配格局在短时期内发生了巨大的变化。务农农户在农业总收益中的分配份额不断下降，工业部门、农资部门、土地出租者、农业雇工在农业总收益中的分配份额不断提高。也就是说，尽管农业连年增产，但农民分配份额的下降使得农民实际收入提高缓慢，更多的农业收益被其他部门拿走了。这使得尽管农产品价格数年来一直领涨于整体物价，但农业生产却一直没能增产到合理水平，农民务农收入也没有能够相应提高，再加上非农就业机会的增多，食品价格信号对刺激农户增加田间投资和农业生产的传导机制逐渐失灵，食品价格遂成为推动通货膨胀的重要力量，加大了宏观经济调控的难度，国民经济因此负累。

农业增产和农民增收，已经不只是提高农业生产率那么简单。中国农业的全要素生产率，尽管没有达到发达国家的水平，但仍是发展中国家最高的，而且，近年来全要素生产率对农业增产的贡献，已经超过了要素投入的贡献。然而，没有经济激励的新技术应用是难以持久的。2009 年后，中国农业已经出现了生产率提高渐缓的趋势，需要警惕。

着眼于将农业增产和农民增收两者相统一的政策措施，中国可以着力提高农民自有生产要素的质量和数量，即提高农民素质，提高耕地质量，扩大农场规模。在这里，扩大农场规模并不是为了追求规模经济，而是一项增收措施。在短期内，农业补贴直接提高了农业收益，对农业增产可以起到立竿见影的效果，但在长期内，所有的收入都会分别归于包括工业部门、农资部门、土地出租者、农业雇工在内的各类要素所有者，农业补贴也不例外。因此，一方面通过提高农业生产率增加农业总收益，另一方面提高农民自有生产要素的数量和质量，以增加农民在农业总收益中的分配份额，是中国未来长期农业发展的根本途径，也是稳定食品价格乃至整体物价的战略对策。

（赵　文）

【中国农村老年人口及其养老保障——挑战与前景】

蔡　昉　John Giles　Philip O'Keefe　王德文

世界银行 2012 年版

120 千字

自 20 世纪 80 年代以来，中国的人均收入一路飙升。人们越来越关注的一个问题是，农村老年人从收入上涨所获得的好处远远不及年轻人及城镇老人。对于农村老人福利状况的关注有些是出于地区差距的担忧，而有些则是对人口年龄结构的考虑。中国的沿海与内陆、城市与乡村之间存在着巨大的差别。除了地域因素引起的收入差距，在社会安全网中不同年龄群体的覆盖状况、享受的社会福利待遇水平以及陷入贫困的风险方面差别迥异。由于缺乏养老保障、没有足够的储蓄以及子女外出务工，与年轻人和城镇老人相比，农村年纪较大的居民更有可能老无所依。

该书考察了未来 20 年人口转变及其对农村老年人的经济福利影响。自 20 世纪 90 年代以来，在人口大规模从农村向城镇地区转移的大背景下，对有关农村老人的福利及生活状况进行了详尽的实证分析；回顾了 20 世纪 90 年代和 21 世纪头 10 年农村养老保险制度改革历程，并阐述了该制度当前实施过程中所面临的一些问题及未来的发展方向。

有关农村老人福利状况的内容，首先介绍了人口年龄结构发展趋势，从而说明随着时间推移中国人口老龄化以及老年人口抚养比上升的程度。然后从时间维度，以及从与其他人群相比的维度，描述了农村老年人的贫困发生率及脆弱性。在给出了有必要对农村老年人的贫困与脆弱性问题予以重大关注的理由之后，回顾了农村老人收入来源的变化历程，评估了各种来源对家庭收入的相对重要性与影响。鉴于其重要性，详细讨论了个人劳动收入和来自家庭成员的经济支持。最后描述了不同收入水平群体，以及不同的时间段劳动年龄人口与老年人口的储蓄行为。

关于农村老人福利状况，该书的主要发现分为以下几个方面：第一，根据各种不同的生育率及人口迁移情况，对中国农村人口年龄结构发展趋势进行了预测。预测表明，人口年龄结构转型正在加快，且与城镇地区相比，老龄化在农村地区是一个更为显著的问题。随着人口年龄结构的转型以及农村年轻人口不断往城市转移，农村家庭未来为老年人提供养老保障的压力会越来越大。

第二，长期以来，在中国农村老人比处于劳动年龄的家庭及城镇老人更加贫困与脆弱，这也包括长期贫困。除了贫困率更高之外，自从 20 世纪 90 年代初以来，户主为老人的农村家庭一直更容易受到贫困的影响，且与处于劳动年龄的家庭相比，随着经济的增长，他们脆弱性的下降亦没有那么显著。就影响农村老年人收入水平的因素而言，有些（如受教育程度更高及有养老金收入）是正面的影响，不过有子女外出打工所产生的影响则更为复杂。

第三，农村老人的养老保障来源与城镇老人有着迥然的区别，且对于 60 多岁的农村老人，他们的收入保障来源发生了重大的变化。与城镇老人（养老金对于他们是重要的收入来源）相比，农村老人更加依赖自己的劳动收入和来自家庭的支持，且随着年龄逐渐变大，来自家庭的保障变得更加重要。

第四，相当大比例的农村老人都要劳作到 70 岁以上，不过在 60 多岁的老人中，劳动作为主要收入来源的比例骤降。研究显示，如果有必要，中国的农村老人即使早已年过古稀，会一直劳作直到行动不便为止。家庭经济条件好些的农村老人工作的可能性要小些，家庭成员受教育程度越高或有养老金收入的老年家庭亦是如此。但是，子女外出打工所产生的影响尚不明确。

第五，中国各年龄段人群的储蓄率都很高，即使是年事已高的老人，储蓄率仍然为正，不过从 55 岁以后开始有所下降。储蓄率与家庭收入水平有密切的关系，平均而言，农村贫困人口没有储蓄。研究发现没有老人的农村家庭储蓄率更高，不过与有老人家庭的储蓄率的差距正在缩小，且家中有人外出务工的家庭的储蓄率高于没有人外出的家庭。

对农村老人福利状况的分析，给出了对其进行公共政策干预的合理性与必要性。中国政府致力于通过 2009 年开始实施的全国新农保试点，快速扩大农村养老保险制度的覆盖面。鉴于全国养老保障政策的发展方向，该书回顾了中国发展农村养老保障制度的历史经验，以及从20世纪90年代以来的一些经验历程，包括到目前为止对全国新农保试点的一些观察；讨论了农村养老保险制度长期发展所面临的一些重要问题，并提出了一些可能有助于政府随着时间的推移，更为有效地实现其政策目标的制度发展方案，作为政策参考；介绍了提供缴费补贴的缴费确定型模式及社会养老金的有关国际经验。

20世纪90年代和21世纪头10年，中国农村养老保险制度处于零星发展阶段，但是为全国新农保制度的设计积累了宝贵经验。全国新农保试点在扩大养老保险制度对农村人口的覆盖面方面，是一个积极且令人鼓舞的发展。与此同时，对全国新农保做一些必要的调整，有助于该制度在未来发挥更为重要的作用。该书阐述了在中国政府扩大当前针对农村劳动者的制度（及针对城镇居民的制度）的覆盖面的过程中，可供参考借鉴的一些方案，介绍了一些相关的国际经验。

具体说来，所讨论的主要问题如下：第一，全国新农保试点制度设计中的提供缴费补贴的缴费确定型待遇，适度的缴费补贴水平，及缴费补贴与基础养老金待遇在鼓励参保方面是什么样的关系。第二，个人账户缴费的投资与管理规定以及解决低收益率问题的各种方案，目前积累制的城镇职工养老保险制度正为这一问题所困扰。第三，随着全国新农保制度逐渐走向成熟，不同制度间的过渡问题的重要性会日益凸显。第四，长期而言农村养老保险制度积累制部分（个人账户）与社会养老金的衔接问题。一个重要的政策问题是，随着缴费型制度的日趋成熟，是否应该将个人账户和基本养老金（或社会养老金）结合起来。第五，农村与城镇养老保险制度的进一步整合及养老保险待遇的转移接续。

（王美艳）

【中国人口与劳动问题报告13：人口转变与中国经济再平衡】

蔡　昉　张车伟　郑真真等

社会科学文献出版社2012年版

356千字

2012年是中国深化经济体制改革过程中重要的一年。面对快速的人口转变、人口红利式微、劳动力市场压力和制造业转移，中国经济发展正处在关键的转型时期。该书主要关注人口转变后的中国经济转型问题。全书共分三个专题。第一个专题根据最近人口普查结果研究分析了中国人口转变及未来发展趋势。第二个专题对中国所面对的结构性挑战提出了经济再平衡的概念性和政策性框架，并针对人口红利消失后的经济可持续增长提出了政策建议。第三个专题对就业与收入分配中存在问题的研究分析。

中国人口在较短时期内完成了人口转变，而且各方面的变化都比人们所预料的更快。2010年第六次人口普查结果显示，此前的一些人口分析高估了生育水平、低估了未来人口老龄化的速度和深度。根据中国人口普查结果调整的联合国人口预测清楚地表明，中国的人口老龄化正在加速，快速迈向老龄社会的大势已定、无法逆转。决定未来人口变化的关键是设法提升稳定了20年之久的低生育水平，否则极有可能掉入“低生育水平的陷阱”。利用省级生育与社会经济统计资料的分析表明，生育转变过程存在重要的扩散特征，社会经济与政策因素对各地区生育转变的解释力已经下降，而在较早开始生育转变的地区，生育水平还在进一步下降。利用宏观和微观数据的分析表明，妇女的生育水平以及理想和意愿子女数与父辈的生育水平显著相关，这种代际相关皆为单调下降趋势，未来妇女生育水平还有进一步下降的空间和可能。中国人口转变的形势意味着到了需要对人口政策进行重新调整的时候。

人口红利推动了中国经济的快速增长，但经济体制改革的滞后和结构性挑战导致了中国经济的内外失衡和重投资、轻消费的GDP格局，带来了部分政策倾斜区域和扶持性产业中严重的产能过剩，阻碍了中国经济的进一步发展，经济结构的调整和再平衡迫在眉睫。根据测算，农村剩余劳动力已经所剩不多，很可能在近期基本完成转移，人口红利的消失会推动中国经济结构调整。

该书通过研究提出，未来的经济增长会更加依赖于全要素生产率和劳动参与率的提高与人力资本的积累和总量的增加。随着劳动年龄人口在2013年达到最大，潜在产出增长率开始下降，潜在就业增长率将会在“十三五”期间出现负增长，提高劳动参与率将成为提高潜在GDP增长率的一个重要途径。制造业部门的单位劳动力成本增长速度快于生产率的增长，这对产业升级和转型、提升生产率水平是严峻的挑战。沿海地区的企业开始寻求更低的成本，内陆地区仍然具有产业集聚的优势，制造业特别是劳动密集型产业从沿海向内陆转移是今后产业转移的主要方向。劳动力的成本优势不仅在于数量的无限供给，更在于劳动者承载的受教育水平和技能的持续改善。为此，政府需要创造有利于人力资本积累和提高劳动生产率的政策环境，保持单位劳动力成本优势，提高全要素生产率。该书还估算了中国制造业单位劳动力成本的变化情况，发现2004年以后劳动力成本的增长速度快于生产率的增长速度，并导致了制造业部门单位劳动力成本的上升。要保持中国制造业在贸易中的优势，必须通过各种手段促进企业的转型和升级，提高生产率水平。

基于经济普查的经验分析表明，出口增加有利于增加就业，但出口导向部门与内需为主的部门相比，再就业创造中的相对地位开始下降。随着劳动力市场转型，劳动密集型企业面临越来越严峻的挑战，制造业部门资本密集的趋势日益明显。从就业格局来看，中国就业的非农化趋势快于雇员化，这意味着有相当数量的农村转移劳动力在城市中只能从事自雇就业。同时农民工与城市本地工在社会保护方面存在差异，农民工就业具有脆弱性，因此提升社会保护水平并实现社会保护的均等化，应当成为促进劳动力市场平等、降低劳动者面临的脆弱性的主要举措。随着人口流动壁垒的降低，其对缩小地区差距的贡献在增大，人口流动对于今后缩小地区差距有越来越重要的作用。

中国当前存在的收入分配问题突出地表现为工薪劳动者总体工资水平下降，而这主要是低工资劳动者工资增长缓慢的结果。工薪劳动者内部工资水平变化也出现分化，主要表现为越是低收入的劳动者工资增长速度越慢，而越是高收入的劳动者工资收入增长越快，劳动力市场上工资收入出现了“两极化”现象。与此同时，中国社会养老保险制度改革对收入分配的调节作用目前还不明显。如何实现低收入劳动者工资的合理增长是改善收入分配状况的关键所在。

（郑真真）

【中国住户生产核算的方法论体系】

李金华等

中国社会科学出版社 2012 年版

388 千字

在国民经济核算体系中，住户部门是重要的国民经济机构部门之一，其与非金融公司部门、金融公司部门、政府部门和为住户服务的非营利机构部门共同构成了完整的国民经济活动部门。在整个国民经济活动过程中，住户部门在生产阶段、收入形成和使用阶段、资本投资阶段和金融活动阶段都发挥着重要的作用。

在生产阶段，住户成员向住户部门的

生产以及其他部门的生产提供劳动力和资本等生产元素，尤其是劳动力生产要素。在收入形成阶段，根据要素在生产过程中的参与状况、对生产的贡献程度大小，住户部门通过收入初次分配和再次分配分别形成了部门的原始收入总额、净额与可支配收入总额、净额等；在收入使用阶段，住户部门利用所获得的可支配收入进行最终货物和服务的消费；在资本形成阶段，住户部门的资本投资主要集中于生产所需厂房、机器设备等，这使得住户部门的生产能得以延续和生产规模得以扩大。因此，作为重要的机构部门和经济活动部门，住户部门的生产活动是国民经济的重要核算对象。但是，由于生产的特殊性质，住户生产核算理论与方法还存在许多值得进一步深入研讨的问题，如住户核算数据采集、住户账户的编制、住户无偿服务生产、住户生产产品和服务价值的计量、住户未观测生产的核算等，其生产核算理论与方法也还未形成较为完整的科学体系。

该书以联合国《国民经济核算体系》（SNA1993 和 SNA2008）为理论基础，对中国住户生产核算的理论与方法进行较全面深入系统的研究，将账户、矩阵、指标体系等进行有机整合，构建起中国的住户生产核算方法论体系，以丰富和完善中国国民经济核算体系。

该书研究的切入点是中国住户生产核算的理论基础、关键概念、重要范畴、核算原则；研究的核心内容是住户生产核算的方法，包括住户生产及延伸活动的账户、矩阵、指标体系等。

国民经济核算体系、经济学、会计学的理论是中国住户生产核算的理论基础，是形成住户生产核算的重要范畴与核算原则，这些范畴包括住户生产核算的主体、范围，住户部门在不同经济活动阶段与其他机构部门间所发生的经济交易等。核算原则包括时间原则、定价原则、记账原则等。住户生产核算的实践基础是数据，住户生产活动和交易活动数据的采集方法与加工整理，抽样调查方法的引入与改进，有关数据整理的理论和方法，在此基础上形成的核算表、分析表为住户生产核算提供了支撑。结合中国住户生产实际，该书设计出中国住户生产核算的框架是：中国住户生产核算资料的收集→生产核算方法的设计→住户正规生产核算→住户无偿服务和未观测生产核算→住户生产效益与资源要素核算→住户生产综合核算与延伸核算→住户生产核算与 SNA。这些内容基本构成了中国住户生产核算的主体，形成了中国住户生产核算的较为完整的方法论体系。

由于住户无偿服务生产的特殊性，SNA 并未将其纳入到生产核算范围中去，但客观上农业住户和非农业住户成员为了维持家庭正常生产和生活，将相当数量的时间和财力投入到了无偿服务的生产上，其对住户部门的经济福利乃至整个国民经济的贡献是不言而喻的。该书对住户无偿服务活动的核算方法进行了研究，这包括：住户无偿服务核算的主体、核算范围，住户无偿服务产值的产出法和投入法，住户无偿服务生产过程中所耗费的住户成员个人时间价值的计量方法，住户无偿服务投入产出分析方法等。

由于住户生产包括较高比重的未观测生产（NOP），未观测生产的大量存在，不仅会使官方统计的 GDP 数据失真，更重要的是可能会给国家的宏观经济政策制定和实施带来诸多问题。故而该书详尽论述了中国住户未观测生产核算方法，如：NOP 基本概念，NOP 在国民经济活动中的地位，中国住户 NOP 生产资料的采集与整理，NOP 生产账户、矩阵、指标体系，以及 NOP 核算与 SNA 的逻辑联系等。

住户部门有着完整的经济活动，在对其生产活动进行核算后，有必要对其延伸活动进行测定，故而该书的内容还包括：中国住户部门在国民经济不同阶段与政府部门、非金融公司部门、金融公司部门以及为住户服务的非营利机构部门间进行的经济交易流量，收入形成账户，住户部门的金融账户，综合经济账户通式等。

中国住户生产核算理论和方法归根结底要落脚在 SNA 上，该书还设计了住户生产核算与 SNA 之间的内在逻辑联系，这包括：住户生产核算范围与 SNA 生产范围之间的内在联系和异同，住户部门生产账户与 SNA 相关账户的关系，分析住户生产核算账户与 SNA 生产账户之间及其由生产账户延伸出的生产指标之间的逻辑推演关系等。

（李金华）

【行为—制度—增长：基于博弈模型的分析框架及应用**】**

王国成

中国社会科学出版社 2012 年版

386 千字

经济增长是理论研究的永恒主题，制度是促进经济增长的重要因素。在（新）制度经济学、发展经济学等相关分支理论中，继承新古典传统，坚持方法论个体主义，将制度作为外生的，考察其对个体行为的激励和约束，以实现资源的最优配置；或者说是作为现代经济学的异端，秉持方法论整体主义，主要采用经验和案例比较分析方法，着重研究制度的设计和变迁，以及与经济增长的相互关系。然而，制度对增长的作用方式、运行机制和传导机理，经济增长与其他影响因素之间的相互关系究竟如何，能否在深化行为分析的基础上建立更具针对性的理论模型和分析框架等，是该书的主要研究内容，这一学术著作是中国社会科学院重大课题“经济增长与制度之间内在关系的建模及应用研究”（课题编号：YZDA2009）的最终结项成果。

该书的基本观点和研究思路是：制度与经济增长的内在关系是复杂的，但又是可认知的；制度是博弈的规则与均衡结果，增长是基于博弈行为（均衡或非均衡）的总体产出；制度对社会经济发展的影响是全方位（全覆盖）的，应用面非常广泛，需要拓展实证方法，要有新的视角、新的理念和新的模式。因而，用模型化方法研究制度与经济增长复杂的内在关系，应以行为作为逻辑起点，具体做法是逐步放松基本行为假设，考察个体差异化的理性程度和交互影响行为、行为与制度的共生演化关系，制度对经济增长的多因素、多方式和多渠道的影响，以及多样化、互为因果的作用过程和结果；需要建立和利用与其相适应的博弈模型和方法，通过行为更直接有效地反映和揭示制度与增长之间的有机关联，如行为博弈实验、合作博弈与演化博弈，以及多种实证方法的组合应用等。

全书包括理论基础、专题论述和实证应用共三篇十三章，以及绪论、结语和辅助内容等。书中以主体行为作为理论分析的基点、相互连接的枢纽和贯穿全过程的主线，吸收和采纳新制度经济学的研究范式与内容为基础，以相关博弈模型和形式化语言为主要表现形式与特色，构建和形成探讨制度与增长内在关系的理论分析框架与逻辑主线，并逐步深化延展。上篇是理论基础部分，主要涵盖：经济增长与制度和行为之间的关系及模型化研究方法相关的文献评述；对行为属性分析与制度功能考量的深入思考；在行为基础上用博弈模型表现的制度与增长的内在关系；从演化博弈论视角考察制度变迁的动因与路径选择等四章内容。

中篇是专题探讨部分，选择若干侧面和领域以及关键影响因素予以重点研究，以便分门别类、相对集中地深究制度与增长之间复杂的联系方式和传导机理。主要包括五章内容：产权制度与经济绩效——关于资源禀赋与产权配置的制度建设，对行为选择和经济增长的重要影响；将契约看成是一种制度安排的理论探讨；市场制度与市场绩效——研究消费者偏好和产品差异化的互动关系；企业制度安排——基于博弈均衡探讨多元化的契约治理；基于信任的经济增长与社会和谐——着重考察信任等无形的制度与软环境因素对经济增长的影响。采取多视角、多层面、多维属性和多种方法的组合实证，有望能较全面、系统和综合地探讨制度及相关问题，既可以维护理论体系自身的特色和不断完善，又能凸显实证方法特征，更好地将其与理论发展结合起来，相互促进、共同提升。

下篇实证部分共四章内容，其中包括：秉持演化观回顾和评价中国改革历程的经验实证；通过分析公共品供给与公众参与、企业制度与绩效以凸显协调个群行为关系重要性的案例实证；依据变量、模型和数据探讨制度因素与产出绩效关系的计量实证；采用基于农户行为的一体化建模和微观模拟方法研究惠农政策和制度与农业绩效及农民收入关系的模拟实证。这既是在一定程度上求得对理论研究结论的实证支持，又说明实证方法及理论分析的有效适应性都是具有条件选择性的。

由于以行为轴线贯通，该书得出的初步结论的内在联系更为密切、颇具新意：个体与群体行为关系的多样化是制度存在的前提，制度的核心功能是促进二者的协调一致；制度及变迁无疑是推动经济增长的重要影响因素，与经济和社会发展的阶段性需求等条件相应，其效果是与个体和群体行为属性密切相关的，在个体行为与群体结构演变的临界点附近和特定的结构环境等条件下，制度对增长的方向与方式或许能起决定性作用；制度与增长是相互影响和促进的，是互为条件和因果的，制度变量的选取、模型关系的选择和设定等项分析中，分门别类、直接量化、局部或部分的因果关系分析具有条件适应性，不宜得出普适性结论，而深化行为分析、构建相应的博弈模型及应用组合实证方法等，在探讨制度与增长内在复杂关系时是合理的和可行的；制度分析应针对行为的两个层面或划分成个体行为空间与集体活动范围两个区段，在不同的层面和段位以及结合部位，制度有不同的功能表现与侧重点，以揭示和解决个体最优与集体最优的一致性，由微观涌现出宏观、个量生成总量等相对复杂的机理和问题，并通过国际比较和经验分析看出，每一项制度的特点、作用条件、评价及改善，都是相对于存在环境和理论假设（体系）而言的。最后给出了要从根源上考察行为、制度与增长共生演化和整体协调特征，在复杂涌现的过程中更好地把握它们之间的内在联动关系等建议和启示。

该书的显著特色和所做的积极探索与有益尝试主要体现为：试图构建基于行为的制度与增长有机联系起来的三位一体的分析框架和相应的博弈模型方法，在考察个体与群体行为关联性的变化中探寻制度与增长的内在关系和变化规律；理论上用博弈模型研究论述制度的功能和变迁演化等基础层面的共性问题，以专题形式比较深入地研究特指制度情境与因素对增长的促进作用，实证应用中采用交叉综合与组合实证方法；就方法论而言，坚持实践导向和以人为本，倡导个体主义与整体主义相结合，采用基于主体行为的微观宏观一体化模型和分析方法，促使经济学前沿成果与更先进的科技手段、理论与实践的相互影响和相互促进。

行为、制度和增长都是经济理论研究的核心元素与经久议题，是具有更多期待、更高技术、更加复杂等特点的实践难题，该书仅为探寻一个新的可行方向的摸索与开端，还有很漫长、更艰辛、极具诱惑力的路要走。因而，今后的相关研究中更需要：确立人本观点和视角；进一步深化行为研究；构建更为严整的分析框架和更加适用的模型（体系）；结合应用博弈、行为实验和模拟实证等工具手段，在更深层次上探讨制度与增长互动关系的行为动因，可具体地比较不同的制度设计、演化方式、路径选择和结果等，适时提出更具参考价值、更加切实可行的实施建议与具体措施。

（王国成）

【中国金融安全的多向度解析】

何德旭　张军洲　张雪兰等

社会科学文献出版社 2012 年版

430 千字

金融危机仍在肆虐，经济复苏尚需时日，金融安全绝不是一个简单单维的事物，对其进行全方位、多角度的解析，方能找到破解金融危机的良方。该书以金融危机引发的中国金融安全思考启文，融贯宏观、中观与微观层面的探索与思辨，通过对中国金融安全多向度的解析，解读中国金融安全的行为特征与网式保障，力图为廓清中国金融安全问题搭建一个立体的分析架构。

该书立足全球视角，对历次有代表性的金融危机进行了深刻的反思。市场主导的金融体系是美国新一轮金融危机爆发和升级的制度基础，功能监管制度与混业经营模式发生重大背离则是危机爆发的重大原因；对日元升值过于担忧及其导致的政策失误是日本资产泡沫产生的基础性因素，而流动性过剩又是导致日本资产泡沫的根本原因，日本企业资本运营方式的改变形成了支撑泡沫的资金循环；导致东亚金融危机的外部性冲击因素包括全球化及其带来的资本自由化、监管放松，而内部经济结构失衡则包括经济增长模式、国际收支失衡、汇率政策选择和资产价格泡沫等。维护金融安全，自然需要从这些金融危机中吸取教训、获得启示。

众所周知，在经济周期的整个变化过程中，银行资本受到盈利水平、贷款质量变化、贷款损失拨备水平以及筹集新资本的成本等内外部因素的影响，具有显著的顺周期特征，而在新巴塞尔协议框架中，监管当局的资本监管要求导致信贷供给更为严重的顺周期性，风险权重的逆周期波动、评级机构的顺周期行为、公允价值的会计准则等都会增加金融系统顺周期，产生愈发明显的金融加速器效应。因此，维护宏观经济稳定特别是在促进金融安全的过程中，必须高度关注和准确评估金融加速器效应所带来的影响。

金融创新与金融安全密切相关。如果说美国由于过度的金融创新催生了此次金融危机，那么相比较而言，我国的金融创新还明显不足。无论是间接融资还是直接融资，无论是资本市场还是货币市场，无论是金融机构还是金融产品，无论是货币政策调控还是金融监管方式，都还不能适应和满足经济发展的需要，都还与发达国家有较大的差距。因此，构建一种新型的市场主导即基于顾客参与的金融创新机制，将“顾客因素”融入金融创新流程，提升金融创新绩效，增强市场竞争力，不仅是我国金融企业持续发展的当务之急，而且是进一步增强我国金融安全程度的必由之路。

我国资产价格波动和实体经济波动之间存在着正相关关系。资产价格波动产生的财富效应对我国城市消费支出的波动具有显著的正向影响，资产价格波动产生的托宾 Q 值效应和资产负债表效应对我国企业的投资支出既会造成正向冲击，也会造成负向冲击，但总体上正向冲击多于负向冲击。资产价格波动通过影响商品市场总需求和货币市场总需求的均衡影响金融安全，进而影响实体经济。

作为金融体系的重要组成部分，商业

银行的安全至关重要。在商业银行风险承担方面，泰勒规则利率之差与商业银行风险承担负相关，从而确认了货币政策立场与银行风险承担之间的显著关联。如果真实利率低于规则利率，商业银行将会放松信贷标准，提高风险资产在资产组合中的占比，承担更多的风险。同时，市场结构与银行风险承担负相关，竞争加剧会引发商业银行的过度风险承担，商业银行资本资产与银行风险承担之间呈现负相关关系。这些都是在维护商业银行安全方面需要密切关注的重要因素。

从信息空间理论角度，金融安全网是一个以降低金融危机对经济社会发展所造成的影响，并按照一定的逻辑步骤设计而成的人造系统；作为一个开放的系统，必然会受到政治环境、经济环境以及社会文化环境的影响，而且其子系统具有非线性特征，各部门之间行动的统一协调取决于信息共享机制的有效性。因此，构建金融安全网宏观信息空间，需要建立一个强大的目标控制系统，强大的数据分析处理系统、信息传递及反馈系统、信息共享机制及行动协调机制。这也是促进金融安全的一个十分重要的保障措施。

建立存款保险制度是保障金融安全的重要一环。韩国存款保险制度具有明显的后发优势，其与国际接轨密切，制度设施较为完善。韩国存款保险制度对我国建立存款保险制度具有重要的借鉴价值。在借鉴韩国存款保险制度运行机制的同时，更应注重对其辅助机制（如研究和合作机制）的借鉴，因为辅助机制是顺利有效运行的重要保障。

在金融监管当局、金融机构、社会公众“三位一体”的监管格局中，随着改革的进一步深化、投资者的日渐成熟，对利益冲突的监管不宜强行设置金融业务樊篱，应当更重视发挥声誉机制、劳动力市场信号等市场调节力量的作用，采用更灵活、更简单、更透明、更加经济有效的方式，形成基于市场激励、目标导向、增进效率、改善市场运作和审慎性监督的监管架构，审时度势，逐步引导，最终构建起以间接监管为主体、以直接监管为引导的高效的利益冲突治理机制。提高监管的有效性成为规避金融风险、维护金融安全的必然选择。

从有效管理金融风险、消除制度性缺陷、促进金融市场发展和金融功能完善以及推进金融经济与实体经济协调发展的角度看，金融重建已经日益重要和紧迫，这也是增强金融安全制度基础的题中之意。然而，金融重建是一项艰巨的系统工程，相关经济体和政策当局必须在市场模式、经营模式、监管效率、金融创新和制度完善等层面付诸长期而有力的行动。

（史晓琳）

【中国城市化大趋势】

童中贤

知识产权出版社 2012 年版

291 千字

随着城市化的快速发展，我国已踏入新的城市社会，城市化发展将进入一个新的历史阶段，并展现出一体化、生态化、人性化、集群化、同城化、社区化、公平化、集约化、个性化、国际化等新的特征与趋势。在全国各地城市化快速进程中，究竟以什么战略推进城市化？不同区域板块的城市化形态是如何形成的？在城市化进程中以怎样的制度体系创新城市的发展？城市文化在城市化进程中发挥了怎样的作用？面对城市化进程的各种社会问题，城市应该从哪些层面进行治理？与人们生活息息相关、体现民生问题的城市住房保障如何解决？这些问题构成了《中国城市化大趋势》一书的核心内容。该书以城市化为主线，从宏观、中观、微观三个维度解析城市化进程中亟须解决的热点、难点问题，对城市化的战略、城市化的形态、城市化的制度条件、城市文化的作用、城市的治理以及城市住房保障等方面进行了探索，为推进我国城市化的科学发展提供了重要的理论指导与现实参考。

在经济全球化的作用下，城镇化已成为一个国家和地区现代化的基本特征，我国城市由原来功能分散向功能整合，通过构筑城市群、培育城市圈、打造城市带等重要战略推动城镇化的快速与健康发展，以新型城市化推进城镇化的发展能力，以科学发展观提升城市的经营能力，以城市群带动战略、人本化导向战略、经济区主体战略、低碳型支撑战略、个性化彰显战略，创新提高新城镇化的竞争能力，并最终朝向以大型城市为中心的大城市群发展。

该书认为，从中国地理区位上审视，东西向的长江流域带和南北向的京广铁路带这两大主线上分布的城市组成了十字形的城市带，既支撑着中国的地理版图，更极大地影响着中国经济社会发展的宏观性资源组合和战略性结构调整。中部地区沟通我国内陆腹地，是中国城镇化扩容升级的主导载体，在城市群的新一轮整合发展中，形成了“北斗星”形、“H”形和“链珠”形等城市群空间格局。各区域板块的城市群以区域经济要素优化配置和基础设施功能协调整合为目标的城市集群化趋势下，形成了各具特色的城市化形态。

我国城镇化进程在改革开放的前一个时期，曾经得到长足的发展，进入20世纪90年代后，却出现了明显的滞后现象。该书从我国城市化滞后的实证分析入手对城市滞后的制度根源进行探讨。认为我国城市化滞后除了经济原因外，从深层次分析，根本的原因在于制度安排上的误区、制度创新供给力的不足、制度的“路径依赖”、意识形态刚性对“体制锁定”的强化以及制度执行的失范等。对我国城乡二元结构的不协调发展，该书从制度安排进行了深度考量，认为城乡制度供给严重失衡、渐进式改革模式的影响、要素市场发展的城乡差异、价格机制对农村资本积累的阻碍以及正式规则与非正式规则的不相容问题等制度变迁是产生城乡差异的主要原因。毋庸置疑，推进城市化的快速健康发展与城乡一体化的协调，需要从制度上进行战略创新。

城市文化是城市形象的灵魂、是城市竞争力的源泉、是城市经济发展的基础、是城市特色形成的条件，是城市竞争力的综合标志，也是城市发展长盛不衰的关键所在。因此，在现代城市化进程中，自觉地、有意识地引导城市文化建设，以学习型城市为城市新模式，以人文关怀作为现代城市的价值取向，以创新精神不断推进城市文化建设，以城市品牌提高城市文化力，成为城市可持续发展的必然选择。

20世纪90年代以来，随着城市化的高速推进，城市生存环境出现了许多新问题和新情况。如何综合治理城市化的快速推进中已出现的城市生态环境、社会矛盾等突出问题，构建宜居宜业的人居环境，日益成为城市化可持续发展的重要课题。该书认为新形势下城市化必须协调与生态环境的关系，人居环境发展应以生态文明为导向，以生态集成技术为支撑，从空间上、功能上和形象上科学准确定位，在规划上和建设中充分考虑和适时调整资源环境承载能力，在发展中不断提升资源环境保障能力，实现城市化的持续快速健康发展。

在我国城镇住房制度改革逐步走向货币化分配的历史转型期，城市住房保障，尤其是低收入群体的住房保障成为城市化需要解决的重要问题。该书通过对城市低收入群体住房保障的实证调查，从不同层面反映了城市低收入群体住房保障意识、住房困难情况、改善住房愿望以及改善住房困难的途径，为政府解决低收入家庭住房困难，制定适应城市实际的住房保障政策提供依据和参考，从而推进我国城市住房保障体系建设的健康发展。

科学认识和评价我国城市化的发展战略、城市化的空间形态、城市化的制度安排、城市化的文化内涵、城市化的综合治理以及关系民生的城市住房等城市化的关键方面，无疑有助于我们把握形势，认清问题，有助于我们在理论与实践经验中不断创新城市化的发展理念与发展模式，推进城市化的持续快速健康发展，这也正是该书的重要意义所在。中国的城市化探索还远没有结束，经济全球化与一体化的国际背景，“十二五”巨型城市群趋势的国内机遇，我国城市化还将呈现大城化、新城化、智能化、低碳化、立体化等发展趋势。

（曾群华）

【中国保险业发展报告 2012】

孙祁祥　郑　伟等

北京大学出版社 2012 年版

254 千字

本报告作为教育部“哲学社会科学发展报告”之“中国保险业发展报告”系列的第一本，在简述 1980 年至 2010 年中国保险业发展概况的基础上，重点讨论分析 2011 年中国保险业发展的现状、问题和未来展望。

报告共分六章。

第一章“保险业发展综述”。该章首先简述了 1980 年至 2010 年中国保险业的发展概况，然后讨论评价了 2011 年中国保险业的发展简况，并分析了 2011 年中国保险业改革发展的重要事件，最后对“十二五”时期中国保险业发展进行了展望。分析表明，2011 年，国内外各种经济社会因素交织影响，对保险业发展造成不利影响，全年保险公司保险保费收入 14339 亿元，同比增长 10.5%，增速明显放缓。2011 年，虽然面临各种国内国际不利因素，但是保险监管工作仍然取得了积极的成效。2011 年，中国保险业保费收入在世界排名第 6 位，保险密度排名第 61 位，保险深度排名第 45 位。综合判断国际国内形势，“十二五”时期，我国发展仍处于可以大有作为的重要战略机遇期，既面临难得的历史机遇，也面对诸多可以预见和难以预见的风险挑战。“十二五”时期是中国保险业的快速发展期、矛盾问题凸显期和全面转型关键期。2011—2020 年期间，在 GDP 年均增长 6%—10% 的假设下，中国保险业年均增长率较为可能的浮动区间为 8.4%—18.9%，2020 年中国将可能成为世界第三大保险市场。

第二章“财产保险市场”。该章首先分析了 2011 年财产保险市场发展概况，然后对 2011 年财产保险市场的发展情况进行了相关评价与问题分析，最后分析了 2011 年财产保险市场的发展环境并对 2012 年财产保险市场的发展前景进行了展望。分析表明，2011 年，我国财产保险市场在复杂环境中实现了又好又快发展，可持续发展能力不断增强。财产保险市场发展总体上呈现积极态势，保费收入达到 4617.8 亿元，赔款支出累计达到 2249.2 亿元；经营主体数量持续平稳增长，市场份额的分布更为合理，但是整体竞争程度不够；财产保险市场的保险密度达到了 344.68 元/人，保险深度达到了 0.98%。财产保险市场在文化品牌、产品创新和经营方式等方面都取得了明显进步，但是仍然有待提高和改善。必须注意到，财产保险市场还存在诸多方面的问题：诚信建设严重滞后，行业形象得不到社会的积极认可；服务意识和质量都较为落后，制约了行业可持续发展；市场秩序需要进一步规范，数据不真实问题较为突出等。2012 年财产保险市场的发展前景，总体形势良好；但是由于当前我国经济增长下行压力和物价上涨压力并存，同时财产保险市场长期积累的一些矛盾和问题逐步显现，财产保险市场的发展在2012年面临的不确定因素增多。

第三章“人身保险市场”。该章首先总结了2011年人身保险市场的发展概况，然后分析评价了该年人身保险市场发展的特点，对问题的形成原因进行了讨论，并对2011年人身保险市场的发展环境进行了分析，最后对2012年人身保险市场的发展环境及前景进行了展望。分析表明，2011年，因受到政策法规、销售渠道、市场利率和资本市场等方面变动的多重影响，整个人身保险行业在经历了前几年的快速发展后，增速大幅放缓，开始进入转型的关键时点。银行保险发展遭遇瓶颈、分红险“一险独大”、引进变额年金、偿付能力不足致使寿险公司多渠道提高偿付能力水平、退保率激增以及销售渠道趋于多样化是该年人身保险市场呈现的特点。寿险发展模式存在缺陷以及重储蓄理财而轻保障的不合理产品结构是人身保险市场发展遇阻的根本原因。2012年，人身保险市场有望在重视消费者权益保护的背景下进一步规范发展，随着一系列法律法规的颁布实施，人身保险的业务结构和寿险公司治理结构有望进一步优化，市场化改革将推动产品创新，商业养老保险也将面临新的机遇。

第四章“保险中介市场”。该章首先分析了我国保险中介市场的基本情况，分别总结了2011年保险代理机构、经纪机构和公估机构的机构数量和业务收入状况，以及保险中介监管的政策和措施，然后分析并评价了在2011年我国保险中介市场的特点和面临的主要问题，最后讨论了2012年我国保险中介市场可能遇到的挑战以及发展前景。分析表明，2011年我国的保险中介市场无论是在机构数量上还是在业务收入上依旧保持稳步上升的态势。但是，我国保险中介市场仍面临诸多问题。例如，专业中介机构的实现总保费收入尽管相比2010年提高了14.48%但整体实力仍然较弱，无法达成规模效应，而且运营的方式和方法也缺乏创新；保险营销员管理体制改革仍然在不断推进，但各个公司的改革效果不尽相同，未来发展仍然任重道远；中介市场中一些不规范的行为依然存在，并严重地影响了我国保险中介市场未来的发展。因此，我们认为保险中介市场在2012年应该继续深化治理整顿工作，消除行业中违法违规的行为，提升行业声誉。与此同时，保险监管机构应该大力推动专业中介机构的发展，并继续深化保险营销员制度的改革进程。

第五章“保险资金运用”。该章首先分析了影响保险资金运用所面临的国际国内经济环境，然后分析并评价了2011年我国保险资金运用的基本状况和新特点，最后对2012年我国保险资金运用可能面临的主要机遇和挑战进行了展望。分析表明，2011年国际国内经济各种不利因素层出叠加，使得保险资金运用面临着自2008年金融危机之后最为艰难复杂的局面。在肆虐全球的债务危机和通货膨胀、国内经济减速、股市低迷、债市动荡以及保费增速放缓的背景下，我国保险资金运用余额虽然实现了17.3%的增长，但投资收益却出现较大幅度的下滑，仅为3.49%，难抵通货膨胀增速。投资策略偏于谨慎、开始关注并初步涉足保障房建设和未上市股权投资是当年资金运用中所呈现出的与以往不同的新特点。在2012年，调结构将成为世界经济的主基调，受此影响，我国经济增速将有所下降，货币政策将会适当放松，资本市场制度环境将会有较大改善，而保险资金运用的政策环境也将会更加灵活宽松。保险资金应把握机遇，抓紧建设保险资金的对冲机制，加快另类投资的步伐，努力拓宽投资范围。

第六章“保险业监管与改革”。该章首先分析了2011年保险业监管与改革发生的背景，然后系统梳理了过去一年保险监管与改革的过程、所面临的热点、焦点与难点问题，检讨了保险监管存在的主要问题，最后为2012年保险监管与改革的重点提出建议。分析表明，当前，世界经济复苏面临重重压力，国际形势复杂多变，保险业发展面临严峻挑战；但与此同时，我国的发展仍处于重要战略机遇期，保险业继续保持快速发展的基本面没有变，这是我们做好保险业改革与监管工作的有利条件。盘点2011年，保险行业改革不断深化，保险消费者保护得以加强，监管理念进一步明确，监管制度进一步完善，监管水平不断提升，国际监管改革合作得到显著的推进和发展。但是，相对于复杂变幻的外部形势和行业发展的实际，保险监管仍然存在不少值得改进和思考的问题，包括：监管者不独立、有违“反俘获”的制度设计理念；监管人才缺乏；监管制度与机制仍然有待完善；国际监管协调中的话语权仍然有待加强并巩固等。展望2012年，加强消费者教育与消费者保护，加强监管制度建设、强化转变行业发展方式的监管约束，深化市场化改革、促进行业发展等仍将是中国保险业监管与改革的主要议题。

（孙祁祥　郑　伟）

【**全球化下的中国对外贸易**：理论与实证】
陶　涛
中国发展出版社2012年版
300千字

在经济全球化进程中，由于国际分工的不断深化有力地促进了中国对外贸易的发展。2007年中国货物出口超过美国，成为仅次于德国的第二大出口国，2009年又超过德国，跃居为世界第一大出口国，使中国成为名副其实的“世界工厂”。但是，这个“世界工厂”还只是一个世界的“加工厂”，中国要想成为像美国、德国和日本那样，既是出口大国又是制造强国，道路可谓是漫漫其修远。该书全面总结了中国对外贸易的发展路径与发展模式，并探究这一模式的形成机制与其所产生的影响。

第一，国际分工体系如何影响中国的对外贸易模式与格局。自改革开放以来，中国的发展模式就是在中国逐步加入经济全球化过程中基于国内的禀赋条件和发达国家主导的国际经济体系形成的。中国拥有大量廉价的劳动力与资源，而东亚新兴经济体在承接了发达国家的资本密集型产业之后需要向外转移劳动密集型产业，这就决定了中国进行劳动密集型产品加工出口的国际分工地位，中国出口导向型发展模式由此形成，并深深地内嵌于国际经济体系之中。加入WTO之后，随着中国在国际经济中的角色越来越重要，中国的对外贸易及经济发展方式不可避免地、而且是更加深入地受国际经济体系所影响。

20世纪80年代，东亚劳动密集型产业开始向中国转移，90年代欧美及东亚的资本与技术密集型产业的劳动加工生产环节也向中国转移。到了21世纪，发达国家的信息技术产业和服务业的低技术环节也开始外包给中国，自始至终将中国牢牢地锁定在产品链中极为低端的加工环节上，这正是中国对外贸易结构难以升级的外部原因。

第二，中国对外贸易的基础与结构是否改变。由于基于廉价劳动力的比较优势是中国参与国际贸易的基础，同时也是中国出口竞争力形成的重要来源。这一比较优势使中国能够在短期内突破国内技术条件和资本约束的瓶颈，在始终保持劳动密集型出口商品竞争力的同时不断推动出口商品结构的持续升级。目前，中国的出口商品中制成品的比重已超过了95%，高技术产品的出口比重则超过了30%，可见，中国的出口技术复杂度超过了其自身的发展水平，并与高收入国家比较接近。但考虑到加工贸易、外资企业贸易以及政策因素的作用，中国的出口技术含量可能被大大高估了。中国在其出口的高技术产品的生产中实际贡献的只是其中低技术的加工环节。所以在总体上，对外开放 30 多年，中国对外贸易的基础以及中国进口相对高技术产品、出口低技术产品的贸易格局并没有发生根本性变化。

第三，直接投资是否促进了中国对外贸易及经济发展。外资企业依然主导中国对外贸易，特别是加工贸易，成为中国贸易利得的主要获取者。在开放性激励政策的作用下，中国一直是全球吸引对外直接投资的“明星”。外资企业在中国对外贸易中的卓越表现在很大程度上说明了外资在中国的投资动机主要是资源与要素导向型的，即将中国作为制造与出口平台；而在进口方面，很大程度上是“为出口而进口”，所以外商直接投资对中国的对外贸易有着根本性推进作用。

随着中国外汇储备的日益丰足和中国企业不断地做大做强，中国对外直接投资也将呈现出不可阻挡之势。但中国对外直接投资的基础、动机与可能的收益，无论在理论上还是实践中都还存在着困惑，依然是待解的问题。

第四，对外贸易是否促进中国经济增长与发展。对外贸易是经济增长的“发动机”。促进经济增长和提高人均收入水平是中国参与国际分工的基本初衷之一。该书指出，这种增长效应实现的路径包括：第一，对外贸易的扩张扩大了中国的就业规模，尤其是从无到有的加工贸易吸纳了大量的农村剩余劳动力，通过要素投入型的经济扩张，刺激了经济增长。第二，对外贸易有利于资本积累。中国虽然人口众多，但在发展初期由于人均购买力不足，使国内市场规模受到限制。在这种情况下发展对外贸易（尤其是出口）可以克服需求的局限性，最大限度地实现规模经济。中国正是通过“小步快走”的形式进行要素积累，也快速地提升了自身的禀赋结构。第三，对外贸易有利于促进技术进步和提高生产效率。出口的学习效应有助于中国提高生产率，而进口除了给中国的经济发展提供必需的资本品和技术外，还能够给企业形成强大的竞争压力，从而有利于市场中的优胜劣汰和效率竞赛。第四，对外贸易能够促进制度演进和经济转型。通过对外贸易，中国不断接触外部世界的新知识、新理念与新技术，并将其不断转化为改变自我的强大动力。

但是，中国的对外贸易模式与结构的一些负面性也影响了中国的可持续发展。比如，对外贸易扩大了不同类型劳动力之间的收入差异，特别是技能劳动力与非技能劳动力之间的差别，凸显了中国收入不平等的问题；另外，“中国制造”这个“荣誉光环”的背后是资源消耗与环境污染的巨大代价；再者，集中于低端加工环节的生产模式抑制了人力资本积累和技术创新的动力，不利于自主创新的养成机制。

第五，中国在国际贸易体系及区域经济合作中的角色。中国在承接发达国家及新兴工业国家产业转移的同时，也承接了这些国家对发达国家的贸易顺差，使得中国对外贸易成为世界经济不平衡中的重要因素。对于这一贸易结构，一方面彰显了中国在世界贸易和国际经济中的不可动摇的重要地位，另一方面也凸显了中国深受国际经济影响和制衡的不利因素。国际经济的动荡与危机不仅重创了中国的对外贸易和投资，还将深深影响着中国经济的发展与转型。至于中国在多边贸易体系和区域贸易合作中的突进，在不断增强中国在国际经济中的地位与角色的同时，究竟能给中国带来怎样的福祉，尚未可言清。

该书指出，尽管 30 多年来，中国的对外贸易无论是在规模上还是在世界地位上已经发生了天翻地覆的变化，但是对外贸易发展的基本轨迹依然没有改变，尤其是当其负面性已经对中国经济的转型与发展影响越来越深时。如今，中国已经进入了大国之列，并跨入了上中等收入国家的“俱乐部”。为了实现跻身高收入国家的目标，中国需要继续适应各种制度，完善市场，提升要素结构，构建长效的机制，并能灵活应对不可预知的各种急剧变化。

（陶　涛）

【中国制造业生产要素相对比例变化及经济影响】

黄桂田等

北京大学出版社 2012 年版

450 千字

按生产要素的相对比例，可以将产业部门划分为劳动密集型、资本密集型和技术（或知识）密集型。由此，人们从比较优势原理出发，认为中国的相对优势是劳动力丰富且劳动力成本低，大力发展劳动密集型产业，是中国参与全球经济一体化进程的比较优势。改革开放以来，中国的持续强劲的对外进出口及高速经济增长，是否是劳动密集型产业发挥了主要作用？中国是否应该保持或如何保持劳动密集型产业的发展优势？一直是人们关注的热点论题。在中国产业布局的战略选择取向上，一直存在这样的重大争论。例如，林毅夫教授一直认为，中国作为一个最大的发展中国家，通过比较优势战略大力发展劳动密集型产业不仅能够创造出更多的就业岗位，而且，由于使用较多廉价的劳动力，节约资本，保持成本优势，使之具有竞争力，创造出更多的利润，形成资本积累。中国是否应该避免资本密集型产业的发展而应坚持劳动密集型产业为主？林毅夫教授的观点引发过激烈的争论。

然而，在现实经济中，哪些产业属于劳动密集型，这些劳动密集型产业生产要素的相对比例是否发生了变化？迄今为止，从理论与实证相结合的角度对产业部门生产要素使用比例的实证研究不仅缺乏系统性，也缺乏可信性。这方面的研究可以说属于空白。人们对劳动密集型产业等概念使用的多，具体到产业层面对生产要素的相对比例及其变化研究的少。凭感觉得出的判断，很容易对实践产生误导。

如果说三次产业分类法、国家（或国际）标准分类法、按需求的交叉弹性分类法等对产业分类有各自明确的划分标准的话，那么，按生产要素的相对比例将产业部门分为劳动密集型、资本密集型和技术（知识）密集型，则只是概念性的、缺乏明确的划分标准。尽管很少部分学者零星分散地做过划分的尝试，但指标的选择带有明显的任意性，划分的方法存在明显的缺陷，数据缺乏可靠性。

鉴于以上情况，该书所做的具有创新性工作是：第一，从思想史的角度对劳动密集型产业、资本密集型产业、技术密集型产业的划分进行了系统的理论梳理；第二，对生产要素相对比例的产业划分指标进行了严格的论证和筛选；第三，对模糊聚类方法进行了改进；第四，运用可靠的分行业数据进行了可信的划分，揭示了改革开放过程中我国制造业生产要素使用比例的变化；第五，选择具有代表性的制造业细分行业进行了历史实证性研究；第六，对我国制造业生产要素使用比例变化的经济效应进行了系统而深入的分析。这些对于推进相关研究、把握我国制造业发展动态、制定相关的经济政策，具有重要意义。

该书分为三篇。第一篇为全书的理论基础。该篇对生产要素密集型产业进行了历史溯源，对要素密集型产业分类方法进行了系统的梳理，并利用我国 1993—2007 年的制造业分行业面板数据对相关产业进行分类。利用制造业细分行业的面板数据（1993—2007 年），用改进过的聚类方法和自主设计的计算机聚类程序，依要素密集度对我国产业进行了划分。结果表明，一些产业在此期间从劳动密集型转变为资本密集型，如从1998年开始，石油加工及炼焦业、化学纤维制造业、黑色金属、有色金属、化学原料及化学制品制造业、农副产品加工业、造纸业、饮料制造业等产业逐步转化为非劳动密集型产业。

第二篇旨在理解产业要素密集度变化的内在动因，为第一篇所做的产业划分结果提供细分行业实证支撑。将有代表性的制造业即家庭影视设备制造业、纺织业、汽车业、医药业、饮料制造业、食用植物油加工业六个行业作为典型行业，考察了产业要素密集度变化的决定因素，并进一步探讨了在资本密集度上升的情况下，各产业是否存在效率增进。Malmquist生产率指数显示，从全国平均水平来看，汽车产业全要素生产率（1993—2007）以年均7.1%的速度增长；化学药品制剂行业的年均增长率为4%；食用植物油加工业（1998—2007）的年均增长率达到11.5%。Malmquist生产率指数分解结果表明，各产业生产率的提升主要受益于技术进步，而管理改善和要素优化对生产效率的提升作用并不显著。

第三篇旨在考察生产要素相对比例变化对经济的影响。从对外贸易、整体就业、国民收入分配、经济增长以及区域经济发展五个方面，综合考察了产业要素密集度变化对于经济的影响。实证结果表明：劳动密集型制造业对国民生产总值的贡献呈现先下降后上升的特征，至2007年已经攀升至13.51%；劳动密集型产业的出口一直是拉动我国出口的主要力量，1993年劳动密集型产业的出口占比为88.56%，2007年的比重依然高达82.61%；劳动密集型产业的就业比重在1993—2003年呈快速下降趋势。我国规模以上工业企业人均资本与GDP之间的宏观同步增长性在区域经济中依然成立，但人均资本的增长幅度整体小于GDP的增长幅度；2006—2008年，人均资本增速的方差在逐年扩大，说明人均资本增长的省际不平衡在扩大；人均资本增长与GDP增长之间存在周期性关系，或者说是存在滞后效应。

（黄桂田）

【中国经济增长报告2012——宏观调控与体制创新】

刘 伟 许宪春 蔡志洲等

北京大学出版社2012年版

400千字

全球金融危机以后，虽然中国仍然保持着较快的经济增长，但增长率已经较前些年有所回落。这种经济增长率的放缓有复杂的原因，既有需求方面的原因，也有供给方面的原因。国家通过应用各种宏观调控手段，解决和改善经济发展中的各种矛盾，也收到了一定的成效。但是许多深层次的矛盾并没有真正解决。该书通过对体制创新和宏观调控对经济增长和经济发展中的关系的研究，探讨保持中国可持续增长的途径。从改革开放30多年的高速经济增长来看，促进我国经济增长的最基本动力是体制创新。通过这种创新，调动了广大生产者和劳动者的生产积极性，优化了资源配置，提高了劳动生产率和生产要素的效率，实现和超越了我们的长期增长目标，并带动了经济社会等一系列领域的发展。因此，就体制创新和宏观调控对促进中国经济增长的作用上看，体制创新是基本的，并且为宏观调控提供体制和市场的基础，而宏观调控则主要是在一定的体制基础上通过短期的需求管理，平抑经济增长和价格总水平的波动，提高宏观运行的效率。从这个意义上看，体制创新在资源配置上比宏观调控具有更加基础性的意义。从中国长期的经济增长看，现代意义上的宏观调控实际上是在进行了市场化改革后才建立的，而不断进行的体制创新则伴随和推动着整个改革开放后的中国经济增长。

在研究二者的关系时，我们尤其重视供给管理在促进我国经济增长中的重要性。需求管理指的主要是在最终需求领域进行的管理，我们的宏观调控主要属于这一类管理，它主要从平抑短期波动的目标出发，通过宏观管理实现平稳增长的目标。而供给管理主要是从供给领域或者是生产领域进行的管理，通过调整供给领域的各种关系，从微观层面促进经济增长，属于中长期政策。进入新世纪后，中国经济之所以能够保持稳健而又强劲的增长，从需求管理上看，是我们的宏观调控发挥了作用，而从供给管理上看，则是当时的市场化改革逐渐取得了成效，使市场在激励企业、配置资源等方面更好地发挥了基础性的作用。虽然我们不能简单地把需求管理与宏观调控、供给管理与体制创新等同起来。但我们之所以强调供给管理，在很大程度上确实是因为经过多年的发展，市场化改革之后，在很多方面仍不能适应当前经济发展的需求。如当时进行的国有企业现代企业制度改革，在当时强调了责权利之间的有机结合，对搞活国有大中型企业具有积极的意义，为此给了他们很多特殊的政策，形成了国有企业在许多重要领域的垄断地位，降低了整个国民经济的运转效率；还有住房体制改革，对我国经济在当时形成新的增长点，改善人民生活作出了很大贡献，但随着房价的不断上涨，这一领域中的很多问题已经尖锐地体现出来；还有当时进行的金融体制改革，对改善我国应用货币政策的微观基础尤其是银行体系的改造发挥了重要作用，对过去十年来的宏观调控和经济增长作出了积极贡献，但是随着民营经济的发展和社会财富的积累，银行业甚至整个金融业的发展却没有相应跟上，造成大量资金在金融体系外循环，削弱了货币政策在生产领域的效应。这些问题，都不是通过调整货币政策、进行总量调控所能够解决的，而需要更深刻的体制创新。2010 年，随着金融危机对中国经济的冲击有所缓解，我国积极的宏观经济政策开始“择机退出”，强调经济增长实现由政策刺激向自主增长的有序转变，而为了应对通货膨胀的压力，宏观经济政策尤其是货币政策是稳健偏紧的。我们当然需要根据中国经济增长的变化对宏观经济政策的节奏、力度进行及时的、科学的调整，适度地增加政策的灵活性以提高政策的有效性，但从总的原则上看，为保持物价稳定、平稳经济增长和在科学发展观指引下转变经济发展方式，宏观政策不宜太松。在当前形势下，应该在保持宏观经济政策稳定和持续的基础上，积极而又稳妥地推进体制改革。国家也提出当前和今后一段时期改革的重点领域和关键环节：一是进一步转变政府职能，理顺政府与市场的关系，改善宏观调控，健全市场体系，深化垄断行业改革，更好地发挥市场配置资源的基础性作用。二是推进财税体制改革，理顺中央与地方及地方各级政府间财政分配关系，更好地调动中央和地方两个积极性。三是深化土地、户籍、公共服务改革，理顺城市与农村的关系，推动工业化、城镇化和农业现代化协调发展。四是推进社会事业、收入分配等改革，理顺经济与社会发展的关系，扭转收入差距扩大趋势，努力提高资源配置效率，有效保障社会公平正义。五是推进依法行政和社会管理创新，理顺政府与公民和社会组织的关系，深化政务公开，健全监督制度，建设服务、责任、法治、廉洁政府。但如何实施这些改革以及如何克服在改革中遇到的各种困难，仍然存在着很多的争论，该书在这一方面进行了深入的研究。

2012 年，是邓小平南方谈话发表 20 周年，这一讲话是中国的经济体制改革进程中重要的里程碑。在此之后，党的十四大明确提出要把建立社会主义市场经济体制作为中国经济体制改革的目标，极大地推动了后来的中国经济增长和现代化建设。因此，该书对中国中长期经济增长取得的成就进行了概括，并且对亚洲金融危机以后到现在的中国市场化改革、经济增长和宏观调控的历程进行了全面的总结，并在这一基础上对中国的体制创新进行了反思。从2003年开始，中国开始走出通货紧缩的阴影，在那以后，反通货膨胀成为中国宏观调控的重要目标之一，虽然中间经过一些反复，但是从中国经济的长期发展看来，处理好通货膨胀和经济增长、就业等的关系将会成为我国宏观经济政策的长期任务。最后，我们对经济增长中体制创新和宏观调控的关系进行了研究，讨论了金融体制改革、财政体制改革和人民币国际化的问题。

（刘 伟 蔡志洲）

【告别贫困——中国农村金融创新与反贫困**】**

王曙光

中国发展出版社2012年版

250千字

该书以中国西北和西南边远民族地区的田野调查为基础，以反贫困为视角，对欠发达地区的农村金融发展和机制创新进行了深入的案例研究和理论探讨。该书基于对贫困性质与根源的深层思考，提出了反贫困的系统性制度框架，以开阔的视野广泛涉及少数民族金融发展、城乡融合与制度创新、社区发展基金的反贫困机理、农信社改革顶层制度设计与地方创新、大型商业银行提供农村金融服务的机制转型、以及欠发达地区职工合作医疗保险制度构建问题。

该书提出了新的贫困分类，将中国的贫困分为制度供给不足型贫困、区域发展障碍型贫困、可行能力不足型贫困（结构型贫困）、先天缺乏型贫困和族群型贫困，这种划分基本概括了中国几乎所有种类的贫困类型。但是在现实中，所有这些类型的贫困往往交织在一起，在一个区域中，贫困人群的致贫根源往往是综合性的。中国的反贫困战略大致也划分为制度变革型扶贫、基础性扶贫（或大推进型扶贫）、迁移型（或生态恢复型扶贫）、能力增进型扶贫（或结构型扶贫、造血型扶贫）、救济型扶贫（或输血式扶贫）和族群系统型扶贫。但是在反贫困实践中，各类措施往往齐头并进形成合力。在中国当前的贫困问题中，民族地区贫困已经成为尤其尖锐的问题，区域性的族群贫困是未来影响地区经济发展和社会稳定的重要因素。解决区域性的族群型贫困需要综合性的系统思路，需要扶贫主体的多元化和扶贫模式的多元化。在很多民族地区比较成功的扶贫实践中，往往将救济式扶贫、以金融扶贫为主的能力增进式扶贫，以及以整村推进战略和异地迁移战略为主的普惠型大推进式扶贫等扶贫模式搭配使用。这些模式的综合使用，不仅可以使一个民族区域大面积地为整体脱贫奠定良好的基础，而且可以在很大程度上提高扶贫工作的瞄准程度与扶贫效率。在这些与民族地区反贫困有关的行动中，政府的角色是非常显著的，但这并不能排斥民间非营利组织和市场组织的重要性，尤其在能力增进型扶贫中，非营利组织和市场都扮演了重要角色，如在社区发展基金和商业性信贷中，非营利组织和市场化机构起到关键的作用。这些机构通过创新性的机制设计激发了潜藏在贫困人群中的内在创造力和自组织能力，从而把贫困人口自己也纳入到反贫困主体当中来，这是支撑当今扶贫工作的重要理念之一。

基于对我国西北和西南少数民族地区农村反贫困的考察，该书提出“民族金融”的理念。“民族金融”是指适应和尊重当地少数民族宗教信仰与生活习俗、主要为少数民族地区农户、微型企业和农牧民合作社提供信贷和其他金融服务的金融体系，民族金融以提高少数民族地区农村居民信贷可及性为主要目标，致力于少数民族地区最贫困阶层的减贫和脱贫。西北少数民族宗教和社会状况比较复杂，因此民族金融发展要考虑到当地的宗教信仰和社会生活形态。例如在甘肃的民族地区，地少人多，农业不发达，剩余劳动力的转移主要靠外出务工或经商，而这些地区大多属于回族、东乡族聚居区，伊斯兰有从商的传统，小商业比较发达。当地的主要收入来源还是务工和经商，农民的商业性小额贷款需求很大。从民族地区的宗教信仰来看，古兰经教义不禁止借贷，但禁止取息，重视借贷信用。如果借款人实在无力偿还，需要向贷出方说明理由，并申请延期。如果故意不还款，在教义中是不允许的，因此实际上在当地的穆斯林社区内（包括回族和东乡族）有着很好的信用基础。西北民族地区的农户信贷需求差异也很大，在糊口农业中，很多农民需要借贷购买化肥种子等投入品，贷款需求仅仅一两千元；而商业小额贷款和种植业贷款中，资金需求一般在数万元。基于西北少数民族地区的金融状况的田野考察，该书提出了新的金融反贫困的系统性框架。在这个框架中，涉农的大型金融机构，如农业银行、农业发展银行等，不再主要为大量的小农户提供微型金融服务，而是发挥比较优势，通过向微型金融机构（农民资金互助组织、小额贷款公司、NGO 小额信贷组织、村镇银行等）进行批发贷款而把业务半径辐射到农户，同时大型金融机构也可以直接向贷款需求几百万元以上的农业大户、农业龙头企业、农民专业合作组织等进行信贷服务。这样，大型金融机构能够致力于帮助那些根植乡土的微型金融机构和 NGO 组织，为这些更了解农村社会、具有信息优势而无资金优势的微型机构提供资金支持。微型金融机构从大型金融机构中获得批发贷款后，专注于农户小额信贷，更加贴近农户，了解客户需求和实际状况。农业龙头企业、农业大户、农民专业合作社与农户之间形成产业合作关系，实现产业发展与农民增收。政策支持成立担保公司，根据宏观政策和产业政策的需要，为不同类型的机构、组织和农户提供政策性担保或商业性担保，同时进行不同类型的补贴。这样，农村金融的各相关主体将形成大中小结合、既有分工又有合作的农村金融生态体系，形成多层次、广覆盖、高效率、可持续的普惠型农村金融体系，更好地服务于民族地区的经济社会发展。

（王曙光）

【社会资本视角：中国跨国公司员工外派适应与绩效研究**】**

周燕华

经济管理出版社 2012 年版

175 千字

伴随着中国企业国际化的步伐，中国跨国公司外派人员的数量也在不断增长。据有关数据显示，2009 年，中国境外中资企业（非金融类）就业人数达 97 万，中方员工超过 53 万人，外派人员比例高达 55%。因此，外派员工的管理成为中国跨国公司面临的一个全新的课题和挑战。

但现有文献中，对中国跨国公司外派人员海外适应和外派绩效研究相对较少，而社会资本视角下的外派研究文献则相对更少。因此，聚焦于社会资本视角，对中国跨国公司外派员工的海外跨文化适应性与外派绩效问题进行实地调研和实证分析，在某种程度上，可以填补中国企业外派适应和外派绩效研究的空白。

该书在回顾国内外已有学术文献的基础上，建立了基于社会资本和外派适应相关理论构建研究框架，并阐述中国企业国际化经营和外派员工管理的现状，归纳分析外派员工管理的问题。在此基础上，该书以中国跨国公司外派员工为研究对象，对外派员工社会资本、海外适应性、外派绩效及其影响因素进行了全面的实地调查、问卷调查和实证研究。

从外派员工社会资本来看，该书基于中国文化和社会环境，构建了关系来源、关系内容和关系结构三个维度测量员工社会资本的研究框架。即外派人员与谁、建立了什么样的关系，其网络结构特性表现如何。研究显示，中国跨国公司外派人员更倾向于与母国其他外派人员的互动。

从员工社会资本和外派适应来看，社会资本对外派适应（一般适应、互动适应和工作适应）具有积极影响。从关系来源来看，本土化比例对互动适应有显著正向影响；从关系内容来看，外派人员与东道国居民的工具性关系对一般适应和互动适应有显著正向影响，与东道国居民情感性关系仅对互动适应有显著影响；外派人员与母国其他外派人员的情感性关系在工作适应中发挥显著作用；从网络结构来看，与东道国居民频繁的互动对一般适应有显著影响，与东道国居民网络规模和网络紧密度对互动适应和工作适应有显著影响；与母国其他外派人员的网络规模、网络紧密度对工作适应有显著影响，但与母国其他外派人员频繁的互动对一般适应具有负面影响。此外，文化差异在社会资本对外派适应的影响中具有一定的调节作用。

从外派适应和外派绩效来看，在外派适应的三个维度中，工作适应对外派绩效具有直接的显著正向影响效果，互动适应和一般适应对工作适应具有显著正向影响；此外，不同性别、不同年龄、不同教育程度、不同婚姻状态、不同外派经历、不同外派时间、不同东道国语言和英语熟练程度的外派员工在外派适应和外派绩效上存在显著差异。

基于实证研究结论，该书提出了中国跨国公司外派员工管理的建议。即从外派员工选择标准、东道国文化培训、东道国绩效考核指标、东道国薪酬体系及其职业生涯规划等一系列管理工作提出相应的发展建议。

综上，该书聚焦中国跨国公司外派员工管理进行实证研究，研究亦得到一系列富有价值的结论。研究框架符合已有学术研究规范，延展和融于现有学术文献，而且适合中国文化和社会环境，对于拓展这一主题的学术研究视野和推进相关研究具有重要的理论价值。研究以中国跨国公司外派员工管理中的核心问题为主线展开，起始于中国企业国际化经营中面临的新问题，落脚于指导中国企业外派员工管理的实践，从理论层面拓展和掌握问题的思考路径及其破解之法，不仅限于研究结论和政策建议对企业具有实际价值的指导意义，而且研究中认识问题、分析问题和解决问题的思路亦有助于管理者破解其实践难题。

（周燕华）

【嵌入性视角的产业集群发展研究——以青海藏毯产业集群为例】

李　毅

经济管理出版社 2012 年版

233 千字

该书围绕着青海藏毯产业集群是如何形成和发展的这一问题，引入嵌入性理论来给予合理的理论解释，探讨了如何利用嵌入性来培育产业集群。藏毯是青藏高原地区的藏民族传统产业，在青藏地区已经流传了 3000 多年，可谓源远流长。

该书主要研究思路为探讨产业集群是如何嵌入特定制度、网络和文化等社会环境之中的，并结合青海藏毯产业集群的形成和发展过程来分析制度、网络和文化等嵌入性因素是如何影响产业集群的形成和发展。在前人研究的基础上，从嵌入性视角研究青海藏毯产业集群发展问题，并将嵌入性细分为制度、网络和文化三个嵌入性维度进行研究，分析阐述了制度、网络与文化在产业集群发展中的互构机制。

全书由三大部分构成。第一部分为基础部分，包括第一章和第二章。主要从产业集群相关理论和嵌入性理论入手，构建研究框架。第二部分为主体部分，包括第三、第四、第五和第六章。主要从制度、网络、文化三个维度分别展开分析，并探求三者之间的互动机制。作者还结合青海藏毯产业集群发展情况进行了实证分析，理论分析结论得到了有效验证。第三部分为对策部分即第七章。主要基于一、二两部分的研究和铺垫，提出了促进青海藏毯产业集群发展的政策建议。在课题研究过程中，作者曾深入藏区进行调查研究、深度访谈、问卷调查长达数年，深度访谈了100多位藏毯价值链各环节的企业管理者、政府相关部门官员、高校学者等，这些第一手的基层数据和资料奠定了研究的厚重基石。总体上看，该书特色主要体现在以下四方面。

第一，从嵌入性视角来实证研究青海藏毯产业集群发展的影响因素是一个新的尝试。在总结前人研究成果的基础上，作者构建了基于嵌入性的产业集群发展的研究框架，从制度嵌入性、网络嵌入性和文化嵌入性三个嵌入性维度进行综合分析，尝试从社会学和经济学交叉的角度来探讨集群发展的影响因素，补充了目前关于多学科交叉研究产业集群问题方面的素材，丰富了产业集群理论。同时，研究拓展了格兰诺维特的嵌入性理论的内容，从社会网络拓展到产业网络，作者认为产业网络和社会网络交织在一起共同影响集群发展。这一研究无论对于产业集群学术领域的拓展，还是藏毯产业集群的现实分析都颇具价值。

第二，提出了基于嵌入性的产业集群生命周期分析方法。全面研究了制度、网络和文化三个嵌入性因素在青海藏毯产业集群生命周期中不同阶段的作用，重点分析了制度、网络和文化之间的相互关系、交互作用及其对青海藏毯产业集群发展的影响。作者在大量访谈的基础上，提出制度、网络和文化只有形成互动驱升机制才能不断推动青海藏毯产业集群发展的观点。以往的研究大多只关注某一或几方面社会因素对集群发展的影响，该书力图探究各种不同社会因素（制度、网络和文化）之间的相互关系、交互作用对藏毯产业集群发展的影响，提出了正式制度（政策）要通过关系网络和企业家精神才能发挥最大功效的观点。这一研究可以将理论层面要素分析结论转化为有助于促进藏毯产业发展的可操作性的政策建议。

第三，研究发现了藏毯企业间网络关系、藏毯企业与政府之间的关系分别与企业经营绩效呈正相关。在对青海藏毯产业集群的实证分析中发现：藏毯产业集群企业间网络关系越广，企业经营绩效越好；藏毯产业集群企业间网络关系强度越强，企业经营绩效越好；藏毯产业集群企业与政府之间的关系越紧密，企业经营绩效越好。研究证实了青海藏毯产业集群具有很强的网络嵌入性，发现在青藏高原这种市场机制十分不健全的极度落后的民族地区培育产业集群时，集群主体间强关系极为重要，即存在“强关系优势”。格兰诺维特的“弱关系优势”原理并未得到验证，这一研究结论符合中国的现实，具有很强的实践指导意义。

第四，提出了藏毯产业中行动者的经济行为不完全都是经济理性的。研究中将经济学的效率逻辑与社会学的合法性逻辑相结合，认为青海藏毯产业集群中行动者的行为并非都是经济理性的。政府制定的促进藏毯产业集群发展的政策会受到地方传统文化和社会关系网络的影响，发展藏毯产业集群的政策是否有效并不完全取决于其经济效率最大化，还要取决于其社会合法性即社会认可度，只有被广泛认可的政策（制度）才能促进藏毯产业集群发展。藏毯产业集群中的经济行为有经济理性的，也有非经济理性的，二者都有发挥作用的空间。这一研究结论为地方政府制订促进藏毯产业集群发展的政策指明了方向。

总之，该书采用理论与实践相结合、动态与静态相结合、定性与定量相结合的研究方法，从制度、网络、文化三个不同维度剖析其在青海藏毯产业集群发展不同阶段的作用。因此，这一研究无疑丰富了青藏高原地区特色产业集群的理论，对于区域产业集群发展，尤其是对藏毯产业集群的发展具有重要的理论和实践参考价值。

（李　毅）

【中国影子金融体系研究报告】

李建军　Sara Hsu（徐赛兰）　田光宁
知识产权出版社 2012 年版
270 千字

美国“次贷”危机发生后，影子银行（Shadow Banking）引起各国理论与金融实践部门的高度关注。所谓影子银行是非银行金融机构以及非正式金融组织及其产品运营体系的总称，是由投资银行、对冲基金、货币市场基金、结构投资载体（SIV）等非银行金融机构、非正规金融组织和信用衍生品等非常规金融工具构成的信用体系，具有信用创造功能，流动性转换、风险转换、期限转转的功能特征。在中国，影子银行有其独特的形态，更多体现为融资功能，应该称之为影子金融体系（Shadow Financial System），它由三个基本层次组成，第一层包括银信合作、证券公司等，其业务包括表外业务，信贷产证券化、货币市场基金、回购交易、信托理财、金融租赁等；第二层次由小额贷款公司、融资性担保公司、典当行、投资公司等组成，这些机构主要提供信贷或者是信贷担保服务；第三层由互联网借贷平台机构、私人钱庄、经纪人借贷等组成，它主要提供非正式的借贷融资服务。影子金融体系规模与结构如何？其快速发展对金融与经济运行产生怎样的影响？应该如何监管？是本报告研究的重点。

中国的影子金融体系的业务规模发展较快。资产证券化方面，2000 年开始试点，2008 年美国“次贷”危机后被叫停，2012 年重新启动。货币市场基金于 2003 年开始出现，从当年发行规模不足 10 亿元发展到 2011 年的 1200 多亿元。信用衍生品方面，2010 年创设信用风险缓释工具（CRM），被称为中国版的 CDS。银行、信托与券商理财产品发展比较快，到 2011 年底，银行理财产品余额约 24000 亿元，信托理财约 7500 亿元、券商理财 600 亿元，融资租赁 9200 亿元，房地产信托 2700 亿元；小额贷款公司、融资担保公司、保险经纪公司、投资公司、民间资本管理公司等数量与业务规模迅速增长，成为影子金融系统的中成长最快的部分。民间融资总量约 3.8 万亿元，占企业贷款余额比重为 10%。在全社会融资规模当中，影子银行系统融资超过 10 万亿元。影子银行提供的信用规模有效地支撑了中国经济的增长，对经济增长的贡献较为明显。对于中国影子银行体系的监管重点是提高商业银行、信托公司、证券公司、保险公司等的信息透明度，建立创新业务注册登记制度，严格监测银行表外业务、杠杆率等；提高对投资公司、担保公司等机构准入门槛。引导民间金融机构，使其合法化经营，建立起民间借贷登记监测与统计制度。应加强监管主体之间的协调性，建立完善的宏观审慎框架，控制系统性金融风险。

（李建军）

【产业集聚与区域经济协调发展研究】

王 珺等

经济科学出版社2012年版

560千字

改革开放以来，随着我国经济的快速发展，经济活动的空间分布发生了明显的变化，不同行业、特别是制造业中不同行业不断向东部沿海集聚。在产业集聚的同时，地区间的生产总值增长速度也大不相同，进而使地区间，尤其是省级之间的收入差距有所拉大。该书在广泛调研和全面数据分析的基础上，从地区分工的视角探讨集聚与地区收入差距之间的关系。首先从产业专业化与多样化的地区分工类型与产业集聚与扩散的地区分布类型两个视角对产业的空间结构进行了划分，接着用这种分类并参照国际经验，提出了产业集聚与区域发展关系演变的阶段性，然后用运输成本与体制和政策这两个因素解释了这个阶段的形成与变化机制。最后将这种判断与解释具体地应用于我国的不同产业与地区。这种应用从产业与地区实践角度一方面扩展了这个阶段性分析与分析框架的解释力，另一方面印证了对我国产业集聚与地区协调发展的阶段性分析与变化趋势的预测。

该书得出以下几点结论：第一，随着市场经济工业化的发展，地区间产业分工与收入差距是一个从相互对应变为不对应的过程。第二，产业集聚与区域发展之间的联系具有阶段性特征。第三，不同的经济发展水平与体制环境决定了在阶段性转变中的转折点差异。第四，体制与政策因素对我国在阶段性转变中起着更重要的作用。在此基础上，提出了相应的一些政策建议。

该书分为四个部分14章内容。第一部分包括导论和理论文献评述两章，主要对研究对象与方法、理论文献与经验数据等作了一个梳理与概述。第二部分以60年来中国各地区间产业分布、专业化分工程度与收入差距为考察对象，以体制与政策的战略性调整为界限区分了地区发展的两个时期，对改革开放以来我国产业集聚与地区收入差距之间的关系进行描述，然后构建了阶段性的理论框架，并对我国的实践过程作出阶段性判断。最后运用运输成本和体制与政策等两个因素对这一关系进行分析。这一部分包括了历史演变、发展特征以及理论框架与解释等三章内容。第三部分是以汽车、电子信息制造业、纺织、家具与建筑洁具陶瓷等五个行业的地区性集聚与扩散为案例，运用区位熵与行业比重相结合的统一分析方法，考察了它们各自在1998—2007年间的空间集聚与扩散过程、原因以及这种变化对地区发展的影响。第四部分选择了我国四个不同的地区类型展开研究，首先用产业分布的基尼系数来观察这四个不同类型的区域在它们内部的产业分工联系与收入差距情况。然后讨论了不同类型的阶段性特征以及形成原因，用运输成本与体制政策等两个因素分析解释了这四种不同类型在各自阶段性转变的过程。最后对每个地区的持续转变给出了相关的政策建议。

该书创新性体现在三个方面：一是数据中的新发现。通过研究发现，与世界其他国家的经验一样，我国制造业部门的地区分布与地区收入差距也经历了一个倒U型过程，分权竞争体制在这一过程中发挥了更重要的作用。二是理论上的新解释。我们用产业集聚与扩散的分布指标与专业化与多样化的分工指标对地区间产业分布与分工类型进行了划分，提出了三个阶段的理论观点，即专业化集聚、多样化扩散与专业化扩散。一些发达的市场经济国家已跨入到了第三个阶段，从总体上看，现阶段我国基本上处于多样化扩散阶段。三是方法上的新综合。在过往的分析中，对地区间产业分布的集聚与扩散的描述与对地区间产业分工现象的专业化与多样化的分析是分开的。我们把两者结合起来，并对五大产业的专业化与集聚水平进行分析。

（王　珺）

【广州新型城市化发展战略研究】

梁桂全　刘品安等

广州出版社 2012 年版

245 千字

在我国改革开放 30 周年之际，国务院批准出台《珠江三角洲地区改革发展规划纲要（2008—2020 年）》，明确赋予广州“国家中心城市”“综合性门户城市”等目标定位，要求广州建成全省宜居城乡的“首善之区”和面向世界、服务全国的国际大都市，逐步发展成为亚洲乃至世界的金融、贸易、文化、管理等中心。服务于国家总体发展的战略大局，落实国家战略的要求，既是广州的责任，也是广州应该主动追求的第一战略目标。

目前广州人口城市化水平较高，城市化进程从规模扩张向质量提升阶段转变。城镇人口占常住人口比例由 1978 年的 48% 上升到 2010 年的 83.78%。城市空间快速拓展，发展模式正逐步由粗放拓展向集约提升转变。广州的综合竞争力排名全国第三，同纽约、东京等国际性大都市相比，尚有较大的提升空间。广州目前面临前有标兵、后有追兵的形势，保持和巩固当前的地位和竞争力，需要谋求符合时代发展潮流、满足经济转型需要和改善民生的战略措施。30 多年的高速经济增长在带来物质生活改善的同时，耗费了大量的资源和造成了严重的环境污染，广州的城市化必须避开传统的城市化路径，开辟新的城市化道路，追求人与城市和谐相处、经济发展与生态资源维持平衡，实现城市的可持续发展，为当代和后代提供良好的生活和工作环境。广州新型城市化发展，基于问题导向（民生问题），需要以民生为基本取向；而基于目标导向（参与全球竞争，提升城市位势），需要以竞争力为基本取向，同时两大取向之间辩证统一、相互促进。因此提出广州新型城市化应该走民生和竞争力导向型道路，其基本内容可概括为：筑民生之基，垒竞争力之塔，优美宜居，共同富裕，城乡一体。

何谓新型城市化道路？新型城市化道路是基于对世界多元城市化发展模式进行分析与借鉴，同时对目前中国城市化进程中存在的问题进行全面思考与平衡，多方面考虑未来世界发展趋势及其对中国的影响，在确定中国城市化的目标与模式这个战略层面上提出来的。它重点考虑了下述几个方面的因素：一是要坚持科学发展观，在尊重城市化规律的前提下推进城市化进程，防止人为主观意志对城市化发展的影响。二是要对城市化动力机制作出科学设计。城市化动力机制是决定城市化进程、城乡关系的最主要因素，是决定城市化道路最核心的要素，必须在比较分析的基础上进行科学设计。三是必须考虑我国自然资源总量大、人均少、劳动力资源丰富、资本等生产要素缺乏的现实，充分认识在城市化初期非农产业发展与城市城镇建设中对资源和环境的负面影响，协调处理好各方面关系。四是要根据世界城市化的一般规律和中国人口的特殊情况，吸取发展中国家农村劳动力转移的经验与教训，发挥中国社会主义制度的优势，建立起以有宏观调控的农村劳动力自由流动体制为中心内容的城市化人口流动管理体制。因此，新型城市化道路涵盖的主要内容是：以人的发展为轴心，遵循工业化与城市化、农村与城市、农业与工业协调发展的城市化规律；建立政府引导、市场主导、民营经济推动的城市化机制；推进人口、资源、环境协调发展的集约型、可持续的城市化进程；实行农村劳动力自由流动和供求管理的城市化体制，完成人口由农村向城市的空间转移，地区经济社会结构由传统社会向现代社会的转型；实施大中小、多产业类型共存的城市化模式。

广州实施新型城市化道路的愿景是构建民生幸福、紧凑高效的现代化国际大都市空间，发展具有主导控制力的城市产业，培育优美宜居的“首善之区”，建立开放包容的魅力之都。城市发展理念由侧重人口空间转移向人口融合及经济社会全面发展转变，由侧重产业空间开发向完善生活空间转变，由侧重空间扩张向注重功能提升转变，由侧重开发建设向注重管理服务转变，由城乡二元分化向城乡统筹转变，由侧重单兵作战、各自为政向区域合作、协同发展转变。广州走新型城市化道路，实现“共同富裕、优美宜居、创新广州”的发展目标，必须采取全面有效的战略措施。在经济方面，加快发展主导性战略产业，提升城市综合竞争力。在空间构筑方面，优化提升大都会区，科学建设新城与片区中心，构建紧凑高效的网络化城市格局。在基础设施建设方面，强化提升“四港”，构建高效快捷联通全球的流动空间。在人口融合方面，有序推进“新广州人”市民化进程，实现人口发展与新型城市化进程协调推进。在城市治理方面，加快改革创新，探索建立与新型城市化道路发展相适应的城市治理体系。在文化方面，全面提升文化软实力，打造富有岭南文化特色与鲜明时代特点的世界文化名城。在生态环境方面，促进绿色低碳经济发展，营造优质人居环境。在平台构建方面，全力推进战略性发展平台建设，促进城市功能优化提升。在城乡统筹方面，构建新型工农关系、城乡关系。

从人的发展角度去认识城市化，才能追溯其存在的本源，理清其发展的脉络。不同历史时期、不同国家和民族的城市有着不同的特征，我们不仅要用历史的眼光、客观地去认识、去评价，还要用人类生活中“经济—社会—政治—生态”大系统的内在逻辑，全面地去总结、去审视。吸纳与城市工业与经济发展水平相称，并能达到最优经济效益的人口实现城市化，这是广州走新型城市化道路最迫切需要做的事情。

（刘品安）

【发达地区贫困村的艰难起飞——江苏泗洪李庄村**】**

杜志雄　包宗顺等

中国社会科学出版社 2012 年版

221 千字

该书为中国社会科学院中国国情调研项目：村庄研究系列成果之一。

在江苏，苏南、苏中、苏北存在巨大的梯度发展差距。位于苏北的李庄村，为江苏省重点扶持的 1011 个贫困村之一。我们试图通过对李庄村全面深入的调查，了解苏北与苏南地区经济发展水平差距程度和未来变化趋势；了解欠发达地区农业生产组织方式与未来发展趋势；了解欠发达地区非农产业发展潜力和环境改善要求；了解农村剩余劳动力转移状况以及带来的经济、社会与家庭问题；了解农村土地流转状况与流转过程中土地承包权益纠纷的处理机制；同时，通过典型调查，对国家，尤其是对江苏省的扶贫政策、措施与绩效进行分析；希望能对缩小地区发展差距、促进地区统筹发展方面提供有价值的政策建议；能对经济欠发达地区新农村建设路径提供有价值的参考意见；能对提高国家和地方政府扶贫绩效提供有价值的决策参考信息。

该书以农户问卷调查获得的丰富第一手资料为基础，以经济发达地区农村扶贫为主线，对李庄村的基本情况、农业生产方式与水平、土地流转纠纷与化解、农村劳动力转移、村民生活、民风民俗、生态环境、村民自治等方面以及当前新农村建设中出现的新情况和新问题进行了全面、深入、细致的分析和研究。是一份十分难得的农村经济与社会调查研究成果。

该书在全面介绍李庄村自然、经济与社会状况，特别是农业生产条件、农民收入和生活水平方面情况时，侧重于将李庄村与苏北、苏南和江苏全省平均水平进行了比较，从而更清晰地反映李庄村经济和社会发展水平在全省所处的位置。在分析研究李庄村农业生产方式时发现，虽然李庄村土地贫瘠，农业生产以粮食为主，农村基础设施陈旧，农民思想保守、文化素质较低，但在全国上下加快市场体系建设的背景下，李庄村广大农民的生产行为已部分地受到市场经济的影响，他们选择比较优势项目，优化配置资源，以图实现收益的最大化。该书还详细分析了李庄村多种经营与非农产业发展现状、对农户的收入贡献及其发展水平低下的主要原因，剖析了李庄村多种经营与非农产业发展的潜力。

该书在对李庄村土地问题的分析研究时发现，虽然家庭联产承包责任制的实行，使农民有了土地经营的自主权，调动了广大农民从事农业生产的积极性，有了拓展家庭经营、增加收入的时间和空间。但是，由于农村土地产权的模糊化，更由于现实中缺乏有效的农民利益保护机制和科学、有效的执法监督机制，随着我国工业化和城市化进程的加快，全国各地在农村土地征用、租赁过程中较为普遍存在的损害农民利益现象，在位于典型传统农区的李庄村也同样明显地反映出来。

对李庄村剩余劳动力转移及其相关问题的分析与研究发现，李庄村劳动力整体上受教育程度较低，非农就业技能较差。外出务工者以未婚男性青年为主，就业行业以制造业和服务业为主，自谋职业为主，省内为主。总体上外出务工工作时间长，工资水平低，合同签订率低，社会保障水平差。但务工收入仍成为农民家庭收入的主要来源和增收的主渠道。但绝少在外定居者，“移而不迁”的现象较为明显。另外发现，打工“孽债”问题较为突出，势将演绎为未来的重大社会问题。

对李庄村的乡风民俗的研究，立足于调查资料并结合历史文献，选择性地考察三个方面：其一，社会民俗中的家庭、宗族、村落；其二，围绕人生诸仪式与岁时习俗、生活习俗而形成的请客送礼之风；其三，精神民俗中的宗教信仰。重点描述了李庄村村民宗教信仰概况，分析了村民入教动机、宗教戒律与教徒的道德诉求、宗教仪式与教徒的心理调适、宗教活动与教徒的文化娱乐需求等。

结合李庄村的现实状况，对李庄村的村民自治状况进行研究，从公司治理结构理论这样一个全新的视角，详细讨论了村民自治的决策、执行、监督等问题，并探索性地提出健全村民代表大会制度、明确村委会职能定位、完善村民民主监督机制的一系列解决方案，对于现存的基础性制度缺陷，提出应从国家战略上给予充分重视。

李庄村农民收入整体水平远低于江苏全省平均水平，相当比例的农户生活水平尚处于温饱状态，村内道路、农田水利等基础设施建设落后，村级集体经济基础薄弱。该书认为，思想观念保守、文化素质较低和经济结构单一，是李庄村居民相对贫困的主要原因，而因病（因残）、因子女上学或超生而致贫的家庭也占相当的比例。该书结合扶贫工作体验，对扶贫工作中存在的主要问题和成因进行了研究和对策分析。此外，著作还对李庄村居民生活状况、李庄村的生态环境状况进行了系统的分析与研究。

（包宗顺）

【中国蔬菜产业链组织模式与组织效率研究】

吕美晔

东南大学出版社2012年版

188千字

改革开放以来，我国蔬菜产业快速发展，现已经成为世界上最大的蔬菜生产国和消费国。在我国蔬菜产业快速发展的同时，市场环境正在发生重大变化。首先，国内蔬菜市场已经接近饱和，蔬菜市场已从原先的卖方市场逐渐变成买方市场，消费者对蔬菜的需求已经从单纯追求数量向追求质量方向转变，高品质的无毒、无害、无残留的“三无”蔬菜越来越受消费者的青睐，广大菜农面临着卖菜难的困境。其次，国际市场对蔬菜的安全性日益重视，国际蔬菜市场进入门槛不断提高，一些发达国家通过绿色壁垒、反倾销等手段对我国蔬菜出口进行限制，蔬菜国际出口贸易正在面临新的挑战。针对国内外蔬菜产业市场环境的变化，我国蔬菜企业一直在探寻新的产业组织模式，以求适应市场环境的变化，蔬菜产业链的出现为我国蔬菜产业发展提供了新的途径。

蔬菜产业链是指根据蔬菜生产、加工、储存、销售等环节的技术经济流程。是通过对各环节的人、财、物、信息、技术等要素进行组织、协调与控制，获得蔬菜价值增值的活动过程，是对蔬菜生产、加工和销售各环节所形成的网络化结构进行一体化管理的新型组织管理模式。我国蔬菜产业是较早出现组织模式变化的农业产业部门之一，经过多年的发展，我国蔬菜企业在组织链接模式上又发生了新的变化。国际农业产业链管理的理论与实践已经证明，农业产业链管理能够快速有效地应对市场需求的变化，是传统农业向现代农业转变的重要途径之一。从国外农业产业发展的趋势以及国际农产品市场竞争来看，决定一国未来农业产业竞争力的关键在于农业产业链中核心企业的竞争力，而核心企业竞争力的强弱与其所采取的组织模式和组织效率有着直接的联系。那么我国蔬菜产业中现已实施的农业产业链管理模式是如何形成和运行的？我国现存的蔬菜产业链组织模式主要有哪几种？哪些因素影响着蔬菜产业链的运行？哪些因素会对蔬菜产业链组织效率产生影响？这些问题成为该书所要探寻的主要问题。针对上述问题，该书以蔬菜产业链中核心企业为视角，对蔬菜产业总体发展情况、蔬菜产业链采取的组织模式、组织效率以及蔬菜产业链的导入对菜农的影响作了较为详细的研究。

从我国蔬菜产业总体发展情况来看，在蔬菜生产领域，蔬菜总量已经达到饱和甚至部分过剩，全国范围内的蔬菜生产布局已经基本形成，菜农正在逐步采取集约化和规模化的保护地蔬菜种植方式进行蔬菜生产；在蔬菜消费领域，我国居民的蔬菜消费从改革开放以前的消费短缺转变成消费充裕，消费者更多地关注生鲜蔬菜的品种多样性和安全性；在蔬菜流通领域，原有统购统销的流通政策已经被放弃，蔬菜流通已转变成市场自由流通，蔬菜集贸市场、批发流通市场和超市是现阶段蔬菜流通的三大途径；在蔬菜国际贸易领域，我国蔬菜出口在20世纪90年代以后，出口量和出口额均迅速增长，但由于我国蔬菜的出口国相对集中，出口主要品目为初级和易于存储的蔬菜制品，深加工蔬菜品目国际竞争力不强，加之国际蔬菜市场越来越注重蔬菜的农药残留等问题，我国蔬菜出口面临严峻考验。

该书根据蔬菜核心企业在蔬菜产业链中所处的地位和企业产品特性，将蔬菜产业链划分为销售型链接和加工型链接两大类，并具体细分了四种模式进行详细比较，对蔬菜产业链组织模式的变化趋势进行了分析。研究表明，现阶段在蔬菜产业链链接过程中主要采取契约式链接模式，产权式链接尚不是主流；销售型核心企业上游的链接对象主要是个体菜农和菜农合作组织，并有逐步加强的趋势，与下游企业的链接相对较为松散；而加工型核心企业与上游企业则更多地倾向于将具有一定规模的蔬菜供应商作为链接对象，这样做的目的在于降低企业成本和提高企业原材料供应的稳定性；与下游企业的链接往往采取契约方式进行链接，这与我国蔬菜制品处于买方市场有较为直接的联系；我国蔬菜产业链中核心企业由于面临内外部环境的变化，组织模式有向紧密链接组织模式方向发展的趋势。

为了进一步分析影响蔬菜产业链组织效率的因素，该书明确了蔬菜产业链组织效率的内涵，构建了蔬菜产业链组织效率模型，利用相关数据对相关假说给予验证。研究表明：蔬菜产业链核心企业内外部环境的不确定性、企业合作能力、企业意向和产业链组织强度会对组织效率产生间接或直接的影响；其中企业合作能力、企业意向和产业链组织链接的强度对产业链组织效率有着直接的影响，企业内外部环境的不确定性、企业合作能力和企业意向对产业链组织效率有着间接的影响；产业链组织强度对产业链组织效率的直接影响最大，而企业合作能力对产业链组织效率的综合影响最大。因此，要提高蔬菜产业链的组织效率，必须建立稳定、可靠的组织链接模式，同时提高企业合作能力将是提高产业链链接强度和产业链组织效率的重要途径。

蔬菜产业链的出现，对蔬菜种植者的生产方式和销售方式产生了较为显著的影响。研究表明：当菜农与蔬菜核心企业进行链接后，菜农原有的资源禀赋约束将得到改善，菜农在资源约束得以改善之后，有向提高资源利用率、增加蔬菜产量种植方式转变的趋势，同时也有向提高专一化蔬菜种植规模转变的趋势；当菜农加入产业链之后，菜农与核心企业或收购公司的关系更为紧密，菜农有向维持共同利益的销售方式转变的趋势。

未来，要改变我国目前小农式蔬菜生产方式，使其向规模化、集约化、专一化的蔬菜生产方式发展，可以通过加强蔬菜核心企业与菜农的链接给予解决。在解决我国菜农小生产与大市场矛盾时，蔬菜产业链同样可以起到较好的作用，通过蔬菜产业链链接农户、企业和市场将是我国未来蔬菜产业进行产业升级，扩大蔬菜出口贸易的主要途径之一。

（吕美晔）

【人口现代化：江宁案例研究**】**

刘志彪　张　卫　孙功谦等

江苏人民出版社 2012 年版

153 千字

进入 2010 年以来，中国经济社会发展中的一个重要现象，就是许多省市的“十二五”规划中都提出了要率先基本实现现代化的宏伟目标。这一现象是在区域现代化理论研究没有实质性突破的条件下出现的。虽然在 2000 年之后，研究发达区域率先现代化的文献已经密集出现，但总体上这些文献并没有涉及空间尺度较小区域的率先基本现代化问题。我们迫切需要回答四个问题：一是空间尺度较小的区域能不能率先现代化？二是区域尤其是空间尺度较小区域的现代化与全国意义上的现代化有什么不同，尤其是在评价标准和指标体系上有什么重要的区别，如何突出区域特色和特点？三是区域的基本现代化与全面现代化有何关系，发展程度上有何差异，应该如何在评价体系上体现出这种差异？四是区域的基本现代化与全面小康有何联系及区别，基本现代化是否仅仅是在全面小康指标基础上的高水平延伸？

毫无疑问，人口现代化是区域现代化的重要内容，同时也是区域现代化的着力点。基于这样的认识，我们选择了空间尺度较小的东部发达地区江宁为样本，利用8章内容具体考察了江宁人口现代化的各个方面，分别是：人口现代化评价指标体系、人口再生产类型现代化、人口素质现代化、人口生活质量现代化、人口结构现代化、人口与资源环境关系现代化以及人口迁移管理现代化。

研究发现：第一，人口再生产全面达到现代化标准。到2010年，江宁区人口再生产现代化实现程度为100%，已经实现现代化。其中的自然增长率、出生率、婴儿死亡率等单项指标也都达到现代化标准。表明江宁区已经形成以现代科技为基础的与低出生率、低死亡率、低人口自然增长率的人口再生产模式。需要重视的是：江宁区人口自然生产的过程与结果受流动人口影响较大。

第二，人口素质整体现代化程度高，但平均教育年限指标难以实现。到2010年，江宁区人口素质现代化实现程度为92%，实现程度较好。其中，平均预期寿命（岁）为75.6岁，实现程度为96.9%；高等教育比重，大专以上人口占全区总人口的比重高达23.7%，实现程度为100%，平均受教育年限只有9.5年，实现程度不足80%。评估结果表明，江宁区人口的健康素质与文化素质基本接近现代化的标准，居民生活、医疗保健、教育等全面达到了较高的水准。但需要重视的是：高等教育比重虽然达到现代化的标准，这是近年来大学城建设的直接结果，这些大学校园内的人才，难以转化为江宁经济社会发展的人力资源。其次，平均受教育年限为9.5年，距离现代化标准还相差2.5年，达到现代化标准还有较长路要走。

第三，人口结构整体现代化程度一般，但就业结构等指标仅达标准值一半。到2010年，江宁区人口结构现代化实现程度为74.6%，实现程度一般。其中，城市人口比例指标现代化实现程度为94.4%、受抚养比例指标现代化实现程度为100%、65岁及以上人口比重指标现代化实现程度为52.7%、第三产业就业人口比重指标的现代化实现程度为51.1%。评估结果表明，江宁区的人口结构距离现代化的标准总体上存在较大的差距。尤其是第三产业就业人口比重离现代化的标准存在较大差距，超过60%的劳动人口集中在第二产业就业，这与江宁所处的工业化阶段有关，同时也表明服务业有待进一步提升。

第四，经济社会现代化程度较高，但人均收入等指标实现程度不足。到2010年，江宁区经济社会现代化总体实现程度为82.9%，其中，社会保障覆盖率、基尼系数、失业率等三项指标的实现程度为100%，达到现代化的标准；恩格尔系数指标的实现程度为89.9%，接近现代化标准；人均GDP、城乡居民人均收入等指标的实现程度分别为58%与49.5%，距离现代化标准存在较大的差距。评估结果表明，江宁区经济社会现代化总体水平较高，尤其是社会保障、贫富差距、劳动就业等方面比较突出。人均地区生产总值、人均居民收入明显不足，由此看来，经济发展程度不够，是制约江宁现代化的最重要因素。

江宁人口现代化应重点处理好以下关系：一是人口发展与基本现代化的关系。既要充分发挥劳动力资源充沛对经济发展的促进作用，为江宁经济进一步发展、进一步提高城乡居民收入创造良好条件。又要减少人口增长为经济发展带来的压力，使得人口发展与经济社会协调。二是人口规模与人口质量的关系。坚持计划生育的基本国策，保持“低出生率、低死亡率、低自然增长率”，保持人口总量适度水平。

改善人口服务，调整人口结构，改善人口发展质量，提高人口素质，促进人的全面发展。三是人口发展与资源环境和公共服务的关系。人口增长和生活质量的提高，造成人均能源与公共服务需求增大。应控制人口适度规模，最大限度地节约资源，促进资源循环利用，保护生态环境，提高环境资源承载能力，促进人口、资源、环境的可持续发展。

要保持适度规模人口，着力提高人口素质，加强人才集聚和培养，大力推进产业结构升级，提高社会保障水平，建立健全养老社会服务体系等。

（程俊杰）

【跨国公司在华 R&D 空间集聚及知识溢出研究】

盛 垒

华东师范大学出版社 2012 年版

286 千字

当今时代，知识和技术已成为经济社会发展的最关键因素，国家的兴旺发达、民族的繁荣进步，都高度依赖于知识和技术的持续创新。而 R&D 活动作为生产知识并将知识转化为生产力的核心动力，显得尤为重要。然而，在经济全球化背景下，任何一个国家都难以仅仅依靠本国力量实现技术的可持续创新，还需要充分利用外部技术资源，通过技术引进与技术扩散来提高本国科技水平和加速经济发展。尤其是发展中国家因自身技术创新能力的限制，更需要重视利用技术扩散来促进本国技术水平的提高和经济的快速发展。拥有、掌握与生产了世界绝大多数关键技术的跨国公司 R&D 的日益全球化为发展中国家利用国际科技资源提升本国技术水平提供了机遇和可能。当前，世界许多国家和地区都纷纷出台相关政策，争相吸引外商到本国开展和设立 R&D 活动，其主要目的就在于期望外资 R&D 活动能给本国带来知识溢出效应，使跨国公司的先进知识、技术和经验在向子公司转移的过程中扩散到当地企业。

随着 R&D 创新的日益全球化发展，跨国公司 R&D 活动的空间集聚和知识溢出成为经济学、地理学等多个学科的研究热点。该书在廓清跨国公司在华 R&D 活动的空间格局特征基础上，运用新经济地理学等相关理论，深入探讨了在华跨国公司 R&D 空间集聚的形成机制。同时，通过建构区域知识生产函数模型和划分中国省际知识溢出区间，并借助国外新近发展起来的“参数随机前沿分析技术”（SFA），从区域中观层面和空间相互作用的角度入手，实证检验了跨国公司 R&D 的区域内和区域间知识溢出效应，特别是对跨国公司 R&D 知识溢出的距离衰减、地理边界等问题进行了重点分析。

从外资在华 R&D 的空间格局看，我国外资 R&D 活动主要集中在东部沿海少数省份和区域，且高度聚集在部分全国性和区域性的经济中心城市。外资 R&D 的空间集聚度不仅高于 FDI，也比一般生产制造活动的地理集中度要高。采用新经济地理学理论对外资 R&D 的空间集聚机制的实证结果表明，传统的跨国投资区位理论已不能有效解释我国外资 R&D 的空间集聚成因，而引入新经济地理变量后的检验结果为认识外资 R&D 的空间集聚行为提供了更充分的启示。相比劳动力成本、优惠政策等传统区位因素，交易成本、技术外部性、资金外部性及区位自我强化效应等新经济地理因素是导致外资 R&D 空间集聚格局的更重要原因。

从经济地理的角度区分了两种不同的外资 R&D 知识溢出行为：一是外资 R&D 的区域内知识溢出，即区域外资 R&D 活动对本区域产生的知识溢出；二是外资 R&D 的区域间知识溢出，即其他区域外资 R&D 活动对该区域带来的知识溢出。利用

1998—2006 年中国 30 个省区的面板数据，采用参数随机前沿生产函数模型对外资 R&D 对中国省区的区域内知识溢出效应及其区域差异的检验结果显示：（1）外商 R&D 投资短期内会造成中国省区产出的技术欠效率，但长期来看溢出效应是显著的。（2）外资 R&D 知识溢出的主要途径是竞争效应，即通过加剧竞争迫使中国省区改善资本结构和资本使用效率，提升当地技术效率；相对而言，通过示范模仿途径的溢出有限，这可能缘于跨国公司与本地企业间的技术差距太大难以模仿，但本地吸收能力的滞后是更主要的原因。（3）外资 R&D 的溢出效应呈现明显的地区差异性特点，外资 R&D 显著提高了东部省区的技术效率，但对中西部省区的技术效率没有明显影响；外资 R&D 溢出效应的发生存在"人力资本门槛"现象，我国省区整体上尚未跨过这一门槛，只有东部地区已率先跨越人力资本门槛从而提升了当地技术效率。

同时，进一步利用我国 37 个工业行业 1998—2006 年的面板数据，研究了外资在华 R&D 活动与我国民族企业自主创新之间的关系，重点考察外资 R&D 的进入是否对内资企业的自主创新起到了促进作用，以此验证外资 R&D 的知识溢出效应对我国行业技术进步的影响效果。实证结果显示，行业外资 R&D 的增多对我国内资企业自主创新能力的提高有显著的促进作用，外资 R&D 的影响效应呈现出行业的差异性特点，外资 R&D 介入强度高的行业受惠于外资 R&D 的促进作用也越明显。研究也发现，外资 R&D 对内资企业专利产出的促进作用相对显著，但对国内企业创新投入方面的影响却较为有限。这一结论的政策含义在于：大力吸引外资来华开展 R&D 活动有利于促进我国民族企业的自主创新。因此，我国今后要进一步放开对外资 R&D 的行业限制，不仅要允许外资 R&D 进入除少数涉及国防安全之外的大多数行业领域，而且要鼓励其不断加大在这些行业的 R&D 投入力度，以提高行业外资 R&D 介入强度。此外，仍要继续着力于营造公平的竞争环境，提高我国民族企业内忧外患的竞争意识，并不断提升创新投入水平。

最后，该书进一步对参数随机前沿生产函数模型进行了修正和扩展，一是在模型中引入了地理距离因素，二是按照省区间的地理距离对知识溢出进行了溢出区间的划分，以此来考察外资 R&D 的空间溢出效应及其地理边界。对外资 R&D 区域间知识溢出的研究结果显示：（1）我国省区的外资 R&D 活动不仅对本省存在溢出影响，对邻省亦有重要贡献；东部省区同时受益于其东部和中部邻省外资 R&D 的溢出效应，但中西部省区均只从同一区域且邻近省份的外资 R&D 活动获益，与之相邻但不同区域省份的外资 R&D 与其并无稳定溢出关系。研究还发现，我国三大区域内部均已结成较为紧密的省际空间联系，外资 R&D 双向溢出显著；但东部与中部省区的空间关联度不高，外资 R&D 呈单向溢出格局；而中西部之间仍存在比较明显的空间分割特征，造成彼此之间互无溢出。（2）外资 R&D 的空间知识溢出具有明显的地理边界，我国某一省份的外资 R&D 活动仅对距离 600 公里以内省份的技术效率提升产生积极作用，因此，外资 R&D 知识溢出只在有限的空间范围内发生。与一般地理现象的扩散相似，外资 R&D 知识溢出强度存在明显的空间衰减规律，并且，随着距离的增加，溢出衰减也越明显。与溢出源距离增加 300 公里，溢出强度将减少 50%；溢出距离再增加 300 公里，溢出强度将减少 70%；更远距离的外资 R&D 溢出强度衰减为零。

（盛　垒）

【欧美汽车企业拓展海外市场对中国（上海）汽车产业发展的启示】

葛伟民　曹祎遐等

上海社会科学院出版社 2012 年版

350 千字

汽车产业是一个产业链很长，与其他产业关联度很高的产业。同时，好多年来汽车产业还是一个高盈利的产业，是纳税大户。一个国家的汽车产业水平在一定程度上反映了这个国家整体的工业化水平。美国著名经济学家斯蒂格利茨说：“对于一个经济学家来说，一辆汽车可以用来解释经济学的几乎全部内容。”“在今天，计算机和基因工程而不是汽车被人们当作新技术。汽车的发展不能再代表最新的技术突破。过去 20 年中，美国汽车工业不断变化的命运却反映了美国工业的重新定位过程。”汽车工业是如此重要以至于斯蒂格利茨在他的《经济学》著作中一开始就讨论美国汽车工业并回顾了它的发展史。

《欧美汽车企业拓展海外市场对中国（上海）汽车产业发展的启示》一书，在中国（上海）汽车产业发展的关键性阶段，及时总结了欧美汽车企业拓展海外市场的经验和教训，分析了世界汽车市场竞争格局和未来发展趋势，对世界著名汽车企业的成长历程也进行了认真客观的总结，对成功和失败的事例都进行了深刻剖析，内容十分翔实，资料十分丰富，结构合理而有逻辑性。所总结的经验和提出的建议，对中国（上海）汽车产业的发展，从政府和企业两个层面看，都具有重要的参考价值。

该书的特色主要体现在以下三个方面：

一是内容涉及面宽。尽管题目是“欧美汽车企业拓展海外市场对中国（上海）汽车产业发展的启示”，实际上包括了对日本主要汽车企业的剖析。内容的广泛性、总结经验的全面性，都超过了国内外同类著作。

二是资料新颖。资料新颖不仅体现数据的时间截止期方面，更体现在调查的深入性方面。书中的不少资料来源于国际会议、国际合作交流和对企业的实地考察，超越了文献资料和统计资料的范围。关于德国汽车企业、日本汽车企业的管理模式描述，读来令人耳目一新。

三是分析有深度。该书最“出挑”的地方在于不是总结表面的经验、教训，而是积极寻找表象背后的成因。以对照研究国际著名汽车企业管理模式的差异来诠释其经营方略的差异。同时，引申其经营思想的历史演变，深入思考了中国企业管理模式的改革方向。更进一步地，对继续深化我国经济体制改革也提出了独到的见解。

此外，该书在资料分析时还应用了一些比较先进的方法：在分析各厂商市场地位和类型时，利用了 SPSS 软件；在分析汽车厂商采取战略联盟所取得的收益度时利用了图论和 PageRank 改进算法；在分析今后十年主要海外市场和区域市场的供求的总体变化和结构性趋势时，建立了汽车需求模型，利用 EVIEWS 计量软件进行了测算。

著作第一部分为总论，主要内容包括课题立项意义、思路和内容简介、发达国家汽车企业开拓海外市场的战略与策略综述、研究过程中的一些主要感悟和心得等等；第二部分研究欧美汽车企业拓展国际市场的早期战略和策略，具体内容包括海外市场战略相关理论综述、欧美汽车企业拓展国际市场的早期主要战略和策略等；第三部分是欧美汽车企业拓展发展中国家市场的战略和策略分析，具体内容包括发展中国家市场环境分析及其汽车市场特点分析、欧美汽车企业拓展发展中国家市场的主要战略和策略等；第四部分是欧美汽车企业拓展中国市场的战略和策略分析，具体内容包括中国汽车产业市场概况、欧美汽车企业拓展中国市场的主要战略和策略等；第五部分是国际汽车市场竞争格局总量比重分析，包括销量分析、产量分析、变革与趋势分析等；第六部分是国际汽车厂商技术优势比较分析，包括专利技术数据分析等；第七部分是国际主要汽车厂商概况分析，包括全球汽车产业及厂商概况分析和各主要汽车企业状况介绍等；第八部分是发达国家汽车厂商竞争策略分析，包括美国市场分析、欧洲市场分析、日本市场分析；第九部分是新兴市场汽车厂商竞争策略分析，包括新兴市场之中国分析、新兴市场之印度分析、新兴市场之巴西分析、新兴市场之俄罗斯分析等；第十部分分析竞争中的新能源汽车产业，内容包括新能源汽车产业的崛起、各国政策与策略、各国新能源汽车战略的目的和意图等；第十一部分是基于图论与 PageRank 改进算法对现今世界各国汽车厂家战略联盟的收益度分析；第十二部分是今后 10 年主要海外市场和区域市场的供求的总体变化和结构性趋势分析，包括主要海外市场和区域市场的总量增长趋势分析、国际汽车市场区域分布和结构性增长趋势分析、区域性市场的生产和营销模式分析等；第十三部分是启示、借鉴和对策建议，包括基本形势分析、最基本的经验和教训、战略选择、对政府层面的对策建议、对企业层面的对策建议等。最后是两个附录：丰田公司海外扩展案例分析，包括丰田公司全球化发展概况、丰田公司的高效经营方式、丰田公司全球化发展战略的阶段性演变等内容；通用公司海外扩展案例分析，包括通用公司简介、通用公司海外扩展的特点、通用汽车公司的海外市场拓展历程等内容。

（葛伟民）

【结构调整与经济发展方式转变】

沈开艳主编

上海社会科学院出版社 2012 年版

320 千字

该书首先从加快转变经济发展方式的理论基础入手，针对当前转变经济发展方式中的重点问题，主要围绕平衡消费投资出口作用、产业结构升级、调整外贸体制、缩小城乡二元结构、协调区域结构发展、提升自主创新能力、完善收入分配格局、发展低碳经济、构建多层次资本市场这几个方面来重点探讨加快经济发展方式的着力点与主要措施。

全书共十一章和一个结语，分别从上述各方面论述了结构调整与转变经济发展方式之间的关系。选择以上方面来重点描述主要是考虑到这些问题是当前加快转变经济发展方式中面临的比较突出和棘手的问题，顺利解决这些问题是加快转变经济发展方式的必然前提。从平衡消费、投资与出口的关系而言，有效扩大消费拉动经济发展的重大作用，是当前加快转变经济发展方式的最突出问题。通过产业结构调整与能级提升，发挥一、二、三次产业协同拉动经济发展的重大作用也是有效推进加快转变经济发展方式的重点。2008—2009 年全球性金融危机之后，如何推进外贸体制改革，有效发挥外需推动加快经济发展的重大作用，是加快转变经济发展方式的必要内容。在加快转变经济发展方式过程中，缩小城乡差距解决二元结构问题以及缩小区域差距，推动城乡与区域全面协调可持续发展，是有效加快转变经济发展方式的重要组成部分。不断提升自主创新能力，持续发挥科技进步在经济发展中的重大作用，是加快转变经济发展方式的必要前提。不断提升收入水平缩小收入分配差距，既是衡量加快转变经济发展方式是否有效的重要标准，也是扩大消费能力、提升消费推动经济发展作用的重要环节。当前大力发展低碳经济是努力构建资源节约型社会与环境友好型社会的重要抓手，也是推进加快转变经济发展方式的必要内容。最后考虑到资本市场在推动经济发展中的作用越来越重要，大力发展多层次资本市场是我国资本市场良性发展的必然趋势及重要内容，也有必要加强培育发展资本市场以探讨加快转变经济发展方式的相关措施。

该书认为，在适度降低经济增长速度的同时，有待有效构建加快转变经济发展方式的体制机制，坚决扭转以 GDP 为核心的发展观，在进一步深入推进经济体制改革的基础上，更有效地健全完善宏观调控体系，确保发挥市场配置资源的基础性作用，防止政府对市场的过度干预，妥善处理政府与市场关系。扭转过分依赖投资与外需拉动经济发展的趋势，构建扩大消费需求长效机制，努力促进经济发展向依靠消费、投资、出口协调拉动转变，更有效地发挥扩大消费拉动经济发展的重大作用。不断提升劳动力人力资本水平，持续加大中高端劳动力在经济发展中的投入，不断提升科学技术水平与自主创新水平，努力把科技进步与创新作为加快转变经济发展方式的重要支撑，更有效地发挥科技第一生产力与人力资源第一资源的重大作用。持续推动产业结构调整与产业结构升级，促进经济发展向依靠第一、二、三产业协同带动转变，进一步巩固农业基础地位，切实发展先进制造业与装备制造业不断提升制造业核心竞争力，加快发展服务业尤其是现代服务业。有效缩小城乡二元结构，努力缓解新二元结构问题，积极统筹城乡发展，加大西部大开发力度与促进中部崛起，推进东部率先发展。大力构建资源节约型与环境友好型社会，积极推进低碳经济建设，有效促进经济可持续发展。努力加快多层次资本市场培育，有效发挥多层次资本市场推动经济社会发展的重大作用。在上述基础上加快构建转变经济发展方式的长效机制，不断深入推进转变经济发展方式，力争在“十二五”期间初步奠定加快转变经济发展方式的体制机制基础，并于 2020 年前有效实现经济发展方式的成功转轨，确保国民经济的健康稳定和可持续发展。

具体而言，一是有效确立加快转变经济发展方式的体制机制。有待进一步深入推进经济体制改革，加快推进完善社会主义市场经济体制的步伐，更有效地确立市场体系在配置资源中的基础性作用，防止政府对经济发展的过度干预，在提升收入水平的基础上有效提升居民消费，发挥消费拉动经济发展的重大作用，不断推进产业结构能级提升，改进完善政府官员考核激励机制，大力构建资源节约型与环境友好型社会，努力形成加快推进经济发展方式共识，形成加快推进经济发展方式的合力。二是发挥消费、投资、出口共同推动经济发展的作用。必须改变过去那种过分依赖投资与外需的做法，而是依靠有效扩大消费，共同发挥消费与投资的作用，平衡内需与外需，完善外贸体制，不断提升收入水平，扭转长期以来劳动力成本过低等问题，在提升劳动力人工成本不断扩大收入水平的基础上，有效提升居民消费率，共同发挥消费、投资与出口协同拉动经济发展的合力作用，特别是有效地发挥居民消费在拉动经济增长方面的作用，扭转过度依赖投资与出口的倾向。三是有效促进产业结构能级提升。加大产业结构转换与能级提升高度，有效提升第一产业发展质量，进一步加大扶持“三农”的力度，奠定经济社会发展与稳定的基础。努力提升制造业能级，大力发展先进制造业与装备制造业，奠定加快经济发展方式的制造业基础。积极提升第三产业比重，在有效发挥传统服务业的基础上大力发展现代服务业，提升服务业的能级与质量，不断加快发展生产性服务业。协调发展三次产业，持续推进产业结构能级的提升。四是促进经济发展由主要依靠增加物质资源消耗向主要依靠科技进步、劳动者素质提高与管理创新转变。不断提升劳动者人力资本水平与科学技术水平，使经济增长的主要支撑因素从资本和自然资源，转到依靠劳动力特别是有技术的劳动力方面上来。不断提升科技水平加大创新力度，持续提升劳动生产率。五是大力构建资源节约型与环境友好型社会。努力确保经济可持续发展，不以资源浪费与环境破坏为代价，是推进经济全面协调可持续发展与加快转变经济发展方式的必然前提。适度降低经济发展速度是构建资源节约型与环境友好型社会的必然前提。

（沈开艳）

【**金融区位导论**——金融经济学的视角】
闫彦明
上海社会科学院出版社 2012 年版
210 千字

区位理论是一个处于快速发展进程中而又面临突破的研究领域。自 1826 年德国农业地理学家冯·杜能出版《孤立国同农业和国民经济的关系》并创立农业区位论至今，已接近两个世纪。其间各国的经济学者、地理学者和其他领域的研究人员沿着区位分析的线索，从不同方向将区位问题的探讨向前推进，并演化出各种不同的古典区位理论流派、现代区位理论流派。随着后工业化时代的到来及全球化进程的快速发展，经济、金融活动的区位与空间禀赋日益突出。

在现代区位理论中，金融区位是一个全新的范畴和研究领域。从现代经济体系发展趋势看，在最近几十年中，全球金融相关率（FIR，即某一时点上现存金融资产总额与国民财富之比）的水平空前地提高了，且自由化浪潮以来金融业保持了更为独立化发展的倾向。与此同时，随着货币金融表现方式、组织模式日趋多元化，使得现代金融体系变得日趋复杂了，在这样的背景下探究金融问题，仅仅使用传统金融理论的时间序列分析范式显得力不从心。由此，现代金融理论体系正在悄然地掀起一场“空间革命”，其根本意图在于真实地还原货币金融这样一个包含“时间”和“空间”等不同维度的立体化世界，并探究货币金融发展空间规律的神秘“黑箱”。

该书在对古典区位理论中的农业区位论、工业区位论、中心地理论、市场区位论，以及现代区位理论中的区域经济理论、新经济地理理论及其他现代区位理论进行系统梳理的基础上，对 20 世纪 90 年代以来各国学者关于金融货币区位问题的研究成果进行了归纳，提出了一个较为完整的理论分析框架：从空间尺度来看，可以划分为宏观、中观、微观等不同层次的金融货币区位；从金融功能观来看，可以区分为货币区位、银行区位、证券业区位、保险业区位及其他金融机构区位等；从学科体系来看，提出了如何将区位分析纳入主流经济学、传统货币金融学、经济地理学等学科体系之中的思路。

该书探讨了货币金融的空间属性问题。在经济发展史中，货币从诞生到功能拓展，具有强烈的空间属性，在我国古代出现的“飞钱”就是通过异地汇兑方式开展的金融创新；这种汇兑方式减少了铜钱的需求，缓和了钱币的不足，同时减轻了商人携带钱币的不便，后来还因此产生了影响广泛的钱庄。在现代经济中，国际热钱行为极其隐蔽，它们通过频繁地游走于全球各地进行套利，并对各国经济金融安全构成巨大的威胁。该书引用了彼得·迪肯（2007）将金融产品分为信息透明、半透明、不透明等三种类别的方法，阐述了金融产品内在的空间属性问题，并建立了“金融产品的可能性销售空间模型”。书中还通过兼并重组以实现空间扩张的数据、案例，以及全球的国际金融组织空间分布情况等综述了金融产业组织的空间属性问题，着重提出基于地缘政治的金融话语权与主导性的国际金融组织体系是掌控全球金融体系的核心。

货币资本、金融机构、金融人力资源、金融信息、金融产品等货币金融资源构成了现代金融体系，这些资源除了初始的增量部分（如创新的产品、出现的金融机构、资本在循环基础上的扩大等），各种存量都始终处于持续的流动过程中。从流向看，金融资源的活动呈现集聚（Agglomeration）与扩散（Diffusion）两种方向，但是金融资源的集聚与扩散往往较一般制造业的过程更为复杂。金融资源的集聚与扩散是对立统一的过程。书中分析了金融资源集聚、扩散的层次性，各类金融资源集聚、扩散的特点及主要影响因素，并构建了封闭经济条件下“交易中心、近郊、远郊的利息率差异模型”，开放经济条件下“利率平价关系模型”等对处于流动过程中的货币的空间价值进行了分析。

该书用主要的篇幅系统阐述了宏观、中观、微观等不同地理尺度下的金融区位决定问题，并提出微观区位是区位选择和设计的落脚点。在宏观层面，金融区位主要体现为全球金融体系的构成及关键网络节点——金融中心的布局，书中运用“全球金融中心指数”（GFCI）排名、全球场外金融衍生品交易额等相关数据，探讨了全球宏观金融区位的分布特点，并按照“国际金融中心的区位吸引因素分析框架”阐述了宏观金融区位影响因素，按照政府、市场两种力量的主导程度建立了“宏观金融区位的动力模式”分析框架，并否定了O’Brien（1991）提出的网络金融发展会带来“地理已死”的观点。在中观层面，金融区位主要体现为三大方面：一是城市及农村地区金融布局及金融发展差异，二是经济圈中金融中心城市的梯度格局，三是在大型城市内部普遍存在的中央金融区（CFD）现象，该书运用统计数据及金融业增加值区位商、金融中心首位度等指标对比分析了中国东部地区三大经济圈中金融中心的分布特点。微观层面的分析是金融区位理论的基础与核心，书中主要分析了商业银行网点区位选择的各种理论与模型，重点分析了新网点主义、流程银行、银行网点转型等理论在商业银行网点区位选择过程中的应用及影响因素。

（闫彦明）

【崛起中的蓝色经济——上海海洋经济服务长三角发展】

郁鸿胜　李　娜　殷为华　宗传宏　张　岩　刘　靖　王　顺

格致出版社 2012 年版

139 千字

21 世纪是人类开发海洋、发展海洋经济的新时代。随着陆域资源、能源和空间的压力与日俱增，人类已将经济社会发展转向资源丰富、地域广袤的海洋，未来海洋必将成为社会经济活动的主战场。我国高度重视海洋发展，自 2006 年至今，国务院相继批复了辽宁沿海经济带、山东半岛蓝色海洋经济区等 11 个沿海区域规划。目前，海洋经济发展已纳入我国国民经济和社会发展“十二五”规划纲要，党的十八大报告提出建设海洋强国目标。可见，我国海洋经济发展正迎来重要的战略机遇期，成为我国区域经济发展的新增长点。长江三角洲地处东海之滨、长江入海口与杭州湾交汇区域，海洋资源丰富，是我国三大海洋经济区之一。上海作为长三角首位城市，如何在新一轮海洋经济发展中发挥其带动、辐射作用，上海产业如何服务长三角发展，上海国际航运中心建设如何服务长三角等。这些研究内容构成了《崛起中的蓝色经济——上海海洋经济服务长三角发展》的核心内容。该书从研究国内外海洋经济发展背景入手，总体上提出上海海洋经济服务长三角的基本设想和路径，并重点分析上海海洋产业和上海国际航运中心建设服务长三角的路径和对策建议。

该书分析了国内外海洋经济发展总体形势、世界海洋经济发展经验和我国沿海省市海洋发展概况。从世界海洋经济发展趋势来看，呈现以下特点：海洋战略地位上升，河口海岸和岛屿成为海洋开发重点；海洋科技投入增加，海洋研究领域日益拓展；海洋生态安全威胁严峻；政策协调成为海洋管理的最终目标。该书分析了美国、加拿大、日本、英国、韩国和俄罗斯等世界发达国家的海洋发展战略，总结其经验教训。从国内海洋经济发展来看，重点分析我国海岸带及邻近海域的11个海洋经济区和我国11个沿海省市海洋发展定位和发展战略，总结了我国海洋经济发展的基本态势。

该书基于长三角海洋经济发展基本态势和上海海洋经济优势，提出上海服务长三角海洋经济总体设想、服务路径以及对策建议。从海洋资源基础来看，江苏省在滩涂资源、海洋能源以及渔业资源等具有优势，其中堤外滩涂面积约为5000平方千米，约占全国1/4。浙江省在渔业资源、岛屿资源、旅游资源以及港口资源等方面具有优势，其中舟山岛是我国第四大岛。与其相比，上海海洋资源不具有优势，但其拥有长江河口的区位优势以及雄厚的海洋科技实力，使上海海洋经济服务长三角成为可能。该书从资源禀赋差异、区域经济联系紧密、海洋产业结构互补、海洋科技教育发达等方面，分析上海海洋经济服务长三角优势。基于此，提出长三角海洋经济发展格局，即“三角两翼”。“三角”，即长三角海洋经济核心区，由上海，浙江的嘉兴、杭州、绍兴、宁波和舟山组成。“两翼”，即“北翼”和“南翼”。“北翼”是以连云港、盐城、南通等沿海城市为重要节点的北向沿海发展轴，“南翼”是由台州和温州等沿海城市构成长三角海洋经济南向发展轴。该书提出上海服务长三角海洋经济发展的“六大路径”：衔接海洋相关规划、整合港口资源，共建上海国际航运中心、大力发展海洋现代服务业、健全海洋科教创新体系、促进海洋经济可持续发展和完善海洋协调体制机制等。

该书重点研究了上海海洋产业服务长三角基本态势、存在问题和对策建议。该书从海洋产业规模、产业结构、产业布局等方面，提出长三角地区海洋产业发展的基本特点。主要有：海洋经济总量增长快，形成明显产业优势；海洋产业转型较快，但结构不尽合理；区域海洋产业空间集聚明显。重点从具体海洋行业分析上海海洋产业服务长三角基本态势，主要行业有海洋渔业及其加工业、海洋船舶、海洋油气、海洋工程、滨海旅游、海洋运输等。提出增强上海海洋产业优势服务长三角的对策措施，主要有：大力优化提升上海海洋产业结构层次、积极完善上海与苏浙的沿海软硬件基础设施、努力提升以上海为中心的长三角区域海洋信息化和科技水平、创新相关涉海部门推进区域产业发展的合作协调机制等。

该书重点研究了上海国际航运中心建设服务长三角基本态势、对策建议。从总结发达国家典型国际航运中心建设经验入手，选取了伦敦国际航运中心、纽约国际航运中心和东京国际航运中心等典型案例。分析上海国际航运中心建设服务长三角的基本特征，表现为：港口吞吐量总量三足鼎立，港口合作有组织平台保障，“错位发展、合作共赢”成共识，港口群竞争进入“服务时代”和政府推动作用增大等。但上海国际航运中心建设服务长三角还存在诸多问题，如区域港口功能分工仍需明确、集疏运体系有待完善、航运服务业亟待发展、软环境建设有待深化。最后，提出上海国际航运中心建设服务长三角，重点要在三大体系上有所创新。一是构建分工合理的港口物流体系，二是构建优化整合的集疏运体系，三是构建现代国际航运服务业体系。这三大体系建设，决定了上海国际航运中心建设成功与否的关键，也决定了上海服务长三角的能力与水平。

总之，海洋经济将成为上海、长三角乃至全国发展的新的经济增长点。梳理上海以及长三角海洋资源、海洋经济发展基本态势，有助于上海更好地发挥城市群的龙头带动作用，促进长三角经济转型，创新发展，加快长三角区域一体化进程，这也正是该书的重要意义所在。在未来发展中，海洋将成为我国经济社会发展的重要资源和空间，要不断提高海洋资源开发能力，发展海洋经济，保护海洋生态环境，实现建设海洋强国的目标。

（李　娜）

【中国经济引擎——长三角城市综合竞争力发展报告】

郁鸿胜　宗传宏　李　娜　张　岩　刘　靖　王　顺

格致出版社 2012 年版

311 千字

随着经济全球化和区域一体化发展，国际竞争日益加剧。城市群之间竞争成为地区竞争的主要形式。如何评价城市群内各城市的综合竞争力，群域内各城市如何发挥其竞争优势，提高区域整体竞争力？这成为《中国经济引擎 长三角城市综合竞争力发展报告》研究的出发点和立足点。长江三角洲城市群被誉为世界第六大城市群，城市群整体发展水平居全国城市群之首。该书在坚持树立和落实科学发展观的基础上，总结归纳国内外综合竞争力相关理论方法，结合长三角区域发展实际，建立一套科学、公正、合理且符合长三角区域各城市发展的综合竞争力评价指标体系，对长三角城市群各城市的综合竞争力展开分析研究。该书分为理论篇和实践篇，理论篇主要从战略与方法、国内外理论方法比较和长三角区域城市综合竞争力指标体系等方面，阐述长三角综合竞争力评价理论和方法；实践篇主要对 2004 年度至 2011 年度长三角城市群城市综合竞争力进行排名和评价分析。

该书的研究对长三角各城市的未来发展产生一定作用。一是导向功能，引导长三角各城市提升城市综合竞争力。通过对各类重大经济、社会、科技、环境等指标的评价，有助于各城市在未来的发展中巩固现有优势、挖掘潜在优势、避免存在劣势。二是激励功能，通过城市综合竞争力的评价，激励长三角城市群域不同发展水平的城市发展，通过落实统筹发展的科学发展观，在具体的工作中体现强市更强、弱市图强、共同富强的特点。三是支持功能，为长三角各城市制定未来的发展战略和重大规划提供强有力的定量和定性依据，为各城市的重大政策决策进一步提供理论支持作用。

该书的研究主要围绕以下主要目的展开。一是客观描述。通过对长三角各城市重大经济、社会等客观指标的分析，对长三角城市群域各城市的发展现状，包括发展的整体水平、发展优势和存在的劣势进行客观描述。二是综合评价。通过对长三角各城市重大的发展指标的系统评价与比较，从经济和社会等方面综合评价各城市的综合竞争能力水平。三是科学预测。通过对重大经济和社会等发展指标的综合分析和评价，可以对长三角各城市发展现状以及各城市的未来发展态势，形成一个总体比较清晰的描述，这对于进一步设计城市、预测城市、经营城市和诊断城市将会起到重要的作用，并将对长三角各城市未来趋势的前瞻性发展的判断和发展预测有着极其重要的意义。

在理论篇中，该书分析总结国内外竞争力相关研究，国际上主要包括产业（企业）竞争力、国际竞争力比较、城市专项竞争力等方面的研究；国内研究主要包括区域竞争力研究、城市竞争力研究、城市现代化指标体系研究等。同时对学术界关于城市综合竞争力的研究理论与方法进行概括总结，分析了综合指标法、二维判断法、主成分法和因子分析法、纵横因子分析法、灰色决策理论和模糊数学方法以及子要素竞争力强弱相对指数法（RSW）的基本原理、应用领域、优缺点等，以选取符合长三角实际情况的城市综合竞争力研究方法。最后重点开展对长三角各城市的综合竞争力的内涵理解的讨论和研究，使长三角各城市的重大指标与城市发展的内涵更具现实性。

为了更科学地反映长三角城市综合竞争力的序列，该书在研究和分析了国际国内综合竞争力的近 20 多个数学模型的基础上，最终选择了 IMD 最具权威性、应用于欧盟区域内国家群体竞争力分析的 RSW 数学模型，与聚类方法相结合来计算长江三角洲各城市综合竞争力的排序问题。聚类方法的使用弥补了 RSW 指数不足之处，并对城市进行模糊的层次定位。使用 RSW 指数是为了通过具体的定量分析，对长三角城市的综合竞争力排序定位从模糊状态达到清晰的程度，最终形成长三角各城市的综合竞争力排序。

在实践篇中，该书对长三角城市群城市综合竞争力进行排名和评价。其研究范围为根据《长江三角洲地区区域规划》设定的范围，即上海市、江苏省、浙江省。该书对长三角城市综合竞争力评价分两个层次，一是以上海、南京、杭州等 25 个地级市及地级以上城市为研究地域单元进行评价；二是以昆山、张家港、常熟等 48 个县级城市为评价单元。

建立的长三角城市综合竞争力指标体系主要参照 IMD（瑞士洛桑国际管理发展学院）2001 年后的国际竞争力评价指标体系，同时结合国家统计局的统计规范要求和统计指标体系的各类项目，以及长三角各城市的指标统计状况。建立的长三角城市综合竞争力评价指标体系，主要包括 4 大要素及 16 项中观指标，其中 4 大要素主要包括经济运行、政府效率、企业效率、基础设施和社会系统；中观指标主要包括国内经济实力、国际国内贸易、国际投资、就业、公共财政、市场保障、教育、金融市场、人才市场、旅游市场、基本基础和科技基础设施、健康基础设施、环境基础设施、人民生活等指标。

在计算过程中，由于考虑到地级市和县级市的差距明显，所以研究报告中把地级市和县级市分开排名。最终得出 2004 年至 2011 年各年长三角各城市的综合竞争力态势，具体包括长三角地级市综合竞争力排名、长三角地级市专项指标排名、长三角地级市指标评价、长三角地级市优劣势分析，以及长三角县级市综合竞争力排名、长三角县级市专项指标排名和长三角县级市指标评价。在对长三角各城市进行竞争力排名的同时，重点对排序结果进行判别。在对长三角城市群总体发展态势进行分析的基础上，对比各城市历年的排名次序变化和优劣势指标变化，以描绘城市发展轨迹和发展中的优势与不足，为城市发展提供指导。

该书以科学发展观统领全局，坚持“以人为本”，树立全面、协调、可持续的发展观，强调“按照统筹城乡发展、统筹区域发展、统筹经济社会发展、统筹人与自然和谐发展、统筹国内发展和对外开放的要求”增强城市综合竞争力，建立一套科学、公正、合理且符合长三角各城市发展的综合竞争力评价指标体系，从理论与实证两个层面对长三角城市群各城市的综合竞争力展开分析研究。综合城市发展的宏观和微观两个层面，将城市竞争力分为城市综合竞争力和城市专项领域指标的竞争力，分析城市竞争力增强或减弱的环节，为城市的进一步发展提供决策依据，具有一定的理论意义和现实意义。

（李　娜）

【中国地区专业化与经济增长研究】

蒋媛媛

经济管理出版社 2012 年版

218 千字

地区专业化是现代经济中较为普遍存在的现象。改革开放后，尤其在 20 世纪 90 年代中后期，专业化生产使我国东南沿海省份实现了经济快速发展，涌现了大量的专业化城镇，如温州、泉州的服装和鞋业专业镇、绍兴的纺织专业镇、永康的五金、东莞的小家电专业镇，等等。与此同时，区域产业同构已成为制约我国区域经济发展的主要因素之一。因此，研究我国地区专业化的形成机理，深入分析中国地区专业化的发展历程与地区经济结构演变，对我国省域专业化对经济增长的影响进行科学测算，具有重要的实践意义。

目前，对地区专业化形成机理以及地区专业化与经济增长的关系，理论界未形成统一的观点。区际分工与贸易理论、马歇尔产业区理论、新经济地理学等侧重从单一角度对地区专业化决定因素进行分析。而地区专业化与经济增长的相关理论尚未成熟，未形成完整的理论体系，现有的研究主要集中在对这种关系的经验识别。因此，在一个统合的框架下，探究地区专业化的形成机理，深入剖析地区专业化对经济增长的作用机制具有重要的理论价值。

该书在一个综合视角下，探讨了地区专业化形成的一般机理，进而分析了地区专业化促进经济增长的实现机制，归纳分析了地区专业化的经济增长效应，探究不同区域分工模式下，地区专业化与地区差异之间的关系。

地区专业化的形成发展是一个较为复杂的过程，是供给因素、需求因素、区位因素、历史因素和制度因素等多种因素综合作用的结果。该书区分了三种不同类型的地区专业化形成动力机制，即要素驱动型、市场驱动型和创新驱动型，并分析了地区专业化部门形成的生命周期。地区专业化促进经济增长是通过一条累积循环路径来实现的，在这个过程中，地区专业化可视为一种特殊的要素配置方式，且具有高报酬、高密度、高流动性和高积累率等特征。地区专业化促进经济增长的效应可以概括为五个方面，即生产率效应、创新效应、劳动力市场效应、收入效应和产品市场效应，且各效应之间存在相互促进的关系。不同类型的分工和专业化模式对地区差异的影响不尽相同，垂直型分工下的地区专业化倾向于扩大地区间收入差异，水平型分工下的地区专业化则容易引起地区差异缩小，混合型分工下的地区专业化对地区差异的影响则取决于何种分工模式占主导地位。

根据上述两条理论线索，该书对 1990 年以来的中国地区专业化进行实证分析，讨论中国地区专业化的特征和决定因素，地区专业化对中国地区经济增长的作用以及对地区收入差异的影响，并提出促进中国地区专业化优化的相关政策建议。

研究表明，中国地区专业化的历史发展，主要经历了近代静态比较优势主导下的被动发展，新中国成立初期至改革开放前，平衡发展战略下的缓慢发展，以及改革开放以来，对外开放和市场集聚主导的迅速发展三个阶段。1990 年以来，中国地区专业化总体省域部门间专业化水平在逐步提高，表现出显著的地域特征和产业特征。中国四大区域之间的区际产业分工格局已由改革开放初期的“东部沿海—内陆”的单一型垂直分工转向多种分工模式并存的局面。

地区生产结构差异化和专业化部门的

发展是地区专业化这一问题的两个方面，中国地区生产结构变化和专业化部门发展的决定因素既有些许相同之处，又存在不同。城市化经济、本地市场规模和区位因素都是决定二者的重要因素；区域市场封锁制约了二者的发展；内部规模经济和本地化经济因素对地区生产结构差异化有正向作用，却对专业化部门发展无显著作用；国际市场因素经济全球化因素促进了各地区专业化部门的发展，但与地区生产结构差异化不相关；历史因素对地区生产结构的影响较为显著，而对专业化部门的作用较不明显。这恰好揭示了我国地区专业化发展中仍存在一些问题，如：分工不足导致专业化部门未能充分利用专业化优势和当地优势；区域市场壁垒过高，不利于区域分工的实现，并加剧了地区间产业结构趋同问题，间接提高了专业化部门发展的成本；由于对外开放程度低，内陆地区的专业化部门难以充分利用国际市场和国际资源。

中国地区专业化与经济增长关系密切，1990 年至 2007 年，中国地区专业化总体水平与经济发展水平呈倒 U 形关系；从各地区情况看，经济发达地区的生产结构趋于多样化，经济欠发达地区的生产结构则趋于专业化，专业化部门实力和经济发展水平存在正相关关系；专业化部门对经济增长的实际贡献率显著提高；地区生产结构效应和专业化部门的生产率效应明显改善，但是地区间重复建设问题有所加深；中国地区专业化和地区收入差异之间存在长期稳定的正相关关系，其根源在于，垂直型分工与专业化为主导的区域分工格局，总是倾向于扩大地区收入差异。

理论研究和实证研究的目的总是希望能指导实践。当前，中国经济的火车头驶入结构调整和产业转型升级的重要关口，地区专业化是区域经济结构调整的重要方面，既关系本地优势的发挥和经济增长的质量，又决定着国内区域分工格局的科学性和合理性，这也是该书的意义所在。因而，中央政府和地方政府应给与地区专业化充分重视，把握好地区专业化的方向，扭转地方政府行为短期化的定式，采取长期的多样化政策和短期专业化政策相配套，以同时促进稳定与增长，规避单一专业化的风险；打破区域市场壁垒，扩大中西部地区的对外开放和城市化进程，建立新型区域协调机制，从而构建新型区域分工格局；进一步促进东中西部地区专业化部门优化升级。

（蒋媛媛）

【统筹城乡发展与农村土地流转制度变革——基于成都“试验区”的实证研究】

郭晓鸣等

科学出版社 2012 年版

230 千字

土地制度改革一直是我国农村经济体制改革的核心内容，在统筹城乡发展的宏观背景下，深化农村土地流转制度改革，已成为当前农业和农村发展的必然趋势，也是统筹城乡发展的关键环节。该书研究立足统筹城乡发展的宏观背景，以“成都试验区”为基本研究素材，深入探讨了统筹城乡发展背景下的农村土地流转制度变革的重点领域，特别是在分析农村土地流转的宏观背景、制度变迁、发展态势以及成都“试验区”农村土地流转基本现状的基础上，重点从法律视角、相关利益主体视角、耕地保护视角、农民利益保护视角、成渝经验借鉴视角等对农村土地流转中的新情况、新问题进行了多维度分析，进而有针对性地提出了完善农村土地流转制度的基本思路与政策主张。

从全国发展态势看，从已有的改革实践看，中国农村土地制度创新尽管模式多样、进展各异、成效不一，但具有十分明显的渐进性制度变迁特征，从总体上看并未涉及土地核心产权制度的根本改变，仍在社会风险可控的条件下向前推进。从发展的角度看，中国农村土地制度改革的基点仍然是在坚持土地集体所有的制度基础之上，推进农村土地制度沿着产权分割、产权明晰、产权流动的路径进行；改革的目标是充分保障农民的土地权利，有序促进农民进城，最终通过构建更有效率的农村土地制度从根本上支撑城乡经济社会一体化的最终实现。

从成都实践看，成都农村土地产权制度改革是新形势下又一轮制度性变革，是改革开放30年来农村产权制度改革在新形势下顺应经济规律的延续，是城市化加速的新形势下土地产权制度改革的有益探索，核心是确定农村的土地无论是农用地或建设用地权利的清晰归属，在确权的基础上促进土地的流转，实现其潜在的经济价值，赋予农民从土地中获取更高收益的权利。

从法律视角看，要解决个人权利与财产权利之间的矛盾，只有将集体经济组织成员对该组织土地承包经营权和其他集体资产的权利固化到某一个时点，将农村集体经济组织的成员权利与财产权利统一。同时，在承包地实测确权后，实行“增人不增地、减人不减地”，以户为单位承包经营权长久不变、无论以后人口如何变化都不再调整土地，农户依法享有对土地承包经营权流转、继承等方面的权利。以固化方式进行的土地调整，既符合相关法律法规保持承包责任制连续性稳定性的精神，也确保了长久不变确权后农户承包地、收益分配的起点公平。

从农民意愿与政府行为角度看，根据调查分析，一是土地流转呈现个人流转向集体流转转变的新趋势，土地加速从农户向业主集中，外来资本介入土地流转态势明显，耕地流转“非粮化”和“非农化”倾向显著；二是地方政府在土地流转中表现出明显的规模偏好倾向，可能出现违背部分农民意愿的土地承包经营权“被流转”现象；三是因农业支持政策存在一定偏差，对业主的利益追求缺乏合理导向和约束，使业主的短期化行为对土地健康流转造成较大冲击；四是农民主动进行土地流转的动力不足，导致农民在土地流转时积极性不高。

从耕地保护和农民利益补偿角度看，虽然设立耕地保护基金能够激励农民保护耕地的积极性，但就农民而言，耕地生产经济效益差是影响耕地保护积极性的主要因素，而且农民对耕地流转有着较为矛盾的态度，虽然耕地的经济效益对于农民而言并没有很大的激励，但是耕地的社会保障替代功能却受到农民较为一致的认可，他们在土地收益相对较低的情况下依然追求土地使用权的长期稳定。

从成渝两地流转模式角度看，成渝两地在促进农地流转方面的改革呈现出多样化的态势，两地的农地流转模式都在围绕还权赋能与通过市场化实现农地的资本化这两条主线展开，虽然在具体操作方面存在一定的差异，但总体上讲成渝两地农地流转具有共同的本质特征和经验，即都把明晰农地产权作为制度基础、把搭建流转平台作为主要途径、把集约利用土地放在重要位置，都在耕地保护机制、农地利用方式和城市化路径方面进行了突破和创新。

从政策选择角度看，该书在立足成都实践的基础上通过多维度的分析，提出了完善农村土地流转制度的战略思路与政策选择：以完善农村土地产权制度为基础推进农村土地流转；以农业适度规模经营为指向加速农村土地流转；以健全土地流转市场体系为突破促进农村土地流转；以管理制度创新为动力加强农村土地流转；以保护耕地和农民权益为根本提升农村土地流转。

最后，该书在调查基础上形成了四个案例报告：从还权到赋能：实现农村产权的合法有序流动——一个“两股一改”的温江样本；以土地管理制度创新为主线的新型城市化研究——来自成都市温江区的个案；农村土地综合管理：乡村剧变的制度创新之源——新都区军屯镇静平村土地综合管理的探索和创新；城市近郊农村土地综合管理的进展与问题研究——以四川省成都市为例。

整体上，该书的研究不仅有利于丰富和拓展农村集体土地产权理论与统筹城乡发展理论，对研究农村领域的专家学者和农村实际工作者具有较高的理论参考价值；而且对促进农村土地制度改革、加快现代农业发展、加强耕地资源保护、保障农民权益、城镇化进程等都具有重要的政策借鉴价值。

（丁延武）

【大型国企产权多元化改革研究】

蓝定香　杨　钢　张　琦　施晓红　刘渝阳　等

人民出版社 2012 年版

272 千字

我国是一个由计划经济逐步转轨为市场经济的国家，国有企业特别是大型国有（控股）企业既是我国计划经济体制得以实行的“中坚”力量，也是受我国计划经济体制束缚最深的典型代表。随着我国经济体制改革的不断深入，国企包括大型国企的改革也取得了巨大成效。但是，从总体上看，大型国企的改革进展相对缓慢，目前已经成为我国国企改革攻坚的最后“堡垒”。大型国企虽然在前些年通过债转股、主辅分离改革、重组整合等多种举措和政策照顾下发展成效显著，但是，由于没有制度和机制的保障，留下来的这些国企“精兵强将”其运行质量却令人十分堪忧。实践再次表明，大型国企更需要制度创新、产权改革和机制转换，从制度和机制上保障其健康稳定地发展。这正是该书研究的重要意义所在。

该书分为三篇。上篇探寻中国大型国企产权多元化改革的理论基础（3 章）；中篇梳理中国大型国企产权多元化改革的实践过程（2 章）；下篇分析中国大型国企产权多元化改革的未来走向（6 章）。该书在重点研究大型国企产权多元化改革具有关键意义的企业产权理论、企业国有产权的委托—代理理论和国有股权控制力耗散理论的基础上，系统梳理了大型国企产权多元化改革的背景、历程、现状和存在的问题，进而深入研究了未来大型国企产权多元化改革的取向、目标、方式和重点、难点，提出了深化大型国企产权多元化改革的措施。

其总体取向是：除了极少数特殊情况外，其余大型国企都应当推进产权多元化改革。其总体目标是：建立控股股东制衡的混合股权结构。其本质规定性有两个：一是多种所有制性质股权混合的股权结构；二是有对控股股东进行制衡的一个或多个大股东。其总体方式是：增量型方式、存量型方式和股权置换型方式三种类型。具体的方式很多。其改革的重点是：宏观重点分为五类：一是从产业领域来看，非公共性领域大型国企应该最先改，然后是半公共性领域，再后是公共性领域；二是从国企的隶属关系来看，地方国企应该先改、快改，然后是央企；三是从经营状况来看，经营状况越差的企业越先改；四是从企业规模大小来看，规模较小的大型国企先改，规模大的特大型、航母型国企缓改；五是从国有股的比例情况来看，国有股比例越高的应该越先改，即国有独资企业（公司）特别是非公共性领域的国有独资企业（公司）应该最先改，然后是国有绝对控股公司、国有相对控股公司、国有参股公司。当然，这种改革的先与后、重点与非重点并不是绝对的。在实际改革中，往往是条件成熟一个改一个。该书重点分析了前面三种情况的大型国企产权多元化改革。微观重点按照企业的级次来分，主要是集团（母）公司。该书还专门研究了集团公司产权的多元化改革问题。其改革的难点是：统一认识难、国有经济的定位和规模以及范围确定难、消除国资管理体制的制约难、国有产权流动重组定价难、垄断领域改革难、大型国企控股权解决难、非国（公）有经济参与大型国企产权改革难等等。

该书提出的对策建议是：

一是转变观念，统一认识。要正确认识大型国企的产权多元化改革与国有经济主导地位的关系；要正确认识企业国有产权流动重组与国资流失的关系。

二是深化国资管理体制改革。必须明确国资监管机构的行政管理职能——顶层决策机构，理顺国资管理体制，消除国资监管机构的角色冲突；必须明确国资出资人机构——在目前国资监管机构已经建立的国家开发投资公司、中国诚通控股集团有限公司、中国国新控股有限责任公司等国有投资控股公司的基础上，实施整合并分类，设立三类若干国有投资控股公司来行使国有出资人职能，并分类进行管理和考核；要正确处理国资监管机构与其他有关部门（财政部门、组织部门）的关系。

三是鼓励非国（公）有经济参与大型国企产权多元化改革。要真正落实国务院于2010年5月发布的《国务院关于鼓励和引导民间投资健康发展的若干意见》和2012年7月国家发改委按国务院要求制定并发布的42项民间投资实施细则，营造非国（公）有经济发展和参与大型国企产权多元化改革的良好政策法制环境。

四是完善产权交易市场，促进企业国有产权“三公”交易。国家有关部门应当尽快制定和完善统一的政策法规，规范产权交易市场的建设，促进企业国有产权公开、公正、公平交易，最大限度地寻找优秀的受让方和发现价格，防止暗箱操作，避免国资流失。

最后，要完善有关政策制度、法律法规及其他配套措施。确定国有经济范围并完善大型国企产权改革的宏观指导性政策；完善关于大型国企产权改革操作程序方面的政策制度与法律法规；加强对国有资产（产权）评估等关键环节的制度规范和政策指导；消除大型国企的历史包袱和社会负担；完善社会保障制度与保障体系，提高保障水平；多渠道筹措大型国企产权多元化改革的成本。

该书在理论上的创新主要是从大型国企国有股权特殊的委托—代理关系及其存在的“委托问题”出发，创新性地从股权控制力耗散角度研究了国有股权的控制力，得出个人股权的控制力大于法人股权的控制力大于国有股权的控制力的结论，对于深入研究我国大型国企产权多元化改革具有十分重要的学术价值。

（蓝定香）

【资本市场与西部高新技术产业发展研究】

达 捷

西南财经大学出版社2012年版

200千字

在西部大开发的背景下，资本市场和西部高新技术产业的培育和发展具有深远的意义。高新技术产业的发展需要大量的资金，尤其是中小高新技术企业，面临着融资难、融资渠道单一等问题。而良好的资本市场环境正是推动高新技术产业成长壮大的“温床”，资本市场是支持企业自主创新和高新技术产业加快发展的重要平台。如何利用资本市场，为西部高新技术产业的发展提供有力的融资机制和融资环境，成为该书研究的初衷。

当今的世界变化万千，尤其是知识经

济时代的到来，为高新技术产业的发展提供了新的契机。高新技术产业能够带动产业结构调整和经济持续快速的增长，发达国家就是利用得天独厚的风险投资和发达的资本市场（例如NASDAQ市场）为高新技术产业的发展提供强有力的支持，从而带动资本市场的发展和经济的增长。由于高新技术产业的资金需求量大，融资风险高，高新技术企业的成长是一个漫长而充满风险的过程，从初期的萌芽阶段到最终形成产业，一般要经过种子期、初创期、扩张期、成熟期等阶段，每个阶段面临的风险也不同，需要的资金支持也有差异。例如，在种子期风险最大，商业银行不愿意承担风险，一般的金融机构也不会介入，这个时候就需要种子基金、风险投资等为那些需要资金且具有增长潜力的科技型中小企业提供融资支持。因此，如何促进金融与高新技术有效结合，以政府为主导，吸引更多的民间资金，发展多元化的资本市场（资产证券化、二板市场、创业板、风险投资、知识产权担保融资等），成为该书的落脚点。

纵观西部大开发以来，高新技术产业的发展取得了一定的成绩，例如，已形成一批国家级高新技术产业开发区和省级高新技术产业开发区，在某些领域（电子、通信、信息、生物制药）取得了一定的科技成果，但是西部高新技术产业发展仍然存在一定的问题，科技投入不足，基础设施落后，高新技术创新能力不足，成果转化能力较弱，与东部相比还存在一定的差距，而且这种差距在逐渐扩大。其中一个很重要的问题是，融资渠道单一，融资机制不健全。汤继强提出的“梯形融资模式”解决了成都高新区一批中小企业融资难问题。除了从银行获得贷款的间接融资模式之外，资本市场是中长期资金融通的场所，如何利用资本市场发展西部高新技术产业，增大直接融资的份额，为高新技术产业的发展提供强有力的金融支持，缓解西部高新技术企业的融资难问题，成为该书的重点。

该书的主要目的是研究资本市场与西部高新技术产业的发展问题，针对西部高新技术产业发展中存在的融资难问题，如何利用资本市场的主板、二板、创业板以及场外交易市场、风险投资市场等，提高资本市场的效率，为更多的高新技术企业融资等。该书主要分为六个部分：第一章首先阐述了金融在经济发展中的作用，提出金融资本与产业资本的融合机制，寻找该书的理论基础。第二章分析资本市场与高新技术产业发展的融资机制，从资本市场发展与金融深化的方向，以及高新技术产业发展中的融资约束，提出二者发展的融资机制，构成该书的逻辑起点。第三章从现状出发，分析西部高新技术产业发展的现状及存在的问题，找寻发展趋势。第四章分析西部资本市场发展的特征，根据第三章提出的问题，探索资本市场与西部高新技术产业发展相结合中存在的问题，主要是融资问题。第五章分析资本市场与西部高新技术产业的培育，从西部高新技术企业的融资模式出发，探讨证券市场和特殊的融资机制——风险资本与西部高新技术产业的融资机制。第六章主要针对二者相结合中存在的问题进行思考，并提出相应的政策建议。

该书主要采用规范分析与实证分析相结合、总体分析与个案分析相结合、比较分析与借鉴分析相结合，从一般到特殊，从理论到实践，定性分析为主，定量分析为辅。

该书的重点是分析资本市场与西部高新技术产业发展中的融资问题，同时，这也构成了该书的难点，由于可供借鉴的资料不多，即便是有资料可供借鉴，也多半从全国的角度探讨资本市场与高新技术产业的问题，针对高新技术产业融资问题多从风险投资和经济增长为切入点，从区域出发研究二者关系的很少。另外，实际可以收集的数据和资料有限。

该书的创新之处：第一，从西部高新技术产业发展的不同阶段出发，探究不同层次的资本市场为高新技术产业发展提供融资渠道。第二，首次系统性地论述西部资本市场与高新技术产业发展中存在的问题、二者的作用机制，为西部资本市场与高新技术产业的融资问题提供系统的参考。第三，借鉴国外发达国家的经验，结合西部资本市场的特征，探讨如何更好地设立二板市场、创业板市场以及场外交易市场，为风险（创业）投资的退出机制提供渠道。

（达 捷）

【广东发展非公有制经济的体制保障研究】

储小平 李 桦 曹会勤

经济科学出版社 2012 年版

235 千字

非公有制经济是相对于公有制经济而产生的一个名词。它是我国现阶段除了公有制经济形式以外的所有经济结构形式，是社会主义市场经济的重要组成部分。非公有制经济主要包括个体经济、私营经济、外资经济等。我国非公有制经济的发展一直与国家的政策体制变迁紧密联系，从某种意义上讲，考察非公有制经济的发展与国家政策体制变迁其实就是考察中国经济发展的动态制度收益。纵观非公有制经济发展的历史过程可以看出，在技术水平没有发生突破性进展的条件下，制度边际调整的收益远远大于制度变迁的成本。因此，为了进一步促进国民经济和非公有制经济的发展，就需要为非公有制经济的发展提供更多的政策、法规上的保障。

广东省的非公有制经济发展水平和发展速度一直居于全国前列，但是学术界对于广东非公有制经济的研究却关注不够，尤其是与浙江省相比，显得较为落后。对于浙江的发展，已经有“温州模式”“浙江模式”等的系统论述，而对广东的研究只有零散的文章论述。该书使用问卷和实地调查相结合的方法取广东省内非公有制经济从业人员对政府各类政策的评价和预期，系统全面地研究了广东省非公有制经济的发展水平，评价了与非公有制经济政策的制定和执行，探索了进一步提高广东省营商环境，促进非公有制经济的途径。通过 2005 年和 2010 年两次调查，系统揭示了广东省政府体制、政策制定和执行、非公有制营商环境的变化。

在概括了广东非公有制经济的发展和地域分布特征之后，综合了广东省非公有制的政策演变历程。在非公有制发展的法律和政府体制保障、非公有制经济的融资体制保障、非公有制经济科技创新体制保障、非公有制经济的税收体制、外贸体制、民间组织、劳动人事关系等多方面进行了专题研究，比较了广东省内珠江三角洲、粤东、粤西、粤北四个地区存在的差异，并以汕头澄海地区玩具产业作为案例研究，分析了政府执行角色和非公有制经济发展的关系。进一步从政企关系、制度变迁和机制改革路径的角度，分析了各类政府体制的演变和变化的趋势与途径。

从 2005 年到 2010 年，政府对非公有制经济的限制已经放松了很多，对非公有制经济的支持力度有明显的增加，对非公有制经济产权保护和尊重有所加强，政府有关部门的办事效率提高了许多。在对政府体制评价方面，非公有制企业对政府体制的公开性和透明度不足反应比较强烈，特别是认为政府在部门设置、政策具体执行和反馈中缺乏透明度和相应的机制；非公有制企业参政议政的积极性比较强，普遍希望政府的机构设置、主管部门领导的业绩考核等要多听取非公有制企业的意见，但是仍然缺少从下到上的制度化沟通渠道。

在对政策体制评价方面，企业仍然认为政府有关非公有制经济发展保障和扶持的法律还很不够，政府对中央和地方扶持政策的宣传力度不够，政策的透明度不高，导致非公有制企业对政策缺乏了解，企业在遇到法律纠纷时难以通过符合程序的调节和诉讼渠道予以有效解决，并且普遍认为地方法院对经济案件的裁决和执行是不公正满意的，政府与非公有制企业之间的关系运作倾向比较重，突出表现在土地获取、信贷、税收征管、新办企业、行业准入方面。

从民间体制的作用方面来看，商会和行业协会的作用增加。商会和行业协会对其成员有一定的约束力，有利于企业发展和规范市场行为。在商会和行业协会等组织和政府的关系方面，非公有制经济企业普遍存在矛盾心态，一方面认为政府应该牵头建立商会和行业协会，另一方面认为政府插手商会和行业协会的管理最终会毁掉这些民间组织，仍然需要磨合和定位民间商业组织和政府的关系。地区非公经济发展和当地的政府设置、运作效率、政策法规的透明度、政策执行的力度普适度以及关系运作都显著的相关，民间组织的发展也存在显著的地区差异。

虽然发展的趋势是令人欣慰的，但是非公有制经济发展中的“无商不奸”和“无商不艰”的双重格局仍然比较严重。广东的非公有制经济发展体制保障的支撑和创新仍然不足，非公有制企业的经营与发展还难以获得稳定的预期。要进一步加快服务型政府的建设，使得政府由全能控制者转变为服务者，增加从下到上对政府的评价和约束。理性、公平、公正和高效的体制建设对非公有制企业的发展至关重要。良好的体制环境才会催生大批创新和规范经营的企业，政府的转型改革对于非公有制经济的进一步发展是一项重要的条件。

（聂海峰）

【中小企业融资问题研究】

姚益龙

经济管理出版社 2012 年版

278 千字

中小企业随着经济的飞速发展，其地位和作用在我国非常重要，关系到经济的发展和社会的稳定，已是国民经济的主要组成部分。但由于中小企业自身的一些特点，在发展过程中面临一系列融资问题：中小企业融资渠道不宽，方式不多，比较单一。对银行贷款的依赖较大。直接融资方式不充分、间接融资支持不足。我国于 2009 年 5 月实施了《首次公开发行股票在创业板上市管理办法》。但由于中小企业达不到现行证券管理标准要求的规模，也达不到投资回报的要求，基本上都进入不了证券市场。我国还没有完善的企业和个人信用档案，有权威的资信评估机构也很少。中小企业在银行贷款中的不良贷款占比没有大企业高，信用状况也可能比大企业好，但因为信用记录系统不完善，对中小企业融资造成的不利大大高于对大企业的不利。因而，如何克服中小企业自身特点，探索适应金融产品和创新途径，对中小企业发展和我国经济繁荣具有重要的价值。

在课题调研的基础上，采用理论分析和实证研究相结合的方法，对广东省中小企业融资困境的现状、原因（理论和实证）和解决途径进行了分析。在理论层面，从经济学最基本的融资需求和融资供给出发，研究资金供求的两个方面，并通过对比意愿融资和实际融资的差别来说明中小企业的融资缺口。根据信贷配给理论从银行角度阐释了中小企业融资难的原因，并且根据信息不对称理论从担保机构方面阐释了其对缓解中小企业融资困境的作用。

从实证角度研究了广东省中小企业的融资困境。2005 年对广东省 21 个地级市以及2007年对东莞市所有街镇的调研，通过第一手数据研究了广东省中小企业的融资需求、融资方式、融资难易、融资成本、融资决策等多方面的可靠信息，据此提出具有可行性的解决措施，使得研究具有很强的应用价值。

从政府和银行角度，为分散担保风险应加快再担保体系建设，可成立中小企业信用担保基金，建立健全的资本金补充和风险补偿机制。银行与担保公司合作的注册资金可根据实际情况适当降低，使担保公司的担保作用充分发挥出来。理顺银行与担保公司的关系，银行与担保机构的互信和合作机制才得以建立。

从中小企业角度，中小企业的经营机制和管理体制要逐步完善，产权交易和资产重组程序要规范，建立现代企业制度。其次是企业自身的经营管理水平要提高，要完善财务管理制度，健全内部监督和外部监督机制，规范财务制度和成本核算流程，增强企业支付和偿债能力。对产业结构进行调整，不断优化自身的产业结构，加强产业升级，提高自身的核心竞争力。信用建设是企业融资的软环境，要做到诚实守信，守法经营。要根据自身条件在接受融资体系时作出合理的选择。

通过引入创业资本投资、完善股权融资、发行中小企业债券融资业务，建立中小企业长期资金需求的途径，对企业抵押金融、发行网络金融等方式解决企业短期资金需求。发达国家为满足不同类型企业的金融需求，建立多样化和差异性的金融市场体系，我们可借鉴其经验，进一步细分市场，建立多元化和多层次的融资渠道，对解决不同类型和不同阶段的中小企业融资问题有很好的作用。

（聂海峰）

【人民币外汇市场风险管理研究】

梁建峰 刘京军 田凤平

经济管理出版社2012年版

278千字

2010年6月19日，中国人民银行宣布根据国内外经济、金融形势和中国国际收支状况、决定进一步推进人民币汇率形成机制改革，增强人民币汇率弹性。进一步发挥市场在资源配置中的基础性作用，促进国际收支基本平衡，保持人民币汇率在合理均衡水平的基本稳定，维护宏观经济和金融市场稳定。虽然中国政府明确表态人民币币值没有低估，自2005年7月21日人民币汇率制度改革以来，人民币对美元的汇率一直呈现出升值的长期态势。随着汇改的深入，人民币即期汇率波动将成为常态，汇率风险进一步凸显，如何管理人民币外汇市场风险成了监管部门、金融机构、进出口企业和个人都需要深入认识的问题。

利用金融工具是风险管理中的一个重要内容。围绕人民币金融衍生品市场交易，境内外目前存在三个主要的交易市场和多种汇率衍生品。境内市场以中国外汇交易中心为主，交易的衍生品主要是人民币外汇远期和外汇掉期；境外市场包括非交割交易市场和芝加哥商品交易所的人民币期货期权交易市场，交易的衍生品主要为非交割远期和人民币外汇期货等。从微观层面分析人民币远期汇率和即期汇率的关系、分析三个市场外汇衍生品的市场特征、动态相关性、风险关联性对于使用金融工具、选择交易市场、控制头寸风险具有指导意义。

在已有研究的基础上，从微观风险管理的层面系统研究了人民币即期、远期市场的动态相关性特征及外汇风险管理策略。第一部分引入多个外币市场的关联性，用半参数方法和结构突变模型方法研究了人民币远期市场有效性和影响因素。第二部分围绕人民币外汇衍生品市场的动态相关性，应用 DAG 理论、VEC Granger 因果检验方法、双变量 EGARCH 模型和 DCC-EGARCH 模型等工具，量化研究了多个市场之间的信息溢出、波动率影响以及外汇市场间的价格引导关系。第三部分探讨了远期外汇市场的套期保值模型方法及套期效率等问题，研究了包括方差最小化静态及动态套期保值方法的改进、基于相对在险价值和下偏测度的套期保值优化以及套期保值的动态调整等问题。在规范模型方法研究的同时，以 2005 年 7 月至 2008 年 12 月各个人民币外汇市场的报价数据为基础，进行了深入的实证研究。

研究发现，考虑到人民币对外币汇率之间的联系，考察期间各外汇市场的有效性假设均不成立，各人民币外汇市场存在相关关系，而且各市场中的参与者对风险溢价要求不同，具有非风险中性的特征。非有效性的原因可能来自市场结构限制，我国政府对外汇即期市场的报价限制使得市场参与者的时变风险溢价不能充分反映。当引入结构突变，使用更一般化的分析模型时表明，人民币对美元一个月远期市场存在多个结构突变点，和两个国家利率政策紧密相关。

从中国人民银行允许人民币汇率浮动以来，境外市场和境内市场之间的关联性变强了。在短期限的远期品种市场上，境内市场的波动引导境外市场的波动，而在收益率上，境外市场的定价权比境内的市场作用更大。虽然境内市场存在一定的外溢性，但是可以说金融衍生品的主要交易市场在境外。

进一步，各种套期保值模型的比较，对于风险管理也有一定的参考价值。在可行的情况下，选用短期内到期的远期外汇产品，套期的绩效较好。国内远期与非交割交易市场的交易品种在套期保值效果上各有优势，依赖风险和套期目的。当使用 VAR 模型选择套期模型的套期保值效率比传统的最小方差效率更优。无论在境内市场和境外市场，选择 LPM 模型的绩效都好于最小方差准则下的绩效，因而 VaR 和 LPM 是相对有优势的套期保值产品选择标准。

（聂海峰）

【为天下之先——粤商家族企业创新三十年】

张建琦　刘　衡　赵兴庐　李　溪

社会科学文献出版社 2012 年版

295 千字

家族企业作为世界上最具普遍意义的企业组织形态，在世界经济中有着举足轻重的地位。在世界各国，无论是发达国家还是发展中国家，家族企业都在顽强地生长和发展着。美国学者克林·盖尔西克认为"即使最保守的估计也认为家庭所有或经营的企业在全世界企业中占 65% 到 80% 之间。全世界 500 强企业中有 40% 由家庭所有或经营"。

据美国的调查，家族控制企业对美国新增岗位的贡献率达 78%。这些家族企业中，不再是控股严密的私人公司和夫妻店，也存在很大比例的上市公司。据《幸福》杂志统计，在全球 500 家大型企业中，有 175 家家族企业。而在美国公开上市的最大型企业中，有 42% 的企业仍为家族所控制，近几年来虽然美国上市公司股份呈分散化趋势，但总体上来说，家族仍然控制着企业较大的股份。

在我国，20 世纪 70 年代末到 80 年代初才掀起了家庭经营的第一次浪潮。随着对私营经济在国民经济中地位的认同，占据私营经济绝大比例的家族企业得到了长足发展。2011 年官方数据显示，民营经济占广东省经济总量的 44%，对经济增长贡献率为 52%，民营高新技术企业占广东省国家级和省级高新技术企业的 80% 以上。

理解家族企业的成长和创新发展，是透视中国经济格局演变、经济发展和展望未来经济成长的一个重要的管道。

从历史的事件演变和环境变化的主线来看，广东的家族企业具有深厚的冒险和追求的历史渊源。根据对地理、文化和制度等因素的分析，可以把广东商人按照地域分为广府、潮汕和客家三大类。广府商人“敢为天下先”，潮汕商人“爱拼才会赢”，而客家商人“儒雅勤俭”，这三类商人相互融合构成了粤商的多元文化，形成自古以来的开放兼容、勤俭诚信和敢于冒险的精神特质。广东家族企业的发展是中国民营经济发展的缩影。

改革开放三十年来，根据不同阶段的环境因素和企业资源的变化，可以划分为三个时期，创新资源积累期（1978—1991年），模仿创新期（1992—2007年）和从模仿向自主创新转型期（2008年至今）。通过对比国外和香港成功的家族企业如杜邦公司、三星公司、李锦记公司的创业成长历程，分析比较了广东的典型企业如志高空调、虎门服装、佛山照明、博创机械等之间的经营模式和发展思路，通过案例研究的方式对比了在不同行业和外部环境下，影响家族企业传承发展的因素和企业因应环境的创新模式。

“以史为鉴，可以知兴替。”成功阶段的企业，揭示了企业创新发展的历程，而与国外企业的对比，提供了创新理念传承、创新决策特征、创新体系建构和创新管理模型方面的成功经验，对广东家族企业进一步发展壮大具有重要的启发意义。经济进一步转型升级，是中国经济进一步发展的重要途径和驱动力量。除了外部环境之外，广东的家族企业在创新发展方面也存在一些局限和挑战。首先，不少家族企业仍然满足模仿优先，急于获取短期效益，无心投入技术创新，缺乏持久竞争优势；其次，家族企业的创新主要集中在价值链的低端，重制造和工业创新，缺乏品牌和研发创新，附加值较低。再次，企业管理重战术创新，轻战略、文化和制度创新，缺乏持久创新的基础。通过全面和透彻地分析广东家族企业在创新机制方面的局限，从企业制度变革、职业经理制度建设、代际传承和外部环境适应四个方面，全面阐述了家族企业创新的模式和路径。

“富不过三代”是传统观念对家族企业传承发展的重要看法，只有适应现代公司治理，变革企业外部环境，才能打破这个传统的怪圈，建立中国的家族企业百年基业。

（聂海峰）

【股权分置改革后控股股东新的掏空行为研究】

吴育辉

北京大学出版社 2012 年版

200 千字

控股股东掏空长期以来是我国资本市场存在的一个顽疾。控股股东通过占用上市公司资金，利用上市公司进行违规担保，以及其他关联交易侵害上市公司和中小股东利益的案例屡见不鲜，对我国资本市场的健康发展造成了非常恶劣的影响。2005年4月，股权分置改革启动，一方面解决了股权分置现象；另一方面，在推进股权分置改革的同时，监管机构也积极出台各项法律法规，加强上市公司治理，提高中小投资者保护。2006年年底，随着股权分置改革的基本完成，控股股东原有的掏空行为在很大程度上得到遏制。

该书在收集、分析和借鉴国内外文献的基础上，结合我国的制度背景分析，以股权分置改革后是否产生控股股东新的掏空行为这一问题作为研究的出发点，围绕股权分置改革后新出现的三种控股股东及上市公司的财务行为——“股票减持”“定向增发”和“股权激励”，展开案例分析和实证研究，探讨其中存在的控股股东掏空行为，并研究公司内部治理机制对制约控股股东掏空行为的作用，最后根据研究结论提出政策性建议。

该书发现，第一，股权分置改革后，控股股东的利益获取方式发生了重大变化，由向上市公司掏取收益，转变为向二级市场投资者掏取收益。旧的掏空行为消失，新的掏空行为又出现了。这种现象主要是由于股权分置改革后控股股东“一股独大”的本质没有发生变化，加上法律法规的改善并未有效提高控股股东的违规成本，从而无法真正对控股股东的违规行为产生威慑作用，因此，控股股东的掏空动机并没有受到实质性的改变，控股股东仍将试图通过新的手段实施对中小股东利益的掏空。

第二，股权分置改革后，控股股东掏空行为虽然继续存在，但其掏空方式发生了新的变化，呈现出新的表现形式，具体而言：（1）在股票减持过程中，控股股东通过操控上市公司的重大信息披露，即在减持前披露好消息，或（并）将坏消息延迟至减持后披露，以提高股票的减持价格，进而提高控股股东在股票减持中的收益。（2）在上市公司对控股股东的定向增发过程中，控股股东通过操控上市公司实施增发前的时机选择和临时停牌，将增发价格锁定在较低的价位，从而帮助控股股东节约购买新股的成本，以低价获取上市公司更多股权，为其今后的股票减持提供更多低价“筹码”。（3）在控股股东和高层管理者一体化的上市公司，控股股东通过在股权激励过程中实施“自我激励”，并设定宽松的绩效考核指标体系，使控股股东非常轻松容易、“名正言顺”地获得并兑现股票期权，一方面导致了控股股东将大部分经营成果转移到自己或利益一致人手中；另一方面，同样为控股股东今后的减持行为提供更多的股票。

第三，与股权分置改革之前的控股股东掏空行为相比较，股改后由于控股股东的利益获取方式发生了重大变化，控股股东掏空行为也呈现出新的特点，主要体现为：（1）从掏空对象来看，控股股东由股权分置改革前对上市公司的“现金流掏空”或“资产掏空”，即对上市公司现金和资产的偷窃和掠夺，转变为股权分置改革后的“股权掏空”，即通过低价取得股票并高价减持股票，摊薄中小投资者的股权比例，进而盘剥二级市场的中小投资者。（2）从掏空普遍性来看，与股改前普遍存在的控股股东掏空行为相比较，由于距离股改完成的时间不过短短的4年，股票减持、定向增发以及股权激励行为大多处于初步发展阶段，仅有少量上市公司参与其中，涉及金额相对于上市公司市值而言也不是很大。（3）从掏空方式来看，控股股东由股权分置改革前赤裸裸的掠夺、欺诈、偷窃等非法掏空方式，转变为股权分置改革后隐蔽性更强的掏空方式，而且往往都是在合法的幌子下进行的，使得投资者和监管机构更加难以辨别。（4）从掏空程度和后果来看，股权分置改革前，控股股东掏空行为披露时往往出现显著为负的市场反应；而股权分置改革后，控股股东掏空行为披露时的市场反应则显著为正。股权分置改革前，控股股东掏空行为往往对上市公司的经营管理活动和公司绩效造成严重危害；股权分置改革后，控股股东掏空行为对上市公司经营管理活动和公司绩效的危害程度有了明显的降低。

第四，公司内部治理机制，特别是董事会治理机制，无法对控股股东新的掏空行为起到有效的约束作用。究其原因，是由于控股股东的“一股独大”，能够对公司董事会的构成和运行效率起到决定性作用，如聘用与自己关系良好的独立董事，而解雇对自己严格监督的独立董事，这样一来，缺乏独立性的董事会就只能对控股股东唯命是从，自然也就无法发挥有效的监督作用。

该书建议加强监管机构对股改后控股股东“股权掏空”行为的重视，并出台相应的措施制约控股股东新的掏空行为，保护中小投资者利益。

（吴育辉）

【基于战略顾客行为的供应链运作】

杨光勇 计国君

厦门大学出版社 2012 年版

280 千字

后金融危机时代，我国供应链面临的不确定、不稳定、复杂性因素仍然较多。宏观上各种混合型所有制企业模式下，投资和消费比例结构失衡，总体竞争力弱、消费需求未充分释放、经济增长内在动力不足、产能过剩问题突出、产业结构不合理、能源消耗偏快、环境污染严重。微观上聚集规模偏小、“小而全”的现象严重、融资维艰，发展后劲不足；上下游企业制约，参与国际竞争的盲目性大、不熟悉国际化运营法则，跨国并购存在文化整合和冲突，走出去的难度较大等，这些瓶颈导致我国供应链的创新动力不足。另外，我国供应链管理出现新的特征，包括：（1）企业之间的竞争已经转化为供应链与供应链之间的竞争，合作结构出现新的特征。例如，家电制造商惠浦与零售商苏宁签订独家承销排他性产销联盟。（2）战略顾客行为不断扩大。互联网的日益普及以及网上顾客的评论提升了顾客追踪销售商产品可获得性以及价格变化的能力，使其利用战略等待以尽可能低的价格购买所需产品。另外，降价促销策略已充斥着各个行业，例如，服装行业约 50% 的库存最终以折扣价格出清；连锁零售商沃尔玛、好又多、国美、苏宁等在元旦期间通过促销，增加他们的销售额；这种降价销售策略进一步刺激了顾客的等待行为，从而加剧产品供给与需求间的不匹配性。（3）模仿创新严重。模仿创新由于更低的研发和市场运营成本，使得模仿者（后进入者）能将更多投资用于对创新者（先进入者）的原始产品的性能进行改进，更好满足顾客的需求，从而与创新者进行竞争。据统计，模仿创新成功率高达 87.5%，而原始创新成功率为 53%。模仿创新已成为模仿者迅速抢占市场并持续发展的一种有效策略。另外，顾客表现出战略等待行为也进一步增加了模仿创新的价值。

鉴于这些，催生了战略顾客行为下供应链运作的新模式，实质上产生了行为供应链管理范式。行为供应链作为行为运作管理研究的分支，是结合认知心理学和社会心理学等理论来研究供应链管理的新领域，研究人的行为和认知对供应链系统的设计、管理与改进产生影响的相关属性，以及这些属性与供应链系统的相互作用。换句话说，行为供应链管理则将人的行为看作是供应链系统中的核心组成部分，其主要任务是借助认知心理学和社会心理学的相关研究成果，运用实验研究和实地研究、调查等研究方法，分析人的行为因素特别是认知的局限对供应链所造成的影响，开发相应的模型和工具分析这些因素所造成的系统偏差，并探索纠正这些偏差的可能应对措施。

从环境意识供应链涉及的关键活动出发，该书包括四章：第一章以战略顾客行为和供应链紧密结合关系为主线，探讨诸如异质性顾客的随机配给策略、战略顾客行为下最惠顾客保证对提前购买的价值、战略顾客行为下顾客退货策略等内容。主要结论包括：提升顾客外生体验能提高供应链及其成员企业的收益；销售补偿合同不能协调供应链，而回购合同能协调供应链，并且供应商与销售商能任意分割协调利润。这种任意分割利润特征也为在利润分割之前，各成员企业最大限度地提升顾客体验以获得更多协调利润提供了保障。第二章分析后进入者选择不同营销渠道对供应链结构的影响，包括考虑战略顾客下模仿创新机制；选择独立渠道，市场格局为由后进入者构成的模仿创新供应链与由先进入者构成的现有供应链间的竞争与合作（即供应链间竞争结构）；选择公共渠道，后进入者与先进入者形成供应商间竞争型供应链；同时选择独立渠道与公共渠道，市场格局为由供应链间竞争结构与供应商间竞争结构组合的混合竞争型供应链。主要结论包括：动态定价下，当战略顾客比例超过某阈值时，均衡销售商利润以及存货数量固定不变；投机者下，销售商均衡存货数量更低；与动态定价相比，当战略顾客比例较高或销售价格较低时，投机者的存在对销售商的价值更高。第三章研究供应链间竞争结构情形，包括战略顾客行为对模仿创新供应链、原始供应链的影响，以及战略顾客行为对更一般竞争性供应链的影响。主要结论包括：当产品间只存在横向差异性时，合作联盟反而降低了供应链绩效，即销售补偿合同下的供应链利润低于批发价格合同情形；当产品间同时存在横向与纵向差异性时，供应合同类型、供应合同参数以及产品性能共同影响供应链绩效；顾客等待成本越高更能增加供应链绩效。总的来说，基于利益捆绑的战略合作联盟只有结合提升产品性能以增加产品纵向差异优势更能提高自身供应链的绩效，这也为供应链间竞争与合作提供了新型策略。第四章研究后进入者通过选择公共营销渠道销售性能改进产品由此形成的供应商间竞争型供应链，通过对批发价格合同与回购合同的不同组合研究供应商间竞争性结构。主要结论包括：以利益捆绑为基础的战略合作协议与产品差异化程度的有效组合成为协调供应商间竞争型供应链的新型机制，也为这类供应链的协调性与稳定性研究提供了新方向。

战略顾客行为对供应链的产品供给与需求匹配性极具干扰性，该书通过研究这种行为对企业与供应链各方面的影响以及供应链所采用的应对策略，提供了重要的理论与实践指导意义。

（杨光勇）

【中国企业跨国并购文化整合解决方案探究】

唐炎钊　张丽明　陈志斌

中国经济出版社 2012 年版

332 千字

跨国并购已成为企业走向国际化的主要方式之一。近年来，随着经济的全球化以及中国经济的高速发展，中国企业的跨国并购活动日益增多。

美国《商业周刊》撰文认为，未来 10 年中国企业将进行大规模的跨国并购，从而将改变世界企业竞争的整体格局。跨国并购为中国企业迅速获得自身最为缺乏的产品研发技术、具有影响力的国际品牌以及国际市场营销经验提供了一条“捷径”，然而这却是一条“布满荆棘的捷径”。在过去 20 年里，国际上大的企业并购案中 65% 的并购是失败的，没有获得预期的协同效应和财务回报（朱哲男、蔡军，2006）。

根据国际上关于并购的“七七定律”（Jack Prouty），70% 的并购没有实现期望的商业价值，其中 70% 的并购失败于并购后的文化整合，文化差异越大，失败的可能性越高。即忽视并购双方企业文化的差异，未能进行有效的企业文化整合，是企业并购失败的重要原因。中国企业跨国并购在文化整合上面临的困惑成为并购整合管理的最大挑战。因此，无论在理论上还是在实践上，都迫切需要一套适合我国企业跨国并购文化整合的理论与方法。该书正是为了满足这一需要而进行的初步尝试与探索，它是国家自然科学基金面上项目

（项目编号：70872094）、福建省新世纪优秀人才支持计划项目的主要成果的总结。

该书在充分吸收国内外跨国并购文化整合的有用经验和最新研究成果的基础上，试图以中国企业跨国并购过程中面临的特殊性及文化的多样性问题为背景，以跨文化管理理论、企业文化分层理论、跨文化商业行为理论、并购文化整合理论、文化的契约观和资源观等相关理论为基础，对中国企业跨国并购文化整合问题进行全面研究。

基于目前双重文化差异的跨国并购文化整合理论的研究还处于起步阶段，缺乏统一的分析框架。该书将商业文化引入到跨国并购文化整合的研究中，将跨国并购文化差异及整合的分析从二维扩展到三维，提出一个基于民族文化、商业文化、企业文化以及文化本身的多层次性（核心层、中间层、表层）基础上的跨文化整合概念框架模型。

针对民族文化的差异分析，该书通过中外民族文化的对比分析，从文化的三层次（核心层、中间层、表层）出发分析了中国企业跨国并购中面临的民族文化差异，总结出了中国企业跨国并购文化整合中民族文化层面的分析维度，深化了民族文化分层次维度的研究；在此基础上提出了民族文化整合的“求同存异”动态模型，此模型将民族文化的整合分解为四个过程：认识民族文化差异、宽容民族文化差异、调和差异、建立民族文化的求同存异。在这一动态过程模型中，随着整合时间的推进和程度的深入，民族文化差异越来越小，文化的相容度增加。从民族文化整合的过程看，整合前就要注意对“虚的部分”进行整合——即对基本核心假设，尤其是价值观体系的认识，并将其贯穿于整合的全过程；而对“实的部分”——民族文化的表层进行整合要特别谨慎，凡是能够被并购企业员工感知的民族文化的表层部分在整合过程中给予特别的关注。该动态过程模型的目的就是试图从中外企业的不断变化的互动距离中，得出对待民族文化整合的基本态度，在各个层次上应该分别采取何种措施。

商业文化是该书引入的一个重要分析变量。针对商业文化的整合，该书运用文化的层次理论，系统分析了中西商业文化在文化的核心层、中间层和表层的差异，在此基础上提出了中国企业跨国并购商业文化整合的“学习适应”和“自我保持”模型，指出了在我国企业跨国并购商业文化整合中，一方面应该学习西方“重商”“崇商”的商业态度，“可持续发展”的发展观，学习西方的以生意为导向、基于制度化、法律化、契约化的国际合作方式，学习低情景文化中的直接、简洁的沟通方式以及学习与尊重被并购方的商业惯例。另一方面，则要保持我国传统的“以义制利”的义利观和“诚信”这一最重要的商业伦理和道德。先谈原则、重集体、重立场的商业谈判行为和中国特有的、合理的商业习俗或惯例；同时也要时刻注意“软契约”与“硬契约”的有效平衡，注重被并购方所在国家的工会力量，注重被并购方的政府、媒体、公众等舆论的影响。提出以中方的“财自道生、利缘义取”作为商业交易前提，将中西两方都认可的“诚实守信、公平交易”作为商业交易的基础，把“以和为贵”和“互惠”作为商业交易的目的，以此构建“全球商业伦理”。

对跨国并购而言，无论民族文化，还是商业文化，最终都会反映到企业文化的差异上，企业文化的整合是该书研究的重点。关于企业文化层面的整合，该书首先构建了企业文化整合的三层次动态轮轴旋转模型。该模型包含内外三层：轴心是并购双方价值观体系的整合，其成功与否在很大程度上决定了跨国并购文化整合的成败；中间层是行为模式的整合，它们衍生于价值观体系的整合，特别是核心价值观的整合，并反过来围绕和支撑并购新企业价值观体系的形成和发展；外层是跨国并购整合的四大保障环节，它们在并购整合价值观体系以及行为模式的基础上得以构建，并反过来保障和促进并购新企业价值观体系和行为模式的形成、发展和完善。内圈、中环、外环的互动使跨国并购文化整合成为一个稳步推进、循环往复的过程，同时每个圆圈又都进行着自转，不断进行自我完善，共同推动着并购后新企业文化的建设。

其次，构建了一个以并购企业双方愿意吸纳对方文化的程度为 X、Y 轴，以并购企业整合阶段为 Z 轴的企业文化整合模式的多阶段动态选择模型，其基本路径是：学习引进→相互吸收→融合 1（融合外国企业文化的成分多一些）或融合 2（融合中国企业文化的成分多一些）→创新（形成一种新的共同的企业文化体系）的路径来分阶段渐进实施。并通过联想、明基跨国并购正反案例的对比分析初步验证了三维动态理论模型，并运用该模型对吉利并购沃尔沃的跨国并购文化整合模式的选择提出了具体的指导建议，希望能够为中国企业跨国并购文化整合活动提供有益的参考和借鉴。

基于上述的理论探讨，该书还从企业文化层面因素、商业文化层面因素、民族文化层面因素以及外部促进因素四个方面建立了一个影响中国企业跨国并购文化整合的四大关键因素的结构模型，提出了相关假设，并运用定量的数据来验证提出的假设。

总之，在理论上，该书全面系统地探讨了在文化的整合过程中，在不同文化领域应采取的基本整合态度、整合模式、整合内容以及影响中国企业跨国并购文化整合的关键因素。不仅为研究跨国并购文化整合提供了新方向与新机会，而且有可能形成新的跨国并购文化整合理论的分析框架，这将进一步丰富跨国并购文化整合理论的内容；在实践上，中国本土企业在积极“走出去”实施跨国并购，用实际行动探索着中国企业国际化道路时，必须要进行文化整合。那么，相关管理者考虑的三个关键问题就是：在不同的文化领域（民族文化、商业文化、企业文化）应采取怎样的整合态度？不同的文化领域各自的整合重点是什么？采用何种文化整合模式来实现整合目标？该书提出的理论框架模型就可以为其决策提供理论依据与参考，进而提高其决策质量，促进中国企业跨国并购成功的概率。

（唐炎钊）

【气候变化绿皮书——应对气候变化报告（2012）**】**

王伟光　郑国光主编

社会科学文献出版社 2012 年版

355 千字

该书是中国社会科学院、中国气象局气候变化经济学模拟联合实验室组织编写的，于 2009 年首次出版。《应对气候变化报告（2012）》是该绿皮书的第四本，2012 年度主题为“气候融资与低碳发展”。

该书由中国社会科学院王伟光院长、中国气象局郑国光局长担任主编，中国社会科学院城市发展与环境研究所潘家华所长、中国气象局国家气候中心巢清尘副主任和中国气象局国家气候中心罗勇研究员担任副主编。由国内外长期从事气候科学评估、能源与气候政策研究、低碳金融研究方面的专家以及直接参与国际气候谈判的 30 多位资深学者撰稿。

气候变化事关全球可持续发展与国计民生，各国利益博弈也不断引发新的机遇与挑战。2012 年，是气候领域具有里程碑意义的一年，既是《京都议定书》第一承诺期的终止年，也是 2011 年达成的德班平台谈判的启动年。2012年年底，联合国气候变化多哈会议的各方博弈面临新的格局，前行阻力重重，进程暗流涌动。近年来，中国作为温室气候排放大国，以实际行动向世界宣示了力行节能减排、发展低碳经济的决定与勇气。但中国现阶段的国情与发展特征决定了完成这一任务既面临困难，又充满机遇。中国从传统经济向低碳经济迈进，离不开金融的承载与推动。近年来，中国的政府、企业、金融机构通力协作，共同启动了金融体系的绿色变革。

该书既包括“面”上的总报告，又涵盖“点”上的专题报告。分析了2011年底德班会议以来全球应对气候变化的最新进展，关注启动德班平台谈判对国际国内气候政策选择的可能影响；阐述了中国应对气候变化的长期战略，并着重考察了中国应对气候变化的低碳融资政策、行动及面临的挑战。该书通过分析近些年全球和中国极端气候事件和近百年气候变化的主要特点，从风险信息沟通、灾害风险管理中的资金手段等角度分析了应对极端气候变化的途径与方法。进一步，通过分析公共财政资金、金融机构、资本市场、碳市场等主要融资方式在中国的发展情况，评估现有政策效果，就如何实现目标提出政策建议。

该书紧扣热点，着眼现实，既聚焦国际低碳融资热点议题，又反映国内最新低碳融资实践；既有对发达国家先进经验的借鉴，又有基于中国实际的政策建议；既有对历史数据的客观分析，又有大胆合理的科学预测。可谓从不同角度评述多方观点，展示了中国如何培育一个包括多元化市场参与主体、高效率交易平台和多层次金融服务的气候融资体系的实践与探索。

该书是一本集气候变化科学研究、气候外交与谈判、应对气候变化政策行动以及气候变化经济学分析于一体的综合性著作，对读者了解和认识当前全球应对气候变化的最新形势、理解和把握国家低碳发展的宏观经济政策具有较高的参考价值，对我国落实科学发展观、全面提高应对气候变化的能力具有重要意义。

（蔡莎莎）

【中国工业化进程报告（1995—2010）】

陈佳贵　黄群慧　吕　铁　李晓华等

社会科学文献出版社2012年版

573千字

新中国成立以后，中国工业化进程分为改革开放前后两个阶段。前者奠定了中国工业化基础，后者实现了中国基本经济国情从农业大国向工业大国的转变，中国的经济总量跃升为世界第二，中国整体已经步入工业化中期的后半阶段，上海、北京已经实现工业化，步入后工业化社会。改革开放以来中国特色社会主义工业化道路的巨大成功，成为“中国奇迹”的一个重要部分。在“十一五”时期，中国工业化延续了怎样的发展？如何对这一时期的中国工业化进程作出科学评价？不确定性环境下的中国工业化进程会出现曲折吗？中国工业化进程能否延续辉煌，再造奇迹？在未来的10—20年，中国能够一帆风顺地走过工业化后期阶段、步入工业化国家的行列吗？这是《中国工业化进程报告（1995—2010）》致力于回答的问题。该书是继《中国工业化进程报告》后，关于中国工业化进程的第二部作品，全景式研究了1995—2010年，尤其是“十一五”时期中国的工业化进程，分别对长三角地区、珠三角地区、环渤海地区、中部六省、大西南地区、大西北地区、东北三省的经济社会发展状况、工业化水平、工业化进程特征进行了分析与评价，提出了推进工业化进程的建议。

该书的评价结果表明，“十一五”时期中国工业化成就巨大，整体工业化水平继续快速提升，到2010年“十一五”结束，中国的工业化进程已经基本走完了工业化中期阶段，在进入“十二五”之后，中国将步入工业化后期阶段，这对于中国的工业化进程将是一个重要的里程碑。经过“十五”和“十一五”的21世纪第一个十年，中国工业化快速地走完了工业化中期阶段，这是一个超过13亿人口的经济体的快速工业化，是人类历史上前所未有的伟大的现代化进程。

该书采用人均GDP、一二三产业增加值比、制造业增加值占总商品增加值比重、人口城镇化率、一二三产业就业人数比等5个指标来衡量全国及地区工业化进程，并计算出工业化水平综合指数。研究结果表明，从全国整体看，1995年，中国工业化水平综合指数仅为12，表明中国处于工业化初期的前半阶段；2000年中国工业化水平综合指数提高到18，表明中国进入工业化初期的后半阶段。2005年，工业化水平综合指数提高到41，进入工业化中期的前半阶段。“十一五”期间，中国工业化的速度加快，2010年工业化水平综合指数相比2005年提高了25，年均增长5.0，是1995年以来工业化综合指数提高最快的时期。中国的工业化水平综合指数在2010年达到66，表明中国刚刚进入工业化后期的前半阶段。

1995年以来的15年间，全国和绝大部分地区都处于快速工业化时期。1995—2010年，全国整体的工业化水平综合指数持续提高，年均提高3.6，整体处于快速工业化阶段。从四大板块看，2010年东部和东北的工业化水平综合指数分别为82和71，处于工业化后期的前半阶段，其中东部即将进入工业化后期的后半阶段；而中部和西部的工业化水平综合指数分别为58和50，尚处于工业化中期的后半阶段。七大区域中，长三角已经进入工业化后期的后半阶段，领先于全国其他地区；珠三角、环渤海和东北三省处于工业化后期的前半阶段；中部六省和大西南处于工业化中期的后半阶段；大西北的工业化水平最低，处于工业化中期的前半阶段。

从省级区域看，到2010年，北京、上海两个直辖市处于后工业化阶段，天津、江苏、浙江、广东处于工业化后期的后半阶段，这几个省市是我国经济最发达的地区，工业化水平也处于全国前列。辽宁、福建、山东、重庆、内蒙古和吉林处于工业化后期的前半阶段，与全国的工业化平均水平相当。处于工业化中期的地区数量最多，其中湖北、河北、青海、宁夏、江西、湖南、河南、安徽、陕西、四川、黑龙江处于工业化中期的后半阶段，而广西、山西、甘肃、云南、贵州处于工业化中期的前半阶段。海南、西藏、新疆等三个边疆省区的工业化水平最低，仍然处于工业化初期的后半阶段。

通过对1995—2010年中国各地区工业化综合指数变化的分析，可以发现，中国工业化的速度也大致呈现出S形的轨迹。前工业化阶段和工业化初期前半阶段的工业化速度较慢；工业化初期后半阶段的工业化开始加速；到工业化后期的后半阶段由于工业化趋近完成，工业化的速度也开始放缓。

从全国及四大板块的各个工业化指标对全国工业化综合指数增长的贡献度指标来看，1995—2010年，全国工业化综合指数累计增长了54，其中人均GDP的贡献最大，其次是工业结构，再次是产业产值比，产业就业比的贡献最小。也就是说，15年来中国工业化进程主要表现为工业结构的不断优化和人均收入的持续增长，而城镇化进程、产业就业结构优化相对缓慢。东部、东北、中部和西部也呈现出基本一致的特征。

中国工业化进程中，人均GDP、产业产值比、工业结构、城镇化率、产业就业比以及工业化水平综合指数存在相背离的结构性特点。东部、中部、西部各工业化指标的不均衡特征大致相同，东北的城镇化水平领先于其产业就业。

从发展环境看，全球经济的增速放缓和发达国家重振制造业的举措使中国工业化面临更为激烈的外部环境，发展低碳经济的全球共识迫切要求中国工业化模式实现根本转型。同时，中国工业化进程还面临资源和环境约束加剧、人口红利终结、成本持续上涨、内需不振以及贫富差距过大等内部环境制约。可以预见，在工业化实现前，中国工业化的推进速度可能下降，但下降幅度不会太大。中国工业化战略必须实现三大转变，处理好六大关系，实现经济增长模式与发展目标的转移，解决好制约经济发展的主要问题。

工业化是中国经济发展的长远目标，有必要正确认识和评价中国工业化进程，分析存在的问题，研究解决问题的方法。中国工业化进程仍处于发展阶段，面临环境资源约束，必须进行产业结构调整，如何在内外部环境制约的条件下，平稳实现中国工业化是中国未来发展面临的重要问题，该书的探讨无疑契合了这种需求，也引领了相关研究的方法论创新。

（史晓琳）

【农村绿皮书：中国农村经济形势分析与预测（2011—2012）**】**

中国社会科学院农村发展研究所、国家统计局农村社会经济调查司

社会科学文献出版社 2012 年版

298 千字

2011 年，是进入新世纪以来“三农”总体发展形势最好的一年。不仅粮食产量实现了“八连增”，连续 5 年超过 1 万亿斤，还实现了农民收入持续较快增长，连续两年出现城乡差距缩小的可喜现象。在粮食生产水平和农民生活水平不断提高的同时，农业结构不断优化，农业物质技术装置水平稳步提高，生态建设力度明显加大，森林资源和林业经济快速增长，水利建设明显加强。农业农村经济的良好运行有力支撑了国民经济的平稳较快发展，有效维护了改革发展稳定大局。在此背景下，中国社会科学院农村发展研究所、国家统计局农村社会经济调查司合作撰写的《中国农村经济形势分析与预测（2011—2012）》（丛书名《农村绿皮书》）如约出版。该书作为《农村绿皮书》第 20 本连续性年度研究报告，本着视野宏观、体系完整、方法连续、数据权威、预测可靠、结论前瞻的原则，不仅对我国农业农村经济总体运行进行分析预测，还对我国农村经济的各个方面，包括农业投入与产出、农村产业结构、农产品市场供求与价格、农产品国际贸易、居民收入与生活、农村生态环境等进行研究。值得关注的是，该书以专题篇形式围绕“农业科技”这一主题，设置了对近年来粮食增长全要素生产率的测算、农业推广服务组织体系建设、农业科研投资及收益变化、水土资源生态安全等科技支撑体系、农村生物质能源开发利用的技术进步等六大专题，比较全面、系统地把我国农业和农村经济的现状、存在的问题、影响因素、趋势发展等一一展现。

该书研究发现，2011 年，中国农业农村经济运行和发展，明显好于预期。粮食总产量稳健地迈上了 5.5 亿吨的新台阶，连续 8 年增产；农民人均纯收入近 7000 元，实际增长速度超过 11%；全年粮食总产量明显地超过政府确定的 5 亿吨的预期目标，更是超过了 2020 年粮食产能规划水平；农民人均纯收入增长明显超过政府确定的 7% 的预期目标。此外，通过对近十年粮食生产效率和全要素生产力的测算，课题组发现，粮食产量虽然实现“八连增”，全国粮食综合技术效率偏低，技术应用和平均种植规模均未达到最优，尤其

是纯技术效率改进较慢。在耕地面积有限、水资源短缺和农业劳动力持续减少的背景下，科技创新推广和应用是保证未来粮食产量持续增长的关键。

同时，该书指出当前农业经济中的突出问题主要表现在三个方面：第一，农产品价格与农业生产资料价格和农业生产要素价格以及农民生活消费价格形成轮番涨价的循环仍然没有打破；第二，部分农产品生产大起大落和农产品价格波动剧烈；第三，农产品生产价格水平和食品消费价格水平差距过大。导致上述三个问题的主要元素：一是现代农业发展相对滞后。农业生产率增长缓慢，未能及时有效地化解经济发展带来的成本上升，特别是畜牧业产业化整体水平低，消化粮食价格上涨所带来的成本上升。二是农产品产销组织方式相对落后。农产品流通体系建设滞后，产销组织方式综合效率低下，难以消化农产品价格上涨，而且流通费用上升速度更快，农产品和食品消费价格与农产品生产价格之间的差额居高不下。

从未来发展趋势看，2012 年中国农业农村经济运行的积极因素仍然存在，强农惠农富农政策仍然发挥重要作用，粮食总产量可能超过 5.8 亿吨，连续第 9 年增产；农产品生产价格总体上将呈现出回落的态势；农民人均纯收入绝对水平可能突破 8000 元，实际增长 10% 左右。关于促进农业农村发展，该书提出以下建议：第一，促进中国农业"走出去"。为保障中国农产品供给的稳定性，需要在农产品供给立足于国内的基础上充分利用国际市场，积极开拓境外资源，将"引进来"和"走出去"有机结合起来。农业"走出去"的重点是积极参与境外农业资源开发，长期重点是发展远洋渔业，参与公共资源的开发。第二，提高科技对农业增长的贡献，包括增加农业科技创新投入，优化农业科技资源配置，建立农业科技创新有效激励机制。第三，优先加快畜牧业现代化，随着居民收入和生活质量的提高，城乡居民食品消费结构正处于动物性食品替代粮食消费的阶段，因此推动农业现代化时要优先推进畜牧业现代化。第四，改善农产品产销结构，强化对农产品市场的公共服务和政府调控，控制农产品价格过度波动，降低农产品流通费用。第五，稳定农业生产资料市场，采取优惠政策，鼓励农业生产资料企业扩大生产，严厉打击农业生产资料市场乱涨价的不法行为，并扩大国内存在缺口的农业生产材料进口。

该书数据资料丰富，对我国农业农村经济现状、问题的分析详细、透彻，不仅受到政府决策部门、农村经济理论研究人员和实际工作者以及国外相关学术研究机构的高度重视，还引起了主流新闻媒体的广泛关注，成为国内外读者系统、完整了解中国农业农村发展现状的一个重要窗口和途径。

（张静鸥）

【城市竞争力蓝皮书——中国城市竞争力报告 No. 10】

倪鹏飞主编

社会科学文献出版社 2012 年版

469 千字

新世纪的第一个十年是中国城市崛起的标志性十年，也是《中国城市竞争力报告》从开启到发展的十年。中国城市竞争力研究以中国城市为对象，持之以恒，艰苦开拓，伴随中国城市的迅速崛起而不断成长。中国社会科学院财经战略研究院已连续十年发布《中国城市竞争力报告》，汇集了众多研究城市经济问题的专家、学者关于城市竞争力和城市定位方面的最新研究成果。

在全球化的世界中，各国之间、各城市之间的联系日益紧密，竞争也不断增强。城市是国家与区域的中心，是国家发展的引擎、创新的源泉。城市竞争力决定国家的竞争力。选择科学的城市化道路，通过城市的发展带动国家的发展与竞争力的提升是该书一以贯之的研究定位。近年来，中国城市迅猛发展、城市化快速推进，与城市相关的研究引起了公众的高度关注。

该书将“竞争力：筚路十年铸一剑”作为年度主题，对中国城市竞争力的研究和实践进行了回顾，共分为五大部分，除“总体报告”外，从“总体的十年”“区域的十年”“分项的十年”“主题的十年”角度回顾和反思了城市竞争力十年的格局和变化，其中发现过去十年中国城市整体崛起是主线，沿海城市在保持优势独领风骚的同时，内陆城市迅速崛起特别是地区中心城市成为发展中最耀眼的明星，但是也显现了局部的分化。该书根据较为完善的指标体系和成熟的计量方法，对中国 294 个城市的竞争力指数进行具体比较后发现：过去十年城市竞争力呈现总体间差距缩小、局部差距扩大的格局。东南沿海在保持领先的同时内部差距缩小，内地城市竞争力提升明显，东北地区成绩斐然，中部地区城市分化严重，中心城市快速崛起。大型城市仍占主导，中小城市竞争激烈；地级市提升领先于全国更高行政级别的城市。

该书在简要介绍城市竞争力的分析方法后，利用计算结果进行计量分析和案例研究。计量研究部分主要采取总、分的形式。首先，利用显示性指标体系及数据，对全国 294 个地级以上城市进行总体报告；之后，分别对七大区域进行了分析；最后，根据解释性指标体系及数据，分别对中国城市人才、金融、科学技术等八个分项竞争力进行了分析。其中的亮点在于：不仅可以了解本省区城市竞争力在全国的位置，而且可以了解省区内城市竞争力的格局，各相关部委和城市政府的职能部门可以了解到与自己相关的分项竞争力的情况。根据全国城市发展的格局，以及未来全球、中国发展的主导力量及其趋势，可以判断未来十年具有跨越发展潜力的城市。

该书根据翔实的基础资料以及大量调查数据，按区域对中国城市竞争力进行了分析，特别是对中国未来十年最具竞争力的城市进行了案例分析，评述客观，内容丰富，科学地构建各项指标，反映了针对中国的现实和未来最高水平的理论研究成果，具有不容置疑的权威性。在服务于城市政府决策的基础上，该书还将范围扩展到为海内外企业投资决策、海内外人才创业和求职决策服务，未来将定位于政府决策的参考、企业投资的指引和人才创业的向导，对各级政府、有关研究机构、社会公众具有决策参考及借鉴意义。

（王莉莉）

【**城市蓝皮书：**中国城市发展报告 No. 5——迈向城市时代的绿色繁荣】

潘家华　魏后凯主编

社会科学文献出版社 2012 年版

361 千字

2011 年，中国城镇人口达到 6.91 亿，城镇化率首次突破 50% 关口，达到了 51.27%，城镇常住人口超过了农村常住人口。人口城镇化率超过 50%，这是中国社会结构的一个历史性变化，表明中国已经结束了以乡村型社会为主体的时代，开始进入到以城市型社会为主体的新的城市时代。在这一新的城市时代，城市经济将占支配性地位，城市生活方式占主导地位，城市品质受到高度重视，城市发展趋向集群化，绿色休闲空间备受关注。而现有城市在经济结构、规划建设、管理体制、环境质量、公共服务、社会和谐和安全等方面还难以适应城市时代的新要求，城市发展面临严峻的挑战。在新时期，必须高度重视城市科学发展，全面提高城市品质和城镇化质量，积极推动经济发展与生态环境保护深度融合，促进城市经济、社会和生态的共同繁荣，走低碳、环保、高效、和谐、安全的绿色繁荣之路。

2012年度的“城市蓝皮书：中国城市发展报告”正是以“迈向城市时代的绿色繁荣”为主题，在对中国进入城市时代所面临的挑战进行深入分析的基础上，创新性地提出了城市发展必须走绿色繁荣之路，围绕如何实现绿色繁荣提出了具体的战略思路和对策措施。该书所指绿色繁荣，就是采取绿色的生产、生活和消费方式，实现经济、社会和生态的共同繁荣。它是一种充满绿色的全面繁荣，是经济繁荣、社会繁荣和生态繁荣的有机统一。其中，“繁荣”是目标，“绿色”是“繁荣”的特性。实现绿色繁荣，必须以良好的生态和人居环境为基础，必须以生态环境保护为前提。同时指出，实现绿色繁荣，必须以良好的生态和人居环境为基础，必须以生态环境保护为前提。

该书认为，中国处于初级的准城市型社会阶段，但各地区差异较大。从国际经验看，判断一个国家或地区是否已经进入城市型社会，主要有城镇人口、空间形态、生活方式、社会文化和城乡关系五个标准。其中，城镇人口标准是最为重要的核心标准。以人口城镇化率来对城市型社会进行阶段划分：城镇化率在51%—60%之间，为初级城市型社会；城镇化率在61%—75%之间，为中级城市型社会；城镇化率在76%—90%之间，为高级城市型社会；城镇化率大于90%，为完全城市型社会。单纯从人口城镇化率看，目前中国已开始进入初级城市型社会，而英国在1850年、美国在1920年、法国在1931年、巴西在1970年、韩国在1975年就已经进入初级城市型社会。中国与欧美发达国家的差距很大。

同时，中国城市社会转型具有明显的地区差异特征。目前，大多数城镇化率超过50%的省份主要集中在东部和东北地区，而中西部省份城镇化率明显偏低，其中，甘肃、云南、贵州、西藏等省份城镇化率不到40%。2011年，在15个城镇化率超过50%的省份中，北京、上海、天津3个直辖市已进入高级城市型社会，广东、辽宁已进入中级城市型社会，而其他10个省份刚刚迈入初级城市型社会。从四大区域看，东北和东部地区目前已经迈入初级城市型社会，而中西部地区仍处于乡村型社会。

该书认为，从城镇人口和空间形态标准看，目前中国已经进入城市型社会。但是，从生活方式、社会文化和城乡协调标准看，目前中国离城市型社会的要求还具有较大的差距。从生活方式标准看，大量进城务工的农民工、郊区就地转化的农转非居民以及县改区中存在的大量农民，虽然已被统计为城镇居民，但这类群体并没有真正融入城市，其生活和消费方式仍保留着农民的习惯和特征，市民化程度很低。从社会文化标准看，中国的城市还是建制镇，大都缺乏特色，城市文化缺失，城市品质较低，千城一面现象严重。从城乡协调标准看，目前中国的城乡差距仍然过大，促进城乡融合共享和一体化仍然任重道远。2011年，全国城镇居民人均可支配收入与农村居民人均纯收入之比高达3.13，比1997年高26.2%，比1985年高68.3%，更远高于绝大部分国家的水平。考虑到农村居民纯收入中约有40%用于购买化肥、农药、种子等生产资料，如果扣除这部分支出，目前城乡居民收入实际差距将高达5.2倍左右。

因此，目前中国还处于初级的准城市型社会阶段。未来5—10年，将是中国实现由乡村型社会向城市型社会转变的关键时期，而推动农民市民化、提升城市品质、促进城乡融合共享，着力提高城镇化质量，将是实现这种社会转型的关键和核心所在。

该书指出，从国际经验看，50%的城镇化率是城镇化由加速推进转变为减速推进的一个重要拐点。一旦越过这一拐点，城镇化推进将由加速转变为减速，全面提高城镇化质量、强化城市管理将成为其核心问题。从中长期看，如果未来中国的城镇化以每年0.8—1.0个百分点的速度快速推进，到2020年前后中国城镇化率将超过60%，届时中国将整体迈入中级城市型社会。随着中国社会结构的转型，城镇居民的价值观念、生活方式和消费行为等都将随之发生深刻变化。在新的城市时代，人们需要的将是一个更加生态环保、更加宜居舒适、更加集约高效、更加安全和谐的现代化城市，绿色发展、绿色繁荣将成为时代主流。

（吴　丹）

【**中国公共财政建设报告2012**（全国版）】

高培勇　张　斌　王　宁主编

社会科学文献出版社2012年版

264千字

作为主导中国财税体制改革进程的重要线索，公共财政建设正在由理论层面的探讨日益深入地转变为财税改革的实践操作，中国已经步入全面和全力建设公共财政的时代。

然而，从总体上看，当前中国公共财政建设进程中始终面临两个方面的“瓶颈”制约：一是作为一种全新的制度安排，我们还不能完整而系统地描述公共财政的制度体系——正在着力建设的公共财政制度究竟是什么样子的？二是作为一场深刻的制度变革，我们还不能适时而动态地刻画公共财政的建设进程——不断逼近公共化目标的公共财政建设目前到了什么地步？

在这一背景下，中国社会科学院财经战略研究院课题组自2004年起就一直致力于运用综合评价技术对中国公共财政建设的进展状况进行定量描述与评价的工作，其目的是建立能够标识公共财政建设前行方向的“路线图”和刻画公共财政建设既有进程的“考评卷”。经过长达八年的研究，课题组从理论与实践层面，结合中国特色社会主义的国情，从公共财政建设的理论和演变入手，从公共财政建设的需要出发，构建了适用于全国的公共财政建设指标体系，重点提出了评价全国公共财政建设的十大指标体系。十大指标中，每一类指标都包含很多具体指标。同时，课题组对全国公共财政建设状况进行了连续六年的跟踪评价，系统评估了中国公共财政建设的状况。最终出版了这本《中国公共财政建设报告2012（全国版）》，旨在帮助政府更好地转变职能，为百姓提供更好的公共服务。

这项报告的主观数据来自全国范围的问卷调查，客观数据来自各种公开出版的权威材料。另外，课题组还邀请了80位专家、学者分别填写了相关表格。该书具有以下特点：第一，理论研究深入。根据2011年的公共财政数据，从对公共财政概念的界定和演变脉络的梳理入手，构建中国公共财政理论体系。第二，指标设计合理。立足于改革与发展，从公共财政制度建设的需要出发，构建中国公共财政建设指标体系。第三，跟踪考评全面。2012年度的报告是在以往年度报告的基础上进行修订、补充、完善的，分析考评有根据。第四，修正完善及时。在持续测度和跟踪考评的基础上，修正刻画因素和评价指标，进一步完善了中国公共财政建设指标体系。第五，获得第一手数据。课题组委托北京美兰德信息公司进行问卷调查，获得了珍贵的第一手资料和数据，并在此基础上对数据进行了系统分析，得到了该书的结论，具有权威性。

总之，该书指导思想明确，层次结构

合理，内容资料翔实，语言表达流畅，是关于公共财政体系研究的重要成果，也是我国公共财政建设领域的权威之作，能够为中国财税改革和发展的决策提供支撑。

（冯咏梅）

【告别“中国奇迹”】

黄益平

社会科学文献出版社 2012 年版

249 千字

半个多世纪前，英国人李约瑟在其编著的 15 卷《中国科学技术史》中正式提出一个问题，即：尽管中国古代对人类科技发展作出了很多重要贡献，但为什么科学和工业革命没有在近代的中国发生？后人将此问题称作“李约瑟之谜”，并从政治、经济、思想文化等诸多角度予以解说，至今仍存热度。现如今，关于中国的另一个“谜”又出现了。

谈这个“谜”首先要谈“中国经济奇迹”。衡量一个经济体实现了“奇迹”的最基本指标，不外乎有这样一些显著特点：实现了较高的经济增长、高增长持续了较长时段、高增长较为稳定、经济增长中技术进步（包括技术效率的改进）有较大贡献等。中国在改革开放的 30 多年间，由一个封闭的、以农业为主的落后经济国，迅速崛起为开放的、高度工业化的现代经济国，确实是史无前例的，被冠以“中国奇迹”也不为过。

“中国奇迹”之所以是“奇迹”，是因为很多人都没有预料到，或者没有找到任何理论，能令人信服地解释其原因。当然，经济学界已对“中国奇迹”作出了各种解释和演绎：其中最有代表性的当数林毅夫、蔡昉、李周等经济学家的“比较优势发展战略”理论，美国经济学家巴里·诺顿“超越计划体制增长”的分析，以及澳大利亚经济学家杨小凯和美国两位经济学家杰弗里·萨克斯、胡永泰“回归市场体制”的假说。

与这些中外经济学家的研究有所不同，该书作者黄益平教授一直困惑于以下矛盾的现象：中国一方面还是中低收入国家，另一方面已经是拥有全球影响力的经济强国；在对中国未来发展前景的预期上，基于高速增长的乐观主义与基于结构失衡的悲观主义始终并存着。作者将这种矛盾现象称为“中国经济之谜”。而作者所有的学术研究和政策讨论也都一直在试图打开“中国经济之谜”。作者超前地提出了中国经济未来发展的“两大命题”：其一，从经济奇迹到常规发展的过渡；其二，从小国经济向大国经济的转变。《告别“中国奇迹”》一书正是这“两大命题”的具体观点和主张的集中显现。

该书以中国市场要素严重扭曲为主线，分析了中国超常规繁荣及其代价。作者随之发出了一系列反思和追问：告别“中国奇迹”之后，政府会面临哪些困境？宏观政策会有哪些艰难选择？资本市场与投资存在哪些内在逻辑？人民币的前途与命运如何？

按照作者的观察，过去 30 多年的改革开放，政策选择对创造“中国奇迹”无疑起了极大的作用，但这些政策最明显的特征便是“非对称市场化改革”——产品市场已被彻底放开，但要素市场却存在严重的政策扭曲。比如，利率管制、政府干预信贷决策和资本项目管制等都具有金融抑制的典型特征。据作者测算，中国金融自由化的进程迄今才刚刚走了大概 40% 的路程，远远滞后于多数新兴市场经济体。金融抑制的后果是降低资本利用效率、压低实际利率水平，当然，至少能暂时保持金融稳定性。正是由于比较严厉的资本项目管制，中国才没有在全球金融危机期间受到更大的冲击。但这样的制度安排很难继续，除了资本效率偏低，更重要的是经济开放以后，资本管制的有效性已经明显下降。因此，除了稳步地推进金融自由化和开放资本市场，别无他法。近年来刚刚重启的人民币汇率政策改革，其实也是这个自由化过程中的一步。

对宏观经济政策的调整，不少人偏倚极端，常常自以为非此即彼，对错分明，这显然很幼稚。从表面看来，“保增长、调结构和遏通胀”这三个方面的政策目标都非常重要，放弃任何一条都可能导致严重的政治、经济后果。那政府该何以平衡宏观经济政策的“三难选择”呢？作者的看法直截了当：要同时实现“保增长、调结构和遏通胀”的目标是不可能的。也就是说，不论是有意还是无意，政府其实已在现实经济生活中作了取舍。在最近几年里，我们所观察到的是政府给予了增长“至高无上”的地位，当然也十分重视控制通胀，而结构调整就被放在相对次要的位置了。

经济学里的菲利普斯曲线，描述了增长和通胀之间的权衡关系。如果追求高增长，就可能带来高通胀；而如果追求低通胀，就可能压低经济增长速度。如果既想要高增长，又承受不了高通胀，怎么办？中国政府的对策就是直接控制价格，2004年，政府限制食品涨价幅度，2008年政府则直接锁定国内石油价格。但这种做法治标不治本，无法从根本上缓解通胀压力。调结构与保增长之间也存在权衡关系，比如，要降低投资占GDP的比重或者减少经常项目顺差，在短期内也许会降低经济增长的速度，从长期看来则未必，不过多数地方政府更关注短期的绩效。另外，在中国目前的情况下，调结构需要消除许多要素市场的扭曲，这些可能会导致生产成本上升，从而抬高通胀水平。

作者认为，调结构已成当务之急，如果听任结构失衡现象继续恶化，增长的可持续性就会出现大问题。由此，政府应接受相对比较低的经济增速。其实，通过或者增强社会保障体系，或者发展劳动密集型产业创造就业机会，都可以帮助实现社会稳定的目标。“三难问题”的另一个解决方案，可能是每个目标都放弃一些，但现在的关键是要改变调结构与保增长之间的相对重要性。

告别“中国奇迹”之后，如何防范“中等收入”和“福利国家”的双重陷阱，是作者重点探讨的另一个核心问题。研究发现，中国当前的经济增长模式是“不协调、不平衡、低效率和不可持续的”。例如，2003年，投资占GDP的比例约为38%，2010年更高达48%以上。如此高的投资率，显然会影响到投资回报率，这样的投资回报，自然难以支持经济的可持续增长。最近各地高速公路和其他一些投资项目的现金流出现麻烦，绝非偶然。经济结构需要适当的比例。

由此，中国面临的一个直接挑战，就是如何避免一些拉美国家曾经经历的“中等收入陷阱”——经济起飞成功了，增长却很快停滞不前。拉美国家收入分配极其不平等、经济缺乏创新能力，这些问题中国同样存在，另外还多出一个资源浪费问题，在资源和环境方面消耗掉了不少未来的增长机会。过去近十年，中国在调整结构方面进展缓慢。不过政府开始重视民生，是有目共睹的。无论是农村医疗保险还是城市养老保险，都取得了不小的进展。这些措施十分必要，毕竟经济发展的目标是提高老百姓的福利水平。收入增长尽管重要，但如果老百姓没有安全感，同样不会感到幸福。这也是作者一向推崇政府采取措施保障老百姓享有“免于经济恐惧的自由”的原因。

不过，建立福利体系的原则应是保障百姓的基本安全感，但不影响经济竞争力。假如过度提高最低工资水平，有可能让工资水平脱离市场经济的实际水平，就有可能伤害经济部门的竞争力。因此，中国要放弃单纯追求GDP增长，也要防范过早地落入“中等收入”和“福利国家”的双重陷阱。

在作者看来，如果把改革开放前的中国经济看成“无市场经济”，那么过去30多年的中国经济至多还只是个“半市场经济”。现在，如能减少政府对经济资源的直接控制，实现生产要素市场化的过程，那就能实现完全的市场经济，步入常规发展阶段。

（恽　薇）

【**金融蓝皮书——**中国金融发展报告（2013）】
李　扬　王国刚主编
社会科学文献出版社2012年版
215千字

《中国金融发展报告》是中国社会科学院金融研究所组织编写的年度性研究报告，旨在分析上一年度金融发展与改革的进程，并对下一年度金融形势进行前瞻性的预测。

全书分为总报告和分报告，分报告又由上下两篇构成，上篇主要分析中国金融业的发展；下篇主要是阐述中国金融市场的运行。

2012年，欧美各发达经济体的债务危机仍在持续蔓延，经济增长率过低、失业率高企的状况未能得到显著改善；在后危机时代曾一度出现强劲增长的新兴经济体在2012年也出现了增长乏力的迹象。据此，总报告分析了中国2012年的货币政策与金融走势，并对2013年的形势进行了预测。根据数据，总报告预测，2012年全年GDP增速将达到7.7%左右，略高于7.5%的目标值。2013年，随着各项稳增长政策的落实，中国经济可望企稳回升，达到8%以上。关于中国金融政策方面，报告预测，货币政策主要在稳定经济增长、防范中长期通胀压力、保障和调节流动性供给、促进金融体系的稳定之间平衡。货币政策仍将采取多种政策工具的有效结合，促进金融资源配置的结构调整和改善金融资源的配置效率，同时完善宏观审慎的政策体系和框架。报告预计，2013年信贷总量和广义货币M2增长目标分别为16%左右和15%左右。

中国金融市场的发展篇由四篇报告组成，分别是银行业、证券业、保险业、金融监管。总体来讲，银行业2012年前三季度运行平稳，资产负债和经营效益继续增长，流动性状况有所改善，资本充足率稳步上升，资产总量保持稳定。未来，银行业面临的经营困难将加大，资产质量面临较大的考验，同时，转型的压力也会比较大。2012年证券业继续受到A股市场走势疲弱的影响，证券经纪和发行承销等主营业务收入同比减少，行业亏损面扩大。2013年，证券业将面临大好发展机遇：创新空间广阔，市场环境稳定，监管机构配合。良好的外部环境将为各类证券经营机构提供相对平等和自由的竞争条件，从而促进证券业良性发展。

2012年是中国保险业发展良好的一年。人身险绩效保持2011年以来的调整趋势，财险保费增速快于人身险，行业竞争力有所加强。随着2013年中国经济的逐步向好，2013年的保险业将面临一次良好的发展契机。保险行业应在抓服务、严监管、防风险和促发展中前进。

金融监管是金融业发展的基础。2012年，金融监管机构在改进金融宏观调控、实施银行业新监管标准、完善新股发行和退市制度、拓宽保险资金运用渠道、引导民间资本和促进区域金融改革与创新等方面取得了突出成绩。展望2013年，中国金融监管部门将延续和巩固2012年取得的主要成绩，并结合《金融业发展和改革“十二五”规划》中提出的目标开展监管工作。

分报告的第二部分是中国金融市场的

运行，主要围绕中国货币市场、中国银行理财产品市场、中国债券市场、中国股票市场、中国期货市场、中国外汇市场和中国国际收支七部分进行。

（高　雁）

【经济蓝皮书——2013 年中国经济形势分析与预测】

陈佳贵　李　扬主编

社会科学文献出版社 2012 年版

403 千字

2012 年以来，受国内外诸多因素的影响，市场需求疲软，经济下行压力加大，目前虽然出现了一些经济趋稳的积极因素和表现，但是保持经济稳定增长的基础还较脆弱，而且还面临一些两难的选择，必须冷静观察，沉着应对，既要解决当前稳增长过程中出现的各种问题，又要采取稳妥的措施，解决影响我国经济长期发展中的深层次问题，促进我国经济平稳、较快和可持续发展。在这样的形势下，2013 年中国的经济向何处走，中国将重点发展哪些产业，中国经济增速将保持在哪个区间？这正是“经济蓝皮书”——“2013 年中国经济形势分析与预测”所关注的内容。

全书除两篇总报告外，分为经济增长与产业发展篇，宏观经济政策与宏观调控篇，消费、投资与进出口形势分析篇，市场价格与收入分配篇，台港澳经济篇五大部分。共 29 篇报告，403 千字。

总报告第一篇在定量和定性分析相结合的基础上，分析和预测了 2012 年和 2013 年我国经济发展趋势和面临的主要问题，并发布了 2012—2013 年国民经济主要指标预测结果。对宏观经济形势的分析显示：受欧债危机与世界经济增速放缓影响，2012 年我国经济发展面临的困难增多，在政策调整下经济运行出现触底企稳的迹象。2013 年应加大积极财政政策的实施力度，适当扩大赤字规模，继续把结构性减税作为实施经济财政政策的重心，积极推动技术创新与制度创新，提高全要素生产率和长期增长潜力。

分报告的第一部分主要是对中国经济增长趋势和增长速度的预测和分析。分析显示，中国总体来讲存在经济增长率下降的潜在风险，并存在通缩风险，未来经济增长率将在 8%—9% 的区间内运行。从三次产业发展的角度看，2012 年，粮食再次获得丰收，实现“九连增”，农村人均纯收入继续增加。农业向商业现代化发展阶段迈进。农村劳动力转移的数量在稳步增加，但还存在“招工难”和“就业难”的问题。分地域看，中西部地区农村金融服务明显改善，涉农金融产品更加丰富。

宏观经济政策和宏观调控问题仍是该书关注的重点问题，预测宏观调控政策仍是政府应对经济发展的有效手段。该书认为，尽管当前中国的经济形势存在一些不确定因素，但经济的总体形势仍然在震荡中前行。稳增长应是中国宏观政策的基调，如果从财税体制的角度分析，当前结构性减税尚有较大空间，关系着宏观调控的成败，未来宏观调控的税收手段，应以增值税作为主要减税对象，在路径上，应使增值税“扩围”与“降率”二者并进。

在消费、投资与进出口形势分析篇，主要分析了 2012 年我国贸易、固定资产投资等，并对 2013 年的贸易形势、固定资产投资等进行了预测。分析认为：一是，2012 年前 8 个月，我国进口总体保持正增长，但同比增速低于前两年；二是，中国对欧出口负增长，与新兴市场贸易增长较快；三是，机电、高新技术以及原油仍是我国进口重点；四是，劳动密集型产品出口低迷，机电产品出口平稳增长；五是，民营企业进出口份额增大，加工贸易比重持续下降；六是国际贸易保护主义抬头，继续干扰我国贸易增长。预计 2012 年全年贸易增长将维持在 10% 以上。

在市场价格与收入分配篇，主要分析了中国人口变化及潜在产出增长趋势、2012年中国货币政策与金融形势、2012年就业形势、2012年大宗商品市场发展状况及2012年金融市场运行态势等，并对2013年进行预测。

台港澳经济篇分析了2012年台湾、香港、澳门的经济形势，并对2013年的经济走势进行了预测。

总体来讲，我国经济已经进入了一个中高速发展的新阶段。2013年经济增速回落有一定的必然性，但是回落幅度之大超出了一般人的预期。经济增速大幅度回落是多种因素综合作用的结果。有国内因素，也有国际因素；有经济因素，也有非经济因素；有体制方面的因素，也有经济结构和增长方式方面的因素；有长期积累起来的因素，也有今年新增加的因素。这些因素有些是合理的，有些是不合理的；有些是可控的，有些是不可控的。影响2012年经济增长的诸多因素，不仅目前存在，有些还会长期起作用，特别是体制因素、经济结构和经济发展方式这些深层次因素还将长期制约我国经济平稳、较快和可持续发展。稳定经济增长不仅是当前经济工作的重要任务，也是今后经济工作的一项长期的任务。

（高　雁）

【中国贸易发展报告（2012）】

荆林波主编

社会科学文献出版社2012年版

192千字

在经济全球化和贸易自由化的进程中，世界贸易持续快速增长，各贸易伙伴之间的摩擦不断。近年来，中国正在经历着比以往更多的贸易摩擦和壁垒。尤以国外针对中国产品的反倾销最为严重，其中，发展中国家针对中国产品的反倾销也较为突出。中国社会科学院财经战略研究院发布的《中国贸易发展报告（2012）》主要就是针对贸易摩擦这一问题展开的，全书共分为四个部分，分别是总报告、理论分析篇、战略篇和产业篇。

总报告对世界经济形势变化和我国对外贸易现状进行了分析：欧债危机导致欧美社会出现一系列经济、政治、社会问题，世界经济整体形势不佳；而我国的出口贸易受到严重冲击，贸易摩擦案件也相应增多。总报告提出在“十二五”期间甚至更长的一段时间内，我国对外贸易的战略重心应是积极促进“四个转变、一个突破”，即转变对外贸易方式结构，实现货物贸易和服务贸易均衡协调发展战略；转变对外贸易商品结构，实行加工贸易转型升级战略；转变对外贸易区域结构，实行对外贸易分流战略；转变对外贸易收支结构，实行进出口贸易协调发展战略；以“双边为主、多边为辅”的自贸区战略为突破口，实行互利互惠的对外贸易战略。

理论分析篇深入研究了我国贸易摩擦的现状、产生的原因以及未来的发展趋势，并探讨了应对各类贸易摩擦的策略，同时拥有大量数据作支撑。通过理论分析篇，我们了解到贸易摩擦频发既有外部原因，也有内部原因，不应简单地归咎于政治原因或意识形态的差别。

世界经济秩序面临新一轮的调整，中国的经济优势仍无法有效转化为战略优势，在中国经济实力稳步增长的境况下，我国应重新思考战略布局和角色，在国际政治经济结构转换的过程中找到新的位置。因此，《中国贸易发展报告（2012）》战略篇提出了“五外”和谐新战略、“科技兴贸”战略、以太平洋和印度洋为战略重心的“两洋”战略，角度新颖，见解独到，从全方位、多层次、宽领域的开放视角对中国走向贸易强国提出了有效的建议。

产业篇从机电产品贸易和稀土贸易入手，在ECFA和WTO框架的基础上，对海峡两岸发展机电产品贸易，以及整顿我国稀土行业及其出口贸易提出建议。分析思路清晰，内容结构紧密，分析有理有力，十分透彻。

该书是具有较强学术性、资讯性和前瞻性的贸易报告，为政府决策者提供了专业性的建议，对政府决策机构从宏观经济层面制定应对策略，根据国际、国内经济发展形势的变化适时调整贸易策略，具有重要的意义。

（林　尧）

【中国能源发展报告（2012）】

崔民选主编

社会科学文献出版社 2012 年版

394 千字

能源是人类社会赖以生存和发展的重要物质基础。纵观人类社会发展的历史，人类文明的每一次重大进步都伴随着能源的改进和更替。能源的开发利用极大地推进了世界经济和人类社会的发展。

中国是当今世界上最大的发展中国家，发展经济、摆脱贫困，是中国政府和中国人民在相当长一段时期内的主要任务。改革开放以来，中国作为世界上发展最快的发展中国家，经济社会发展取得了举世瞩目的辉煌成就，成功地开辟了中国特色社会主义道路，为世界的发展和繁荣作出了重大贡献。

中国是目前世界上第二位能源生产国和消费国。能源供应持续增长，为经济社会发展提供了重要的支撑。能源消费的快速增长，为世界能源市场创造了广阔的发展空间。中国已经成为世界能源市场不可或缺的重要组成部分，对维护全球能源安全，正在发挥着越来越重要的积极作用。

《中国能源发展报告》是能源蓝皮书中的一种，《中国能源发展报告（2012）》是中国能源发展报告的第四本。该书立足客观翔实的数据资料，从宏观和微观层面，运用定量与定性相结合的分析方法，紧密结合国内外政治和经济格局变化，针对产业结构转型、发展方式转变带来的机遇和挑战，对我国能源领域各行业的运行特征进行了深度剖析与探讨，并提出了未来走势的预测和切实可行的对策建议，力图为提高科学发展能源水平作出一定的贡献。

该书指出，2011 年，在复杂多变的国际国内经济背景下，我国能源行业克服了需求过快增长、历史性干旱造成的水力发电量大幅下降，以及体制机制因素制约等复杂形势，有力地支撑了国民经济 9% 以上的增长，为“十二五”经济社会发展良好开局作出了积极贡献。

该书共分为三个部分，第一部分为总报告，聚焦现代能源产业体系构建。这需要统筹我国东中西部能源开发，综合考虑能源资源赋存、水资源分布、生态环境承载能力和区域经济发展水平等因素，按照“加快西部、稳定中部、优化东部”的原则，构筑区域能源优势互补、资源高效配置、能源开发与环境相和谐的能源发展布局。在西部地区，继续加快能源资源开发利用。要建设大型煤炭基地和现代化矿井，发展大型煤电基地和坑口电站群，加强油气资源勘探开发，大力发展风能和太阳能。在中部地区，稳定能源开发。要稳定山西煤炭资源开发，河南、安徽煤炭资源在逐步减少，要调整开发强度，在提高回采率上多下功夫；合理布局燃煤电站建设。因地制宜发展可再生能源。在东部地区，优化能源资源开发。要加快海上油气带建设，稳定陆上油气生产，控制东部煤炭资源开采，大力发展风电等新能源和可再生能源，因地制宜发展燃气调峰电站和热电联产。同时，还要加强国家综合能源基地建设。

该书第二部分为行业运行篇，报告分别就煤炭、石油、天然气、电力、新能源等几个重点行业和关键领域进行了研究。

煤炭是我国能源行业的霸主，我国煤

炭还具有煤类齐全，品质优良的特点，但是，我国煤炭资源的地域分布却极其不均衡。2011 年，全国煤炭供给继续保持较快增长，市场需求旺盛，库存相对充足，价格高位趋降。除南方个别地区受运输瓶颈、煤电价格体制矛盾等诸多因素影响一度出现电煤供应偏紧外，市场供需总体可谓基本平衡。

新中国成立以来，我国的石油工业曾有着让人自豪的光荣历史，经过石油工人的不懈努力，我们摘掉了“贫油国”的帽子。受欧债危机影响，世界经济迈向复苏的前景错综复杂。国内经济增速有所减缓，但保持平稳较快增长。此背景下，2011 年我国石油和化工行业总体运行平稳，但原油产量增长几陷停滞，进口总量增效下滑明显，供需缺口进一步拉大。

我国天然气勘探起步较晚，20 世纪 90 年代以来，天然气勘探连续取得重大突破。随着天然气管道建设的加快和国家对发展天然气的重视，我国天然气供需两旺。天然气供给快速增长，天然气需求增长十分强劲，2011 年全年天然气消费量增速超过 20%，对外依存度快速上升至 24%。

2011 年，我国国民经济保持平稳较快增长，电力供需整体形势有所好转，但部分地区电力供应仍持续偏紧，出现自 2008 年以来最为严峻的“淡季电荒”。总体来看，电力行业运行、投资、建设、经营情况平稳，趋于良好。

近年来随着我国对发展新能源和可再生能源的重视，从 2004 年开始，天然气、水电、核电和风电所占比例逐年上升，但总体占比仍然较小。我国以煤为主的能源消费结构与发达国家相比，主要体现在油气占比过低。以煤为主的消费结构加大了环境、生态保护压力，煤炭消费是造成煤烟型大气污染的主要原因，也是温室气体排放的主要来源。推广新能源是未来能源发展的必然方向，是实现能源共享和可持续发展的必由之路，是优化人类生产生活方式、为子孙后代留下充足发展空间的必然选择，也是一个全球化发展的国际合作问题。在全球气候变暖和世界能源供应日趋紧张的大背景下，发展清洁能源、提高能源效率、推进能源体制变革成为各国可持续发展的重大战略和政策优先目标。

该书第三部分为热点专题，就资源改革、能源资本化、能源利益平台构建、能源运输体系等热点问题进行阐述。

能源和资本化是经济发展中的两大核心问题。能源是经济运行的基本动力，资本化则全面渗透到经济生活的各个领域。近年来，能源企业在政策的指引下，通过各种资本手段，为企业扩大规模、促进产业升级、提升技术水平等提供了有力的保障。各企业从战略的角度将企业的产业经营与资本运营结合起来，以资本运营为企业的产业经营提供支持，加强其核心竞争力的建设，并促进了企业的多元化发展。

随着中国经济的不断增长，我国对能源的需求量也在不断增加，国内铁路、水路、公路、管道能源运输体系压力也随之不断加大，建设高效、系统、环保的能源综合运输体系对我国的发展至关重要。书中以国家“十二五”规划中“优化能源区域布局，建设现代能源储运体系”规划纲要为指导思想，全面展现我国能源铁路运输、水路运输、管道运输和电网运输发展状况，着力体现建设我国现代能源综合运输体系的重要现实战略意义。

（林　尧）

【**金融蓝皮书**——中国商业银行竞争力报告（2011—2012）】

王松奇主编

社会科学文献出版社 2012 年版

364 千字

2012 年是“十二五”规划中承前启后的一年，《中国商业银行竞争力报告（2011—

2012)》正是在这样的背景下，以整体行业为研究对象，以科学分析方法，在对以往评价模型不断改进的基础上，通过大量实地调研，聚焦2011年和2012年银行业发展，并在此基础上对2013年的情况进行预测。

该书构建了自己的评价体系，对全国性商业银行的营利能力、资本实力、资产质量和流动性等财务指标进行了综合评价。全书主要分为三大部分，第一部分是2012年中国银行业发展模式分析；第二部分是中国商业银行的财务报告、商业银行竞争力、城市商业银行竞争力的排名和比较，第二部分是该书的核心部分；最后一部分是2011年的商业银行的各项数据的分析和排名。

对商业银行的各项指标的比较分析得出，中国建设银行、中国工商银行、招商银行、交通银行和中国银行竞争力分列前五位。分项分析则表明，在资本充足率方面，各家商业银行继续保持了2010年的良好水平；在资产质量方面，虽然不良贷款在经济下行中压力增大，但各行资产质量仍表现良好；在盈利方面，与国际银行业普遍下滑的情况相反，各行均保持了较高的赢利水平；在流动性方面，各行流动性水平依然达到监管标准，各项指标在监管红线之下，表现出较好的流动性管理能力。

全国性商业银行的核心竞争力也有不俗表现。发展战略、国际化、综合化和差异化得到加强，公司治理也不断完善，风险管理、信息技术和人力资源得到全面重视，产品创新能力和服务水平也有了进一步提升。位列前五名的是中国工商银行、交通银行、招商银行、中国建设银行和中国银行。

城市商业银行方面，报告对城商行财务状况、战略发展的新动向进行了分析和探讨。从财务指标看，城商行在资本水平、营利能力以及流动性方面表现出较全国性商业银行更优的水平。在“800亿元以上的大型商行”中位列前五名的是包商银行、杭州银行、南京银行、重庆银行和北京银行。台州银行、洛阳银行、南昌银行、浙江稠州商业银行和西安银行在“300亿—800亿元之间的中国商业银行”中排名前五。乌海银行、承德银行、莱商银行、日照银行和张家口市商业银行则在“300亿元以下的小型城商行”中名列前茅。除此之外，该书还特别关注了成立未满三年的城商行的发展情况，当中表现最好的是上饶银行、遂宁市商业银行、石嘴山银行，鄂尔多斯银行和信阳银行。

总体来说，受金融危机和国内经济结构调整、欧债危机的负面影响，2011年和2012年前三季度银行业面临着一系列问题和挑战，但银行业深化改革也为其带来一系列机遇，2013年商业银行将平稳发展。

（高　雁）

【社会保障绿皮书：中国社会保障发展报告 No. 5（2012）】

王延中主编

社会科学文献出版社2012年版

356千字

社会保障是调节收入分配的重要工具，随着社会保障制度的不断建立健全、社会保障覆盖面的不断扩大和社会保障资金的不断增加，社会保障在调节收入分配中的重要性不断提高。社会保障调节收入分配的功能如何体现在收入分配的多个层次？覆盖范围、筹资机制、补偿机制、融合性与便携性、转轨方案等因素如何影响着收入分配的调节作用？国外社会保障的发展在调节收入分配、缩小收入差距、促进社会公平中发挥着重要作用，对我国有哪些值得借鉴的意义？对这些问题的解答就是“社会保障绿皮书”——《中国社会保障发展报告（2012）》一书的研究内容。

作为连续出版的第五本“社会保障绿

皮书”，该书的主题是“社会保障与收入再分配”。《中国社会保障收入再分配状况调查》是在2011年和2012年，中国社会科学院“中国社会保障发展与收入分配状况”国情调研项目组在全国十余个省（区、市）的入户调查基础上撰写的。在对中国社会保障制度各方面作综合调研和评价报告的同时，也对陕西、福建、内蒙古、河南、重庆多地社会保障发展与收入分配状况作了具体的分析。

该书指出，社会保障调节收入分配的作用是多方面的。覆盖范围、筹资机制、补偿机制、融合性与便携性、转轨方案都可能不同程度地影响其收入分配调节作用。从覆盖范围看，社会保障制度的覆盖面越宽，纳入社会保障制度的劳动者和国民越多，社会保障制度对这些劳动者和国民收入分配的影响就越大。社会保障在收入再分配中的影响力与其覆盖面大小是相辅相成的关系。

从社会保障影响收入再分配的程度和水平看，社会保障基金规模越大，社会保障在收入再分配中的作用就越突出、越明显。社会保障基金规模受社会保障政策和资金筹集机制的影响，社会保障政策是一个国家宏观经济政策和社会发展战略的重要组成部分，是政治决策的重要内容。社会保障的资金筹集机制具体表现在筹资模式、筹资来源、缴费比例、缴费基数等方面。社会保障在收入再分配中的调节作用，主要是通过待遇补偿机制实现的。筹资机制与待遇补偿机制的结合能够更加全面地说明社会保障的调节收入分配作用。待遇补偿机制对社会保障调节收入分配作用的影响主要包括待遇确定的模式、替代率的设计、待遇资格的审查、待遇调节机制等方面。

社会保障的管理体制也在一定程度上影响其收入再分配作用。社会保障制度的融合性与便携性均对社会保障收入分配调节作用产生影响。社会保障制度管理体制的转变或转轨，也在一定程度上影响其收入再分配作用的发挥。对处于经济体制转轨的国家来说，社会保障制度转轨方案如果设计科学合理，将有助于促进社会保障调节收入分配，增强社会保障制度的公平性；从本质上讲，社会保障制度的改革和转轨过程，就是一个纠偏的过程，有利于纠正社会保障实践中不公平的现象和问题，促进社会保障调节收入分配。相反，则有可能加剧不同群体之间的社会保障待遇差距。

该书指出，未来中国社会保障制度的改革和完善需要从以下几个方面着手：一是要加强社会保障制度的整合与衔接。目前社会保障制度的碎片化现状，在实践中存在诸多问题，不利于社会保障收入分配调节作用的发挥，未来应该进一步加强社会保障制度的整合与衔接，增强社会保障制度的公平性。二是要建立和完善城乡统筹的社会保障制度。城乡统筹发展是我国经济社会发展的必然要求，也是社会保障制度发展的必然要求。针对目前我国社会保障制度的城乡分割与城乡差距较大的现实，未来需要建立和完善城乡统筹的社会保障制度，尤其是在城市化与工业化进程加快的背景下，社会保障的城乡统筹发展就显得更加迫切。三是要完善社会保障制度的筹资机制。应该在遵循公平优先、权利与义务相结合的基础上，对中低收入人口和贫困人口给予特别支持。基于目前社会保障缴费率较高的现实，应该适当调整基本社会保障项目的缴费率。在筹资模式上，应该加大社会统筹的成分，适当降低个人账户的缴费比例，以增强社会保障制度的互助共济功能。可以探索“累进”的缴费方式，收入越高，征缴的比例越高，对低收入人口和贫困人口实行“负缴费”。四是要建立科学的社会保障待遇补偿机制。完善的筹资机制只有与科学的待遇补偿机制相结合，建立二者的有效联动机制，才能较好地发挥其调节收入分配的作用。在养老保险方面，总体上来说，应该完善现有的固定给付与缴费确定相结合的待遇确定模式，建立待遇享受与待遇适度关联的“累退”型待遇享受机制，可以探索建立适度的最低待遇担保机制。在医疗保险方面，应该增强其互助共济功能，缩小甚至取消个人账户；应该降低或取消起付线，提高或取消封顶线，扩大药品和服务的报销范围，探索新的医疗保险支付方式。在失业保险方面，应该提高补偿水平，缩短补偿时间，注重发挥失业保险基金的促进就业功能。在工伤保险方面，应该坚持预防、补偿、康复相结合的方针，根据伤残程度进行补偿，简化补偿程序，平等对待所有类型的职工。在最低生活保障方面，应该完善瞄准机制，建立动态调整机制，避免“贫困陷阱”。五是完善社会保障待遇调整机制。应该在坚持总体待遇水平逐步提高的同时，建立差异化的待遇调整机制，重点提高低收入群体和贫困人口的社会保障水平，使之向社会平均水平看齐。

该书全面评述了2010年以来社会保障制度中收入差距扩大、收入分配不公等当前中国的热点话题，并以“社会保障与收入再分配”为主题进行论述，用数据支撑研究结论。同时，围绕主题收集国内外的理论研究和实证材料，通过对日本、拉美等国际经验的细致阐述，为我国社会保障事业的发展提供了有益的借鉴。

（吴　丹）

【中国是否跨越了刘易斯转折点】

蔡　昉　杨　涛　黄益平

社会科学文献出版社2012年版

288千字

关于中国经济是否迎来了刘易斯转折点，近年来一直是一个热门的讨论话题。之所以热门，是因为在现实生活中存在诸多矛盾现象：一方面，绝大多数企业家已经感受到工人难找和工资持续上涨的巨大压力；另一方面，一些经济学者通过考察官方统计数据，却发现起码还有数亿农村劳动力尚未实现转移，这给判断刘易斯转折点是否已经到来制造了困难。该书收集的是近期一些严肃的、有分量的代表性学术研究成果。

该书的编排主要依照这样的线索：第一编包括的四篇文章，基本上是同意刘易斯转折点已经到来的判断，并从不同角度提供经验证据；第二编的四篇文章主要讨论刘易斯转折点到来的相关含义；第三编的四篇文章要么认为刘易斯转折点尚未到来，要么论证了刘易斯理论的不适用性，建议采用一种新古典的方法研究中国经济发展。

蔡昉的《人口转变、人口红利与刘易斯转折点》，试图从理论上揭示人口转变与二元经济发展的一致关系，进而利用人口预测结果等经验材料，论证和检验人口红利逐渐消失和刘易斯转折点到来的判断。文章指出，中国保持持续稳定的经济增长，尽早进入高收入国家行列，是缩小“未富先老”缺口的关键和唯一途径。为此，作者就挖掘第一次人口红利的潜力、创造第二次人口红利的条件，以及依靠转变发展方式获得新的经济增长源泉提出相应的政策建议。张晓波等人的《中国经济到了刘易斯转折点了吗？——来自贫困地区的证据》，通过对甘肃省长时期的原始调查，研究农忙和农闲时期工资的发展演化模式发现，无论其他影响因素是否被控制，实际工资率总是不断向上攀升，甚至农闲时期也是如此，表明剩余劳动力时代已经结束。魏征等人的《解析1965—2009年中国二元经济的发展》采用实证分析方法，发现中国的农业边际劳动生产率自1978年开始增长，到2009年已经超过了二元机构理论所定义的制度工资，中国经济开始进入刘易斯转折点并向第三个发展阶段过渡，考虑到中国区域经济发展的不平衡，这一过渡期将持续若干年。王美艳的《农民工还能返回农业吗?》利用全国农产品成本—收益调查数据进行分析发现，农业越来越倾向于使用节约劳动的生产方式。对于已经迁移到城镇的农民工而言，当他们在城镇的就业受到冲击时，他们很难再返回农业中了。

王晓兵等的《中国农村非农就业的结构性转变》，采用全国代表性的2000年和2008年两轮六省调查数据进行研究，结果显示，外出务工与自营工商业收入差距大幅缩小，使得更多农村劳动力倾向于选择外出打工，而非自营工商业。黄益平等人在《刘易斯转折点对中国意味着什么?——一般均衡分析》中指出，中国将由非常规经济体向常规经济体转变，中国在劳动密集型产业可能失去竞争力，经常账户盈余可能减少，这些都对中国提出了挑战。而刘易斯转折点并不能提供自动解决这些挑战的办法。中国需要采取有效的政策措施以避免所谓的“中等收入陷阱”。宋立刚等在《刘易斯转折点到来后中国经济增长会放缓吗?》中指出，即便中国到了刘易斯转折点，中国的经济增长也不一定会减慢。相反，如果能深化体制改革，刘易斯转折点给中国带来的将是兼顾效率、可持续的、平衡的结构调整。

JaneGolley和孟昕在《中国的剩余劳动力枯竭了吗?》一文中认为，尽管某些数据显示在2000—2009年间，城镇地区非技术工人的名义工资有所上升，但没有充足的证据表明这是由于劳动力供应短缺造成的。中国的人口流动面临独特的制度性障碍和政策性障碍，阻碍众多农民工进入城市，作者预测了扫清制度障碍后会释放流动人口的存量。约翰·奈特等人的《中国民工荒与农村剩余劳动力》，利用中国居民收入分配课题组2002年和2007年的全国住户调查数据，以及2005年1%人口抽样调查数据，分析解释了农民工的工资结构，考察了农民工流动的决定因素，预测了到2020年的农村和城市的劳动力数量。研究表明，由于制度约束的存在，民工荒和农村剩余劳动力并存的现象，在未来一段时期内将一直持续。姚洋等人的《中国已经到达刘易斯转折点了吗?——基于省级数据的证据》，使用1998—2007年的中国省份数据进行估算，给出了每年刘易斯转折点以及转移劳动力均衡水平的估计。结果表明，中国还存在剩余劳动力，刘易斯转折点并没有到来。葛苏勤、杨涛在《新古典理论与城乡劳动力市场的发展》中，对使用刘易斯模型来分析中国劳动力市场发展提出质疑，他们评估了新古典主义经济发展理论的适用性，他们的研究结果支持了新古典主义观点：中国劳动力市场对供求关系作出反应，在工资决定方面也更加有效率。同时，在可预见的未来，中国仍将保持其全球劳动力优势。

其实，无论刘易斯转折点是否已经到来，研究这个问题都具有重大的现实意义。劳动力短缺是中国经济早晚要面对的一个问题。一旦劳动力出现短缺，工资水平将快速上升，这就意味着我国的产业结构必须发生重大变化，而经济增长的可持续性，将更多地依靠人力资本增加和技术进步，通胀压力也将出现新情况。而这一切变化，也将或多或少地影响世界经济中的劳动分工、产业布局及宏观格局。

（恽　薇）

【中国投资发展报告（2012）】

杨庆蔚主编

社会科学文献出版社2012年版

406千字

投资是中国经济增长的重要拉动力量。改革开放30余年来，我国经济经历了年均近10%的高速增长，其中投资在经济增长中的作用日益显著，成为最重要的引擎。在改革开放的推动下，在社会主义市场经济体制的建立和完善过程中，我国投资市场逐渐发展壮大，证券投资市场、股权投资市场、房地产投资市场等均已成为企业扩大再生产、居民管理财富的重要渠道，成为经济中不可或缺的组成部分。

当前我国经济发展处在加快转变经济增长方式、经济结构战略性调整的新时期，投资在扩大内需、推动产业升级、实现科学发展等方面，仍将发挥重要作用。“十二五”规划期间是增长方式转变的关键时期，我国的投资体制机制、投资结构、投资领域、投资方式等都将发生深刻变化，投资市场也将得到长足的发展。因此，以转变经济发展方式为主线，深入分析我国投资发展状况，探讨投资在促进经济结构调整、扩大内需等方面发挥作用的方式，研究投资市场的发展变化趋势，对于投资理论建设、投资实践发展均有重要意义。

该书是中国建银投资有限责任公司在投资实践中对中国投资发展的各方面问题进行深入研究和思考后的成果。投资包括固定资产投资、实业投资、金融产品投资、房地产投资等诸多领域，每个领域都存在值得研究的课题。目前学术界和实务界对投资的研究主要集中于其中的某个领域，缺乏总括性的研究。该书尝试将投资作为一个整体进行研究，能够较为清晰地展现社会资金流动的特点，为投资者、研究者，甚至政策制定者提供参考。

该书以转变经济增长方式为主线，研究和探讨中国投资领域重大问题以及热点问题，包括宏观环境、固定资产投资、股权投资市场、证券投资市场、房地产投资市场等的研究，以及相关行业发展趋势和投资业务实践中的重要问题研究。该书由总报告、宏观环境篇、市场形势篇、行业发展篇和法律事务篇组成，共 17 篇论文。其中，总报告全面回顾和总结了 2011 年中国投资发展的状况，并展望了 2012 年中国投资市场的前景；宏观环境篇由三篇论文组成，探讨了影响我国投资发展的宏观经济环境，包括国际国内经济形势、民营经济发展以及欧债危机等；市场形势篇由五篇论文组成，分别回顾和展望了股权投资市场、股票市场、债券市场、房地产市场和不良资产投资市场的发展现状和未来前景；行业发展篇由五篇文章组成，从投资的角度分别对金融服务业、第三方支付行业、养老产业、内贸集装箱航运业、液晶面板行业等进行了分析；法律事务篇由三篇论文组成，从投资实践角度研究了私募股权基金的组织形式、企业整体上市以及借壳上市中的法律问题。

该书提出自从 2008 年爆发全球性金融危机以来，发达国家经济受到重挫，经济增长速度下降，对我国经济增长造成压力。同时，我国“十二五”规划提出以加快转变经济发展方式为主线，把经济结构战略性调整作为主攻方向。作为“十二五”规划开局之年，2011 年我国经济发展出现了一些变化：经济增速开始下降，经济增长的动力出现调整，投资贡献率开始下降；房地产行业增速下降，制造业增速提高；国有经济地位进一步巩固，民营经济迅速发展；企业融资更加多样化，直接融资占比迅速提高。经济形势的变化使得我国的投资发展在规模、速度、结构等方面呈现新的变化。

受外需下降以及我国经济结构战略性调整的影响，2011 年我国固定资产投资增速下降。投资市场整体规模稳定增长，但投资活跃度下降；房地产、证券市场趋冷，私募股权、信托、银行理财、艺术品等市场火爆；投资收益率降低，短期固定收益类产品受到追捧。

展望 2012 年，由于宏观经济环境难以出现实质性转好趋势，预计固定资产投资增速仍将平稳下降。投资市场规模保持低速增长，投资活跃度进一步下降；房地产市场难以好转，私募股权投资市场热度将下降，信托产品仍将受到投资者的关注，银行理财产品仍是投资者的重要选择，证券市场将出现一定的回暖。

该书是"投资蓝皮书"的开篇之作，随后将在每年的上半年定期出版。其背后的研究团队，中国建投投资研究院作为以投资和资产管理为主业的国有投资控股集团，在选题角度、研究深度和广度等方面具有一定的专业优势，"投资蓝皮书"更定位于为投资界及相关人士提供更多、更有益的信息和研究成果。

（王婧怡）

【21世纪初中国产业政策变动趋势实证研究（2000—2010）】

赵　英

经济管理出版社2012年版

428千字

该书是中国社会科学院重点课题"21世纪初中国产业政策变动趋势"的最终成果。这一课题与20世纪末中国社会科学院工业经济研究所的重点课题"中国产业政策实证分析研究"相接续，持续对20年（1990—2010年）以来中国产业政策状况进行跟踪研究。1990年到2010年，是我国经济全面融入全球经济体系的20年；是我国经济体制转变的关键时期；仅就这一点而言，该书对于中国产业政策进行的实证刻画与分析，就具有重要的经济史学意义。

该书对21世纪前10年产业政策发生的巨大变化，进行了分析。与20世纪90年代中国产业政策相比，21世纪前10年的中国产业政策主要在以下几方面发生了巨大变化：

由"供给侧管理"转向"需求侧管理"；在一定程度上由中长期政策目标转向短期政策目标；从计划管理主导转向以市场经济为基础；从中央政府强势主导逐步向多主体参与转变；由主要关注工业，逐步向一、二、三次产业并重转化；产业政策手段有了较大变化；产业政策的制定程序与方式有了较大变化；产业政策的表现形式有了一定变化；产业政策体系中产业保护政策明显减少，节能减排政策显著增加；产业政策体系逐步完善。

20世纪90年代末至今，产业政策实际上成为与财政政策、货币政策并列的政府推动经济发展，进行经济宏观调控的重要政策。财政政策、货币政策、产业政策三大政策并用，成为中国政府推动经济发展，管理经济的重要特征。从整体看，自90年代末开始，中国政府的经济宏观管理，可以说已进入了财政政策、货币政策、产业政策并用的时代。

该书初步研究了中国政府宏观经济调控模式（财政、金融、产业三大政策共同调控）问题；集体理性与个体理性，产业政策与市场机制的兼容性问题；这两大问题影响深远，该书从实证角度进行了分析，从理论角度进行了探讨，对产业政策理论研究有一定新意。

该书既包含了对财政政策、金融政策、产业技术政策等重要产业政策手段的深入研究，也包含了对机械、汽车、船舶、钢铁、军工、轻工等产业的产业政策的专项研究。较深入地刻画与分析了进入21世纪以来，各个产业领域的产业政策制定与执行的情况、变化及特征。

与20世纪90年代相比，中国产业政策固然发生了很大变化，但也有不少特征延续至今：

政府机构和官员主导的产业政策制定方式与流程，基本没有变化；有关政府机构和主管官员的想法、意志仍对产业政策制定产生决定性影响；政府之间（包括中央政府综合经济管理部门、中央政府专业经济管理部门、地方政府）的博弈，仍然是影响产业政策形态及实施效果的主要因素；虽然行政手段在产业政策中的实际影响力有较大下降，但是政府机构和官员仍热衷于使用行政手段；与仍热衷于使用行政干预作为产业政策手段相映衬，产业政策制定时，对市场机制的重视和考虑仍然停留在20世纪90年代的程度；产业政策的干预范围仍然过多，在产业层次干预过细。

各种产业政策手段在不同时期占有不同的地位，发挥不同的作用，构成产业政策手段体系。20世纪90年代末，各种产业政策手段的作用大小依次是：行政手段、财政税收手段、金融手段、信息手段、外贸手段、法律手段。

21世纪前10年，根据研究和问卷调查得出的各种产业政策手段的作用大小依次是：财政手段、金融手段、行政手段、国内法律法规、技术标准、国际法律法规、信息手段、税收手段、产学研联盟。

该书对2020年中国产业政策的演进趋势，提出了预测：

在现有经济体制按照20世纪90年代末以来演变速度渐进变革的背景下，到2020年，中国产业政策在中国经济政策体系中，仍将维持目前的地位与作用，某些方面还可能进一步得到强化；21世纪中国经济与国际经济体系接轨将进一步加速；产业政策的法制化进程将逐步加速；产业政策制定过程将进一步增加透明度，制定程序将逐步民主化；在产业政策体系中，财政、金融政策仍将居于主导地位。产业技术政策在产业政策体系中的地位与作用将持续上升；产业政策关注重点将由主要关注第二产业，逐步转向第二产业、第三产业并重；产业政策制定将更多地考虑、了解市场经济运行规律，建立在充分发挥市场配置资源基础上，中国产业政策与市场经济体系、机制的匹配将更加契合；进一步推动节能减排，促进可持续发展；促进产业结构升级换代；促进自主创新能力的形成；仍将是产业政策的重点；如何从外部保证中国经济发展的能源、资源供应，如何通过产业技术政策提高中国经济结构、经济运行的安全性，是中国产业政策当然要考虑的重大战略问题；产业政策将带有更为明显的“需求侧”管理特征。政府将更着力于通过对总需求、各个领域需求的调节政策，影响、引导产业发展。

（杨雅琳）

【中国行业收入差距问题研究】

武　鹏

经济管理出版社2012年版

180千字

长期以来，相较之对城乡、地区等收入差距形式的研究而言，国内对行业收入差距的研究尚不够丰富，对一些重要问题的评价多停留在定性分析的层面，大多难以在定量层面上予以清晰的判断。然而，行业收入差距却是我国城镇居民感受得最为直接、最为深切的一项收入差距。不同行业间“同工不同酬”现象的广泛存在直接违背了按劳分配这一公平原则，并由此引发了广泛的不满和改革诉求。《中国行业收入差距问题研究》一书的出版正是对这一现实热点的回应。该书逻辑清晰、条理分明地梳理了引致行业收入差距产生的各种原因，这其中包括主流经济学的解释、“委托—代理”理论的解释和跳出新古典范畴的解释等。在上述理论基础上，该书运用现代经济学的计量方法对我国行业收入差距问题加以了实证分析，得出了一系列直观的数据结果，如：20世纪90年代以来，中国行业收入差距年均增幅高达6.5%，远超同期全国和城镇居民收入差距2.0%和2.7%的增速，是造成当前我国居民收入差距过大的一个重要症结；垄断行业与非垄断行业间的收入越发呈现两极分化的态势；垄断行业的过高收入水平导致我国行业收入差距上升了25%左右，垄断行业要比非垄断行业的平均劳动报酬多出相当于平均收入水平70%的额度，其中不合理的部分相当于行业平均收入水平的1/4。这些具体数字的得出，对于客观地判断我国行业收入差距形势提供了必要的立论基础，同时这也有助于启发后继的相关研究充分运用现代经济分析方法，力求更多地用事实说话。该书进一步提出了一系列缩小行业收入差距的建议和措施，如：在信息不对称和规制机制具有实施成本约束的情况下，要促使行业收入差距向合理区间回归，“应将垄断行业的劳动报酬与其缴税水平相挂钩，凡是劳动报酬高出全社会各行业平均工资一定水平的，应考虑按类似于个人所得税的累进上缴方式对其利润征税”。书中提出的诸如此类建议，均具有方便可行且行之有效的特点，较为充分地体现了理论研究对现实工作的指导价值。此外，该书还尝试着对我国行业收入差距的收敛路径展开了分析。综合非参数计量和门槛面板模型的结果来看，在中国经济发展过程中行业收入差距呈现持续上升的趋势，差距上升速度除了在中间有短暂加快外，大体比较平稳。但是面板误差修正模型分析表明，这一上升态势并不存在必然的收敛路径。如果导致行业收入差距拉大的因素能够在发展的同时通过改革予以消弭，中国行业收入差距是可以在短期内出现下降的。

（宋　娜）

【管理创新与大企业竞争力】

唐晓华

经济管理出版社2012年版

400千字

在创新型国家、创新型社会的建设中，需要创新型企业的支持和配合，也需要创新型企业不断探索适合其特点的管理创新手段、方式和保障。管理创新已经成为这一时代背景下我国大企业发展的必然选择。管理创新是塑造、提升和保持大企业竞争力的主要措施，对世界任何国家和地区的企业具有普适性，对处于经济转型期的中国大企业而言，管理创新是尽快缩小与世界发达国家大企业竞争力差距的重要手段。

该书从微观角度对大企业竞争力展开深入的理论分析，并以企业价值链为视角探讨企业不同环节的竞争力问题，尝试性地从软竞争力角度研究企业竞争力的提升路径。特别是密切结合中国改革开放30多年的实践经验，侧重结合东北地区国有企业改革的实践，参考国外管理创新与企业竞争力最新研究成果，构建一个具有区域特色的管理创新与大企业竞争力理论分析框架，探索产业组织创新、企业文化创新和企业制度创新等三种类型创新为主要内容的管理创新与大企业竞争力之间的逻辑关系，并试图为分析这些问题提供一套基本框架和方法，为建立企业管理创新研究体系提供理论支撑。该书依托辽宁大学工商管理学院及其科研平台，设计了“企业制度创新与大企业竞争力”“产业组织创新与大企业竞争力”和“公司文化创新与大企业竞争力”等三个研究方向。

该书围绕产业组织创新、企业文化创新和制度创新三大内容，重点突破这三类创新中的某个方面或环节，有的强调市场控制力，有的重视资本结构和治理结构，有的关心区域产业集群成长和产业开放，有的突出技术创新体系和创新生态、治理机制，也有的集中在了供应链方面，还有的侧重财务控制等方面。这些成果从不同层面折射出了管理创新与大企业竞争力的内在逻辑，丰富了相关研究。

（陈　力）

【外资在华并购与中国经济安全】

张金杰

经济管理出版社2012年版

288千字

该书认为，尽管经济全球化趋势使得

各国经济的相互依赖性日益增加，但维护本国经济主权和保持本国经济健康持续发展，亦即保持国家经济安全，却是很多国家特别是一些大国一直矢志不渝、须臾未忘的国策。对中国而言，没有三十多年的对外开放，就不可能有今天强大的国力。中国已不可能走回头路，不可能回到闭关锁国的道路上去，但在继续坚持开放政策的同时，必须反思以往与经济安全相关的外资引进状况的得与失，从中不断完善外资利用政策，实现既能保障国家经济安全又能因外资流入而使利益相关各方多赢的理想局面。《外资在华并购与中国经济安全》正是这样一本具有反思意义的著作，因为书中既涉及中国在引进外资过程中一些成功的经验，当然也努力解剖了不少令人扼腕叹息值得未来借鉴的教训。

该书的特点归纳起来主要有三点：

首先，采取理论与实际相结合、国内与国际相比较的研究方法。全书结构分为理论篇和案例篇，而理论阐述部分又十分关注对国外经济安全政策的研究。理论篇包括十一章，比较全面地阐述了外资并购与国家经济安全两个研究领域的基本理论，在国际经验基础上分析了二者之间的辩证统一关系。

其次，在传统经济安全和并购研究理论中，分析视角往往存在一定的局限性，例如，在具体并购案例分析中，常常仅从跨国公司角度分析收购者的投资动机加以分析；同样，在经济安全问题的研究中，很多也是仅站在国家利益的角度，往往忽视了参与并购各方需要东道国政府顾及的利益。该书试图从多角度观察与分析因并购产生的各方利益影响，探讨中国在引进外资过程中如何一方面既要维护经济安全，另一方面还要兼顾本国企业（被收购方）合法利益的平衡等问题。该书分析的外资并购案例主要涉及产业为我国的装备制造业，而其中很多被并购企业为国有企业。显然，并购涉及的利益体是多方面的，多视角研究是十分必要的。

最后，研究的目的是为了能够给人以启迪，该书努力通过理论探讨与案例分析，从中总结出外资并购引发的值得借鉴的经验与教训，并从政策层面上提出一些可资参考的建议。

案例分析的局限性在于其时效性，时过境迁也许会失去某些意义。但在积极探索中国特色的总体安全模式的新形势下，我们对过去几年发生的那些曾经引发国民广泛关注的外资并购案放在经济安全层面进行深入研究，依然具有重要意义。

（何　蒂）

【中国近代银行制度变迁及其绩效研究】

兰日旭

中国人民大学出版社 2013 年版

335 千字

金融是经济的枢纽，银行则是经济发展的血脉。1979 年 10 月，邓小平指出，“银行要成为发展经济革新技术的杠杆，要把银行真正办成银行”。如今我国银行业改革获得了很大改进，但问题也是明显的。今后究竟怎样改，我们应在当前的顶层设计中，在吸收国外的先进经验基础上，全面回顾中国银行业走过的漫长道路，认真总结值得借鉴的经验和教训。《中国近代银行制度变迁及其绩效研究》尝试以 1897—1937 年间我国银行制度的演变为研究对象，从动态的角度对银行的融资结构、公司治理、激励与约束机制，以及银行制度的整体变迁进行深入、系统分析，按照银行业利益相关者在追逐自身利益最大化过程中如何获取整体均衡为线索，探讨中国的银行制度演变规律，为当前银行业改革提供有益的历史性借鉴。

第一部分主要探讨了中国的银行制度的国内基础、国外新式银行进入中国所生成的理论、实践中的嫁接条件和中国银行产生的原因，最后阐明了中国银行制度的产生并不是国内传统金融机构升级换代、外国金融组织直接移植的产物，而是部分以传统金融组织的人员、技术、资金、经验等为条件基础上嫁接国外金融组织的结果，嫁接明显是中国近代银行产生的内在特性。

第二部分全面阐述了中国的银行制度结构构成及其演变。银行制度结构的构成则从融资结构、治理结构、激励约束机制三方面入手，分析其内涵的变迁；银行制度结构演变则是从银行制度整体角度分析中国银行业曾发生的两次大范围的治理结构“异变”浪潮和中小银行内自发萌生的联合兼并活动。具体来说，融资结构方面，无论官办银行还是民营银行，都采取了股权融资的方式，但受诸多因素影响，股权结构一开始呈现集中趋势，大多以创办者的人际关系为核心展开资金募集，具有亲缘、友缘、地缘特征，后来随银行业务的渐趋发达，股权结构开始呈现分散化趋向。在此过程中，中国银行业在传统与现实的利益博弈面前，普遍延续了早期官办企业“官利制”的利益分配模式，虽然增加了银行显性成本，但降低了隐性成本，减少了股权融资过程中的摩擦，推进了新式制度在中国的实施；治理结构方面，中国银行业一开始就采用了股份制结构模式，从初期效仿汇丰模式，逐步过渡到模仿日本、欧美等多国银行制度，并形成与中国相适应的股份制治理结构。这一过程，初步形成了一个由股东大会—董事会—经理层—总分支机构为核心的相对完整的治理结构，各行根据自身实际逐步演变成总经理负责制、董事长负责制和董事会负责制等三种治理模式，而他们在具体执行中又从中国实际出发，形成了一个地方、全国乃至国际的以连锁董事、监事为核心的银行人事网络，弥补了中国正式制度不足所带来的缺憾；激励约束机制方面，中国的银行治理结构很早就开始了激励与约束机制的建设，并在实践中不断发展，虽然直到新中国成立尚未全面完善，但不管从单个银行，还是从整个银行业、政府、社会上都已初步建立起一个覆盖整个行业的激励约束机制。

当然，在中国的银行制度结构演进过程中，受外部因素，尤其是受政府权力强弱的影响，银行制度结构先后发生了两次大范围的治理结构“异变”：一是在北洋政府时期，由于政府缺乏控制金融力量所必需的能力和权威，无法建立统一的银行制度、货币发行制度和央行监管制度，仅仅充当了一个无所作为的“局外人”。此时，它不但无法控制金融，而且因为财政问题，还不得不依附银行以获取银行的垫款和对政府公债的购买。由于政府对银行资金的过度索取，引发了一批银行的倒闭，最终促使银行业的抗争，衍生出了一次大规模的官办银行商业化浪潮；二是在南京政府建立后，随着政权的逐步稳固，控制力加强，对银行制度结构的影响也一改过去的做法，利用政权的力量，强制推行了商业银行国有化运动。在上述两个时期之间，一些较小银行为了在与大银行的竞争、政权的变更等因素影响中谋求生存、发展，也掀起了一股联合兼并之风。

第三部分从微观、宏观的视角对中国的银行制度绩效进行分析和判断：微观方面，中国的银行制度结构的演进虽然采用了一些中西结合的措施，表面增加了显性成本，实质却迎合了中国社会的实际和人们的内心需求，大大减少了隐性成本，降低了新式制度在推行中的冲突和摩擦，推进了新式制度的实施；宏观方面，中国的银行制度结构的演进过程不但对传统金融机构产生了种种冲击，出现所谓的钱庄银行化现象，而且在业务发展中也逐步从流通领域转向生产活动，大大推动了中国工业企业的发展，当然受各种因素的影响，银行业没有真正承担起以金融为核心的现代化活动，对工业企业的贡献率不足。

第四部分对中国的银行制度演变及其绩效进行史实、理论与现实的定位，从宏观到微观、静态到动态，多层次、多角度深入揭示出中国的银行制度演变不是自然产生，也不可能一蹴而就的成熟起来；该书通过史学研究中“经世致用”功能的延伸，为当前中国银行业的改革、发展提供经验借鉴，避免“似曾相识”的回归。

（许　琳）

【**普惠金融**：中国农村金融重建中的制度创新与法律框架】

王曙光　王丹莉　王东宾　李冰冰　曾　江

北京大学出版社 2013 年版

371 千字

近年来，我国农村金融领域的制度变革层出不穷，农村金融机构的创新异常活跃，这对我国农村经济增长起到了非常重要的推动作用；同时，我国农村金融领域由于缺少必要的法律规范和有效的监管，农村金融风险也逐渐显现，农村金融的风险控制薄弱和宏观监管缺失问题亟待解决。该书尝试以田野调查为基础，结合国外经验，对我国农村金融的制度创新和监管法律框架进行系统的研究和探讨，试图构建我国农村金融体系的基本制度构架，从而为我国农村金融的顺利健康发展提供制度支持。

该书基于双重二元金融结构理论和现代农村普惠金融理论，针对我国农村金融改革与发展的现状与趋势，集中探讨我国农村金融体系构建中的制度与法律框架问题。基于对全国十几个省份农村金融机构信贷供给和农户信贷需求的田野调查数据，探讨了我国农村金融体系的制度需求与制度供给特征以及缺陷，对双重二元金融结构和系统性负投资对我国农村经济的影响作了实证研究，对我国农村金融改革的总体制度框架进行了系统的设计。该书深入探讨了农村合作金融的内部治理结构和经营机制创新问题、农村民间金融的运作机制和规范化法律体系建设问题、农村政策性金融的运作模式创新和法律框架问题、农村小额信贷发展的全球模式及立法监管问题、大型农村金融机构支农模式创新问题，以及新型农村金融体系的金融创新与法律规制问题等，对农村金融体系重建中的制度创新与法律框架进行了全方位的解析。各章内容如下：

第一章“绪论：中国农村普惠金融体系：理论基础与本书框架”：系统阐释了普惠金融的基本理念及其理论基础，对普惠金融体系的相关研究进行了综述，并简要概述了中国农村金融体系的制度变迁，分析了中国农村金融未来的发展趋势，并对全书的内容框架作了介绍。

第二章“双重二元金融结构与中国农村金融供求分析”：首次对双重金融结构农村系统性负投资对农村经济发展的影响进行计量分析，对影响我国农村信贷可及性的因素进行计量分析，并提出了构建农村普惠金融体系的系统性政策框架，即增量改革与存量改革相结合、激励机制和约束机制相结合的改革思路。

第三章“农村合作金融的内部治理结构、经营机制创新与合作金融立法”：对我国合作金融体系异化的根源与现实制度选择进行了深入探讨，提出了中国合作金融体系立法与制度框架应遵循的八大基本原则。

第四章“农村民间金融的运作机制、经济绩效与规范化法律体系研究”：研究了不同民间金融机构的运作模式，从宏观和微观两个层面运用计量方法考察了民间金融的绩效，并提出了系统性的民间金融立法框架。

第五章“农村政策性金融的机制创新、金融产品创新与法律框架”：通过对农村金融需求主体、农村金融需要发展阶段、农村金融需求行业和国家农村政策的综合考察，对农村政策性金融的业务定位、改革模式和未来立法等进行了深入的探讨。

第六章“农村小额信贷发展模式、风险控制机制与立法监管框架：国际比较视角”：从全球视角，对印度和拉美等小额信贷机构发展模式和立法框架进行了详尽的比较研究，并基于对我国小额贷款机构的最新发展的系统分析，提出了小额贷款结构风险控制与立法监管的基本框架。

第七章“大型商业银行服务三农的制度创新——以中国农业银行为例”：以农行为例，对大型商业银行支持“三农”的创新实践作了系统的分析。此章详尽分析了农行的治理结构变革、信贷管理体系变革、管理体制变革、企业文化转型，并提出了大型商业银行支持“三农”的五大对接机制，即银微对接、银担对接、银保对接、银合对接、银政对接，对农行的机制创新进行了系统总结。

第八章“新型农村金融体系的金融创新与立法监管体系研究”：对我国农村金融机构的兴起进行了制度分析，对城镇银行、农村资金互助组织、农村担保组织以及民间小额贷款机构等新型机构的制度设计及其缺陷进行了深入探讨，并提出了“农村社区银行”的构想，作为未来农村金融机构改革的目标模式。

该书的研究有利于推动农村金融领域的立法进程，也有利于地方政府地方法规体系的制定，并有助于加强农村金融风险防范。该书注重田野调查与理论研究的有机结合、定性与定量研究的有机结合、全球经验研究和中国国情研究的有机结合，注重多学科交叉的综合研究，在理论和政策层面均具有一定的创新价值。

（梁剑琴）

【成本冲击、通胀容忍度与宏观政策】

伍　戈　李　斌

中国金融出版社 2013 年版

198 千字

近些年来，国际大宗商品价格高企和国内劳动力成本上升，使得成本冲击型的通胀成为中国宏观经济波动的一个重要特征。根据这一特征，一些人提出应该适当提高通胀容忍度的观点。但是，目前有关成本冲击型通胀的认识仍停留在直观理解和简单逻辑推理的基础上，尚缺乏系统的分析和研究。该书试图建立一个能够比较全面地理解和分析成本冲击型通胀及其相关问题的理论框架，并以成本冲击、通胀容忍度与宏观政策应对为主要研究目标，深入地分析了全球化背景下的成本冲击与中国通胀的新趋势。

从总供给—总需求的视角看，成本推动本质上可被视为一种供给冲击，但不同类型的供给冲击会产生不同的宏观经济影响。该书研究发现，劳动力成本和大宗商品价格变化等对经济和物价的影响既有共同之处，但在机理上也存在差异，进而也就具有不同的政策含义，从而更全面地揭示了成本冲击对经济、物价的影响机理，剖析了有关成本冲击、通胀容忍度的问题。该书认为，即使存在各种不同的成本冲击，货币政策的作用仍十分重要。受劳动力供给趋紧等成本冲击的影响，经济的潜在增速可能会下降，同时物价对需求扩张会更加敏感。这些都要求我们容忍适当低一些的经济增长，并保持适宜的货币金融环境。而在人口红利可能逐步趋于减少，同时不宜主要依靠扩张性货币政策追求经济高增长的背景下，保持经济平稳较快增长的关键就是要在提升生产效率上下功夫，通过结构调整和改革提升经济增长的潜在动力。这些观点都是十分重要的。

从稳定物价总水平的角度来看，近年来我国的物价上涨表现出较为明显的成本冲击型特征，劳动力供给趋紧的状况也正在逐步表现出来。与此同时，关于国内劳动力成本上升以及对通胀影响的讨论正日益增多。据有关部门统计，1970—2010年，我国劳动年龄人口的增长率高于总人口的增长率，而此后则呈现相反的趋势，这表明人口年龄结构朝着具有生产性的方向发展。而未来20年我国劳动年龄人口年均增长0.23%，明显低于之前20年平均1.28%的增速。总的来看，虽然未来10年我国劳动力供给量仍然较大，估计在2010—2020年城市和农村非农业就业人数将增加8000万人左右，但整体劳动力供求关系正在发生变化，用工价格上涨和“用工荒”等现象正是刘易斯拐点到来的特征性表现。由此推论，我们有可能已经开始进入劳动力成本推进型通胀阶段，通胀的“中枢”也就可能因此发生系统性的抬升。

从宏观政策的角度来看，一国宏观经济不断遇到现实困局而又不断突破的历史往往就构成了宏观经济体系的发展史。历史上，各个宏观经济学流派的诞生一般都是在旧的理论框架难以解释及解决当时经济现实问题的情况下孕育而生的，例如20世纪30年代凯恩斯主义、70年代货币主义以及供给学派等。反过来，宏观经济学新思想的产生及其指导下的政策运用又往往会给现实宏观经济注入新的活力。面对当前中国宏观经济面临的困境，我们应厘清思路，善于利用宏观经济学理念和框架进行剖析，并结合具体国情进行探索甚至创新，方能有的放矢，事半功倍。

最后，在经历了长期出口导向型的经济增长模式后，由于受到国际金融危机、国内刘易斯拐点等冲击，当前中国经济正遭遇挑战，总需求调整受到越来越多的制约，单靠传统的逆周期宏观调控政策已难以彻底破解中国经济的困局。在总供给—总需求的系统性框架下，为了避免走过度依赖投货币、上项目的老路，一方面应继续坚持逆周期的总需求调控，但在后金融危机期间要格外注重提高投资效率，把握刺激力度，充分考虑物价对总需求扩张的敏感程度；另一方面，应试图寻求破解困局的突破点，全方位加强总供给管理，增强经济的内生增长活力和动力，实现更加合理的经济均衡。

（张照龙）

【互联网金融】

罗明雄　唐　颖　刘　勇

中国财政经济出版社2013年版

400千字

互联网金融自2012年兴起以来，以遍地开花的形式逐渐深入到了人们生活的方方面面。就在好多人还没弄清楚互联网金融到底是什么的时候，一些人已经将互联网金融市场做得风生水起，这里面最具代表性的人物就是马云。支付宝、余额宝、如意宝、零钱宝等，这一个个熟悉的词语似乎都在诉说着互联网金融的发展历程。但是，互联网金融远不止这些，它的内涵和前景是以前任何时代都无法比拟和超越的。可以这么说，互联网金融是一场革命，一场彻底改变人们生活方式和理财习惯的伟大革命。

具体来说，互联网金融是在充分利用互联网、云计算等高新技术做支撑的基础上，将开放、分享、协作的互联网精神融入到金融创新中，让融资、交易、理财变得高效、便捷，实现了存款理财化、融资多元化、支付电子化、需求多元化。它既不同于传统商业银行间接融资，也不同于资本市场直接融资的融资模式。现阶段，互联网金融有六大代表模式：第三方支付、P2P网贷、大数据金融、众筹、信息化金融机构和互联网金融门户。当前商业银行普遍推广的电子银行、网上银行、手机银行等都属于此类范畴。而该书就是在研究这些发展模式的基础上写作出来的。全书分三篇共十二章，第一篇为互联网金融概述，主要对互联网金融的定义、特点、概况等进行阐述，使读者对互联网金融有一个初步的了解；第二篇为互联网金融六大模式介绍，也是该书的核心部分，通过新鲜生动的最新案例，逐一分析了第三方支付、P2P网贷、大数据金融、众筹、信息化金融机构、互联网金融门户等模式，给读者更加直观的感受；第三篇是对互联网金融发展前景的思考，指出了当前互联网金融发展中存在的系统性风险、流动性风险、信用风险、法律风险等九大风险，研究如何针对这些风险对互联网金融进行相关监督，同时还对互联网金融业的发展环境进行了分析。

对于互联网金融来说，受其影响最大的莫过于传统银行业。“如果银行不改变，我们就改变银行!”马云的话曾让整个传统银行界为之震惊。但是传统银行业到底该怎么变？有没有规律可循？其实，对于那些信奉互联网金融变革的人来说，更深刻的革命永远是正在发生。从互联网金融发展的背景和现状来看，我们大致可以找出互联网金融未来发展的三个趋势：

第一个趋势是移动支付将替代传统支付业务。随着移动通信设备的渗透率超过正规金融机构的网点或自助设备，以及移动通信、互联网和金融的结合，全球移动支付交易总金额2011年为1059亿美元，预计未来5年将以年均42%的速度增长，2016年将达到6169亿美元；第二个趋势是人人贷将替代传统存贷款业务。现代信息技术大幅降低了信息不对称和交易成本，使人人贷在商业上成为可行。比如2007年成立的美国Lending Club公司，到2012年年中已经促成会员间贷款6.9亿美元，利息收入约0.6亿美元；第三个趋势是众筹融资将替代传统证券业务。所谓众筹，就是集中大家的资金、能力和渠道，为小企业或个人进行某项活动等提供必要的资金援助，是最近两年国外最热的创业方向之一。

然而，上帝欲使人灭亡，必先使其疯狂。任何改革或变革都会伴随着一定的风险，对于互联网金融来说更是如此。如果互联网金融不注重风险防范，那么倒下的不只是那些方兴未艾的互联网“宝宝”们，更是对整个金融市场灾难性的打击。因此，科学注重风险防范无疑对互联网金融发展具有重要意义。

放眼世界，新兴金融力量所代表的发展趋势已经形成并且不可逆转，但整个金融业的演变节奏仍受到政策和既得利益者的影响。在这场金融变革中，谁能最终胜出，目前还尚不能给出明确的定论，但可以肯定的是未来的赢家一定是兼具互联网和金融双重能力的企业，谁能更快打通短板，谁就更有机会胜出，这是一场与时间的赛跑，且大幕已经拉开。

（冯　瑶）

【汇率制度选择：经济学文献贡献了什么**】**

范从来　刘晓辉

商务印书馆2013年版

192千字

随着世界政治经济一体化的不断深入，汇率以及汇率制度已成为我们日常生活中重要的一部分。在开放的经济环境下，中国应选择什么样的汇率制度以满足中国的政治和经济的利益诉求呢？近十余年来，众多的经济学者致力于寻找这一问题的答案，但是已有的各种政策见解和主张或者缺乏坚实的理论基础，或者彼此之间不能形成较为一致的看法。当此之际，系统地回顾并反思已有的理论，从中寻觅解决问题的思路，对我们而言或许意义更为重大。为着这一目的，该书共分七章，系统地梳理和回顾了20世纪50年代以来关于汇率制度及汇率制度选择的理论和经验研究成果，并凝练了未来需着力研究解决的问题。

对于一个国家来说，不同的汇率制度意味着不同的经济调节方式和随之而来的不同的经济后果或绩效。这正是汇率制度是否重要及汇率制度为什么重要这一问题的完美诠释。在经济面临冲击时，浮动汇率制度下的汇率可以进行调整，使经济重新恢复均衡。譬如，假设本国面临不利的产品市场冲击，那么总需求的萎缩将推低本国汇率，在本国利率由世界汇率决定的前提下，资本流出本国，本币贬值，导致贸易收支改善，从而重建均衡。

但在固定汇率下，经济的调整主要依赖中央银行的干预行为。当本国面临不利的产品市场冲击时，总需求的萎缩同样将推低本国汇率，资本流出本国导致本币存在贬值的压力。此时中央银行为了维持所宣称的汇率平价而被迫进行外汇市场干预，紧缩货币供给，从而导致产出的收缩。因此，从产出稳定的角度来看，此时浮动汇率制度优于固定汇率制度。当然，当经济面临货币性冲击时，固定汇率制度是优于浮动汇率制度的。

一般认为，政治的不稳定性会使一国难以维持或捍卫固定汇率制度。因为政治上不稳定的国家或经济体没有政治能力实施不受欢迎的政策措施以维持或捍卫固定汇率，或者在实施这些政策时缺乏足够的政治支持。因此，这类经济体常常更倾向于实行浮动汇率制度。但是，政治上不稳定的国家或经济体也很可能会通过实行货币当局等硬钉住汇率制度来引入货币政策纪律，从而绑住货币当局的手脚。因此，政治不确定性对汇率制度选择影响的方向也并不确定。

从一国利益集团的角度来看，国内不同的利益集团都试图影响政府实施各自所偏好的政策。譬如，生产商希望汇率贬值，而拥有大量外币负债的银行则希望汇率升值，但同时，这些利益集团也向政府提供了降低预期汇率波动的激励。在政治均衡时，即使汇率的大幅度波动有利于整体的社会福利，但是汇率也不会大幅度波动。换言之，利益集团的游说活动实际上充当了一种保证汇率稳定的过度承诺机制，即在不同利益集团对政府所施加的政治压力难以协调一致时，这种压力反而导致了很强的激励，促使政府稳定汇率。如果利益集团的游说活动受到制度因素的影响，具体来说，如果较好的制度会限制游说活动的影响时，那么，在名义上宣称浮动汇率制度的经济体中，这种游说活动对汇率波动的影响就显著降低，也就意味着在此情况下，一国汇率的波动性更高。因此，有学者认为，较好的制度并不是充当了信号发送机制，而是限制了利益集团的游说活动对政府汇率决策的影响。

在浮动汇率制度下，汇率随行就市地自由波动，促进外汇市场供求平衡，政府不必为了维持外汇市场供求平衡而投放或回笼货币，具有较强的货币政策自主权。但不利之处在于，浮动汇率制度加大了汇率波动风险，不利于国际贸易，有时也会引起资本的无序流动。因此，汇率制度的选择最终还是要取决于一国的实际情况。各国应该根据自己的经济实力、开放程度以及经济结构等因素，决定到底是采取固定汇率制还是浮动汇率制。在研究汇率制度的选择问题上，我们还有很长的路要走。

（杨馥泽）

【金融学原理】

彭兴韵

格致出版社、上海三联书店、上海人民出版社 2013 年版

565 千字

说起金融一词，人们并不陌生，因为人类已经进入金融时代、金融社会，金融无处不在并已形成一个庞大体系。可以这

么说，金融是现代市场经济的核心，一国经济的正常运行离不开一个健全的金融系统。金融系统感冒，企业和个人的经济活动就会发高烧；金融系统跛足，企业和个人的经济活动也就难以跨步向前跑了。自20世纪70年代末以来，我国金融学的建设进入了新阶段，一方面结合实际重新研究和阐明马克思主义的金融学说，另一方面则扭转了完全排斥西方当代金融学的倾向，并展开了对它们的研究和评价；同时，随着经济生活中金融活动作用的日益增强，金融学科受到了广泛的重视；这就为以中国实际为背景的金融学创造了迅速发展的有利条件。

金融学涉及的范畴、分支和内容非常广泛，如货币、证券、银行、保险、资本市场等都是它研究的对象，而当代经济学教学参考书系《金融学原理》（第五版）一书就是从金融的这些基本内容出发，构造了一个有别于传统货币银行学的金融学新体系。并且该书立足于中国的实践，以通俗易懂的语言，深入浅出地阐述了金融学的基本原理，具有综合性、实践性、可读性和前沿性等几方面的突出特点，对推动中国金融学的发展进行了有益的尝试。《金融学原理》分4篇24章，从最基本的货币开始研究，然后介绍了中国的金融机构和金融市场，让读者对我国金融发展有了更深入的了解。此外还从金融危机与金融调控的角度认真分析了当前金融发展中存在的问题及解决方法，并附上相关案例让学者参考学习，使学者掌握起来更加方便快捷。

研究金融学，我们必须了解金融体系。金融体系是资金流动的基本框架，是资金流动的工具（金融资产）、市场参与者（中介机构）和交易方式（市场）等各金融要素构成的综合体；同时，由于金融活动具有很强的外部性，在一定程度上可以视为准公共产品。因此，政府的管制框架也是金融体系中不可或缺的组成部分。我国目前的金融管理机构有证监会、中央银行、国家外汇管理局等。在金融体系高度发展的今天，还必须建立一个高效、适应性强的交易和支付系统。可靠的交易和支付系统应是金融系统的基础设施，缺乏这一系统，高昂的交易成本必然与经济低效率相伴。

从金融机构来看，目前包括商业性银行、政策性银行、保险公司、证券与期货市场等组织，是金融系统赖以正常运行的组织条件，无论是个人、企业还是政府，所享受的金融服务绝大部分都是由金融机构提供的。近年来，我国的金融机构发展态势相对较好，据央行统计数据显示，截至2013年6月末，国内主要金融机构及小型农村金融机构、外资银行人民币小微企业贷款余额12.25万亿元，同比增长12.7%，增速比同期大型和中型企业贷款分别高2.3个和1.9个百分点。

从金融市场来看，它是实现货币借贷和资金融通、办理各种票据和有价证券交易活动的场所，一般从长期资本市场、短期货币市场、外汇市场以及金融衍生品市场来进行研究。金融市场可以将众多投资者的买卖意愿聚集起来，使单个投资者交易的成功率大增，即在接受市场价格的前提下，证券的买方可以买到他想买的数量，卖方可以卖出他想卖的数量。金融市场的形态有两种：一种是有形市场，即交易者集中在有固定地点和交易设施的场所内进行交易的市场，在证券交易电子化之前的证券交易所就是典型的有形市场，但目前世界上所有的证券交易所都采用了数字化交易系统，因此有形市场渐渐被无形市场所替代；另一种是无形市场，即交易者分散在不同地点（机构）或采用电信手段进行交易的市场，如场外交易市场、全球外汇市场和证券交易所市场都属于无形市场。

从金融的发展与稳定来看，金融市场的发展离不开金融调控，金融调控是指国家综合运用经济、法律和行政手段，调节金融市场，保证金融体系稳定运行，实现物价稳定和国际收支平衡。我国的金融调控职能主要是由中央银行来履行，通过货币政策保持货币供求总量和结构的平衡，来促进社会总需求与总供给的均衡。1993—1999年，我国执行的是适度从紧的货币政策，1999—2007年我国执行的是稳健的货币政策，从2008年起，我国开始执行从紧的货币政策。金融调控得当，金融运行稳健，则必然有力地促进消费、投资和生产等实体经济活动。反之，资金得不到合理配置，出现结构失衡，甚至引发货币金融危机，对实体经济会造成巨大冲击。

金融是现代经济中最具魅力和变幻无穷的热门行业。种类纷繁的金融资产为人们提供了众多的投资与融资工具；发达的金融市场既为金融机构投资者提供了无穷的致富机遇，也为资金需求者提供了“取之不尽，用之不竭”的金融资源。但是，只有正确掌握了金融学原理，才能在一定程度上避免金融泡沫、金融风险和金融危机带给我们的伤害。

（王颖楚）

【微型金融学】

焦瑾璞

中国金融出版社2013年版

290千字

自1970年孟加拉国开创出有异于传统金融的小额信贷模式以来，微型金融在全球，尤其是在发展中国家得到迅速发展。我国也于1997年开始小额信贷的试点，两年后开始在全国的农村信用社推广。1999年中国人民银行专门出台文件，明确由国家正规金融机构承担相关贷款，主要是两个贷款项目：一是个人信用贷款，二是联保贷款。这两项贷款最多的时候，大概覆盖了8000万农户，约占2.4亿农户的三分之一，取得了不错的成绩。时至今日，微型金融在我国取得较大发展，越来越多的正规金融机构参与到微型金融的服务中，技术越来越成熟，惠及的对象越来越广，使金融在社会信用培育、就业增加、经济发展以及和谐社会构建等方面发挥出独特作用。

该书系统地介绍了微型金融的概念、产生和发展，剖析了微型金融运行原理和核心机制，论述了微型金融与传统金融不同的放贷方法、利率定价、财务指标分析、风险控制和绩效管理，介绍了国际、国内微型金融监管，最后结合国际和我国微型金融发展趋势，描绘了微型金融未来的发展前景。全书共十章。

微型金融是从小额信贷项目演变出来的，到今天已经成为涵盖更大范围产品和服务的行业，从信贷和储蓄到保险和汇款，进入21世纪，特别是2005年、2006年以后逐渐转变为微型金融。所以，现在许多人把微型金融与对低收入人口提供的小额贷款联系起来，我们可以说小额贷款反映的是微型金融的起源，但它并不是微型金融的现在和将来。在现代社会，得到金融服务已经成为我们不可或缺的权利，即人们应该有享受金融服务的权利。所以，微型金融学探讨的就是如何为更多的人提供金融服务，怎样才能克服各种障碍更好地发展。

微型金融旨在向低收入客户提供微型金融服务，这些客户既没有足够的自有资本作为银行服务的担保品，也不能提供可信的资信报告和信贷记录。在这种情况下，微型金融机构赖以成功的关键要素，便是在不同于传统的金融服务合约的方向上，重新整合各种价格和技术要素，不断创新金融产品和相关的风险控制手段，以兼顾扩大目标客户到达率和保障资产质量的双重目标。此外还存在许多处于辅助地位的非核心制度安排，如团体贷款机制中的“定期召开乡村中心会议”和对保持操作过程透明度的要求。所有这些富有个性的合约特征，都使微型金融看起来是那么与众不同。

既然微型金融服务的对象主要都是低收入客户，客户违约的可能性会更大，再加上由于信息不对称造成的逆向选择和道德风险，因此，微型金融机构面临着比正规金融机构更高的信用风险，这也会影响微型金融贷款组合的质量。那么，如何控制好微型金融的风险呢？除了必要的风险控制技术，微型金融机构最关键的还是要做好对贷款的控制，而贷款质量的关键则是如何防止拖欠现象。从理论上讲，只要资金出了金融机构的大门就有收不回来的风险，因此绝对避免坏账的发生是不可能的。坏账是金融机构经营的风险成本，正常情况下金融机构应当用自身的利润来冲销坏账损失。只要机构能够保持资金的流动性，资金流通链就不会出大麻烦。

当然，微型金融机构仅仅依靠自身的风险防范还是不够的，还必须配合一定的金融监管，双管齐下，保证微型金融的健康发展。2006 年我国修订的《中华人民共和国银行业监督管理法》明确了银行业监管的目标是：促进银行业合法、稳健运行，维护公众对银行业的信心，同时保证银行业公平竞争，提高银行业竞争能力，这在一定程度上为微型金融机构的发展指明了方向。然而，在我国当前的微型金融领域发展中，专门针对微型金融的监管还很少。比如，尽管所有从事微型金融业务的非政府组织微型金融机构都在当地民政部门登记，有些甚至获得了中国人民银行有关部门同意开展小额贷款扶贫实验的批件，但目前仍主要由其试点单位牵头，以试点项目形式存在，没有统一的监管机构。因此，对微型金融的监管成为当下微型金融业务发展必须解决好的问题。

总体来看，我国微型金融发展的最终目标是构建有中国特色的普惠金融体系。客观地说，我国微型金融的发展还处于初始阶段，其抵御风险的能力还很弱，市场波动对微型金融行业的影响可能还很大。我国微型金融发展道路依旧漫长，发展道路上的风险还很多，这就需要利益相关者相互协作、多方努力，共同为微型金融的普惠发展作出贡献。

（冯　瑶）

【中国财政热点问题研究】

徐　利

中国财政经济出版社 2012 年版

492 千字

从人类社会发展史上看，财政是伴随国家的产生而产生的，是社会生产力发展到一定历史阶段的产物。有人这样说，财政是“庶政之母”，彰显了财政管理的重要性；财政“取之于民，用之于民”的特性，诠释了财政的公共性、民主性和法治性。近年来，以促进发展方式转变为主线，以经济结构调整为中心，以关注民生为出发点和立足点的财政管理工作在不断深化，财政的公共性和民主性在不断加强，财政的透明度也在不断提高。与此同时，财政管理成效也已引起社会公众的高度关注，财政管理和决策的前瞻性、科学性和可行性还有待进一步提升。然而，由于对财政管理基本概念认识和理解上的偏差，社会公众所持有的部分观点可能还不尽准确。当前，我国经济社会处于转型期，体制改革也正在深化，如果一些看似正确但缺乏理论支撑的观点长期得不到纠正，其结果无疑会扭曲改革路径，贻误改革时机，干扰改革方向，延缓改革进程，最终与改革目标渐行渐远，与改革初衷背道而驰。

该书从财政收入规模、宏观税负、财

政宏观调控、促进扩大内需的财税政策、房地产市场宏观调控等热点问题出发，深入浅出，提纲挈领，为读者解答了人们关于财政的误解和困惑。正所谓任何一项研究工作，都要有一个理论支点，以便分析解剖实践中纷繁复杂、千变万化的事物。该书既从马克思供需平衡理论、凯恩斯需求管理理论等西方经典经济学理论出发，又结合了基层财政部门工作多年的经验及大量从事宏观经济形势预测分析和重大财经专题研究工作基础，因此具有很强的理论研究价值和现实借鉴意义。全书共分九篇，详细解读了当前我国面临的财政热点问题，并提出了科学可行的对策建议。

从老百姓最关注的税收问题来看，我国的税收收入增速已连续多年超过 GDP 增速，在一定程度上超出了国民的心理承受能力，并被认定为企业和居民负担增加的有力证据。支撑税收较快增长的诸多解释无外乎国民经济基本面向好，企业效益好转，物价上涨，加强征管，以及税收与 GDP 核算方式不同等，但这些都不足以平息公众的不满情绪。国际金融危机后，为扩大内需，我国持续实施了结构性减税政策，如实行增值税转型、减轻中小企业税费负担、提高个人所得税工薪所得减除费用标准等。这些政策虽在一定程度上缓解了经济危机对我国经济造成的创伤，刺激了中国经济的持续发展，但这里面却隐含了一个基本假定，即经济增长方式没有发生任何变化，这与我国实际情况是不符合的。近些年来，我国一直将优化经济结构，转变经济发展方式，建设“两型”社会放在首要位置。因此，在研究税收收入与经济增长关系时，经济增长方式的变化不应被忽略。

房地产市场也是老百姓时下最关注的问题之一，而房地产市场的调控就成为事关百姓安居乐业的头等大事。我国自 20 世纪 90 年代城镇住房货币化改革以来，房地产市场几起几浮，房价犹如“过山车”，房地产市场调控也是松了紧，紧了再松，几度轮回。以湖南为例，2010 年，湖南省房价基本呈持续上升态势，不但长沙房价涨幅较大，而且县里的房价也都在 4000—5000 元/平方米。限购令、限贷令非但没有限制住东部沿海地区城市房地产价格，开发商、购房团西进，反而助长了中西部地区二、三线城市的房价。因此，从实践上看，行政手段可用于严惩开发商囤地、捂盘、惜售、炒作等行为，但对于投机性住房需求的抑制，以至促成理性的住房需求，优化供给结构等方面的问题来说，健全房地产税收体系可能更为有效。

中国当前正处于双重转型阶段，一方面从农业社会向工业社会转变；另一方面从社会主义计划经济体制向社会主义市场经济体制转变。这两种转型重叠在了一起，使得当前我国社会面临的转型问题越来越多、越来越复杂。因此，现阶段中国改革方案的设计和宏观经济政策的制定都必须从有利于双重转型的实现这一实际情况出发，财政热点问题的解决也应该如此。财政体系建设既关系到国家安全，也与老百姓的生活息息相关，只有对我国的财政热点问题有了更深入的了解，才能真正促进我国财政事业的科学发展。

（张照龙）

【“中国制造”的发展路径与战略选择】

范黎波等

中国社会科学出版社 2012 年版

452 千字

目前，中国已是世界第二大经济体，世界第一大贸易国，享有“世界工厂”之誉。但在全球制造业的价值链中，中国却始终处于低附加值的位置，用形象化的“微笑曲线”便能凸显这一状况：中国承担的组装、加工环节处于曲线的中段，这是谷底；而研究开发、设计和营销、品牌等环节分处曲线左右上升的两段，这是峰巅，它们切去了蛋糕的大部分。这表明，拥有科技优势的西方跨国公司在全球价值链的构成和分配中仍然占据主导地位，而中国制造业总体规模虽大，但国际竞争力不强，被嵌入全球价值链的低谷。因此，对于我国来说，要抢占制高点，实现制造业的“升级换代”。而中国制造业“升级换代”的关键在于科技进步和自主创新，这是持续增强国际竞争力进而在全球价值链治理模式中掌握主动的根本途径。

该书以中国制造业存在的技术缺口和差距以及如何解决的途径和方法为主线，从国家、产业和企业三个层面进行分析，研究结果最终落实到企业，即中国企业在技术上如何追赶并超越西方领先企业。该书以科技进步和自主创新为切入点，从国家层面讨论所谓“技术缺口”问题。改革开放以来，通过自主研究开发、购买引进、外资利用等渠道，中国制造业的技术水平迅速提高，但我国的一系列重要产业的核心技术仍存在“瓶颈”，而且“技术缺口”成了中国经济持续增长面临的严峻挑战。

首先，从技术成就指数及其四个维度来看，影响各国技术水平的因素很多，故在衡量和比较各国的技术成就时，应选用能反映整体水平和创新能力的复合指标，该书借鉴联合国开发署（UNDP）的指标体系，并参照世界银行的国别分类方法，采集了134个国家和地区的数据，计算了1985—2005年各国的技术成就指数，对比其差距和演变趋势。中国的情况基本如下：从整体来看，这期间技术成就水平明显提高，但在国际上仍属中等偏下水平。从“新、旧技术扩散”两个维度来看，表现尚佳，但与发达国家相比，仍居下风；“技术创造”这一维度则说明中国明显处于劣势；“人力技能”维度表明进展有限，投入仍感不足。

其次，从专利申请来看，根据2002—2007年《专利合作条约》（PCT）的专利申请数据分析，中国申请数的年均增长率高达40.33%，在发展中国家和新兴经济体中遥遥领先，也高出日本很多。2007年，中国申请数仅次于美国、日本、德国、韩国、英国和法国而居世界第7位，而最近的数据显示，中国已超越美国而成为全球申请专利最多的国家。上述趋势和结构说明，近年来中国的研究开发投入和创新能力都有长足的进步，但从密度看，差距依旧很大。2006年，每10亿美元GDP中的专利申请数，韩国为122项，日本为87项，而我国仅为24项；每100万人口中的专利申请数，日本、韩国各为2721项和2592项，美国、德国分别为742项和522项，而我国仅为93项。中国货物出口额世界第一，但对欧盟每1亿美元出口中自主知识产权的专利数只有0.5项，而欧盟对华出口的相应数字则为22项。可见，中国在科技领域尚难与西方大国相抗衡，这正是在西方跨国公司主导的全球制造业价值链治理模式中中国仍屈居低端的主要原因。

最后，从外商直接投资的技术溢出效应看，改革开放以来，中国吸引外资的规模之大、增长之速，举世瞩目，通常认为外资的溢出效应对提升我国技术水平具有促进作用，而其具体评价则学术界说法不一。该书根据科技是经济增长的内生变量这一理论观点，进行了实证检验，结果发现，情况并不像预期的那样理想。垂直溢出主要对上游产业有正向效应，但大多局限在出口导向型产业，加工贸易比重大的产业较为明显。至于水平溢出的正向效应在检验中不仅缺乏支持，甚至相反而存在挤出效应，即外资挟其知识产权和营销网络的优势，对同行业内资企业的技术升级有抑制作用。但是，自1992年起推行的“以市场换技术”的办法，其效果也不如预期，这既是因为中国企业往往侧重外延式的规模扩大，而忽视集约式的内生增长，以致在与外方的合作过程中，互补性的资源投入不足，弱化了自己吸收新知识、消化新技术的能力；也因为外方首先考虑的是利用我国廉价的劳动力，在华研究开发的大多是适应当地市场的改良性技术，其独创性和先进性不足。

在宏观层面，该书从以上三个不同角度揭示了中国的技术缺口和差距，进而又通过中观层面的分析来相印证，即以机电产业为例进行剖析：由于机电产业是制造业的核心和基础，而且近年来机电产品在中国出口中比重最大，故其结论具有代表性。该书据此认为，必须对“代工”模式进行理性的反思。然而这并不意味着否定加工贸易的重要作用，下面的代工演进途径仍有可取之处：OAM（代工组装）—OEM（代工制造）—ODM（代工中承担一部分设计）—OBM（在代工产品中逐步推出自己的品牌）。目前，中国的土地和劳动力供应日趋紧张，但已有一定的技术基础和可用的基础设施，故更应强调追赶超越和自主创新战略，这才是“升级换代”的主要途径和后发企业的追赶战略，以便改善并扭转在全球价值链中的不利地位，其中特别突出“组织学习”的三个互补过程。

（卢小生）

【**公开与透明：**国有大企业信息披露制度研究】

郭媛媛

经济管理出版社 2012 年版

285 千字

世界著名咨询公司麦肯锡的分析报告明确指出：“中国国企就和中国本身一样，能否成为更好的国际合作伙伴，关键不在于其所有权的归属，而在于其开放度、透明度。”国有企业的透明和公开问题已经不仅仅是一个关乎企业自身商业运营风险和监督的问题，更成为关乎中国国有企业形象的提升、中国国有企业改革成败、中国国有企业的社会责任担当以及增进中国与世界相互信任合作的关键。中国国有企业信息的透明与公开问题从来没有像现在这样引起全社会的关注，国有企业的经营不透明、不公开正在替代过去国有企业低效、冗员、亏损等负面形象，成为被国民诟病的最突出问题。国有企业信息披露已经成为重塑国企形象、提升其国内外竞争力的一个重要途径。

该书正是基于上述对国有企业信息披露的理论及现实价值的考量出发，希望通过对国有企业特别是国资委下属的 120 家国有大企业的信息披露的现状进行分析和评价，借鉴国内外的经验，提出适合中国国有企业信息披露的制度框架和对策建议。

该书共八章，主要分为三部分：导论，正文，结论。第二章至第七章是正文部分，按照理论溯源、经验借鉴、现状分析与制度构建的顺序展开。

理论溯源部分主要是第二章和第三章。第二章是信息披露制度的相关理论研究述评，介绍了信息披露制度的理论解析、演进历程以及设计启示三个方面内容。第三章是对国有大企业信息披露制度与监督机制关系的探析，主要回顾了国有大企业监督机制的构成及监督现状，探讨了信息披露制度对国有大企业监督机制创新和完善的作用和意义。

经验借鉴部分主要是第四章和第五章。第四章是基于上市公司信息披露制度形成演进历程及现状分析为国有大企业信息披露制度的构建提供经验；第五章是通过国际上典型国家国有企业信息披露制度实践为中国国有大企业信息披露制度构建提供国际经验和启示。

现状分析及制度借鉴部分主要是第六章和第七章。第六章回顾了国有大企业信息披露制度的演进历程，分析了现状及存在问题；第七章从制度设计的原则、制度设计框架和制度实施的对策三方面系统论述了中国国有大企业信息披露制度构建的设想和方向。

国有大企业信息披露制度作为国有企业公司治理制度创新的一个重要内容，其理论研究和实践探索都极具意义和价值，该书所做的只是这一领域的基础性和探索性的研究。作为一个十分系统和复杂的工程，如何针对不同性质的国有企业量身定做适合的披露指标体系及内容是国有企业信息披露制度能否成功的关键，这也必将成为今后这个领域中亟待深入和继续探讨的问题。

（宋　娜）

【金融的力量——振兴中国之紧急计划】

董小君

经济管理出版社 2012 年版

662 千字

影响世界财富分配到底有哪些基本手段？此次金融危机是不是中国在国际上崛起的一个象征性事件？中国能否设计出颠覆过去 30 多年的国家金融战略框架？这正是该书试图努力回答的问题。

该书有四大贡献和创新之处：（1）长周期分析视角。对世界经济与中国经济进行了长达 200 多年的长周期分析。通过长周期分析，研究了发达经济体和新兴市场经济体在新一轮周期中的实力对比的变化，以及由此带来的世界政治经济格局的调整。（2）对经济规律的概括与总结。如对美元变动规律的研究，黄金、石油以及大宗商品价格变动规律的研究，对这些规律的认识和把握是建立在多年数据库基础上，这样的研究方法，具有科学性。（3）对世界财富分配的基本力量作了高度归纳。该书认为影响世界财富分配主要有八个基本力量，即主权货币全球运转能力、强权左右市场规则、对全球资源控制能力、引领地球产业能力、国家间的利益约定、具有全球“传染力”的理论、拥有强大的军事力量、科技创新能力。研究发现美国四大环环相扣的全球布局，以及欧洲利用低碳经济平台来重新获得世界控制权，就是从世界财富分配八个核心力量入手的，该书认为中国的金融战略选择也是从这些规律中寻找的。（4）创新政策体系设计。对当前金融界关注的焦点问题提出了创新政策体系设计，如何解决中国持有美债安全问题，针对美元升贬引起的资金流向变化，应采取相应的稳定策略，如何在金融开放同时提高国家控制力等问题。

此研究的价值主要表现在以下三个方面：一是理论价值。该书从国际货币体系视角对资本主义阶段重新定义与重新划分。研究美元变动规律以及与美元变动规律相关联的五个子规律。深入分析了石油、黄金、粮食、稀土等资源的商品属性、金融属性和政治属性。从关键货币的演变，研究了“碳—人民币”国际化方案。二是实践价值。研究了中美 30 年经济金融平稳关系，以及未来中美两国如何实行顶端互动。这些对把握中美经济平衡与再平衡提供了分析框架。该书还基于对欧美国家低碳战略与行动分析基础上，提出中国新能源成败关键在“四张网”建设。三是政策价值。书中针对金融格局调整中，中国应该采取什么样的金融战略，提出了相应的对策，可供决策部门参考。

（陈　力）

【金融效率与中国产业发展问题研究】

余　剑

经济管理出版社 2012 年版

156 千字

该书系作者所主持的中国博士后科学基金第二批特别资助项目（批准号：200902172）同名最终成果，并入选由中国社会科学院创新工程学术出版资助项目和全国博士后管理委员会共同发起设立的第一批“中国社会科学博士后文库”。

该书坚持辩证唯物主义与历史唯物主义相结合、理论研究与实际调研相结合、定性分析与定量分析相结合的方法，将金融与产业结合起来研究效率问题，认为金融是现代经济的核心，产业是国民经济的基石，提升效率是促进经济社会发展的重要推动力。全书致力于梳理金融因素作用于产业发展的传导机制及其效率，并以促进宏观经济增长与三次产业发展为目标，从金融功能效率（宏观层面）、金融配置效率（中观层面）、金融产业效率（微观层面）三个视角展开研究，主要内容和结论如下：

一是在金融功能效率方面，从我国发展中大国的基本国情出发，通过历史回顾、逻辑分析以及计量模型的演算，指出我国金融发展在促进建立完备的产业结构体系、保持较快的经济增长及产业扩张、产业结构不断优化升级这三大目标上总体有效，但主要金融资源的功能效率仍然有待提高。

二是在金融配置效率方面，从最优化思想出发，运用运筹学理论建立了金融资源配置效率的优化模型及效率判定方法。在实证上模拟了若干代表性行业的生产函数后，利用 LINGO 软件求解了金融资源配置的规划模型，结论显示国际金融危机前的一段时期内，我国金融资源配置效率状况有所改善，有利于促进各行业的协调发展。

三是在金融产业效率方面，以赢利水平及赢利稳定性为代表性指标，研究作为国民经济的一个重要组成部分的金融产业的效率，并与国民经济中其他主要行业进行比较，总体认为近年来在特定的发展阶段及受到保护（管制）的政策环境下，金融产业是国民经济中投入产出水平较高、赢利能力较强、经营效益较好的产业。

四是结合 2008 年以来国际金融危机的大背景研究效率问题，认为在世界各国通过向市场注入大量流动性等扩张性政策手段应对国际金融危机的大背景下，我国以适度宽松的货币政策为代表的宏观调控政策对于迅速缓解经济下滑的局面发挥了作用，但也引发了资产价格快速攀升、通货膨胀预期高涨等问题。同时，主要金融资源过于集中于某些政府融资平台、大型国有企业、政府背景投资项目等方面，单位金融资源的产出贡献明显下降。金融业自身尽管获取了丰厚的收益，但我国金融发展的市场化程度和金融业竞争力仍然有待加强。

（宋　娜）

【生产性服务业与中国产业结构演变关系的量化研究】

沈家文

经济管理出版社 2012 年版

192 千字

中国经济面临国内国际的诸多困难和矛盾，但是从经济增长周期的视角而言，中国仍处于经济的起飞和爬坡阶段。产业结构调整和优化是实现我国经济增长方式转变、保持经济持续协调发展的客观要求和主要战略。新中国成立以来，我国的产业结构经过了数次大的调整，并取得了重要成绩，但时至今日，产业结构调整的任务依然十分艰巨。当前，如何促进产业结构优化的步伐，如何促进生产性服务业又好又快发展，都是我国经济迫切需要解决的重大问题。

该书系统阐述了中国改革开放 30 年产业结构演进和生产性服务业发展的相互关系，综合应用宏观和微观相结合、规范研究和实证研究相结合、定性分析和定量分析相结合等多种研究方法。在进行实证分析时，均从生产性服务业入手，将生产性服务业与产业结构纳入主流经济学的分析框架与研究视野，并利用现代计量分析方法与手段，以及多种统计分析方法，运用计量经济学分析软件 Eviews 和统计学分析软件 SPSS，在尽可能细分的程度上，在统计年鉴的数据基础上，实证分析生产性服务业和产业结构优化、生产性服务业与三次产业结构变动等方面的相互关系，以及中国三次结构变动相互之间的因果关系，构建了生产性服务业与中国产业结构高度化、合理化之间的影响机制模型，生产性服务业与中国三次产业结构演变的影响机制模型，推导出具有重要学术和实践意义的创新性结论。

该书丰富了经济学领域关于生产性服务业和产业结构关系的理论，提出了不少有创意的见解和新的研究结论，就产业结构优化与生产性服务业发展进行了大量的研究，从崭新的研究视角，运用多个学科的多种研究方法，通过实证检验，推断出多个重要结论，在运用统计分析方法定量研究生产性服务业与中国产业结构影响机制方面有大的突破。特别是基于产业经济学、服务经济学、统计学以及管理学等多种学科的文献成果，就生产性服务业对中国产业结构影响机制这个很少涉及的专题，进行了开拓性的实证研究，得出了具有现实意义的关键性结论，对于我国产业结构调整的实践具有重要的决策参考意义。该书所进行的研究有助于促进我国生产性服务业和产业结构调整的优化升级，有助于促进我国产业转型升级。

（宋　娜）

【中国节能发电调度研究】

史　丹

经济管理出版社 2012 年版

204 千字

随着中国经济的持续稳定增长，保障能源供给和能源安全的形势愈加严峻，保护环境和应对气候变化的压力也与日俱增。调整能源结构和实现节能减排已成为中国能源产业和国民经济可持续发展的必然要求，而电力行业无疑将是关键。电力行业在实现能源替代方面发挥着重要作用，但在中国电力行业内部，电源结构和发电结构却均不合理，煤电占比过高、能耗过高、污染物和碳排放过高，但行业的运行效率却并不高，甚至成为六大高耗能、高污染产业之一。这种现状与电力行业应该在能源结构调整和节能减排中发挥的作用极不相称。

改变这种不相称的局面，关键在于改变电力系统的生产方式，准确地说，是改变电力系统的调度方式。由于形势变化，中国电力行业的调度改革必须采取更高标准，即实行节能发电调度。相比传统经济调度，节能发电调度的含义更加丰富，除了经济性外，还要实现节能和环保的目标。不过有效落实节能发电调度仍面临许多问题，既有认识上的误区，也有体制上的障碍，为此加强针对节能发电调度的理论和政策研究，不但重要而且迫切。该书作为国内第一本深入研究节能发电调度的学术专著，正是在这一背景下产生的。该书具有四个突出特点：

第一，前沿性。实施节能发电调度，是中国探索创新节能减排模式的重要举措。由于调度领域改革的许多问题是在新形势下产生的，无论是现有理论还是国际经验，都无法很好地契合中国现实。该书不但从理论层面阐释了节能发电调度的基本内容和管理系统等，而且针对已运行的试点地区进行了全面的比较分析，从政策执行的各个方面总结经验教训发现问题，这对于进一步完善节能发电调度，具有重要的一手价值。

第二，系统性。节能发电调度改革，绝非仅是调度方式的简单变化，其背后有深刻的制度背景，或者说，其本身就是中国电力体制改革的重要组成部分，与电力市场交易、监管制度建设密切相关，因此将节能发电调度放在电力市场化改革的背景下，反映了研究者对中国电力体制改革问题的系统把握。特别由于节能减排效果与电价关系尤为密切，因此系统研究节能发电调度对发电上网电价、电网企业成本及购电价格等的影响，必然是落实节能发电调度政策的关键一环。

第三，科学性。实施节能发电调度作为一项重要的改革措施，必然也要进行成本效率分析。该书不但考虑了节能发电调度与环境保护的关系，而且利用数理统计方法对节能发电调度在火电行业中的节能减排贡献和潜力、环境规制成本、节能减排效率等问题进行了深入的定量研究，为相关政策建议提供了稳健的定量依据，且定性与定量研究方法为研究结论的科学性提供了保证。

第四，指导性。该书从总结出的问题出发，以理论框架为指导，根据定性与定量研究结论，提出了具有针对性且可行的政策建议，提出政府和市场两方面都要发挥作用，但主要依靠经济手段；更重要的是，该书的最终落脚点在于通过节能发电调度推动中国电力市场改革。这使得该书的政策建议更具指导意义。

（杜　菲）

【转型经济条件下中国自然垄断产业有效竞争】

胡德宝

经济管理出版社 2012 年版

310 千字

经济政策最激动人心的领域之一是政府管制和反垄断，尤其是其中的自然垄断部分向来是争议颇多。自然垄断产业如食（供水）、住（电力）、行（航空、运输）、讯（电信）等深刻地影响着我们的生活。在中国，自然垄断产业的历史、现状及改革目标有其特殊性，与经济转型背景紧密联系。中国的经济转型建立在原有的计划经济体制的基础上，国有经济在自然垄断产业中仍占垄断地位，有效竞争严重不足，政府管制的低效及行业垄断与行政垄断相互纠结是自然垄断产业内的顽症，没有得到有效解决，自然垄断产业的改革也明显滞后。因此，借鉴西方发达国家的经验，放松管制并引入竞争机制是改革的必然选择。与此同时，由于转型过程中面临的外在条件约束，政府要在放松管制和激励管制间找到最佳均衡点。

尽管我国对一些具有自然垄断特性的基础产业的改革正在深入，但改革仍旧滞后于经济社会发展的要求。自然垄断产业的改革一方面是引入竞争机制，另一方面对具有自然垄断特殊的企业仍需维持其垄断地位，并非完全放弃管制。最终，改革目标是建立有效竞争市场。然而，改革也会遭遇阻力，利益集团的博弈影响了改革的方向和管制模式的转换路径。因此，该书的研究对提高我国自然垄断产业的绩效水平，构建有效竞争局面并提升政府管制效率具有很强的现实意义。

该书对自然垄断产业改革的若干理论和实践问题比较关注。例如，自然垄断产业以及与之相交织的行政垄断对福利的影响；自然垄断产业的改革路径，尤其是引入竞争性改革和产权改革的问题；如何在不确定性以及信息不对称性增强的背景下，实施管制重构时如何选择最优的管制模式等，该书对这些问题进行了深入的论述。一些重点结论有：（1）自然垄断产业及与之联系的行政垄断导致的社会福利损失巨大，造成的财富转移拉大了居民收入差距，相关产业的改革势在必行；（2）要提高我国自然垄断产业的运营绩效，一方面要放松管制，进行市场结构重组的竞争性改革和产权结构改革，在自然垄断产业的非自然垄断性业务领域引入竞争，采取混合所有制经济形式，实现有效竞争；（3）另一方面，对自然垄断产业应优化管制模式，实现管制融合，并采取激励性管制措施等。

现在来看，他的若干观点具有一定的前瞻性，例如他在书中提出了混合所有制是一种合理的产权结构，这一提法在党的十八大召开之前，较为难能可贵。

总之，该书对转型经济条件下中国自然垄断产业的有效竞争进行了较为系统深入的研究，在理论分析的基础上，为当前我国如何实现自然垄断产业的有效竞争提出了若干建设性的对策建议。该书不仅对我国反垄断与管制经济学理论的发展有一定的推动作用，而且对推进自然垄断产业的管理体制改革也有较强的参考价值。

（陈甬军）

【对党的经济纲领的历史考察】

汪海波

中国社会科学出版社 2012 年版

438 千字

研究历史问题，首先遇到的问题是历史分期问题。研究新中国成立以来的经济纲领也一样。该书坚持以马克思主义历史唯物论为指导，将党领导新中国经济建设60多年的历史时期具体划分四个时期：第一，新民主主义社会的经济纲领（1949 年 10 月至 1952 年）；第二，从新民主主义社会到社会主义社会过渡时期的经济纲领（1953—1957 年）；第三，计划经济体制强化时期的经济纲领（1958—1978 年）；第四，从计划经济体制到社会主义市场经济体制转轨时期的经济纲领（1979—2011 年）的内容及其形成。该书认为，第一、第二时期的划分标准，是各时期的基本经济制度。这是在历史唯物主义基本原理指导下，基于中国具体情况的分析而作出的划分。第三、第四两个时期以各时期的经济体制作为划分的标准。因为经济体制的产生、发展和消失，都决定于社会生产力的发展，但又反作用于生产力；经济体制既是基本经济制度（生产关系或经济基础）的表现形式，但也反作用于基本经济制度。基本经济制度与经济体制有一些重要差别。一是前者能够容纳社会生产力的高度比后者要高得多。二是前者的延续时间比后者也要长得多。三是前者的根本变革，在阶级社会里一般都要经过一个阶级推翻另一个阶级的革命；而后者的根本变革是在政府维护基本经济制度的前提下实现自我完善。

该书按照上述划分的四个时期，分别概括各个时期党的经济纲领：

第一，新中国的成立标志着新民主主义革命的完成，进入新民主主义社会。但在这期间还要完成新民主主义革命留下的任务，其中最主要的是完成土地改革。

按照毛泽东的经典定义："没收封建阶级的土地归农民所有，没收蒋介石、宋子文、孔祥熙、陈立夫为首的垄断资本归新民主主义的国家所有，保护民族工商业。这就是新民主主义革命的三大纲领。"对新民主主义革命来说，这是一个完整的经济纲领。但对新民主主义社会来说，这个经济纲领又显得不完整。显然，对执政的中国共产党来说，在新民主主义社会还面临着另一个极重要的经济任务，这就是恢复和发展社会生产，包括恢复工业和逐步实现工业化。新中国成立前夕，毛泽东在党的七届二中全会上强调指出，恢复和发展生产是新中国成立以后的中心任务。其他工作，"都是围绕着生产建设这个中心工作并为这个中心工作服务的"。这个分析清楚地表明：恢复和发展社会生产是党在新民主主义社会的经济纲领的一个基本方面。

第二，党在过渡时期的总路线和总任务，是要在十年到十五年或者更多一些时间内，基本上完成国家工业化和对农业、手工业、资本主义工商业的社会主义改造。这条总路线是指引我们各项工作的灯塔。实际上，过渡时期总路线在"一五"时期就实现了。因而可以把党在过渡时期的总路线看作党在“一五”时期的经济纲领。其内容包括两个方面：一是完成对个体农业和手工业以及资本主义工商业的社会主义改造。概括起来说，就是完成对生产资料私有制的社会主义改造。二是建立社会主义工业化的初步基础。

第三，计划经济体制强化时期的经济纲领（1958—1978 年），以“大跃进”阶段实行的经济纲领为例。之所以选择国民经济“大跃进”时期实行的经济纲领为例，是基于以下考虑：我国计划经济体制伴随着生产资料私有制的社会主义改造的基本完成，于 1956 年就在全国范围内建立起来。其后的 1958—1978 年，尽管对计划经济体制进行过两次改进，但计划经济体制得到了强化。所以，可以将这个时期看作计划经济体制的强化时期。

1958 年 5 月，党中央提出了社会主义建设总路线，“鼓足干劲、力争上游、多快好省地建设社会主义的总路线的基本点是：调动一切积极因素，正确处理人民内部矛盾；巩固和发展社会主义的全民所有制和集体所有制，巩固无产阶级专政和无产阶级的国际团结；在继续完成经济战线、政治战线和思想战线上的社会主义革命的同时，逐步实现技术革命和文化革命；在优先发展重工业的条件下，工业和农业同时并举；在集中领导、全面规划、分工协作的条件下，中央工业和地方工业同时并举，大型企业和中小型企业同时并举；通过这些，尽快地把我国建设成为一个具有现代工业、现代农业和现代科学技术的伟大的社会主义国家。”可以将这条社会主义建设总路线看作 1958—1978 年的经济纲领。

第四，在党的十一届三中全会重新确立的马克思主义思想路线指引下，党的十三大完整地系统地提出了党在社会主义初级阶段的基本路线。在社会主义初级阶段，我们党建设有中国特色社会主义的基本路线是：领导和团结全国各族人民，以经济建设为中心，坚持四项基本原则，坚持改革开放，自力更生，艰苦创业，为把我国建设成为富强、民主、文明的社会主义现代化国家而奋斗。坚持四项基本原则和坚持改革开放这两个基本点，相互贯通，相互依存，统一于建设有中国特色的社会主义的实践。总之，以经济建设为中心，坚持两个基本点，就是党在社会主义初级阶段的基本路线的主要内容。

（卢小生）

【基于社会资本视角的创业研究】

刘兴国

经济管理出版社 2012 年版

210 千字

经济增长的理论和实践表明，创业是经济增长的重要源泉和积极促进因素；经济体系发展的根源在于创业活动，创业活动在创新新兴产业成长、区域经济发展等方面作出了突出贡献，对一国（地区）生产率增长至关重要。因此，政府和学术界都对创业问题给予了高度关注，尤其是学术界，分别从不同视角对创业问题进行了深入研究，取得了丰硕的学术成果，对推动创业发展、提高创业绩效作出了积极贡献。

随着 20 世纪 90 年代创业热潮的兴起，创业问题逐渐引起我国学术界的关注，研究人员开始对创业现象进行观察和研究；在引入国外研究成果的同时，对基于中国情境的创业问题进行了深入探讨。

该书为国内创业研究提供了一个新的视角，为更全面深入探讨国内创业问题作出了重要贡献。作者从定性角度分析了社会资本对私人资本创业、创业风险的影响，把社会资本作为研究中介变量，然后定量探讨了创业主体、社会资本、创业能力、创业战略与创业绩效之间的关系。定量检验结果表明：创业主体属性对社会资本、创业能力对创业绩效以及创业战略对创业绩效均存在显著影响；创业主体属性对创业能力、社会资本对创业战略、社会资本对创业绩效的影响均不显著；创业者的社会资本对创业能力并不产生显著影响。这些研究结论，对提高我国创业企业绩效具有积极意义，对政府制定创业政策也具有很好的参考价值。该书基于研究结论所提出的政策建议，值得政策制定者加以关注与借鉴，如果能转化成具体政策，应能帮助政府部门做好创业管理、提高创业绩效。

其次，该书采用了结构方程研究方法，对丰富创业研究方法作出了新的贡献。研究人员一直都在试图引入新的研究方法，更全面更深入地探讨创业规律或创业变量之间的潜在影响。该书利用调研所获取的一手数据，以观察变量结构方程模型为基础，对5个研究变量质检所衍生出的多达59个二级假设进行了定量检验。这一检验无疑是全面的、深入的，能够深入挖掘变量之间的潜在影响，明晰变量之间的深层次作用机理。

最后，该书根据结构方程模型检验结果所提出的研究结论，可能还需要进一步检验的支持，但其在研究视角与研究方法层面对创业研究所作出的贡献是应该给予肯定的。

（宋　娜）

【全球失衡下的中国双顺差之谜——基于FDI—贸易—金融关联的一种经济学描述】

王宏淼

中国社会科学出版社 2012 年版

312 千字

20 世纪 90 年代后，中国经济出现了以国际收支经常项目和金融项目持续双重顺差、官方储备大规模对外金融投资为表征的外部失衡问题。数据表明，中国双顺差分别是由货物贸易顺差和直接投资顺差推动的。无论从理论还是经验来看，这都是国际经济史上一种独特的现象。

从时间上看，中国外部失衡的谜团迄今已持续了近 20 年，同时，20 世纪 80 年代以来以美国大规模经常项目赤字为标志的“全球失衡”更是维持了整整一代人之久，国际收支的“古典自动调节机制”已经基本失灵了。因为当代的“外部失衡”，除了国际货币制度等原因外，在很大程度上是企业最优决策下的国际制造业转移与国内基本面因素结合所致，是一种长期现象。但由于传统的国际宏观经济学经典模型并不太关注 FDI 因素，这使得我们在分析中国双顺差问题时不能借助古典模型。

该书将中国外部失衡之谜置于全球失衡背景下，通盘考虑“纵向”的中国国际收支平衡表 FDI—贸易—金融关联和“横向”的欧美—中国—泛亚经济体的世界三角生产—贸易—金融关系，并结合中国的特殊情况和全球失衡下中国外部不平衡之谜的特征事实，分析跨国直接投资驱动下的国际收支失衡内生性机理；从政策干预下的内外资两部门经济与经常项目动态方面，将 FDI 和政策因素纳入宏观动态分析，以图在较全面、细致解释中国经济外部失衡的形成机制基础上，得出相应的政策结论。

首先，企业最优跨国投资决策驱动下的微观“FDI—贸易关联”机制是理解全球失衡背景下中国“双顺差之谜”的一个起点。在全球化生产—贸易时代，在 FDI 流动与进出口贸易之间存在着紧密联系：一国所吸收的特定 FDI 形式（这与该国的特定国家特征有关）会影响到其贸易模式和平衡状况；而生产—贸易利益的获得又会反过来影响国际投资者的信心，进而影响 FDI 的进一步流入，并再次影响贸易（经常项目）。20 世纪 80 年代中期后，在国际政治经济变化（外部推力）和中国自然禀赋条件、改革开放重大举措以及新重商主义政策（内部拉力）的结合下，FDI加速流入中国，并主要从事“垂直和出口平台型”的生产—贸易活动，因而导致外资部门具有较高的净出口倾向，成为此后中国双顺差的发动机，外资企业行为在较长时间内主导着中国国际收支的方向。

其次，随着外资流入，中国迅速形成了由内资部门、外资部门“两部门经济”以及在分割的两部门之间充当管理者、消费者和融资者的强力政府部门组成的特殊经济结构。从内资部门看，由于中国政府的货币补贴，国有企业在改革最初出口增长较快，而在90年代后期以后由于出口退税、《对外贸易法》等政策因素的推动及内资技术进步，所以国内集体企业、私营企业净出口（顺差）增长迅速。

在实际运行机理上，双顺差体现为中国经济内部和外部的“双重循环”，而政府行为在双顺差的内外双重循环中扮演了至为关键的角色。在经济转轨启动时，在外汇短缺和国内储蓄行政动员已到限度的条件下，中国政府为了获得初始的货币扩张机制来刺激经济增长，其中一个重要战略是通过引入FDI（同时限制短期资本外流）形成金融项目顺差，并给外资部门加工贸易税收政策等优惠，来保证FDI—贸易关联下外资部门的贸易（经常项目）顺差的实现；在固定汇率和结售汇制度的配合下，政府获得双顺差外汇储备的同时也意味着按比例发行国内货币；而这些增量货币则在政府利率管制政策下，经由国有银行信贷途径，对内资部门（特别是国有企业）提供融资和补贴（这又表现为“国际收支—货币金融关联”），内资部门资本积累和产出因而得以提高，保证了内资部门的经济增长率和贸易（经常项目）顺差。内、外资两部门的经常项目顺差和FDI流入的金融项目顺差，使得外汇储备不断增加，为下一轮的货币扩张和经济增长提供了融资，从而实现了“FDI—贸易—金融关联”机制下的“双顺差内部循环”。如此机理，既需要同期国际外部需求扩大的必要条件，也需要国内政府通过制度供给，推行内外资两部门差异化政策来作为保证才能实现。但政府推行内外资差别政策的一个副产品，是造成内资外资两部门之间出现因资本边际生产力、资本积累转化率（资本流动性）差异，内资和外资的资本收入税率差别而带来的极不对等的套利机会，而这种不均等的套利机会在两部门分割情况下是无法得到平滑的，于是大量国内资本先通过各种途径外流，然后披上FDI外衣回流（FDI迂回），以假外资形式实现制度性套利，这又进一步加剧了国际收支顺差。不仅如此，作为内外资产品消费者的政府，其财政收入和支出还直接影响到经常项目本身的变化。

该书以FDI—贸易—金融关联为主线，在对中国经济外部失衡事实进行考察的基础上，首先建立了一个三地区FDI—贸易关联静态模型，分析了六种跨国直接投资体制的特点、均衡条件及国际收支后果。之后，转入宏观层面的经常项目动态学分析，发展了一个考虑国内外资本市场分割、出口补贴、FDI流入因素及政府干预下内外资两部门差异化积累模式的经常项目动态模型，并求出了实现经常项目平衡的稳态条件。接着对中国双顺差之谜与全球失衡现象进行了经济解释，详细分析了中国双顺差之谜与全球失衡现象的微观动机和国内外宏观经济根源，在此基础上分别对内资行为、外资行为和政府行为所导致的国际收支后果进行了分析。最后，提出了中国双顺差的解决之道，其中转变经济政策，实现平衡增长，是解决外部失衡的关键。

（卢小生）

【**体制转轨视角下的企业家精神及其对经济增长的影响**——基于中国典型事实的经济分析】
董 昀
经济管理出版社 2012 年版
239 千字

自 1978 年改革开放以来，中国经济经历了持续快速增长。国内生产总值由 1978 年的 3645.2 亿元增加到 2010 年的 401202 亿元，以不变价格计算年均增长 9.91%，人均国内生产总值由 381 元增加到 29992 元，堪称“中国的奇迹”。中国经济持续高速增长的原因激起了众多国内外经济学家的兴趣，但迄今为止的分析基本都是从制度、技术、资本、劳动力等主流的视角展开的，对中国经济增长的解释力并不强。

该书正是基于对中国经济增长的关注，选取了有别于主流的“另类”研究视角，提出了有价值的研究思路和结论。著作开篇通过引用萨伊（Say，1834）的名言“没有企业家，知识可能一直都在一两个人的记忆或者书本中长眠”，将企业家拉回经济增长的研究视野。随着深入论述熊彼特的论断——“企业家是经济增长的唯一发动机”，让我们清醒地意识到，企业家是现实世界中推动经济增长的主体这一经验事实。但遗憾的是，在现代主流经济学中，企业家却长期被忽视，尤其是内生增长理论将经济增长的基本因素一般性地归结为制度、技术、资本、劳动力等。该书认为，这必将导致主流范式对经济增长事实的解释难以准确、完整，而考虑到体制转轨背景下的中国经济增长奇迹，这一主流范式的解释则更显不足。基于这一思考，该书提出应该把企业家重新纳入分析经济增长问题的理论范式和研究框架，并尝试着从企业家精神的视角解释转轨时期中国经济增长的问题。

该书从中国现实出发，以体制转轨为背景，严格遵循从描述性事实到典型事实再到经济分析的基本流程，综合运用历史分析、经济理论分析、计量分析和案例分析，对中国企业家精神与经济增长进行了系统研究，为解释中国经济增长提供了独特新颖的视角和解释路径，是对中国经济增长研究的丰富。

首先，该书的研究方法、流程具有一定的创新性。作者坚持从“中国现实入手，扎实的提炼典型事实，在此基础上进行深入理论分析，并用计量或案例分析检验理论”的研究方法；遵循“概念界定—分析框架设计—理论史评述—描述性事实提炼—典型事实提炼—理论分析—经验分析——般化的理论思考”的基本研究流程。其次，在国内文献中比较早地系统整理出经济思想史中的企业家概念的发展演变脉络。第三，基于理论的进展和现实情况的需要对熊彼特模型进行了扩展，形成了独特的分析框架。第四，放弃理论成见，直面中国现象，提炼出了中国转轨时期的企业家精神与经济增长的描述性事实与典型事实，使得经济分析与中国事实的联系十分紧密。第五，从体制转轨的视角考察中国企业家精神的演变脉络及其对经济增长的影响，分析了地方政府的企业家精神与企业的企业家精神的变化原因，从一个新的角度解释了中国经济增长奇迹。第六，大胆反思，正面提出“回到熊彼特”是脱离主流范式的更为自由的思考，也给出了更为开阔的视野。

该书特点：直面中国体制转轨的现实，在提炼中国经济增长的典型化事实的基础上展开分析，摆脱了不顾事实、唯理论至上的羁绊，言之有物。

（王 松）

【**新结构经济学**：反思经济发展与政策的理论框架】
林毅夫
北京大学出版社 2012 年版

272 千字

经济发展是经济学研究的永恒主题，对经济可持续增长的追求已经成为全世界经济学家和政策制定者最为着迷的课题。从 20 世纪 40 年代以来，围绕经济发展的研究，出现了两波理论：第一波是二战以后经典的结构主义理论，认为发展中国家重工业发展不起来，是“市场失灵”所致，主张由政府主导直接动员、配置资源，发展重工业。第二波理论看到了政府主导产业发展所带来的失败教训，认为发展中国家经济发展绩效差的关键原因是“政府失灵”，因此强调市场的力量，形成了有名的“华盛顿共识”。但是，20 世纪后半期成功的发展中国家并没有完全遵循第一波和第二波经济发展理论或者思潮的政策主张。

《新结构经济学》试图为第三波发展思潮开辟道路。其核心思想是：一个经济体的经济结构内生于它的要素禀赋结构，持续的经济发展是由要素禀赋的变化和持续的技术创新推动的。

第一章“新结构经济学：反思发展问题的一个理论框架”。回顾了经济发展思潮和发展经验，详细阐述了新结构经济学“新”在何处，指出新结构经济学强调要素禀赋、不同发展水平上产业结构的差异，以及经济中的各种扭曲带来的影响，这些扭曲来源于政策制定者过去对经济的不当干预。新结构经济学一是要建立一个分析架构，将发展中国家的要素禀赋和基础设施、发展水平以及相应的产业、社会、经济结构等因素考虑在内；二是分析政府与市场在不同发展水平上的作用，以及从一个水平向另一个水平的转换机理；三是分析经济扭曲出现的原因，以及政府为退出扭曲应该采取的措施。

第二章“增长报告和新结构经济学”。比较了新结构经济学的预言和由增长与发展委员会在 2008 年出版的增长报告中认定的成功国家的特征事实，并讨论了从新结构经济学可以得出的政策建议，其中比较优势原则和国家在促进结构转型方面的作用是两个关键点。贯穿此章的核心思想是：那些实施违背自身比较优势政策的发展中国家往往经济表现不佳，并遭受宏观经济的不稳定。

第三章“增长甄别与因势利导”。阐述了增长甄别与因势利导框架，依据新结构经济学体系为政策制定者促进结构转变设计了一种循序渐进的方法。它指导政策制定者如何甄别与一国潜在的比较优势相一致的新产业。同时，此章讨论了信息、协调和外部性等产业升级的内在问题，也讨论了有助于克服这三大制约的政府政策。

第四章“增长甄别与因势利导框架的应用”。以尼日利亚为例，选取了合适的参照国，同时选取了许多尼日利亚可能具有潜在比较优势而参照国可能正在失去比较优势的产业。此章认为，以下产业可以作为政府干预的目标：食品加工、轻工制造业、箱具制造、制鞋、汽车零部件制造和石化制造业。此章还讨论了这些产业的价值链中经济增长所面临的紧约束，以及对产业政策的实施过程中与治理结构相关的各种问题的一些解决机制。

第五章集中探讨金融结构和发展的问题。在不同国家以及同一国家的不同发展阶段，金融结构都有着显著性的差异。本章论证了一国的最优金融结构内生于该国对金融服务的真实需求，后者以该国的产业结构为基础，而产业结构又取决于该国的比较优势。在历史上，金融学文献曾认为对经济发展起重要作用的是金融深度而非金融结构。此章概述了支持如下观点的理论和实证研究进展：金融结构对经济发展非常重要且内生于产业结构。

第六章“发展战略、制度与经济绩效”。首先阐述了自生能力、比较优势和要素禀赋结构这一极其重要的概念性框架。

作者认为，发展战略大概分为两个大类：一是违背比较优势的发展战略，另外一类是遵循比较优势的发展战略。证据表明，那些遵循比较优势的国家有着更高的增长率、更低的经济波动性和更小的不平等。本章认为，大多数发展中国家赶超发达国家的失败在很大程度上可以归因于政府经济发展战略不合理。在过去，政府优先发展某些资本密集型产业，而非集中全力促进该国要素禀赋结构的升级，并为符合该国比较优势的部门创造可行的发展环境。

第七章“结语：通向发展中世界工业化黄金时代之路”。随着新兴市场经济体（如中国、印度、巴西等）的工资水平迅速上升，在21世纪的多极增长世界中，这些新兴市场经济的劳动密集型产业将逐渐失去比较优势，这为其他低收入国家进入这些行业提供了黄金时机。仅中国现在在劳动密集型产业就有8500万个制造业岗位。如果非洲和世界其他地区的低收入国家能够得到这些工作岗位，它们就能实现有力增长，减少贫困，并迅速提高生活水平。因此低收入国家应该在认真挑选的领先国家中甄别成熟产业，并为本国私营企业或来自参照国的外国直接投资进入这些产业提供便利，以将其后发劣势转变为优势。

（姜阿平）

【中国宏观经济与财政政策分析（2010—2011）】

闫　坤等

中国社会科学出版社2012年版

418千字

该书对2010—2011年的国际经济形势、宏观经济状况、财政收支环境和财政政策体系进行了全面而深入的剖析、总结和提炼，同时对这一期间国内外财政、金融理论与运行状况作了前沿综述。

2010年是国际金融危机以来世界经济形势最为复杂的一年。全球主要国家的经济渐次步入恢复期，各国的经济政策调整出现多元化的局面。世界经济在复苏的轨道上加速运行。在危机恢复期，逐步形成了以美国为主的国际经济“方锥体”格局，并导致了人民币汇率问题的国际化。发达经济体和新兴市场经济体之间的差异日益加大。全球经济增长和通胀的不平衡也在继续扩大。发达经济体处于低增长徘徊和通缩压力下，不得不再次推出货币政策的数量宽松；而新兴市场国家的经济增长虽好于发达国家，但是面对发达国家的困境，新兴市场经济体的前景也出现了危险的预警，同时，部分新兴市场国家的通胀已然开始抬头。

在全球经济前景再次疲软和流动性泛滥的威胁越来越大的背景下，我国的经济虽然在国内的房地产紧缩和节能减排政策的挤压下，暂时成功实现“软着陆”。但是，目前的国内农产品通胀压力和国际大宗商品传导的输入型通胀风险，以及外部涌入的热钱所引起的潜在资产价格泡沫压力，使得我国的适度宽松的货币政策将逐步转为中性。通货膨胀已经成为困扰我国宏观经济持续稳定发展的核心问题，多种因素，多种风险和多种类型的通货膨胀压力累积在一起，形成了异常棘手的复合式通胀。因此，我们应该继续保持积极的财政政策，配合货币政策的转向，保证经济平稳较快增长。同时，还应该对重点产业、社会保障和重点区域继续加大支持，从而加快经济发展方式转变和促进全社会共享式的“包容性”增长。以市场为基础，以“内需发展”和“低碳经济”为“突破口”，以财政、货币、汇率政策有效搭配为驱动的新机制，逐步形成宏观调控的“伞形”框架。

2011年世界经济的总体特点是虚拟经济与实体经济的异化程度降低，经济形势波动起伏，机遇和挑战并存。美国经济进入复苏轨道，欧元区经济形势依旧复杂，但主导国家立足于机制性、根本性的解决思路逐步明朗，欧元区内部“小循环”与美欧“大循环”都着手设立。但发端于冰岛主权债务问题的欧债危机不断酝酿发酵，世界经济面临“经济增长—债务危机—财政整顿”“经济增长—通货膨胀—滞胀”以及“通货膨胀—债务危机—财政整顿”三大困局。

我国经济总体运行平稳，通货膨胀预期管理取得良好成效，房地产市场的“拐点”隐现。财政收支形势较好，公共财政支持经济发展和民生建设的能力进一步提高。随着欧洲主权债务危机的蔓延，我国地方债务风险迅速累积，对这一问题需要引起高度关注。与此同时，由于世界主要经济体在复苏阶段的差异性，我国经济调控总体上表现出“逆调控”的特点，需审慎分析经济形势，坚持积极财政政策、稳健货币政策的调控搭配，在具体政策手段上侧重预调微调，侧重制度、机制建设，重视完善市场和引导市场力量，此外，在汇率政策上应保持人民币汇率的基本稳定。

及时跟踪、科学评价世界宏观经济形势的变动，无疑有助于我们总结经验、认清问题，有助于我们清楚地把握经济运行的阶段和节奏，这也正是该书的重要意义所在。由美国次贷危机所引发的全球金融危机，其对世界经济发展的影响还远没有结束。欧债危机的爆发，将世界经济又一次推入深潭，如何化解债务危机，降低财政风险，未来必须进一步加强财政政策的宏观调控作用，有效熨平经济周期的波动，减缓经济发展中的不确定性。

（闫　坤）

【日美金融危机比较研究】

“日美金融危机比较研究”课题组

中国社会科学出版社2012年版

321千字

2008年秋季，源于美国的次贷危机最终演变为一场席卷全球的国际金融危机，并导致美、欧、日三大经济体陷入经济衰退，以美国为代表的多国政府和中央银行力图通过扩张性财政政策和超宽松货币政策实施救助。在应对金融危机过程中，20世纪90年代日本的经验教训成为重要参照样本。该书以日美两次金融危机所处的不同国际、国内经济环境为背景，深入分析危机发生的原因、传导机制、救治措施及其效果，通过比较美日的政策异同，明晰美国金融危机治理政策效果及存在问题，以此分析国际金融危机对中国的影响传导机制，明确中国在此次危机中面临的挑战。

90年代初期，以股票和房地产为代表的资产价格泡沫的破裂引发了日本国内金融危机。为了遏制金融机构不良债权与实体经济之间的恶性循环，日本采取了扩张性财政政策和超宽松货币政策，同时实施全力救助措施，如处理不良债权、保护存款人利益、注入公共资金、完善金融机构破产机制、购买金融机构持有股票等。从日本应对金融危机的过程中可以看出，政策当局是在不断“试错”中学习和成长的，日本政府拖延处理金融危机的代价最终导致经济陷入长期低迷和通缩困境。

美国政策当局充分研究了日本经验，在危机中尽最大可能避免重蹈日本覆辙。次贷危机以来美国政府和美联储的经济政策分为两类，一类旨在稳定金融市场，一类在于刺激经济增长。在救市措施方面，其实质是由美国政府接管所有问题债权。货币政策方面，美国房地产泡沫崩溃后，美联储立即采取零利息率和数量宽松政策以刺激经济增长。但在金融危机重创下，美国居民高负债率抑制了消费需求这一经济增长的主要动力，因此在短期内美国的货币政策难以对经济增长发挥刺激作用。在财政政策方面，美国扩张性财政政策对经济增长的刺激作用明显，但财政前景堪忧。

该书分七章具体分析了日本金融危机的发展历程及应对政策以及美国金融危机的演变、对策及经济调整方向，并从客观事实出发，修正了金融危机的一些即成固有观点和理论，如日元汇率升值不是泡沫经济产生的原因；日本汇率政策错误不在于“广场协议”后日元大幅升值；传统货币主义理论、货币数量公式应加以修正；美国金融危机损失转移对中国影响巨大等。在梳理日本陷入经济萧条与美国陷入经济危机的传导路径的基础上，该书归纳出二者的共同特征，并从日本当年应对危机的汇率政策、货币政策、财政政策和金融稳定政策方面的经验与教训出发，对美国宏观经济政策效果进行前瞻分析，提出我国在金融危机中可能遭遇的冲突、困境及政策选择，为我国金融安全与经济的可持续发展提供参考。

（刘　瑞）

【全球化背景下的中国经济】

徐洪才

中国社会科学出版社 2012 年版

342 千字

2012 年中国经济面临巨大的国内外压力和困难。一方面，全球金融危机的阴影依旧挥之不去，欧美经济“双底”衰退征兆明显，各经济体为经济“维稳”，纷纷采取降息等宽松政策，“降息潮”一时席卷全球，中国输入性通胀压力增大。另一方面，中国国内经济增速明显放缓，面临急速冷却的风险，超出了因“转型”和“调整”产生的经济降速的合理限度，“稳增长”再次成为首要任务。中国经济如何能在“火与冰”中保持发展态势，亟待研究者提供有力剖析和有效的方案。

该书是一本专门研究 2009 年至 2012 年三年中国经济问题的学术专著，收录了 2009 年下半年以来跟踪研究中国经济问题的主要学术成果。全书分为八个章节。第一章至第三章以由近及远的顺序，对 2009—2012 年中国货币政策与宏观经济形势进行了分析，第一章是 2011 年中国货币政策与分析；第二章是 2010 年中国货币政策与宏观经济形势分析；第三章是 2009 年中国货币政策与宏观经济形势分析。第四章从经济平衡理论出发，提出以经济再平衡谋求中国经济可持续发展的方案。第五章从改革视角为中国资本市场健康发展“开方抓药”。第六章和第七章，从世界经济形势和各国政策的分析出发，提出全球经济治理的现状及国际货币体系改革的必要性、目标和政策建议。

全书以全球化为大背景，从纵向和横向两个方面，勾勒出了中国经济的较完整图景，在此基础上，从国内改革的角度为中国经济发展提供了解决方案，再由“国内经济问题在国内解决”扩展到“国内问题要在全球范围内才能根本解决”，从全球治理的角度提出中国经济发展问题的解决方案。

改革开放 30 多年来，中国逐步建立了一个“两头在外”、过度依赖外部需求的经济发展模式，与此同时，政府投资在经济增长中也扮演了重要角色，而消费需求却长期严重不足。这种建立在劳动者低工资和资源高消耗、粗放经营基础上的“世界工厂”型经济模式，在增加就业和积累外汇储备方面曾经起到了一定的积极作用。面对新的形势，继续实行这种模式，路子将会越走越窄。该书认为，短期里，仍要采取刺激总需求的政策，以“补投资”为重点，从而“稳出口”和“促消费”，为经济止跌企稳注入动力。从长期看，根本排除中国经济运行中的各种内在的“不稳定”因素，需要进一步推进经济体制改革。

（许　琳）

【中国地方税研究】

高亚军

中国社会科学出版社2012年版

227千字

地方税源于提高政府效率的需要，事权和财权划分的不合理及不对称使得地方税和地方政府地位尴尬、财政问题突出。随着税制改革的深入，给地方税一个明确的法律地位、合理定位地方政府的事权和地方税制度的改革目标，是进行地方税制度改革的归宿。

该书首先对地方税、地方税制度、地方税税权归宿进行界定，分析财政分权与地方政府的效率、地方政府与公共商品供给效率之间的逻辑关系，对地方税产生和存在的理论基础予以充分论证。从财政分权和公共商品需求两个层次分析地方税存在的理论和现实，即财政分权理论从提高政府效率的角度出发，为地方辖区居民提供公共服务，是从供给的角度为地方税的存在提供理论依据；公共商品需求的层次性和差异性理论则主要从地方居民的需求偏好出发，从需求的角度为地方税的存在提供实践依据。

该书对我国地方税制度变迁、存在的问题和由此引发的效应予以详细分析，进而指出财政分权法制不健全、财政分权与行政分权不合理、税权归宿不合理、地方政府财权与事权不对称以及地方税制度运行的相关配套措施不健全等是导致地方税收收入规模偏小、地方税与地方经济之间缺乏相关性、地方税未能有效定位和发挥作用的根本原因。在分析中选择样本省份和年度，对地方税收收入和支出的比例、地方税占总税收收入的比例、地方税占全部财政支出比例等数据进行分析，以客观和直观的数据说明地方政府财权和事权之间的不对称，以及由此引发的各种消极效应。

该书分析发达国家如美国、德国、日本、法国，经济转型和发展中国家如印度尼西亚、俄罗斯等国家的地方税制度，尤其是财政分权下的税权划分制度，抽象出这些国家地方税制度建设的经验：事权划分是地方税制度建立的基本前提、合理的税权划分是地方税制度运行的基础、科学合理的税制设计是地方税制度运行的核心。总而言之，无论社会如何发展，经济如何运行，财权和事权的匹配是关键，财政分权理论是地方税制度改革和完善的最基本的理论支撑。

我国税制改革一直在进行，但都是基于当时的社会制度和经济制度以及社会状况进行的改革和完善，而且在改革中没有充分的法律约束。随着社会和经济环境的变化，税制改革进程的发展，地方税制度的改革和完善首先应从财产税制度着手，改革房地产税收制度、开征遗产税和赠予税；其次，还应对其他税种进行改革，如改革资源税、开征社会保障税、开征环境保护税、燃油税等，清费立税。地方税制度改革中，建立合适的地方税主体税种是改革的核心，财产税是地方税主体税种的最优选择。

伴随着“营改增”的推进、电子商务征税的探索、开征零售税的提议，地方税制度的改革和完善空间很大。但是，主体税种选择合理、地方税制度设计科学仍要以事权和财权的匹配为基础。

（高亚军）

【政府管制评论2012年】

王俊豪主编

中国社会科学出版社2012年版

462千字

英文Regulation通常被译为“管制”

“规制”，而实际部门更多地称作“监管”。管制的研究内容比较广泛，但大致归纳为经济性管制、社会性管制和反垄断管制三大领域。其中，经济性管制主要包括那些存在自然垄断和信息严重不对称的产业领域，其典型产业包括有线通信、电力、铁路运输、城市自来水和污水处理、管道燃气、金融保险等产业；社会性管制通常可以把社会性管制分为卫生健康、安全和环境保护三个方面，因此，可把社会性管制简称为 HSE 管制（Health，Safety and Environmental Regulation）；反垄断管制的主要研究对象是竞争性领域中具有市场垄断势力的企业的各种限制竞争行为，主要包括合谋、并购和滥用支配地位行为。

管制经济学是一门运用经济学原理研究政府管制科学性的应用性、边缘性学科。从管制经济学产生和发展的过程看，它是应实践的需要而产生与发展的，其理论研究紧密地结合现实经济社会，为政府制定与实施管制政策提供理论依据和实证资料，其研究带有明显的政策导向性，显示出应用性学科性质。同时，管制经济学涉及经济、政治、法律、行政管理等方面的内容，这又决定了管制经济学是一门边缘性学科。政府管制是在建立和完善社会主义市场经济体制过程中不断加强的一项政府职能。党的十三大明确提出，政府的四大基本职能是：经济调节、市场监管、公共服务和社会管理。首次把市场监管（政府管制）作为一项重要的政府职能。

该书每年出版两期，根据当时中国政府管制的实践和改革发展的需要，选择理论上和实践中需要解决的突出问题、重点问题、热点问题和前沿问题，进行专题研讨，提出政策建议，为中国政府管制实践和政策制定提供参考。作为连续出版物，该书的主要特点有：第一，立足中国存在自然垄断和信息严重不对称的产业实际，比如，通信、电力、铁路运输、城市自来水和污水处理、管道燃气、金融保险，以及卫生健康、安全和环境保护等产业，对这些产业在改革与发展中需要解决的理论或实践问题进行专题研究，为政府有关部门制定政府管制政策提出政策建议。第二，在立足中国实际的基础上，注意吸收国外相关产业发展与政府管制的经验教训，以及国外相关研究的最新成果，结合中国政府管制实践，研究中国的问题，提出自己的改革和发展建议，为中国政府管制改革与产业发展提供借鉴。第三，在研究方法上，注意理论与实际相结合、定性分析与实证分析相结合的方法，同时注意运用国外最新的研究方法和成果，分专题、多视角、多学科地研究问题，以使研究结论和政策建议既具有科学性，又具有可行性和实际操作性。

该书第一期根据我国典型的自然垄断产业发展与改革的实践需要，选择了我国的三网融合下有线电视数字化进程中的政府规制；电信产业管制失灵原因：基于双边市场理论的另类视角；骨干网络的价格设定：“纵向圈定”抑或规制惰性？——中国电信、联通“反垄断”案例的若干思考；中国电信体制改革对行业绩效影响的实证研究；管制行业的反垄断实施：基于美国的经验；经济证据在反垄断法中的作用及关键问题——以经营者集中反垄断法审查为中心的考察；供水普遍服务中的价格—收入补偿机制研究——以 B 城市收入补偿的阶梯水价方案为例；天津市城市供水产业价格规制问题与对策——基于天津市的调查研究；加快公用事业发展的体制机制研究；产权改革、市场竞争对城市供水行业的影响——基于地级市数据的经验分析；我国城市公交行业改革的竞争模式；基于内生市场结构拍卖的普遍服务分配机制研究等问题进行研究，并就我国加强三网融合下有线电视数字化进程中的政府规制、完善反垄断政策和公用事业发展的体制机制、深化中国水价改革和城市公交行业改革提出了许多具有操作性的政策建议。

该书第二期，选择改革动力机制与电力体制改革政策实施绩效；发展中国家公用事业规制体系困境剖析、再构建及其启示；中国规制治理的制度性缺陷及改革模式；不信任和管制：模型和跨国经验证据；要素垄断与中国经济增长；垄断及其社会成本核算研究述评：理论、方法与证据；风险社会境遇下西方国家政府社会性管制的强化及其启示；食品安全治理制度：市场、法律、还是管制？削减家庭直接碳排放的干预政策及其实施效应——发达国家的相关实验研究评述；环境规则下火电寡头企业策略性行为研究；动态金融监管理论研究；银行监管透明度问题研究——基于美国救市法案中公允价值会计谬误的分析等专题进行研究，对中国改革动力机制与电力体制改革政策实施绩效评价、对中国金融监管等提出了许多改革和政策建议；在对发展中国家和西方发达国家的公用事业、碳排放及政府管制进行研究后，提出了可资中国政府管制实践借鉴的经验和启示。

（卢小生）

【中国对外直接投资的发展路径及其决定因素研究】

朱　华

中国社会科学出版社 2012 年版

182 千字

在经济全球化的大背景下，跨境直接投资已经成为推动世界经济持续增长的重要因素之一，任何一个国家都已经不可能只依靠本国的资源、资金、技术和市场来谋求自身经济的发展，走经济国际化的道路已成为时代的必然选择。当前，中国的开放型经济已经进入了一个新的国际化阶段。一个显著变化就是，中国对外直接投资（Outward Foreign Direct Investment，OFDI）规模的迅速扩张，2009 年中国已经成为全球排名第五的 FDI 来源国。

中国企业对外直接投资的国际、国内背景非常复杂：第一，生产国际化和市场开放化导致国际竞争国内化、国内市场国际化，企业面临更加激烈的国内竞争。第二，在全球金融危机的影响下，不少国家在国内经济压力下重筑贸易壁垒。与此同时，中国国际贸易收支账户持续呈现出大量的“双顺差”，人民币汇率屡创新高，出口面临严峻考验。第三，截至 2010 年 12 月，中国累计外汇储备约 2.85 万亿美元，成为全球最大的外汇储备持有国。巨额外汇储备虽然有助于保证国家宏观经济的稳定，但却加重了国内通货膨胀的压力。而且大量外汇储备以美国国债的形式存在，在美国经济衰退、美元贬值的背景下，其安全性和营利性难以得到保障，中国政府必须积极开拓外汇储备的运用渠道。第四，随着中国经济高速发展和城市化进程的推进，资源紧缺矛盾日益突出。资源企业“走出去”开发新的资源供应基地是我国经济可持续发展的迫切要求。第五，由于跨国公司加强了在华技术保密措施，国内企业获得先进技术的渠道有限，通过对外直接投资可以变被动为主动，直接吸收在国内难以获得的先进技术和管理经验。第六，我国政府制定并实施“走出去“战略，出台一系列的支持企业对外直接投资的政策，有利于促进投资便利化。综上所述，中国企业只有全方位、深层次地参与国际市场和资源的竞争，利用好国内、国际“两种资源、两个市场”才能真正适应经济全球化时代的要求，实现中国经济的可持续发展。

但是，由于历史、制度、经济发展水平等多方面的原因，中国发展对外直接投资依然存在许多理论和实践的误区与空白。目前，关于发展中国家的对外直接投资理论多是在传统 FDI 理论框架下进行修订而形成的，其论述欠缺全面性和深入性。虽然传统的有关发展中国家 FDI 理论仍具有一定的解释力，但由于受到经济环境、所有权优势、治理结构以及政策支持与限制等因素的影响，中国对外直接投资具有相对独立的特性，迫切需要发展新的理论和方法对其进行解释。对中国对外直接投资进行研究有利于丰富和推进发展中国家对外直接投资理论，为相关领域的学者提供理论参考，为中国政府提供政策建议并为中国企业提供实践指导。

该书在广泛收集数据的基础上，针对不同的问题运用了不同的研究方法，概括如下：规范研究与实证的研究方法、归纳与演绎的研究方法、理论研究与政策的研究方法以及国际比较的研究方法。该书在以下几个方面进行了系统全面的探讨：第一，系统地梳理了 FDI 理论分析框架的演变，找到 OLI 框架、LLL 框架与资源—产业—制度框架之间的互补关系和内在联系，认为资源—产业—制度框架是更加系统化地研究发展中国家对外直接投资的理论基础。第二，由于发展中国家存在着较高的异质性，该书归纳出中国不同于传统理论上发展中国家的对外直接投资特点。第三，通过实证回归检验以及净对外直接投资业绩指数，对中国的投资发展阶段作出定位，并对全球化背景下 IDP 理论的适用性需要作进一步修正。第四，将投资动因与东道国的引力或拉动因素相结合，在资源基础观的理论上构建了新兴发展中国家对外直接投资的动机框架，认为投资动机类型具有一定的“时序性”。第五，资源—产业—制度框架在国外学界刚刚兴起，而鲜有国内学者运用它对中国的情况进行检验，该书则从该理论出发探究中国对外直接投资的推动因素。

（任　明）

第六篇

研究课题

2012 年度国家社科基金重大项目立项一览表（经济学）

序号	课题名称	责任单位	首席专家
1	完善金融宏观调控体系研究	中国人民大学	陈雨露
2	加快经济结构调整与促进经济自主协调发展研究	中国社会科学院经济研究所	张　平
3	未来十年世界经济格局演变趋势及我国发展战略调整研究	对外经济贸易大学	张汉林
4	迈向 2020 年的中国外贸发展战略研究	商务部国际贸易经济合作研究院	霍建国
5	国际金融危机后资本主义的历史走向与我国的应对方略研究	中国人民大学	张　宇
6	经济全球化调整期的国际保护主义发展新趋势及我国的应对策略研究	南开大学	佟家栋
7	正确处理经济平稳较快发展、调整经济结构、管理通胀预期的关系研究	首都经济贸易大学	张连城
8	加快推进经济发展方式转变和经济结构调整的我国财政政策及财政管理模式研究	中国人民大学	郭　杰
9	转变经济增长方式的重点和难点：风险分析、控制系统和激励机制研究	东北财经大学	杜两省
10	深入推进国有经济战略性调整研究	中国社会科学院工业经济研究所	黄群慧
11	经济稳定增长前提下优化投资与消费的动态关系研究	南开大学	贺京同
12	中国新型城镇化包容性发展的路径设计与战略选择研究	西南大学	张卫国
13	世界产业发展新趋势及我国培育发展战略性新兴产业跟踪研究	东北财经大学	肖兴志
14	我国能源价格体系建设与能源发展战略转型研究	江苏大学	田立新
15	全面提升金融为实体经济服务的水平与质量研究	复旦大学	袁志刚
16	构建和谐劳动关系研究	北京师范大学	赖德胜
17	基于物价调控的我国最优财政货币政策体制研究	南京财经大学	卞志村
18	我国收入分配体制改革动态跟踪和效果评估研究	湘潭大学	刘长庚
19	促进消费持续增长的长期政策和长效机制研究	湖南师范大学	刘子兰
20	绿色经济实现路径——中国碳金融交易机制研究	吉林大学	杜　莉

续表

序号	课题名称	责任单位	首席专家
21	我国农产品价格波动、形成机制与调控政策研究	农业部农村经济研究中心	宋洪远
22	宏观税负、税负结构与结构性减税研究	中南财经政法大学	庞凤喜
23	工业化国家国民财富分配制度的重大改革、调节机制和政策体系比较研究	贵州大学	岳公正
24	基于创新驱动的产业结构优化升级研究	华中科技大学	张建华
25	基于碳减排的产业有序转移和区域协调发展研究	西安交通大学	冯宗宪
26	我国电价体系建设与电力发展战略转型研究	长沙理工大学	叶　泽
27	完善宏观金融调控体系研究——基于针对性、灵活性和前瞻性的视角	武汉大学	黄　宪
28	系统性金融风险防范和监管协调机制研究	山东大学	曹廷求
29	地方政府性债务管理和风险防范研究	中南财经政法大学	陈志勇
30	利率市场化改革与利率调控政策研究	中国社会科学院金融研究所	王国刚
31	民间资本供求风险防范及其健康发展研究	西安交通大学	李富有
32	产业链视角下的加快转变农业发展方式研究	国家发改委宏观经济研究院	姜长云
33	增强国家粮食安全综合保障能力研究	湘潭大学	肖国安
34	我国鲜活农产品价格形成、波动机制与调控政策研究	华中农业大学	李崇光
35	新生代农民工群体研究：基于流动人口服务和管理的视角	上海社会科学院	卢汉龙
36	加快社会信用体系建设研究	湖南大学	杨胜刚
37	完善生态补偿机制研究	西安交通大学	李国平
38	我国对外贸易战略转型研究	对外经济贸易大学	林桂军
39	民营企业跨国并购的战略方向选择和运作推进机制研究	浙江工业大学	谢洪明
40	国际贸易保护主义发展趋势及我国应对策略研究	中央财经大学	唐宜红
41	近代中国经济统计研究	清华大学	陈争平
42	中国潜在经济增长率计算及结构转换路径研究	吉林大学	张屹山
43	我国预算绩效指标框架与指标库建设研究	南开大学	马蔡琛
44	中国中小企业动态数据库建设研究	浙江工业大学	池仁勇

续表

序号	课题名称	责任单位	首席专家
45	垄断认定过程中的相关市场边界划分原则与技术研究	湖南大学	王晓晔
46	我国流域经济与政区经济协同发展研究	四川省社会科学院	刘世庆
47	国际创新城市构建与中国城市圈发展战略规划研究	同济大学	吴志强
48	我国自主创新型技术赶超发展战略与路径研究——基于跨学科协同的多层次整合研究	对外经济贸易大学	王永贵
49	我国产业生态经济系统优化及运行机制研究	东南大学	王文平
50	智能电网对我国能源供用方式和能源产业格局的影响及发展战略研究	天津大学	余贻鑫
51	我国再生资源产业顶层设计与发展实现路径研究	重庆大学	陈德敏
52	未来十年我国城市老年人口居家养老保障体系研究	华东师范大学	桂世勋
53	我国城市近现代工业遗产保护体系研究	天津大学	徐苏斌

资料来源：http：//www.npopss-cn.gov.cn/n/2012/0822/c219469－18806891.html。
http：//www.npopss-cn.gov.cn/n/2012/1231/c219469－20065843.html。
http：//www.npopss-cn.gov.cn/n/2012/1016/c219469－19279862.html。

2012 年度国家社科基金立项一览表（理论经济）

序号	批准号	项目名称	工作单位	负责人	计划完成时间	项目类别	预期成果
1	12AJL004	《经济发展大辞典》编撰	四川大学	陈昌智	2015－6－30	重点项目	工具书
2	12AJL001	《资本论》研究的研究	南京大学	葛　扬	2015－6－30	重点项目	专著
3	12AJL003	现代政治经济学重大前沿问题的理论与实证研究	上海财经大学	马　艳	2015－3－20	重点项目	专著
4	12AJL002	当代垄断资本金融化研究	中央财经大学	齐　兰	2015－10－30	重点项目	研究报告
5	12AJL005	推进社会主义民主政治建设的经济学分析	中国社会科学院	刘剑雄	2014－12－30	重点项目	专著
6	12AJL006	促进中国经济长期持续均衡增长的公共投资问题研究	江西财经大学	杨飞虎	2014－6－30	重点项目	研究报告

续表

序号	批准号	项目名称	工作单位	负责人	计划完成时间	项目类别	预期成果
7	12AJL007	能源消费、碳排放与经济增长的一般均衡分析与政策优化研究	湖南大学	胡宗义	2014-12-30	重点项目	专题论文集 研究报告
8	12AJL009	中国城市化模式、演进机制和可持续发展研究	中国社会科学院	张自然	2013-12-20	重点项目	研究报告
9	12AJL008	转型期我国居民收入差距接纳度与调节对策研究	湖南商学院	刘乐山	2014-12-30	重点项目	专题论文集 研究报告
10	12AJL010	国际金融危机与中国宏观审慎政策研究	山东大学	孙立新	2015-6-30	重点项目	专著 专题论文集
11	12BJL003	马克思经济学“六册结构”计划与现代生产方式研究	中国人民大学	刘明远	2015-6-30	一般项目	专著
12	12BJL004	马克思主义经济学视域下的全球价值网络演化与对策研究	南京财经大学	钱书法	2015-12-31	一般项目	专题论文集 研究报告
13	12BJL006	马克思主义视角的我国环境利益研究	复旦大学	严法善	2015-12-31	一般项目	专题论文集 研究报告
14	12BJL033	产业组织演进与未来国际文化产业发展新趋势研究	福建师范大学	张华荣	2014-12-31	一般项目	专题论文集 研究报告
15	12BJL034	基于区域视角的文化创意产业发展机制及对策研究	河南大学	郑洪涛	2015-5-16	一般项目	专题论文集 研究报告
16	12BJL036	推动文化产业成为国民经济支柱性产业研究	四川省社会科学院	何　频	2015-6-30	一般项目	研究报告

续表

序号	批准号	项目名称	工作单位	负责人	计划完成时间	项目类别	预期成果
17	12BJL037	文化消费增长与文化产业发展联动研究	湘潭大学	资树荣	2015-12-30	一般项目	专著
18	12BJL038	西南民族地区文化产业与旅游业融合发展的机制研究	云南民族大学	潘海岚	2014-12-31	一般项目	研究报告
19	12BJL035	扩大文化消费的有效供给研究	中国政法大学	张宏伟	2015-6-30	一般项目	专著
20	12BJL009	中国经济发展道路的独特竞争优势研究	武汉大学	王今朝	2015-9-1	一般项目	专著
21	12BJL011	“新国企”资本配置效率与优化路径研究	山东财经大学	陶　虎	2015-12-31	一般项目	研究报告
22	12BJL065	我国区域经济增长的制度影响与空间计量研究	山东财经大学	杨冬梅	2014-12-31	一般项目	研究报告
23	12BJL069	边缘地接受区域中心城市经济辐射研究	陕西理工学院	何龙斌	2015-12-31	一般项目	专著 研究报告
24	12BJL071	建立主体功能区制度的流域行政区合作机制及政策研究	南昌大学	曾咏梅	2015-6-30	一般项目	专著 专题论文集
25	12BJL072	西部地区经济空间结构优化与协调发展研究	西北民族大学	曹颖轶	2015-12-30	一般项目	专著
26	12BJL075	资源型地区战略性新兴产业发展研究	辽宁社会科学院	张天维	2015-2-1	一般项目	专著 研究报告
27	12BJL076	贫困地区大规模生态移民可持续发展研究	山西师范大学	王耀麟	2015-6-30	一般项目	专著 研究报告

续表

序号	批准号	项目名称	工作单位	负责人	计划完成时间	项目类别	预期成果
28	12BJL079	东北地区依靠技术创新推动产业升级问题研究	东北师范大学	李春艳	2015－6－30	一般项目	专著 专题论文集
29	12BJL080	依托战略性新兴产业加快长三角转变经济发展方式问题研究	南京大学	于津平	2015－6－30	一般项目	专题论文集 研究报告
30	12BJL081	中部地区承接产业转移与城市化互动机制研究	安庆师范学院	杨国才	2015－6－30	一般项目	专题论文集 研究报告
31	12BJL083	促进西藏非公有制经济健康发展研究	西藏民族学院	狄方耀	2014－12－31	一般项目	专著
32	12BJL084	环塔里木区域经济协调发展研究	塔里木大学	王鹏程	2014－12－30	一般项目	专题论文集
33	12BJL085	内陆特困山区经济发展方式探索研究	贵州财经学院	徐筑燕	2015－6－30	一般项目	研究报告
34	12BJL087	新一轮西部大开发背景下西南边疆民族地区综合交通运输体系发展战略研究	广西财经学院	唐红祥	2014－12－28	一般项目	专著 专题论文集
35	12BJL067	基于产业结构优化的我国区际产业转移绩效比较研究	兰州理工大学	李春梅	2013－12－31	一般项目	专著
36	12BJL078	我国特殊贫困地区加快发展的障碍与对策研究	北京工商大学	龚晓菊	2014－12－31	一般项目	研究报告
37	12BJL001	国民收入分配格局的制度变革效应研究	河北金融学院	田卫民	2015－12－31	一般项目	专著

续表

序号	批准号	项目名称	工作单位	负责人	计划完成时间	项目类别	预期成果
38	12BJL026	要素收入分配、中等收入者比重与消费需求的政策研究	湖南商学院	尹碧波	2014-12-31	一般项目	专题论文集 研究报告
39	12BJL028	国际分工对中国低技术工人相对收入的影响及传导机制研究	湖北大学	冯晓华	2015-7-31	一般项目	专题论文集 研究报告
40	12BJL086	西部大开发战略实施前后区域收入差距变动的政策效应比较研究	云南大学	牛飞亮	2014-9-1	一般项目	专著
41	12BJL074	矿产资源密集型区域的可持续发展研究	中国地质大学（武汉）	严　良	2014-12-31	一般项目	专著 专题论文集
42	12BJL015	循环经济的经济学理论基础研究	内蒙古大学	王　岩	2015-12-30	一般项目	专著
43	12BJL046	县域低碳经济发展机制、模式与路径研究	河南财经政法大学	郭荣朝	2014-6-30	一般项目	专题论文集 研究报告
44	12BJL054	我国温室气体减排的技术经济路径优化与政策研究	中南财经政法大学	罗良文	2014-12-31	一般项目	专题论文集
45	12BJL073	经济结构演进视角下的中国环境污染变动趋势研究	江西理工大学	毛克贞	2015-8-30	一般项目	研究报告 专著
46	12BJL077	生态资本运营与生态补偿耦合机制研究	江西省社会科学院	李小玉	2014-12-31	一般项目	专著 研究报告
47	12BJL088	资源环境约束下西部产业结构调整优化研究	四川大学	黄　勤	2015-6-30	一般项目	研究报告

续表

序号	批准号	项目名称	工作单位	负责人	计划完成时间	项目类别	预期成果
48	12BJL019	我国融资结构测度及优化——基于净融资法的研究	中央民族大学	陶春生	2014-12-31	一般项目	专著 研究报告
49	12BJL020	我国私募股权资本的运行机理研究	贵州师范大学	李　靖	2014-12-30	一般项目	专著
50	12BJL021	我国资本投资效率研究	重庆大学	蒲艳萍	2014-12-31	一般项目	研究报告
51	12BJL022	开放经济条件下的通货膨胀与劳动市场研究	天津财经大学	毛剑峰	2015-6-30	一般项目	专著 研究报告
52	12BJL023	理性疏忽、粘性信息与通货膨胀预期形成机制研究	首都经贸大学	王　军	2014-12-31	一般项目	专著 研究报告
53	12BJL024	我国通货膨胀动态特征、预期冲击与最优监测目标研究	安徽大学	程建华	2015-12-31	一般项目	专题论文集 研究报告
54	12BJL049	国际金融危机对发展中国家经济发展的影响研究	南开大学	孙浦阳	2015-6-30	一般项目	专著 研究报告
55	12BJL050	美国主权债务风险的系统动力学仿真、预警及我国外汇储备优化管理研究	山东工商学院	马　宇	2015-7-31	一般项目	研究报告
56	12BJL053	我国对外直接投资与对外贸易平衡互动机制及政策研究	上海交通大学	任荣明	2014-12-31	一般项目	专著 研究报告
57	12BJL056	人民币国际化视角下中国货币政策与汇率政策动态协调研究	广东商学院	文　彬	2015-6-30	一般项目	专著

续表

序号	批准号	项目名称	工作单位	负责人	计划完成时间	项目类别	预期成果
58	12BJL057	人民币升值、劳工成本上涨对中国外贸竞争力的影响研究	华南师范大学	林　勇	2015－6－30	一般项目	专题论文集
59	12BJL058	中国—东盟跨境贸易人民币结算中的货币竞争问题研究	广西大学	潘　永	2015－6－30	一般项目	专著
60	12BJL059	中国与中亚国家金融合作研究	新疆大学	秦放鸣	2014－12－31	一般项目	研究报告
61	12BJL055	区域货币合作的金融发展收敛因素研究	湖北大学	朱小梅	2015－7－30	一般项目	专著 专题论文集
62	12BJL060	WTO框架下中国应对及运用贸易救济措施促进产业发展的经验研究	中国政法大学	宏　结	2015－9－30	一般项目	专题论文集 研究报告
63	12BJL062	经济全球化中的贫困化增长风险与中国的包容性贸易投资政策选择研究	上海财经大学	王根蓓	2014－12－30	一般项目	研究报告
64	12BJL027	二次人口红利与经济持续增长路径研究	广东商学院	孟令国	2015－6－30	一般项目	专题论文集
65	12BJL044	农村人口变动趋势及农民工流动疏导机制研究	上海财经大学	赖涪林	2013－12－31	一般项目	研究报告
66	12BJL045	农业剩余劳动力转移的内生性一般均衡模型及其政策应用研究	湖南商学院	张杰飞	2014－5－1	一般项目	专著
67	12BJL048	“乡—城”人口迁移与农村老龄化问题研究	安徽省委党校	王泽强	2014－12－31	一般项目	研究报告

续表

序号	批准号	项目名称	工作单位	负责人	计划完成时间	项目类别	预期成果
68	12BJL070	促进人口布局与主体功能区规划相协调的财政政策研究	铜陵学院	徐诗举	2014-6-30	一般项目	专题论文集
69	12BJL010	转变发展方式中改善民生的理论与路径研究	福州大学	周小亮	2014-12-31	一般项目	专著
70	12BJL064	我国城市土地利用模式研究	安徽财经大学	李　刚	2014-12-31	一般项目	专著
71	12BJL007	全球化视域下的中国发展道路研究	甘肃省委党校	张建君	2014-6-30	一般项目	专著 研究报告
72	12BJL008	以人为本视角下经济发展指数与发展方式研究	中央党校	贾华强	2015-12-31	一般项目	研究报告 专著
73	12BJL012	跨国流通企业纵向控制与中国突破路径研究	北京理工大学	宋宪萍	2015-6-30	一般项目	专题论文集 研究报告
74	12BJL014	强互惠理论的拓展与合作行为前沿问题研究	山东大学	韦　倩	2015-12-31	一般项目	专题论文集 研究报告
75	12BJL018	财政支出效率对产业动态比较优势作用机理与实证研究	浙江财经学院	茹玉骢	2014-12-30	一般项目	专题论文集 研究报告
76	12BJL066	国际制造业中心转移背景下中国制造业技术创新和产业升级的演变路径研究	河南大学	李新功	2014-12-23	一般项目	专著 研究报告
77	12BJL068	全球价值链分工中产业升级的理论创新与应用研究	郑州大学	王海杰	2015-6-30	一般项目	研究报告 专著

续表

序号	批准号	项目名称	工作单位	负责人	计划完成时间	项目类别	预期成果
78	12BJL025	加工贸易、劳动力流动与城乡差距对收入差距影响的机制研究	河南财经政法大学	王怀民	2014－12－20	一般项目	专著 研究报告
79	12BJL029	经济增长放缓和产业结构调整约束下农民工就业研究	黑龙江大学	张　庆	2015－6－30	一般项目	研究报告
80	12BJL030	慈善捐赠税收激励政策研究	山东财经大学	曲顺兰	2014－12－20	一般项目	研究报告
81	12BJL031	治理三公经费问题研究	广东省委党校	黄铁苗	2014－12－30	一般项目	专题论文集
82	12BJL032	中国医疗保障制度改革对医疗资源配置影响的实证分析	东北财经大学	代英姿	2014－9－30	一般项目	研究报告
83	12BJL042	迂回交易的超边际经济学研究	中国海洋大学	庞　春	2015－9－30	一般项目	专著
84	12BJL002	国外劳动价值论“新解释”最新发展研究	云南财经大学	薛宇峰	2014－12－30	一般项目	研究报告 专题论文集
85	12BJL005	无形资本运动规律及其影响研究	中华女子学院	马传兵	2015－12－30	一般项目	专著
86	12BJL039	社会偏好理论与社会合作机制研究	中国人民大学	周业安	2014－12－20	一般项目	专著
87	12BJL040	我国地区发展差异对企业技术创新和绩效影响的研究	湖北大学	刘和旺	2015－6－30	一般项目	研究报告
88	12BJL041	我国专利制度、企业专利战略与经济技术发展研究	北京大学	叶静怡	2015－12－30	一般项目	专题论文集 研究报告
89	12BJL043	城乡统筹视角下我国农村空心化问题的治理研究	安徽财经大学	朱道才	2014－12－31	一般项目	研究报告

续表

序号	批准号	项目名称	工作单位	负责人	计划完成时间	项目类别	预期成果
90	12BJL047	运用社区机制治理和改善农村环境研究	中南大学商学院	李志榕	2015－12－31	一般项目	专著 研究报告
91	12BJL051	双层博弈框架下的国际经济关系研究	山东大学	李增刚	2015－6－1	一般项目	专著 专题论文集
92	12BJL013	经济史研究对我国经济发展的借鉴与启示	江西师范大学	邓久根	2014－12－30	一般项目	专题论文集 研究报告
93	12BJL017	新中国劳动经济史	聊城大学	宋士云	2015－6－30	一般项目	专著
94	12BJL016	海外留学生与中国经济学的发展研究	中南财经政法大学	邹进文	2014－6－30	一般项目	专著 研究报告
95	12BJL052	制度红利与经济转型：印度的经验、教训与启示	四川大学	邓常春	2014－12－31	一般项目	专著
96	12BJL061	国际油价波动对我国大宗商品市场溢出效应研究	厦门大学	张传国	2014－6－30	一般项目	研究报告
97	12BJL063	中国入世十年来遭遇“双反”调查对策研究	东北财经大学	宫桓刚	2014－12－30	一般项目	研究报告
98	12BJL082	中部崛起与构建武汉长江中游航运中心自生能力研究	武汉理工大学	蒋惠园	2014－12－31	一般项目	研究报告
99	12CJL004	马克思主义经济学的危机理论研究	南开大学	王　璐	2015－12－31	青年项目	专著 专题论文集
100	12CJL030	产业链视角下的中国文化产业兼并重组研究	云南大学	李　贤	2014－12－31	青年项目	专著
101	12CJL032	金融和文化产业融合创新发展机制研究	陕西师范大学	韩　丹	2014－12－31	青年项目	专著

续表

序号	批准号	项目名称	工作单位	负责人	计划完成时间	项目类别	预期成果
102	12CJL033	推动文化产业成为西部民族地区支柱性产业研究	四川省委党校	尹宏祯	2014－2－28	青年项目	研究报告 专题论文集
103	12CJL034	我国文化产品国际竞争力提升研究	天水师范学院	刘　杨	2014－5－30	青年项目	研究报告
104	12CJL035	中国文化创意产业空间分布、产业集聚与地区经济增长研究	中南财经政法大学	徐　静	2014－2－10	青年项目	研究报告 专著
105	12CJL045	国有企业境外投资风险防范机制研究	吉林大学	史本叶	2014－12－31	青年项目	专题论文集 研究报告
106	12CJL062	我国区域发展不平衡的福祉测评与均衡机制研究	南昌大学	王圣云	2015－6－30	青年项目	专题论文集 研究报告
107	12CJL071	中部地区城市化驱动经济发展方式转变的机制与政策研究	安徽财经大学	张士杰	2014－12－31	青年项目	研究报告
108	12CJL072	中部地区劳动力市场重构问题研究	郑州大学	刘晓英	2014－7－1	青年项目	专著 研究报告
109	12CJL075	西部地区联动发展创新机制与模式研究	重庆大学	周孝坤	2014－12－31	青年项目	研究报告
110	12CJL022	居民财产性收入的促增与公平分配机制研究	西南政法大学	陈　刚	2015－6－30	青年项目	研究报告
111	12CJL024	双重二元结构约束下我国劳动报酬比重下降的原因及对策研究	南开大学	姜　磊	2014－12－31	青年项目	专题论文集 研究报告

续表

序号	批准号	项目名称	工作单位	负责人	计划完成时间	项目类别	预期成果
112	12CJL025	我国劳动收入比重偏低的原因和对策研究	西南财经大学	刘媛媛	2014－12－31	青年项目	研究报告
113	12CJL064	我国城市化进程中的粮食安全态势及其区域差异比较研究	南昌大学	姚成胜	2014－12－31	青年项目	专题论文集 研究报告
114	12CJL066	碳排放约束下我国能源效率的区域差异及节能指标分解研究	山东财经大学	杨　骞	2013－12－31	青年项目	专题论文集 研究报告
115	12CJL067	我国能源富集区域经济协调发展政策研究	西安石油大学	董春诗	2015－5－1	青年项目	专著 研究报告
116	12CJL065	保障国民经济可持续发展的水利投资最优规模研究	中国人民大学	张培丽	2014－6－30	青年项目	研究报告 专著
117	12CJL001	国际金融危机与社会主义的发展机遇研究	中国人民大学	沈尤佳	2015－9－30	青年项目	专著
118	12CJL005	中国特色自主创新道路的金融推动机制研究	西北大学	王　聪	2015－6－30	青年项目	专著
119	12CJL010	竞争性货币体系的微观机理与宏观绩效研究	华南师范大学	刘　愿	2015－6－30	青年项目	研究报告
120	12CJL014	经济金融化、利益共享式经济增长与社会公平研究	上海财经大学	陈　波	2014－12－30	青年项目	专著 研究报告
121	12CJL019	通货膨胀预期异质性研究	华侨大学	赵林海	2015－6－30	青年项目	研究报告 专题论文集

续表

序号	批准号	项目名称	工作单位	负责人	计划完成时间	项目类别	预期成果
122	12CJL043	国际金融危机对亚洲新兴经济体经济发展模式的冲击研究	四川大学	杜晓蓉	2015－7－1	青年项目	研究报告
123	12CJL046	金融危机冲击、贸易结构变迁与中国产业结构调整研究	河北大学	王立军	2015－6－30	青年项目	专著 专题论文集
124	12CJL048	世界经济结构变迁中的对外直接投资与风险控制研究	对外经贸大学	李玉梅	2014－12－31	青年项目	研究报告
125	12CJL050	我国对外金融资产负债失衡与金融调整研究	中国社会科学院	肖立晟	2014－7－1	青年项目	专题论文集
126	12CJL052	金融危机背景下世界经济波动对中国经济影响的贸易传导路径研究	河南科技大学	熊　豪	2014－2－20	青年项目	专著 研究报告
127	12CJL060	金融干预视角下区域资本流动的空间关联与经济协调发展研究	江西财经大学	王守坤	2015－6－30	青年项目	专著 研究报告
128	12CJL061	科技金融引导区域自主创新能力提升的对策研究	江苏省委党校	薛　莉	2014－6－30	青年项目	研究报告
129	12CJL058	我国人口空间结构变化对区域经济发展的影响研究	山西财经大学	任　媛	2015－12－30	青年项目	研究报告
130	12CJL002	基于第三方实施的劳资契约剩余分配问题研究	河南师范大学	孙慧文	2014－12－31	青年项目	专题论文集 研究报告

续表

序号	批准号	项目名称	工作单位	负责人	计划完成时间	项目类别	预期成果
131	12CJL006	冲突与合作经济理论演变及其应用研究	华侨大学	李宝良	2015－7－1	青年项目	专著
132	12CJL012	知识转移与家族企业成长研究	华东政法大学	王 颖	2014－12－31	青年项目	专著
133	12CJL008	二十世纪中期地权变迁与农家经济研究	湖北省社会科学院	张 静	2014－12－31	青年项目	专著 专题论文集
134	12CJL009	集聚视角下的清代山西城镇研究	山西财经大学	乔 南	2015－12－31	青年项目	专著
135	12CJL013	包含制度因素的经济增长模型研究	青岛科技大学	杨友才	2014－12－12	青年项目	专题论文集 研究报告
136	12CJL017	土地出让与地方政府债务问题研究	华南农业大学	李尚蒲	2015－2－10	青年项目	专著
137	12CJL015	经济转型条件下微观价格调整行为与宏观经济波动特征的动态模型分析	湘潭大学	颜 霁	2014－12－30	青年项目	专题论文集 研究报告
138	12CJL016	全球经济复苏趋缓背景下我国“调结构”与“稳增长”的协同机理及实证研究	广西师范大学	詹新宇	2014－12－31	青年项目	专题论文集 研究报告
139	12CJL018	房地产市场行为金融特征及其预期弹性管理机制研究	安徽工业大学	李伟军	2014－12－31	青年项目	专著 专题论文集
140	12CJL023	社会网络影响收入差距的理论、政策与实证研究	北京师范大学	周晔馨	2015－6－30	青年项目	专题论文集 研究报告
141	12CJL027	政府行为与中国经济增长：比较经济发展视角的解读	中国社会科学院	付敏杰	2013－10－30	青年项目	专题论文集 研究报告

续表

序号	批准号	项目名称	工作单位	负责人	计划完成时间	项目类别	预期成果
142	12CJL028	转型期我国养老保险制度选择问题研究	厦门大学	黄 莹	2015-7-1	青年项目	专著 专题论文集
143	12CJL029	最优授权理论及其在中国政府治理中的应用研究	中国青年政治学院	李石强	2015-12-31	青年项目	专题论文集 研究报告
144	12CJL031	产业文化与“中国制造”融合发展研究	曲阜师范大学	刘 刚	2015-12-31	青年项目	专题论文集 研究报告
145	12CJL036	基于纵向一体化的产品安全问题研究	浙江财经学院	李井奎	2014-7-31	青年项目	专题论文集
146	12CJL037	基于地区差异的追赶绩效理论模型与经验分析研究	武汉大学	肖利平	2014-12-31	青年项目	专题论文集 研究报告
147	12CJL039	我国城乡要素交换关系完善的理论研究与实证分析	复旦大学	高 帆	2014-12-31	青年项目	专著 专题论文集
148	12CJL038	生产性服务业影响农产品价格的机理及对策研究	长沙理工大学	彭新宇	2015-12-31	青年项目	专著 专题论文集
149	12CJL040	城市化进程中失地农户生计决策模型与政策研究	电子科技大学	鞠晴江	2014-12-30	青年项目	研究报告 专题论文集
150	12CJL041	城乡、区域发展不平衡对城市化的影响及对策研究	湘潭大学	何 燕	2014-6-10	青年项目	专题论文集 研究报告
151	12CJL042	我国转向“结构均衡增长”的城市化战略研究	山东社会科学院	刘爱梅	2014-12-30	青年项目	专题论文集
152	12CJL044	西方主权债务危机的当代特质性研究	江西财经大学	刘爱文	2014-12-30	青年项目	专著

续表

序号	批准号	项目名称	工作单位	负责人	计划完成时间	项目类别	预期成果
153	12CJL047	跨国公司进入、抽资转向和损益评估的理论、实证及政策设计研究	云南财经大学	周　静	2014－8－30	青年项目	专题论文集 研究报告
154	12CJL049	新兴经济体对外直接投资与母国产业升级的互动关系研究	上海社会科学院	李珮璘	2015－12－31	青年项目	专题论文集 研究报告
155	12CJL007	社会公平的微观基础研究	北京第二外国语学院	骆欣庆	2014－12－31	青年项目	专题论文集 研究报告
156	12CJL020	非合理性行业收入差距的成因与测度研究	中国社会科学院	武　鹏	2014－12－1	青年项目	专题论文集 研究报告
157	12CJL003	劳动报酬比重的决定因素和变动机理研究	中央财经大学	邹　燕	2015－12－31	青年项目	专题论文集 研究报告
158	12CJL021	机会不平均与居民幸福感的测度分析与政策思路研究	华东理工大学	潘春阳	2014－12－31	青年项目	专著 专题论文集
159	12CJL026	私人自愿参与公共品供应行为的实验研究	浙江大学	范良聪	2014－12－31	青年项目	专题论文集
160	12CJL051	加工贸易约束下中国外贸碳排放定量测算及环境效应评估研究	湖南科技大学	高　静	2014－12－30	青年项目	专题论文集 研究报告
161	12CJL053	贸易差额数据鸿沟与中美贸易利益分配评估研究	北京大学	段世德	2014－12－30	青年项目	专题论文集 研究报告

续表

序号	批准号	项目名称	工作单位	负责人	计划完成时间	项目类别	预期成果
162	12CJL054	我国二元劳动力市场演进过程中贸易与就业关系研究	河南财经政法大学	郭界秀	2014-6-30	青年项目	专题论文集 研究报告
163	12CJL055	我国经济外部失衡的内部根源研究	浙江理工大学	张少华	2014-12-31	青年项目	专著 专题论文集
164	12CJL056	城市群经济发展与区域物流通道构建及运行机制研究	西南交通大学	毛　敏	2014-6-30	青年项目	专题论文集 研究报告
165	12CJL057	全要素生产率下的环境敏感性和中国环境规制实施效果评估研究	吉林大学	张纯洪	2015-6-30	青年项目	专题论文集
166	12CJL059	发展中大国的交通运输溢出效应与区域经济增长研究	湖南商学院	罗会华	2014-12-30	青年项目	专著 专题论文集
167	12CJL063	全球价值链下我国专业化农业区域的集群机制与政策研究	四川农业大学	税　伟	2014-12-31	青年项目	专著
168	12CJL069	连片特困区统筹发展与多维减贫研究	吉首大学	丁建军	2015-12-30	青年项目	专著
169	12CJL068	喀斯特地区大规模生态移民生计可持续发展研究	贵州大学	罗　蓉	2014-12-30	青年项目	研究报告
170	12CJL070	贫困地区大规模生态移民可持续发展研究	湖北经济学院	陈　昀	2015-6-30	青年项目	专题论文集 研究报告
171	12CJL073	中原经济区城乡互动机理、模式与路径研究	商丘师范学院	张竟竟	2015-6-30	青年项目	专题论文集 研究报告

续表

序号	批准号	项目名称	工作单位	负责人	计划完成时间	项目类别	预期成果
172	12CJL011	盐与区域社会的变迁研究	山西大学	张　朋	2015－6－30	青年项目	专著
173	12CJL074	藏区少数民族企业家行为研究	青海民族大学	马德君	2014－12－30	青年项目	专题论文集 专著

资料来源：http：//www. npopss-cn. gov. cn/GB/219469/17942372. html。

2012 年度国家社科基金立项一览表（应用经济）

序号	批准号	项目名称	工作单位	负责人	计划完成时间	项目类别	预期成果
1	12AJY004	国际金融危机后我国产业组织发展的重大问题和对策研究	山东大学	杨蕙馨	2014－12－31	重点项目	研究报告
2	12AJY011	宏观审慎政策和货币政策以及治理安排研究	厦门大学	元慧萍	2014－6－30	重点项目	专题论文集
3	12AJY006	构建扩大消费长效机制研究	山东大学	臧旭恒	2014－12－30	重点项目	研究报告
4	12AJY007	国际粮价波动及其对中国粮食安全影响研究	山东理工大学	王学真	2014－6－30	重点项目	研究报告
5	12AJY005	我国劳动力素质升级对产业竞争力提升与产业升级的影响研究	中国社会科学院	李　钢	2013－12－31	重点项目	专著
6	12AJY001	我国企业劳动关系和谐指数构建与应用研究	吉林大学	于桂兰	2015－7－1	重点项目	研究报告
7	12AJY002	我国煤炭产量增长极限与煤炭资源可持续利用问题研究	西南财经大学	方行明	2014－12－30	重点项目	专著

续表

序号	批准号	项目名称	工作单位	负责人	计划完成时间	项目类别	预期成果
8	12AJY008	我国反季旅游市场潜力的区域差异与开发策略研究	华东师范大学	冯学钢	2014－12－31	重点项目	专著 专题论文集
9	12AJY003	我国工业节水战略研究	浙江理工大学	沈满洪	2014－8－31	重点项目	专著 研究报告
10	12AJY009	我国地方政府债务问题研究	山西财经大学	谭建立	2014－8－30	重点项目	专著 研究报告
11	12AJY010	内生于税制的税收弹性：优化与创新	吉林财经大学	邢树东	2014－12－31	重点项目	研究报告
12	12AJY012	系统性金融风险与宏观审慎监管研究	中国社会科学院	何德旭	2014－6－30	重点项目	专著 研究报告
13	12BJY033	收入差距扩大的诱因、影响与控制对策研究	武汉理工大学	彭定赟	2014－12－31	一般项目	专题论文集 研究报告
14	12BJY032	农村劳动力流动与我国城乡居民收入差距研究	中国社会科学院	高文书	2014－5－31	一般项目	研究报告
15	12BJY107	文化创意与科技创新耦合驱动农业经济发展方式转变的路径研究	辽宁省委党校	刘丽伟	2013－12－30	一般项目	研究报告
16	12BJY035	我国经济增长方式转变过程中就业重构与城乡收入差距研究	河南财经政法大学	朱红恒	2015－3－31	一般项目	专著 研究报告
17	12BJY036	居民收入与国民经济协调增长的调控机制构建研究	湖南大学	欧阳煌	2014－12－31	一般项目	专著 研究报告
18	12BJY037	中低收入群体对通货膨胀的承受能力研究	对外经贸大学	吴　军	2014－12－31	一般项目	专题论文集 研究报告

续表

序号	批准号	项目名称	工作单位	负责人	计划完成时间	项目类别	预期成果
19	12BJY045	我国文化产业集群发展水平评价及对策研究	江西财经大学	刘小铁	2014－12－31	一般项目	专著 研究报告
20	12BJY047	城乡统筹视角下新型城市化的实现路径与制度创新研究	浙江省委党校	俞云峰	2013－7－30	一般项目	研究报告
21	12BJY068	我国食品安全治理研究	江西财经大学	廖卫东	2014－9－30	一般项目	研究报告
22	12BJY104	我国粮食主销区对主产区利益补偿的理论与政策研究	河南科技大学	岳佐华	2015－6－30	一般项目	研究报告
23	12BJY105	我国食品价格波动周期及平抑机制研究	长江大学	马敬桂	2015－12－20	一般项目	研究报告 专题论文集
24	12BJY002	人口发展与经济发展方式转变的路径研究	中央党校	陈宇学	2014－12－31	一般项目	专题论文集 研究报告
25	12BJY003	消费主导的经济自主协调发展研究	西安交通大学	张慧芳	2015－12－30	一般项目	专著 研究报告
26	12BJY034	缩小居民收入差距金融对策研究	河北大学	康书生	2014－12－31	一般项目	专著 专题论文集
27	12BJY008	基于经济社会发展的幸福指标体系构建研究	浙江财经学院	陈惠雄	2015－6－30	一般项目	研究报告
28	12BJY010	我国战略性新兴产业技术效率测度研究	中南财经政法大学	项本武	2014－12－30	一般项目	研究报告 专题论文集
29	12BJY014	我国战略性新兴产业环境技术效率测度研究	江西财经大学	徐　晔	2014－7－31	一般项目	专著

续表

序号	批准号	项目名称	工作单位	负责人	计划完成时间	项目类别	预期成果
30	12BJY015	非正式制度对我国会计准则执行的影响研究	江西财经大学	李 宁	2013－12－30	一般项目	研究报告
31	12BJY016	国家货币政策对上市公司委托贷款的影响研究	河北经贸大学	申富平	2014－12－31	一般项目	专著
32	12BJY018	中小上市公司超募融资与投资效率研究	中南财经政法大学	张志宏	2014－12－31	一般项目	研究报告
33	12BJY017	我国上市公司投资者财务权益保护指数设计与应用研究	海南师范大学	段华友	2015－7－31	一般项目	专著 研究报告
34	12BJY019	低碳城市建设中的碳减排审计问题研究	吉林财经大学	卢相君	2015－3－10	一般项目	研究报告
35	12BJY022	物流成本及其对产业发展、价格水平影响研究	中国社会科学院	刘 勇	2014－12－31	一般项目	专著 研究报告
36	12BJY020	低碳经济下钢铁供应链碳排放测量与控制研究	长沙学院	邹安全	2014－12－28	一般项目	研究报告 专题论文集
37	12BJY021	面向过程的大型项目社会影响的前摄性评估方法研究	东南大学	黄有亮	2014－12－31	一般项目	专著
38	12BJY023	区域经济协调发展中的技术收敛问题研究	商丘师范学院	张保胜	2014－8－1	一般项目	专著 专题论文集
39	12BJY024	在华外商直接投资后向技术溢出问题研究	湖北大学	陈汉林	2016－6－30	一般项目	研究报告 专题论文集

续表

序号	批准号	项目名称	工作单位	负责人	计划完成时间	项目类别	预期成果
40	12BJY025	“全碳效率”测度与区域生态经济评价研究	天津工业大学	张雪花	2013-12-31	一般项目	研究报告
41	12BJY026	国家重点森林生态功能区生态移民对策研究	黑龙江省委党校	闫喜凤	2014-6-30	一般项目	研究报告
42	12BJY027	基于实物期权的矿产开发生态补偿筹资机制创新研究	吉首大学	彭秀丽	2015-12-30	一般项目	专著 专题论文集
43	12BJY028	秦巴山区退耕还林与连片扶贫攻坚互动途径与机理研究	安康学院	何家理	2014-12-31	一般项目	专题论文集 研究报告
44	12BJY029	三江源国家生态保护综合试验区生态健康评价与社区生态补偿标准研究	青海师范大学	王　锋	2015-12-28	一般项目	专著
45	12BJY030	西北内陆河流域移民迁入区的生态困境与修复对策研究	兰州市委党校	于金凤	2014-6-30	一般项目	研究报告
46	12BJY031	西藏生态经济系统结构与功能研究	西藏大学	方江平	2014-12-31	一般项目	研究报告
47	12BJY001	复杂经济背景下省域经济风险预警与控制研究	南京审计学院	后小仙	2014-12-31	一般项目	专著 研究报告
48	12BJY004	大学教育基金研究	济南大学	孙国茂	2014-12-31	一般项目	专著
49	12BJY005	京津冀区域经济一体化战略与推进河北沿海地区发展对策研究	燕山大学	刘邦凡	2015-12-31	一般项目	专著 专题论文集
50	12BJY006	连片特困地区经济发展动力与路径研究	河北省委党校	赵　玉	2014-12-31	一般项目	研究报告

续表

序号	批准号	项目名称	工作单位	负责人	计划完成时间	项目类别	预期成果
51	12BJY007	区域经济整合与地方政府治理模式创新研究	辽宁省委党校	王行伟	2013－12－31	一般项目	研究报告
52	12BJY009	两岸农产品贸易竞争关系及ECFA框架下的合作研究	华东理工大学	谢国娥	2015－12－31	一般项目	专著 研究报告
53	12BJY012	我国劳动资本分配格局研究	贵州财经学院	马赞甫	2014－12－1	一般项目	专题论文集 研究报告
54	12BJY013	我国研发投入与产出域值效应及其非线性关系的实证研究	东北财经大学	谢兰云	2015－6－30	一般项目	专著 研究报告
55	12BJY011	交易对家风险的建模与定价	同济大学	王　倩	2015－3－31	一般项目	专著 专题论文集
56	12BJY039	智力资本入股视角下的企业劳资分配研究	湖南师范大学	肖曙光	2015－12－30	一般项目	研究报告
57	12BJY038	创新型企业人力资本参与收益分配研究	安徽工业大学	兰玉杰	2015－12－31	一般项目	专题论文集
58	12BJY040	新一轮土地流转过程中我国农村人力资源开发问题研究	宿州学院	周思山	2014－12－31	一般项目	专题论文集 研究报告
59	12BJY041	中小企业集合年金制度构建研究	江苏师范大学	张英明	2015－6－30	一般项目	专著 研究报告
60	12BJY042	城市化进程中农民工的就业歧视及其社会风险研究	北京工业大学	冯　虹	2015－6－30	一般项目	专著 研究报告
61	12BJY043	经济减速、产业转型形势下我国劳动力市场中的青年失业问题研究	国家发改委	谭永生	2014－12－31	一般项目	研究报告

续表

序号	批准号	项目名称	工作单位	负责人	计划完成时间	项目类别	预期成果
62	12BJY044	珠三角劳动力市场研究	中山大学	陈广汉	2015-5-1	一般项目	专题论文集 研究报告
63	12BJY046	我国西部地区城市群与文化产业集群互动发展的模式与路径研究	内蒙古财经学院	柴国君	2014-12-30	一般项目	研究报告
64	12BJY048	快速城市化进程中我国城市蔓延的成本—收益评估与治理模式构建研究	南开大学	王家庭	2015-7-1	一般项目	专著
65	12BJY049	我国新型城镇化的动力机制及其优化研究	湖北省委党校	张继久	2013-8-30	一般项目	研究报告
66	12BJY050	转型发展中城市主导产业选择方法研究	中国人民大学	付晓东	2014-6-30	一般项目	研究报告
67	12BJY051	西部人口城市化质量现状及存在的问题研究	曲靖师范学院	杨　筠	2014-12-31	一般项目	专著
68	12BJY052	城市群知识溢出、产业结构与经济增长的理论与实证研究	湖南商学院	何天祥	2014-12-31	一般项目	专题论文集 研究报告
69	12BJY053	房地产调控政策的影响及其效应研究	河北大学	张玉梅	2015-12-31	一般项目	专题论文集 研究报告
70	12BJY054	居住保障资源的配置及保障效率研究	中南民族大学	王祖山	2015-2-10	一般项目	专题论文集
71	12BJY057	资源短缺背景下我国"城市矿产"综合利用战略问题及支撑体系研究	桂林理工大学	周永生	2014-12-30	一般项目	专著

续表

序号	批准号	项目名称	工作单位	负责人	计划完成时间	项目类别	预期成果
72	12BJY055	城市水资源结构性供需失衡及对策研究	湖南商学院	王四春	2014-12-30	一般项目	专著 研究报告
73	12BJY056	基于发展经济学视角的湖泊湿地利用转型研究	湖南省社会科学院	邝奕轩	2014-12-25	一般项目	专著 研究报告
74	12BJY058	北极航道通航背景下北极资源开发的中国战略研究	山东师范大学	徐跃通	2015-6-30	一般项目	研究报告 专题论文集
75	12BJY059	贵州下寒武统“黑层”能源多金属矿的发展战略研究	贵州财经学院	胡明扬	2015-10-1	一般项目	专著
76	12BJY060	新能源产品国际市场准入权研究	北京工业大学	廖　玫	2015-5-31	一般项目	专著 研究报告
77	12BJY061	经济发达地区能源消耗与经济增长的脱钩弹性效应及能源减量驱动的实证研究	上海大学	梁日忠	2013-12-31	一般项目	研究报告
78	12BJY063	西部农村生态脆弱社区的气候变化适应性研究	四川省社会科学院	庞　淼	2014-7-31	一般项目	研究报告
79	12BJY062	我国CO2、NOX减排的区域经济效率测度及优化路径研究	天津商业大学	张宏武	2015-6-30	一般项目	专题论文集
80	12BJY064	围填海造地资源环境价值损失评估及补偿研究	中国海洋大学	李京梅	2014-12-30	一般项目	研究报告 专题论文集
81	12BJY065	环境规制对我国西部全要素生产率的影响与对策研究	西安交通大学	李春米	2014-6-30	一般项目	研究报告

续表

序号	批准号	项目名称	工作单位	负责人	计划完成时间	项目类别	预期成果
82	12BJY066	首都地区PM2.5防治与京津冀重化工产业发展研究	河北省委党校	朱立新	2013-12-31	一般项目	研究报告
83	12BJY069	我国物流业对制造业外溢效应的检验分析研究	福州大学	王　健	2014-6-30	一般项目	专著 研究报告
84	12BJY067	我国城市民营化供水企业绩效影响因素与规制改革研究	江西财经大学	陈　明	2015-6-30	一般项目	研究报告 专题论文集
85	12BJY070	我国战略性新兴产业基地的培育机制研究	长沙理工大学	陈一鸣	2014-12-30	一般项目	专题论文集 研究报告
86	12BJY071	产业技术创新战略联盟稳定性研究	沈阳化工大学	张　展	2015-12-30	一般项目	研究报告
87	12BJY072	全球价值链与我国劳动密集型产业集群升级研究	铜陵学院	冯德连	2014-6-30	一般项目	专著
88	12BJY073	全球生产网络背景下中国汽车产业升级研究	厦门大学	林季红	2015-12-30	一般项目	专题论文集
89	12BJY074	综合成本上涨对我国产业核心技术升级影响的研究	中南财经政法大学	胡　川	2014-12-31	一般项目	研究报告
90	12BJY080	民用飞机产业链的效益形成机制研究	国资委	金壮龙	2014-11-30	一般项目	专著 研究报告
91	12BJY075	低碳经济下我国天然气产业发展战略研究	中国石油大学（华东）	李宏勋	2014-12-31	一般项目	研究报告
92	12BJY077	国防工业发展的军民融合战略研究	南京政治学院	杜人淮	2015-12-30	一般项目	专著 研究报告

续表

序号	批准号	项目名称	工作单位	负责人	计划完成时间	项目类别	预期成果
93	12BJY078	国防科技工业军民融合制度变迁与发展战略研究	军事经济学院	闻晓歌	2014－12－30	一般项目	研究报告
94	12BJY079	军民融合式国防研发的投资中介问题研究	国防科技大学	张伟超	2014－12－31	一般项目	专题论文集 研究报告
95	12BJY076	东北老工业基地发展低碳经济的税收对策研究	东北石油大学	李绍萍	2014－6－30	一般项目	专题论文集 研究报告
96	12BJY081	低碳经济下中国企业管理变革与创新研究	长江大学	周中林	2015－12－30	一般项目	专题论文集 研究报告
97	12BJY084	沿海发达地区私营企业和谐劳动关系影响机制的实证研究	中国人民大学	吕景胜	2015－9－30	一般项目	专题论文集 研究报告
98	12BJY083	我国小微企业外部支持条件的系统整合与体系构建研究	重庆理工大学	张　陆	2014－12－30	一般项目	研究报告
99	12BJY082	境外罂粟替代种植产业运行监测与绩效评估研究	云南大学	马　丹	2014－6－30	一般项目	专著 研究报告
100	12BJY085	城镇化过程中农地非农化的制度变迁与制度创新研究	河南财经政法大学	罗家胜	2014－8－1	一般项目	研究报告
101	12BJY086	无地农民的土地意愿与土地流转研究	汕头大学商学院	黄　燕	2014－6－30	一般项目	专题论文集 研究报告
102	12BJY087	西部地区耕地利用绩效评价与补偿机制研究	西南大学	唐　建	2014－12－30	一般项目	研究报告

续表

序号	批准号	项目名称	工作单位	负责人	计划完成时间	项目类别	预期成果
103	12BJY088	非农就业稳定性、制度嵌入与农地流转机制研究	华南农业大学	罗明忠	2015－12－30	一般项目	研究报告
104	12BJY089	农地流转的风险及规避机制研究	河北农业大学	许月明	2014－6－30	一般项目	专著 研究报告
105	12BJY091	农村劳动力就业转型长效机制构建研究	湖南科技大学	江海潮	2014－12－30	一般项目	专题论文集 研究报告
106	12BJY090	经济转型对农村妇女减贫脱贫的影响研究	中南财经政法大学	王爱君	2015－12－31	一般项目	专题论文集 研究报告
107	12BJY092	西部地区农村居民医疗消费现状及政策研究	成都中医药大学	李家伟	2013－12－31	一般项目	专题论文集 研究报告
108	12BJY093	农村金融在创新农村社会管理中的作用研究	江西师范大学	李似鸿	2013－12－30	一般项目	研究报告
109	12BJY094	我国经济发展的农村减贫效应评价及扶贫战略转型研究	湖南科技大学	李石新	2014－12－30	一般项目	专题论文集
110	12BJY095	发展农村小型金融组织研究	江苏省社会科学院	包宗顺	2014－12－30	一般项目	专题论文集 研究报告
111	12BJY096	民间借贷交易与农村微型金融中介体发展研究	华南农业大学	张乐柱	2014－12－31	一般项目	研究报告
112	12BJY097	农村小型金融组织发展问题研究	重庆师范大学	赵天荣	2013－12－31	一般项目	专著 研究报告
113	12BJY098	农村信贷合约履约机制与农村信贷制度创新研究	西南大学	胡士华	2015－6－30	一般项目	专著 研究报告

续表

序号	批准号	项目名称	工作单位	负责人	计划完成时间	项目类别	预期成果
114	12BJY099	新型农村金融机构借贷合约创新研究	浙江理工大学	战明华	2014－7－30	一般项目	专题论文集 研究报告
115	12BJY100	干旱内陆区农业水价改革与节水战略研究	甘肃省社会科学院	曲　玮	2014－12－31	一般项目	研究报告
116	12BJY101	海峡两岸农业技术合作模式研究	福建农林大学	庄佩芬	2015－6－30	一般项目	专题论文集 研究报告
117	12BJY103	生态文明导向的沿海灌区水价优化研究	山东科技大学	辛宝贵	2015－6－30	一般项目	专题论文集 研究报告
118	12BJY102	进口波动与我国棉花产业安全研究	安徽财经大学	杨莲娜	2014－12－31	一般项目	专题论文集 研究报告
119	12BJY106	我国蔬菜产业价值网络组织模式与组织效率研究	华中农业大学	包玉泽	2015－6－30	一般项目	专题论文集 研究报告
120	12BJY111	中部地区工业化、城镇化与农业现代化“三化同步”政策机制研究	江西省社会科学院	毛智勇	2014－12－30	一般项目	专著 研究报告
121	12BJY109	休闲农业视野下闲置宅基地开发模式研究	福建农林大学	朱朝枝	2014－6－30	一般项目	研究报告
122	12BJY110	以国际旅游岛战略为导向的海南农业形态构建研究	海南省委党校	包亚宁	2014－7－1	一般项目	专著 专题论文集
123	12BJY108	我国期货农业模式创新研究	中国农业大学	安　毅	2013－12－30	一般项目	专著 研究报告
124	12BJY112	经济全球化下中国特色的“天空开放”国际航空运输服务贸易政策研究	中国民航大学	郑兴无	2014－6－30	一般项目	专著

续表

序号	批准号	项目名称	工作单位	负责人	计划完成时间	项目类别	预期成果
125	12BJY113	现代服务业空间集聚中的业态演进与创新研究	南京财经大学	高觉民	2014－12－31	一般项目	研究报告
126	12BJY114	提高消费率与经济稳定增长关系研究	上海社会科学院	刘社建	2014－12－31	一般项目	专题论文集 研究报告
127	12BJY116	以质量安全为中心的农产品物流服务体系研究	浙江工业大学	綦方中	2015－6－30	一般项目	专题论文集 研究报告
128	12BJY115	农产品流通转型对农产品价格波动和农户生产经营行为的影响研究	农业部	赵玉田	2013－12－31	一般项目	研究报告
129	12BJY118	经济全球化新趋势下我国区域贸易协定的战略定位与贸易政策研究	东南大学	陈淑梅	2015－6－30	一般项目	专著
130	12BJY117	低碳经济背景下的绿色贸易政策转型研究	浙江大学	陆　菁	2014－6－30	一般项目	专著 专题论文集
131	12BJY119	中国绿色贸易转型研究	辽宁大学	崔日明	2014－12－30	一般项目	专题论文集 研究报告
132	12BJY120	G20框架下中美经济失衡治理的利益影响评估与路径选择研究	武汉大学	刘　威	2014－12－31	一般项目	研究报告 专题论文集
133	12BJY121	低碳经济下我国对外贸易可持续发展策略研究	山东工商学院	周　健	2014－12－31	一般项目	研究报告
134	12BJY122	可持续利用视角下铀资源产品价格改革研究	东华理工大学	张　坤	2014－12－31	一般项目	专著 研究报告

续表

序号	批准号	项目名称	工作单位	负责人	计划完成时间	项目类别	预期成果
135	12BJY123	农产品价格异常波动机理及对策研究	湖南商学院	刘导波	2014-12-30	一般项目	专题论文集 研究报告
136	12BJY124	城市休闲文化消费主导下旅游转型升级路径及其综合改革研究	广东商学院	刘少和	2014-6-30	一般项目	专题论文集
137	12BJY125	海洋文化旅游本土模式的动力机制研究	上海海事大学	张　璟	2015-3-30	一般项目	研究报告 专著
138	12BJY126	基于“内生式发展”路径的古村落文化旅游发展模式研究	浙江大学	周永广	2014-6-30	一般项目	专著 专题论文集
139	12BJY127	边疆少数民族地区红色旅游发展模式研究	百色学院	范　力	2015-7-1	一般项目	研究报告
140	12BJY129	上海合作组织带动下的中哈草原文化国际旅游合作模式研究	伊犁师范学院	王友文	2014-12-31	一般项目	研究报告
141	12BJY128	红色旅游的共生发展机理及其绩效评价研究	湖南师范大学	许春晓	2015-10-30	一般项目	专题论文集 研究报告
142	12BJY130	老龄化背景下都市圈老人季节性移居乡村休闲养老研究	湖州师范学院	李松柏	2015-7-1	一般项目	专著 专题论文集
143	12BJY131	新时期国内旅游的抗周期性及经济效应研究	陕西师范大学	孙根年	2013-12-31	一般项目	专题论文集 研究报告
144	12BJY132	财政分权下的地方政府投资绩效问题研究	河南财经政法大学	殷　强	2015-6-30	一般项目	专著 研究报告

续表

序号	批准号	项目名称	工作单位	负责人	计划完成时间	项目类别	预期成果
145	12BJY133	基于适应估价的房地产税基评估研究	深圳市房地产评估发展中心	耿继进	2014-1-31	一般项目	专著
146	12BJY134	我国预算制度的演化与改进研究	南开大学	马蔡琛	2015-6-30	一般项目	专题论文集 研究报告
147	12BJY135	政府会计制度改革与政府绩效改善研究	复旦大学	孙　琳	2015-12-31	一般项目	专著 专题论文集
148	12BJY137	促进稀土行业持续健康发展的资源环境税收政策研究	江西理工大学	赖　丹	2013-12-31	一般项目	研究报告
149	12BJY136	促进我国新能源战略发展的财税政策研究	首都经贸大学	丁　芸	2015-7-1	一般项目	专著 研究报告
150	12BJY138	企业纳税遵从意识的形成机理与政策设计研究	江西财经大学	杨得前	2014-12-30	一般项目	专题论文集 研究报告
151	12BJY139	我国税收结构优化和“国税”与“地税”征管系统比较研究	重庆大学	李嘉明	2015-7-1	一般项目	专著 研究报告
152	12BJY140	我国资源税经济效应分析及制度重构研究	安徽财经大学	李冬梅	2014-12-31	一般项目	专题论文集 研究报告
153	12BJY142	邓小平“两个大局”战略与中国改革顶层设计问题研究	湖南商学院	孙红玲	2014-12-31	一般项目	专著 专题论文集
154	12BJY141	促进林业生态经济发展的公共政策研究	安徽大学	田淑英	2014-6-30	一般项目	专题论文集 研究报告

续表

序号	批准号	项目名称	工作单位	负责人	计划完成时间	项目类别	预期成果
155	12BJY143	农村妇女"乳腺癌、宫颈癌"检查卫生经济学评价及政策研究	西安交通大学	闫菊娥	2014－7－31	一般项目	研究报告
156	12BJY144	农村最低生活保障对象识别机制研究	江西财经大学	汪柱旺	2014－12－31	一般项目	专题论文集 研究报告
157	12BJY145	应急财政资金的长效保障机制及制度化管理研究	东北财经大学	孙　开	2014－6－30	一般项目	专题论文集 研究报告
158	12BJY146	政府采购政策功能效果评价研究	上海金融学院	章　辉	2014－12－30	一般项目	研究报告
159	12BJY149	无形资产优化与中小企业融资模式创新研究	中南财经政法大学	汪海粟	2014－6－30	一般项目	专著 研究报告
160	12BJY147	民营企业集群式海外投资模式研究	温州大学	林　俐	2013－12－31	一般项目	专题论文集 研究报告
161	12BJY148	投资结构调控与加快服务业发展研究	浙江财经学院	成定平	2015－6－30	一般项目	专题论文集 研究报告
162	12BJY150	推进我国农业现代化的金融支持模式的创新研究	南京大学	于　润	2015－6－30	一般项目	专著 研究报告
163	12BJY151	我国战略性新兴产业政府引导基金及运行机制问题研究	对外经贸大学	蒋先玲	2014－7－1	一般项目	研究报告
164	12BJY152	中小金融机构发展和监管研究	西南财经大学	刘锡良	2014－12－31	一般项目	专题论文集 研究报告
165	12BJY153	扩大内需过程中家庭消费信贷的适度规模和经济后果研究	对外经贸大学	何丽芬	2014－12－31	一般项目	专著 研究报告

续表

序号	批准号	项目名称	工作单位	负责人	计划完成时间	项目类别	预期成果
166	12BJY154	商品期货价格、预期通货膨胀与政策传导的微观路径研究	中南财经政法大学	朱新蓉	2015-1-31	一般项目	专题论文集 研究报告
167	12BJY155	基于房价过度波动的系统性金融风险研究	西安交通大学	吴诣民	2014-12-30	一般项目	研究报告
168	12BJY157	系统性金融风险和宏观审慎监管框架研究	安徽大学	杨俊龙	2014-6-30	一般项目	专题论文集 研究报告
169	12BJY158	系统性金融风险与宏观审慎监管研究	吉林大学	陈守东	2014-12-30	一般项目	专题论文集 研究报告
170	12BJY159	系统重要性金融机构宏观审慎监管研究	国家行政学院	董小君	2014-7-31	一般项目	研究报告
171	12BJY156	我国保障房体系动态优化中的金融支持与风险控制研究	安徽财经大学	徐旭初	2014-12-31	一般项目	专题论文集 研究报告
172	12BJY160	国有金融资产管理体制改革研究	吉林大学	顾洪梅	2015-12-30	一般项目	研究报告
173	12BJY161	我国房价稳定与银行稳定的货币政策研究	暨南大学	谭政勋	2014-12-31	一般项目	专题论文集
174	12BJY162	中阿经贸合作机制下的伊斯兰金融合作研究	北方民族大学	张晓凤	2014-12-31	一般项目	研究报告
175	12BJY163	我国金融发展战略理论与路径选择研究	山东财经大学	张志元	2014-6-30	一般项目	研究报告
176	12BJY165	金融风险传导与我国保险业风险防范研究	辽宁大学	李　薇	2014-12-31	一般项目	专著 研究报告

续表

序号	批准号	项目名称	工作单位	负责人	计划完成时间	项目类别	预期成果
177	12BJY166	我国政策性农业保险覆盖率问题研究	河北经贸大学	冯文丽	2014-12-31	一般项目	专题论文集 研究报告
178	12BJY167	养老基金投资基础设施的投资策略与风险控制研究	西南财经大学	陈志国	2014-12-30	一般项目	专题论文集 研究报告
179	12BJY168	政策性农业保险对粮食产出的激励效应及其补贴机制优化研究	广东金融学院	郭颂平	2014-12-30	一般项目	专题论文集 研究报告
180	12BJY164	工程质量安全视角下我国工程合同保证保险制度的发展创新研究	河南大学	何绍慰	2015-6-30	一般项目	研究报告
181	12CJY002	人口发展与加快经济发展方式转变研究	中央党校	李　鹏	2014-6-30	青年项目	研究报告
182	12CJY003	节能减排视角下的欠发达资源富集区产业转型与可持续发展研究	广西财经学院	赵　锋	2014-12-30	青年项目	研究报告
183	12CJY004	综合成本上涨对长三角地区产业升级的影响研究	南京财经大学	杨青龙	2015-6-30	青年项目	专题论文集 研究报告
184	12CJY007	我国技术进步方向及其对要素收入分配格局的影响研究	东北师范大学	王林辉	2014-12-31	青年项目	研究报告
185	12CJY008	我国碳生产率的估算、预测及任务分解研究	南京财经大学	张　成	2014-12-31	青年项目	专题论文集 研究报告
186	12CJY009	会计—税收差异、盈余管理与避税行为研究	厦门大学	覃志刚	2014-6-30	青年项目	专题论文集

续表

序号	批准号	项目名称	工作单位	负责人	计划完成时间	项目类别	预期成果
187	12CJY010	国家审计治理功能的实现机理与策略研究	重庆大学	刘更新	2014－7－1	青年项目	研究报告 专题论文集
188	12CJY011	技术溢出视角的能源回弹效应及我国节能对策研究	广西财经学院	冯　烽	2015－6－30	青年项目	专题论文集 研究报告
189	12CJY012	清洁发展机制下企业低碳技术创新的效率提升研究	杭州师范大学	罗　堃	2014－12－31	青年项目	专题论文集 研究报告
190	12CJY016	我国中等收入群体规模变动因素分析研究	安徽大学	龙　莹	2014－12－31	青年项目	专题论文集 研究报告
191	12CJY014	社会资本对我国金融发展与收入分配关系的调节效应研究	中南民族大学	马　宏	2015－5－31	青年项目	专题论文集 研究报告
192	12CJY015	我国劳动收入比重偏低的原因和有效提高的途径研究	对外经贸大学	钱震杰	2013－12－30	青年项目	专著 专题论文集
193	12CJY017	要素和个体收入分配的联动机制及其调整对策研究	浙江大学	周明海	2014－12－31	青年项目	专题论文集 研究报告
194	12CJY018	最低工资管制的就业效应与收入分配效应实证研究	南京财经大学	叶林祥	2015－6－30	青年项目	专著 专题论文集
195	12CJY020	中部崛起新阶段企业家人力资本的作用及提升机制研究	湖南财政经济学院	欧雪银	2015－12－30	青年项目	研究报告
196	12CJY001	银行卡组织竞争与反垄断政策研究	华东交通大学	王文祥	2014－12－31	青年项目	研究报告

续表

序号	批准号	项目名称	工作单位	负责人	计划完成时间	项目类别	预期成果
197	12CJY005	军工上市企业控制权代理与投资行为研究	军事经济学院	向先登	2015-6-30	青年项目	专著
198	12CJY006	开放式基金投资风格漂移及风格资产轮换策略有效性研究	广东商学院	郭文伟	2014-12-31	青年项目	专题论文集
199	12CJY013	我国核电产业技术效率测度研究	南华大学	刘文君	2015-12-31	青年项目	研究报告 专题论文集
200	12CJY019	我国就业优先战略背景下教育投资的就业效应评价：2002—2012	四川省社会科学院	景光仪	2015-12-31	青年项目	专著 研究报告
201	12CJY022	金融功能视角下的转型期利益分享机制研究	浙江财经学院	武　鑫	2015-6-30	青年项目	专题论文集 研究报告
202	12CJY021	动态锦标赛激励效应与机制设计研究	重庆大学	闫　威	2015-6-30	青年项目	专题论文集 研究报告
203	12CJY023	“新生代”农民工的城市归属感与长期定居决策实证研究	中山大学	张学志	2014-12-31	青年项目	专题论文集
204	12CJY024	持续通胀压力下我国城镇低收入群体承受力测度对策研究	辽宁大学	刘海莺	2013-12-31	青年项目	专题论文集 研究报告
205	12CJY025	产业转移的空间过程及区域空间结构优化政策研究	北京大学	刘霄泉	2015-12-30	青年项目	研究报告
206	12CJY026	我国人口空间动态与区域经济发展的互动影响研究——基于新兴城市群的同城化视角	湖南省社会科学院	曾群华	2014-12-30	青年项目	专题论文集 研究报告

续表

序号	批准号	项目名称	工作单位	负责人	计划完成时间	项目类别	预期成果
207	12CJY027	长三角地区跨国公司迁移路径研究	上海社会科学院	于　蕾	2014－6－30	青年项目	专题论文集 研究报告
208	12CJY028	我国中心城市外资研发集聚与高新技术产业扩散研究	上海交通大学	马　勇	2014－12－31	青年项目	专题论文集 研究报告
209	12CJY030	西部地区房地产市场与区域经济协调发展研究	贵州大学	孔　煜	2014－6－30	青年项目	专著
210	12CJY029	我国城市房价周期波动研究	清华大学	陈英楠	2014－9－30	青年项目	专题论文集 研究报告
211	12CJY031	土地利用规划实施的利益补偿机制研究	南昌大学	纪昌品	2014－12－30	青年项目	专题论文集 研究报告
212	12CJY032	基于区域一体化背景下的长三角海洋经济整合及路径研究	上海社会科学院	李　娜	2014－3－1	青年项目	研究报告
213	12CJY033	国际碳交易机制中国化的方案设计与政策衔接研究	安徽建筑工业学院	王素凤	2014－6－30	青年项目	专题论文集
214	12CJY034	我国低碳经济发展的碳金融机制设计与政策支持系统研究	山东工商学院	刘　婧	2015－6－30	青年项目	专著 研究报告
215	12CJY035	我国区际产业梯度转移的生态效应及对策研究	上海市委党校	李敦瑞	2015－2－13	青年项目	专著 研究报告
216	12CJY036	环北部湾物流业与石化产业的协调发展实证研究	广西民族大学	唐连生	2014－12－31	青年项目	专著

续表

序号	批准号	项目名称	工作单位	负责人	计划完成时间	项目类别	预期成果
217	12CJY037	我国制造业应对碳关税的预警机制与系统策略研究	对外经贸大学	蓝庆新	2014－12－31	青年项目	专题论文集 研究报告
218	12CJY038	大宗商品国际价格波动对我国工业经济的影响及反馈效应研究	山东财经大学	王　恬	2014－12－31	青年项目	研究报告
219	12CJY040	网络经济视角下的我国产业结构优化升级机制及其实现路径研究	东南大学	高彦彦	2015－6－30	青年项目	专著
220	12CJY039	生态环境约束下新疆新型城镇化支撑产业研究	石河子大学	张　杰	2014－6－30	青年项目	专著 研究报告
221	12CJY041	本土市场规模与我国产业升级研究	云南大学	张国胜	2013－12－31	青年项目	研究报告
222	12CJY042	中小企业外部网络与自主创新实证研究	汕头大学商学院	郑慕强	2015－6－30	青年项目	专题论文集
223	12CJY043	高技术服务业培育发展与制造业转型升级研究	福建商业高等专科学校	庄惠明	2014－5－1	青年项目	专题论文集 研究报告
224	12CJY044	生产要素成本上涨对我国产业转型升级影响研究	中国社会科学院	叶振宇	2014－8－31	青年项目	专题论文集 研究报告
225	12CJY045	生产者服务业外商直接投资与制成品出口技术结构升级研究	安徽财经大学	张如庆	2014－12－31	青年项目	专题论文集 研究报告
226	12CJY046	我国高技术服务业与制造业互动发展的内在机理及对策研究	河南省社会科学院	袁金星	2013－12－30	青年项目	研究报告

续表

序号	批准号	项目名称	工作单位	负责人	计划完成时间	项目类别	预期成果
227	12CJY047	我国制造业技术成长的资本市场支持研究	广东外语外贸大学	丁　重	2014－12－31	青年项目	研究报告
228	12CJY048	国防工业区际分工与创新要素的融合机制研究	南昌航空大学	严海宁	2014－12－31	青年项目	专题论文集 研究报告
229	12CJY049	博弈视角下横向兼并的反竞争效应及反垄断规制研究	哈尔滨商业大学	张　曦	2014－6－30	青年项目	专著 研究报告
230	12CJY050	交易费用生成、权利管制放松与农地制度变革研究	华南农业大学	何一鸣	2014－12－30	青年项目	研究报告
231	12CJY051	农村集体土地确权与流转问题研究	国务院发展研究中心	伍振军	2014－12－31	青年项目	专著 研究报告
232	12CJY052	政府主导型农地大规模流转问题研究	安徽大学	常　伟	2014－12－31	青年项目	专题论文集 研究报告
233	12CJY054	城乡经济一体化趋势下我国农村居民幸福感提升研究	江西农业大学	曹大宇	2014－12－30	青年项目	专著 研究报告
234	12CJY055	人口流动影响农村公共品供给效率的理论与实证研究	山东财经大学	刘　蕾	2014－12－31	青年项目	研究报告
235	12CJY056	西藏乡村治理与农牧区反贫困研究	西藏民族学院	李继刚	2014－6－30	青年项目	专著 专题论文集
236	12CJY053	产业转型升级演进中新生代农民工择业行为与政策选择研究	江西农业大学	康兰媛	2014－12－31	青年项目	专题论文集 研究报告
237	12CJY057	城乡统筹进程中生产要素流动机理与整合机制研究	山西财经大学	刘维奇	2014－12－30	青年项目	专著 研究报告

续表

序号	批准号	项目名称	工作单位	负责人	计划完成时间	项目类别	预期成果
238	12CJY059	现代农业支持体系评价与优化研究	吉林省委党校	黄宇慧	2014－6－30	青年项目	研究报告
239	12CJY060	资源环境约束下的粮食增产问题研究	内蒙古社会科学院	韩成福	2014－7－30	青年项目	研究报告
240	12CJY058	我国蔬菜产业链利益分配机制研究	华中农业大学	项朝阳	2014－6－30	青年项目	研究报告 专题论文集
241	12CJY061	村镇银行、政府治理与民间资本投入研究	宁波大学	陆智强	2015－6－30	青年项目	研究报告
242	12CJY062	农村扶贫金融制度构建与创新研究	西南大学	李伶俐	2014－12－31	青年项目	研究报告
243	12CJY063	农村小型金融组织“适应性”成长模式研究	湖南农业大学	周孟亮	2014－12－31	青年项目	专著
244	12CJY064	灌区农业水价政策绩效评估与优化研究	湖南农业大学	黎红梅	2015－6－30	青年项目	专题论文集 研究报告
245	12CJY065	保障粮食安全视角的土地托管运行机制与发展模式研究	山东财经大学	孙小燕	2014－12－31	青年项目	研究报告
246	12CJY066	城市基础设施利用土地储备融资风险与成本管控体系研究	华中科技大学	孙　峻	2014－12－31	青年项目	研究报告 电脑软件
247	12CJY067	收费公路行业行政垄断的社会成本及治理机制研究	长安大学	樊建强	2015－6－30	青年项目	专题论文集 研究报告
248	12CJY068	大型零售商主导产业链的理论与公共政策研究	国家发改委	盛朝迅	2014－6－20	青年项目	研究报告

续表

序号	批准号	项目名称	工作单位	负责人	计划完成时间	项目类别	预期成果
249	12CJY069	基于要素构成的城市商圈及竞争力实证研究	湖南理工学院	吴忠才	2014-12-30	青年项目	专题论文集
250	12CJY070	消费者视角下零售商品牌价值评价模型构建研究	北京工商大学	张 蕙	2014-12-31	青年项目	研究报告
251	12CJY071	非正式制度视角下的我国低碳消费模式建构研究	湖南省社会科学院	刘 敏	2014-12-30	青年项目	专题论文集 研究报告
252	12CJY072	构建扩大消费长效机制的着力点研究	江苏省委党校	袁小慧	2015-12-31	青年项目	研究报告
253	12CJY073	主要发达经济体服务业研发创新激励政策与我国的政策选择研究	北京林业大学	付亦重	2013-12-31	青年项目	研究报告
254	12CJY074	最优消费率与我国经济稳定增长研究	云南大学	赵鑫铖	2014-12-30	青年项目	专著
255	12CJY075	蔬菜流通成本解构与价格波动机制研究	东北财经大学	徐 健	2015-6-30	青年项目	专题论文集 研究报告
256	12CJY076	经济全球化新趋势下我国与新兴市场国家贸易合作战略及政策研究	山西大学	耿晔强	2015-6-30	青年项目	研究报告
257	12CJY077	新时期我国互利共赢开放战略分析研究	商务部	王 立	2013-12-31	青年项目	研究报告
258	12CJY078	产品多样化视角下我国外贸利益评估研究	首都经贸大学	王明荣	2015-12-31	青年项目	专著 研究报告

续表

序号	批准号	项目名称	工作单位	负责人	计划完成时间	项目类别	预期成果
259	12CJY079	国际粮价异动对我国粮食供需平衡的影响及对策研究	江西财经大学	吴朝阳	2014-12-30	青年项目	研究报告
260	12CJY080	国际粮食价格波动与中国粮食供需平衡影响研究	中国人民大学	吕 捷	2015-12-1	青年项目	专著
261	12CJY081	国际生产分割背景下中美贸易双边真实利益测度与分配机制研究	天津财经大学	王 岚	2015-7-1	青年项目	专著
262	12CJY082	国际种业垄断对我国粮食安全的影响及对策研究	湖南工程学院	黄 毅	2015-5-31	青年项目	专著 专题论文集
263	12CJY083	新型国际生产分工体系下我国贸易顺差的实际利益分配格局研究	南开大学	文东伟	2015-7-30	青年项目	专题论文集 研究报告
264	12CJY084	我国对外直接投资的贸易效应及政策研究	重庆师范大学	胡 兵	2014-6-30	青年项目	研究报告
265	12CJY086	资源性产品国际定价权研究	江西财经大学	徐 斌	2014-12-30	青年项目	专著 研究报告
266	12CJY085	我国文化产权交易的定价机制研究	中南财经政法大学	熊广勤	2014-9-30	青年项目	专著 专题论文集
267	12CJY088	遗产地铭刻时代痕迹与旅游发展研究	首都经贸大学	张祖群	2014-12-30	青年项目	专著 研究报告
268	12CJY087	文化旅游的区域协同发展模式与对策研究	扬州大学	侯 兵	2014-12-31	青年项目	研究报告
269	12CJY089	文化资源旅游化过程中的增权机制研究	天津财经大学	卢政营	2014-6-30	青年项目	研究报告 专题论文集

续表

序号	批准号	项目名称	工作单位	负责人	计划完成时间	项目类别	预期成果
270	12CJY090	制度视角下的文化旅游地社会变迁研究	广州大学	肖佑兴	2015－6－30	青年项目	专题论文集
271	12CJY091	旅游产业发展的社会福利效应研究	湖南商学院	刘长生	2014－12－31	青年项目	专题论文集 研究报告
272	12CJY092	欠发达地区旅游就业效应及可持续战略模式研究	河南财经政法大学	张小利	2015－3－31	青年项目	专著 研究报告
273	12CJY093	现代产业集群下的区域旅游产业模块化发展的利益协调机制研究	南昌大学	陶春峰	2014－12－31	青年项目	专题论文集 研究报告
274	12CJY094	财政政策对私人消费的效应及解释研究	对外经贸大学	李晓嘉	2014－3－31	青年项目	专题论文集 研究报告
275	12CJY095	大国财政分权影响居民消费的理论与实证研究	湖南商学院	袁浩然	2014－6－30	青年项目	研究报告
276	12CJY096	我国财政科技支出绩效评价体系设计及应用研究	福州大学	王　刚	2015－6－30	青年项目	专题论文集 研究报告
277	12CJY097	财政分权、包容性增长与治理研究	厦门大学	黄君洁	2015－6－30	青年项目	专题论文集 研究报告
278	12CJY098	完善结构性减税政策与促进税收负担合理化问题研究	上海市委党校	潘文轩	2013－12－31	青年项目	研究报告
279	12CJY099	我国跨区经营企业所得税分配的税收协调机制研究	云南财经大学	陈　鑫	2014－12－30	青年项目	研究报告
280	12CJY100	房地产持续调控下土地财政困境与转型研究	湖南工业大学	刘会洪	2015－10－30	青年项目	专题论文集 研究报告

续表

序号	批准号	项目名称	工作单位	负责人	计划完成时间	项目类别	预期成果
281	12CJY101	粮食主产区耕地资源可持续利用的财政补偿机制研究	黑龙江大学	吴艳玲	2015-6-30	青年项目	研究报告
282	12CJY102	金融支持战略性新兴产业发展的理论、实证与政策研究	上海社会科学院	刘亮	2013-12-30	青年项目	专著
283	12CJY103	金融支持战略性新兴产业发展研究	中国人民银行	余剑	2014-12-30	青年项目	研究报告 专著
284	12CJY105	民营资本支持战略性新兴产业发展研究	华东师范大学	程贵孙	2014-9-30	青年项目	专题论文集
285	12CJY104	面向文化产业的金融创新及可行性路径研究	深圳大学	张扬	2014-12-30	青年项目	研究报告
286	12CJY106	地方政府融资平台债务风险的顺周期机制及监管研究	华东理工大学	郑庆寰	2014-6-30	青年项目	专著 研究报告
287	12CJY107	地方政府投融资平台的债务汲取行为及规制研究	安徽大学	管治华	2014-9-30	青年项目	研究报告 专题论文集
288	12CJY108	我国商业银行系统性风险演化、测度及其控制机制研究	南京大学	童中文	2015-12-31	青年项目	专题论文集
289	12CJY109	我国信贷周期及其宏观审慎监管研究	吉林大学	于震	2015-12-31	青年项目	专题论文集
290	12CJY112	我国银行业资本监督的尺度研究	湖南大学	刘铁	2014-12-30	青年项目	专题论文集 研究报告
291	12CJY110	股权结构、信贷行为顺周期性与差异化逆周期调控研究	中南财经政法大学	周先平	2014-12-31	青年项目	专题论文集 研究报告

续表

序号	批准号	项目名称	工作单位	负责人	计划完成时间	项目类别	预期成果
292	12CJY111	基于商业银行参与约束和激励相容的市场化、逆周期信贷调控机制研究	中国人民银行	刘胜会	2014－6－30	青年项目	研究报告
293	12CJY113	房价超调、通胀预期动态演进与最优货币政策研究	中南财经政法大学	邓　瑛	2014－10－31	青年项目	研究报告
294	12CJY114	全球百年人口结构变迁对国际资本流动格局的效应研究	首都经贸大学	朱　超	2014－12－31	青年项目	专题论文集
295	12CJY115	人民币国际化进程中的三重币值稳定机制研究	浙江大学	王义中	2015－7－1	青年项目	专题论文集 研究报告
296	12CJY116	股价弹塑性与中国市场的股票锁定量问题研究	中山大学	翟爱梅	2014－12－31	青年项目	专题论文集
297	12CJY117	资本市场调控机制的影响及政策研究	对外经贸大学	边江泽	2014－12－31	青年项目	专题论文集 研究报告
298	12CJY118	保险体系的脆弱性评估及审慎监管研究	深圳大学经济学院	吴　洪	2014－12－31	青年项目	研究报告
299	12CJY119	农业保险财政补贴效果评估研究	湖北经济学院	李　毅	2014－12－31	青年项目	专著 研究报告

资料来源：http：//www. npopss-cn. gov. cn/GB/219469/17942372. html。

2012 年度国家社科基金立项一览表（管理学）

序号	批准号	项目名称	工作单位	负责人	计划完成时间	项目类别	预期成果
1	12AGL007	中国社会管理指数测算模型构建及应用研究	北京师范大学	汪大海	2014－1－31	重点项目	研究报告

续表

序号	批准号	项目名称	工作单位	负责人	计划完成时间	项目类别	预期成果
2	12AGL010	中国城市化过程与区域协调发展问题研究	大连理工大学	西　宝	2014－9－30	重点项目	专题论文集 研究报告
3	12AGL004	现阶段通货膨胀与预期管理问题研究	中国人民大学	许光建	2015－9－30	重点项目	研究报告
4	12AGL002	人口老龄化与养老产业发展研究	清华大学	杨燕绥	2014－12－31	重点项目	研究报告
5	12AGL005	中国地方政府债务形成机制与风险控制研究	中国人民大学	孙玉栋	2015－9－30	重点项目	专著 研究报告
6	12AGL003	中小企业动态国际创业模式绩效机制研究	广西师范大学	周劲波	2014－12－31	重点项目	专著
7	12AGL006	现阶段我国城市土地整理风险防范与治理对策研究	华中师范大学	董利民	2014－6－30	重点项目	专著 研究报告
8	12AGL009	政府公共服务质量评价体系研究	南开大学	沈亚平	2015－7－1	重点项目	研究报告 专著
9	12AGL008	巨灾风险管理机制设计及路径选择研究	西南大学	谢家智	2015－8－30	重点项目	专著 研究报告
10	12AGL001	儒学的现代人本管理价值研究	东莞理工学院	帅建华	2015－12－30	重点项目	研究报告
11	12AGL011	国防人力资源统筹规划与科学配置研究	军队战略规划咨询委员会	刘继贤	2013－12－31	重点项目	研究报告
12	12AGL014	中国特色公共危机应急救援力量管理体系研究	武警学院	董希琳	2014－12－31	重点项目	研究报告
13	12AGL012	和平发展进程中的边海防战略问题研究	军事科学院	常　伟	2014－12－31	重点项目	专著 研究报告

续表

序号	批准号	项目名称	工作单位	负责人	计划完成时间	项目类别	预期成果
14	12AGL013	西北地区处置突发事件应急管理机制研究	解放军西安通信学院	李振富	2014－12－15	重点项目	研究报告
15	12BGL009	国有企业跨国投资与政府监管问题研究	吉林大学	汤吉军	2014－4－30	一般项目	专著 专题论文集
16	12BGL019	我国战略新兴产业技术创新路径研究	对外经贸大学	王玉荣	2014－12－31	一般项目	研究报告
17	12BGL005	战略性新兴企业价值网嵌入选择、战略定位与创业绩效研究	衡阳师范学院	卜华白	2015－6－30	一般项目	专著 专题论文集
18	12BGL007	人口老龄化与老年服务业发展研究	东北财经大学	李洪心	2014－12－30	一般项目	专著 研究报告
19	12BGL010	中国跨国企业海外并购中的控制权相机配置策略研究	东北财经大学	马金城	2014－12－30	一般项目	研究报告 专著
20	12BGL039	文化创意企业投融资决策内生机制研究	天津工业大学	魏亚平	2014－12－31	一般项目	研究报告
21	12BGL002	企业与产业集群协同进化机制研究	河南财经政法大学	王　慧	2015－6－30	一般项目	专著 研究报告
22	12BGL028	人民币汇率股指联动与货币政策选择研究	湖南商学院	汤凌冰	2014－12－31	一般项目	专题论文集 研究报告
23	12BGL030	我国企业慈善捐赠行为的税收政策研究	浙江工商大学	葛笑春	2013－12－31	一般项目	专题论文集 研究报告
24	12BGL040	我国经济欠发达地区小微企业健康成长的融资环境研究	贵州大学	李景勃	2015－3－31	一般项目	专著 研究报告

续表

序号	批准号	项目名称	工作单位	负责人	计划完成时间	项目类别	预期成果
25	12BGL041	小微企业融资困境与风险缓释机制研究	东北财经大学	朱　荣	2014－12－31	一般项目	专题论文集 研究报告
26	12BGL004	食品安全供应链中核心企业决策机制研究	河北经贸大学	王书玲	2014－12－31	一般项目	专著
27	12BGL051	企业社会责任的决策模式研究	湖南商学院	刘建秋	2014－12－31	一般项目	专题论文集
28	12BGL106	食品安全行政性规制工具的框架与优化研究	山西医科大学	程景民	2014－12－31	一般项目	专著
29	12BGL132	文化产业创新体系理论模型与实践比较	山西财经大学	郭淑芬	2014－12－30	一般项目	研究报告
30	12BGL134	中国文化消费商业模式创新实证研究	上海对外贸易学院	左　鹏	2014－12－31	一般项目	专著 研究报告
31	12BGL074	农业巨灾风险管理制度研究	河北经贸大学	苏晓鹏	2014－12－31	一般项目	专题论文集 研究报告
32	12BGL075	农业重大旱灾灾后恢复力评估及重建援助机制研究	湖南科技大学	谷洪波	2014－12－30	一般项目	专题论文集 研究报告
33	12BGL078	粮食主产区农地整理项目农户参与机制研究	华中农业大学	杨钢桥	2015－12－30	一般项目	专题论文集 研究报告
34	12BGL119	民生导向的政府公共服务绩效评价与改善研究	重庆师范大学	官永彬	2015－8－30	一般项目	研究报告
35	12BGL003	国有大型企业董事会重构研究	上海对外贸易学院	嵇尚洲	2014－12－31	一般项目	研究报告
36	12BGL084	提升我国就业质量的政策研究	厦门大学	丁　煜	2014－6－30	一般项目	专题论文集 研究报告

续表

序号	批准号	项目名称	工作单位	负责人	计划完成时间	项目类别	预期成果
37	12BGL085	新形势下我国劳动力供给和就业问题实证研究	西南财经大学	刘书祥	2015－6－10	一般项目	专著 专题论文集
38	12BGL087	基本养老保险基金全国统筹的路径与对策研究	上海社会科学院	肖严华	2014－12－31	一般项目	专著
39	12BGL088	社会保险基金风险防控对策研究	上海工程技术大学	吴　忠	2014－5－1	一般项目	研究报告
40	12BGL091	新型农村合作医疗保险风险管理研究	怀化学院	林　源	2014－12－30	一般项目	专题论文集 研究报告
41	12BGL116	城乡基本公共服务均等化的标准与绩效评估研究	四川大学	夏志强	2014－12－31	一般项目	研究报告
42	12BGL118	大都市城乡结合部流动人口居住服务管理问题研究	北京航空航天大学	谢宝富	2015－12－31	一般项目	专著
43	12BGL006	全球生产网络中本土制造企业升级协同演化机制及战略研究	浙江财经学院	唐春晖	2015－6－30	一般项目	专著 研究报告
44	12BGL008	新材料产业国家基地位势提升战略研究	常州大学	汪　锋	2015－6－30	一般项目	专著 研究报告
45	12BGL011	中外合资企业控制权转移影响因素、路径与防范机制研究	中央财经大学	方　刚	2015－12－31	一般项目	专著 研究报告
46	12BGL012	从模仿创新到自主创新的转型路径研究	中央财经大学	王生辉	2014－12－31	一般项目	专著 专题论文集

续表

序号	批准号	项目名称	工作单位	负责人	计划完成时间	项目类别	预期成果
47	12BGL013	创新文化的标杆学习对企业内部创业的影响与对策研究	湖北经济学院	陈向军	2014－12－31	一般项目	专题论文集 研究报告
48	12BGL015	精益思维辅助MC模式企业自主创新管理研究	福建工程学院	肖天明	2015－6－30	一般项目	专题论文集 研究报告
49	12BGL016	我国企业外部导向的知识资本专项报告研究	南京审计学院	董必荣	2015－12－31	一般项目	专题论文集 研究报告
50	12BGL017	我国企业向自主创新跃迁的激发机理与切入路径研究	重庆邮电大学	高锡荣	2015－6－30	一般项目	专著
51	12BGL014	高技术企业集群创新集成能力生态整合建构研究	武汉科技大学	欧光军	2016－12－31	一般项目	专著 专题论文集
52	12BGL020	新技术应用领域转移研究	北京工业大学	吴菲菲	2014－12－30	一般项目	研究报告
53	12BGL018	后发地区企业技术创新能力发展路径研究	贵州大学	曹素璋	2015－12－31	一般项目	研究报告
54	12BGL021	高校创业教育系统构建与优化研究	渤海大学	张天华	2015－12－30	一般项目	研究报告 专题论文集
55	12BGL022	企业社会创业过程及其管理策略研究	安徽财经大学	王晶晶	2014－12－31	一般项目	专题论文集 研究报告
56	12BGL023	地方融资平台信用风险压力测试研究	对外经贸大学	孙东升	2014－12－31	一般项目	研究报告 专题论文集
57	12BGL024	典型事实、极值理论与金融市场风险传染的定量分析方法研究	成都理工大学	淳伟德	2015－12－31	一般项目	专题论文集 研究报告

续表

序号	批准号	项目名称	工作单位	负责人	计划完成时间	项目类别	预期成果
58	12BGL025	金融双轨制下融资担保链危机形成与治理研究	江苏大学	马国建	2015-12-31	一般项目	专题论文集 研究报告
59	12BGL026	准公益性水利项目投融资机制研究	对外经贸大学	邹亚生	2014-12-31	一般项目	专著
60	12BGL029	社保基金投资的市场风险防控对策研究	宁波大学	刘慧宏	2014-6-30	一般项目	专题论文集 研究报告
61	12BGL027	公共资产管理机制创新研究	湖北经济学院	张　青	2014-12-31	一般项目	专著 研究报告
62	12BGL031	集团财务公司风险控制与投资者保护	北京工商大学	袁　琳	2014-12-31	一般项目	研究报告
63	12BGL032	企业内部控制综合评价模型与中国上市公司内部控制质量研究	南开大学商学院	戴文涛	2015-5-20	一般项目	研究报告
64	12BGL033	融资偏好视角下中小投资者利益保护机制与对策研究	河南大学	魏成龙	2014-12-30	一般项目	专著 专题论文集
65	12BGL035	会计控制与反倾销应诉研究	中南林业科技大学	孙凤英	2014-8-31	一般项目	专著 研究报告
66	12BGL036	民营企业短贷长投财务异化行为及其治理研究	宁波大学	雷新途	2015-7-1	一般项目	专著 专题论文集
67	12BGL037	制度环境、会计准则国际趋同后果与资本市场监管体系创新	对外经贸大学	吴革	2014-12-31	一般项目	专著
68	12BGL038	中国—东盟自由贸易区环境下会计准则趋同与发展研究	广西财经学院	刘　卫	2015-12-31	一般项目	专题论文集 研究报告

续表

序号	批准号	项目名称	工作单位	负责人	计划完成时间	项目类别	预期成果
69	12BGL034	环境管理会计视角下的生态价值补偿标准与补偿执行机制的政策设计研究	南京信息工程大学	袁广达	2015－12－31	一般项目	专著
70	12BGL042	国有企业集团边界确定与运行机制研究	中南民族大学	郑 军	2014－12－31	一般项目	专题论文集 研究报告
71	12BGL045	企业集团网络组织特性及协作机制研究	北京青年政治学院	周永源	2014－12－31	一般项目	专题论文集 研究报告
72	12BGL044	煤炭资源整合中的政府与企业关系研究	中国矿业大学	孙自愿	2015－12－31	一般项目	专著
73	12BGL046	转移成本视角下高科技企业客户锁定机制及战略研究	中南民族大学	毛中明	2014－12－31	一般项目	专题论文集 研究报告
74	12BGL043	金融危机时期民营企业破产倒闭的原因和对策研究	浙江工商大学	杨铁清	2014－6－30	一般项目	专著
75	12BGL047	后危机时代董事会治理失效研究	武汉科技大学	叶 蓓	2015－7－1	一般项目	专题论文集 研究报告
76	12BGL049	国有企业控制权转移绩效评估研究	河南大学	屠巧平	2014－10－30	一般项目	专题论文集
77	12BGL048	创业视角的微型企业发展问题研究	东北财经大学	苗 莉	2014－12－31	一般项目	专题论文集 研究报告
78	12BGL050	基于灰色关联分析法的我国企业社会责任评价及推进机制研究	西南民族大学	袁 蕴	2015－12－31	一般项目	专著 研究报告
79	12BGL052	面向大中城市计生家庭的养老服务供应链管理策略研究	华南理工大学	张智勇	2015－7－1	一般项目	研究报告

续表

序号	批准号	项目名称	工作单位	负责人	计划完成时间	项目类别	预期成果
80	12BGL053	人道救援物流网络快速成型机理与运作模式研究	西南交通大学	张　怡	2015－6－30	一般项目	专题论文集 研究报告
81	12BGL054	拓宽农产品流通渠道管理制度研究	北京工商大学	郭崇义	2014－12－31	一般项目	专题论文集 研究报告
82	12BGL055	成分品牌理论模型及产业链效应研究	中南财经政法大学	宁昌会	2015－9－30	一般项目	专著
83	12BGL059	新生代产业工人工作幸福感的提升路径研究	广东商学院	郭　靖	2015－12－31	一般项目	专题论文集
84	12BGL056	农民工雇佣歧视及其反生产行为研究	吉林大学	王弘钰	2015－6－30	一般项目	研究报告
85	12BGL057	我国高校领导能力建设及运行机制研究	北华大学	汤永春	2014－2－14	一般项目	专著
86	12BGL060	中国企业员工知识资本理论与管理研究	红河学院	孙立新	2014－12－30	一般项目	专著
87	12BGL058	新创企业创业团队内部的信任关系及其演化路径研究	安徽财经大学	陈忠卫	2014－12－31	一般项目	专题论文集 研究报告
88	12BGL062	劳动关系集体化转型趋势下的企业雇主策略研究	西南政法大学	曹大友	2015－12－30	一般项目	专著 专题论文集
89	12BGL064	我国自然灾害多发条件下社会化救灾人员储备体系研究	南京航空航天大学	陈万明	2014－12－31	一般项目	研究报告 专题论文集
90	12BGL065	转型期我国科技人才资源共享与组织创造力研究	泰山医学院	于忠军	2014－12－31	一般项目	专题论文集 研究报告

续表

序号	批准号	项目名称	工作单位	负责人	计划完成时间	项目类别	预期成果
91	12BGL061	国际人才流动新范式与我国外籍人才引进政策转型研究	上海社会科学院	高子平	2014－12－31	一般项目	研究报告
92	12BGL063	我国“走出去”企业国际人力资源管理政策与实践研究	对外经贸大学	刘世敏	2015－6－30	一般项目	专著
93	12BGL066	基于组织视角的创新创业人才职业生涯开发技术研究	湖南财政经济学院	刘铁明	2014－12－30	一般项目	专著 研究报告
94	12BGL067	个人—组织契合对职业成功与组织绩效影响研究	大连理工大学	郭文臣	2015－6－30	一般项目	专著 专题论文集
95	12BGL068	国际购物中心建设的影响机理与对策研究	中国（海南）改革发展研究院	夏　锋	2013－12－31	一般项目	研究报告
96	12BGL070	异质性民族文化资源传承与旅游经济竞争优势研究	广东技术师范学院	单纬东	2015－12－31	一般项目	研究报告 专题论文集
97	12BGL069	我国旅游立法重大问题研究	北京第二外国语学院	韩玉灵	2014－6－30	一般项目	专著 研究报告
98	12BGL073	我国旅游企业诚信评价体系研究	南开大学	姚延波	2014－6－30	一般项目	研究报告
99	12BGL071	会展项目的社会网络及其机理研究	南开大学	何会文	2015－6－30	一般项目	专著 专题论文集
100	12BGL072	旅游和旅游业的本体论研究	山东大学	王德刚	2014－12－31	一般项目	专著
101	12BGL077	新形势下农民“双重”分化及其结构变化趋势研究	安徽农业大学	张藕香	2015－6－30	一般项目	专著 研究报告

续表

序号	批准号	项目名称	工作单位	负责人	计划完成时间	项目类别	预期成果
102	12BGL076	我国农业巨灾风险分散机制研究	河南科技大学	邓国取	2014－8－30	一般项目	研究报告
103	12BGL079	全产业链视域的鲜活农产品流通困局与破解机制研究	天津农学院	张晓林	2014－12－31	一般项目	研究报告
104	12BGL081	绿色银行评级制度研究	河北经贸大学	王小江	2013－12－31	一般项目	专著
105	12BGL082	内河航运水污染控制的机制与政策研究	上海海事大学	袁　群	2014－3－30	一般项目	专著 研究报告
106	12BGL083	西部干旱缺水地区城镇化背景下分散式污水资源化管理对策研究	西安建筑科技大学	刘晓君	2014－6－30	一般项目	研究报告
107	12BGL080	国际气候变化谈判与合作中的技术转让问题及我国的对策研究	对外经贸大学	王　波	2014－12－31	一般项目	专题论文集 研究报告
108	12BGL089	适度社会保障水平与克服“中等收入陷阱”关系研究	对外经贸大学	杨风寿	2014－12－31	一般项目	专著
109	12BGL090	我国基本养老保险支付风险调查和养老基金风险新型补偿制度研究	贵州大学	岳公正	2013－12－31	一般项目	专著
110	12BGL086	长期护理保险制度的财务规划理论与方法研究	南京财经大学	曹信邦	2014－12－31	一般项目	研究报告 专著
111	12BGL092	基于双向“结构—行为—绩效”范式的政府投资项目绩效问责与治理优化研究	天津大学	汤伟钢	2014－12－31	一般项目	专题论文集 研究报告

续表

序号	批准号	项目名称	工作单位	负责人	计划完成时间	项目类别	预期成果
112	12BGL093	我国社会组织地方治理创新的实证研究	华东理工大学	吴强玲	2014-12-30	一般项目	专题论文集 研究报告
113	12BGL094	海域资源市场化配置中的政府规制研究	中国海洋大学	陈书全	2014-12-31	一般项目	专著
114	12BGL095	西藏民族区域自治地方政府绩效管理创新研究	西藏民族学院	卫立浩	2014-12-31	一般项目	专著
115	12BGL097	高校信息化建设的结构、过程和机制研究	西华师范大学	陈仕品	2014-12-31	一般项目	专题论文集 研究报告
116	12BGL096	地震灾区中学生创伤后应激障碍发生的历时性特点及关键干预措施研究	解放军第二军医大学	邓光辉	2014-12-31	一般项目	专题论文集 研究报告
117	12BGL098	公共财政框架下义务教育学校绩效管理动态生成与政策配套供给研究	华东师范大学	胡耀宗	2014-9-30	一般项目	专著 研究报告
118	12BGL099	基于学生发展的学校自我诊断研究	北京师范大学	李凌艳	2015-12-31	一般项目	专著 研究报告
119	12BGL100	研究型大学有效治理机制研究	浙江大学	顾建民	2014-12-31	一般项目	专著
120	12BGL102	基于农户视角的空心村形成机理与治理机制创新研究	湖南大学	王良健	2014-12-31	一般项目	专题论文集 研究报告
121	12BGL103	公共安全管理系统脆弱性与重大事故治理研究	上海市委党校	董幼鸿	2013-12-31	一般项目	研究报告
122	12BGL105	民族关系和谐性监测预警及主动调控机制研究	中南民族大学	张劲松	2014-12-31	一般项目	专著 研究报告

续表

序号	批准号	项目名称	工作单位	负责人	计划完成时间	项目类别	预期成果
123	12BGL104	基于应急供应链的救灾物资配送模糊决策与支持系统研究	常州大学	朱佳翔	2014－12－31	一般项目	专著
124	12BGL107	基于本体的应急领域知识表示与复用研究	武警指挥学院	杨莲珍	2014－12－30	一般项目	专著 研究报告
125	12BGL108	快速城市化进程中的城市轨道交通突发事件应急能力评价体系及其实证研究	暨南大学	卢文刚	2014－6－30	一般项目	研究报告 专题论文集
126	12BGL109	快速城市化进程中关键基础设施系统性危机应急模式研究	中国人民大学	王宏伟	2014－9－30	一般项目	专著
127	12BGL111	基于信息技术的社区卫生服务绩效管理模式与实证研究	中国医学科学院	胡红濮	2014－12－30	一般项目	专著 研究报告
128	12BGL112	农村留守青少年问题行为特征及干预模式研究	遵义医学院	杨映萍	2015－6－30	一般项目	专题论文集
129	12BGL110	“参合”农民重大疾病保障水平、适宜度及支付制度研究	江苏大学	周绿林	2015－6－30	一般项目	专著 研究报告
130	12BGL114	青蒿素研发中的管理模式与科研评价研究	北京大学	张大庆	2014－9－1	一般项目	研究报告
131	12BGL115	医患关系治理的机制设计研究	西南政法大学	黄顺康	2015－12－31	一般项目	专题论文集 研究报告

续表

序号	批准号	项目名称	工作单位	负责人	计划完成时间	项目类别	预期成果
132	12BGL113	基于制度嵌入的村卫生室基本药物制度实施模式与绩效评估研究	华中科技大学	刘军安	2014-12-31	一般项目	研究报告
133	12BGL117	基于区域协调发展的区域基本公共服务均等化方案设计与保障机制研究	山东财经大学	宋　敏	2014-6-30	一般项目	研究报告
134	12BGL120	社区居家养老服务评估的理论、方法与政策研究	上海交通大学	章晓懿	2014-12-30	一般项目	专著 研究报告
135	12BGL121	平台型电子商务诚信体系中私人秩序的实证与运作研究	厦门理工学院	林建宗	2015-9-30	一般项目	专著 专题论文集
136	12BGL122	电子政务中的政民互动度评价体系及实证研究	重庆大学	李　勇	2014-12-31	一般项目	专著 研究报告
137	12BGL001	不确定条件下行为决策理论的新框架构建研究	西北大学	王淑珍	2014-12-31	一般项目	专著 研究报告
138	12BGL123	复杂理论视角下集群网络治理问题研究	电子科技大学	何　铮	2015-8-31	一般项目	专著 研究报告
139	12BGL124	以公众为中心的政务微博运行机制研究	北京市委党校	张　玲	2013-12-30	一般项目	研究报告
140	12BGL125	中美比较视野下保密管理机制对政府信息公开的影响研究	北京电子科技学院	孙宝云	2015-7-1	一般项目	专著 专题论文集
141	12BGL126	比较优势动态演化下的战略性新兴产业区域嵌入研究	华南理工大学	张　鹏	2014-12-30	一般项目	研究报告

续表

序号	批准号	项目名称	工作单位	负责人	计划完成时间	项目类别	预期成果
142	12BGL127	基于三螺旋理论的区域创新网络关系模型及协同创新模式的研究	大连理工大学	张秀萍	2015-12-31	一般项目	专著 研究报告
143	12BGL128	低碳城市物质流优化机制与对策研究	天津理工大学	李　虹	2014-2-10	一般项目	研究报告
144	12BGL129	基于生态系统管理理论的流域管理体制创新研究	西南政法大学	铁　燕	2014-12-31	一般项目	研究报告 专题论文集
145	12BGL130	慈善组织公信力的评价体系与评价模型研究	首都师范大学	石国亮	2015-6-30	一般项目	专著
146	12BGL131	非营利组织参与公共文化建设的政策激励研究	华东政法大学	滕世华	2014-12-31	一般项目	研究报告
147	12BGL133	中国动画产业国际化经营对策研究	东北大学	苏　锋	2015-6-30	一般项目	专著
148	12BGL136	加强军队奖励工作针对性有效性问题研究	国防科学技术大学	马永富	2014-12-31	一般项目	研究报告
149	12BGL137	我国空中突发事件预防和处置管理体系研究	解放军空军工程大学	陈杰生	2013-8-31	一般项目	研究报告
150	12BGL138	周边敏感海区涉外纠纷应对策略研究	解放军海军航空工程学院	潘长鹏	2013-12-30	一般项目	研究报告
151	12BGL135	地方高校融合培养国防人才研究	石河子大学	苏宗义	2013-6-30	一般项目	研究报告
152	12CGL002	中国情境下的管理理论创新路径实证研究	东北财经大学	刘宝宏	2014-12-31	青年项目	研究报告

续表

序号	批准号	项目名称	工作单位	负责人	计划完成时间	项目类别	预期成果
153	12CGL005	经济转型期地方战略性新兴产业发展机制研究	中南大学	刘佳刚	2015-6-30	青年项目	研究报告
154	12CGL006	我国高端装备制造业转型升级的模式及实现路径研究	北京联合大学	邓晓虹	2014-6-30	青年项目	研究报告
155	12CGL010	"文化—技术"融合视角下科技型中小企业创新转型路径与对策研究	河海大学	余菲菲	2015-12-31	青年项目	专题论文集 研究报告
156	12CGL004	突发事件应急物资调度模型及优化算法研究	兰州交通大学	郐开俊	2014-12-31	青年项目	专题论文集 研究报告
157	12CGL007	国有企业跨国投资与政府监管问题研究	中国社会科学院	刘建丽	2015-7-1	青年项目	研究报告
158	12CGL018	农民工返乡创业与新农村文化建设耦合机制研究	湖南农业大学	周宇飞	2015-2-28	青年项目	研究报告
159	12CGL023	审慎监管程度对金融风险控制与效率的影响机理研究	湖南大学	曾　薇	2015-12-30	青年项目	研究报告 专题论文集
160	12CGL022	社会资本与民间借贷风险控制研究	福建农林大学	林丽琼	2014-6-30	青年项目	研究报告
161	12CGL039	中国企业社会责任评价与推进机制研究	中国社会科学院	肖红军	2013-12-31	青年项目	专著 研究报告
162	12CGL069	低碳经济背景下企业节能减排行为分析与优化管理研究	中国人民大学	石　磊	2014-6-30	青年项目	研究报告

续表

序号	批准号	项目名称	工作单位	负责人	计划完成时间	项目类别	预期成果
163	12CGL058	我国文化创意旅游产业发展模式与对策研究	北京第二外国语学院	王　欣	2014－12－31	青年项目	研究报告
164	12CGL076	社会养老服务体系的产业支持研究	宁波市委党校	钟春洋	2014－12－30	青年项目	研究报告 专题论文集
165	12CGL077	文化事业单位改制中社会保障政策衔接和配套改革研究	对外经贸大学	孙守纪	2015－12－31	青年项目	专著
166	12CGL008	海外矿业投资经营管理风险评估与预警系统研究	江西理工大学	郑明贵	2014－12－30	青年项目	专著 研究报告
167	12CGL053	中国公司跨国经营中人力资源管理问题研究	西南财经大学	金家飞	2015－10－1	青年项目	专题论文集 研究报告
168	12CGL078	新型农村社会养老保险风险识别与防范研究	湘潭大学	何　晖	2014－12－30	青年项目	专题论文集 研究报告
169	12CGL093	建立多元化保障性住房供应体系研究	中国社会科学院	李恩平	2014－9－30	青年项目	研究报告
170	12CGL105	我国公立医院的改革成本及其分担机制优化研究	郑州轻工业学院	代志明	2015－12－30	青年项目	研究报告 专题论文集
171	12CGL108	区域基本公共服务均等化的财政体制效应研究	上海理工大学	田　发	2014－12－31	青年项目	专题论文集 研究报告
172	12CGL009	财政补贴退出后的多主体创新网络运行机制研究	长安大学	刘兰剑	2014－6－30	青年项目	专题论文集 研究报告
173	12CGL084	社会管理复杂性视角下乡镇政府组织结构变革研究	南京信息工程大学	曾维和	2014－9－30	青年项目	专著

续表

序号	批准号	项目名称	工作单位	负责人	计划完成时间	项目类别	预期成果
174	12CGL085	我国省级政府权力空间配置制度研究	北京师范大学	赵国钦	2013－12－31	青年项目	专著 研究报告
175	12CGL120	中国快速城市化进程中的城市水安全战略研究	北京大学	许英明	2015－12－30	青年项目	专题论文集 研究报告
176	12CGL011	企业知识网络风险治理研究	江西师范大学	任　慧	2015－12－30	青年项目	专著
177	12CGL012	三螺旋模式下大学专利技术转移组织构建研究	武汉纺织大学	李小丽	2015－6－30	青年项目	专题论文集 研究报告
178	12CGL013	创新链集成视域下科技成果转化模式研究	安徽工业大学	刘家树	2015－12－31	青年项目	专著 专题论文集
179	12CGL014	基于应用共性技术的内生型产学研联盟治理研究	华南农业大学	刁丽琳	2015－7－30	青年项目	研究报告
180	12CGL015	金砖国家技术创新政策比较研究	北京第二外国语学院	李　凡	2014－12－31	青年项目	专题论文集 研究报告
181	12CGL099	城市公共安全的合作网络治理研究	湖南省委党校	李　礼	2014－6－20	青年项目	专著
182	12CGL016	生物技术企业创新中的知识产权策略研究	电子科技大学	冯　薇	2015－12－31	青年项目	研究报告
183	12CGL017	基于家族性资源视角的企业创业导向及其作用机制研究	湖南科技学院	王福民	2014－12－30	青年项目	专题论文集
184	12CGL019	农民工返乡创业政策支持体系建设研究	南昌大学	王玉帅	2014－12－31	青年项目	研究报告 专题论文集

续表

序号	批准号	项目名称	工作单位	负责人	计划完成时间	项目类别	预期成果
185	12CGL020	巴塞尔新资本协议下中国商业银行信贷经营的市场化管理研究	西南交通大学	周　圣	2015－12－31	青年项目	专题论文集
186	12CGL021	动态违约相关的组合信用风险建模与数值算法研究	中国计量学院	许如星	2014－12－31	青年项目	专题论文集 研究报告
187	12CGL024	我国基层政府财政透明度实现的路径与策略研究	山东财经大学	申　亮	2014－12－30	青年项目	专著
188	12CGL025	管理层权力、信息披露质量与投资效率的实证研究	西藏大学	徐良果	2014－7－30	青年项目	专题论文集
189	12CGL026	治理转型视角的国有企业非效率投资的战略性管控机制研究	东北财经大学	刘媛媛	2014－12－31	青年项目	研究报告
190	12CGL027	转轨经济背景下的媒体治理与投资者保护的理论与实证研究	东北财经大学	张　娆	2015－7－1	青年项目	研究报告
191	12CGL028	公允价值会计的风险相关性研究	长沙理工大学	徐先知	2014－12－31	青年项目	专题论文集
192	12CGL029	国际环境下会计准则新进展对金融监管的影响及协调研究	山东财经大学	王守海	2014－12－30	青年项目	研究报告
193	12CGL030	融资决策、资本结构调整与经理管理防御研究	天水师范学院	张海龙	2014－12－31	青年项目	专著
194	12CGL031	海洋装备制造企业战略转型路径和机制研究	上海海事大学	贾晓霞	2015－9－30	青年项目	专题论文集 研究报告

续表

序号	批准号	项目名称	工作单位	负责人	计划完成时间	项目类别	预期成果
195	12CGL033	企业战略转型模式与实施路径的匹配关系研究	南开大学	周　杰	2015-6-30	青年项目	研究报告
196	12CGL032	家族企业传承的动因与经济后果研究	北京外国语大学	李思飞	2014-7-1	青年项目	专题论文集 研究报告
197	12CGL034	机会不平等下的家族企业成长与治理优化研究	暨南大学	石水平	2015-6-30	青年项目	专题论文集 研究报告
198	12CGL035	媒体正面报道与公司治理研究	湘潭大学	醋卫华	2015-12-30	青年项目	专题论文集 研究报告
199	12CGL036	物流协同能力的作用机理及其模型构建研究	华南理工大学	王晓玉	2015-12-31	青年项目	专题论文集
200	12CGL037	政府干预亲周期特征、企业投资协同行为与经营绩效研究	首都经贸大学	赵懿清	2015-3-1	青年项目	专题论文集 研究报告
201	12CGL038	立体间性视野下企业社会责任文化及认同研究	东北石油大学	颜　冰	2015-6-30	青年项目	专著 研究报告
202	12CGL040	基于PBC的企业服务备件供应链优化决策研究	华东师范大学	戴　勇	2014-9-1	青年项目	研究报告
203	12CGL041	基于多渠道选择和产品引入的多供应链运作优化决策研究	安徽农业大学	曹宗宏	2014-12-31	青年项目	专题论文集
204	12CGL042	基于供应商产能的供应应急策略与设计研究	烟台大学	李新军	2015-12-31	青年项目	专著 专题论文集
205	12CGL043	供应商能力营销的方式选择与作用机理研究	广东外语外贸大学	刘石兰	2015-12-31	青年项目	专题论文集

续表

序号	批准号	项目名称	工作单位	负责人	计划完成时间	项目类别	预期成果
206	12CGL044	老字号品牌真实性、作用机理及其营销策略研究	安徽财经大学	徐　伟	2014－12－31	青年项目	专题论文集 研究报告
207	12CGL045	双渠道下高残值易品生产—分销网络优化策略研究	福州大学	阳成虎	2014－7－30	青年项目	专题论文集 研究报告
208	12CGL046	基于质量安全视角的农产品顾客感知价值形成机制实证研究	湖南农业大学	张国政	2015－8－31	青年项目	专题论文集 研究报告
209	12CGL048	网购消费者后悔情绪的成因、影响及其管理策略研究	天津财经大学	张初兵	2014－7－31	青年项目	专著 专题论文集
210	12CGL047	模糊情境下产品危机认知机制研究	上海大学	王志良	2015－12－30	青年项目	专题论文集
211	12CGL050	自我管理团队的团队学习与团队创新研究	苏州大学	吴铁钧	2014－12－31	青年项目	专题论文集 研究报告
212	12CGL049	差错管理气氛对企业创新行为的影响机理及对策研究	重庆邮电大学	李　忆	2015－6－30	青年项目	专著 研究报告
213	12CGL051	新移民知识员工流动的成因、路径与内在机理研究	海南大学	黎春燕	2015－12－30	青年项目	专题论文集
214	12CGL052	基于社会网络嵌入视角的人力资源实践包对组织效能影响的多层研究	华南理工大学	张光磊	2015－6－30	青年项目	专题论文集 研究报告
215	12CGL054	组织支持契合、雇佣关系稳定与新生代农民工治理研究	西南政法大学	淦未宇	2015－6－30	青年项目	专题论文集 研究报告

续表

序号	批准号	项目名称	工作单位	负责人	计划完成时间	项目类别	预期成果
216	12CGL055	文化科技复合型创新团队胜任力模型及动态开发机制研究	福建师范大学	张廷君	2015－6－30	青年项目	专题论文集 研究报告
217	12CGL056	中西方文化差异视角下领导—部属关系结构模型及影响机制研究	中国浦东干部学院	任　真	2015－6－30	青年项目	专著 专题论文集
218	12CGL059	中国沿海地区旅游产业结构与旅游产业集聚关联机理研究	中国海洋大学	刘　佳	2015－12－31	青年项目	研究报告
219	12CGL057	大型节事举办后中国旅游形象演变机理及和谐发展战略研究	河南大学	陈　楠	2014－12－30	青年项目	专著
220	12CGL060	两岸四地旅游应急合作体系建设研究	华侨大学	谢朝武	2014－12－30	青年项目	专著 专题论文集
221	12CGL061	移动用户生成内容环境下旅游者信息行为分析与我国旅游营销模式创新研究	广西师范大学	彭润华	2015－6－30	青年项目	研究报告 专题论文集
222	12CGL062	基于农户技术选择视角的农业面源污染控制政策设计	农业部	金书秦	2015－6－30	青年项目	专著 研究报告
223	12CGL063	农民合作经济组织和农业社会化服务供给模式创新研究	西南大学	杨　丹	2015－6－30	青年项目	研究报告
224	12CGL064	我国种业对外开放的适度性评估与政策选择	华南农业大学	陈龙江	2015－6－30	青年项目	研究报告

续表

序号	批准号	项目名称	工作单位	负责人	计划完成时间	项目类别	预期成果
225	12CGL065	征地过程中的经济补偿测算及失地农民权益保障机制研究	中国地质大学（武汉）	张　志	2015－12－30	青年项目	研究报告 专题论文集
226	12CGL066	基于低碳视角的农户农地利用行为研究	福建农林大学	郑　晶	2014－12－1	青年项目	研究报告
227	12CGL067	农产品流通渠道变革及其福利效应研究	湖北大学	赵晓飞	2015－7－1	青年项目	专题论文集 研究报告
228	12CGL068	我国水资源反退化适应性管理模式研究	河海大学	周申蓓	2015－12－31	青年项目	专著 专题论文集
229	12CGL070	基于适应性管理的流域水污染多主体合作生态补偿机制研究	河海大学	张　婕	2015－6－30	青年项目	研究报告
230	12CGL071	我国农村生活垃圾管理模式与政策研究	河南大学	梁　蒙	2014－12－31	青年项目	专题论文集 研究报告
231	12CGL072	海峡两岸民营企业劳动关系民主化管理比较研究	华侨大学	郑文智	2014－12－30	青年项目	专著
232	12CGL074	我国城镇化进程中失地农户劳动供给决策与就业发展研究	江苏大学	陈　浩	2015－12－31	青年项目	专题论文集 研究报告
233	12CGL075	新生代农民工城市融入的进程测度及政策创新研究	浙江省委党校	许　光	2014－12－31	青年项目	专著

续表

序号	批准号	项目名称	工作单位	负责人	计划完成时间	项目类别	预期成果
234	12CGL073	基于扩大内需战略的新生代农民工市民化路径研究	中国（海南）改革发展研究院	倪建伟	2013-12-31	青年项目	研究报告
235	12CGL079	公共服务市场化实践中的公共性流失问题研究	南京晓庄学院	梅锦萍	2014-12-31	青年项目	专题论文集
236	12CGL080	邻避冲突及其治理模式研究	温州大学	陈宝胜	2015-7-30	青年项目	专著
237	12CGL081	基于包容性发展的我国都市圈地方政府整体性协作治理机制研究	中央财经大学	崔　晶	2014-12-31	青年项目	专题论文集 研究报告
238	12CGL082	领导行为与政府绩效：基于中国县级政府的实证研究	上海市委党校	马佳铮	2014-12-31	青年项目	研究报告
239	12CGL083	民族地区基层政府社会管理模式创新比较研究	广西民族大学	胡　佳	2014-12-31	青年项目	研究报告
240	12CGL086	当代中国公共决策咨询程序与机制的探索研究	华中师范大学	傅雨飞	2015-6-30	青年项目	研究报告
241	12CGL087	互联网环境下的政策议程设置研究	华中科技大学	曾润喜	2014-12-30	青年项目	专题论文集 研究报告
242	12CGL088	我国反补贴政策产业救济效果评估体系与方法研究	清华大学	乔小勇	2015-2-28	青年项目	研究报告
243	12CGL089	协作知识建构视角下虚拟社会管理创新研究	电子科技大学	张会平	2014-6-30	青年项目	研究报告
244	12CGL090	完善中国特色现代大学制度研究	广西财经学院	谢凌凌	2015-6-30	青年项目	专题论文集 研究报告

续表

序号	批准号	项目名称	工作单位	负责人	计划完成时间	项目类别	预期成果
245	12CGL091	我国高校贫困生家庭识别预警与分层救助研究	华东交通大学	毕鹤霞	2014－12－31	青年项目	专题论文集 研究报告
246	12CGL092	保障房建设的社会空间效应、形成机制与福利测度研究	中南财经政法大学	李梦玄	2015－12－31	青年项目	专题论文集 研究报告
247	12BGL101	公共租赁住房后期管理模式研究	华中师范大学	陈淑云	2014－7－1	一般项目	研究报告
248	12CGL094	我国保障性住房市场板块化设计与动态管理研究	北京联合大学	张远索	2014－9－30	青年项目	专题论文集 研究报告
249	12CGL095	“乡—城”移民视野下新生代农民工城市融入的社区支持研究	杭州市委党校	郎晓波	2014－10－30	青年项目	研究报告 专题论文集
250	12CGL096	社会工作介入与农民工新型社会管理体制建构研究	湖南省社会科学院	刘艳文	2015－12－31	青年项目	专题论文集 研究报告
251	12CGL097	社会管理创新与农村征地冲突治理研究	江苏师范大学	祝天智	2015－12－30	青年项目	专著 研究报告
252	12CGL098	社区小商贩社会管理创新研究	武汉市委党校	周　昕	2015－1－1	青年项目	专著
253	12CGL100	基于可追溯体系的食品安全全程监管机制与支持政策研究	江南大学	徐玲玲	2014－12－31	青年项目	专题论文集 研究报告
254	12CGL101	煤矿动态安全预警与关联管理问题研究	华北水利水电学院	王　菲	2014－7－1	青年项目	专著 研究报告
255	12CGL102	我国城市化进程中的邻避危机及对策研究	中国浦东干部学院	吴　涛	2014－12－30	青年项目	研究报告

续表

序号	批准号	项目名称	工作单位	负责人	计划完成时间	项目类别	预期成果
256	12CGL103	成都城乡居民基本医疗保险政策分析评估研究	西南财经大学	刘世勇	2015-12-31	青年项目	专题论文集
257	12CGL104	基于健康管理理念的社区慢性病防控合作模式研究	首都医科大学	李星明	2014-12-31	青年项目	研究报告
258	12CGL106	乡村医生身份认定及其相关保障研究	华中科技大学	金建强	2015-12-31	青年项目	专题论文集 研究报告
259	12CGL107	公共服务横向援助模式和机制研究	广东外语外贸大学	王达梅	2014-6-30	青年项目	专著
260	12CGL109	东、中、西部义务教育均等化调查研究	华中师范大学	李军超	2015-6-30	青年项目	专著 研究报告
261	12CGL110	农村公益校车服务的地方政府供给研究	安徽工业大学	董少林	2015-7-1	青年项目	专题论文集
262	12CGL111	顾客满意视角的电子商务服务质量研究	广西壮族自治区党校	李海英	2015-6-30	青年项目	专题论文集
263	12CGL112	信息系统对服务型制造网络中商务关系的影响研究	河北工业大学	张志颖	2013-12-31	青年项目	研究报告
264	12CGL113	公共资源网络治理研究	南昌大学	唐　兵	2015-6-30	青年项目	专著 专题论文集
265	12CGL114	跨区域创意产业集群协同创新网络运作机制和政策研究	江苏科技大学	毛　磊	2015-12-31	青年项目	专题论文集 研究报告
266	12CGL115	嵌入新国际分工网络体系的集群企业契约关系及治理对策研究	湖南科技大学	易秋平	2014-12-30	青年项目	专题论文集 研究报告

续表

序号	批准号	项目名称	工作单位	负责人	计划完成时间	项目类别	预期成果
267	12CGL003	人文社会科学研究的多元多方评价制度结构和运行机制研究	大连理工大学	李　冲	2015－6－30	青年项目	专题论文集 研究报告
268	12CGL116	文化生态下闽台传统聚落保护与互动发展机制研究	华东理工大学	张　杰	2014－12－30	青年项目	专著
269	12CGL117	中部地区承接产业转移中基于环境伦理的政府政策转型研究	九江学院	汤　明	2014－12－31	青年项目	专题论文集 研究报告
270	12CGL118	城乡结合部规划建设模式与土地利用协调机制研究	中国人民大学	李　强	2014－12－31	青年项目	专著 研究报告
271	12CGL119	特大城市公交巴士企业补贴机制与测算方法研究	首都经贸大学	卢　宇	2015－12－31	青年项目	研究报告
272	12CGL121	我国非营利组织信息披露及其治理机制研究	浙江农林大学	程　博	2015－12－31	青年项目	专著
273	12CGL122	政府购买服务背景下社会工作服务机构发展研究	桂林理工大学	谢　敏	2014－12－30	青年项目	专题论文集 研究报告
274	12CGL123	中国非营利组织的治理和规制问题研究	中国社会科学院	卢宪英	2014－12－31	青年项目	专著 研究报告
275	12CGL124	财产权利视角下的我国城镇建筑遗产保护机制研究	同济大学	王红军	2015－12－31	青年项目	专著 研究报告

续表

序号	批准号	项目名称	工作单位	负责人	计划完成时间	项目类别	预期成果
276	12CGL125	我国世界文化遗产地可持续发展模式与评估体系研究	武汉工业学院	张国超	2014－6－30	青年项目	研究报告
277	12CGL001	《司马法》伦理管理思想研究	江西财经大学	钟　尉	2014－12－31	青年项目	专著

资料来源：http：//www. npopss-cn. gov. cn/GB/219469/17942372. html。

2012年度国家社科基金西部项目立项一览表（经济学）

序号	课题名称	工作单位	负责人	计划完成时间	预期成果
1	经济福利核算的理论基础及其公理化指标体系构建	吉首大学商学院	周　伟	2015－6－30	专著 专题论文集
2	马克思主义垄断资本理论的当代发展研究	西北大学经济管理学院	李灵燕	2015－6－30	专著
3	转变经济发展方式的科技创新支撑机制与绩效评价研究	重庆科技学院	唐　龙	2014－9－30	专著
4	加快转变经济发展方式与内陆开放模式创新研究	中国共产党重庆市委党校	李继樊	2013－12－31	研究报告
5	“西三角”经济圈与中国内陆经济增长极研究	中国共产党重庆市委党校	何　伟	2013－5－27	研究报告
6	贫困地区大规模生态移民可持续发展研究	中共宁夏回族自治区委党校	马荣芳	2015－12－30	研究报告
7	通货膨胀预期管理研究	中共四川省委党校	江世银	2013－12－30	研究报告 专题论文集
8	资源富集区经济可持续运行机理与体制研究	成都学院经济管理学院	方发龙	2014－6－30	研究报告 专著
9	我国通货膨胀不确定性管理研究	西安电子科技大学人文学院	庞　震	2015－6－30	专题论文集 研究报告
10	我国货币政策产业效应研究	西安外国语大学商学院	李村璞	2015－12－31	专题论文集 研究报告
11	乌蒙山国家能矿基地脱贫开发问题研究	六盘水师范学院	张绪清	2014－12－30	专著

续表

序号	课题名称	工作单位	负责人	计划完成时间	预期成果
12	国际金融危机演变背景下市场与政府关系的再研究	西安交通大学	刘　儒	2014－12－31	专著 专题论文集
13	西部地区应灾能力建设的保险支持研究	西南民族大学	蒲成毅	2015－12－30	专著 研究报告
14	农民土地财产权实现机制创新与政策选择研究	中共成都市委党校	邵　昱	2013－12－30	研究报告 专著
15	促进西藏经济发展方式转变的路径研究	西藏大学经济与管理学院	图登克珠	2014－12－30	研究报告
16	现阶段西藏文化消费市场调查与研究	西藏大学经济与管理学院	德吉央宗	2014－12－31	研究报告
17	现阶段西北地区文化消费调查研究	中共宁夏回族自治区委党校	李　园	2014－12－31	专著 研究报告
18	转变经济发展方式背景下新疆南疆城镇化与产业协调发展问题研究	塔里木大学	朱晓玲	2014－12－31	研究报告
19	西南民族文化产业发展模式研究	贵州省社会科学院	邢启顺	2014－12－30	研究报告
20	文化旅游产业创新系统演化理论研究	贵州财经学院	杨春宇	2015－12－31	研究报告
21	民族地区经济社会发展的幸福指标体系研究	内蒙古财经学院	包海花	2014－12－31	研究报告
22	牧区可交易水权制度的政府规制研究	内蒙古财经学院	张建斌	2014－12－31	研究报告
23	房产税改革的财富分配效应与制度创新研究	重庆邮电大学	姚　涛	2014－12－31	专著 研究报告
24	社会资本与文化资源协同发展机制研究	西北政法大学经济管理学院	张荣刚	2015－6－30	专著 研究报告
25	基于社会认同的税制体系构建研究	广西财经学院	焦　耘	2014－12－31	专题论文集 研究报告
26	城乡统筹进程中土地、资本和劳动力整合机制研究	成都理工大学商学院	刘后平	2015－8－31	专题论文集 研究报告

续表

序号	课题名称	工作单位	负责人	计划完成时间	预期成果
27	河西走廊葡萄产业发展研究	甘肃行政学院	赵　慧	2014－8－31	专题论文集 研究报告
28	中小银行跨区域发展的经济效应评估及监管政策研究	广西财经学院	欧阳青东	2015－6－30	专著 专题论文集
29	民族地区矿产资源开发与保护农牧民利益关系研究	内蒙古社会科学院	乐　奇	2013－12－30	研究报告
30	文化大繁荣背景下遗址保护与都市圈和谐共生机制研究	陕西省社会科学院	裴成荣	2014－6－30	专著 研究报告
31	西南石漠化地区生态经济建设回顾与展望研究	贵州师范大学	苏　醒	2014－12－31	研究报告
32	我国价格水平变化的规律及治理对策	广西社会科学院	罗运贵	2013－12－10	研究报告
33	宏观审慎监管视角中国家系统性洗钱风险与反洗钱研究	西南交通大学经济管理学院	高增安	2014－6－30	专题论文集 研究报告
34	农民专业合作社的规范运行与可持续发展研究	西南政法大学	黄胜忠	2014－12－30	专著 专题论文集
35	青藏高原区生态补偿成本计量及分摊研究	兰州商学院经济学院	王娟娟	2014－6－30	研究报告
36	我国森林碳汇发展的动力机制与路径研究	云南财经大学	续珊珊	2014－12－30	专著
37	三峡库区后续发展的产业生态模式研究	重庆工商大学	彭国川	2014－12－31	专题论文集 研究报告
38	国防工业发展的军民融合战略实证分析研究	西安财经学院	吴旺延	2014－12－31	专著
39	西部蚕丝业非竞争性结构布局发展方式的理论与实践研究	安康学院	王代钢	2014－12－20	研究报告
40	低碳政策体系优化及演进路径研究	宜宾学院	崔风暴	2014－12－31	研究报告
41	我国企业汇率风险承受能力及应急机制研究	重庆理工大学	谢　非	2015－12－30	研究报告

续表

序号	课题名称	工作单位	负责人	计划完成时间	预期成果
42	农村集体资产股份制改革研究	重庆社会科学院	田代贵	2013－12－31	研究报告
43	老工业基地发展低碳经济的对策研究	重庆社会科学院	王　胜	2013－12－31	研究报告
44	西部民族村镇旅游发展与非物质文化遗产保护协同机制研究	重庆师范大学	张述林	2014－12－30	研究报告
45	共同因子结构下非线性面板协整检验方法及应用研究	重庆工商大学	陈海燕	2015－6－30	专题论文集 研究报告
46	转变经济发展方式与政治体制改革研究	重庆社会科学院	吴大兵	2014－12－30	专著
47	上市公司实际控制人的信用义务体系构建研究	西南政法大学	徐　来	2014－12－30	专著
48	和谐社会视角下企业社会责任及其培育机制研究	兰州市社会科学院	张玉斌	2015－8－30	专著 研究报告
49	新生代农民工市民化研究	贺州学院	唐　踔	2014－12－30	专著 专题论文集
50	西北民族地区流动人口与公共文化服务体系建设的调查与研究	中共新疆维吾尔自治区委党校	李西琴	2014－12－30	研究报告
51	中国西部地区农村老年贫困问题研究	重庆理工大学	章晓英	2015－12－30	研究报告
52	我国人口老龄化高峰期养老金缺口的测算与应对研究	西南财经大学	张运刚	2014－12－31	专著 研究报告
53	西部新生代农村劳动力开发实证研究	重庆文理学院	田书芹	2014－12－31	专题论文集 研究报告
54	边疆民族地区经济开发与周边国家经济合作法律环境研究	延边大学法学院	金河禄	2014－12－30	专著
55	我国民族区域自治州经济增长比较研究	延边大学经济管理学院	李钟林	2014－12－30	研究报告
56	青藏两省区民族文化产业科技创新研究	青海大学财经学院	赵治中	2014－6－30	研究报告

续表

序号	课题名称	工作单位	负责人	计划完成时间	预期成果
57	中国朝鲜族聚居边疆地区贫困人口现状与脱贫对策研究	延边大学社会科学基础部	沈万根	2014－12－30	研究报告
58	西部民族地区文化产业转型发展研究	中共内蒙古自治区委党校	安静赜	2014－12－31	研究报告
59	青海藏区新型农村社会养老保险制度研究	青海大学财经学院	万玉勤	2014－12－30	研究报告
60	新时期西藏农村特殊扶贫政策研究	西藏大学农牧学院	刘天平	2015－8－31	研究报告
61	加快西部民族地区现代文化产业建设研究	中共云南省委党校	熊黎明	2013－12－28	专著
62	边疆民族地区文化产业发展与少数民族特色文化保护研究	广西财经学院	丁智才	2015－6－30	研究报告
63	基于经济文化化视角的民族地区经济发展方式转变研究	西南民族大学	刘　毅	2015－12－31	专著 研究报告
64	中越跨界民族劳工的跨界流迁问题研究	广西民族师范学院	韦福安	2014－12－31	专著
65	牧区合作组织金融支持模式研究	内蒙古财经学院	萨如拉	2015－12－31	研究报告
66	2000年以来中国穆斯林人口增长与分布研究	青海省社会科学院	刘成明	2014－6－30	研究报告 专著
67	环塔里木非物质文化遗产旅游开发与惠及民生研究	塔里木大学西域文化研究所	宋　梅	2014－12－31	研究报告 专题论文集
68	西部地区公共文化服务和文化产业发展的路径研究	贵州大学	金颖若	2014－12－30	研究报告
69	三江源生态移民的生活重建和反贫困研究	中共青海省委党校	韦仁忠	2014－12－31	专著 研究报告
70	内蒙古地区贫困人口现状与脱贫对策研究	内蒙古民族大学马克思主义学院	张艾力	2014－12－31	专著
71	青藏高原旅游业发展模式研究	甘肃民族师范学院	卓玛措	2014－7－30	专著

续表

序号	课题名称	工作单位	负责人	计划完成时间	预期成果
72	三江源生态移民劳动就业困境与社会稳定研究	青海大学社会科学系	和东红	2014-10-30	研究报告
73	西南山区少数民族贫困人口现状调查与脱贫政策研究	贵州大学	王志凌	2013-12-30	专著 研究报告
74	西藏区域经济的空间分异与空间结构优化研究	西南财经大学	鄢　杰	2013-12-18	研究报告
75	西南边疆少数民族地区民生改善实证研究	广西经济管理干部学院	熊远光	2014-12-30	专题论文集 研究报告
76	新疆少数民族聚居地边境扶贫试点及其成效的调查与研究	中共新疆维吾尔自治区委党校	杨引官	2013-12-30	研究报告
77	公共政策下的农牧民就业取向研究	内蒙古社会科学院	额尔敦乌日图	2014-12-30	研究报告
78	蒙药产业的组织模式及创新能力研究	内蒙古农业大学经济管理学院	扎　玛	2014-12-31	研究报告
79	河湟民族走廊经济关系史研究	青海师范大学	袁亚丽	2015-12-31	研究报告
80	桂滇黔少数民族山区农户专业化生产与反贫困路径研究	桂林理工大学	蒙永亨	2014-12-30	专题论文集 研究报告
81	民族地区遗产旅游地利益机制构建研究	四川理工学院	胡北明	2015-2-28	专著 专题论文集
82	西南民族地区公共服务均等化模式与创新研究	重庆工商大学	朱　沙	2015-12-31	研究报告
83	西部少数民族地区农村学前儿童教育现状调查与对策研究	兰州城市学院	赵跟喜	2013-12-30	专题论文集 研究报告
84	社会资本重构与少数民族城镇就业研究	云南大学	陈　瑛	2014-12-31	专著 研究报告
85	武陵山连片特困地区农村脱贫政策需求研究	重庆工商大学	李录青	2014-7-31	研究报告
86	外资扶贫对云南民族地区的影响研究	云南省社会科学院	张惠君	2013-6-30	专著 研究报告

续表

序号	课题名称	工作单位	负责人	计划完成时间	预期成果
87	区域扶贫背景下西部边疆少数民族脱贫发展政策研究	云南省委宣传部	张瑞才	2014-12-1	研究报告
88	我国西部地区人口较少民族经济社会发展比较研究	西南民族大学	刘兴全	2014-12-30	研究报告
89	金融支持与西部少数民族减贫策略研究	中共四川省委党校	孙超英	2013-12-31	研究报告 专著
90	西部地区旅游资源开发与城镇化建设研究	重庆师范大学	陈绍友	2014-12-31	研究报告
91	企业视角的社会主义核心价值体系推行模式和路径研究	四川大学工商管理学院	黎　伟	2015-6-30	研究报告
92	三江源生态效益补偿会计核算体系构建与评价研究	青海大学财经学院	秦嘉龙	2014-12-30	研究报告
93	我国公租房投资、建设、营运和管理机制研究	重庆大学	马智利	2013-12-31	研究报告 专题论文集
94	食品企业社会责任评价与内部推动机制研究	西南大学	黄　俊	2015-12-30	专题论文集 研究报告
95	西部地区战略性新兴产业与资本市场互动发展研究	甘肃省社会科学院	常红军	2013-12-30	研究报告
96	包容性增长视角下基本公共服务与区域经济发展关系研究	四川省社会科学院	方　茜	2014-12-30	研究报告 专著
97	转型期农村社会安全风险治理体系研究	西北农林科技大学	杨乙丹	2015-8-30	专著
98	企业社会责任对缓冲负面事件影响的作用研究	兰州商学院会计学院	孔　龙	2014-12-30	专题论文集 研究报告
99	非政府组织促进我国企业社会责任建设的路径研究	重庆大学	冉　戎	2014-6-30	专著
100	中国与东盟国家财政政策协调研究	云南财经大学	赵仁平	2014-12-30	专著 研究报告
101	中国国有企业管理层变革与创新研究	西安财经学院	王新安	2014-12-31	专题论文集 研究报告

续表

序号	课题名称	工作单位	负责人	计划完成时间	预期成果
102	集群融资条件下的小企业财务战略研究	成都信息工程学院	曹邦英	2014－12－31	专著 专题论文集
103	环境约束下中国城市全要素生产率测算及其影响因素研究	重庆三峡学院	张建升	2014－12－31	专著
104	网络经济的市场监管研究	重庆邮电大学	蹇　洁	2013－12－30	专著 研究报告
105	太仓库与明代财政制度的演变研究	贵州财经学院	苏新红	2015－5－30	专著
106	新中国成立以来川渝地区城乡关系演变研究	内江师范学院经济与管理学院	李益彬	2015－12－30	专著
107	近代西北地区商贸经济及对当地社会发展影响问题研究	西北师范大学	李建国	2014－10－30	专著

资料来源：http：//www. npopss-cn. gov. cn/GB/219468/17987927. html。

2012 年度国家自然科学基金重点项目（管理科学部）资助一览表

序号	项目批准号	项目名称	依托单位	负责人	起止年月
1	71231001	预测和基于状态预测的复杂工程系统健康管理	北京科技大学	王文彬	2013. 01－2017. 12
2	71231002	面向不确定性的 Web2. 0 用户创作内容管理研究	北京邮电大学	齐佳音	2013. 01－2017. 12
3	71231003	复杂不确定经济管理系统的多目标多人合作对策理论与方法	福州大学	李登峰	2013. 01－2017. 12
4	71231004	物联网资源协同优化与组织管理的理论和方法	合肥工业大学	刘心报	2013. 01－2017. 12
5	71231005	房地产金融资产及衍生物定价与风险管理研究	华中科技大学	龚　朴	2013. 01－2017. 12
6	71231006	重大工程项目风险识别、度量与控制的理论与方法研究	天津大学	陈勇强	2013. 01－2017. 12

续表

序号	项目批准号	项目名称	依托单位	负责人	起止年月
7	71231007	复杂不确定性多主体多目标合作博弈与协商谈判的合作机制与合作模式	武汉大学	王先甲	2013.01 - 2017.12
8	71231008	房地产及其金融资产的定价与风险管理	中山大学	李仲飞	2013.01 - 2017.12
9	71232001	转型期和谐劳动关系：分享型领导、员工心理契约与人力资源策略研究	华中科技大学	龙立荣	2013.01 - 2017.12
10	71232002	中国企业战略领导力研究：集体领导力的理论模型及有效性	清华大学	杨　斌	2013.01 - 2017.12
11	71232003	中国城市居民家庭/消费者金融研究	清华大学	廖　理	2013.01 - 2017.12
12	71232004	制度环境、公司财务政策选择和动态演化研究	重庆大学	刘　星	2013.01 - 2017.12
13	71232005	公司财务政策选择与动态演化研究	厦门大学	沈艺峰	2013.01 - 2017.12
14	71232006	ERP3.0：企业平行管理系统理论与关键技术研究	中国科学院自动化研究所	王飞跃	2013.01 - 2017.12
15	71232007	低碳时代的供应链建模、优化与协调的理论与方法研究	清华大学	陈　剑	2013.01 - 2017.12
16	71232008	基于顾客参与的服务价值共创理论与模式研究	复旦大学	范秀成	2013.01 - 2017.12
17	71232009	国际化背景下我国创业企业的社会网络与创业成长	中山大学	李新春	2013.01 - 2017.12
18	71232010	中国企业/组织管理理论创新研究	中山大学	陆亚东	2013.01 - 2017.12
19	71232011	中国转型经济背景下企业创业机会与资源开发行为研究	吉林大学	蔡　莉	2013.01 - 2017.12

续表

序号	项目批准号	项目名称	依托单位	负责人	起止年月
20	71232012	基于并行分布策略的中国企业组织变革与文化融合机制研究	浙江大学	王重鸣	2013.01－2017.12
21	71232013	中国企业自主创新与技术追赶理论研究：模式、机制与动态演化	浙江大学	吴晓波	2013.01－2017.12
22	71232014	建构中国本土管理理论：话语权，启示录与真理	西安交通大学	席酉民	2013.01－2017.12
23	71233001	关于改善老龄健康保障机制和科学管理效益的研究	北京大学	曾　毅	2013.01－2017.12
24	71233002	自主创新背景下我国高技术产业标准化战略与政策研究	湖南大学	曾德明	2013.01－2017.12
25	71233003	我国产学研合作创新理论与政策研究	华南理工大学	朱桂龙	2013.01－2017.12
26	71233004	我国土地资源效率提升能力与系统建设研究——基于转变经济发展方式的视角	南京农业大学	吴　群	2013.01－2017.12
27	71233005	基于若干领域政策实践的中国公共决策模式及其现代化路径研究	清华大学	苏　竣	2013.01－2017.12
28	71233006	我国经济转型期线上供应链金融协同创新及其风险控制研究	武汉理工大学	杨琦峰	2013.01－2017.12
29	71233007	城市餐饮业食物浪费的资源环境效应及可持续消费模式实证研究	中国科学院地理科学与资源研究所	成升魁	2013.01－2017.12
30	71233008	基于公益性多重 CAS 建模的公立医院改革循证决策研究	中国人民解放军第二军医大学	张鹭鹭	2013.01－2017.12

资料来源：http：//www.nsfcms.org/index.php？r = search/index。

2012年度中国社会科学院经济学部院重点课题立项一览表

序号	课题名称	管理单位	主持人		预计完成时间	最终成果形式	卷（册）数
			姓名	职称			
1	中国经济重大问题跟踪分析	经济学部	陈佳贵	研究员	2014年10月	专著	1
2	国家粮食安全战略制约下的农民自主发展研究	经济所	安东建	副研究员	2014－12－30	专著	2
3	中国经济发展方式转变、金融结构调整和金融宏观审慎监管改革	经济所	张　磊	副研究员	2012－12－30	研究报告	1
4	西部绿洲传统农业发展与生态环境演变的历史考察	经济所	苏金花	副研究员	2014－10－30	专著	1
5	建立扩大内需长效机制基于城市化的发展方式分析	经济所	陈昌兵	副研究员	2012－12－30	研究报告	1
6	为何居民感受不到收入水平的提高	经济所	姚　宇	副研究员	2012－12－30	研究报告	1
7	现代产业体系与新兴战略产业发展研究	工经所	吕　铁	研究员	2013－12－30	研究报告	1
8	“十二五”中国区域产业结构调整和发展路径创新研究	工经所	刘　楷	副研究员	2013－8－30	研究报告	1
9	国有企业内部控制与风险预警机制研究	工经所	杜莹芬	研究员	2012－12－31	研究报告	1
10	我国水利建设人才支撑体系研究	农发所	于法稳	副研究员	2013－12－31	研究报告	1
11	中国粮食“八连增”后的粮食安全战略研究	农发所	胡冰川	助理研究员	2012－12－30	研究报告	1

续表

序号	课题名称	管理单位	主持人		预计完成时间	最终成果形式	卷（册）数
			姓名	职称			
12	我国农村水土保持的可持续发展研究	农发所	包晓斌	副研究员	2014－1－10	研究报告	1
13	新能源价格补贴问题研究	财贸所	史　丹	研究员	2013－6－30	研究报告	1
14	扩大内需的长效机制研究	财贸所	依绍华	副研究员	2012－12－31	研究报告	1
15	国际金融危机跟踪研究：主权债务视角	金融所	董裕平	研究员	2013－12－31	专著	1
16	中国货币法制史	金融所	石俊志	副研究员	2013－12－31	专著	4
17	新能源产业技术创新研究	数技经所	蔡跃洲	副研究员	2013－7－31	研究报告	1
18	全球化背景下中国信用评级体系的构建与发展研究	数技经所	胡　洁	副研究员	2013－12－30	研究报告	1
19	可再生能源技术经济学评价理论与应用研究	数技经所	刘　强	副研究员	2012－12－31	研究报告	1
20	中国住房保障政策评估及政策设计创新研究	城环所	尚教蔚	副研究员	2014－12－31	研究报告	1
21	中国城镇规模效益比较研究	城环所	王业强	助理研究员	2013－12－30	研究报告	1

资料来源：中国社会科学院科研局项目管理处。

第七篇

研究生教育

2012年全国经济学和管理学（部分）学术型博士研究生的毕业与招生人数

单位代码	单位名称	所在省市	专业名称	专业代码	毕业生数	招生数
4111010001	北京大学	北京	政治经济学	020101	13	6
4111010001	北京大学	北京	经济思想史	020102	0	2
4111010001	北京大学	北京	西方经济学	020104	9	14
4111010001	北京大学	北京	世界经济	020105	3	2
4111010001	北京大学	北京	理论经济学（发展经济学）	020199	1	3
4111010001	北京大学	北京	国民经济学	020201	7	10
4111010001	北京大学	北京	区域经济学	020202	2	4
4111010001	北京大学	北京	财政学（含：税收学）	020203	1	4
4111010001	北京大学	北京	金融学	020204	16	23
4111010001	北京大学	北京	产业经济学	020205	2	3
4111010001	北京大学	北京	统计学	020208	0	4
4111010001	北京大学	北京	管理科学与工程	120197	0	10
4111010001	北京大学	北京	会计学	120201	5	6
4111010001	北京大学	北京	企业管理	120202	16	15
4111010001	北京大学	北京	教育经济与管理	120403	34	21
4111010002	中国人民大学	北京	政治经济学	020101	25	24
4111010002	中国人民大学	北京	经济思想史	020102	3	2
4111010002	中国人民大学	北京	经济史	020103	3	4
4111010002	中国人民大学	北京	西方经济学	020104	14	12
4111010002	中国人民大学	北京	世界经济	020105	11	16
4111010002	中国人民大学	北京	人口、资源与环境经济学	020106	10	11
4111010002	中国人民大学	北京	企业经济学	020199	13	7
4111010002	中国人民大学	北京	国民经济学	020201	25	16
4111010002	中国人民大学	北京	区域经济学	020202	10	6
4111010002	中国人民大学	北京	财政学（含：税收学）	020203	19	19
4111010002	中国人民大学	北京	金融学（含：保险学）	020204	43	33
4111010002	中国人民大学	北京	产业经济学	020205	12	10
4111010002	中国人民大学	北京	国际贸易学	020206	8	7
4111010002	中国人民大学	北京	劳动经济学	020207	10	7

续表

单位代码	单位名称	所在省市	专业名称	专业代码	毕业生数	招生数
4111010002	中国人民大学	北京	统计学	020208	17	23
4111010002	中国人民大学	北京	数量经济学	020209	3	1
4111010002	中国人民大学	北京	风险投资	020299	19	25
4111010002	中国人民大学	北京	会计学	120201	18	18
4111010002	中国人民大学	北京	企业管理（含：财务管理、市场营销、人力资源管理）	120202	21	18
4111010002	中国人民大学	北京	技术经济及管理	120204	6	13
4111010002	中国人民大学	北京	人力资源管理	120299	25	32
4111010002	中国人民大学	北京	农业经济管理	120301	11	14
4111010002	中国人民大学	北京	林业经济管理	120302	0	2
4111010002	中国人民大学	北京	农村发展	120399	6	6
4111010002	中国人民大学	北京	教育经济与管理	120403	3	12
4111010002	中国人民大学	北京	土地资源管理	120405	8	9
4111010002	中国人民大学	北京	公共财政与公共政策	120499	12	16
4111010002	中国人民大学	北京	信息资源管理	120599	0	7
4111010003	清华大学	北京	理论经济学	020197	3	25
4111010003	清华大学	北京	应用经济学	020297	6	31
4111010003	清华大学	北京	管理科学与工程	120197	21	34
4111010003	清华大学	北京	工商管理	120297	22	29
4111010004	北京交通大学	北京	产业经济学	020205	19	0
4111010004	北京交通大学	北京	应用经济学	020299	0	46
4111010004	北京交通大学	北京	管理科学	120199	19	28
4111010004	北京交通大学	北京	会计学	120201	0	11
4111010004	北京交通大学	北京	企业管理（含：财务管理、市场营销、人力资源管理）	120202	9	16
4111010004	北京交通大学	北京	旅游管理	120203	0	2
4111010004	北京交通大学	北京	技术经济及管理	120204	0	1
4111010005	北京工业大学	北京	应用经济学	020297	0	7
4111010005	北京工业大学	北京	管理科学与工程	120197	19	10

续表

单位代码	单位名称	所在省市	专业名称	专业代码	毕业生数	招生数
4111010006	北京航空航天大学	北京	管理科学与工程	120197	36	55
4111010006	北京航空航天大学	北京	管理科学与工程新专业	120199	24	7
4111010006	北京航空航天大学	北京	教育经济与管理	120403	6	20
4111010007	北京理工大学	北京	应用经济学	020297	0	7
4111010007	北京理工大学	北京	管理科学与工程	120197	15	81
4111010007	北京理工大学	北京	企业管理（含：财务管理、市场营销、人力资源管理）	120202	12	0
4111010007	北京理工大学	北京	工商管理	120297	0	18
4111010008	北京科技大学	北京	管理科学与工程	120197	23	14
4111010008	北京科技大学	北京	物流工程	120199	6	8
4111010008	北京科技大学	北京	会计学	120201	0	4
4111010008	北京科技大学	北京	企业管理（含：财务管理、市场营销、人力资源管理）	120202	13	8
4111010008	北京科技大学	北京	技术经济及管理	120204	0	2
4111010013	北京邮电大学	北京	管理科学与工程	120197	34	35
4111010019	中国农业大学	北京	区域经济学	020202	0	4
4111010019	中国农业大学	北京	金融学（含：保险学）	020204	0	10
4111010019	中国农业大学	北京	产业经济学	020205	0	3
4111010019	中国农业大学	北京	国际贸易学	020206	0	3
4111010019	中国农业大学	北京	管理科学与工程	120197	10	13
4111010019	中国农业大学	北京	运筹与管理	120199	24	22
4111010019	中国农业大学	北京	农业经济管理	120301	39	29
4111010019	中国农业大学	北京	农业经济史	120399	2	3
4111010019	中国农业大学	北京	土地资源管理	120405	12	9
4111010022	北京林业大学	北京	农业经济管理	120301	1	9
4111010022	北京林业大学	北京	林业经济管理	120302	16	25
4111010027	北京师范大学	北京	政治经济学	020101	9	9
4111010027	北京师范大学	北京	西方经济学	020104	5	7

续表

单位代码	单位名称	所在省市	专业名称	专业代码	毕业生数	招生数
4111010027	北京师范大学	北京	世界经济	020105	11	5
4111010027	北京师范大学	北京	人口、资源与环境经济学	020106	2	6
4111010027	北京师范大学	北京	金融学	020204	0	3
4111010027	北京师范大学	北京	劳动经济学	020207	0	2
4111010027	北京师范大学	北京	教育经济与管理	120403	21	21
4111010027	北京师范大学	北京	土地资源管理	120405	7	9
4111010027	北京师范大学	北京	政府经济管理	120499	7	15
4111010034	中央财经大学	北京	政治经济学	020101	11	8
4111010034	中央财经大学	北京	西方经济学	020104	0	2
4111010034	中央财经大学	北京	世界经济	020105	0	3
4111010034	中央财经大学	北京	国民经济学	020201	8	12
4111010034	中央财经大学	北京	区域经济学	020202	1	3
4111010034	中央财经大学	北京	财政学（含：税收学）	020203	27	26
4111010034	中央财经大学	北京	金融学（含：保险学）	020204	35	33
4111010034	中央财经大学	北京	产业经济学	020205	1	2
4111010034	中央财经大学	北京	国际贸易学	020206	8	5
4111010034	中央财经大学	北京	劳动经济学	020207	3	4
4111010034	中央财经大学	北京	统计学	020208	2	5
4111010034	中央财经大学	北京	数量经济学	020209	2	2
4111010034	中央财经大学	北京	国防经济	020210	1	1
4111010034	中央财经大学	北京	投资学	020299	19	15
4111010034	中央财经大学	北京	会计学	120201	29	23
4111010034	中央财经大学	北京	企业管理（含：财务管理、市场营销、人力资源管理）	120202	0	8
4111010034	中央财经大学	北京	技术经济及管理	120204	0	4
4111010036	对外经济贸易大学	北京	世界经济	020105	5	9
4111010036	对外经济贸易大学	北京	人口、资源与环境经济学	020106	0	1
4111010036	对外经济贸易大学	北京	国民经济学	020201	5	2

续表

单位代码	单位名称	所在省市	专业名称	专业代码	毕业生数	招生数
4111010036	对外经济贸易大学	北京	财政学（含：税收学）	020203	6	2
4111010036	对外经济贸易大学	北京	金融学（含：保险学）	020204	4	24
4111010036	对外经济贸易大学	北京	产业经济学	020205	12	6
4111010036	对外经济贸易大学	北京	国际贸易学	020206	4	28
4111010036	对外经济贸易大学	北京	劳动经济学	020207	1	1
4111010036	对外经济贸易大学	北京	统计学	020208	1	1
4111010036	对外经济贸易大学	北京	数量经济学	020209	16	2
4111010036	对外经济贸易大学	北京	会计学	120201	0	9
4111010036	对外经济贸易大学	北京	企业管理（含：财务管理、市场营销、人力资源管理）	120202	0	10
4111010036	对外经济贸易大学	北京	技术经济及管理	120204	0	1
4111010038	首都经济贸易大学	北京	国民经济学	020201	5	4
4111010038	首都经济贸易大学	北京	区域经济学	020202	0	4
4111010038	首都经济贸易大学	北京	财政学（含：税收学）	020203	4	6
4111010038	首都经济贸易大学	北京	金融学（含：保险学）	020204	2	5
4111010038	首都经济贸易大学	北京	产业经济学	020205	5	5
4111010038	首都经济贸易大学	北京	国际贸易学	020206	0	3
4111010038	首都经济贸易大学	北京	劳动经济学	020207	12	6
4111010038	首都经济贸易大学	北京	统计学	020208	4	5
4111010038	首都经济贸易大学	北京	数量经济学	020209	4	4
4111010038	首都经济贸易大学	北京	人力资源开发与人才发展	020299	0	1
4111010038	首都经济贸易大学	北京	管理科学与工程	120197	0	4
4111010038	首都经济贸易大学	北京	会计学	120201	0	5
4111010038	首都经济贸易大学	北京	企业管理（含：财务管理、市场营销、人力资源管理）	120202	10	6
4111010038	首都经济贸易大学	北京	技术经济及管理	120204	0	1
4111010053	中国政法大学	北京	世界经济	020105	2	9
4111010054	华北电力大学	北京	管理科学与工程	120197	6	5

续表

单位代码	单位名称	所在省市	专业名称	专业代码	毕业生数	招生数
4111010054	华北电力大学	北京	管理科学与工程新专业	120199	1	12
4111010054	华北电力大学	北京	企业管理（含：财务管理、市场营销、人力资源管理）	120202	0	4
4111010054	华北电力大学	北京	技术经济及管理	120204	17	27
4111011413	中国矿业大学（北京）	北京	管理科学与工程	120197	27	28
4111011413	中国矿业大学（北京）	北京	管理科学与工程新专业	120199	15	10
4111011413	中国矿业大学（北京）	北京	土地资源管理	120405	5	3
4111011414	中国石油大学	北京	管理科学与工程	120197	0	13
4111011415	中国地质大学（北京）	北京	应用经济学	020297	0	10
4111011415	中国地质大学（北京）	北京	管理科学与工程	120197	6	10
4111011415	中国地质大学（北京）	北京	土地资源管理	120405	9	8
4111014430	中国科学院大学	北京	管理科学与工程	120197	35	28
4111014430	中国科学院大学	北京	管理科学与工程新专业	120199	30	53
4111014430	中国科学院大学	北京	农业经济管理	120301	5	4
4112010055	南开大学	天津	政治经济学	020101	20	20
4112010055	南开大学	天津	经济思想史	020102	3	2
4112010055	南开大学	天津	经济史	020103	2	4
4112010055	南开大学	天津	西方经济学	020104	13	10
4112010055	南开大学	天津	世界经济	020105	12	16
4112010055	南开大学	天津	人口、资源与环境经济学	020106	5	4
4112010055	南开大学	天津	区域经济学	020202	11	11

续表

单位代码	单位名称	所在省市	专业名称	专业代码	毕业生数	招生数
4112010055	南开大学	天津	财政学（含：税收学）	020203	1	3
4112010055	南开大学	天津	金融学（含：保险学）	020204	28	22
4112010055	南开大学	天津	产业经济学	020205	7	9
4112010055	南开大学	天津	国际贸易学	020206	11	13
4112010055	南开大学	天津	劳动经济学	020207	3	3
4112010055	南开大学	天津	数量经济学	020209	2	2
4112010055	南开大学	天津	保险学	020299	8	9
4112010055	南开大学	天津	管理科学与工程	120197	5	8
4112010055	南开大学	天津	会计学	120201	5	4
4112010055	南开大学	天津	企业管理（含：财务管理、市场营销、人力资源管理）	120202	18	15
4112010055	南开大学	天津	旅游管理	120203	3	7
4112010055	南开大学	天津	技术经济及管理	120204	1	2
4112010055	南开大学	天津	公司治理	120299	19	16
4112010055	南开大学	天津	行政管理	120401	5	9
4112010055	南开大学	天津	教育经济与管理	120403	0	2
4112010056	天津大学	天津	管理科学与工程	120197	39	49
4112010056	天津大学	天津	药事管理	120199	35	15
4112010056	天津大学	天津	会计学	120201	2	2
4112010056	天津大学	天津	企业管理（含：财务管理、市场营销、人力资源管理）	120202	8	9
4112010056	天津大学	天津	旅游管理	120203	0	1
4112010056	天津大学	天津	技术经济及管理	120204	27	17
4112010070	天津财经大学	天津	国民经济学	020201	3	3
4112010070	天津财经大学	天津	财政学（含：税收学）	020203	0	3
4112010070	天津财经大学	天津	金融学（含：保险学）	020204	8	13
4112010070	天津财经大学	天津	产业经济学	020205	1	1
4112010070	天津财经大学	天津	国际贸易学	020206	3	4
4112010070	天津财经大学	天津	统计学	020208	1	5

续表

单位代码	单位名称	所在省市	专业名称	专业代码	毕业生数	招生数
4112010070	天津财经大学	天津	管理科学与工程	120197	0	7
4112010070	天津财经大学	天津	会计学	120201	3	8
4112010070	天津财经大学	天津	企业管理（含：财务管理、市场营销、人力资源管理）	120202	7	6
4113010075	河北大学	河北	世界经济	020105	5	8
4113010075	河北大学	河北	管理科学与工程	120197	0	5
4113010080	河北工业大学	河北	管理科学与工程	120197	25	26
4113010080	河北工业大学	河北	技术经济及管理	120204	15	19
4113010086	河北农业大学	河北	农业经济管理	120301	3	3
4113010086	河北农业大学	河北	林业经济管理	120302	1	1
4113010086	河北农业大学	河北	农业技术经济与项目管理	120399	1	4
4113010216	燕山大学	河北	管理科学与工程	120197	7	12
4114010108	山西大学	山西	经济史	020103	4	4
4114010108	山西大学	山西	管理科学与工程	120197	7	6
4114010112	太原理工大学	山西	管理科学与工程	120197	0	4
4114010125	山西财经大学	山西	政治经济学	020101	3	5
4114010125	山西财经大学	山西	区域经济学	020202	0	2
4114010125	山西财经大学	山西	财政学（含：税收学）	020203	0	2
4114010125	山西财经大学	山西	金融学（含：保险学）	020204	1	6
4114010125	山西财经大学	山西	产业经济学	020205	0	1
4114010125	山西财经大学	山西	统计学	020208	6	2
4114010125	山西财经大学	山西	数量经济学	020209	0	1
4114010125	山西财经大学	山西	会计学	120201	0	1
4114010125	山西财经大学	山西	企业管理（含：财务管理、市场营销、人力资源管理）	120202	0	3
4114010125	山西财经大学	山西	技术经济及管理	120204	0	2
4115010129	内蒙古农业大学	内蒙古	农业经济管理	120301	7	7
4115010129	内蒙古农业大学	内蒙古	林业经济管理	120302	0	1

续表

单位代码	单位名称	所在省市	专业名称	专业代码	毕业生数	招生数
4121010140	辽宁大学	辽宁	政治经济学	020101	5	4
4121010140	辽宁大学	辽宁	经济思想史	020102	2	2
4121010140	辽宁大学	辽宁	经济史	020103	3	3
4121010140	辽宁大学	辽宁	西方经济学	020104	3	1
4121010140	辽宁大学	辽宁	世界经济	020105	5	7
4121010140	辽宁大学	辽宁	人口、资源与环境经济学	020106	3	2
4121010140	辽宁大学	辽宁	转轨经济学	020199	7	2
4121010140	辽宁大学	辽宁	国民经济学	020201	4	6
4121010140	辽宁大学	辽宁	区域经济学	020202	5	4
4121010140	辽宁大学	辽宁	财政学（含：税收学）	020203	3	3
4121010140	辽宁大学	辽宁	金融学（含：保险学）	020204	12	9
4121010140	辽宁大学	辽宁	产业经济学	020205	5	2
4121010140	辽宁大学	辽宁	国际贸易学	020206	5	6
4121010140	辽宁大学	辽宁	劳动经济学	020207	0	2
4121010140	辽宁大学	辽宁	统计学	020208	1	4
4121010140	辽宁大学	辽宁	数量经济学	020209	3	1
4121010140	辽宁大学	辽宁	技术经济学	020299	2	3
4121010140	辽宁大学	辽宁	会计学	120201	2	2
4121010140	辽宁大学	辽宁	企业管理（含：财务管理、市场营销、人力资源管理）	120202	15	9
4121010140	辽宁大学	辽宁	技术经济及管理	120204	4	5
4121010141	大连理工大学	辽宁	管理科学与工程	120197	29	18
4121010141	大连理工大学	辽宁	管理科学与工程新专业	120199	28	30
4121010141	大连理工大学	辽宁	会计学	120201	3	3
4121010141	大连理工大学	辽宁	企业管理（含：财务管理、市场营销、人力资源管理）	120202	16	22
4121010141	大连理工大学	辽宁	旅游管理	120203	0	2

续表

单位代码	单位名称	所在省市	专业名称	专业代码	毕业生数	招生数
4121010141	大连理工大学	辽宁	技术经济及管理	120204	18	13
4121010141	大连理工大学	辽宁	工商管理新专业	120299	0	7
4121010142	沈阳工业大学	辽宁	管理科学与工程	120197	0	5
4121010145	东北大学	辽宁	国民经济学	020201	0	11
4121010145	东北大学	辽宁	区域经济学	020202	0	4
4121010145	东北大学	辽宁	金融学（含：保险学）	020204	0	12
4121010145	东北大学	辽宁	产业经济学	020205	0	5
4121010145	东北大学	辽宁	国际贸易学	020206	0	2
4121010145	东北大学	辽宁	管理科学与工程	120197	11	9
4121010145	东北大学	辽宁	科学学与创新工程管理	120199	1	0
4121010145	东北大学	辽宁	会计学	120201	0	4
4121010145	东北大学	辽宁	企业管理（含：财务管理、市场营销、人力资源管理）	120202	9	7
4121010145	东北大学	辽宁	教育经济与管理	120403	1	2
4121010145	东北大学	辽宁	土地资源管理	120405	2	1
4121010147	辽宁工程技术大学	辽宁	管理科学与工程	120197	9	18
4121010147	辽宁工程技术大学	辽宁	管理科学与工程新专业	120199	0	4
4121010151	大连海事大学	辽宁	管理科学与工程	120197	3	13
4121010157	沈阳农业大学	辽宁	农业经济管理	120301	1	0
4121010157	沈阳农业大学	辽宁	农林经济管理	120397	3	14
4121010173	东北财经大学	辽宁	政治经济学	020101	3	4
4121010173	东北财经大学	辽宁	经济思想史	020102	4	1
4121010173	东北财经大学	辽宁	经济史	020103	0	2
4121010173	东北财经大学	辽宁	西方经济学	020104	1	5
4121010173	东北财经大学	辽宁	世界经济	020105	9	5
4121010173	东北财经大学	辽宁	理论经济学新专业	020199	1	0
4121010173	东北财经大学	辽宁	国民经济学	020201	10	5
4121010173	东北财经大学	辽宁	区域经济学	020202	4	5

续表

单位代码	单位名称	所在省市	专业名称	专业代码	毕业生数	招生数
4121010173	东北财经大学	辽宁	财政学（含：税收学）	020203	12	15
4121010173	东北财经大学	辽宁	金融学（含：保险学）	020204	14	21
4121010173	东北财经大学	辽宁	产业经济学	020205	9	10
4121010173	东北财经大学	辽宁	国际贸易学	020206	7	3
4121010173	东北财经大学	辽宁	劳动经济学	020207	1	4
4121010173	东北财经大学	辽宁	统计学	020208	7	5
4121010173	东北财经大学	辽宁	数量经济学	020209	7	5
4121010173	东北财经大学	辽宁	国际投资学	020299	0	16
4121010173	东北财经大学	辽宁	管理科学与工程	120197	2	7
4121010173	东北财经大学	辽宁	会计学	120201	11	20
4121010173	东北财经大学	辽宁	企业管理（含：财务管理、市场营销、人力资源管理）	120202	14	22
4121010173	东北财经大学	辽宁	旅游管理	120203	4	2
4121010173	东北财经大学	辽宁	技术经济及管理	120204	3	0
4121010173	东北财经大学	辽宁	工商管理新专业	120299	2	0
4122010183	吉林大学	吉林	政治经济学	020101	4	6
4122010183	吉林大学	吉林	经济思想史	020102	3	2
4122010183	吉林大学	吉林	西方经济学	020104	2	2
4122010183	吉林大学	吉林	世界经济	020105	24	24
4122010183	吉林大学	吉林	人口、资源与环境经济学	020106	7	17
4122010183	吉林大学	吉林	理论经济学新专业	020199	11	6
4122010183	吉林大学	吉林	区域经济学	020202	11	23
4122010183	吉林大学	吉林	金融学（含：保险学）	020204	1	11
4122010183	吉林大学	吉林	产业经济学	020205	10	5
4122010183	吉林大学	吉林	数量经济学	020209	27	19
4122010183	吉林大学	吉林	管理科学与工程	120197	9	11
4122010183	吉林大学	吉林	会计学	120201	0	3
4122010183	吉林大学	吉林	企业管理（含：财务管理、市场营销、人力资源管理）	120202	17	13

续表

单位代码	单位名称	所在省市	专业名称	专业代码	毕业生数	招生数
4122010183	吉林大学	吉林	技术经济及管理	120204	12	0
4122010183	吉林大学	吉林	工商管理	120297	0	24
4122010183	吉林大学	吉林	土地资源管理	120405	0	5
4122010193	吉林农业大学	吉林	农业经济管理	120301	10	4
4122010193	吉林农业大学	吉林	畜牧业经济管理	120399	0	2
4122010200	东北师范大学	吉林	世界经济	020105	14	5
4122010200	东北师范大学	吉林	区域经济学	020202	15	8
4122010200	东北师范大学	吉林	金融学（含：保险学）	020204	0	4
4122010200	东北师范大学	吉林	产业经济学	020205	0	7
4122010200	东北师范大学	吉林	劳动经济学	020207	0	9
4122010200	东北师范大学	吉林	教育经济与管理	120403	8	2
4123010213	哈尔滨工业大学	黑龙江	管理科学与工程	120197	26	43
4123010213	哈尔滨工业大学	黑龙江	企业管理（含：财务管理、市场营销、人力资源管理）	120202	4	0
4123010213	哈尔滨工业大学	黑龙江	技术经济及管理	120204	11	0
4123010213	哈尔滨工业大学	黑龙江	工商管理	120297	0	31
4123010214	哈尔滨理工大学	黑龙江	管理科学与工程	120197	8	10
4123010214	哈尔滨理工大学	黑龙江	技术经济及管理	120204	2	4
4123010217	哈尔滨工程大学	黑龙江	管理科学与工程	120197	31	39
4123010224	东北农业大学	黑龙江	农业经济管理	120301	16	16
4123010224	东北农业大学	黑龙江	林业经济管理	120302	2	1
4123010225	东北林业大学	黑龙江	农业经济管理	120301	3	10
4123010225	东北林业大学	黑龙江	林业经济管理	120302	7	17
4123010240	哈尔滨商业大学	黑龙江	产业经济学	020205	8	0
4123010240	哈尔滨商业大学	黑龙江	应用经济学	020297	0	8
4123010240	哈尔滨商业大学	黑龙江	工商管理	120297	0	4
4131010246	复旦大学	上海	政治经济学	020101	7	0
4131010246	复旦大学	上海	经济思想史	020102	1	0
4131010246	复旦大学	上海	西方经济学	020104	4	0
4131010246	复旦大学	上海	世界经济	020105	6	0

续表

单位代码	单位名称	所在省市	专业名称	专业代码	毕业生数	招生数
4131010246	复旦大学	上海	人口、资源与环境经济学	020106	7	5
4131010246	复旦大学	上海	理论经济学	020197	0	29
4131010246	复旦大学	上海	国民经济学	020201	5	0
4131010246	复旦大学	上海	金融学（含：保险学）	020204	6	0
4131010246	复旦大学	上海	产业经济学	020205	6	0
4131010246	复旦大学	上海	国际贸易学	020206	2	0
4131010246	复旦大学	上海	统计学	020208	1	0
4131010246	复旦大学	上海	数量经济学	020209	2	0
4131010246	复旦大学	上海	应用经济学	020297	0	26
4131010246	复旦大学	上海	金融管理与金融工程	020299	3	0
4131010246	复旦大学	上海	管理科学与工程	120197	2	10
4131010246	复旦大学	上海	会计学	120201	2	0
4131010246	复旦大学	上海	企业管理（含：财务管理、市场营销、人力资源管理）	120202	12	0
4131010246	复旦大学	上海	旅游管理	120203	1	2
4131010246	复旦大学	上海	工商管理	120297	0	20
4131010246	复旦大学	上海	行政管理	120401	3	3
4131010247	同济大学	上海	应用经济学（一级学科）	020297	0	12
4131010247	同济大学	上海	管理科学与工程	120197	14	8
4131010247	同济大学	上海	城市发展与管理	120199	40	38
4131010247	同济大学	上海	会计学	120201	0	1
4131010247	同济大学	上海	企业管理（含：财务管理、市场营销、人力资源管理）	120202	20	17
4131010247	同济大学	上海	技术经济及管理	120204	6	3
4131010248	上海交通大学	上海	统计学	020208	0	1
4131010248	上海交通大学	上海	应用经济学	020297	9	20
4131010248	上海交通大学	上海	管理科学与工程	120197	24	16

续表

单位代码	单位名称	所在省市	专业名称	专业代码	毕业生数	招生数
4131010248	上海交通大学	上海	工商管理	120297	40	58
4131010248	上海交通大学	上海	农业经济管理	120301	3	0
4131010251	华东理工大学	上海	应用经济学	020297	0	7
4131010251	华东理工大学	上海	管理科学与工程	120197	0	11
4131010252	上海理工大学	上海	管理科学与工程	120197	10	24
4131010254	上海海事大学	上海	管理科学与工程	120197	0	8
4131010255	东华大学	上海	管理科学与工程	120197	16	0
4131010255	东华大学	上海	信息管理与信息系统	120199	14	13
4131010255	东华大学	上海	企业管理（含：财务管理、市场营销、人力资源管理）	120202	13	13
4131010269	华东师范大学	上海	世界经济	020105	6	3
4131010269	华东师范大学	上海	区域经济学	020202	0	6
4131010269	华东师范大学	上海	金融学（含：保险学）	020204	2	7
4131010269	华东师范大学	上海	产业经济学	020205	0	4
4131010269	华东师范大学	上海	国际贸易学	020206	0	1
4131010269	华东师范大学	上海	教育经济与管理	120403	4	2
4131010269	华东师范大学	上海	教育经济与管理	120499	2	4
4131010272	上海财经大学	上海	政治经济学	020101	1	4
4131010272	上海财经大学	上海	经济思想史	020102	1	1
4131010272	上海财经大学	上海	经济史	020103	1	1
4131010272	上海财经大学	上海	西方经济学	020104	3	7
4131010272	上海财经大学	上海	世界经济	020105	6	6
4131010272	上海财经大学	上海	人口、资源与环境经济学	020106	0	1
4131010272	上海财经大学	上海	经济学大口径	020197	0	12
4131010272	上海财经大学	上海	经济哲学	020199	15	16
4131010272	上海财经大学	上海	国民经济学	020201	3	3
4131010272	上海财经大学	上海	区域经济学	020202	3	3
4131010272	上海财经大学	上海	财政学（含：税收学）	020203	3	11
4131010272	上海财经大学	上海	金融学（含：保险学）	020204	19	29

续表

单位代码	单位名称	所在省市	专业名称	专业代码	毕业生数	招生数
4131010272	上海财经大学	上海	产业经济学	020205	2	6
4131010272	上海财经大学	上海	国际贸易学	020206	6	7
4131010272	上海财经大学	上海	劳动经济学	020207	0	1
4131010272	上海财经大学	上海	统计学	020208	6	15
4131010272	上海财经大学	上海	数量经济学	020209	2	0
4131010272	上海财经大学	上海	国防经济	020210	2	1
4131010272	上海财经大学	上海	投资经济	020299	20	31
4131010272	上海财经大学	上海	管理科学与工程	120197	6	14
4131010272	上海财经大学	上海	会计学	120201	14	4
4131010272	上海财经大学	上海	企业管理（含：财务管理、市场营销、人力资源管理）	120202	17	22
4131010272	上海财经大学	上海	旅游管理	120203	3	4
4131010272	上海财经大学	上海	技术经济及管理	120204	1	2
4131010272	上海财经大学	上海	市场营销学	120299	7	8
4131010272	上海财经大学	上海	农业经济管理	120301	2	1
4131010280	上海大学	上海	金融学（含：保险学）	020204	4	0
4131010280	上海大学	上海	应用经济学	020297	0	3
4131010280	上海大学	上海	管理科学与工程	120197	3	9
4132010284	南京大学	江苏	政治经济学	020101	6	0
4132010284	南京大学	江苏	世界经济学	020105	1	0
4132010284	南京大学	江苏	理论经济学	020197	23	17
4132010284	南京大学	江苏	金融学	020204	2	0
4132010284	南京大学	江苏	应用经济学	020297	17	23
4132010284	南京大学	江苏	管理科学与工程	120197	13	13
4132010284	南京大学	江苏	“管理科学与工程（信息管理工程）”	120199	1	1
4132010284	南京大学	江苏	会计学	120201	9	11
4132010284	南京大学	江苏	企业管理	120202	3	0
4132010284	南京大学	江苏	工商管理	120297	13	19
4132010285	苏州大学	江苏	财政学（含：税收学）	020203	5	2

续表

单位代码	单位名称	所在省市	专业名称	专业代码	毕业生数	招生数
4132010285	苏州大学	江苏	金融学（含：保险学）	020204	14	5
4132010285	苏州大学	江苏	企业管理（含：财务管理、市场营销、人力资源管理）	120202	5	5
4132010286	东南大学	江苏	区域经济学	020202	0	1
4132010286	东南大学	江苏	产业经济学	020205	0	5
4132010286	东南大学	江苏	国际贸易学	020206	0	6
4132010286	东南大学	江苏	统计学	020208	0	1
4132010286	东南大学	江苏	管理科学与工程	120197	33	19
4132010286	东南大学	江苏	管理科学与工程新专业	120199	1	2
4132010287	南京航空航天大学	江苏	管理科学与工程	120197	14	28
4132010287	南京航空航天大学	江苏	管理科学与工程新专业	120199	8	2
4132010288	南京理工大学	江苏	管理科学与工程	120197	15	21
4132010289	江苏科技大学	江苏	管理科学与工程	120197	0	2
4132010290	中国矿业大学	江苏	管理科学与工程	120197	6	20
4132010290	中国矿业大学	江苏	工程管理	120199	10	3
4132010290	中国矿业大学	江苏	教育经济与管理	120403	0	3
4132010290	中国矿业大学	江苏	土地资源管理	120405	3	7
4132010294	河海大学	江苏	技术经济及管理	120204	41	0
4132010294	河海大学	江苏	工商管理	120299	0	39
4132010298	南京林业大学	江苏	林业经济管理	120302	8	11
4132010299	江苏大学	江苏	管理科学与工程	120197	9	17
4132010299	江苏大学	江苏	创新管理与中小企业发展	120199	4	4
4132010307	南京农业大学	江苏	区域经济学	020202	0	1
4132010307	南京农业大学	江苏	金融学（含：保险学）	020204	0	5
4132010307	南京农业大学	江苏	产业经济学	020205	0	4
4132010307	南京农业大学	江苏	国际贸易学	020206	0	1
4132010307	南京农业大学	江苏	农业经济管理	120301	38	18

续表

单位代码	单位名称	所在省市	专业名称	专业代码	毕业生数	招生数
4132010307	南京农业大学	江苏	农村发展	120399	8	8
4132010307	南京农业大学	江苏	教育经济与管理	120403	6	8
4132010307	南京农业大学	江苏	土地资源管理	120405	12	14
4132010319	南京师范大学	江苏	管理科学与工程	120197	0	3
4133010335	浙江大学	浙江	政治经济学	020101	7	4
4133010335	浙江大学	浙江	经济思想史	020102	1	1
4133010335	浙江大学	浙江	西方经济学	020104	8	8
4133010335	浙江大学	浙江	世界经济	020105	3	1
4133010335	浙江大学	浙江	人口、资源与环境经济学	020106	1	1
4133010335	浙江大学	浙江	产业经济学	020205	2	5
4133010335	浙江大学	浙江	国际贸易学	020206	8	8
4133010335	浙江大学	浙江	劳动经济学	020207	1	3
4133010335	浙江大学	浙江	金融经济理论	020299	0	9
4133010335	浙江大学	浙江	管理科学与工程	120197	12	13
4133010335	浙江大学	浙江	会计学	120201	0	2
4133010335	浙江大学	浙江	企业管理	120202	23	15
4133010335	浙江大学	浙江	旅游管理	120203	1	3
4133010335	浙江大学	浙江	技术经济及管理	120204	2	1
4133010335	浙江大学	浙江	农业经济管理	120301	10	10
4133010335	浙江大学	浙江	教育经济与管理	120403	4	5
4133010335	浙江大学	浙江	土地资源管理	120405	4	9
4133010335	浙江大学	浙江	信息资源管理	120499	0	4
4133010337	浙江工业大学	浙江	国际贸易学	020206	1	6
4133010337	浙江工业大学	浙江	技术经济及管理	120204	3	0
4133010337	浙江工业大学	浙江	工商管理	120297	0	9
4133010353	浙江工商大学	浙江	区域经济学	020202	0	2
4133010353	浙江工商大学	浙江	金融学（含：保险学）	020204	0	2
4133010353	浙江工商大学	浙江	产业经济学	020205	0	3
4133010353	浙江工商大学	浙江	国际贸易学	020206	0	1
4133010353	浙江工商大学	浙江	统计学	020208	4	5

续表

单位代码	单位名称	所在省市	专业名称	专业代码	毕业生数	招生数
4133010353	浙江工商大学	浙江	数量经济学	020209	0	1
4133010353	浙江工商大学	浙江	会计学	120201	0	1
4133010353	浙江工商大学	浙江	企业管理（含：财务管理、市场营销、人力资源管理）	120202	9	8
4133010353	浙江工商大学	浙江	旅游管理	120203	0	2
4133010353	浙江工商大学	浙江	技术经济及管理	120204	0	3
4134010357	安徽大学	安徽	政治经济学	020101	4	6
4134010358	中国科学技术大学	安徽	管理科学与工程	120197	55	36
4134010358	中国科学技术大学	安徽	金融工程	120199	10	0
4134010358	中国科学技术大学	安徽	工商管理	120297	0	21
4134010359	合肥工业大学	安徽	管理科学与工程	120197	21	0
4134010359	合肥工业大学	安徽	电子商务	120199	2	17
4134010359	合肥工业大学	安徽	会计学	120201	0	3
4134010359	合肥工业大学	安徽	企业管理（含：财务管理、市场营销、人力资源管理）	120202	10	19
4134010359	合肥工业大学	安徽	技术经济及管理	120204	0	3
4135010384	厦门大学	福建	政治经济学	020101	6	9
4135010384	厦门大学	福建	经济思想史	020102	2	3
4135010384	厦门大学	福建	西方经济学	020104	5	10
4135010384	厦门大学	福建	世界经济	020105	8	7
4135010384	厦门大学	福建	理论经济学	020197	1	1
4135010384	厦门大学	福建	国民经济学	020201	0	1
4135010384	厦门大学	福建	区域经济学	020202	4	6
4135010384	厦门大学	福建	财政学（含：税收学）	020203	4	8
4135010384	厦门大学	福建	金融学（含：保险学）	020204	15	28
4135010384	厦门大学	福建	产业经济学	020205	1	1
4135010384	厦门大学	福建	国际贸易学	020206	4	5
4135010384	厦门大学	福建	劳动经济学	020207	0	1
4135010384	厦门大学	福建	统计学	020208	10	8

续表

单位代码	单位名称	所在省市	专业名称	专业代码	毕业生数	招生数
4135010384	厦门大学	福建	数量经济学	020209	3	4
4135010384	厦门大学	福建	资产评估	020297	26	23
4135010384	厦门大学	福建	服务贸易学	020299	2	0
4135010384	厦门大学	福建	管理科学与工程	120197	1	6
4135010384	厦门大学	福建	会计学	120201	25	17
4135010384	厦门大学	福建	企业管理（含：财务管理、市场营销、人力资源管理）	120202	11	8
4135010384	厦门大学	福建	旅游管理	120203	3	13
4135010384	厦门大学	福建	技术经济及管理	120204	3	2
4135010384	厦门大学	福建	工商管理（财务学）	120297	6	14
4135010384	厦门大学	福建	教育经济与管理	120403	3	3
4135010385	华侨大学	福建	数量经济学	020209	3	6
4135010385	华侨大学	福建	企业管理（含：财务管理、市场营销、人力资源管理）	120202	18	10
4135010385	华侨大学	福建	旅游管理	120203	1	4
4135010386	福州大学	福建	管理科学与工程	120197	2	0
4135010386	福州大学	福建	管理系统工程	120199	1	12
4135010386	福州大学	福建	会计学	120201	0	1
4135010386	福州大学	福建	企业管理	120202	0	8
4135010386	福州大学	福建	旅游管理	120203	0	4
4135010386	福州大学	福建	技术经济及管理	120204	0	4
4135010389	福建农林大学	福建	农业经济管理	120301	23	9
4135010389	福建农林大学	福建	林业经济管理	120302	3	3
4135010389	福建农林大学	福建	涉农企业经营与管理	120399	2	9
4135010394	福建师范大学	福建	政治经济学	020101	7	4
4135010394	福建师范大学	福建	经济思想史	020102	4	2
4135010394	福建师范大学	福建	经济史	020103	0	1
4135010394	福建师范大学	福建	西方经济学	020104	0	1
4135010394	福建师范大学	福建	世界经济	020105	1	1

续表

单位代码	单位名称	所在省市	专业名称	专业代码	毕业生数	招生数
4135010394	福建师范大学	福建	人口、资源与环境经济学	020106	0	1
4136010403	南昌大学	江西	管理科学与工程	120197	15	10
4136010403	南昌大学	江西	信息管理与信息系统	120199	0	9
4136010421	江西财经大学	江西	政治经济学	020101	5	2
4136010421	江西财经大学	江西	经济史	020103	0	2
4136010421	江西财经大学	江西	西方经济学	020104	2	3
4136010421	江西财经大学	江西	人口、资源与环境经济学	020106	0	2
4136010421	江西财经大学	江西	马克思主义理论与中国经济社会发展	020199	0	1
4136010421	江西财经大学	江西	财政学（含：税收学）	020203	3	4
4136010421	江西财经大学	江西	金融学（含：保险学）	020204	0	8
4136010421	江西财经大学	江西	产业经济学	020205	6	3
4136010421	江西财经大学	江西	国际贸易学	020206	0	1
4136010421	江西财经大学	江西	统计学	020208	0	2
4136010421	江西财经大学	江西	数量经济学	020209	0	1
4136010421	江西财经大学	江西	法律经济学	020299	0	4
4136010421	江西财经大学	江西	信息管理与信息系统	120199	8	11
4136010421	江西财经大学	江西	会计学	120201	0	5
4136010421	江西财经大学	江西	企业管理（含：财务管理、市场营销、人力资源管理）	120202	0	5
4136010421	江西财经大学	江西	技术经济及管理	120204	0	3
4137010422	山东大学	山东	政治经济学	020101	4	2
4137010422	山东大学	山东	西方经济学	020104	4	3
4137010422	山东大学	山东	世界经济	020105	1	1
4137010422	山东大学	山东	法经济学	020199	4	0
4137010422	山东大学	山东	国民经济学	020201	5	3
4137010422	山东大学	山东	区域经济学	020202	0	1
4137010422	山东大学	山东	财政学（含：税收学）	020203	2	4

续表

单位代码	单位名称	所在省市	专业名称	专业代码	毕业生数	招生数
4137010422	山东大学	山东	金融学（含：保险学）	020204	10	12
4137010422	山东大学	山东	产业经济学	020205	7	8
4137010422	山东大学	山东	国际贸易学	020206	4	5
4137010422	山东大学	山东	数量经济学	020209	0	3
4137010422	山东大学	山东	公共经济学	020299	0	2
4137010422	山东大学	山东	管理科学与工程	120197	11	5
4137010422	山东大学	山东	会计学	120201	0	2
4137010422	山东大学	山东	企业管理（含：财务管理、市场营销、人力资源管理）	120202	18	14
4137010423	中国海洋大学	山东	应用经济学	020297	0	7
4137010423	中国海洋大学	山东	会计学	120201	11	9
4137010423	中国海洋大学	山东	企业管理（含：财务管理、市场营销、人力资源管理）	120202	0	15
4137010423	中国海洋大学	山东	旅游管理	120203	0	3
4137010423	中国海洋大学	山东	农业经济管理	120301	19	2
4137010424	山东科技大学	山东	管理科学与工程	120197	0	8
4137010425	中国石油大学（华东）	山东	管理科学与工程	120197	0	4
4137010434	山东农业大学	山东	农业经济管理	120301	7	9
4137010445	山东师范大学	山东	人口、资源与环境经济学	020106	2	2
4137010445	山东师范大学	山东	管理决策理论与应用	120199	6	8
4137011065	青岛大学	山东	人口、资源与环境经济学	020106	2	3
4137011065	青岛大学	山东	管理科学与工程	120197	0	3
4141010466	河南农业大学	河南	农业经济管理	120301	4	1
4141010475	河南大学	河南	政治经济学	020101	4	3
4141010475	河南大学	河南	国民经济学	020201	3	2
4141010475	河南大学	河南	区域经济学	020202	4	5

续表

单位代码	单位名称	所在省市	专业名称	专业代码	毕业生数	招生数
4141010475	河南大学	河南	金融学（含：保险学）	020204	0	1
4141010475	河南大学	河南	统计学	020208	0	1
4142010486	武汉大学	湖北	政治经济学	020101	22	8
4142010486	武汉大学	湖北	经济思想史	020102	14	4
4142010486	武汉大学	湖北	经济史	020103	2	1
4142010486	武汉大学	湖北	西方经济学	020104	12	14
4142010486	武汉大学	湖北	世界经济	020105	13	11
4142010486	武汉大学	湖北	人口、资源与环境经济学	020106	1	1
4142010486	武汉大学	湖北	区域经济学	020202	0	12
4142010486	武汉大学	湖北	财政学	020203	3	6
4142010486	武汉大学	湖北	金融学	020204	26	7
4142010486	武汉大学	湖北	产业经济学	020205	7	4
4142010486	武汉大学	湖北	国际贸易学	020206	6	2
4142010486	武汉大学	湖北	统计学	020208	0	1
4142010486	武汉大学	湖北	数量经济学	020209	2	1
4142010486	武汉大学	湖北	金融工程	020299	12	6
4142010486	武汉大学	湖北	管理科学与工程	120197	23	21
4142010486	武汉大学	湖北	电子商务	120199	8	12
4142010486	武汉大学	湖北	会计学	120201	11	9
4142010486	武汉大学	湖北	企业管理	120202	30	20
4142010486	武汉大学	湖北	技术经济及管理	120204	2	3
4142010486	武汉大学	湖北	市场营销管理	120299	17	17
4142010486	武汉大学	湖北	教育经济与管理	120403	6	6
4142010486	武汉大学	湖北	土地资源管理	120405	14	12
4142010486	武汉大学	湖北	公共经济管理	120499	9	15
4142010487	华中科技大学	湖北	西方经济学	020104	39	15
4142010487	华中科技大学	湖北	世界经济	020105	0	7
4142010487	华中科技大学	湖北	人口、资源与环境经济学	020106	0	4
4142010487	华中科技大学	湖北	区域经济学	020202	0	2

续表

单位代码	单位名称	所在省市	专业名称	专业代码	毕业生数	招生数
4142010487	华中科技大学	湖北	金融学（含：保险学）	020204	0	8
4142010487	华中科技大学	湖北	产业经济学	020205	0	2
4142010487	华中科技大学	湖北	国际贸易学	020206	0	3
4142010487	华中科技大学	湖北	数量经济学	020209	18	4
4142010487	华中科技大学	湖北	管理科学与工程	120197	28	24
4142010487	华中科技大学	湖北	企业管理（含：财务管理、市场营销、人力资源管理）	120202	12	0
4142010487	华中科技大学	湖北	技术经济及管理	120204	5	0
4142010487	华中科技大学	湖北	工商管理	120297	35	29
4142010487	华中科技大学	湖北	教育经济与管理	120403	10	6
4142010487	华中科技大学	湖北	土地资源管理	120405	2	5
4142010491	中国地质大学	湖北	应用经济学	020297	0	12
4142010491	中国地质大学	湖北	管理科学与工程	120197	6	12
4142010491	中国地质大学	湖北	土地资源管理	120405	3	8
4142010497	武汉理工大学	湖北	产业经济学	020205	12	14
4142010497	武汉理工大学	湖北	管理科学与工程	120197	13	18
4142010497	武汉理工大学	湖北	金融工程与管理	120199	1	0
4142010497	武汉理工大学	湖北	企业管理（含：财务管理、市场营销、人力资源管理）	120202	4	4
4142010497	武汉理工大学	湖北	技术经济及管理	120204	8	2
4142010504	华中农业大学	湖北	国际贸易学	020206	2	0
4142010504	华中农业大学	湖北	农业经济管理	120301	13	19
4142010504	华中农业大学	湖北	农村中小企业管理	120399	4	6
4142010504	华中农业大学	湖北	土地资源管理	120405	6	7
4142010511	华中师范大学	湖北	世界经济	020105	7	0
4142010511	华中师范大学	湖北	管理科学与工程	120197	0	9
4142010512	湖北大学	湖北	世界经济	020105	2	0
4142010512	湖北大学	湖北	人口、资源与环境经济学	020106	0	1

续表

单位代码	单位名称	所在省市	专业名称	专业代码	毕业生数	招生数
4142010520	中南财经政法大学	湖北	政治经济学	020101	7	5
4142010520	中南财经政法大学	湖北	经济思想史	020102	3	2
4142010520	中南财经政法大学	湖北	经济史	020103	4	4
4142010520	中南财经政法大学	湖北	西方经济学	020104	4	8
4142010520	中南财经政法大学	湖北	世界经济	020105	3	4
4142010520	中南财经政法大学	湖北	人口、资源与环境经济学	020106	1	2
4142010520	中南财经政法大学	湖北	国民经济学	020201	3	6
4142010520	中南财经政法大学	湖北	区域经济学	020202	1	2
4142010520	中南财经政法大学	湖北	财政学（含：税收学）	020203	7	16
4142010520	中南财经政法大学	湖北	金融学（含：保险学）	020204	12	13
4142010520	中南财经政法大学	湖北	产业经济学	020205	4	10
4142010520	中南财经政法大学	湖北	国际贸易学	020206	4	8
4142010520	中南财经政法大学	湖北	劳动经济学	020207	4	5
4142010520	中南财经政法大学	湖北	统计学	020208	4	7
4142010520	中南财经政法大学	湖北	数量经济学	020209	2	3
4142010520	中南财经政法大学	湖北	应用经济学新专业	020299	1	10
4142010520	中南财经政法大学	湖北	会计学	120201	9	10
4142010520	中南财经政法大学	湖北	企业管理（含：财务管理、市场营销、人力资源管理）	120202	0	20
4142010520	中南财经政法大学	湖北	旅游管理	120203	2	6
4142010520	中南财经政法大学	湖北	工商管理新专业	120299	14	5
4142010520	中南财经政法大学	湖北	土地资源管理	120405	0	2
4143010530	湘潭大学	湖南	理论经济学	020197	2	10
4143010532	湖南大学	湖南	政治经济学	020101	2	0
4143010532	湖南大学	湖南	理论经济学	020197	2	7
4143010532	湖南大学	湖南	区域经济学	020202	1	0
4143010532	湖南大学	湖南	金融学（含：保险学）	020204	13	0
4143010532	湖南大学	湖南	国际贸易学	020206	3	0
4143010532	湖南大学	湖南	统计学	020208	3	0

续表

单位代码	单位名称	所在省市	专业名称	专业代码	毕业生数	招生数
4143010532	湖南大学	湖南	应用经济学	020297	19	38
4143010532	湖南大学	湖南	管理科学与工程	120197	16	9
4143010532	湖南大学	湖南	会计学	120201	3	0
4143010532	湖南大学	湖南	企业管理（含：财务管理、市场营销、人力资源管理）	120202	7	0
4143010532	湖南大学	湖南	工商管理	120297	0	17
4143010533	中南大学	湖南	管理科学与工程	120197	50	44
4143010533	中南大学	湖南	会计学	120201	6	0
4143010533	中南大学	湖南	技术经济及管理	120204	2	0
4143010533	中南大学	湖南	工商管理	120297	10	23
4143010536	长沙理工大学	湖南	工商管理	120297	0	5
4143010537	湖南农业大学	湖南	农业经济管理	120301	12	14
4144010558	中山大学	广东	西方经济学	020104	9	5
4144010558	中山大学	广东	世界经济	020105	12	3
4144010558	中山大学	广东	人口、资源与环境经济学	020106	0	2
4144010558	中山大学	广东	财政学	020203	2	4
4144010558	中山大学	广东	金融学	020204	16	27
4144010558	中山大学	广东	管理科学与工程	120197	7	11
4144010558	中山大学	广东	会计学	120201	8	9
4144010558	中山大学	广东	企业管理	120202	20	14
4144010558	中山大学	广东	旅游管理	120203	7	8
4144010558	中山大学	广东	技术经济及管理	120204	1	2
4144010558	中山大学	广东	财务与投资管理	120299	6	10
4144010558	中山大学	广东	教育经济与管理	120403	5	8
4144010558	中山大学	广东	土地资源管理	120405	0	1
4144010559	暨南大学	广东	政治经济学	020101	1	6
4144010559	暨南大学	广东	国民经济学	020201	8	3
4144010559	暨南大学	广东	区域经济学	020202	6	5
4144010559	暨南大学	广东	财政学（含：税收学）	020203	4	3

续表

单位代码	单位名称	所在省市	专业名称	专业代码	毕业生数	招生数
4144010559	暨南大学	广东	金融学（含：保险学）	020204	19	13
4144010559	暨南大学	广东	产业经济学	020205	13	17
4144010559	暨南大学	广东	国际贸易学	020206	1	2
4144010559	暨南大学	广东	劳动经济学	020207	2	1
4144010559	暨南大学	广东	统计学	020208	0	1
4144010559	暨南大学	广东	数量经济学	020209	1	1
4144010559	暨南大学	广东	管理科学与工程新专业	120199	4	8
4144010559	暨南大学	广东	会计学	120201	11	6
4144010559	暨南大学	广东	企业管理（含：财务管理、市场营销、人力资源管理）	120202	9	22
4144010559	暨南大学	广东	旅游管理	120203	7	1
4144010559	暨南大学	广东	技术经济及管理	120204	2	2
4144010561	华南理工大学	广东	管理科学与工程	120197	1	0
4144010561	华南理工大学	广东	物流工程与管理	120199	21	23
4144010561	华南理工大学	广东	会计学	120201	0	1
4144010561	华南理工大学	广东	企业管理（含：财务管理、市场营销、人力资源管理）	120202	10	13
4144010561	华南理工大学	广东	旅游管理	120203	0	1
4144010561	华南理工大学	广东	技术经济及管理	120204	0	7
4144010564	华南农业大学	广东	农业经济管理	120301	15	5
4144010564	华南农业大学	广东	林业经济管理	120302	0	3
4144010564	华南农业大学	广东	农村产业经济与制度经济	120399	7	13
4144010574	华南师范大学	广东	政治经济学	020101	6	7
4144010574	华南师范大学	广东	劳动经济学	020207	2	3
4144010574	华南师范大学	广东	教育经济与管理	120403	4	4
4144010590	深圳大学	广东	政治经济学	020101	5	5
4144010590	深圳大学	广东	经济思想史	020102	0	2

续表

单位代码	单位名称	所在省市	专业名称	专业代码	毕业生数	招生数
4144010590	深圳大学	广东	人口、资源与环境经济学	020106	0	2
4144011078	广州大学	广东	统计学	020208	0	4
4144011845	广东工业大学	广东	管理科学与工程新专业	120199	5	7
4150010611	重庆大学	重庆	数量经济学	020209	6	0
4150010611	重庆大学	重庆	应用经济学	020297	0	25
4150010611	重庆大学	重庆	管理科学与工程	120197	23	25
4150010611	重庆大学	重庆	管理科学与工程新专业	120199	0	2
4150010611	重庆大学	重庆	会计学	120201	2	4
4150010611	重庆大学	重庆	企业管理（含：财务管理、市场营销、人力资源管理）	120202	5	17
4150010611	重庆大学	重庆	技术经济及管理	120204	32	14
4150010611	重庆大学	重庆	工商管理	120297	3	0
4150010618	重庆交通大学	重庆	管理科学与工程	120197	0	3
4150010635	西南大学	重庆	农业经济管理	120301	38	5
4150010635	西南大学	重庆	林业经济管理	120302	1	1
4150010635	西南大学	重庆	农林经济管理新专业	120399	9	10
4151010610	四川大学	四川	政治经济学	020101	34	14
4151010610	四川大学	四川	经济思想史	020102	3	1
4151010610	四川大学	四川	经济史	020103	1	0
4151010610	四川大学	四川	西方经济学	020104	3	2
4151010610	四川大学	四川	世界经济	020105	16	9
4151010610	四川大学	四川	人口、资源与环境经济学	020106	1	2
4151010610	四川大学	四川	组织经济学	020199	10	26
4151010610	四川大学	四川	统计学	020208	0	3
4151010610	四川大学	四川	管理科学与工程	120197	13	20
4151010610	四川大学	四川	会计学	120201	1	6

续表

单位代码	单位名称	所在省市	专业名称	专业代码	毕业生数	招生数
4151010610	四川大学	四川	企业管理（含：财务管理、市场营销、人力资源管理）	120202	19	16
4151010610	四川大学	四川	旅游管理	120203	4	12
4151010610	四川大学	四川	技术经济及管理	120204	4	8
4151010610	四川大学	四川	公司金融	120299	2	4
4151010613	西南交通大学	四川	管理科学与工程	120197	10	15
4151010613	西南交通大学	四川	公共工程组织与管理	120199	5	10
4151010613	西南交通大学	四川	企业管理（含：财务管理、市场营销、人力资源管理）	120202	5	0
4151010613	西南交通大学	四川	工商管理	120297	0	22
4151010614	电子科技大学	四川	管理科学与工程	120197	10	5
4151010614	电子科技大学	四川	信息管理与电子商务	120199	8	6
4151010614	电子科技大学	四川	企业管理	120202	0	3
4151010614	电子科技大学	四川	工商管理	120297	0	10
4151010626	四川农业大学	四川	农业经济管理	120301	6	7
4151010651	西南财经大学	四川	政治经济学	020101	11	8
4151010651	西南财经大学	四川	经济史	020103	0	2
4151010651	西南财经大学	四川	西方经济学	020104	5	9
4151010651	西南财经大学	四川	世界经济	020105	1	3
4151010651	西南财经大学	四川	人口、资源与环境经济学	020106	0	5
4151010651	西南财经大学	四川	理论经济学新专业	020199	0	1
4151010651	西南财经大学	四川	国民经济学	020201	0	4
4151010651	西南财经大学	四川	区域经济学	020202	3	3
4151010651	西南财经大学	四川	财政学（含：税收学）	020203	3	5
4151010651	西南财经大学	四川	金融学（含：保险学）	020204	29	73
4151010651	西南财经大学	四川	产业经济学	020205	7	11
4151010651	西南财经大学	四川	国际贸易学	020206	2	5
4151010651	西南财经大学	四川	劳动经济学	020207	1	2

续表

单位代码	单位名称	所在省市	专业名称	专业代码	毕业生数	招生数
4151010651	西南财经大学	四川	统计学	020208	0	5
4151010651	西南财经大学	四川	数量经济学	020209	3	0
4151010651	西南财经大学	四川	国防经济	020210	1	1
4151010651	西南财经大学	四川	消费经济学	020299	10	12
4151010651	西南财经大学	四川	管理科学与工程	120197	0	1
4151010651	西南财经大学	四川	会计学	120201	7	6
4151010651	西南财经大学	四川	企业管理（含：财务管理、市场营销、人力资源管理）	120202	22	39
4151010651	西南财经大学	四川	旅游管理	120203	0	2
4151010651	西南财经大学	四川	技术经济及管理	120204	1	2
4151010651	西南财经大学	四川	经济信息技术及管理	120299	2	9
4153010673	云南大学	云南	政治经济学	020101	18	8
4153010673	云南大学	云南	经济思想史	020102	0	1
4153010673	云南大学	云南	西方经济学	020104	0	1
4153010673	云南大学	云南	世界经济	020105	0	6
4153010673	云南大学	云南	人口、资源与环境经济学	020106	1	2
4153010673	云南大学	云南	企业管理（含：财务管理、市场营销、人力资源管理）	120202	0	3
4153010673	云南大学	云南	旅游管理	120203	1	5
4153010673	云南大学	云南	技术经济及管理	120204	0	1
4153010674	昆明理工大学	云南	管理科学与工程	120199	19	30
4153010674	昆明理工大学	云南	国土资源信息化管理	120499	2	1
4161010697	西北大学	陕西	政治经济学	020101	5	8
4161010697	西北大学	陕西	经济史	020103	1	0
4161010697	西北大学	陕西	西方经济学	020104	5	5
4161010697	西北大学	陕西	世界经济	020105	1	2
4161010697	西北大学	陕西	人口、资源与环境经济学	020106	1	2

续表

单位代码	单位名称	所在省市	专业名称	专业代码	毕业生数	招生数
4161010697	西北大学	陕西	公共经济学	020199	5	5
4161010697	西北大学	陕西	国民经济学	020201	4	3
4161010697	西北大学	陕西	区域经济学	020202	0	3
4161010697	西北大学	陕西	金融学（含：保险学）	020204	0	4
4161010697	西北大学	陕西	产业经济学	020205	0	5
4161010697	西北大学	陕西	企业管理（含：财务管理、市场营销、人力资源管理）	120202	4	5
4161010697	西北大学	陕西	旅游管理	120203	1	1
4161010698	西安交通大学	陕西	区域经济学	020202	1	0
4161010698	西安交通大学	陕西	财政学（含：税收学）	020203	2	0
4161010698	西安交通大学	陕西	金融学（含：保险学）	020204	20	0
4161010698	西安交通大学	陕西	产业经济学	020205	18	0
4161010698	西安交通大学	陕西	国际贸易学	020206	2	0
4161010698	西安交通大学	陕西	数量经济学	020209	1	0
4161010698	西安交通大学	陕西	应用经济学	020297	1	41
4161010698	西安交通大学	陕西	管理科学与工程	120197	18	35
4161010698	西安交通大学	陕西	会计学	120201	5	0
4161010698	西安交通大学	陕西	企业管理（含：财务管理、市场营销、人力资源管理）	120202	17	0
4161010698	西安交通大学	陕西	技术经济及管理	120204	1	0
4161010698	西安交通大学	陕西	工商管理	120297	0	31
4161010699	西北工业大学	陕西	管理科学与工程	120197	24	23
4161010700	西安理工大学	陕西	管理科学与工程	120197	9	11
4161010700	西安理工大学	陕西	企业管理（含：财务管理、市场营销、人力资源管理）	120202	3	0
4161010700	西安理工大学	陕西	工商管理	120297	0	7
4161010701	西安电子科技大学	陕西	管理科学与工程	120197	0	6
4161010703	西安建筑科技大学	陕西	管理科学与工程	120197	11	0

续表

单位代码	单位名称	所在省市	专业名称	专业代码	毕业生数	招生数
4161010703	西安建筑科技大学	陕西	工程经济与管理	120199	1	17
4161010712	西北农林科技大学	陕西	农业经济管理	120301	29	13
4161010712	西北农林科技大学	陕西	林业经济管理	120302	1	2
4161010712	西北农林科技大学	陕西	农业与农村社会发展	120399	37	9
4161010718	陕西师范大学	陕西	政治经济学	020101	0	1
4161010718	陕西师范大学	陕西	经济思想史	020102	0	1
4161010718	陕西师范大学	陕西	西方经济学	020104	0	1
4161010718	陕西师范大学	陕西	世界经济	020105	0	1
4161010718	陕西师范大学	陕西	人口、资源与环境经济学	020106	2	2
4161010718	陕西师范大学	陕西	国民经济学	020201	0	2
4161010718	陕西师范大学	陕西	旅游管理	120203	5	7
4162010730	兰州大学	甘肃	区域经济学	020202	9	13
4162010730	兰州大学	甘肃省	产业经济学	020205	0	3
4162010732	兰州交通大学	甘肃省	管理科学与工程	120197	0	1
4165010755	新疆大学	新疆	人口、资源与环境经济学	020106	4	0
4165010755	新疆大学	新疆	理论经济学	020197	0	11
4165010758	新疆农业大学	新疆	农业经济管理	120301	4	6
4165010758	新疆农业大学	新疆	林业经济管理	120302	1	0
4165010759	石河子大学	新疆	农业经济管理	120301	17	18
9111080000	中共中央党校	北京	政治经济学	020101	18	21
9111080201	中国社会科学院研究生院	北京	政治经济学	020101	1	2
9111080201	中国社会科学院研究生院	北京	经济思想史	020102	1	0
9111080201	中国社会科学院研究生院	北京	经济史	020103	0	1
9111080201	中国社会科学院研究生院	北京	西方经济学	020104	8	6
9111080201	中国社会科学院研究生院	北京	世界经济	020105	16	18

续表

单位代码	单位名称	所在省市	专业名称	专业代码	毕业生数	招生数
9111080201	中国社会科学院研究生院	北京	人口、资源与环境经济学	020106	4	3
9111080201	中国社会科学院研究生院	北京	理论经济学	020197	0	8
9111080201	中国社会科学院研究生院	北京	国民经济学	020201	31	38
9111080201	中国社会科学院研究生院	北京	区域经济学	020202	2	2
9111080201	中国社会科学院研究生院	北京	财政学（含：税收学）	020203	3	4
9111080201	中国社会科学院研究生院	北京	金融学（含：保险学）	020204	15	21
9111080201	中国社会科学院研究生院	北京	产业经济学	020205	8	13
9111080201	中国社会科学院研究生院	北京	国际贸易学	020206	4	5
9111080201	中国社会科学院研究生院	北京	劳动经济学	020207	2	3
9111080201	中国社会科学院研究生院	北京	数量经济学	020209	5	5
9111080201	中国社会科学院研究生院	北京	会计学	120201	2	3
9111080201	中国社会科学院研究生院	北京	企业管理（含：财务管理、市场营销、人力资源管理）	120202	8	3
9111080201	中国社会科学院研究生院	北京	旅游管理	120203	2	3
9111080201	中国社会科学院研究生院	北京	技术经济及管理	120204	4	4
9111080201	中国社会科学院研究生院	北京	农业经济管理	120301	7	10

续表

单位代码	单位名称	所在省市	专业名称	专业代码	毕业生数	招生数
9111080201	中国社会科学院研究生院	北京	林业经济管理	120302	1	1
9111080202	国家行政学院	北京	教育经济与管理	120403	0	3
9111081601	财政部财政科学研究所	北京	财政学（含：税收学）	020203	36	55
9111081601	财政部财政科学研究所	北京	会计学	120201	17	18
9111082101	中国农业科学院研究生院	北京	农业经济管理	120301	8	17
9111082101	中国农业科学院研究生院	北京	农业技术经济	120399	9	5
9131087903	上海社会科学院研究生部	上海	政治经济学	020101	7	8
9131087903	上海社会科学院研究生部	上海	经济思想史	020102	0	2
9131087903	上海社会科学院研究生部	上海	经济史	020103	1	0
9131087903	上海社会科学院研究生部	上海	西方经济学	020104	1	3
9131087903	上海社会科学院研究生部	上海	世界经济	020105	6	10
9131087903	上海社会科学院研究生部	上海	人口、资源与环境经济学	020106	1	0
9131087903	上海社会科学院研究生部	上海	产业经济学	020205	8	12

资料来源：教育部教育管理信息中心数据处。

2012 年经济学、管理学“全国优秀博士学位论文”名单

学科名称	论文作者	论文题目	指导教师	学位授予单位
理论经济学	黄志刚	资本流动视角下外部不平衡的原因和治理研究	易　纲	北京大学
	陈叶烽	社会偏好的检验：一个超越经济人的实验研究	汪丁丁	浙江大学
应用经济学	隋建利	动态随机一般均衡模型的研究与应用	刘金全	吉林大学
	杨继生	综列单位根和综列协整检验及其对我国的应用研究	王少平	华中科技大学
工商管理	逯　东	政府控制视角下的国企治理与公司价值研究——基于国有上市公司的经验证据	杨　丹	西南财经大学
农林经济管理	纪月清	非农就业与农机支持的政策选择研究——基于农户农机服务利用视角的分析	钟甫宁	南京农业大学

2012 年经济学、管理学“全国优秀博士学位论文”中文摘要

黄志刚：《资本流动视角下外部不平衡的原因和治理研究》

论文主要研究中国经常账户不平衡问题。论文提出了三个基本问题：（1）为什么会出现外部不平衡？（2）如何解决外部不平衡？（3）未来如何预防外部不平衡的产生？论文分析了资本流动对贸易和汇率的影响，从资本流动视角为外部不平衡提供解释；分析了资本流动如何影响不同政策对调整外部不平衡的效果以及资本流动下预防外部不平衡的政策选择问题。论文的研究主要基于“新开放经济宏观经济学（New Open Economy Macroeconomics，NOEM）”理论和“动态随机一般均衡（Dynamic Stochastic General Equilibrium，DSGE）”方法，并对该理论进行了多种拓展和改进，使得新框架更加符合中国现实，能更好地研究中国问题。

论文认为，中国大量吸引外资流入是外部失衡产生的重要原因之一。外资持续不断地流入，在中国形成了一个规模庞大的外资部门。外资部门获得的利润以换取中国产品的方式流出国界，从而导致中国出现经常账户盈余。论文指出，外资流入对中国福利的提高是有条件的。如果外资以低技术、高垄断和挤压中国国内产业方式进入，对中国居民有损。

论文分析了货币和汇率政策对于缓解中国经常账户不平衡的作用。通过建立一个小国开放宏观模型对中国的名义政策的分析发现，采用人民币升值的政策要明显优于通过提高国内产品价格的政策。这种优越性主要表现在：（1）汇率调整能够较快实现经常账户平衡；（2）汇率调整不会引起产出和通货膨胀的过度波动；（3）汇率调整更有利于福利改善。论文还发现，通过资本账户开放，有助于经常账户不平衡的调整。论文还对人民币升值是否能够改善中国经常账户不平衡进行了理论研究，并提出人民币升值能否降低贸易顺差依赖于汇率传递程度的新观点。

论文还分析了在资本流动越来越频繁的背景下，应该采取怎样的货币和汇率政策来平抑经济波动，协调内外均衡。论文突破了传统的资本流动假设，将不完全资本流动特点和资本流动影响生产的特征刻画到动态随机一般均衡模型中。研究发现，汇率变动引起大规模的资本涌入（或流出），会快速扩张（或收缩）国内供给，最终影响国内经济的稳定。论文还得出与传统理论不同的结论：一定程度的汇率干预能够有效地降低资本流动对本国经济的冲击，从而降低经济波动，这为汇率管理政策提供了理论依据。

陈叶烽：《社会偏好的检验：一个超越经济人的实验研究》

论文主要以亲社会行为的社会偏好检验为主题，通过设计相关实验并运用相关实验数据分析，围绕三种经典博弈实验中的亲社会行为依次展开，对人类社会常见而被主流经济学所忽视且超越经济人自利假设的公平行为、信任行为和合作行为进行了社会偏好检验的实证研究。主要包括三个问题：最后通牒实验中响应者拒绝提议者一个正的分配方案行为的社会偏好检验；信任博弈实验中委托人的信任投资行为以及代理人的可信任回报行为的社会偏好检验；公共品博弈实验中的合作行为的社会偏好检验。同时运用社会偏好的检验方法，对信任水平的两种测度方法进行了对比，并对信任与合作的关系作了一个经验研究。

首先，论文分析了最后通牒实验中响应者拒绝一个正的分配方案行为的社会偏好检验问题。通过设计一组最后通牒实验考察了基于动机的互惠偏好和基于结果的差异厌恶偏好对人的行为决策的影响，并分别从浙江和北京两地获取了相关实验数据。通过一个简化的最后通牒实验中提议者可供选择分配方案向响应者发送的动机是否公平的信号，发现响应者对于不同可供选择分配方案下的同一个分配方案的拒绝率显著不同，这说明基于动机的互惠偏好确实在人的行为决策中扮演重要角色。同时通过一组修正型的最后通牒实验从结果公平的角度考察了其影响机制，发现分别在保证博弈实验中38%和免惩罚博弈中89%的响应者拒绝行为不能被差异厌恶偏好理论进行解释。其结果在于说明分配动机的公平比分配结果的公平更会影响人们的决策行为，暗含的政策含义即分配过程的公平比分配结果的公平更为重要。

其次，论文设计了一个“三合一”的信任博弈实验来考察信任博弈实验中委托人的信任投资行为以及代理人的可信任回报行为的社会偏好检验问题，通过分析实验数据发现，虽然可信任的回报行为确实受到纯粹利他偏好和互惠偏好的双重影响，但是信任博弈中的信任投资行为只与互惠偏好显著相关，即不受利他偏好的显著影响。该结论的意义在于表明用信任博弈委托人的投资额作为信任水平的测度是合适的。此外，对可信任回报行为的偏好分解在更大的样本范围内进一步支持了关于中国人的可信任结构具备建立在利他偏好基础上的特殊信任特征的结论。

再次，论文通过分析差异厌恶偏好和互惠偏好的区别及其在公共品实验中的具体表现并运用四组公共品博弈实验数据的对比分析，详细探讨了公共品博弈实验中的合作行为的社会偏好检验问题，发现公共品博弈中的投资行为受到差异厌恶偏好的显著影响，而利他偏好理论和互惠偏好理论均没有得到四组实验数据的支持，该结论说明公共品博弈实验与信任博弈实验中投资行为的动机分析呈现社会偏好的异质性，即前者受差异厌恶的显著影响，而后者受互惠偏好的显著影响。

最后，作为社会偏好检验的一个应用，论文运用一组实验数据从个体微观角度考察了信任与合作之间的关系，分别用信任博弈实验和 GSS 调查问卷两种方法测度了行为个体的信任水平，并以公共品博弈中的投资额作为其合作水平的度量，结果发现，信任水平的两种测度方法存在内在的一致性，即无论是否控制利他偏好，信任博弈实验中的投资额均可以被 GSS 信任指数解释；同时运用工具变量法处理了实验方法测度的信任和合作两个变量的内生性问题之后，并在控制个体差异和利他偏好及风险偏好等条件下，发现个体的合作水平与其通过信任博弈实验测度的信任水平显著正相关，但是与其通过问卷测度的信任水平没有显著相关性，这说明信任能够促进合作假说的成立依赖于信任水平的具体测度方法。

隋建利：《动态随机一般均衡模型的研究与应用》

论文在充分吸纳和借鉴国内外学术界相关领域已有研究成果的基础之上，对动态随机一般均衡（DSGE）模型进行了系统的理论分析和实证检验，并获得了一些重要的理论判断和经验证据。论文的主要工作和创新如下：

第一，鉴于 DSGE 模型中不存在明显的内生传导机制，论文基于中国台湾和日本的产出与工作时间数据，分别考虑具有平稳或非平稳劳动力供给冲击情况，同时，倾向于在就业中引入调整成本因素，进而构建含括随机趋势工作时间的四种不同设定形式的随机增长模型，旨在分析和测度动态随机一般均衡模型的内部动态性特征。论文对模型所作出的修正和改进可以方便地应用于具有实际和名义刚性的大规模 DSGE 模型，并且能够有效地改善实证结果。

第二，由于实际经济周期（RBC）模型缺乏对经济系统内部传导机制的良好刻画，论文通过引入“边做边学”机制来完善 RBC 模型所存在的不足。首先，对于“边做边学”模型的构建而言，将动态随机一般均衡模型进行了改进，使其含括与劳动力效应相关的“边做边学”机制。其次，对于“边做边学”模型的估计和评价来讲，采用了贝叶斯计量经济学方法、对数边际数据密度法以及脉冲响应函数等方法，通过先验分布将外部信息融入参数之中，进而分析和判断“边做边学”机制是否能够改善模型的内生传导机制问题。

第三，与以往的研究不同，论文假设货币政策遵循马尔科夫双区制转移的规则，从而构建了新凯恩斯货币 DSGE 模型。同时考虑两种不同形式的货币模型：在贝叶斯学习设定下，公众无法观测到货币政策状态，因此代理人必须考虑和学习过去的通货膨胀率和利率信息，而在完全信息设定下，家庭和企业都能够准确掌握当前货币政策所处的区制状态，此信息来源于中央银行针对当前货币政策所处区制而发布的值得信赖的公告，然而公众仍然无法确定未来货币政策所处的区制状态。

第四，将估计货币 DSGE 模型的贝叶斯统计推断方法延拓至参数空间中的不确定性区域中。通过将经济系统确定性因素与不确定性因素协同考虑，并标记太阳黑子冲击以及含括货币政策冲击、需求冲击和供给冲击等基础冲击传导的额外参数，刻画了不确定条件下经济系统中出现的多重均衡解。通过分析太阳黑子冲击以及基础冲击对包含产出、通货膨胀和名义利率等内生变量的影响程度，并比较在确定性情况下以及由太阳黑子冲击所引致的不确定性情况下，基础冲击传导方式的改变程度，来测度我国货币政策的有效性。

第五，基于新凯恩斯货币 DSGE 模型所获得的先验信息应用于向量自回归（VAR）模型当中，进而对 DSGE-VAR 模型的样本内预测能力进行测度，同时比较了 DSGE-VAR 模型、无约束 VAR 模型以及 Minnesota-VAR 模型的预测效果。此外，在对我国货币政策体制变迁效度进行分析和预测时，基于 DSGE 模型以及 DSGE-VAR 模型，具体分析和比较了货币政策冲击对实际产出、通货膨胀以及名义利率的冲击反应影响。最后，基于 DSGE-VAR 模型，识别和刻画了“适度宽松”与“适度从紧”两种不同货币政策体制变迁所产生的具体效果。

杨继生：《综列单位根和综列协整检验及其对我国的应用研究》

基于综列数据的单位根和协整分析，不仅有助于改善检验的有限样本性质和提高检验势，而且能够反映个体特征和经济关系的内在结构特征。综列数据各截面单元之间大多存在或强或弱的相关性，但现有的第一代综列单位根检验都是基于截面不相关假定的，第二代基于截面相关假定的检验要么对截面之间的相关性有特殊的假定，要么在相关性较强时存在严重的分布扭曲，从而缺乏普适性。综列协整可以基于残差的平稳性也可以基于综列向量误差纠正模型（PVECM）来检验。但基于残差的综列协整检验无法考察多个协整向量的情形，并且无法考察截面单元之间的长期均衡关系和短期动态调整之间的相互影响。Groen 和 Kleibergen（2003）建立了基于 PVECM 综列协整检验的基本分析框架，但其模型受到各截面单元变量之间不能存在协整关系的约束。所以，在全面系统地分析现有综列单位根和综列协整检验的优点以及局限性的基础上，论文对现有检验方法进行了有效的修正和扩展。

就综列单位根而言，论文的主要目的是在对现有检验统计量进行修正的基础上，建立对截面相关具有普适性的新的检验方法。首先，由于 Maddala 和 Wu（1999）以及 Choi（2001）的联合 p 值检验中包含了从 t 检验值到其 p 值的非线性变换，从而大大减弱了截面单元之间的相关性，所以，论文构造了基于 ADF 检验的联合 p 值检验统计量，并考察其在截面弱相关下的有限样本性质和检验势。仿真结果显示，该检验在截面单元弱相关时仍有良好的表现。

其次，Chang（2002）提出用非线性工具变量估计来消除截面单元之间的相关性并实现检验统计量的正态性，但论文的研究显示 Chang（2002）的 SN 检验仅适用于截面单元之间的相关性非常弱的情形，并且在含确定性趋势时是有偏的，论文首先基于仿真实验结果对检验统计量的有偏性进行了修正，使其可以被用于含截距和时间趋势的综列数据，大大扩展了该检验的应用范围。进而，鉴于现有检验在截面相关下的表现均差强人意，论文结合 SUR 型的可行广义最小二乘（FGLS）估计和非线性工具变量（NIV）估计，建立了广义非线性工具变量（GNIV）检验统计量，即通过 FGLS 来消除截面单元之间的相关性，进而通过 NIV 估计来保证估计的一致性，从而得到不受截面相关性影响并且渐近分布为标准正态分布的 GNIV 检验统计量。仿真结果显示，GNIV 检验在截面不相关、弱相关、中等程度相关、直至强相关设定下均有良好的有限样本性质和较高的检验势，显著优于 Chang（2002）的 SN 检验、Pesaran（2003）的 CIPS 检验以及 Levin，Lin 和 Chu（2002）的 LLC 检验。

就综列协整而言，鉴于基于残差的综列协整检验存在诸多的局限性，论文主要考察基于 PVECM 的综列协整检验。首先，Groen 和 Kleibergen（2003）并没有给出其有约束综列协整检验的具体临界值，而其检验统计量的极限分布为布朗运动随机积分的泛函形式，临界值问题严重制约了该检验方法在实证分析中的应用。论文通过大规模的仿真实验给出了该检验统计量在各种设定形式下的临界值，显著提高了该检验的实际应用价值。其次，由于截面单元之间的相互影响是普遍存在的，论文基于 Johansen（1988，1991，1995）的似然比检验，通过混合各截面单元的变量（并不是混合各截面单元的数据）来引入各截面单元之间的协整关系和动态调整的相互影响，在无约束假定下提出了基于 PVECM 的似然比检验统计量。由于该无约束模型的待估参数个数依截面单元个数快速增加，根据似然比检验统计量渐近分布的临界值进行判定将是不可靠的，所以，论文提出了基于 BOOTSTRAP 仿真的似然比检验程序，并通过小规模的仿真实验考察了其在有限样本下的表现。

最后，作为综列单位根和综列协整的应用，论文分别以我国工业能源消费、人民币均衡汇率、我国证券市场的弱有效性作为研究对象，从基于残差的综列协整分析、基于 PVECM 的综列协整分析和单独应用综列单位根检验分析实际经济问题三个方面，为综列单位根和综列协整对我国的应用性研究提供了完整的范例。为全面反映不同检验技术在实证分析中的应用，工业能源消费分析所采用的是现有的 McCoskey 和 Kao（1998）的 LM 综列协整检验，新提出的 GNIV 综列单位根检验和 Im，Pesaran 和 Shin（2003）的 IPS 检验；而人民币均衡汇率分析则根据论文的方法论研究成果，采用了 Groen 和 Kleibergen（2003）的综列协整检验和论文所提出的修正的 SN 综列单位根检验；证券市场弱有效性研究采用联合 p 值检验和 GNIV 检验。研究结果显示，工业各主要行业能源消费和行业经济增长之间、人民币对美元和日元的实际汇率与基本经济要素之间均存在长期稳定的均衡关系，我国证券市场在总体上具备弱有效性的特征。

逯东：《政府控制视角下的国企治理与公司价值研究——基于国有上市公司的经验证据》

论文包括导论和正文两部分内容，各部分内容如下：导论部分包括选题背景、研究意义、研究思路与研究方法、论文结构介绍。正文共分六章。

第一章，文献回顾与理论基础。本章首先结合文献回顾，给出了论文研究的理论基础，主要包括早期有关国家所有权理论的争论、产权理论、“扶持之手”、“掠夺之手”模型以及公司治理中的两类委托代理理论（包括股东与管理层之间的利益冲突、大股东与中小股东之间的利益冲突）。接着从政治联系与公司绩效、国有股权结构与公司绩效、我国政府行为与国企治理这三方面回顾了政府控制对公司绩效影响的经验研究。最后对现有经验研究进行了评价，总结了当前研究仍然存在的一些问题。

第二章，制度背景。本章结合已有的制度分析文献，介绍与回顾了改革开放 30 年来我国政府内部激励与治理的变革过程、国有企业改革的历史进程、国有资产管理体制改革、国有企业公司治理改革，展现了我国国有企业治理结构背后的制度背景变迁过程，为后续的实证研究提供必要的制度背景铺垫。

第三章，政府转让国有企业控制权的动机研究。本章主要是对政府控制国有企业的动机进行实证检验。考虑到政府控制与政府转让控制权是一枚硬币的两面，本章首先实证分析了政府转让国有企业控制权的决定因素，从另一面揭示了现阶段政府控制国有企业的动机。接着又进一步实证检验了国有企业控制权转让后的业绩表现，讨论政府转让国企控制权的事前动机与事后企业业绩表现是否具有一致性。最后基于上述的实证研究结论，进一步对国有企业的产权改革进行了讨论。

第四章，政府控制权与公司价值。基于政府的控制动机，本章实证检验了政府控制权和公司价值之间的关系。首先结合“扶持之手”和“掠夺之手”的理论分析，讨论了政府控制权对公司价值可能同时存在着“正”“负”两种效应，通过对两种效应作边际分析，理论推导了政府控制权与公司价值之间可能存在的关系，接着通过数据进行了实证检验。并进一步检验了在不同的政府主体控制下，政府控制权与公司价值之间的关系是否存在差异。

第五章，政府控制、高管行政经历与公司价值。本章讨论的是在政府的人事控制下，具有行政经历的国企高管其经营行为是否与一般传统意义上的企业高管存在着差异。重点解决三个问题：(1) 行政型出身的高管对国有企业的业绩是损害还是促进？(2) 行政型出身的高管是如何影响国有企业业绩的？(3) 在不同的政府主体控制下，行政型出身的高管对公司价值的影响是否存在差异？本章的实证设计紧紧围绕这三个问题展开讨论，以全面认识行政型高管对公司价值的影响途径，为国企高管行政任命制度的改革提供必要的经验证据。

最后，是全文结束章。对主要研究结论、政策启示和研究局限性进行了总结，并展望了未来的研究方向。

论文的主要研究结论如下：

(1) 近几年来政府转让国有企业控制权的政治动机（即维持社会稳定和国家安全战略）明显，而追求企业经营业绩的经济动机减弱，转让中倾向于保留大规模和有战略意义的企业。结合已有文献的研究结论，推测可能存在着这样一种情况：在近30年的国有企业改革进程中，随着改革开放的逐步深入，政府转让国有企业产权的动机可能经历了一个“以经济动机为主→经济动机与政治动机并重→以政治动机为主”的渐进式变迁路径。

(2) 民营化确实提高了企业经营业绩，但终极控制权仍保留在政府内部的“换汤不换药”的控制权转让方式并没有显著改善企业业绩。

(3) 尽管民营化带来了国企事后的业绩改善，但政府事前却因为政治顾虑而不存在把业绩不好的企业转让出去的明显倾向，这种逻辑不一致性折射出我国当前国有企业改革中面临的困境。也进一步表明，在现阶段，政府控制国有企业更多地源于政治考虑，政治动机更为明显，而追求经营效率的经济动机呈现出减弱的趋势。

(4) 由于政府基于政治动机控制企业的行为同时存在着“扶持之手”和“掠夺之手”这两只手，两只手所同时带来的“正”“负”效应使得政府控制权与公司价值之间呈现出“倒U形”关系。由于地方政府比中央政府的干预力度更大，这种“倒U形”关系在地方政府控制下更为明显。

(5) 政府为加强对企业的控制往往选拔了大量曾在政府部门担任过领导职务的官员出任国企高管。而这些行政出身的高管由于其存在政治晋升通道和目标多元化，往往会更少地将自身能力用于企业经营上，从而造成了对企业价值的损害。但在地方政府的强干预背景下，行政出身高管的价值损害效应存在一定程度的缓冲。

论文主要改进和创新体现在以下三方面：

第一，论文发现在2003—2007年间，政府在推行民营化改革时，更多是出于保持稳定和战略性行业的政治顾虑，政治动机显著而以往文献提到的经济动机则不明显。进一步，通过对事前（Ex ante）政府控制权转让动机和事后（Ex post）公司表现的检验，发现以往文献多以事后（民营化后）的公司业绩表现来反推政府事前的放权动机存在偏差，因为事后业绩与政府的事前动机可能是不一致的——尽管民营化带来了企业事后的业绩改善，但政府事前却没有明显的把业绩不好的企业放权出去的倾向，这种逻辑不一致性折射了我国当前国有企业改革的困境。

第二，基于政府较强的政治干预动机，结合“扶持之手”和“掠夺之手”的理论分析，论文首次从理论上和实证检验上确定了政府控制权比例与公司价值之间存在非线性的“倒U形”关系，但这一关系主要是由地方政府控制的上市公司所决定，而中央政府控制的上市公司的政府控制权比例与公司价值不存在明显关系。

第三，弥补了当前文献专门针对国有企业高管政府背景的实证研究上的匮乏，而目前大多数研究主要集中于对家族或民营企业的高管政府背景的考察。并在 Fan, Wong and Zhang（2007）的研究基础上进行了扩展，实证检验了国有企业高管的行政经历损害公司价值的原因。考虑到中央政府和地方政府对企业的干预力度存在差异，论文进一步研究了在不同的政府主体控制下，国有企业高管的行政经历对公司价值的影响是否表现出明显差异。

纪月清：《非农就业与农机支持的政策选择研究——基于农户农机服务利用视角的分析》

论文主要研究内容和相关结论如下：

研究内容一：农户农机服务投入行为及劳动力非农就业在其中的影响。

本部分内容的研究目标是确定非农就业对农户农机服务需求的影响，以期预测未来农机总需求的变化。本研究利用安徽农户调查数据对影响农户农机服务投入的因素进行了实证分析。研究结果表明，在农户层次上，农户农机服务使用量主要受耕地面积、地块数、村农机服务市场价格、家庭劳动力数以及劳动力非农就业时间等因素的影响。劳动力非农就业时间对农户农机服务投入量影响为正，说明随着农村劳动力非农就业机会的增加，农户的农机需求也将增加。

研究内容二：农户农机服务来源选择行为及劳动力非农就业在其中的影响。

本部分内容的研究目标是确定非农就业对农户农机服务来源选择行为的影响，以期预测大中型农机和小型农机相对需求的变化。本部分研究结果表明，农户获取农机服务是倾向于依赖市场上的大中型农机还是倾向于依赖家庭用小型农机主要受村农机服务价格、家庭青壮年男性劳动力数、青壮年男性劳动力的非农就业时间、是否接受过农机培训、耕地面积以及农业决策者年龄等因素的影响。研究发现当青壮年男性劳动力非农就业时间增加时农户将更倾向于依赖农机服务市场而非持有小型农机。因此，随着农民兼业化程度的加深，农业“老龄化”“女性化”的凸显，家庭用小型农机需求将相对减少、适合向市场提供服务的大中型农机需求将相对增加。

研究内容三：不同收入组农户农机服务利用及来源情况。

本部分内容的研究目标是考察农机服务在不同收入组农户间的分配情况，以此评价农机支持政策潜在的收入分配效应。研究结果表明，农机服务在不同收入组农户间的分配比现有收入分配更平均。但是，低收入组农户使用的农机服务量较少。因此，增加农机补贴可以减小收入分配差距，但是其效果不如按照人头进行补贴的情形。大中型农机服务在不同收入组农户间的分配比小型农机服务分配更平均；收入最低的20%农户使用了16.7%的大中型农机服务，而只使用了6.8%的小型农机服务。在低收入小农主要依赖农机服务市场的情况下，支持发展大中型农机、降低农机服务市场价格的政策更有利于缩小农户间的收入差距。

综合三方面研究内容得出以下结论：随着农村劳动力非农就业机会的增加，农户对农业机械的总需求增加；且增加的主要是大中型农机的需求；并且低收入农户更多地依赖大中型农机提供的服务。因此，从满足农户需求和有利于低收入者角度来看，论文的研究结论支持发展大中型农机的政策。

本研究在理论上的一个有意义的发现是：在存在农机服务市场的情况下，农户农机投资（持有）行为和农机服务利用行为并不一致；农户层次上非农就业与农机需求的正向关系可以和非农就业与农机（持有）投资的负向关系并存。在存在农机服务市场的情况下，低收入的小规模农户反而更多地使用大中型农业机械提供的服务。

（“2012年经济学、管理学‘全国优秀博士学位论文’名单及中文摘要”资料来自中国学位与研究生教育信息网。）

第八篇

学界动态

学术会议综述

【2012 中国社会科学论坛——新时期中国收入分配国际研讨会】

由中国社会科学院经济学部主办，人口与劳动经济研究所承办的中国社会科学院“中国社会科学论坛（2011/2012）”于 2012 年 1 月 6—7 日在北京召开。会议邀请来自世界银行、经济合作与发展组织、亚洲开发银行以及德国、澳大利亚、日本、韩国等约 80 位国内外知名专家学者。本次论坛的主题是：新时期中国收入分配问题。

一　中国收入分配究竟是在恶化还是在改善？

一种观点认为收入差距在不断扩大，收入分配仍在继续恶化。北京师范大学的李实研究得出，2002—2007 年全国总体基尼系数上升了 5%—7%，目前已经上升到 0.48 左右。亚洲开发银行的万广华认为，最近 10 年的中国居民收入不平等还在继续扩大。但是，也有观点认为收入差距趋于稳定。OECD 的 Richard 研究表明，全国总体基尼系数在 2005 年以后基本稳定在 0.46 左右，收入差距扩大的趋势已经停止。中国社会科学院的都阳认为，2005—2010 年城镇中低收入组的收入增长速度更快，劳动力市场发育发挥了缩小收入差距的作用。

二　从国际比较来看中国收入分配问题有多么严重？

中国的收入差距的确高于大多数发达国家，但低于一些发展中国家。Richard 研究发现，中国城市劳动力市场的不平等程度要比所有 OECD 国家都要严重，但低于巴西、南非和墨西哥等新兴市场国家。发达国家在政府转移支付、税收等再分配政策后，基尼系数大约降低 10 个百分点，而中国的再分配功能并没有发挥作用，再分配前后的基尼系数几乎没有变化。中国的收入差距表现出城乡差距大的显著特点。清华大学的王丰研究发现，中国不平等的地区差距贡献达到 40%，而美国不平等的地区差距的贡献仅为 4%，同样是新兴市场国家，中国的城乡差距很大，而巴西的城乡差距很小、城乡内部差距大。

三　中国收入差距何时会出现拐点？

一种观点认为中国收入差距扩大的拐点还需要很长时间。韩国的 Lee 研究认为，中西部地区仍然有很多的剩余劳动力，中国不会很快进入收入差距的转折点，预计可能要到 2020 年左右。万广华认为，可能还需要一代人的时间才会有明显的收入差距转折。日本的 Hiroshi Sato 认为，转折不仅是不平等的下降问题，而是要下降到一个合理区间或水平，这个转折阶段的到来还需要更长时间。但是，也有观点认为中国收入差距扩大的拐点已经显现。Richard 认为最近 5 年中国的收入不平等比较稳定，并没有明显加快上升，这对于收入差距转折的出现是正面的。中国社会科学院的蔡昉也认为，由劳动力市场决定的库兹涅茨转折点应该会出现，但收入差距扩大的拐点不会自然到来，需要有完善的收入分配制度作为重要条件。

四　中国劳动报酬份额过低吗？

目前社会上关于劳动报酬份额的认识

存在一些误区。中国社会科学院的张车伟认为，这一误区首先来自于使用不同口径数据不恰当地进行比较。国际比较来看，中国劳动报酬份额问题也被夸大了。中国社会科学院的樊明太研究发现，中国劳动报酬份额最低的情况达到48.0%，而巴西最低为39.8%，印度最低为27.8%。蔡昉等也赞同劳动报酬份额偏低存在夸大的情况。对劳动报酬份额的认识不清可能会误导政策，世界银行的赵敏提出，发展中国家的服务业更多是低端服务业，生产率水平要低于第二产业，盲目发展服务业未必一定带来劳动报酬份额的增加。

五　政府如何在收入分配问题上发挥作用?

解决中国收入分配问题的关键还在于初次分配，要消除分配中的不公平现象，堵住不合理收入和非法收入的来源。再分配方面，实际上最近几年社会保障制度、结构性减税政策等已经开始实施，将能够逐渐发挥调节收入差距的作用。中国目前的社会保障体系可以说是以俾斯麦体系为主，这种制度对收入差距调节的作用不大，而最近年份试点实施的新型农村居民养老保险和城镇居民养老保险两种制度更接近于贝弗里奇体系，强调基本养老待遇的公平。社会保障体系的改革应该适当加大贝弗里奇体系的成分。

（程　杰）

【第十六届中国资本市场论坛】

2012年1月7日，第十六届中国资本市场论坛在中国人民大学召开。会议由中国人民大学金融与证券研究所、中国证券报社等联合主办，全国人大常委会原副委员长成思危、国务院研究室副主任宁吉喆等出席会议。此届论坛的主题是“中国资本市场：新起点、新机遇、新突破”。与会者就宏观政策调整之路、中国金融变革之路、资本市场发展之路进行了深入探讨。

清华大学中国与世界经济研究中心主任李稻葵表示，目前我国正处于社会转型期，结构在调整，发展方式在转型。2012年可能是一个非常有意义的年份，因为2012年经济增速完全可能实现“软着陆”。预计2012年GDP增速将从2011年的9.2%左右调至8.4%—8.5%，通胀水平可能从2011年的5.4%下降到2.96%，增速及宏观态势出现一个非常必要的放缓态势。房地产市场在2012年交易量会有一定的下降，但下降量不会很大，价格将有一定回归；2012年房地产业可能会找到新发展方向，即保障性住房朝“夹心层”倾斜。此外，与以往不同，2012年我国广义货币增速可能会延续2011年的发展趋势，仍将落后于名义GDP。在他看来，如果上述状况同时发生，2012年宏观经济将是一个重要的调整之年。因而，2012年应以促进结构调整、促进发展方式转变的目标来制定年度宏观政策。在未来一两年，宏观政策的使命、目标就是要促进结构调整，为社会长远发展奠定基础。

中国人民大学校长助理吴晓求教授认为，为了更好地推进中国经济发展，要从战略高度理解资本市场：资本市场作为现代金融的核心，推动着中国经济持续快速增长；资本市场加快了社会财富特别是金融资产的快速增长；资本市场为经济持续发展提供了有力支撑和杠杆化作用；资本市场为中国企业机制改革和竞争力全面提升提供了市场化平台；资本市场推动了中国金融体系的市场化变革；资本市场为投资者提供了收益风险在不同层次匹配的证券化金融资产。

（金泓摘自《中国社会科学报》
2012年1月11日）

【中国社会科学论坛·世界与中国】

近日，“中国社会科学论坛·世界与中国：2012”国际研讨会在京举行。中国社会科学院党组成员、副院长李扬出席会议并致辞。来自中国社会科学院、中国人民大学、北京大学、国务院发展研究中心、日本银行等单位的专家学者出席会议，共同讨论有关世界经济危机及其应对问题。与会专家指出，发生在全球化背景下的世界经济危机，各国需要通过各种形式的国际组织，积极合作以应对日益蔓延的世界经济危机。

在全球化的背景下，世界上几乎所有的国家事实上都在同一个经济体系中。与会专家指出，此次经济危机影响大，延续时间长，世界各国被卷入其中并深受其影响。世界经济危机的解决和世界经济的恢复需要世界各国密切合作。如果各国不密切合作，世界经济危机还会延长更长时间。此次危机解决出现了一个比较好的现象，即世界各国确实有意愿，并且采取了实际行动来解决危机。20 世纪 30 年代的危机是以一场大战来解决，20 世纪 70 年代的危机则是以布雷顿森林体系崩溃为解决方案。这次危机发生之后，国际社会很快有了一个国际治理机制——二十国集团，还推出其他一些类似的安排。在应对世界经济危机过程中，世界各国发现二十国集团机制可能是抑制此次危机最好的方法，并且采取行动让二十国集团进一步走向体制化、机制化方向。

针对日本政府决定购买中国国债、推出实施外储投资多元化的战略性举措，与会专家认为，日本政府决定购买中国国债预示着国际社会已经正式接受了人民币作为储备货币的一个组成部分，确认了人民币在国际货币储备中的地位。人民币首次成为发达经济体储备货币，是人民币国际化的重要进展，也预示着今后的国际货币体系可能就向着这个方向在发展。但是，按照日本政府的初步构想，购入中国国债的规模不超过 100 亿美元，占其外储总额的比例仅约为 0.77%，并且还将是分期购入。从目前来看，日本持有中国国债依然是象征意义大于实际意义，也不意味着日本将放弃美元和欧元资产。一方面，日本购买中国国债很可能成为开启人民币国际化新阶段的机遇窗口；另一方面，人民币要真正实现国际化，仍有很长的路要走。中国要抓住有利形势，加快国内改革，尤其要加快对金融体系的改革，建立健全各项金融制度，确保经济的平稳健康发展。

（金泓摘自《中国社会科学报》
2012 年 1 月 13 日）

【第二届宏观经济与房地产市场研讨会】

2012 年 1 月 14 日，“第二届宏观经济与房地产市场研讨会（2012）”在北京大学经济学院举行。会议由中国社会科学院《经济学动态》杂志社和北京大学中国都市经济研究基地联合举办。专家学者就我国宏观经济的新特点、经济增长与结构调整、近几年的宏观调控走势、宏观经济政策预期、宏观经济供给管理政策、房地产市场限购限价等问题展开了热烈讨论。

北京大学副校长刘伟教授就我国经济增长的新特点和宏观调控问题进行了阐述。他认为，中国经济增长处于转型的历史阶段，在“十二五”末，经济增长速度有可能从 10% 左右的高速增长阶段转向 8% 左右的中速增长阶段。这将是一种长期的趋势。目前，在我国的东部发达地区，这种增长速度的转变趋势已经有所显现，增长速度较快的省市，基本都集中在中国的中西部地区。当前我国东部发达省市的固定资本形成增速排名落后于全国平均水平是该地区经济整体基本进入后工业化阶段的必然表现。为我国调节经济结构，促进产业结构升级，促进创新型国家战略实现提供了一个契机。适时的调整经济结构可以提高经济增长的质量。目前中国经济处于一个历史性的转折时期，经济结构调整的压力要远远大于经济增长的目标。中国的宏观调控目标因此要更加关注偏向中长期增长的供给管理政策，不断提高经济增长的创新能力，以加速结构调整。

中国社会科学院经济研究所副所长、《经济学动态》杂志社社长杨春学研究员认为，现代服务业是支持经济发展的重要产业之一。首先，我国目前的现代服务业，为了更好地为经济发展服务，应该逐步开放对现代服务业市场的准入机制，不断增加该市场的竞争性。其次，我国经济拥有长期的潜在增长趋势，但未来增长曲线会越来越平缓。同时，发达地区以往支持地方经济增长的重要因素即土地红利等也在逐渐消失，这是很多沿海发达地区地方政府目前面临的一个困境。最后，由于我国在2008年实行了一系列的强力刺激经济的措施，以致一年多后催生了我国通货膨胀和房地产泡沫等问题。目前我国政府对房地产市场的调整措施，没有使房价有实质性下降。

北京大学校长助理黄桂田教授认为，2007—2011年，是中国改革开放以来宏观调控目标、手段、方向转变最频繁的五年。这样的宏观调控政策对中国经济究竟产生了什么深远影响是值得深思的。我国宏观经济政策频繁变化，不是由于国际环境，而是对处于特殊转变时期的中国经济的研究不够深入，没有为我国经济定出一个中长期基调。这样可能导致两个问题：自身导致的经济危机和宏观调控手段的复归。宏观调控应该有一定的预见性和连续性，定出一个基调，然后对经济进行微调。这不仅仅要求决策层要有一定的预见性，还要使经济一线的执行者（主要是地方政府与企业）能够对政策有一定的预期。此外，在我国，通货膨胀不仅仅是一个货币现象，货币超发不一定造成我国物价的上涨，这主要是由于我国的利率、汇率一般不是由市场决定的，货币的流动速度较慢，因此中国的M2与GDP比率远远高于国际水平，这样货币紧缩并不是控制物价的合理手段。实际上，真正起到控制物价作用的措施有两个：一是供给管理政策；二是市场秩序管理。

北京大学国民经济核算与经济增长研究中心副主任蔡志洲研究员认为，经济增长是解决各种社会矛盾的基础。从长期来看，欧洲、美国经济增长率很低，因此缺乏增量来解决不断累积的社会矛盾，当然其经济不会崩溃，也不会大幅增长。从人均可支配收入角度来看，我国贫富差距很大，我国居民的消费结构也存在很大的问题。消费结构在不断升级，而耐用消费品只占可支配收入的3%，对经济的拉动作用基本上没有，这与工业化中后期阶段世界先行工业化国家或地区是有很大差异性的。房地产是拉动中国经济增长的一种主要力量，住房的价格不应该有很大的波动，稳定投资者及消费者对住房市场的预期很重要。

中国社会科学院经济研究所胡怀国副研究员认为，近几年，我国出台了一系列房地产调控措施，有些措施并不利于稳定微观市场主体的预期。例如，“限购”等在持续时间等方面是不确定的，造成了供求双方的“观望”。不利于企业的进入或退出，不利于资源的优化配置和结构调整，会造成很大的福利损失。就长期而言，至少在结构调整方面，我们应该更加强调可预期的价格型政策工具。

北京大学经济学院李绍荣教授认为，在房地产市场中，只有绝大部分是消费者或绝大部分是投资者时，房地产价格才是稳定的，否则房地产价格会有大的波动，都需要调控。北京大学经济学院王大树教授认为，我国的宏观经济政策很难给经济以稳定清晰的预期，最终难以达到经济政策的目的。对于日本经济过去20年停滞不前，为何人民生活水平还得以维持的问题，王大树认为，日本产业大量的海外化，这一部分的增长无法体现在GDP中，但确实对日本经济起到支持作用。此外，日本的汇率上升，也使其国民财富增加，而且在二战后，日本产业结构早已完成工业化，人口已经知识化，加上日本人口长期负增长，这些也都是日本能够在长期处于经济增长停滞阶段还能够维持国民生活水平的原因。

北京大学经济学院冯科副教授认为，房地产是一个很重要的民间投资方式。对于不同的购房者，限购措施要区别对待。对于小额炒房者，应该限制；对于首次置业者，国家应该通过贴息等措施，鼓励这部分消费者；对于购买每平方米3.5万元以上的购房者，国家应该放开，因为这部分房屋销售量越大，国家的税收收入就越多。我国房地产市场应该是渐进式的放松，这样对于经济增长速度平稳下落，会产生积极作用。

与会专家学者还就我国经济政策的特点、宏观调控的方式和困难、房地产市场的限购限价操作、日本宏观经济发展的经验教训等问题展开了热烈讨论。

（金泓摘自《经济学动态》2012年第2期）

【世界经济论坛2012年年会】

2012年1月25—29日，世界经济论坛2012年年会如期在瑞士达沃斯—克洛斯特斯召开，来自100多个国家的2600余名代表参会。在当前全球经济再平衡与去杠杆化的背景下，此届论坛将主题设为“大转型：塑造新模式”，重在探讨重塑全球经济方案。

一　欧洲命运牵动论坛神经

欧元与欧盟无疑是此界论坛最受关注的话题。欧洲人似乎从未像现在这样沮丧和悲观，德国对外政策协会研究所所长艾伯哈特·赞特施耐德在其2011年的新书《欧洲如何全身而退：交出权力赢得未来》中断言：“欧洲的时代结束了，现在的问题是，欧洲是否能够通过与亚洲分享权力和资本而衰退得体面一些，否则它将迅速面临罗马帝国一样惨烈的结局。”

作为欧洲经济的火车头，德国的一举一动都对欧洲命运起着决定性作用。然而德国发出的信号令深陷欧债危机的各国更加沮丧，德国并没有打算增加欧元救助基金，第二波一揽子救助计划也没有被列入议事日程。德国总理默克尔在论坛上婉转表示：“德国虽然被认为是欧洲较大较强的经济体，但也无法承载过重的负担，许下无法实现的诺言。”而一年前的世界经济论坛上，默克尔的表态显然积极得多：“保住欧盟是我们的首要目标！”

对此，记者采访了维也纳大学东亚经济与社会系教授吕迪格·弗朗克。他指出：“我们必须从历史角度分析问题，保住欧盟首先是一个政治目标，而欧元则是实现这个目标的手段之一。但通过统一货币实现政治统一的想法是错误的，欧洲联盟的进程太快，且缺少约束，没有严格规定成员国的义务。欧盟及其前身最早是冷战的工具，而后美国又利用其阻止莫斯科阵营的形成，这使得新成员国握有相当多的谈判资本。但对于欧洲来说，欧债危机是一个难得的契机，可以补做以前没有做的事情；同时，在经济政策方面，必须在加强欧盟元素的同时大幅减弱国家元素。无论持哪种观点，最终只有两种结局：保持统一的欧洲或者重新成为单独的国家。”

中国社会科学院欧洲研究所副所长江时学认为，欧债危机的解决存在一些制度上的障碍。他指出，解决债务危机的途径之一是通过扩大出口等手段来加快经济发展。2011年阿根廷债务危机爆发后，由于比索大幅度贬值，阿根廷的出口显著增加，为国民经济走出危机创造了条件。而希腊等国无法使欧元贬值，因为欧元区的货币政策是统一的。正如英国《经济学家》杂志所说的那样，对于欧元区成员国来说，欧元似乎是一种外国货币。另外，应对债务危机需要果断而有力的政策行为，但在欧盟的制度安排中，有些政策行为需要得到每一个成员国的同意，为此而进行的磋商和博弈极为艰难。

欧债危机是否会对中国造成影响？中国应该如何应对？对此，复旦大学经济学院副院长孙立坚认为，目前的发展趋势可能出现两种不同性质的影响，它完全取决于目前欧债问题是否会发展到流动性危机的状态。如果流动性危机爆发，短期内会影响中国外汇储备结构调整的步伐、中国人民币汇率的市场化进程以及中国融入经济全球化环境的有利地位；中长期内会影响中国企业生产成本和“走出去”战略的实施、国内金融市场的稳定和创造财富的方式、中国社会大众的消费选择和意愿以及中国政府改革开放的力度和大国发展战略的方向。如果不出现流动性危机的状态，中国则应该坚定不移地与欧洲主要强国加强贸易和投资往来，在治理国际金融与货币体系的国际事务中加强与欧洲多方面合作。

二 论坛无法解决资本主义制度深层次问题

从2007年开始的全球金融危机到如今令欧洲各国深陷泥潭的欧债危机，老牌资本主义经济体纷纷倒下，资本主义经济模式受到了越来越多的质疑。瑞士圣加伦大学经济学与政治学学院教授雷托·富勒米提出：“金融危机之前，很多国家推行负债金融和以需求为导向的经济增长政策，由此产生的经济短期繁荣蒙蔽了我们的双眼，让我们忘记了经济增长的目的，生活水平的提高或者工作时间的减少是否指日可待？”

世界经济论坛主席、经济学家施瓦普尖锐地指出，2009年金融危机的教训并没有受到足够重视，资本主义目前的形势与当今世界格格不入：“我们负债过多，我们忽略了对未来的投资，我们削弱了社会凝聚力，我们正走在一条令后代完全失去信任的不归路上。”施瓦普认为，西方国家目前的体系显得力不从心，是因为很多问题必须由全球共同来解决。“我们不仅要找到新的经济模式，还要发展一个新的领导模式，这种领导模式应与现代社会相符，基于价值、面向未来，能够解决目前的问题。”

正如印度《经济时代报》所讽刺的那样：“全世界最富有的一些人聚在一起谈论资本主义制度的错误和不平等问题，仅仅是为了之后的把酒言欢”，5天的论坛根本无法解决资本主义制度深层次的问题。

三 全球危机蔓延至社会经济领域

此届世界经济论坛照例发布了年度全球危机报告。报告列出了50种全球性危机，其中最具威胁的包括慢性经济失衡、不断加大的收入差距、食品和水危机、温室气体排放量增加、恐怖主义、计算机网络攻击以及腐败等。综合来看，全球危机已逐渐蔓延到社会经济领域。报告撰写人之一大卫·科沃指出，从公共基础设施投资意愿的降低到退休金基金数量的下降，众多压力转化为威胁，“从人口统计学的角度来看，目前的情况非常令人忧虑”。

对此，世界经济论坛全球问题小组发起倡议，提出解决危机的措施。这其中最重要的措施包括建立开放的贸易体系、重塑稳定的国家财政以及进行坚决而相互协调的结构改革。同时，倡议警告世界各国小心过度紧缩的财政政策，长远来看它会对经济增长和就业产生负面影响。倡议还要求政府降低青年失业率，将失业者纳入社会保障体系，银行继续向企业贷款等。倡议发起者相信，只有加强与发展中国家和新兴经济体的合作，步履蹒跚的世界经济才能再度富有生机。

德国发展政策研究所所长迪尔克·迈斯纳接受记者采访时表示，全球金融市场需要通过全世界范围的强力调整嵌入标准和框架条件，以维护体制的稳定。他说："我们需要全球性的守则应对气候变化、保护生态系统；日益严重的社会不公，正在威胁国家和世界的稳定，已经上升为国际政治问题。如果不能在未来几十年内进行有效的全球合作革命，全球体制危机将伸展至各个领域。"

四 后施瓦普时代论坛何去何从

除了令人担忧的全球经济问题，论坛未来的走向也成为人们关注的话题。世界经济论坛创始人、现任执行主席克劳斯·施瓦普教授已72岁，虽然他依旧精神饱满地奔波于各种场合，并认为自己是知识分子和艺术家，没有退休年龄，却仍然无法阻止人们对论坛未来的讨论。

目前的两位热门继任人选是联合国前秘书长安南和美国前总统克林顿。对此，安南在接受德国《星期日报》采访时明确否认自己有此意向，另外，安南与施瓦普同岁，这也使其继任可能性大大降低。而作为施瓦普的朋友，克林顿的回应则相对含糊："世界经济论坛令人钦佩，它是克劳斯·施瓦普的杰作，像这样由一个人领导的组织，继任者的选择总是一项重要的工作。我的基金会也在考虑同样的问题。"

克林顿谈的问题也引起了施瓦普基金会的思考。自2010年起担任基金会执行董事的阿洛伊斯·茨文吉在接受瑞士《阿尔高报》采访时明确表示："我们的基金会有一个高级别的委员会，执行管理功能。委员会已达成共识，在未来，执行主席与委员会主席将不再由一人担当。"这样一来，执行主席不再拥有全部权力，为克林顿等国际人士的兼职扫清了道路。

（金泓摘自《中国社会科学报》2012年1月30日）

【中国社会科学院经济学部2012年经济形势座谈会——2011年回顾与2012年展望】

由中国社会科学院经济学部和科研局共同主办，农村发展研究所承办的"中国社会科学院经济学部2012年经济形势座谈会——2011年回顾与2012年展望"于2012年2月16—18日在北京召开。中国社科院党组成员高全立、武寅、李扬、李秋芳、黄浩涛出席会议。学部主任陈佳贵主持会议。来自中国社会科学院有关研究所和职能局的专家学者共90余人出席了会议。

一 关于2011年的经济形势与2012年展望

与会学者认为2011年中国经济保持了较快的发展势头，工业、农业、财政收入、就业和城乡居民收入等都有较快的发展。与会学者认为2012年中国经济面临增速回落的问题。2012年应采取"稳中求进"的经济政策，稳定经济增长，稳定物价总水平以及稳定宏观经济政策。我国的经济发展应该从注重速度型向注重质量型转变，在宏观调控方面要避免大起大落。

二 关于"三农"问题

与会学者就我国"三农"有关重大问题展开了讨论。有学者认为，相对于关注粮食总产量，重要的是如何确保人均粮食产量的稳定性。目前我国粮食种植结构的调整是中国市场化改革带来的资金配置改进的结果。学者们认为，中国城乡收入差距已呈现明显下降趋势。政府应以基本公共服务均等化为目标，深化户籍制度改革。农地适度经营的主体应该是职业农民，而非工商企业。要坚持走农民所需要的城镇化道路。

三 关于产业发展、技术进步和生产率

有学者认为，从中国产业演进来看，中国的高增长得益于结构变革，但是可持续的发展还需要逐步放开产业政策。从生产函数的要素结构来看，我国与发达国家不同，劳动弹性比较低，而资本的弹性较高。有学者认为，1995年以来中国全要素生产率的持续增长和贡献主要来自技术进步，而效率一直呈现负增长。行业之间、地区之间的全要素生产率不平衡。

四　关于工业经济、区域发展与环境问题

有学者认为“十五”期间中国工业化进程速度最快，到“十一五”末中国已经走过了工业化中期阶段，但东西部发展不平衡。有学者认为2011年我国工业处于高位平缓运行阶段，增幅在下降。重工业的比重还在上升，但重工业的能源利用效率在提高。未来东部地区要全面转型升级，中西部要赶超，要跟转型相结合。关于节能减排，有学者认为形势依然严峻，前景不容乐观。关于生态文明，有学者认为生态文明是人类社会的一种形态，应该纳入我国社会主义核心价值观体系。

五　关于财政、金融、收入和消费问题

有学者认为2012年的经济政策要在稳增长和控物价之间寻求平衡，财政政策则将在“积极”与“稳健”之间跳舞，积极财政政策要体现在减税和增支上，要实施“结构性减税”。对于货币政策，有学者认为货币政策最基本的是保持币值稳定，2012年将继续实行稳健的货币政策。与2011年相比，资金面可能会处于较紧格局。

六　关于“中等收入陷阱”问题

学者们一致认为“中等收入陷阱”是存在的并有其特殊性，研究“中等收入陷阱”对中国有很强的针对性，并认为我国落入“中等收入陷阱”的风险有所增强。与会学者分别从人口老龄化和人力资本角度研究如何避免“中等收入陷阱”的问题，提出要积极应对“人口亏损”的挑战，探索养老体制改革。从战略角度不再关注劳动力就业的数量，而是如何迅速提高普通劳动者的人力资本能力。

此外，与会专家还就国际经济形势进行了研讨，对美国、欧元区、日本、亚太地区等经济热点地区的经济形势进行了分析并对2012年的世界经济发展趋势进行了预测。

（任常青）

【中国宏观经济论坛（2012年第一季度）**】**

2012年3月17日，中国人民大学经济学院主办的中国宏观经济论坛（2012年第一季度）在京举行，并发布了中国宏观经济形势报告（2012年第一季度）。

课题组主报告人、中国人民大学经济学院院长杨瑞龙指出，当前中国经济面临的内外两重压力使中国经济增长的可持续问题步入一个新的阶段。随着中国经济的发展，资源环境的透支等造成的社会成本越来越高，这种粗放式增长模式不可持续。2007年以来的金融危机宣告了世界经济步入结构大调整时期，以高投资、高出口、低消费与高储蓄为主导的中国经济发展模式也需要转变。全球性的结构大调整不仅将导致中国外需的持续下滑，更为重要的是，国际分工模式、国际利益分配方式、资本格局以及贸易格局的变化，将使中国面临发展速度、结构模式等方面的多重冲击，因此，世界经济结构的大调整将给中国带来严峻挑战。

中国宏观经济形势报告指出，内外的双重压力不仅决定着中国经济结构的调整具有双重性，同时决定了全面启动以消费为主体的内需扩展已经成为中国经济可持续发展的核心。全国人大常委会委员、民建中央副主席辜胜阻认为，中国最大的内需是城镇化，持久的动力也是城镇化。城镇化是中国经济最大的瓶颈，也是最大的潜力。但是城镇化必须建立在实体经济坚实的基础上，才能发挥下一轮经济增长主要的动力和作用。

与会学者认为，政府自我改革是改革顺利进行的关键。我们需要继续坚持改革，同时要保持社会稳定，从利益关系调整的过程寻找改革的路径，推进政府自我改革，转变经济增长方式，充分发挥市场机制的作用，推进收入分配改革，推进供给结构改革，推进投资的协调增长，处理好内需与外需的关系。

（金泓摘自《中国社会科学报》
2012 年 3 月 21 日）

【民族的与世界的：入世十年来中国经济管理学科建设研讨会】

入世 10 余年来，我国以更加开放的姿态走向世界，我国教育界和学术界与世界的交流与沟通也日益密切，国际化程度不断提高，促进了我国教育和科研领域的繁荣和发展。在此大背景下，如何处理好中国学科的规范性与创新性、理论与实践、国际化与本土化的关系问题是面临的重大问题。为了总结和梳理我国经济学和管理学发展经验和面临的诸多挑战，探讨在国际化大背景下，中国经济学和管理学的发展路径，2012 年 3 月 24 日，由中国社会科学院工业经济研究所和中央民族大学主办，中央民族大学发展规划处、管理学院以及《经济管理》杂志社共同承办了“民族的与世界的：入世十年来中国经济管理学科建设研讨暨《经济管理》第三届学术委员会议”。

来自中国社会科学院、中央民族大学、北京大学、中国人民大学、南京大学、武汉大学、南开大学、吉林大学、厦门大学、山东大学、西安交通大学，及青海、云南、贵州、西藏、内蒙古、广西等地民族院校和研究机构的 130 多名从事经济学和管理学教学和科研工作的专家学者参加了本次研讨会的专题研讨。与会人员从民族和世界两个角度，就中国经济学和管理学如何加强与国际主流学术界的交流，而又深入植根和服务于中国的经济社会实践问题进行了深入的讨论。

一 融入主流，促进了我国经济管理学科发展

入世以来，我国与世界各国的经济交往日益密切，面临的经济发展环境发生了重大的变化，要求我国转变经济发展方式，提高经济增长质量，实现可持续发展。为适应这些新形势和新变化，应对经济和管理领域的众多挑战和重大问题，我国的经济学和管理学立足现实情境，不断融入主流，取得了一些重要进展。

中国社会科学院学部委员、经济学部主任陈佳贵研究员结合国家社会科学基金项目评审，对我国管理学学科体系的发展演变进行了梳理。他提出，国家社科基金在制定管理学科资助目录时，应以研究方向和研究问题为导向，为学科发展留有一定空间。他主张，按管理组织分类（管理主体和客体）和管理职能分类相组合，而以按组织分类为主的原则确定国家社科基金管理学科体系。进而提出，国家社科基金资助目录中，管理学可以分为管理学原理、企业管理、宏观经济管理、公共管理以及社会管理 5 个一级学科。天津财经大学副校长于立教授认为，我国目前关于经济学和管理学的学科划分不尽合理，有些概念还存在着混淆，一些学科分类也存在着交叉。我国某些经济学和管理学术语与国际通行术语的含义存在差异，学科分类标准与国际通用经济学分类（JEL 分类）也不一致，这对于我国经济学和管理学的国际化有一定程度的不利影响。

吉林大学商学院金晓彤教授和中国人民大学劳动人事学院孙健敏教授认为，融入国际化的本土化是我国管理学保持持续生命力的关键环节。武汉大学经济与管理

学院陈继勇教授认为，工商管理学科没有东西方之分。

北京大学光华管理学院张国有教授分析了管理学的演进历程和发展趋势，认为我们在管理学的研究方面仍然应该努力找到管理学基础理论的基本框架，这需要在参考西方管理学的理论框架的基础上，结合我国社会经济现实情况，形成我们自己的思路。

孙健敏教授指出，战略人力资源管理是当今人力资源管理的主流，伴随经济全球化和跨国公司发展，国际人力资源管理成为人力资源管理领域的一个热点。经济学和心理学是国际上人力资源管理研究的主要视角。关于组织员工关系的研究可能成为我国人力资源管理研究的一个热点问题，是一个具有中国本土特点的研究领域。

中央民族大学李曦辉教授发表了关于民族文化与公司治理模式的演讲，从文化角度研究公司治理结构问题，认为不同的文化基础，可能对公司的治理结构产生影响。

二　高校经济管理学科人才培养反思

入世10年来，我国许多高校不断推动经济管理学科的国际化和本土化发展，创新人才培养模式，培养了大量具有较高综合素质的经济管理学科人才。

据不完全统计，我国现有经济管理学大学250多所，占整个高等教育（共2000多所大学）的百分之十几，经济管理类大学生五六百万，约占全部大学生的五分之一。在入世的背景下，经济管理类人才培养目标包括三个方面：一是高素质，要有全球眼光；二是创新性；三是国际化。为实现这一培养目标，我们首先应该采取复合型人才培养模式。其次要重视培养应用型人才。再次要加强并促进教师转型，大力培育实践型、动手型、具有丰富实践经验的教师。复次要适应当前国际人才需求的变化，重构经济管理类课程体系。最后要加强教学和科研的互动。张国有教授认为管理学科所属各专业的应用性较强，专业设置不能照搬西方的理论框架，必须结合社会需要，以就业为导向进行专业设置，专业设置应保持一定的弹性和灵活性。

山东大学徐向艺教授指出，相比国外一般不在本科阶段设立工商管理学位，我国的高等教育体系中，在本科阶段就设置了工商管理专业，而且有80%的高校把专业培养目标确定为培养工商管理高级人才，但实际无法实现。

李维安教授指出，要切实提高我国商科的办学水平，必须防止“四化”，即学院治理的行政化、办学的创收化、国际合作的低端化以及管理教育的脱离实践化。

西安交通大学冯根福教授分析了我国的经济学教育存在的问题：一是经济学教育人才培养目标单一化倾向很严重，着重培养学术型的人才而忽视应用型人才培养；二是缺乏既能准确介绍现代经济学原理，又能与中国实际情况相结合的教材；三是许多学校缺乏高水平师资；四是国内大学培养博士的模式存在问题，导师水平直接影响学生的水平；五是学术研究与实际情况脱节，学术研究不能反哺于实际的经济发展；六是没有建立良好的人才质量评价体系。要解决这些问题：一是要调整经济学的人才培养目标；二是要组织力量编写合适的教材；三是要创造条件引进和培养高水平师资；四是要经济学研究与人才培养实际相结合，以科学研究带动人才培养质量提高。

（金泓摘自《经济管理》2012年第6期）

【中欧经济调整中的就业、减贫、迁移和社会融入研讨会】

由中国社会科学院、欧盟委员会就业总司、西安市人民政府主办的“中欧经济调整中的就业、减贫、迁移和社会融入研讨会”于 2012 年 3 月 26—27 日在西安召开。会议邀请来自意大利、德国、法国、波兰、匈牙利等欧盟国家和国内科研院所、政府部门的 200 多位专家学者。本次研讨会主题是：实现包容性增长，跨越中等收入陷阱。

一　包容性增长是应对经济调整的战略选择

包容性增长是当前世界和中国经济社会发展形势变化的必然要求。欧盟 2020 年发展战略是一个综合发展战略，包含就业、教育、社会保障等多个方面，欧盟成员国在解决就业和社会保障的基本原则具有一致性。包容性增长应该有一个基本共同的含义：即一般指获得物质上进步的增长，同时增长要考虑经济结构的平等，如劳动力市场、信贷市场，并对市场上通达性较差的人提供社会保护。包容性增长的理念和目标对处于经济社会转型期的中国而言至关重要。中国社会科学院的李扬认为，中国既有发展中国家的特征，也有转型国家的特征，当前面临着“中等收入陷阱”的风险和挑战，如何提高就业质量，实现公平分配、缩小收入差距，如何进一步改革旧体制、调整不适应的政策，完善就业制度和建立全国统一的劳动力市场，如何提高劳动者的就业能力，从而全面促进就业等，包容性增长理念对于应对这些挑战具有重要意义。

二　劳动力市场发展应该更加重视就业质量与就业保护

就业保护和就业质量是包容性增长的一个重要内容。当前劳动力市场正在发生深刻变化，不平等和两极化是重要特征之一，注重公平和适度保护有利于劳动力市场稳定发展，成熟的劳动力市场不仅要解决就业问题，更要不断提升就业质量。意大利的 Maurizio 研究认为，欧盟的劳动力市场呈现出工资份额下降、就业岗位两极化、工资不平等的趋势特征，主要动因是全球化、劳动力市场结构变化、技术变化（技能偏向型）以及创新等。中国劳动力市场中的就业规制和就业保护有待改善。中国社会科学院的都阳研究发现，考虑到《劳动合同法》，中国劳动保护严格程度排在 OECD 国家中的第三位，越严格的劳动力规制会导致减少就业。社会保障与劳动力市场也需要平衡。

三　再分配与就业促进是消除贫困的两大基石

再分配制度是实现减贫目标的一项重要经济社会政策。意大利的 Andrea 研究认为，欧洲社会福利模式在应对经济危机中发挥了积极作用，但是并非所有居民都能够得到公平的保护，福利国家社会不会永久存在，各国均在进行改革。更积极的教育和健康干预措施以促进就业，是消除贫困的根本途径。波兰的 Agnieszka 认为，全球化、技术变化、人口变化、劳动力市场变化是共同的挑战，可能的解决方法之一是加大人力资本的利用，发展早期教育、终身教育和健康干预是重要举措。中国发展研究基金会的冯文猛研究发现，中国农村寄宿制学校有 3000 万人，其中 75% 为中西部地区学生，存在严重的学生营养不良问题。健康和教育是解决未来就业问题的根本，应该加大政府对寄宿制学校贫困学生的补助力度，改善学生营养状况，儿童早期发展应该是人力资本开发扶贫的新方向。

四　自由流动和权利保护是促进社会融入的重要保障

中国流动人口的社会融入状况不容乐观。国家人口计生委的王谦认为，举家迁移成为中国流动人口的主流，在流入地居住呈现长期化趋势。促进社会融入应该从自由流动和权利保护两个方面出发。应该实施积极的社会融入政策，包括三个支柱：必要的收入支持、融合的劳动力市场以及社会保护。在劳动力市场方面，需要重点关注就业参与、失业保险以及反歧视；在社会保护方面，需要重点关注基础设施和住房、子女和家庭；在人力资本方面，需要重视教育培训和整合项目；在平等机会方面，重点是消除信息壁垒，提供信贷支持等。

（程 杰）

【透视中国——宏观经济论坛】

2012 年 3 月 29 日，由中国社会科学院工业经济研究所、China Economist、《中国经营报》和工银租赁有限公司联合主办的“透视中国——宏观经济论坛”在京举行，会议对我国中小企业如何实现产业转型与升级，金融机构如何服务实体经济助力中小企业等一系列问题进行研讨。与会专家学者建议大力发展金融租赁业务来助推我国中小企业的发展。

统计数据显示（2009 年 12 月《国务院关于促进中小企业发展情况的报告》），中小企业创造的 GDP 占到全国 GDP 的 60%，纳税贡献占到全部税收的 50%，在经济上可以说占据半壁江山，并提供了近 80% 的城镇就业岗位。然而，融资难一直是制约中小企业发展的瓶颈，也是世界各国面临的一个普遍问题。与会专家指出，我国有 90% 以上的民营中小企业表示无法从银行获得贷款，全国民营企业和家族企业在过去三年中有近 60% 通过民间借贷的形式进行融资。中小企业作为构造市场经济重要主体，是维护社会稳定发展的一支基础力量，支持中小企业发展，就是支持实体经济发展。要实现实体经济的快速发展和结构转型升级，解决中小企业融资难是当务之急。

小到一台电脑，大到数十架飞机；最快的，可通过发短信审批项目，最大的，可融得几十亿元资金……融资租赁堪称眼下市场上“最灵活”的金融工具。相关数据显示，截至 2011 年底，我国融资租赁的规模已经超过 7000 亿元，并以 50% 以上的年均增速迅速发展。对于在银行贷款难、急于扩大生产规模的中小企业来说，融资租赁为它们增添了一种新的融资渠道。与会专家认为，融资租赁交易因其交易的载体就是设备类资产，可直接成为金融机构风险控制的手段，对于中小企业来说，融资租赁也意味着用长期负债替换了短期负债，立即能大幅优化它们的流动比率和速动比率等财务指标。这两个比率的优化，对中小企业在银行系统中的评级和授信等都能产生正面影响。金融租赁作为一种新型金融工具，可以在为中小企业提供融资服务方面发挥极大的优势和作用，进而可以助推中小企业的转型和升级。

金融租赁能在中小企业关键发展时刻提供金融支持，但有些中小企业却对金融租赁业务知之甚少。与会的一位企业家表示，对金融租赁这么好的融资方式，他之前“压根就不知道”。像他这样急需资金却不知道这种新融资方式的中小企业家还有很多。开展金融租赁业务应该加强宣传，广而告之金融租赁这种融资产品，让更多的中小企业知道这种快捷而有效的融资渠道。与会专家建议，解决中小企业融资难问题一定要解决信息不对称问题，不能一方面融资方找不到好企业，而另一方面好企业也找不到相匹配的融资方。鼓励商业银行开发适应中小企业发展的金融产品，主动为中小企业服务，促进中小企业发展。我国中小企业所有制构成比较复杂，而中国的企业立法和有关政策又主要按照所有制性质来制定，这就使得不同所有制性质的中小企业输在起跑线上。在已经实施的《中小企业促进法》基础上完善支持中小企业金融的法律法规；同时，各地要根据该法和本地区中小企业发展的实际情况，尽快出台具体的实施办法，依法规范中小企业银行、基金等金融机构的职责、资金来源、运作方式等，使中小企业管理走上法制化轨道。

（金泓摘自《中国社会科学报》
2012 年 4 月 13 日）

【中国小微企业融资——创新与发展高层论坛】

由中国社会科学院金融研究所主办，浙江省新昌县人民政府和中国社会科学院中小银行研究基地承办的“中国小微企业融资——创新与发展高层论坛”于2012 年 4 月 7 日在浙江新昌举行，论坛由《金融评论》编辑部、浙江新昌农村合作银行、瑞华融信（北京）管理咨询有限公司协办。

本次论坛分主题演讲和专题讨论两个部分，分别由金融研究所副所长殷剑峰和银行研究室主任曾刚主持。论坛邀请了中国社会科学院副院长李扬、中国银行业协会专职副会长杨再平、中国人民银行杭州中心支行行长刘仁伍、世界银行东亚太平洋地区首席金融专家王君等嘉宾进行主题演讲。来自新昌县人民政府、对外经济贸易大学、银监会、新昌农村合作银行、瑞华融信（北京）管理咨询有限公司等单位的领导和嘉宾参与了专题讨论。

小微企业对于扩大就业、促进经济社会发展具有重要意义，而融资难问题成为近年来制约小微企业发展的瓶颈问题之一。针对这一问题，李扬副院长认为中小金融机构在解决小微企业融资方面发挥着重要作用。对于中小金融机构如何更好地服务小微企业，李扬副院长提出牢固树立“扎根草根、服务实体”的经营理念、积极吸收工业资本入股、建立科学的经营管理体系以实现商业可持续经营、不断优化金融生态环境等四方面建议。此外，与会嘉宾还就小微企业特点、政府扶持政策、中小银行内部治理和企业文化建设、小微企业融资难的根源等问题进行了深入探讨。新昌县人民政府和新昌农村合作银行分别就地方政府和农村金融机构如何支持小微企业融资的经验进行了交流。

此外，本次论坛还举行了中国社会科学院中小银行研究基地授牌仪式，由李扬副院长向新昌农村合作银行赵学夫董事长进行了授牌。

（金融所）

【第四届中国公共预算研究全国学术研讨会】

由南京审计学院公共管理与绩效评估研究院、中山大学中国公共管理研究中心、中山大学政治与公共事务管理学院、北京大学政治发展与政府管理研究所共同主办，南京审计学院公共管理与绩效评估研究院承办的第四届“中国公共预算研究”全国学术研讨会，于 2012 年 4 月 7—8 日在南京举行。国家财政部、江苏省财政厅、黑龙江省人大等政府行政部门、立法机关，北京大学、中山大学、香港中文大学、澳门大学、清华大学、中国人民大学、复旦大学、厦门大学、南开大学、中央财大、上海财大等 30 余所境内外著名高校，财政部财政科学研究所、吉林省审计研究所等科研机构及一些主流媒体，共 70 多位专家学者莅会。主要观点如下。

一　预算改革与政府治理

（1）今后改革趋势：一方面，围绕未来 30 年经济社会发展大局，发挥财政支出杠杆等政策机制作用，主要支持“农、再、环、收、产、文”六大方面内需发展。另一方面，建立财政支出制衡机制。使所有用钱单位、用钱项目及用钱人的财权转化为责任，便于跟踪问效和公开监督。

（2）政府预算体系要从根本上解决公共资源由谁分配、怎样分配、分配的依据等基本问题，其解决取决于管理技术的改进、程序规则的健全、实体绩效的提高乃至宪政思想的落实。

（3）我国现行预算法还在相当程度上

承载着《财政基本法》的使命。在预算法修订中，需要关注利益相关主体的整合与协调，谨慎考虑预算改革的控制约束取向与绩效管理取向。

（4）公共预算改革和政治改革密切相关。预算公开化是现在的官员预算走向真正的公共预算的重要步骤。通过公共预算改革，可以让多元利益表达出来。

（5）我国预算改革承担着优化资源配置、理顺政府间的关系、落实责任政治、实现社会和谐等多重政策意涵和目标指向。

二　预算编制与平衡

（1）平衡财权和事权是当今政府间财政关系改革的一个方向。只有通过平衡"财权"与"事权"的分配，从大规模的转移支付转向给予地方政府更多财政自主权的做法，才有可能抑制不断扩张的政府规模。

（2）预算治理构造是应对预算机会主义的制度装置，包括预算文化、预算制衡和预算问责。

（3）预算决策为政府决策制定提供了合适的实验室，是观察和研究公共政策变迁的前沿阵地。

（4）提出了"预算管理监督红利"理论，通过对公共财政及关联资金的科学预算、优化管理和有效监督，助推经济和社会发展所带来的可持续性递增的社会总收益，以及产生的经济、政治、文化、社会等方面的红利效益。

（5）预算分配碎片化已经成为阻碍预算分配效率改进的重要因素，也成为预算改革急需解决的问题。

（6）预算的真实世界是结构与能动、稳定与变化的综合体，它首先是由各种确定性的预算规则和预算流程搭建而成的结构体，然而在结构中流动着的不仅仅是简单的文本与数字，更是错综复杂的利益诉求与力量博弈。

三　预算决策、人大监督与公民参与

（1）随着预算改革的推进，城市人大预算监督的基本制度框架已经建立，人大自身的角色认知、阻力认知、组织能力，政府内部的行政控制，政治支持和财政部门的配合都对人大预算监督存在着影响。

（2）中国省级政府的预算分配很大程度上受到中央的控制。省级政权在中国政权体系中具有承上启下的作用，它不仅反映了省级政权内部自下而上预算过程中的权力关系，还反映了中央和地方、省和省以下政权在自上而下预算过程中的权力关系。

（3）对于约束政府收支来说，公共预算就是最好的"笼子"。预算改革应该成为我国行政管理体制改革乃至政治民主法治改革的一个突破口。

（4）我国可从改善人大运行机制方面提升人大的预算地位。

（5）预算修正权的有效落实，是对建立预算国家，实现预算改革的一种中国式的有效回应，是打破政治体制和历史发展的固有束缚，实现对国家财政的有效监管。

（6）参与式预算位于行政系统与公民社会的交界处，同时也是两者之间的桥梁和纽带。是扩大公众有序政治参与、推进公共财政规范化建设的有益探索。

四　政府间财政关系

（1）在政府间财政关系的理顺过程中，应区分"事权"和"事责"的概念，在此基础上，使得"转移支付后的财力和事责"相匹配，在转移支付后的再分配环节，地方政府拥有财力应占有较大的份额。

（2）中国的财政分权改革规范约束了地方政府预算内财政收支行为，而地方政府对预算外资金收支拥有更大的自由裁量权，故而采取扩张预算外收入的策略性行为。

（3）20 世纪 90 年代启动的中央与地方税收、金融、国企等经济分权改革是 21 世纪初土地财政兴起的重要根源，中央与地方政府的行动目标一致是土地财政快速扩张的关键前提，由此可见，一项重要制度的顺利生长需要中央与地方在政治与经济两个层面的支持与合作。

（4）我国目前缺乏约束地方政府的财政责任法，地方政府破产制度也是一片空白，因此，必须采取果断措施谨防地方政府性债务风险在“十二五”期间向中央财政转移。

（5）以中央地方政府间寻租体制为核心的经济增长体制，在激发地方政府发展经济的动力、刺激中国经济高速增长的同时，也逐步导致地方政府谋求垄断利润最大化的职能异化。

五　公共支出、财政风险

（1）“公共预算”需要政府在财政支出上透明、公开，所以在“发票”的管理和制度上也应做到真实透明，加强发票监管力度。

（2）完善预算超收及其追加支出的法律规定，明确超收支出报告报备的主体与接受报告备案的主体，规范超收支出的实务操作，引导纳税人对预算超收支出安排的监督。

六　预算执行与透明度

（1）超收是超支最初产生的直接原因，要解决超收超支问题最根本的措施是防止超收与超支的直接转化。

（2）我国目前财政预算绩效管理中的绩效评价有两个特点：一是仅限于规模以上的专项支出；二是既包括项目执行后的绩效评价，也包括预算编制过程中对项目预期绩效的评价。

（3）我国省级财政透明度仍然较低，而且各省差异很小，而透明度差的往往是那些敏感项目和需要具体、详细信息的项目。因此应将财政信息公开作为《预算法》修订的重要内容，纳入政府的绩效考核。

（4）预算调整是财政问责的重要内容，在中国现行的政治体制之下，国家审计问责作为一种权威问责方式是当前最有效的预算调整方式。

（5）当前我国政府预算管理开始从基础环节的改革入手，即以“阳光预算”推进“责任政府”建设，从“预算公开”走向“政务公开”，进一步健全责任追究和问责机制，这也体现了我国建设“法制社会”的发展方向。

（金泓摘自《经济学动态》
2012 年第 6 期）

【中国城市化与城市经济学会议】

2012 年 4 月 14 日，“中国城市化与城市经济学会议”在京举行。该会议由中国社会科学杂志社哲社部与国家自然科学基金重点项目“兼论效率和公平的中国城镇化”课题组共同主办。

与会专家认为，城市发展是现代经济增长的动力，也是创造非农就业的源泉。但城市化与经济增长的关系不是简单的线性关系，而是非线性关系。城市发展的规模经济效应有利于创造就业机会，而不像通常人们所认为的外来移民会挤占原有居民的就业机会。中国城市化与城市发展中，关键问题是农民工的市民化及其权益保护。采取城市人口规模的限制措施，特别是针对低技能劳动力的限制措施，不仅有损于城市发展的规模经济效应，而且恰恰限制了在城市扩张中受益更大的人群，从而导致效率与公平兼失，不利于包容性增长的实现。我国目前的城镇化进程正在加速发展之中，客观上扩大了交通基础设施的空间溢出效应。

在持续提高城市化水平这一点上，与会专家存在共识。而中国城市化进程中，隐性城市化和准城市化并存，超前城市化和滞后城市化并存。此外，随着城市居民收入的快速增加，人们对生活质量的需求也在增长，对环境的需求随之日益提高。尽管不少城市（如北京）的空气质量正在逐年改善，但PM10浓度仍处于较高水平。生活质量较高的城市中，地租溢价（扣除工资溢价）的增长速度也较高。城市化速度应该多快、城市体系如何合理化，是争议的一个焦点。在城镇规划管理方面，要注重研究城镇用地规划决策和管理机制，以减轻或避免“城市病”。要通过科学制订生态型城镇发展规划、工业区开发规划和城市土地利用的变化和城市空间形态的调整，使主要碳源排放量由中心城区向周边区域扩散，使碳汇量由郊区向中心城区延伸，以减轻城市中心的热岛效应。通过多元化的政策调控工具和指标促进城市区域的职住平衡，降低通勤时耗和提高通勤效率，从而降低人均交通能耗与碳排放水平。

中国传统的城市化问题源于城乡割裂的二元管理体制，新型城市化理论架构要从破解城乡二元管理制度出发，将统筹的方法和理念贯穿始终。统筹城乡发展的出发点和落脚点都在农村，但是其实施办法和路径不止于农村，而是要彻底扬弃传统城市化下二元结构刚性，在城市与乡村之间、工业与农业之间建立其良性循环。统筹城乡发展是同步推进新型工业化、新型城市化和农业现代化系统方法的集合。目前中国城市化与新农村建设这种协调发展机制还受到诸多因素制约，其中最突出的一个障碍是中国快速城市化的用地扩张与农地保护之间的矛盾。地方政府发展经济所需的土地增量来自农村集体土地的绿地部分和灰色部分。法律制度保证了地方政府的垄断供地，并借“公共利益”之名行“私人利益”之实进行征地。在房地产业发展中，政府调控至关重要。征收地价税是控制投机和扩充财源的重要手段。土地升值是社会进步的结果，应实现全民共享。

现代产业的战略规划，既需要针对空间层面的目标区域，也要针对不同类型的城市。城市的要素禀赋结构在很大程度上决定了其技术选择，进而对其现代产业的发展绩效产生显著影响。未来我国大都市产业结构调整中，既不能因为追求高级化而简单抑制或排斥制造业，也不能一味追求高新技术而忽略传统制造业发展，要努力利用大都市产业聚集和人口聚集所形成的聚集效应，发展受服务业影响大和劳动力素质高级化程度相对较高的制造业，促进第二产业与第三产业、传统制造业与先进制造业协调发展。

在传统经济学分析中，并未足够重视一个国家的城市体系在形成与发展过程中自然禀赋所起的重要作用。我国的城市体系在受到自然禀赋因素制约的同时，公共财政收支、人口流动限制等制度因素的影响可能更为重要。如何构建包括自然禀赋、聚集经济以及中国特殊制度因素的一般理论，从而更深入地理解我国城市体系的演变规律，是城市研究亟待突破的命题。此外，需要创建“效率＋公平”城市化理论，并求解“效率＋公平”最大化下的城镇化路径图。要探索兼顾效率与公平的中国城镇化道路。应从效率的视角考察城镇化对经济增长的影响，从公平的视角考察城镇化对收入分配的影响。

（金泓摘自《中国社会科学报》
2012年5月7日）

【《2011—2012年：中国农村经济形势分析与预测》出版发布暨研讨会】

由中国社会科学院农村发展研究所、社会科学文献出版社主办的“《2011—2012年：中国农村经济形势分析与预测》出版发布暨研讨会”于2012年4月18日在北京召开，本次研讨会的主题是：当前中国农业、农村经济形势与面临的问题。

中国社会科学院副院长武寅出席会议并致辞。中国社会科学院农村发展研究所研究员朱钢就2011年中国农村经济运行状况以及2012年基本走势做主题发言。来自国务院研究室、国务院发展研究中心、国务院参事室、国家发改委、财政部、农业部、科技部的专家学者出席了研讨会并做了专题发言。

一 农产品供给偏紧的状况仍在加剧

尽管粮食实现了“八连增”，农产品不断增产，但一方面，我国农业基础设施还较为薄弱，抗御自然灾害的能力较弱，同时，土地和水资源的约束越来越紧；另一方面，需求仍在快速增长，农产品增产的基数在不断提高，增产的潜力，包括科技方面的潜力面临考验。因此，保持农产品供求平衡的困难越来越大，农产品供给偏紧的状况还在加剧，农产品进出口贸易的变化反映了这种状况，近年来，农产品贸易不仅连续出现逆差，而且逆差值急剧扩大。

当前，农产品不仅面临着总量平衡的问题，同时还面临着结构平衡、区域平衡和产销平衡的问题，其中总量平衡是关键。如何保持总量平衡，一是要发挥主产区的作用；二是要依靠种田大户、家庭农场、专业合作社，以及社会资本进入农业形成的经营主体；三是靠科技支撑；四是要更加关注进出口。

二 农业比较效益低的问题在加剧

尽管农业单产提高很快，农产品价格上涨幅度也较大。但是农业的物质投入也在大幅度增加，农业生产资料价格大幅上涨，农业用工成本大幅度增加，因此，农业收益增长并不快，与农民非农业收入和务工收入相比，农业的比较效益没有增长。如何解决和对待农业比较效益低的问题，既需要社会对农产品价格上涨给予更多的理解，也需要国家继续增加对农业各方面的支持、补贴；既需要加大农业基础设施建设的力度，也需要科学技术和社会化服务的有力支撑；需要不断改革和提高农民的生产积极性。

三 农业发展的新变化

进入21世纪以来，中国农业发展发生了一些变化，表现出一些新的特征：第一，生产方式的变化，设施化、专业化、规模化生产发展，对农业的生产结构和区域结构带来重要影响。第二，经营主体的变化，分散的农户在减少，专业大户、家庭大户、公司比重逐渐提高。第三，市场结构的变化，国内市场与国外市场，产品市场与资本市场的相互联系不断加深，这使得对供求形势的判断越来越困难。第四，技术条件的变化，新品种、新技术的应用可以突破资源约束来提高产量并缩短生产周期。第五，政策环境的变化。

四 城镇化

工业化、城镇化、农业现代化“三化”在同步发展中，城镇化是节点和关键，只有正确的城镇化、健康的城镇化或者真正意义上的人口城镇化，才能使我们不再复制过去长时期低成本的工业化，城镇化不能再像过去那样仅仅解决劳动力的工资问题，而是要解决劳动力和人口的全部成本问题。

如何做到健康的城镇化，一是要分城市类别，将节点工作做到中小城市；二是城市化的区域主要是中西部地区；三是城市化的主体是已经转移出来的2亿多农民工；四是要按照就业、住房、公平享有权利和社会保障的顺序有效解决农民变市民的问题。

五 深化农村体制改革

现代农业发展、保障农产品有效供给等，必须依赖于规模化的经营方式，由此，需要进一步深化土地制度和金融制度两大改革。土地制度改革，一是要在稳定家庭承包责任制的基础上，明确所有权，稳定承包权，放活经营权；二是要研究解决农业生产的建筑设施用地问题；三是要在坚持三个“不得”（不得侵犯原承包户的地，不得改变原农业用地的用途，不得违反集体所有的性质）的原则下，按照有偿、自愿和依法的原则规范工商资本和社会资本进入农业。金融制度改革，一是要加快金融组织创新；二是要对从事农业的金融企业给予特殊的政策扶持；三是要加大农业保险。

（朱　钢）

【中国政治经济学论坛第十四届年会】

由中国社会科学院经济研究所主办，山西大学承办的“中国政治经济学论坛第十四届年会”于 2012 年 4 月 23—24 日在山西大学隆重召开，来自全国科研院所和高等院校等单位的 100 多位专家学者参加了年会。此次论坛的主题是：“跨越中等收入陷阱：从中等收入国家迈向高收入国家”。

一　关于“中等收入陷阱”的一般理论探讨

中国人民大学卫兴华教授指出，不仅存在“中等收入陷阱”，还存在“低收入陷阱”和“高收入陷阱”，要科学对待“中等收入陷阱”这一概念。山西大学杨军教授对世界上 100 多个国家战后经济发展路径进行分析，认为“中等收入陷阱”是当一个国家人均收入达到中等水平后，由于经济发展方式转变缓慢，持续增长动力不足而出现经济增长回落或停滞，不能进一步向高收入国家迈进的现象。郑州大学杜书云教授认为，“中等收入陷阱”的本质是经济增长问题，是经济发展特定阶段的一种可能的动态“均衡”状态或“胶着”状态，具有相对性。一个经济体跨越“中等收入陷阱”可以通过增加经济发展动力和减小经济发展阻力两种手段来实现。

二　缩小收入差距与跨越中等收入陷阱

中国社会科学院杨新铭副研究员认为，中国金融发展客观上起着拉大城乡收入差距的作用，原因在于当前城乡之间的产业差异以及各种制度性障碍使得非农化与城镇化进程相脱节，农村居民越来越不适应城镇非农产业发展的需要，农村第一产业生产效率难以得到提高。城乡收入差距的缩小需要各方面政策的落实，也需要城镇化、非农化以及城乡一体化的协同发展，在逐渐消除城乡二元经济与社会结构的基础上，城乡收入差距才能逐渐缩小，并最终保持在一个合理的水平。清华大学高宏和熊柴博士基于 VAR 模型对我国 1990—2010 年财政分权、城市化与城乡收入差距之间的动态关系进行了系统研究，认为财政分权在短期内会导致城乡收入差距的扩大，而在长期内能够缩小城乡收入差距，城市化水平的提高会导致城乡收入差距的扩大。

三　制度建设与跨越中等收入陷阱

武汉大学邹薇教授等通过构建多层次模型考察了“群体效应”影响个体生活水平和区域间收入不平等的动态变化，进而导致我国农村区域性贫困陷阱的路径，认为在经济发展水平较低的地区或时期，采用普适性的扶贫政策，通过“群体效应”达到减贫效果，随着经济发展的推进，则更多地采用瞄准性的扶贫开发政策，以促进个体能力开发和人力资本积累。中国社会科学院经济研究所胡家勇研究员通过对地方政府土地财政的调研，认为土地收益分配制度改革的重点不是将土地升值收益收归上一级政府，而是应尽快将土地出让收入纳入正规的地方政府预算管理，提高土地出让收入及其使用的透明度和规范性。而解决地方政府与原土地使用者的利益矛盾：一是要真正确立农民作为土地长期使用者的地位，并真正赋予他们“准所有者”的资格；二是以“资本”看待土地，改变目前的耕地补偿费形成机制；三是更清晰地界定征地过程中的“公共利益”，不能让商业利益侵害农民利益。

四 跨越中等收入陷阱的国际经验比较

中国社会科学院经济研究所杨春学研究员通过分析美国近百年的经济发展历程，认为收入分配的变化并不完全是市场力量自发作用的结果，在讨论收入公平分配问题时，必须为自己的价值观而战斗，而且这种战斗不能依赖道德观的激愤，思想只有通过影响政治家的决策才能改变现实。河南师范大学乔俊峰副教授认为，社会不均等会严重威胁社会稳定，进而影响经济的持续增长。韩国在跨越“中等收入陷阱”时，充分发挥了就业、教育、税收和社会保障等一系列与经济发展相适应的社会均等化政策，从而实现了高速增长的同时社会均等化发展。

（经 科）

【2012 年中国经济形势分析与预测座谈会】

2012 年 4 月 25 日，“2012 年中国经济形势分析与预测座谈会”在京召开。与会专家总结了 2011 年我国经济运行的基本情况，预测和分析了 2012 年我国经济发展的趋势和存在的问题，并正式对外发布了《中国经济前景分析——2012 年春季报告》。该书预计 2012 年我国国内生产总值增速为 8.7%，这修改了 2011 年底发布的经济蓝皮书中 8.9% 的预测，而对 CPI 的预测也由之前预测的 4.6% 调整为 4% 以下。会议由中国社会科学院经济学部“中国经济形势分析与预测”课题组和社会科学文献出版社联合举办。

一 全球经济增长面临下行风险

2012 年，全球经济将受欧元区债务危机和其他地区经济脆弱的负面影响，增长前景不容乐观，2012 年全球经济增速比 2011 年回落的可能性较大。该书认为，全球经济增长下行风险主要来自以下几个方面：一是欧元区主权债务危机可能进一步发展，欧元区国家经济可能陷入轻度衰退。二是美国和日本的经济增长仍然乏力。尽管这两个国家正在制订中期财政整顿计划，但它们居高不下的公共债务水平在近期仍将上升，使得全球债券和货币市场出现动荡的可能性依然存在。三是近几年应对全球金融危机的刺激使得一些新兴经济体的信贷和资产价格快速增长，金融脆弱性加剧。

2012 年新兴国家仍将成为世界经济增长的主要支撑，但是新兴国家也面临着增速回落的风险。究其原因，与会专家认为：一是欧美市场需求低迷将导致新兴经济体出口整体萎缩；二是作为通货膨胀的重灾区，新兴市场经济体将面临“硬着陆”的风险；三是由于资金回流自救，国际资本将可能大规模撤离新兴市场，这将加剧新兴经济体金融市场的动荡；四是新兴国家自身的快速发展往往伴随着结构不平衡等深层次问题。

二 宏观调控面临更加复杂的局面

2012 年，我国经济社会发展仍然面临不少困难和挑战。既有欧债危机蔓延引发全球经济下行的外部风险，也有内需不足导致经济增长内生动力不强的内部矛盾；既有政府债务问题和房地产市场可能衍生的金融风险，又有中小企业经营困难可能造成的实体经济受伤害的问题；既要防止短期内经济增速波动过大的情况，又要解决产业结构、投资和消费结构、收入分配结构失衡的深层次矛盾。

该书指出，这些矛盾与问题对我国经济提出了新挑战。解决体制性、结构性矛盾，缓解发展不平衡、不协调、不可持续的问题更为迫切，难度更大。一些长期矛盾与短期问题相互交织，结构性因素和周期性因素相互作用，国内问题和国际问题相互关联，使宏观调控面临更加复杂的局面。

三 推动改革攻坚 扩大消费需求

2012 年，尽管国内外环境仍将十分复

杂严峻，但是，我国发展仍处于重要战略机遇期，我国经济运行的基本面是好的，在较长时期内继续保持经济平稳较快发展具备不少有利条件。

该书认为，经过30多年改革开放，我国发展具备了良好的物质基础和体制条件，宏观调控经验不断丰富，企业竞争力和抗风险能力明显提高；东部地区创新发展能力增强，中西部地区和东北等老工业基地发展潜力不断释放；经济发展的传统优势依然存在，劳动力资源丰富、素质提高；财政收支状况良好，金融体系运行稳健，社会资金比较充裕。世界经济政治格局正在发生深刻变化，和平、发展、合作仍然是时代潮流，总体上有利于我国和平发展。

“中国经济形势分析与预测”课题组指出，推动2012年经济社会发展，要突出把握好稳中求进的工作总基调，要在稳定增长中大力推动改革攻坚；在外需和投资增速趋缓的背景下，要着力扩大消费需求，在实施和完善积极财政政策的过程中，要加大结构性减税的力度，大力加强社会建设；在实施和完善稳健货币政策的过程中，要加强货币政策的审慎性，推进稳增长、抑通胀、防风险的合理平衡。

（金泓摘自《中国社会科学报》
2014年4月）

【第六届中日韩三国研讨会】

由中国社会科学院、日本财务省综合政策研究所（PRI）、韩国对外经济政策研究院（KIEP）联合主办，数量经济与技术经济研究所承办的“第六届中日韩三国研讨会”于2012年5月11日在北京召开，分别来自中国、日本、韩国三家科研院所和研究机构的60余位专家学者出席了本次研讨会。本次会议主题是：经济发展模式的转变。

中国社会科学院数技经所所长李平，日本财务省综合政策研究所副所长田中修先生，韩国对外经济政策研究院国际经济部中国项目负责人胡因先生分别致开幕词，研讨会开幕式由中国社会科学院国际合作局张友云副局长主持。

在会议的报告和研讨阶段，来自中日韩三方的学者们，基于不同视角、理论和方法，对当前经济发展模式转变过程中相关学术和现实问题进行了深入的阐述、探讨和交流，具体形成“当前宏观经济形势和预测”“宏观经济和工业政策”以及“金融/银行和其他议题”等三个方面的主题研讨内容。按照三方约定，会议每部分各自提交一篇发言稿，正式提交论文共九篇。

此次研讨会紧密围绕着亚洲地区当前国际经济背景下经济发展模式转变这一主题，三方学者对在宏观经济状况、经济发展预测、财政政策、国际贸易和收入分配等具体问题进行了充分的交流和探讨，从理论、方法、实践等多个角度为中日韩乃至亚洲地区国家应对当前局势、促进长远发展提供了具有重要价值的学术参考，并为相关政策的制定和实施提供了有效的建设性依据。

中国社会科学院国际合作局局长助理周云帆以及中日韩三方代表做了总结性发言，他们指出，“中日韩三国研讨会”已经成功举办了五届，在不同经济热点现实问题研究中取得了卓有成效的进展，而此次会议则是在后国际金融危机时代、世界经济整体复苏的背景下，对亚洲地区济发展模式转变的战略性研讨，它的研究成果必然对亚洲地区经济复苏和实现可持续发展提供理论指导和施政参考。会议为中日韩三国的高级学者搭建了扩大交流和加深理解的平台，学者们具体针对社会经济中的热点议题进行了热烈的讨论并充分地交换了意见，为实现更大范围、更深层次、更加持续的合作与交流提供了有益的实践基础。

（万相昱　韩胜军）

【第二届世界新能源战略高峰论坛】

2012 年 5 月 12 日，山西省社会科学院和北京大学世界新能源战略研究中心在北京联合主办了“第二届世界新能源战略高峰论坛”。来自工业和信息化部、世界新能源战略研究中心、北京大学国际关系学院、山西省经济和信息化委员会、山西省社会科学院、山西省晋中市政府以及北京国际能源专家俱乐部、醇醚专业委员会等单位的专家学者、企业代表出席论坛。

与会人员通过广泛研讨和深入交流，就尽快确立我国替代能源战略、加快发展替代能源产业达成以下三点共识：第一，在能源竞争激烈和变革的时代，我国应立足“富煤贫油少气”的国情，着眼于能源可持续发展，尽快制定替代能源发展战略。这是我国作为最大的发展中国家和能源需求大国应对能源挑战、推动绿色发展、维护能源安全、促进经济持续增长的基本保障。第二，甲醇燃料具有经济性、清洁性、环保性、易得和可持续供应的特征，甲醇新能源汽车的技术日趋成熟，市场与产业化前景十分广阔，是我国发展替代能源的战略重点和方向，也是在传统能源日渐枯竭形势下的现实选择。第三，发展替代能源应成为政府、企业和社会的共同目标和责任。国家与各级政府要强化替代能源意识，加强政、产、学、研结合，建立和完善相关技术规范与标准体系，研究和制定市场准入、财政、税收、用地等配套政策措施。

北京大学世界新能源战略研究中心副主任、北京北达新兴能源投资基金管理有限公司代表齐惠卿，山西省晋中市副市长王希玲，山西省社会科学院副院长杨茂林分别代表三方机构就甲醇新能源汽车项目落地晋中市签署了“全面战略合作协议”。北京北达新兴能源投资基金管理有限公司和山西省社会科学院提供资金和智力支持，地方政府提供土地、财税、示范线路等优惠政策。

（金泓摘自《中国社会科学报》
2012 年 5 月 30 日）

【社会资本进入医疗服务领域研讨会】

2012 年 5 月 15 日，社会资本进入医疗服务领域研讨会在京举行。本次研讨会由中国社会科学院人口与劳动经济研究所、中国社会科学院劳动与社会保障研究中心主办。中国社会科学院党组成员、副院长，当代中国研究所所长李捷出席研讨会并致辞。

李捷在致辞中说，医药卫生是国之大事，然而在新中国成立以前，广大人民群众缺医少药，饱受医患之苦，被西方列强讥讽为“东亚病夫”。新中国成立以后，为了提高人民健康水平，党和国家做了大量的工作。改革开放以后，随着医疗改革的深入发展，医疗卫生事业更是有了跨越式的进步，医疗服务水平显著提高，医疗保障体系的覆盖面和保障能力显著增强，人民健康水平和平均寿命显著提升。但是，也要看到，医疗卫生事业发展的现状还远远不能满足人民群众对于高质、便捷、廉价、安全的医疗服务的需求，高质量的医疗服务仍然供不应求，医患关系趋于紧张。如何解决这一矛盾，已成为医疗卫生改革的难题之一，也成为关系中华民族福祉、关系千家万户健康、关系社会和谐的大课题。

李捷指出，医疗卫生事业既是国家大事，也是众人之事，既要以国家为主导，也要发动社会方方面面的力量。2009 年 4 月，党中央、国务院颁布了《关于深化医疗卫生体制改革的意见》，确定了鼓励社会资本依法兴办非营利性医疗机构，形成公立医院与非公立医院相互促进、共同发展的改革方向。相信随着以人为本的科学发展观的深入贯彻落实，随着医疗体制改革的深入发展，一定会迎来国有资本与社会资本共同推进医疗卫生事业大发展的生动局面。

出席会议的还有中国社会科学院劳动与社会保障研究中心主任、监察局局长王延中，中国社会科学出版社社长兼总编辑赵剑英，国家中医药管理局党组成员、副局长马建中，天津市卫生局副局长王建国等，王延中主持会议。

会议发布了中国社会科学院课题“北门医院发展研究”成果《民营医院的典范——天津北门医院发展模式研究》。该书由中国社会科学出版社出版，为“中国国情调研丛书·企业卷”之一，书中全面总结了天津市北门医院20多年创业和发展实践，分析了北门医院在人力资源管理、资金运营、文化建设、基本建设等方面形成的鲜明特色，探讨了创办中国特色民营医疗服务机构的基本路径和发展方向。

来自卫生部、国家中医药管理局、天津市卫生局等政府部门的相关负责人和中国社会科学院、中国中医科学院、国务院发展研究中心等研究机构的专家学者围绕如何促进社会资本进入医疗服务领域、促进民营医疗机构健康发展、促进公立和民营医疗机构形成互补与良性竞争格局等问题进行了深入探讨。

该书指出，随着国家政策环境的宽松，民营医疗机构迎来了新的发展机遇，在这一背景下，对于以救死扶伤为宗旨的医疗机构来说，把社会责任、社会效益放到应有位置无疑是正确道路、正确选择。

（金泓摘自《中国社会科学报》
2012年6月1日）

【中国城市的反思与创新学术研讨会】

中国正经历着城市化的高速发展。2011年，中国城市化率超过50%。据预测，2020年中国城市化率将达到60%左右。城市化到底为中国带来了怎样的变革？中国应该怎样应对城市化进程中的各种挑战，2012年5月19日，“中国城市化的反思与创新”学术研讨会在上海召开，来自国内部分高校、科研机构相关领域的专家学者围绕上述问题展开研讨。

全国人大常委会委员、内务司法委员会副主任委员、民建中央副主席辜胜阻认为，中国城镇化发展速度快但质量有待提高，在城镇化进程中要防止掉入“拉美陷阱”。他提出，城镇化是中国最大的潜在内需与持久的增长动力，而其可持续发展需要与工业化、信息化、农业现代化相互协调。此外，中国的城镇化建设必须建立在坚实的实体经济基础上，尤其需要警惕出现“产业空心化”。城镇化需要从重数量的外延式扩张向重质量的内涵式发展转变。

改革开放后，中国城镇化进程步入加速推进期，与会者提出，随着经济发展进入新的阶段，城镇化可能呈现减缓趋势。从市、镇人口分布看，镇人口增长速度高于市人口增长速度。从某种程度上说，我国的城市化进程是“小城镇”扩张推动的“城镇化”过程。另外，从不同规模城市的扩张速度看，我国的城市化格局又是由大城市扩张主导的。

中国人民大学社会与人口学院院长翟振武强调，流动人口使中国的城市化水平呈现出“虚高”的状态。与快速提高的城市化率相比，更为重要的应是夯实城市化基础，实现流动人口定居化、市民化，缩减流动人口数量。他认为，尽管流动人口优化了劳动力资源配置，对中国社会经济的发展作出了巨大贡献，但是大规模、长期的人口流动会给社会经济发展带来深刻且长久的负面影响。

（金泓摘自《中国社会科学报》
2012年5月23日）

【2012年中国房地产高峰论坛暨《2012年房地产蓝皮书》发布会】

由中国社会科学院城市发展与环境研究所和社会科学文献出版社联合主办的"2012年中国房地产高峰论坛暨《2012年房地产蓝皮书》发布会"于2012年5月24日在北京召开，会议邀请了国家发展和改革委员会、国土资源部、国家统计局、中国社会科学院等单位的领导、著名专家学者参加了本次论坛，中国网、中央电视台、新华社、中国社会科学报等新闻媒体及在京的部分作者约60人参加了会议。论坛以"房地产市场调控和保障性住房建设"为主题进行了研讨。

中国社会科学院副院长李扬，国家发展和改革委员会投资研究所原所长、中国投资协会会长张汉亚，国土资源部中国土地勘测规划院地价所所长赵松，中国社会科学院经济研究所研究员汪利娜，中国社会科学院城市发展与环境研究中心原主任、房地产蓝皮书顾问牛凤瑞，城市发展与环境研究所党委书记赵燕平等出席会议并讲话。会议分上、下两节，分别由社会科学文献出版社社长谢寿光、房地产蓝皮书顾问牛凤瑞主持。

李扬副院长指出，从2011年开始，中央实施了包括限购、限价、限贷、房地产税在内的"史上最严厉的房地产调控政策"，房价和房地产销售状况都发生了新的变化。同时，李扬副院长强调了房地产业的重要性，指出房地产业是关系民生和国民经济发展的支柱产业，要加强对房地产业的长期发展战略研究，并分别从房地产行业中市场与政府的关系，房地产与城市化、工业化、人口老龄化的关系，土地制度改革，政府税制改革问题，房地产金融问题，房地产本身结构问题等几方面进行了具体阐述。

城市发展与环境研究所党委书记赵燕平在讲话中指出，我国房地产业自住房市场化改革以来取得了不少成就，也存在许多的问题，其中以房价上涨过快的问题最为突出，为此国家出台了一系列的宏观调控措施，综合运用行政手段、经济手段和法律手段，增强住房供给能力，打压不合理住房需求，表明了党和政府的坚定决心。

《2012年房地产蓝皮书》副主编、城市发展与环境研究所副研究员李恩平作了主题报告。报告对2011年房地产市场发展进行了回顾，并指出了存在的主要问题。报告预测了需求可能呈现低迷态势，投资投机性需求进退难舍，消费性需求谨慎观望；供给将相对充裕，存量供给将进一步积累，新增供给可能与上年大致持平或有所下滑；行业赢利可能急剧恶化，中小企业倒闭、破产更可能激增；市场继续维持盘整态势，房产交易量将相对萎缩，房价可能略有回落，但大幅降价可能性也很小等。并提出探讨首套普通住房优惠政策和超大城市限购制度化，完善保障性住房投融资和管理机制，进一步营造健康的市场发展环境，稳步推进房产税改革，培育房地产研究咨询服务市场等政策建议。张汉亚、赵松、汪利娜等就房地产、政府与市场、土地机构、住宅与城市化的相关问题作了专题演讲。

最后，牛凤瑞作了总结性发言。他指出，我国房地产业是内需和改善民生的最佳结合点，与我们转变经济增长方式、优化产业结构相辅相成，因此房地产政策应该保持长期内的相对稳定，以形成一个长期相对稳定的合理预期。另外，他指出政策的制定和执行要符合经济发展规律，也只有与经济发展规律相适应的时候，政策才能达到预期效果，才能起到四两拨千斤的作用。关于什么是"合理房价"的问题，他认为，只有买卖双方博弈谈判形成的交易价格才是真实的价格。

（尚教蔚）

【2012年中国能源安全论坛：国际战略选题会】

2012年5月25日，“2012年中国能源安全论坛：国际战略选题会”在京举行。论坛由国家能源局国际司和中国社会科学院世界经济与政治研究所联合主办。中国社会科学院党组成员、中央纪委驻院纪检组组长李秋芳出席会议并作了题为“以创新机制推进中国能源安全战略研究”的讲话。

李秋芳在讲话中说，进入21世纪以来，特别是全球金融危机后，国际能源供需格局和投资合作环境发生了重大变化，出现了海外贸易环境变差、局部项目石油生产停滞、资产利益受损和合作困难等系统性风险因素，直接冲击着我国能源供应安全。世界经济与政治研究所紧密结合我国能源安全的现实需要，以新的科研方式组织专家团队进行了综合研究，形成了一批科研成果，对于国家制定今后10—20年能源安全战略，推进可持续发展，具有重要的理论价值、现实作用和长远意义。

李秋芳指出，能源安全涉及国家核心利益，应当作为长期重大课题进行跟踪研究。在研究过程中要注意四点：第一，靠“国内领先”和“国际影响力”，逐步形成“能源安全战略研究”的学科分支，争取独特的学科地位，对中国与世界主要能源资源地区和国家关系提供系统的理论分析，为国家政策制定和产业发展提供理论支持。第二，在首席专家的带动下，通过有效的补充和转型，明确现有人员的研究方向，提升研究素质，充实知识与经验，形成包括院内骨干、外部资深专家团、硕博士生培养及国外访问学者梯次的能源战略研究团队。第三，摒弃孤立研究和分散研究，提倡开放性研究，以系列研究、横向联合与交叉研究、多学科研究方式，对未来中国参与地区性和全球性能源治理作出理论立得住、实践经得住检验的分析报告；根据国内外近一二十年环境状况，对中国能源安全规划作出符合中国核心利益的诠释。第四，通过国内外出版平台和高层论坛，发出中国学者的声音，形成具有国内外影响力的拳头产品，为国家能源主管部门、外交部门和能源产业提供“短、平、快”的智力服务产品，对国家重大能源战略决策提出管用的对策建议。

李秋芳强调，在中央的重视支持下，中国社会科学院正大力推进哲学社会科学创新工程。创新工程重在创新科研管理机制，释放科研生产力。为了支持国家能源安全战略研究，中国社会科学院有义务和责任提供必要的科研支持环境，希望世界经济与政治研究所为此作出贡献，希望中国能源安全国际战略研究项目在创新工程中作出示范。

会上，来自中国社会科学院、国家能源局、国家石油公司及其他有关单位的专家学者围绕中国能源安全的有关问题进行了探讨。与会学者认为，中国能源的最终出路是千方百计鼓励低碳创新，在利用上实现节约、节能、减排、高效，此外还要完善政策体系，进行系统研究。

（金泓摘自《中国社会科学报》
2012年6月1日）

【世界政治经济学学会第七届论坛】

2012年5月25—27日，“国家、市场、大众与21世纪的人类发展——世界政治经济学学会第七届论坛”在墨西哥城市自治大学霍奇米尔科分校隆重举行，来自中国、日本、美国、加拿大、英国、德国、爱尔兰、奥地利、挪威、比利时、土耳其、澳大利亚、南非、巴西、墨西哥、阿根廷、哥伦比亚、印度、韩国、越南、泰国等20多个国家的150多名学者出席了本届论坛。

与会者围绕“国家、市场、大众与21世纪的人类发展”这一主题，就利润率变化和金融债务危机、危机后的民众就业、群众运动和政治变化、发展中国家的合作和发展、人类发展和生态经济等议题进行了深入探讨。

一　利润率变化和金融债务危机

美国麻省大学阿姆赫斯特分校大卫·科茨教授认为，仅用利润率变化趋势无法解释所有危机的根源，如最近几年的新自由主义体制危机，就不能用利润率下降趋势来解释。需要用更广泛的分析框架—资本循环分析方法—来分析资本主义体制危机，既能够容纳利润率变化，也能够容纳与体制危机前的其他因素。

爱尔兰国立大学特伦斯·麦克唐纳教授指出，处于危机中的国家和地区，面临各种过渡性需求。第一类过渡性需求是加强工人阶级的经济和政治地位；第二类过渡性需求是寻求广泛支持的需求，这种支持是资本主义社会无法获得的；第三类过渡性需求是为争取教育资源，通过教育告知公众资本主义弊端以及社会主义优越性。

西北大学经济管理学院白永秀和吴航教授认为，2009 年开始爆发的欧债危机，实质上是市场经济固有特征与现代社会文明矛盾的产物。具体来说，一是公平与效率的矛盾；二是虚拟经济与实体经济的矛盾；三是权利与责任的矛盾。化解欧债危机需要进行结构化的、系统性的改革。欧债危机对中国的启示是，要善待劳动者，善待实体经济，善待勇担责任者。

墨西哥国立自治大学经济研究所刘易斯·桑多瓦·拉米雷茨指出，拉美之所以有这么多债务，是因为当初借债主要是服务于世界资本中心国家而非债务国家，很多债务都与拉美的实际需要尤其是生产需要没有关系，有些甚至未经过可行性审查。

日本福祉大学毛利良一考察了二战后的债务危机，指出金融资本变得越来越远离实体经济并且破坏实体经济，造就了 1% 的赢家和 99% 的输家。

二　危机后的民众就业、群众运动和政治变化

墨西哥南下加利福尼亚大学拉巴斯分校曼纽尔·安吉利斯教授认为，全球危机的本质是人权以及人类基本生存原则的危机。危机更多程度上是衰退对人权的附带性伤害，尤其获得合适工作的权利。新自由主义改革大大加剧了贫富差距和这一伤害，使得国家离福利社会越来越远。

墨西哥国立自治大学爱杰多·巴札教授和墨西哥城市自治大学格罗利亚·贡札雷兹教授指出，危机后全世界的失业后备军队伍不断扩大，在欠发达国家变得更为严重，按照劳动价值论来看，在发展中国家比在发达国家剥削工人的成本要高。

德国马克思主义学者理查德·柯瑞尔和恩斯特·赫泽格指出，随着德国经济的恢复，现在又有一些右翼分子在危机背景下叫嚣着要让德国第三次成为世界强国。

加拿大约克大学萨巴·阿尔纳塞里教授指出，我们生活在历史矛盾形成的十字路口，一方面，美国霸权下的帝国主义正在经历多重危机，在中东、欧洲、拉美和北美民众斗争此起彼伏；另一方面，右翼政党开始崛起，并试图通过新自由主义的重组议程。

三　发展中国家的合作与发展

英国中兰开夏郡大学普雷斯顿分校珍妮·克莱格教授关注“金砖四国”在世界经济中扮演南北对话桥梁和南南合作驱动力的转变潜力。强调了中国的作用，主张替代现有世界经济的战略构想，将中国的国际主张视为一种“多极化的发展主义”，把南南合作视为使世界摆脱单极化的驱动力，把全球性改革看作为发展中国家追求自主发展创造的空间。为了摆脱目前“多极化的发展主义”在国际谈判上乏力的局面，可将“金砖五国”定位在区域和国内战略上，而不是重建等级秩序，而且这些战略要建立在发展的互补性之上，并注重

发展的公平性。

法国社会科学高级研究院弗朗西斯科·迈勒托研究员和法国第八大学阿卜杜勒哈菲德·奥特玛尼教授分析了中东产油国家的经济，认为西方资本主义在该地区的霸权导致了“荷兰病效应”（或“资源诅咒效应”），即资源丰富反而阻碍了经济发展。

四　人类发展和生态经济

奥地利社会论坛赫曼·杜沃扎克博士分析了马克思主义在当代人类社会进步中的重要地位。指出，马克思主义是唯一可以综合考察人类当今发展主要问题的理论，可以全面理解目前资本主义世界金融危机和实体经济危机产生的灾难，并有助于人类和自然的可持续发展。

中国社会科学院马克思主义研究院院长程恩富教授提出了中国在21世纪可持续发展的总体制度体系：即经济制度方面完善以公有制为主体、多种所有制共同发展的基本经济制度；政治制度方面完善“三者统一、四层制度”的架构；文化制度方面完善用马克思主义为灵魂的社会主义核心价值体系引领各种社会思潮和社会实践，推动文化大发展大繁荣；社会制度方面将完善“一个格局、三个互动、四个机制”的体制。

日本京都大学大西广教授分析了未来30年中国的可持续发展，认为应该学习1978年邓小平进行社会转型时的政治智慧，将改革成果分配给那些利益损失者，并将改革目标从一切为了经济发展转向一切为了人民福利。

日本东京大学伊藤诚教授认为，中国劳动力市场应保证劳动者经济生活的稳定性。以新古典经济学为基础的新自由主义片面强调个人主义和自由竞争市场的效率（包括劳动配置效率），并要求降低对劳动者的管理和社会关怀，不适用于新兴的中国劳动市场。

会议宣读了世界政治经济学会第七届论坛共识宣言。宣言呼吁全球马克思主义经济学家系统地揭露资本主义的局限性，支持人民的政治权利，支持反对新自由主义及其最新“紧缩”形式的运动，进一步扩大和改善公共部门和国家的作用，支持21世纪拉美各种社会主义理论和运动，支持希腊人民反对国际资产阶级严格紧缩所要求的斗争。

（金泓摘自《经济学动态》2012年第8期）

【金融风险、会计监管与资本市场发展研讨会】

美国次贷危机引发的世界性金融危机和经济危机，对全球资本市场和经济社会健康发展造成巨大冲击。深入研究爆发金融危机的金融风险、强化会计监管、推进资本市场健康发展是社会各界十分关注的重要理论问题之一。《经济研究》编辑部与天津财经大学商学院会计系共同主办的“金融风险、会计监管与资本市场发展”研讨会于2012年5月26日在天津财经大学隆重召开。来自审计署审计科研所、南开大学、山东大学、复旦大学、中山大学、东北财经大学、英国卡的夫大学、陕西师范大学等国内外科研机构和大学的100余位专家学者和本校师生参加了研讨会。

一　金融风险、会计监管与资本市场关系

1. 金融风险与会计风险

作为货币与信用联结体的金融在稳定时可以有力地助推经济社会快速发展，在脱离法律制度与“看得见的手”及行业自律时，金融风险极易形成泡沫经济而爆发金融危机。而信用滥用及其监管的放松是金融和经济危机爆发的主要根源之一。

当会计计量主要采用货币计量尺度后，会计风险随之产生并不断发展。会计风险主要表现为：计量的真实性风险，信用滥用及其监管放松的会计风险，海外资产、负债或其他项目在转换价值时发生损益的风险。

2. 会计监管与资本市场

现代企业会计促成了现代企业制度和以产权交易为特征的资本市场的建立。同时，形成以会计信息为主要内容的强制信息公开披露制度，由于企业会计“内部人”特征以及注册会计师审计市场化制度安排，会计信息具有某些公共物品特征，常常出现会计信息市场失灵现象，使低质量会计信息充斥市场，实施会计监管成为一种必然制度选择。

二　金融风险及其监管与资本市场发展

由于市场经济体系的固有缺陷和“市场失灵”，加上金融体系内在的不稳定性和虚拟经济过度发展，客观上需要强化金融监管。潘敏、张依菇研究表明监管部门不仅要关注宏观经济波动对银行信贷的影响，更应关注宏观经济增速趋缓下我国商业银行风险上升的风险，同时应特别关注国有股股权占比及其变化对不同周期下宏观经济波动与银行风险之间的关系。黄正新、舒芳研究表明在适应市场经济运行的货币政策利率传导机制尚未真正形成，效应并不显著时需要推进利率市场化改革，完善利率结构体系，以建立高效的货币市场和资本市场。黄飞鸣认为美国金融危机对全球金融市场以至全球金融体系产生了巨大的冲击，系统性风险的防范已成为各个经济体面临的新课题。对中国而言要提高金融风险管理、预警能力、切实防范系统性风险。唐洋等提出要防止政治关联造成的“过犹不及”。

三　强化会计监管，完善公司治理，保障资本市场发展

强化企业会计监管、完善公司治理机制、提高投资者市场分析能力等是保障资本市场健康发展的微观基础和条件。李延喜等发现我国各地区的上市公司盈余管理程度存在着显著的局域空间集群现象，分布特征有规律可循；监管部门应根据地区差异制定差别化的监管政策以加强对盈余管理的治理。李胜楠、毕晓方研究表明国企高管权力越大，投资规模就越大，而且地方政府终级控制的上市公司中，投资与高管权力的相关性更大；高管权力的影响使得投资带来的绩效波动放大，地方政府终级控制的上市公司中这种效果更加明显。张晓东研究表明盈余管理能够帮助连续亏损公司成功扭亏以规避退市监管，但是盈余管理水平并没有导致公司后续业绩下滑，退市监管标准所诱发的盈余管理并没有导致现有的退市监管失效。胡国强、张俊民等研究发现独董在董事会的制衡力主要是在公司内控存在重大缺陷时发挥作用，独董监督职能的执行力度越大，内控质量越高。

四　加强金融审计，维护国家金融安全

防范金融风险，维护国家金融安全和资本市场有序发展是各国审计机关的共同责任。国家审计署审计科研所王长友介绍了国家审计署为应对金融风险进行的制度建设及实施情况。刘铮对美国审计署在应对金融危机和强化金融监管改革中的主要做法，概括为注重政策评估、注重对金融监管机构的审计、注重系统性金融风险防范、对金融市场运行情况和中介机构的检查、注重金融公平、调查方法具有多样性等方面的内容与特点。提出我国在借鉴美国做法的基础上，应重点做好以下四项工作：一是重点做好以货币政策制定和执行情况的绩效审计为纽带，统筹实施金融监管部门和金融机构的审计；二是应注重防范系统性金融风险；三是应关注金融体制改革和金融结构优化；四是应加强专业研究在审计中的应用，提高审计金融风险的能力。

（金泓摘自《经济研究》2012 年第 7 期）

【中国《资本论》研究会第16次学术研讨会】

中国《资本论》研究会第16次学术研讨会暨第9届会员代表大会于2012年5月31日—6月2日在华南师范大学召开。来自中国人民大学、清华大学、南开大学、南京大学、中山大学等60余所高校，以及中国社会科学院、中央党校等科研机构的150多位专家学者出席了会议。

与会专家就以下问题进行了研讨：

1. 应以马克思主义方法为指引，促进马克思主义经济学研究

2. 应以马克思主义经济理论为基础，解析当代经济发展问题

（1）与会者分析了美国次贷危机的实质是生产过剩的危机，是经济全球化和主权国家错位矛盾的结果。

（2）从影响经济增长因素的角度提出应转变增长方式，克服供给不利因素；缩小收入差距来解决需求条件的不利因素，使国内市场有一个与经济增长与产能增长相适应的增长速度。

（3）当前我国应防止外资利用中国政府放开土地承包经营权流转市场之机，实现对中国农业的控制。

（4）强调今后宏观调控须把着力点放在彻底解决中国经济发展中的失衡问题上。

（5）指出当前我国通货膨胀的重要特征是“结构性”突出，引发因素是流动性过剩。治理通胀需要及时调整货币政策，加强货币供给和需求管理，重视回收流动性与引导流动性进入实体经济相结合。

与会专家强调只有马克思的劳动价值论才能成为中国发展模式选择的指导性理论。

3. 应以马克思主义经济学基本原理为依据，深化国有企业改革

（1）与会者认为，在现阶段，能与全球性大企业竞争的中国民营企业为数极少，因此必须依靠有国家和全民力量支持的国有企业与全球性大企业抗衡，以防止我国经济受制于国外资本。在深化国企改革的同时，私人企业、地方国企同样需要改革。

（2）我国大型国有经济主体应采用股份制企业集团作为股份制改造模式，其单个企业股份制改造则应选择股份制企业制度模式。国有股份制企业集团和国有控股股份制企业集团应分别作为我国大型国有经济主体的过渡模式和目标模式，且过渡模式必然向目标模式转变。

（3）国有企业产权的人本改造应该基于两个方面：一是调整责权关系，尤其是要体现企业职工的所有权；二是健全执行机制，使得权利和责任得到切实的保障和约束。

4. 应以马克思主义经济学为指导，着力改善民生

（1）与会者认为，现在两极分化更大的原因是资产收入问题，因此要回归马克思的劳动价值论，使创造财富的劳动者获得公平的收入。

（2）建立有效调节财产权结构和财产性收入的税收调节体系，建立保护劳动者基本权益和财产权利的法律制度，加大对普通劳动者健康、教育的公共资源投资，要通过调整职业收入结构，增加普通劳动者收入来扩大中等收入者群体，实现收入分配的合理化。包括人口政策（生育政策、户籍与流动管理政策等）、社会保障政策（最低工资、失业保障等）和劳动政策（劳动法律及其实施，允许工人联合行动维护自己的权益、推动集体谈判工资制等）。

（3）实现公共生产要素在城乡之间的合理分配，真正实现城乡一体化，使社会主义公有制及其按劳分配的主体地位无论在城市还是在乡村都名副其实。

5. 要深化马克思主义基本理论，推进城市化与土地制度改革

马克思、恩格斯认为房地产业依赖的

是城市化途径，而不是城市化要依赖房地产业途径。与会者认为二者的逻辑关系一旦被倒置，城市化与工业化的关系也就被隔离起来，其结果是严重的。转型期中国地租分配的扭曲（即“土地财政”）源于地方政府的财政收入和财政支出之间的矛盾。土地的属性决定了“土地财政”的不可持续，因此我国需要地租分配功能的回归。

（金泓摘自《经济学动态》2012 年第 10 期）

【经济增长转型与资本市场发展研讨会】

由中国社会科学院经济所《经济研究》编辑部和重庆大学经济与工商管理学院共同主办的“经济增长转型与资本市场发展”研讨会于 2012 年 6 月 2 日在重庆大学隆重召开。来自全国高等院校和研究机构的 50 余位专家学者出席了研讨会。会议的主题是：经济增长转型和资本市场发展的相关理论及实践。

一　经济增长与产业发展

李善民和李昶构建了一个将 FDI 的投资者采取灵活进入策略纳入绿地投资和跨国并购这两类外商直接投资进入东道国模式的分析框架，使用三阶段实物期权模型分析了影响 FDI 进入模式的相关因素。杨俊和盛鹏飞建立了一个环境污染对劳动供给影响的理论分析框架，并利用 ARDL 方法建立了面板误差修正模型，最后采用 PMG、MG 和 DFE 方法进行实证研究发现：环境污染在短期对劳动供给有显著的负效应，而从长期来看环境污染对劳动供给的影响则呈现出显著的倒“U”形关系；劳动者收入水平的提高在短期会对环境污染作用于劳动供给的负效应有一定的缓解作用，但是从长期来看收入水平的提高会加剧环境污染对劳动供给的负效应。

二　区域经济与资本市场

陈立泰和王鹏建立了一个包含税收变量的“中心—外围”模型，分析了税率变化对产业集聚的影响，并使用全国 29 个省市 1990—2010 年的数据，检验了税收对产业集聚的影响程度。孙永平和叶初升从资源丰裕度和资源依赖度两个角度，分析了自然资源对产业结构合理化、多元化和高级化三个维度的影响。李程宇和张学慧认为在现实世界中，市场主体也会有自发的竞合行为，一项好的制度设计，应该能够实现市场自身的演化路径与经济调整的目标路径间的趋同与一致。区域经济的发展，实际上是其主导产业与非主导产业自发形成的竞合演化的结果，然而当市场自发的演化结果有可能不利于居民的福利时，就需要政府的合理调控与干预。邓晶和李红刚建立了一个包括银行和企业的网络经济模型，在考虑银行与企业之间的金融信贷关系、银行与银行之间的同业拆借关系基础上，研究了经济网络结构对系统性风险和经济波动的影响。

三　证券投资与金融市场

徐浩峰对基金期末净值周期性的超常变化进行了研究。他发现期末机构投资者交易超常变化与内在价值变动无关，并且信息透明程度较差会造成更高的机构投资者的超常买入、超常卖出。这说明了信息透明度较差的证券，成为了机构投资者通过超常交易赚取证券价差的标的，并且这一现象在季度的最后一个交易日更为严重。王创发和孙天琦提出基于散户角度的衡量证券分析师荐股的投资价值的标准，并采用事件研究法考察了 2004—2011 年的所有证券分析师的股票推荐。研究发现证券分析师在荐股时较少考虑大盘趋势的影响，鉴于大盘趋势对于个股价格所具有的决定性影响，散户在考虑是否接受分析师的操作建议前，应当先判断大盘趋势。王博、王伟和文艺重点关注了中国保险产业的发展，从人寿保险、财产保险和保险业整体三个层面对我国保险市场的驱动因素进行了经验分析。他们的研究发现当前中国寿险市场和财产险市场的驱动因素存在较为明显的差异，整体保险市场驱动因素同寿险市场相类似。金融发展对寿险市场和整体保险市场发展的促进效果明显，而对财产险市场的影响并不显著。收入差距变量对人寿保险市场和整体保险市场的影响为负，但对财产险市场的影响并不显著。

（经　科）

【国际化视野下的金融创新、金融监管与西部金融中心建设研讨会】

2012 年 6 月 15 日，国际化视野下的金融创新、金融监管与西部金融中心建设研讨会暨中国证券法学研究会 2012 年年会在蓉隆重召开。本次年会由中国证券法学研究会主办，四川省政府金融办公室、四川省社会科学院承办，宜宾五粮液股份有限公司、西南联合产权交易所有限责任公司协办。年会汇聚了全国证券法学术界的专家学者和实务界的精英，共同探讨和研究金融与法律的理论与实践问题。

来自全国金融监管部门、金融机构以及金融法学界的 400 余名领导、专家和学者参加了此次学术会议。出席此次会议的代表来自中国证监会、中国银监会、上海证券交易所、深圳证券交易所、中国金融期货交易所、中信银行、中信证券、中国证券业协会、中国证券登记结算有限责任公司、证券投资者保护基金公司等金融监管部门、金融机构和最高人民法院、上海市高级人民法院等司法机关，以及北京大学、清华大学、香港中文大学、中央财经大学、上海财经大学等高校。四川省金融监管部门、相关行政机关、金融机构、上市公司代表 200 余人参加了会议。金融时报社、和讯网等 13 家新闻媒体到会对会议进行报道。

会议开幕式由四川省社会科学院党委书记李后强教授和中国证券法学研究会常务副会长、北京大学法学院甘培忠教授主持，四川省政府金融办主任陈跃军受四川省副省长甘霖委托致欢迎辞，四川省政协副主席陈杰出席开幕式。

大会基调发言由中国证券法学研究会副会长清华大学法学院副院长施天涛教授和四川省社会科学院副院长郑泰安研究员主持，中国证券法学研究会副会长、四川省社会科学院原常务副院长、正厅级调研员周友苏研究员，中国证券法学研究会副会长、中央财经大学法学院曾筱清教授，深圳证券交易所法律合规部总监付彦，上海财经大学副校长周仲飞教授，北京大学法学院刘燕教授，中国金融期货交易所行政部总监李明良，中国证券登记结算公司法律部总监牛文婕，西南联合产权交易所董事长景平分别进行了主题演讲。

平行论坛分别围绕“混业经营背景下的金融创新与风险控制”“国际金融监管新趋势与我国金融监管改革”“中国资本市场的制度改革与《证券法》修改”“西部大开发国家战略下的区域性金融中心建设”四个问题展开研讨。中国证监会机构部副主任陈华平等主持了平行论坛，清华大学法学院汤欣教授等 20 位演讲嘉宾、中国证券登记结算有限公司法律合规部副总监汪有为等 8 位评议嘉宾在论坛发言。

会议共评出论文一等奖 2 篇、二等奖 4 篇、三等奖 5 篇，共 11 篇获奖论文。

（朱泓宇）

【中国少数民族经济发展学术研讨会】

为了进一步深入研究我国少数民族地区的经济发展问题，西藏大学经济与管理学院于 2012 年 6 月在拉萨举办了“西藏大学中国少数民族经济博士点立项建设暨西藏经济发展学术研讨会”，来自北京、山东、云南、四川的 20 多名专家和西藏自治区内 30 多名专家参加了这次研讨会。研讨会旨在促进对西藏这样一个特殊少数民族地区经济、社会、文化发展等诸多方面的研究与学术交流，并以此推动西藏大学经济与管理学院中国少数民族经济博士点的建设，与会专家就西藏经济发展等议题展开了学术交流。

西藏经济的发展有着其特殊的区情与特殊的资源禀赋，要充分认识西藏区域发展的特殊性及其历史，才能为西藏经济发展战略提供有价值的参考。

中国社会科学院西部研究中心副主任李青研究员作了题为《西藏区域发展的特殊性及格局》专题发言。她从西藏区域发展的动力、西藏经济发展与城市化关系、西藏区域发展的特殊性、西藏区域发展格局四个方面详细阐述了改革开放以来西藏经济发展状况，用大量的数据和图表，直观生动地分析了西藏区域发展的不平衡性、特殊性和差异性，提出西藏经济发展已进入城市化快速增长期，应抓住西部大开发的机遇，依靠政府的扶持和自身能力的提升，加快推进西藏区域经济的发展，并就西藏区域发展模式进行深入的探讨。

人力资本与区域经济发展之间有着极强的相关性，而且人力资本投资具有溢出效应，如果仅仅依靠市场机制调节人力资本，容易进一步加大城乡差别，因此，需要政府进行人力资本投资。山东大学经济学院侯风云教授作了《西藏地区经济发展与人力资本战略》专题发言。她提出了人力资本溢出效应的城乡两区域模型，认为导致人力资本城乡差距的原因是由于大量劳动力流入城市各地，仅依靠自身力量难以形成并保持发展所需的人力资本。同时，她还提出了人力资本溢出效应的西藏与内地两区域模型，少数民族地区尤其像西藏这样的少数民族地区，受历史及地理位置影响，靠自身进行人力资本投资不够，需要政府进行人力资本投资加以补充。最后，就西藏人力资本的发展战略提出了八点建议。

要深刻理解西藏经济社会的发展现状与趋势，必须从经济关系史、区域资源互补与民间交换等微观视角研究中央与西藏地方关系史。西藏大学经济与管理学院美朗宗贞博士作了《中央与西藏地方经济关系史研究概论》的专题发言，他分析与回顾了西藏古代经济、近代经济与现代经济的各种经济伦理、发展模式与战略，从西藏历史的角度扼要地介绍了苯教文化与经济伦理之间的关系以及佛教文化与经济伦理之间的关系，认为西藏区域经济的发展优势就是大力发展生态经济。

与会代表还就西藏大学中国少数民族经济博士点建设提出以下建议：学科建设应以科研课题为平台，协调各方面力量，加强国内外合作，优势互补，在充分利用外援的同时，强化自身造血功能，培养自力更生能力；加强实验室建设、进行研究方法的创新；进一步优化中国少数民族博士研究生培养方案，凝练学科方向，凸显西藏地区特点的特色课程。专家们的意见与建议，为西藏大学少数民族经济博士点的建设提供了更为明确的方向，也有利于更快、更有效地建设好该博士点。

（金泓摘自《经济学动态》
2012 年第 9 期）

【中国经济增长与周期（2012）国际高峰论坛】

由中国社科院经济所、首都经济贸易大学、《经济研究》杂志社等单位联合主办的第六届“中国经济增长与周期”国际高峰论坛于 2012 年 6 月 16—17 日在北京召开，200 多位来自国内外各高校、研究机构的专家学者出席了论坛。论坛的主题是：稳定宏观经济、推进结构性改革。

一　当前宏观经济低位运行的原因及未来几年的走势

与会专家认为，2012 年中国经济出现

明显的回调现象，是多重因素作用的结果。刘树成研究员认为，经济超预期较低位运行，除了政府宏观调控、主动转变经济发展方式、内外需不足、供给约束强化、企业经营困难以及经济增速回落过程中有惯性等因素的影响，可能还有一个很重要的原因，就是一种倾向掩盖另一种倾向，即一些地方在反对GDP崇拜，反对盲目追求和攀比GDP的过程中，出现了忽视GDP、淡化GDP的倾向，而不再下大力气去做好经济工作。张卓元教授认为，2012年中国经济增速回调主要由三重因素决定：第一，经济再平衡的结果。第二，政府对2008年国际金融危机反应过度，依靠大规模投资和天量的投放贷款造成的后果。第三，中国经济经过30多年持续高速增长，人均GDP超过5000美元以后，经济增速必将逐步递减。与会专家认为，现在的稳增长，保持适度的经济增速，并非是简单的放松宏观调控政策，也不是再次回归到GDP崇拜或者GDP的追求，而是在新的形势下，向各级政府提出新的更高要求，就是要把稳增长与转方式、调结构、控物价、抓改革、惠民生相结合，努力实现和谐发展的主线。

二　把握中国经济发展的阶段，促进结构调整与企业转型

有专家从产业发展的角度界定国家经济发展阶段，指出中国目前正处于投资导向阶段。投资拉动经济是我国经济的主要特征。劳动生产率是牵引着一个国家的经济结构转型的主要推动因素，所以结构转型必须是效率引导的。也有专家指出，结构调整应注意以下几个方面：一是遵循产业演进规律，大力发展第三产业，促经济发展方式从粗放型向集约型转变。二是调整收入分配结构，提高居民收入占GDP的比重，相应地降低政府收入占GDP的比重，使职工的工资随着劳动生产率的提高而提高，实施结构性减税，减轻企业的税收负担，使企业保持合理的赢利水平。三是积极发展战略型新型产业，使列入“十二五”规划的节能环保产业、新一代信息技术产业、新能源、新材料、生物技术、高端装备制造业和能源汽车产业，尽快地形成产业化体系。还有专家认为，当前中国经济转型有两个目标：一个是要克服国民经济比例失调，另一个是转变经济发展方式。

三　政府的行为调整与政策取向

有专家认为，政府应调整干预经济的行为，避免“激素刺激型的干预方式”，宏观经济政策取向，应该以一国经济增长的适度区间为客观依据，在经济回落期间应该充分利用有利时机，加速结构调整，优化产业结构和经济结构，提高经济增长质量。还有专家认为，中国未来的结构转型必须通过效率引导，政府虽然在中间起到比较大的作用，但是必须记住政府不能取代市场，政府不是企业，也不是个人。结构转型必须通过所有人们的行为、企业的行为以及产业变革来实施。

有专家从中国现有经济增长模式难以为继、广义价格改革势在必行、行业收入差距持续扩大等角度出发，指出改革必须深化，政府和市场的角色应正确认定。

（经　科）

【2012中国新兴金融发展论坛】

由中国社会科学院金融研究所和上海市浦东新区金融服务局共同主办的“2012中国新兴金融发展论坛”于2012年6月17日在上海浦东举行，本次论坛由中国社会科学院陆家嘴研究基地和上海普兰金融服务有限公司共同承办。中国社会科学院副院长李扬、上海市金融服务办公室主任方星海、前央行货币政策司司长戴根有、中国社会科学院金融研究所所长王国刚、上海浦东新区金融局局长施海宁、中国社会科学院金融研究所副所长殷剑峰、中国

社会科学院金融研究所银行研究室主任曾刚、结构金融室主任何海峰以及近200位来自政府机构、监管机构、科研机构、银行和企业界重要专家、领导出席了本次论坛。

本次论坛的主旨是从基层角度看我国金融的运营环境和运营结果，以期为决策层提供来自金融基层的信息，进而探索出一条“货币市场建设与民间金融发展”相融相促的发展之路。论坛由中国社会科学院金融研究所副所长、陆家嘴研究基地秘书长殷剑峰和浦东金融服务局副局长张湧主持，王国刚、施海宁分别为论坛致开幕辞，李扬、方星海、戴根有和费方域分别就货币市场发展与上海国际金融中心建设、实体企业与金融市场、票据市场的现状、问题、根源及出路和货币经纪与货币市场发表主题演讲。王国刚所长与上海银监局副局长张光平、广东发展银行贸易融资部总经理周麦勤、上海普兰金融服务有限公司总经理李映辉等进行了广泛和深入的对话。

（金　融）

【第四届中国经济思想论坛】

由中国经济思想史学会及上海财经大学经济学院联合主办的“第四届中国经济思想论坛”于2012年6月17日在上海财经大学举行。本次论坛的主题为：“中国经济思想：传承与创新”。来自中国社会科学院、上海社会科学院、北京大学、复旦大学等单位的专家学者出席会议并就中国经济思想史研究创新的方法、路径，新史料、新领域的挖掘，研究的新角度与新视野和研究方法的规范进行了讨论。

一　中国经济思想史研究创新的方法与路径

与会代表强调：

（1）学术发展必须立足于对以往研究史的回顾，因其有助于汇聚和勾勒出经济学发展与传承的轨迹，同时实现纵向的追踪与横向的比较。关于从事经济学术史研究的具体问题，应包括经济文献学、经济学说史、经济思想史、经济学术史、经济史学史、经济批评史、经济理论发展史、经济学科发展史、经济观念史等，研究经济学诸学科的形成、发展、特性问题和趋向。应注意一手资料的梳理，以问题意识为导向的科研构架的确立，强调原创性的研究成果。

（2）中国经济思想史研究应做到思想与学识、古代与现代、本土与国外的融合。关于传承与创新，其一“拓展”，包括：一是经济思想涵盖内容的拓展，即加强对现代经济学发展成果的覆盖；二是经济学研究本身的拓展，即其在发展工具、范式、技术的同时，更应延拓其内在逻辑，提升对社会现实的解释力。其二“促进”，重视对经济学发展前沿的跟踪，对经济学人才培养的投入以及对中国经济社会转型的评价。

（3）中国经济思想史近现代研究的发展规划：第一，是将研究视野从精英层面转移到社会基层。第二，是做到中西、西中的贯通，即一方面关注西方经济理论传播对中国社会的影响，另一方面也关注当前西方对中国经济研究所取得的成果。第三，是从个人研究拓展至群体研究。第四，是从人的研究推广至思潮的研究，进而厘清某一时代的主流意识形态及不同时代的思想变迁。

二　中国经济思想史创新探索：基于新史料、新领域的挖掘与尝试

挖掘新史料、开拓新领域是经济思想史研究的一个重要突破口，中国经济思想史诸多学者致力于此，至今已形成一系列颇具贡献的学术成果，本届论坛上，部分学者就其最新的研究成果进行了介绍，如近代中国经济学留学生与近代中国经济学的研究。与会者指出应系统地开拓区域经济学学科中的“区域经济学说史”研究，使之成为中国经济思想史学科发展的“学术生长点”。与会者还探讨了魏晋隋唐寺

院金融兴衰问题等。

三 中国经济思想史研究的新角度与新视野

除了探索新方向、挖掘新史料外，以全新的视角重新解读传统研究内容，也是与会学者丰富、拓展中国经济思想史的重要方式之一。如对孙中山的经济思想体系进行了方法论的逻辑探究；从孙中山的政治思想入手，理解其经济思想的基础；对中国自古以来重视粮食的传统经济思想进行了包括渊源、内涵、影响在内的系统解读。

四 中国经济史研究方法的规范

统一并严格学术规范是保证研究科学性与可靠性的重要基础，同时也是实现有效创新的必要支撑。为此，本届论坛对“经济史学学术创新与研究规范”进行了专题讨论。与会代表指出，经济思想史研究只有树立问题意识、加强逻辑分析才能体现更高的学术价值。目前经济史学部分研究的资料基础比较薄弱，因此其即便有较为新颖的观点，也不足以形成高质量的学术成果。新领域与新视角的结合将会为经济思想史研究创造更多新观点、新成果。中国经济史学应该致力于构建起科学严整的研究范式和规范的学术话语体系。

（金泓摘自《经济学动态》2012 年第 7 期）

【中国特大城市发展高层论坛】

2012 年 6 月 20 日首都经济贸易大学举办了“特大城市发展高层论坛”，参加本次论坛的有来自中国社会科学院、中国科学院、国务院发展研究中心、北京市科学委员会、北京市社会科学院、人民大学、北京师范大学、北京邮电大学、北京工商大学、北京联合大学、美国马里兰大学和首都经济贸易大学等百名专家学者。

一 中国特大城市发展形成和演化的研究进展

主要观点有：

（1）特大城市将成为拉动地区经济、社会转型的引擎。因此，研究特大城市的发展规律，关于特大城市的承载力、辐射力、产业体系、空间结构、社会民生、安全运作、人口调控和国际化等问题具有十分重要的理论意义和现实意义。

（2）考察我国特大城市形成和发展的基本规律应有两个背景：第一，后工业社会发展中特大城市发展的规律；第二，经济全球化背景下特大城市形成的基本规律。因此，研究中国特大城市发展的规律要有世界的眼光，要研究怎样发挥中国特大城市参与全球经济发展中的引领作用。

（3）在特大城市的发展与演变特点的研究中，政府的规划引导作用日益突出。因此，通过法律、规划技术等外生变量影响城市演变，应尽量符合并满足人类自身发展的愿望和要求，并以此作为特大城市发展的不可忽视的客观背景。

二 当前特大城市研究中存在的一些问题

（1）我国特大城市的划分不能只简单地使用人口标准。在特大城市向世界城市发展的高级阶段中关注的重点问题应是城市环境和产业的空间承载力。即除人口规模以外还包括经济实力及创新能力、中心作用等这些指标。

（2）城市环境恶化的现实正倒逼着特大城市进行承载力的研究。但是仅仅基于环境学理论的单要素承载力已经不适用中国特大城市发展实践的需要，应当在环境理论基础上加入社会、经济学基础理论和方法，并结合三大理论学科的研究优势进行特大城市综合承载力研究。

（3）特大城市的辐射力研究不足。

（4）城市经济结构与发展水平存在差异。

（5）大城市的发展往往是以牺牲小城市为代价。

（6）城市安全问题日益突出。

三　特大城市产业结构升级与空间优化

与会者指出，确保特大城市产业发展的因素很多，就产业本身而言，不同的现代服务业对不同城市的带动作用也不同，这就使得特大城市对潜力增长产业的鼓励政策的制定尤为重要。特大城市产业发展仍然需要市场发挥基础配置的作用，仍然面临“跳出产业谈产业”的顶层设计压力。也就是说，在科学发展观的指导下，当前的城市规划“习惯性的关注不足”，城市的科学发展缺少了顶层设计这一环节的制度性保障。

具体特征：第一，特大城市产业体系的构建，应当顺应时代要求。第二，金融的发展成为特大城市发展水平的重要标志。第三，特大城市发展同其现代服务业发展相互促进。

四　特大城市发展的国际比较

与会者指出，特大城市的国际化进程要依靠新兴产业的力量：（1）特大城市往往是区域内城市国际化的发端，但国际化不是特大城市具有的共性，只有少数高等级城市才具备国际化的条件。（2）国内具备国际化条件的特大城市（北京、香港、上海、深圳等），其国际化进程的经验不可简单复制。（3）我国特大城市国际化与其他公认的国际化大都市（伦敦、纽约、巴黎）的发展有明显的阶段性差异，表现在缺乏强力的产业支撑，整体缺乏先发优势。

（金泓摘自《经济学动态》2013 年第 2 期）

【2012 年度（第十届）中国法经济学论坛】

“中国法经济学论坛”发起于 2003 年，每年举办一届，已跨越了十载春秋。十年来，中国法经济学论坛硕果累累，已成为该领域研究人员进行跨学科和跨院校学术交流与合作的重要平台，推动和倡导了中国法经济学研究的深入开展，启发和培养了大批中国法经济学研究的中坚力量。值此十周年之际，由浙江大学经济学院、山东大学经济研究院（中心）、《经济研究》编辑部主办，西南政法大学经济学院承办的“2012 年度（第十届）中国法经济学论坛”于 2012 年 6 月 23—24 日在重庆举行。与会者围绕着法经济学的理论与历史、财产与合同、侵权与犯罪、公司与金融、政府与规制等主题进行了广泛和深入的研讨。

一　理论与历史

法经济学范式包含着一整套基本假设、基本范畴、基本理论和基本方法，这些均构成了法经济学范式的知识基础。因此对于法经济学理论与历史的探讨是法经济学研究的重要组成部分。

与会学者交流了相关研究：（1）从权利假说的角度出发，探讨了中国的法治发展。（2）考察了当代中国体制壁垒以及政府部门机会主义行为的形成机制，并在此基础上进一步思考法治本土化的演进规律。（3）探讨了制度构成要素之间的制度结构理论的合理性问题。（4）分析了我国道德缺失的原因。（5）考察了博弈论模型对现实制度的解释能力，以及在逻辑上检视制度的博弈论解释的完备性。（6）研究了法律制度对于城乡居民财产性收入的影响及差异。（7）研究了地方立法项目供给效果和对基层法院进行实证分析。

二　财产与合同

财产法的目的是最大化地促进资源与其最佳使用者之间的结合，合同法的目的则是最大化地提高交换效率，直接降低自愿交易中的交易成本。法经济学通过研究法律和不同法律传统对财产和合同保护的效果，进而分析其对经济社会的影响。

与会代表就农村土地产权、违法侵占耕地、工业用地，地方政府在城市化中用地问题进行了研究，提出需要修改《土地管理法》。

与会代表还研究了司法保护、立法保

护对技术进步的促进作用，农民工劳动合同签订的影响因素等问题。

三 侵权与犯罪

侵权与犯罪一直是法经济学研究的重点领域。与会代表对以下问题进行了研讨：(1) 劳务关系中替代责任的基本条件。(2) 医疗损害侵权责任的效果。(3) 对新出台的《66 项乳品安全标准》的评价。(4) 侵权法律经济学模型的假设条件。(5) 煤矿安全生产责任追究制度的理论模型。(6) 劳动力市场状况与刑事犯罪的数量关系。(7) 计算机病毒猖獗的根本原因等。

四 公司与金融

公司和金融领域的理论是在融合法学、经济学以及金融学理论的研究基础上展开的。与会代表就以下问题进行了研讨：(1) 公司融资中的法律规避问题。(2) 公司法实施激励机制的构建。(3)《反垄断法》对上市公司经济绩效的影响。(4) 我国 A 股市场新股发行阶段的保荐制度。(5) 民间金融危机的发生机理。(6) 银行外部管制环境与内部公司治理机制对其风险承担行为的影响等。

五 政府与规制

政府规制行为主要是运用行政法律制度干预市场配置机制的运行和限定微观主体的行为，以改变交易的性质和契约双方的地位以及市场均衡态势和竞争结果。因而，政府规制不仅是经济问题，而且是法律问题，是法经济学研究的重要领域。

与会代表就以下问题进行了研讨：(1) 房地产发展与政府财政收入的关系，揭示了“租税替代”原理。(2) 我国财政分权的独特性及效果。(3) 信访纠纷解决功能的效果。(4) 经济增长与政治结构的关系，分权与干部异地交流的作用与问题。(5) 腐败与经济增长对中国居民幸福感的影响等。

六 中国法经济学发展的未来

从本次的法经济学论坛中，可以看到许多明显的转变，如仿真建模和实证计量更多地被尝试应用在法经济学的研究中，研究范畴从传统的法经济学领域开始扩展到更为丰富的各个领域。法经济学最明显的发展趋势就是将发展成两个分支学科：一个是经济的法经济学，另一个则是法学的法经济学。

目前经济的法经济学占主导地位的领域包括合同、商业、反垄断、企业、证券法等相关领域，此外有影响但不占主导的领域为侵权法、刑法、财产法和民事程序。如何将法经济学的研究扩展到公法领域，如何将法经济学的影响人群扩展到从事法律实践工作的人员中，这些都将是中国法经济学所面临的重大议题。

（金泓摘自《经济学动态》
2012 年第 9 期）

【2012 年夏季博弈与经济行为国际学术研讨会】

2012 年 6 月 23—24 日，由山东大学博弈论与经济行为研究中心、《经济研究》编辑部、山东大学产业经济研究所、《产业经济评论》编辑部、《山东大学学报》（哲社版）编辑部、山东大学经济学院、中国海洋大学经济学院联合举办的“2012 年夏季博弈与经济行为国际学术研讨会”在青岛举行，会议主题为“博弈与经济行为”。本次研讨会特邀参会海内外专家学者有 *Economic Theory* 期刊主编、美国、英国、德国、日本、加拿大、中国香港、新加坡等大学教授和来自中国社会科学院、南开大学、复旦大学、南京大学、浙江大学、上海财经大学、北京航空航天大学、中国矿业大学、中国海洋大学和山东大学等高校和研究机构的专家学者参会。本次研讨会围绕博弈论与经济行为理论的最新研究进展和应用两个方面展开。

一　博弈论与经济行为理论的最新研究进展

纳什解是博弈论中的一个基本概念，与会代表就纳什非合作解和理性化策略两种博弈论进行了深入比较，并针对“核”的基本概念从“私人核”、“最大最小化核”之间的差异进行了阐述，介绍了最大最小化核理论在信息经济学中的应用。具体的研究有：（1）市场配置中多个竞争性价格和多个竞争性数量，在市场规模逐渐增加时将转变为唯一的均衡。（2）谈判中被拒绝的个体再加入谈判的后果。（3）资源分配中排队的损失与效率。（4）信息单向流动和传递过程中逐渐衰减条件下的网络动态形成过程。（5）当私人信息存在获得成本时，最优拍卖机制的设计问题等。

二　博弈论与经济行为理论的应用

和其他研究领域一样，博弈论与经济行为理论也同样源于真实世界。与会代表探讨了以下问题：（1）厂商“折扣定价”的销售策略，并与“销量返利”策略进行比较，指出后者将对消费者福利和行业技术进步产生不利影响。（2）厂商的专利与技术授权的策略选择。（3）劳动力市场的工资谈判与决定。（4）网络拍卖的退款承诺机制及其质量信息的传递。（5）异质群体的匹配问题。（6）逆向选择和有限承诺条件下的最优合同。（7）在生产能力约束条件下厂商横向合并后对产品价格、产量、消费者剩余和社会整体福利水平的影响。

（金泓摘自《经济研究》
2012年第9期）

【中国社科论坛（经济学2012）：第十届城市竞争力国际论坛】

2012年6月27—28日，由中国社会科学院主办，中国社会科学院财经战略研究院、中国社会科学院城市与竞争力研究中心承办的“中国社科论坛（经济学2012）：第十届城市竞争力国际论坛”在北京召开。中国社会科学院常务副院长、院学部主席团主席王伟光，辽宁省人民政府副省长许卫国，美国巴克尼尔大学教授彼得·克拉索莅会并致辞。联合国人居署、世界银行等国际机构和哈佛大学、悉尼大学、首尔国立大学、佛罗伦萨大学等国外知名高校的相关学者，国家相关部委、国内著名高校、科研院所的领导、专家，辽宁省委、省政府有关部门的负责人，成都、合肥、日照、抚顺、阜新、铁岭、南通、本溪等城市的相关领导，中国社会科学院相关院、所、局的领导、专家出席会议。《人民日报》《经济日报》《求是》杂志社以及新华社、中央电视台等50余家驻京境内外媒体代表出席会议。会议开幕式和主题论坛由中国社会科学院学部委员、财经战略研究院院长高培勇教授主持。

论坛用中英两种文字发表了由中国社会科学院城市与竞争力中心主任倪鹏飞与联合国人居署全球监测与研究部主任班吉（Banji Oyelaran-Oyeyinka）共同主持的“城市化进程中的低收入居民住区发展模式探索——中国辽宁棚户区改造的经验”项目的研究报告。报告利用世界银行投资项目成功度评估法，从主体和内容两个层面，对辽宁棚户区改造的绩效进行评估。评估结果认为，辽宁棚户区改造总体完全成功：在涉及棚户区改造工程、土地、金融、开发、需求、经济、社会、环境、空间等10个方面和41项指标中，除极个别指标方面还有待继续观察外，绝大多数方面都表现为：改善十分明显，已全面或超出目标，取得巨大的效益和影响，总体得分为1.32分，总体完全成功。报告同时还指出，辽宁棚户区改造要作为全球样板实现可持续成功和发展，还需要进一步完善棚户区居民住得稳的长效机制；进一步提升居民参与棚改的力度与积极性，把握好棚户居民安置聚集与分散的最佳平衡点；进一步完善社区管理机制；进一步谋划资金偿付问题；进一步提高住房质量，并持续关注棚改新区的物业管理问题。

26日的会议由主题论坛："城市化进程中低收入居民住区发展模式探索——中国辽宁的经验"、城市首长论坛："城市可持续竞争力与低收入居民住区发展"、专家论坛一："低收入居民住区：经济、社会与环境"、专家论坛二："低收入居民住区：住房保障与棚户区改造"以及"全球城市竞争力报告发布与研讨"组成，国内外近50位著名专家、政府官员发表演讲。与会专家高度评价了辽宁棚户区改造工程，班吉指出"这是一个世界奇迹"，世界著名城市与规划专家爱德华·布莱克利认为"这是人类一项伟大的工程"。

27日的会议发布了《全球城市竞争力报告（2011—2012）》。报告显示，受金融危机和欧债危机的影响，2011—2012年度全球城市竞争力总体上比2009—2010年度有所下降，其中欧美城市竞争力指数降幅远远大于其他地区，亚洲大都市继续崛起，中国竞争力指数逆势上升。2011—2012年度，全球城市竞争力排名前10的城市依次为：纽约、伦敦、东京、巴黎、圣弗朗西斯科、芝加哥、洛杉矶、新加坡、香港、首尔。

（金泓摘自《财贸经济》
2012年第2期）

【第七届产业经济学与经济理论国际研讨会】

2012年6月27—28日，"第七届产业经济学与经济理论国际研讨会"在山东大学召开。会议由山东大学产业经济研究所、中国工业经济杂志社、山东大学博弈论与经济行为研究中心、山东大学经济学院联合主办。大会收到论文80余篇，来自美国、加拿大、英国、新加坡、日本、韩国、印度、中国香港、中国台湾等国家和地区，以及复旦大学、中国人民大学、南开大学、天津财经大学、上海财经大学、暨南大学、北京工商大学、东南大学、东北大学、苏州大学和山东大学等高校、研究机构的专家、学者参加了会议。本届研讨会主要围绕国内外产业经济学前沿理论探索和研究新形势、新背景和新条件下产业发展的新趋势、企业竞争策略的演变，并由此提炼产业经济及相关领域研究的新方法、新规律和新思想，会议就博弈论研究方法的最新进展、与互联网产业相关的经济理论研究、新兴产业发展趋势、垄断与竞争的新形势、企业竞争策略的创新，以及国内外产业经济相关领域的理论和现实展开了讨论。

一　博弈论的最新进展

日本筑波大学政策与规划科学研究所Mamoru Kaneko教授作了题为"通过社会角色和合作实现的超个人认识"的主题发言，他使用归纳博弈的方法，研究一个利用博弈情形下积累的经验来探索他的信念起源。

英国约克大学经济系鞠源博士作了题为"推己及人——黄金定律的实验研究"的报告，阐述了人们是否能够接受别人怎样待自己，自己也要怎样待别人的实验测试。

新加坡国立大学经济学院鲁靖锋副教授的发言题目为"内生和随机进入中的竞赛"，研究了内生和随机进入竞赛的最佳（努力最大化）设计。

印第安纳大学与普渡大学印第安纳波里斯联合分校经济系Subir. K. Chakrabarti教授的发言题目为"凹收益随机博弈中的纯战略马尔可夫均衡：有限状态空间"，提出在博弈者的行动中，当单期博弈者的收益为凹时，存在纯策略均衡。

韩国首尔国立大学经济系Youngsub Chun教授作了题为"排队问题中的非嫉妒、平等和策略防范"的主题报告，提出策略和防范的方法是看待同一问题的不同方面，在研究中已通过好的策略属性和好的平等属性的研究机制，采取措施将两种方法整合。

二　企业竞争策略的新趋势

山东大学博弈论与经济行为研究中心秦承忠教授基于对某些垄断企业故意将短缺作为质量信号的观察，就“为什么限制价格或供给”作了发言。他分析了一个生产新产品的垄断企业通过适当的定价和诱导短缺来发出质量信号的可能性。

山东大学产业经济研究所林平教授最近关注的是“非对称差异化寡头中的均衡并购”，他通过建立一个非对称的差异化商品数量竞争模型，探讨产品的影响因素之一，即非对称寡头垄断产品的可替代性如何影响单边效应及决定横向并购的均衡。

北京工商大学经济学院冯中越教授系统阐述了他关于环境规制下企业策略性行为的研究。

南开大学经济学院郭树龙博士和南开大学经济与社会发展研究院杜传忠教授基于2005年世界银行企业投资环境调查的大样本数据，运用分位数回归方法研究中国经济转型期企业成长问题，重点考察了渐进式经济转型特征对企业成长的影响。

中国人民大学经济学院刘诚博士等利用中小板上市公司数据，实证检验了CEO权威与绩效波动之间的关系。

东北大学工商管理学院綦勇等构建了上游为垄断企业、下游为产品存在质量差异且进行伯川德竞争的双寡头企业构成的纵向市场结构，分别考察纵向分离与纵向一体化结构下下游企业产品质量创新激励及其福利效果。

中国人民大学国际学院胡德宝博士与中国人民大学商学院陈甬军教授全面梳理了垄断所导致的社会福利的损失。

苏州大学东吴商学院蔡杰博士等以对称三角形分布为假设依据，通过一个两阶段区位价格博弈，分析了固定成本对企业区位的影响。

山东大学经济学院白雪博士等则在多家企业古诺竞争的基础上，构建了一个关于外资企业合并过程中资产剥离的模型，分析了资产剥离的有效性及福利效应。

三　互联网及其相关产业研究的最新动态

美国科罗拉多大学经济系陈勇民教授作了题为“团购：互联网上的人际捆绑”的主题报告，对当前流行的互联网上的团购作了独到的分析。

天津财经大学于立教授报告了关于“双边市场与‘跳单问题’”的研究成果。

东南大学企业集团经济与产业组织研究中心胡汉辉教授最近在进行“网络融合与电视竞争”的研究。他提出了研究电视竞争的产业经济学意义：有可能将始于电信的自然垄断产业的竞争与合作问题的研究和更广阔的学术领域内得到深入、丰富和系统化。

山东大学经济学院张剑虎博士利用一个双寡头模型分析了平台的广告竞争行为和研发投入行为。

暨南大学产业经济研究院苏银珊、徐骏博士等研究的是即时通信企业的策略行为的效果。徐骏博士等结合网络外部性和双边市场理论，对腾讯QQ和奇虎360的商业模式进行了分析，指出了驱动企业商业模式的经济学原因。

暨南大学产业经济研究院赵子乐博士等基于网络效应，将研究方向转向对“山寨现象”的经济学分析，他们提出，现有文献认为，在很宽松的条件下，先进入的上游厂商可以通过排他性交易来排挤对手，导致市场失灵。允许下游山寨化，可以对这种市场失灵起到纠正作用。

（金泓摘自《中国工业经济》
2012年第9期）

【2012年产业组织前沿问题研讨会】

2012年7月7日，教育部人文社会科学重点研究基地——东北财经大学产业组织与企业组织研究中心、东北财经大学经济学院、《财经问题研究》杂志社联合产业经济学国家一级学术团体——中国工业经济学会、《经济研究》杂志社在大连市举办了“2012年产业组织前沿问题研讨会”。近40位产业组织领域的学者出席了此次会议。

会议主题为“产业组织研究方法与热点问题”。与会学者围绕网络产业反垄断、发改委价格约谈、自然垄断行业监管改革、环境规制、平台厂商竞争策略、纵向兼并与技术授权、战略性新兴产业发展成长、经济转型升级、语言产业战略以及产业组织学学科发展方向等产业组织前沿问题交流研讨。

一　产业组织理论研究的新领域：反思与展望

1. 经济转型背景下特色产业发展的新趋势

从世界经济发展史看，经济转型升级过程中存在一个重要规律，即服务产业效率持续改进的速度慢于工业制造业。有学者指出中国要更注重通过市场激励，以持续提高劳动生产率为基准的产业升级来推动服务业发展。最重要的是引进现代生产方式，包括推动服务产品的可贸易化，带动社会资源更多配置到服务业，使服务经济和服务业就业比重得到提高，带动整个经济的持续增长。

有学者指出，中国应尽快制定国家层面的、有宏观意义的、指导性的、有配套措施和政策的语言经济战略或语言产业战略，围绕语言教育、语言使用、语言科技及其相关的知识产权、语言服务贸易、语言保护等制定一系列法律和政策，并构建语言产业的统计指标体系和建立数据库。

与会学者认为，战略性新兴产业集群的特征可以概括为地理上更加集中、知识性更强、三大网络相互融合渗透。战略性新兴产业的知识特征使其在发展过程中更强调对外部知识资源的运用和整合，这与国际化城市构建相互适应。高效的创新活动需要开放的创新环境，这与国际化城市的构建相互促进。因此，战略性新产业的集群式发展的前景在于和国际化城市的建设互相嵌入，共同推进。

2. 产业组织研究领域反思与产业经济学学科展望

随着改革开放深层次推进，产业组织学的研究领域与产业经济学学科发展同样产生了深刻变化。有学者认为，如果按研究对象来划分，产业组织学则应着力于产业内企业和企业之间的关系。从研究领域演进的视角来看，产业组织学首先应着眼于企业间关系的基点，其次应拓展企业间关系的变化，包括相互交易关系、相互竞争关系、相互服务关系、相互规模关系以及相互规范关系。

产业经济学研究市场本身也构成一个很有意义的行业问题。有学者认为从学理角度来看，产业经济学研究市场的边界是足够清晰的，但是从现实看，市场边界又是模糊的，从学科形成历史看，产业经济学似乎被认为是最容易进入的一个学位学科领域。但从国家重点学科和教育部重点研究基地等视角来看，市场形态又呈现垄断竞争格局。在研究成果、专业期刊和人才培养等方面，产业经济学存在一定程度上的市场细分和产品差异。就博士研究生就业、重点学科评审、教育部重点基地验收等方面而言，产业经济研究市场未来竞争将日趋激烈。

关于产业经济学学科地位与发展导向。有学者提出，应为行业分析和市场分析提供有用的理论和全景式方法；能对企业战略制定提供坚实的理论基础；在维护公平市场竞争、政府政策制定方面发挥重要作用；打破学科、专业设置限制，成为研究“各行业企业行为”的重要学科。

二 产业组织理论研究的问题：挑战与突破

1. 网络经济新挑战与反垄断政策研究新进展

主要观点有：第一，网络经济的发展伴随着社会结构的调整和变革，网络产业的经济特征为互补性、兼容性和标准化，消费的外部性，转换成本和锁定效应，以及生产方面显著的规模经济等方面。网络产业的竞争问题比较突出，网络经济给反垄断政策提出了新的挑战。

第二，如何摆脱垄断行业背后利益纠结的束缚，是下一步推动垄断行业改革的关键。如果不解决关键的顶层设计问题即产权结构问题，则利益纠结束缚无法从根本上得到解决。

第三，现代经济运行中企业市场势力创新，是一个在技术、资金和营销等方面有较强约束且充满复杂交易的动态过程。我国垄断企业事前预算制度为其租金分享行为提供平台。政府在设计防范合谋的激励性规制方案时，应同时包含规制机构的惩罚机制。

2. 监管改革与规制政策设计新思路

主要观点有：第一，20 世纪 90 年代中期以来，中国在电信、电力、民航、铁路等几大自然垄断行业密集地部署改革方案，到 21 世纪初改革达到高潮，目前中国自然垄断行业改革的基本发展战略已经或正在发生变化：一是以改革带动发展的思路，逐步被以发展带动改革的基本指导思想所取代；二是监管改革的片面结构调整思路被监管机制、监管体制、监管制度互动的全方位改革所替代；三是改革应逐步提升到“顶层设计”的高度，并在制度设计层面寻求改革的突破口。

第二，同样的规制设计，在不同国家、地区或不同的时期为什么会出现不同的绩效？围绕这一问题，与会者探讨了规制经济学中被忽视的非正式制度对规制安排及绩效的影响。研究了不同规制政策工具和不同规制程度下，寡头企业的策略性行为，以及政府的环境规制政策选择。不同规制程度下不同市场结构对规制程度选择的影响不同，寡头企业的策略性行为可能导致规制失效。

3. 研发策略选择、定价竞争与社会福利

专利技术许可的产业组织问题处于学术研究的前沿，不同的收费方式对专利技术许可方的收益产生重要影响。通常认为专利技术许可采取版税式收费对专利持有人更有利。有学者研究得出了固定费用许可模式对专利持有人更优的重要结论。还有研究发现如果技术创新程度较高，那么最优策略为纵向兼并后再转让技术；与直接授权相比，技术研发企业纵向兼并后再转让技术导致较高的消费者剩余与社会福利，因此政府应许可纵向兼并。

另有学者提出，从社会福利来看，统一定价下的社会福利高于歧视定价下的社会福利。但是考虑到信息成本、执法成本等问题，公共政策选择应该放任企业采用此类定价策略。

三 产业组织理论研究的新方法：传承与创新

1. 产业组织理论经验研究的新拓展

主要问题有：第一，政府的能源政策、市场价格变化与电力产业结构调整和优化到底存在何种关系？通过典型事实描述和计量检验方法，检验了电煤价格和产业政策对火电行业结构升级的作用。能源结构调整和优化必须以“激励相容”的规则为前提，赋予产业规制机构以合意的权威是完成“结构性”减排目标的组织条件。

第二，在中国工业化过程中，各地区之间存在较大的技术差异。工业部门不同组群间技术落差比率揭示不同组群技术水平下的省际工业部门总体上呈现出与潜在技术边界偏离程度减小的趋势。

第三，运用中国制造业的海关进出口月度数据，研究了不同国家进口到中国的产品质量和质量阶梯，认为短期内为赢得更多的市场份额，中国应该发展质量阶梯较短的产业；长期中为促进产业升级和经济发展，应该积极进行产品的质量升级和技术进步，发展质量阶梯较长的产业。

2. 企业组织的经验研究、案例研究与实验考察

中国渐进式经济转型的路径及特色形成了中国企业生存和成长的特定环境，并由此对企业成长造成较为复杂的影响。运用经验研究、案例分析与实验经济学方法，对企业研发、竞争与企业家精神等微观层面问题进行分析是近年来产业组织研究的一个前沿领域。

主要问题有：第一，企业研发决策的形成机制是一个热点，与会者探讨了各种因素对于企业规模的影响程度。不发达的制度环境在多大程度上制约着企业的成长；关于中国经济转型期企业成长问题，国有经济、融资约束、税负、竞争等转型特征是制约企业成长的重要因素，FDI、出口、R&D 等显著促进了企业的成长。地方保护和税负对中小企业成长的制约作用显著高于对大企业的影响，而 R&D 和职业培训则显著提高了中小企业的成长。

第二，加入 WTO 以后，中国制造企业加入全球价值链，企业创新活动面临着新的参数环境，有学者提出技术无限供给条件下的企业创新“周期性围困”假说。

第三，检验了异质性企业空间定位选择行为与集聚效应对中国地区生产率差距所带来的影响，发现异质性企业的定位选择行为在中国显著存在，是影响地区生产率差距的另一重要的微观机制。

第四，大企业研发试验室对企业家精神在创新过程中的替代是使其受到新市场中突破性创新威胁的重要原因。

第五，与会者认为，实验经济学作为近代实证主义的延伸和发展，在解决传统研究方法缺陷方面有较好的补充作用。

（金泓摘自《经济研究》
2012 年第 8 期）

【中日机动车保险市场比较研究研讨会】

由中国社会科学院金融研究所主办的“中日机动车保险市场比较研究研讨会”于 2012 年 7 月 8 日在北京召开。中日机动车辆保险市场比较研究是由金融研究所和日本野村综合研究所合作开展的研究项目，在课题成果即《中日机动车辆保险市场比较研究》出版之际，中日合作双方在京召开学术研讨会暨成果发布会。

中国社会科学院学部委员、副院长李扬到会祝贺并致贺词。金融研究所所长王国刚主持研讨会并进行大会总结。中日合作双方研究人员分别就中日机动车辆保险市场研究进行了主题发言。在讨论与交流环节，来自中国保监会、中国保险行业协会、中国保险学会、对外经贸大学、日本驻华大使、日本财险协会、日本早稻田大学以及中华联合保险公司、三井住友海上保险的业界人士围绕中日机动车保险市场的有关问题从不同的角度进行了广泛的交流。

随着经济全球化、金融自由化和保险市场国际化趋势的日渐增强，以及国内保险市场不断发展壮大，保险发展的市场、制度和法律基础需要不断完善，保险人才的素质、保险公司的理赔及客户服务仍有待提高，这些都需要很好地借鉴国外发达国家的经验。金融所与野村综合研究所开展的合作研究正是适应这一需要而进行的一项重要工作。该课题研究达到了预期的目的和效果，通过了解中日机动车保险制度的设计差异，为今后的制度设计和进一步的机动车保险市场开拓提供技术框架和

理论基础。

（金　融）

【金融危机与货币政策国际学术研讨会】

由中国社会科学院金融研究所和《金融评论》编辑部主办的“金融危机与货币政策”国际学术研讨会于2012年7月15日在北京举行。会议由中国社会科学院学部委员、副院长李扬教授主持，国际著名货币经济理论专家、《货币理论与政策》一书的作者加州大学圣塔克鲁兹分校的经济学教授卡尔·瓦什教授、IMF驻中国首席代表李一衡先生发表了主题演讲，日本银行驻北京首席代表新川陆一先生、金融研究所所长王国刚教授、中国人民银行货币政策司副司长孙国峰先生等发表评论。

李扬副院长在致辞中指出，货币经济学是一个实践性很强的学科，如果整个经济学是社会科学皇冠上的明珠，那么货币理论就是经济学皇冠上的明珠。长期以来，货币理论一直徘徊于主流的经济理论之外，这是长期困扰经济学者的大问题。这次危机给货币理论又提出了值得研究的新挑战。

卡尔·瓦什教授发表了以危机前后美国货币为主旨的演讲。他首先回顾了这次危前机的美国货币政策，并以泰勒规则框架为中心展开了讨论。一种观点认为，根据泰勒规则，危机前的美国货币政策过于宽松，但之前美联储副主席对美联储作了辩护，Kohn认为泰勒规则太简单了，没有囊括重要的变量，泰勒规则忽略了一些风险因素。瓦什教授以目标的标准来衡量政策，特别是在简单新凯恩斯模型对美联储的货币政策进行了探讨，认为美联储在2002年到2005年这个关键时段内，他们的政策应该收得更紧一点。而在危机爆发的时候，美联储就很快动用那些传统的政策工具，但当利率下限达到的时候，通过降低隔夜利率就变得不可行了，于是就推出了很多非传统的政策手段，尤其是量化宽松的货币政策，这对长期利率产生了较大的影响。但量化宽松更重要的是要刺激实体经济的发展，但美元的变动对其他国家产生了负外部性的影响，同时还会影响全球的物价和通胀，但也有正的外部性存在，比如说美联储行为会使美国经济进一步强劲增长，这样会拉动中国的出口行业。瓦什教授最后指出，危机之后采取货币政策应该吸取三个方面的教训：应有更多的货币政策目标、更多财政政策的协调和更多的货币政策的国际合作。

（金　融）

【中国收入分配中劳动份额问题高层研讨会】

由《山东大学学报》（哲社版）编辑部、山东大学消费与发展研究所共同主办的“中国收入分配中劳动份额问题高层研讨会”于2012年8月1—4日在威海举行。来自中国社会科学院、清华大学、南开大学、浙江大学、南京大学、山东大学和《经济学动态》《山东大学学报》（哲社版）《产业经济评论》编辑部以及政府有关部门的专家学者出席了会议。会议就中国现阶段收入分配中劳动份额过低问题进行了热烈的讨论。

一　劳动份额变动趋势

1. 劳动份额是否过低并存在下降趋势。主要观点：（1）劳动份额下降是确定的，且引起了收入差距扩大和不平等程度的提高。（2）无论从官方统计、学者估计，还是从职工报酬占比、国际比较和财政收入、企业盈余比较，劳动份额下降都是一个不争的事实，因此很值得研究。但是，在工业化阶段劳动收入占比下降是一个自然规律，通过国际比较，发现这个问题存在普遍性。（3）近一两年我国剩余劳动力已经不多、城镇私营单位在岗职工实际工资增长率已超过GDP增长率，中国经济已经接近或者达到刘易斯拐点。

2. 劳动份额低是否合理。有以下不同观点：（1）不一定提高劳动份额是好事，下降就是坏事。可以从广义价值论的角度寻找劳动份额合理程度的依据，但是标准不唯一。（2）现阶段劳动份额低符合U型规律，政府没有必要打压资本，只要维护好劳动者的合法权益，当剩余劳动消失的时候劳动份额自然会上升。（3）U型规律对我们是有借鉴意义的，但是在中国的制度安排与西方国家不一样，政府参与经济的方式造成市场的扭曲，使得劳动收入份额过低，这肯定是不合理的。（4）初次分配体现的是效率，劳动份额相对资本份额低本身没有问题，问题在于我国再分配阶段没有发挥应有的调节作用，劳动份额应该随着雇员数量的增加而增加，但是在中国反而下降，这是有问题的。（5）目前劳动力的工资决定已经十分市场化，劳动份额低具有一定的合理性，政府的工资调控反而会使企业的成本上升进而危及其生存。（6）我国劳动份额随经济发展的演变或波动有一定的必然性和合理性，要分清哪些是经济因素决定的，哪些是政策因素决定的。（7）由于农村大量剩余劳动力转移进城，降低了工人的平均工资水平，实际工资增长率赶不上GDP增长率，导致劳动份额下降。令人担忧的是大学毕业生的工资太低，这是影响到技术进步进而影响到经济增长的更大问题。（8）劳动份额过低归根结底是经济结构转换中出现的不合理的问题。

二 劳动份额的理论范式创新和度量方法改进

1. 劳动份额的理论范式创新。有以下几种观点：（1）分配理论离不开价值理论。广义价值论以李嘉图的比较利益学说为基础，借鉴斯拉法利润率与价格同时决定的思想和马克思的劳动生产力概念以及新古典的边际分析方法，根据比较利益相等的原则，构建了广义产品价值决定模型，进而构建了广义要素价值决定模型即功能性分配理论。（2）将劳动份额纳入基尼系数的决定式，并且包含了劳动者内部收入差距和社会保障制度的影响作用。（3）应该用初次分配的基尼系数而非再分配之后的基尼系数以排除税收等再分配政策的影响。（4）可用市场收入的基尼系数来做微观上的研究。

2. 劳动份额的度量方法改进。国内劳动份额核算目前有投入产出表、资金流量表和统计局公布的地区收入法、国内生产总值3个数据来源。但投入产出表只有9个年份数据可以获得，且存在数据滞后性问题；资金流量表使得劳动报酬存在高估问题，地方GDP加总高出全国核算数据等。针对上述数据来源的缺陷，有代表建议使用国际可比的雇员报酬份额。

三 劳动份额下降的市场和体制性原因

与会代表一致认为：劳动力市场供过于求是导致目前劳动收入份额下降的主要原因。第二个就是体制性原因。具体有：（1）经济增长方式还是投资拉动型，缺少知识资本存量。（2）劳动力转移成本问题，农民工的市民化待遇、社保、户口等问题未解决。（3）工资制度与劳动者保护方面，人力资本多轨定价，工人不能参与劳动定价。（4）国有垄断企业的收益没有分配给普通民众，拉大了企业职工收入差距等。

四 “拐点”的争论

与会代表认为，我国经济发展复制了早期工业化国家的情况，存在劳动份额和产生结构转换的U型规律。从宏观视角看，劳动收入占比的刘易斯拐点既是库兹涅茨拐点，也是中等收入陷阱的拐点，中国不会脱离这个发展规律。至于拐点的位置和出现时间，与会代表认为取决于制度，只有劳动份额上升的时候才是跨过刘易斯拐点的时候。中国目前没有出现粮食短缺，城乡差别也没有出现缩小趋势，所以还没到转折点。

五　解决劳动份额过低的对策

与会代表一致认为首先努力消化剩余劳动力，加快农村劳动力转移，去掉制度性城乡障碍，加强社保，改革低工资制度，加强人力资本投资等。其次应改变投资拉动型经济增长方式为技术进步为核心的推动型经济增长方式。最后劳动收入份额下降符合中国目前的发展阶段，不需要过多忧虑。

（金泓摘自《经济学动态》2012 年第 9 期）

【第五次大国经济论坛】

湖南商学院大国经济研究中心于 2012 年 8 月 3—4 日举行第五次大国经济论坛，来自中国社会科学院、中国人民大学、华中科技大学、湖南大学、湖南师范大学、长沙理工大学、湖南商学院等高校和研究机构的 100 余名学者，以“大国经济发展理论与新兴大国经济转型”为主题展开讨论。

一　大国经济发展的典型特征

与会代表就以下方面进行了总结。

（1）大国政府的宏观调控取向呈现出两个典型特征：一是以非平衡增长为取向；二是以优势互补为取向。（2）发展中大国货币传导机制的三个典型特征：一是货币市场缺乏统一性，流动性和竞争性不足；二是货币传导机制单一，主要依赖数量型渠道；三是货币传导机制不通畅，政策有效性低。（3）中国东、中、西部地区内部各省级政府间都存在着激烈的正向税收竞争，但是竞争的强度有差异。（4）中国区域经济周期存在着显著的差异性，这种差异性主要是由经济规模、地理距离引起的。（5）发展中大国制度变迁具有长期性、渐进性特点，制度变迁任务具有多重性、复杂性的特征和政府主导性特征。（6）中国对外直接投资的典型特征为规模性、多样性和投资动因的复杂性、经济联系的广泛性决定投资分布的空间差异性和经济发展的非均衡性决定区域对外投资水平的差异性。

二　大国经济增长的需求驱动

大国经济增长源泉是大国经济理论研究的核心问题，与会代表交流了以下主要观点：（1）传统的五大增长源泉，包括市场化、全球化、工业化、人口红利和高储蓄导致高投资出现衰变的趋势；新的增长源泉应该是消费需求、城市化、产业升级和体制创新。这是中国经济增长的中长期源泉。（2）需求结构因素对本地市场效应的影响依赖于需求规模因素。今天应加快对高级生产要素的培育，尽快丰富本土高档消费品的种类，在更广泛的高端产品门类上诱发本地市场效应，加入国际竞争。（3）新兴大国之所以能够在近期保持经济持续增长，是因为各国所采取的需求动力机制拉动经济增长。（4）政府消费对经济增长具有显著的促进作用。（5）大国经济增长的基础要素仍然是自然资源，探讨大国经济发展理论不能超越这个经济增长的基础要素。对于自然资本的持久利用应该有所区分，对于不可再生资本应该通过建立价格补偿机制，及时调整、储备资源，在其衰竭之前寻求新的替代品，对于不可度量的自然资本，应该建立协调组织在世界范围内进行合作与调控。

三　大国经济发展的产业战略

主要观点有：（1）政府应该高度重视产业结构向专业化方向调整，中央应该给予内陆省份更大规模的基础设施投资额度，更优惠的进出口和招商引资政策，有效地促进地区产业结构调整优化。（2）开放经济中发展中大国内部不同部门之间收益递增越强，运输成本越低，制成品支出份额越高或相对经济规模越大则越容易促进分工深化，形成专业化的生产与贸易格局。（3）在较深程度的大规模产业分工经济下，应该实行双塔式经济发展战略。这种经济发展战略是以分层的质量价值效用需求规模为条件，在低端采取数量型经济发展方式，在高端采取质量型经济发展方式，并与发达国家的生产技术对接，满足发达国家的商品贸易需求和国内高收入消费群体的消费需求。

四 新兴大国的经济转型比较

与会代表分析了美国政府干预经济社会的背景、理论依据、工具和效应后，对中国政府成功干预经济的认知进行总结，认为新兴大国经济发展的先天缺陷的要求必须通过政府的介入来弥补市场力量的缺位。新兴大国不能局限于特定的战略，要根据实际情况灵活地采取不同的发展战略，甚至是不同的战略组合，同时要通过建立和维护市场规则、克服市场缺陷和提供增长激励来实现干预的预期效应。

关于农业体制和效率关系，有代表认为土地经营规模狭小是制约中国农业劳动生产率提升的瓶颈，应加快农村土地流转和西北部农业开发，加快农民工市民化的步伐，推进多种形式的农业规模经营，快速实现中国农业的成功转型。

（金泓摘自《经济学动态》
2012年第10期）

【中国区域经济学会2012年年会】

2012年中国区域经济学会年会暨后发赶超与转型发展高层论坛于8月11日在贵州省贵阳市隆重召开。本届年会由中国区域经济学会、贵州师范大学、中共贵州省委政策研究室主办，由贵州师范大学经济与管理学院、贵州省科学决策学会承办。大会共收到论文120余篇，来自全国各地近100位专家学者出席了会议。大会采取主题演讲和专题讨论的形式，设立了工业化与区域经济发展、后发赶超与中西部地区发展、城乡统筹与区域转型发展、产业转移与资源环境承载力等分论坛，就处于不同发展阶段的地区如何实现后发赶超与转型发展等区域经济学发展的前沿问题进行了交流与探讨。

中国社会科学院学部委员、中国社会科学院工业经济研究所所长金碚研究员作了题为“腹地经济发展是中国工业化中期的战略方向”的主题演讲。金碚研究员将中国的经济腹地划分为沿海腹地、内陆腹地和县域腹地三部分，提出目前中国总体进入工业化中期阶段，未来工业化的最显著空间特征是向三大经济腹地加速推进。他指出，随着中国经济发展水平的不断提高，各地区将在更大范围内形成经济一体化的发展趋势，在普遍实现区域经济一体化的条件下，中国经济有可能真正实现没有地方保护主义壁垒的“全国化”。因此，推动中国经济从以中心城市开放为主、腹地经济相对封闭的格局向三大经济腹地全方位开放的格局转变，将促进以扩大内需为重点的宏观结构转型目标的实现。

国务院研究室司长刘应杰研究员作了题为“我国区域政策与区域发展新格局”的主题演讲。他从如何看待中国区域政策、如何看待中国区域发展形势以及中西部如何实现后发赶超三个方面对中国区域发展新格局进行研究。

国家发展和改革委员会国土开发与地区经济研究所副所长高国力研究员作了题为“我国主体功能区规划的提出及思路”的主题演讲。他介绍了优化开发区域、重点开发区域、限制开发区域和禁止开发区域四大主体功能区的概念及其功能，指出主体功能区规划具有基础性、综合性、战略性和约束性特征，并遵循国土部分覆盖的原则、基本依托行政区的原则、自上而下和上下互动的原则、科学性和可行性并重的原则、动态调整的原则。

安徽省社会科学联合会原党组书记、中国区域经济学会顾问程必定研究员作了题为“中国工业化的第五次高潮与后发地区崛起的机遇”的主题演讲。他认为，以中共十六大召开为起点，中国工业化进入了以“走新型工业化道路”为核心标志的第五次高潮。与前四次工业化高潮相比，第五次工业化高潮所具有的四大特征为后发地区崛起提供了难得的机遇。

河南社会科学院院长喻新安研究员作了题为“新型‘三化’河南科学发展的实践”的主题演讲。他认为新型“三化”协调的主要标志体现在产业关系协调、产城关系协调、城乡关系协调。在“两不三新”三化协调发展思路的指导下，河南坚持以新型城镇化引领“三化”协调发展，发挥新型农村社区在新型城镇化引领方面的战略基点作用，努力实现农业增产与农民增收协同、工业化城镇化与保护耕地“红线”协同、“三化”与资源环境保护协同，构建新型工农关系、城乡关系，保护好生态环境，加快形成城乡经济社会发展一体化新格局。

与会代表还就“工业化与区域经济发展”“后发赶超与中西部发展”“城乡统筹与区域转型发展”“产业转移与资源环境承载力”进行了讨论。

（吕　萍等）

【2012年城市绿色发展高层论坛】

2012年8月14日，由中国社会科学院城市发展与环境研究所和社会科学文献出版社联合举办的“《2012年中国城市发展报告》发布会暨城市绿色发展高层论坛”在京举行，来自国内高等院校、科研机构、政府机关和企事业单位、新闻媒体的代表出席了会议。中国社会科学院院长王伟光教授出席会议并致辞。城市发展与环境研究所副所长魏后凯研究员出席论坛，并作了题为“中国迈向城市时代的绿色繁荣之路”的主题报告。本次论坛由社会科学文献出版社社长谢寿光主持。

一　中国开始进入以城市型社会为主体的新的城市时代

《2012年中国城市发展报告》以“迈向城市时代的绿色繁荣”为主题，在对中国进入城市时代所面临的挑战进行深入分析的基础上，创新性地提出了城市发展必须走绿色繁荣之路，围绕如何实现绿色繁荣提出了具体的战略思路和对策措施。同时指出，实现绿色繁荣，必须以良好的生态和人居环境为基础，必须以生态环境保护为前提。《报告》认为，城市型社会是以城镇人口为主体，人口和经济活动在城镇集中布局，城市生活方式占主导地位的社会形态。2011年，中国城镇人口达到6.91亿，城镇化率首次突破50%关口，达到了51.27%，城镇常住人口超过了农村常住人口。人口城镇化率超过50%，这是中国社会结构的一个历史性变化，表明中国已经结束了以乡村型社会为主体的时代，开始进入以城市型社会为主体的新的城市时代。

二　当前中国城市发展面临着十大挑战

中国进入城市时代面临的十大挑战：高资源消耗模式难以持续、环境生态压力日渐加大、城市经济持续动力不足、城市规划建设特色缺失、城市管理矛盾丛生、城市公共服务相对滞后、交通拥堵问题愈演愈烈、城市居民亚健康问题突出、城市社会呈现分化迹象和城市安全问题不容忽视。未来5—10年，将是中国实现由乡村型社会向城市型社会转变的关键时期，而推动农民市民化、提升城市品质、促进城乡融合共享、着力提高城镇化质量，将是实现这种社会转型的关键和核心所在。对此，应全面提高城市品质和城市化质量、促进中国城市的绿色发展和转型，提升城市规划建设、管理体制、环境质量、公共服务、社会和谐和安全，建立现代绿色产业体系，构建绿色消费模式，倡导绿色消费文明，完善绿色发展支撑、考核评价和示范体系。

三　2011年中国城市科学发展评价

从全国城市发展的总体情况来看，2011年度城市科学发展指数综合排名前10位的城市依次为：深圳、上海、北京、广州、宁波、佛山、厦门、青岛、鄂尔多斯、杭州。就综合实力来看，目前东部城市在全国城市科学发展的总体格局中依然占有领先地位，但与以往相比出现两个明显变化：一是东部城市特别是三大城市群独占鳌头（包揽前10名）的局面首次被打破；二是东北地区及西部地区城市表现突出，进入科学发展指数综合排名前50位和前100位的城市数量明显增多。

四　关于城市绿色发展的讨论

有学者认为，城市绿色发展关键要靠体制改革和制度创新，制度的再设计对城镇化起着重要作用，绿色城市的发展还需要加快技术创新；有学者建议可将城市规模和城市发展阶段及绿色发展的关系结合起来研究，并希望"绿色主题"在今后可以进一步聚焦研究；有学者指出经济、社会、环境存在一种有机协调关系，《报告》从绿色环境、绿色产业、绿色消费、绿色管理、绿色建筑等方面探讨了促进城市绿色繁荣的战略思路，体系全面且意义重大；此外，也有学者从环境健康、资源高效利用、低碳等几个方面探讨了绿色城市指数的构建。

（武占云）

【2012能源安全与低碳经济国际论坛】

2012年8月18日，由中国社会科学院数量经济与技术经济研究所发起，与美国全球安全分析研究所、中国社会科学院中国循环经济与环境评估预测研究中心、北京师范大学中国能源与战略资源研究中心共同举办的"2012能源安全与低碳经济国际论坛"在北京举行。来自国家发改委、国家能源局、国家电网、中国科学院、中国社会科学院及相关院所，以及美国全球安全分析研究所、美国卡耐基中心、巴西、以色列等有关机构的中外学者80余人参加会议。

中国社会科学院副院长李扬，国务院参事、前能源局局长徐锭明，美国能源部中国办公室主任范旭先生等12位专家学者进行了专题演讲。

李扬副院长在题为"推动绿色发展　保障能源安全"讲话中指出，能源安全是关系到世界各国人民福祉的重大课题。中国与世界各国，包括重要的能源出口国和能源进口国开展了广泛的合作，共同维护国际能源安全秩序。同时，希望推进和加强中国社会科学院和美国全球安全分析研究所在内的海外智库和政策研究机构的交流。

范旭先生代表美国能源部和主管能源外交的副部长桑德罗先生作了题为"中美能源、科技与核安全合作"的发言。美国和中国是世界上最大的能源生产国和消费国之一，双方有着共同的利益，承担着共同的责任和挑战。同时，也有自己不同的战略，和各自的优势与劣势。在能源安全上中美两国应该展开合作。

徐锭明发表主题为"中国国际能源安全政策与国际合作"的演讲，非常直率地对美国、中国能源政策的一些做法提出了批评。他的发言引起了美方官员和专家的高度重视。

一　能源安全方面

中国是一个快速发展中的国家，经济、能源都处于调整和变化之中。数量经济与技术经济研究所李平所长就中国"十二五"的经济发展前景进行了分析和展望；中国科学院范英教授、国家发改委能源所姜克隽教授对中国未来能源发展、石油等传统能源和可再生能源前景进行分析预测；卡耐基中心涂建军研究员阐述了美国政府和美国智库对中国能源安全的考虑；刘强副研究员则从经济、社会和国际视角对能源安全的深层次含义进行了分析；胡兆光教授全面介绍了中国电力安全和智能电网的发展成就和未来设想，展示了超级电网在中国的广阔发展前景。

二 发展可再生能源和低碳经济是减轻石油依赖，加强能源安全的重要措施

美国全球安全分析研究所拉夫特博士对减轻全球对石油的过度依赖提出了多方面的思考和建议，与此相对应，柯林女士提出了替代能源进行市场竞争的重要性。马卡劳先生演讲了巴西发展生物能源替代传统化石能源的成功案例；以色列使馆的雅荣女士阐述了以色列对替代能源的探索；数量经济与技术经济研究所齐建国阐述了中国通过发展循环经济以减少能源消费的努力。

（刘 强）

【《2012 中国绿色发展指数报告》发布暨绿色经济研讨会】

2012 年 8 月 19 日，“2012 中国绿色发展指数报告发布暨绿色经济研讨会”在四川省雅安市举行。本次会议由北京师范大学科学发展观与经济可持续发展研究基地、西南财经大学绿色经济与经济可持续发展研究基地、国家统计局中国经济景气监测中心和雅安市人民政府联合主办。来自联合国环境署、联合国人居署、世界自然基金会、环保部、财政部、北京大学、中国科学院、中国社会科学院等单位的专家和学者共计 400 余人参加研讨会。会上正式发布了《2012 中国绿色发展指数报告——区域比较》，公布了我国 30 个省（区、市）和 38 个大中城市的绿色发展指数，首次推出各地区的“绿色体检表”、城市绿色发展公众满意度问卷调查内容。

一 内外形势要求中国加速绿色发展

与会代表认为，近年来，世界经济发展的非均衡性和不确定性逐步积累，金融危机引发世界各国对经济发展理念、发展模式、发展道路的再思考，绿色发展乘势而生，成为当今世界的时代潮流，成为全人类的共识。以绿色发展带动经济转型，以绿色经济、低碳技术为代表的新一轮产业和科技变革正在孕育，转变经济发展方式是大势所趋。

二 绿色发展核算与中国绿色发展指数

北京师范大学、国家统计局、西南财经大学合作研究绿色发展核算和动态监测问题，其成果为《2012 中国绿色发展指数报告——区域比较》。研究结果显示东部地区绿色发展水平相对较高，西部地区绿色发展资源环境禀赋优势相对明显，中部地区绿色发展压力相对较大。

《2012 中国绿色发展指数报告——区域比较》特别制作了“绿色发展体检表”，包含了参评地区绿色发展三级指标的指标序号、指标名称、单位、指标属性、指标数值以及指标排名变化等 10 余项内容，为地方政府发展绿色经济提供了具体指标参考和决策支持。此外，报告增加了城市绿色发展公众满意度调查。报告还对全球 100 个城市的绿色发展水平进行了比较与分析。北京、上海分别位列第 75 和第 79，反映了我国城市走现代绿色发展道路依然任重道远。

会上，部分专家学者围绕绿色发展核算及中国绿色发展指数的关系问题进行了讨论并提出建议。具体有中国需要研究并探索建立一整套推动绿色发展的监测指标体系和指数测算体系，合理评估绿色发展绩效和资源环境承载潜力，科学评估经济转型实现的程度和绿色低碳发展的程度。提出传统 GDP 的缺陷之一就是不能衡量与核算那些不通过市场交易的东西，比如一个物种灭绝究竟能值多少钱，GDP 可能不关注，但绿色发展要关注。

三 绿色发展的路径

与会代表认为：（1）实现绿色发展要处理好两大问题：一是绿色与发展的关系

问题。在中国经济向绿色转型过程中，绝对不能把发展和绿色对立起来。二是通过什么机制来处理绿色与发展关系问题。单纯依靠政府，市场抑或道德伦理机制都不能解决好绿色发展的关系问题，需要多方协同。（2）实现绿色发展，要关注社会发展中的贫困问题，比如贫困、不平等现象和失业问题，实现绿色发展的一个重要前提就是可持续发展。城市可持续发展的最根本因素有两个：一个是生态环境，另一个是文化。（3）绿色发展的实现路径至少包括四个阶段：一是自然的绿色；二是经济的绿色；三是社会的绿色；四是心灵的绿色，总而言之，绿色发展要逐渐升级并不断拓展。（4）目前制约中国绿色发展的主要是体制问题，中国政府应实行绿色财政、绿色信贷、绿色金融等与绿色相关的政策措施，进一步促进绿色发展。此外，中国的绿色发展离不开广大民众的支持。

（金泓摘自《经济学动态》2012 年第 10 期）

【人口红利与社会经济发展国际研讨会】

在过去的 30 年中，中国经济高速增长，充足的劳动力供给不但提升了人力资本和高储蓄率，而且还为中国经济增长提供了人口红利。但随着人口的老龄化，劳动年龄人口增长率下降，传统意义上的人口红利正逐渐消失。与此同时，人口结构变动将对社会经济发展带来深刻的影响。人口结构因素已经成为中国经济社会发展过程中出现的一个新课题。为此，2012 年 8 月 20—21 日，由中国社会科学院主办，中国社会科学院人口与劳动经济研究所承办的“人口红利与社会经济发展国际研讨会”在北京举行。来自加拿大多伦多大学、澳大利亚国立大学、新加坡国立大学、香港中文大学、香港科技大学、意大利莫德纳大学、德国劳动研究院、日本一桥大学、日本大学、中国社会科学院、北京大学、中国人民大学、清华大学、浙江大学、中央财经大学等的国内外专家学者就中国人口红利和社会经济发展等问题进行了深入探讨和交流。会议旨在为经济学家、人口学家、社会学家搭建一个交流平台，在多学科的基础上共同评价人口红利对经济增长的贡献，多角度分析人口红利对社会经济发展的影响，以及如何应对未来人口老龄化的问题，并为中国经济发展提供指导性建议。学术会议共分为 7 个单元，通过学术讨论和交流，学者们在人口红利和经济社会发展等相关领域形成了一些“共识”，同时也提出了一些急需探讨和解决的新课题。

一　人口红利对经济增长的贡献

人口红利对中国的经济增长产生了巨大的推动作用。但事实上，中国人口转变进程要快于流行预期，基于最新的人口结构变动数据，对“十二五”和“十三五”时期的中国潜在增长率进行估计后发现，这两个时期 GDP 的年平均潜在增长率分别将降低到 7.2% 和 6.1% 。潜在增长率不应该通过人为的手段被超越，但是，潜在增长率却可以通过改变生产要素供给和生产率的改善条件得到提高。如果中国的经济增长潜力是 10% ，那么 7.8% 就是大大低于增长潜力的速度，就要采取保增长的政策确保增长潜力的发挥。但是，如果增长潜力已降到 7%—8% 的空间，那么 7.8% 的增长就进入了比较合理的区间，就没必要采用促进增长的政策手段，而只需要对宏观经济进行微调。

二　人口转变阶段的认识与判断

储蓄率的一般规律是：储蓄率将随着年龄增长出现先增加再减少的倒 U 型结构，然而中国的储蓄率是先下降再上升的 U 型结构，中国的储蓄特征与一般规律正好相反。随着成年子女数量减少，老年家庭处于养老的考虑会有更多储蓄；中年家庭由于减轻了抚养孩子的负担，储蓄也有所增加；对于年轻家庭来说，由于兄弟姐妹较少，为了照料父母年轻家庭的储蓄也会更多。结论证明了在一个简单的生命周期模型中，中国家庭储蓄决策受到了人口控制政策的影响。

三 人口老龄化的影响

当前中国人口结构和低生育水平决定中国总人口将在2028年前后达到峰值，然后转入长期人口缩减。与此相应，人口老龄化将迅猛发展，在21世纪中期达到高峰，并从此大体保持在高水平上。中国在发展初期面临快速的老龄化、严格的计划生育政策和大规模的国内劳动力流动以及尚不成熟的公共养老体系，这些因素对中国养老保障提出了严峻挑战。私人和公共财政体系对于支持老年人的消费更为显著，但是那些没有养老金且独住的老人仍然面临较大的贫困风险。

四 人力资本积累

虽然“人口红利”促进了中国经济在过去几十年中的快速发展，然而，与之相对的是中国不平等程度的恶化，即人力资本的积累与不均等。通过教育的代际流动和教育回报，研究了教育不平衡对中国整体不平衡的影响。结果表明教育的代际转移是解释中国人力资本积累异质性的重要因素。当整体教育回报率提高的时候，高等教育的回报率的提高要超过初级教育。因此人力资本的变化成为解释总体收入不平等的重要原因。根据现在人力资本的不平等，接受教育机会的不平等和高等—初等教育回报率的不平等，成为导致地区、城乡、城城和乡乡间收入不平等的主要因素。

五 中国劳动力市场

在中国劳动力市场中，制造业企业的劳动力需求产出弹性值较高，达到0.75—0.78。对低技能工人的需求工资弹性为-0.40，对高技能工人的需求工资弹性为-0.53。而且，不同类型工人之间的替代弹性为0.26。经验分析表明，企业已经对要素价格信号的变化产生反应。在未来，如果能够保持劳动力市场灵活性、确保不同类型的企业有公平的竞争环境，要素市场的变化就有可能推动中国经济实现转型和升级。中国城市正在经历低技能工人的短缺，尽管同时超过50%的劳动力仍然留在农村地区。未来劳动力市场的发展和中国经济增长路径需要部分依赖解除移民限制和城乡教育分化改革的速度。

六 经济增长与结构调整

中国经济结构调整已经开始改善。一个是贸易顺差正在迅速缩减，另一个则是重新计算下的居民消费率的复苏。而改善的主要动力来自市场机制，并非任何短期或刺激性正常的驱动。迅速减少的农村剩余劳动力，和不断提高的工资率使劳动收入占GDP比重不断回升，并进一步使居民可支配收入占GDP比重因而上升，这一因素正是消费率出现U型回升、结构改善的核心动力。中国经济已经出现再平衡的端倪。

（人口所）

【中国金融理论与实践：十年回眸论坛】

由中国社会科学院金融研究所主办的“中国金融理论与实践：十年回眸论坛”于2012年8月22日在京召开，金融研究所成立十周年庆典活动同时举行。

全国政协副主席、中国社会科学院党组书记、院长陈奎元题词“洞悉货币本能，善解金融神通；瞩目市场规矩，咨议国计民生”，祝贺金融所成立十年来在金融理论及政策研究方面的积极作为及重要贡献。

中国社会科学院党组副书记、常务副院长王伟光，中国人民银行行长周小川，中国银监会副主席周慕冰，中国保监会副主席陈文辉，中国证监会主席助理姜洋，中国人民大学校长陈雨露等莅会演讲并致贺。中国社会科学院党组成员、副院长李扬主持会议。中国社会科学院党组成员、秘书长黄浩涛出席。

王伟光副院长在致辞中指出，金融研究所走过了十年的历程，经过这十年的勤奋付出，如今人才辈出、硕果累累。十年来，金融研究所伴随我国经济发展和金融改革的崭新历史阶段，在两任领导班子的正确领导下，向“国内一流、世界知名”的办所目标不断进取，努力植根我国经济社会发展现实，充分发挥自身学科优势和人才优势，积极响应贯彻院党组的各项决策和举措，深入推进学科及研究室建设，不断扩大对外学术交流与合作，自觉服务改革开放和现代化建设，承担并完成了一大批国家级科研项目，为繁荣发展哲学社会科学事业作出了贡献。

周小川在致辞中说，十年来，中国社会科学院金融所依托中国社会科学院作为我国哲学社会科学研究的最高学术机构的强大优势，紧紧围绕我国金融业改革发展的实践需要，开展了大量卓有成效的理论和政策研究工作，在推进金融理论研究创新、促进金融理论成果转化应用、培养高端人才、推动金融业改革发展等方面发挥了积极的作用。金融所对金融业的支持和帮助表现为：金融宏观调控、金融市场发展、与金融危机相联系的金融稳定问题。我们在做很多工作的过程中，还要从实际以外考虑，很多的分析和综合的工作都需要有深刻的理论功底。这方面金融实业界都做得很不够，需要借助金融所和社会科学院提供理论基础方面的研究。

周慕冰说，十年来全球金融体系沧桑巨变，中国金融业跨越式发展，金融领域研究也取得长足进步。十年前中国社会科学院金融所脱胎于财贸所，十年后金融所人才济济，硕果累累，桃李满天下，已经成为具有国际知名度的金融学理论研究的前沿阵地、优秀人才的培养基地和政府机构决策咨询的一流智库。为我国金融理论研究、金融人才培养和金融政策的制定作出了重要贡献。

李扬在论坛上作了题为“中国金融的改革与发展：面向未来的主要议题”的主题报告。论坛由金融研究所所长王国刚主持。金融研究所党委书记兼副所长王松奇、副所长殷剑峰及全所职工以及中国社会科学院有关研究所、各职能局及国家部委、高校院所的领导及专家参加论坛和庆典活动。

论坛上，与会专家者就中国金融理论与实践的十年进行了回眸，对中国金融改革的背景、前景和方向进行了阐述，对后危机时代的金融策略与思考发表了看法。

（金　融）

【第五届湖湘三农论坛】

由湖南省新农村建设促进会联合中国社会科学院农村发展研究所、湖南省社会科学院等单位共同主办，株洲市人民政府、湖南省农村发展研究院承办的“第五届湖湘三农论坛”于 2012 年 8 月 25—26 日在湖南株洲举行，来自全国各地的党政干部、专家学者、基层工作者共 260 余人，就“农业科技与农村发展”主题进行了深入探讨。

湖南省人大常委会副主任蔡力峰主持开幕式，中共湖南省委常委、省纪委书记黄建国致开幕词，湖南省人民政府副省长徐明华出席开幕式，农业部产业政策与法规司司长张红宇、中国人民大学农业与农村发展学院院长温铁军教授、中国社会科学院农村发展研究所所长李周研究员分别作主题报告。论坛形成以下共识。

（一）农业科技是农业发展的重要源泉，当代全球农业竞争的本质是农业科技竞争。历史实践表明，农业技术的每一次飞跃，都推动了农业由低级阶段向高级阶段发展。发达国家通过“技术垄断”与

“组织集中”等制度创新加速了农业科技进步，由专利权武装起来的先进科技成果，成为他们在国际竞争中的重要工具。发展中国农业的科学技术，提高中国农业的核心竞争力，不但要增加科技投入，而且要进一步改革科技体制。

（二）农业科技创新是对资源禀赋变化和需求增长的一种动态反应。随着中国工业化、城镇化发展，农村出现劳动力外流、土地抛荒、农药化肥过度使用等问题，使得传统的农业发展方式难以为继。必须通过注入现代农业科技，促使农业结构发生变化，改变农业的收入来源，以此改变生产要素的投入结构，使生产模式、生产方式发生转变。

（三）农业科技服务是实现农业持续稳定发展的重要保障。农村科技服务体系是提高农业综合生产能力和竞争力的重要支撑。为发展农村科技，强化公益性科技推广，加快农村基层科技服务体系建设，必须以农户需求为中心，拓宽科技服务内容和渠道，密切结合产业链开展科技服务，完善农业科技特派员的选派机制等。

（四）提高农民科技素质是加快农业科技发展的关键。现代农业是科技创新驱动下的知识化农业，提高农民科技素质是发展现代农业、促进农民增收的重要途径。加快农村科技发展，重点在提高农民科技素质，关键在加强农业科技培训，让广大农民掌握现代农业科学技术，学会使用现代技术装备。

（五）农业信息化是推进农业科技发展的重要内容和有效途径。信息技术作为现代科学技术的核心技术，已成为农业现代化的重要内容和标志。目前，我国农业科技面临信息化带来的历史机遇，要以农业信息化为突破口，以信息人才、政策法规环境为依托，大力发展农业信息服务，全面推动现代信息技术在整个农业领域的渗透和应用。

（六）休闲农业是农业科技创新的重要载体。休闲农业借助现代工业技术渗透三次产业，是沟通工业技术与农业技术融合的桥梁。休闲农业的发展需要传统文化与现代科技的有机结合，休闲农业是发展现代科技的重要载体。

（陆福兴）

【全国第六届马克思主义经济学发展与创新论坛】

由中国社会科学院和清华大学联合主办，《经济研究》编辑部与清华大学政治经济学研究中心联合承办的“马克思主义经济学发展与创新国际学术研讨论会暨全国第六届马克思主义经济学发展与创新论坛”于2012年8月26—27日在清华大学隆重举行。

中国社会科学院、清华大学、中国人民大学、中央党校、南京大学、武汉大学、吉林大学、中央财经大学等高校和科研机构的70余名国内专家学者，以及美国、德国、日本的10余名海外专家学者参加了本届论坛。与会专家学者围绕“马克思主义经济学基础理论”“马克思主义经济学的中国化”“马克思主义经济学与中国经济发展”“马克思主义经济学与中国经济体制改革”“马克思主义经济学与当代资本主义”“马克思主义经济学与当代社会主义”等专题展开了深入而热烈的研讨。

一　马克思主义经济学基础理论及其应用

与会代表认为，只有从马克思主义经济学基本原理出发，才能有效地揭示与分析本次金融危机的原因和出路。才能透彻认识当前有关国家资本主义的热点讨论，认识到中国的崛起是社会主义市场经济的胜利，而非国家资本主义的兴起。

有代表运用马克思的半无产阶级化理论对当代中国农民工问题进行了研究，认为中国农民工具有四个半无产阶级化特征：

劳动的使用和劳动力再生产的空间分离；劳动力的当地再生产和异地再生产；农民工加入了经济意义上的劳动关系，但没有加入法律意义上的劳动关系；大量加入非正规部门就业，随时处在失业和返乡境地中。

还有代表认为研究马克思主义经典作家的土地与住宅思想，对于总结土地和住宅问题上的经验、教训，在社会主义市场经济条件下进一步深化土地和住宅制度改革，具有重要的现实意义。

有外国学者借用了毛泽东的一段话表明自己在引进理论和思想方面的态度，即"盲目拒绝外国的东西就像是盲目地崇拜他们。这两者都是不对的和有害的……在向国外学习时，我们必须反对保守主义和教条主义"，指出马克思是系统揭示资本主义经济体系运行机制的第一人，不久前发生的银行和债务危机，再次显示了马克思的正确性。

二 马克思主义经济学的中国化

有学者阐述了马克思主义政治经济学概论的重要原则，即必须始终坚持以马克思主义为指导，确保理论研究和教材建设的正确方向；必须立足我国改革发展的生动实践，努力运用中国话语的政治经济学理论深入总结中国经验、阐释中国实践；必须运用马克思主义基本原理，对当代资本主义经济的新变化作出辩证的、有说服力的剖析。

有学者对马克思主义经济学的中国化进行了剖析，指出中国社会主义市场经济理论是马克思主义政治经济学的中国化，而不是西方经济学的中国化或东欧一些国家的市场社会主义。

有学者从方法论的角度分析了马克思主义经济学的本质特征，强调坚持历史唯物主义基本原则是发展和创新马克思主义的关键。还有学者指出马克思主义经济学的科学性只能通过逻辑检验和经验验证来证明。创新马克思主义经济学重要的是用马克思的方法，一方面去解决马克思理论自身所包含的矛盾；另一方面去分析现实经济生活，从丰富具体的实践中抽象出一般经济范畴，用以揭示经济关系的本质。

三 马克思主义经济学与中国经济体制改革及发展

研究马克思主义经济学的目的在于指导我们的实践。学者们对以下问题阐述了各自的观点。

(1) 重新认识经济体制概念的内涵，严格区分体制与制度两个概念，这是转型经济学发展的需要。

(2) 必须从马克思的生产力、生产方式和生产关系的高度认识发展问题。发展的理论和实践必须解决所处时代的五大问题：什么叫发展、怎样发展、为谁发展、依靠谁发展、由谁来享受发展成果。必须正确处理好"做大蛋糕""分好蛋糕"和"做好蛋糕"这三者之间的辩证关系。

(3) 要高度重视社会阶层之间的财富分配问题，如果不采取强有力的措施来缓解矛盾，整个社会就会充满不安的气氛。

(4) 收入分配不平等是中国"要素驱动"型经济增长模式形成的根本原因。使得我国经济发展面临土地、能源、环境以及人才等方面的约束，使得经济增长不具有可持续性。

(5) 中国改革已经进入深水区，特殊利益集团将成为影响改革和发展的一个重要因素。必须对利益集团进行治理：合理界定政府职能；减少政府控制的经济资源；加强现代市场制度建设；构建利益集团均衡机制。

(6) 国有企业并不必然是低效率的。决定国有经济最佳比重的主要因素包括：中国制度的社会主义性质；国家的经济发展战略，即把国有企业作为促进社会经济发展的工具；把国有企业作为促进社会公平的工具；把国有企业作为稳定宏观经济的工具。总的来说，中国国有经济的比重至少不应低于法国、英国、德国等国有企业1950—1979年鼎盛时期的比重。

（7）关于民营企业的发展在轻纺工业阶段，是主力军，在重化工业阶段，逐渐边缘化；在未来，创新活动与战略性新兴产业将成为制高点，民营企业的发展、除允许市场准入外，还需要改革金融体制，需要把人才培养和知识产权制度建设放在首要位置。

有外国学者认为，中国的社会主义市场经济路线在当前不可动摇，所以直接的生产领域和流通领域，以及整个生产过程中的分配制度都需要进行改革。国家的税收机能必须通过根本性的强化，使得收入达到公平和公正。

四　马克思主义经济学与当今世界经济发展

与会代表从马克思主义经济学的角度对本轮金融危机的成因进行了探讨，一些来自日本的学者对日本资本主义发展展开了探讨，还有一些学者研究了垄断资本及区域分工等问题。

本届论坛取得以下成果：（1）进一步明确了什么叫马克思主义，如何坚持马克思主义。（2）对当前的国际金融危机产生的原因、危害、影响作了全面分析。（3）对中国改革开放中出现的问题，提出了政策建议。（4）对当代资本主义进行了较深入的探讨。

（金泓摘自《经济研究》2012年第10期）

【中国经济社会发展智库第六届高层论坛】

2012年8月28日，集体经济理论与政策——中国经济社会发展智库第6届高层论坛在京举行，论坛由中国经济社会学院发展智库理事会、中国社会科学院经济社会发展研究中心、中国经济规律研究会、河北农业大学联合主办。中国社会科学院党组副书记、副院长李慎明出席会议并致辞。出席会议的还有中组部原部长张全景，中国社会科学院特邀顾问、原副院长、学部委员刘国光，中国社会科学院马克思主义研究院院长程恩富等。

李慎明在讲话中指出，我国是社会主义国家，以公有制为主体、多种所有制共同发展是我国社会主义初级阶段的基本经济制度。社会主义集体所有制是公有制主体的重要组成部分，与国家所有制共同构成社会主义经济制度的基础。集体经济作为社会主义基本经济制度的组成部分，在我国占有重要地位。党和国家一直高度重视发展集体经济，改革开放的实践也已经证明，集体经济是公有制经济的重要组成部分，是推动我国经济社会全面、协调、持续发展的重要力量，在建设中国特色社会主义伟大事业中具有不可替代的重要作用。

李慎明认为，我们绝不能搞过去“左”的做法，动不动“一大二公”，这会极大地破坏生产力。但从总体来看，集体经济数量太少，比重过低，远远不适应社会主义现代化建设的客观要求。进一步发展集体所有制，成为加速社会主义现代化建设和劳动者共同富裕的客观迫切要求。为大力发展集体经济，巩固和完善社会主义基本经济制度，实现人民共同富裕，李慎明提出了以下政策建议：大力支持和推进集体经济改革发展；加强对集体经济的宏观管理，建立强有力的指导服务体系；制定推进集体经济改革发展的指导意见；完善和加强法制建设，为集体经济改革发展提供法律保障；尊重群众意愿，积极鼓励、支持探索发展多种形式的集体经济；在全国积极总结推广坚持和发展集体经济的典型。

会上，专家学者就集体经济的理论与政策发表了演讲，并听取了来自一线人员的经验介绍。

湖南省社会科学院院长朱有志认为，发展农村集体经济是增加农民收入、提高农民素质的需要，也是政府化解社会矛盾，促进和谐发展的需要，更是党在农村巩固社会主义阵地，提升党的凝聚力、号召力的需要。新型农村集体经济并不等同传统的集体经济，而是与社会主义市场经济相适应、与解放和发展生产力相一致、与农业现代化相匹配、与各种所有制经济相协调、与共同富裕目标相符合的经济形态，理论家要主动配合政治家积极探索与社会主义市场经济相适应、相衔接、相配套的管理体制、运行机制和实现形式。

（金泓摘自《中国社会科学报》2012 年 9 月 7 日）

【中国宏观经济高层研讨会】

2012 年 9 月 2 日，厦门大学与新华社经济参考报社在京联合举办了“中国宏观经济高层研讨会暨中国季度宏观经济模型（CQMM）2012 年秋季预测发布会”，发布了中国季度宏观经济模型（CQMM）2012 年秋季预测报告。

报告认为，2012 年下半年，由于欧元区经济持续低迷，中国的进出口增速可能再次大幅下滑，对中国经济增长产生下行压力。若当前宏观经济继续实行适度宽松货币政策，在下半年再次降息 0.25 个百分点，广义货币供应量（M2）全年保持 14% 左右的增速，并辅之以适度宽松的财政政策，则今年中国经济增速仍可维持在 8.01% 的水平，居民消费价格指数（CPI）将回落至 2.9% 的较低水平。报告认为，当前不宜启动大规模财政刺激计划，否则将可能恶化地方政府的债务负担。

此外，针对世界经济局势进一步恶化是否会导致中国经济进入螺旋式下滑轨道，CQMM 课题组进行了两项模拟分析：一是假定欧债危机发酵升级，2012 年下半年及 2013 年欧元区和美国经济进一步下滑；同时，欧元对美元进一步贬值。二是考察政府再度启动大规模投资计划的效果。报告建议，当前宏观经济政策应进行适度微调，稳住 8% 左右的增长速度，将重点转向深化体制改革与结构调整，重视挖掘国内需求尤其是居民消费需求对经济增长的拉动作用。

（金泓摘自《中国社会科学报》2012 年 9 月 7 日）

【中山大学第三届全国金融学博士生论坛】

2012 年 8 月 30 日，由中山大学研究生院主办，岭南学院承办，《世界经济》《南方经济》《证券市场导报》协办的“东莞银行杯”中山大学第三届全国金融学博士生论坛在中山大学岭南学院隆重举行。

中山大学研究生院培养处副处长汪华侨、中山大学岭南学院副院长王曦教授、中山大学岭南学院副院长陆军教授、东莞银行广州分行行长邓军强、《世界经济》编辑部副主任宋志刚、《南方经济》副主编徐现祥教授、《证券市场导报》编辑部副主任胡耀亭、厦门大学金融学教授郑振龙、香港城市大学金融学教授吴雪平、中南大学金融学教授饶育蕾，以及来自全国各大高校金融学专业的博士生近 50 人参会。

与会代表认为本论坛召开为金融学研究创立了一个交流和沟通的平台，有助于金融学博士间的学术交流，有助于推动金融学研究的发展。

岭南学院副院长陆军教授主持主题演讲环节。厦门大学金融学教授郑振龙带来题为“信用风险：机构评级 PK 市场隐含评级”的演讲，香港城市大学金融学教授吴雪平作题为“Growth Uncertainty and the Persistence of Investment and Financial Policies”的演讲，中南大学金融学教授饶育蕾的演讲题目为“Investor Attention and

Ranking List”。

来自全国各大高校的金融学博士以及专家教授围绕公司治理、国际金融、股票市场、资本市场投资、金融与经济发展、金融市场、银行研究、宏观金融、国际金融与经济发展等专题进行了专题研讨。

论坛还评选出优秀论文一等奖1篇，二等奖2篇，三等奖3篇。

（中山大学研究生院办公室）

【2012年中国经济观察与思考高层研讨会】

2012年9月3—4日，“2012年中国经济观察与思考高层研讨会”在京举行，本次会议的主题是中国经济内外部风险及应对策略，由财政部国际司与中国社会科学院世界经济与政治研究所联合主办。中国社会科学院党组成员、副院长李扬，财政部部长助理郑晓松出席会议并致辞。来自国务院发展研究中心、国家开发银行研究院、中国社会科学院、北京大学、清华大学、中国人民大学等部门、高校的专家学者与会并发表演讲。开幕式由中国社会科学院世界经济与政治研究所所长张宇燕主持。

李扬指出，从全球来看，目前及未来一段时间最大的问题是经济减速，我们必须严肃、认真面对。我们认为，全球经济减速的首要原因是由发达经济体引发的全球金融危机还在深化，至今基本上还没有看到恢复的迹象。发达经济体的高消费、高福利，财政部门的高赤字、高债务率，金融部门的高杠杆率等是导致这次危机的基本因素。毫无疑问，危机的恢复必须要清除这些基本因素，然而，从现实来看，这种格局并没有得到有效转变。另外，在这次危机的救助过程中，世界各国以及国际社会联手采取了很多措施。这些措施确实使得危机有所变形，但是却没有将之消除，反而累积了若干阻碍危机有效恢复的新因素，例如，天量的货币发行、债台高筑、社会动荡以及经济秩序崩坏等。

李扬认为，新兴经济体前几十年的高速发展得益于全球化，得益于在全球化环境中从发达经济体转移了技术尤其是应用型技术。这些技术与新兴经济体丰富的、低成本的、受过良好教育的劳动力相结合，产生了新兴经济体的发展奇迹。如今，为什么说新兴经济体总体会减速呢？有四方面因素：第一，从总体来说，这些国家低廉的、受过良好教育的人口已经基本上消耗殆尽，全世界人口开始走向短缺，尤其是受教育人口在逐渐减少，特别是对于中国这样大的经济体来说，这是很严峻的事情。第二，在制造业领域，就业的潜力已基本挖尽，从全球范围来说需要向服务业转型。然而，对于新兴经济体而言，其服务业的劳动生产率普遍低于制造业，转型就意味着社会整体的劳动生产率降低。第三，过去几十年来新兴经济体的成长主要靠投资，几十年里积累了大量资本存量，现在这些资本存量都到了需要维护、提升的时候，这就需要占用储蓄，而储蓄率却在此时开始下降了。第四，如果说我们过去靠的是引进技术，那么现在需要创新技术，但我们总体的创新能力是不足的，创新的积累非常贫乏。总之，当今世界问题重重，发达经济体有它们本身的问题，而新兴经济体亦有其自身的问题。庆幸的是，中国在面对这些问题时有回旋余地，有很多应对方案，这是我们得天独厚的地方，中国也确实是未来发展的希望，要抓住时机迈向新台阶。

郑晓松说，要正确地、全面地、辩证地看待当前国际经济形势，进一步从战略高度分析国际经济问题，进一步从长远的角度来探索中国经济的发展之路。

开幕式后，与会专家就外部宏观经济环境变化及中国的应对策略，全球竞争态势对我国经济发展造成的压力，国内稳增长、控通胀和调结构三个议题发表了观点和见解。

（金泓摘自《中国社会科学报》
2012 年 9 月 7 日）

【现代服务业与产业升级学术研讨会】

2012 年 9 月 7 日，由中国社会科学院经济学部主办、中国社会科学院财经战略研究院和辽东学院承办、上海鹏欣集团协办的“现代服务业与产业升级学术研讨会”在辽宁省丹东市召开。来自中国社会科学院的陈佳贵学部委员、李京文院士、杨圣明学部委员、汪同三学部委员、金碚学部委员、夏杰长研究员、上海交通大学经济学院陈宪执行院长、国家发展和改革委员会宏观经济研究院任旺兵研究员、辽宁大学经济学院林木西院长、东北财经大学金融学院邢天才院长等专家学者莅会并发表演讲。中共丹东市委书记戴玉林、辽宁省委宣传部常务副部长常卫国、辽东学院校长郭永新出席会议并讲话。会议围绕经济发展阶段与产业转型升级、加快发展现代服务业的意义和研究要点、工业化环境中服务业与制造业的互动、服务业发展的行业问题与区域问题等主题进行了深入讨论，来自相关政府部门、高校、企业的代表共 150 余人参加会议。

三次产业结构的变化是经济发展水平由低级向高级发展的重要表现，反映了三次产业在经济结构中主导地位的依次更替，表明了从农业经济国家向工业经济国家转变，进而向服务业经济国家转变的国情变化。与会代表认为，加快发展服务业特别是现代服务业，是摆在我们面前的一项重要任务。对此，一是要加强开展对现代服务业发展重大问题的研究，明确定义和内涵，统一认识。二是要对其重大意义继续研究，应该认识到，现代服务业是改善民生的重要内容，是国民经济增长的重要支撑，是转变经济发展方式的重要手段和实施可持续发展战略的重要保障，是加快城市化进程的重要推动力。

有代表提出要研究关于服务业的五种内外关系问题：一是服务业与农业、工业在不同历史时期的主辅关系；二是服务业与农业、工业内在的互相依存、互相渗透和互相影响的关系；三是服务业国内发展与国外发展的关系；四是服务业内部为生活服务和为生产服务的关系，即消费性服务业与生产性服务业之间的关系；五是传统服务业和现代服务业的关系。

有代表认为，必须关注产业融合、服务化、现代产业体系这样三个重要的特征性事实，并把握产业转型升级意义上的发展内涵：(1) 产业发展从来都不是“二分法”的，但是，“二分法”至今深刻影响着决策者的思维。(2) 人类的需求进化和技术创新共同决定着产业转型升级的进程。(3) 产业转型升级是农业、制造业和服务业的同时转型升级。

有代表认为，“产业结构”的真实世界首先取决于概念定义，然后取决于采用什么统计指标和统计口径。计算表明，中国服务业的真实规模和比重显然被大大低估，即真实的服务活动显著高于其统计表现。并认为工业与服务业不同的经济学性质决定了工业是经济增长的主力，服务业比重的提高，部分是真实服务活动的增加，部分是价格体系的变化。至于二者的关系：其一，工业孕育了现代服务业的发展，表现为服务业产生于工业分工和产业链分解，服务业增长是工业产品和工业技术的运用，制造文明是现代服务业效率和品质的物质和社会心理基础；其二，工业化的高级阶段必然是服务业的长足发展。

与会代表认为，发展生产性服务业是走新型工业化道路和产业升级的必由之路，其理由在于走新型工业化道路离不开生产性服务业支持；生产性服务业能够降低制造业交易成本，提升制造业的效率，提升产业和企业的创新能力；同时，生产性服务业还是提高工业产品附加值的主要途径。并提出应当以服务业集群促进制造业集群升级的路径选择。认为要促进服务业集群发展，则需要着力打造促进集群企业非主营业务外置化的环境，实现服务集群资源在更大区域内的配置和共享，并选取部分服务业集聚区进行财政投入与税收优惠支持的试点。

与会代表还就服务业发展的行业问题与区域问题等进行了探讨与交流。

（王朝阳）

【2012（北京）东亚农民合作社发展国际论坛】

由中国社会科学院农村发展研究所合作经济研究中心、中国农村合作经济管理学会、中国工合国际委员会、青岛农业大学合作社学院、日本弘前大学、东京农业大学综合研究所、日本学术振兴会北京代表处联合主办的“2012（北京）东亚农民合作社发展国际论坛”于2012年9月8—9日在北京召开。来自全国20多个省、市、自治区的高等院校、科研机构、政府机关和企事业单位以及日本、韩国的近百名代表出席了论坛。本次论坛主要讨论了东亚农民合作社发展面临的新形势、新动向和发展策略等问题。

中国社会科学院农村发展研究所副所长权兆能致开幕词，中国社会科学院学部委员张晓山出席开幕式并作了题为“中国农民合作社的发展困境和出路”的主题报告；日本东京农业大学综合研究所白石正彦教授作了题为“国际合作社年的意义及日本综合农协组织机构边关引起的功能改革”的讲演；日本山形大学金成学教授作了题为“韩国农协改革与农协共同销售体制”的讲演。

一　东亚农民合作社面临的主要困境分析

东亚地区合作社运动作为事业合作社运动的重要组成部分，各国合作社在延展产业链、促进农业适度规模经营、促进村组集体经济组织与社区合作组织重合、深化农村现代流通服务体系的改革等方面发挥了重要作用。然而，东亚合作社普遍面临不同形式、不同层面的组织设计与合作社良性发展目标相距甚远的问题。甚至在个别地区出现劣币驱逐良币的现象，严重阻碍了农民专业合作社的可持续发展。

二　对于农民合作社本质的再认识

有学者指出，仅靠营利企业与政府无法实现人类幸福的目标，了解带有非营利特征的市民参与型“合作社事业团体”具有重要意义。传统的“以农民为中心的农业合作社”日益向开发农业多方面价值、集体参与共同研究，展现出企业型、集落型、自给型等多样化组织特征；从参与的主体来看，展现出以农民为中心，非农业者参与运营的农村地域合作社发展特征。正视不公正的全球化市场经济的客观条件，提升社员内部凝聚力，从组织、事业、经营三方面不断提升合作社与不公正抗衡的能力，是东亚地区农民合作社革新的重要出发点。

三　东亚农民合作社发展的改革之路

与会代表认为，合作社存在的基础是成员的经济和社会等层面的需求在和合作社比较有效的机制保障下得以满足。合作社业务流程再造使得合作社呈现出集团化发展，有的国家以此提出尽快改革合作社的建议。还有的地区适时调整合作社组织架构，以权变思想指导合作社变革。总体来讲，在国际环境突变和经济社会转型时期，要开拓出一条具有东亚特色的合作化道路，推动东亚农民合作社可持续发展，需要加强培养造就合作社专门人才。健全组织队伍、规范农民专业合作社运行；需要政府认真履行好公共品提供者的职责；需要农民专业合作社充分了解有关政策，探索农民专业合作社的功能拓展，注重加强自身建设。

（曹　斌）

【中国社会科学论坛·中国国家资产负债表分析研讨会】

由中国社会科学院金融研究所和中国社会科学院调查与数据信息中心联合主办的“中国社会科学论坛·中国国家资产负债表分析研讨会”于2012年9月8日在北京召开。

中国社会科学院学部委员、副院长李扬作为“中国国家资产负债表分析”重大课题的主持人出席研讨会并作主题报告，他就2000—2010年中国主权资产负债表进行了分析，并据此提出了相关的政策建议。

基于国家资产负债表的理论框架，通过对现有数据进行估算，2010年中国主权资产净值，按宽口径匡算接近70万亿元人民币，按窄口径匡算在20万亿元左右。从发展趋向看，2000—2010年中国各年主权资产净额均为正值且呈上升趋势。据此，李扬认为，中国政府拥有足够的主权资产来覆盖其主权负债，在未来相当长时期内，中国发生主权债务危机的可能性极低。

李扬表示，中国主权资产负债表近期的风险点主要体现在房地产信贷与地方债务上，中长期风险则更多集中在对外资产负债表、企业债务与社保资金欠账上。这些风险大都是或有负债风险，且与过去的发展方式密切相关。此外，在负债方，各级政府以及国有企业的负债以高于私人部门的增长率扩张，凸显了政府主导经济活动的体制特征。

李扬强调，与中国相反，多数发达经济体广义政府部门的净值均经历了较大幅度的萎缩，并在较长时期内呈负值。政府职能变化、所有制结构、经济金融发展水平、人口年龄结构变化等是导致这种状况的主要因素。鉴于这些因素在短期内均难以有效扭转，发达经济体的危机将呈长期化趋势。中国经济的未来发展将长期面临恶劣的外部环境。

李扬认为，要化解我国的资产负债表风险，关键是要保持经济可持续增长和促进发展方式转型。具体建议包括：保持经济的可持续增长是化解债务风险的根本途径；逐步减少政府对经济活动的参与和干预，降低国有负债风险；重塑中央与地方财政关系、创新城市化融资机制；切实发展资本市场，推动融资结构从债务性融资为主向股权性融资为主转变，以降低全社会的杠杆率，缓解企业的资本结构错配风险；调整收入分配格局，深化国有经济布局的战略性调整，应对社保基金缺口风险。

中国社会科学院金融研究所所长王国刚、副所长殷剑峰、中国社会科学院调查与数据信息中心主任何涛、国家统计局副局长许宪春、中国人民银行调查统计司副司长阮健弘、中国银行首席经济学家曹远征、清华大学经管学院副院长白重恩、国民经济研究所所长樊纲、西南财经大学经济学院院长甘犁、中国人民大学统计学院院长赵彦云、国际货币基金组织驻华首席代表李一衡、世界银行高级金融专家王君等参加会议，并围绕国家资产负债表的制定等有关问题展开了探讨。

（金　融）

【《中国国际地位报告》十周年理论研讨会】

由上海社会科学院世界经济研究所和国际关系研究所联合主办的“世界格局的变化与中国的国际地位暨《中国国际地位报告》十周年”理论研讨会于2012年9月11日在上海召开。中央外办程广中局长，上海社会科学院党委书记、原上海市宣传部副部长潘世伟等出席了开幕式并致辞。中国社会科学院世界经济与政治研究所所长张宇燕研究员、复旦大学世界经济研究所所长华民教授、武汉大学经济与管理学院院长陈继勇教授、同济大学政治与国际关系学院院长夏立平教授、上海社会科学院副院长黄仁伟研究员、上海社会科学院世界经济研究所所长张幼文研究员、上海国际问题研究院副院长杨剑等20多位知名专家学者参会并作主题演讲。

会议围绕着近十年世界格局的重大变化与中国国际地位的提升两个主题，从世界经济与国际关系两方面，进行了深入细致的分析与讨论。与会专家认为，当今世界正处于大变动大调整时期，中国与世界的关系近十年来也发生了历史性的变化；中国的国际地位明显上升，从经济实力到政治、军事、科技、软实力等都有显著增长；中国坚持“和平发展道路”，积极参与国际事务，在全球性问题的解决上贡献突出。与会专家也指出，未来十年，国际政治经济体系将发生进一步的转型；美国霸权将有所弱化，新的大国崛起正逢时机；全球治理体系将需要更多力量的参与和制衡；新兴国家崭露头角，结盟与区域合作成为趋势，将形成更复杂的力量格局；中国作为负责任的大国被寄予更高的期望，也将承受更多的压力。

本次会议也是纪念《中国国际地位报告》出版十周年的专题理论研讨会。这一系列丛书由上海社会科学院世界经济研究所与国际关系研究所主编，从2003年开始，第一本由远东出版社出版，第二本起由人民出版社每年出版一本，迄今已经十年，总计出版十本。每一年度的《中国国际地位报告》秉承科学、客观的宗旨，系统梳理当年度世界经济与政治的最新变化与动向，聚焦彰显或反映中国国际地位提升的热点事件，分析与研究世界格局的变动趋势与中国在世界舞台上的角色与作用。各年度的主题包括“中国效应”“和谐世界”“中国责任”“三十而立”“甲子兴邦”“全球治理”和“和平发展”等，其总结性和前瞻性得到了此次与会专家的一致肯定。这十本凝结数十名中青年学者心血、贯穿不懈追踪与深度透析努力的丛书，已经成为研究中国模式与世界发展道路的重要素材，在学界和业界广受好评。

（王中美）

【中国经济运行与政策国际论坛】

2012年9月12日，由中国社会科学院财经战略研究院（以下简称“财经院”）与香港特别行政区政府中央政策组主办，香港利丰研究中心协办的“中国经济运行与政策国际论坛”在香港添马舰政府总部召开。中国社会科学院常务副院长王伟光学部委员和香港特别行政区政府财政司司长曾俊华先生为论坛致开幕词。财经院院长高培勇学部委员和冯氏集团主席冯国经博士发表了主题演讲。来自内地、香港地区和国外的10位演讲嘉宾分别围绕“扩大内需与中国流通改革”“对外开放与区域合作”及“结构调整与体制改革”3个议题作了精彩演讲，并与参会者进行了热烈交流。论坛由香港特别行政区政府中央政策组首席顾问邵善波先生和高培勇学部委员致闭幕词。会议期间，高培勇院长还代表财经院与韩国仁荷大学郑仁教院长签署了合作协议。

此次国际论坛是财经院成立以来首次举办的高层次、高水平的国际会议。通过此次论坛，增进了与香港特别行政区政府之间的联系，进一步深化了与香港利丰研究中心业已存在的良好合作关系。在三方的共同努力和齐心配合下，此次论坛不仅实现了预期的目标，而且还为今后的合作积累了宝贵的经验。总体上，此次论坛具有规格高、领域广、规模大、视野阔和影响深等突出特点。

第一，规格高。香港特别行政区政府作为此次国际论坛的主办方之一，高度重视此次论坛的准备工作以及与财经院的合作机会，同时，中国社会科学院也给予了全力支持，常务副院长王伟光学部委员亲自带队参会，并致开幕词。香港利丰研究中心作为财经院的长期合作伙伴，为此次论坛的顺利召开作了巨大努力。

第二，领域广。此次论坛为了全面深刻地研讨中国经济运行与政策，邀请了各财经领域的顶尖学者或专家，为此次论坛提供了充实而深刻的见解。

第三，规模大。一方面，参加会议的人员包括来自内地、香港地区和国外的相关人士；另一方面，参会人员的结构丰富，涵盖众多专业领域，包括了专家学者、政府机构人员、企业家、金融机构人员、外国驻港机构人员，以及来自大学、智库、商界及外国和香港商会的其他人士等。

第四，视野阔。此次国际论坛主题的确定及专题板块的设计，结合了中国内地、香港及全球经济发展的形势与需要，抓住了中国经济发展改革中的关键问题，既立足于中国国情，又放眼全球发展，将中国的经济运行与政策同香港地区和全球的经济发展紧密结合起来，体现了中国在全球经济危机影响仍在持续背景下的担当与责任。

第五，影响深。此次国际论坛的演讲受到了参会人员的热烈呼应，与演讲嘉宾进行互动交流，取得了极大反响和良好效果。同时，本次论坛也吸引了内地、香港地区和国外媒体的重点关注，特别是论坛上提出的重要观点，立刻成为解读中国经济形势和走向的重要政策信号。此次会议对于正确引导社会对中国经济前景的研判和预测，提升财经院的高端智库形象，均发挥了重要作用。

（金泓摘自《财贸经济》2012 年第 10 期）

【2012 **中国经济论坛**——城市转型与绿色发展】

由中国社会科学院经济学部主办，中国社会科学院城市发展与环境研究所和北京市社会科学院联合承办的“2012 中国经济论坛”于 2012 年 9 月 14 日在北京长富宫酒店召开。李京文、张卓元、周叔莲、田雪原、杨圣明、陈佳贵、刘树成、吕政等一批著名经济学家，以及来自国家有关部委的领导、国内外专家学者及媒体界人士 150 余人参加了本次论坛。本次论坛选择“城市转型与绿色发展”作为主题，既顺应了中国经济发展的现实需求，也将对深化中国城市转型发展的理论研究具有重要的推动作用。

中国社会科学院经济学部主任陈佳贵、中国社会科学院副院长武寅、北京市社会科学院院长谭维克出席了开幕式，并代表会议主办和承办单位致欢迎辞。中国社会科学院经济学部副主任刘树成宣布了“城市转型与绿色发展”征文活动的优秀论文和优秀提名论文的作者名单，并为获奖者颁奖。中国社会科学院经济学部副主任吕政、国家发展和改革委员会城市与小城镇改革发展中心主任李铁、国家发展和改革委员会国土开发与地区经济研究所所长肖金成、广州市政府副秘书长危伟汉、世界自然基金会全球政策顾问 Dennis Pamlin、中国社会科学院城市发展与环境研究所副所长魏后凯分别作了主题演讲。在分论坛中，经济学界和城市领域的多位专家围绕“城市转型战略”“城市群与城乡统筹”“低碳绿色发展”“新型城市化”“首都经济圈建设”“大城市治理”等议题作了精彩发言，并展开热烈讨论。

一　关于城市转型战略

城市转型战略是本次论坛学者讨论的重点问题之一。学者们一方面从宏观角度出发，分析和论述中国的城市化与城市转型战略。强调“低碳、生态、绿色”是城市转型发展的战略选择，需要在现代化的框架下来理解城市化，促进城乡一体化发展，推进城乡之间生产要素的有序流动。另一方面从特定的城市出发，研究当地城市转型发展存在的问题并提出解决方案。例如，北京首先需要加强城市功能的均衡化疏解、基本公共服务均等化建设和产业转型政策引导。

二　关于城市群与城乡统筹

从全国范围来看，主体功能区规划有助于促进中国城市群的发展，构建中国城市群的空间结构新体系，即重点建设5个国家级的城市群，稳步建设9个区域性的城市群，引导培育6个西北城市群。从地方层面来看，湖南省按照两型社会建设的要求，规划和建设资源节约型、环境友好型的城市，经济社会发展速度加快，发展效益不断提升，生态环境明显改善，为其他城市提供了重要的借鉴意义。

三　关于低碳绿色发展

与会专家从环境、能源、资源等角度出发，关注低碳绿色发展。一方面，有学者采用城市经济、社会、城市设施、资源、环境等指标，对110个城市进行低碳发展综合评价。另一方面，学者认为，规划对于低碳绿色发展具有重要意义。此外，有研究认为，我国应提升社会对新能源的认可度，优化产业导向政策、税收支持政策，加大新能源技术研发力度，并且规范新能源行业的跨国并购。

四　关于新型城市化

传统城市化模式存在若干弊端，具体表现在：加速了城乡要素的非均衡转移，对农民土地增值收益的侵占日益严重，激发了社会矛盾和震荡。因此，新型城市化首先应当保持中国GDP应有的增长速度；其次将扩大内需和保护外需、稳定外需结合起来；最后，实施城市群发展战略。其中，提高城镇化质量的一个重要方面就是采取措施回收流动人口过剩的流动性，保证我国社会的稳定与和谐。

五　关于首都经济圈建设

与会专家分别从理论或其他地方发展的经验出发，为促进首都及首都经济圈的发展献言献策。北京生存资源严重短缺与人口持续扩张这一矛盾长期存在，城镇经济发展与生态环境相互作用的空间分异与演化特征明显，因此，产业结构调整必须对资源生态具有升级和优化作用。北京的发展需要构建城市区域的多中心空间结构，加快北京市与周边地区的一体规划，建立起完善的交通体系，加强资源、能源合作开发，形成区域范围内合理的基于产业价值链的空间分工。

六　关于大城市治理

与会学者分别从理论、实证等角度探讨目前中国大城市发展过程中存在的问题，特别是人口发展方面的问题，并提出相应的治理政策与措施。我国城市人口增长分解为城市数目增加和现有城市规模扩张两种途径，人口规模扩张的主要动力是第二产业，尤其是制造业。我国城市人口已经过密，过度的密集存在不经济性，具体体现在城市公交等候的时间量、乘坐火车等候的时间量、学校和医院等候的时间量等。人口规模调控可以分为市场调控与行政调控，但行政调控的成本很高。大城市的人口控制应当主要依赖产业升级。

（景　娟）

【国际城市论坛2012年年会】

2012年9月14—15日，由2012年北京CBD商务节组委会、国际城市论坛组委会主办，社会科学文献出版社、北京国际城市发展研究院、北京国际城市论坛基金会承办的“国际城市论坛2012年年会”在北京举行。此次论坛以“创新社会管理，推进科学发展”为主题，来自全国社会管理创新试点城市的代表、专家学者及部分中国前驻外大使等出席论坛。

中国社会科学院党组副书记、副院长李慎明，北京市委副秘书长王翔，北京市朝阳区委书记程连元，社会科学文献出版社社长谢寿光等出席论坛开幕式。

李慎明在致辞中说，当前，我国既面临前所未有的机遇，也面临前所未有的挑战；既处于发展的关键期，又处于改革的攻坚期；来自外部的风险也前所未有。在这个阶段，社会管理任务十分艰巨和繁重。如何深刻认识和准确把握社会管理规律，全面提高社会管理社会化、制度化与科学化水平，是一个亟待破解的重要课题。

李慎明指出，推动社会管理社会化是社会管理创新必须遵循的基本规律。社会管理社会化就是要在社会建设和管理过程中，充分调动社会各方面的力量，发挥社会各方面的积极性，关键是最广大人民群众的积极性、主动性和创造性；推动社会管理制度化是社会管理创新必须坚持的基本方向。推动社会管理制度化，就是要加强顶层的制度设计。通过顶层设计，推动社会管理和社会服务相结合，推进维护社会稳定和保障社会公正相结合，推进社会公共治理和社会体制改革相结合。加强社会管理，从根本上说，就要加快经济发展方式转变进而实现经济可持续发展，解决收入分配和财富占有差距过大问题。只有这样，我们国家才可能长治久安。推动社会管理科学化是社会管理创新必须实现的基本目标。加强社会管理创新，必须坚持以科学化为目标导向，以解决影响社会和谐稳定突出问题为突破口，以追求公共利益最大化为价值取向，维护人民群众权益，促进社会公平正义，确保社会既充满活力又和谐稳定。

论坛上，由社会科学文献出版社出版、北京国际城市发展研究院推出的最新研究成果，首部《社会管理蓝皮书——中国社会管理创新报告》正式发布。李慎明、王翔共同为首发式揭幕。

论坛还发布了“2011—2012 年度中国社会管理创新十件大事”和“2011—2012 年度中国十大最美公民”，揭晓了“2012 中国城市管理进步奖”。

论坛期间，还举办了 2012 年社会形势分析会，中国社会科学院荣誉学部委员、中国社会学会名誉会长陆学艺，国家人口计生委流动人口服务管理司副司长贺丹，中国社会科学院社会学研究所副所长陈光金，国家行政学院社会和文化教研部主任龚维斌等 4 位专家从社会阶层变迁、流动人口服务管理、社会体制改革、信息网络服务管理方面对社会管理创新进行了分析。

（金泓摘自《中国社会科学报》2012 年 9 月 28 日）

【管理学百年与中国管理学创新学术研讨会暨中国企业管理研究会 2012 年年会】

2012 年 9 月 15 日“管理学百年与中国管理学创新学术研讨会暨中国企业管理研究会 2012 年年会”于百年名校河南大学举行。本次会议由中国企业管理研究会、蒋一苇企业改革与发展学术基金、河南大学、中国社会科学院管理科学与创新发展研究中心联合主办，河南大学工商管理学院承办，河南天源环保高科股份有限公司、河南和昌地产集团公司、河南新田置业有限公司协办。来自北京大学、中国人民大学、厦门大学、同济大学、北京工业大学、中央财经大学、东北财经大学、重庆工商大学、辽宁大学、西安理工大学、江西财经大学等高等院校与中国社会科学院以及来自《经济管理》和《中国工业经济》杂志社的专家学者，来自国内外著名企业的商界人士，共计 300 余位代表参加了本次会议，会议共收到学术论文 200 余篇。

年会开幕式由中国企业管理研究会副会长、中国社会科学院工业经济研究所副所长黄速建主持。河南大学校长娄源功、开封市委书记祁金立致欢迎辞。全国人大常委、中国社会科学院经济学部主任、中国企业管理研究会会长陈佳贵作了“把握世界发展趋势，加快中国管理学创新”主题演讲。

与会代表就“管理百年与中国管理创新”“管理理论发展与商业模式”“公司治理与组织行为”“企业品牌与社会责任”“企业自主创新”问题进行了探讨。

还有许多学者针对企业成长、财务管理与人力资源管理、产业集群与技术创新等相关领域进行了分析与交流。

（冯海龙）

【海峡两岸财税制度与经济发展策略研讨会】

2012 年 9 月 18 日，由中国社会科学院和台湾中华经济研究院主办、中国社会科学院财经战略研究院（以下简称“财经院”）和西南财经大学承办、四川省财政协会协办的“海峡两岸财税制度与经济发展策略研讨会”在四川成都召开。中国社会科学院副院长李扬、四川省人民政府常务副省长魏宏、四川省财政厅厅长黄锦生等领导以及来自财经院、台湾中华经济研究院、西南财经大学、北京师范大学、中南财经政法大学、四川省财政厅科研所、台湾台北大学、逢甲大学等单位的 80 余名专家学者出席了研讨会。

一　两岸财税制度与财经领域重大问题研究

财经院院长高培勇教授以“亟待加强对财税领域重大问题的研究”为题作主题报告。他重点阐释了中国大陆财税制度在党的十八大以后所可能具备的改革空间和改革趋势，并对未来一个时期财税领域的改革焦点问题展开深入剖析。

台湾中华经济研究院梁启源董事长以“节能减排与台湾能源税政策”为题，就台湾当局对于节能减排的相关问题展开讨论，采用动态一般均衡模型分析了不同的政策效果。

西南财经大学马骁副校长在研讨会上报告了“关于战略机遇期财政发展的断想”，他认为财政发展的核心是政府与纳税人实现“互惠”，政府与纳税人的相互关系蕴涵着公共财政建设的有关民生、民主、和谐等诸多价值取向，应当构建完备的激励约束机制以逐步解决有关问题。

二　两岸财政制度与经济发展策略比较

财经院税收研究室主任张斌副研究员以“中国大陆财政支出绩效评价：制度框架与地方实践”为题，指出行政结构、财政部门、预算部门、审计部门和消费者之间关系的变化是导致财政支出绩效评价兴起的主要原因，并从制度框架加以阐释，在此基础上提出了推进财政支出绩效评价的建议。台湾中华经济研究院大陆经济研究所副所长刘柏定报告了关于“中国大陆分税制后财政转移支付及其决定因素探讨”的研究成果。财经院财政研究室副主任汪德华副研究员报告了“中国政府储蓄率：新的测算及政策含义”的研究成果，他利用资金流量表测算了中国政府储蓄规模从 1998 年到 2008 年间的变化，并通过与发达国家的多维度比较，详细分析了中国政府储蓄率偏高的真实原因。此外，台湾中华经济研究院大陆经济研究所吴明泽还对两岸土地制度与农业资金转移到工业部门中的进程的异同点展开了详细分析。

三　两岸税收制度与经济发展策略比较

台湾台北大学财政学系主任杨子菡教授以 2011 年台湾《特种货物及劳务税条例》在“立法院”的快速通过为例，专门分析了奢侈品课税问题。她认为，奢侈品课税有利于调节税负平衡、减少民众对于新税的抵触，不利之处是对不同消费者实施价格歧视和增大经济景气波动。财经院财政研究室主任杨志勇研究员探讨了“中国大陆减税规模与政策选择”问题。台湾逢甲大学两岸税务研究中心主任谢耀智教授利用灰色预测模型，对大陆新企业所得税的实施对内外资企业有效税率的影响进行了实证分析。

台湾中华经济研究院台湾经济研究所副所长王素弯则从增加就业、出口、促进企业家精神、增加政府和居民收入方面，专门探讨了台湾中小企业对于经济增长的贡献和未来的发展方向等问题。

（范建鏋）

【第三届中澳学术论坛】

由中国社会科学院主办，中国社会科学院国际合作局和城市发展与环境研究所承办的“第三届中澳学术论坛”于2012年9月18—19日在京召开。来自澳方三所大学的8位代表和中方的13位专家出席了会议。双方代表就“可持续的环境政策与全球治理”这一主题进行了精彩的演讲与交流。

本次论坛的开幕式由中国社会科学院国际合作局副局长周云帆主持，国际合作局局长王镭、澳方代表富林德斯大学副教授Pi-Shen Seet和城环所所长潘家华分别致辞。与会专家学者就环境政策和全球治理等问题开展了深入讨论和交流。

一　关于环境哲学理论问题的探讨

潘家华研究员发表了“从工业文明到生态文明转型再思考”的主题演讲，提出以资本积累为核心的增长方式导致了经济的不可持续发展，因此急需转变发展模式，更加关注人和自然。中国社会科学院城环所刘哲博士指出过去的城市化模式属于“不完全”城市化，未来的政策制定需要更加关注人类发展，关注城市的可持续性和宜居性。富林德斯大学Jeffrey Gil博士探讨了文化背景对环境治理的影响，指出儒家“以人为本”思想可以增强中国的环境治理。

二　未来发展情景和模式探讨

阿德莱德大学Roger博士指出未来碳排放的预测可以为环境治理提供十分重要的支撑，并详细比较了各个机构对中国2050年碳排放的预测情况。富林德斯大学Udoy教授则分析了人口增长对绿色经济发展的影响。

三　绿色发展

张莹博士从能源供给、交通和森林部门三个方面展望了2020年中国绿色经济发展情况及绿色就业情况。禹湘博士对我国的绿色经济发展融资战略进行了详细阐述。

四　环境治理机制

中国环保部环境保护对外合作中心崔玉清博士详细回顾了在环境问题上国际合作的最佳实例：蒙哥利尔协议。清华大学蔡闻佳博士介绍了全球环境治理的行业合作机制：国际温室气体减排合作中的行业信用机制。富林德斯大学McIntyre Janet教授分析了自由民主决策机制的缺陷，进一步引进和扩展了福利概念。中国全球环境基金工作秘书处主任张雯全面介绍了全球环境基金的基本情况。城环所朱守先博士详细介绍了低碳城市指标体系，从经济、能源、环境、基础设施和社会各个层面对城市发展提出了创新性的衡量指标。政法大学侯佳儒副教授从法律的角度指出气候资源的国有化是不可能任务。同时南澳大学Lei YU博士以湄公河环境治理为例说明了区域合作的重要性及其挑战。富林德斯大学Hossein教授，从法律的角度探讨了近海石油和天然气的生产及其对海洋环境的影响。

五　中国的政策与行动

国家发展和改革委员会能源所高翔博士详细介绍了我国“十一五”和“十二五”时期应对气候变化的行动和成就，分析了应对气候变化面临的挑战。富林德斯大学HUI SiTu博士探讨了中国政府及其他利益相关者，对同时在中国大陆及其他股票市场上市的中国公司，在进行环境信息披露时的影响。

六　应对气候变化的理论探讨

中央编译局谢来辉博士从理论和现实两方面分析了全球碳排放交易对减排的有效性。中国社会科学院研究生院刘昌义博士详细讨论了社会贴现率对于气候变化成本收益分析的影响。城环所周亚敏博士阐述了减缓气候变化政策的协同效应。

中澳学术论坛汇聚了中国社会科学院与南澳几个大学的专家学者开展交流，两天时间共有30多位专家学者从多角度多侧面分析了全球环境问题，并提出了很多创新性观点。展望未来，中澳论坛将在促进中澳学术、文化交流中，继续发挥积极作用。

（严晓琴）

【第二届中印合作高峰学术论坛】

2012年9月24—25日，2012年中印合作高峰学术论坛在上海社科国际创新基地召开。本次会议由上海社会科学院、香港浸会大学当代中国研究所及香港中印富强基金联合主办。上海市第十届政协副主席、上海社会科学院原院长王荣华教授、印度驻沪总领事史耐恩先生、中印富强基金会主席、香港浸会大学荣誉院士李如樑先生、上海社会科学院副院长王振研究员、香港浸会大学当代中国研究所所长薛凤旋教授、印度工业联合会首席代表瑞杰先生出席了本次论坛。60余位来自中国大陆、中国香港、印度和英国的学者和经济学家参加了本次论坛。会议由上海社会科学院经济研究所所长左学金研究员主持。

21世纪以来，世界上最大变化之一是中印这两个最大的发展中国家崛起。作为邻国，中印两国都处在由传统社会经济向现代社会经济的转变当中，近年来双方经济合作也呈现快速发展势头。但中印两国在政治、社会、经济、文化等方面又存在相当大的差异，中印双方在经贸领域合作水平仍较低，中印两地学者的交流也有待进一步提高。为增进中国、中国香港和印度三方的交流，“中印富强基金会”确认在2011—2015年，分别于香港、上海、新德里、北京及孟买举办中印合作高峰学术论坛，汇聚三地学术界精英及经济学家，共同探讨中印双边及多边合作关系。

中印合作高峰学术论坛是中国、中国香港和印度学术界精英及经济学家的一次学术盛会，本次论坛是第二届中印合作高峰论坛，主题为“城市转型与发展：上海、孟买、香港的比较”。

城市化是人类发展史上古老而又新鲜的话题。19世纪以来，大规模城市化对经济社会发展与促进人的全面发展发挥了不可替代的重大作用。但现代城市的运行和扩张也面临着人口膨胀、交通拥挤、环境污染、资源紧缺、城市安全等一系列严峻的挑战。另外，当前国内外经济形势动荡起伏，亟须有新的突破口来带动世界经济复苏与发展，城市化被寄予厚望成为带动世界经济复苏的重要因素之一。

王荣华副主席在致辞中指出，中国和印度都是历史悠久的文明古国，在数千年的发展进程中，两国人民用勤劳和智慧，培育和保持了独立的民族文化。在国际经济格局中，中国和印度各自以迅速的增长和独特的模式占据重要地位，举世瞩目。当前，世界经济正面临许多亟待解决的问题。本次论坛可能作出的贡献将不仅有益于中印两国，而且能使更多的地区和人民受惠。王荣华副主席还强调，在工业革命浪潮的冲击和影响下，亚洲国家的城市发展相继跨入现代化阶段，作为发展迅速、个性鲜明的成功典型——香港、上海、孟买，均有宝贵的经验。上海处在转变发展方式的关键时期，在“公正、包容、责任、诚信”价值取向的引领下，正在切实贯彻“创新驱动，转型发展”的战略，推进智慧城市建设，应该从中获得有益的借鉴。

本次论坛共设三位主题演讲和三个分会场。上海社会科学院经济研究所所长左学金研究员、伦敦经济学院亚洲研究中心主任阿萨尔·侯赛因教授、深圳大学印度研究中心主任郁龙余教授分别作了“中国城市的现在与未来”“从比较的角度看中国和印度的城市化”“上海、孟买、香港引领转型发展的历史使命”的主题演讲。三个分会场的主题分别是“城市转型与经济发展：比较与借鉴”“城市转型中的文化因素思考”和“城市转型中的社会管理问题研究”。

（沈开艳）

【2012 西部金融论坛】

由中国社会科学院金融研究所、甘肃省政府金融办、兰州市政府联合主办的“2012 西部金融论坛”于 2012 年 9 月 27 日在兰州举行。主题为“经济转型跨越与小微金融发展”。来自中国社会科学院、中国人民银行、中国银监会、中国保监会的专家学者围绕着“金融改革创新与甘肃经济转型跨越发展、小型微型企业融资模式探索、金融服务创新与兰州新区发展”发表讲演、各抒己见。

甘肃省委常委、常务副省长刘永富和中国社会科学院学部委员、副院长李扬先后致辞。刘永富在致辞中说，对于甘肃这样一个发展中省份而言，做好金融工作，创新金融业务，对于促进甘肃经济社会又好又快发展具有十分重要的意义。尤其是当前和今后一个时期，甘肃的中心任务是建设幸福美好新甘肃，与全国同步实现全面小康，实现这一奋斗目标的重点在于推动经济转型跨越发展，增强综合实力和竞争力。集聚各方力量和智慧，深入探讨金融如何为经济转型跨越发展服务，意义重大。

李扬在致辞中指出，在国际经济大环境持续低迷的前提下，中国经济增长也在趋缓，但幅员辽阔的西部地区经济增长将异军突起，西部地区在未来 10 年左右的时间里仍将处于经济高速增长期。李扬认为，国际经济环境的低迷状态仍将继续，在这样的大背景之下，中国也难以独善其身，中国经济的增速也在趋缓，未来 5—10 年里中国国民生产总值的年均增长率将保持在 7.5%—8% 的区间内。李扬表示，2012 年以来，西部多个省区的经济增长速度明显高于东、中部地区。以地处西北的甘肃省为例，2012 年上半年甘肃省多项经济增长指标位居全国前列。他认为，这是中国经济“梯度发展结构”的一种良好表现，在中国整体经济趋缓的前提下，幅员辽阔、资源富集的西部地区将迎来快速发展的良好机遇。依据城市化等多项指标，中国社科院的一项研究认为，西部地区经济增速高于全国平均水平的态势，还会维持 10 年左右甚至更长的时间。而对于此前获批成为第五个国家级新区的兰州新区，李扬认为其在建设成为带动西北地区经济增长极的过程中机遇和挑战并存。兰州新区要创新管理体制和机制，吸引更多的企业自愿进入，要依赖高新技术，促进其内生增长。

金融研究所所长王国刚主持专家学者演讲，金融研究所副所长殷剑峰、央行研究局副局长孙天琦、中国银监会监管二部副主任张金萍、中国银监会政策法规部处长姚勇、中国证监会研究中心处长鲁公路等分别围绕“转折点上的中国经济”“金融业要进一步支持中小微型企业，促进经济转型跨越发展”“加强小微金融服务，助力经济转型跨越”“信贷政策与信贷市场”“中小企业资本市场融资”等主题进行了演讲。

甘肃省金融办主任陆代森、兰州市市长袁占亭、副市长陶军锋等出席论坛，来自甘肃省内各地州市相关部门负责人及企业界代表300余人参加了论坛。

（金　融）

【第三次工业革命的机遇和挑战研讨会】

2012年9月28日上午，为充分发挥广东省社科院及广东省社会科学研究机构战略联盟“思想库”“智囊团”的品牌作用，为省委、省政府科学决策提供理论支持和智力服务，由广东省社会科学研究机构战略联盟、南方日报社联合主办的“第三次工业革命的机遇和挑战”研讨会在广东省社科院召开。智库联盟成员代表、广东省社科院领导及专家学者、青年学术沙龙成员及媒体记者参加了本次研讨会。

本次研讨会由副院长温宪元主持，党组副书记、副院长王珺致辞。本次论坛邀请了广东省社科院原院长梁桂全研究员、浙江大学管理学院管理科学与工程学系主任刘渊教授、广东省社科院竞争力研究中心主任丁力研究员作主题演讲。梁桂全研究员的演讲主题是“第三次工业革命的制高点”，刘渊教授的演讲主题是“新一代信息技术与工业革命”，丁力研究员的演讲主题是“新一轮工业革命的挑战与应对”。

演讲结束后，与会的专家和学者进行了热烈的研讨。

（王　列）

【中国经济发展道路的历史探索国际学术研讨会】

2012年9月15日，由中国经济史学会、武汉大学、三峡大学联合主办的“中国经济发展道路的历史探索”国际学术研讨会暨中国经济史年会在武汉大学召开。出席研讨会的160余位国内外专家学者围绕经济史理论与方法、区域经济发展、财政金融经济研究等议题进行了学术交流。

与会专家强调注重整理已有的史料以及发掘新的史料，是我国经济史研究一以贯之的学术传统。厦门大学历史系主任王日根说，将经济现象还原到具体的历史场景中，透过历史观察经济现象，不仅能让人看到丰富复杂的历史内涵，也便于把握经济发展的脉络、演变及其运行规律。

中南财经政法大学经济学院教授瞿商提出，通过运用社会学、政治学等社会科学及生物学、物理学、地理学等自然科学的研究方法，经济史研究将不断走向多样化、模型化、工具化。

针对国际经济史研究与中国经济史研究互动的话题，南开大学经济学院副教授雷鸣说，德国历史学派、老制度学派对我国经济史研究影响很大，这种影响主要通过新制度学派的经济史研究体现出来。作为新制度经济学的重要研究内容，新经济史研究对历史制度的分析更趋向于内生性，侧重文化、信念、行为等方面的研究，代表着中国经济史研究的新方向。

此外，与会专家还提出全球史观的研究范式，为经济史研究注入了新的活力，使中国经济史学科成为一门国际性的学科。中国社会科学院近代史研究所副研究员赵晓阳说，全球史观突破了“欧洲中心论”的研究模式，彻底摒弃了欧洲中心史观片面强调欧洲在世界经济发展中的作用使欧洲以外的亚、非、拉国家历史被边缘化的做法，促使中国及其他后发国家一起登上世界经济发展的舞台。随着中国经济的崛起，中国经济史及中国经济在世界经济史上的地位研究，日益受到国内外学术界的重视。

基于我国当前经济发展现状，清华大学人文学院教授陈争平告诉记者，财政金融，“三农”问题（含土地制度）、各类城镇发展的历史经验、中国商人组织的现代化、中国经济发展的历史经验与国际比较、工业化与制度演变、中国历史GDP估算、农业现代化的多维发展等，成为我国当前经济史研究的前沿领域。努力开展这些前沿领域研究，将为中国经济结构调整与协调发展提供宝贵经验，并产生积极的影响。

此次年会还举行了中国经济史学会及各专业委员会的换届选举。中国社会科学院经济研究所副所长刘兰兮当选为中国经济史学会新任会长。

（金泓摘自《中国社会科学报》2012 年 9 月 21 日）

【中国经济形势分析与预测秋季座谈会】

2012 年 10 月 12 日，中国社会科学院经济学部、“中国经济形势分析与预测”课题组在京召开秋季座谈会，会上发布了《中国经济形势分析与预测——2012 年秋季报告》。中国社会科学院党组成员、副院长李扬出席发布会。发布会由中国社会科学院数量经济与技术经济研究所所长李平主持。

报告认为，受欧债危机与世界经济增速放缓影响，2012 年我国出口和工业增速显著回落。2012 年我国的经济增长速度也将比上年有明显回落。预计 2012 年我国 GDP 增长速度为 7.7%，增速比上年回落 1.6 个百分点。

一　经济运行初步显现触底企稳的迹象

受欧债危机与世界经济增速放缓影响，2012 年我国出口增速大幅回落，国内经济发展面临的困难增多。中央坚持稳中求进的总基调，积极应对，主动调整，正确处理了稳增长、调结构、管预期的关系。把稳增长放在更加重要的位置，加大了预调和微调力度，着力扩大内需，稳定内需，经济运行初步显现触底企稳的迹象。

报告预计，2012 年我国三次产业增加值将分别增长 4.3%、7.9% 和 7.9%，其中第一产业增长速度与上年持平，第二、第三产业增长速度分别比上年降低 2.4 个和 1.5 个百分点。

2012 年欧债危机不断反复，发达国家经济分化加剧，大多数新兴市场国家经济增长放缓或维持低位运行，且我国国内生产成本显著上涨。报告认为，2012 年我国外贸增长速度将大幅回落，预计 2012 年我国进口和出口增长率分别为 6.0% 和 7.9%，增速比上年分别回落 18.9 个和 12.4 个百分点。全年外贸顺差 2000 亿美元左右，比上年增加 451 亿美元。

二　国际经济环境将依然复杂多变

最新数据显示，美国 9 月失业率为 7.8%。比 8 月低 0.3 个百分点，显示出美国经济与就业状况有所改善。目前，美国已经推出第三轮量化宽松货币政策，欧洲中央银行已经推出货币直接交易。报告预测，2013 年世界经济与贸易的增长率可能略高于 2012 年，其中欧元区经济有可能摆脱衰退，实现微弱增长。尽管如此，由于这次国际金融危机主要是结构性危机，而全球性的结构调整还需要持续较长时期，因此 2013 年的国际经济发展仍具有很大的不确定性。

假如 2013 年欧元区的情况不再明显恶化、美国能够阻止“财政悬崖”问题的发生，与会专家表示，随着 2012 年中国已经出台的稳增长措施的效果逐渐显现，考虑到我国宏观调控还具有较大的回旋余地，财政与货币政策还具备较大的政策操作空间，必要时可进一步推出稳增长的政策和深化改革的措施，预计 2013 年中国经济将实现平稳温和的增长，GDP 增长率为 8.2% 左右，高于 2012 年的水平。报告还认为，尽管如此，我们对于 2013 年只是谨慎乐观，因为我们还必须对我国经济可能面临的下行风险保持警惕，必须保持足够的政策弹性和政策储备，以应对国际经济可能出现的下行风险。

三　把稳增长放在更加重要的位置

与会专家认为，在国际经济形势尚不明朗，仍存在下行风险的情况下，当前，处理好稳增长、调结构、抓改革的关键是把稳增长放在更加重要的位置。要继续实施积极的财政政策和稳健的货币政策。2013年应适当扩大赤字规模，继续把结构性减税作为实施积极财政政策的重心，加大结构性减税的力度，优化支出结构，着力扩大国内需求，调整经济结构。

报告建议，在当前国际经济低迷和出口低速增长时期，除了采取进一步的措施大力扩大消费需求之外，还要在防止过剩产能进一步扩张的前提下，把稳定投资增长作为短期稳定经济增长、防止经济增速进一步下滑的最有效、最直接的措施。在稳定投资的过程中，必须比以往更加关注投资结构的优化，防止造成不必要的浪费。

当依靠出口和投资来促进中国经济增长变得困难时，通过促进技术创新与制度创新，提高全要素生产力和长期增长潜力就成为一种长短结合的政策选择。专家建议，为此，要加强人力资本和教育的投入，改善投入结构；要加强研发投入，提高投入效率，促进技术创新。

（金泓摘自《中国社会科学报》
2012年10月19日）

【土地制度改革与农村发展研讨会】

由中国社会科学院经济学部主办，农村发展研究所承办的“土地制度改革与农村发展研讨会”于2012年10月13日在北京政协会议中心召开。院经济学部主任陈佳贵，中国社会科学院党组成员、副院长李扬，院经济学部部分学部委员，经济学部各院所领导，来自国家有关部委、科研院所和大专院校、各省市社科院的专家学者，以及农村发展研究所的研究人员共100余人参加了会议。

院经济学部主任陈佳贵主持会议。他指出，改革开放30年来，中国城乡土地制度改革取得了重大成果，但仍存在一些争议性问题：一是征地制度方面改革进展比较缓慢；二是与市场经济相适应的土地征收制度还没有完全建立起来；三是征地引发的矛盾和冲突时有发生。他指出，当前和未来一段时间，加快推进集体土地确权登记颁证、改革完善集体土地征收补偿办法、缩小集体土地征收范围、强化政府的公共管理职能是改革的重点。

李扬副院长高度评价了此次会议的重要性，指出土地问题是中国经济学的根本问题。中国当前的土地问题是在中国工业化过程中土地的资本化问题。土地资本化过程在西方发达经济体是市场在推动，是土地所有者在推动，在中国却是政府在推动，由此也带来了土地资本化过程中收益分配不公平的问题，以及农地规模大量减少的问题。但是这些问题不一定要用私有体制的办法来解决，中国需要的是一个好的、站在发展战略层面上的制度设计。

中国土地勘测规划院副院长周建春研究员对我国的征地制度“要不要改？为什么难改？如何改？”这三个问题谈了自己的看法。他指出，现在官方和民间都认为现行征地制度需要改革。改革的难度主要体现在改革的动力不足、改革的意见不统一，以及现行征地制度符合既定体制等方面。他认为，应该按照被征收土地原用途的市场价值先行改革农民能获得的征地补偿标准，然后逐步开展缩小征地范围的改革，在征地程序上应强调农民的参与，提高其谈判能力。

农村发展研究所王小映研究员重点讨论了“土地制度改革的进程”“缩小征地范围与市场开放”“公正补偿与增值归公”以及“完善征地程序”等问题。他认为改革30多年完成了土地制度改革的第一个阶段，第二阶段改革的重点是征地制度和集体建设用地制度，其核心是规范公权力，缩小征地范围，逐步放开集体建设用地市场。对于缩小征地范围的问题，他建议从城市规划圈外到城市规划圈内，从存量建设用地到增量建设用地，由一般集体建设用地到农民宅基地逐步缩小范围。他将土地增值区分为普遍性土地增值和个别性土地增值，认为只有个别性土地增值应该归公。提出土地增值归公要做到公正补偿、平等待遇，而且土地增值归公不是基于国家土地所有权，而是政府作为公共管理者对土地规划的缺陷进行弥补，是带调节土地增值收益的一种制度。他建议对农用地执行公正补偿机制，土地补偿费一定要纳入普遍性土地增值；要建立建设用地补偿机制，逐步建立一整套统一的补偿办法；要建立同地同价补偿；建立城乡统一的土地增值归公制度；开放市场的同时，要逐步建立城乡统一的补转税制，完善财产税制度，充实地方税收；此外，建议征地审批和农用地转用审批程序分离，并对政府征地引入司法裁决。

四川省社会科学院副院长郭晓鸣研究员主要介绍了成都市温江区通过将集体土地进行“两股一改”，从而使集体产权量化到个人，为土地流动奠定条件的主要做法；探讨了温江做法取得的成绩及存在的问题，认为“两股一改”在一定程度上实现了对农民的“还权”，但“赋能”还需要国家的法律保障，以及制度层面的诸多创新。

清华大学政治经济学研究中心主任蔡继明教授认为中国的土地问题非常严重。集体土地产权不明晰，集体土地所有权有名无实，而且这种所有制关系和稳定家庭承包关系相矛盾，拆迁制度让农民的土地权益受到严重伤害，也给贪腐提供了温床。更为重要的是，国家现行法律、法规之间存在内在矛盾。他指出，现行土地制度改革需要一个全面的顶层设计。主要观点是：人大常委会对《宪法》中关于“城市土地归国有”重新进行解释为：1982 年宪法公布时的城市存量土地归国家所有，此后城市建设，城市发展过程中需要增加占用农村的土地应看是否出于公共利益的需要。建议允许农村集体建设用地甚至农村农业用地在符合规划的前提下进入市场，同时建议废除《土地管理法》中“凡是列入城市规划的土地都要实行征收”，以及“任何个人和单位搞建设必须申请使用国有建设用地”的规定。此外，他还对“小产权房”“城中村改造”“增减挂钩”等问题谈了自己的看法，建议小产权房合法化；不应把农村集体土地征收为国有作为城中村改造的唯一途径，建议让农民按照统一规划自我整改；赋予农民集体之间自主地进行增减挂钩的权利。

中国人民大学陶然教授探讨了现行土地制度下作为理性人的地方政府所采取的一系列经济发展策略，指出地方政府为了通过招商引资以提高地方政府收益，在现行土地征用制度下，往往会压低工业用地的价格，放松对制造业生产厂商的环境和劳动管制，这样导致房地产市场泡沫和地方政府债务危机。为此，他建议按照区段征收的方式改革土地征用制度，停止工业用地征地，甚至将部分工业用地转为商住用地，允许农民参与商住开发土地，打破政府是商住用地唯一供给主体的局面，同时放开限购政策，政府通过抽税获得财政收入，通过市场方式解决问题。

此外，中国社会科学院金融研究所所长王国刚研究员探讨了现有土地制度给金融工作带来的一些困难。安徽省社会科学院农村经济研究所副所长谢培秀研究员介绍了安徽农地规模化流转情况。山东省社会科学院农村发展研究所所长张清津研究员介绍了滨州市未利用土地开发工作的一些探索与实践。

（卢宪英）

【第八届社科农经协作网络大会】

由中国社会科学院农村发展研究所主办的“第八届社科农经协作网络大会”于 2012 年 10 月 14 日在北京政协会议中心召

开。中国社会科学院副院长武寅出席会议并致辞。来自中国社会科学院、各省社科院从事农业与农村发展研究的专家学者50多人出席会议。会议由中国社会科学院农村发展研究所所长李周主持。会议的主题是“土地制度改革与农村发展”。

一　农地流转制度改革与现代农业

发展现代农业要求建立与之相适应的农地流转制度。针对“农地流转制度改革与现代农业”这一议题，与会专家认为：

目前我国各地农地流转主要呈现出以下特点：一是流转呈规模扩大、速度加快的趋势；二是政府支持力度明显加大；三是流转方式、流转主体日趋多样化；四是流转由零散向集中连片转变；五是流转价格稳步提高，定价方式更为灵活；六是流转规模和程度呈现地区差异；七是很多地方农地流转与土地整理项目相结合。

与会专家认为，我国现行农地流转制度及实践发挥了重要作用。一是部分解决了农民土地撂荒现象，优化配置了农地资源。二是提高了农业生产的科学化、机械化水平。三是提高了土地利用效益和产出效益。四是加快了农业结构调整步伐。五是开辟了社会工商、民营资本进入农业领域的渠道，扩大了农业投入。六是提高了农业产业化经营水平和农民组织化程度，培育了一批新型农民。七是加快了农业规模化、现代化、产业化进程，提高了农产品的市场交易效率，降低了农业市场成本。八是拓宽了农民收入来源，推动了农村劳动力转移，但也有学者对此持不同看法。九是随着土地整理、缩村让地形成了新增耕地，通过占补平衡和异地置换，为工业化、城市化腾出了可观的建设用地。

与会学者也指出了我国现行农地流转制度及各地流转实践中存在的一些问题。一是农地流转不够规范。二是农地流转价格形成机制不完善。三是政府土地流转政策执行有偏差，各种侵害农民利益的现象时有发生。四是土地流转呈现非粮化、非农化倾向。五是规模经营主体的积极性有待进一步提高。六是部分农民转出意愿不强。七是农村社会不稳定性增加，等等。

与会学者分析了农地流转各类问题的成因，并在此基础上提出了各种对策，包括：建设和完善农地流转市场，规范农地流转程序、完善农地价格形成机制；培育各类农民合作组织，提升农民维权能力，同时加强政府对农地流转的监管；坚持从实际出发提倡适度规模经营；制定农地流转的鼓励政策；健全和完善相关法律法规，为农地流转提供有效的法律保障，等等。

二　征地制度改革与农民权益保护

关于“征地制度改革与农民权益保护”这一主题，与会专家普遍认为，现行土地征用制度使农民吃了大亏。

专家列举了现有土地征用制度的缺陷：一是补偿范围窄，仅限于补偿与土地有直接联系的一部分损失；二是补偿标准严重偏低；三是没有考虑被征土地今后的增值；四是补偿没有反映农地转为非农地后的市场价值升值部分；五是由于农民不是土地的所有者，征地补偿费被层层截留的事经常发生。

在列举缺陷的基础上，与会专家也提出了完善土地征用制度、保障农民权益的建议。认为国家应适当提高农地征用的经济补偿标准，重构土地征用的利益分配比例。探索建立城乡建设用地指标直接交易制度，允许农村通过村庄整理、土地复垦将节约出来的建设指标直接上市交易，收益所得主要归出让村集体和村民所有。此外，还有学者从理论上探讨了农民的土地财产权问题。指出农民缺乏完整的土地财产权是其权益得不到保障的重要原因。为此，必须改革农村土地产权制度，赋予农民完整的土地财产权。

三　耕地保护制度改革与粮食安全

首先，与会学者分析了我国现有耕地

保护现状。指出耕地的数量和质量在很大程度上同粮食的产量息息相关；耕地数量的减少和质量的降低将会对粮食安全产生重要的负面影响。现阶段我国耕地的面积，包括总面积和人均面积正在逐年减少，而且土地质量不断下降。

其次，专家对这些问题的成因进行了分析，认为：第一，城镇化和工业化的持续推进占用了大量的耕地，而且多是高质量的耕地。第二，工业污染的增加以及水土流失、农药化肥的大量使用、不合理的灌溉方式、自然灾害等导致耕地质量下降。第三，政府对耕地的保护不到位。在耕地保护方面，地方政府和中央政府存在严重的非合作博弈。第四，退耕还林还草项目一定程度上导致现有耕地面积的减少。第五，耕地种植粮食的比较利益较低决定了土地必然会从粮食生产领域大量流失。

与会专家提出了对策建议，认为政府应高度重视和积极作为。要坚守18亿亩耕地红线的总目标，严格落实耕地保护目标责任制，严格控制征地规模，要增加对土地的投资，提高耕地质量，同时大力开垦新的耕地。建立和完善问责制，对违反土地管理法规事件的责任者进行严厉追究。此外，国家在保护耕地时也必须平衡粮食主产区和第二、第三产业发达地区的利益。在社会资源的二次分配中，应当给予产粮区更多的倾斜。要通过法律法规的健全来保护好现有的耕地资源。

（卢宪英）

【2012 **中瑞双边研讨会**】

由中国社会科学院与中瑞科技协会联合主办，数量经济与技术经济研究所、瑞士苏黎世大学联合承办的“中瑞双边研讨会”于2012年10月18—19日在北京召开，来自中瑞两国不同高等院校和研究机构的50余名专家学者出席了本次研讨会。本次研讨会的主题为：行为金融与量化风险管理：中国与欧洲政策的响应。

数量经济与技术经济研究所所长李平、瑞士驻华大使馆教育科技大使尼古拉尼奥斯·帕拉斯卡斯先生以及国际合作局周云帆副局长出席开幕式并致辞。他们首先表示了对与会专家学者们的热烈欢迎，进而强调指出，行为金融与量化风险管理方面的学术进展对于当前经济理论研究以及宏观经济政策制定具有重要的现实指导意义，希望通过中瑞双方学者广泛而深入的交流能够从学术理论、研究方法和政策建议等全方位取得显著成果，从而推进学科发展。

学者们基于不同视角、理论和方法，对相关问题进行了卓有成效的学术探讨，形成以下两个热点议题。

一　行为金融学前沿理论与方法

中瑞双方学者基于学科系统和现实意义两个层面，对行为金融学理论基础、微观特征、前沿进展、实验设计、模型检验以及政策建议等方面的问题进行了全面而细致的阐述和研讨。中国社会科学院王国成研究员以“金融市场上的真实行为”为题，对行为金融学的理论基础、发展脉络和研究现状进行了综述。苏黎世大学的托尔斯滕·亨斯教授则以教学研究为基点，论述了将文化差异纳入行为金融学研究的现实意义。瑞士圣加仑大学的恩里克·德·吉奥尔吉教授的论述集中在数学金融领域，他提出选择与期望偏好的双重表示形式。其他国内外学者也分别从行为实验设计、金融系统建模、股票市场实证研究以及金融市场政策建议等几个方面进行了相关阐述。

二　量化风险管理与资本充裕研究

在该环节的研讨中，学者们则具体围绕现实金融系统中存在的主要问题进行量化风险管理的理论与方法的系统论述。中国社会科学院樊明太研究员提出以实验校准方式量化金融行为与风险的研究思路，并概述了中国在量化风险管理方面的发展情况。苏黎世大学的沃尔特·法克斯教授则重点介绍了苏黎世大学在量化金融与量化风险管理方面先进的教学和科研经验。中国人民大学的石晓军教授和苏黎世大学的巴勃罗·科赫—梅的纳教授以中观经济为视角，分别阐述了国际企业贸易负债机制和保险业的经济偿付机制等方面的理论和现实问题。其他学者还对量化风险管理的前沿建模理论、模拟方法以及实证应用等热点问题进行了广泛交流。

通过深入的交流，学者们在行为金融学未来研究的框架体系以及中瑞双方学术机构应进一步加强合作等方面达成共识。学者们普遍认为，在目前国际金融危机后续影响持续深入的宏观经济背景下，对于量化风险管理的理论和实践提出了更高的要求，加强国际学术交流与合作，必然能够对促进世界各国共同应对危机并谋求合作发展提供建设性指导。此次研讨会提及和讨论了多个新兴学术领域的研究成果，提供了有价值的学术参考，并为相关政策的制定和实施提供了有效的建设性依据。

（万相昱）

【中国工业经济学会2012年年会】

2012年10月19—21日，由中国工业经济学会主办、中南大学商学院承办的中国工业经济学会2012年年会暨“资源、环境与工业发展”研讨会在湖南长沙召开。主题是：资源、环境与工业发展。大会共收到论文150余篇。诸多中国工业经济学界的知名学者、相关政府要员和知名企业家以及来自全国高校、科研机构和企业的200余位代表参加了会议，会议采取主题报告、专题讨论、集中评论和自由发言等方式，就资源、环境与工业可持续发展，资源开发利用与环境保护，产业结构、科技创新与资源利用效率以及产业经济理论前沿等专题展开了为期两天的讨论和交流。

中国工业经济学会会长郑新立教授以“化危为机，全力推进发展方式转变”为题作了主题报告。他认为，当前的经济工作要把稳增长放在最重要的位置，更多地运用“看得见的手”，实现经济增速的止跌回升，使国民经济回到平稳较快增长的轨道，实现产业结构在增量中的优化。他以20世纪90年代我国政府应对亚洲金融危机的一系列决策部署为依据，提出了2013年宏观调控的六点决策参考意见。

中国社会科学院工业经济研究所所长金碚研究员以“工业化时代的资源环境问题”为题作了主题报告。他剖析了工业化与资源环境的现象关系与实质关系，从界定资源和环境的含义着手驳斥了因资源环境问题而诅咒工业的观点，明确指出工业化并不会导致资源枯竭和环境恶化。

中国工程院院士、湖南省科协原主席、中国工程院能源与矿业学部副主任何继善教授作了“略谈能源效率”的主题报告。他指出，由于我国经济增速较快，一次能源的需求和对外依存度不断提高，以煤炭为主的一次能源结构存在很大的问题。他立足于湖南省的能源供求现状，提出了实施“气化湖南”的构想，即勘探和开发页岩气，缩小湖南能源需求缺口，促进湖南省“两型社会”建设和经济发展。

中国工业经济学会理事长、中国社会科学院经济学部副主任吕政研究员的主题报告是“对第三次工业革命的思考”。针对某些西方学者认为第三次工业革命正在展开的观点，他首先介绍了前两次工业革命的特征，然后以太阳能光伏产业为例说明了目前新能源的开发和利用还处在起步阶段，而以3D打印技术为代表的新型生产工艺还存在很大的局限，因此难以断定已经出现第三次工业革命，或者说第三次工业革命还处在孕育之中。此外，他还分析了美国页岩气开发利用的重大影响，并以此为依据阐述了中国页岩气资源开发的重要性。

湖南省长株潭“两型社会”建设改革试验区领导协调委员会办公室副主任、中南大学商学院名誉院长陈晓红教授的报告题目是“两型社会的理论思考与湖南省在两型改革建设中的探索和实践”。她指出，目前我国资源消耗大、利用水平低，保障形势严峻，资源供需缺口迅速扩大，环境破坏严重，因此国家作出了建设“两型社会”的重大战略决策。她向与会代表重点介绍了长株潭城市群“两型社会”建设总体战略的基本思路、建设目标、建设阶段和建设路径以及建设的相关进展，并介绍了“两型社会”第二阶段改革试验的战略重点。

与会代表还围绕“资源综合开发利用、资源安全与工业可持续发展”“产业结构、产业生态化与工业可持续发展”“规制改革、科技创新与工业可持续发展”“经济增长质量、国际产业分工及产业经济理论前沿”等问题进行了研讨。

（熊勇清　黄健柏　陈鑫铭）

【中国审计学会审计教育研究会第二届审计教授论坛】

2012 年 10 月 20—21 日，“中国审计学会审计教育研究会第二届审计教授论坛”在南京审计学院召开。来自中国社会科学院等科研院所和全国 20 余所高校的 80 余名专家教授参加了本次论坛。论坛主要围绕中国社会主义审计理论体系的构成研究、审计基础理论研究、审计应用理论研究、审计管理研究等问题展开了研讨。

一　中国特色社会主义审计理论体系构成

审计理论体系亦称审计理论结构，是人们从长期审计实践活动中概括出来、按照一定逻辑关系组合而成的用于指导审计实践的理性知识体系。与会专家主要从审计理论体系的要素及其要素之间的关系展开研讨。

南京审计学院尹平教授认为，中国特色国家审计制度必须从公有制为主体的市场经济制度的角度研究国家审计的地位、作用、目标和任务。王会金、黄溶冰等以国家审计与国家治理理论为基础，认为国家审计理论应当以国家审计基础理论作为“物理”分析，主要研究国家审计“是什么”的问题，定位于功能分析。国家审计应用理论作为“事理”分析，主要研究国家审计“做什么”的问题，定位于逻辑分析。国家审计发展理论作为“人理”分析，主要研究国家审计怎么做的问题，定位于人文分析。

中国人民大学宋常指出，国家审计理论框架应当由国家审计基础理论、国家审计应用理论和国家审计教育理论组成，国家审计基础理论指导并制约着国家审计应用理论和国家审计教育理论的发展方向和水平，国家审计应用理论和国家审计教育理论反过来又丰富并影响着国家审计基础理论的发展与完善；国家审计基础理论和国家审计应用理论为国家审计教育理论提供素材及需求，而国家审计教育理论又为国家审计基础理论和国家审计应用理论的发展提供支撑与保障。

南京审计学院郑石桥提出了国家审计的本质是建设性审计的新观点。他认为，审计是应对机会主义行为的制度设计，有批判审计和建设性审计两种定位。中国特色社会主义国家审计本质上是建设性审计，其理论架构包括审计本质、审计目标、审计主体、审计客体、审计内容、审计机制、审计环境。

二　中国特色社会主义审计基础理论

审计基础理论是研究审计本质、一般规律及基本原理，探求能揭示审计实践普遍本质和发展规律的知识体系，在审计理论体系中处于基础地位。

1. 审计与治理的关系

东北财经大学祁渊、刘明辉认为国家

审计与国家治理同根同源，都是公共权力委托代理中各方利益平衡与协调的制度安排，需协同互进。

江西财经大学饶斌认为，国家审计是一种不同于政府审计的国家“元治理”机制，在国家治理框架中国家审计的目标应界定为国家治理的“善治”审计目标，国家审计的职能体现为制度性审计治理职能与战略性审计治理职能。

2. 审计的体制改革与审计定位

兰州大学杨肃昌首次提出并界定了“立法审计”。他认为建立“立法审计”或许是创新地方人大预算监督的一种制度安排，更可能是未来完善人大制度的一个重要突破口。

南京审计学院许莉认为，作为上层建筑的国家审计组织制度应与审计环境相适应。

3. 审计职能

北京工商大学谢志华指出，国家审计应对政府各部门的财政收支的合规性和绩效性进行监督，这种监督是司法系统的监督所无法企及的。

南京审计学院王素梅认为，在审计问责过程中可以通过促进责任政府的构建、树立审计权力监督观，加强问责机制的内部沟通与外部协作来强化国家审计对公共经济权力的制约与监督。

福州大学胡继荣提出应赋予审计机关对审计结果运用的检查权、更多的公告决定权、从行政性审计逐渐向立法型审计过渡等方面进一步发挥国家审计的职能。

北京理工大学陈宋生的研究表明，政府审计有效抑制了公司盈余管理行为。

三　中国特色社会主义审计应用理论

中国特色社会主义审计应用理论涉及的问题众多，本论坛主要探讨了经济责任审计、财政审计、绩效审计、工程审计、环境审计以及在实务操作中运用的审计结果公告、技术方法等问题。

1. 经济责任审计

经济责任审计是中国独创的、最具中国特色的社会主义审计类型。

南京审计学院马志娟等以政府问责为纽带将腐败治理和经济责任审计联系起来，从完善经济责任审计问责制的视角，提出了优化审计问责的法制环境、整合审计机关与其他审计问责主体形成合力、重视审计结果的运用等治理腐败的有效途径。

广东商学院张阳构建了包括科层组织理论、委托代理理论、信号传递理论模型在内的我国经济责任审计的基础理论框架，并提出应从组织实施、质量保证、结果运用三个方面促进我国经济责任审计在新的挑战下更好地发展。

2. 财政审计和绩效审计

南京审计学院陈希晖提出我国应在提高审计机关前瞻能力、完善国家审计的法律授权、提高调查研究能力等方面促进绩效审计的有效开展。

湖北工业大学朱颐和指出，我国目前财政专项资金“有审无罚”，绩效审计发展滞后，需要实施财政专项资金内部控制制度、出台监管法规推进绩效审计的发展。

南京审计学院王晓丹认为，现行《预算法》有关预算调整过于模糊和狭隘的规定，严重损害了预算方案作为法律的权威性和严肃性，不利于财政审计对预算方案法律地位的维护。因此，有必要对现行《预算法》进行修改。

3. 工程审计和资源环境审计

南京审计学院李兆东，构建了技术、管理、政策等 3 个层面的审计评价指标。实践表明，该指标体系具有较强的操作性。

南京信息工程大学袁广达认为，上市公司环境责任的承担和我国工业化过程中的环境现状，都迫切要求中国注册会计师进行环境审计。

4. 审计结果公告、技术方法及人员胜任能力

北京工商大学赵保卿指出，国家审计结果公告具有积极效应和消极效应。政治约束理论和权变理论促成了国家审计公告制及其效应的产生与发展。因此，需要完善我国国家审计公告制，从而强化其积极效应、抑制其消极效应，达到效应最优化。

国家会计学院张庆龙总结了我国政府部门内部审计人员胜任能力框架，主要包括职业特质、职业知识、职业技能三方面内容。

四 中国特色社会主义审计管理

此次论坛主要涉及对政府审计质量管理，以及对会计师事务所发展、收费及审计质量的管理问题。

南京审计学院王旭辉、时现等通过分析研究得出结论，我国政府审计质量管理应从审计计划管理、审计组织管理、审计领导管理和审计控制管理四个方面进一步加以完善。

南京财经大学管亚梅以盈余管理为桥梁，分析了我国注册会计师对上市公司的盈余管理行为所起到的抑制作用，以及通过检验盈余管理与审计意见的相关性来检验注册会计师的执业质量是否得到提高。

中国海洋大学房巧玲基于我国证券审计市场的经验数据，考察了国际“四大”的“镀金效应”对审计收费的影响。实证结果表明：从纵向比较来看，本土会计师事务所与国际“四大”合并当年，其审计收费并未立即显著提高；从横向比较来看，本土会计师事务所与国际“四大”合并之前和合并当年，其审计收费都显著低于国际“四大”的审计收费。

（金泓摘自《经济学动态》2012 年第 12 期）

【2012 年养老保障国际学术论坛】

2012 年 10 月 20—22 日，由武汉大学社会保障研究中心、中国社会科学院《中国人口科学》杂志社主办的“2012 年养老保障国际学术论坛”在武汉举行。国内外学者齐聚一堂，围绕养老保障国际比较、养老保险体制创新与管理、全球养老保险制度改革与发展趋势等议题展开深入研讨。

中华全国总工会书记处书记李滨生指出，近年来，在党和政府以及各方的共同努力下，我国的社会保障事业取得了显著成效。当前探讨养老保障制度发展问题，交流养老保障的理论与实践问题，对于发展中国特色社会保障事业，完善保障政策，健全社会保障体系，促进和谐社会建设，具有重要现实意义。

武汉大学党委副书记骆郁廷说，2012 年底我国将实现新型农村社会养老保险和城镇居民社会养老保险制度的全覆盖。这是一个巨大的进步，但是养老保障制度的推进仍面临一些问题。而在欧债危机的背景下，各国的社会保障制度也经受着考验，全球多个国家开始寻求养老保障制度的改革。

人口老龄化给我国养老保障事业的健康发展带来了极大挑战。与会学者提出，中国劳动人口自 2013 年开始减少，官方统计数据显示，中国约在 2015 年进入深度老龄社会，但使用实际赡养比的计算方法，除去在校生及低收入、失业、提前退休等人口后的结果显示，中国在 2010 年即进入了深度老龄化社会，“民工荒”和“愁养老”的社会问题逐渐显露出来。在未来十几年里，中国将面临严峻的人口结构和老龄人口赡养负担问题。与会学者认为，应对人口老龄化的战略应从两个方面建构：首先，提高老年人的资本拥有量，提高社会购买能力；其次，提高青年的人力资本，提高社会生产能力，打造代际和谐的社会生产力。

（金泓摘自《中国社会科学报》2012 年 10 月 24 日）

【中国经济思想史第十五届年会】

中国经济思想史学会第十五届年会于2012年10月20—22日在山东省济南市召开。本届年会由山东大学承办，来自中国社会科学院、北京大学、清华大学、复旦大学、南京大学、武汉大学、中国政法大学、中央财经大学、上海财经大学、中南财经政法大学、西南财经大学、东北财经大学等全国近50所高等院校和科研机构的近100名专家学者和研究人员参加了此次年会。本届年会共收到论文64篇，其中古代部分16篇，近代部分27篇，现代部分11篇，综合类10篇，共计70余万字。与会代表围绕中国传统经济思想、中国近代经济思想、新中国的经济思想进行了专题讨论。

一　中国传统经济思想史研究的扩展充实

总体上看，中国传统经济思想史的研究主要呈现以下特点。

1. 研究内容和领域有新的扩展

一些学者尝试从新颖的视角研究传统经济思想问题，东北财经大学财税学院齐海鹏教授阐述了陆贽“以人为本”的财政、赋税思想，并对其“足食先备灾”的思想、关于财政管理和调控的思想进行了阐述和评价。河北经贸大学商学院董平均教授从燕国农业和畜牧业发展的原因，繁荣的工商业活动、四通八达的交通等方面阐释了燕都蓟城成为北方各民族经济交流中心的原因。复旦大学历史系张海英教授，站在经济思想史的角度，从“对明清时期民众趋利性社会思潮的客观性认可”“民间‘奢靡’思想观念的变化”和“方志中关于商人的记载”三方面挖掘了方志中丰富的思想史、社会学资料价值。

2. 研究方法注重中外对比

中国传统经济思想是祖先留下的丰厚遗产，通过比较研究分析中国经济思想的特殊形成原因和实践成果，对于继承和发扬中国传统经济思想具有十分重要的意义。上海财经大学博士生岳翔宇考察了公元前2世纪中国的气候变冷、农业减产与晁错“贵粟论”的关系，提出“气候变冷—粮食减产—农民受灾—政策应对不及或不全面—政策批判（重农理论）”的理论发生机制，并与17世纪法国“气候变冷—阿吉尔贝尔重农理论”作了比较，创新性地分析了气候与理论形成之间的关系，通过特殊时期情景分析，得出了天灾与政府作为、政策批判（重农理论）之间的内在关系。上海财经大学博士生张华勇通过比较中西方早期纸币准备金的不同，反映出商品经济发展水平和社会文化理念上的差异。

3. 历史与现实紧密结合，力求古为今用

本届年会收录的诸多论文更加注重发现传统经济思想的现实服务功能，将课题研究与实际经济发展问题相结合，古为今用。山东大学历史文化学院刘玉峰教授，指出古代“重粮贵粟”思想和制度对推动农业生产发展和粮食增产，维护国家统治和稳定社会秩序发挥了重要作用，并结合我国粮食供需矛盾突出的现实问题，探析了古代粮食储备、粮价调控、粮食赈济等思想和政策的现实借鉴意义。安徽财经大学经济学院张俊副教授研究了农村公共供给经济思想的政策价值、价值逆转的事实及内在根源，建议政府摒弃农村公共品供给的工具理性思维，接受农村公共品供给的价值理性，走出农村公共品供给低效的困境。

二　中国近代经济思想研究拓展不断深化

此次年会，中国近代思想史提供的论文主要以人物及其思想研究为主，同时，专题研究内容丰富、观点鲜明，研究方法上更加注重中西结合，对比分析。

1. 历史人物经济思想研究有新的拓展与深化

海南大学三亚学院中国现代经济理论研究室王毅武教授研究了孙中山的新三民主义与中国现代化建设基本理论之间的密切关系，并肯定了三民主义的现实意义。福建江夏学院刘慧宇教授梳理和评价了杨荫溥的通货膨胀思想及其相关政策主张。西南财经大学付志宇教授，对李锐在直接税体系建设方面所作的贡献进行了研究，肯定了其直接税制开创者的地位。东北财经大学经济学院于秋华教授归纳了孙中山工业化思想的基本内容和逻辑线索，评价了孙中山工业化思想的历史地位和局限性，从中反思其对中国未来工业化建设的有益启迪。中南财经政法大学博士生李俊对魏源经济思想的背景、新观点、新问题进行了概括说明，并评价了其对中国及东亚地区影响。湖州师范学院社会发展与管理学院的蔡志新、周建华对徐锡麟的农工商业论、财政论和义利观作了总结和评价。学者还对孔祥熙的注册会计师制度建设、张静江的经济建设思想进行了研究。

2. 专题性经济思想研究有进一步发展

与会学者的专题性研究有：（1）阐释了中国近代农村土地金融思想产生的经济环境、制度基础和实施绩效，并分析了土地金融思想对于土地构建的动态影响。（2）描述了民国时期不同时期的人寿保险业发展特点、人寿保险理论及人寿保险运营思想。（3）考察了近代经济思想的发展状况，证明国货运动是推动中国近代思想变迁的重要因素。（4）民国时期的地价税研究、地价税法律体系，并结合上海的地价税征收实践对当时的地价税进行了定位和评价。与会学者还对北洋政府时期的事前审计制度进行了考察；分析总结了晚清时期、南京临时政府时期和北洋政府时期纸币发行的经验教训。

3. 文献综述类研究不断加强

在本届年会中，有些学者通过对近代经济思想史进行了总体文献回顾，总结了当代中国经济思想史研究的整体特征，厘清了近代经济思想史的发展脉络，展望了其未来发展趋势。其中，值得一提的有：复旦大学经济学院叶世昌教授撰写的论文《对晚清若干经济思想史文献的辨误》，武汉大学经济与管理学院严清华教授、博士生李詹的论文《民国经济思想史研究综述——基于当代期刊论文的考察》，安徽财经大学国际经济贸易学院万红先教授的论文《民国时期经济学著作研究综述》，武汉大学经济与管理学院博士生王经纬的论文《民国时期经济学学位论文的经济思想文献评述》。

三　新中国经济思想研究理论性和现实性有所增强

中国社会科学院经济研究所钱津研究员在论文《新中国工业化思想评述》中深刻分析了新中国工业化思想和工业化腾飞现象。西南财经大学刘方健教授在论文《“以粮为纲”的思想文化渊源及其评价》中着重分析了“以粮为纲”思想产生的背景和历史局限性。内蒙古财经学院姜建华教授、教师邓强的论文《新中国产业结构研究思想演进路径分析》，中南民族大学李天华副教授的论文《恽代英在中国社会经济思想史的地位》，复旦大学经济学院孙大权副教授的论文《赶超战略与平衡发展：翁文灏与马寅初两种工业化道路的比较研究》，山东大学经济学院陈东教授的论文《浅析经济体制与政府主导理财原则的选择》，中南财经政法大学经济史研究中心瞿商教授、郭旭红博士在论文《改革共识—市场共识—转型共识》，武汉大学经济与管理学院研究生彭聪、吴传清教授的论文《20 世纪 80 年代中国区位经济学史研究》，等都有很强的现实性。

四　研究方法的创新与尝试

西北大学经济管理学院赵麦茹博士在其论文《中国经济思想史研究方法应用现状、创新及发展趋势》中认为对中国经济思想史的研究应该借鉴吸收各种合适的研究方法，并肯定了计量学、统计学方法在研究历代灾荒和赈灾思想上的实用性。

1. 中西交融

中外比较研究方法在经济思想史的研究中一直具有举足轻重的地位，并呈现欣欣向荣之势。代表性论文有：上海财经大学程霖教授、王昉副教授的论文《中国经济思想史学科的演进》，中南财经政法大学经济学院邹进文教授的《Economy、Economics 中译考——以“富国策”“理财学”“计学”“经济学”为中心的考察》和《西方金融理论的传播与晚清金融思想及制度的转型》（程霖、岳翔宇）、《西方工业经济思想在近代中国的传播》（张申）、《中西方货币思想变迁中的分流——中国传统货币思想与西方货币思想差异研究》（何业嘉）等。与此同时，一些学者对西方重要经济思想进行了总结概括，如中国政法大学商学院岳清唐博士的论文《经济增长理论中的报酬递增思想》，山东大学（威海）商学院郝延伟的论文《关于“大萧条”研究的文献梳理》，北京大学刘群艺副教授的论文 *Rethinking Land Reforms in East Asia：Egalitarian or Inegalitarian?*

2. 计量研究方法

本届年会的论文对经济思想史学的研究更加注重学科结合，方法创新，计量分析的研究方法应用。运用计量模型进行研究的有：香港科技大学社会科学学部 James kaising Kun、山东大学经济学院马驰骋博士的论文《经济冲击、儒家文化与农民起义》，郑州航空工业管理学院刘常青教授的《中国企业会计准则思想发展的原因——一个模型及其解释》，山东大学经济研究院孙圣民教授、中国人民大学农业与农村发展学院刘晓鸥博士的论文《历史计量学发展中面临的问题及对策：沟通、合作与机遇》等。

此外，本届年会出现了一些前瞻性、创新性的研究成果。聂志红的论文《中国经济思想基本元素演变的脉络与逻辑》，东北财经大学经济学院朱成全教授、博士生王智莉的论文《论经济学的研究对象——基于经济学说史和经济思想史双重视野》，北京师范大学经济管理学院赵亚明的论文《基于分工思想的经济学研究评述》。

（金泓摘自《经济学动态》
2012 年第 12 期）

【新产业革命的内涵及发展态势理论研讨会】

2012 年 10 月 23 日，上海社会科学院世界经济研究所举办“新产业革命的内涵与发展趋势”理论研讨会，本次会议邀请了产业创新和工业发展领域的学者、专家和政府官员参会。

该研讨会由上海社会科学院世界经济研究所所长张幼文主持，出席的主要专家包括：上海市经济与信息委员会技术进步处处长张英，上海图书馆前副馆长缪其浩，中国电子信息产业发展研究院（赛迪集团）研发总监张天翼博士。上海社会科学院世界经济所的黄烨菁研究员、周大鹏博士、李珮璘博士和唐杰英博士作了主题发言，与会的专家则围绕主题各抒己见，主要观点如下。

一　全球能源利用和制造方式正发生重大变化

作为新产业革命的一大支柱，新能源的发展正在改变能源利用方式，这个变化体现为能源生产与使用的新趋势。数字服务与能源使用相结合，让使用者既可以使用能源也可以生产能源，这是能源在管理方式上形成的新模式。在制造领域，智能制造也是一种新趋势，小批量、分散化制造将取代规模经济规律所指导的流水线方式的制造，成为工业革命主要特征，这将对人力资本的构成有更高的要求。

二　新一代信息技术和人工智能技术的创新活跃

在当前形势下，制造业领域正在经历的重大变革尤其需要关注。专家认为，我们对于新产业革命需要聚焦于产品制造与信息技术的融合，人工智能技术将更多地应用于制造模式的创新过程中，这个技术的应用成为个性化制造的基础。新产业革命将带来制造系统的个性化重构。这个趋势对我们在新一代信息技术和人工智能领域的创新提出了要求。

三　新产业革命“新”在何处？

新产业革命具体表现在产业结构的改变，生产方式的改变，就业方式的改变和消费方式的改变。新产业革命的提法不管作为概念也好，作为发展趋势也好，我们对它的认识需要着眼于世界经济复苏的新一轮动力，以及对中国自身产业升级和上海经济增长方式转型的影响，尤其是需要提出有关治理方面和环境方面的研究。

四　产业升级应关注先导产业

目前中国的产业升级应当注重未来影响世界经济的先导产业以及与先导产业的核心竞争力一致的传统产业升级。先导产业目前在新能源、移动互联网领域和 3D 打印领域初露端倪，而传统产业升级则体现为产业供应链优化、客户关系发展和经营模式改善等在内的综合型升级。在这方面，最典型的跨国企业就是 Zara 公司，该公司是来自传统领域的服装企业，但已经成为全球最赚钱的公司之一，其经营模式充分体现了数字服务与制造业的结合以及科学的供应链管理。

五　迎接新产业革命的思路

新产业革命的关键不是特定的几项技术，而是成熟技术的应用，迎接这次产业革命的关键在于市场，但是不局限于发达国家市场。对我国而言，应对的基本战略思路在于在产业升级中除了激励创新，还要高度重视创意。我们应该认真研究新产业革命的特征，科技革命与产业革命的关系，新科技革命发展的规律，在把握规律的基础之上，利用这个规律把我们现有的产业做得更加好，具有更好的竞争力。

（黄烨菁　周大鹏）

【中韩服务业发展模式比较与借鉴国际学术研讨会】

2012 年 10 月 26 日，由中国社会科学院财经战略研究院（以下简称“财经院”）与韩国产业研究院合作举办的“中韩服务业发展模式的比较与借鉴国际学术研讨会”在中国社会科学院财经院举行。会议由财经院副院长史丹研究员主持，韩国产业研究院河炳基副院长致开幕词。来自财经院、韩国产业研究院、国家发改委宏观经济研究院的相关专家学者以及媒体记者共 50 余人参加了此次研讨会。

史丹副院长介绍了中国服务业的发展现状和未来方向，并强调了发展服务业过程中应注意的问题。河炳基副院长在开幕词中基于中韩两国的现实情况，说明了发展服务业对两国的重要意义，并简要介绍了韩国发展服务业的做法。

财经院服务经济研究室副主任姚战琪副研究员介绍了中国服务业对外开放的三个阶段，总结了中国服务业对外开放变迁的经验，并对未来趋势进行了展望。据测算，按照折中方案，2015 年中国服务贸易将达到 7330 亿美元，到 2020 年为 14743 亿美元；到 2015 年服务外商投资将达到 1846 亿美元，到 2020 年为 3154 亿美元。未来中国服务业对外开放将进一步提高市场准入，完善服务业吸引外资政策；把握国际服务外包转移新机遇，以发展服务外包为切入点；重点发展生产性服务业，促进制造业转型升级；创新服务业制度和利用外资方式，提升外资质量。

财经院院长助理、服务经济研究主任夏杰长研究员从理论和实证两个方面探讨了服务业发展过程中政府与市场的作用边界。政府作为“有形的手”在于矫正外部失灵，比如公共性、外部性以及某些特殊服务行业比较成本递减和普遍服务；市场作为“无形的手”在于以价格机制实现资源的最优配置；政府与市场的交叉或者合作提供主要是针对混合产品，基本采取政府补助和个人付费相结合的提供方式。中国政府在服务业发展中的积极作用体现在制定规则、规划引导、政策组合、市场监管、改善环境和建设载体 6 个方面。市场化改革和市场机制对服务业作用特别显著，既要强调市场机制的基础作用，也要重视政府与市场混合提供的重要意义，还要动态把握二者的边界。

韩国产业研究院服务产业研究中心金弘锡研究员介绍了商务服务业（Business Services Indus-try）的重要性、定义和特点，韩国标准产业分类（第九次修订）规定的商务服务业范围，以及商务服务业的发展现状、面临的挑战与今后发展方向。据介绍，韩国商务服务业未来政策方向包括营造商务服务业自发性发展环境、加强商务服务业创新力量、系统培养新一代人才和促进中小商务服务业企业进军海外市场。金淑敬副研究员介绍了韩国流通行业的地位与结构变化、存在的阻碍因素与未来发展任务。目前，韩国流通行业发展的主要障碍因素包括以小规模微企业为主的产业结构、较低的劳动生产率、非效率性批发物流系统和较低的流通信息化水平、市场的饱和等。未来一段时期，流通行业发展任务包括改善批发物流系统，提高中小流通企业的竞争力；开发新型业态、促进流通企业进军海外市场，克服市场饱和状态。

韩国产业研究院服务产业研究中心朴涏秀所长介绍了韩国服务业的崛起、发展政策与存在的阻碍因素，以及新的政策推进方向。总体而言，韩国服务业发展的阻碍因素包括，经济比重较高而劳动生产率较低，研发投资远远不够，产业结构以小规模微小企业为主，非技术创新活动不够活跃，存在不同于制造业的差别性待遇。未来的政策推进方向是：（1）考虑远瞻性、战略性、市场化等因素选择培养对象行业。比如全球健身、全球培训、绿色金融、文化创意/软件、MICE/旅游等高附加值服务；旅游、运动、培训、商务服务、广播通信、文化创意、社会服务等新兴服务。（2）选择可实现目标的政策手段。产业发展要以需求为基础，推动实行新型服务时应考虑需求变化等因素；创造就业岗位时应考虑服务需求者和就业对象的倾向，进行战略性应对；通过加强对研发、非技术创新的支援等提高竞争力。（3）研究制定各行业不同的发展战略。与制造业相连的商务服务和追求公共性、公益性的社会服务所要实现的政策性目标不同，因此应把握各行业特点，实现预期政策目标。

（金泓摘自《财贸经济》
2012 年第 11 期）

【“‘十八大’后广东发展”课题经济社会形势分析座谈会】

2012 年 10 月 31 日下午，“‘十八大’后广东发展”课题经济社会形势分析座谈会在广东省社会科学院三楼学术报告厅召开。会议目的是分析、梳理和判断目前国际国内经济形势，为省委、省政府科学决策提供理论支持和智力服务。会议由省政府参事、广东省社科院原院长梁桂全研究员主持，党组副书记兼副院长王珺，副院长刘小敏、温宪元出席了会议，院内相关研究所所长及十八大后广东改革发展重大战略问题研究的部分科研人员参加了会议。

本次座谈会就国际经济长周期趋势与近期形势及中国经济现状与走势展开头脑风暴式讨论，大家围绕五个主要议题对国际、国内及省内的经济形势进行分析讨论。梁桂全主要用长波理论作为依据，分析第五个长波周期的特征，对世界经济形势进行了一些分析判断。副院长王珺就西方国家债务危机与民族、党派问题的关系发表了看法。副院长刘小敏从政治、社会以及文化三个方面分别阐述了中国及广东目前和未来发展面临的最大问题和挑战，并提出相关对策建议。宏观研究所所长刘品安由最近参加学术会议所获得的信息谈起，对价格体制改革、民营经济改革及行业社会发展发表了意见。区域与竞争力研究中心主任丁力结合对国际国内形势的判断，指出新的 30 年应该是效率和公平统一的 30 年，十八大以后经济的发展应朝着“小政府，大社会，好市场”“效率由市场解决，公平由政府主导，社会由公民自治”的方向前进。人事处处长游霭琼就国际国内的制度供给及制度设计问题展开论述，认为要继续深化改革，设计适应我国国情需求的制度。产业研究所所长向晓梅主要围绕动力机制转换，就民营企业发展、制度构建、投资与消费等问题展开分析。产业研究所所长助理邓江年主要就制度周期、要素市场改革以及广东未来发展应该关注的重点提出看法。社会科学综合开发中心主任黎友焕阐述了对国际形势的五个判断，结合经济数据对国内经济形势提出一些看法及建议。广东省发展研究数据库主任余贵波就城镇化、服务业发展的制度环境及养老、医疗改革发表了看法。

（陈梦桑）

【第五届中韩国际学术研讨会】

中国社会科学院和韩国经济·人文社会研究会主办，中国社会科学院财经战略研究院承办的第五届“中韩国际学术研讨会”于 2012 年 10 月 31 日在北京召开。本次会议涵盖了中韩经贸发展、文化交流和社会福祉的现状与展望等 3 个议题。

中国社会科学院副院长、学部委员李扬研究员和韩国经济·人文社会研究会朴振根理事长致开幕辞。中国社会科学院财经战略研究院和人口与劳动经济研究所、韩国经济·人文社会研究会未来战略研究中心、韩国开发研究院、韩国保健社会研究院、韩国文化观光研究院、韩国延世大学、汉阳大学、崇实大学的专家学者 70 多人参加了会议。

一　中韩经贸发展的现状与展望

中韩双边贸易自建交以来获得了巨大的发展，中国已经成为韩国的第一大贸易伙伴，韩国是中国的第六大贸易伙伴。地缘和经济结构决定了中韩双边贸易仍然具有较大的发展空间，长期的不平衡不利于两国贸易可持续的发展，应该在今后的自贸区安排中着力解决这一问题。早日达成中韩自贸区协议具有战略意义，有助于推动东亚的区域经济合作。东亚区域经济合作的核心是所谓的“10 + 3”模式。要实现“10 + 3”模式有两条基本路径：一条是通过三个“10 + 1”，然后进一步整合为“10 + 3”；另一条是通过中日韩自贸区，嫁接走向“10 + 3”。从现实可行性来看，前一条更有可能。目前，已有中国的“10 + 1”且运行良好，日韩与东盟也有多层面的贸易安排；而中日韩自贸区的进程因多种因素而进展缓慢。

中国利用外商直接投资活跃，是净资本输入国，韩国对外直接投资活跃，成为净资本输出国，两国在资本供求层面上有较高的契合度，未来的发展应主要依赖市场机制调整双边直接投资活动。韩国是中国利用外商直接投资的第六大来源国，韩国在华投资以制造业为主；中国对韩直接投资起步晚，规模小，发展缓慢，主要原因是双方在投资与引资目标方面的错位，中方海外投资以获取资源和技术为主，韩方引资以先进技术和优化其国内产业为主，加之韩国国内市场竞争激烈，劳动力成本较高，制造业投资空间有限，结果导致中韩两国在直接投资上的失衡。

二 中韩文化交流发展的现状与展望

外交关系的确立、经济发展的需要、重大事件的推动、隔阂的神秘感以及学界的努力是中韩两国旅游业在过去20年中快速发展的重要原因。中韩两国发展旅游合作有多种路径选择，其中包括把旅游免签安排纳入双边旅游合作的议程，开展旅游目的地的联合促销，加强旅游合作研究等。

就韩国方面来看，韩中文化交流异常活跃，逐渐达到了替代韩日文化交流的程度。韩中两国都把文化交流看作对外塑造国家形象的一个重要组成部分，通过大众文化交流的进一步加强，提高了民众层面的认知程度。

就中国方面来看，中国旅游业的发展正在面临新的动力选择。通过《全国主体功能区划》的安排，旅游业的发展从景点开发走向了国土开发与城市化动力新时代。旅游业的发展将提高国土的复合利用水平，充分显示生态管理的宏观效益，提升农民复合生存水平，最终也推动了旅游业的城市化发展。文化深化和技术革新正在日益成为旅游发展另外两个动力来源。

三 中韩社会福祉发展的现状与展望

研究东亚国家福利模式有必要比较中韩两国的福利模式。高速经济增长与外部环境的不确定性，使两国经济对外部冲击的反应都较为敏感。经济增长带来的高就业率伴随着较低的收入水平，在高速的人口老龄化进程中，使社会保障制度或福利制度对经济社会的稳定发展变得尤为重要。

中国养老保障体系具有打破原有老年收入保障格局和降低收入差别的重要作用，当前的社会养老保险改革对收入分配的调节作用还不明显，主要原因在于，改革的阶段性，地方统筹方式的区域分割，养老金待遇的地区差异等。当前的改革缺乏低收入政策和反贫困政策的配套，出现了所谓的“低收入排斥”效应，减弱了制度设计的正向再分配效应，未来的制度设计需要在收入再分配方面作较大的改进。

全民“老有所养”的战略目标，人口老龄化速度快、未富先老、农村人口以及其他非正式就业人口规模庞大，决定了中国养老保障体系未来面临着巨大的资金缺口，需要财政的支持力度相应跟进。尽管有资金缺口的问题，也不应该影响养老保障体系的全覆盖之路，可以通过适时推进退休年龄的延迟，加强对养老保障财务状况的长期预测，充实养老保障储备基金，以及其他一些拓展税基的筹资方式来解决这一资金缺口问题。

（冯　雷）

【第六届中华发展经济学年会】

2012年11月2—3日，中华外国经济学说研究会发展经济学分会主办，武汉大学经济发展研究中心、南京大学经济学院联合承办的第六届中华发展经济学年会在南京大学召开，会上同时举行了第二届谭崇台发展经济学奖学金的颁奖仪式。

一 发展经济学理论创新与中国新阶段的经济发展方式转变

在中国经济发展的新阶段，应当创新传统的发展经济学理论，来解释新时期的中国经济发展。这是本次会议学者们达成的一个基本共识。南京大学洪银兴教授就此提出了五个主要观点：（1）建设中国特色的社会主义发展经济学，要体现两个指导思想：一是体现科学发展观的思想；二是体现中国是世界第二大经济体这一基本特征，新阶段中国的发展经济学应重点关注如何追赶发达国家实现现代化的问题。

（2）中国经济发展的目标应转向“以人为本和公平性增长”。（3）中国经济发展的路径应建立在科技进步与创新的基础上，以后的发展要将无形的创新要素作为推动增长的主要要素。（4）扩大内需是中国今后一个时期新的经济增长引擎。（5）中国经济发展的进程主要是全面实现小康和基本实现现代化；现代工化的三个实质性内容是转变经济发展方式、公平性增长和人的现代化。

武汉大学郭熙保教授对于新时期发展经济学研究的内容和边界作出了界定：（1）中等收入国家经济如何发展的理论是现阶段发展经济学研究的重点。（2）落后国家、落后地区如何发展是发展经济学研究的重点。（3）经济增长和收入分配之间的关系是发展经济学研究的范畴，但单独的收入分配问题不是。贫困陷阱属于发展经济学研究的范畴，但微观贫困问题不是，“扶贫开发”不是发展经济学研究的重点。

南京大学沈坤荣教授强调三点：（1）发展经济学理论与政策要关注如何弥补发展模式破、立之间的差距。（2）学科建设与发展的成就，要在教科书普及、课程建设等方面有所体现。（3）要用国际通用的研究方法和国际视野来解读分析中国问题。

中山大学陈广汉教授强调转变发展方式的重要性，中国当前过度依赖国际市场的粗放式发展方式难以为继。

二　收入差距、收入分配与经济发展

收入差距、收入分配对经济发展的影响是本次会议讨论的第二个热点。北京师范大学李实教授强调，要通过收入分配政策来支撑中国今后的包容性发展模式：（1）判断中国目前的发展模式是否属于包容性发展模式，取决于对包容性发展标准的理解。从收入差距的角度来看，中国离包容性发展模式还有很大差距；但从减贫的角度来看，它与包容性发展模式相差不大。（2）收入分配政策对于减少收入差距、缓解贫困，促进经济增长的效果是多向的，促进包容性发展的收入分配政策应当与经济增长和就业增加具有兼容性，有助于实现机会平等和社会公平，为全社会成员特别是弱势群体提供基本的社会保障。（3）包容性发展模式可分为三种，即低绝对标准、高绝对标准和相对标准的包容性发展模式。一国应实行何种模式，很大程度上取决于其初始收入差距状况。（4）从包容性发展角度评价中国的收入分配政策。（5）中国经济和社会发展要向包容性发展模式转变，要通过收入分配政策改革来促进这种转变。收入分配政策的改革方向是：把实现充分就业作为最重要的收入分配政策；税收需要逐步减少间接税增加直接税，将分项税改为综合税；加大对各类弱势人群的政府转移支付；促进社会保障制度的全覆盖和公共服务均等化；惠农政策还要持续一段时间；对贫困地区和贫困人群给予更多补偿。

北京邮电大学荼洪旺教授通过比较研究美、日、韩三国政府在缩小城乡收入差距时的主要做法，指出降低收入差距任何时候都需要依靠政府的力量，政府行为方式选择及其效果对于缩小城乡收入差距至关重要。

另一些学者从微观层面考察了收入差异的原因。如社会资本对农户收入的门槛效应；社会网络资本投资的增加可以在一定范围内增进采用新技术等高收益活动的收益；人力资本、工作单位、城市等禀赋效应和市场分割效应的影响。

三　工业积累、农业补贴与经济发展

其基本观点包括：（1）中国经济发展和工业化一直采用“赶超战略”主要是靠对内积累而实现的。一靠储户，二靠农户，三靠散户，四靠“外来户”，五靠“购房户”。（2）提倡模仿创新而非创新驱动。（3）中国政府十分强势，市场难以起到真正的调节作用。（4）中国消费比例很低而投资比例很高，这与对房地产的过度依赖有关。(5) 房地产投资对中国经济十分重要，这是因为在中国经济结构调整中，经济增长需要保持一定的速度。(6) 要提高中国内需。

武汉大学马颖教授认为，三农问题是当前中国面临的很重要的问题，中国不应让农民成为消失的阶层，应当将其吸收到中国的现代化过程之中。华中科技大学钟春平教授等认为农业补贴提高了要素投入、单位产量和农户的福利水平，但对农业生产技术效率的提升没有显著影响。

四　能源、环境与可持续发展

中国经济发展面临资源、环境约束。绿色能源能改善环境、降低污染，化石能源会排放二氧化碳，带来污染，因此为了保护环境实现可持续发展，各国政府对化石能源的使用课证污染税。台湾逢甲大学胡士文教授分析了这种能源政策变动对经济增长的影响。华中科技大学宋德勇教授考察了城市产业集聚对城市环境的影响。

逢甲大学王葳教授从理论上探讨了能源部门宣布实施私有化政策对经济体系的影响。陕西师大王琴梅教授认为，当前我国能源强度很高，面临能源消费与环境保护和可持续发展的矛盾，其背后的重要原因在于能源消费结构的不合理。

(金泓摘自《经济学动态》2012 年第 12 期)

【第六届中国政治经济学年会】

2012 年 11 月 3—4 日，第六届中国政治经济学年会（CAPE）在复旦大学隆重召开。年会由中国人民大学经济学院、西北大学经济管理学院、上海财经大学经济学院、南开大学经济学院、四川大学经济学院、北京师范大学经济学院、中国社会科学院马克思主义研究院原理部、复旦大学经济学院等理事单位共同主办，复旦大学经济学院承办。年会围绕政治经济学理论与中国实践进行了广泛而深入的研讨，并形成了许多有价值的观点。

一　中国经济改革发展的理论需要有新的突破

1. 关于中国的发展道路

陈平认为，中国经济理论界必须有自己的检讨阐述发展经验和解释发展规律的理论主张，知己知彼，才能百战不殆。作为中国的经济学者，应该在马克思政治经济学、毛泽东战略思想、邓小平理论的指导下，走出“启蒙运动”的“西方中心论”的阴影，将中国文化与西方科技完美结合，走出自主开放、独立创新的中国独特的发展道路。

张晖明、孙懿认为中国高速发展的现实导致国际秩序重构，而欧美与中国的利益在这些过程中是不一致的，这种现实的突破性因素以及潜在的利益冲突构成了“中国经济学”形成的必要条件。进一步分析，“社会经济学”与“物质经济学”分离、“规律性理论”与“工具性理论”分离可能成为中国经济学范式革新的趋势。

2. 关于跨越“中等收入陷阱”

中国人民大学陶然教授认为，当前中国的实体经济增长缺乏后劲，如果在推行金融市场改革方面操之过急，可能引发金融系统的系统性风险，因此，需要通过改革使得政府只负责税收和提供公共服务，让市场机制充分发挥调节作用。否则中国很有可能跌入“中等收入陷阱”，中国经济发展甚至也将没有下半场。

究竟如何理解“中等收入陷阱”这一概念范畴，耿曙、陈玮认为，需要从两个理论视角来考察：一是从要素的视角，在这些要素提供的发展能力被耗用后，失去新的发展能力，产生跌入“陷阱”的可能。二是从制度的视角，我们所走过的发展阶段，更多地表现为要素产出的数量性外延性“红利”，没有制度变革的新的“神话”，没有转变发展方式的努力，难以形成对人的激励相融的制度安排，就难以获取要素的质量性产出能力的“红利”，也就难以避免跌入“中等收入陷阱”。

如何突破或者说防止跌入“中等收入陷阱”，王仕军认为应该从以下三个方面努力：一是加快实现经济增长动力的转换，确保经济持续增长；二是大力营造加快经济发展方式转变的社会环境，以稳定促转变；三是扎实推进政治体制改革，夯实加快转变经济发展方式的体制机制保障。

3. 关于转变经济发展方式

李炳炎认为应从以下三个方面入手：一是正确理解科学发展观与经济发展方式转变的相互关系；二是深刻理解从传统发展观转向“包容性增长”的重要性；三是从以经济建设为中心转向更加注重人的发展。

经历了2008年全球金融危机的冲击，我们在重视转变经济发展方式工作实践中，需要有全球视野。

4. 关于中国经济保持相对高速增长的驱动力量

“人口红利”普遍被认为是中国经济保持快速增长的主要驱动因素之一。郭晗和任宝平对人口红利的变化规律进行研究，并从资本形成、劳动力供给变化、人力资本积累和劳动力配置效率等角度分析了人口红利对于经济增长的影响。刘东煌和孟范昆通过解剖现存的经济增长驱动结构过度依赖出口的失衡现象，主张从相关的制度创新入手构建起居民消费增长的长效机制。

5. 关于货币主义与商业周期

有代表认为，在全球化发展新阶段和货币工具多样化、数字化背景下，传统的货币理论难以解释许多新经济现象。在数字货币时代，货币理论与商业周期理论面临诸多挑战，而这些挑战在中国经济中也呈现出了潜在的风险。

二 当前中国经济热点问题的实证分析

1. 关于环境公共产品、食品安全和住房民生

关于生态与绿色经济。韩玉玲认为“十二五”时期，发展资源节约型、环境友好型的低碳经济是中国改变原有经济发展模式，加快经济发展方式转变，走可持续发展道路的必然选择。绿色政府采购作为一项重要的财政政策应成为我国发展低碳经济的加速器。

关于食品安全。王秋石、时洪洋认为公共利益理论应是政府在食品安全规制中秉承的价值取向。

房地产税收对房价的影响问题。现代税制无法抑制房地产市场的投机，助推了房价的上涨和居民收入差距的扩大，因此必须对房地产税制进行改革。基本思路是，一方面调整房地产市场流转环节税收结构，降低房地产市场流转环节税负；另一方面完善房地产税制结构，开征增值税、遗产税和赠予税。

2. 市场发育的不均齐性影响劳动者实际工资收入水平

中国经济生活中存在区域、产业部门、产品之间的市场发育不均齐问题，这种“不均齐”直接表现在劳动生产率、劳动者的工资水平以及“实际工资”水平的差异。研究发现要素市场扭曲，尤其是资本市场的信贷配给，会导致企业选择用资本替代劳动，从而影响劳动收入份额下降。

3. 道路收费补偿对经济发展影响

改革开放以来，我国的基础设施建投入一直保持着相对高的增长，通过引入道路收费的市场化手段，相对支撑了这种投资的持续能力。使得公路收费成为政府财政资金补偿的辅助手段。然而，过高收费水平抑制了经济发展。

4. 政府决策行为的影响因素剖析

通过对政府对民生关注行为的影响因素研究，发现省委书记的学历对财政支出结构存在影响。

政府环境政策规制的约束机制问题。研究发现一方面，腐败可以通过降低环境规制或扭曲环境政策直接加剧环境污染；另一方面，腐败也可以通过降低收入水平间接降低或增加环境污染。因此，加大反腐力度，是实现中国经济、社会与环境协调发展的重要途径。

5. 与会代表认为，加强经济、政治、社会等方面的“协同”才能给力新阶段改革取得突破性深化。而今面临的最大的问题是社会建设滞后于体制转型。没有社会基础支持市场化只能是政府直接作为越来越强，从而导致政府权力的滥用和失控，同时也造成了强势政府与无社会支持的市场化形成的畸形结合。在当前的中国实践中，首先需要改变机制僵化、资源支配权越位、社会服务职能缺位的政府体制。其次需要建立利益均衡机制。再次需要优化社会结构。最后需要突出对个人权利的尊重和敬畏。

三 政治经济学基础理论探索与创新

政治经济学基础理论如何在生产力发展新阶段不断发展一直是中国经济学人为之努力的工作内容。

1. 马克思政治经济学基本问题研究

与会代表集中研讨了以下问题：（1）关于劳动价值论研究的创新。（2）关于马克思政治经济学理论的微观基础。（3）关于回归马克思主义价值判断。（4）关于对马克思经济思想的发展。

2. 政治经济学方法论研究与应用

与会代表集中研讨了以下问题：（1）关于劳动力市场。（2）关于经济周期。（3）关于产业升级。（4）关于新联合劳动和模块化分工。

3. 与会代表还讨论了政治经济学研究对象的内容创新问题。

（全泓摘自《经济学动态》
2013 年第 4 期）

【国有经济战略性调整与深化国有企业改革研讨会】

2012 年 11 月 5 日，由中国社会科学院经济学部、四川省社会科学院、中国社会科学院工业经济研究所主办，《经济体制改革》杂志社、四川省社会科学院经济研究所、《中国西部》杂志社承办的“国有经济战略性调整与深化国有企业改革研讨会”在四川成都举行。四川省人民政府、中共四川省委宣传部等单位领导出席了会议并致辞。来自中国社会科学院经济学部、四川省社会科学院、中国社会科学院工业经济研究所、国务院国资委研究局、北京大学、国务院发展研究中心、国家发改委经济研究所、西南财经大学、四川大学等单位的专家学者以及四川省相关厅局领导、部分企业代表共 110 人参加了会议。

参会代表就国有经济在国民经济中的战略地位、我国 30 年来国有企业改革的历程、取得的重大成就、发展现状；就国有企业改革问题的重大争论，包括国有企业的战略定位问题、是否应以国有企业作为政府实施政策干预的手段、国有企业在部分领域中的垄断问题以及国有资本经营收益的分配问题等；就国有经济战略性调整和深化国有企业改革面临的问题和挑战，特别是在新的历史条件下如何明确国有经济的功能定位和历史使命、国有经济战略性调整的原则和思路、结构与布局调整的方向，如何在国民经济中发挥国有经济的主导作用等问题；就深化国有企业改革的方向和目标；就国有经济管理体制、运营机制、监管体系的完善，有关国有资产经营管理的配套政策和相关法律问题；就国有企业改革与经济生态平衡等问题进行了深入研讨和系统总结，提出了一系列独到而深刻的见解，对深化我国国有企业改革、进一步推动国有经济战略性调整具有较强的理论指导意义和实践参考价值。

（陈 映）

【“全球格局变化中的海洋战略”研讨会】

2012 年 11 月 10 日，由中国社会科学院亚太与全球战略研究院和广东省社会科学研究机构战略联盟主办，广东社会科学院国际经济研究所承办，青年学术沙龙协办的“全球格局变化中的海洋战略研讨会”在广州召开。中国社会科学院亚太与全球战略研究院、广东省海洋与渔业局、中山大学、华南师范大学、广东商学院、五邑大学以及广州、珠海、深圳、中山等市社会科学院相关研究人员共 70 余人出席了会议。会议就“全球经济政治格局演变下的全球海洋战略发展趋势”“各国海洋战略比较”“广东海洋战略的发展道路及其战略深化”三个议题展开研讨。广东社会科学院党组副书记兼副院长王珺、中国社会科学院亚太与全球战略研究院院长李向阳先后致辞，副院长温宪元作题为“建设一个可持续发展的海洋战略”的主题演讲。

与会专家学者就海洋战略问题各抒己见。海洋安全方面，中国社会科学院亚太与全球战略研究院，亚太安全外交研究室主任、副研究员张洁作了题为“黄岩岛对峙与中国的海洋安全战略”的报告；中国社会科学院《南亚研究》编辑部主任叶海林研究员作了题为“钓鱼岛事件对中国南海维权斗争的影响”的演讲；海洋经济方面，中国社会科学院亚太与全球战略研究院张中元博士作了题为“中国贸易环境监测报告”的发言。谈到广东发展海洋经济的问题，华南师范大学李继东教授、广东社会科学院产业经济研究所所长向晓梅、国际经济研究所所长丘杉、历史与孙中山研究所所长李庆新、文化产业研究所所长钟晓毅、《新经济》杂志社社长杨明等分别从海洋产业特点、海洋产业目前缺乏的要素、城市群建设中的海洋取向、海洋文化与陆地文化的区别、海洋广东的历史景象等角度阐述了海洋广东未来的发展重点以及需要注意的问题。

通过讨论，专家学者在国家整体战略和区域发展战略问题上取得普遍共识，并提出未来有待深入研究的议题。

（陈 茜）

【中国技术经济论坛 2012 · 杭州】

由中国社会科学院数量经济与技术经济研究所、中国技术经济学会、浙江省社会科学联合会、杭州电子科技大学、清华大学经济管理学院、重庆大学经济与工商管理学院、北京交通大学经济管理学院共同主办的“中国技术经济论坛 2012 · 杭州暨浙江省社会科学界首届学术年会技术经济论坛”，于 2012 年 11 月 10—11 日在杭州电子科技大学召开。本届论坛的主题是“加快转变发展方式与技术经济学”。来自全国高等院校和科研机构的百余位专家学者参加了本届论坛。

本次论坛以转变经济发展方式和技术经济学为主题，围绕技术经济理论与方法创新，创新型国家建设与科技战略，绿色、循环、低碳发展等专题，进行了研讨与交流。从参会论文情况看，较为集中地涉及技术创新及技术管理、技术经济理论与方法、创新型国家建设、转变经济发展方式（资源环境可持续发展、技术进步等）、战略性新兴产业与技术革命等问题。

在基础研究方面，这次论坛交流研讨涵盖技术经济学发展历史、技术创新战略联盟合作模式与动力机制、投资项目的 IRR 计算方法、企业技术创新模式、循环经济学及其协同效应、企业自主创新与创新路径、基于科学的产业及其创新、项目管理与技术管理等问题。技术创新是一个国家和民族持续发展的灵魂，也是技术经济学长期关注和研究的核心问题之一。本次论坛在技术创新方面的研究主要集中于企业技术创新的实证分析、技术创新模式与服务支撑体系研究、新兴产业与企业自主创新、技术商品交易模式、高新技术产业区技术创新效率、区域创新体系建设等一系列问题。绿色、循环、低碳发展与可持续发展研究也是本届论坛关注的重点议题。本次论坛针对生态建设、绿色发展、循环经济、碳排放与经济增长等问题，结合区域经济发展、能源供需、环境保护等要素进行了较多的探讨。提交的论文包括环境规制的收益—成本分析、污染减排措施和政策评价、区域生态环境的实证研究、城市水务产业要素生产率增长分析、碳排放变化的影响因素分析、绿色经济绩效、循环经济的技术范式与经济范式、人口—资源—环境—经济复合系统协调度评价等。

加快培育和发展战略性新兴产业是中国为应对国内重大市场需求，抢占未来国际技术经济发展制高点而实施的重要战略。围绕战略性新兴产业发展，本届论坛相关论文主要涉及战略性新兴产业的技术路径、战略性新兴产业发展的投融资体系、信息产业与农村电子商务的发展模式等问题。

（金泓摘自《数量经济技术经济研究》2012 年第 12 期）

【第四届中国经济学前沿论坛（2012）】

由辽宁大学、北京市社会科学界联合会、经济科学出版社、中国经济发展研究会联合主办，辽宁大学经济学院、中国人民大学中国民营企业研究中心、澳门社会经济发展研究中心承办的“第四届中国经济学前沿论坛（2012）”于 2012 年 11 月 16 日在中国人民大学隆重举行。来自国家发改委、中国社会科学院金融研究所、中国人民大学、辽宁大学、北京市社会科学界联合会、经济科学出版社、中国经济发展研究会等单位的领导、专家学者共 120 多人参加了会议。专家学者们就党的十八大提出的经济结构战略性调整的两个重点，即“促进区域协调发展、推进城镇化”，分别从经济增长、金融、区域、产业、企业等视角进行了多层面的深入研讨。

一　中国经济持续健康增长需要新的增长极

与会代表认为，党的十八大提出“确保到 2020 年实现全面建成小康社会宏伟目标”，是我国今后 10 年必须完成的艰巨任务。为了实现这一目标，应从以下方面努力。

（1）经济结构调整是未来经济高速增长的核心任务。黄泰岩教授指出，要通过经济结构调整，得到更高的经济效率，通过提高质量与效率迎接经济增长。经济结构调整，除了主要调整需求结构、产业结构以外，还有城乡结构和区域结构。调整城乡结构，就是推进城市化。王国刚研究员也指出，我国正在从工业经济推动中国经济增长转变为城镇化拉动工业经济增长，从而拉动整个国民经济增长。城市化将是未来中国经济增长的核心问题。

（2）历史经验证明增长极可以有效带动全国经济高速增长。陈之昌也指出，珠三角、长三角和京津冀三大经济增长极就为改革开放以来我国 30 多年的高速增长作出了巨大贡献。黄泰岩教授进一步指出，如果未来 10 年我国还能形成类似可以作为“增长极”的城市点，那么，就可以为我国科学发展创造出新的巨大空间和动力。

（3）发达地区增速放缓要寻求新的增长极。陈之昌指出，由于国内、国际形势变化，原有的三大经济增长极受到了产业升级、劳动力成本上升、出口下降、资源承载力下降等多种因素的影响和制约，发展速度出现明显下滑。靠这些地区来拉动中国实现经济持续增长的速度和目标，肯定是不够的。而广大的内陆地区，随着西部大开发、东北振兴、中部崛起等一系列国家战略的实施，正在蓬勃兴起。其中一些重点发展地区，有可能成为未来中国经济增长的新的第四极。第四增长极，对于促进区域协调发展，构建社会主义和谐社会具有极为重要的意义。

二 中国的下一个增长极在哪里？

主要观点有以下几种。

（1）下一个增长极必然出现在优化开发和重点开发两类区域。王青云研究员指出，谁将成为未来中国经济增长的第四极，主要是看两点：第一，经济规模比较大，对全国经济增长的带动性比较强；第二，增长潜力或增长活力强。能够有条件争当未来经济增长“第四极”的，只有中原经济区、长江中游地区、海西经济区和成渝经济区4个经济区。

（2）从企业竞争力来看，分别代表东北、中部和西部的辽宁、湖北、重庆和四川4个省市均没有突出优势。张培丽副教授从企业竞争力视角，对有可能成为未来中国经济“第四增长极”的辽宁、湖北、重庆和四川4个省市的中国企业500强和中国民营企业500强，以及世界500强企业进行了比较，认为他们的优势不突出与北京、天津、上海、广州等发达城市相比还存在明显差距。

（3）从城市群角度来看，以沈阳为中心的东北区，以武汉为中心的中原地区，以成渝为中心的西南区，也都没有明显的竞争优势。黄泰岩教授一是从城市群的GDP；二是从制造业发展水平；三是从产业群和城市群的耦合度；四是从金融机构的贷款余额；五是从年末外资企业合同数指标来看，东北地区、中原地区和西南地区，各有千秋，但都没有明显的竞争优势，而且它们与珠三角、长三角、京津冀三个增长极相比又存在较大差距。

（4）东北地区具备成为“第四增长极”的基础。林木西教授指出，经过近几年的发展和经济结构调整，东北地区已经具备了打造“第四增长极”的基础。一是经济实力不断增强；二是增长速度不断加快；三是经济结构不断优化；四是城镇化、城市群一体化水平不断提高；五是资源型城市不断焕发新活力；六是实际利用外资不断增加；七是粮食生产不断迈上新台阶。八是对外开放不断取得新进展。

（5）放到国际视野中审视“第四增长极”。黄泰岩教授指出，新经济增长极的确定，要放在十八大确定的完善开放型经济体系的国际视野中加以考虑，使新的经济增长极既能带动国内区域经济的协调发展，又能成为实行更加积极主动开放战略的重要支点。如果中日韩自贸区谈判顺利，中俄战略合作伙伴关系稳固前进，朝鲜半岛稳定和经济持续发展，将大大提升辽宁对中国未来经济增长的意义。

三 如何打造“第四经济增长极”

围绕如何打造“第四经济增长极”，与会专家学者给出了如下建议。

（1）要符合城镇化进程要求。

（2）从国家和区域两个层面协同努力。

（3）创新体制机制。

（4）创造企业发展的良好环境。

（5）东北地区需要借助东北振兴契机加速转型与创新。

（全泓摘自《经济学动态》2013年第2期）

【2012年（第十二届）中国制度经济学年会】

2012年11月17—18日，由中国制度经济学学会筹委会和山东大学经济研究院共同主办的“2012年（第十二届）中国制度经济学年会”在山东济南举行。来自中国社会科学院、浙江大学、香港中文大学等科研机构与高校的百余位学者参加了此次年会，出席会议的还有英国社会科学院院士、英国赫特福德大学教授杰弗里·霍奇森。与会学者围绕民间金融风险规避，传统社会向工业化、城市化社会转型等制度经济学热点问题展开探讨。

制度经济学凸显了对人类经济行为背后的文化、制度等时空背景的分析。霍奇森在开幕式致辞中表示，制度经济学探索的是影响经济形态的多种社会构成因素，如国家的构成、市场的结构与规则、家庭单位的性质以及社会文化的类型等。这些研究将深化我们对经济活动的认识。

美国经济学家阿夫纳·格雷夫曾用历史比较制度理论分析了地中海马格里布商人群体建立起的人格化合约执行机制，浙江大学经济学院院长史晋川借鉴这一理论对民间金融中借贷双方的合约执行机制与民间借贷活动的金融风险两者的内在因果性进行了分析。史晋川认为，目前以温州模式为代表的民间金融经历的危机更加证实了在民间金融活动演变中，由地缘、血缘、亲缘的“三缘”关系形成的商帮文化所赖以维系的人格化交易机制存在缺陷。

文化或习俗本身又是如何产生、如何变迁的？江西师范大学教授李建德则以制度演化视角，对中国历史上的缠足习俗给出了文化或习俗的经济学结构分析。李建德认为，文化或习俗从某种程度上是被决定的，在社会交往中具有随机稳定的性质，而习俗或规范的变迁则是原有博弈结构中支付发生了基本改变的结果。

与会学者表示，经济社会转型中出现各种经济和社会制度现象，为制度经济学研究提供了极为丰富、弥足珍贵的案例。对中国经济和社会转型进程中所涌现的制度问题进行研究，将有助于深化和拓展人们对经济发展和社会变迁过程的认识，同时也将丰富制度经济学的理论体系。

工业化、城市化社会转型是未来社会发展的主要进程，“在这一进程中，大中小城市的创新机制是亟须破解的问题。”广东省社会科学院副院长王珺建议，要从制度上解决以增长为核心的短期业绩考核取向与创新活动需要长期化、制度化扶持之间的矛盾，应把创新扶持的重点环节与重点区域转移到以大城市为主上来，明确不同城市之间的经济分工，避免创新资源配置的平均主义。

（金泓摘自《中国社会科学报》
2012 年 11 月 29 日）

【2012 年气候变化绿皮书发布会】

2012 年 11 月 21 日，中国社会科学院城市发展与环境研究所联合中国气象局国家气候中心和社会科学文献出版社，在京举办气候变化绿皮书发布会。发布会上，中国社科院与中国气象局以气候变化经济学联合实验室的名义隆重推出《应对气候变化报告（2012）——气候融资与低碳发展》。国家发展和改革委员会解振华副主任、中国气象局局长郑国光、欧盟代理大使 Carmen Cano 女士到会致辞，国务院参事、前科技部副部长刘燕华，国家发展和改革委员会应对气候变化司司长苏伟，国家气候中心主任宋连春，中国气象局科技与气候变化司副司长高云，中国社会科学院学部委员汪同三等官员、学者出席了会议。中央电视台、《经济日报》《光明日报》《中国气象报》《中国青年报》、新华社、人民网、中国新闻网等多家国内知名媒体也应邀出席。

一　气候变化的实质是发展问题

国家发展和改革委员会副主任解振华莅临并发言，认为气候变化既是环境问题，也是发展问题，其实质是发展问题，关系着各国的发展权益和排放空间。气候变化问题是由不可持续发展产生的，也只有通过可持续发展才能得到解决。任何无约束的排放都会威胁到人类的生存，刚刚闭幕的党的十八大提出要大力推进生态文明建设，建设美丽中国。中国要始终坚持资源节约和保护环境的基本国策，着力推进绿色发展、循环发展，与世界各国一道坚持共同但有区别的责任原则、公平原则和能力原则，同国际社会一道积极应对全球气候变化，同舟共济，权责共担，合作共赢，继续为全球应对气候变化作出积极的贡献。

二　气候融资和低碳发展已经成为国际热点

作为皮书主编之一，郑国光局长介绍了气候变化绿皮书自2009年创刊以来取得的成绩和社会影响，指出气候变化绿皮书是一本集气候变化科学研究、气候外交与谈判、气候政策研究于一体的综合性读物，为即将召开的多哈会议提供了很有价值的研究成果和信息。他指出，尽管国际气候变化谈判步履艰难，但是应对气候变化的步伐从未停止，气候融资和低碳发展已经成为国际热点。实现低碳转型是未来中国实现经济可持续发展的必然选择，中国已经在财政投入、税收政策、金融政策等多个方面对低碳经济发展进行金融支持，推动了节能减排和低碳产业的发展。中国应对气候变化行动还体现在灾害风险管理及其融资方面。

欧盟代理大使 Carmen Cano 女士表示绿色经济转型是欧盟的重要政策目标之一，欧盟承诺在欧洲和全球执行里约 +20 的决定，里约 +20 并不是终点而是起点，里约 +20 的成果之一就是国际社会认同选择可持续的经济发展模式。绿色经济是新的经济增长点，也是欧盟的新增就业领域，欧盟的绿色经济转型虽面临挑战，但也有丰富的经验可以分享，期待欧盟与中国政府之间有更多在可持续发展领域的合作项目。

三　充裕的资金是低碳转型的保障

中国社会科学院城环所潘家华所长认为低碳经济是未来经济发展的趋势，充裕的资金是低碳转型的保障。实现中高碳经济向低碳经济的转型，需要建立多层次、多渠道的融资机制。其中，公共融资机制是低碳转型的重要保障。我国发展低碳经济不仅是应对全球气候变化和承担国际责任的需要，更是国内经济结构调整和优化升级的需求。国务院参事、前科技部副部长刘燕华，国家发展和改革委员会气候司司长苏伟，林业局造林司副司长李怒云，中国社会科学院经济学部委员汪同三等均对绿皮书作了精彩点评。

（禹　湘）

【欧元区危机及其对中国经济的影响国际研讨会】

由中国社会科学院经济学部主办，数量经济与技术经济研究所和北京信息科技大学联合承办的“欧元区危机及其对中国经济的影响国际研讨会”于 2012 年 11 月 23 日在中国社会科学院学术报告厅举行。来自国家商务部、国务院发展研究中心、北京信息科技大学、中国社会科学院经济学部及有关院所等十余家国内机构，德国经济研究所、英国国立经济与社会研究所、欧洲中央银行经济事务理事会等海外机构的专家学者近百人参加了会议。

中国社会科学院高全立副院长、社科院经济学部副主任刘树成教授、北京信息科技大学校长柳贡慧教授到会并致开幕词。欧盟委员会经济与金融事务部的司长罗伊格先生，中国社科院数技经所所长李平、副所长李雪松，中国社科院经济所所长裴长洪，国务院发展研究中心隆国强部长等参加会议并发言。会议分 4 个发言单元，围绕的议题包括：欧债危机对我国经济的影响、欧债危机对世界的影响、欧洲应对欧债危机的政策与措施、欧债危机对国际合作及区域合作的影响等 4 个方面。

罗伊格的“欧洲金融危机及其对世界的影响”，北京信息科技大学徐文彬教授的“关于欧洲债务危机的思考”的发言等，认为对于欧债危机及其持续蔓延的主要原因是欧元区内部经济失衡。

裴长洪在其题为“欧元区危机对中国外贸增长的影响”演讲中认为，欧债危机对中欧贸易和我国的经济增长的负面冲击较大并仍将持续。李雪松对于欧债危机对我国经济的长期影响作了“2025 年中国经济预测与国际比较”的发言。罗伊格在详细分析的基础上，认为欧债危机在短期内对世界贸易、国际投资与全球经济增长均有负面影响。

面对欧债危机，及时和有效的政策和措施才是解决危机的最终途径。英国国立经济与社会研究所的霍兰德研究员在“面对欧洲的政策挑战”中提出，欧元区国家首先要把银行业整顿好；欧元区国家应建立风险分摊机制（OMT 计划）；欧元区国家应建立财政一体化的财政联盟。短期来说，欧元区各成员国需要协调各国财政整顿的速度和程度。欧洲中央银行经济事务理事会的霍姆—哈杜拉在“欧洲央行在危机期间的货币政策战略”发言中认为，欧洲央行近几年的主要目标还是控制价格的稳定，以及维持货币政策的稳定性。此外欧洲央行将在建立预防外部冲击的“防火墙”，银行的“去杠杆化”，提高货币政策的有效性等方面出台更进一步的政策和措施。

区域贸易安排成了推动全球贸易投资自由化的一个新的重要方式，欧盟以及欧元区国家无疑是这一方式的最突出的实践者。然而欧债危机的爆发使人们不得不思考国家间的区域合作到底应该走什么样的模式。国务院发展研究中心隆国强等对于欧债危机对国际合作、区域合作的影响作了讨论和判断。

（韩胜军）

【2012 中国公司治理指数发布与研讨会】

由南开大学商学院、南开大学中国公司治理研究院举办，中国上市公司协会、东北财经大学、中国管理现代化研究会公司治理专业委员会作为支持单位的“2012 中国公司治理指数发布与研讨会”于 2012 年 11 月 25 日在北京人民大会堂举行。会上，东北财经大学校长、南开大学中国公司治理研究院院长李维安教授作了“2012 中国公司治理评价报告”，发布了被誉为中国上市公司治理状况晴雨表的“2012 中国上市公司治理指数”。来自国务院国资委、国务院发展研究中心、教育部、证监会、保监会、中国上市公司协会等相关部门的领导代表，国内外著名大学和国际机构的公司治理知名专家、企业家 200 余人出席了本届研讨会。

此次研讨会发布了 2012 年中国公司治理评价报告。评价报告既考虑了中国上市公司治理的总体状况，又对各个板块的治理状况进行了深入的分析。报告指出，我国公司治理围绕规则、合规和问责进行的公司治理结构、机制建设使得治理合规性明显改善，上市公司治理水平自 2003 年至 2012 年整体呈现上升趋势，2012 年中国上市公司治理指数均值为 60.60，最大值为 71.82，最小值为 48.09。同时指出，后金融危机时代，上市公司治理有效性依然偏低。如，中小股东权益保护指数 2012 年均值仅为 50.93，独立董事制度指数 2012 年均值仅为 59.97，经理层激励约束指数 2012 年均值仅为 46.85。从行业比较分析来看，2012 年评价中金融、保险业公司治理指数再次位居第一；从控股股东性质比较分析来看，2012 年民营控股上市公司治理指数再次领先国有控股上市公司；从市场板块来看，2012 年评价中创业板公司治理指数超过金融、保险业公司，指数平均值最高，而主板上市公司的治理指数平均值最低。

报告分别分析了股东治理、董事会治理、监事会治理、利益相关者治理等情况，指出 2012 年度中国上市公司股东治理指数较上一年度有较大幅度下降，由 64.56 降为61.20，下降了 3.36。其中，独立性下降了 2.90，中小股东权益保护下降了 2.62，关联交易下降了 4.31。独立性下降主要体现在股东单位任职的董事比例和兼任高管的董事比例方面。中小股东权益保护指数的下降主要体现在现金股利支付上，现金股利支付率的平均值由 2011 年的 16.73% 下降到 2012 年的 13.75%。随着经济形势的恶化和企业业绩的下降，关联交易再度抬头，2011 年经营性关联交易占总资产的比例达到了 1.99%，2012 年上升到了 9.81%。

东北财经大学校长、南开大学中国公司治理研究院院长李维安教授建议，强化中小股东权益保护，完善分红制度，一方面，可以对控股股东持股比例 30% 以上的公司导入累积投票制的监管，提高中小股东参与程度；另一方面，可以将现金分红与再融资挂钩。报告还指出，独立董事制度建设的滞后影响了董事会治理有效性的提升，应完善独立董事制度，修改《关于在上市公司建立独立董事制度的指导意见》，严格独立董事聘任制度，合理化独立董事兼职行为。完善企业履行社会责任的激励机制和长效制度建设；构建应对高管套现、非正常离职等有效机制，延长高管持股锁定期和保荐机构督导期；强化外部监管的重要作用，将监管重点转向运作层面，实现公司治理建设的动态优化。

（李维安　程新生）

【经济增长、贸易与贫困国际学术研讨会】

2012 年 12 月 6—7 日，四川省社会科学院副院长郭晓鸣研究员率专家一行 10 人赴印度班加罗尔参加由四川省社会科学院与印度社会与经济发展学院共同主办的主题为“经济增长、贸易与贫困”国际学术研讨会。本次国际学术研讨会是根据四川省社科院院长侯水平研究员今年应邀访问印度时与印方达成的学术交流协议而举行的学术交流活动，也是四川省社科院首次在国外与外国学术机构联合召开的国际学术研讨会。

来自印度英迪拉甘地发展研究所、新德里国际管理学院、印度国家财政及政策研究所、德里经济学院、印度社会与经济发展学院、四川省社会科学院等科研机构、高校的数十位学者、前政府官员参加了此次会议。印度驻国际原子能机构前大使、印度驻联合国工业联合组织前大使 Saurabh Kumar、德里大学发展经济学中心主任 Ashwini Deshpande 教授、印度应用经济学研究委员会前局长、印度电力管理委员会前主席 S. L. Rao、印度前驻华大使 C. V. Ranganathan 出席了会议。副院长郭晓鸣研究员在开幕式上致辞，并圆满回答了印度学者有关中国发展成就、经验、路径等的提问。在为期两天的研讨会中，与会学者共 20 余人围绕贸易、粮食安全、直接投资、贫困、中印经济合作等议题进行了精彩演讲和深入的讨论互动，主要内容和特点有以下几个方面。

（1）印度学者充分肯定了中国改革开放以来取得的巨大成就，其对中国的情况也较为熟悉，希冀加以学习，运用到印度以促进经济社会的发展。

（2）学者多从中印之间的比较着手研究，如中印经济特区、中印经济增长与减贫、贸易结构与贸易总量、粮食安全、人文贫困、人口红利与经济增长；有的学者也对韩国、中国台湾、泰国、中印的制造业发展路径进行了比较，并且以海尔为例进行了研究。

（3）有学者从各自国内的情况进行了研究、演讲，如汇率与出口、对中国贸易逆差、直接投资的有利因素以及对印度经济社会的影响、中国西南山区的贫困问题。

（4）有印度学者认为利率、能源、土地、水资源、环保、劳动力问题是其经济发展中面临的主要负面因素。

（5）印度学者普遍认识到中印合作的重要性；在学术研讨会上以及其他场合普遍表达了期望能多方面与包括四川在内的中国各个地区进行较为广泛合作的意愿。

（6）印度学者对四川问题也较为关注，如在学术演讲的过程中就有学者就四川的经济状况与郭晓鸣副院长进行了深度交流。

（朱泓宇）

【第五届中国经济思想论坛】

2012 年 12 月 7 日，“第五届中国经济思想论坛”在北京大学经济学院召开。本届论坛的主题是“经济伦理、商业文明与社会和谐”，论坛由中国经济思想史学会和北京大学经济学院主办，北京大学市场经济研究中心协办，北京大学经济学院副院长董志勇教授、张亚光副教授和北京师范大学管理学院王华春副教授分别主持会议。来自北京大学、复旦大学、北京师范大学、武汉大学、中国社会科学院、深圳大学、西北大学等著名高等院校和科研机构的专家学者以及地方政界代表、企业家代表出席并发表演讲。《人民日报》《光明日报》《经济日报》、新华网等多家国内媒体参与此次学术交流活动。

一　现代视角下的传统经济思想解读

中国经济思想史学会前会长、武汉大学严清华教授以“千年瓷都”景德镇的技术创新及其商业利用为例，深刻阐述了中国自古以来“他组织”的创新体系的特征与缺陷，为我国建设创新型国家提供了有益的启示。严清华教授指出，中国古代的技术创新系统是典型的“他组织”的系统，即整个社会创新系统是靠外部指令而非自身结构内部默契互动组织起来的。景德镇瓷业的杰出成就实际上是中国传统“举国体制”的产物。时过境迁，中国当今的自主创新应该以史为鉴，应该使创新活动生长于“自组织”的创新体系内，使创新活动内生于整个市场经济而非沿用自上而下的创新模式。

西北大学韦苇教授以孔孟义利思想的演化为主线，解开汉儒对孔孟义利思想的重重扭曲，着重论述了司马迁义利并重、义利相宜的义利观。韦苇教授认为，孔子与孟子的义利思想之中最重要的原则即重义轻利、利服从义，但同时，她也指出在不超越义的规范情况下，孔子与孟子并不反对人们对物质利益的追求，相反他们强调在符合义的前提下物质生活、物质利益对国计民生有相当的重要性。关于司马迁的义利观，韦苇教授认为司马迁继承并发展了孔孟的义利观，司马迁认为利是义的物质基础，但利的观念不能肆意泛滥，统治阶级应该警钟长鸣，应该鼓吹义对利的制约作用，而对于其舍利甚至舍生取义的行为应该受到整个社会的称颂。最后，韦苇教授指出，孔孟义利论中的合理内核，尤其是司马迁的义利并重、义利相宜思想，是中国传统文化的精华，理应得到继承和弘扬。

复旦大学经济学院的马涛教授从华人企业家的精神动力角度，分析了《易经》在中国商业文化中的地位与作用。马教授指出，中国自古一直存在着一种商业精神，即《易经》中所强调的阴阳平衡、否泰转换。

北京大学经济学院周建波教授从先秦时期的史料《管子·入国》入手，论证了先秦的社会保障思想及其现实意义。《管子·入国》篇提出了全面的社会保障体系构想：“一曰老老，二曰慈幼，三曰恤孤，四曰养疾，五曰合独，六曰问病，七曰通穷，八曰振困，九曰接绝。”是相当完备的社会保障体系。不仅如此，《管子·入国》篇还从国家层面构建了社会保障管理机构（掌老、掌幼、掌病、掌孤、掌疾等），设计了提供社会保障待遇的具体方式（减免赋税等），明确了社会保障的主体是民间和政府结合。这说明在2000多年前，我国古代思想家、学者就对社会保障思想和理论给予了全面探讨，并对国家社会保障机构的设立、社会保障体系的设计提出了真知灼见，这是对人类发展历史作出的巨大贡献。

二　经济管理思想的实证分析与践行

陶一桃教授认为中国改革开放30多年以来所秉持的实际是一种非均衡的发展战略，即通过主动地扩大地区间的政策差别形成区域间的有效不平衡，继而有效吸引资金、技术和管理经验等经济资源流入特殊政策筑建起来的经济增长高地，提高这一地区的经济效率，形成明显的区域效率差别，然后再通过辐射效应使高经济效率传递回内地，从而带动整个社会经济的发展。从沿海开放到沿边开放的战略转换正是基于区域经济效率形成辐射效应的战略考虑，它对我国市场经济体系的完善、区域产业结构布局的合理化，区域间要素禀赋比较优势的形成与有效发挥、整个中国经济增长内向性的增强等具有战略意义，它将推动形成全面范围内逐渐趋于平衡发展的、以区域间协调互补为特征的经济共同体，对中国未来的发展将产生深刻而持久的影响。

著名企业家周松波博士以具体的现代公司管理为切入点指出，管理小型企业可以依靠企业家的个人魅力，管理大型企业可以基于严格的制度及执行力，但是当企业面对跨文化治理的难题时，领导力与制度约束都将显得不够，这就需要我们从传统的经济伦理思想中去汲取养分。具体来说，一名合格的企业家应该具备信、严、勇、智、仁等五种品格，这五种品格也分别与五个企业管理的层次相对应。

北京交通大学冯华教授以鲁商文化为例，强调了社会主义市场经济新时期商业伦理，特别是诚信经营的重要性。冯华教授认为，鲁商文化形成于西周到汉代之间，历史较晋商、徽商更为久远，受到齐鲁两种文化的影响，具有变革性、开放性、多元性、务实性。鲁商文化的一大特点是注重诚信，它起源于儒家思想和儒家文化，把追求诚信作为人格的一个重要标志。在当代的市场经济条件下，只有将道德诚信和契约诚信结合起来，将做人和做交易结合起来，才能取得成功。

在论坛闭幕式上，北京大学经济学院前院长晏智杰教授在闭幕词中认为，论坛的研究成果对于我们端正认识市场经济的恢复，深入、正确地认识市场经济条件下作为经济主体的行为准则、伦理道德、商业文明有着极大的参考价值。

（金泓摘自《经济学动态》
2013年第3期）

【《清实录经济史资料》出版学术研讨会】

2012年12月7日，由北京大学经济学院主办的“《清实录经济史资料》出版学术研讨会”在京举行。来自北京大学、中国社会科学院等20多家高校和科研机构的80余位专家学者参加了研讨会。北京大学副校长刘伟教授向与会专家介绍了《清实录经济史资料》项目的缘起，项目主持人萧国亮教授详细汇报了有关项目的进展情况。

《清实录经济史资料》是一项与共和国同龄的重大学术工程。北京大学经济学院陈振汉、熊正文、李谌、殷汉章、萧国亮等三代学者薪火相传，几十年如一日，虽经坎坷，前后相继，至2012年5月，该书第一辑即顺治至嘉庆朝部分正式出版面世。对陈振汉先生等甘于坐冷板凳的精神，与会学者都表示了深深的敬意，并围绕《清实录经济史资料》整理的意义、《清实录经济史资料》的学术价值与特点、资料整理在经济史学科中的地位等问题展开了深入讨论。

一　关于《清实录经济史资料》整理的意义

《清实录》是清朝重要的官修史书，资料翔实，内容丰富，对研究清代经济史具有不可替代的学术价值。但由于其卷帙浩繁，资料庞杂，且未作分类，使用十分不便。学者们认为，通过对《清实录》进行全面整理，将其中有关经济的史料摘出，分门别类，大大节省了学者的宝贵时间，有助于推动清代经济史研究的发展，即使在信息时代，这项工作仍有其重要意义。

二　关于《清实录经济史资料》的主要特点

与会学者从不同角度对该书的特点进行了总结。首先是资料编排的系统性。有学者指出，该书对《清实录》进行全面整理，并非简单的资料罗列，而是按照一定的思想进行编排，提纲挈领，结构严整，形成了一个完整的体系。其次是内容以国家宏观经济为主，充分反映了清代国民经济发展历程，以及清朝政府发展经济的举措及其经验教训。有学者认为这一点是该书“特殊价值”，为研究清代经济总量提供了一个重要的学术视角。最后是编选者的社会经济史视野。有学者认为，该书把人口、家庭、社会群体、阶级结构、宗教、文化等因素纳入经济史研究的视野，为具体的学术反思和创新提供了很好的工具，有助于对历史上的经济演变得出更全面的认识。

三　关于资料整理在经济史学科建设中的地位

与会学者进一步讨论了资料整理对经济史学科建设的重要作用。有的学者通过回顾经济史研究的发展历程，认为几乎所有重要的经济史创新，都离不开经济史资料的发掘和整理。有学者认为，《清实录经济史资料》这类重要的资料汇编，是经济史学科建设的基础，正是因为这样的著作还不够多，与欧美经济学界相比，中国在经济史数据整理方面还存在很大不足，使经济史学科形成了高门槛、高壁垒的局面，不利于学科的长足发展。有的学者认为长期以来经济史学科的边缘化，不但影响了经济史研究的发展，也阻碍了经济学的学术创新，应当将经济史学科建设与发展放在与理论经济学和计量经济学同等重要的位置。

与会学者都认为，改革开放以来，国家经济得到突飞猛进的发展，为经济史资料整理乃至经济史学科建设提供了难得的历史机遇。应该充分利用这样的契机，发扬老一辈学者甘于坐冷板凳，甘于为人做嫁衣，锲而不舍、百折不挠的精神，在经济史资料整理方面投入更大的人力物力，建设好经济史资料平台，推动经济史学与经济学的创新与发展。

（刘文远）

【企业效率、市场环境和中国崛起论坛】

2012 年 12 月 15 日，“企业效率、市场环境和中国崛起论坛”在南开大学隆重举行。本次论坛由《经济研究》杂志社和南开大学金融发展研究院联合主办，上海国和现代服务业股权投资管理公司协办。本次论坛共收到参会论文近百篇，论文议题涉及经济学方法论、产业经济学、制度经济学、国际贸易、金融学等领域。会议期间，来自中国社会科学院、北京大学、复旦大学、南开大学等国内外高校和研究机构的 160 名专家学者进行了广泛而深入的研讨。

一　溢出效应与外部环境

现有多数文献认为外国投资能够带来新的生产技术、管理经验以及市场技巧，有助于内资企业生产率的提高和被投资国经济的增长，亦即外国投资存在正向溢出效应。本次论坛提出了一些新的观点。

市场化进程对于外资溢出效应的动态

影响。（1）南开大学田利辉和刘廷华发现外资参股显著提高了参股企业的生产效率水平，溢出效应为正。但是，外资企业能够挤出内资企业，行业内的水平溢出显著为负。外资进入对内资企业的前向关联效应显著为正，但是后向关联并不显著。在当前的市场化进程中，外国投资前向关联的正向溢出效应逐渐弱化。

（2）蒋殿春和于国才的研究进一步表明，以加工贸易为主体的出口平台型外国投资技术溢出效应明显弱于市场型外国投资，而目前中国的税收优惠政策弱化了两种类型的外国投资技术溢出效果。

（3）大连理工大学的刘海洋、刘玉海和袁鹏发现集群地区的企业初建生产率较高、淘汰率也较高，但增长速度不高，因而使低效率企业无法生存。他们认为，我国产业集群效应的县市生产率相对较高，其真正原因是竞争淘汰机制而非集群时的外部经济效应。

（4）对外经济贸易大学林桂军认为，现存全球产业链和产品分工情况决定了我国需要继续推进出口导向型经济的发展。

（5）南开大学佟家栋认为，2008 年金融危机以来，保护主义的发展不仅远远超越了经济复苏的速度，而且超越了传统贸易保护主义的范畴，呈现出了诸多新特征，特别是贸易救济和政府救助措施这两种以公平贸易为掩护和杀伤性精准的新兴措施。不仅如此，部分发达经济体开始采取了一系列的组合型保护手段。中国政府和企业必须在兼顾短期应对措施的同时逐步构造长期战略。

（6）吉林大学李俊江和孙黎认为，现阶段中国对外贸易发展的实际情况要求中国企业“走出去”以实现企业利润最大化。然而我国企业应该如何在国外组织生产？他们发现生产率水平高的企业应该选择一体化方式，生产率水平低的企业则应选外包方式。

二 生产效率与技术进步

面对“新国际经济保护主义”，提高企业生产率是释放中国经济潜力的关键所在。具体观点有以下几种。

（1）技术进步对全要素生产率提高的贡献最大。

（2）继制度创新后，合理的政策、完善的市场环境和有效的生产组织模式将是促进全要素生产率发展的主要推动力。

（3）加强环境管制有利于促进我国环境效率的提升，产业结构、所有权、资源禀赋、能源消费等对不同管制强度下不同地区环境效率的影响存在差异，特别是外商直接投资的增加会降低环境效率。

三 资本市场与公司治理

金融发展是经济增长的组成部分和驱动源泉。在相当程度上，我国企业生产效率的提高和国际竞争力的获得取决于我国企业融资约束的解决、资本市场的发展和企业自身公司治理质量的提升。

（1）中南财经政法大学陈勇兵、蒋灵多和周世民研究发现，企业的产权和存在年限直接带来了融资约束的变化，不过无论大型企业还是中小企业的失败风险都与融资约束密切相关。

（2）上海财经大学王安兴、谢斐和赵思然发现私有控股企业的利润收益指标优于国有控股和混合制公司。国有控股企业的社会责任指标优于私有控股和股权分散公司，混合制企业的收益指标比私有绝对控股和相对控股的企业差。另外，国有股权高度集中会对公司社会指标有正面作用，而私有股权高度集中会对公司社会指标有负面作用。

（3）葛伟、任缙和高明华发现微观层面的产业空心化程度受上市年限、地区市场化程度、融资约束等基本因素影响。此外，公司治理和企业家能力层面也有多种因素显著影响产业空心化的进程。

（4）复旦大学石松和孙谦，发现企业

融资约束和财务杠杆受到管理者自身偏好的影响。在我国现有的制度背景下，管理者的个人特征也直接影响着公司治理的质量。

四 中国经济的可持续增长

随着市场经济向纵深发展，中国制造的低劳动成本优势正在遭遇挑战。北京大学鄢萍估计了不同所有制类型的企业的资本调整成本函数、投资不可逆程度和折现因子等决定企业投资行为的模型参数。发现不同所有制类型企业的固定资产投资行为对工资上涨的反应程度不同。民营企业受影响最大，集体企业和国有企业次之，而外资企业受影响最小。这也就是说，我国企业尚且难以以资本替代劳动力，通过改变固定资产投资规模来缓解工资上涨带来的成本压力。

面对劳动力成本不断上涨的情况，我国企业是否已经具备了国际竞争力？南开大学田利辉和刘廷华使用中国工业企业的大样本面板数据，比较分析了我国内资企业和跨国企业的生产效率，进而回归分析中国企业是否有潜力赶超外资企业的效率水平。他们发现，我国内资企业的平均效率水平与外资企业尚存差距，但是这一差距存在逐步缩小趋势。民营企业的赶超速度较快。

当前，我国城乡区域发展差距和居民收入分配差距依然较大，我国经济结构不协调，需要进行农业部门与非农部门的结构调整。郭金兴、王保春和王庆芳认为伴随着两个部门之间的结构调整，工农业贸易条件将会发生有利于农业部门的变化。针对目前国内收入分配不公的问题，厦门大学杨斌深入分解了国内“收入不平等问题”的表象与实质，阐明了税收对于解决收入分配不公问题的乏力。杨斌认为，解决收入不公应该推行公共服务均等化。中国人民大学郭庆旺和赵志耘比较分析了90个国家近40年数据，认为拉动经济增长的“三驾马车”投资、消费、净出口并非严重“失衡”。所谓我国投资率偏高、消费率偏低以及外贸依存度偏大的认识，在国际历史数据的对比下，并不一定正确。作为发展中国家，我国不应该急于转型成为消费导向型经济。

北京大学姚洋认为，自2003年以来，中国的人均国内生产总值开始表现出较为明显的增长趋势。中国经济将进一步保持持续快速增长。产业链的不断向前延伸，东部的剩余产能和产业链可以逐步向中西部转移。我国的经济发展空间广阔。我国政府还要重新考虑其国际定位，应该实现“一元、多极、共治”。

（金泓摘自《经济研究》
2013年第4期）

【中国循环经济与绿色发展论坛2012】

由中国社会科学院数量经济与技术经济研究所、中国社会科学院中国循环经济环境评估与预测研究中心主办的“中国循环经济与绿色发展论坛2012”于2012年12月15—16日在北京会议中心举行。来自国家政府机关、研究机构、高等院校以及与循环经济相关的企事业单位的正式代表40余人到会发表专题讲话，来自全国各地的200余人列席会议。本次会议主题是深化循环经济实现绿色发展。

本次会议的举办得到了有关国家发改委、环保部、住建部等政府部门和中国社会科学院的高度重视，国家环保部李干杰副部长、中国社会科学院李扬副院长、住房与城乡建设部唐凯总规划师等高层领导出席会议并发表专题讲话，国家发改委解振华副主任派代表代为致辞。

解振华副主任的致辞中说，在全国上下深入学习贯彻党的十八大精神之际，本次论坛就循环经济绿色发展问题进行深入的探讨很有意义。发展循环经济是我国经济社会发展中一项法定的重大任务，是实现生态建设的重要途径和方式。认为我国的循环经济取得了法律规范等七大方面的成就，随后对全面构建循环经济体系与制度的9项工作作了阐释。

李扬副院长从经济学角度对循环经济的发展作了全新的解释，提出了未来需要从经济学角度认真深入研究的经济转型、绿色产业、循环型社会协同绿色发展等方面的问题。

李干杰副部长从环境资源保护的角度阐述了不断提升生态文明建设的认识和思路，并且就未来立足环境保护，加强绿色发展，不断深化生态文明建设要从建立完善体制机制、坚持创新驱动等5个方面任务着力作了介绍。

唐凯总规划师作了题为“推动中国城市走生态之路”的报告，他从当前城镇化快速发展面临的大规模人口流入、资源环境瓶颈等挑战引申到走生态城市建设道路的必然性，并介绍了我国生态文明城市建设的一些基本情况，最后提出未来生态城市建设工作中关于加大技术和政策支持、紧凑型功能混合用地模式等的5项内容和着重点。

会议进行了《中国循环经济发展报告2011—2012》的首发式，中国社会科学院数技经所副所长、循环经济中心主任齐建国研究员介绍了该书的编写过程及主要特点。

随后会议围绕论坛目标“提高认识　促进行动；探讨交流　建言献策；搭建平台　促进合作”邀请15位官员专家学者就不同的内容发表精彩演讲。

会议参与人员层次较高，主题明确，报告内容具有前沿性，是具有政、产、学、商、研五位一体特色的交流平台，会议的举办将对我国循环经济发展起到积极的推动作用。

（韩胜军）

【江苏省哲学社会科学界第六届学术大会经济学论坛】

2012年12月16日，“江苏省哲学社会科学界第六届学术大会经济学论坛暨全国沿海高校区域发展联盟研讨会”在南京召开。这次大会由江苏省委宣传部和江苏省哲学社会科学界联合会主办，盐城师范学院承办。来自江苏省内47家高校、研究机构和政府部门的130余名代表与会，中国工程院院士、河口海岸学家陈吉余教授发来了贺电。本次论坛共收到论文167篇，评出获奖论文55篇，21名专家进行了大会主题演讲或小组发言。

此次论坛是江苏省社科界学习贯彻党的十八大精神，深入研究中国特色新型工业化、信息化、城镇化和农业现代化进程的重要举措。与会学者围绕“沿海开发与区域经济发展”的主题，就“沿海开发与区域经济发展”“工业化、城市化与产业转型”“可持续发展与民生经济”和“产业投资与区域经济发展”等进行分组讨论。

一　沿海开发为区域发展带来新机遇

沿海开发不仅是经济全球化的必然趋势，也是所有沿海国家经济发展的必由之路。十八大报告中提出的“建设海洋强国”的战略思想，为我国从海洋大国转变为海洋强国指明了前进方向。

与会学者指出，沿海开发不仅给沿海地区，也给广大内陆地区带来了拓展空间、缓解资源紧张、促进产业布局优化升级的新机遇。沿海地区开发、开放与区域经济社会协调发展，必须在转变发展理念、调整海洋产业结构、建设生态环境、陆海统筹与联动发展、科技引领与创新、现代交通体系等方面有新的举措。

辽宁师范大学海洋经济与可持续发展研究中心副主任狄乾斌教授以辽宁沿海经济带开发为例，认为当地沿海开发呈现出经济总量不断扩大、产业结构优化升级、吸引外资表现突出和临港产业出现集群化发展的趋势。他提出，进一步提升辽宁沿海区域功能，必须打造现代产业集群，建设沿海城市带，培育现代港口集群，构建区域生态安全格局，建立沿海经济带，形成沿海地带与沈阳、吉、黑、蒙东地区合作运行的体制和机制。

二 充分运用资本市场促进区域经济发展

与会学者认为，资本市场对于区域产业结构调整和经济转型具有重要的推动作用，对于提升区域经济竞争力具有重要意义。

人力资本迅速积累在产业集聚区域表现出明显的比较优势，产业集聚区域对人才具有吸水泵的作用。沿海开发必须充分利用产业集聚的特点，发挥其在地方经济发展中的龙头作用，在产业集聚区中实现各种人力资本的快速积累，以满足产业集聚区内企业快速发展对人力资本不断增长的需求。

江苏沿海产业投资基金对于解决长期困扰江苏沿海开发的融资难题独具优势，沿海开发要以“立足沿海、服务全省”为战略目标，采取市场化运作、专业化管理和政策性支撑的政府引导基金模式，向国有企业、金融机构、政府资本等募集首期资金，投向江苏沿海“新”“特”“大”产业和重点项目，以规范的投资流程保证投资收益，并设计不同的退出方式，满足资金的退出需求。

三 沿海开发的终极目标：可持续、惠民生

与会学者认为，沿海地区要保持经济持续高速增长，就必须变资本投入型增长为依靠人力资本和技术进步的增长，其终极目标是为民众谋取最大的福祉。

经济发展要与生态文明建设相统一。沿海开发应从提高环境规制强度、人均资本存量和降低煤炭能源结构比重等手段着手，在未来实现既要经济增长又要环境改善的双赢格局。

与会专家指出，在城市功能没有得到有效发挥的前提下，要素间的匹配融合程度较弱，由此出现要素向城镇持续高度集聚与产出低效、产业的劳动吸纳力不足等现象，这些现象将抑制城市化对经济增长和社会发展的推动作用。为此，沿海城市建设应参考城市要素承载限度，构建梯级城市发展体系，将人口迁移、要素配置与城乡统筹发展协调起来，以实现要素的优化配置。

四 因地制宜推进转型升级

与会学者认为，产业升级并不是否定传统行业，而是各地要因地制宜，发挥自己的比较优势。在沿海地区经济发展和转型升级的过程中，政府作用发挥与否将决定经济转型能否顺利进行，而经济转型进展的快慢决定了经济能否顺利实现可持续发展。江苏未来的经济发展必须构建与实际情况相适应的工业体系，切实加强自主创新，启动苏中、苏北优势产业示范集群建设和支持中小企业发展。

（金泓摘自《中国社会科学报》
2013 年 1 月 28 日）

【财经战略年会 2012】

2012 年 12 月 29 日，中国社会科学院财经战略研究院主办的“财经战略年会 2012——‘十八大’后的中国：深化改革 创新发展”在京召开。中国社会科学院常务副院长、学部主席团主席王伟光出席开幕式并致辞。中国社会科学院特邀顾问刘国光，副院长高全立、李捷、武寅、李扬，原中央纪委驻中国社会科学院纪检组组长李秋芳，中国社会科学院秘书长黄浩涛等出席。来自中央和国务院相关部委领导、中国社会科学院职能部门与院属各单位主要负责人、地方社科院的领导、国内著名科研机构以及高等院校的专家学者等共 500 余人出席会议。

本次年会由一个主题论坛和五个分论

坛组成。在主题论坛上，中国社会科学院副院长李扬、财政部副部长王保安、审计署副审计长石爱中、工业和信息化部总工程师朱宏任、中国国际贸易促进委员会常务副会长张伟、北京大学副校长刘伟、中国社会科学院人口与劳动经济研究所所长蔡昉、中国社会科学院经济研究所所长裴长洪先后作主旨发言。

李扬强调，未来5—10年，尽管财政、金融两个领域都需要改革，但最重要的是建立财政、金融的协调机制；加强财政政策与货币政策的协调配合，应成为未来的重要任务。具体来说，有7个关键点需要重视，分别是财政政策与货币政策的配合态势、国债政策、城镇化进程中的投融资问题、社会保障、财政和金融之间的资金联系问题、外汇储备的管理问题以及宏观政策的国际协调问题。

王保安介绍了近年来财政体制改革的进展情况，认为收入分配差距过大是一个表象，背后可能是收入分配不公平；实现收入分配制度的改革，需要建立和健全社会主义市场经济体制。石爱中对环境审计问题进行了阐释。朱宏任对小微企业的发展问题进行了分析。张伟对我国矿产企业境外购并的情况进行了介绍和分析。

刘伟指出，到2020年，应基本建成比较完善的社会主义市场经济体制；只有实现体制目标，才有可能实现建成小康社会的发展目标。在当前这样一个攻坚期，改革中面对的突出变化有三个方面：一是改革的核心环节从企业特别是国有企业转变到政府，特别是政府职能和宏观调控方式，包括公共财政、央行的独立性等；二是改革从商品市场化向要素市场化转变，未来重点是要素市场，包括劳动力市场、土地市场、资本市场等；三是市场化的难点从做大市场规模为主，转变为市场秩序和市场质量的提升。蔡昉对当前的就业问题进行了深入阐述，建议应该实施更加积极的就业政策，并以结构性失业为主攻方向；应该不断改善和提高劳动者的人力资本。

裴长洪强调，要更加积极主动、全面提高开放型经济水平，必须实现两个转变。一是对外经济发展方式的转变，包括从重视商品出口贸易转向进出口的平衡，从重视吸收FDI转变为进出相结合，从重视商品贸易转向商品和服务并重，从沿海两头在外转向兼顾内外，从双边经贸关系转向统筹双边、多边、区域经贸关系，从土地等要素优势转向人力资本、商业资本等的创新；二是在经济全球化舞台上角色定位的转变，应该从被动接受到积极主动参与，坚持权利与义务相匹配，发挥负责任大国的作用。

五个分论坛的主题分别是“全面深化经济体制改革”“实施创新驱动发展战略”“经济结构战略性调整”“提高开放型经济水平”和“建设美丽中国”。

本次年会上，由中国社会科学院财经战略研究院主办的英文刊 *China Finance and Economic Review*（季刊）创刊号首发。

（王朝阳）

获 奖 动 态

第十七届“安子介国际贸易研究奖”获奖名单

（2012 年 11 月 27 日）

优秀著作奖（7 部）

著作题目	出版社	工作单位	获奖者
一 等 奖（空缺）			
二 等 奖（2 部）			
著作题目	出版社	工作单位	获奖者
低碳贸易：节能目标约束下的贸易结构调整	中国发展出版社	国务院发展研究中心	赵晋平
中国加工贸易企业生产控制模式研究	人民出版社	上海对外贸易学院	沈玉良
三 等 奖（5 部）			
著作题目	出版社	工作单位	获奖者
中国对外贸易的环境成本——基于能耗视角的分析	中国社会科学出版社	中国社会科学院	张友国
全球竞争政策——WTO 框架下竞争政策议题研究	北京大学出版社	对外经济贸易大学	白树强
人民币汇率的国际法问题	法律出版社	中南财经政法大学	韩 龙
与贸易有关知识产权协定下强化中国知识产权保护的经济分析	中国财政经济出版社	复旦大学	沈国兵
国际贸易与产业集聚的互动机制研究	格致出版社、上海三联书店、上海人民出版社	中南财经政法大学	钱学锋

优秀论文奖（18 篇）

一　等　奖（空缺）

二　等　奖（4 篇）

论文题目	发表期刊	工作单位	获奖者
Southern Innovation and Reverse Knowledge Spillovers: A Dynamic FDI Model	*International Economic Review*	对外经济贸易大学	何　茵
中国进口种类增长的福利效应估算	世界经济	中南财经政法大学	陈勇兵
中国出口技术结构演进的机理与实证研究	管理世界	浙江理工大学	陈晓华
The "Specificity" of Cultural Products versus the "Generality" of Trade Obligations—Reflecting on 'China-Publications and Audiovisual' Products	Journal of World Trade	对外经济贸易大学	石静霞

三　等　奖（14 篇）

论文题目	发表期刊	工作单位	获奖者
海外市场需求与跨国垂直并购——基于低端下游企业的视角	经济研究	浙江大学	李　杰
市场规模、利润侵蚀和争取多产品跨国企业的政策竞争	经济研究	北京大学	马　捷
Foreign Direct Investment and Wage Inequality: Evidence from China	*World Development*	对外经济贸易大学	陈志鸿
中国制成品出口比较优势及贸易结构研究	经济学（季刊）	北京师范大学	魏　浩
外商直接投资导致了中国的环境污染吗？——基于中国省际面板数据的空间计量研究	管理世界	湖南大学	许和连
WTO 争端解决机构的造法	中国社会科学	清华大学	齐　飞
Trade Liberalization and Labor Income Share Variation: An Interpretation of China's Deviation from theStolper - Samuelson Theorem	*The World Economy*	浙江大学	黄先海
中国内外需求的市场潜力研究——基于工资方程的边界效应分析	管理世界	暨南大学	赵永亮
中国是否遭遇了歧视性反倾销？——兼与其他出口国的比较	管理世界	上海财经大学	鲍晓华
贸易开放对城镇居民收入及分配的影响	经济学（季刊）	南开大学	李　磊

续表

三 等 奖（14篇）			
论文题目	发表期刊	工作单位	获奖者
汇率弹性、货币篮设计与政策实效分析	经济研究	上海对外贸易学院	张晓莉
头程运费、国际贸易与经济增长——来自中国120个城市的经验证据	经济学（季刊）	浙江财经学院	马汴京
产品异质与汽车行业跨国公司进入中国市场的方式选择——基于需求的视角	管理世界	山东科技大学	孙江永
WTO争端解决中上诉机构“完成分析”问题研究	武大国际法评论	南京大学	吕炳斌

学术鼓励奖（11名）

序号	获奖者	所在单位
1	田 巍	北京大学
2	毛其淋	南开大学
3	唐东波	复旦大学
4	赵海乐	对外经济贸易大学
5	陈 昊	北京师范大学
6	李 锴	武汉大学
7	王 华	湖南大学
8	彭德雷	上海交通大学
9	汤二子	大连理工大学
10	赵 亮	中国农业大学
11	祁 毓	中南财经政法大学

资料来源：http：//kyc. uibe. edu. cn/business/website/index. do。

2012年诺贝尔经济学奖获奖者简介

美国经济学家阿尔文·罗斯（Alvin E. Roth）和劳埃德·沙普利（Lloyd S. Shapley）由于对稳定配置理论和市场设计实践的贡献而荣获2012年度诺贝尔经济学奖。

罗思是美国实验经济学和博弈论专家，在博弈论、实验经济学与市场设计等领域作出了卓越贡献。1951年12月18日出生于美国纽约市犹太裔家庭。1971年获哥伦比亚大学运筹学学士学位；1973年、1974年分获斯坦福大学运筹学硕士和博士学位。早年执教于伊利诺斯大学，1982年起任匹兹堡大学经济学教授，1998年起任哈佛大学商学院经济学与工商管理教授。2013年起任斯坦福大学经济学教授，同时兼任哈佛大学名誉教授。曾当选为美国艺术与科学研究院院士，并长期兼任国民经济研究局研究员。

沙普利是美国数学家和经济学家，在数理经济学、博弈论等领域作出了杰出贡献。1923 年 6 月 2 日出生于马萨诸塞州剑桥市，父亲为著名天文学家。1948 年获哈佛大学数学学士学位，1953 年获普林斯顿大学数学博士学位。早年除短期执教于普林斯顿大学以外，长期就职于兰德公司。1981 年起任加州大学洛杉矶分校数学与经济学教授，2000 年起成为该校数学与经济学荣誉教授。曾当选为美国国家科学院院士和美国经济学联合会杰出会士，并获约翰·冯诺依曼运筹学与管理科学理论奖。

两位获奖者的获奖成就所关注的问题是：如何尽可能恰当地匹配不同的市场主体。比如，婚姻市场中的男女性别之间，入学申请者与学校招生名额之间，人体器官捐献者与器官移植需求患者之间，均存在着匹配问题。怎样才能使匹配尽可能有效地完成？什么样的方法对什么样的配对主体有利？两位获奖者分别从稳定匹配的抽象理论和市场制度的实际设计两个角度对此作出了回答。

沙普利使用合作博弈方法来研究和比对不同的匹配方法。他认为匹配问题关键在于，必须保证每一项配对是稳定的，从而使得两个配对主体均无法找到比当前匹配主体更佳的匹配对象。沙普利和同事戴维·盖尔一起找到了一种被称为“盖尔—沙普利算法”（Gale-Shapley 算法）的法则，该法则能够确保匹配是稳定的，并能同时制约市场主体操纵匹配过程的可能动机。沙普利设计的方法能够系统性地对两个配对主体中的某一方主体有利。

罗斯意识到沙普利的理论计算法则可以在实践中得到广泛应用，并能使重要市场的运作方式变得更加清晰明了。罗斯及其同事在一系列的经验性研究中同样证明：理解特定市场机制为何成功的关键在于稳定性。罗斯后来成功地通过系统性的实验室实验支持了这个结论，并通过重新设计现存市场制度的方式，去帮助医生和医院、学生和学校、器官捐赠者和病人之间进行匹配。这些改良方法均基于“盖尔—沙普利算法”，并在考虑到特殊环境要求和伦理道德限制的基础上进行了各种修正。

两位获奖者的相关研究尽管是各自独立完成的，但沙普利的基础理论与罗斯的经验性调查一经结合，各类实验室研究和实际的市场设计已经产生出了一个繁荣的研究领域，并因此改善了多种匹配市场的具体表现。

（李仁贵）

著名经济学家介绍

王传纶（1922—2012），江苏苏州人。经济学家、教育家、新中国金融与财政学科奠基人之一。中国人民大学荣誉一级教授，兼任中国金融学会、中国财政学会、中国国际金融学会常务理事、外国经济学说研究会理事以及中国国际税收研究会顾问等职，美国普林斯顿大学威尔逊学院客座研究员等职。早年曾先后求学于西南联合大学、清华大学、英国格拉斯哥大学。1951 年回国投身教育事业，先后任教于清华大学（1951—1953）、中国人民大学（1953—2012）。代表性学术成果集中体现于《王传纶文集——跌跌撞撞往前行》（2002）、《王传纶自选集》（2007）。主编的教材曾多次获得全国优秀教材省部级奖、国家级教学成果奖二等奖，北京市教学成果奖一等奖等国家和省部级奖项，个人也先后获得“吴玉章基金教学奖”“宝钢教育基金奖”“刘鸿儒基金会中国金融学科终身成就奖”等奖励。

王传纶

一　成长经历

王传纶 1922 年 4 月出生在江苏省苏州市曹家巷一个殷实的商人家庭，父亲为家族经营老式的钱庄与银行。王传纶自幼生活优裕，家里聘请了几位私塾先生，他便与哥哥姐姐以及其他叔伯兄弟接受了最初的中国传统的启蒙教育，虽然年纪最小，但成绩一直很好。等到了正式入学年龄，便进入了新式的苏州树德小学和中学，初中毕业后，再考入省立苏州中学高中部，读完高中二年级时，淞沪抗战战事正酣，学业时续时断。特别是日军占领苏州以后，民族存亡危在旦夕，原本宁静安逸的生活一夕之间不复存在，全家被迫从苏州逃往上海租界，亡国奴的日子由此在王传纶的心灵上烙下了深刻的印记。1938 年王传纶在租界的中学继续高三的课程，当时正值北方的清华大学、北京大学和南开大学合并南迁为西南联合大学（以下简称西南联大），这几所大学一直是青年学子向往的目标，恰好族人中也有一位姑母毕业于清华大学。当年新成立的西南联大委托在上海租界的暨南大学代为招生，王传纶当时高中尚未正式毕业，使以同等学力身份投考，并顺利被录取。秋天，王传纶自上海出发，乘坐英国太古公司的轮船，经香港地区，借道越南海防，再经滇越铁路，由云南蒙自最终到达昆明，一路颠簸数千里，终于成为西南联大第一届学生，时年16岁。

战争期间的西南联大，宛如严寒中的梅花，是中外学术史上的一朵奇葩。学校偏居边陲，国家存亡未定，物质生活是艰苦的。据王传纶回忆，一些教师靠卖旧家当维系生活，困难时期，连校长梅贻琦夫人都需要时常烤卖小点心补贴家用；很多学生则是靠课余在书店打零工来完成学业。但是，西南联大的精神生活是丰富而充实的。师生在为国家民族保留“文脉”的共同使命感召下，学科设计既有为现实服务的一面，也在相当程度上维持了三校注重通识教育的传统。因此，王传纶在这里听过很多名师大家的课，如钱锺书、朱自清、冯友兰等，受到了良好的有本土特色的人文社科基础训练。王传纶初入学时，读的是文学院的哲学心理学系，学号“A-717”，一年级结束时，申请转入经济系。拜西南联大传统的自由主义学风所赐，“转系”这件大事并没有大费周折，哲学系主任冯友兰同意放行，经济系主任陈岱孙则欣然接受。经济系归属法商学院，教师以陈岱孙为首，大部分曾留学美英。课程有经济学概论、公共财政、货币银行、国际贸易、经济史和统计学，很多课程直接使用英文教材，教师授课也是中英语混杂。经济系的培养理念虽然也强调学生“于我国实际状况，有相当之了解”，但课程设置几乎全部为英美自由市场经济理论为导向。1939年，王传纶初次选修“经济学概论”课程，陈岱孙在课堂上讲的是当时先进的“现代西方”经济理论，这些理论源自英美的经济历史与现实，本身逻辑严谨，教授的讲解也清晰易懂，然而置身于当时的经济环境，王传纶朦胧地觉得这只是一种“纯粹”的学问，与中国的实际情况有很大的隔阂。一方面是书本上美妙的“均衡”，另一方面是政府贪污腐化、挥霍浪费，市场上投机倒把、囤积居奇，物价飞涨的“不均衡”。王传纶与其他大多数青年学子一样，对“自由”市场经济感到很困惑。其实，有这种困惑的岂止青年学子，20世纪40年代昆明和北京的报刊上，经济学教授的文章中，普遍表达了对当时经济状况的不满，要求国民党政府实行经济改革，加强对市场、对商业的管制，这种基于特定历史环境、本土色彩的“主流”经济思潮，与源于英美传统、教科书式的所谓“经济自由主义”渐行渐远，一些先进分子更是积极探寻新的思想、新的方向。

也就是在这个时期，20世纪三四十年代，几位年轻的留英教师的加盟，从国外经济学界带来了一些新的信息，例如毕业于英国剑桥大学的徐毓枬，开始为高年级学生讲授“新的”凯恩斯充分就业、政府干预的理论。更有甚者，国际经济学界20世纪30年代著名的“社会主义经济理论论战”，也像一股新风吹到了校园，兰格（O. Langer）与勒纳（A. Lerner）的观点，在社会主义制度下，只要有关当局遵照市场原理来定价，资源配置是可以优化的，计划经济、统制经济，不仅是可行的，而且是更有效率的。对于徘徊于自由市场理论与中国经济现实之间的中国经济学人，这种计划经济思想自然是有吸引力。回顾这段往事，王传纶诚恳地认为：中国老一代经济学家曾经被计划经济的想法打动过；自由放任主义，并没有成为那一代人的主导思想。因此新中国成立以后，对于苏联的计划经济模式，思想上是不难接受的。改革开放后，我们对传统计划经济简单否定的多，但是，从历史的角度，认真客观总结经验教训的研究还远远不够。当然，如果拉长历史的视野，当初所学的自由市场经济原理，也并不是全然荒废时日，它们像冬天的种子一样，蛰伏在厚厚的冻土中，静待土壤与气候的变换，一直要等到20世纪80年代，才有发芽的机会。

王传纶在西南联大的4年是充实的，生活相对优裕，不太关心政治，接受了良好的人文学术训练，形成了初步的经济思想倾向。在校期间，王传纶成绩很好，被誉为“江南才子”，深得陈岱孙等教授的青睐与提携。三年级结束时，陈岱孙特别嘱咐要多向年轻教师徐毓枬学习“现代”经济理论。20世纪30年代中后期，受大萧条影响，由亚当·斯密发端、中间经过穆勒发展，到马歇尔集大成的“市场自动均衡”的古典经济理论也在修正与变化，罗宾逊夫人提出了市场不完全竞争理论，卡尔多将市场理论从静态推向动态，斯拉法则在重构劳动价值理论；对古典理论冲击最大的无疑是凯恩斯的政府干预理论。徐毓枬以前是陈岱孙的高足，后经推荐赴英国剑桥大学深造，并获得经济学博士学位。徐毓枬对王传纶也是助益良多，乃至将自己珍藏的《通论》第一版原著慷慨相赠，可惜在30年后的“文化大革命”中遗失；多年后，王传纶念及此事，仍怅然不已。

1941年，王传纶年仅20岁即从西南联大毕业，不久即与当时数学系的才女喜结连理，一时间，“才子佳人”，春风得意。然而，现实是冷酷的。一方面，抗日战争处在最艰苦的持久战状态，中日双方在进行殊死的搏斗；另一方面，国民党军政当局贪污腐败日盛一日，令人心寒。年轻的大学毕业生王传纶不满政治的黑暗，无心加入政府，也无意像家族传统一样从事商业活动，恰好新婚夫人出身于贵州的国民党军事技术官员家庭，于是夫妇二人进入贵阳的清华附中教书。1945年8月，八年艰苦卓绝的抗日战争终于结束了，正如杜甫所谓的“漫卷诗书喜欲狂”。王传纶由贵州经重庆回到阔别多年的上海和家人团聚。稍做准备，即于1947年秋考入清华大学经济系研究生，继续学习。在清华期间，成绩依然优秀，多年后，刘大中教授依然记得勤奋、聪慧的王传纶同学对当时最先进的数理经济学的整本习题集解析之规范、严谨。两年后的毕业考试是书面论文加面试，考官委员会由陈岱孙主持，其余则是清华大学、北京大学的教授，如刘大中、赵迺抟、蒋硕杰、戴世光、徐毓枬等。优异的成绩加上陈岱孙与徐毓枬的推荐，王传纶1948年底取得了一个英国半政府组织的文化委员会奖学金，准备赴英国留学。这个时候，国共双方三年内战，大局已定，知识阶层大多对国民党的黑暗与腐败深感失望，对未来的中国怀有美好的憧憬。据徐毓枬分析，中国未来的政治经济模式，会步苏联的后尘，留学学校与学习的内容应该根据这一形势变化相应调整。英国传统经济学的重镇在剑桥，伦敦经济学院则是欧陆思想登陆英伦的桥头堡，左右杂陈；而格拉斯哥作为苏格兰的主要工业城市，工党势力较大，共产主义思想也有影响，而且格拉斯哥大学在苏联经济研究领域独有特长。这种看法对于原本无意滞留国外，有心服务国家的青年学者王传纶显然是有影响的。

1948年底，王传纶进入格拉斯哥大学，成为博士研究生。格拉斯哥大学因经济学鼻祖亚当·斯密曾经任教而有盛名，但在二战后不久的困难时期，该校政治经济学系教师数量有限，主要应付本科教学。在政府和社会的支持下，该系新建了一个以现实经济研究为重点的“社会经济研究系”，鉴于当时苏联的国际经济影响，该系创办了一本学术性刊物《苏联研究》，并逐渐获得国际声誉。这本杂志的编辑部本身也是一个学术研究机构。王传纶虽然注册在经济系，继续研习主流经济理论，但同时也将相当多的精力放在这个新的机构，在这里系统地研究苏联经济问题，并且在该杂志上发表了两篇论文。当时的研究资料既有俄文版的苏联出版物，也有英国与欧洲学术界的最新成果。王传纶在对计划经济模式关注的同时，也时常接触到政治高压、“肃反”等内幕材料，这一点对将来在国内度过漫长的政治运动倒是起到了一些意外的警醒作用。

大约1951年初，新生的中华人民共和国有一个文化知识界的代表团访问英国，王传纶当时担任了留英中国学生联谊会会长，参与接待；代表团中有些人，例如副团长物理学家周培源，以前就是王传纶在西南联大时的老师；王传纶向他们表达了强烈的早日回国工作的意愿，并委托周培源带了一本斯威齐的新书转交陈岱孙，同时也向陈先生表达了这一意愿。不久，陈岱孙来信，邀请王传纶直接回清华任教，并嘱咐不要经过教育部分配，这在当时是承担了不小的政治风险的。

1951年秋季，王传纶回到清华大学，几周之后便被派往武汉、广西等地，与先期前往的清华教师会合，参加土地改革工作。第一期历时约5个月，接着再去桂县参加第二期土地改革。等1952年回到北京时，清华大学的经济系已经不复存在了。中央政府对大学的院系进行了调整，清华经济系被撤销合并到新成立的中央财政经济学院，陈岱孙任院长；一年后，学院再次调整，部分教师并入北京大学，部分打散并入其他院校；王传纶则进入了人民大学财政系。陈岱孙在被并入北京大学后不久，写信给王传纶，望他为接班讲授“财政学”做好准备。就这样，从1953年开始，王传纶在中国人民大学从事了60年的财政与金融的教学研究工作。

从20世纪50年代初回国，到1978年改革开放，在这20多年时间中，中国的政治与社会在不停地震荡；王传纶与绝大多数知识分子一样，在这动荡不安的环境中尽力做好自己分内的教学与研究工作，在系统讲授财政学课程的同时，与中国人民大学财政经济领域的同人一道探索符合中国国情的财政、信用学科体系；译介一些国外的研究成果，其中代表性的如1957年译自俄文的《资本主义总危机时期的美英财政》；在教学科研同时不断调适自己与社会的关系，调适自己的知识体系与新的社会经济形态的关系。王传纶大体上平稳经历了历次政治运动，经历了下放江西劳动，经历了中国人民大学停办与复校。

1976年秋季以后，“劫后余生”的教授学者们陆续回到校园。当时人民大学正在准备复校，百废待兴，整个国家也是如此；政治上乍暖还凉，经济改革倒是可以先行一步。王传纶被邀请到对外经济与金融交往的最前沿中国银行协助研究与实务工作，当时中国银行的“调查研究处”叫“四处”，是现在的国际金融研究所的前身，工作人员只有四五人，以年轻人为主，大多对国外的情况不太熟悉。王传纶在这里协助工作了数年，整理了大量有关国际经济金融的最新研究与业务方面的资料，为自己开辟了一个新的研究领域，为中国银行培养了一支年轻的研究队伍，为此后的国际金融研究所成立起到了奠基性的作用。

大约在同一时期，在中央党校，一些党政领导人在为全面的改革开放做系统的理论与知识准备。王传纶参加了其中的“外国外资问题”专题研究小组，通过大量的英文、俄文资料译介和理论分析，为该项研究提供了技术支撑。

1978年中国的改革开放大业正式启动，引进外资是重中之重。一方面，中国需要外部的资金与技术；另一方面，外国投资者对中国的制度变革与投资环境也有顾忌，双方隔阂还比较严重，一些具体的技术性问题，例如如何避免重复征税，更是亟待解决。福特基金会提议办一次有关国际税收的研讨会，提供资金与技术支持，中方由财政部财政研究所牵头，王丙乾部长也很支持。于是1979年冬季，在大连的辽宁财经学院（现东北财经大学）举办了中国首届涉外税收培训班。来自哈佛、哥伦比亚等大学以及一些律师事务所的税务律师，共十几位美籍专家，介绍国际税收体系，欧美的所得税制度、出口退税、如何避免国际投资的重复征税等问题，听课对象则是从全国选拔出来的中青年学者和各地税务局涉外部门的官员。课程历时数周，面对那些众多陌生的专业术语和概念，原本经验丰富的英文翻译很难应付，听众自然也茫然不解，课程几乎难以为继。恰好此时，财政部许毅请来了王传纶，先是简要概括了外国专家所讲的内容，并阐发了自己对涉外税收的理解，同时也向外国投资者解释了在中国投资的风险与收益，解决了诸多困惑。准确的翻译、深入浅出的讲解，勾勒了涉外税收体系的基本框架，协助完成了中国国际税收知识的一次启蒙教育。此次培训活动结束后不久，全国涉外税收体系逐渐形成，增值税开始推行，外资企业所得税法起草与立法，全国高校纷纷设立了国际税收专业，北京、上海等地税务局陆续建立了涉外处，地处改革开放前沿的深圳成立了国际税收研究会并创办了国内第一本国际税收期刊——《涉外税务》，王传纶成为该杂志的第一批专家顾问。

1980 年初，中国银行虽然有意挽留，但人民大学复校工作基本完毕，王传纶决定将工作的重点转回大学，将这里当作安身立命的一方净土，潜心研究，教书育人，凡 30 余年。

二　学术成就

（一）金融领域的贡献

自 20 世纪 80 年代初期以来，王传纶的研究方向聚焦于汇率和外资等国际金融问题，银行、资本市场以及宏观调控等有关金融体系的问题。

1982 年，他撰写的《汇价理论的探讨》（载于《经济思想史论文集》，北京大学出版社 1982 年版）一文，首次系统整理了马克思、恩格斯著作中的汇率理论，全面评述了西方主流汇率理论。在此基础上，他深入分析了美联储当时采用的理论模型的缺陷，指出该模型以既有的外贸格局为依据，并假定进出口贸易是平衡的，不符合发展中国家的现实。据此，他主张人民币汇率的确定，应当着眼于中国经济的长远发展。“在宏观上，调整人民币汇率时应当优先考虑的，并不是外贸的盈亏，甚至也不是贸易收支是否平衡，而是国际收支加总是否平衡”；“在微观上，目前最迫切的是如何在汇率政策上创造条件，使进出口企业能够合理经营和独立核算”。此后，王传纶又相继发表了《人民币汇率制度系统工程探索》”（《国际金融研究》1986 年）、《关于我国‘七五’期间的汇率方针》（《外国经济管理》1986 年）、《有关人民币汇率制度改革的几个问题》等一系列文章，对上述观点进行了更深入的阐述，并进一步把汇率调整问题同国内价格政策、国民经济的总体运行密切结合在一起考察。他研究汇率问题的方法、思路和主张，不仅被国内外学术界高度认可，而且受到国内外汇管理部门的重视。关于引进外资，王传纶一贯主张大力引进，同时也强调必须与国内经济改革、发展相协调，必须以追求国际收支长期动态平衡为原则。这些在改革开放初期即已提出的观点与分析，现在看来，依然具有较强的现实意义。

长期以来，王传纶跟踪研究中国金融体系问题，针对银行企业化、资本市场改革、金融宏观调控等发表了一系列论文，形成了一个关于金融体系整体改革的分析框架。例如《我国银行企业化的方式和步骤》（《外国经济管理》1987 年）、《资金市场的完善和银行的企业化》（《外国经济管理》1987 年）、《银行的企业化和对金融的宏观调控》（《外国经济管理》1988 年）及《向市场经济转轨过程中的金融控制》（《财贸经济》1997 年）等，不仅具有重要的理论意义，而且还有很强的实践意义。

20世纪80年代后期，王传纶与黄达不约而同地注意到美英等发达国家中央银行资金流量表的理论与实践价值，在国内率先提议重视研究“资金流量分析”方法。1990年，王传纶撰写的长篇报告《“资金流量分析”的方法及其在我国宏观经济调控中的应用》，详尽地分析了这种方法的背景、结构和应用。这项研究不仅开该领域理论研究之先河，更为重要的是，通过王传纶亲自在中国人民银行的培训授课等方式，直接推动了政策实践。

在金融研究领域，王传纶的代表性译校论著包括《金融理论中的货币》（1994）、《货币金融学》（1998）、《货币经济学手册》（2003）等多部。1999年，耄耋之年的王传纶还指导年轻学者翻译出版美国《金融服务现代化法案》，并逐字校阅，撰写长篇导论，精辟阐释了该法案的背景、内容、意义以及对中国的影响。

（二）财税领域的贡献

在财税研究领域，无论是理论研究还是政策研究，王传纶均建树颇多。20世纪50年代初期，他便翻译出版了《资本主义总危机时期的英美财政》一书，并开始系统收集资料，总结各国财政金融理论、制度与政策，希望为新中国经济建设提供借鉴；1981年出版的《资本主义财政》，是新中国第一部全面介绍发达资本主义国家财政制度、理论、政策的专著，其中对社会主义经济改革和财政改革，有精辟论述。如该书指出，“对不同形态国家的财政现象的分析和研究，都可以按照两条线索去做，一是国家同经济的相互关系，二是分配同生产、再生产的相互关系”，这是对财政现象可以分为财政一般和（与具体的社会经济形态相联系的）财政特殊，以及财政学的研究必须置身于国民经济大背景下这一观点的最早表述。此后，王传纶又相继发表了《外国财政问题》《财政支出系统的控制和核算问题》《政府预算制度中的制衡机制和效益核算问题》《中国的税收政策》（英文）等大量论文，继续借鉴国外经验，探讨中国财政改革问题。1995年出版的《当代西方财政经济理论》（合著），更是将关于不同经济形态国家财政问题的分析和研究向前推进了一大步。

此外，王传纶非常重视对财政金融思想史的研究。由他编著的《西方财政金融思想发展》（西南财经大学出版社1991年版），资料翔实、条理清晰、论述精辟，将财政与金融熔于一炉，填补了新中国经济思想史的一项空白；另外，《漫谈市场与政府的关系》（《财贸经济》1998年）一文从经济思想史的角度，系统论述了西方国家以及社会主义思想体系中市场与政府的关系，同样具有较高的理论价值。

（三）财政金融教育与政策实践

60年来，王传纶不离“三尺讲台”，始终坚守在新中国财政金融教育事业的第一线。由他主编的教材曾多次获得全国优秀教材省部级奖、国家级教学成果奖二等奖、北京市教学成果奖一等奖等国家和省部级奖项，个人也先后获得“吴玉章基金教学奖”以及“宝钢教育基金奖”等重要奖项。

在中国人民大学，王传纶是公认的负责、认真、严谨、博学的教授之一。他学贯中西，知识渊博，毕生从事财政金融研究，对其理论体系、政策过程、发展脉络了然于胸。即便如此，在每一堂课之前，他都一丝不苟地准备教案，在教学过程中，以一种严谨务实、自由平等的学风，实践“传道、授业、解惑”的诺言。

“对于已经离校和正在攻读博士学位的学生，我衷心感到高兴的是，他们都一心一意地为祖国服务，并且都有进步。他们在校学习努力，不甘落后，进取心强；在工作岗位也都兢兢业业，埋头苦干。我自己未必是一个很够格的导师，但他们还是依靠自身的努力而成为合格的经济学博士和经济学者”。对于弟子，他有着“慈父”一样的爱。他在弟子们学位论文草稿上留下的动辄千言、密密麻麻的铅笔批注，不仅是学术的指导，学风的熏陶，更是人生态度的激励。

在王传纶教的言传身教之下，他的多位弟子走上了重要的工作岗位，在各条战线上为新中国的财政金融事业贡献着自己的力量。他们中包括李扬（中国社会科学院副院长、学部委员）、高培勇（中国社会科学院财经战略研究院院长、学部委员）、贝多广（第一创业摩根大通证券有限公司首席执行官）等。

“长于精思又重于实践”是王传纶时常挂在嘴边的一句话，也是他长期以来致力于将经济理论应用于金融改革与发展实践，不遗余力为新中国金融规划与决策提供智力支持的真实写照。

王传纶担任全国政协第六、七、八届委员和经济委员会委员，以及中国金融学会、中国财政学会、中国国际金融学会常务理事、外国经济学说研究会理事、中国国际税收研究会顾问等职，“走出校园”用知识回馈社会。

关于银行改革，王传纶提出了削减银行“特权”、积极推进企业化改革，增进我国银行业的竞争力；主张逐渐淡化乃至取消各专业银行总行在系统内纵向分配资金的作用，确立地区专业银行的金融企业中心的地位；关于资本市场，他提出了慎重、渐进，以及与银行间接金融协调发展的思路；关于宏观调控，他认为应当强化中央银行系统在调控信贷资金和货币流通，协调、指导资金配置方面的作用；而且特别强调，银行的企业化改革是宏观调控的微观基础，它与金融市场的发展、调控体系的建立是一个相互依存、相互促进的整体，等等。上述主张大多被政府决策部门采纳，并被应用于新中国金融改革的实践当中。

晚年的王传纶在纪念恩师陈岱孙的一篇文章中有这样一段话，“他们这一代知识分子，受民主自由主义教育的时间长，有自己的坚守坚持，但回到当时的中国，碰到实际情况，有些事不太可能去做，所以他们中的有些人就在学校里待了一辈子，守着这片干净的热土。对于搞人文社会科学的人来说，这是很不容易的。他们在这样一个环境学习打造出来，却在另外一个不同的环境中生活，对他们来说，有个适应的过程，但他们做得还好”。这段平实的文字，若看作夫子自道，谁曰不宜？

2011 年，王传纶荣获刘鸿儒基金会颁发的“中国金融学科终身成就奖”，颁奖仪式上，年届 90 岁的王传纶思路清晰地回顾了自己 70 年来经济学学习心得，从近百年世界经济潮起潮落的风云变幻，强调政府与市场良性互动的重要性，寄语年轻学子以国家民族复兴和人类文明进步为宗旨，以现实问题为导向，踏实研究；言辞恳切，听者动容。一起共事近 60 年的黄达则以“真有学问，有真学问”八个字高度概括了王传纶的治学境界，也准确表达了无数朋友、同人和弟子的共同感受。

三　王传纶主要论著

《资本主义财政》，中国人民大学出版社 1981 年版。

《国际对外债务的长期宏观分析》，《经济理论与经济管理》1982 年第 2 期。

《发展中国家可供选择的国际收支调整战略》，《国际金融》1988 年第 2 期。

《怎样控制货币数量》，《财贸经济》1990 年第 4 期。

《西方财政金融思想发展》，西南财经大学出版社 1991 年版。

王传纶、朱青：《国际税收》，中国人民大学出版社 1995 年版。

王传纶、高培勇：《当代西方财政经济理论》，商务印书馆 1995 年版。

《外汇储备与通货膨胀：中央银行的对冲可行性分析》，《财贸经济》1998 年第 3 期。

《外汇储备来源：外汇收支和国际收支角度的分析》，《国际金融研究》1998 年第 2 期。

《近年美国财政政策和收支状况变化及今后发展趋势》，《财政研究》1999 年第 5 期。

《王传纶文集——跌跌撞撞往前行》，中国人民大学出版社 2002 年版。

《王传纶自选集》，中国人民大学出版社 2007 年版。

（瞿　强）

中国社会科学院经济学部2012年工作总结

2012年，经济学部在院党组和学部主席团的领导下，在经济学部各研究所的积极参与下，借助学部工作局和院各职能局的大力支持，依靠全体学部委员和荣誉学部委员的共同努力，开展了丰富多彩的学术活动，取得了多方面的成果。现将经济学部在2012年中完成的主要工作做一简要的汇报。

在2012年里，经济学部的主要工作大体分为三类，即课题研究、刊物和成果的出版，以及举办学术会议。

一　课题研究

（一）完成中央交办课题

一月上旬，陈奎元院长传达中央领导交办任务，要求经济学部组织力量，就我国的经济体制、行政管理体制和社会管理的体制改革问题进行专项研究，并提供研究报告。这项交办任务时间紧，要求高（需要汇报课题组的实际调研情况），又正值春节春运，难度较大。经济学部在院党组的部署和大力支持下，由陈佳贵主任和刘树成副主任牵头，迅速从各所抽调骨干人员，组建了16人的课题组。

1月11日课题组召开第一次全体会议，会上制订了研究计划和具体进程，明确了课题组成员的分工。会后，课题组成员立刻分头收集资料，同时与相关地方的政府联系，落实调研安排。在春节假期一结束，课题组即赶赴广东、安徽和浙江进行调研。调研工作受到当地有关部门的大力支持。

调研回来后，课题组全体成员立即汇总和整理调研情况，消化各种资料，在深入讨论的基础上，分头撰写报告。2月19日和3月1日，课题组两次开会，讨论调研报告的稿子，并请学部委员张卓元、周叔莲、杨圣明、吕政、蔡昉等同志参与讨论，最终形成了调研报告。

4月中旬，中央领导同志听取了课题组的汇报。至此，中央交办的调研任务顺利完成。此次调研报告的亮点是提出了“建设成熟的社会主义市场经济体制”的思路。

完成中央交办任务后，佳贵主任要求课题组成员在调研报告的基础上，进一步拓展思路，围绕建立成熟的社会主义市场经济体制，进行更全面、系统的理论性研究，充实成果的学术内涵，在此基础上，将所有研究成果整合、扩展成一部学术专著。这项工作在十月份全部完成，并已在12月份由经济管理出版社出版。

（二）“中国经济重大问题跟踪分析”第三期研究

中国经济重大问题跟踪分析是经济学部从2008年起开始实施的一项连续性研究项目，经济片8个所都参与研究。项目的主要目的是针对中国经济发展和转型中的战略性问题和重大热点问题进行跟踪分析。至去年年底，已经完成了两期研究。今年，在前两期研究的基础上，学部又制订了第三期研究的计划，并向院里提出了立项申请。项目得到了到院里的支持，于5月份正式启动。

第三期研究计划为期三年，目的是对十二五规划的执行进展情况进行中期分析。整个项目分为13个子课题：

（1）“十二五”时期宏观调控政策分析和改善宏观调控体制、机制和政策的建议，由数技经所李雪松牵头；

（2）“十二五”时期解决我国“三农”问题的进展、问题和建议，由农发所李周牵头；

（3）“十二五”时期产业结构调整和升级的进展情况、问题和政策研究，由工经所黄群慧牵头；

（4）“十二五”时期财政收入状况和财政税收体制改革的进展和成效评估，由财经院高培勇牵头；

（5）“十二五”时期坚持和完善社会主义初级阶段基本经济制度的进展、问题和政策研究，由经济所张平牵头；

（6）“十二五”时期的收入分配状况分析与建立扩大消费的长效机制研究，由人口所张车伟牵头；

（7）“十二五”时期我国劳动力供给和就业形势分析及社会保障体制建设研究，由人口所蔡昉牵头；

（8）“十二五”时期国内投资的情况分析和政策建议，由数技经所李平牵头；

（9）“十二五”时期强化节能减排的进展、问题和改进建议，由城环所潘家华牵头；

（10）“十二五”时期深化金融体制改革的进展、问题和改进建议，由金融所王国刚牵头；

（11）“十二五”时期提高对外开放水平的挑战和对策建议，由经济所裴长洪牵头；

（12）“十二五”时期区域协调发展和城镇化进程中的新问题及对策研究，由城环所魏后凯牵头；

（13）总报告，由学部主任陈佳贵牵头。

（三）“中国基层经济组织现状研究”的国情调研

二　学术成果的出版和发布

（一）《中国经济学年鉴2011》的出版。组织编写和出版《中国经济学年鉴》是经济学部每年的常规工作。今年出版的2011版是第四卷。

《中国经济学年鉴2012》的出版。目前，2012年度的年鉴稿子已经收齐，正在对全部稿子进行后期审读和编辑工作。计划在明年初出版。

（二）学部委员文集（2011）的组稿和出版

经济学部每年组织编辑出版一本学部委员和荣誉学部委员文集，以集中反映学部委员和荣誉学部委员们在上一年度中的主要学术成果。一般情况下，每位委员提供两篇在上一年度内公开发表的文章，编辑成册。今年这项工作已经完成，稿子已交付出版社。

（三）《中国经济学人》的编辑和出版，正在按常规正常进行。

三　组织召开学术会议

今年，经济学部组织的各类学术会议比往年多，大大小小共开了12个正式的会议。

（一）学部工作会议

1. 元月4—5日召开学部年度工作会议。会议内容分成两部分：

（1）学术研讨，主题是财税体制改革与转变经济发展方式；

（2）经济学部2011年工作总结和2012年工作设想。

出席会议的有全体学部委员和经济片各研究所的所长和党委书记。

2. 元月16日，学部召开全体学部委员和荣誉学部委员会议，会议内容是总结学部2011年度的主要工作，讨论学部2012年的工作设想。

（二）经济形势座谈会

这是经济学部每年春节后召开的例会。

2012年的经济形势座谈会由农发所承办，于2月18日在北京稻香湖酒店举行。高全立副院长、武寅副院长、李扬副院长，院部各职能局的领导，以及经济学部的学部委员、经济片各研究所的领导和农发所部分研究人员，共80多人出席会议。

（三）科研成果发布会

5月18日，学部与中国社会科学出版社、浙江工商大学共同在杭州召开了《中国经济学年鉴2011》出版新闻发布暨深化经济体制改革研讨会。以往的发布会都在北京召开，由经济学部和中国社会科学出版社、《经济研究》编辑部共同举办。由于这部年鉴的影响力在逐年扩大，今年，浙江工商大学主动来联系，表示愿意在杭州承办此次会议。因此，今年的年鉴出版发布会议改在杭州召开。这反映了这部年鉴的社会影响力在不断增强。

全国各地的高校、社科院等学术机构都有代表到会。会议内容除了年鉴出版的新闻发布外，还用一部分时间进行热点学术问题的研讨和交流。

（四）其他专题学术研讨会

今年，经济学部组织召开了八个专题性的学术研讨会。

（1）金融体制改革与民间金融机构的发展国际研讨会，由金融所承办，于5月31日在北京召开。中国人民银行调查统计司、中国证监会、中国城市金融学会、中央财经大学及韩国资本市场研究院、国际货币基金组织驻华首席代表、日本银行北京代表处首席代表等来自国际组织、政府部门、学界及业界机构的专家分别作专题演讲。与会的中外专家就我国民间金融活动的发展与监管问题进行了深入探讨。专家们认为，既要认识到民间金融活动存在的合理性，又必须完善现有的监管体系，促进民间金融机构的合法合规经营。

（2）投资与中国经济增长动力转换问题研讨会。这个会集中讨论中国现行投资体制的相关问题，中心议题是如何改变中国经济发展对投资拉动的过度依赖。会议由经济所承办。会议于6月15日在北京召开，会期一天。各学部委员、国务院发展研究中心、国务院政研室、国家统计局、发改委宏观院、其他高校和科研机构的专家学者出席会议。

（3）人口红利与社会经济发展国际研讨会。会议由人口所承办，于8月20—21日在北京召开。到会的人员中，除了中国社科院的学者外，还有来自澳大利亚、德国、中国香港、日本、美国的学者，以及国内有关政府部门和科研机构的专家学者，共80多人。与会者围绕中国的人口老龄化、经济增长方式转变、收入分配、劳动力市场的完善等问题，展开了多角度的探讨。

（4）中国经济论坛。这是经济学部每年的例行会议，在学部组织的学术会议中是规格、档次最高的会。今年的论坛由城环所承办，主题是“城市转型与绿色发展”。论坛于9月14—15日在北京举行。这次会议还邀请了北京市社科院共同筹办。除了中国社科院的学者外，还有来自地方政府、地方社科院、国家发改委、环境部、其他高校的专家和学者到会。与会的专家学者、政府官员和企业家围绕中国城市化进程与贯彻科学发展观、推进“绿色发展”的问题展开了多视角的交流。此次会议还围绕会议主题进行了论文征文，收到了两百多篇应征论文，经专家评审，从中评出了12篇优秀论文。

（5）现代服务业与产业升级学术研讨会。会议由财经院承办。会议于9月7日在丹东召开。此次会议的地方承办单位是辽宁的丹东学院。经济学部的学部委员、国内服务业发展和产业发展方面的专家，以及辽宁省宣传部领导、地方社科院和高校的学者等共40多人出席会议。会议围绕中国产业结构升级、经济发展方式转换和服务业发展等方面的热点问题深入交换了看法，与会者对“新产业革命”的说法表现出了很大的兴趣。会议得到了丹东市政府和丹东学院的大力支持。

（6）土地制度改革与农村发展研讨会，由农发所承办，于10月13日在北京召开。会议集中讨论了“农地流转制度改革与现代农业”“耕地保护制度改革与粮食安全”“征地制度改革与农民权益保护”“农村建设用地与土地整治”“土地收入与农村发展”等问题。来自地方社科院、中央和国务院有关部门、其他科研机构、高校的学者共100多人到会。这个会与农发所每年举办的全国农研机构联席会议合并举行。因此，到会的地方社科院的农村研究所、农业类高校、农村政策研究部门的专家很多。

（7）国有经济战略性调整与国有企业改革研讨会，由经济学部、四川省社科院和工经所共同主办，于11月5日在成都举行。出席会议的除了中国社科院和四川社科院的学者外，还有北京大学、国家发改委、国务院国资委及四川省地方政府部门和高校的代表，共80多人。会议讨论了国有资产管理体制改革、国有经济布局的战略性调整、深化国有企业改革，国有资本经营账户的设立和规范、国有企业在国民经济中的角色定位，以及进一步深化国有企业改革等问题。

（8）欧元区危机及其对中国经济的影响国际研讨会，由数技经所和北京信息科技大学联合承办，于11月23日在北京召开。出席会议的有学部委员，经济片相关研究所的领导和研究人员，院部相关职能局的领导，商务部、国务院发展中心、地方高校的专家，以及欧盟委员会经济与金融事务部、德国经济研究所、英国国立经济与社会研究所、欧洲中央银行经济事务理事会的专家等。会议聚焦于欧元区危机对世界经济的近期和中期影响，深入探讨了欧元区危机的发生原因和蔓延机制，并以此为背景探讨中国应如何从中汲取教训，以及进一步加快转变经济发展方式、深化体制机制改革的对策要点。

第九篇

机构介绍

中国社会科学院经济学部

中国社会科学院
经济学部
ACADEMIC DIVISION OF ECONOMICS
CHINESE ACADEMY OF SOCIAL SCIENCES

中国社会科学院经济学部组建于 2006 年，由八个经济类研究院所组成：

经济研究所
工业经济研究所
农村发展研究所
财经战略研究院
金融研究所
数量经济与技术经济研究所
人口与劳动经济研究所
城市发展与环境经济研究所

这八个研究院所中，有的历史悠久，具有深厚的学术积淀；有的成立不久，展现着前卫的创新优势。这八个研究院所都聚集了一批国内外知名的经济学家。

目前，中国社会科学院经济学部的学术研究活动覆盖当代经济学理论研究、政策研究和经济史研究的各个领域，并在不少中国经济问题的研究上占有世界领先地位。

经济学部每年都开展多种规模不等的学术研究和实地调研。每年完成的研究成果数量大，影响面广，其中有不少成果对国家的重大经济决策起到了重要参考作用。经济学部及其所属八个研究院所与国际学术界有着长期、广泛的合作和交流，每年要接待大量到访的国外学者。

经济学部的主要任务是统筹和协调中国社会科学院在经济方面的学术研究活动，重点组织和协调单个研究院所难以承担的大型研究项目。目前，经济学部有主任 1 人（李扬），副主任 2 人（刘树成、吕政），有学部委员 16 人，荣誉学部委员 15 人。经济学部八个院所共有 400 多人。

经济学部紧密结合中央对我院 3 个定位的要求，积极展开研究的同时，实时出版各种出版物。有时效性很强的月度、季度、年度宏观经济报告；有与世界接轨的英文期刊《经济学人》；有注重理论性、资料性的《中国经济学年鉴》；有精选学术大家作品的“学部委员和荣誉学部委员文集”；还有其他专题研究和政策跟踪报告；等等。此外，经济学部精心制作了中英文网站，实时跟踪和反映学部研究动态和最新成果。经济学部目标是成为国内一流、世界领先的智库。

国务院发展研究中心

国务院发展研究中心是从事综合性政策研究和决策咨询的国务院直属事业单位。其主要职责是：

（一）围绕国民经济、社会发展和改革开放中的全局性、综合性、战略性、长期性问题开展跟踪研究和超前研究，为党中央、国务院提供政策建议和咨询意见，为制定国家中长期发展规划和区域发展政策提出建议；接受委托参与或组织对有关部门和地区拟定的发展规划进行研究和论证，提出意见和建议。

（二）研究国民经济的发展动态，分析宏观经济形势，对宏观经济政策的综合运行提出意见和建议。

（三）研究产业经济发展和产业政策，对产业结构、投资结构、企业组织结构、所有制结构的调整方向，对国民经济发展的技术选择、技术创新和高新技术发展政策提供咨询意见和建议。

（四）研究我国对外开放的新情况、新问题；研究对外贸易政策以及利用外资政策，提出对策建议；研究世界经济发展的趋势及其经验教训，为我国改革和发展提供借鉴。

（五）研究国民经济和社会发展中的人力资源开发、收入分配与社会保障政策和自然资源的合理开发与利用、生态平衡与环境保护政策。

（六）开展国际合作研究以及与有关国际组织和研究机构的交流，向党中央、国务院和有关部门提供涉外参考资料和政策建议。

（七）承办国务院交办的其他事项。

国务院发展研究中心是国内国际知名的政策研究咨询机构，在宏观经济政策、发展战略和区域经济政策、产业经济和产业政策、农村经济、技术经济、对外经济关系、社会发展、市场流通、企业改革和发展、金融以及国际经济等领域拥有许多国内外著名的经济学家以及高素质的专家和研究人员。

自1981年成立以来，国务院发展研究中心积极参与了国家的国民经济和社会发展五年计划和长期规划的制定，以及各阶段改革开放的重大政策研究和决策过程，并主持或参与了许多重大国家级的研究项目以及一些地区性发展战略和规划的研究。国务院发展研究中心在促进中国的改革开放和发展等方面，做了许多开创性的工作。

在国际上，国务院发展研究中心与许多国家的政府机构、学术界和实业界以及国际组织建立了广泛的联系，并开展了各种形式的双边与多边国际交流与合作。国务院发展研究中心承担过一些重要国际组织和国外基金组织援助的在华重要研究项目，以及中国政府有关国际经济合作和区域经济一体化等问题的双边和多边合作研究项目，取得许多建设性成果。国务院发展研究中心还发起和组织了“九十年代中国与世界”高层次系列国际会议，2000年起，又主办了“中国发展高层论坛”，受到中国政府和中外政界、学术界和实业界高层人士的重视和高度评价。国务院发展研究中心旨在通过这些交流与合作，吸收借鉴国际有益经验，促进中国的改革开放和发展，同时帮助世界了解中国，促进世界和平与发展。

中华人民共和国国家发展和改革委员会
宏观经济研究院

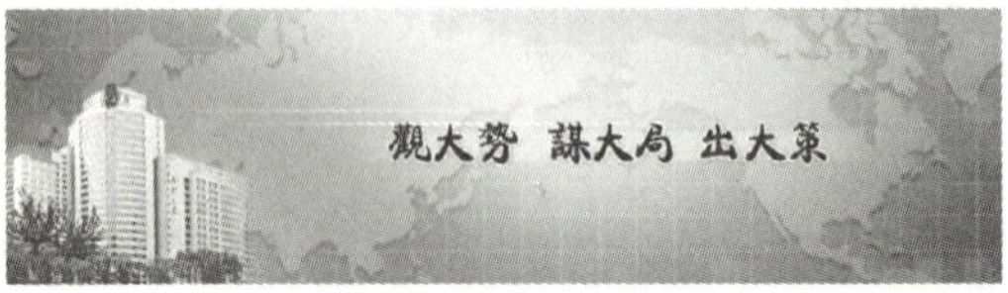

国家发展和改革委员会宏观经济研究院是国家发展和改革委员会直属研究机构，于1995年在原国家计划委员会经济研究中心基础上组建，主要为中央宏观经济决策和国家发展改革委中心工作服务，同时面向社会提供咨询服务。

宏观经济研究院下设经济、市场与价格、对外经济、投资、产业经济与技术经济、国土开发与地区经济、社会发展、能源、综合运输、经济体制与管理十个科研所，中国社会科学院研究生院投资系和中国人民大学经济改革与发展研究院两个教学机构，以及职能部门等机构。全院现有在职人员520多人，其中具有高级专业技术职称人员240多人。

宏观经济研究院坚持为中央宏观决策和发改委中心工作服务的办院方向，明确“为祖国奉献，为国家服务”的核心价值理念，突出“谋大事、议大事、抓大事”的研究特色，具有贴近中央宏观经济管理决策机构、贴近中国发展实际、学科专业比较齐全的特色，以应用研究和政策研究为主，近年来针对国家经济社会发展的整体战略和宏观政策提出了一系列具有较大影响力的成果，是中国著名的智库之一。

宏观经济研究院的主要研究领域包括：

——跟踪监测国民经济和社会发展运行的基本态势、发展趋势，分析研究经济运行中急需解决的重大问题，提出政策建议。

——动态跟踪研究世界经济、金融、贸易形势，分析国际经济形势变化对中国的影响，提出对策建议。

——研究经济社会发展战略和中长期经济社会发展趋势，为国家制定发展战略和中长期规划提供研究成果和决策咨询。

——研究农村发展、产业发展、科技进步、投资消费、地区经济、收入分配、社会保障、市场价格、能源战略、气候变化、综合运输、体制改革等重大战略问题，提出政策建议。

——调查研究经济社会发展中的重大问题，提出具有可行性和可操作性的对策建议。

——为地方政府和中外企业制定发展战略、规划和重大决策提供咨询服务。——与国际组织和外国政府及民间研究机构进行学术交流，就共同关注的重大问题开展合作研究。

北京大学国家发展研究院

北京大学国家发展研究院
National School of Development

北京大学国家发展研究院（NSD）是在著名的北京大学中国经济研究中心基础上新组建的、一个以综合性社会科学研究为主的科研教学机构，致力于中国社会科学的国际化、规范化、本土化，推进学科体系、学术观点和研究方法的创新。北京大学中国经济研究中心将作为国家发展研究院的一个机构继续存在。

作为在国内外享有盛名的综合性大学，北京大学学科门类齐全，具有良好的学术气氛和学术传统，为跨学科的综合研究奠定了坚实的基础。北京大学国家发展研究院致力于推进中国社会科学的综合研究，尝试组织跨学科的研究，培养综合性的国家发展高级人才，以综合性的知识集结服务于我国改革发展和全球新秩序的建设，服务于社会科学的发现与探索。这也是实现北京大学在新时期创世界一流大学目标的一个重要组成部分。

国家发展研究院将以国家发展为中心议题，立足于中国改革发展与现代化的实践，前瞻性地提出重大的战略、制度、政策和基础理论问题，持续关注全球格局的演变，参与改革发展与建设国际新秩序的高层对话。按照“小机构、大网络”的原则，组织跨学科的综合研究，培养综合性的国家发展高级人才，成为中国集结高水平综合性知识的一个学界思想库。

国家发展研究院拥有雄厚的科研力量，目前拥有一支40余人的教师队伍，涵盖经济学、管理学、人口学和政治学等多个领域。国家发展研究院继承了北大兼容并包的优良传统以及“民主”和“科学”的治学理念，教师的学术观点不同，研究方法各异，教师之间坦诚讨论和交流碰撞出的思想火花，促进了学术的繁荣。国家发展研究院的人均学术发表量长期处于北大文科的领先水平。

除教学和科研之外，国家发展研究院

还积极参与国内的政策讨论，并利用身处北大的优势积极构建独立智库。林毅夫教授担任世界银行首席经济学家、易纲教授担任中国人民银行副行长、周其仁和宋国青教授担任货币政策委员会学术委员，从一个侧面体现了国家发展研究院强大的智库功能。在过去的20年里，国家发展研究院的教师们参与了几乎每一次的改革讨论，在国企改革、电信改革、股市治理、新农村建设、土地制度改革、医疗体制改革等诸多领域作出了显著的贡献，一些政策建议更是直接被政府所采纳。国家发展研究院的智库建设既是科学研究的自然延伸，也是国家发展研究院全体教师践行经世济民理念的体现。迄今，国家发展研究院已经被公认为世界知名的智库之一。

安徽省农村信用社联合社

一、历史沿革

安徽省农村信用社联合社成立于2004年12月，承担对全省农村合作金融机构的服务、指导、协调、自律和行业管理职能。从2004年安徽省深化农村信用社改革试点启动以来，安徽省农村信用社联合社带领全省农村合作金融机构按照省委省政府的要求，坚持“服务三农、服务中小企业、服务县域经济”的市场定位，扎实推进各项改革，着力规范内部管理，不断提升服务水平，取得了体制机制转换和业务稳健发展的阶段性成效，已发展成为省内业务规模最大、机构网点最多、覆盖范围最广、服务群体最多的地方金融企业。

二、行业情况

安徽省农村合作金融机构法人机构84家，包括：省联社1家，农村商业（合作）银行、信用联社共83家。截至2014年9月底，全系统已挂牌开业农村商业银行65家，剩余的10家农合行和8家农村信用联社也将在年内完成农商行组建工作，农商行组建进度位居全国前列。全系统资产总额7126.99亿元，比2004年底增长5.88倍；股本金总额307.35亿元，比2004年底增长15.04倍。在业务发展持续提升的同时，抗风险能力也得到了不断增强。改革十年累计实现税收超过150亿元，较好地实现了地方经济和自身经营的互促共赢。

2014年6月11日，安徽省农村信用社联合社与平安银行战略合作签约仪式在合肥举行。

三、金融服务

截至2014年9月底，全系统十项主要金融服务指标均跃居安徽省银行业机构第一位。

存款市场份额全省第一：各项存款余额达到5669.66亿元，是2004年底的7.97倍，占全省存款市场总量的18.84%；

贷款市场份额全省第一：各项贷款余额达到3810.44亿元，是2004年底的7.42倍，占全省贷款市场总量的17.69%；

服务网点数全省第一：现有营业网点3023个，离行式自助银行571个，占全省银行业网点总数的40%以上，基本覆盖全省所有乡镇；

服务客户数全省第一：拥有个人类客户6009万户、对公类客户41万户，共服务各类客户6050万户；

2011年12月18日，安徽省深化农村信用社改革七周年暨新产品发布会在合肥召开。

县域贷款发放量全省第一：县域行社贷款余额达2309.65亿元，约占全省县域贷款市场总量的40%；

涉农贷款发放量全省第一：涉农贷款余额2715.02亿元，约占全省涉农贷款总量的39%；

小微企业贷款发放量全省第一：小微企业贷款余额2483.15亿元，约占全省小微企业贷款总量的37%；

ATM自助设备布放量全省第一：累计布放ATM自助设备3533台，占全省ATM布放总量的19.28%；

银行卡发行量全省第一：累计发行银行卡4279.36万张，占全省发行银行卡总量的37.62%。其中，发行金融社保卡1980.13万张，约占全省金融社保卡发行总量的60%；

代理涉农补贴业务量全省第一：代理了全省绝大部分地区的涉农补贴及农村地区社会保险资金的发放工作，累计无偿代理发放财政涉农补贴4.43亿笔、1252.8亿元。

普及金融服务　惠泽荆楚万家

——湖北农信社普惠金融改革创新之路

湖北省农信联社理事长　刘志高

党的十八届三中全会提出，发展普惠金融,鼓励金融创新。近年来，湖北农信社加大改革创新力度，积极践行普惠金融，将普惠金融的源头活水，洒播在荆楚大地，惠泽千家万户。

实施“五个对接五个全覆盖”，扩大普惠金融服务覆盖面。对接传统农户，推进支农联系卡全覆盖，对500多万农户开展了调查，发放联系卡，贷款700多亿元，占全省银行业农户贷款的70%以上；对接农村经营大户，推进调查建档全覆盖，对20多万农村经营大户建立经济档案；对接农村专业合作组织，推进合作洽谈全覆盖，与1000多家农民专业合作组织建立合作关系；对接涉农企业，推进建立服务关系全覆盖，建立了3万多家涉农企业的信息库；对接行政村，推进电话银行全覆盖，在19622个行政村安装电话银行36947台，覆盖率84%。

积极推行双基双赢合作贷款，探索普惠金融服务新模式。2013年以来，湖北农信社积极探索双基双赢合作贷款新模式，将基层行社的资金、技术和管理优势与基层党组织的信息、资源和组织优势有机对接。推出了“行业协会+农户”、“村委会+农户”、“政府+保险+农户”等服务模式，并实行共同管理，切实防控风险。截至目前，已与3033个基层党组织合作，授信“双基”贷款12.9亿元，发放贷款余额7.5亿元，支持“三农”客户1.23万户，支持小微客户518户。

大力创新金融产品和服务，普惠弱势群体。创新30多个普惠金融信贷产品。推出了担保公司涉农保证贷款、保证保险贷款等系列产品，发放贷款15.6亿元，惠及农村小微客户13000多户。争取地方政府出台政策，推出了农房抵押贷款、土地经营权抵押贷款等产品，累计发放贷款32亿多元。与团省委、妇联合作，累计发放贷款15.3亿元，支持18000多名农村青年创业，累计向5900多名女性创业者发放贷款5.15亿元。

延伸普惠金融服务方式，全方位服务农民工。湖北是劳务输出大省，在外省务工人员达630多万人。湖北农信社对外出农民工全面调查建档，建立联系，积极提供存款、贷款、结算、工资代发等“一揽子”服务。目前，建立外出农民工档案200多万份，在省外成立“农民工金融服务中心”或“外出创业金融服务中心”108个，发放农民工银行卡160多万张，为7万多外出农民工代发工资，发放农民工外出和回乡创业贷款20多亿元。

湖北农信社在大力推进普惠金融服务的同时，改革发展实现了新的跨越。到目前，各项存款突破5000亿元，各项贷款2900多亿元，存、贷款规模排全省银行业第一，全省77家法人机构中，有58家银行机构挂牌,改革进度位居全国前列。2014年,中华全国总工会授予湖北省农信联社“全国五一劳动奖状”。

山东省农村信用社

——服务“三农”和县域经济的金融主力军

山东省农村信用社成立于上世纪50年代初，目前全省农村信用社、农村商业银行、农村合作银行拥有机构网点5279个，其中县级联社65家，农村商业银行46家，农村合作银行8家，在岗员工6.8万人，是全省营业网点和从业人员最多、服务范围最广、资金实力最强的综合性、多功能地方金融机构。

2003年8月，国务院决定深化农村信用社改革试点以来，在省委、省政府的正确领导下，在各级各有关方面的指导支持下，全省农村信用社积极贯彻落实国家经济金融政策，积极贯彻落实国家经济金融政策，紧紧围绕全省经济发展大局，确立了“一二三四六”的发展目标和工作思路，坚持以深化改革为动力，以业务发展为主线，以服务“三农”为宗旨，进一步巩固了农村金融主力军地位，全面推行农村金融全覆盖，有力地支持了全省经济社会发展。截至2014年6月末，全省农村信用社存、贷款余额分别达12093亿元和8139亿元，分别是改革之初的7.1倍和5.8倍，存贷款余额连续九年居全省金融机构首位，涉农贷款5859亿元，涉农贷款余额和新增额连续多年位居全国同行业和全省银行机构首位。资产质量、资本充足率、利润率、拨备覆盖率等主要指标创历史最好水平。

新的起点上，山东省农村信用社将以学习贯彻党的十八大、十八届二中、三中全会精神为动力，以股份制为方向，深化改革，强化管理，改进服务，防范风险，努力将全省农村信用社打造成面向全省经济社会发展、以服务“三农”、社区居民、中小企业和县域经济为主，产权明晰、管理规范、业绩优良、有较强竞争力的现代化地方银行，为经济文化强省和新农村建设做出新的更大贡献！

扎根三农强服务　深化改革促发展

——对江苏省农村信用社改革实践的思考

江苏省农村信用社联合社理事长　王晨曦

作为改革的先行者，省联社切实发挥“引领行业发展、提供行业服务、推动行业改革、防控行业风险”的职能作用，策应城乡统筹发展大势，抓总量，强支农，调结构，促发展，为三农和县域经济发展作出积极贡献。全省农民人均贷款从改革前的1741元提高到15746元，农业贷款余额一直占全省金融机构总额的96%以上，农业贷款总额连续5年均与第一产业GDP总量相当，从信贷总量上满足了第一产业贷款难问题，农民人均纯收入从3595元提高到12202元。

在策应农村经济结构调整的实践中，省联社指导全行业，与时俱进形成具有江苏信合特色的普惠型、结构型、配套型、创新型“四型”支农服务体系和“小额信贷扶贫”、“阳光信贷”、“金融服务村村通”三大特色服务模式，为农村经济发展注入活力。在全国同行业率先推出财政贴息担保扶贫贷款和财政贴息生源地国家助学贷款，为468万贫困户累计发放118.9亿元扶贫小额贷款，全省农村人均纯收入2500元以下的贫困人口提前一年脱贫，做法得到国务院领导的肯定。2007年在全国首家试点开展“阳光信贷”工作，全行业共建立农户信息档案924万户，建档面达75%，通过“阳光信贷”对389万户农户授信1899.6亿元，与670万户农户发生信贷关系，63%农村劳动力实现了产业转移。向3万户中小微企业授信1478亿元，与18万家中小企业发生信贷关系。把握城乡统筹进程，融入城乡一体化发展大势，主动代理发放各类涉农财政补贴，惠及全省1200多万农户，实现农户全覆盖；发展金融便民服务到村业务服务点2.3万个，实现行政村全覆盖；布放各类自助设备13.2万多台，50%以上的业务通过电子银行渠道办理，让广大农户享受现代金融服务。

全行业在服务三农的进程中，经营总量连续实现四个翻番，提前实现了银监会规定的“十二五”期末各项监管指标。至2013年末，全行业存、贷款余额分别为11564亿元和8285亿元，比改革前增加10392亿元和7539亿元。在省内金融同业中，存、贷款总量分必然从第4位上升至第2、第1位。全行业已组建农村商业银行58家，银行类机构占比达93.5%，80%以上的县级法人单位存、贷款市场份额居同业之首。全行业已成为拥有县域金融市场资源主要份额、支持三农经济发展主要力量、服务惠及农业主要人口的农村金融主力军。

没有国家和省委省政府对“三农”工作的高度重视，就不会有农村信用社的发展壮大，有六点经验值得总结：

一、坚持明确的指导思想，保证正确的改革方向。二、坚持创新体制机制，着力增强自我发展能力。三、坚持从实际出发，实行因地制宜、分类指导。四、坚持正确把握大局，妥善处理改革发展稳定的关系。五、坚持强化组织领导，充分调动各方面的改革积极性。六、坚持正确的市场定位，充分发挥自身的经营优势和服务特色。

江苏省农村信用社联合社下一阶段工作重点是：一、立足县域，在服务三农上有新作为。二、推进改革，在机制转型上有新突破。三、稳中求进，在业务发展上有新跨越。四、注重合规，在风险防控上有新举措。五、统分结合，在服务水平上有新提升。

红都瑞金
一座正在崛起的区域性中心城市

中共瑞金市委 瑞金市人民政府

红都瑞金魅力新姿

瑞金位于江西省东南边陲，武夷山脉西麓，与福建省长汀县相邻。唐天佑元年（公元904年）置瑞金监，因“掘地得金、金为瑞”故名瑞金，1994年5月撤县设市。全市国土面积2448平方公里，人口68万，辖17个乡镇、223个行政村、16个居委会。2013年全市实现生产总值101.09亿元，增长11.4%；财政总收入12.64亿元，增长22%；固定资产投资47.67亿元，增长29.1%；出口总额2.62亿美元，增长30.4%；社会消费品零售总额增长14.1%，规模以上工业增加值增长12.3%，农民人均纯收入增长15.6%。

瑞金是红都圣地。瑞金是闻名中外的红色故都、共和国摇篮、中央红军长征出发地，是苏区时期党中央驻地、苏维埃中央政府诞生地，以及毛泽东思想的主要形成地和苏区精神、党的三大优良作风的主要发源地。1931年11月7日，中华苏维埃共和国中央政府在瑞金叶坪宣告成立，瑞金成为“赤色的首都”和全国苏区的政治、军事、文化中心。

瑞金是交通要地。地扼赣闽咽喉，素为赣闽粤三省通衢。323、206、319三条国道交汇瑞金市区，瑞金机场建设列入长江经济带综合立体交通走廊规划，赣龙铁路横贯瑞金东西并在实施扩能改造，厦蓉高速公路瑞金段、济广高速公路瑞金段全线建成通车，瑞金正在加快形成双“十”字枢纽型铁路网和高速公路网，成为赣南东部和赣闽边际区域人流、物流、资金流、信息流的交汇之地。

瑞金是资源富地。萤石储量达200万吨，石灰石储量位居全省前列；是“中国绿色名县”、千里赣江之源，全市活立木总蓄积量649.2万立方米，森林覆盖率为74.5%；是国家农业产业化示范基地、中国优质脐橙生产基地、国内最大的烤鳗出口基地、全省农业产业化先进县市和赣州市烟叶生产重点县市。

瑞金是旅游胜地。革命旧址达180多处，其中全国重点文物保护单位35处，叶坪革命旧址群、中央革命根据地历史博物馆均为国家4A级旅游景区，瑞金荣膺“中国红色旅游十大景区”之一，被评为“江西旅游强县”、“首届中国（江西）十大红色旅游圣地”之一，2013年来访游客达402.4万人次。

瑞金是创业福地。瑞金是江西省直管6个试点县市之一，是赣南等原中央苏区振兴发展的核心区，由财政部、银监会对口支援。“瑞金城镇组团”是2014年江西省新型城镇化规划的四组团之一。瑞金经济技术开发区是国家级经济技术开发区，电气机械及器材制造业、新型建材、食品药品、清洁能源等主导产业快速发展，一大批企业相继落户，瑞金日渐成为投资兴业的福地。

当前，瑞金市委、市政府带领全市人民，坚持改革开放，加速转型跨越，推进产业振兴、城乡一体、民生改善，致力建设更具活力实力魅力的区域性中心城市，凝心聚力、奋发图强，经济社会发展呈现蓬勃向上态势。2014年上半年生产总值增长11.9%，财政总收入增长10.6%，固定资产投资增长23.7%，规模以上工业增加值增长13.7%，社会消费品零售总额增长13.7%，农民人均可支配收入增长12.97%。

红井

第一次全国苏维埃代表大会会议旧址

现代农业蔬菜生产基地

瑞金市国家级经济技术开发区一角

柳林县

柳林县地处吕梁山，面俯黄河水，与陕西省隔黄河相望，是山西的西大门。全县国土面积1288平方公里，辖8镇7乡257个行政村，总人口34.4万。

柳林县下峭芝新农村

柳林是一块历史悠久、钟灵毓秀的文化圣地。新石器时代就有人类在此繁衍生息，大禹治水遗迹至今仍存。县城所在地柳林镇兴于明、盛于清，商贾云集、物贸繁盛，享有“小北京”的美誉。独具黄河文化特色的“柳林盘子会”名驰华夏，被誉为“东方狂欢节”。柳林盘子、柳林弹唱、伞头秧歌、柳林芝麻饼、柳林碗团、柳林剪纸等被列为了国家级非物质文化遗产。

柳林是一块藏金蕴银、得天独厚的资源宝地。地下矿产资源丰富，煤炭探明储量54.3亿吨，远景储量100亿吨，其中4＃优质主焦煤被誉为“国宝”；铝矾土探明储量4000万吨，品位世界一流；煤层气储量2000亿m3，单井日产可达7200 m3；石灰岩储量203亿吨，裸露面积50—60平方公里；石膏、紫砂泥、重晶石、大理石等资源也极为丰富。地上物产独具特色，县域东部正在建设30万亩核桃林，西部28万亩红枣林正常年景产量可达3000多万公斤，属全国五大产枣县之一，柳林“木枣”名列全国八大名枣之首，柳林三交镇被农业部命名为“中国红枣第一镇”。

柳林是一块东联西通、区位独特的交通要地。扼秦晋之交通要冲，素有“华北门户”、“秦晋通衢”之称，西与陕西吴堡隔河相望，东与离石新南区相接，县城距吕梁机场仅30公里。307国道横贯县城中部，孝柳铁路西接同蒲线，青银高速公路穿境而过，太中银高铁和山西中南大通道铁路途经柳林，沿黄干线公路和沿黄旅游公路纵贯县境，“四纵六横”的交通干线和村村相接的县道相连，形成了承东启西、四通八达的大交通网络。

柳林是一块乘势而上、快速崛起的发展高地。2013年，全县地区生产总值完成252.1亿元；财政总收入完成72.25亿元，居吕梁第一、全省第二；公共财政预算收入完成30.1亿元，位居全省第一，并且成为山西省首个突破30亿元的县份；城镇居民人均可支配收入达到23561元，农村居民人均纯收入达到8441元。先后荣获“全国国土资源节约集约模范县”、“全国社会主义新农村建设档案工作示范县”、“全国生态文明先进县”、“中国最具区域带动力中小城市百强县”和“中国最具投资潜力中小城市百强县”、“山西省林业生态县”、“省级文明县城”、“全省十佳卫生县城”、“山西省县域经济发展先进县”等60余项国家、省、市级荣誉。2014年的奋斗目标是：地区生产总值完成280亿元，增幅10%；公共财政预算收入完成33亿元，增幅9.6%；城镇居民人均可支配收入达到26000元以上，增幅10%；农民人均纯收入达到9600元以上，增幅14%；森林覆盖率力争达到34%；城镇化率力争达到43%。

华北最大的水泥厂—华润福龙水泥厂

标准一流的汇丰、鑫飞高级中学

柳林县凌志华泰960万吨年洗煤厂

创新推进全域天府新区建设
积极争创四川省多点多极支撑示范县

仁寿县地处成都正南方向，幅员2606平方公里，辖60个乡镇618个村（社区），人口162万人；是百万人口大县、天府新区重点县、四川省县域经济发展先进县。近年来，仁寿县在中央、省市的坚强领导下，主动作为，争创一流，经济社会实现快速高效可持续发展。

布多点多极之局，理清思路引领发展。坚持“融入成都、全域发展，三化联动、富民强县”工作思路，拓展“县城牵引、四区支撑、十极突破、全域发展”路径，创新推进全域天府新区建设，争创四川省多点多极支撑示范县。财政一般预算收入连续3年保持平均50%以上的增速，2013年达15亿元，2014年将达18亿元。GDP连续3年保持平均16.6%的增速，2013年达284.2亿元，2014年将达320亿元。

走转型升级之路，做强产业支撑发展。依托涵盖一二三产的9大产业园区，打造高端产业、产业高端聚集洼地。大力发展战略性新兴产业，投资15亿元的中建钢构西部制造基地、投资105.3亿元的IBM和IT及电商产业园、投资20亿元的欣康坦心血管支架等项目进展顺利，分别投资10亿元的中天丹琪、恒重压缩机等项目竣工投产，2014年全县规模以上工业总产值将达330亿元。加快一三产业融合发展，四川省现代粮食产业仁寿示范园区、天府花海观光农业园区成为都市近郊现代农业典范，总投资100亿元的黑龙滩长岛、总投资43亿元的三岔湖仁寿景区等项目进展顺利。

建现代宜居之城，经营城市繁荣发展。强化规划、土地、项目、管理经营，着力繁荣城市经济，打造现代宜居城市。投资15亿元的中铁仁禾广场、投资13亿元的中央国际广场、投资25亿元的TCC财富中心等项目进展顺利。房地产市场持续向好，2014年将开工商住房200万平方米，竣工150万平方米。到2014年底，县城规模将达31平方公里、人口将达35万人，50万人、50平方公里的现代化城市道路主骨架基本形成。

借改革创新之力，激发动能助推发展。加强改革创新，全面激发发展活力。推进技术创新，全县76户企业建立研发中心或技术中心，引进成都信息工程学院、四川科技职业学院、中国武警警官学院3所大学，引进高学历、高技能人才274名，产业科技化水平不断提高。大力招强引优，中国中铁、中国建筑、IBM、法国欧尚4家世界500强企业和倍特电动车等27户战略性新兴产业项目成功落户。创新成立“三中心”，项目审批时限由180天缩减至77天，行政效能大幅提升。

谋民计民生之福，凝聚合力共谋发展。坚持新增财力重点用于保障和改善民生，群众生活日益改善。总投资10.6亿元的统筹城乡全域安全饮水工程加快推进，2014年全县人民将喝上安全水、健康水。创新建立群众来访当天办理、“三三”调解代理等群众工作制度，群众合理诉求得到及时解决；全县618个村（社区）阵地实现标准化，打通服务群众“最后一公里”，凝聚了加快发展的强大合力。

生态高地　绿色霍山

霍山县地处安徽省西部、大别山腹地、淮河一级支流淠河上游，森林覆盖率高达75.9%，是国家重点生态功能保护区、国家大别山地质公园核心区、大别山主峰坐落区，是一个典型的山区、库区和革命老区县。近年来，霍山县坚持把绿色生态作为最大的优势、最大的潜力，把“生态立县”作为县域发展第一战略，全面实施生态林业、生态农业、生态工业、生态旅游、生态家园、生态文化“六大工程”，奋力争当生态文明建设和绿色发展排头兵。

在工业方面，霍山县积极推动以加快转型升级、打造工业核心竞争力为主题的工业“二次创业”，重点发展水饮品及食品酿造业、高端装备制造业、竹材加工业等3个百亿产业集群，同时着力培育以现代中药及生态保健为主的健康产业，积极推动电光源产业转型升级。在农业方面，霍山县坚持有所为、有所不为，立足霍山特有物种资源，以市场为导向，以精深加工和终端产品为主攻方向，大力推进茶叶、毛竹、石斛、药百合、优质饮用水等特色资源的产业化、集群化、品牌化发展。在旅游业方面，霍山县牢固树立“全景霍山”建设理念，充分挖掘“红、古、绿、特”等优势资源，着力打造佛子岭5A级生态度假区、大别山主峰生态体验区、铜锣寨生态养生区三大旅游板块，同时不断做大做强独具特色的乡村旅游。在文化产业方面，霍山县依托龙头企业，保护、开发、利用好霍山本土的文化资源，重点发展酒文化、茶文化、竹文化、玉文化等特色文化产业。在城乡建设方面，重点推进国家智慧城市、国家园林县城、国家卫生县城、全国文明县城、省级森林城市等“五城同创”工作，努力打造山、水、城相互交融、浑然一体的大别山明珠，同时不断加快美好乡村建设，启动实施了城乡环境综合治理工作，持续改善城乡生产生活环境。

得益于长期的坚持不懈，霍山县生态文明建设和绿色发展水平不断提高。工业经济转型升级成效明显，主导产业骨干企业的核心竞争力显著增强，战略新型产业发展迅速，工业经济发展水平在大别山区和全省同类县区中继续保持领先地位。

现代农业提质增效，拥有“霍山黄芽”、“霍山石斛”、“迎驾贡酒”、“漫水河百合”和“霍山灵芝”等国家地理标志保护产品，国家农业产业化龙头企业2家，并先后被授予全国农业产业化示范基地、国家绿色能源示范县等称号。生态文明建设成果丰硕，获首届安徽四大县域品牌影响力奖，是全国第四个、中西部地区第一个国家生态县，良好的生态环境成为霍山金字招牌。

四川大竹县

夯实县域基础　率先全域发展

四川省大竹县素有中国苎麻之乡、中国香椿第一县、中国醪糟之都、中国糯米之乡、川东绿竹之乡美誉。近年来，大竹县委、县政府紧紧围绕建成川东渝北区域次级中心城市的发展定位，大力实施“453”战略工程，同步推进“四化”进程，奋力推动“三个跨越”，县域经济社会呈现出科学发展、加快发展、追赶跨越的良好态势。2013年，全县实现地区生产总值232.58亿元，同比增长10.7%，总量居全省第33位、丘陵县第15位、达州第1位。2013年先后被表彰为“全国粮食生产先进县”、“全国科技进步先进县”、“四川省农民增收工作先进县”，被命名为“国家农业产业化示范基地”，成功创建“四川省旅游标准化示范县”，获“全省十大区市县旅游目的地”。

大竹县交通便利、资源丰富。境内达渝高速公路、国道318线、国道210线及在建的南大梁高速公路纵横贯穿，县城北距达州60公里，南距重庆机场135公里，东距万州港176公里，西距成都350公里，初步形成了“半小时达州、1小时重庆、1小时万州港、3小时成都、5小时西安、5小时武汉”的通达格局。境内有五峰山国家AAA级旅游景区，有启于先秦、兴于三国的古官驿道，有四川历史文化名镇——清河古镇，有川东小峨眉美誉的云雾山；境内有苎麻30万亩、香椿10万亩、竹40万亩、糯稻15万亩，苎麻纺织品、竹制品及“巴山红”香椿、东汉醪糟等特色农产品享誉国内外。大竹系全国100个重点产煤大县之一，拥有亚洲第二大天然气集输站，年输转天然气27亿立方米，水、电、气等能源要素充足，发展保障有力。

大竹县发展加快、产业基础夯实。工业实施“345”产业培育计划，发展后劲日益增强。2013年实现工业增加值111.1亿元、增长11.8%，利税12.5亿元、增长11.6%。大竹经开区规划总面积40.88平方公里，建成达8平方公里，被列入全省25个主营业务收入超500亿元产业园区培育计划；农业实施“1137”工程，产业化水平显著提高。2013年实现农业总产值69.15亿元，增长4%，粮食总产量达52.45万吨；全县新发展主导产业1.1万亩，新建粮经复合现代农业产业基地4.5万亩，达48.55万亩，农民人均纯收入达9419元；服务业实施“1345”工程，三次产业日趋繁荣。2013年全县实现服务业增加值57.47亿元，增长10.5%。世界500强零售巨头家乐福超市、单日出水量居亚洲第一海明湖温泉水世界项目投入营运，大竹国际商贸物流园区稳步推进。金融服务地方经济发展能力明显增强，大竹县农村信用合作联社获全省唯一“2013年度中国服务县域经济领军银行”称号。

在新一轮县域经济发展中，大竹将认真贯彻落实党的十八大和十八届三中全会精神，全面深化改革，夯实县域基础，努力实现更好更快发展。

太仆寺旗经济发展概况

太仆寺旗是内蒙古自治区锡林郭勒盟辖下的一个旗，位于内蒙古自治区中部，锡盟最南端，与河北省交界，距北京350公里,旗政府驻于宝昌镇。总面积3415平方公里，现辖5个镇、1个苏木、1个乡，176个行政村和8个社区。总人口23.4万，是国家级重点扶贫开发旗县。

太仆寺旗发展是以农牧业为主，城镇工业不断壮大的经济类型。该旗是锡林郭勒盟的主要粮食产区，全旗有耕地9.4万公顷，主要粮油作物有小麦、莜麦、马铃薯、胡麻、菜籽等，2013年粮油总产量达到3.3亿公斤，牧业年度牲畜总头数为24.3万头（只）,工业生产初具规模，拥有电力、矿山采掘、酿酒、粮油加工、服装制帽加工、农畜产品加工、机械加工、建材业等工业企业。

近年来，太仆寺旗各项事业蓬勃发展，经济建设出现了可喜的势头。2013年太仆寺旗GDP总量为41.3亿元，同比增长10.2%。全年地方财政收入2.0亿元，同比增长26.0%。全部工业实现增加值13.6亿元，同比增长18.4%，全社会固定资产投资总额30亿元，同比增长7.4%。全年实现社会消费品零售总额14.9亿元，同比增长12.1%。城乡居民生活进一步改善，城镇居民人均可支配收入达20897元，比上年增加1968元。分三次产业看:第一产业完成增加值11.5亿元，同比增长5.2%；第二产业完成增加值16.6亿元，同比增长14.9%；第三产业完成增加值13.3亿元，同比增长8.9%。第一产业对经济增长的贡献率为35.5%，第二产业对经济增长的贡献率为30.9%，第三产业对经济增长的贡献率为33.6%。全旗三次产业增加值占地区生产总值的比重为27.7：40.2：32.1。经济结构更趋合理化。

太仆寺旗注重加快推进宝昌高新技术产业园区建设，努力打造承接京津冀地区产业转移平台，通过招商引资，目前签约了8家企业， 7个项目，随着工业企业的发展壮大，在全旗人民的共同努力下，定能早日振兴太仆寺旗经济。

贵州·兴义市

兴义市位于贵州省西南部，地处滇、黔、桂三省区结合部，在东经104° 32′—105° 11′，北纬24° 38′—25° 23′之间，东、北与本省安龙县、盘县、普安县和兴仁县接壤，西与云南省富源县、罗平县毗邻，南与南盘江为界同广西壮族自治区的西林县、隆林县相望，是黔西南布依族苗族自治州政治、经济、文化、信息中心。国土面积2911平方公里，耕地面积3.04万公顷，森林覆盖率40.67%。2013年末总人口83.35万，其中少数民族19.1万，聚居着汉、苗、布依、彝、仡佬、水、回等27个民族，人口较多的少数民族有布依族、苗族、回族等。辖17个镇、8个办事处、5个乡，33个社区居民委员会，180个村。兴义市人民政府驻地黄草街道办事处。

图为：何应钦故居

兴义历史悠久

早在1.2万年前就有人类繁衍生息。战国时属夜郎国；秦代开始置吏属象郡；西汉属牂牁（zāng kē）郡；蜀汉始建汉兴县，属兴古郡；隋属南宁州府总管府；唐设附唐县，为盘州治；元朝至元13年属云南行省普安路总管府；明属四川布政司；清嘉庆3年（公元1798年）设兴义县，至今有200余年历史。

兴义区位优越

地处贵阳、昆明、南宁等中心城市经济社会发展辐射的交汇点，距贵阳、昆明、南宁分别为280、300、500公里，是贵州省的西大门和滇黔桂三省（区）经济、文化的交汇重地。

图为：马岭河峡谷

以兴义市为中心，以200公里为半径划个圈，可以覆盖20余个县（市、区），兴义是这个区域内条件最好、潜力最大、实力最强的城市。

兴义交通便捷

建有兴义机场，汕（头）昆（明）高速公路、晴

（隆）兴（义）高速公路、324国道、309省道连接市区，南昆铁路横穿市境内89公里，初步形成了以航空、铁路、公路为重点的立体交通运输网络。随着南昆铁路复线、毕（节）水（城）兴（义）、兴义至云南富源、晴兴高速公路延伸段、兴义至广西西林、兴义至广西隆林等高速公路项目的建设，兴义已形成了“水、陆、空、铁”四位一体的立体综合交通网络，兴义与外界的联系更加便捷、更加紧密。

图为：万峰林

图为：天生桥一级水电站

兴义气候宜人

兴义市处于云贵高原向广西丘陵的过渡地带，平均海拔1100米，具有亚热带季风湿润气候特征，年均降雨量为1512毫米，全年平均气温15-18℃，相对湿度58-65%，日照时间长，无霜期315天左右，冬无严寒，夏无酷暑。是全国年温差和湿度差距最小的地区，既不冷，又不热，既不干燥，又不潮湿。

兴义旅游资源富聚

境内有马岭河峡谷、万峰湖、万峰林、国家重点风景名胜区及4A级风景区和贵州兴义国家地质公园、泥凼石林和鲁布革云湖山、何应钦故居等自然、人文景观共80余处。全市旅游接待能力不断提高，现有五星级酒店4家，四星级酒店2家，三星级酒店10余家，乡村旅馆、宾馆200余家，是“中国最佳休闲旅游城市”。

兴义资源丰富

境内喀斯特地貌发育完好，属典型的锥装喀斯特峰丛地貌，被地质学家誉为中国第二个“金三角”，蕴含着丰富的水能、矿产和多种珍稀名贵的野生动植物资源。依托丰富的水能资源，已建有鲁布革电站（60万千瓦）、天生桥一级电站（120万千瓦）、天生桥二级电站（132万千瓦）、地方小水电站（近30万千瓦），加上兴义火电厂（120万千瓦），总装机达460万千瓦，是我国西电东送的能源基地。兴义火电厂二期工程2 X 100万千瓦和10 X 35万千瓦的自备电厂即将投入建设，五年内兴义境内电力总装机将超过1000万千瓦。煤炭远景储量达7.7亿吨，周边50公里范围内的盘县、普安、兴仁等地，煤炭储量达100多亿吨，是发展大型火电的理想基地；除煤外，目前已探明的矿藏资源有金、铁、锑、钿、铜、砷、石英石、冰洲石、萤石、白玉石等10余种之多，且具备较高的开采价值。兴义与黔西南州的其他7个县均盛产黄金，黔西南州被中国黄金协会命名为“中国金州”。

兴义是一个充满生机活力与发展潜力的城市。2013年，全市（含义龙新区原兴义片区、下同）生产总值实现237.07亿元，全社会固定资产投资完成350亿元，财政总收入达到50.07亿元，在第十三届中西部县域经济排名中，我市位居西部百强县（市）第28位，比上一届提升了5位。当前和今后一个时期，全市上下将紧紧围绕“加速发展、加快转型、推动跨越”主基调，坚持和发展新型工业化、特色城市化、农业产业化、生态旅游业“三化一业”发展战略，努力把兴义市建成滇黔桂三省（区）结合部商贸物流中心和国际重要旅游目的地。兴义曾先后获得了“国家重点风景名胜区”、“国家地质公园”、“中国最美的地方”、“国家非物质文化遗产”、“中国观赏石之乡”、“全国工业旅游示范区”、“全国农业旅游示范点”、“中国最美峰林”、“中国最休闲旅游城市”、“全国双拥模范城”、“中国最适宜人居城市之一”、“中国绿色生态城市”等18张城市和旅游名片。

图为：兴义机场

沈阳·和平区

天地人和　至慧而平

这里，拥有2300多年历史的深厚积淀；

这里的灵气，留住了当年运送吗哈噶喇金佛的白骆驼；

这就是钟灵毓秀的和平，沈阳的中心城区，一个繁华与悠久、时尚与内涵的汇集地带。

浑河——沈阳的母亲河，蜿蜒似锦在这个城区中穿过，让“和平”腰间系上了一条银色的丝带，舞动跳跃……

和平，是一首乐曲，婉转悠扬。行在和平，品味扑面而来的无限风景，都市繁华，一览无余。

一个世纪以来的繁荣让这里生机勃勃，在这个现代化的都市中，和平的经济运行稳中有进。2014年上半年，全区实现地区生产总值394亿元，增长5%；公共财政预算收入54.7亿元，增长7.6%，其中税收收入45.6亿元，增长7%；固定资产投资366.3亿元，增长20%；实际利用外资6.6亿美元，增长35%；社会消费品零售总额323.6亿元，增长10.4%。

和平的城市符号变换着色彩，我们依然可以看到中山路上红砖碧瓦的古老建筑述说着铭心的沧桑；北市场重新演绎着老北市庙会曾经的繁荣和喧嚣，却也有了现代的风味。

这里是沈阳成长最快的金融中心——金融街，仿佛东方的香榭里舍大街，一座与世界接轨的国际金融大都汇。

金廊两岸，广厦迭起，时尚变幻的都市节奏，推动城市国际化的远景发展。

太原街，繁荣富庶，国际知名品牌、国内老字号在这里无尽演绎，一道道古今胜景，在这里交相辉映。灯光下的太原街，魅力依旧，人们徜徉在步行街上，笑容洋溢在他们的脸上。

民族交流，成为和平独有的一道风景线。一年一度的韩国周，将中韩经济、文化交流的纽带系于西塔——这个以朝鲜族文化享誉世界的不夜城。

一张张笑脸，是我们的城市徽章，昭示着属于我们的祥和安逸。东北唯一的内陆岛——长白岛，坐落于此，人工运河将她环绕，岛上风景如诗如画，十道虹桥飞跨宁静与繁华。如果说和平是一盘棋，那么星罗棋布的公园、绿地、广场就是一枚枚棋子；如果说和平是富庶的，上半年城市居民人均可支配收入达到了16720元，便是很好的佐证。

置身午夜的和平，你恍若走进人间天堂，徜徉与此，你定会忘记时间，流连忘返。

湖南省 永兴县

永兴县位于湖南省东南部，辖14镇7乡和1个省级经济开发区、1个省级产业集中区，总面积2000平方公里，总人口70万人，享有“中国银都”、煤炭之乡、油茶之乡等美誉。

近年来，永兴县紧紧围绕“建设全国科学发展百强县”目标，坚持“五个文明”一起抓，有力推动全县科学发展、和谐发展。2013年实现GDP237.7亿元，增长11.5%；财政总收入20.5亿元，增长20.2%；固定资产投资181.8亿元，增长35.1%；城镇居民人均可支配收入21383元，增长10.8%；农村居民人均可支配收入11664元，增长13.5%。获得国家可持续发展实验区、国家智慧城市试点县、国家城市矿产示范基地、湖南省首批特色县域经济重点县、湖南省县域经济十强县等20余项省级以上荣誉及政策。

一、坚持投资拉动。全年安排重大项目213个，完成投资113亿元。如，投资11亿元的郴永大道建成并通车，使永兴进入郴州半小时经济圈。柏林工业园、太和工业园、高新技术产业园和新材料新能源产业园完成投资5.5亿元，“千亿园区”雏形初步显现。投入10亿元推动县城区旧城提质改造和国家智慧城市试点县创建，全面提升城市形象；推动新农村建设，打造了国省道美丽乡村示范带，建成了覆盖城乡的垃圾分类处理系统和污水处理系统，农村环境发生巨变。

二、推动转型发展。强力推动稀贵金属再生利用、煤炭和烟花爆竹产业升级改造。将50家稀贵金属再生利用企业整合成30家，2013年生产白银2200吨、黄金7.4吨、其他有色金属19万吨。投资3亿余元推进13个煤业集团47家煤矿技改扩能，煤炭总产能达到306万吨。31家烟花爆竹企业完成了机械化改造，产值1.5亿元。培植新兴财源，大力发展现代农业和旅游产业，新造、垦复油茶4万余亩，全县油茶面积达62.1万亩；冰糖橙种植面积达13.3万亩。

三、大力招商引资。通过永兴（广东）商会、郴州（深圳）推进会、中博会等平台招商引资，积极与碧桂园、中再生、长鹿集团等央企名企对接并达成投资意向，促成中侨泰成、精细化工、永华电器等项目落地，合同投资金额达283亿元。全县目前已有获进出口权企业36家，其中年出口创汇在2000万美元以上的企业2家。全年外贸进出口总额29494万美元，增长222.7%。

四、有效拉动消费。全县全年实现社会消费品零售总额54.2亿元，增长13.2%。分行业看，批发业零售额22.9亿元，增长10.5%；零售业零售额26.9亿元，增长17.9%；住宿业零售额1.6亿元，增长12.3%；餐饮业零售额2.8亿元，下降4.4%。全年实现房地产综合税收3.57亿元。年末全县共有国家等级旅游区（点）5家，其中，3A级及以上旅游区（点）2家。全年共接待游客480.5万人次，增长22.9%，实现旅游综合收入35.08亿元，增长24.6%。

江西·渝水

渝水区，面积1789平方公里，人口84万，是新余市主城区，先后荣获国家森林城市、国家园林城市、“中国最具竞争力城市100强”、“中国城市诚信政府前30名”、“中国城市投资环境奖”、“中国十大最具安全感城市”……

四通八达的立体交通网络，让渝水区便捷地融入了长三角、珠三角、闽三角4小时经济圈。沪昆铁路、杭南长高铁穿境而过；沪瑞、赣粤、大广三条高速公路区内交汇；黄花、昌北、井冈山、明月山机场环伺周边；傍区南下的京九铁路，正规划建设的中国南北煤运大通道——蒙吉铁路和渝水良山煤储基地，展示了渝水区中国中部区域中心的突出区位优势。

钢铁产业紧跟时代步伐跳跃式发展。列入省级开发区管理，规划面积63平方公里的袁河经济开发区，依托年产钢达1000万吨的新钢公司原材料优势，以发展钢材深加工产业、五金机电、现代装备制造、特钢新材料为重点，不断延长钢铁产业链，提升钢铁产业附加值，吸引了中冶新材、新钢板加、华东矿山机械城、新特汽车板簧、广西玉柴水平定向钻等100余家钢铁上、下游企业在这里落户、发展和扩张。同时，渝水区还致力以发展新能源、新材料、电子信息、节能环保等新兴产业为主要定位，着力打造规划面积16平方公里的下村工业基地，赛维硅料、瑞晶公司、英泰能、渝水高科、益立新能源、正华电动汽车……一个个技术优、实力强、具备核心竞争力的朝阳企业纷纷在此落户并加速成长。

工业经济的突飞猛进极大地促进了渝水区民生事业的快速发展。2013年，全区民生保障资金投入15.5亿元，占财政总支出的47.4%。建成保障房2620套、656户困难群众住房得到改善；新增城镇就业人数3425人，“零就业”家庭安置率达100%。24个农村义务教育学校标准化建设工程竣工17个，下村中学教学楼基本完工，界水黄溪小学建设、通济小学、富塘小学改扩建全面启动。全区所有乡镇（中心）卫生院、政府举办的社区卫生服务机构和371所村卫生室，全部实行国家基本药物制度，乡村一体化管理试点全面实施。

阳泉市·盂县

主要经济指标实现平稳增长。面对经济下行压力持续加大的严峻形势，全县上下狠抓经济预警分析、工业生产调度、税收征管和节能减排等工作，全县经济运行呈现稳中有为、稳中有进的发展态势。2014年，全县GDP增幅为8%；公共财政预算收入为6.92亿元，同比增长0.06%；规模以上工业增加值增幅为10%；农民人均纯收入增幅为12%；粮食总产量达到1.35亿公斤，实现了“十一连增”；各项综合性指标和控制性指标均完成了省市下达计划。2014年，县城二级以上天气达到348天，空气优良率达到95.3%。

资源型产业转型迈出新步伐。按照“优化农业、做实煤炭、加快电力、整合非煤、振兴耐材、做大旅游、起步物流”的产业结构调整思路，深入开展“转型综改年”和“项目见效年”活动，取得了明显成效。以山西康泰来食用菌种植、鑫源伟业肉羊养殖为代表，提升了全县现代农业发展水平。全县煤炭企业加快现代化矿井改造，强化内部管理，初步走上了内涵式发展的路子。全县风力、煤层气、太阳能、火力发电全面发展，兴峪、圣天宝地煤层气发电项目建成投产，中广核风力一期发电建成投产，阳光电源光伏发电项目具备发电能力，鑫磊2×35万千瓦低热值煤热电联产项目已获路条，格盟国际2×100万千瓦发电项目已完成项目选址，正在办理三大主机招投标等手续。以藏山景区、大汖温泉、水神山景区为代表的全县旅游事业方兴未艾，全年旅游收入达到34亿元，比去年同期增长13%。加强铝矾土资源管理,全年增加财政收入7000万元。

各项民生事业取得新成绩。“五件实事”全部办理到位。完成了县城二期供水主体工程；完成了33处农村安全饮水工程；采取BT模式完成城北热源厂扩容改造，新增集中供热面积150万平方米；完成棚户区改造300套、农村危房改造1211套、公租房932套、经适房1260套；全国义务教育发展基本均衡县创建顺利通过验

收；完成县老年颐养中心和33个日间照料中心建设。全县治脏、治乱、治污“三项整治”和改善农村人居环境工作取得了阶段性成效，使城乡环境面貌焕然一新。

改革创新开放取得新成效。全县初步形成县、乡（镇）、村三级联动的政务服务格局，全县依法实施行政审批事项共88项，比清理规范前减少10项。履行管理服务事项共127项，比原来增加15项。在西烟、秀水、梁家寨、南娄4个乡镇开展了“扩权强镇”试点改革。完成了政府机构改革，加快了政府职能转变。县营、二轻企业以解决养老金为突破口，加快了改制进程。加大招商引资力度，全年达成2项投资协议，达成投资意向20家。加大对外宣传工作，“山水盂县”、“大美盂县”电视宣传片在网络电视台等媒体播出，促进了盂县旅游产业的发展。毫不放松地抓好安全生产，打击私挖滥采和以狠刹“四风”为重点的党的群众路线教育实践活动，有效地改善了全县党风、政风、民风

南宁市.良庆区

一、2014年良庆区经济社会发展情况

南宁市良庆区积极转变经济发展方式，适应经济发展新常态，财政收入增势强劲，投资保持高增长，经济社会保持了平稳较快发展势头。预计2014年城区各项主要经济指标完成情况为：地区生产总值116.85亿元，增长6.3%；截至12月10日财政总收入14亿元，增长41%；全社会固定资产投资169.27亿元，增长37%；规模以上工业增加值42.6亿元；社会消费品零售总额28.58亿元，增长12.5%；农林牧渔业总产值32.21亿元，增长3%；城镇居民人均可支配收入23393元，增长10%；农民人均纯收入9390元，增长12%。

二、主要亮点

（一）五象新区开发建设如火如荼。2014年五象新区列入自治区和市级层面统筹推进的重大项目共111项，总投资1325.71亿元，年度计划投资142.34亿元。

（二）产业支撑能力进一步增强。工业经济发展基础不断夯实，培育亿元企业30家。现代商贸服务业稳步提升，五象湖周边大型商业开发项目和新百年国际商业中心等项目正在施工。农业生产形势良好，农作物播种面积29.85万亩，总产量9.7万吨，其中，火龙果、无公害蔬菜、澳洲坚果、铁皮石斛、“双高”糖料蔗、黑皮冬瓜等农业产业形成一定规模。

（三）交通基础设施进一步完善。高北高速、环城高速、高铁以及银海大道、平乐大道、玉洞大道等一批纵横交错的交通大动脉，提高了良庆区作为西南出海大通道咽喉位置的交通运输能力。

（四）那马镇坛良村坛板坡综合示范村基本建成。2013年7月9日李克强总理到良庆区那马镇坛良村坛板坡调研后，坛板坡按照“南宁最好、广西甚至全国一流”的综合示范村进行打造，目前各项基建项目建设工作基本完成，逐步实现了“生产发展、生活宽裕、乡风文明、村容整洁、管理民主”的发展要求。

（五）举全城区之力服务第45届世界体操锦标赛。第45届世界体操锦标赛于2014年10月3—12日在广西体育中心举办，良庆区作为举办地，对五象大道精品线路、银海大道、铁路沿线、绕城高速沿线的建筑物及市容村貌进行了改造和整治，城市整洁干净，农村环境优美，为服务第45届世界体操锦标赛展现了美丽文明和谐宜居的现代化新良庆形象。

陕西省黄龙县

依托生态 借势而为
全力打造黄土高原上的“香格里拉”

黄龙县地处陕北黄土高原与关中平原的结合部，位于陕西省中北部、延安市东南缘。区域面积2752平方公里，辖4镇3乡，总人口5万人。林草覆盖率高达91%，被誉为黄土高原上的“绿色明珠”、“天然氧吧”，是重要的水源涵养地。

任高飞县长调研治沟造地项目

地下无资源，地上无区位，工业基础薄弱，矿产资源匮乏，是黄龙发展的短板，然而自然风光秀美、生态资源丰富的黄龙可依托生态，建设生态、发展生态，实现生态保护与生态发展的深度交融，生态与经济效益的“双赢”，这是黄龙科学发展的唯一选择。

鉴于这样的认识，我们确立了按照“强基础、促产业、聚人口、惠民生”的总体要求，以生态建设和“零污染”为前提，以建设“生态旅游的田园县城、秀美宜居的美丽乡村”为目标，以做好基础设施便民惠民的同时为生态旅游奠定坚实基础，做优产业促进城乡居民增收和聚集人口为抓手，以打造黄土高原上的“香格里拉”为愿景，全力促进黄龙产业结构更加优化、生活和旅游环境更加优美，群众生活更加优质，真正使黄龙成为龙的故乡、绿的海洋和养生的天堂。

科学研判，综合施策，发展活力竞相迸发。定期分析研判经济发展态势，牢牢掌握发展主动权，促进全县经济快速稳健增长。2014年生产总值同比增长6.9%，固投同比增长28.5%，城乡两收入同比分别增长13%、15%，社零总额同比增长11%，全县财政收入同比增长17.5%，地方财政收入同比增长30%。全年接待游客30.4万人次，实现旅游综合收入7584万元，同比增长35.1%、13.2%。

优化结构，提质增效，夯实发展基础。在巩固提升传统产业的同时，重点发展绿色产业和新型产业。延长、提高传统产业核桃、苹果、中蜂的产业链和附加值，积极培育苗木繁育、油用牡丹、山鸡养殖，试点探索养殖大闸蟹，以农业

任高飞县长调研城区小区建设

任高飞县长调研河道改造工程

产业多元化发展促进群众增收。同时，立足土地资源优势，把土地流转、农民进城、镇村综合改革、城乡建设用地增减挂钩和产业发展有效结合起来，促进农民进城和农村产业专业化、集约化、规模化发展。实施绿化、亮化、美化等城市景观工程，将经济发展和优化公共服务设施、基础设施双轮驱动，齐头并进，全面推进城乡一体化进程。

建管并重，高效推进，项目载体快速扩张。项目建设是县域经济发展的强力引擎。强化监管，建立重点项目垫资30%、项目资金按项目进度逐步拨付、“四个一律不付款”、重点项目评审、招投标和项目预（概）算、变更和追加建设资金常务会议审定等一系列制度和措施，提高质量效率。2014年项目总投资约26.34亿元。

创新理念，选商择商，发展后劲明显增强。建立了招商预评审、项目报备和统一交办等制度，严格选商择商，杜绝招商引资的随意性、盲目性。2014年招商引资25.68亿元，投资额为2013年招商引资总额8亿元的3倍。

以“田园县城”为主线，以“美丽乡村”为支撑，依托生态发展生态，是黄龙突破发展瓶颈，实现长远发展、科学发展的必然选择，我们坚信不久的将来，一座生态、精致、现代、靓丽的旅游县城就会呈现在大家面前，黄土高原上的“香格里拉”不再是梦。

湖北省黄梅县

党的十八届三中全会勾勒出未来中国改革的路线图，为新时期改革和发展指明了方向。作为内陆地区来说，如何才能在改革中找准位置，抓住机遇，实现经济社会又好又快发展？结合黄梅县发展实际，做了些思考，认为应重点在以下几方面下真功夫：

黄梅县城俯拍图

黄梅县小池湖北大道

黄梅县龙感湖美景

一、着眼统筹发展，在加快区域协调发展上下真功

坚持全域谋划、整体部署，推动“双强双兴”组团发展，构筑“多点支撑、五区并进”的发展布局。一是做“实”县经济开发区。围绕“打造千亿园区、建设工业新城”的目标，努力将经济开发区打造成产业集群、企业集聚、资源集约、创新集中的示范园。二是做“精”县滨河新区。坚持建设、管理、经营并重，绿化、亮化、美化并举，逐步将滨河新区建成宜居、宜业的新区。三是做“活”小池滨江新区。围绕“产业新区、教育新城、金融新街、农村新型社区、创新体制机制”的思路，突出产业发展，加快推进临港产业园、中部商贸物流园建设；突出基础建设，推进滨江新区教育城、安置区等重点工程建设；突出体制创新，创新土地利用、投资融资、城市管理等体制机制；突出统筹发展，做到以城带乡，城乡一体。四是做“靓”禅文化旅游区。围绕“五祖封园管理、四祖争创4A”的目标，科学编制旅游区规划，加大与鄂西圈投的战略合作，积极探索多元化投融资体系，扩大禅文化辐射面和影响力。五是做“特”“两湖”农业产业示范区。围绕环源感湖沿线12万亩和环太白湖沿线8万亩两大水产连片基地建设，着力打造产业发展、生态观光示范基地。

二、围绕转型发展，在强化产业支撑上下真功

坚持“四化同步”，以产业为支撑，打造县域经济升级版。一是转型升级，做优做强工业。按照“培育大企业、做强大产业、建设大平台、推进大服务”的思路，推进转型升级。做好“加法”，做大总量，盘活存量，培育纺织服装、生物医药、电子信息和农副产品加工产业集群。二是提质增效，做特做精农业。以农业强、农民富、农村美为“三农”工作的总要求，做特做精现代农业。三是挖掘资源，做活做大服务业。按照“弘扬禅文化，打造大品牌”的要求，大力发展禅文化旅游业。加快推进中部商贸物流产业园、小池5000吨级码头等重点项目建设。挖掘黄梅戏、禅宗文化、黄梅挑花文化资源，增强文化产业发展活力。

三、突出人本发展，在提升幸福指数上下真功

把保障和改善民生、建设美丽幸福黄梅作为一切工作出发点和落脚点。一是全面推进“四城创建”。坚持规划为先，科学制定长远规划及年度计划，实现目标阶段化、具体化、项目化。坚持基础为本，加大旅游路网、群众文化活动中心、商贸物流等基础建设。坚持项目为要，依托优势资源，谋划、争取一批旅游、文化、生态、民生和商贸物流项目。坚持群众为主，利用网站、广播、电视、宣传栏等平台，宣传引导，推进文明创建，形成“人人出力、人人创建”的良好局面。二是加快社会事业发展。重点推进沿江一级公路、北部山区循环路网、村与村“连接路”和“断头路”等路网建设工作。积极实施农村安全饮水工程，加快推进农村电网改造。坚持教育优先发展，加强学前教育，加大职业教育校企联合。健全城乡医疗卫生服务体系，统筹推进各项社会事业全面进步。三是全力保障生态优先。牢固树立“绿色决定生死”的理念，把好生态关口，设好绿色门槛。加大山区、林区、湖区环境保护力度，推进马尾山森林公园生态修复，加大龙感湖国家湿地资源保护。山区乡镇重点发展绿色产业，打造特色基地，建设生态涵养的发展区，让黄梅山青、水绿、天蓝。

南通国家高新技术产业开发区

南通国家高新技术产业开发区位于江苏省南通市，与上海、苏州隔江相望，借助于得天独厚的江海资源，秉承清末状元张謇先生“实业救国”的理想和实践精神，正在谱写着创新驱动战略提升的恢弘篇章。经过二十多年的发展，南通高新区经济规模持续壮大，高新技术产业蓬勃发展，产业结构不断优化，区域创新体系日臻完善，科技创新成果不断涌现，辐射带动作用更加显著，已初步成为南通创新驱动发展示范区和经济建设重要增长极，综合实力居江苏开发区“第一板块”。

南通高新区正围绕“争当国内一流高新区、打造国家级高新区样板区”的发展定位，高起点、高水平编制了南通高新区总体规划和产业发展规划；着力建设创新型园区，在建各类创新载体达55万平方米；把传统产业转型升级和新兴产业培育作为高新区的重大使命，立足南通产业特色，以组建海工装备、家纺、建筑三大研究院为突破口，引进、消化、吸收创新成果，推动船舶海工（产业）向专业化船型、关键部件配套等方面转型，家纺（产业）向创意设计、电子商务等新业态延伸，建筑（产）业向绿色、智能化方向发展。同时，大力发展航空零部件和新材料、健康医疗、节能环保等新兴产业。搭建公共服务平台，现有省级以上公共服务平台12家，企业院士工作站、博士后工作站6家，省、市级工程技术研究中心、企业技术中心20余家；加强与中科院系统研究院所、“211”工程系列大学的对接，推动与中航工业集团等“中字号”企业共建基础技术研究院，成立了南理工、首都高校联盟等技术成果转化中心。加快建设家纺、建筑等传统产业转型升级示范区，航空制造、医疗健康等新兴产业集聚区，科技金融、对外开放、经济体制改革的先行区。

南通高新区突出项目强区，以项目建设为中心，加大产业招商、科技招商、以商引商力度，引进、建设和推进了一大批项目，综合实力显著提升。目前，瑞典宜家、美国德尔福等世界500强企业，中国供销集团、中国华电集团、中国航空工业集团等“中字号”企业，综艺股份、东源电器、创斯达、金飞达、江海股份、鸿图科技等国内外上市公司，甬金金属、雄邦压铸等行业龙头企业都在高新区建设了一批投资强度大、产出效益好的重大产业项目，增强了经济发展后劲。

常熟经济技术开发区

常熟经济技术开发区成立于1992年，2002年8月被江苏省委、省政府批准比照国家级开发区享有相应的经济审批权限和行政级别。2005年6月经国务院批准设立常熟出口加工区。2010年11月升格为国家级经济技术开发区。同年，碧溪新区正式撤镇建区，与开发区实行“区镇合一”管理体制。近年来，常熟经济技术开发区依托得天独厚的濒江临港和“二路一桥”（苏嘉杭高速、沿江高速、苏通长江大桥）的交通区位优势，开发建设以沿江工业区、出口加工区为核心的工业板块以及综合配套服务沿江发展的滨江新市区。区内拥有20多个国家和地区投资的外资企业500多家，累计总投资250亿美元，其中26家世界500强企业投资项目56个，超亿美元项目30多个。2013年，实现地区生产总值772亿元，工业总产值2508亿元，公共财政预算收入46.8亿元，进出口总额112亿美元。常熟港货物吞吐量超7000万吨。目前，开发区正以五年再建一个开发区为目标，全力构建规模化产业创新体系、国际化城市特色体系、现代化社会和谐体系，积极培育汽车及零部件、高端装备制造、新能源、创新创意和现代物流等5大新兴产业，建设10家超百亿企业，力争在“十三五”期间形成1个2000亿产业、2个1000亿产业、3个500亿产业。

广东汕尾红海湾经济开发区

广东汕尾红海湾经济开发区位于汕尾市区东南部，距广州230公里，距深圳、汕头各100多公里；水路距香港81海里、台湾高雄200海里、国际航道7海里；距珠三角客源地区1-3小时车程。现辖田墘、遮浪、东洲三个街道，陆地面积110平方公里，海域面积4300平方公里，总人口约11万人。2013年1月被省政府确定为“广东省滨海旅游产业示范园区”。两年来，开发区紧紧围绕建设广东省滨海旅游产业示范园区和国家级旅游度假区的目标，坚持经济、政治、文化、社会、生态文明“五位一体”同步发展。

2014年，全区生产总值27.55亿元，规模以上工业总产值47.6亿元，财政一般预算收入5471万元，计固定资产投资3.17亿元，全区社会零售品总额4.75亿元，农业增加值4.6亿元，进出口总额1340万美元，其中出口总额990万美元，实际利用外资2450万美元。旅游经济快速发展，全年接待游客160万人次，旅游总收入9亿元，分别比上年增长30.66%和38.46%。

已完成或基本完成《红海湾开发区城市发展规划》等6个规划的编制。旅游园区22个项目已动工建设，累计投资1.6亿元，其中14个项目已建设完成。投入2000多万元，完成1个街道“教育创强”工作，全区中小学、幼儿园基础设施逐步完善。新增转移农村劳动力813人，城镇新增加就业人数2105人，下岗失业人员实现再就业302人，高校毕业生就业率达96%；“双困”毕业生就业率达100%。社会保障政策全面落实，低保、“五保”供养基本实现应保尽保，基本养老保险覆盖率逐步扩大，全区参加养老保险4823人，放养老金880万元，社会援助体系不断完善，困难群众生活救助金按时发放，扶贫“双到”工作继续扎实推进。街道文化站已完成改扩建工程，村级文化室建设基本完成，全区公共文化服务设施免费向群众开放。继续进一步推行全区绿化大行动，建设防护林8500亩、碳汇林2000亩、森林抚育10000亩，全区森林覆盖率达41%。累计投入资金4000多万元，在全区村、社区建设完善32个村头公园和整治环境卫生等配套工程，形成“一园一特色”，成为滨海旅游的重要补充。平安建设取得新的进展，继续深入开展“雷霆扫毒”专项行动，严防外地制贩毒活动向我区渗透转移，全区已创建“无毒社区”和“无毒村”31个，覆盖面76%。严厉打击各类违法犯罪活动，努力营造良好的社会治安秩序，在辖区重点部位、复杂场所设置48处59个高清视频监控摄像头，全年各类刑事案件立案20宗，破获各类刑事案件14宗，共排查调处矛盾纠纷81起，调处成功77起，刑事、治安案件处于低位运行。

自然自在黄果树　奋进跨越黄果树

位于贵州西南的黄果树风景名胜区,是以黄果树大瀑布为核心,以千姿百态、风格各异的瀑布群和亚热带岩溶山水植被风光以及布依族、苗族风情融为一体的国家5A级风景名胜区,现规划面积115平方公里，分布有天星桥、石头寨、滴水滩、陡坡塘、郎宫、霸陵河峡谷等六大景区，集壮美瀑布群、神奇喀斯特、布依民族风、神秘古文化等自然人文景观于一体。景区先后被评为全国科普教育基地、“全国文明风景区”示范点、“西部最具魅力旅游景区”。被中国国家地理杂志社评为“中国最美丽的地方”，被《人民日报》社评为“中国风景名胜区顾客十大满意品牌”，荣获“欧洲游客最喜爱的中国十大景区”等荣誉称号。

在2013年贵州省第八届旅游产业发展大会上，省人民政府省长陈敏尔提出：“黄果树蜚声国际，要更加勇于担当贵州旅游业龙头的责任”。安顺市委、市人民政府把“旅游产业化”作为加快发展的四大战略之一，要求加快打造黄果树旅游升级版。

以打造“旅游升级版”为目标，以项目建设为抓手，以增加农民收入为核心，黄果树抓安全、抓稳定、抓党建，全面深化改革，加快推进发展，着力从理念、格局、产品、业态、营销、服务6个方面夯实升级版基础，带动全区经济社会发展，凝聚旅游正能量，形成以黄果树为核心辐射周边的黄果树旅游圈。2014年五·一小长假共接待游客381146人次，同比增长33.34%；实现旅游总收入21034.09万元，同比增长21.30%。

以“道法自然”为总要求，黄果树创新旅游发展思路，全面推进旅游产业升级，深化挖掘和开发旅游产品，培育和创新旅游业态，加强和完善要素保障，培育和打造旅游品牌，丰富和创新营销模式，完善和创新体制机制，开放引进战略合作伙伴，发挥自身处于西南旅游板块核心优势，继续加大旅游综合配套建设，全力发挥黄果树国际品牌效应，以打造“旅游目的地和休闲度假胜地”的新理念整合资源优势，在生态旅游、自驾旅游、民族文化产业示范、山地休闲度假、休闲农业与乡村旅游示范工程等方面先行先试，以休闲度假理念引领旅游发展，将宝贵的旅游资源转化为闻名于世的世界级旅游精品，努力争当中国第三次旅游发展浪潮的领跑者。

丹东市振安区五龙背镇广播电视站

教授研究员级高级工程师
陶运成

五龙背镇是丹东市三个最大的乡镇之一。距丹东市以北二十公里处，辖有六个村，三个社区。人口有3. 95万人，总面积为109平方公里。五龙背镇地处偏远，条件艰苦，“九沟十八岔，岔岔有人家。”发展广电事业，落实国家“村村通”工程具有很大难度。但五龙背镇广电事业还是顺利发展起来了，这离不开五龙背镇广电站站长陶运成同志。

陶运成同志坚持科技先行，他积极贯彻落实国家“村村通”工程，大胆施行“三网融合”。把现代数字电视科技运用到实践中去。2012年6月20日，这是一个标志性的日子。五龙背镇的有线电视从此进入了数字化时代。运转了近二十年的模拟电视信号已转换成为数字电视信号。五龙背镇在全市乡镇数字化电视转换过程中开启了先河，树立了成功的典范。多年来，陶运成站长不分节假日，奋战在数字电视转换的第一线；他千方百计筹措资金，将其余老网进行技术改造，力争早日将五龙背镇地区全部转换成“数字化”，让先进、清晰、多样、快捷的数字电视走进千家万户，让广大的人民群众，享受到科技创新的丰硕成果。

陶运成同志率先在全市实行数字电视转换，这是他正在机房里调试。

陶运成不仅热爱广电事业，他还热衷慈善，先后捐款15万余元，资助的小学生、中学生、高中生、大学生、研究生、留学生共达12人。陶运成站长曾被文化部文化市场发展中心、中华社会文化发展基金会评为二十一世纪杰出专家。家乡的《丹东日报》、丹东电视台赞誉他是“五龙骄子”。

这是陶运成于2005年10月在人民大会堂出席华人华侨国庆座谈会时作演讲。

这是陶运成在2005年10月在人民大会堂出席华人华侨国庆座谈会时，与台湾学者热情交流。

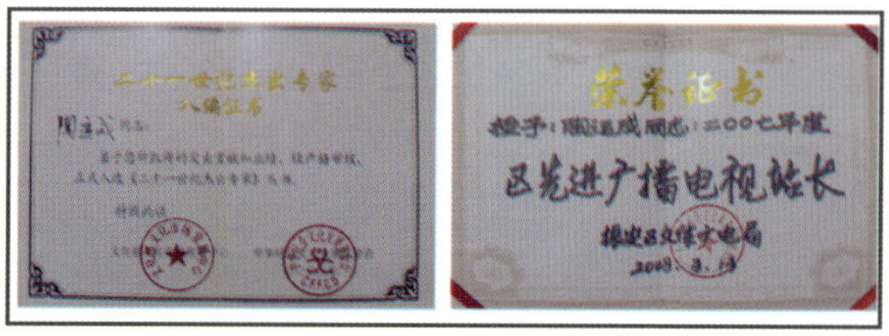

陶运成基层广电事业成绩斐然，先后受到各种奖励60余项，被评为二十一世纪杰出专家，这是文化部等颁发的证书。